Ulrich Gregor, Geschichte des Films ab 1960

Ulrich Gregor

Geschichte des Films ab 1960

C. Bertelsmann Verlag

Bildnachweis

ARD Filmredaktion, Frankfurt 8
Basis Film, Berlin 6
The British Film Institute, London 24
Filmverlag der Autoren, München 12
Gala Films, London 18
Internationales Forum des jungen Films, Berlin 11
National Film Theatre, London 5
Neue Filmkunst, Göttingen 14
alle übrigen Bilder stellte der Autor dem Verlag freundlicherweise
zur Verfügung

© 1978 C. Bertelsmann Verlag GmbH, München
Gesamtherstellung Mohndruck Reinhard Mohn OHG, Gütersloh
ISBN 3-570-00816-9. Printed in Germany

Inhaltsverzeichnis

Dieses Buch entstand zunächst aus dem Bedürfnis nach Fortsetzung der 1962 erschienenen, von dem Autor gemeinsam mit Enno Patalas verfaßten »Geschichte des Films«, deren Aktualisierung durch Zusatzkapitel – wie in der »Geschichte des modernen Films« 1964 und 1965 zunächst versucht – nicht mehr möglich war. Schon aus dem Abstand nur weniger Jahre wirkten diese Zusatzkapitel inadäquat, nicht mehr organisch mit dem Rest des Buches verbunden. Ein neuer Ansatz mußte für die Darstellung des Films der sechziger und siebziger Jahre (mit dem sich bisher nur wenige filmgeschichtliche Veröffentlichungen befaßten) gefunden werden. Er konnte nur in einem neu zu schreibenden Buch bestehen, das etwa um 1960 einsetzt.

So knüpft diese »Geschichte des Films nach 1960« einerseits an die alte »Geschichte des Films« von 1962 an, insofern es die Entwicklung da weiterführt, wo jenes Buch aufhört. Auch in der Methode der Darstellung sowie in der Schreibweise der Filmtitel gibt es Übereinstimmungen. Davon abgesehen aber mußte dieses Buch seine Perspektive, seinen Ansatzpunkt, auch sein Filmverständnis neu begründen – ausgehend von der Epoche, die es zu behandeln galt, und ihren spezifischen Phänomenen. Dabei ist das Jahr 1960 als Einschnitt keineswegs zufällig oder willkürlich gewählt. Es zeigt sich vielmehr aus der Distanz immer deutlicher, daß im Gegensatz zu den fünfziger Jahren, die für die Filmgeschichte weltweit eine Periode der Stagnation waren, die beginnenden sechziger Jahre den plötzlichen Aufbruch vielfältiger neuer Impulse, neuer nationaler Filmbewegungen mit sich brachten. Zu diesen Bewegungen gehört die französische ›Nouvelle vague‹, gehören – von der ›Nouvelle vague‹ beeinflußt, aber ebenso durch eigene Faktoren ausgelöst – das brasilianische ›Cinema nôvo‹, die neue Filmbewegung in der Tschechoslowakei, schließlich auch der ›Junge deutsche Film‹ und die nach 1968 in den Ländern des Westens sich ausbreitenden Bewegungen des ›politischen Films‹. Obwohl die meisten dieser Bewegungen sich als kurzlebig und beim näheren Hinsehen als heterogen erwiesen, kann man doch nicht leugnen, daß durch sie die Entwicklung des Films nach 1960 stark in Bewegung geriet und die internationale Filmszene eine qualitative Veränderung erfuhr; äußeres Zeichen dieser Veränderung war ein vielfach sich abzeichnender Generationswechsel unter den Filmemachern. Die einzige Bewegung, die nicht mit dem Einschnitt des Jahres 1960 zusammenfällt bzw. von ihm abgeleitet werden kann, ist das englische ›Free Cinema‹, das bereits in den späten fünfziger Jahren begann und 1961/62 zu Ende ging.

Allen Filmkrisen zum Trotz hat sich seit 1960 das Spektrum der internationalen Filmproduktion außerordentlich verbreitert und differenziert. Man braucht nur daran zurückzudenken, wie vergleichsweise friedlich und überschaubar Filmfestivals in den späten fünfziger und beginnenden sechziger Jahren noch verliefen. Die Produktion beschränkte sich damals im Grunde auf die professionell für den Kinomarkt hergestellten Filme. Doch in den sechziger und beginnenden siebziger Jahren entwickelte sich mehr und mehr der Typ der ›alternativen‹ oder ›unabhängigen‹ Produktion, hergestellt mit geringen Mitteln zunächst ohne Rücksicht auf kommerzielle Verwertbarkeit, bis hin zum Zielgruppen-, Experimental- oder ›Undergroundfilm‹ (und parallel dazu der ›alternative‹ Verleih sowie, als Alternative zum kommerziellen Kino, die unabhängigen

›Spielstellen‹). Auch die Zusammenarbeit vieler Filmemacher mit dem Fernsehen brachte ternative‹ Vorteil, sowie als Alternative zum kommerziellen Kino, die unabhängige ›Spielstelle‹). Auch die Zusammenarbeit vieler Filmemacher mit dem Fernsehen brachte neue Genres, Stil- und Produktionsformen besonders im Bereich des dokumentarischen Films hervor. Hinzu kam eine stark expandierende Filmbewegung in Ländern, die bisher als kinematographisch unterentwickelt galten, in Lateinamerika, Afrika und Asien; sie fiel zusammen mit einem verstärkten Interesse der europäischen oder ›westlichen‹ Kritik für die kulturelle Aktivität dieser bisher im Schatten des europäischen Kulturimperialismus stehenden Regionen. So hat sich der Radius dessen, was eine zeitgenössische Filmgeschichtsschreibung verarbeiten muß, enorm ausgedehnt – falls man nicht, was gelegentlich (eine Notlösung?) geschieht, gewisse Bereiche wie die Filme aus Ländern der Dritten Welt, den Dokumentarfilm, den politischen Zielgruppenfilm und den Avantgardefilm aus Mangel an Information oder im Hinblick auf ein unterschiedliches Filmverständnis, das sich in diesen Bereichen verkörpern mag, einfach beiseite läßt und sich weiterhin auf die Filme beschränkt, die für die Verwertung auf dem Kinomarkt (sei es im kapitalistischen Westen oder im staatlich monopolisierten Filmsystem der sozialistischen Länder) hergestellt werden. Doch dies erscheint aus der Sicht der Gegenwart als falscher Ansatzpunkt. Denn die qualitative Veränderung, die die sechziger Jahre der Filmgeschichte international gebracht haben, die Herausforderung und Infragestellung bisheriger Konzeptionen, die von dieser Epoche ausging, besteht gerade darin, daß ein neues, erweitertes Filmverständnis geschaffen wurde. Ein Filmverständnis, das sich nicht nur auf die Autonomie nationaler »Schulen«, auf neue ästhetische oder dramaturgische Normen, auf den »Autorenfilm« oder die Generationsablösung reduzieren läßt, sondern das einen erweiterten Raum geschaffen hat für Vorstellungen davon, was Film sein und bewirken kann: für Utopien, neue kinematographische Modelle, neue Form/Inhaltsbeziehungen, neue Produktionsformen und neue Formen der Kommunikation mit dem Zuschauer. Auf diese Phänomene hat sich eine Filmgeschichtsschreibung der Gegenwart, will sie nicht akademisch werden, einzulassen. Deshalb unternimmt dieses Buch den Versuch, den Horizont der Darstellung so weit auszudehnen wie möglich und gerade auch die Randzonen der Produktion, an denen sich aufschlußreich Neues entwickeln mag, mitzuerfassen. Das heißt: die Filmproduktion der Länder der Dritten Welt oder der jungen Nationalstaaten so genau darzustellen, wie dies im Rahmen eines Bandes und aufgrund der erhältlichen Informationen möglich ist, andererseits aber auch die Bereiche des Dokumentar- und des Avantgardefilms zu berücksichtigen.

Absichtlich ausgeklammert blieb eine genauere Darstellung des kommerziellen Films – denn diese müßte von einem ganz anderen, mehr themen-, inhalts- und genrebezogenen Ansatz aus erfolgen. Film ist für diese Filmgeschichte (das ist die subjektive Entscheidung des Autors) weniger Konsum- oder Wirtschaftsprodukt als vielmehr künstlerisches, ästhetisches oder ideologisches Phänomen. Daß auch in einer solchen Perspektive ökonomische Faktoren nicht ignoriert werden dürfen, liegt auf der Hand; diesen Beziehungen tragen die Eingangsteile der einzelnen Kapitel Rechnung, in denen jeweils wirtschaftliche, politische und statistische Daten der Produktion zusammengefaßt werden. Für die Anschauung von Film, wie sie diesem Buch zugrunde liegt, erscheint die Darstellung nach Autoren, die die Kontinuität des Schaffens einzelner Filmemacher sichtbar macht, als das zweckmäßigste Prinzip. Hierbei wird der thematische, ökonomische oder ästhetisch übergreifende Aspekt vielleicht erst in zweiter Linie berücksichtigt. Eine andere Methode der Darstellung würde aber wiederum die (das Filmgeschehen zweifellos auch determinierende) Kontinuität im Schaffen der Autoren zerreißen. Man kann sich in diesem Dualismus nur für einen Ansatzpunkt auf Kosten des anderen entscheiden. Jedoch versucht das Buch, wo immer es nötig ist, auch auf den Zusammenhang und das Selbstverständnis nationaler »Schulen« und Strömungen sowie auf Fragen der Kritik und der Theorie einzugehen.

Ein unvermeidbares Risiko zeitgenössischer Filmgeschichtsschreibung liegt darin, daß sich gewisse grundlegende Perspektiven der Darstellung schon nach kurzer Zeit verschieben können – sei es, daß vielversprechende Entwicklungen nicht weitergeführt werden oder sich im Nachhinein als überschätzt erweisen, sei es, daß zunächst ignorierte Ansätze einzelner Filmemacher oder Schulen sich von einer späteren Warte aus als entscheidend wichtig darstellen. Aber daraus sollte man nicht die Konsequenzen ziehen, die Bewertung und Systematisierung zeitgenössischen Filmschaffens überhaupt nicht in Angriff zu nehmen.

Naturgemäß kann eine Darstellung der jüngsten Filmgeschichte wenig oder gar nicht auf schon existierende Buchpublikationen zurückgreifen, weil es diese noch nicht gibt. Darum enthält die ausgewählte Bibliographie am Ende des Buches auch nur wenige Titel, dagegen eine um so größere Aufzählung von Filmzeitschriften; denn diese Filmzeitschriften sind, zusammen mit den Veröffentlichungen der Tagespresse und den Katalogen von Festivals, das wichtigste Arbeitsmaterial einer Filmgeschichtsschreibung der Gegenwart – wobei die Verwertbarkeit der Zeitschriften stark davon abhängt, ob sie einen Index besitzen, was leider nicht immer der Fall ist.

Dieses Buch wendet sich an einen Leser, der sich für Film als künstlerisches Medium interessiert und der für einen bestimmten Film, einen Regisseur oder eine Schule nach Zusammenhängen, nach Interpretationshilfen sucht. Darum wurden vielfach Zitate von Filmemachern ausgesucht, die deren Intentionen veranschaulichen. Es wurde auch der Versuch gemacht, als Grundlage von Interpretationen die Filme, um die es geht, in aller Kürze, aber doch konkret zu beschreiben; denn die Entwicklung spekulativer Gedankengänge, die die Kenntnis einer Vielzahl von Filmen zur Voraussetzung hat, auf die Konkretheit von Beispielen als Anschauungsmaterial aber verzichtet (eine Methode, die in filmtheoretischen oder filmhistorischen Texten häufig begegnet, beschränkt den Kreis der Leser auf einen kleinen Zirkel von Spezialisten und Eingeweihten. Dieses Buch ist ausdrücklich auch für jene geschrieben, die nicht Spezialisten und Eingeweihte sind. Man mag es kapitelweise lesen, kann es aber auch als Nachschlagewerk benutzen.

Die Schreibweise der Filmtitel folgt der schon in der »Geschichte des Films« praktizierten Methode: Jeder Film wird zunächst mit seinem Originaltitel genannt, darauf folgt in Klammern der deutsche Titel – kursiv, wenn der betreffende Film in der BRD im Kino oder im Fernsehen gezeigt wurde, in Anführungszeichen, wenn das nicht der Fall war. Interessant ist im Unterschied zur 1962 publizierten »Geschichte des Films«, daß die Zahl der bei uns nicht gelaufenen Filme sich auf eine kleine Minorität reduziert hat. An dieser Verbesserung des filmkulturellen Klimas hat vor allem das Fernsehen ein Verdienst.

Ein besonderes Problem der Filmgeschichtsschreibung ist die Frage der Datierung. Leider ist noch kein Konsens darüber gefunden worden, was der Datierung eines Films zugrunde liegen soll – das Produktionsjahr oder das Jahr der Uraufführung. In der Praxis laufen beide Methoden durcheinander. In diesem Buch bezieht sich die Datierung von Filmen im allgemeinen auf das Datum der ersten öffentlichen Aufführung (für die Befolgung dieses Prinzips gibt es, wie ich meine, gute Gründe). Allerdings geben die wenigsten Quellen, Filmographien usw. darüber Aufschluß, welches Prinzip der Datierung ihnen zugrunde liegt. Die Recherchierung jedes einzelnen Datums ist, besonders bei außereuropäischen Filmen, schwierig oder unmöglich; so daß eine Unsicherheit in der Frage der Datierung vorerst bestehen bleibt.

Für Mitarbeit zu bedanken habe ich mich vor allem bei Erika Gregor. Sie hat das Buch in allen seinen Stadien entscheidend unterstützt. Dank gilt auch dem Langmut von Verlag und Lektorat sowie der ausdauernden und zuverlässigen Schreibarbeit von Käte Rippnow.

Berlin, Oktober 1977   Ulrich Gregor

I. Frankreich

Der französische Film in den sechziger Jahren ist gekennzeichnet durch Reichtum an schöpferischen Impulsen und unbestreitbare künstlerische Vitalität, auf der anderen Seite durch eine wirtschaftliche Rezession ähnlich wie in den meisten anderen Filmländern, die freilich nicht so dramatische Formen annahm wie in der Bundesrepublik. Die Besucherzahlen in Frankreich sanken von ihrem Höchststand 1958 (371 Millionen Zuschauer) bis 1971 auf die Hälfte ab. Die Abwärtsentwicklung (verursacht durch Fernsehkonkurrenz und geändertes Freizeitverhalten) kam dann jedoch zum Stillstand und pendelte sich auf einen Wert von ca. 180 Millionen jährlich ein. Eine analoge Bewegung machten die Produktionsziffern durch, die zwischen 1962 und 1968 auf den relativ niedrigen Stand von 80 bis 90 Filmen absanken (bezogen auf rein französische Produktionen bzw. Koproduktionen mit französischer Mehrheitsbeteiligung. Rechnet man die Koproduktionen mit ausländischer Mehrheitsbeteiligung hinzu, so ergeben sich höhere Zahlen – zwischen 120 und 150 Filme pro Jahr). Ab 1969 steigt die Produktion wieder an, wobei 1973/74 durch die Produktion von Pornofilmen ein ausgesprochener Boom zu verzeichnen ist. 1976 entstanden in Frankreich (Koproduktionen mit ausländischer Mehrheitsbeteiligung eingeschlossen) wieder 214 Spielfilme. Eine große Rolle spielen im Verleih (und indirekt auch in der Produktion) die amerikanischen Verleihfirmen. So wurden 1972 von neun französischen Filmen sechs mit amerikanischem Kapital finanziert.[1]

Für Frankreich charakteristisch ist die hohe Zahl von Filmkunst-Theatern. 1975 bestanden 544 solcher spezialisierten Kinos, davon mehr als ein Drittel in Paris. Die französischen Kinogänger favorisieren stark die Filmproduktion ihres eigenen Landes: über die Hälfte aller verkauften Kinokarten pro Jahr kommt französischen Filmen zugute (1976: 51,4%). Das Filmwesen in Frankreich wird durch das ›Centre National de la Cinématographie‹ verwaltet und kontrolliert. Seit den fünfziger Jahren besteht das System der ›Avance sur recette‹ (Vorschuß auf die Einnahmen); aufgrund von Drehbüchern werden staatliche Prämien bzw. Einspielgarantien zur Vorfinanzierung von Filmen vergeben; fast alle künstlerisch anspruchsvollen französischen Filme der sechziger Jahre verdanken ihre Entstehung der ›Avance sur recette‹. Daneben besteht in Analogie zu den anderen EWG-Staaten ein System der automatischen Förderung fertiger Langfilme. Trotz dieses Systems werden nicht alle Filme, die eine Vorfinanzierung erhalten, auch tatsächlich gedreht, und nicht alle gedrehten Filme kommen in den Verleih.

Die Jahre 1959 und 1960 brachten mit dem Phänomen der ›Nouvelle vague‹, der ›Neuen Welle‹, einen geradezu explosionsartig verlaufenden Generationswechsel im französischen Film mit sich. Allein im Jahre 1960 entstanden 43 Erstlingsfilme.[2] Die französische Filmszene war mit einem Schlage verändert; diese Veränderung strahlte mit ihren neuen formalen und thematischen Impulsen weit über Frankreichs Grenzen hinaus und löste in anderen Ländern, wenn auch mit zeitlichem Abstand, verwandte Bewegungen aus (u. a. in der ČSSR, der BRD und in Brasilien). Die Jahre bis 1968 waren charakterisiert durch das Wachsen und Reifen verschiedener Tendenzen der ›Nouvelle vague‹. Vor allem drei Regisseure bestimmten das Bild des französischen Films in den sechziger Jahren: François Truffaut, Claude Chabrol und Jean-Luc Godard – die Exkritiker aus der Redaktion der Zeitschrift »Cahiers du Cinéma«. Ihnen gelang es, Filme in kontinuierlicher Folge zu produzieren und eine kommerzielle Basis im System der französischen Filmindustrie zu finden. Während sich Truffauts Filme von literarischen oder autobiographischen Motiven herleiten und teils um die Thematik des Filmemachens selber kreisen, dabei ihren unterhaltenden Charakter nicht verleugnen, wird Chabrol in seiner späteren Phase zum Analytiker des französischen Bürgertums, dessen falsche Moral er in Filmen zumeist kriminalistischer Grundstruktur anprangert. Jean-Luc Godard ist in den sechziger Jahren die stärkste erneuernde Kraft des französischen Films überhaupt; seine Filme sind politischen oder zeitkritischen Charakters, vor allem entwickeln sie ganz neue Formen filmischer Denkweise und Artikulation. Kontinuierlich zu produzieren vermochte auch Louis Malle; Alain Resnais und Agnès Varda konnten dagegen nur vereinzelt und in längeren Abständen Filme drehen.

Eine starke Veränderung brachte der Mai '68 in das französische Kino, wenngleich die aus dem Mai entstandenen umfangreichen Projekte zur Reorganisation des französischen Filmwesens sich nicht realisieren ließen. Die Maibewegung bewirkte bei vielen Filmemachern ein Überdenken ihrer Position, eine Suche nach neuen Orientierungen. Aus ihr gingen verschiedene neue Formen des »politischen« Kinos hervor. Die Entwicklung von Regisseuren wie Costa-Gavras, Chris Marker und René Allio wurde stark durch den Mai beeinflußt. Schließlich rief die Mairevolte auch eine verstärkte Diskussion um Grundlagen und ideologische Positionen verschiedener Schulen der Filmkritik hervor.

Während das Konzept des ›Cinéma-vérité‹, um 1960 stark in der Diskussion, später wieder in den Hintergrund tritt, entwickeln gegen Ende der sechziger und in den siebziger Jahren eine Reihe von Regisseuren und Filmautoren ihren persönlichen Stil, die man einer intellektuellen Schule zurechnen könnte – »intellektuell« in dem Sinn, daß ihre Filme moralische und philosophische Fragen aufwerfen, neue Modelle filmischer Organisation entwickeln, über die Grundlagen des eigenen Schaffens reflektieren. Zu dieser Schule gehören Eric Rohmer mit den Moralischen Geschichten, Jacques Rivette mit seinen experimentellen, Impulse des Theaters, des Surrealismus und der romantischen Literatur verarbeitenden Filmen, Jean Eustache mit seinen kühl und präzise formulierten autobiographischen Essays.

Eine interessante Erscheinung im französischen Film, die sich seit 1968 ausgeweitet hat, sind die historischen Dokumentar- und Kompilationsfilme, deren bestes Beispiel Marcel Ophüls mit Le chagrin et la pitié (Das Haus nebenan, 1970) lieferte. Die »Altmeister« Carné, Cayatte, Clair, Clément oder Clouzot erschöpften sich zumeist in der Wiederholung kommerzieller Muster – mit der Ausnahme von Robert Bresson, der die Linie seiner früheren Filme konsequent fortsetzte. Auch Buñuel, der seine letzten Filme in Frankreich drehte, gehört zu den wenigen Regieveteranen, bei denen auch im Alter kein Nachlassen der schöpferischen Kraft und keine Kompromisse mit dem »Markt« feststellbar sind.

Die großen Geschäftserfolge des französischen Films stammen freilich in der Mehrzahl nicht von den erwähnten Filmemachern, sondern von Regisseuren wie Claude Lelouch, Roger Vadim, Gérard Oury, Jean Yanne und anderen: sie fanden die publikumsgängigen »Formeln«, die ihnen, im Verein mit einer Starbesetzung, den großen Kinoerfolg einbrachten. Auch Jean-Pierre Melville wurde mit Le cercle rouge (Vier im roten Kreis, 1970) ein außergewöhnlicher Publikumserfolg zuteil.

Eine ganze Reihe von Regisseuren der ›Neuen Welle‹ haben sich inzwischen fest ins französische Filmwirtschafts-System integriert und sind zu Stützen der Industrie geworden: Chabrol, Truffaut, Lelouch, de Broca, Molinaro. Die Filme, die sie machen, hält die Kritikerin Claire Clouzot für ein neues ›Kino der Qualität‹ ohne Bezug zur Geschichte, zur Realität und zur Gesellschaft, ähnlich dem, das die jungen Regisseure 1958–1960 abschaffen wollten: »Man macht in Frankreich Filme, die gut geschrieben, gut fotografiert und gut gespielt sind, die feinsinnig, nervös, sensibel, bewegend oder pikant sein können – aber sie bleiben immer im Bereich des schönen handgefertigten Gegenstandes.«[3] Nur Jean-Luc Godard hat sich seit 1968 aus diesem Prozeß der Anpassung herausgehalten – allerdings um den Preis einer Isolierung.

Niedergang des ›Kinos der Qualität‹

Der klassische französische Film der fünfziger Jahre, das literarisch niveauvolle, handwerklich und künstlerisch gediegene ›Kino der Qualität‹, wie es die Regisseure Carné, Renoir und Clair, Cayatte und Clément, Autant-Lara und Christian-Jaque repräsentierten, geriet durch das Aufkommen der ›Nouvelle vague‹ in eine Krise. Die Filme der Altmeister blieben von diesem Einschnitt ab – den man auf das Ende der fünfziger Jahre datieren kann – stilistisch und thematisch hinter ihrer Zeit zurück; sie sind nur mehr blasse Imitationen früherer Erfolge.

Marcel Carné (geb. 1909), Meister des »poetischen Realismus« der Vorkriegszeit, drehte nur noch wenige, zudem künstlerisch schwache Filme (Trois chambres à Manhattan – Drei Zimmer in Manhattan, 1965). Jean Renoir (geb. 1894) realisierte 1962 eine enttäuschende Militärklamotte, Le caporal épinglé (»Der erwischte Unteroffizier«), und 1969 einen Episodenfilm für das französische und italienische Fernsehen, Le petit théâtre de Jean Renoir (»Jean Renoirs kleines Theater«), in dem er sich »vom Realismus zum Artifiziellen und umgekehrt« bewegte.[4] Auch René Clair (geb. 1898) drehte in den sechziger Jahren nur noch zwei Filme: Tout l'or du monde (Alles Gold dieser Welt, 1961), eine relativ einfallslose und schematische Komödie über die Weigerung zweier Bauern, ein Stück Land zu verkaufen, und eine ironische Heldenkomödie in historischem Kolorit, Les fêtes galantes (»Galante Feste« – deutscher Verleihtitel: Die Festung fällt, die Liebe lebt, 1965). André Cayatte (geb. 1909) und René Clément (geb. 1913) produzierten in den sechziger Jahren noch recht intensiv, lieferten jedoch meistens Konsumware, die auf die künstlerische Entwicklung des französischen Kinos keinen Einfluß mehr hatte. Cayatte setzte die Reihe seiner engagierten Justizfilme fort, die immer reißerischer wurden, während ihre Gesellschaftskritik mehr und mehr an der Oberfläche blieb (Les risques du métier – Verleumdung, 1967; Mourir d'aimer – Sterben vor Liebe, 1971; Pas de fumée sans feu – Kein Rauch ohne Feuer, 1974). Letzteren Film, der eine auf Fotomanipulation aufgebaute Verleumdungskampagne mit politischem Hintergrund schildert, wurde dadurch Publicity zuteil, daß man in Frankreich die Herstellung des Films unnötigerweise behinderte. René Clément drehte 1960 eine intelligente Komödie über italienische Anarchisten in den zwanziger Jahren, Quelle joie de vivre (»Welche Freude zu leben«, deutscher Verleihtitel: Halt mal die Bombe, Liebling), die Ansätze zu geschichtskritischer Reflexion zeigte; danach jedoch verfertigte er nur noch handwerklich ausgefeilte Psychothriller wie Les félins (Wie Raubkatzen, 1962), Le passager de la pluie (Der aus dem Regen kam, 1969) oder Dramen aus der Résistance- und Widerstandszeit im Geist heroischer Legenden: Le jour et l'heure (Die Nacht der Erfüllung, 1963), Paris brûle-t-il? (Brennt Paris?, 1966). Claude Autant-Lara (geb. 1903) und Christian-Jaque (geb. 1904), in den fünfziger Jahren Stützpfeiler des ›Kinos der Qualität‹, lieferten in den sechziger Jahren nur noch kommerzielle Routineprodukte. Henri-Georges Clouzot (1907–1977) mußte nach La vérité (Die Wahrheit, 1960), dem pseudotragischen Drama um einen genialen Dirigenten und ein männermordendes Mädchen (dargestellt von Brigitte Bardot), mehrere Jahre pausieren; 1968 drehte er La prisonnière (Seine Gefangene), ein hochgestochenes, düsteres Melodram, in dessen Mittelpunkt ein dämonischer Kunsthändler und eine vernachlässigte Künstlergattin stehen.

Robert Bresson

Wie wenigen anderen Regisseuren ist es Robert Bresson (geb. 1907) gelungen, über Jahrzehnte hinweg seine Sicht der Welt in einem Werk eindrucksvoller Geschlossenheit und persönlichen Stils auszudrücken – freilich um den Preis langer Pausen zwischen seinen einzelnen Filmen. In den sechziger Jahren drehte Bresson nur vier Filme *(Le procès de Jeanne d'Arc*, 1961; *Au hasard Balthazar*, 1966; *Mouchette*, 1967; *Une femme douce*, 1969), in den siebziger Jahren entstanden bisher drei Filme *(Quatre nuits d'un rêveur*, 1971; *Lancelot du Lac*, 1974; *Le diable probablement*, 1977). Bresson gehört auch zu den wenigen Regisseuren, die eine spezifische Theorie ihrer Arbeitspraxis entwickelten.

Le procès de Jeanne d'Arc (Der Prozeß der Jeanne d'Arc, 1961) setzt mit erstaunlicher Konsequenz die bisherige Linie des Regisseurs fort. Bresson erzählt die Geschichte der heiligen Johanna in einem nüchternen, dokumentarischen Stil, der jede schmückende Zutat radikal ausspart. Die Kamera konzentriert sich auf Einzelheiten, Ausschnitte: das Gesicht der Johanna, die Richter, die Gänge, Treppen und Türen des Gefängnisses. Bresson legt seiner Heldin die authentisch überlieferten Worte des Prozesses von Rouen in den Mund und zeichnet so das Bild einer starken, überlegenen Johanna – ganz im Gegensatz zur Johanna Dreyers. Intensität geht besonders von den Szenen der Verurteilung und der Hinrichtung aus, deren Bedeutung sich in der Spiegelung an kleinsten Vorgängen enthüllt.

Unter Bressons letzten Filmen bilden jeweils *Au hasard Balthazar (Zum Beispiel Balthasar)* und *Mouchette* sowie *Une femme douce* und *Quatre nuits . . .* eine Einheit. In den ersten beiden beschäftigt Bresson sich mit dem Leiden unterdrückter Kreaturen in einer ihnen feindlich gesinnten Umwelt. Protagonist von *Balthazar* ist ein Esel, der herumgestoßen, gequält, als Lasttier von Schmugglern gebraucht und schließlich von einem Zöllner erschossen wird. Sicherlich ist dies einer der ersten Filme der Filmgeschichte, in denen ein Tier nicht zur Projektion von sentimentalen Gefühlen mißbraucht oder auf falsche Weise »vermenschlicht« wird. Das Auge Balthasars betrachtet die Welt stumm und doch wie ein Richter. Dieses Auge wird zu einem Spiegel, in dem sich der Zustand der Welt reflektiert. Ähnlich ist es in *Mouchette* (der Film basiert auf einem Roman von Georges Bernanos): hier steht das 14jährige Mädchen Mouchette in einer Umgebung von Erwachsenen, die egoistisch auf ihre eigenen Probleme fixiert sind und keinen Blick für den Menschen neben sich haben (die Mutter, die sich in ihre Krankheit flüchtet; der Vater, ein Alkoholiker; schwatzhafte und neugierige Dorfbewohnerinnen, ein korrupter, asozialer Landstreicher). Es entsteht das Bild einer Gesellschaft äußerster Indifferenz und Inhumanität – aber nicht als theatralische Inszenierung vorgegebener Thesen, sondern als dokumentarischer Einblick in vorhandene Aspekte der Realität, die kühl, mit Präzision, mit einer Mischung aus Distanz und dennoch spürbarem Engagement beobachtet wird. Bressons Engagement, seine Parteinahme für die leidende Kreatur realisiert sich erst durch seine besondere künstlerische Methode, durch die scheinbare Kühle seines Blicks. Diese Methode beruht auf zwei Prinzipien: einmal auf der Arbeit mit Laiendarstellern, die nicht das spielen sollen, was der Regisseur in sie hineinprojiziert, sondern zum Ausdruck bringen, was in ihnen selbst liegt oder was sie selbst nicht einmal wissen: »Keine Schauspieler, keine Rollen, keine Inszenierung – sondern Gebrauch von Modellen, die aus dem Leben genommen wurden. SEIN (Modelle) anstelle des SCHEINENS (Schauspieler)«[5]; zum anderen auf einer insistierenden, asketischen, das Zeichenhafte betonenden Bildsprache, die einen Gegenstand, ein menschliches Gesicht, eine Geste für sich selbst sprechen läßt, als Rohmaterial des Lebens zur Anschauung bringt. Es geht Bresson um das spezifisch »Wahre«, um das, was die Kinematographie mit den ihr eige-

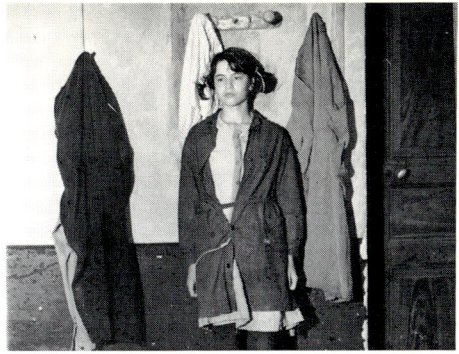

Robert Bresson
Mouchette
1967
Frankreich

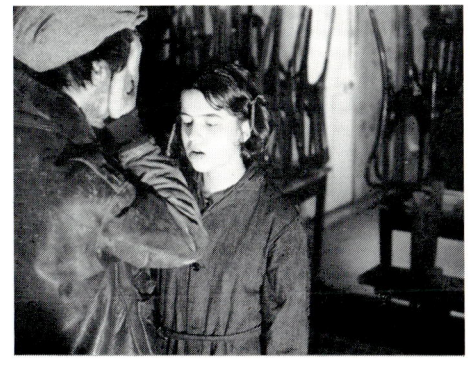

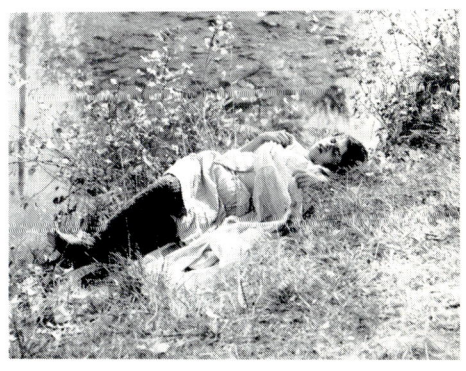

Luis Bunuel
Le charme discret de la bourgeoisie
(Der diskrete Charme der Bourgeoisie)
1972
Frankreich

nen Mitteln zeigen kann, die nicht die des Theaters, des Romans oder der Malerei sind; um eine Arbeit mit Bildern, »die, wie die Worte im Dictionnaire, Kraft und Bedeutung nur durch ihre Stellung und durch ihre Beziehungen erlangen«.[6] Zu den künstlerischen Prinzipien Bressons gehört ferner die Verwendung des »direkten Tons« beim Drehen.

Une femme douce (Die Sanfte) und *Quatre nuits d'un rêveur (Vier Nächte eines Träumers)* – beide Filme entstanden nach Vorlagen von Dostojewski – kann man, wenn man will, auf den Nenner des »Spirituellen« bringen, womit ein Grundmotiv auch früherer Bresson-Filme angeschlagen ist. Beide Filme (zum ersten Mal arbeitete Bresson in Farbe) kreisen um das Problem der Beziehungen zwischen Mann und Frau; sie verlegen ihre Handlung ins Paris der Gegenwart. In *Une femme douce* heiratet ein junges Mädchen einen älteren Mann, den Inhaber eines Pfandleihgeschäftes, vor dem sie schließlich in den Selbstmord flüchtet; in *Quatre nuits . . .* verbringt ein Student mehrere Nächte in den Straßen von Paris mit einem Mädchen, das auf die Rückkehr eines irrealen Fremden wartet. Die Bildsprache dieser Filme ist weniger asketisch als die früherer Bresson-Filme, eher scheint sie ein Medium romantischer Phantasie und irrealer Schönheit zu sein (das unter den Seine-Brücken unwirklich hindurchgleitende erleuchtete Touristenboot). Bresson betrachtet die Beziehungen zwischen den Menschen, die Möglichkeit des Verstehens, der Zuneigung und der Liebe aus einem pessimistischen Blickwinkel; sie sind für ihn konstitutiv verbunden mit einem Moment der Unerfüllbarkeit. Die Liebe scheint sich für ihn nur im Traum oder in der Utopie zu verwirklichen.

Mit *Lancelot du Lac (Lancelot, Ritter der Königin)* kehrte Bresson wieder zu der Düsterheit und abstrakten Bildsprache seiner früheren Filme zurück; er trieb deren Verfahrensweise sogar in ein Extrem. Bresson vertiefte sich in *Lancelot du Lac* in die frühmittelalterliche Sagenwelt von König Artus und den Rittern der Tafelrunde. Der Film setzt ein in dem Moment, als die Ritter König Artus' erfolglos und deprimiert von ihrer vergeblichen Suche nach dem heiligen Gral zurückgekehrt sind; er beschreibt insbesondere die Beziehungen Lancelots zu der Königin Ginevra und zum König. Lancelot widerstrebt der Liebe zu Ginevra, weil er in ihr den Grund sieht, warum ihm Gott das Auffinden des Grals versagt hat, verfällt dieser Liebe aber schließlich doch. Bresson inszenierte mit *Lancelot* keinen schauprächtigen Historienfilm über das Mittelalter; er versucht die Welt der Ritter mit ihrem strengen Moralkodex vielmehr zu entmystifizieren und gelegentlich sogar zu karikieren. Die Ritter sind Repräsentanten einer Spätzeit, die den Glauben an ihre Ideale verloren haben (den Gral); Konventionen und Rituale schleppen sie nur noch als leere Formen mit sich. Dieser Eindruck ergibt sich zwingend aus der Art, wie Bresson in diesem Film mit Details, Fragmenten und Großaufnahmen arbeitet, wie er von einem Ritterturnier beispielsweise nur die Füße der Ritter in den Steigbügeln zeigt, wie er den Film mit dem unablässigen Rasseln und Scheppern der Rüstungen unterlegt. Am Schluß des Films bricht Lancelot nach einer Schlacht in seiner Rüstung über einem Haufen ebenfalls toter Ritter zusammen – dieses Bild legt es nahe, als Metapher des Begriffs »Schutthaufen der Geschichte« verstanden zu werden. *Lancelot du Lac* ist der geschlossenste und konsequenteste unter den letzten Filmen Bressons.

In *Le diable probablement* (»Der Teufel wahrscheinlich«, 1977) bemühte sich Bresson, anhand einer Geschichte von vier jungen Leuten die Bewußtseinslage der nachwachsenden Generation im Verhältnis zu Umweltbedrohung, Religion und Politik zu sondieren. Bressons phänomenologische Methode, seine besondere Art der Darstellerführung stehen hier allerdings im Widerspruch zu einer recht melodramatischen Geschichte und zu dem nicht immer überzeugenden Versuch, das Verhalten der Personen soziologisch zu verallgemeinern.

Luis Buñuel

Der gebürtige Spanier Luis Buñuel (geb. 1900), dessen Schaffenskraft auch im Alter kaum zu erlahmen scheint – bis 1974 entstand etwa alle zwei Jahre ein Film –, gehört zu jenen Regisseuren, die schwer einem Land zuzuordnen sind. Seine ersten Filme entstanden in Frankreich. Dann arbeitete er in Mexiko, schließlich in Spanien und dann wieder in Frankreich. Da Buñuel seit 1964 seine Filme jedoch (bis auf *Simon del desierto* und *Tristana*) in Frankreich drehte, kann man seine späte Entwicklung am ehesten im Kontext Frankreichs darstellen, selbst wenn seine Filme, außer mit dem Surrealismus, mit kaum einer anderen Filmströmung in Verbindung gebracht werden können; sie sind ganz und gar das Werk eines großen Individualisten. Buñuel ist freilich nicht in dem Sinne Individualist, daß er die umgebende Welt mit ihren Konflikten und gesellschaftlichen Widersprüchen ignoriert; die gesellschaftskritische Komponente, die Buñuels Filmen seit *L'âge d'or (Das Goldene Zeitalter*, 1932) eignet, ist auch in seinen späten Werken deutlich auszumachen. Buñuel attackiert die Paradoxien und Konventionen, die Tabus und Vorurteile, die Egoismen und die Irrationalität der bürgerlichen Gesellschaftsordnung mit ätzendem Spott, mit Unnachgiebigkeit und mit Scharfblick; freilich zielt seine Kritik nicht nur auf die konkreten Formen, in denen Gesellschaftliches erscheint, sondern auch auf die Bereiche der Religion, Metaphysik, Moral und Psychologie. Besonders gern beschäftigt sich Buñuel mit Fragen der Religion, wobei er dem Katholizismus mit einer Art Haßliebe gegenübersteht.

Anfang der sechziger Jahre ging Buñuels mexikanische Periode zu Ende. Aber auch in dieser Periode entstanden noch bedeutende Werke. *La Joven (Die Junge*, 1960) ist ein Rassendrama, das sich auf einer tropischen Insel abspielt; Buñuel prangerte in diesem Film, der den Wert einer politischen Parabel hat, die Überheblichkeit und die Vorurteile der Weißen gegenüber den Schwarzen an, wobei ein Pastor eine interessante Zwischenposition im Konflikt der Rassen einnimmt. Als eines der bedeutendsten Werke Buñuels überhaupt kann *Viridiana* (1961) gelten. Der Film, der in Franco-Spanien, wo er entstand, sogleich verboten wurde, ist ein flammendes Pamphlet gegen christliche Selbstgefälligkeit und vom Bürgertum assimilierte Frömmigkeit; er stellt das Konzept der Caritas als eine Verirrung dar, die gräßliche Folgen nach sich zieht. Eine Novizin richtet auf einem Landgut ein Asyl für Bettler und Arme ein und hält diese zur christlichen Gesinnung an. Im ersten Moment aber, da sie ihren Schützlingen den Rücken kehrt, kommt es unter diesen zu einer blasphemischen Revolte. Christliche Gesinnung, Kultur und Bildung, wie sie das Bürgertum (in der Person der Novizin) propagiert, erweisen sich als brüchige Fassade über einem Chaos brodelnder Triebe, die sogleich zusammenstürzt, wenn der Zwang gelockert wird.

Im Gegensatz zu *Viridiana* ist *El angel exterminador (Der Würgeengel*, 1962) ein allegorischer Film, der seine Thematik nur in verschlüsselter Form zu erkennen gibt. In einer Villa feiert eine Gesellschaft reicher Bürger eine Party. Plötzlich, wie von geheimnisvollen Kräften gebannt, vermögen sie den Umkreis der vornehmen Salons nicht mehr zu verlassen. Dieser Zustand hält mehrere Tage an; Nervosität, Hysterie und Auflösungserscheinungen stellen sich ein; die eben noch vornehmen Anwesenden erscheinen mehr und mehr als bloße Opfer ihrer Triebe. Durch die surrealistische Einkleidung des Films schimmern die alten gesellschafts- und religionskritischen Motive Buñuels durch, wie sie sich schon in seinem Klassiker *L'âge d'or* verkörpern.

Le Journal d'une femme de chambre (Das Tagebuch einer Kammerzofe, 1964) erwies noch einmal, wie eng im Werk Buñuels politisch-ideologische und poetisch-surreale Elemente miteinander verbunden sind. Ausgehend von dem gleichnamigen Roman Octave Mirbeaus entwarf Buñuel in diesem Film ein abschreckendes Bild der Klassengesellschaft eines französischen Provinzstädtchens. Die Exponenten der Oberschicht – die Familie Monteil, bei der das Mädchen Célestine in Diensten steht, aber auch ihre Nachbarn – sind korrupt, heuchlerisch und arrogant: auf Wahrung bürgerlich-herrschaftlicher, patriotischer Formen bedacht, führen sie ein Leben der Überflüssigkeit und der Frustration. Die Beschränktheit des Bewußtseins, das bei ihnen herrscht, reproduziert sich in der Welt der Dienstboten: Hier keimen aus dem Geist subalterner Ergebenheit dumpfe faschistische und antisemitische Ressentiments. Buñuel deckt die absurde, halb lächerliche, halb unheimliche Mechanik der bürgerlichen Gesellschaftsordnung auf, wobei er seiner Untersuchung eine surrealistische Optik gibt und mit Vorliebe so beunruhigende Details einfängt wie das Bild einer Schnecke, die über das Bein eines ermordeten Mädchens kriecht.

In den folgenden Filmen *Belle de jour (Belle de jour – Schöne des Tages*, 1967), *Tristana* (1970) und *Le charme discret de la bourgeoisie (Der diskrete Charme der Bourgeoisie*, 1972) präzisierte und variierte Buñuel seine gesellschaftskritische Thematik. *Belle de jour* und *Tristana* befassen sich mit Aspekten der doppelten Ehemoral im Katholizismus und im Bürgertum. »Belle de jour« ist die 23jährige Ehefrau eines Chirurgen, die aus den Frustrationen ihrer Ehe in das zeitweilige Paralleldasein eines bizarren »Modesalons« flüchtet, in dem exzentrische Personen verkehren. Das Mädchen Tristana (Handlungsort des Films ist die spanische Stadt Toledo) willigt, nachdem sie als Folge einer Krankheit ein Bein verloren hat, in die Heirat mit ihrem früheren Vormund (und Geliebten) ein und führt eines Nachts dessen ohnehin bevorstehenden Tod herbei. Beiden Filmen gemeinsam ist, daß Frauen als Opfer der herrschenden Ordnung erscheinen (Tristana noch mehr als »Belle de jour«), daß ihre Lebensbedingungen versteinert sind unter einer Oberfläche der Konventionen, aus denen sie ausweichen in imaginäre Welten, von denen nicht auszumachen ist, ob sie existieren oder nicht: In *Belle de jour* ist am Schluß »unerklärlich« alles wieder wie vorher, in *Tristana* läuft die Handlung als schnelle Montage noch einmal in umgekehrter Reihenfolge ab, so daß der ganze Film auch als eine in Sekunden sich abspielende Phantasie verstanden werden könnte. In *Le charme discret . . .* schildert Buñuel den Lebensstil des gehobenen Pariser Bürgertums, wobei sich ein Bischof als Gärtner verdingt, in einer Gesellschaft plötzlich ein Toter liegt, ein Botschafter aus dem Fenster mit dem Gewehr auf lästige Passanten zielt, eingeladene Gäste unversehens auf einer Bühne vor Publikum sitzen. Unmittelbar schlagen realistische Szenen ins Phantastische und Visionäre um; durch ein verschobenes Detail wird Alltag plötzlich zum Traum. Der Film ist mit Witz und Ironie gemacht, obwohl die beißende Schärfe der Attacke, die Buñuel gegen das falsche Bewußtsein der Bourgeoisie richtet, dadurch nicht gemildert wird. Die stärkere Rolle der Ironie bei Buñuel mag indessen erklären, warum seine letzten Filme nicht unbeträchtliche Kinoerfolge wurden.

Eine spezifische Auseinandersetzung mit Religion und Metaphysik führt Buñuel in *Simon del desierto (Simon in der Wüste*, 1964) – der Geschichte eines Säulenheiligen, der im 5. Jahrhundert 37 Jahre auf einer Säule stehend zugebracht haben soll – und in *La voie lactée (Die Milchstraße*, 1968): Hier unternehmen zwei Pilger eine Wanderung zu dem spanischen Wallfahrtsort Santiago de Compostela; im Verlauf dieser Wanderung erleben sie Kuriositäten, Mirakel, Halluzinationen; ihnen offenbart sich ein Querschnitt durch die kirchliche Dogmengeschichte. Da streitet ein Jesuit mit einem Jansenisten, Kinder rezitieren Bannflüche, Ketzer werden verbrannt, die Gebeine eines Heiligen werden ausgegraben, weil man ihn nachträglich zum Ketzer erklärte. Schließlich begegnen sie auch Jesus, der jedoch andere Reden führt, als man von ihm erwartet, sowie der Heiligen Dreieinigkeit. Mit atemberaubender Kühnheit (und zugleich Eleganz) wechselt Buñuel von einem Thema zum anderen, durchbricht die Ebenen der Logik, um das Unfaßliche, das Blasphemische und Paradoxe hervorzukehren. Die Geschichte der Kirche wird hier in die äußere Form eines Schelmenromans gebracht; sie erscheint als eine Aufeinanderfolge absonderlicher Verzerrungen und unglaublicher Unterdrückungen, die jedoch von den Menschen sogleich verinnerlicht und theoretisch gerechtfertigt werden. Die Umkehrung gewisser Glaubenssätze und Dogmen, die Buñuel in diesem Film vorführt, gibt ihm am Ende eine revolutionäre Pointe, wenngleich diese nur zwischen den Zeilen lesbar ist.

In seinem bisher letzten Film, *Le fantôme de la liberté (Das Gespenst der Freiheit,* 1974), führt Buñuel die Episodentechnik, die er bereits in *La voie lactée* verwandte, noch einen Schritt weiter: Zwischen den Episoden besteht kein verbindendes Band mehr, eine Person leitet jeweils von einem Komplex zum nächsten über. Auch hier wieder spießt Buñuel Beispiele des Rätselhaften und Absurden aus der bürgerlichen Gesellschaft auf. Die These des Films, der er durch sein Motto: »Es leben die Ketten!« Ausdruck verleiht, besagt nichts anderes, als daß sich die bürgerliche Gesellschaft aus Unfähigkeit zur Freiheit von selbst in die Gefängnisse des Vorurteils und des falschen Denkens begibt und deshalb alle Manifestationen der Freiheit, wo sie sich auch immer regen mag, mit Gewalt bekämpft.

François Truffaut

1957 beschrieb François Truffaut (geb. 1932) in den »Cahiers du Cinéma«[7], wie er sich den ›Film von morgen‹ vorstelle, und formulierte damit die wesentlichen Maximen der ›Neuen Welle‹:

»Der Film von morgen erscheint mir noch persönlicher als ein Roman, individuell und autobiographisch wie eine Konfession oder wie ein Tagebuch. Die jungen Filmemacher werden sich in der ersten Person ausdrücken und uns erzählen, was ihnen zugestoßen ist. Das kann die Geschichte ihrer letzten Liebe sein, eine politische Bewußtwerdung, eine Reiseerzählung, eine Krankheit, ihr Militärdienst, ihre letzten Ferien, und das wird fast zwangsläufig Gefallen finden, denn es wird wahr und neu sein . . . Der Film von morgen wird eine Liebeserklärung sein.«

Diese Definition eines ›Films von morgen‹, die damals in Opposition zur herrschenden Praxis des versteinerten französischen ›Kinos der Qualität‹ im Sinne eines persönlichen Autorenkinos aufgestellt wurde, kann auch Gültigkeit für Truffauts eigenes Schaffen beanspruchen – in der thematischen Vielseitigkeit, wie sie hier postuliert wird, aber auch im Bekenntnis zur Subjektivität eines Ausgangspunktes. In der Tat sind Truffauts Filme, die er bisher drehte, kaum auf einen Nenner zu bringen, jedenfalls nicht vom Sujet her. Innerhalb seines Werks stehen ernste, thematisch ambitionierte Filme *(Les 400 coups – Sie küßten und sie schlugen ihn,* 1959; *La peau douce – Die süße Haut,* 1964), Filme, die philosophische Fragen aufwerfen *(Fahrenheit 451, L'enfant sauvage – Der Wolfsjunge,* 1969), neben Arbeiten scheinbar leichteren Zuschnitts, die als Konzession an das Unterhaltungsbedürfnis der Kinoindustrie erscheinen mögen *(La mariée était en noir – Die Braut trug schwarz,* 1967; *Baisers volés – Geraubte Küsse,* 1968; *Domicile conjugal – Zwischen Tisch und Bett,* 1970; *Une belle fille comme moi – Ein schönes Mädchen wie ich,* 1972); zu diesen Filmen stehen wiederum »literarische« Werke wie *Jules et Jim (Jules und Jim,* 1961) und *Les deux Anglaises et le continent (Zwei Mädchen aus Wales,* 1971) im Kontrast.

Man könnte versucht sein, aus Truffauts Werk (wenn man die Entwicklung bis zu *Jules et Jim* einmal ausklammert), die ihrem Sujet nach besonders ambitionierten Filme herauszuheben, nämlich *La peau douce,* das schonungslos deutliche und kritische Porträt eines erfolgreichen und selbstgefälligen Literaten, der von seiner Frau aus Eifersucht erschossen wird, als er sich gerade von seiner Geliebten gelöst hat und in die Ehe zurück-kehren möchte; oder *Fahrenheit 451*, den utopischen Bericht von einer Zivilisation, in der das Lesen und Besitzen von Büchern verboten ist, mündend in den elegischen Aus-blick auf eine romantisch-illegale Kultur nur noch mündlich überlieferter Literaturin-halte; oder die Darstellung des Versuchs, ein Naturkind zu zivilisieren *(L'enfant sau-vage)*, wobei Truffaut unser zivilisatorisches System nach seinen Grundlagen befragt und die Schwierigkeiten untersucht, elementare Grundschritte der Kommunikation zu vollziehen, wenn der Empfänger der Kommunikation nicht im gleichen System aufge-wachsen ist. Freilich stellt Truffaut solche Probleme nie abstrakt dar, sondern immer be-zogen auf die Helden seiner Filme, die diese Probleme für sich zu lösen suchen. Besonders interessiert sich Truffaut für schwache, unstabile Personen. In *La peau douce* gilt sein Verstehen und in gewissem Maße seine Sympathie dem inkonsequenten Charakter sei-nes Helden; in *Fahrenheit 451* untersucht er die Psychologie des Feuerwehrmannes, der von Berufs wegen damit beauftragt ist, schädliche Literatur »auszumerzen«; *L'enfant sauvage* ist nicht nur die Geschichte des »Wolfsjungen«, sondern zugleich auch die sei-nes Lehrmeisters Dr. Itard (Truffaut spielt ihn bezeichnenderweise selbst), seiner Hoff-nungen, Erfolge und Rückschläge. In diesem differenzierten Verhältnis von Kritik und Sympathie, die Truffaut seinen Helden entgegenbringt, verwirklicht sich die spezifische Humanität dieses Regisseurs.

Man kann den Zusammenhang der Truffautschen Filme jedoch auch in formalen Momenten sehen. Im Grunde der linearen Erzählweise verhaftet (als Kritiker galt seine Vorliebe dem amerikanischen Kino), löst Truffaut diese auf in Facetten und Spiegelun-gen. Jeder Augenblick in seinen Filmen enthält die Antithese des vorangegangenen. Das Spielen mit Parallelen, mit verschiedenen Ebenen der Erzählung und mit Kontrasten scheint geradezu eine Besessenheit dieses Regisseurs zu sein. Als eigenes Motiv hat Truffaut den Kontrast zwischen Bild und Kommentar in *Une belle fille comme moi* ein-gesetzt, wo der deftige, ungefilterte Bericht des Mädchens, das seine Lebensgeschichte im Gefängnis auf das Tonbandgerät des Soziologen spricht, von diesem in ein farbloses und der Wirklichkeit nicht entsprechendes System wissenschaftlicher Fachausdrücke übersetzt wird. Truffaut hat eine Vorliebe für Helden, die entweder ihre Schwierigkeiten mit dem Erwachsenwerden haben (hierzu gehört die Antoine-Doinel-Serie mit *Baisers volés* und *Domicile conjugal)* oder ihre Ideale nicht mit der Wirklichkeit in Überein-stimmung zu bringen vermögen *(Les deux Anglaises . . .*, ein im Vergleich zu den übri-gen Werken Truffauts eigentümlich nostalgischer Film). Niemals jedoch ist der Gang der Filme von vornherein festgelegt, zeigen die Personen präformierte Reaktionsweisen. Was Truffauts Filme ausstrahlen (sie gehören zu den wenigen, in denen »Unterhaltung« nicht das Synonym von Verdummung bedeutet), ist die Freude an der Aufsplitterung und Zerlegung der Wirklichkeit in ihre Bestandteile, der Entfaltung und phantasievollen fil-mischen Orchestrierung ihrer Widersprüche. Schließlich reflektieren Truffauts Filme auch das Vergnügen an der Filmarbeit selbst; *La nuit américaine (Die amerikanische Nacht,* 1973), der mehr komödiantische als melodramatische Bericht über die Arbeit für einen Film, ist eine Hommage an das aufwendige Filmemachen im »alten Stile« Holly-woods.

1975 drehte Truffaut wieder einen Film literarischen Ursprungs, der freilich auch einen realen Kern besaß. *L'histoire d'Adèle H. (Die Geschichte der Adèle H.)* ist die Geschichte der Tochter des Schriftstellers Victor Hugo, basierend auf einer authenti-schen Biographie: Die Geschichte einer Besessenheit, einer »amour fou«, die allerdings höchst einseitig bleibt. Adele reist ihrem Geliebten, einem irischen Offizier, von der Kanalinsel Guernsey nach Halifax in Kanada nach, in der Hoffnung, seine Liebe zu ge-winnen und ihn zu ehelichen. Doch vergebens; sie wird abgewiesen, verfängt sich im Gewirr ihrer falschen Vorspiegelungen, bleibt allein mit ihrem Tagebuch und geht am Ende dem Wahnsinn entgegen. Truffaut erzählt dieses Drama unterdrückter Leidenschaft und wachsenden Zerfalls einer Persönlichkeit mit bemerkenswerter Kühle und analytischer Distanz; der romantische Überschwang leidenschaftlicher Gefühle wird zurückgenommen und gebrochen durch die ständige Gegenwart eines Erzählers, durch die knappe Dimensionierung der Szenen, durch Briefe und Zitate. Auf die düstere und in der Realisierung schwierige (eine Liebesgeschichte mit einer Person!) *Adèle H.* folgte ein Film entspannterer, heiterer Tonart über eine Gruppe von Kindern: *L'argent de poche* (*Das Taschengeld*, 1976). Truffaut drehte mit Kindern einer Schulklasse aus der französischen Provinz eine Serie ineinander verwobener Alltagsbegebenheiten. Dieses »Mosaik aus Kinderträumen«[8] enthielt viele Motive und Zitate aus früheren Truffaut-Filmen; der Film war gearbeitet aus dem Stoff eines pointillistischen Realismus, wie er für Truffaut typisch ist. *L'homme qui aimait les femmes* (»Der Mann, der die Frauen liebte«, 1977), die mosaikartig zersplitterte Geschichte eines Erotomanen, erwies Truffaut erneut als Stilisten und Meister eines unterhaltenden Kinos, das sich jedoch mehr und mehr in technischen Pirouetten, in der Kunst der schönen Ausführung erschöpft, wobei Personen und Situationen nicht mehr als Versatzstücke sind.

Claude Chabrol

Chabrols Filme haben in ihrer Einschätzung durch die Kritik starke Schwankungen durchgemacht. Zunächst trug Claude Chabrol (geb. 1930), Kritiker der »Cahiers du Cinéma« (wie Truffaut, Godard, Rohmer und Rivette), mit seinen ersten Filmen 1958/59 zum Durchbruch der ›Nouvelle vague‹ bei.

Auf sie folgt eine Reihe intelligent gemachter, aber mehr an die Bedürfnisse der Filmindustrie angepaßter Filme unterhaltenden Charakters: *Les Godelureaux* (*Speisekarte der Liebe*, 1960), *Landru* (*Der Frauenmörder von Paris*, 1962), *Le tigre aime la chair fraîche* (*Der Tiger liebt nur frisches Fleisch*, 1964), *Le tigre se parfume à la dynamite* (*Der Tiger parfümiert sich mit Dynamit*, 1965), *Le scandale* (*Champagner-Mörder*, 1967) waren die Titel einiger Filme, die Chabrol um die Mitte der sechziger Jahre verfertigte und die sein Ansehen bei der Kritik sinken ließen. Dann aber realisierte Chabrol mit *Les biches* (*Zwei Freundinnen*, 1967) wieder ein anspruchsvolleres Werk, das zu einem Wendepunkt seiner Karriere werden sollte. Zwar diente auch hier eine kriminalistische Konstellation zwischen drei Personen (eine reiche Frau, eine Pflastermalerin und ein Architekt mit Haus in St. Tropez) als Ausgangspunkt der Intrige, aber Chabrol gelang in diesem Film eine subtile Charakteranalyse der Personen, artikuliert in kühlen, eleganten, dem Thema adäquaten Bildern. Von *Les biches* ab entwickelte sich Chabrol zum Chronisten und Analytiker des französischen Bürgertums. Seine Filme – insbesondere *La femme infidèle* (*Die untreue Frau*, 1968), *Que la bête meure* (*Das Biest muß sterben*, 1969), *Le boucher* (*Der Schlachter*, 1969), *La rupture* (*Der Riß*, 1970) und *Juste avant la nuit* (*Vor Einbruch der Nacht*, 1970/71) – bilden nach Stil, Thematik und Personenkreis eine Einheit. Meist spielen sie im Milieu des gehobenen Bürgertums, unter Besitzern eleganter Appartements, Landhäuser, teurer Automobile oder Segelyachten. Was Chabrol vermittels seiner kriminalistischen Intrigen aufdeckt, das sind verlogene Konventionen, Frustrationen, Heuchelei, Haß, Eifersucht, das Spiel der gesellschaftlich dominierenden Kräfte, alles dies verborgen unter einer Oberfläche des schönen Scheins, eleganter Umgangsformen, vorgetäuschter Harmonie. Gelegentlich kokettiert Chabrol auch mit der Form des Melodrams, jedenfalls liebt er starke dramatische Effekte. Die Personenkonstellationen gleichen sich in vielen Filmen, bis hin zu den Namen: Die weibliche Protagonistin heißt wiederholt Hélène, die männlichen Gegenspieler nennen sich oft Charles und Paul (sie haben bei Chabrol einen festen Stellenwert). In *La femme infidèle* bringt ein hintergangener Ehemann den Liebhaber seiner Frau um. Zwischen den Eheleuten fällt über den Vorgang kein Wort. In *Que la bête meure* sucht und findet ein Vater den Schuldigen am Unfalltod seines Sohnes. Er ist seiner vorausgeplanten Rache ganz nahe, als seine Pläne durchkreuzt werden und das »Biest« auf andere Weise zu Tode kommt. Der »Schlachter« ist ein pathologischer Sexualmörder, der eine Lehrerin liebt. Was anfänglich Idylle war, wandelt sich zum Schauerdrama. *La rupture* beginnt mit einem Racine-Zitat: »Von welch finsterer Nacht bin ich plötzlich umgeben?« Eine Frau wird von ihrem wahnsinnig gewordenen Ehemann bedroht und kämpft dann gegen die Intrigen ihres Schwiegervaters, um das Sorgerecht für ihren Sohn behalten zu können. Und in *Juste avant la nuit* erwürgt ein respektabel aussehender Ehemann seine Geliebte, findet dafür bei der Ehefrau und dem Mann der Getöteten jedoch Verständnis und wird schließlich daran gehindert, sich der Polizei zu stellen.

Viele Einstellungen bei Chabrol sind so idyllisch, so ruhig, daß sie die Erwartung eines bedrohlichen Umschlags erzeugen. Das gilt für die Bilder friedlicher Kleinstadtarchitektur aus *Le Boucher*, die Ladeninterieurs mit Kundschaft in dem gleichen Film oder die Szene, in der ein Kind ein Butterbrot auseinanderklappt (auf das wenig später Blut tropft). Die gefällige Oberfläche, die prächtigen Interieurs, in denen die Personen leben, die nahtlose Montagetechnik, die kein Detail dem Zufall überläßt, all dies wirkt bei Chabrol nicht affirmativ, bestätigt den Zuschauer nicht in seinem Einverständnis mit der Welt, sondern erweckt Zweifel, läßt mit einer Aussage zugleich auch deren Gegenteil erwarten. Obwohl Chabrol sich der Stereotypen des Kriminalfilms bedient (er hat zugegeben, die Polizeiintrige und die Faszination des Todes einzusetzen, um das Publikum zu fesseln: »Ich habe mir gesagt: Wenn es mir gelingt, sie mit diesem Element an den Film zu fesseln, dann ist es geschafft, dann kann ich sagen, was ich will, es genügt, wenn ich das Kriminalschema überstülpe, dann läuft es von alleine!«[9]), gibt es bei ihm doch keine Schematisierung in gute und böse Typen. »Bei Chabrol haben selbst die übelsten Gauner noch etwas prinzipiell Sympathisches. Anders gesagt: Jede Figur zeigt ein Spektrum von Charaktereigenschaften; jede ist, wenn man diese Ausdrücke beibehalten will, gut und böse zugleich. Man könnte diese Menschenschilderung im Prinzip mit Dostojewski vergleichen . . .« (Wilfried Wiegand)[10]

In *La décade prodigieuse (Der zehnte Tag,* 1971) stellt Chabrol in surreal-barocker Umgebung einen titanischen Übermenschen vor (gespielt von Orson Welles), der seine Umwelt in Furcht und Schrecken hält; von seiner Ehefrau getäuscht, treibt er diese und ihren Liebhaber in den Tod und begeht am Schluß Selbstmord (wieder gibt es die Konstellation Hélène-Charles-Paul). Chabrol mochte hier so etwas vorgeschwebt haben wie die Kritik am übermächtigen Vaterbild, das gottgleich in seinem Absolutheitsanspruch ist (und sich wie Adam und Eva zwei Wesen seiner Abhängigkeit gebildet hat). »Die Geschichte besteht darin, den Begriff des drohenden und rächenden Gottes aus dem Alten Testament prinzipiell abzulehnen . . ., während *Juste avant la nuit* die Moral des Neuen Testaments mit seiner Angst vor Sünde denunziert.«[11]

Docteur Popaul (1972) siedelte wieder eine kriminalistische Intrige im Milieu der Provinzbourgeoisie an, während der im gleichen Jahr entstandene *Les noces rouges (Die rote Hochzeitsnacht)* ebenso wie *Nada* (1973) mehr politische Phänomene anvisiert: In *Les noces rouges* hat ein Provinzbürgermeister Grundstücksgeschäfte vor, für die er einen Partner sucht, wird aber schließlich selbst zum Opfer seiner Manipulationen (der Film hatte wegen der Darstellung politischer Korruption Schwierigkeiten mit der französischen Zensur); in *Nada* entführen Anarchisten den französischen Innenminister aus einem Pariser Bordell. Chabrol richtet seine Kritik gleichermaßen gegen die Anarchisten wie gegen den Staatsapparat. Er zeigt »beklemmende Nahaufnahmen zerstörter Persönlichkeiten«.[12]

Une partie de plaisir (Eine Lustpartie, 1974) läßt Chabrols Versuch erkennen, aus dem Themenkreis seiner bisherigen Filme auszubrechen. Zwar geht es hier abermals um die Porträtierung einer bürgerlichen Familie, jedoch ist das kriminalistische Schema zurückgenommen zugunsten einer insistierenden Beschreibung der Selbstherrlichkeit eines Ehemanns, der seiner Frau beweisen will, wie »emanzipiert« er ist, tatsächlich aber sein eigenes Scheitern inszeniert. Zum ersten Mal verwendete Chabrol hier keine Schauspieler, sondern ließ seinen Drehbuchautor Paul Gegauff sowie dessen ehemalige Frau Danièle die Hauptrollen spielen.

Les innocents aux mains sales (Die Unschuldigen mit den schmutzigen Händen, 1975), die perfekt erzählte Geschichte mehrerer sich überlagernder Mordaffären, offenbarte deutlicher als zuvor einige Schwächen der chabrolschen Methode: die Wiederholung immer gleicher Motive, die Indifferenz gegenüber den Personen, eine Glätte der Inszenierung, die den Film letztlich in die Nähe des Konsumkinos rückt. Der Gefahr, in seiner eigenen Routine zu erstarren, könnte das Kino Claude Chabrols in absehbarer Zeit erliegen, wenn es ihm nicht gelingt, sich zu erneuern.

Nach zwei internationalen Koproduktionen vollzog Chabrol tatsächlich so etwas wie die Neuorientierung in eine bisher für ihn ungewohnte Richtung: *Alice ou la dernière fugue* (»Alice oder die letzte Flucht«, 1977) ist ein subtil gemachter Horrorfilm, in welchem eine Frau in eine labyrinthische Traumwelt gerät, die ihr zum Gefängnis wird. Der Film, den Chabrol Fritz Lang widmete, fasziniert vor allem durch seine genau kalkulierte und beherrschte Erzählweise.

Jean-Luc Godard

Jean-Luc Godard (geb. 1933) kann aufgrund der Impulse, die seine Filme auslösten (über 20 lange Spielfilme von 1960 bis 1970, dazu einige Beiträge zu Episodenfilmen), im Hinblick auf die ständige Erneuerung seiner Ästhetik, auf die enge Verbindung seiner Filme mit der französischen Wirklichkeit, im Hinblick schließlich auf die Entwicklung, die Godard nach dem Mai '68 durchmachte, als die Schlüsselfigur des französischen Films der sechziger Jahre gelten – und dies, wie immer man sich zu seinen Filmen stellen mag.

Richard Roud hält Godard in seiner 1967 erschienenen Monographie nicht nur für »den größten Regisseur, der heute im Film arbeitet (mit der möglichen Ausnahme von Alain Resnais), sondern auch für einen der wichtigsten Künstler unserer Zeit«.[13] Pier Paolo Pasolini schrieb 1971: »Zumindest die Hälfte des neuen Kinos in der ganzen Welt ist ein Godard-Kino, d.h. es gehorcht Regeln, folgt Normen, die von Godard (vielleicht ohne normative Absicht) aufgestellt wurden.«[14] Bekannt ist auch der Ausspruch Buñuels, der erklärte: »Außer bei Godard sehe ich nichts Neues in der Neuen Welle.«[15] Während Sartre erklärte: »Deshalb gibt es bei Godard dauernd Appelle an die Kultur: Aus dem Grunde, weil er selbst keine hat . . . Es ist zuviel Kultur in den Filmen Godards; zuwenig in Godard«[16], rief der Schriftsteller Louis Aragon aus: »Die Kunst heute, das ist Jean-Luc Godard . . . denn niemand vermag besser als Godard die Ordnung der Unordnung zu beschreiben . . . «[17]

Obwohl Jean-Luc Godard nicht allein handelte, sondern von seinen Kritiker- und Filmemacher-Kollegen der ›Nouvelle vague‹ beeinflußt wurde, war er es doch, der in seinen Filmen am deutlichsten den Schritt vom traditionell erzählenden Kino der Realitätsabbildung zu einem modernen Kino vollzog, das sich als Instrument zur Erkundung der Wirklichkeit und als Medium der Kommunikation mit dem Zuschauer betrachtete. Auffälligstes und durchgängigstes Merkmal der Godard-Filme ist ihre neuartige Erzähltechnik, ihr Aufbrechen der traditionellen dramaturgischen Formen, die Verwendung des Collagenstils, der anstelle reibungsloser Übergänge verschiedenartiges Rohmaterial so nebeneinanderstellt, daß die Bruchstellen betont werden und dadurch die Bauweise eines Films erkennbar wird. Das gilt sowohl für die vielzitierte »falsche« Montagetechnik in *A bout de souffle (Außer Atem,* 1959), wo Godard Anschlüsse vorführte, die von der bisherigen Filmästhetik als »falsch« tabuiert waren, als auch für das Vermischen eines Hauptgeschehens mit scheinbar unverbundenen Nebenereignissen (in *Masculin-féminin,* 1965) und die Aufteilung der Handlung in Kapitel oder »Bilder« wie in *Vivre sa vie (Das Tagebuch der Nana S.,* 1962). Das gleiche dramaturgische Prinzip tritt auch in Erscheinung, wenn in ein fiktives Geschehen Szenen offensichtlich dokumentarischen und improvisierten Charakters eingeblendet werden (Nanas Gespräch mit dem Philosophen Brice Parain in *Vivre sa vie).* Hier wird ein anderes Merkmal der Godard-Filme deutlich: Sie sind eingespannt in einen Dualismus von dokumentarischer Wirklichkeitsnähe auf der einen und Betonung der ästhetischen Konstruktion auf der anderen Seite. Diesen Widerspruch verarbeitet Godard in seinen Filmen: »Ich glaube, daß ich eher vom Dokumentarischen ausgehe, um ihm die Wahrheit der Fiktion mitzuteilen.«[18]

Godards Filme signalisieren den Einbruch des Essayistischen und des reflektiven Elements in die Erzählung. Damit in Zusammenhang steht das für die ›Nouvelle vague‹ insgesamt typische, aber bei Godard besonders ausgeprägte Prinzip des literarischen oder filmischen Zitats. Immer wieder werden in Godards Filmen Texte oder Briefe verlesen, Erzählungen oder Anekdoten vorgetragen, Interviews eingefügt; es erscheinen Hinweise auf Buchtitel, auf Titel oder Motive anderer Filme. Oft mag es sich dabei um Wortspiele handeln, für die Godard bis heute eine große Vorliebe zeigt. Tatsächlich aber manifestiert sich hier ein neues Filmverständnis: Kein allwissender filmischer Erzähler richtet ein pseudo-reales Gebäude vor dem Zuschauer auf, sondern der Zuschauer wird in ein Netz von Beobachtungen, Assoziationen und Verweisen hineingezogen, das er fortzusetzen hat, dessen Teil er schließlich selber wird.

Godard ist kein Filmemacher, der vor dem Filmen genau weiß, wohin er will. Für ihn ist das Filmen ein intellektuelles Abenteuer, das neue Erkenntnisse vermittelt, die aus dem Prozeß der Filmarbeit selbst hervorgehen. In *Vivre sa vie* versuchte er, »das Denken im Prozeß seiner Bewegung« zu filmen.[19] Wenn seine Filme manchmal widersprüchliche Elemente enthalten, so bewertet Godard das als Schritt auf dem Wege zur Wahrheitsfindung; wie der Philosoph in *Vivre sa vie* sagt: »Der Irrtum ist notwendig für die Entdeckung der Wahrheit.« An anderer Stelle hat Godard auch gesagt (1962): »Ich halte mich für einen Essayisten, ich schreibe Essays in Form von Romanen oder Romane in Form von Essays: Nur filme ich sie ganz einfach, anstatt sie zu schreiben.«[20]

In Godards Filmen finden sich immer wieder Hinweise und Überlegungen zum Prozeß der filmischen Darstellung, zum Verhältnis von Abbild und Wirklichkeit. Während schon in Godards früheren Filmen die Probleme von Sprache und Kommunikation im Mittelpunkt stehen *(Vivre sa vie),* reflektiert Godard später (so in *Le gai savoir – Die fröhliche Wissenschaft,* 1968) darüber, daß Filme aus »Bildern und Tönen« bestehen, und läßt Experimente zur Bild- und Tonkombination ablaufen. Obwohl Godard sich schon in seinem frühen Aufsatz *Montage, mon beau souci* (»Montage, meine schöne Sorge«) 1956 zum Stilmittel der Montage bekannte und Montagen in seinen Filmen eine wichtige Rolle spielen, finden sich bei ihm auch entgegengesetzte Ausdrucksmittel, beispielsweise lange Kamerafahrten und Schwenks. Die Kamerabewegungen sind für Godard ein Mittel der Abstraktion, der Hervorhebung, der Metaphorik: Beispielsweise das Hinundherfahren der Kamera vor dem Rücken von Anna Karina in *Vivre sa vie,* ähnlich in *Le mépris (Die Verachtung, 1963)*, oder die Kameraschwenks um 360° in *Weekend*, die das Auseinanderklaffen von Kultursphäre und realen Lebensbedingungen auf dem Lande zum Ausdruck bringen sollen (wenn ein Pianist auf einem Bauernhof Mozart spielt). Diese Formen der Darstellung theatralisieren oder distanzieren dasjenige, was Godard oft in dokumentarischer Manier festhält. Lange Kamerafahrten gibt es auch in *Weekend* (parallel zu einer Kolonne verunglückter Autos) oder in *British Sounds*, 1969 (vor dem Fließband einer Fabrik).

Jean-Luc Godard hat dem Kino der sechziger und siebziger Jahre eine Fülle neuer Ausdrucksmöglichkeiten eröffnet. Mehr als jeder andere Regisseur hat er die Bedeutung der Form im Film rehabilitiert, die Aufmerksamkeit erneut darauf gelenkt, daß Filme trotz ihrer scheinbaren Wirklichkeitsnähe ästhetische, künstliche Gebilde sind. Aber dies geschieht nie abstrakt, nie unabhängig von den Gedanken, Erkenntnissen, Gefühlen, die Godard dem Zuschauer mitteilen will; daher liefern seine Filme einen interessanten Anschauungsgegenstand für die Verbindung von Inhalt und Form. »Godard ist es gelungen, Form und Inhalt in einer fortwährenden Balance zu halten.«[21]

A bout de souffle (Außer Atem, 1959) war Godards (nach fünf vorangegangenen Kurzfilmen) erster langer Spielfilm, hervorgegangen aus zahlreichen Kinoerfahrungen, eine Eruption von Ideen, neuen Formen und Ausdrucksweisen, wenngleich diese noch im Gewande einer relativ traditionell mythenbetonten Kinofabel erschienen (Jean-Paul Belmondo als verfolgter Gangster, den auch Jean Seberg als kulturbeflissene Studentin und Zeitungsverkäuferin nicht retten kann). Godard kontrastierte die zurückhaltende Bürgerlichkeit des Mädchens mit dem autoritär-charmanten Draufgängertum Belmondos, der, im Automobil über Landstraßen hinjagend, ausruft: »Ich liebe Frankreich!« »*A bout de souffle* war die Art von Film, in dem alles erlaubt war, das lag in seiner Natur. Was die Leute auch tun, alles paßt in den Film hinein . . . das war mein Ausgangspunkt. Ich sagte mir: Es gab schon Bresson, gerade eben ist *Hiroshima* herausgekommen, ein bestimmtes Kino geht zu Ende, also setzen wir den Schlußpunkt, zeigen wir, daß alles erlaubt ist. Was ich wollte, war, von einer konventionellen Geschichte ausgehen und das Kino, das es schon gab, noch einmal wiederholen, aber auf andere Weise. Ich wollte auch den Eindruck erzeugen, daß man die Verfahren des Kinos zum ersten Mal entdeckt oder neu empfindet.«[22]

»Für mich ist die Zeit der Aktion vorbei. Ich bin alt geworden. Jetzt beginnt das Zeitalter der Reflexion.« Das ist das Motto des Helden aus *Le petit soldat (Der kleine Soldat*, 1960), Godards zweitem Spielfilm. War *A bout de souffle* im Grunde eine Gangstergeschichte, so gab Godard diesem Film einen politischen Hintergrund. Sein Held ist ein ehemaliger Mitarbeiter der antialgerischen französischen Terrororganisation OAS, der »aussteigen« will, nun aber zwischen die Fronten gerät, da ihn jetzt auch die algerische Befreiungsfront FLN als Agenten verfolgt. Schauplatz des Geschehens ist Genf, könnte aber auch Frankreich sein. Immerhin erschien der französischen Filmzensur der Film 1960 so gefährlich, daß sie ihn verbot und erst drei Jahre später freigab. Dabei führt Godard in dem Film kein politisches Plädoyer, sondern beschreibt nur das Klima des politischen Terrorismus, in dem die Folter zu einer Alltagserscheinung wird, unterschiedslos praktiziert von allen politischen Lagern. Sein Held ist von einer Fotografierleidenschaft besessen, was Godard Gelegenheit zu einem Fotointerview sowie zu Aphorismen im Dialog gibt, darunter der berühmten Äußerung: »Der Film – das ist die Wahrheit 24mal in der Sekunde.«

In *Une femme est une femme (Eine Frau ist eine Frau*, 1960) zog sich Godard auf das weniger verfängliche Terrain einer musikalischen Komödie zurück, die als Hommage auf Filme von Lubitsch, Gene Kelly und Vincente Minelli gedacht war. Für Godard bedeutete dieser Film »die Entdeckung der Farbe und des direkten Tons«. Thematisch anspruchsvoller und formal neuartiger gab sich *Vivre sa vie* (»Sein Leben leben«, deutscher Verleihtitel: *Das Tagebuch der Nana S., 1962*). Anna Karina spielt in diesem Film ein Mädchen, das zur Prostituierten wird, sich aber ihre innere Freiheit bewahrt oder doch zu bewahren sucht. Godard kommentiert ihr Schicksal, indem er es mit Ausschnitten aus Dreyers *Passion de Jeanne d'Arc* (1928) konfrontiert, die Nana im Kino ansieht und über die sie weint. Die Schwarzweißfotografie gibt dem Film einen ausgesprochen dokumentarischen Charakter (das verbindet *Vivre sa vie* mit *A bout de souffle, Le petit soldat, Masculin-féminin*). Aber es gelingt Godard, durch seine ungewöhnliche Erzähltechnik die Fassade des äußeren Geschehens zu durchbrechen und zu einer anderen Ebene vorzustoßen, auf der der Zuschauer direkt angesprochen wird, auf der es um Fragen des Bewußtseins, der Sprache und der Identität geht. Höhepunkt des Films ist das (durch improvisierte Machart besonders eindrucksvolle) Gespräch der Heldin mit dem Philosophen. Leider wurde in der deutschen Version des Films diese Episode stark gekürzt.

Les carabiniers (Die Karabinieri, 1962) zeigt den Krieg unter dem Blickwinkel der Absurdität, der indessen Realität treffend zur Darstellung bringt. In seiner Anlage ist der Film metaphorisch: Zwei Habenichtse werden zum Kriegsdienst aufgefordert, wo »alles erlaubt« sei. Man sieht sie alle möglichen Grausamkeiten begehen, und zwar in einer Welt, die die unserer heutigen Zivilisation ist. Ihren Frauen bringen sie als Ersatz für die versprochene Beute Postkarten »der ganzen Welt« mit; aus den Postkarten machte Godard eine Sequenz, die zu seinen besten überhaupt gehört. Schließlich werden die beiden Landsknechte bei einer Gegenrevolution erschossen. Obwohl Godard kaum auf die Ursachen von Kriegen eingeht, zeigt er doch die Mentalität, die Kriege möglich macht und auf die sich die Herrschenden stützen; er beschreibt diese Mentalität nicht als etwas Fernes und Extremes, sondern als Alltäglichkeit. Darin ist *Les carabiniers* einer der schärfsten Anti-Kriegsfilme, die je gedreht wurden. Er ist auch der am stärksten »brechtianische« Film Godards.

Die nächsten fünf Filme Godards stellen verschiedenartige Variationen von Kinovorbildern und Kinomythen dar. In *Le mépris (Die Verachtung, 1963*, nach einer Vorlage von Moravia) geht es um einen Film im Film, um einen jungen Autor und einen alten Regisseur, der von Fritz Lang gespielt wird. *Bande à part (Die Außenseiterbande, 1964)* ist eine lustige, teilweise choreographische Parodie von Kriminalfilm-Mustern, angesiedelt in der Pariser Banlieue, die verschiedene Realitätsebenen vermischt und zum Schluß auf die »demnächst folgende Fortsetzung in Breitwand und Color« verweist. *Une femme mariée (Eine verheiratete Frau, 1964* – die französische Zensur zwang Godard, den Titel des Films von »Die verheiratete Frau« in »Eine . . .« umzuändern) analysiert die Beziehungen zwischen einer Frau, ihrem Ehemann und ihrem Liebhaber. In sieben »ethnologischen Interviews«, dem Stil des ›Cinéma-vérité‹ angenähert, analysieren drei Protagonisten ihre Einstellung zueinander. Daneben zeigt Godard die drei auch als Produkte einer reklamegesättigten Umwelt; die Liebesszenen, die in einer Serie fast abstrakter Auf- und Abblenden gezeigt werden, haben die glatte Schönheit von Werbefotos, und wenn die Heldin minutenlang einen Katalog weiblicher Wäschemode durchblättert, erinnert das stark an die Postkartenszene aus *Les carabiniers*. Filmzitate werden eingeblendet: Im Flughafenkino von Orly sehen sich Charlotte und ihr Ehemann den Dokumentarfilm über die Konzentrationslager *Nuit et brouillard (Nacht und Nebel, 1956)* von Alain Resnais an. Schockartig beleuchten diese aus einer völlig anderen Sphäre kommenden Bilder die wirkliche Verfassung der Protagonisten.

In *Alphaville (Lemmy Caution gegen Alpha 60, 1965)* unternahm Godard einen Ausflug in das Reich der Science fiction: Der Geheimagent Lemmy Caution (Eddie Constantine) kommt aus den »Außenländern« in die Hauptstadt der Milchstraße, Alphaville, wo ein riesiges Elektronengehirn die Menschen versklavt hat. Er bricht die Tabus des Elektronengehirns, indem er in der Tochter Professor von Brauns, Natascha, die Empfindung für Poesie, Liebe und die Zeit weckt. *Alphaville* vermischt faszinierende Sequenzen – absichtlich unterbelichtete Aufnahmen der nächtlichen Stadt, Zitate aus Gedichten Paul Eluards – mit Einfällen eher banalen Charakters und mit einer simplifizierten Philosophie über die Gefahren des Rationalismus.

Um die Spiegelung und Zersetzung »kulinarischer«, vom Kommerzfilm geprägter Filmformen ging es Godard in *Pierrot le fou (Elf Uhr Nachts, 1965)*. Ferdinand, genannt »Pierrot«, reist mit seiner Freundin Marianne auf der Flucht vor Gangstern von Paris an die Riviera. Nach einem Dasein auf einer einsamen Insel und erneuter Begegnung mit verschiedenen Gangstern entdeckt Ferdinand die Untreue Mariannes und bringt erst sie, dann sich selbst um (mit Dynamit, das er sich um den Kopf wickelt). Als Pendant zur Filmhandlung dienen die Comic strips der »Pieds Nickélés«, die die beiden auf ihrer Reise ständig mit sich führen. Obwohl Godard die Erzählformen wieder durcheinanderwürfelt (die Numerierung der Episoden ist absichtlich vertauscht) und seinen Film mit literarischen sowie filmischen Anspielungen ausstattet, insistiert er andererseits auf der Schönheit der Bilder, auf idyllischen Farben der Landschaft; Elemente der Romantik und Evasion werden bewußt aufgenommen. Auffällig tritt Godards passiv-vegetatives Frauenideal in Erscheinung (Marianne in *Pierrot le fou* liebt »die Tiere, die Blumen, den blauen Himmel und die Musik«). Dieser Film polarisierte in besonderem Maße die Kritik und rief einige der schärfsten Verrisse hervor, die Godard-Filmen bisher zuteil wurden[23].

Masculin-féminin (1966) präsentiert sich äußerlich als ein Film über die französische Jugend oder über die »Kinder von Marx und Coca-Cola«. Zwei Jünglinge und drei Mädchen sind es, die hier zwischen Identifikation mit der Konsumwelt und der Parteinahme für sozialistische Ideale schwanken. Einerseits ist dies ein Film realistisch-dokumentarischer Anlage: Ungefiltert dringen Elemente der Realität ein (z.B. in den Cafészenen). Gleichzeitig ist der Film jedoch vollkommen konstruiert: in der Dramaturgie der 15 Einzelkapitel, in der Einführung theatralischer Ereignisse (die Frau, die ihren Mann erschießt, der Mann, der sich selbst ersticht). Godard gibt manche Hinweise auf den Bewußtseinsstand der französischen Jugend, insbesondere auf ihre politischen Ideen, die aber hauptsächlich von Männern vertreten werden, während »Mademoiselle 19 Jahre« in einem simulierten Interview als Prototyp von bürgerlicher Beschränktheit und Dummheit erscheint. Darüber hinaus stellt Godard Fragen nach dem Wesen der Erkenntnis und nach der Möglichkeit soziologischer Forschung. Er macht klar, wie wenig Interviews im Resultat erbringen, wie sehr Ideologien das Bewußtsein der Menschen prägen. *Masculin-féminin* ist einer der interessantesten Filme Godards, ein Werk der Übergangsphase, in dem bereits Motive seines zukünftigen Schaffens anklingen. Außerdem enthält der Film eine Szene geradezu kapitaler Bedeutung: Jean-Pierre Léaud hält einem Kinovorführer, empört über die falsche Projektion eines Films, einen Kurzvortrag über die gebräuchlichsten Filmformate und über die Bedingungen einer einwandfreien Filmprojektion.

Seine nächsten beiden Filme, *Made in USA* (1966) und *Deux ou trois choses que je sais d'elle (Zwei oder drei Dinge, die ich von ihr weiß, 1967)* drehte Godard praktisch gleichzeitig, und am liebsten hätte er sie auch gleichzeitig oder nach Rollen vermischt vorgeführt, was aber nicht zu realisieren war. *Made in USA* ist ein politischer Thriller in der Art von *Le petit soldat*, der in einer französischen (!) Stadt namens Atlantic City spielt und Bezug sowohl auf die Ermordung des algerischen Exilpolitikers Ben Barka als auch auf die Ermordung Kennedys nimmt. Daneben ließ sich Godard von Howard Hawks' Kriminalfilm *The Big Sleep* (1946) anregen: Durch eine bis zum äußersten fragmentierte und so in ihrem Verständnis erschwerte Filmhandlung suchte Godard die als absurd und unerkennbar postulierte politische Szenerie seiner Zeit zum Ausdruck zu bringen.

Ambitionierter und überzeugender im Resultat war *Deux ou trois choses que je sais d'elle*. »Sie« ist in diesem Fall nicht die Hauptdarstellerin Marina Vlady, sondern die Stadt Paris. Godard ging von einer in der Zeitschrift »Le Nouvel Observateur« erschienenen Reportage über die Neubauviertel an der Peripherie von Paris und die dort von Hausfrauen betriebene Gelegenheitsprostitution aus. Damit behandelte er ein Thema, das für ihn eine Art soziologischer Schlüsselbedeutung hat, denn »um in der Pariser Gesellschaft von heute zu leben, ist man gezwungen, egal auf welchem Niveau, egal in welchem Grad, sich auf die eine oder andere Weise zu prostituieren oder aber Gesetzen entsprechend zu leben, die an Prostitution erinnern«.[24] Godard zeigte nicht nur seine Heroine 24 Stunden lang in ihrer superkomfortablen und zugleich öden Neubauumgebung mit ihrem Ehemann, einem Garagenbesitzer, und zwei Kindern, sondern brachte auch andere Personen vor die Kamera, eine Friseuse, einen Schriftsteller, er sprach von der Rolle der Banken, von US-Präsident Johnson und vom Vietnam-Krieg. Mehr noch als ein soziologischer Essay aber war *Deux ou trois choses que je sais d'elle* ein Film über das Filmemachen. »Warum mache ich diesen Film, warum mache ich ihn auf diese Weise? Verkörpert Marina Vlady eine Heldin, die repräsentativ ist für die Bewohnerinnen der großen Wohnsiedlungen? Diese Frage stelle ich unablässig. Ich betrachte mich beim Filmen, und man hört mich denken. Kurz, dies ist kein Film, es ist der Versuch eines Films, der sich auch als solcher präsentiert.«[25]

Die experimentelle Qualität von *Deux ou trois choses . . .* ergibt sich vor allem aus dem ständigen Kontrast zwischen dem Duktus der Bilder und Godards geflüstertem Kommentar, aber auch aus der Rolle, die die Objekte in dem Film spielen, und aus der Art, wie sie vorgeführt werden: Eine lange Sequenz, in welcher die Kamera nur die Bewegungen des Kaffees in einer Tasse oder eine brennende Zigarette zeigt, läßt einen darüber meditieren, ob es in unserer Umgebung nicht ganz andere »Welten« gibt, die wir normalerweise nicht wahrnehmen.

La Chinoise (»Die Chinesin«) und *Weekend* (beide 1967) bezeichnen den Versuch Godards, zu einer expliziten politischen Stellungnahme vorzudringen. Zwischen diesen beiden Filmen beteiligte er sich mit einer Episode an dem von Alain Resnais, Agnès Varda, Joris Ivens, William Klein und Claude Lelouch auf Initiative und unter der Leitung von Chris Marker hergestellten Kollektivfilm *Loin du Vietnam* (Fern von Vietnam, 1967), in dem jeder Filmemacher seine persönliche Stellungnahme oder ein Stück Dokumentarfilm zum Thema »Vietnam« lieferte; bezeichnenderweise drehte Godard aber keine fiktive Episode, sondern hielt vor der Kamera einen Monolog über seine eigenen Schwierigkeiten und über die Unmöglichkeit, von Vietnam zu sprechen.

La Chinoise zeigt fünf junge Leute aus dem damaligen Paris, die sich zu einer Kommune zusammengeschlossen haben und gemeinsam die Werke Mao Tse-tungs studieren. Im Presseheft stellte Godard dem Film revolutionäre Erklärungen voran: »Fünfzig Jahre nach der Oktoberrevolution herrscht das amerikanische Kino über das Kino der Welt. Diesem Sachverhalt ist nichts mehr hinzuzufügen. Außer, daß auf unserer bescheidenen Stufe auch wir zwei oder drei Vietnams inmitten des ungeheuren Imperiums Hollywood – Cinecittà – Mosfilm – Pinewood usw. schaffen müssen und, gleichermaßen ökonomisch wie ästhetisch, das heißt, indem wir an zwei Fronten kämpfen, nationale, freie Kinos schaffen, Brüder, Genossen und Freunde.«[26] Neue Positionen innerhalb des kommerziellen Kinos suchte Godard in diesem Film zu errichten, indem er einmal Partei ergriff für die politische Linie des Marxismus-Leninismus oder, besser gesagt, diese der Diskussion aussetzte, zum anderen, indem er dem Film eine antispektakuläre, hauptsächlich auf Sprache und Diskussion basierende Struktur gab. *La Chinoise* hat auf weite

Strecken den Charakter eines Brechtschen Lehrstücks. Der Film zeigt nicht das Resultat eines Denkprozesses, sondern den tastenden und unsicheren Gang des Denkens selbst zwischen Einflüssen der äußeren Welt, der Politik und der Geschichte, die Godard als Zeichen und Bilder zitiert.

Weekend bildet insofern ein Gegenstück zu *La Chinoise*, als hier an die Stelle der Reflexion und der Abstraktion die bis ins Absurde zugespitzte spektakuläre Aktion tritt. *Weekend* ist eine der schärfsten Attacken gegen die moderne Wohlstandsgesellschaft, die das westliche Kino hervorbrachte. Ein junges Paar bewegt sich durch apokalyptische Szenen, durch Mord und Totschlag der Autozivilisation; die beiden ermorden die Mutter sowie eine fremde Person, die sie durch Verlesen von Texten der englischen Dichterin Emily Bronté herausforderte (außerdem wird in dem Film noch aus Rousseaus »Contrat social« vorgelesen); das Mädchen wird vergewaltigt, der Mann kommt bei einem Autounfall um (andere Unfalltote säumen den Weg, aber niemand kümmert sich um sie). Am Schluß schließt sich das Mädchen der Befreiungsfront von Seine-et-Oise an, die sich unter anderem von Menschenfleisch ernährt. Godards Persiflage auf die westliche Gesellschaft ist grell und aggressiv, bewußt als Menetekel, als Schreckbild gestaltet und doch insofern in Übereinstimmung mit seinen übrigen Filmen, als auch hier die Bilder des Films sich deutlich als Kinorealität relativieren. Ein Motto des Films lautet: »Die Scheußlichkeit der Bourgeoisie ist nur noch mit größerer Scheußlichkeit zu überbieten.« An einer anderen Stelle bezeichnet Godard den Film als »Fragment, auf einem Schrotthaufen gefunden«.

Nach einer Phase des romantischen Subjektivismus *(A bout de souffle* bis *Pierrot le fou)* und einer darauf folgenden des zunehmenden politischen Engagements (von *Masculin-féminin* bis *La Chinoise)* – Guy Hennebelle bezeichnet sie in seinem Buch »Quinze ans de cinéma mondial« auch als Godards rechts- und linksanarchistische Phase[27] – begann für Godard ab 1968 eine dritte Entwicklungsstufe, die ihn – in Konsequenz des bisher eingeschlagenen Weges – dazu brachte, seine eigene Funktion als Filmemacher in der kapitalistischen Gesellschaft in Frage zu stellen und aus dem »System« der Herstellung kommerziell verwertbarer Filme auszubrechen. Entscheidend war für Godard das Erlebnis des Mai '68, den seine Filme schon im voraus angekündigt hatten. »Für viele von uns war der Mai eine phantastische Befreiung, er hat uns seine Wahrheit auferlegt, uns gezwungen, anders zu sprechen und die Probleme anders zu stellen.«[28] »Meine Revolte war eine individuelle, und ich verstand jetzt mit sehr viel Verspätung, daß ich mich mehr mit den großen sozialen Bewegungen verbünden mußte.«[29]

Anfang 1968 realisierte Godard *Le gai savoir (Die fröhliche Wissenschaft),* einen »theoretischen«, auf wenige Grundelemente reduzierten Film, in welchem zwei Personen, »Patricia Lumumba, Delegierte der Dritten Welt«, und »Emile Rousseau« zehn lange Dialoge über die Notwendigkeit gesellschaftlicher Veränderung und über die Beziehungen von Bildern und Tönen führen. Das Bildmaterial des Films besteht zum großen Teil aus Fotos, Plakaten und Buchtiteln, in die Godard Pfeile, Linien und Bemerkungen einzeichnet. Es war, als ob der Regisseur mit diesem Film die Ausdrucksmittel des Films auf den Nullpunkt zurückführen wollte, um von dort zu neuen Erkenntnissen über die Möglichkeiten des audiovisuellen Kontrapunkts vorzudringen: »Was zu entdecken ist, das sind freie Bilder und Töne.«[30] Während der Mairevolte beteiligte sich Jean-Luc Godard an einigen der anonymen *Ciné-tracts,* Flugblattfilmen, die nur aus starren Fotos und Zwischentexten bestanden und für die sofortige Verwendung gemacht wurden. Obwohl die *Ciné-tracts* kollektive Werke waren, an denen sich viele bekannte Filmemacher beteiligten (so auch Alain Resnais), läßt sich doch bei den *Ciné-tracts* Nr. 14, 16 und 23 Godards Urheberschaft erkennen.

Godard hatte die Brücken hinter sich abgebrochen. Eine Rückkehr zu früheren Formen des Filmemachens kam für ihn nicht in Frage. In England realisierte er 1968 *One plus One (Eins plus eins)* mit den Rolling Stones; eine Darstellung ihrer Probenarbeit für das Lied »Sympathy for the Devil« kombinierte er mit metaphorischen Szenen aus der Black-Power-Bewegung, während Autoschrotthaufen symbolisch die westliche Zivilisation vertreten. Gleichfalls in England entstand 1969 *British Sounds* (»Britische Töne«), ein politischer Experimentalfilm, der mit einer langen Kamerafahrt durch eine Autofabrik beginnt, während im Kommentar Teile des Kommunistischen Manifests zitiert werden. Typisch für die Filme Godards aus dieser Phase ist, daß die Bilder in ihrer Bedeutung absinken, während der Kommentar zum primären Bedeutungsträger wird. Gleichzeitig brachte Godard ein Manifest mit dem Titel »Was tun?« heraus, das den Unterschied zwischen dem »Machen politischer Filme« (der Beschreibung einer Situation) und dem »politischen Machen von Filmen« (der konkreten Analyse einer konkreten Situation) hervorhob und daraus eine ganze Theorie ableitete.[31] 1968 entstand in Frankreich *Un film comme les autres* (»Ein Film wie die anderen«), die Aufzeichnung eines Dialogs zwischen Studenten aus Nanterre und Arbeitern der Renault-Fabrik in Flins.

1969 reiste Godard in die USA und drehte dort zusammen mit Richard Leacock und D. A. Pennebaker, Exponenten des unabhängigen Dokumentarfilms, *One American Movie*, den er aber nicht fertigstellte und den Pennebaker schließlich unter dem Titel *One a.m.* herausbrachte. Der Film ist hauptsächlich interessant, weil man in ihm die ergebnislosen Bemühungen Godards erlebt, mit Vertretern der Black Panthers ins Gespräch zu kommen; die metaphorisch-symbolischen Passagen des Films sind dagegen weniger geglückt. Später begab sich Godard in die ČSSR und realisierte dort (im Frühjahr 1969) aus der Position eines (ideologisch allwissenden) Touristen eine filmische Abhandlung über die »Krankheit des Revisionismus«: *Pravda* (1969). Dieser Film war leider ein Dokument der ideologischen Konfusion: Godard rechtfertigte hier die Besetzung der ČSSR 1968, obwohl er im gleichen Atem Breshnjew und Kossygin als »Verräter« anklagt. Von dem Film *Pravda* an bezeichnete sich Godard als Mitglied der ›Gruppe Dsiga Wertow‹ (die außer ihm vornehmlich aus Jean-Pierre Gorin bestand). Von der ›Groupe Dziga Vertov‹ wurden folgende Filme gezeichnet: *Vent d'est (Ostwind*, 1969), *Lotte in Italia (Kämpfe in Italien*, 1969) und *Vladimir et Rosa* (1970); manchmal werden auch noch *Un film comme les autres* und *British Sounds* zu ihrer Produktion gerechnet.

Godard verstand die Arbeit in der Gruppe Dsiga Wertow als eine Periode der Grundlagenforschung, um zu bestimmen – noch bevor man an neue Verleihsysteme und an eine neue Praxis des Filmvertriebs denken könne –, wie Filme »unter den spezifischen Bedingungen eines kapitalistischen Landes zu produzieren sind«.[32] In demselben Interview stellt Godard den Unterschied zwischen politischen Filmen dar, die die Moral stärken (sie gleichen dem Absingen der Internationale bei einer Demonstration), und solchen, die einer theoretischen oder didaktischen Abhandlung an einer Wandtafel gleichkommen; ohne Zweifel rechnet er seine eigenen Filme der letzteren Kategorie zu. Den Namen Wertow wählte er, um sich für Wertow als »Bannerträger« im Gegensatz zu Eisenstein zu entscheiden, der ein »revisionistischer Filmemacher« gewesen sei.

Godards politische Filmpraxis der Jahre nach 1968 muß man dennoch, auch wenn dabei keine »brillanten« Ergebnisse herauskamen, ernst nehmen: Jean-Luc Godard gehört zu den wenigen sich politisch verstehenden Filmemachern der Gegenwart, die ihre Aufgabe nicht primar im Abfilmen von Demonstrationen und Arbeiterdiskussionen erblicken, sondern auch über die Problematik ihres eigenen Mediums nachdenken; die dem Medium nicht einfach eine politische Botschaft aufbürden, vielmehr danach fragen, wie sich diese Botschaft in Bildern und Tönen artikulieren läßt. Godard hat auf diesem Gebiet eine geduldige Laboratoriumsarbeit geleistet. Wenn *Vent d'est*, ausgehend von der Idee einer Westernparodie und der Vorstellung einer »vergesellschafteten« Kamera, die jedem

Mitglied der »Vollversammlung« des Films zur Verfügung steht, auch nichts weiter als die mittelmäßige Bebilderung eines politischen Kommentars ist, so kann *Lotte in Italia* für die von Godard initiierte neue Filmpraxis als richtungweisend gelten: Er führt bestimmte Bildfolgen mehrfach vor, wobei zunächst einige Passagen schwarz bleiben, diese aber bei der Wiederholung mit weiterem Bildmaterial ausgefüllt werden, so daß die Argumentation des Films jedesmal erweitert und verwandelt wird. Im Mittelpunkt von *Lotte in Italia* steht die Figur eines Mädchens, das von sich meint, ein neues politisches Bewußtsein gefunden zu haben; sie berichtet von ihren Erfahrungen, von den Auseinandersetzungen mit Familie, Universität und Gesellschaft.

Jean-Luc Godards materielle Basis für die Fortführung dieser Art von Filmarbeit wurde indessen immer prekärer – einzelne Filme entstanden im Auftrag europäischer Fernsehanstalten, die die Filme zum Teil aber ablehnten und auch keine neuen mehr bestellten (so lehnte die BBC den Film *British Sounds* ab). Den fürs deutsche Fernsehen gedrehten Film *Vladimir et Rosa* (1970) bezeichnete Godard schon als eine »wirtschaftliche Aufgabe«, bei der er sich »weniger Probleme stellte« (in diesem Film spielen Godard und Gorin miteinander Tennis und geben abwechselnd Statements ab, dann folgt eine parodistische Nachbildung des Gerichtsprozesses gegen den Black-Panther-Führer Bobby Seale). Einen Film über die Palästinenser, der 1970 gedreht wurde und *Jusqu'à la victoire* (»Bis zum Sieg«) heißen sollte, dann aber lange Zeit unfertig liegenblieb, stellte Godard erst 1974 in einer veränderten Fassung fertig, der er den Titel *Ici et ailleurs (Hier und anderswo)* gab: Nur noch wenige Bilder des ursprünglichen Materials waren übriggeblieben; Godard ging jetzt der Frage nach, was diese Bilder heute, 1974, für ihn und die Zuschauer bedeuteten und warum er sie seinerzeit falsch eingeschätzt hatte. Er führte seine Argumentation anhand eines manchmal komplizierten, aber einfallsreichen audiovisuellen Kontrapunkts und bediente sich dabei auch der Videotechnik.

Schließlich wandte sich Godard (zusammen mit Gorin) doch wieder einer Produktion eher herkömmlicher Art zu: *Tout va bien* (»Alles geht gut«, 1972), mit Jane Fonda und Yves Montand in der Hauptrolle: Eine gewisse Konzession an das Starsystem. Der Film erzählt von einem Reklamefilmhersteller (Montand) und einer amerikanischen Journalistin (Fonda), die Zeugen werden, wie der Besitzer einer Wurstfabrik fünf Tage lang von seinen Arbeitern in sein Büro eingesperrt wird. *Tout va bien* konfrontiert verschiedene politische Standpunkte und geht dann der Frage nach, wieweit sich die Persönlichkeit der beiden durch die Ereignisse geändert hat, worauf aber letztlich keine Antwort erteilt wird. Im Unterschied zu anderen politischen Filmen (namentlich dem thematisch verwandten *Coup pour coup – Schlag auf Schlag*, 1972, von Marin Karmitz) drehten Godard und Gorin ihren Film nicht mit Laien oder Arbeitern, sondern mit Schauspielern; sie suchten ihm auch nicht eine realistische Form zu geben, sondern kehrten bestimmte theatralische, antinaturalistische Aspekte hervor (das Innere der Wurstfabrik wird zeitweilig in der Art einer Theaterbühne mit durchgeschnittenen Wänden gezeigt). *Tout va bien* ist ein handwerklich ausgezeichnet gemachter Film. Zweifel kommen einem allerdings, wenn man den Film auf der politischen Ebene diskutieren soll: Godard sieht in ausgesprochener Sektiererhaltung in der Kommunistischen Partei und der »revisionistischen« Gewerkschaft die Hauptgegner. Der Kapitalist wird von vornherein als Schießbudenfigur gezeichnet und muß eigentlich nicht ernst genommen werden (sein italienischer Akzent macht ihn lächerlich).

1974 verließ Godard Paris und ging nach Grenoble, wo er eine Gesellschaft zur Produktion von Videobändern gründete. In elektronischer Videotechnik drehte er auch seinen nächsten Film, der erst in der letzten Stufe aus Gründen der besseren Verbreitung auf Filmmaterial übertragen wurde: *Numéro deux (Nummer zwei,* 1975). Der Titel des Films bezog sich auf das Projekt oder das Gedankenspiel einer Neuverfilmung seines

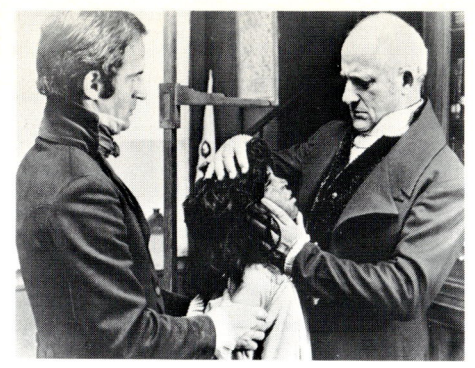
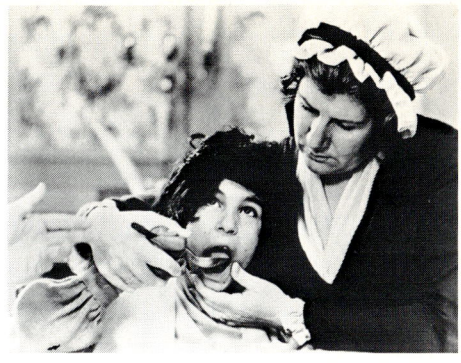
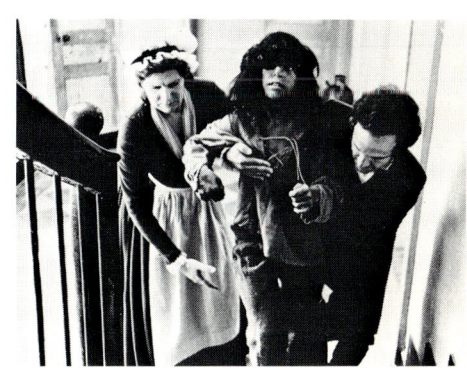

François Truffaut
L'enfant sauvage
(Der Wolfsjunge)
1969
Frankreich

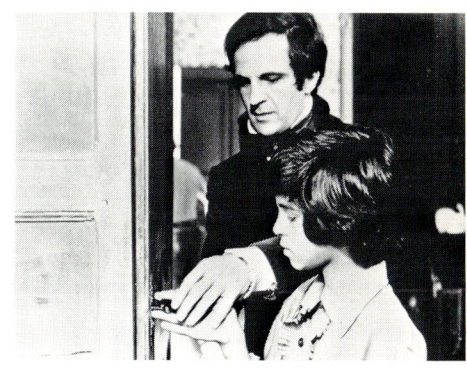

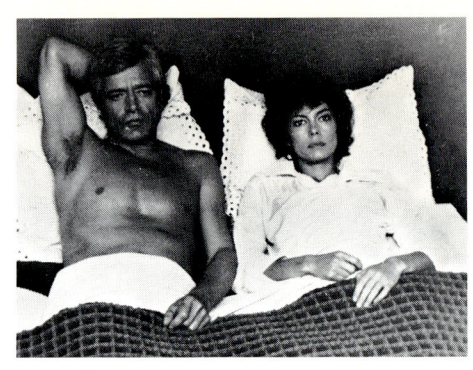

Claude Chabrol
Une partie de plaisir
(Eine Lustpartie)
1974
Frankreich

36

Erstlings *A bout de souffle*. Tatsächlich hat *Numéro deux* mit *A bout de souffle* kaum etwas zu tun, außer daß in einem Dialog zwischen zwei Kindern einmal von Vorgängen die Rede ist, die der Handlung von *A bout de souffle* ähneln. Godard machte in *Numéro deux* die Videotechnik zur Grundlage einer neuen Präsentationsform von Filmbildern. Sehr oft sieht man zwei und mehr Bilder nebeneinander; dadurch ergibt sich ein faszinierender, bewußt ausgenutzter Kontrapunkt verschiedener Darstellungen, Standpunkte, Erzählungen (im Bild ebenso wie im Ton). Godard analysiert in *Numéro deux* den Alltag einer typischen französischen Mittelstandsfamilie, und zwar auf der Ebene von drei Generationen – Kindern, Eltern, Großeltern. Die Tonart des Films ist weniger militant als in *Tout va bien*, sie ist skeptischer, bitterer, um nicht zu sagen resignativer geworden. Godard konstatiert die Entfremdung der Menschen im Zeichen der Konsumgesellschaft, die Mechanisierung der zwischenmenschlichen Beziehungen, auch und vor allem auf dem Gebiete der Sexualität. Gegenkräfte gegen die Versteinerung der menschlichen Beziehungen werden in *Numéro deux* nicht sichtbar, auch die Politik ist beim Großvater zur sentimentalen Erinnerung an Volksfrontzeiten heruntergekommen. Einzig im Umgang der Eltern mit ihren Kindern entfaltet sich gelegentlich noch eine Art Zärtlichkeit. Aber gerade wegen der Bitterkeit dieser Konstatierung, verbunden mit einer radikalen Neuartigkeit der filmischen Formulierung, muß man *Numéro deux* als eines der wichtigsten Werke des neueren französischen Kinos ansehen.

1976 kam ein weiterer, ebenfalls mit geringen Mitteln realisierter Film Jean-Luc Godards heraus: *Comment ça va* (»Wie es geht«, oder: »Wie geht es«). Der Film untersucht anhand einer rudimentären Spielhandlung, wie politische Fotos in der Massenpresse manipuliert werden. Im gleichen Jahr stellte Godard eine Folge experimenteller Fernsehsendungen über das Thema der Kommunikation her: *Six fois deux* (»Sechs mal zwei«), die sich auf interessante Weise der Ausdrucksmittel des Video-Mediums bedienten und Schriftzüge sowie Zeichnungen elektronisch mit dem Bild kombinierten.

Entwicklung der ›Neuen Welle‹. Demy, Franju, Malle

Wenn man die Anfänge der ›Neuen Welle‹ aus der Perspektive des Jahres 1976/77 betrachtet, so haben sich viele Proportionen verschoben. Einst vielversprechende Regisseure, die Ende der fünfziger oder Anfang der sechziger Jahre debütierten, konnten später nur noch sporadisch arbeiten, hörten ganz mit dem Filmemachen auf oder ergaben sich dem Kommerz. Andere wiederum kann man erst von heute aus richtig einschätzen (Chabrol). Enttäuschend verlief beispielsweise die Entwicklung Philippe de Brocas (geb. 1935), der zunächst geistreiche Komödien über das Verhältnis der Geschlechter drehte, in denen er männliche Attitüden demaskierte: *Les jeux de l'amour* (Liebesspiele, 1960), *L'amant de cinq jours* (Liebhaber für fünf Tage, 1961) und *Le farceur* (Wo bleibt da die Moral, mein Herr?, 1961). De Broca verlegte sich später auf phantastisch-komödiantische Abenteuerfilme (*Les tribulations d'un Chinois en Chine* – Die tollen Abenteuer des Monsieur L., 1965), drehte 1966 eine philosophische Parabel (*Le roi de Cœur* – Herzkönig, in der ein schottischer Soldat von den Insassen einer Anstalt zum König der Irren gewählt wird), ergab sich dann aber mehr und mehr der konfektionierten Unterhaltung oder verfertigte Superproduktionen mit bekannten Stars wie Jean-Paul Belmondo.

Zwei Exkritiker, deren Debüts Interesse erweckten, Kast und Doniol-Valcroze, drehten später nur noch in unregelmäßigen Abständen Filme. Pierre Kast (geb. 1920) trat mit intelligenten, sorgfältig gemachten Filmen in schönen Dekors hervor, die über utopische Formen der »aufgeklärten Liebe« meditierten (*Le bel âge* – Man kann's ja mal versuchen, 1960; *La morte-saison des amours* – Reigen der Liebe, 1961; *Les vacances portu-*

gaises – »Die portugiesischen Ferien«, 1963). *Le grain de sable* (»Das Sandkorn«, 1965) war ein Kriminalfilm, *Drôle de jeu* (»Komisches Spiel«, 1968) die sorgfältige Adaptation (eines Romans von Vailland aus der Résistance-Zeit. Am meisten scheinen Kast Science-fiction-Sujets zu liegen, die er in dem Kurzfilm *La brûlure de 1000 soleils* (»Der Brand von 1000 Sonnen«, 1965) und in dem bemerkenswerten, als französisch-chilenische Koproduktion entstandenen *Les soleils de l'île de Paques* (*Die Sonnen der Oster-Insel*, 1972) behandelte. Jacques Doniol-Valcroze (geb. 1920), Mitbegründer der Zeitschrift »Cahiers du cinéma«, begann mit komödiantischen, unterhaltenden Filmen im Geiste von Marivaux und Renoir (*L'eau à la bouche* – *Die Katze läßt das Mausen nicht*, 1959; *Le cœur battant* – *Herzklopfen*, 1960), drehte dann einen politischen Thriller, *La dénonciation* (»Die Denunziation«, 1962) und zwei eher konventionelle Filme, die an der Grenze zum Kommerzialismus standen: *Le viol* (»Die Vergewaltigung«, 1968) und *L'homme au cerveau greffé* (*Der Mann mit dem aufgepfropften Gehirn*, 1972). Doniol-Valcroze bewährte sich weit mehr als Darsteller von Nebenrollen in den verschiedensten Filmen (so bei Rivette).

Auf Jacques Demy (geb. 1931) mochte man nach seinem Erstlingsfilm *Lola* (*Lola, das Mädchen aus dem Hafen*, 1960) Hoffnungen setzen. *Lola* war eine zugleich ironische und versteckt romantische Huldigung an bestimmte Motive des Vorkriegsfilms (sowie an Max Ophüls mit seinem Film *Lola Montès*, 1955); im Mittelpunkt eines komplizierten und manchmal verwirrenden Geflechts aus Parallelhandlungen und Rückblenden steht die mythenumwobene Figur einer Nachtklubtänzerin, die ihrem verschwundenen Geliebten nachtrauert.

Nach *La baie des anges* (*Die blonde Sünderin*, 1962), einer Geschichte aus dem Spielbankmilieu von Nizza und Monte Carlo, wandte sich Demy einem für Frankreich ungewöhnlichen Genre zu: dem Musical. *Les parapluies de Cherbourg* (*Die Regenschirme von Cherbourg*, 1964), einem bis aufs letzte Wort »gesungenen« Film, wurde großer Erfolg zuteil (er erhielt die ›Goldene Palme‹ des Festivals von Cannes). Handlung und Personenzeichnung wirkten zeitnah und realistisch (sogar der Algerienkrieg wurde erwähnt); aber gerade die Mischung von Realismus und romantischen Klischees, die der Film praktizierte, sowie sein Hang zur Sentimentalität machten ihn im Endresultat zu schwer verträglichem, süßlichem Kitsch. In seinem späteren Musical *Les demoiselles de Rochefort* (*Die Mädchen von Rochefort*, 1967) gab sich Demy weniger bedeutungsschwer und näherte sich statt dessen mehr den Vorbildern des amerikanischen Musicals, Minnelli und Gene Kelly; der Tanz spielte in diesem Film eine stärkere Rolle. In den USA drehte Demy *The Model Shop* (*Das Fotomodell*, 1968), eine Variation auf das Thema der unmöglichen Liebe zwischen einem jungen Amerikaner und der mythischen Traumfigur einer Französin (wiederum »Lola«), eingelassen in eine intensive filmische Beschreibung der Stadtkulisse von Los Angeles. Seiner Neigung zum Dekorativen und zur Ausschmückung des Phantastischen, in die sich immer auch Ironie mischt, konnte er in zwei Märchenfilmen nachgehen: *Peau d'âne* (»Eselshaut«, 1970, nach einer Erzählung von Perrault) und *Le joueur de flûte* (»Der Flötenspieler«, 1971, nach Motiven der Gebrüder Grimm). Schließlich drehte Demy 1973 *L'événement le plus important depuis que l'homme a marché sur la lune* (»Das wichtigste Ereignis, seit der Mensch den Mond betreten hat«), eine Komödie über einen Mann, der ein Kind zu bekommen glaubt.

Georges Franju (geb. 1912) hatte in den fünfziger Jahren schon ein ganzes Kurzfilm-œuvre realisiert, als er 1958 mit seinem ersten Spielfilm *La tête contre les murs* (*Mit dem Kopf gegen die Wände*), der in einer Irrenanstalt spielt, debütierte. Eine starke Neigung zum Surrealismus und zum Phantastischen sprach aus diesem wie aus Franjus folgenden Filmen *Les yeux sans visage* (»Augen ohne Gesicht«, deutscher Verleihtitel: *Das Schrekkenshaus des Dr. Rasanoff*, 1960), *Pleins feux sur l'assassin* (*Mitternachtsmörder*, 1961) und *Judex* (1963). Bei letzterem Werk handelte es sich um die Neuverfilmung eines alten Abenteuerserials des französischen Veteranen Louis Feuillade aus dem Jahre 1916, das seinerzeit die Surrealisten faszinierte. Franju entwickelte in diesen Filmen eine verfeinerte Poesie des Horrors, die alltägliche Realität unvermittelt in Grauen umschlagen ließ; seine Ahnherren sind der deutsche Expressionismus und F. W. Murnau. Diese Linie vermochte Franju allerdings nicht konsequent fortzusetzen; statt dessen widmete er sich in der Folgezeit Literaturverfilmungen: *Thérèse Desqueroux (Die Tat der Thérèse D.*, 1962, nach Mauriac), *Thomas l'imposteur (Thomas der Schwindler*, 1964, nach Cocteau) und *La faute de l'Abbé Mouret* (»Der Fehler des Abbé Mouret«, 1970, nach Zola), in denen sich sozialkritische Impulse – die Schilderung des erstickenden Milieus reicher Provinzbürger in *Thérèse Desqueroux*, der nationalistischen Kriegsbegeisterung von 1914 in *Thomas l'imposteur* – mit einer Neigung zur optischen Ausmalung des Makabren, aber auch des zeittypischen Kolorits verbanden; in ihrer erzählerischen Struktur blieben diese Filme allerdings konventionell. Die Zola-Bearbeitung *La faute de L'Abbé Mouret* gab Franju noch einmal Gelegenheit, Grausamkeit und religiöse Intoleranz des französischen Provinzmilieus zu attackieren und in surreale Schreckbilder zu bannen. 1973 verfilmte Franju für das französische Fernsehen einen Roman von Joseph Conrad, *La ligne d'ombre (Die Schattenlinie)*; die französische Kritik befand, der »Schatten von *Nosferatu*« falle auf diese Verfilmung.[33] Trotz eines gewissen Klassizismus der Erzählweise gehört Franju zu denjenigen französischen Regisseuren, die bisher kaum Kompromisse eingegangen sind und sich ihre persönliche Handschrift bewahren konnten.

Schwierig ist es, die »Autorenschaft« eines Regisseurs wie Louis Malle (geb. 1932) zu definieren, obgleich Malle, der mit seinen ersten Filmen zum Entstehen der ›Neuen Welle‹ beitrug, bis heute zu den profiliertesten Filmemachern Frankreichs gerechnet werden darf.

Malle begann mit einem perfekt gemachten Thriller in der Tradition des »schwarzen« Films, *Ascenseur pour l'échafaud (Fahrstuhl zum Schaffott*, 1957), darauf folgte *Les amants (Die Liebenden*, 1958), in dem die Liebe zum Motiv gesellschaftlicher Auflehnung wurde. *Zazie dans le métro (Zazie*, 1960) und *Le feu follet (Das Irrlicht*, 1963) waren Filme nach Romanvorlagen von Raymond Queneau und Drieu de la Rochelle, beide sehr unterschiedlich in Stil und Thematik: *Zazie* versuchte durch systematische Anwendung filmischer Verfremdungstechnik das Bild der gewohnten Welt parodistisch zu zertrümmern; in *Le feu follet* zeichnete Malle das Porträt eines Selbstmörders und beschrieb vermittels genauer Umweltbeobachtung das Klima existentieller Leere, das den lebensuntüchtigen Protagonisten umgibt. Daraus entstand ein kühles, aber in seiner Bildsprache gleichwohl faszinierendes Werk. *Viva Maria* (1965), eine bunte Komödie über mexikanische Revolutionen der Jahrhundertwende, war ein Versuch im Genre des Ausstattungsfilms, *Le voleur (Der Dieb von Paris*, 1966) ein Film über einen vornehmen Kleptomanen des 19. Jahrhunderts, der seine Tätigkeit als Gesellschaftskritik rechtfertigt und zur Philosophie erhebt. Weitere Werke Malles in der Stilrichtung des ›Autorenfilms‹ sind *Le souffle au cœur (Herzflimmern*, 1971), die mit Empfindsamkeit und viel Einarbeitung von Zeitkolorit (französische Provinz 1954) erzählte Geschichte eines Fünfzehnjährigen, der einen Inzest mit seiner Mutter begeht, ohne daß dieses Ereignis vom Film dramatisiert oder auch nur problematisiert wird; und schließlich *Lacombe Lucien (Lacombe Lucien*, 1973), in Frankreich selbst umstritten, da Malle hier ein Bild der Résistancezeit entwirft, das von heroisch-patriotischen Leitbildern stark abweicht und eine Aufarbeitung bisher übersehener Aspekte der Geschichte zu leisten sucht (analog zu Marcel Ophüls' Dokumentarfilm *Le chagrin et la pitié – Das Haus nebenan*, 1971): Held des Films ist ein junger Bauernbursche, der sich, ohne es eigentlich zu wollen, französischen Gestapo-Helfern anschließt und bei Kriegsende erschossen wird.

Malle zeichnet eine Reihe differenzierter Porträts, die die Eindeutigkeit der Situationen und Frontenstellungen aufheben, die diese im bisherigen Geschichtsbild besaßen. Insbesondere untersucht er die Motive, die den Protagonisten zu seinem Engagement für die Sache der Kollaboration veranlassen (das nicht ideologisch, sondern eher psychologisch begründet wird). Malle enthielt sich jeder vorschnellen Ideologisierung des Geschehens und überließ es dem Zuschauer, seine Schlußfolgerungen zu ziehen.

Immer schon besaß Louis Malle auch eine »dokumentarische« Ader: »Ich bin gespalten zwischen den beiden Versuchungen, der alten Trennung des französischen Films, zwischen der Tendenz Lumière und der von Méliès . . . Als ich anfing, interessierte mich der Aspekt Lumière. Dann bekam ich Lust, ein Filmautor zu sein, Geschichten zu erzählen, andere Bereiche zu erforschen . . . aber ich habe immer noch die Sehnsucht nach der außerordentlichen Freiheit des ›cinéma direct‹.«[34] Dieser Neigung Malles entsprach sein zwischen Fiktion und Dokument angesiedelter Film mit und über Brigitte Bardot, *Vie privée* (Privatleben, 1962), sowie eine Serie von Dokumentarfilmen über Kalkutta und Indien (*Calcutta* und die Fernsehserie *L'Inde fantôme – Das Gespenst Indien*, 1968/69), die nicht nur ein Bild der extremen gesellschaftlichen Widersprüche des Subkontinents lieferten, sondern auch »unser Erstaunen, unsere Schwierigkeiten sowie das, was wir für unfilmbar oder nutzlos hielten«, zur Darstellung brachten. Charakteristisch für Malles unvoreingenommene Manier, einem Thema gegenüberzutreten, ist der Dokumentarfilm *Humain trop humain* (»Menschlich, allzu menschlich«, 1973) über die Zivilisation des Automobils und des Fließbands: Malle kontrastierte in diesem anderthalbstündigen Dokumentarfilm Passagen vom Pariser Automobilsalon mit Aufnahmen aus der Automobilfabrik Citroën, die weiter nichts zeigen als das Vorrücken des Bandes und die Wiederholung immer gleicher Fertigungsvorgänge. Durch die insistierende Beobachtung, die lange Dauer der Aufnahme (keine Schnitte, die »Unwesentliches« aussparen), die Einbeziehung des ohrenbetäubenden Lärms, die Sichtbarmachung von Details (der Fuß eines Arbeiters wird vom vorrückenden Band immer wieder gezwungen, eine andere Position einzunehmen), gibt dieser Film ein eindringliches und vielsagendes Bild der Unmenschlichkeit der Fließbandproduktion – obwohl (oder gerade weil) Malle sich jeden Kommentar versagt und nur Bilder und Geräusche »phänomenologisch« für sich selbst sprechen läßt. Etwa zur gleichen Zeit realisierte Malle *Place de la République*, den Versuch, mit einer größeren Zahl von Straßenpassanten durch Interviews und Gespräche vor der Kamera »in Kommunikation zu treten«.

Black Moon (1975) war Malles erster Ausflug in ein für ihn neues Genre: den phantastischen Horrorfilm. Ein junges Mädchen flüchtet aus einem Bürgerkrieg zwischen Männern und Frauen in ein einsames Landhaus zu einer seltsamen alten Frau, bei der sprechende Tiere und ein Einhorn wohnen. Der mit absonderlichen Symbolen reichlich aufgeladene Film irritiert mehr, als daß er fasziniert; teilweise glänzend gemacht, treibt er ein verwirrendes Spiel mit verschlüsselten Traumbildern.

›Rive gauche‹ – Die Gruppe des ›Linken Ufers‹

Eine andere Gruppe von französischen Filmemachern, die ebenfalls Ende der fünfziger oder Anfang der sechziger Jahre ihre ersten Spielfilme drehten, bezeichnet man als die Gruppe der ›Rive gauche‹, des ›linken (Seine-)Ufers‹; zu ihr gehören Alain Resnais, Agnès Varda, Chris Marker, Alain Robbe-Grillet und Marguerite Duras. Der Zusammenhalt dieser Gruppe ist zwar locker (ähnlich wie bei den Regisseuren der ›Neuen Welle‹), dennoch unterscheiden einige Eigenschaften die zitierten Regisseure von Filmemachern wie Truffaut, Godard oder Chabrol: Den Cineasten der ›Rive-gauche-Gruppe‹ stellt sich die

Welt nicht als Reflex des Kinos dar, sie sind nicht über die Begeisterung fürs amerikanische Kino zum Filmemachen gekommen, vielmehr haben sie Interessen auch außerhalb des Kinos, zum Beispiel im Bereich der Literatur: Robbe-Grillet und Marguerite Duras sind ursprünglich Schriftsteller, auch Chris Marker debütierte als Literat, und die Bindungen an das Verlagshaus Editions du Seuil, in dem Marker lange als Lektor arbeitete, sind für alle charakteristisch. In den siebziger Jahren kann man allerdings kaum noch von der Existenz dieser Gruppe sprechen, da Agnès Varda und Resnais nur noch sporadisch Filme realisieren können, Robbe-Grillet sich einer gehobenen Routine ergeben hat und Chris Marker in einem anonymen Bereich der politischen Filmarbeit untergetaucht ist.

Als »Anführer« der Filmemacher der ›Rive gauche‹ kann ohne Zweifel Alain Resnais (geb. 1922) gelten – er ist neben Godard der wichtigste Erneuerer des französischen Films in den späten fünfziger und sechziger Jahren. Resnais' erste Spielfilme, *Hiroshima mon amour* (1959, Drehbuch Marguerite Duras) und *L'année dernière à Marienbad* (*Letztes Jahr in Marienbad*, 1961, Drehbuch Alain Robbe-Grillet) waren, die Behauptung ist nicht übertrieben, Wendepunkte in der Geschichte des Kinos, denn zum ersten Mal brach sich hier eine kühne, neuartige filmische Erzähltechnik Bahn, eroberte der Film ein Terrain, das die moderne Literatur sich längst zueigen gemacht hatte, wurde mit der konventionellen Vorstellung eines Realismus gebrochen, der auf der Annahme eines allwissenden Erzählers basiert. An die Stelle des Erzählers trat der innere Monolog einer oder mehrerer Personen. Nicht mehr die Welt wurde dargestellt, sondern die Widerspiegelung der Welt in einem Bewußtsein. Auch der Zuschauer mußte diese Filme auf neue Weise rezipieren.

Resnais hatte in *Hiroshima mon amour* ein Thema zeitkritischer Aktualität behandelt: Das private Erlebnis einer Frau aus dem letzten Weltkrieg setzte er in Beziehung zur Katastrophe von Hiroshima. *Marienbad* dagegen gab sich als verschlüsselte philosophische Erzählung von der – vielleicht nur imaginären – Begegnung mehrerer Personen auf einem Schloß, deren Vergangenheit als Rätsel erscheint. In seinem folgenden Spielfilm *Muriel ou le temps d'un retour* (*Muriel oder die Zeit der Wiederkehr*, 1963) kehrte Renais wieder in die konkrete Gegenwart Frankreichs zurück. In der Hafenstadt Boulogne-sur-Mer führt der Film eine Gruppe von Personen zusammen: eine verwitwete Antiquitätenhändlerin, ihren Stiefsohn (einen jungen Algerien-Heimkehrer), den Jugendfreund der Antiquitätenhändlerin und dessen Geliebte. Für kurze Zeit leben diese Personen zusammen oder besser nebeneinanderher, in einer Stimmung hektischer Freundschaftlichkeit; in Wirklichkeit aber gründen sich ihre Beziehungen auf Illusionen und auf Verstellung. Im Verlauf des Geschehens kristallisiert sich stückweise heraus, was die Beziehungen belastet: Bernard, der Algerien-Heimkehrer, ist während seiner Militärzeit zum Zeugen oder sogar Mitschuldigen des Verbrechens an einem jungen Mädchen geworden, wovon er nur in Andeutungen zu sprechen vermag (er hat aus Algerien einen 8-mm-Film mitgebracht, der indessen nur nichtssagende Bilder zeigt); sein Gegenspieler, der Schwätzer und Aufschneider Alphonse, schwärmt ständig von seinem Herrendasein in Algier, während er doch, wie sich später herausstellt, niemals in Nordafrika war. In die »Handlung« des Films werden mannigfache Anspielungen auf Vergangenheit (Widerstandskampf) und Gegenwart (kapitalistischer Bauboom) der Stadt Boulogne eingeflochten. Entscheidend aber ist die Form, in der der Film sein Material präsentiert.

Resnais folgt einer Methode der Aufsplitterung jedes Vorgangs in kleinste Phasen, bis in Satz- und Bilderfetzen, die auf überraschende, oft sprunghafte Weise ineinander verschachtelt werden. Die Bildsprache des Films (und der Kontrapunkt der Bilder zu der Musik von Hans Werner Henze) artikuliert nicht nur die innere Verfassung der Personen und zugleich die Verfassung einer Generation; sie ist auch ein Reflex der Suche des Films nach Wahrheit, nach Zusammenhang, nach Orientierung in Zeit und Raum.

La guerre est finie (*Der Krieg ist vorbei*, 1965) war dem Spanischen Bürgerkrieg und dem Untergrundkampf gewidmet, den oppositionelle Gruppen vom Ausland her gegen das Franco-Regime führten. Resnais und sein Drehbuchautor Jorge Semprun beschrieben die Schwierigkeiten eines »Berufsrevolutionärs«, der aussichtslos erscheinende Aktionen von Untergrundgruppen abblasen soll und in Paris in das Spannungsfeld verschieden orientierter Lager des antifrankistischen Widerstandes gerät; die einen werfen ihm zuviel, die anderen zuwenig Aktivität vor. Da dieser Film mit der revolutionären Utopie zu tun hat, erscheint hier nicht so sehr die Vergangenheit, sondern die Zukunft in Form hypothesenartiger »Vorausblenden« aus dem Bewußtsein des Helden, dessen private Probleme mit denen seiner politischen Orientierung eng verwoben werden. Insgesamt ließ der Film in seiner Machart eine Wendung zur klassischen Erzählform erkennen; irritierend wirkte die pathetische Überhöhung einiger Liebesszenen zur Begleitung von engelhafter Musik.

Zurückgekehrt zu seiner ureigensten Thematik – der Zeit – scheint der Experimentalist Resnais in dem Science-fiction-Film *Je t'aime, je t'aime* (*Ich liebe dich, ich liebe dich*, 1968). Wissenschaftler haben eine Art elektronengesteuerter Schlafkammer (von außen anzusehen wie ein riesiges Gehirn) konstruiert, in welcher sie Lebewesen in die Vergangenheit zurückversetzen wollen. Ein Mensch wird als erstes Versuchsobjekt an diese Maschine angeschlossen. Bruchstückhaft, aus abgerissenen Motiven, die mit der Unordnung des Traums aus dem Bewußtsein emporsteigen, formt sich ein Bild der Vergangenheit des Protagonisten. Aber den Wissenschaftlern unterläuft bei ihrem Experiment ein Fehler. Sie können die Versuchsperson nicht mehr in die Gegenwart zurückholen; diese wird wie ein abgeirrter Satellit zum Gefangenen einer nicht mehr kontrollierbaren Eigenbewegung im Zeituniversum. Der Protagonist erlebt einen früheren Selbstmordversuch noch einmal, er wird mitten durch die Zeit- und Realitätsebenen hindurchgeschleudert, bis zu seinem wirklichen Ende. Besonders subtil hat Resnais die Bruchstellen der Zeit gestaltet: Die Musik (Penderecki) besitzt an diesen Stellen eine ähnliche Montagestruktur wie die Bilder. Was der Film beim Zuschauer zurückläßt, ist das Grunderlebnis der Surrealisten: das Gefühl für die Relativität unseres Orientierungssystems und die Erkenntnis, daß Realität sich immer nur durch die komplexe Struktur eines Bewußtseins vermitteln läßt.

Die zahlreichen Kamerafahrten durch stuckverzierte Korridore und das detailreiche Abtasten einer Fin-de-siècle-Architektur in *Stavisky . . .* (1974) wirkten wie eine ferne Reminiszenz an *Marienbad*. Ansonsten war dieser Film über einen Hochstapler, der im Frankreich der dreißiger Jahre Berühmtheit erlangte und dessen Sturz eine politische Krise heraufbeschwor, einfach und linear aufgebaut und bestätigte jene Wendung zur Klassizität bei Resnais, die schon *La guerre est finie* erkennen ließ. Kühl und distanziert erzählt, brillant in der Kameraarbeit, lieferte der Film einen interessanten soziologischen und psychoanalytischen Querschnitt (»um Stavisky verstehen zu können, muß man seine Träume kennen«, heißt es einmal im Dialog) durch die gehobene französische Gesellschaft der Zeit, die maskenhaft, unwirklich, als eine Versammlung eigentlich schon Gestorbener erscheint.

In *Providence* (1977) begab sich Resnais abermals auf den Weg einer Spektralanalyse des bürgerlichen Universums, seine Denk- und Phantasiestrukturen, vollzogen diesmal freilich mit den Mitteln eines Erzählstils, dem man seine literarische Herkunft stark anmerkt (das Buch schrieb der englische Autor David Mercer). Ein alternder Schriftsteller, der allein in seinem schloßartigen Anwesen lebt und stark dem Alkohol zuspricht, dialogisiert mit Geschöpfen seiner Phantasie, die realen Personen – seinen Söhnen und seiner

Schwiegertochter – nachgebildet sind; letztere treten am Schluß des Films auch selbst in Erscheinung. Trotz aller subtilen Brechungen der Dramaturgie, die Realität und Imagination aneinander spiegelt, erscheint die filmische Ausführung in *Providence* letzten Endes als sekundär im Vergleich zu dem literarischen Entwurf, der ihr zugrunde liegt.

Agnès Varda (geb. 1922), deren Debüt im Kurzfilm weit in die fünfziger Jahre vor Beginn der ›Neuen Welle‹ zurückreicht, errang sich mit ihrem ersten Spielfilm *Cléo de 5 à 7 (Mittwoch zwischen 5 und 7*, 1962) die ungeteilte Sympathie der Kritik. Der Film schildert in eigenwilliger Durchdringung von dokumentarischen und fiktiven Episoden zwei Stunden aus dem Leben einer jungen Frau, die befürchten muß, an einer schweren Krankheit zu leiden. Agnès Vardas folgendes Werk, *Le bonheur (Le bonheur – das Glück aus dem Blickwinkel des Mannes*, 1964), lieferte den Exegeten ungewöhnliche Beschäftigung. Man war sich nämlich in fundamentaler Weise uneins über das Verständnis und die Bewertung dieses Films. Agnès Varda erzählt in *Le bonheur* die Geschichte eines Mannes, eines Kunsttischlers, der mit seiner Ehefrau und seiner Freundin ein glückliches Leben zu dritt führen möchte, das auf allseitigem Konsens und auf seiner »höheren Begabung für das Glück« (Varda)[35] basiert. Fast scheint es ihm zu gelingen, als die Ehefrau sich das Leben nimmt (oder durch einen Unfall stirbt). Die Freundin zieht zu dem Protagonisten und seinen Kindern, und bald ist die neue Familie wieder in Harmonie vereint. Ist dies nun eine (vielleicht doppelbödige) Idylle oder eine böse Satire auf verlogene, kleinbürgerliche Glücksideale? Die romantisch-impressionistische Ausmalung von Glückszuständen treibt der Film derart auf die Spitze, daß solche Darstellung manchmal in ihr Gegenteil umzuschlagen scheint; auf der andren Seite ist die Identifikation der Varda mit ihrer Geschichte, mit ihren Personen unverkennbar. Die Blumenarrangements, die Bilder einer Familie beim Mittagsmahl inmitten grünender Laubenranken sind ohne Zweifel als Huldigung an die Schönheit der Natur gedacht, darauf weisen auch die Zitate von Auguste und Jean Renoir hin. Agnès Varda versicherte selbst, einen »zarten, sanften, träumerischen Film« gemacht zu haben.[36] So ist die kritische Perspektive in ihrem Film, wenn überhaupt, nicht durchgehend und teilweise unbewußt angelegt.

In *Les créatures (Die Geschöpfe*, 1966) vermochte Agnès Varda ein der Konzeption nach interessantes Sujet – ein Schriftsteller führt wechselnde Dialoge mit den Geschöpfen seiner Phantasie – nicht in eine adäquate Form zu bringen; nach einem originellen Auftakt verliert sich der Film in banalen Lösungen. Nach der Beteiligung an dem Kollektivfilm *Loin du Vietnam (Fern von Vietnam*, 1967) ging Agnès Varda vorübergehend in die USA, wo sie einen Dokumentarfilm über die Black-Panther-Bewegung drehte und ein Spielfilmprojekt vorbereitete, in dessen Mittelpunkt ein junger Amerikaner stehen sollte, der gegen den Vietnam-Krieg kämpft. Dieses Projekt scheiterte jedoch. Aus der Vorgeschichte des aufgegebenen Projekts und aus ihren inzwischen in den USA gesammelten Erfahrungen entwickelte Agnès Varda dann einen anderen Film, der zu einem ihrer persönlichsten und originellsten werden sollte: *Lions Love* (1970). (Der Titel sollte ursprünglich *Lions, Love and Lies* lauten und wurde schließlich zu *Lions Love* verkürzt.) Der Film spielt im kalifornischen Heim der Warhol-Actrice Viva! und der beiden »Hair«-Macher Jerome Ragni und James Rado. Zu den drei, die anscheinend harmonisch zusammen leben – Hauptproblem ist, wer morgens den Kaffee macht –, stößt die New Yorker Filmemacherin Shirley Clarke, die von ihrem Kampf mit Hollywood-Gewaltigen um die Realisierung eines Filmprojekts berichtet. Zwischendurch sehen sich die vier im Fernsehen die Berichte von der Ermordung Robert Kennedys an. Der Film ist in einer subtilen, witzig-ironischen Mischung von gestelltem Dokumentarismus und dokumentarisch gefilmter Fiktion gemacht und liefert viele Informationen über Hollywood, das Leben in den USA und den Geisteszustand der Post-Hippy-Generation.

Nach *Lions Love* fand Agnès Varda zunächst in Frankreich keine Gelegenheit mehr, Filme für das Kino zu drehen. Ein für das französische Fernsehen realisierter Spielfilm, *Nausicaa*, wurde nie ausgestrahlt. Schließlich drehte die Varda 1974 für das Zweite Deutsche Fernsehen einen halbdokumentarischen Film über die Bewohner ihres Stadtviertels, der Rue Daguerre im Pariser 14. Arrondissement, *Daguerreotypen* (er wurde 1975 ausgestrahlt). *L'une chante, l'autre pas (Die eine singt, die andere nicht, 1977)* enthält die parallel erzählten und miteinander verflochtenen Lebensgeschichten zweier Frauen, die auf unterschiedlichen Wegen zur Emanzipation finden. Der Film, der manche Impulse der Frauenbewegung aufnimmt, berührt durch seinen Romantizismus, durch sein Schwelgen in Stimmungen, schönen Landschaften und Dekorationen auf ähnliche Weise zwiespältig wie *Le bonheur*.

Als eine Zentralfigur der Gruppe ›Rive Gauche‹ kann der Dokumentarist Chris Marker (geb. 1921) gelten. In Markers Werk vereinigt sich das Interesse für Dokumentarismus und für aktuelle Probleme der Gesellschaft und Politik mit einer starken Neigung zur Übertragung literarischer Impulse auf den Film. Durch seine Freundschaft mit vielen Filmemachern wurde Marker auch zu einem wichtigen Anreger und Katalysator für Filmprojekte. Chris Markers frühe Reportage- und Essayfilme (über Israel, China, Sibirien) bezeichnen in ihrer hochentwickelten Dialektik zwischen Bild und Kommentar für die fünfziger Jahre die fortgeschrittenste Position im Dokumentarfilm, die es damals gab. In *Le joli Mai (Der hübsche Mai, 1962)* suchte Marker mit den Methoden des ›Cinéma-vérité‹, mit Umfragen und Interviews (nicht dagegen mit improvisiertem Spiel wie bei Jean Rouch) zu ergründen, wie die Pariser im Mai 1962 ihre persönliche Existenz und die Zustände in ihrem Land einschätzten. Marker gelang es, seinen Film über die reine Bestandsaufnahme von Fakten hinauszuführen und ihm den Charakter einer philosophischen Meditation mitzuteilen. *La jetée (Am Rande des Rollfeldes, 1962)* war dagegen eine Exkursion in das Genre der Science fiction (das Interesse an diesem Genre teilt Marker mit Alain Resnais). *La jetée* könnte man einen utopischen Fotoroman nennen, denn er besteht – bis auf eine einzige Einstellung – nicht aus bewegten, sondern aus statischen Einzelbildern, Standfotografien (damit reiht er sich ein in das interessante Genre der Fotofilme, in das ebenfalls die Rekonstruktion von Eisensteins *Beshin Lug – Die Beshin-Wiese, 1935–37, 1967* angefertigt von Sergej Jutkewitsch und Naum Kleeman, sowie Agnès Vardas Dokumentarfilm *Salut les Cubains, 1963,* gehören). Obwohl nur 29 Minuten lang, ist *La jetée* ein Werk, das man zu den Klassikern des phantastischen Kinos rechnen muß. Die Handlung spielt in einer unbekannten Zukunft: Nach einem atomaren Weltkrieg und nach dem »Untergang von Paris« unternehmen die Sieger in unterirdischen Gewölben Experimente an den Überlebenden: Sie versetzen diese in einen elektrischen Hypnoseschlaf und lassen sie dann Reisen in die Vergangenheit und die Zukunft unternehmen. *La jetée*, »die erste gefilmte Tragödie der Reisen durch die Zeit« (Pierre Kast)[37], erzählt die Geschichte eines so Hypnotisierten, der Bilder aus seiner Erinnerung sieht und wiederholt einem Mädchen begegnet; als er aber schließlich auf sie zueilen will, streckt ihn eine unbekannte Kraft zu Boden: Er träumt – und erlebt zugleich wirklich – seinen eigenen Tod.

Nach mehreren Montagearbeiten drehte Marker 1965 *Le mystère Koumiko* (»Das Geheimnis Koumiko«), das Porträt eines japanischen Mädchens, und 1966 einen weiteren »Fotofilm«, *Si j'avais quatre dromedaires (Wenn ich vier Dromedare hätte)*, eine Montage von Fotos, die Chris Marker zwischen 1955 und 1965 in 26 Ländern aufnahm. Ab 1967 wandte sich Marker mehr und mehr politischen Themen zu, zunächst mit dem Kollektivfilm *Loin du Vietnam* (1967), der unter seiner Leitung entstand (obwohl Marker in ihm keine eigene »Episode« übernahm), dann (1967/68) mit einer Reportage über den »Protestmarsch der Hunderttausend« auf das Pentagon in Washington, *La sixième face du Pentagone* (»Die sechste Seite des Pentagons«). Den Titel des Films entnahm Marker einem Zen-Sprichwort: »Wenn dir die fünf Seiten des Pentagons unangreifbar scheinen, dann greife es von der sechsten Seite her an.« Marker arbeitete auch an den *Ciné-tracts* des Mai '68 mit; danach entschied er sich für eine kollektive Arbeit in verschiedenen politischen Filmgruppen.

Einer der theoretischen Anreger der ›Neuen Welle‹, der Romancier Alain Robbe-Grillet (geb. 1922), Haupt der Schule des sogenannten ›Nouveau roman‹, der genannt auch ›Ecole du regard‹ (»Schule des Blicks«), Drehbuchautor von Resnais' *L'année dernière à Marienbad*, verlegte sich seit 1962 selbst auf das Inszenieren von Filmen. Robbe-Grillets Filme sind literarische Rätselspiele, sie bringen Realitätsfragmente auf verwirrende Weise durcheinander, führen den Zuschauer auf einen Pfad der Täuschungen, Spiegelungen, Sackgassen. In *L'immortelle (Die Unsterbliche,* 1962) sucht ein französischer Professor in der Kulisse eines exotischen Istanbuls nach einer geheimnisvollen Frau (oder bildet sich alles nur ein). In *Trans-Europ-Express* (1967) imaginiert Robbe-Grillet, im Expreßzug Paris–Amsterdam sitzend, die Handlung eines phantastischen Kriminalfilms. *L'homme qui ment (Der Mann, der lügt,* 1968), auf einem slowakischen Schloß gedreht, zeigt »eine Welt von Gespenstern . . . Der Film ist nichts anderes als eine lange Halluzination und gleichzeitig eine unaufhörliche Suche nach Kommunikation, nach Kontakt mit der Welt.« (Robbe-Grillet)[38] In *L'Eden et après* (»Eden und danach«, 1970) spielt sich eine phantastisch-makabre Handlung in der Kulisse eines tunesischen Hotels ab, das aber auch ein Gefängnis sein könnte, und *Glissements progressifs du plaisir* (»Allmähliches Gleiten des Vergnügens«, 1974) reiht verschiedene Varianten einer Mordgeschichte aneinander. Sadomasochistische Untertöne treten in Robbe-Grillets Filmen immer stärker in den Vordergrund, aber gleichzeitig spekuliert der Regisseur auf den Markt; Personen und Dekorationen umgibt er mit ästhetischer Verklärung und dem Gewicht der Bedeutsamkeit; zumeist herrscht in Robbe-Grillets Filmen die aseptische Künstlichkeit eines Modeateliers oder eines Wachsfigurenkabinetts.

Zunächst scheinbar analog zu Robbe-Grillet, dann aber ganz anders verlief die Entwicklung von Marguerite Duras (geb. 1914). Sie schrieb das Drehbuch für *Hiroshima mon amour* und debütierte mit *La Musica* (1966) als Regisseurin. Auch Marguerite Duras geht von literarischen Positionen an das Filmmedium heran. Jedoch verfolgt sie andere Ziele als Robbe-Grillet. Während dieser ein elegantes Jonglierspiel mit den Bestandteilen der Wirklichkeit treibt, strebt Marguerite Duras eine Reduktion des filmischen Schauspiels auf seine einfachsten Elemente, auf eine Gesten- und Zeichensprache an, wobei dem Wort mitunter nur eine musikalische Funktion zufällt. Obwohl ihre Filme manchmal exotisch klingende Titel haben – *Jaune le soleil* (»Die gelbe Sonne«, 1971), *Détruire dit-elle* (»Zerstören, sagte sie«, 1969) und *La femme du Gange* (»Die Frau vom Ganges«, 1974) –, haben sie mit Exotik im herkömmlichen Sinn nichts zu tun; sie sind vielmehr »eine Reflexion über die Sprache des Schauspiels und das Schauspiel der Sprache«.[39] In *Détruire dit-elle* befindet sich eine Gruppe von Menschen in einem einsamen Hotel mitten im Wald. Unter ihnen ist der rätselhafte Stein, ein deutscher Jude, der in den anderen so viele Fragen auslöst, daß sie sich schließlich alle zu deutschen Juden erklären (eine bewußte Wiederholung des Schlagworts vom Mai '68). *Jaune le soleil* setzt den Weg konsequenter Dekonstruktion des filmischen Schauspiels fort. In einem Innenraum unterhalten sich einige nicht näher definierte Personen über revolutionäre Vorgänge, die sich draußen in der Stadt ereignen. Den Erklärungen von Marguerite Duras zufolge zielt sie hier auf eine metaphorische Darstellung der Situation der Juden als Vertreter der Auflehnung, der Nichtunterwerfung unter die Ideologien. Auch der Titel des Films soll auf den Judenstern und damit das Thema des Judentums anspielen.[40] Diese Thematik erscheint im Film allerdings stark verschlüsselt.

Stärkere Präzision in der Schilderung ihres immer wiederkehrenden Universums zeigte Marguerite Duras in *Nathalie Granger* (1972) – vielleicht lag das an der »professionellen« Produktionsweise dieses Films und an der Mitwirkung zweier bedeutender Schauspielerinnen, Jeanne Moreau und Lucia Bosé. Die beiden Frauen leben allein in einem Haus und bereiten die Abreise der Tochter in ein Internat vor; deren Anwesenheit wird hauptsächlich durch Klavierspiel vermittelt. Dazwischen hören die Frauen Nachrichten über die Verfolgung von Verbrechern im Radio, und ein Vertreter für Waschmaschinen kommt ins Haus. *Nathalie Granger* war ein stärker realitätsbezogener Film. Aber gerade darum gewann die im Film angelegte Chronik der Ereignislosigkeit, der scheinbar bedeutungslosen Mikrovorgänge, die Darstellung des Abwartens, der Alltäglichkeit, die eine Alltäglichkeit der Leere ist, Faszinationskraft. Die Sprache aus Gesten, Blicken, Worten beschwört nicht nur das Warten, die Dauer, sondern eine als untergründige Bedrohung empfundene, allgegenwärtige Gewalt.

La femme du Gange (»Die Frau vom Ganges«, 1972) besaß wieder eine abstraktere Form: Die Personen des Films gehen wie Schlafwandler aneinander vorbei und sehen sich nicht an. Die Struktur des Films beruht auf einem Kontrapunkt zwischen Bild und Ton, einem ›Film des Bildes‹ und einem ›Film des Wortes‹, die niemals zusammenfallen. Aus der Indien-bezogenen Mythologie, die das Werk von Marguerite Duras durchzieht (ihre Filme ebenso wie ihre Romane) ging auch *India Song* (1975) hervor, ein Film auffallender optischer Schönheit, dessen Indien freilich ein metaphorisches Land der Einbildung ist. Überwiegend in den Innenräumen eines altmodischen Hotels gedreht und basierend auf dem Bild-Ton-Kontrapunkt (diesmal teilen nur Stimmen aus dem »off« mit, was sie über die Vorgänge wissen), erschöpft sich der Film auf große Strecken in der Evokation nostalgischer Stimmungen. 1976 verarbeitete Marguerita Duras die Dialoge von *India Song* noch einmal mit anderem Bildmaterial (Aufnahmen aus einem verfallenen Schloß) und gab dem neuen Film den Titel *Son nom de Venise dans Calcutta désert* (»Ihr Name Venedig im verlassenen Kalkutta«). Die Schauplätze des Films sind nunmehr gänzlich »durch den Tod entleert«.[41]

Nach dem eher traditionell inszenierten Werk *Des journées entières dans les arbres* (»Ganze Tage in den Bäumen«, 1977) kann *Le camion* (»Der Lastwagen«, 1977) wieder als ein für Marguerite Duras spezifischer Film gelten; in gewissem Sinne zieht er sogar die Quintessenz aus allen früheren Filmen der Autorin. Marguerite Duras sitzt zusammen mit dem Schauspieler Gérard Dépardieu in einem Raum, beide lesen sich gegenseitig aus einem Filmmanuskript vor, das von einem Lastwagen und zwei Personen, dem Chauffeur und einer Frau, handelt; dazwischen sieht man einen Lastwagen in wechselnder Beleuchtung durch stimmungsvolle Landschaften fahren. Der Film, der mehr vom Wort als vom Bild her bestimmt ist, bezieht auch Politik und Ideologie in seine Reflexion ein oder versucht es jedenfalls; aber durch seine angestrengte Bedeutsamkeit, die sich mit gedanklicher Unschärfe koppelt, gerät er manchmal in eine Zone unfreiwilliger Selbstparodie.

›Schwarze Serie‹, Kommerzielle und Komiker

In den mehr kommerziellen Bereichen des französischen Kinos stehen die Kriminalfilme der ›Schwarzen Serie‹ an vorderster Stelle, was ihre Popularität und ihren Kassenerfolg betrifft, aber auch im Hinblick auf den stilistischen Rang einiger Filme dieses Genres, als dessen Vorbilder der amerikanische Gangsterfilm (und ganz allgemein das amerikanische Actionkino) sowie der französische Vorkriegsfilm mit seiner Neigung zur Düsterkeit gelten können.

Prominentester und begabtester Vertreter dieses Genres war der Regisseur Jean Pierre Melville (eig.: Jean Pierre Grumbach, 1917–1973). Melville begann zunächst keineswegs mit Gangsterfilmen, sondern mit einem Film über das Thema der französischen Résistance: *Le silence de la mer* (»Das Schweigen des Meeres«, 1947), nach einem Roman von Vercors. 1949 folgte eine Verfilmung von Cocteaus *Les enfants terribles (Die schrecklichen Kinder)*. In *Léon Morin prêtre (Eva und der Priester*, 1961) erzählte Melville die Geschichte einer Kommunistin und Atheistin, die in der Zeit der deutschen Besetzung bei einem katholischen Priester Hilfe und Unterstützung sucht, die dieser ihr nicht geben kann. Vorher und nachher aber drehte Melville eine Serie erfolgreicher Kriminal- oder Gangsterfilme, die sein Ansehen bei der Kritik begründeten. Die wichtigsten Melville-Filme aus dieser Serie sind: *Bob le flambeur* (Melvilles erster Kriminalfilm, in Deutschland betitelt *Drei Uhr nachts*, 1955), dann *Le doulos (Der Gangster mit der weißen Weste*, 1963), *L'aîné des Ferchaux (Die Millionen eines Gehetzten*, 1964), *Le deuxième souffle (Der zweite Atem*, 1966), vor allem aber *Le Samourai (Der eiskalte Engel*, 1967), *L'armée des ombres (Armee der Schatten*, 1969), *Le cercle rouge (Vier im roten Kreis*, 1970 und *Un flic (Der Chef*, 1972).

Melvilles Gangsterfilmen gemeinsam ist die perfekte Machart, ihre formale Sicherheit und konsequente Dramaturgie, ihr Empfinden für die Umwelt, die bei Melville immer die spezifische Umwelt bestimmter Großstädte ist (Paris, New York, Marseille), für das Dekor leerer Straßen und Vorstadt-»zonen«. Seine Helden sind Verfolgte, Außenseiter, Einsame, vom Schicksal Verurteilte; aber Melville interessiert sich weniger für Psychologie, für Motivation, sondern für exaktes Beobachten von Vorgängen. Melvilles Stil erfuhr seine klare Ausprägung in *Le Samourai*, einem wahren Meisterwerk des Genres. Ein professioneller Killer hat einen Auftrag ausgeführt, gerät aber in Konflikt mit seinen Auftraggebern, wird beobachtet, entkommt der Polizei immer wieder und geht dann, als es keinen Ausweg mehr gibt, freiwillig in den Tod. Melville bringt dieses eigentlich sehr traditionelle Drama auf einen ungewöhnlichen Grad der Abstraktion. Dem Film ist ein Motto vorangestellt: »Es gibt keine größere Einsamkeit als die des Samurais, wenn es nicht die des Tigers im Dschungel ist.« Mit der gleichen artistischen Präzision, mit der gleichen Ritualisierung, wie sie einem Samurai anständen, führt Melvilles Held seine Aktionen aus. Die Kamera im Verein mit der Montagetechnik und der Konstruktion des Drehbuchs, die Visualisierung des Geschehens und der weitgehende Verzicht auf Dialoge: diese Elemente bringen die Ausstrahlung hervor, die den Film charakterisiert. Die Einsamkeit des Helden scheint letztlich existentiell begründet. »Dieses Drama hat Melville mit solcher Rigorosität und Strenge, einer Mechanik von racineschem Zuschnitt in Szene gesetzt, einem kühlen Blick, der alle Emotion, alles Dramatische und Existentielle unter einer spiegelglatten Oberfläche einfriert. ...Das Visuelle... hat keine andere Bedeutung mehr, als eine Geschichte voranzutreiben, deren Notwendigkeit und Überzeugungskraft wiederum aus nichts anderem resultiert als einer Folge von Bildern.« (Siegfried Schober)[42] In *L'armée des ombres* griff Melville noch einmal auf das Thema der Résistance zurück, das er bereits in *Le silence de la mer* und *Léon Morin prêtre* behandelt hatte. *Le cercle rouge* und *Le flic* waren Fortsetzungen der Gangsterserie, beide Male mit Alain Delon in der Hauptrolle (wie in *Le Samourai*), immer noch mit formalem Können und mit Eigenwilligkeit gemacht, die jedoch Handlungsmelodramatik entfalteten und nicht mehr das hohe Niveau von *Le Samourai* erreichen konnten. *Le cercle rouge* wurde ein außergewöhnlicher Publikumserfolg zuteil, der größte aller Melville-Filme.

Mehrere jüngere französische Regisseure haben sich ebenfalls (ganz oder in Teilen) der ›Schwarzen Serie‹ verschrieben. Hier ist José Giovanni, Romanautor und Filmemacher, zu nennen (geb. 1923), der zuerst für Jacques Becker und Melville Drehbücher schrieb und dann ab 1967 selber Filme drehte, unter denen *Dernier domicile connu* (»Letzter bekannter Aufenthaltsort«, 1970), *Un aller simple* (»Einmal Hinfahrt«, 1971) und *Deux hommes dans la ville (Endstation Schafott*, 1973) erwähnenswert sind; letzterer Film enthielt zugleich ein bitteres Plädoyer gegen die Todesstrafe. Im Genre der ›Schwarzen Serie‹ arbeiteten vorübergehend auch Claude Sautet und Yves Boisset sowie Robert Enrico, Sautet (geb. 1924) mit *L'arme à gauche (Schieß, solange du kannst,* 1965) und *Max et les ferailleurs (Das Mädchen und der Kommissar,* 1970), Yves Boisset (geb. 1939) mit *Un condé (Ein Bulle sieht rot,* 1970) und *L'attentat* (1972), einem Film über die Affäre Ben Barka. Sautet drehte aber auch prätentiöse und in der Machart gelackte Gesellschaftsmelodramen: *Les choses de la vie (Die Dinge des Lebens,* 1969), die Geschichte eines Architekten, der sich nicht zwischen Ehefrau und der Geliebten entscheiden kann, eingebettet in das Rahmenmotiv eines Autounfalls, der immer erneut in Zeitlupe vorgeführt wird. Popularität erzielte Sautet auch mit den Familiendramen *Charles, César et Rosalie* (1972) und *Vincent, François, Paul et les autres (Vincent, François, Paul und die anderen,* 1974).

Erfolg mit gefühlsseligen, in schöne Farben getauchten Melodramen wurde vor allem Claude Lelouch (geb. 1937) zuteil, dessen *Un homme et une femme (Ein Mann und eine Frau,* 1966) stilbildend wirkte, allerdings im negativen Sinne: Mit Lelouch-Stil bezeichnete man hinfort jene Mode der verschönt dargebotenen nostalgischen Gefühlsseligkeit im Film, die sich allenthalben ausbreitete, wobei die formale Virtuosität und die schicke Ausstattung das Besondere der Lelouch-Filme ausmachte, so in *Vivre pour vivre (Lebe das Leben,* 1967) oder *La vie, l'amour, la mort (Das Leben, die Liebe, der Tod,* 1968). Peinlich wird es, wenn Lelouch eine mit pseudophilosophischen Abschweifungen versehene autobiographische Geschichte auf der Leinwand ausbreitet, wiederum mit viel Pathos und kinematographischer Verzuckerung, wie in *Toute une vie* (»Ein ganzes Leben«, 1974).

Zu Beginn seiner Karriere übte Roger Vadim (geb. 1928) noch einen gewissen Einfluß auf das Entstehen der ›Neuen Welle‹ aus. Aber seit Ende der fünfziger Jahre wurde »der brillante Playboy der Regie mehr und mehr zum Gefangenen eines dekorativen Stils, hinter dem er nur schlecht die Hohlheit seiner Inspiration und die Eitelkeit seiner Anstrengungen verbergen konnte«. (Claire Clouzot)[43] Vadim versuchte sich unter anderem an verschiedenen Literaturbearbeitungen: *Le repos du guerrier (Das Ruhekissen,* 1962, nach Christiane Rochefort), *Château en Suède (Ein Schloß in Schweden,* 1963, nach Françoise Sagan), *La ronde (Der Reigen,* 1964, nach Arthur Schnitzler).

Anders bestellt ist es mit zwei bedeutenden Vertretern des komischen Films in Frankreich, deren Filme man sicher nicht als Konsumware bezeichnen kann, selbst wenn sie sich bemühen, populär zu sein: Jacques Tati und Pierre Etaix. Jacques Tati (geb. 1908) hatte es in den sechziger Jahren schwer, an die Erfolge seiner drei früheren Filme *Jour de fête (Tatis Schützenfest,* 1947), *Les vacances de Monsieur Hulot (Die Ferien des Herrn Hulot,* 1951) und *Mon oncle (Mein Onkel,* 1958) anzuknüpfen – teilweise deshalb, weil Tati nicht allein die komischen Abenteuer des Herrn Hulot fortsetzen, sondern zugleich mit filmischen Mitteln die Absurdität der modernen Welt entlarven wollte, wobei ihm letzteres, soweit er sich selbst als Schauspieler dabei in den Hintergrund relegierte, nicht immer so überzeugend gelang. Drei Jahre Arbeit und ein großes Budget investierte Tati in den 70-mm-Film *Playtime (Tatis herrliche Zeiten,* 1965). Auf eine Handlung verzichtete er hier ebenso wie in früheren Filmen; in einer lockeren Folge von Episoden parodierte er die unsinnige Ordnung moderner Bürohochhäuser, Warenmessen und Nachtclubs, in denen Monsieur Hulot sich natürlich nicht zurechtfindet und hilflos herumirrt. Tatis Komik ist rein visueller Natur. So klug und genau die einzelnen Gags in *Playtime* aber auch ausgearbeitet waren, vermochten sie den Film doch nicht durchgehend zu tragen; zwischendurch stellten sich Längen ein. *Trafic (Tati im Stoßverkehr,* 1971) beginnt in einer großen Messehalle, wo Geschäftsleute über unsichtbare Seile hinweghüpfen: In Amsterdam soll der Internationale Automobilsalon aufgebaut werden, und Tati hat einen ausgefallenen Campingwagen von Paris nach Amsterdam zu bringen, was natürlich mißlingt. Tati ironisiert vor allem das heutige Verhältnis zum Auto; »normale« Verhaltensweisen erscheinen in dieser Optik als absurd. Der Film ist in einem ruhigen, fast bedächtigen Rhythmus gemacht, bevorzugt Totalen, die Effekte werden dem Zuschauer nicht um die Ohren geschlagen. Sprache degeneriert hier – wie auch in den früheren Tati-Filmen – meist zum absurden Geräusch. *Parade* (1974) war eine mit mehreren Kameras aufgenommene Zirkusshow, in der Tati als Conférencier und Darsteller einiger Nummern auftrat, ein bescheidener und mit geringen Mitteln hergestellter Film, der den Rang seiner früheren Werke nicht mehr erreichte.

Das zweite bedeutende komische Filmtalent neben Tati im Frankreich der sechziger Jahre ist Pierre Etaix (geb. 1928). Etaix drehte zunächst burleske Kurzfilme, arbeitete bei Tati als »Gagman« und trat bei Bresson in dessen Film *Pickpocket* als Darsteller auf. Sein erster langer Spielfilm, *Le soupirant (Auf Freiersfüßen*, 1962), die Geschichte eines jungen Mannes, der auszieht, eine Frau zu suchen, bestand noch weitgehend aus einer Aneinanderreihung von Gags. Ausgefeilter dagegen war die Dramaturgie seines wahrscheinlich besten Films, *Yoyo (Yoyo der Millionär*, 1965), in welchem ein Millionär sein Schloß verläßt, um mit seinem Sohn in einem Zirkuswagen durch das Land zu ziehen. Etaix wendet viel Phantasie und blendende Einfälle auf Randepisoden und bizarre Ausschmückungen. *Tant qu'on a la santé (Meine Nerven, deine Nerven*, 1965) ist eine Satire auf die gesundheitsstörenden Wirkungen der modernen Umwelt mit ihrem Lärm und ihrem Verkehr; *Le grand amour* (1968) karikiert den Alltag der bürgerlichen Liebe; *Pays de Cocagne* (1971), ein halbdokumentarischer Film über den Ferienalltag des Durchschnittsfranzosen, entstand auf einer Varietétournee, die Etaix mit der Kamera begleitete.

Der Mai '68 und das politische Kino

Eine tiefgehende Zäsur in der Geschichte des französischen Films der sechziger Jahre setzten die Ereignisse des Mai 1968. Der aus einer Studentenrevolte hervorgegangene Generalstreik, die Besetzung von Universitäten und Fabriken bewirkten ein »Erdbeben der Gesellschaft« und brachten den bürgerlichen Staat an den Rand des Zusammenbruchs. Die Mairevolte griff auch in die Entwicklung des französischen Films ein.

Der Mai '68 unterbrach zunächst die Filmfestspiele von Cannes. Als das Festival trotz des begonnenen Generalstreiks immer noch weiterlief, plädierte eine Gruppe von Filmemachern, Kritikern und Festivalgästen angesichts der Ereignisse in Frankreich für den Abbruch der Festspiele, unter ihnen Truffaut, Lelouch und Godard. Als ein Film projiziert werden sollte, hielt man den Vorhang zu. Tags darauf wurde, nachdem bereits ein Teil der Jury demissionierte, das Cannes-Festival offiziell abgebrochen. (Ein Jahr darauf sollte es, als sei nichts geschehen, glänzender denn je aus seiner Asche erstehen.) Am 17. Mai 1968 beschloß eine Versammlung von Filmtechnikern, Regisseuren, Schauspielern, Studenten und Filmkritikern – in Anlehnung an eine Einrichtung der Französischen Revolution – die Einberufung der ›Etats généraux du cinéma Français‹ (»Generalstände des französischen Films«) als einer »Bewegung zur Bekämpfung des Gaullismus und der gegenwärtigen Strukturen des französischen Films«. Die Generalstände gaben eine unbefristete Streikorder für alle Angehörigen des Filmwesens aus, »um die reaktionären Strukturen eines zur Ware gewordenen Kinos zu denunzieren und zu zerstören ... Wir werden unseren Kampf erst aufgeben, wenn wir für unseren Beruf verantwortlich sind und ihn selbst verwalten können.«[44] Die Generalstände gründeten Kommissionen zur Ausarbeitung von Projekten, die jedermann offenstanden, und erklärten das staatliche Filmkomitee ›Centre National de la Cinématographie‹ für »aufgelöst«. Eine Kommission entwarf detaillierte Pläne für ein neues System der Selbstverwaltung von Filmproduktion und Filmvertrieb. Am Ende formulierten die Generalstände eine Charta fundamentaler Forderungen, die aus sechs Punkten bestand. Zu ihnen gehörten die »Zerstörung der Monopole«, die Selbstverwaltung, die Einrichtung von Produktionsgruppen unabhängig vom Gesetz des Profits und die Abschaffung der Zensur.

Keine der von den Generalständen vorgeschlagenen Strukturänderungen im französischen Filmwesen konnte in der Folgezeit verwirklicht werden. Das ›Centre national de la cinématographie‹ bestand weiterhin. Die Generalstände zerfielen. Als einzige der von ihnen ins Leben gerufenen Einrichtungen überlebten die ›Société des réalisateurs français‹ (›Gesellschaft französischer Regisseure‹) und das in Cannes jährlich abgehaltene Parallel-Festival ›Quinzaine des réalisateurs‹. Die Mai-Ereignisse lösten jedoch ein grundsätzliches Nachdenken bei vielen Filmemachern über die politische Funktion ihrer Arbeit aus, sie bewirkten die Produktion einer großen Zahl dokumentarischer Filme, die nicht mehr für die Verwendung im Kino, sondern für den Einsatz vor »Zielgruppen«, in Gewerkschaftsversammlungen, Fabriken, Universitäten und Jugendzentren gedacht waren. Es entstand eine Bewegung des »militanten« Films, die parallel ging mit der Einrichtung politischer Filmkooperativen.

Eine ganze Reihe von Filmen über den Mai '68 entstanden in mehr oder weniger direkter Bindung an die Generalstände. Da waren die anonymen *Cinétracts* (Flugblattfilme), kurze Montagen von stummen Bildern, unterbrochen von Zwischentiteln, an denen Marker, Resnais, Godard mitarbeiteten, Filme, die sich zunächst an einer Aufarbeitung der unmittelbaren Tagesereignisse versuchten und ein agitatorisch-didaktisches Ziel verfolgten. Interessant und richtungweisend waren diese Filme (es wurden ca. 30 *Cinétracts* hergestellt, ihre Dauer variierte zwischen zwei und fünf Minuten), weil sie (schon aufgrund des fehlenden Tons) von vornherein nicht den Versuch einer naturalistischen Reproduktion der Ereignisse unternahmen, sondern Ansätze zu einer filmischen Strukturierung des Materials durch Montage, Rhythmus und Kontrapunkt zwischen Bild und Text entwickelten, die manchmal an das Vorbild von Dsiga Wertow erinnerte. Unter den Filmen über den Mai '68 verdienen ebenfalls Erwähnung: *Les cheminots en grève* (»Die Eisenbahner im Streik«, 1968), der als Höhepunkt den Besuch eines Gewerkschaftsfunktionärs der CFDT in der von Studenten besetzten Sorbonne schildert, wo der Gewerkschafter mit Erstaunen die Plakate und Inschriften entdeckt und dann in eine Diskussion mit Maoisten verwickelt wird; *Ce n'est qu'un début* (»Es ist nur ein Anfang«, 1968), die zehnminütige Chronik der Ereignisse von den Unruhen in Nanterre bis zur ersten »Nacht der Barrikaden« mit Reden von Cohn-Bendit und Geismar; *La société est une fleur carnivore* (»Die Gesellschaft ist eine fleischfressende Pflanze«, 1968), realisiert von einem Kollektiv unter Guy Chalon, über die Methoden der Polizeirepression und über den Antigaullismus; der Kommentar dieses Films stammt von dem Schriftsteller Claude Roy und wird von Jean-Louis Trintignant gesprochen. Und schließlich ein Film, der sich bewußt auf eine kleine Episode beschränkt, aber zu den filmisch hervorragendsten Zeugnissen des Mai '68 gehört: *La reprise du travail aux usines Wonder (Die Wiederaufnahme der Arbeit in der Fabrik Wonder*, 1968). Der zehn Minuten lange Film besteht praktisch aus einer einzigen, kontinuierlich durchgedrehten Einstellung mit direktem Ton und ohne Kommentar. Er zeigt, wie vor dem Eingang der Glühlampenfabrik Wonder im Pariser Vorort Saint-Ouen eine junge Arbeiterin sich weigert, ihre Arbeit wiederaufzunehmen, obwohl die Gewerkschaften den Streik abgeblasen haben, wie sie ihre ganze Verzweiflung herausschreit und wie gleichzeitig zwei Gewerkschaftsfunktionäre beruhigend auf sie einreden, um ihr klarzumachen, daß die Arbeiterklasse einen großen Sieg errungen hätte und daß es »niemals wieder sein wird wie vorher«.

Zwei Überlegungen waren es, die viele politisch engagierte Filmemacher in Frankreich (ebenso wie in anderen Ländern der westlichen Welt) veranlaßten, sich dem »militanten« Film und seinen »parallelen« Vertriebs- und Produktionsstrukturen zuzuwenden: Einmal die Erkenntnis, daß es innerhalb eines kommerziell orientierten Systems der Filmwirtschaft, das zudem noch staatlicher Kontrolle unterliegt, unmöglich oder zumindest außerordentlich erschwert ist, bestimmten politischen Anschauungen im Film Ausdruck zu verleihen; zum zweiten der Gedanke, daß eine direktere Ansprache des Publikums erforderlich sei als im traditionellen Kino; daß es auf die Diskussion und auf die Rückvermittlung von Kritik, auf den direkten Kontakt zwischen Filmemachern und Zuschauer ankäme, um die politische, bewußtseinsverändernde Wirkung der Filme zu erhöhen oder überhaupt erst zustande zu bringen.

Zu den seit Mai '68 in Frankreich aktiven politischen Filmgruppen gehört die Kooperative ›SLON‹. ›SLON‹ (jetzt ›Iskra‹) ist keiner bestimmten politischen Richtung verpflichtet, kümmert sich ebensosehr um den Verleih wie um die Produktion und stellte eine Serie von Gegeninformationsfilmen unter dem Titel *Nouvelle société* (»Neue Gesellschaft«) her, Filme über die Situation der Peugeot-Arbeiter (*Sochaux, 11 juin 1968* und *Les trois-quarts de la vie – Drei Viertel des Lebens,* 1969/70) sowie über die Situation der Landwirtschaft, schließlich einen ausgezeichneten Film über den Streik von Arbeiterinnen einer Textilfabrik in Cérisay (*Scènes de grève en Vendée – Streikszenen aus der Vendée,* 1973). Die Gruppe ›Dynadia‹ (jetzt ›Unicité‹) steht der KPF nahe. Die ›Cinéastes révolutionnaires prolétariens‹ stehen dagegen links von der KPF und traten mit dem Film *Flins 68–69* hervor, den sie gemeinsam mit Arbeitern der Renault-Werke in Flins realisierten. Die Gruppe ›Crepac-Scopcolor‹ produzierte zeitweilig ein als Gegeninformation konzipiertes Monatsmagazin *Certifié exact* (»Bestätigt und für richtig befunden«). ›Cineluttes‹ vertritt marxistisch-leninistische Positionen ebenso wie Godard/Gorins ›Groupe Dziga Vertov‹. Auch ›L'Unité de Production Cinéma Bretagne‹ verdient genannt zu werden (mit dieser Gruppe arbeitet René Vautier) sowie der ›Service Cinéma de la C.G.T.‹. Es gibt noch weitere politische Filmgruppen in Frankreich, die jedoch eine sporadische Existenz führen und oft ihren Namen wechseln. Gemeinsam ist ihnen die Verwendung des 16-mm-Formats, manchmal auch des Super-8-Films oder der Video-Aufzeichnung. Ihre Filme sind billig und werden in geringer Auflage hergestellt, weil die Produktionskosten meist nicht durch Aufführungen wieder hereingeholt werden können. Die beteiligten Filmemacher können in der Regel nicht von den Erträgen ihrer Arbeit leben. Zu den Arbeitskämpfen, die das Thema der meisten militanten Filme nach dem Mai '68 abgaben, sind inzwischen andere Themen hinzugekommen, so der Kampf um die Autonomie einzelner Regionen (Larzac, Bretagne), die Frauenemanzipation, Auseinandersetzungen in den Schulen, Erhaltung der Umwelt, Atomkraftwerke. Seit dem Mai '68 gibt es ein neues Konzept des politischen Filmemachens, das sich gleichzeitig auch in anderen Ländern (BRD, Italien, England, Schweden, USA) entwickelte – wie unstabil die Gruppen, die solche militante Filmarbeit trugen, auch mitunter sein mochten.

Meinungsverschiedenheiten bestanden (und bestehen) unter den politischen Filmgruppen und der Kritik nicht nur im Hinblick auf die Frage des richtigen Inhalts, sondern auch auf die zu verwendende Form. Einige Gruppen meinten, es genüge nicht, fortschrittliche politische Inhalte mit den Formen des traditionellen Dokumentar- oder Spielfilms auszudrücken, sondern es gälte, vorab die tradierten Formen des bürgerlichen Kinos zu zerstören, in denen sich vor allem die »herrschende Ideologie« niedergeschlagen habe. Diese Anschauung wurde von den Zeitschriften »Cahiers du cinéma« und

»Cinéthique« vertreten; Jean-Luc Godard ging soweit zu behaupten, der Film sei »von der Bourgeoisie erfunden worden, um die Wirklichkeit vor den Massen zu verbergen«.[45] Diese Auffassungen, deren Zentralbegriff die »Dekonstruktion« ist, gehen zurück auf die Positionen der Literaturzeitschrift »Tel Quel« und ihre Bewertung des ›Nouveau roman‹, dessen Leistung darin gesehen wird, daß er die Aufmerksamkeit auf die Sprache gelenkt und die mechanisch-naturalistische Auffassung der Literatur als eines passiven Spiegels der sozialen Praxis zum Zusammenbruch gebracht habe.

Analog zu diesen Auffassungen behaupten die »Cahiers« und »Cinéthique«, daß ein Film, der vorgäbe, die Realität einfach abzubilden, der sich der Identifikationsmechanismen des traditionellen Kinos bediene, auch keine fortschrittliche Wirkung haben könne. Als Kritik an allzu konservativen Auffassungen vom politischen Kino im Prinzip richtig und notwendig, führt diese Position allerdings zur Ablehnung fast aller bestehenden Formen des politisch intendierten Films bis auf wenige Ausnahmen (Straub, Robert Kramer).

Jenseits des Prinzipienstreits der militanten Filmgruppen gab es in Frankreich auch Regisseure, die ihre Arbeit ebenfalls als »politisch« (im Sinne von bewußtseinsverändernd) betrachteten, die jedoch bereit waren, innerhalb des kommerziellen Produktions- und Vertriebssystems zu arbeiten, um Filme herzustellen, die von größeren Zuschauerkreisen gesehen werden konnten als die militanten Filme, die sich per Definition an ein kleines und meist schon überzeugtes Publikum richteten. Der bekannteste (allerdings auch umstrittenste) Filmemacher dieser Richtung ist der aus Griechenland stammende Regisseur Costa-Gavras (geb. 1933). Gavras war Assistent bei Clément, Clair und Demy und begann mit einem kommerziellen Thriller, *Compartiment tueurs (Mord im Fahrpreis inbegriffen*, 1965); darauf folgte ein Drama um die Befreiung von Widerstandskämpfern zur Zeit der deutschen Besetzung, *Un homme de trop (Ein Mann zuviel*, 1967). Das Jahr 1968 brachte auch für Costa-Gavras eine starke Politisierung. 1969 drehte er Z, den vom Standpunkt der Zuschauerresonanz vielleicht erfolgreichsten politischen Film der sechziger Jahre überhaupt. Ausgehend von einem Roman des griechischen Schriftstellers Vassili Vassilikos entwirft dieser Film die »Anatomie eines politischen Mordes in einem Land mit fast faschistischem Regime«.[46] Z geht aus von dem authentischen Fall der Ermordung des griechischen liberalen Politikers Lambrakis im Jahre 1963; er verfolgt die Untersuchung des Falls durch die Behörden, die Versuche, die Affäre zu vertuschen, und enthüllt so Schicht für Schicht, im Gewand einer spannungsvollen Fabel, die politischen Implikationen der Vorgänge. *L'aveu (Das Geständnis*, 1970) schildert die Erlebnisse des stellvertretenden Außenministers der Tschechoslowakei, Arthur London, der wegen angeblicher Spionage verhaftet und 1952 in einem Schauprozeß verurteilt wurde (aber mit dem Leben davonkam); der Film attackierte das stalinistische Machtsystem mit seinen »Säuberungs«- und Terrormechanismen. *Etat de siège (Der unsichtbare Aufstand*, 1973) spielt in einem lateinamerikanischen Land (offenbar Uruguay), wo Guerillas einen amerikanischen »Entwicklungshelfer«, der in Wirklichkeit Polizeifachmann ist, entführen und schließlich, als sie eingekreist sind, umbringen. Mit *Section spéciale* (1975) kehrte Costa-Gavras noch einmal in die Zeit der deutschen Besetzung Frankreichs zurück und beschrieb einen Sondergerichtsprozeß (sowie dessen Vorbereitung) gegen Widerständler, die aus Gründen der Abschreckung unter fragwürdigen Umständen zum Tode verurteilt werden sollen, wobei der französische Innenminister (aus Angst vor den Deutschen) das eigentlich treibende Element ist. Costa-Gavras und Jorge Semprun (Semprun war Drehbuchautor von Z, *L'aveu* und *Section spéciale*) definierten ihre Konzeption des politischen Films folgendermaßen: »Für uns heißt ›politischer Film‹, sich entschieden und bewußt zur Aufgabe machen, Politik als dramaturgische Materie zu verwenden und den Inhalt des Films auf eine bestimmte Weise mit der

 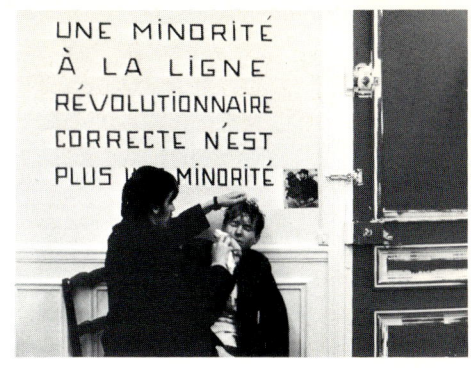

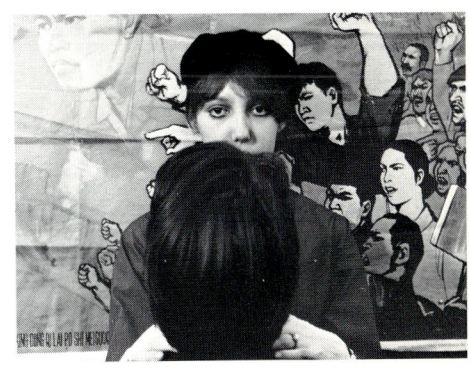

Jean-Luc Godard
La chinoise
(Die Chinesin)
1967
Frankreich

Jacques Rivette

Out One Spectre

1971–1973

Frankreich

Gegenwart zu verbinden . . . Es geht nicht um das Ereignis vom vergangenen Monat, sondern um die Beschäftigung mit zeitgenössischen Problemen . . . Der politische Film muß unbedingt gesehen werden, denn sein Ziel ist es, die Realität zu verändern oder zumindest einen Einfluß auf die Zuschauer auszuüben, indem er sie informiert. Deshalb muß man sich der traditionellen Formen des Schauspiels bedienen – dramatische Konstruktion und Verwendung von Schauspielern –, damit die Leute sich betroffen fühlen und der Film zu etwas nützt.«[47]

Um die Bewertung der Costa-Gavras-Filme ist unter den Filmkritikern ein heftiger Streit entbrannt. Die Gegner dieser Form des politischen Kinos halten ihr entgegen, daß sie unkritisch die dramaturgischen Formen und die »Mechanismen der Darstellung« des Hollywood-Kinos übernimmt und dadurch die angestrebte politische Wirkung der Filme kompromittiert. Dieser Einwand ist berechtigt. Denn indem Filme wie Z die von ihnen angestrebte politische Analyse in die dramaturgische Form eines Thrillers mit Spannungseffekten und starken emotionalen Akzenten kleiden, bringen sie den Zuschauer in ein Verhältnis totaler Abhängigkeit, lassen kaum noch Raum für eigene Reflexion. Der Film kann als spannendes Schauspiel genossen, die politische Dimension als bloße »Zutat« empfunden werden. Auch die politische Analyse der Costa-Gavras-Filme erscheint zweifelhaft: In ihnen wird weitgehend »die Politik auf die Gegenüberstellung zwischen einem einsamen Helden und einer ungeheuren Unterdrückungsstruktur reduziert, unter dem verwunderten Blick einer borierten und resignierten Menge«.[48] Daß man aus den Costa-Gavras-Filmen sogar ein gewisses Rezept für die Herstellung von politischen Thrillern noch unterhalb des Niveaus von Z ableiten konnte, bewiesen Regisseure wie Yves Boisset mit Un condé (Ein Bulle sieht rot, 1970) und L'attentat (1972), später R.A.S. (1973, Thema; Algerienkrieg) und Dupont Lajoie (1975, Thema: der Durchschnittsfranzose und die Rassenvorurteile) oder Jean Pierre Mocky mit Solo (1969) und L'albatros (1971). Man hat anläßlich dieser Filme auch von einer »Serie Z« und dem »Z-Effekt« gesprochen. Trotzdem wäre es vorschnell und dogmatisch, die Filme von Costa-Gavras im Namen theoretischer Prinzipien in den Aschenkasten der Filmgeschichte zu kehren. Die Frage ist erlaubt, wie groß im Vergleich der politische Effekt von Filmen ist, die auf der Grundlage avancierter Theorien entstanden, beispielsweise denen Godards und der Gruppe ›Dsiga Wertow‹; man kann fragen, ob die Filme Costa-Gavras' nicht doch manche Mechanismen der Unterdrückung und Zensurierung durchleuchten, die Zuschauer auf die Existenz politischer und gesellschaftlicher Probleme aufmerksam machen. Die Diskussion um Formen und Inhalte des politischen Kinos – die man gleichermaßen anhand italienischer (Rosi, Petri) und lateinamerikanischer Filme führen muß – wird weitergehen; zu dieser Diskussion haben die Filme von Costa-Gavras einen Beitrag geliefert.

Zu den wichtigsten politisch engagierten Filmemachern Frankreichs, die innerhalb des »Systems« operieren, gehören René Allio und Marin Karmitz. René Allio (geb. 1924) entnahm seine Stoffe weniger der politischen Aktualität, sondern häufiger der Geschichte oder der Literatur, gab ihnen aber zumeist die Bedeutung einer gesellschaftlichen oder politischen Parabel. Allio kam ursprünglich vom Theater und von der Malerei, er war Bühnendekorateur und -regisseur. 1965 debütierte er mit der Brecht-Bearbeitung La vieille dame indigne (Die unwürdige Greisin), der Geschichte einer alten Dame, die plötzlich aus ihrem Milieu ausbricht und nach ihrer eigenen Façon zu leben beschließt, wodurch sie ihre kleinbürgerlichen Verwandten vor den Kopf stößt. Besonders brillant war die Darstellerin der Hauptrolle, Madame Sylvie; der Film überzeugte auch durch seine pointierte Milieuschilderung und seine kühle, distanzierte Erzählweise. L'une et l'autre (Die eine und die andere, 1967) ist ein Film der vielfachen Spiegelungen: zwischen Theater und Wirklichkeit, zwischen angenommener und wirklicher Existenz. Eine

Schauspielerin, die in ihrem Leben in eine ähnliche Situation gerät wie in der Rolle, die sie in dem Tschechow-Stück »Onkel Wanja« spielt, nimmt zeitweilig die Identität ihrer Schwester an, um Konflikte auszutragen, für deren Lösung sie selbst keine Kraft findet. In *Pierre et Paul (Pierre und Paul*, 1968) identifiziert sich ein Arbeiter mit seinem verstorbenen Vater, vermag aber der Gesellschaft und ihrem Konsumterror keinen Widerstand entgegenzusetzen. Mit *Les Camisards (Die Kamisarden*, 1971) begab sich Allio in die Welt des beginnenden 18. Jahrhunderts. Er beschrieb den Kampf einer Gruppe protestantischer Rebellen in den französischen Cevennen gegen das royalistisch-katholische Regime. Der Film war detailgenau, aber nicht naturalistisch und schon gar nicht spektakulär angelegt; Allio sezierte genau die Motivationen der Camisards bei ihrem Kampf und die sozialen Spannungen zwischen Adel, Klerus und Volk, die den Hintergrund dieses Kampfes abgaben. Dabei bediente er sich einer expressiven Fotografie und, auf der Ebene der Sprache, des Stilmittels der Verfremdung (durch den parallel laufenden Kommentar eines authentischen Ich-Erzählers) und der Ironie, besonders in der Zeichnung der Adeligen. *Rude journée pour la reine (Schwerer Tag für die Königin*, 1974) erreichte leider nicht den Rang von *Les Camisards*. Eine fünfzigjährige Frau entflieht vor den Frustrationen ihrer kleinbürgerlichen Umgebung in eine Welt der Tagträume und Phantasien, meistens ist es die Welt von Versailles und die Gesellschaft des Rokoko. Interessant in seiner Grundkonzeption, scheiterte der Film an einer wenig überzeugenden Rahmenhandlung und daran, daß sich zwischen imaginärer und realer Welt keine rechte Spannung entwickelte.

In *Moi, Pierre Rivière, ayant égorgé ma mère, ma sœur et mon frère (Ich, Pierre Rivière, habe meine Mutter, meine Schwester und meinen Bruder umgebracht*, 1976) verfilmte René Allio den authentischen, schriftlich niedergelegten Bericht eines Bauernjungen, der 1835 in einer Kurzschlußreaktion, ausgelöst durch unerträgliche familiäre Verhältnisse, seine Mutter und seine Geschwister umbrachte. Der Film wird gleichermaßen durch die Exaktheit seiner dokumentarischen Beobachtungen, durch das intensive Spiel der (Laien-)Darsteller, durch ein sorgfältiges, die authentischen Texte unterstützendes Herausfiltern von Zeitkolorit und dessen gleichzeitige psychologische und soziologische Vertiefung gekennzeichnet; er gehört zu Allios besten Werken. In ihm verfolgt der Regisseur konsequent die Linie von *Les Camisards*: ein Jahrhundert und seine Verhältnisse aus der Sicht von Unterprivilegierten zu zeichnen, deren Stimme man bisher nicht vernommen hatte.

In einem unmittelbaren Sinne politisch sind die Filme von Marin Karmitz (geb. 1940). Nach einem Kurzfilm, der auf ein Drehbuch von Marguerite Duras zurückging, *Nuit noire Calcutta* (»Schwarze Nacht Kalkutta«, 1965) und einer Beckett-Bearbeitung, *Comédie* (1966), drehte Karmitz 1967/68 seinen ersten Spielfilm, *Sept jours ailleurs* (»Sieben Tage woanders«); im Mittelpunkt steht der junge Komponist und Choreograph eines Ballettensembles, der eine Identitätskrise durchmacht. 1968 engagierte sich Karmitz in den Generalständen des französischen Films. Die Erfahrungen des Mai '68 beeinflußten ihn entscheidend bei der Konzeption seines nächsten Films, der eine neue Note in das französische Kino der damaligen Zeit bringen sollte, so daß ihn die Kritik auch als »film-étape« bezeichnete[49]: *Camarades (Kameraden*, eigentlich: »Genossen«, 1971). Karmitz wollte einen Film über die Lage der Arbeiter in Frankreich drehen. »Im allgemeinen ist ein Film über die Lage der Arbeiter eine mehr oder weniger rührselige Feststellung. Wir wollten dagegen die Mechanismen der Ausbeutung analysieren und Lösungen vorschlagen.«[50] Zum Hauptdarsteller seines Films machte Karmitz einen Arbeiter aus der Automobilfabrik Citroën; er und seine Freunde wirkten auch bei der Ausarbeitung des Drehbuchs mit. Der Protagonist, ein junger Mann aus Saint-Nazaire, geht nach Paris in der Hoffnung, dort eine gutbezahlte Büroarbeit zu finden. Statt dessen muß er aber einen Job am Fließband einer Autofabrik annehmen und wird dadurch politisiert. Die Szene, in der Arbeiter für die Tätigkeit am Fließband ausgesucht werden, ist eine der besten des Films. *Camarades* zog die Quersumme des bisher existierenden politisch-militanten Kinos in Frankreich; insofern für das »System« gemacht, als der Film für die Vorführung in Kinos bestimmt war und dort auch gezeigt wurde, gab *Camarades* doch ein Modell ab, wie wirksame politische Filme unter Benutzung aller ästhetischen Möglichkeiten, die das »bürgerliche« Erzählkino hervorgebracht hatte, gemacht werden konnten.

Den eingeschlagenen Weg setzte Karmitz mit *Coup pour coup (Schlag auf Schlag,* 1971) fort. Thema des Films war diesmal ein spontaner Streik in einer Textilfabrik, in der ausschließlich Arbeiterinnen beschäftigt sind; der Streik, bei dem vorübergehend auch der »Patron« in seinem Arbeitszimmer eingesperrt wird, führt zum Erfolg, er führt vor allem zu einem Erlebnis der Solidarität der Arbeiterinnen und schließlich auch der Familien untereinander. Sehr eindringlich zeigt der Film die vor dem Streik bestehenden unmenschlichen Arbeitsbedingungen am Fließband. Vor allem aber gelingt es ihm, das Klima der Begeisterung wiederzugeben, das alle am Streik Beteiligten erfaßt. Karmitz arbeitete mit »echten« Arbeiterinnen und entwickelte das Drehbuch auf einer kollektiven Grundlage – darin nahm der Film eine Gegenposition zu dem thematisch verwandten *Tout va bien* von Godard/Gorin ein, in welchem Berufsdarsteller spielten. Der Hauptakzent des Films lag auf dem »Spontaneismus« der Arbeiterinnen, die ihren Streik ohne die Gewerkschaften organisieren; ein Gewerkschaftsvertreter wird in dem Film sogar lächerlich gemacht. Der sehr professionell gedrehte Film wurde von der »bürgerlichen« Presse überraschend positiv aufgenommen, während die linken Kritiker, je nach politischer Position, ihn zum Teil ablehnten.

Obwohl *Coup pour coup* in Frankreich von 130000 Zuschauern gesehen wurde, spielte er dennoch nicht seine Produktionskosten ein. Karmitz widmete sich deshalb in der Folgezeit mehr der Verleihtätigkeit und gründete in Paris ein für politische Filme spezialisiertes Kino, das ›14 Juillet‹.

Zu den politisch engagierten Filmemachern Frankreichs gehört auch René Vautier (geb. 1928). Vautier machte in den fünfziger Jahren Kurzfilme und war bis 1965 Direktor eines audiovisuellen Zentrums in Algier; 1969–70 drehte er Kurzfilme über die Lage der Ausländischen Arbeiter in Frankreich. 1971 realisierte er im Alleingang seinen ersten Spielfilm: *Avoir 20 ans dans les Aurès (Mit 20 im Algerienkrieg),* die Geschichte eines französischen Soldaten im algerischen Unabhängigkeitskrieg; später folgte *La folle de Toujane* (»Die Irre von Toujane«, 1974), über einen aus der Bretagne stammenden Lehrer, der nach Tunesien versetzt wird (noch zur Zeit des Kolonialismus), dort wegen seiner antikolonialistischen Haltung Schwierigkeiten hat und wieder gehen muß. Vautier wollte den Unabhängigkeitskampf der Tunesier mit dem der Bretonen in Beziehung bringen. Obwohl an der subjektiven Ehrlichkeit der Filme Vautiers kein Zweifel sein kann, sind sie häufig gefühlsbetont *(Avoir 20 ans dans les Aurès)* oder in ihrer dramaturgischen Konzeption unübersichtlich *(La folle de Toujane).* Hervorzuheben ist, daß *Avoir 20 ans dans les Aurès* zu den ganz wenigen französischen Filmen gehört, die sich überhaupt mit dem Algerienkrieg beschäftigen.

Sein bisher bester Film gelang René Vautier mit *Quand tu disais, Valéry (Als du sagtest, Valéry,* 1976), einem vorzüglich montierten, klaren, treffenden und ironischen Dokumentarfilm über Arbeitskämpfe in einer Fabrik für Wohnwagen, die von ihrem Besitzer verkauft und später geschlossen wird. Zwischen den einzelnen Teilen des Films zitiert Vautier Leitsätze aus einem »Lehrbuch für junge Unternehmer«.

Bernard Paul (geb. 1930) drehte zwei Filme, die ebenfalls dem Bereich des »politischen Kinos« zugeordnet werden können: *Le temps de vivre* (»Zeit zu leben«, 1969), die

Geschichte eines Gipsarbeiters, der sich ruiniert, um seiner Familie einen hohen Lebensstandard zu ermöglichen, und *Beau Masque* (1972), die aktualisierte Bearbeitung eines Romans von Roger Vailland, der den Streik in einer Textilfabrik und die Liebe zwischen einer Gewerkschaftsfunktionärin und einem italienischen Arbeiter schildert, der bei einer Demonstration getötet wird. *Beau Masque* engagiert sich stärker als andere französische politische Filme für die Gewerkschaften und ist deswegen auch als Antwort auf *Coup pour coup* und *Tout va bien* bezeichnet worden. Leider ist die ästhetische Machart des Films konventionell und gleitet manchmal in den Kitsch ab.

René Gilson, ehemaliger Filmkritiker, trat 1970 mit einer antimilitaristischen Komödie hervor, *L'escadron Volapük* (»Schwadron Volapük«). Mangel an technischer Erfahrung machte er durch Reichtum an Einfällen wett. *On n'arrête pas le printemps* (»Der Frühling ist nicht anzuhalten«, 1972) zeigte Schülerinnen und Schüler der Abschlußklasse eines Gymnasiums unter dem Druck der »dreifachen Repression«: einer pädagogischen, politischen und sexuellen.[51] In *La Brigade* (»Die Brigade«, 1974) behandelte Gilson den Widerstandskampf von Exilpolen innerhalb der französischen Résistance. Gilson hat es bisher deutlich vermieden, sich irgendwelchen Kompromissen zu ergeben, er dreht seine Filme unabhängig und mit den bescheidensten Mitteln.

Weitere wichtige politische Filme aus dem Frankreich der letzten Zeit sind *Il pleut toujours où c'est mouillé* (»Es regnet immer dort, wo es feucht ist«, 1974) von Jean Daniel Simon: Die Wahlkampagne in einem Dorf und die Schwierigkeiten einer jungen Bauernfamilie; *Une coupe à dix francs* (*Ein Haarschnitt zu zehn Franc*, 1974) von Philippe Condroyer, über die Unterdrückung eines Lehrlings in einem Handwerksbetrieb der Provinz; *Lo Pais* (1973) von Gérard Guérin, das in dokumentarischem Stil ausgeführte (obgleich fiktive) Porträt eines Plakatklebers aus der Bretagne; *Histoires d'A (Geschichten von A*, 1974) von Charles Belmont und Marie Issartel, ein Film über die in Frankreich illegale Abtreibung mit langen dokumentarischen Passagen, der zunächst verboten wurde. *L'affiche rouge* (*Der rote Steckbrief*, 1976) von Frank Cassenti unternimmt das interessante Experiment, eine Episode aus dem Kampf der Résistance als Probe zu einer Theateraufführung zu zeigen, wobei sich ein ständiger Wechsel der Realitätsebenen ergibt.

Diese Aufzählung ist keineswegs vollständig. Viele der genannten Filme sind technisch unzulänglich und stilistisch nicht immer überzeugend. Aber sie beweisen, daß – besonders seit Anfang der siebziger Jahre – französische Regisseure auf immer neuen Wegen, innerhalb, außerhalb und am Rande des Systems versuchen, die Realität ihres Landes darzustellen und durch diese Darstellung gleichzeitig zu verändern.

›Cinéma-vérité‹, Dokumentarfilme

Es gibt auch eine dokumentarische Tradition im französischen Film der Gegenwart. Zu Anfang der sechziger Jahre machte der von Jean Rouch und Edgar Morin lancierte Begriff des ›Cinéma-vérité‹ (wörtlich: Filmwahrheit) von sich reden. Der Begriff hat viel Verwirrung gestiftet und wurde nie genau definiert. Er umschreibt eine Art des Filmens, bei der unter Verzicht auf alles Fiktive, Konstruierte, Vorgetäuschte durch Improvisation vor der Kamera und dokumentarische Beobachtung die »Wahrheit« einer Person oder einer Situation sichtbar gemacht werden soll. In der Praxis war dieses Ziel natürlich kaum zu erreichen. ›Cinéma-vérité‹ ist eine sprachliche Analogie zu Dsiga Wertows Begriff der ›Kino-Prawda‹ aus den zwanziger Jahren, mit der Jean Rouchs Methode aber nichts zu tun hat.

Jean Rouch (geb. 1917) war ursprünglich Ethnologe und kam mehr aus Zufall dazu, mit einer Amateurkamera seine ersten (ethnographischen) Filme zu drehen. Schon bald aber interessierte sich Rouch für die Verschmelzung von dokumentarischen und Spiel-film-Methoden; diese neue, weitgehend auf Improvisation beruhende Filmart prakti-zierte er in *Moi, un noir (Ich, ein Schwarzer*, 1958) und *La pyramide humaine* (»Die menschliche Pyramide«, 1960). Letzterer Film verstand sich als ein Experiment, dessen Folgen bei Drehbeginn nicht vorauszusehen waren: Die schwarzweiß gemischte Schul-klasse eines französischen Gymnasiums in Abidjan (Elfenbeinküste) spielte vor der Kamera ihr gemeinsames Leben im Verlauf eines Schuljahres. Besonders starke Diskus-sionen löste *Chronique d'un été (Chronik eines Sommers*, 1961) aus, ein Film, den Jean Rouch zusammen mit dem Soziologen Edgar Morin drehte. Morin unterhält sich vor der Kamera mit einem Kleinbürgerpaar, einem Arbeiter, einer Studentin, einer ehemaligen Deportierten, mit Angestellten, Künstlern, einem Covergirl, unbekannten Straßenpas-santen. Rouch und Morin versuchten, der individuellen Wahrheit der einzelnen Perso-nen auf die Spur zu kommen. Dazu brachten sie diese miteinander in Kontakt und ver-folgten die Beziehungen, die sich zwischen ihnen entwickelten. »Der Film wurde nicht von Schauspielern gespielt, sondern von Männern und Frauen gelebt, die einem neuen Experiment von ›Cinéma-vérité‹ Augenblicke ihrer Existenz gegeben haben.« (Rouch zu Beginn des Films)[52] Tatsächlich machte der Film offenbar, daß die Personen trotz aller Bemühung um Authentizität vor der Kamera wieder zu spielen anfingen und sich in neue Rollen hineinversetzten; die Kamera war kein passives Aufnahmegerät, sondern ein Sti-mulans für unkontrollierbare, durch sie ausgelöste Vorgänge. Zwar schrieb Edgar Morin: »Wir wollten die Fiktion ausschalten und uns dem Leben annähern.«[53] Rouchs weitere Entwicklung erweckte jedoch den Anschein, daß er sich eher für die Form des Spielfilms interessierte – dafür sprach *La punition* (»Die Bestrafung«, 1963) und vor allem die Epi-sode *Gare du Nord* aus dem Episodenfilm *Paris vu par . . .* (»Paris, gesehen von . . .«, 1965): Mit beweglicher Kameraausrüstung filmte Rouch in einer einzigen Sequenzein-stellung Momente aus dem Leben eines Paares, wobei der Stil der Episode sich von abso-luter Alltäglichkeit bis zur extremen Fiktion entwickelt. Schließlich kehrte Rouch wie-der zu seinen afrikanischen Themen zurück und drehte 1967/68 *Petit à petit (Stück für Stück)*, einen komödiantischen und streckenweise ironischen Improvisationsfilm über zwei afrikanische Kaufleute, die vom Niger nach Paris kommen, um den Bau von Hoch-häusern zu studieren, sich in alle möglichen Abenteuer verstricken und schließlich desillusioniert in ihre Heimat zurückkehren. Der Film ist amüsant, voller Überraschun-gen, mitunter macht er sich die Perspektive zu eigen, in welcher den Afrikanern das Leben in Europa erscheint, eine Umkehrung des europäischen Ethnologenstandpunktes, die Vertrautes in neuem Licht erscheinen läßt. Obwohl Rouch nur noch sporadisch Filme macht (zuletzt drehte er als nigerianische Produktion zwei weitere Spielfilme im Stile von *Petit à petit: Cocorico Monsieur Poulet*, 1975, und *Babatu*, 1976) und obgleich die afrikanischen Regisseure seine Filmpraxis mit kritischen Augen betrachten, ist seine Präsenz wichtig als Anreger, Kritiker und Förderer vieler dokumentarischer oder ethno-graphischer Filmvorhaben. Die Erforschung neuen filmischen Terrains, die sich Jean Rouch und einige andere Dokumentaristen (unter ihnen Mario Ruspoli und François Reichenbach, bevor er zum Lelouch-Epigonen wurde) zum Ziel gesetzt haben, wäre nicht möglich gewesen ohne die Entwicklung leichter, transportabler, geräuscharmer 16-mm-Kameras und tragbarer Tonbandgeräte in den sechziger Jahren, durch die sich in Frankreich, USA und Kanada die Technik des ›Cinéma direct‹ (von Leacock auch ›Uncon-trolled Cinema‹ genannt) entwickelt hat – gemeint ist eine Methode dokumentarischen Filmens, bei der vor allem der Direktton eine große Rolle spielt, bei der keine künstli-chen Situationen geschaffen werden und die gefilmte Situation durch das Filmen nur in geringem Maße beeinflußt wird.

Gegen Ende der sechziger Jahre steht der französische Dokumentarfilm zunehmend im Zeichen des politischen Engagements. Hier muß man auf die Tätigkeit des holländischen Dokumentarfilmpioniers Joris Ivens (geb. 1898) hinweisen, der sich 1964 in Frankreich niederließ. Nach zwei unpolitischen, eher lyrisch-poetischen Filmen, *Valparaiso* (1963) und *Le Mistral* (1964), drehte Ivens mehrere lange Dokumentarfilme über den Vietnam-Krieg, über die Widerstandskraft der Bevölkerung Nordvietnams angesichts der amerikanischen Bombenangriffe, zugleich über die Prinzipien einer neuen gesellschaftlichen Ordnung: *Le ciel, la terre (Himmel und Erde*, 1965) und *Le dix-septième parallèle (Der 17. Breitengrad*, 1968), danach *Le peuple et ses fusils (Das Volk und seine Gewehre*, 1969) über die Situation in Laos. Dies waren parteiliche, argumentative, klug montierte Filme, denen man gleichwohl anmerkte, daß Ivens sich lange bei den Menschen, die er filmte, aufgehalten und ihre alltägliche Lebenssituation studiert hatte. Zwischendurch beteiligte sich Ivens an dem Episodenfilm *Loin du Vietnam (Fern von Vietnam*, 1967). Schließlich realisierte Ivens zusammen mit Marceline Loridan von 1973 bis 1976 eine Folge von Dokumentarfilmen über das Leben im neuen China, die ein episches Werk von zusammen zwölf Stunden Dauer ergaben: *Comment Yukong déplaça les montagnes (Wie Yü Gung Berge versetzte).* Trotz uneingeschränkter Parteinahme für das China Mao Tse-tungs vermitteln diese Filme erstaunliche Einblicke; aus ihnen sprechen Scharfblick, Intensität und Ausdauer der Beobachtung, die unterschiedliche Betrachtungsweisen des Materials möglich machen und sich auch in filmischer Qualität niederschlagen.

In den sechziger und siebziger Jahren entwickelte sich in Frankreich ein neues Genre des historischen Kompilationsfilms, für das Frédéric Rossif (geb. 1922) mit seinem Film über den Spanischen Bürgerkrieg, *Mourir à Madrid (Sterben in Madrid*, 1962), ein gutes Beispiel lieferte. Rossif bewährte sich in der virtuosen filmischen Anordnung von Dokumentarmaterial zum Zweck einer historischen Beweisführung. Das bisher bedeutendste Beispiel des historischen Kompilationsfilms lieferte Marcel Ophüls (geb. 1927) mit seinem Film über die französische Stadt Clermond-Ferrand in der Zeit des Kriegs und der deutschen Besatzung, *Le chagrin et la pitié* (»Der Kummer und das Mitleid«, deutscher Fernsehtitel: *Das Haus nebenan*, 1970). Durch geduldige Recherchen, Interviews, Gespräche, Beobachtungen und durch die Einblendung historischen Materials entwirft Ophüls das differenzierte Bild einer Epoche, er zerstört die heroischen Legenden und nähert sich, indem er ein Mosaik aus unendlich vielen Partikeln zusammensetzt, der historischen Wahrheit in ihrer Vielfältigkeit und Widersprüchlichkeit. »Der Film wird es den neuen Generationen erlauben, das Phänomen der Kollaboration und das der Résistance zu entziffern und eine Vergangenheit zu begreifen, die von jenen, die sie als ein schreckliches Trauma erlebt haben, bisher nur individuell interpretiert und daher oft deformiert worden ist.« (Michel Capdenac)[54]

Der große Erfolg von *Le chagrin et la pitié* (der Film lief in Frankreich monatelang im Kino) löste eine Welle weiterer historischer und zeitkritischer Montagefilme aus, deren vielleicht bekanntester neben *Le chagrin . . .* das dreiteilige Geschichtswerk *Français si vous saviez* (»Franzosen, wenn Ihr wüßtet«, 1973) von André Harris und Alain de Sedouy (beide Mitarbeiter Ophüls' an *Le chagrin . . .*) war, das in fast acht Projektionsstunden anhand von Dokumenten und Aussagen vieler Politiker einen Überblick über mehrere Jahrzehnte französischer Geschichte gab.

Rohmer, Rivette, Eustache

Eric Rohmer, Jacques Rivette und Jean Eustache sind drei Regisseure, zwischen denen wenigstens zeitweise eine gewisse Gemeinsamkeit des Stils und der Intentionen bestand. Man kann sie, wenn auch etwas unpräzise, als »intellektuelle« Filmemacher bezeichnen. Ihre Filme sind nach strengen Gesetzen gebaut. Sie stellen hohe Anforderungen an den Zuschauer. Der Dialog spielt in ihnen eine große Rolle, manchmal auch der aus dem »off« gesprochene Kommentar eines Erzählers. Es sind Filme der psychologischen Analyse, der Erinnerung oder der Reflexion, die der Logik oder Gesetzmäßigkeit von Gefühlen auf die Spur kommen möchten oder den Mechanismus des Erzählens selbst zum Gegenstand der Untersuchung machen.

Eric Rohmer (eig. Maurice Schérer, geb. 1920), der Herkunft nach Filmkritiker und Literaturprofessor, wurde vor allem bekannt als Regisseur der sechs »Moralischen Geschichten«. Noch vor diesen allerdings realisierte er *Le signe du Lion* (*Im Zeichen des Löwen*, 1959), einen Film über einen erfolglosen amerikanischen Geiger, der in Paris allmählich zum Clochard absinkt; Rohmer beschrieb dessen Erfahrungen in einer ihm feindlich gesinnten, unerbittlichen Umwelt. Anfang der sechziger Jahre faßte Rohmer den Plan zu seinen »Moralischen Geschichten«, »weil ich die gleiche Idee durch verschiedene Filme verfolgen wollte und weil ich meinte, daß Publikum und Produzenten meine Idee eher in dieser Form als in einer anderen akzeptieren würden«.[55] Den Begriff »moralisch« verstand Rohmer nicht im Sinne einer Moral, sondern im Sinne der französischen Moralisten: »Eine Geschichte, die sich weniger damit beschäftigt, was Leute tun, sondern damit, was in ihrem Kopf vorgeht, während sie es tun. Ein Kino der Gedanken eher als der Aktionen.«[56] Wie sich zeigte, ist allen »Moralischen Geschichten«, die Rohmer in der Zeit von zehn Jahren drehte, eine Konstellation gemeinsam: Ein Mann A ist einer Frau B verbunden, lernt die Frau C kennen, kehrt aber zu der Frau B zurück, ohne daß es zu einer Verbindung mit C gekommen ist. Mit klassischer Deutlichkeit wird das schon in der ersten Geschichte, der nur 26 Minuten langen *La boulangère de Monceau* (*Die Bäckerin von Monceau*, 1962) vorexerziert: Der Protagonist, ein schlaksiger Student, lernt nach vielen Anläufen endlich ein Mädchen kennen, das seinem Idealbild zu entsprechen scheint; gleichzeitig flirtet er mit der charmanten Verkäuferin aus einem Bäckerladen, erweckt in ihr Hoffnungen, verspricht ihr sogar ein Rendezvous, das er aber, zugunsten des ersten Mädchens, nicht einhält. Die Geschichte spielte vor einem dokumentarischen Hintergrund von Pariser Boulevard-Alltagsleben, sie war beiläufig, ja improvisatorisch inszeniert, indessen verlieh ihr der aus dem »off« gesprochene (scheinbar autobiographische) Kommentar die von Rohmer angestrebte paradigmatische Strenge. Auf einen zweiten halblangen Film, *La carrière de Suzanne* (1963) folgte, nach einer längeren Pause (die beiden ersten Filme sollten ihre öffentliche Aufführung erst 1974 erleben), *La collectioneuse* (*Die Sammlerin*, 1967). In einer Villa an der Côte d'Azur will Adrien, ein junger Kunsthändler, im Sommer »den Müßiggang in einer bis dahin nie erreichten Ausschließlichkeit betreiben«; daran gehindert wird er durch die Gegenwart des Mädchens Haydée, das ihn mehr und mehr fasziniert, bis er nach London zu seiner ehemaligen Freundin entflieht. Mit der Sinnlichkeit von Landschaft und Atmosphäre kontrastiert seltsam die Kälte des tagebuchartigen Kommentars. *Ma nuit chez Maud* (*Meine Nacht bei Maud*, 1969) fuhrt einen katholischen Ingenieur mit einer Ärztin zusammen; beide diskutieren ausgiebig über Philosophie, verbringen sogar eine Nacht miteinander, bleiben aber in der Distanz; später heiratet der Mann ein junges Mädchen, das er einmal in der Kirche sah. Von allen Rohmer-Filmen ist dies vielleicht der konzentrierteste, dichteste, spannungsvollste. In *Le genou de Claire* (*Claires Knie*, 1970) ist die Situation komplexer als sonst bei Rohmer: Der Protagonist, ein Diplomat in den Dreißigern, verlobt mit einer Schwedin, sieht sich gleich mit drei weiteren Frauen konfrontiert, darunter einem Mädchen, dessen Knie er berühren möchte. Und in *L'amour l'après-midi* (*Die Liebe am Nachmittag*, 1972) verfällt ein verheirateter Geschäftsmann den Reizen des Mädchens Chloë, das ihn im Büro besucht, vor dem er aber im letzten Augenblick wieder zu seiner Frau zurückflieht. Bemerkenswert ist die Subtilität der psychologischen Analyse in den Rohmer-Filmen, die freilich immer vom Standpunkt des Mannes aus betrieben wird. Rohmer richtet sein Augenmerk besonders auf den Widerspruch zwischen den Überzeugungen seiner Protagonisten und ihrem tatsächlichen Handeln. Er analysiert ihr Schwanken, ihre Unsicherheit. Ambivalent bleibt, aus was für Motiven sie letztlich handeln – wohl kaum aus kleinbürgerlicher Beschränktheit, sondern eher, weil sie sich einfachen Lösungen versagen, weil sie konsequent bleiben wollen, weil sie sich einem Ideal verpflichtet glauben, vielleicht aus Bequemlichkeit oder Angst; der Zuschauer muß sich nicht notwendigerweise mit dieser Moral identifizieren. Die Filme Rohmers sind nicht frei von männlichem Chauvinismus, insofern in ihnen der Mann meistens als das geistig höherstehende, differenziertere Wesen erscheint. Aber faszinierend ist die Präzision und die Eleganz, mit dem es ihm gelingt, »im Film Dinge zu zeigen, die sich der Übersetzung ins Filmische zu widersetzen scheinen, Gefühle auszudrücken, die nicht zu filmen sind, weil sie tief im Bewußtsein stecken«.[57]

Nach Abschluß der Serie der »Moralischen Geschichten« drehte Eric Rohmer einen Film in Deutschland: *Die Marquise von O.* (1976). Rohmer folgte in seiner Regie exakt der zugrundeliegenden (1808 publizierten) Novelle von Heinrich von Kleist, in welcher eine Marquise schwanger wird, ohne zu wissen von wem, worauf ihre Eltern sie verstoßen, bis der Vater des Kindes sich meldet und die seltsamen Umstände dieser Schwangerschaft sich nach langen und melodramatischen Verwirrungen endlich aufklären. Rohmer drehte einen Film großer formaler Beherrschung, der das Pathos der Gebärden mit Ironie vermischt und dabei doch Verständnis für die scheinbar übertriebenen Reaktionen der Personen zeigt. Die Fotografie des Films ist von großer Schönheit, aber Rohmer ruht sich nie auf den Reizen von Atmosphäre und Dekoration aus; jedes Detail treibt vielmehr die Geschichte voran und hat seine exakte Funktion in der Architektur der Erzählung. Letztlich wirft dieser so persönlich und kammerspielartig inszenierte Film auch ein kritisches Licht auf die moralischen Normen der damaligen Gesellschaft. Rohmer äußerte: »Ich glaube, nach der großen Aufmerksamkeit, die das gesamte Kino zur Zeit der Neuen Welle, die den Staub der Studios abschütteln und auf die Straße gehen wollte, der zeitgenössischen Welt gezollt hat, empfindet man heute allgemein das Bedürfnis nach Darstellung einer Welt, die von der uns geläufigen Realität etwas weiter entfernt ist.«[58]

Jacques Rivette (geb. 1928) kam wie Eric Rohmer von der Filmkritik zum Filmemachen; von 1963 bis '65 war er Chefredakteur der »Cahiers du cinéma«. Rivette ist einer der schwierigsten Autoren des neuen französischen Films: Schwierig für den Zuschauer ebenso wie für Produzenten und Verleiher, die Mühe hatten, seine überlangen Filme in die Kinos zu bringen; aber die experimentelle Zielsetzung seiner Filmarbeit, die Eigenwilligkeit seiner filmischen Methode lassen ihn als einen der wichtigsten Erneuerer des französischen Kinos der siebziger Jahre erscheinen. Im Unterschied zu Godard oder Resnais allerdings ergibt sich bei Rivette aus der Montage nicht eine neue Art Kinorealität. Rivettes Methode ist näher am Dokumentarischen (selbst wenn er im Bereich der Fiktion arbeitet), am ›Cinéma-vérité‹; er bevorzugt lange, kontinuierlich durchgedrehte Einstellungen, sogenannte »plans-séquence« (Sequenzeinstellungen). Film ist für ihn eher Dialektik von Schein und Wirklichkeit, von Planung und Zufall, als Konstruktion vermittels Montage; deshalb hat für ihn die Improvisation der Schauspieler eine große Bedeutung, der Film entsteht in gewisser Weise erst beim Drehen. Aus dem gleichen Grund ist für Rivette das Theater und das Theaterproben von emblematischer Bedeutung: Hier wohnt der Zuschauer der ästhetischen Konstruktion im Augenblick ihrer Entstehung bei; in der gleichen Perspektive soll er auch den Film betrachten. Das andere Element, das sich neben dem des Theaters durch alle Rivette-Filme hindurchzieht, ist das der Verschwörung. Dieses Motiv erscheint allerdings mehr als Spekulation oder Hypothese denn als Bestandteil der Wirklichkeit.

Rivette debütierte 1959 mit *Paris nous appartient (Paris gehört uns)*, der Film kam aber erst 1961 zur Uraufführung. Ein junges Mädchen, aus der Provinz nach Paris gekommen, will den rätselhaften Tod eines Exilspaniers aufklären und meint auf die Spur einer labyrinthisch verzweigten Geheimorganisation zu stoßen. Schon dieser Film war »kein Werk für oder gegen den Faschismus, sondern eine Reflexion über den Anschein und die Wahrheit«. (Bertrand Tavernier)[59] Das Stück im Film (»Perikles« von Shakespeare) übte eine Spiegelfunktion aus. *La religieuse (Die Nonne*, 1966), nach einem gleichnamigen Roman des französischen Schriftstellers Denis Diderot aus dem 18. Jahrhundert gedreht, wurde in Frankreich auf Protest kirchlicher Stellen hin zunächst von der Zensur für mehr als ein Jahr verboten. (Der genaue Titel des Films lautet *Suzanne Simonon, la religieuse de Diderot).* Rivette beschreibt in *La religieuse* unpathetisch, aber eindringlich bis zum Gespenstischen das Klosterleben als ein vom normalen Leben weitgehend abgehobenes Paralleldasein, das alle Züge eines konzentrationären Systems trägt und nie wieder freigibt, wer einmal sein Gefangener war. Durch die konsequente Technik der Sequenzeinstellungen, bei denen die Kamera die Schauspieler auf subtile Weise begleitet, registrierte Rivette minutiös jede Regung, jeden Gedanken seiner Hauptdarstellerin.

Vor allem mit *L'amour fou* (1968) sowie *Out One* (1971) beziehungsweise *Out One spectre* (1974) sprengte Rivette die traditionellen Formen des Filmemachens, indem er der Improvisation der Schauspieler freien Lauf ließ und das Element der Dauer noch stärker als früher zum Ausdrucksmittel erhob. *L'amour fou* ist ein komplexer Film, der sich gleichzeitig auf verschiedenen Ebenen bewegt: Einmal wird die Vorbereitung einer Bühneninszenierung von Racines »Andromaque« gezeigt (die ihre Aufführung nie erleben wird), gleichzeitig analysiert der Film die sich auflösende Beziehung zwischen dem Regisseur Sebastien und seiner Frau Claire, die alle Phasen von der Exaltation bis zur Verzweiflung durchläuft. Das Neuartige an Rivettes Film ist seine Darstellungsmethode. Die Schauspieler folgen keinem Drehbuch (Rivette legte nur ein Handlungsgerüst fest), sondern bringen sich selbst in die Improvisation ein; Handlungen und Gesten »bedeuten« nicht etwas anderes, sondern *sind* unmittelbare Realität, präsentieren sich als Rohmaterial. Da Rivette keine Entwicklung abschneidet, weil die Kamera alle umgebenden Objekte und Räume in das Geschehen einbezieht, können sich Vorgänge, Reaktionen, Gedanken ungehindert in Zeit und Raum entfalten, auf eine Art und Weise, wie es das Kino der Vorausplanung und der festgelegten »Bedeutungen« niemals erlauben würde. Als Folge dieser Methode dauerte der Film (in seiner ungekürzten Fassung) allerdings vier Stunden und 12 Minuten. Rivette drehte einen Teil des Films in 16 mm (ein Dokumentarteam nimmt als Film im Film einen Bericht über die Theaterproben auf und wird bei seiner Arbeit von einer anderen Kamera beobachtet); die 16-mm-Passagen unterscheiden sich in ihrer Grobkörnigkeit deutlich von den übrigen Teilen des Films.

Mit *Out One* (1971) ging Rivette noch einen Schritt über *L'amour fou* hinaus. »Ich hatte Lust, einen Film zu drehen, in dem sich nicht zwei, sondern mehrere Filme überschneiden, der aus Serien besteht . . .«[60] Eine ganze Reihe von erzählerischen Motiven überkreuzen sich in diesem Film: Da ist einmal das Motiv von Balzacs »Die Geschichte der 13« und der in diesem Roman geschilderten Verschwörung; da ist ein junger Mann (Jean-Pierre Léaud), der sich bemüht, geheime Botschaften zu entziffern, die wiederum mit der »Geschichte der 13« zusammenhängen (sein Bemühen bleibt erfolglos); dann ist da eine Geschichte von anonymen Briefen und Erpressung; und schließlich geht es wieder um zwei Theateraufführungen, unter anderem um »Der gefesselte Prometheus« von Äschylos. Diese verschiedenen Handlungslinien entwickeln sich zunächst parallel, bis sie sich überschneiden und allmählich verbinden, um sich dann wieder aufzulösen und in verschiedene Richtungen auseinanderzulaufen. Letztlich bedient sich der Film einer offenen dramaturgischen Form, die keinen Anfang und kein Ende hat. Rivette arbeitete mit einem »Diagramm«, einem »Raster«, das Ende des Films lag bei Beginn der Dreharbeiten »bewußt im Nebel«.[61] Nach der Montage war der Film 12 Stunden und 40 Minuten lang, eine Länge, die sich jeder Aufführung und jedem Verleih verschloß, so daß *Out One* in seiner vollen Länge bis heute überhaupt nur ein einziges Mal aufgeführt wurde (in Le Havre am 9. und 10. Oktober 1971). Aus Kostengründen existiert auch bislang keine Kopie des Films (in Le Havre lief die Arbeitskopie). 1972 stellte Rivette eine kürzere (255 Minuten), vom Original abweichende Fassung des Films her, die er *Out One spectre* nannte und die schließlich auch ins Kino kam. Die kürzere Fassung ließ die Umrisse des längeren Entwurfs immerhin erahnen. Das Ansehen dieses Films ist für den Zuschauer wie eine Bergbesteigung: Anfangs wird einem viel Energie abverlangt, allmählich aber weitet sich die Aussicht, atemberaubende Blicke, Perspektiven und Überschneidungen tun sich auf. Freilich ist der Zuschauer zu aktiver Mitarbeit aufgerufen: Er muß selbst die Elemente in Beziehung setzen, die Rivette ihm anbietet. So wirft dieser Film zentrale Probleme heutiger Kunst auf: »Die Problematik beim Film (nach Rouch, Perrault und einigen anderen) und bei der Musik (Cage, Stockhausen) des Verhältnisses zwischen Absicht und Improvisation, Freiheit und Gebundenheit (zwischen *Zufall* und *Programmierung*); die Problematik einer *anderen* (veränderten, wenn nicht sogar reduzierten) Funktion des Autors und seiner Mitarbeiter, Techniker oder Schauspieler; die Problematik der aus diesem Konzept hervorgegangenen neuen fiktiven Formen; die des *Cinéma direct*, seiner Möglichkeiten, seiner Grenzen und seiner Verwendung; die der Montage und, allgemeiner, die Problematik der ›Repräsentation‹.« (Jean André Fieschi)[62]

Wenn *Out One* Rivettes schwierigster Film ist, dann kann *Céline et Julie vont en bateau* (*Céline und Julie fahren Boot*, 1974) als sein »leichtester«, vergnüglichster gelten. Auch hier wird der Zuschauer wieder in ein surrealistisch verschlungenes Labyrinth geführt. Der Film geht aus von der Begegnung zwischen Julie, einer Bibliothekarin mit einer Neigung zu Büchern über Zauberei, und Céline, einer Taschenspielerin; beide statten abwechselnd einem geheimnisvollen Haus Besuche ab, in dem sie phantastische und komische Abenteuer erleben. In *Céline et Julie* ist auch der Aspekt eines Horrorfilms präsent, der sich freilich selbst nicht ganz ernst nimmt. *Céline et Julie* enthält fast alle Elemente aus *L'amour fou* und *Out One* – die Improvisation, die Rolle des Zufalls, das Sichüberkreuzen mehrerer Geschichten, die Aura geheimnisvoller Zusammenhänge, der Mystifikation; alles dies erscheint aber in Form eines eleganten Divertissements.

Zwiespältiger fiel Rivettes nächster Film *Duelle* (*Unsterbliches Duell*, 1976) aus, Teil eines auf vier Filme projektierten Zyklus mit dem Obertitel *Scènes de la vie parallèle* (»Szenen aus dem parallelen Leben«). Im Gewande einer absichtlich überkomplizierten Fabel schildert Rivette die romantisch-kriminalistischen Abenteuer mehrerer Mädchen, unter die sich 40 Tage lang die »Töchter des Mondes und der Sonne« mischen. Die Mystifikationen dieses Films wirken angestrengt, bedeutungsschwer, nicht mehr spielerisch leicht wie in *Céline et Julie*. Rivette scheint möglicherweise zum Gefangenen der von ihm selbst entworfenen Dramaturgie einer spätromantischen Fabulierkunst zu werden. Als weitere Folge aus dem Zyklus erschien 1977 *Noroit* (*Nordostwind*).

Jean Eustache (geb. 1938) gehört zu der jüngsten Generation französischer Filmemacher, die erst gegen Ende der sechziger Jahre hervortrat. Nach dem Kurzfilm *Les mauvaises fréquentations* (»Der schlechte Umgang«, 1964) drehte er den mittellangen *Le Père Noël a les yeux bleus* (»Der Weihnachtsmann hat blaue Augen«, 1966), einen autobiographischen Bericht aus der französischen Provinz: Ein junger Mann verdient sich in der Vorweihnachtszeit das Geld für einen Dufflecoat, indem er als Weihnachtsmann für einen Fotografen posiert. Der Film enthält ironische und burleske Elemente, mündet jedoch gegen Ende in Skepsis und Bitterkeit. *La Rosière de Pessac* (»Das Rosenmädchen von Pessac«, 1969) ist ein Dokumentarbericht über die Verleihung eines »Tugendpreises« in einem Vorort von Bordeaux. Gleichfalls ins dokumentarische Genre gehört *Le cochon* (»Das Schwein«, 1970, Koregie Michel Barjol): Mit den Mitteln des ›Cinéma direct‹ wird in einem kleinen französischen Dorf die Zeremonie des Schweineschlachtens festgehalten. Gleichsam zu Starruhm katapultierte sich Eustache jedoch mit seinem überlangen (209 Minuten) Spielfilm *La maman et la putain (Die Mama und die Hure*, 1973). Der Film analysiert schonungslos und bohrend die Beziehungen zwischen einem jugendlichen Pariser Nichtstuer und zwei jungen Frauen, mit denen dieser zeitweilig in einem Dreiecksverhältnis zusammen lebt; er schockierte durch seine mit Vulgärausdrücken durchsetzte Sprache, aber auch durch die scheinbare Monotonie der Regie, die endlose Gespräche in meist gleichförmigen Dekorationen ablaufen ließ. In Wirklichkeit war der Stil des Films ebenso konsequent wie faszinierend. Eustache scheute nicht vor der Wiedergabe unendlicher Debatten, quälender Auseinandersetzungen, vehementer Ausbrüche, langer Berichte, fortwährend rezitierter Anekdoten und Wortspiele zurück. In alldem kristallisiert sich die innere Verfassung seiner Protagonisten. Die Personen des Films, besonders der von Jean-Pierre Léaud gespielte junge Mann, erscheinen als typische Vertreter der intellektuellen Nachkriegsjugend von Saint-Germain-des-Prés. Sie verbringen die meiste Zeit debattierend auf den Terrassen der Kaffeehäuser. Eustache macht in den wechselhaften Beziehungen zwischen Léaud und den beiden Frauen jedoch deutlich, wie schal, oberflächlich und letzten Endes unerträglich die Rhetorik seines Helden ist. Es kommt der Moment, wo einen der Ekel packt, und das Gefühl des Ekels ist es auch, das die Personen des Films bis zur Neige auskosten. Eustache verarbeitet in diesem ironischen, langatmigen und bitteren Film die Lektionen einer abgelaufenen Epoche; er räumt auf mit einer Mythologie, die keine Gültigkeit mehr hat. Die seltene Intensität seines Films erreicht Eustache durch minutiöse Vorausplanung der Szenen, durch die – mit Rivette verwandte – Technik des Drehens in langen Einstellungen, durch die rhythmische Struktur der Auf- und Abblenden am Anfang und am Schluß jeder Szene, nicht zuletzt auch durch den direkten Ton und durch die Abstraktion des – von Eustache gewollten – Schwarzweiß-Verfahrens. Eustache nannte seinen Film die »Beschreibung des normalen Verlaufs der Ereignisse ohne die schematische Verkürzung der filmischen Dramaturgie . . . Mein Sujet ist gerade die Art und Weise, wie sich die wichtigsten Handlungen in eine Folge nebensächlicher Handlungen eingliedern.«[63]

Mes petites amoureuses (Meine kleinen Geliebten, 1974 – der Titel ist eine Anspielung auf ein Rimbaud-Gedicht) wurde von Eustache bereits vor *La maman et la putain* konzipiert, konnte aber erst nach diesem Film fertiggestellt werden. *Mes petites amoureuses* stellt eine Art Rückkehr zu *Le Père Noël a les yeux bleus* dar – der Held ist ein halbwüchsiger Junge, der in einer südfranzösischen Stadt den Übergang von der Kindheit zum Jünglingsalter erlebt. Distanziert und scheinbar gleichmütig beschreibt Eustache in kurz abgemessenen, aber eindringlichen Szenen die schwierigen Beziehungen des Jungen zu seiner Mutter und seinem zukünftigen Adoptivvater, seine ersten Versuche, Beziehungen zu Mädchen anzuknüpfen. Das Bild einer Jugend, das hier entworfen wird, ist alles andere als idyllisch. Es ist eingebettet in exakte Beobachtungen, in atmosphärische Details; die Enttäuschungen und Verletzungen dieses Alters werden nicht ausgelassen. Eustache zeigt sich auch hier wieder souverän in der Kunst, einen Film zu gliedern, durch den sparsamen Kommentar (der manchmal nur aus einem einzelnen Satz besteht) Akzente zu setzen, einem Bild, einer Geste Ausdruckskraft zu verleihen. Gegenüber der explosiven Gewalt von *La maman et la putain* erscheint *Mes petites amoureuses* allerdings vergleichsweise »klassisch«.

Die jüngste Generation. Visionäre und Anarchisten

Unter den jüngsten Filmemachern Frankreichs, die erst in den sechziger oder siebziger Jahren hervortraten, lassen sich – soweit sie nicht dem politischen Kino nahestehen – eine ganze Reihe unterschiedlicher Tendenzen ausmachen. Da sind einmal Experimentatoren, Visionäre oder Anarchisten wie Garrel, Arrabal, Faraldo. Drei Regisseurinnen haben sich neben Marguerite Duras in der männerbeherrschten französischen Filmwelt durchgesetzt: Nelly Kaplan, Yannick Bellon und Michèle Rozier. Auf keinen gemeinsamen Nenner bringen lassen sich Tavernier und Drach, Jacques Rozier und Luc Moullet, Techiné, Jessua und Comolli – jeder von ihnen verfolgt sein eigenes Ziel, jedoch in mehr oder weniger offener Opposition zum kommerziellen »Publikumsfilm«.

Ein absoluter Außenseiter des französischen Kinos ist Philippe Garrel (geb. 1948). Seit 1967 drehte er in rascher Folge eine Reihe experimenteller Filme, in denen er expressionistische Visionen auf die Leinwand warf: *Marie pour mémoire* (»Zur Erinnerung an Marie«, 1967), *Le révélateur* (1968), *La concentration* (1968), *Le lit de la vierge* (»Das Bett der Jungfrau«, 1969). Einen gewissen Höhepunkt erreichte Garrels Schaffen mit *La cicatrice intérieure* (»Die innere Narbe«, 1970). In faszinierenden Einödslandschaften (Wüste, Eis, Gletscher) spielen sich archetypische Begegnungen zwischen Menschen ab; Garrel beschwor Weltuntergangs- oder Weltschöpfungsvisionen. Seinen Filmen eignet ein aristokratischer, prophetischer Zug, allerdings auch ein irrationales Klima. In seinen späteren Werken *(Les hautes solitudes,* »Die hohen Einsamkeiten«, 1974; *Le berceau de cristal,* »Die Kristallwiege«, 1975) erfaßt Garrels Kamera Gesichter in insistierenden Großaufnahmen zur Darstellung »existentieller« Einsamkeit.

Extrovertierter als Garrel gibt sich der (in Frankreich lebende und arbeitende) spanische Autor Fernando Arrabal in seinem autobiographischen Film *Viva la muerte (Viva la muerte – Es lebe der Tod,* 1971), einer Beschwörung seiner Kindheit im surrealen Stil unter reichlicher Verwendung blutiger Schockbilder und absonderlicher Traumvisionen. In Arrabals Film existiert auch eine politisch-historische Dimension (Anspielungen auf Franco-Spanien und den Bürgerkrieg); im Grunde aber bietet er sich dar als ein Konglomerat bizarrer Einfälle, verbunden von einem boshaft-irritierenden musikalischen Leitmotiv. Danach drehte Arrabal in einem ähnlich wütenden, poetisch-provokativen, aber auch effektbewußten Stil *J'irai comme un cheval fou (Ich werde laufen wie ein verrücktes Pferd,* 1973), eine Fortsetzung der autobiographischen Motive seines Erstlingsfilms.

Weitgehend im Bereich des Phantastischen operiert auch Claude Faraldo mit *Themroc* (1973), einer anarchistischen Kinofabel, in welcher ein Arbeiter gegen die ihm unerträglich gewordene Umwelt revoltiert, indem er seine Wohnung demoliert, Brüllschreie ausstößt und Polizisten am Spieß röstet; der Film ist jedoch kein Angriff auf die Zivilisation (wie er vorgibt), sondern nur ein etwas albernes Divertissement.

Nelly Kaplan (geb. 1934) versuchte mit *La fiancée du pirate* (»Die Braut des Piraten«, deutscher Verleihtitel: *Moneten fürs Kätzchen,* 1969) im Stil einer populären Komödie, die ganz ungeniert mit den Ausdrucksmitteln des Kommerzkinos arbeitet, einige subversive Wahrheiten über die Mentalität von Dorfbewohnern am Beispiel der Behandlung einer jungen Dienstmagd zu verbreiten. In komödiantischem Stil ist auch ihr zweiter Film gehalten, *Papa, les petits bateaux* (»Papa, die kleinen Schiffe«, 1972), während sie mit *Néa* (1976) ihre Anhänger enttäuschte. Yannick Bellon (geb. 1924) drehte bereits in den fünfziger Jahren Kurzfilme, konnte aber erst 1972 ihren ersten Spielfilm fertigstellen, *Quelque part quelqu'un* (»Irgend jemand, irgendwo«), der die Schicksale einiger »anonymer« Straßenpassanten verfolgte. In ihrem zweiten Film, *La femme de Jean* (»Die Frau von Jean«, 1974) schilderte sie den Emanzipationsprozeß einer verheirateten Frau, die sich von ihrem Mann trennt. Der eindringliche, persönlich gemachte Film litt nur an einigen Unwahrscheinlichkeiten der Handlung. Während Yannick Bellon eine ruhige, bedächtige Art des filmischen Erzählens pflegt, sprudelt Michèle Rozier (geb. 1933) in *George qui?* (*George wer?*, 1973), einem Porträt der Schriftstellerin George Sand, vor Einfällen geradezu über; sie sieht George Sand als Vorkämpferin der heutigen Frauenbewegung. *Mon cœur est rouge* (»Mein Herz ist rot«, 1976) ist eine Folge satirischer Szenen über verschiedene Aspekte der gesellschaftlichen Situation von Frauen im Frankreich von heute.

Jacques Rozier (geb. 1926) gehörte mit *Adieu Philippine* (1961), der phantasievoll erzählten Geschichte von zwei Mädchen, die von Paris aus in die Ferien starten, mit zu den Initiatoren der ›Neuen Welle‹. Nach diesem Werk konnte Rozier lange keinen weiteren Film drehen und mußte sich mit Arbeiten für das Fernsehen über Wasser halten. Erst 1971 kam *Du côté d'Ourouet* (»In der Gegend von Ourouet«) zustande, ein bescheidener Film im 16-mm-Format und mit Direktton, der, wie eine Fortsetzung von *Adieu Philippine*, das Ferienleben dreier junger Mädchen schildert. Während Rozier besonders in seinem letzten Film weitgehend dokumentarisch arbeitet, parodiert Luc Moullet (geb. 1941) in *Brigitte et Brigitte* (1966), *Les contrebandières* (»Die Schmugglerinnen«, 1969) und *Une aventure de Billy the Kid* (»Ein Abenteuer von Billy the Kid«, 1971) auf intelligente Weise Stereotypen der Literatur und des Kinos. Moullet betreibt in seinen Filmen ein Spiel mit Elementen der Fiktion, das aus dem Zusammenstoß von Alltagspartikeln und ästhetischer Verfremdung satirische Funken schlägt.

Michel Drach (geb. 1930), ehemaliger Assistent von Melville, begann ebenfalls schon zur Frühzeit der ›Neuen Welle‹ mit *On n'enterre pas le dimanche* (*Man begräbt am Sonntag nicht*, 1960) und *Amélie ou le temps d'aimer* (»Amélie oder die Zeit zu lieben«, 1961). Nach verschiedenen Versuchen im Kommerzfilm Mitte der sechziger Jahre wagte sich Drach in *Elise ou la vraie vie* (»Elise oder das wahre Leben«, 1969) an ein anspruchsvolles Sujet, die Verfilmung eines Romans von Claire Etcherelli über die Liebe zwischen einer Französin und einem militanten Nordafrikaner zur Zeit des Algerienkrieges. In der Regie konventionell, ging der Film jedoch ziemlich weit in der kritischen Darstellung eines in Frankreich verbreiteten Rassismus. *Les violons du bal* (1974) erzählt eine Geschichte von Judenverfolgung aus dem Frankreich der deutschen Besetzung, in deren Mittelpunkt ein kleiner Junge steht; leider wird das Thema allzu gefühlvoll abgehandelt.

Alain Jessua (geb. 1932) debütierte nach einer Assistenzzeit bei Becker, Ophüls, Allégret und Carné 1964 mit *La vie à l'envers* (*Das umgekehrte Leben*), der filmisch intensiv erzählten Geschichte eines Mannes, der aus Überdruß an der Gesellschaft eines Tages beschließt, sich aus seinem bisherigen Leben in das freiwillig gewählte Asyl eines Irrenhauses zurückzuziehen; sein gespielter Wahnsinn ist nur eine andere Form der Entfremdung, unter der er schon vorher litt. Die Erwartungen, die dieser Erstlingsfilm auslöste, haben Jessuas spätere Werke nicht mehr eingelöst, weder *Jeu de massacre* (*Mordgeschichten*, 1967), eine phantastische Komödie über die Manipulationskraft von Bildergeschichten, noch *Traitement de choc* (*Der Schocker*, 1973), ein Kriminalfilm mit gesellschaftskritischen Untertönen über eine »Frischzellenklinik«, deren verbrecherische Praxis von der Polizei unterstützt wird.

Bertrand Tavernier, der von der Filmkritik herkam und früher bereits zwei Episoden zu Serienfilmen gedreht hatte, realisierte 1974 *L'horloger de St. Paul* (»Der Uhrmacher von St. Paul«), die realistisch und solide erzählte Geschichte eines Vaters, der erst allmählich im Laufe einer Bewußtwerdung zu verstehen lernt, warum sein Sohn einen Werkspolizisten erschoß. Ein Vater-Sohn-Verhältnis freilich ganz anderer Art steht auch im Mittelpunkt von Gérard Blains *Le Pélican* (1974): einem aus dem Gefängnis zurückgekehrten Vater wird nicht erlaubt, seinen Sohn zu sehen. Sensibel und eigenwillig in seiner Bildsprache, ist Gérard Blains Film jedoch nicht frei von latenter Sentimentalität.

André Techiné und Jean-Louis Comolli kommen beide von den »Cahiers du Cinéma«, wo sie in deren »strukturalistischer« Phase als Kritiker tätig waren. Techiné (geb. 1943) drehte 1969 *Paulina s'en va (Paulina geht davon)*, den Versuch, mittels einer modernen, zeichenhaften Bildsprache den Weg eines Mädchens in die Schizophrenie darzustellen. Der Film kam erst 1975 in Frankreich zur öffentlichen Aufführung, fast gleichzeitig mit Techinés zweitem Film *Souvenirs d'en France (Erinnerungen aus Frankreich, 1975)*: Hier werden 35 Jahre aus dem Leben einer Unternehmerfamilie geschildert, die zugleich 35 Jahre französischer Geschichte sind. Techiné gab dieser Chronik einen eigentümlich verfremdeten, komisch-theatralischen Stil, der manchmal parodistisch wirkt. 1977 drehte Techiné *Barocco*.

Jean-Louis Comolli schwebte mit *La Cecilia* (1975) ein Gleichnis von der Entwicklung einer revolutionären gesellschaftlichen Urzelle vor. Er beschreibt das Dasein einer Gruppe von italienischen Emigranten, die im 19. Jahrhundert nach Brasilien auswandern, um dort nach den Prinzipien einer utopischen sozialistischen Gemeinschaft zu leben. Sie scheitern an inneren Schwierigkeiten und an Konflikten mit der Umwelt. Comollis thematisch interessanter Film, der von fern an *Les Camisards* und Werke der Brüder Taviani erinnert, ist in Regie und Kameraführung etwas dekorativ und spannungslos geraten.

Eine Bewegung des Experimentalfilms hat es im Frankreich der sechziger Jahre (mit der Ausnahme von Garrel und Marcel Hanoun) nicht gegeben; auch das ›New American Cinema‹ wurde in Frankreich kaum zur Kenntnis genommen. Erst Mitte der siebziger Jahre entstand eine ›Paris Films Coop‹, in der sich experimentelle Filmemacher zusammenschlossen. Ihre Hauptrepräsentaten sind Claudine Eyzikman und Guy Fihman. Als Interessenvertretung und Verleihzentrum anderer »unabhängiger« Filmemacher etablierte sich etwa gleichzeitig das ›Collectif Jeune Cinéma‹ (›Kollektiv Junger Film‹).

II. Italien

Wirtschaftlich betrachtet, bietet die Situation des Films in Italien in den sechziger und siebziger Jahren ein günstigeres Bild als in den anderen europäischen Ländern. In Italien ist Kino immer noch ein Volksvergnügen, ein populäres Medium, dem das Fernsehen nicht so stark zusetzen konnte wie in Frankreich, der Bundesrepublik oder England. Während in der Bundesrepublik Deutschland die Besucherzahlen von 1960 bis 1972 um 75,4% abnahmen, in Frankreich um 48,4% und in England um 67,4%, betrug diese Abnahme in Italien nur 25,7%. (Die absoluten Besucherzahlen für 1976: Bundesrepublik Deutschland 115 Millionen, Frankreich 214, England 64 und Italien 455 Millionen.) Aus diesen Zahlen ergibt sich, daß Italien mit Abstand der größte Film-»Markt« in Europa ist. Infolgedessen kann sich der italienische Film einer relativen wirtschaftlichen Gesundheit erfreuen. Die Produktion an Spielfilmen lag in den sechziger Jahren durchschnittlich um 250 pro Jahr (ebenfalls ein Rekord für Europa), 1972 erreichte sie sogar die Rekordziffer von 280 Filmen; davon waren allerdings nur etwas über die Hälfte, nämlich 149, zu 100% italienische Filme, der Rest bestand aus Koproduktionen. 1976 entstanden in Italien 233 Spielfilme.

Die relativ florierende Produktion und die hohen Zuschauerzahlen wirken sich allerdings vor allem zugunsten der kommerziellen Filme aus. Ein großer Teil der italienischen Produktion besteht aus reinen Genrefilmen ohne den geringsten künstlerischen Anspruch. 1971 waren von 234 produzierten Filmen 64 »giallo-thrillers«, 48 »spaghetti-western«, und 30 gehörten zum Genre »comico-brillante«. So lastet auf den italienischen Filmemachern ein starker Druck zur Anpassung an die »Gegebenheiten« des Marktes, von dem nur wenige »Altmeister« ausgenommen sind. Unter den Pionieren des Neorealismus der ersten Nachkriegsjahre konnte sich eigentlich nur Visconti halten und die Thematik seiner frühen Filme weiterentwickeln, ohne Kompromisse eingehen zu müssen. Rossellini gab dagegen die Herstellung von Spielfilmen zeitweilig ganz auf und zog sich auf didaktische Fernsehserien zurück, während de Sica dem Kommerz verfiel; ähnlich verlief die Entwicklung von Germi, Lizzani, de Santis, Lattuada. Ambitionierte Regisseure wie Petri, Rosi oder Vancini, die um 1960 mit sozialkritischen oder politisch engagierten Filmen hervortraten, mußten im Lauf der sechziger Jahre Kompromisse eingehen oder ihre Vorhaben in spektakuläre, dramatisierte, publikumsattraktive Formen einkleiden. Daher die Serie von »Konfessionen«, »Offenen Briefen«, »Untersuchungen« und »Fällen« in den Titelverzeichnissen der italienischen Filmproduktion der sechziger Jahre. Bei der Entwicklung solcher publikumswirksamen Formen zeigten die italienischen Filmemacher allerdings Talent, sie optierten entschieden für die »Sprache der Verständlichkeit«, und es ist nicht immer leicht zu sagen, ob sie dies gezwungenermaßen oder freiwillig taten, um den Kontakt zum Publikum nicht zu verlieren. Jedenfalls gibt es im Italien der sechziger und siebziger Jahre eine breite Strömung des volkstümlichen, realistisch-sozialkritischen Films, die jene enge Bindung an die Alltagsrealität erkennen läßt, die seit dem Neorealismus der hervorstechendste Zug des italienischen Filmschaffens gewesen ist.

Autorenfilmer oder Experimentalisten, die für ein kleines Publikum arbeiten, haben es in Italien ungewöhnlich schwer, was unter anderem auf das wenig entwickelte Netz von Filmkunsttheatern und auf das geringe Interesse des italienischen Fernsehens für unabhängige Filme zurückzuführen ist. Das staatliche Förderungssystem ist auf einen engen Rahmen beschränkt und bürokratisch behindert, die im Prinzip vorgesehenen Prämien für Qualitätsfilme werden entweder blockiert oder mit jahrelanger Verspätung ausgezahlt, so daß das Geld inzwischen entwertet ist.

Luchino Visconti

Für Luchino Visconti (1906–1976, neben Rossellini und de Sica einen der Altmeister des Neorealismus, bedeuten die sechziger Jahre den Beginn einer neuen Phase seiner Entwicklung. So imponierend geschlossen Viscontis Œuvre, insgesamt betrachtet, auch erscheinen mag, läßt sich in diesem Werk seit *Il gattopardo (Der Leopard*, 1963) doch eine Akzentverschiebung erkennen. Behandelte noch *Rocco e i suoi fratelli (Rocco und seine Brüder*, 1960) ein Thema aus der Gegenwart, nämlich die inneritalienische Emigration von Süden nach Norden (das Visconti freilich unter Zuhilfenahme literarischer Quellen, so Dostojewskis Roman »Der Idiot«, in ein eher mythisches Koordinatensystem brachte), so kehrte der Regisseur mit *Il gattopardo* in die Epoche der italienischen Unabhängigkeitsbewegung des ›Risorgimento‹ zurück. Zwar hatte Visconti dieses historische Thema schon einmal in seinem Meisterwerk *Senso (Sehnsucht*, 1954) behandelt, und ohnehin war seit Viscontis ersten Filmen *Ossessione* (1943) und *La terra trema (Die Erde bebt*, 1948) offenbar, daß dieser Regisseur die Realität im Grunde wie die Kulisse einer Opernbühne auffaßte, in der große Leidenschaften, geschichtliche Gewalten ihren figurativen Ausdruck fanden. Das Interesse am Dekorwert von Landschaft und Architektur verstärkt und verselbständigt sich aber in Viscontis späteren Filmen besonders vom *Gattopardo* ab ganz auffällig.

Statt in den »unteren Klassen« (wie in *Ossessione, La terra trema, Bellissima, Rocco*) spielen Viscontis Filme nun zunehmend unter Aristokraten oder Angehörigen der gehobenen Stände. Auch die Perspektive, in der historische und gesellschaftliche Konflikte erscheinen, veränderte sich. Trotz Viscontis schon früh erkennbarer Faszination vom Thema des Zerfalls gab es doch in *La terra trema, Senso* und *Rocco e i suoi fratelli* Motive, Personen und gesellschaftliche Kräfte, die der »dekadenten« Thematik dieser Filme dialektisch entgegenwirkten – es gab das, was die Kritik in Viscontis früheren Filmen als »Öffnung in die Zukunft« bezeichnete. *Il gattopardo*, dieses große Panorama der untergehenden sizilianischen Adelswelt – Visconti drehte den Film nach dem gleichnamigen Roman von Giuseppe Tomasi di Lampedusa –, ist dagegen von einem durchgehenden Gefühl der Resignation erfüllt. Visconti identifiziert sich offensichtlich mit der Gestalt Fabrizios, des Fürsten von Salina, der weiß, daß die Zeit der feudalistischen Gesellschaft abgelaufen ist – angesichts des heraufkommenden Bürgertums, repräsentiert durch den geschäftigen, eitlen und etwas vulgären Bürgermeister Don Calogero, und angesichts der neuen demokratischen Institutionen, deren Abgesandte ihn gar bitten, einen Senatorenposten im Parlament anzunehmen. Während Fabrizio den Kräften des Neuen unter taktischen Gesichtspunkten entgegenkommt, indem er sogar in die Heirat seines Neffen mit der Tochter des Bürgermeisters einwilligt, erteilt er den Abgesandten aus Turin eine Absage: »Ich gehöre einer abtretenden Klasse an . . . bin frei von Illusionen und besitze nicht die Fähigkeit zur Selbsttäuschung . . . Es ist zu spät. Die Sizilianer, seit 2500 Jahren Kolonie, wollen Schlaf, Tod, Unbeweglichkeit. Wir waren Adler, Leoparden; an unsere Stelle treten Lämmer und Geier.«[1] Dieser pessimistischen Position des Grafen gibt Visconti in *Il gattopardo* künstlerischen Ausdruck, indem er die strenge Schönheit der sizilianischen Landschaft, die Architektur des Schlosses und seiner Innenräume in erlesenen

Jean Eustache
**La maman et la putain
(Die Mama und die Hure)**
1973
Frankreich

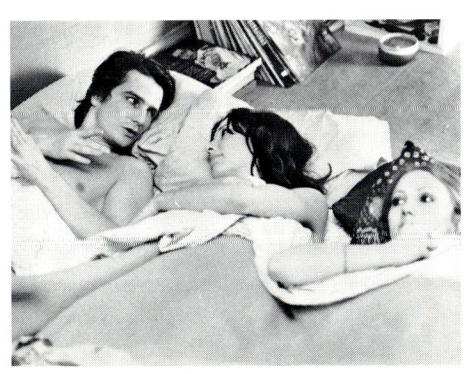

Luchino Visconti
Morte a Venezia
(Tod in Venedig)
1971
Italien/Frankreich

Bildern einfängt, mit denen er die Handlung des Films punktiert. In verschiedenen Porträts, in Begegnungen und Auseinandersetzungen entfaltet Visconti ein komplexes, dialektisch widerspruchsvolles Bild der Epoche des Risorgimento.

Vaghe stelle dell'orsa (eigentlich »Schwache Sterne des Bären«, Titel eines Leopardi-Gedichts; im deutschen Verleih hieß der Film *Sandra*, 1965) ist wiederum die Geschichte vom Zerfall einer Familie. Zum ersten Mal griff Visconti hier das Thema des Judentums und der faschistischen bzw. Nazivergangenheit auf. Ein Geschwisterpaar aus einer vornehmen jüdischen Familie verdächtigt die Mutter, zusammen mit ihrem Geliebten den Vater an die Nazis verraten und damit seinen Tod in Auschwitz verschuldet zu haben. In der literarisch verschlüsselten, vordergründig makabren Geschichte spielen auch Inzest und Selbstmord eine Rolle. Visconti erfand mannigfache Metaphern des Untergangs, die er aber zu massiert einsetzte und mit keiner Realität außerhalb des Films in Verbindung bringen konnte.

Lo straniero (»Der Fremde«, 1967) ist der einzige Film, von dem sich Visconti nachträglich distanziert hat. Der ursprüngliche Entwurf sah eine politische Aktualisierung des Romans Albert Camus' vor. Das Projekt scheiterte aber am Einspruch der Witwe von Camus. So konnte nur ein Film gedreht werden, der Visconti zufolge weiter nichts ist als eine Illustration des Romans[2], dessen durch den literarischen Stil Camus' vermittelter Gehalt in den Film keinen Eingang fand.

La caduta degli dei (auch: *The Damned*, deutsch *Die Verdammten*, 1968), *Morte a Venezia* (*Tod in Venedig*, 1970) und *Ludwig* (1972) bilden in Viscontis Spätwerk die »deutsche Trilogie«. Visconti, der seine Nähe zur deutschen Kultur, die sich ihm durch Philosophie, durch Romane und durch die Musik vermittelte, verschiedentlich betont hat, inszenierte *La caduta degli dei* als ein schaurig überhöhtes Gemälde blutrünstiger Konspiration, abgründiger Dekadenz und schicksalhaften Verfalls. Zwar ist der Film historisch lokalisiert (er beginnt mit einer Familienfeier am 27. 3. 1933), er nimmt Bezug auf historische Ereignisse wie den Reichstagsbrand und die Ermordung der SA-Führung in Bad Wiessee; als »Modell« der Familie sind die Krupps auszumachen. Gleichwohl kann Visconti nicht den Anspruch erheben, das Phänomen des Nationalsozialismus, mit dem er sich befaßt, auf seine historischen Wurzeln zurückzuführen; die Galerie von Monstren, die er vorführt, besitzt allenfalls eine metaphorische Existenz. In seiner totentanzartigen Überhöhung gelingt es dem Film schließlich aber doch, mindestens einen Aspekt des Faschismus zu erfassen: den Blut- und Todesrausch, der sich mit Nationalismus und pathetisch verklärtem männlichem Heldentum zu einer Art Götterdämmerung verbindet.

Morte a Venezia (oder *Death in Venice*, denn Visconti drehte diesen Film, ebenso wie *The Damned*, in Englisch), die Verfilmung der Thomas-Mann-Erzählung »Tod in Venedig«, war ein altes Projekt Viscontis, zu dem er sich jedoch »erst jetzt reif fühlte«.[3] Visconti nahm an der Mannschen Vorlage einige Änderungen vor, vor allem machte er aus dem Schriftsteller Aschenbach einen Komponisten mit den Zügen Gustav Mahlers, mit dessen Musik viele Episoden des Films unterlegt sind. Visconti wollte Mahler-Musik schon in *La caduta degli dei* verwenden, mußte aber darauf verzichten, weil die Produzenten nicht damit einverstanden waren.[4] Visconti reduziert Thomas Manns Erzählung um einige Dimensionen, nämlich die der Ironie und der kunsttheoretischen Diskussion; andererseits aber verleiht er durch eine subtile Regie und durch die faszinierende filmische Schilderung eines altertümlichen Venedigs, in dem Schönheit sich mit Todesahnung verbindet, seinem Helden und dessen Weg zu einem traumhaften Dasein jenseits des Todes, zu welchem die letzte Einstellung des Films den Weg zu weisen scheint, eine fast mythische Existenz. Die Evokation einer in Schönheit ihrem eigenen Untergang entgegentreibenden Welt ist Visconti wohl in keinem anderen Film mit solcher Meisterschaft geglückt wie hier, wenngleich diese Welt die Tendenz hat, sich von der Realität abzuheben, über ihr zu schweben wie eine Halluzination. Auch in *Morte a Venezia* ist Visconti wieder bei seinem Lieblingsthema: dem Zerfall. Mit der Figur Aschenbachs führt er aber noch eine weitere Thematik in den Film ein: die des Künstlers, der in der Welt des Zerfalls steht und ihr Ausdruck geben will.

Die Figur des Bayernkönigs in *Ludwig* (Ludwig II.) konzipierte Visconti als eine Parallelgestalt zu Aschenbach aus *Morte a Venezia*: Beide widmen ihr Leben der Kunst, der Schönheit; während Aschenbach für sich selbst erstrebt, in der Kontemplation zur Einheit mit dem absolut Schönen zu gelangen, will Ludwig um sich herum ein universelles Reich der Künste ausbreiten, was er erst durch seine Freundschaft mit Wagner, dann durch die Errichtung maßlos teurer Kunstbauten zu erreichen meint und doch nicht erreicht. Visconti ging es um die Darstellung des Lebensgefühls seines Helden, seiner Entfremdung von der Umwelt, seines abgekapselten Daseins inmitten pompöser Dekors. »Ich möchte ein Rätsel bleiben für andere und mich selbst«, läßt er ihn am Schluß sagen. Der große Aufwand an Inszenierung und Kunstmitteln, den Visconti auch in diesem Film trieb, fiel im Resultat zwiespältiger aus als in *Morte a Venezia*. Im deutschen Verleih wurde der Film um eine Dreiviertelstunde gekürzt und damit zerstört.

Gruppo di famiglia in un interno (Gewalt und Leidenschaft, 1974) ist ein Film, der als künstlerisches Testament Viscontis verstanden werden kann. Schon der Titel nimmt Bezug auf ein konstantes Element seiner Filme: Die »Familiengruppe in einem Interieur« ist sozusagen eine Viscontische Grundsituation und läßt sich zurückführen bis auf das Familienbild, das in *La terra trema* im Haus der Valastros an der Wand hing. Zum ersten Mal wandte sich Visconti, der diesen Film nach einem gerade überstandenen Schlaganfall nur unter Schwierigkeiten drehen konnte, wieder einem Gegenwartsthema zu: In einem römischen Palazzo lebt ein alter Professor, der Bilder sammelt; gegen seinen Willen etabliert sich in der Etage über ihm eine Marchesa samt Anhang, Tochter, Geliebtem und Freundin; dieser dekadente Clan zieht den alten Professor in chaotische und hysterische Auseinandersetzungen hinein. Am Rande geht es auch um Politik, Faschisten scheinen ein Attentat zu planen. Visconti arbeitet vor allem den Kontrast zwischen dem aristokratischen Lebensstil des Professors und den Aktivitäten der jungen Leute heraus, die der Alte erstaunt, entsetzt und doch wieder mit Sympathie betrachtet; durch sie wird er zu einer Reflexion über sein eigenes Dasein gezwungen, das, abgeschlossen in einer Welt der ihn umgebenden Kunstwerke, eigentlich eine vorweggenommene Form des Todes ist. Kolportageartige Elemente stellen die Glaubwürdigkeit des Films gelegentlich in Frage. Aber auch *Gruppo di famiglia in un interno* bestätigt das Selbstbekenntnis Viscontis, das dieser der Zeitschrift »Il Mondo« gab und das seine ganze spätere Schaffensperiode resümiert: »Ich gehöre selbst zur Epoche von Mann, Proust, Mahler. Ich bin 1906 geboren, und die künstlerische, literarische und musikalische Welt, die mich umgeben hat, ist jene Welt. Kein Wunder, daß ich mich ihr verbunden fühle. Wahrscheinlich habe ich auch visuelle, bildliche Erinnerungen, eine Art unabsichtliches Gedächtnis, das mir hilft, die Atmosphäre jener Epoche zu rekonstruieren. Heute ist alles anders. Wenn ich heute einen modernen Film machen sollte, wüßte ich nicht, wo ich meine Schauplätze suchen sollte; mir scheint alles weniger interessant, weniger aufregend. Die europäische Gesellschaft bis zum Ersten Weltkrieg hat die größten Kontraste und die größten ästhetischen Resultate hervorgebracht. Die zeitgenössische Welt ist dagegen so nivelliert, so grau, so wenig ästhetisch . . .«[5]

Der besondere Rang gerade der späten Filme Luchino Viscontis beweist sich daran, daß er einerseits dieses Lebensgefühl einer untergehenden Welt mit unvergleichlicher Schärfe und Brillanz zu gestalten vermochte, daß er aber gleichzeitig auch die Einsicht in die Hinfälligkeit, Fragwürdigkeit und soziale Ungerechtigkeit dieser Welt zu formulieren wußte – und zwar mit ästhetischen Mitteln; Viscontis Filme vollzogen – und dies gilt für das Früh- ebenso wie für das Spätwerk – eine Verschmelzung von ästhetischen und ideologisch-politischen Elementen, auch da, wo sie sich nicht unmittelbar mit der Gegenwart beschäftigten.

Viscontis letzter Film, den er nicht mehr selbst fertigstellen konnte, wurde erst nach seinem Tode aufgeführt. *L'innocente (Die Unschuld*, 1976) geht auf einen Roman von Gabriele d'Annunzio zurück und gehört nicht zu Viscontis stärksten Werken. Ein vornehmer Graf mit dem Gebaren eines Lebemanns betrügt seine Frau; als diese darauf ihrerseits eine Liebschaft beginnt, aus der sogar ein Kind hervorgeht, reagiert der Graf mit maßlosem Zorn, zumal der Vater des Kindes ein nicht standesgemäßer Schriftsteller ist: Er läßt das Kind an einem kalten Luftzug sterben und nimmt sich dann selbst mit einer pathetischen Geste das Leben. Visconti beschrieb noch einmal mit immensem Aufwand an Ausstattung und dekorativem Feingefühl die absurde Moralordnung einer aristokratisch-dekadenten Welt, die an ihren maßlosen Reaktionen und blinden Vorurteilen zugrunde geht.

Federico Fellini

Im Schaffen Federico Fellinis (geb. 1920) markiert *8 1/2* (1963) einen Höhe- und Wendepunkt. Nach der wenig treffsicheren, in exotische Details ausufernden Gesellschaftskritik von *La dolce vita (Das süße Leben*, 1960) verfiel Fellini in *8 1/2* auf ein Thema, das ihm erlaubte, nicht nur die Welt seiner persönlichen Erinnerungen, Phantasien und Obsessionen zum Ausdruck zu bringen (das hatte er im Grunde schon immer getan: »Was ich mache, ist immer autobiographisch, selbst wenn ich das Leben eines Fisches beschriebe!«[6]), sondern auch die Schwierigkeiten, Unsicherheiten und Widersprüche seiner Arbeitsmethode in den Film selbst mit einzubeziehen. *8 1/2* – so genannt, weil Fellini bisher sieben Filme und einen halben, nämlich die Episode zu *Boccaccio 70* (1962), gedreht hatte – erzählt die Geschichte des Filmregisseurs Guido Anselmi, der einen Film drehen möchte, aber nicht weiß, worüber; der ohne rechten Plan eine kosmische Abschußrampe bauen läßt, dann in ein Kurbad retiriert, wo er mit einem Kardinal Gespräche führt, verschiedenen Frauen begegnet und Episoden aus seiner Vergangenheit an sich vorüberziehen läßt; der schließlich eine inhaltslose Pressekonferenz gibt und mit den geladenen Gästen einen Zirkusreigen aufführt. »*8 1/2* ist ein schwer zu fixierendes Mittelding zwischen einer unzusammenhängenden psychoanalytischen Sitzung und einer etwas planlosen Gewissenserforschung in einer nebelhaften Atmosphäre: Es ist ein melancholischer, ein beinahe düsterer und doch entschieden komischer Film.« (Fellini)[7]

8 1/2 war ein Glücksfall, weil hier Fellini auf die natürlichste Art der Welt von sich selbst sprechen konnte. Träume und Kindheitserinnerungen, ironische Seitenhiebe gegen den Intellektualismus neunmalkluger Drehbuchschreiber, private Probleme des Regisseurs, Zerwürfnisse mit seiner Ehefrau und seinen diversen Geliebten, Auseinandersetzungen mit der Kirche, Phantasien, Projekte – das alles zieht gleich einem barocken Wirbel vorbei. Dabei geht Fellini mit Selbstironie vor: Der Regisseur, dessen »Krise« nur ein Hirngespinst ist, sieht sich seiner bedeutsamen Attitüde entlarvt und steht plötzlich als eine Art Clown da, für den es denn auch logisch ist, um die Zirkusarena zu tanzen. In *8 1/2* nimmt Fellini eine Spektralanalyse des eigenen Schaffens vor. Daneben aber ist *8 1/2* ein Plädoyer für das Recht des Künstlers und Filmautors, eine Umwelt nach seinem eigenen Bild, nach der Struktur des eigenen Inneren zu erschaffen.

Fellini ließ auf *8 1/2* mit *Giulietta degli spiriti (Julia und die Geister*, 1965) einen Film folgen, in dem diesmal nicht ein Mann, sondern eine Frau die Hauptrolle spielte. Die

Giulietta des Films (dargestellt von Fellinis Frau Giulietta Masina) ist eine Ehefrau, die außer mit ihrem Mann mit einer Menge von Geistern oder Gespenstern zusammen lebt, Gestalten aus ihrer Kindheit, die sie bedrängen, terrorisieren oder dies und das befehlen. Giulietta lernt es im Film, sich von ihrem Mann (dessen Untreue sie entdeckt) ebenso zu emanzipieren wie von den »Geistern«. In der Zeichnung Giuliettas vereinte Fellini verschiedene Züge seiner früheren Frauengestalten Gelsomina, Cabiria und der Paola aus *La dolce vita*. Dabei entging er nicht dem Widerspruch, der auch an seinen früheren Frauenfiguren auffiel: daß sie vornehmlich Projektionen einer männlichen Wunschphantasie sind. In *Satyricon (Fellinis Satyricon*, 1969) entwarf Fellini ein surrealistisch durcheinandergewürfeltes Bild der römischen Kaiserzeit, ausgehend von einem Roman des antiken Autors Petronius. In den Mittelpunkt stellte er die erotischen Abenteuer zweier junger Männer. Fellini inszenierte den Film als ein gigantisches und zugleich absurdes Spektakel inmitten von Dekors, die ihre Pappnatur keineswegs verleugneten. Eine Flut von Monstrositäten ergoß sich über die Leinwand, bei deren Häufung Fellini allerdings das Gefühl für die Proportionen verlorenging. Der Film degenerierte zu einem theatralisch dargebotenen Abnormitätenzirkus.

Die drei Filme *I clowns (Die Clowns*, 1970), *Roma (Fellinis Roma*, 1971) und *Amarcord* (1973) muß man als Einheit betrachten. Sie bestätigen Fellinis immer stärkere Tendenz zur Retrospektion, zur Versenkung in sich selbst, die sich freilich immer noch gern der Formen des großen Schauspiels und des pittoresken Effekts bedient. In *I clowns* porträtierte Fellini unter dem Vorwand einer Reportage eine Reihe alternder Clowns und beschrieb – aus der Perspektive seiner Kindheit – das Milieu, in dem sie leben. Die naive Welt der Zirkusclowns von gestern sieht Fellini heute zum Aussterben verurteilt. In einer phantastischen Begräbnisszene wird der Tod des Clowns inszeniert, worauf jedoch sogleich seine Wiedererweckung folgt. *Roma (Fellinis Roma*, 1971) ist ein üppig wucherndes barockes Fresko, in dem Fellini sein persönliches Bild der Stadt Rom zeichnet. Der Film, dessen Episoden kaum mehr in erzählerischem Zusammenhang stehen, enthält einige »Kabinettstücke« wie die Entdeckung altrömischer Fresken bei Ausschachtungsarbeiten, die beim Kontakt mit der Luft verblassen und in kurzer Zeit verschwunden sind, sowie eine makabre kirchliche Modenschau im Vatikan. Fellini wollte, »daß sich diese Stadt dem Zuschauer nicht mehr als etwas Äußerliches, Topographisches präsentiert, sondern eine innerliche Stadt wird, eine metaphysische Dimension, daß sie . . . das individuelle, mysteriöse und phantastische Verhältnis darstellt, das jeder mit seiner eigenen Stadt hat oder mit einer idealen Stadt, die man sich wünscht oder erträumt.«[8]

In *Amarcord* schließlich (der Titel heißt im Dialekt der Romagna soviel wie »Ich erinnere mich«) kehrte Fellini noch einmal in die Welt von Rimini zurück, wo er seine Jugend verbrachte (und der er schon in *I vitelloni* [1953] ein Denkmal setzte). Das Rimini dieses Films ließ er in den Ateliers von Cinecittà nachbauen – weil es ihm mehr um die mythische Transformation als um die realistische Abbildung ging. Immerhin lieferte Fellini nicht nur das subjektiv gefärbte Porträt einer Stadt und ihrer Menschen, sondern auch das einer Epoche; der Hintergrund des alltäglichen Faschismus der dreißiger Jahre kam in verschiedenen Bildmotiven deutlich zum Vorschein: Der Vater des Jungen, der im Mittelpunkt des Films steht, wird von Faschisten verhört, die in ihren schwarzen Uniformen das Straßenbild beherrschen; vor dem Porträt des Duce findet eine karnevalähnliche Jugendkundgebung statt. Vielleicht die schönste Szene in *Amarcord* ist die visionäre Erscheinung eines Ozeandampfers, der wie ein lichtübersätes Zauberbild plötzlich als riesengroße Silhouette auftaucht.

Die ideologisch strenge Kritik der »Cahiers du Cinéma« entdeckte interessanterweise positive Seiten an *Amarcord*. Der »Cahiers«-Kritiker Pascal Bonitzer geht aus von einer Bemerkung Julia Kristevas (in ihrem Vorwort zur »Poetik Dostojewskis« von Michail

Bachtin, dem Theoretiker der »Karnevalisierung«) über den karnevalistischen Charakter vieler moderner Filme, um festzustellen, daß es auch in *Amarcord* viele solche karnevalistischen Züge gibt, durch welche die »herrschenden Werte« eine »fröhliche Umkehrung« erfahren, »wo die Masken die groteske Wahrheit dessen exhibieren, was das Regime unterdrückt und verbirgt: die Sexualität, die Exkremente, den Schmutz.«[9]

Die Arbeiten an *Il Casanova (Fellinis Casanova*, 1976) zogen sich über mehrere Jahre hin und waren durch häufige Rückschläge, schließlich durch den Diebstahl eines Teils des Materials gekennzeichnet. Fellini versuchte in seinem Film den durch seine Memoiren berühmten venezianischen Edelmann des 18. Jahrhunderts als einen eitlen Hohlkopf, eine Art trauriger Marionette zu zeichnen, der bei seinen Begegnungen mit Frauen nur Erfolgserlebnisse sucht. Der episodisch aufgebaute Film schwankt zwischen der Leidenschaft zur theatralisch-spektakulären, schauprächtigen Ausschmückung von Milieu und Atmosphäre, wobei die Dekorationen bewußt ins Artifizielle gerückt werden, und der outrierten, ins Lächerliche oder Absurde gesteigerten Wiedergabe von Liebesabenteuern, die aber trotz der karikaturistischen Absicht eher abgeschmackt und peinlich wirken.

Roberto Rossellini

Roberto Rossellini (1906–1977) qualifizierte sich mit seinen frühen Filmen *Roma, città aperta (Rom, offene Stadt*, 1945) und *Paisà* (1946) neben Visconti und de Sica als bedeutendster Vertreter des italienischen Neorealismus. Im scheinbar neutralen Blick auf die Wirklichkeit gelang es diesen Filmen, die Wahrheit eines Augenblicks und zugleich einer geschichtlichen Epoche festzuhalten. Rossellinis spätere Filme in den fünfziger Jahren, angefangen von *Germania anno zero (Deutschland im Jahre Null*, 1947), *Stromboli, terra di Dio (Stromboli*, 1949), *Europa 51* (1952) und *Viaggio in Italia* (»Reise nach Italien«, deutscher Verleihtitel: *Liebe ist stärker*, 1953), in denen er die Kriegs- und Widerstandsthematik allmählich verließ und sich mit Problemen individueller Psychologie auseinandersetzte, fanden innerhalb und außerhalb Italiens eine widersprüchliche und überwiegend ablehnende Aufnahme; man warf Rossellini Mystizismus und Subjektivismus vor, Unfähigkeit, die Wirklichkeit zu begreifen und zu analysieren. Nicht viel besser erging es ihm mit den Filmen, die er neuerlich in der Kriegs- und Widerstandszeit ansiedelte, *Il generale delle Rovere (Der falsche General*, 1959) und *Era notte a Roma (Es war Nacht in Rom*, 1960). Ob die negative Bewertung von Rossellinis Filmen der fünfziger Jahre von heute aus aufrechtzuerhalten ist, müßte anhand einer genauen Analyse dieser Filme nachgeprüft werden. Wenn man *Stromboli* oder *Viaggio in Italia* heute wiedersieht, erkennt man in den Filmen Momente erstaunlicher stilistischer Modernität; auf der anderen Seite kann man auch nicht über manche Naivitäten der Milieuschilderung hinwegsehen (die engelgleiche Zeichnung der armen Leute in *Europa 51*). Zwar bildete sich in Frankreich eine Gruppe zäher Verfechter gerade des Rossellini der fünfziger Jahre um die Zeitschrift »Cahiers du Cinéma« (Rossellini-Anhänger waren namentlich André Bazin und Rivette, auch Rohmer, Godard und Truffaut); in Italien dagegen verhielt sich die Kritik kühler, ablehnender, geradezu feindselig. Hier formierten sich die Rossellini-Anhänger erst in den späteren sechziger Jahren um die Zeitschriften »Filmcritica« und »Cinema & Film«.

So geriet Rossellini, wohl auch unter dem Eindruck mangelnder Resonanz seiner Filme, zu Anfang der sechziger Jahre in eine innere Krise, die ihn dazu brachte, die Filmarbeit ganz aufgeben zu wollen. Nach einer Pause von zwei Jahren fand er indessen doch wieder eine Möglichkeit der Betätigung: in der Herstellung didaktischer Filme für das

Fernsehen. Rossellini ging es darum, »das Alphabet noch einmal zu schreiben . . . Ich benutze das Filmmaterial, aber nicht, um Filme der Phantasie zu machen, denn ich interessiere mich absolut nicht für alles das, was Dramatisierung ist . . . Deshalb gebe ich das Kino auf. Meiner Meinung nach sind das Kino, die Kunst und die intellektuelle Aktivität heute dabei stehengeblieben, unmittelbare Phänomene zu beobachten; ich versuche statt dessen, zu den Bestandteilen dieser Phänomene vorzudringen.«[10] Die Aufgabe, die Rossellini sich nun gestellt hatte, war eine kulturhistorische Untersuchung der Menschheitsgeschichte, die er von immer neuen Ansatzpunkten her betrieb: er sah sich dabei als Philosoph, Zeitkritiker und Moralist. Die besten der »didaktischen« Fernsehfilme Rossellinis sind von solcher künstlerischen Dichte, daß die von ihm selbst aufgerichteten Unterschiede zwischen der Film- und Fernseharbeit eigentlich wieder hinfällig werden.

Die Serie von Rossellinis Fernsehessays begann 1964 mit *L'età del ferro* (»Das Zeitalter des Eisens«), einem fünfteiligen, überwiegend inszenierten Dokumentarfilm (oder dokumentarischen Spielfilm) über die Entwicklung des Menschen in jener Zivilisationsepoche, die durch die Erfindung und Nutzung des Eisens charakterisiert ist (bis hin zur Gegenwart). Regie führte Rossellinis Sohn Renzo Rossellini unter der »Oberleitung« seines Vaters, der auch das Drehbuch schrieb. Besonders ausgeführt sind die Gestalten eines Etruskers, der als erster Mensch Metall schmolz, und die eines Metallarbeiters aus dem Zweiten Weltkrieg, der die Demontage seines Werks durch die Deutschen zu verhindern sucht, indem er den Güterzügen, die das Material abtransportieren, nachreist. *L'età del ferro* ist eine dokumentierte Lektion über ein Kapitel Menschheitsgeschichte und über die Zusammenhänge zwischen Kunst, Ideologie, Technologie und Produktionsverhältnissen, der Pio Baldelli freilich unterstellt, daß sie »im Dienste des Neokapitalismus steht«.[11]

Zu den bedeutendsten Leistungen Rossellinis darf man den für das französische Fernsehen hergestellten Film *La prise du pouvoir par Louis XIV (Die Machtergreifung durch Ludwig XIV.*, 1966) rechnen. In ihm beschreibt Rossellini die Technik eines Staatsstreiches. Er entwirft anhand einiger Schlüsselszenen (der Tod des Kardinals Mazarin, das Anprobieren von Kleidern, die makabre Sequenz des Essens, in welcher der König allein vor den versammelten Höflingen sein Mahl einnimmt) das Bild einer Epoche und eines Herrschaftsstils, der Ritual und Zeremoniell zum Ausdruck von Unterordnung und Abhängigkeit gemacht hat. Die künstlerische Methode Rossellinis, die er in diesem Film konsequent vorführt, besteht darin, das jeweils Spezifische einer Situation an einem einzelnen Vorgang, einer Geste, einer Verhaltensweise zu spiegeln, mit großer Geduld und Eindringlichkeit wie unter dem Vergrößerungsglas Details zu sezieren und aus ihnen gleichsam pointillistisch ein Bild zusammenzusetzen.

Auf *La prise du pouvoir* . . . folgte, für das italienische Fernsehen hergestellt, *La lotta dell'uomo per la sua sopravivenza* (»Der Kampf des Menschen um sein Überleben«, 1967, Regie Renzo Rossellini), wiederum eine Menschheitsgeschichte, diesmal in 12 Episoden, und *Atti degli Apostoli* (»Die Apostelgeschichte«, 1968), in deren Mittelpunkt der Apostel Paulus steht; letzterer Film versucht sich an einer großen geschichtlichen Synthese, in welche auch politische, wirtschaftliche und soziale Überlegungen einbezogen werden. *Socrate* (1970) ist ein stark auf Dialogen aufgebauter Film, der jedoch den Charakter des Philosophen genauso scharf zur Darstellung bringt wie den von Ludwig XIV.; darüber hinaus wird in dem Film spürbar, was Rossellini an der Person Sokrates' interessierte (und was ihn in die Nähe früherer Rossellini-Helden rückt): es ist die Faszination vom Thema des Leidens und der Verfolgung, vom Festhalten an einer Idee, einer Überzeugung gegen allen Druck, notfalls unter Aufopferung des Lebens. *Sant'Agostino* (1972), *Blaise Pascal* (1972) und *Cartesio* (»Descartes«, 1974) waren weitere Stationen auf Rossellinis Weg zu einer Kunst des didaktischen, nachinszenierten Dokuments. 1974 versuchte Rossellini zum ersten Mal wieder ein Comeback im Kino mit *Anno uno* (»Das Jahr eins«), einem Film über den christdemokratischen Politiker Alcide de Gasperi und sein Wirken in der italienischen Nachkriegsgeschichte. Rossellini machte aus seiner Bewunderung für de Gasperi als Mensch und als Politiker freilich keinen Hehl. *Il Messia* (»Der Messias«, 1975) ist eine Fortsetzung seiner Fernsehserien.

Die Filme Rossellinis aus seiner letzten Periode harren noch ihrer Entdeckung. Ihre Herstellung für das Fernsehen und die ihnen zugrunde liegende »didaktische« Konzeption mindern ihre Bedeutung keinesfalls; in ihren besten Momenten sind sie Vorbilder, Modelle für ein aufklärerisches, geschichtlich-philosophisches Kino, das sich nicht der standardisierten Methoden des Fernsehfeatures bedient, sondern an der Entwicklung einer authentischen und persönlichen Filmsprache arbeitet.

Michelangelo Antonioni

Michelangelo Antonioni (geb. 1912) drehte seine Hauptwerke Ende der fünfziger und Anfang der sechziger Jahre: *Il grido (Der Schrei*, 1957), *L'avventura (Das Abenteuer*, 1960) und *La notte (Die Nacht*, 1961) können neben *Le amiche (Die Freundinnen*, 1955) und *L'eclisse* (»Die Sonnenfinsternis«, deutscher Verleihtitel: *Liebe 62*, 1962) als seine wichtigsten Filme bezeichnet werden. In ihnen formulierte er seine Erkenntnis von der Brüchigkeit menschlicher Beziehungen, von der universellen Entfremdung, die zwischen den Menschen, aber auch zwischen den Menschen und der Umwelt herrscht. Diese Einsamkeit, in der die Antonionischen Helden leben, das Gefühl der Resignation, das den Stoff ihres Lebens ausmacht, ist nicht unbedingt auf eine soziale Schicht beschränkt: In *Il grido* ist der Held ein Arbeiter, der auf den Straßen des Podeltas herumirrt und sich am Ende von einem Turm stürzt; die Protagonisten von *L'avventura* und *La notte* gehören dagegen dem gehobenen Bürgertum an, ebenso wie die Personen aus *L'eclisse*. Antonioni zeigt eher Zustände als Entwicklungen, obwohl er gewisse soziale Hinweise, woher dieser Zustand der vollkommenen Entfremdung eigentlich rührt, in seine Filme einbaut (das Verhalten des Industriemagnaten in *La notte*, die Börsenszene in *L'eclisse*). Antonioni gelang es aber, den Zustand seiner Personen durch ganz neue dramaturgische und regieliche Ausdrucksmittel sichtbar zu machen. Dazu gehört das Aufbrechen der traditionell geschlossenen Dramaturgie (Personen verschwinden aus dem Film wie in *L'avventura*), das Insistieren auf scheinbar »leeren« Momenten des Geschehens, auf Mikrovorgängen (»Dedramatisierung«); dazu gehört auch eine neue Art, die Personen mit der Umwelt zu konfrontieren, besonders mit Landschaft und Architektur (die Insel in *L'avventura*, Häuserfassaden und Steine in *La notte*, Betonflächen in *L'eclisse*). Landschaft und Architektur werden bei Antonioni zur Metapher eines Zustandes, sie werfen den Protagonisten ihr Bild von sich selbst zurück.

Mit *Il deserto rosso (Die rote Wüste*, 1964) ging Antonioni noch einen Schritt über den in *L'eclisse* scheinbar erreichten Endpunkt universeller Erstarrung hinaus: das konnte er, indem er von der bisher betriebenen Analyse zwischenmenschlicher Entfremdung weiterging zur Untersuchung eines psychischen Krankheitsfalls. Die Heldin des Films ist die Frau eines Ingenieurs, die nach einem Schock, den sie bei einem Autounfall erlitt, ihre psychische Stabilität verloren hat und mit krankhafter Angst auf ihre Umwelt reagiert. Dieses Gefühl der Angst ist das eigentliche Thema des Films. *Il deserto rosso* spielt in einem Industrievorort Ravennas, wo die Technik die Umwelt nahezu vollständig zerstört hat. Der Horizont wird von rauchenden Schornsteinen, Zementbauten, Silos und Raffinerien bestimmt, in der Luft liegt der Lärm von Maschinen und Schiffssirenen, in die Flüsse fließt Öl. Aus diesem latenten Terror der Umwelt scheint sich die Neurose der Protagonistin herzuleiten, aber ihre Krankheit ist auch die Kulmination einer allgemeinen Beziehungslosigkeit, aus der ihr weder der Mann noch das Kind oder der Geliebte heraushelfen können. Bemerkenswert war in *Il deserto rosso*, Antonionis erstem Farbfilm, der Gebrauch der Farbe als Ausdrucksmittel. Antonioni ging so weit, die Farben, die er in der Natur fand, subjektiv abzuändern. Er ließ Häuserfassaden, Früchte, Gräser und Bäume nach seinen Vorstellungen neu anstreichen, er veränderte die Farbe eines Zimmers je nach der psychischen Verfassung der Personen. Wegen dieses kühnen antirealistischen Gebrauchs der Farben nannte die Kritik *Il deserto rosso* auch den »ersten Farbfilm in der Geschichte der Kinematographie«.[12] Der Film ist ganz und gar in eine grauweiße, dunstige Nebelatmosphäre getaucht, die an *Il grido* erinnert und aus der sich, plötzlichen Schockvisionen gleich, die dunklen Formen eines Schiffsrumpfes, das grelle Gelb einer Flamme, das Rot einer Bretterwand oder das stumpfe Braun einer Mauer abheben. So gelang es Antonioni, Empfindungen und Gefühle in der Dimension der Farbe zu formulieren, eine Farbskala der Gefühle aufzustellen, ähnlich wie es Rimbaud in seinem Gedicht über die Farbe der Vokale versuchte.

Blow up (1966), im Auftrag Carlo Pontis in England gedreht und vom amerikanischen MGM-Verleih weltweit vertrieben, ist für Antonionis Werk ähnlich wie *8 1/2* bei Fellini von paradigmatischer Bedeutung. Denn der Film reflektiert nicht nur über den Zustand der Welt, er ist vor allem eine Meditation über das Verhältnis von Wirklichkeit und Abbildung, über den Realitätscharakter von Bildern. Die Story des Films beruht auf einer Kurzgeschichte von Julio Cortazar: ein Fotograf macht Aufnahmen von einem Paar, das sich unbeobachtet glaubt, in einem Park. Später stellt sich bei extremer Vergrößerung der Fotos heraus, daß sie unvermutete Details erkennen lassen: einen weiteren Mann mit einer Pistole, eine liegende Person. Der Fotograf wird in eine seltsame Kriminalgeschichte hineingezogen, deren nähere Umstände sich nicht ergründen lassen, so daß man geneigt ist, an eine Halluzination zu glauben. Das Durchforschen der immer stärker vergrößerten Fotos und die Entdeckung der beunruhigenden, bisher übersehenen, am Rande der Erkennbarkeit liegenden Einzelheiten hat etwas Elektrisierendes für den Zuschauer. Mit einemmal ist die Perspektive auf den Fotografen, auf seine Tätigkeit, auf die Fotos und auf den Film als Ganzes verändert. Für den Fotografen scheint die Entdeckung keine allzu große Wirkung zu haben; Fotografie war für ihn schon immer das Medium der Indiskretion und der Skandale. Der größte Teil des Films beschreibt das alltägliche Dasein des Fotografen, der sich in einem parasitären Milieu bewegt, für den alles nur Objekt seiner Kamera ist, der seine Fotomodelle terrorisiert und auspreßt. Seine Einstellung zur Wirklichkeit ist wie die der anderen Personen des Films irrational: er scheint nicht nach irgendeiner Utopie oder einer Moral zu leben, sondern sucht (wie die Besucher eines Beatkonzerts, einer LSD-Party) das Außerordentliche, den Rausch, die Faszination; diese Empfindungen vermitteln sich ihm in Bildern, deren Funktion Realitätsersatz ist. Das macht die metaphorische Schlußszene des Films ganz deutlich: Studenten führen die Pantomime eines Tennisspiels auf. Obwohl kein Ball vorhanden ist, beginnt der zuschauende Fotograf und auch der Zuschauer des Films die Aufschläge des Balls immer deutlicher zu hören. Auf die Wahrheit oder Unwahrheit eines Vorgangs, will Antonioni sagen, kommt es nicht mehr an, ausschlaggebend ist das Imaginäre, die fixe Idee, ob sie nun von der Wirklichkeit bestätigt wird oder nicht.

Zabriskie Point (1969), in den USA gedreht, entstand als rein amerikanische Produktion. In dem Film summierte Antonioni seine Eindrücke von Amerika, das sich für ihn als ein Land der Träume, der romantischen Evasionsvorstellungen, aber auch der latenten Brutalität und der Zerstörungswut darstellte. Diese Eindrücke projizierte er in eine spektakuläre Geschichte: ein Student entwendet auf der Flucht vor der Polizei (er hat an einer politischen Demonstration teilgenommen) ein Flugzeug, trifft unterwegs ein Mädchen, fährt mit ihr durch das kalifornische Death Valley, wird schließlich, als er das Flugzeug wieder zurückbringt, von der Polizei erschossen, während das Mädchen die palastgleiche Villa ihres Bosses wie eine Vision in die Luft fliegen sieht. Antonioni hat eindrucksvolle, wenngleich artifizielle optische Symbole für sein Amerikabild gefunden. Ihre Kennzeichen sind Gewalt (Gewehre, Gitterstäbe) und Irrealität. Als Höhepunkt der Irrealität erscheinen die Szenen im Death Valley, wobei das theatralische Love-in vieler Paare im Wüstenstaub als Metapher allerdings verunglückt ist. Um so eindrucksvoller am Schluß das in Zeitlupe und mehrfacher Wiederholung gefilmte Explodieren einer Villa; alle Bestandteile des amerikanischen Traums wirbeln wie in einer Weltuntergangsvision durcheinander. Die Kritik brachte *Zabriskie Point* mit neueren unabhängigen Hollywoodfilmen wie *Easy Rider* in Verbindung: »Jeder Versuch eines Ausbruches aus der bürgerlichen Gesellschaftsordnung, das wollen diese neuen amerikanischen Filme demonstrieren, ist ein Aufbruch in den Tod.«[13]

Das Interludium des dokumentarischen China-Films *Chung kuo – la Cina* (1972) lag für Antonioni nicht so weit außerhalb des Bereichs seiner bisherigen Tätigkeit, wie es scheinen mag, wenn man bedenkt, daß er einmal mit Dokumentarfilmen wie *Gente del po* (»Leute vom Po«, 1943) begann. Antonioni unternimmt in diesem Film keinen Versuch einer politischen oder historischen Analyse. »Man soll in dieser Reportage nichts anderes suchen als meine eigene Vision der Chinesen«, sagte er. »Ich habe keinen politischen Film mit didaktischen Intentionen gemacht . . . Ich bin ein Zuschauer, ein Reisender mit einem Notizblock: meiner Kamera.«[14] Der Tourist Antonioni zeigt auch in diesem Film sein erstaunliches Vermögen, Bilder einzufangen, die Faszinationskraft ausstrahlen. In ihrer Aneinanderreihung wirken diese Bilder allerdings bald eintönig. Doch die Polemik, die die Chinesen gegen Antonioni entfalteten, weil sein Chinabild angeblich nicht positiv genug ausfiel, ist absurd.

In *Professione: Reporter (Beruf: Reporter,* 1975) zieht Antonioni die Quersumme früherer Filme und stellt seine regieliche Meisterschaft erneut unter Beweis. *Professione: Reporter* handelt von einem Journalisten, der in die Sahara reist, um dort operierende Rebellen zu interviewen. Er vertauscht (zunächst wird dafür keine Motivation geliefert) seine Identität mit der eines Zimmernachbarn im Hotel, der überraschend verstorben ist. In der neuen Rolle eines Waffenhändlers (wie sich herausstellt), irrt er, verfolgt von Abnehmern und Gegnern, durch Europa, bis er im Hotel einer spanischen Kleinstadt erschossen wird. Die kolportagehafte Handlung ist Antonioni nur Vorwand für die Exposition des Lebensgefühls seines Helden, der – wie es scheint, aus beruflichen und familiären Gründen, aber auch aus einer Art existentieller Verzweiflung – vor sich selbst davonläuft und den Tod sucht. (Darin erinnert *Professione: Reporter* an *Il grido.*) Faszinierende Bilder von Fremdheit und Bedrohung fängt Antonioni in der Sahara ein, und zum Höhepunkt des Films, ja zu einer Anthologiesequenz gerät die mehrere Minuten lange Schlußeinstellung des Films, in der der Tod des Helden, das Abwarten seiner Freundin auf einem spanischen Marktplatz und das Eintreffen der Polizei in einer einzigen »Plan-séquence« (Sequenzeinstellung) beschrieben wird: die Kamera fährt aus dem Hotelzimmer heraus, irrt lange Zeit ziellos (wie die Freundin des Helden) auf dem Marktplatz herum und kehrt schließlich in das Hotelzimmer zurück, wo der Protagonist, inzwischen tot, auf dem Bett liegt. Eine Einstellung, die filmische Zeit und reale Dauer zusammenfallen läßt, in der Leere zur Dramatik wird, die den logischen Schlußpunkt hinter die ziellosen Irrfahrten des Helden setzt, die außerdem zu Beginn und Schluß durch die Einrahmung des Fensters Wirklichkeit zur »Repräsentation« macht.

Pier Paolo Pasolini

Pier Paolo Pasolini (1922–1975) nimmt im italienischen Film eine Sonderstellung ein – einmal, weil er sich keiner existierenden »Schule« oder Richtung zuordnen läßt, zum anderen, weil er von der Literatur zum Film kam und sich auch später während seiner Filmarbeit weiter mit Fragen der Dichtung und der Theorie beschäftigte. Wichtige Aufsätze zu Fragen der Filmtheorie stammen aus der Feder Pasolinis (so der Aufsatz »Il cinema di poesia« – »Der poetische Film« – aus dem Jahre 1965[15]). Pasolinis Werk ist auf eigenartige und widersprüchliche Weise eingespannt zwischen den Polen des Katholizismus und des Marxismus; diese Vermischung eigentlich unvereinbarer Elemente ist ein spezifisch italienischer Zug, insofern Katholizismus und Marxismus die beiden wichtigsten Ideologien im italienischen Kulturleben sind. In Pasolinis Filmen vereinen sich literarische Züge, Interesse für Mythologie und Religion mit dokumentarischer Wirklichkeitsbeobachtung und einer starken Anteilnahme am Schicksal der Entrechteten, Heruntergekommenen, am »Unterproletariat« der Vorstädte, auf stilistisch widerspruchsvolle und dennoch unverwechselbare Weise.

Nachdem Pasolini zunächst – neben seiner Tätigkeit als Autor von Romanen und Gedichten – als Drehbuchverfasser für Regisseure wie Soldati, Luis Trenker, Fellini, Bolognini und Vancini gearbeitet hatte, drehte er 1961 seinen ersten Spielfilm in eigener Regie: *Accattone*. Der Film spielt unter den Halbstarken der römischen Vorstädte, unter Huren und Zuhältern, in einer Welt des Lumpenproletariats und der Asozialität. Ein naturalistisch anmutendes, in seinen Höhepunkten mit geradezu religiösem Pathos ausgemaltes, in die Bereiche von Traum und Vision übergreifendes, aber sozial und psychologisch genau situiertes Drama endet mit dem gleichnishaften Tod des Protagonisten. Pasolini hat seinen Film vor allem sprachlich aus den Bestandteilen der Wirklichkeit aufgebaut: alle seine Darsteller sprechen den römischen Vorstadtdialekt. Theodor Kotulla hat anläßlich von *Accattone* auf bestimmte Parallelen zwischen Pasolini und Buñuel aufmerksam gemacht: »Sucht man nach einer zu Accattone parallelen Filmgestalt, so muß man schon Buñuels Jaibo aus *Los Olvidados* (1950) ins Auge fassen . . . Beide Autoren haben es fertiggebracht, verelendeten und getretenen Geschöpfen, die durch ihre übermächtige Bezogenheit auf Milieu, Situation und, nicht zuletzt, eigene Schwäche zu abstoßenden Figuren herabsinken, *gerecht* zu werden, das heißt, sie menschlich zu erschließen, ohne sie zu rechtfertigen.«[16]

Auch in seinen nächsten Filmen verschmolz Pasolini dokumentarische Beobachtungen aus der Gegenwart mit religiösen Themen, Anregungen aus der Kunstgeschichte und Elementen aus der Mythologie des Kinos. *Mamma Roma* (1962) ist die Geschichte einer römischen Prostituierten (Anna Magnani), die ihrem halbwüchsigen Sohn zuliebe ihren Beruf aufgeben und eine bürgerliche Existenz ergreifen möchte. Es gelingt ihr jedoch nicht. Der Sohn schließt sich einer Bande jugendlicher Gangster an, wird bei einem Diebstahl verhaftet und stirbt im Gefängnis. *La ricotta (Der Weichkäse*, 1963), eine Episode aus dem Gemeinschaftsfilm *Rogopag*, an dem außer Pasolini Rossellini, Godard und Gregoretti mitarbeiteten, erzählt von dem armen Statisten eines Christusfilms, der einen der Schächer am Kreuz spielen soll und von den übrigen Mitwirkenden des Films ähnlich gequält wird wie in seiner Filmrolle; schließlich stirbt er infolge zu hastigen und übermäßigen Genusses von Weichkäse (nachdem er zuvor gehungert hatte) bei der Aufnahme am Kreuz. Der Staatsanwalt in Rom beschlagnahmte den Film und verurteilte Pasolini wegen »Blasphemie« zu vier Monaten Gefängnis.

Pasolinis vielleicht ambitioniertestes Projekt war die Verfilmung des Matthäusevangeliums *Il vangelo secondo Matteo (Das 1. Evangelium – Matthäus*, 1964). »Ich wußte, daß ich das Neue Testament nach der Methode der Analogie verfilmen würde . . . Süditalien ermöglichte es mir, die Transposition der alten in die moderne Welt ohne eine archäologische oder philologische Rekonstruktion vorzunehmen.«[17] *Il vangelo secondo Matteo* ist weder eine exakte Rekonstruktion, noch wird der biblische Stoff in die Moderne übertragen. Vielmehr inszenierte Pasolini den biblischen Mythos aus Motiven der archaischen süditalienischen Landschaft, aus der Kenntnis von zwei Jahrtausenden biblischer Überlieferung und aus seiner eigenen Interpretation dieses Mythos. Die metaphysische Dimension entsteht in dem Film gleichsam naiv, aus dem Geist volkstümlicher Überlieferung; auf der anderen Seite gab Pasolini seiner Christusfigur auch sozialrevolutionäre Züge. In seinen besten Momenten verfügt Pasolinis Christusfilm über die Ausdruckskraft neorealistischer Epen. Die widersprüchliche Doppelposition, von der aus der Film gemacht ist (auf der einen Seite Akzeptieren des Mythos, Identifikation mit der »Volksseele«, auf der anderen eine dem Marxismus nahestehende Interpretation der Figur Christi als Kämpfer für soziale Gerechtigkeit), äußert sich allerdings in einem eklektischen Stil und in der Verwendung extrem unterschiedlicher Begleitmusik.

Was jedoch die drei zuletzt zitierten Filme gemeinsam haben, das ist die Durchdringung einer »dokumentarischen« Ebene (stark ausgeprägt in der Fotografie von *Il vangelo secondo Matteo*) mit einer Ebene des Mythos (der christliche Mythos ebenfalls in *La ricotta*) und die Verarbeitung von Vorbildern aus der Malerei: als der Junge aus *Mamma Roma*, auf der mittelalterlichen »Besserungsbank« im Gefängnis festgeschnallt, stirbt, entspricht die Bildkomposition exakt dem Mantegna-Gemälde »Die Beweinung Christi«; in *La ricotta* werden innerhalb des Films lebende Bilder wie Gemälde gestellt (Vorbilder sind die Manieristen Pontormo und Rosso Fiorentino); auch in *Il vangelo secondo Matteo* gibt es zahlreiche Verweise auf die Malerei. Diese Verschmelzung verschiedenartiger Elemente ist Pasolinis eigener Theorie zufolge Merkmal eines »Kinos der Poesie« (im Gegensatz zum »prosaischen« Erzählkino), bei welchem hinter dem unmittelbar sichtbaren Film noch ein anderer Film sich abzeichnet, »den der Regisseur gern gemacht hätte, ein total freier und expressiver, sogar expressionistischer Film«; eine Art Kino, in dem man die Gegenwart der Kamera spürt, »ebenso wie man in der Dichtung sofort spürt, wenn die grammatischen Elemente eine poetische Funktion erhalten«.[18]

Die bizarre, märchenhafte Fabel in *Uccellacci e uccellini* (*Große Vögel, kleine Vögel*, 1966) ist Pasolini nur Vorwand für eine Meditation über die Stellung des Kleinbürgertums zwischen Proletariat und katholischer Kirche. Diese Meditation fiel allerdings sehr unorthodox und witzig aus. Ein älterer Mann (Totò) und sein Sohn sind auf einer Landstraße unterwegs. Zu ihnen gesellt sich ein sprechender Rabe »aus dem Lande Ideologie«, der die beiden über allerlei Widersprüche ihres Lebens aufklären möchte und ihnen eine Parabel vom heiligen Franziskus, seinen beiden Schülern, den Spatzen und den Falken erzählt. Mit dem theoretisierenden Raben ist offenbar Togliatti, der Chef der italienischen Kommunisten, gemeint, während dem heiligen Franziskus Worte aus der Rede des Papstes (Paul VI.) vor den Vereinten Nationen in den Mund gelegt werden, in der er für ein sozial aktives Christentum plädiert. Am Ende weint der Rabe über sich selbst und bietet sich den beiden Wanderern zur Speise an, wovon diese auch Gebrauch machen. Pasolini zufolge behandelt sein Film »die Krise des Marxismus während der Zeit der Widerstandsbewegung und der fünfziger Jahre«.[19] Aus dem Film läßt sich keine abstrahierbare »Botschaft« ableiten (es sei denn, daß der Marxismus »neue Realitäten« anzuerkennen hat); vielmehr besteht er in einem dialektischen Spiel verschiedener Positionen, die sich gegenseitig relativieren und von denen keine auf die beiden kleinbürgerlichen oder lumpenproletarischen Helden dauernden Einfluß gewinnen kann.

Mit Stoffen der griechischen Mythologie beschäftigte sich Pasolini in *Edipo re* (*Edipo re – Bett der Gewalt*, 1967) und *Medea* (1969), wobei er die antiken Stoffe auf eigenwillige Art rekonstruierte und thesenartige, moderne Ideen in sie hineinprojizierte. *Edipo re* hat eine moderne Rahmenhandlung: der kleine Ödipus beobachtet – in der faschistischen Vorkriegszeit – aus der Ferne seine Eltern, von denen er sich vernachlässigt fühlt. Das eigentliche Ödipusdrama siedelte Pasolini in den wüstenartigen Landschaften Marokkos an. Pasolini gestaltete den »modernen« Teil des Films bewußt irreal, um die beiden Ebenen des Films »stilistisch miteinander zu verbinden«.[20] Auch in *Medea* gibt es zwei Ebenen des Films, die zueinander in dialektischer Spannung stehen. Das mythische Kolchis, Heimat der Priesterin Medea, filmte Pasolini in Syrien und der Osttürkei, wobei er den prähistorisch-mythischen Charakter der Geschehnisse stark betonte; als Jason mit Medea das Goldene Vließ raubt und nach Griechenland bringt, ändert Pasolini die Szenerie dagegen und läßt die Handlung nun vor der mittelalterlichen, aber europäischen Kulisse Pisas spielen. Medea tötet schließlich Jason, ihre Kinder und sich selbst: dies kann man wie eine Revolte der Dritten Welt (als deren Vertreterin Medea erscheint) gegen den Zwang zur Anpassung an die Zivilisation Europas verstehen. »Eine etwas monströse Mischung aus einer philosophischen Erzählung und einer Liebesintrige« nannte Pasolini seinen Film.[21] Medea ist die »Fremde«, die wegen ihrer Andersartigkeit von der rassistischen Gesellschaft Korinths abgelehnt wird. Entscheidend ist freilich, daß Pasolini den gedanklichen Kern seines Films auch hier nicht »ablösbar« formuliert, sondern daß sich dieser Gehalt vor allem durch die visuelle Sprache des Films vermittelt.

Das Parabelelement, das Pasolinis Filme seit *Uccellacci e uccellini* immer stärker bestimmt, kommt in *Teorema (Teorema – Geometrie der Liebe,* 1968) mit seltener Klarheit und Konsequenz zum Ausdruck. Hier schildert Pasolini das Verhalten einer großbürgerlichen Familie aus Mailand unter der Herausforderung durch einen geheimnisvollen Abgesandten, der als Gast in der Familie erscheint, aber niemals mit seinem Namen angeredet wird. Mit dem Eintreffen des Gastes – er ist entweder ein Sendbote des Göttlichen oder ein Katalysator von Bewußtseinsprozessen – vollzieht sich in der Familie der Einbruch des Metaphysischen. Zwischen den Mitgliedern der Familie und dem Gast stellen sich Liebesbeziehungen ganz konkreter Natur her, die das Verhalten und das Bewußtsein der Figuren plötzlich verwandeln. Der zweite Teil des Films zeigt die Veränderung, die sie durch die Begegnung mit dem Gast erfahren haben. Die einzige Person, die sich im tieferen Sinne wandelt, ist allerdings das Dienstmädchen: sie packt ihre Koffer, fährt aufs Land, von wo sie kam, und wird dort zu einer Heiligen. Der kränkelnde Vater verschenkt seine Fabrik und geht nackt in die Wüste; die Mutter gelangt zur Erkenntnis der inneren Leere, in der sie bisher lebte, und stürzt sich in eine hektische Sexualität; die Tochter verfällt nach dem Weggang des Gastes in eine krampfartige Starre. Der Sohn fühlt sich zum Künstler berufen, aber sein Künstlertum ist nur Selbsttäuschung. Der Film endet mit dem Schrei des Vaters in der Wüste: eine extreme Metapher der Ausweg- und Orientierungslosigkeit. *Teorema* ist unter allen Filmen Pasolinis derjenige, in dem die erzählerische Struktur am meisten zurücktritt gegenüber der Beschreibung von kondensierten, gleichnishaften Vorgängen. Auffällig ist die geringe Rolle des Dialogs, des Wortes überhaupt. Die 45 Minuten lange Exposition des Films ist praktisch stumm. Statt dessen drückt sich Pasolini mit einer Bildsprache aus, die noch nie bei ihm so einfach, so klar und durchsichtig war. *Teorema* ist ein Film der unendlichen Perspektiven und der zum Horizont verlaufenden Linien. Das gilt auch für die Einstellungen der Wüste, die periodisch, gleich einem Leitmotiv, in die Handlung eingeblendet werden und die das metaphysische Klima des Films herstellen.

Teorema enthält aber hinter den Bildern eine These, eine Art ideologischer Beweisführung, die das dramaturgische Skelett des Films ausmacht: nur die Angehörigen der ausgebeuteten Klassen (repräsentiert durch das Dienstmädchen), so scheint Pasolini sagen zu wollen, haben noch die Disposition bewahrt, von der göttlichen Botschaft im positiven Sinne erreicht zu werden; die Vertreter des Bürgertums sind dagegen so weit korrumpiert, daß für sie der Abgesandte Gottes nur ein »Zerstörer« sein kann. Man kann Pasolinis *Teorema* (und in Abstufungen auch seine anderen Filme) als einen Versuch betrachten, die subversive Kraft einer nicht als Beschwichtigung verstandenen Religiosität neu zu beleben, indem er sie als Mittel benutzt, um die Realität unserer Gesellschaft zu kritisieren.

Porcile (Schweinestall, 1969) war wiederum eine Allegorie, bestehend aus zwei ineinander verflochtenen Geschichten, einer »mythischen« und einer modernen: in der ersten spielt Pierre Clémenti einen Mann, der in einer unbestimmten Zeit und in einer wüstenartigen Umgebung aus Hunger dem Kannibalismus verfällt; er wird gefangen und zur Strafe den wilden Tieren zum Fraß vorgeworfen. Dieser schon 1965 konzipierte erste Teil sollte ursprünglich *Orgia* heißen und mit Buñuels ebenfalls halblangem Film *Simon del desierto* kombiniert werden. Die zweite Episode berichtet, wie der Sohn einer deutschen Industriellenfamilie eine abartige Zuneigung zu Schweinen entwickelt, am Ende aber von diesen aufgefressen wird. Ein »furchtbarer und sanfter Film«, den Pasolini »mit einer fast kontemplativen Distanz und mit Humor« drehte.[22] Seine Helden sind Nonkonformisten, ungehorsame Söhne der Gesellschaft (den Held der ersten Episode bezeichnet Pasolini als »Intellektuellen und Schüler Nietzsches«[23]).

Mit *Il decamerone* (1971), *Canterbury Tales* (1972) und *Il fiore delle mille et una notte (Erfundene Geschichten aus 1001 Nacht,* 1974) begab Pasolini sich auf einen »populäreren« Weg, der leider auch ein Weg der Kompromisse mit der Industrie sein sollte. Die vielschichtige dialektische Struktur seiner früheren Filme gab er auf zugunsten einer planen Erzählweise, die sich zwar immer noch einer eindrucksvollen Bildsprache bediente; doch schien es Pasolini in diesen Filmen mehr und mehr auf die plakative Aneinanderreihung derber erotischer Effekte anzukommen. Besonders offensichtlich war das in *Canterbury Tales. Il fiore delle mille et una notte* ist dagegen etwas subtiler gestaltet. Pasolini filmte die Erzählungen aus »*1001 Nacht*« in Jemen, in Erithrea, im Iran und in Nepal, er brachte fabulöse Landschaften und Kulissen vor die Kamera. Jedoch vermögen seine Erklärungen, er habe mit der »Trilogie des Lebens« politische Absichten verfolgt, indem er das Problem der Unterdrückung der Sexualität aufgegriffen habe, nicht zu überzeugen. In ihnen erscheint vielmehr eine Anpassung an die Mechanismen der Unterhaltungsindustrie.

Gefälligkeit oder Spekulation auf den Publikumsgeschmack wird man Pasolinis letztem Film *Salò o le 120 giornate di Sodoma (Die 120 Tage von Sodom,* 1975) dagegen kaum nachsagen können; vielmehr handelt es sich hier um eine von Bitterkeit und Verzweiflung (wenngleich der Film diese Regungen unter einer Oberfläche eisig-unbewegter Beobachtung versteckt) getragene Darstellung unbeschreiblicher menschlicher Korruption, Gemeinheit und Grausamkeit, wie sie in der Geschichte der Kinematographie ohne Beispiel ist. Pasolini hielt sich äußerlich an das Handlungsgerüst von de Sades Roman »Die 120 Tage von Sodom«, in welchem beschrieben wird, wie vier Adelige acht junge Männer und Mädchen in perversen Ritualen durch mehrere »Höllenkreise« führen und sie zu ihrem eigenen Lustgewinn schließlich zu Tode quälen; jedoch verlagerte er das Geschehen in Mussolinis spätfaschistische Republik von Salò und in das Jahr 1944. Es erscheint zweifelhaft, ob Pasolini mit diesem Film Wesentliches zur Erhellung der faschistischen Psyche oder ihrer Soziologie beigetragen hat; eher zeigt er die Grausamkeit und die Lust an der Erniedrigung als eine anthropologische Konstante, allenfalls als ein Spezifikum des Bürgertums. Die Geschehnisse dieses Films, an der Grenze des physisch und psychisch Ertragbaren liegend, sind aber nicht aus einem voyeuristischen Blickwinkel beobachtet; vielmehr erhebt der Film das Voyeuristische als eine Erscheinungsform der Entmenschlichung selbst zum Thema; immer wieder werden die Quälenden in der Attitüde des Beobachtens festgehalten. Pasolinis Film ist ein düsteres, grauenvolles

Testament, das unserer Epoche möglicherweise einen wahrhaftigen Spiegel vorhält. An die Chance einer Katharsis scheint Pasolini nicht mehr zu glauben; über dem ganzen Film liegt ein kalter Schleier der Hoffnungslosigkeit. Jedes »ästhetische« Moment im Sinne einer Verklärung oder dekorativen Ausschmückung, das früheren Pasolini-Filmen noch eignete, ist diesem Werk freilich ausgetrieben, ebenso wie jeder Zug von Ironie. *Salò* ist ein Film, den man gesehen haben muß, den man aber kein zweites Mal sehen möchte. – In den Umkreis der Werke Pasolinis gehören zwei Filme seines ehemaligen Assistenten Sergio Citti, an denen Pasolini selbst als Drehbuchautor mitarbeitete: *Ostia* (1970), die Geschichte zweier Brüder, die von kleinen Diebstählen leben, einige Zeit im Gefängnis verbringen und sich wegen eines Mädchens zerstreiten, wobei der eine Bruder den anderen schließlich umbringt. Der Film ist in der Manier Pasolinis als doppelte Charakterstudie aus dem Milieu des »Unterproletariats« angelegt. Zu den schönsten Teilen gehören die Lebensgeschichten, die sich die Brüder und das Mädchen gegenseitig erzählen und in denen es jeweils um das Verhältnis zum Vater geht. Im Hintergrund der Geschichte steht der Mythos von Kain und Abel. War dieser Film mit bemerkenswerter Einfühlung in die Psychologie der Personen, mit Direktheit und poetischer Eindringlichkeit erzählt, so schwenkte Citti in *Storie scellerate* (»Ruchlose Geschichten«, 1972) auf die kommerzielle Linie des späten Pasolini ein, indem er eine Folge von pikanten Anekdoten und Histörchen darbot, bei denen sich alles um die Sexbesessenheit von Priestern und Kirchenfürsten dreht.

Bernardo Bertolucci

Bernardo Bertolucci (geb. 1940), neben Bellocchio der bedeutendste Filmemacher der jüngeren Generation des italienischen Films, kam zunächst durch Pasolini mit dem Film in Berührung: er assistierte in *Accattone*. 1962 erhielt er Gelegenheit, ein Sujet Pasolinis zu bearbeiten und auch selbständig zu realisieren: *La commare secca* (wörtlich: »Die dürre Gevatterin«, gemeint ist mit dem Titel der Tod).

Der Film berichtet fünf verschiedene Versionen eines Verbrechens (es geht um den Mord an einer Prostituierten), gesehen jedesmal mit den Augen eines anderen Zeugen. Bertolucci suchte einen veristischen Zugang zur Welt seiner halb kriminellen Protagonisten herzustellen; gleichzeitig konstruierte er aus den teilweise abweichenden oder sich ergänzenden Aussagen ein lebendiges, in der Tendenz widersprüchliches Netz aus Beobachtungen und Hypothesen. *Prima della rivoluzione (Vor der Revolution*, 1964) wurde zum Manifest einer neuen Kinematographie und zu Bertoluccis vielleicht persönlichstem Werk. Von seinem Regisseur als ein »historischer Film über die Zweideutigkeit und die Unsicherheit« angelegt[24] und spezifisch auf die Situation der italienischen Jugend einer bestimmten Zeit (1962) bezogen, ist der Film doch in starkem Maß geprägt von literarischen Anspielungen und Zitaten. So darf man den Titel als einen Hinweis auf Talleyrand ansehen und auf dessen Ausspruch: »Wer die Jahre vor der Revolution nicht erlebt hat, kann nicht verstehen, was die ›Süße des Lebens‹ ist.« Die Parallelität von Namen und Personen sowie eine Opernschlußszene erinnern an die Welt von Stendhals »Die Kartause von Parma«. Bertoluccis Held ist ein junger Mann namens Fabrizio, ein Bürgersohn, der sich aus seinem Milieu herauslösen möchte; bestimmend für ihn ist die Freundschaft mit dem kommunistischen Volksschullehrer Cesare. Fabrizio ist aber auch degoutiert von dem, was er die »Verbürgerlichung der Proletarier« nennt. Er findet auf seine Fragen keine Antworten. Schließlich erscheint ihm sein ursprünglicher Impuls der Revolte angesichts der verfestigten Strukturen der Gesellschaft als vollständig chancenlos. Nach anfänglichem Zögern akzeptiert er sein Milieu, seine Klasse, indem er die

Jugendfreundin Clelia heiratet, eine Tochter reicher Eltern. Die Szene der Hochzeit ist unterschnitten mit Bildern des Lehrers Cesare, der einer Schulklasse aus »Moby Dick« von Ahabs Verfolgung des Weißen Wals vorliest.

Peter W. Jansen hat in seiner Kritik über *Prima della rivoluzione* ausgeführt, daß in diesem Film ebenso wie in Bellocchios *Pugni in tasca* und Samperis *Grazie, zia* »gesellschaftlich ohnmächtiger Protest unter der Chiffre der Krankheit erscheint«[25]: Gina, die Tante des Helden, mit der er zeitweilig eine inzestuöse Beziehung unterhält, ist eine Neurotikerin, der Protagonist aus *Pugni in tasca* ist Epileptiker, Alvise in *Grazie, zia* markiert den Gelähmten. Sicherlich kommt hier ein Protest gegen das geheiligte Familienbild der Bourgeoisie zum Ausdruck, der sich in die Metapher der Selbstzerstörung und des Inzests kleidet. Das Hervorstechendste an Bertoluccis Film aber ist seine Ehrlichkeit, seine Bitterkeit, seine Sensibilität. »An *Prima della rivoluzione* muß man alles lieben, die plötzlichen Brüche, die nackten Monologe, die Irisblenden, die Überblendungen, die Sprünge, die Abschweifungen und Paranthesen, die lyrischen Zooms, die 360°-Schwenks (die 360° von Moral entsprechen), die Freude, den Überschwang, die Zerissenheit des ganzen Daseins, diesen bedrückenden und fiebrigen Atem...« (Claude Beylie)[26]

Der kommerzielle Mißerfolg von *Prima della rivoluzione* trug Bertolucci praktisch vier Jahre Beschäftigungslosigkeit ein. In dieser Zeit konnte er nur einen Dokumentarfilm für das Fernsehen drehen: *La via del petrolio* (Der Weg des Öls, 1966) sowie einen Sketch für den Episodenfilm *Amore e rabbia* (Liebe und Zorn, 1967), *Il fico infruttuoso* (Der unfruchtbare Feigenbaum), auch *Agonia* (»Der Todeskampf«) betitelt, eine mit dem Ensemble des Living Theatre unter Julian Beck realisierte Parabel über den Tod eines Kardinals, der vor seinem Tod den Besuch von Menschen aus den verschiedensten Völkern empfängt, die ihn nach seinen Taten fragen.

Partner, der Film, den Bertolucci 1968 herstellen konnte, ist in seiner Obsession vom Thema des Theaters ebenfalls ein Ergebnis der Begegnung mit dem Living Theatre. Weitere Inspirationsquellen des Films sind die Novelle »Der Doppelgänger« von Dostojewski, das »Theater der Grausamkeit« Artauds und der Mai '68. Bertolucci hat *Partner* folgendermaßen charakterisiert: »Der Film erzählt die Geschichte eines Mannes, der seinem Doppelgänger begegnet und mit seiner Hilfe seine Wünsche und Träume verwirklicht. Das ist eine alte Geschichte.«[27] Jakob (Giacobbe), ein Professor der Theaterwissenschaft, begegnet seinem Double, das sozusagen seine revolutionäre andere Hälfte verkörpert. Aber Jakob und sein »Partner«, Jakob 1 und Jakob 2, sind nicht eindeutig voneinander unterschieden wie Dr. Jekyll und Mr. Hyde. Die Grenzen und Positionen zwischen ihnen sind vielmehr verwischt, fließend. Die traumhafte und alogische Konstruktion des Films macht es schwer, seinen Ablauf zu rekonstruieren. Es geht in ihm um Jakobs Begegnung mit einem jungen Mädchen, um die Revolution, auf die eine Variation der Treppensequenz aus dem *Panzerkreuzer Potemkin* anspielt, um das Straßentheater, um den Kampf mit Bücherstapeln (praktisch und metaphorisch), um Vietnam, um den Terrorismus der Werbung; aber der Kampf gegen die Konsumgesellschaft führt im Film nur zur Ermordung einer Waschmittelvertreterin. Letzten Endes ist *Partner* als eine Parabel auf die Aussichtslosigkeit einer individualistischen Revolte in unserer Gesellschaft zu verstehen. In der Zerrissenheit, die der Film spiegelt, ist er eine Fortsetzung von *Prima della rivoluzione*. Aufschlußreich wiederum die Verbindung zwischen gesellschaftlicher Protesthaltung und Krankheit (hier Schizophrenie, für die Jakobs Umgang mit seinem »Partner« ein Symbol ist). Schließlich kann *Partner* auch die Patenschaft Jean-Luc Godards nicht verleugnen.

Bertolucci kam mit seinem Film Artauds eigenen Vorstellungen über das Kino nahe, der schrieb: »Der Film scheint mir vor allem geeignet, die Dinge des Denkens zum Ausdruck zu bringen, das Innere des Bewußtseins, und nicht so sehr durch das Spiel der Bilder als vielmehr durch etwas Unwägbareres, das sie aus ihrer ursprünglichen Materie wiedererstehen läßt, ohne Vermittlung und ohne Darstellung.«[28]

La strategia del ragno (Die Strategie der Spinne, 1970) ist zwar mit Bertoluccis früheren Filmen durch autobiographische Momente und durch eine Fortführung des Doppelgängerthemas verbunden. Daneben aber erscheinen hier neue Motive: die Auseinandersetzung der Söhne mit der Generation ihrer Väter, die Kritik an Heldenlegenden der Vergangenheit, schließlich eine Analyse der Zustände in den dreißiger Jahren unter der Herrschaft des Faschismus. Held von *La strategia del ragno* ist ein junger Mann namens Athos Magnani, der in einen kleinen Ort nahe Parma kommt, wo sein Vater, der bezeichnenderweise den gleichen Namen trägt wie der Sohn, 1936 ermordet wurde und seitdem hohes Ansehen als Opfer des Faschismus genießt. Athos findet heraus, daß in Wirklichkeit alles ganz anders verlief: der Vater verriet ein geplantes Attentat gegen Mussolini an die Polizei; dann inszenierte er seinen eigenen Tod während einer Aufführung von Verdis »Rigoletto«. Erhalten blieb der Mythos von der Ermordung des Vaters durch die Faschisten. Im Verlauf der Nachforschungen nach dem Schicksal des Vaters verschwimmen die Grenzen zwischen Gegenwart und Vergangenheit (die genauso aussieht wie die Gegenwart). Die Figuren von Vater und Sohn scheinen zu Doppelgängern zu werden. Wirklichkeit und Fiktion fließen zusammen. Damit aber verleiht Bertolucci nicht nur einem Realitätsgefühl Ausdruck, sondern stellt zugleich die schwankende moralische Verfassung seines Helden dar. Der Sohn kapituliert schließlich vor der glanzvollen Legende, die so viel strahlender ist als die Realität; er läßt seinen Vater Held bleiben. Die Entmythologisierung der Vergangenheit geht bei Bertolucci Hand in Hand mit der Kritik an der Gegenwart: der Sohn ist für ihn, ebenso wie der Vater, ein typisches Geschöpf der Bourgeoisie.

Bertolucci bettet seinen Film in eine traumhafte, doppeldeutige und gleichwohl realistisch beobachtete Atmosphäre ein: besonders betont sind die Einstellungen durch Fenster, durch Türen, zwischen Säulen hindurch, die den Bildinhalt »einrahmen« und damit relativieren, die vorherrschenden Blautöne und die vielen Kamerafahrten, die Unerwartetes verbinden (Gemälde mit Landschaften) oder die Realität am Schluß des Films wieder in Irrealität auflösen (die Kamerafahrt an den überwachsenen Gleisen entlang).

Mit *Il conformista (Der große Irrtum, 1970)* geriet Bertolucci erstmals in den Bereich des »industriellen« Kinos: der Film war eine italienisch-französische Koproduktion mit aufwendigem Budget und Stars (Jean-Louis Trintignant, Dominique Sanda). Bertolucci erklärte, er strebe zur »traditionellen Erzählstruktur und zur Kommunikation mit dem Publikum« zurück.[29] Thematisch freilich und auch stilistisch führt eine konsequente Linie von *La strategia del ragno* zu *Il conformista*. Wieder geht es um die Zeit des Faschismus, um die Moral des Bürgertums, wieder gibt es zwei dialektisch verschachtelte Zeitebenen. Bertolucci beschreibt in diesem Film »den Faschismus als Krankheit des Bürgertums«. Sein Held glaubt, als Junge einen homosexuellen Verführer umgebracht zu haben. Daraus entwickelt der Protagonist einen Schuldkomplex sowie ein Streben nach übermäßiger gesellschaftlicher Anpassung; er engagiert sich bei den Faschisten, geht eine konventionelle Heirat ein und akzeptiert den Auftrag, gelegentlich seiner Hochzeitsreise seinen eigenen, inzwischen nach Paris emigrierten Universitätslehrer an die faschistische Geheimpolizei auszuliefern. Der Held muß am Schluß erkennen, daß sein totales Bekenntnis zum Konformismus, sein Streben, die »Anomalie« an sich selbst auszutilgen, auf einer falschen Rationalisierung beruhte. Gerade dadurch macht der Film deutlich, was schon im Verlauf der Erzählung durchschimmerte: daß konformistisches Verhalten, die »Krankheit«, der Normalfall eines ganzen Gesellschaftsteils ist. Im Vergleich zu Bertoluccis früheren Filmen ist der Stil von *Il conformista* kühler, klassischer. Distanziertes Betrachten ist auch die Lieblingsbeschäftigung des

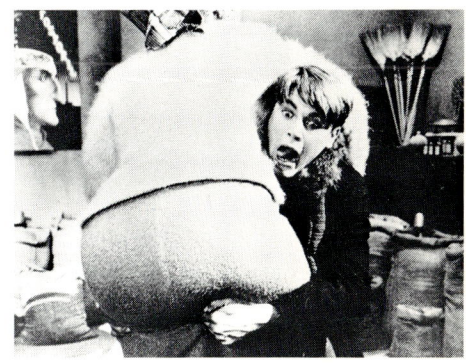

Federico Fellini
Amarcord
1973
Italien

Michelangelo Antonioni
Blow up
1966
England

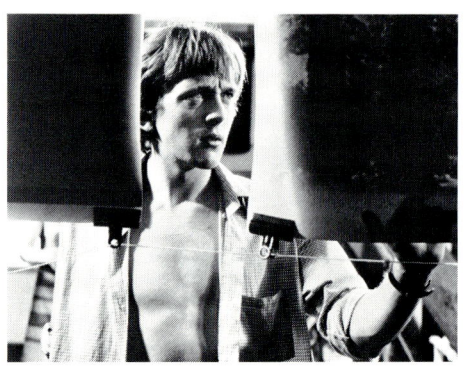

Protagonisten: Gefangener der eigenen Passivität, sitzt er im Auto und blickt durch die Scheiben, während draußen sein Lehrer und dessen Frau ermordet werden. Zweimal wird im Verlauf des Films das Höhlengleichnis von Plato zitiert.

Nach *Il conformista* schlug Bertolucci mit *L'ultimo tango a Parigi (Der letzte Tango in Paris*, 1972) einen problematischen Weg der Anpassung an die Gesetze des internationalen Filmmarkts ein. Durch den Star Marlon Brando und durch »gewagte« Sexszenen wurde der Film zu einem internationalen Kassenerfolg. Die Bezugspunkte von Geschichte, von Politik und Ideologie, präsent in den früheren Filmen Bertoluccis, treten hier zurück zugunsten einer weitgehenden Privatisierung der Fabel. In einer leerstehenden Wohnung des 16. Pariser Luxusarrondissements begegnet ein junges Mädchen einem alternden Amerikaner, dessen Frau, wie man später erfährt, sich das Leben nahm und der nun in einer Haltung des universellen Weltschmerzes versinkt. Zwischen den beiden entsteht eine abrupte, aber heftige sexuelle Bindung. Am Rande erscheint die Figur eines jungen Filmemachers (Jean-Pierre Léaud), der mit dem Mädchen verlobt ist. Er bringt mit seinen pubertären Filmplänen eine parodistische Note in den Film. Aber obschon Bertolucci sein regieliches Können an der Schilderung der Atmosphäre in dem leeren Appartement, an der filmisch intensiven Evokation von Seelenzuständen beweist, besitzt der Film eine ausgesprochen exhibitionistische Note. Er delektiert sich an den Reizen des Dekadenten, bauscht sie zu einem romantischen Schauspiel der Zerstörung auf, bringt die Dekadenz auf den Nenner der merkantilen Kinoverwertbarkeit. Zur Ummünzung in gängige Formeln paßt auch die Darstellung des Mädchens als passiv dem Mann und dessen Stimmungen unterworfenes Wesen und die Porträtierung Brandos als mythologisierter Übermensch.

In der Konsequenz von Bertoluccis Entwicklung seit *L'ultimo tango . . .* lag auch sein letzter Film, die Superproduktion (*Novecento 1900*, 1976). In mehrfacher Hinsicht war dies ein Film der Paradoxe. Zunächst in seiner Länge: beide Teile zusammen dauern fünf Stunden und 20 Minuten. Dann aber auch, weil hier mit dem Geld großer amerikanischer Produktionsgesellschaften (die sich indirekt an der Herstellung beteiligten – offiziell ist *1900* eine deutsch-italienisch-französische Koproduktion) ein politisch akzentuierter Film über ein halbes Jahrhundert italienischer Geschichte, über den Klassenkampf und die Entstehung der Kommunistischen Partei gedreht wurde. In gewisser Weise ist dieser Film der genaue Reflex auf den »historischen Kompromiß« der italienischen KP. Die dramaturgische Grundkonstruktion des Films ähnelt den Romanen des 19. Jahrhunderts: vor dem Zuschauer wird der Lebensweg zweier Menschen ausgebreitet, die, zur gleichen Zeit im Sommer des Jahres 1900 geboren, zu Freunden, aber auch Antagonisten der Geschichte werden, weil sie jeweils eine Gesellschaftsklasse »verkörpern«: Alfredo, der Besitzer eines großen norditalienischen Landgutes, und Olmo, der Sohn eines Landarbeiters. Bertolucci entwickelt ein Fresko verschiedener Epochen der italienischen Geschichte, wobei er vor allem den Ersten Weltkrieg, die Jahre des faschistischen Terrors und die Befreiung 1945 heraushebt. Sicher ist dies kein Ausstattungsfilm wie irgendein anderer: man merkt, daß Bertolucci ein Regisseur mit ausgeprägter Kinokultur und großer Sensibilität ist. Wie er den Bogen der erzählerischen Konstruktion durchhält, ist bewundernswert; einige dramaturgische Einfälle (darunter der Schluß mit der Metapher vom Maulwurf) kann man als genial bezeichnen. Auf der anderen Seite schwelgt der Film in melodramatischen Effekten und in ausgesprochener Kinorhetorik. Er stellt einen Faschisten vor, der ein Kinoschurke par excellence ist (1945 wird er von aufgebrachten Bauern mit Heugabeln aufgespießt). Und als die Episode der »Befreiung« beginnt, leuchtet prompt ein Regenbogen auf. Auch erscheint fraglich, ob ein Film heute noch in der Manier des 19. Jahrhunderts erzählen kann. Bertolucci rechtfertigte diese Kompromisse, weil er einen wirklich »populären« Film habe machen wollen.

Die Rebellen: Bellocchio und Ferreri

Während Pasolini in seinen Filmen dem Lieblingsthema des Mythos nachspürt und Bertolucci über die Unfähigkeit seiner bürgerlichen Helden meditiert, gesellschaftliche Barrieren zu überwinden, haben andere italienische Regisseure der jüngeren Generation eine aggressivere, rebellische Diktion entwickelt; sie zeigen sich nicht so sehr an Kunstverfeinerung, Ausgewogenheit, luzider Analyse interessiert, sondern tendieren zur Erfindung bizarrer, satirisch überspitzter Parabeln, in denen sich ihr Zorn über gesellschaftliche Mißstände ausspricht. Zu diesen »Rebellen« kann man Marco Bellocchio (geb. 1939) und Marco Ferreri (geb. 1928) zählen. Beider Weg verlief nicht unbehindert von den Pressionen der Industrie. Bellocchio konnte in zehn Jahren nur vier Spielfilme drehen und einen weiteren von einem anderen Regisseur übernehmen; dazwischen widmete er sich politischen Dokumentarfilmen. Ferreri verlegte sich auf die Produktion von Werken, die Gesellschaftskritik mit reißerischen und provokativen Elementen vereinen, so daß seine Filme im kommerziellen System einen Platz haben.

Bellocchios erster langer Spielfilm *I pugni in tasca (Mit der Faust in der Tasche,* 1965) war ein explosiver Aufschrei gegen die erstickenden Lebensverhältnisse in einer bürgerlichen italienischen Familie. Die hier vorgeführte Familie gleicht einem Alptraum: die Mutter ist blind, der Protagonist Epileptiker, der Bruder schwachsinnig, die Schwester hysterisch und inzestuös veranlagt; ein weiterer »normaler« Bruder muß alle übrigen ernähren. Trotzdem wird innerhalb der Familie hartnäckig an den Ritualen des gehobenen Bürgertums festgehalten; Bellocchio beschreibt sie (zum Beispiel das gemeinsame Mittagessen) mit revoltierender Eindringlichkeit. Sandros, des Protagonisten, Auflehnung besteht schließlich darin, die Mutter in einen Abgrund zu stoßen und den Bruder in der Badewanne zu ertränken. Am Sarge der toten Mutter führt er einen grotesken Tanz auf; kaum ist sie begraben, wirft er mit der Schwester fast das gesamte Mobiliar der Wohnung aus dem Fenster. Die Qualitäten des Films liegen in seiner minuziösen Beschreibung der Atmosphäre latenten Terrors, dem alle Mitglieder der Familie unterworfen sind, und in seiner konsequent durchgehaltenen Note provokativer Überspitzung. Der jüngere Bruder spricht es aus: »Welche Qual, hier zu leben!« Für Sandro scheint es angesichts der bestehenden Verhältnisse keine andere Reaktion geben zu können als wütende Zerstörung, die schließlich auch eine Selbstzerstörung ist; in der letzten Szene fällt sein epileptischer Anfall, der ihm den Tod bringt, zusammen mit einem Moment ekstatischer Begeisterung beim Anhören von »La Traviata«. Die historische Bedeutung von *I pugni in tasca* lag darin, daß hier zum ersten Mal ein Bruch mit dem Kino der allgemeinen Entfremdung vollzogen wurde, das bis dahin den italienischen Film beherrscht hatte.

Makaber-surrealistische Satiren lieferte Bellocchio in seinen beiden folgenden Filmen: *La Cina è vicina (China ist nah,* 1967) und *Nel nome del padre (Im Namen des Vaters,* 1972). *La Cina è vicina* beschreibt die Wahlkampagne eines Kandidaten der sozialistischen Partei als kleinbürgerliche Farce vor einem Hintergrund allgemeiner Korruption. Der Protagonist hält eine mißglückte Wahlversammlung auf dem Lande ab, bei der keine Zuschauer erscheinen, statt dessen aber sein Auto demoliert wird. Bei zwei bigotten Damen bemüht er sich vergebens um Wählerstimmen, zögert andererseits aber nicht, auch seine eigene Stimme in die Balance zu werfen. Ebenso lächerlich geht es in seinem Privatleben zu: vergebens bemüht er sich um die Gunst seiner Sekretärin, die eigentlich mit seinem persönlichen Referenten verlobt ist, der seinerseits aber mehr an eine Liaison mit der Schwester des Politikers denkt. Bedenkenlos und zynisch sind beide, der Politiker ebenso wie sein Sekretär, zu jeder Lüge, jedem Kompromiß bereit, um gesellschaftliche Stellung, Einkommen und Karriere zu sichern. Als Gegenpol dieser korrupten Welt zeigt Bellocchio, wie in einem strengen katholischen Internat Linksradikalismus maoistischer

Prägung um sich greift. Was den Film über eine »Sittenkomödie« mit verteilten guten und schlechten Rollen hinaushebt, ist wiederum der Zorn, mit dem der Regisseur Personen und Situationen beschreibt, der Marionettencharakter, den er seinen Figuren gibt, der manchmal fast hysterisch überdrehte Duktus der Erzählung. Bellocchio kritisierte sich später selbst: »Die politischen Irrtümer in *La Cina è vicina* resultierten aus meiner Einbildung, die Geschichte Italiens lasse sich vom Fenster aus interpretieren, auf der ausschließlichen Grundlage von unbedeutenden persönlichen Erfahrungen, die ich in der Provinz gesammelt hatte. Und genau in diesem Jahr krachte es an den Universitäten. Dieser Irrtum rief in mir eine Bewußtseinskrise hervor. Mir wurde klar, daß es nicht mehr möglich war, nur auf die Institutionen der Bourgeoisie loszuschlagen . . .«[30]

1967 steuerte Bellocchio eine Episode zu dem Film *Amore e rabbia (Liebe und Zorn)* bei: *Discutiamo, discutiamo! (Diskutieren wir, diskutieren wir!)*. Studenten spielen in der Art eines Lehrstücks in wechselnder Verkleidung das Drama der Studentenrevolte: sie verkörpern sich selbst, ihre Professoren und schließlich auch die mit Schlagstöcken prügelnden Polizisten. 1968 trat Bellocchio der ›Union der italienischen Kommunisten (ML)‹ bei: »weil ich mein politisches Engagement zu einem konsequenten Ende führen wollte«.[31] Im Rahmen dieser politischen Bewegung wirkte Bellocchio als Regisseur an zwei Filmen mit: *Paola* (1969), der Geschichte einer Häuserbesetzung in Kalabrien, und *Viva il primo Maggio rosso* (»Es lebe der rote Erste Mai«, 1969), einem Bericht über die Maikundgebungen der ›Union‹ in verschiedenen Städten Italiens. Aber auch in dieser Tätigkeit entdeckte Bellocchio nur Widersprüche; mit der ihm auferlegten »optimistischen«, unkritischen Machart der Filme mochte der Regisseur sich nicht einverstanden erklären.

So kehrte Bellocchio doch wieder zu einem »innerhalb des Systems« produzierten Spielfilm zurück, der an die radikale antibürgerliche Kritik seiner früheren Filme anknüpft: *Nel nome del padre (Im Namen des Vaters*, 1972). Schauplatz ist ein katholisches Internat. Es ähnelt im Grunde einem danteschen Inferno, nur daß die Autoritätsfiguren Züge grotesker Lächerlichkeit tragen. Neben der Welt der Schüler und Lehrer erscheint aber noch eine andere Welt: die der Untergebenen und Dienstboten. Sie sind die eigentlich unterdrückten, deformierten Wesen. Eines Tages bricht unter ihnen ein Streik aus; eilfertig schließen sich die rebellischen Schüler diesem Streik an, jedoch nur, weil sie die soziale Unruhe für ihre eigenen Zwecke ausnutzen wollen. Angelo, der Anführer der Schüler, ist ein Technokrat der Macht, er spekuliert auf die Einschüchterung der anderen; er setzt sich an die Spitze der Rebellenbewegung der Schüler und inszeniert ein grausiges allegorisches Schauspiel auf der Bühne des Kollegs, das allen Zuschauern Schrecken einjagen soll. Am Schluß des Films sägt Angelo einen angeblich wundertätigen Baum ab; einem Mädchen, das ihn fragt, warum er das getan habe, antwortet er: »Alles, was unwissenschaftlich ist, muß untergehen. Jetzt bist du frei. Geh in die Fabrik!« Die Parabel, die Bellocchio in *Nel nome del padre* entwickelt, ist vielschichtiger als in seinen früheren Filmen. Der Revolte des »Volks« wird die Pseudorevolte eines privilegierten (wenngleich im Schulsystem wiederum unterdrückten) Bürgerkindes gegenübergestellt, die eigentlich eine Revolte von rechts ist und im Namen einer abstrakten »Wissenschaftlichkeit« die Gesellschaft nach den Prinzipien höchster Effizienz einrichten will. Der satirisch zugespitzte Realismus des Films wird immer wieder von surrealistischen Passagen unterbrochen: so dem phantastischen Bühnenschauspiel, den Visionen während des Vortrags eines Priesters über die Gefahren der Masturbation und dem Weihnachtsessen der Bediensteten, das in seiner Doppelbödigkeit und Phantastik an Buñuel erinnert.

Sbatti il mostro in prima pagina (Knallt das Monstrum auf die Titelseite!, 1973) sollte eigentlich von Sergio Donati gedreht werden, doch es kam zu Streitigkeiten zwischen diesem und dem Hauptdarsteller Gian Maria Volonté, schließlich übernahm Bellocchio nach einer raschen Umarbeitung des Drehbuchs die Regie des Films. *Sbatti il mostro . . .* steht dem politischen Thriller näher als frühere Bellocchio-Filme. Der Chefredakteur einer rechtsgerichteten Zeitung will die Geschichte eines Sexualmords ausnutzen, um mit gezielten Verdächtigungen, der Täter sei ein Anarchist, die gesamte politische Linke zu diffamieren. Ein Reporter, der die Wahrheit herausfand, darf diese nicht veröffentlichen, außerdem sind inzwischen andere politische Anweisungen an die Zeitung ergangen. Das Ganze spielt sich vor dem Hintergrund des Mailänder Wahlkampfs vom Mai 1972 ab, der dokumentarisch in den Film eingeblendet wird, ebenso wie das Begräbnis des Verlegers Feltrinelli. Der Film ist professionell inszeniert, aber weniger stark von Bellocchios Persönlichkeit gezeichnet als seine früheren Filme.

Interessanter ist der dreieinhalbstündige Dokumentarfilm über neue Versuche zur Reform der Psychiatrie, *Nessuno o tutti (Niemand oder alle*, 1975 – eine kürzere Fassung des Films erhielt später den Titel *Matti da slegare*, »Irre, die loszubinden sind«), den Bellocchio zusammen mit Silvano Agosti, Sandro Petraglia und Stefano Rulli drehte und mit welchem er wieder zur Praxis der dokumentarisch-politischen Filmarbeit zurückkehrte. Der zweiteilige Dokumentarfilm, der als Motto ein gleichnamiges Gedicht Bertolt Brechts zitiert, beschäftigt sich mit den Versuchen zur Wiedereingliederung psychisch Kranker in die Gesellschaft; er geht in seinem ersten Teil den Geschichten von drei Kindern nach, die sich vor der Kamera als weitgehend »normal« erweisen, nachdem sie vorher jahrelang in Anstalten leben mußten; der zweite Teil zeigt unter anderem, wie man geistig Behinderte in einer Fabrik beschäftigt und sie dort durch die Arbeit in gewissem Umfang wieder in die Gesellschaft integriert. Hintergrund des Films ist die Initiative der Stadtverwaltung von Parma, Verhaltensgestörte und geistig Behinderte wieder in die Gesellschaft zurückzuführen, sowie die Anfang der siebziger Jahre in Italien entstandene Bewegung der »demokratischen Psychiatrie«. Beispielhaft an diesem Film ist nicht nur sein thematisches Engagement, sondern auch seine dokumentarische Qualität, die Beweglichkeit, Sensibilität und Beobachtungsgabe der Kamera, die insistierende Art, wie Bellocchio Fragen stellt (obwohl er im Bild nicht erscheint), die Ausführlichkeit, mit der der Film auf einzelne Personen eingeht und sie wirklich zu Wort kommen läßt.

Marcia trionfale (Triumphmarsch, 1976) spielt in einer Militärkaserne und gibt sich äußerlich als eine Denunziation des Militarismus, als Attacke gegen die absurden, hierarchischen Verhältnisse in der italienischen Armee, die ähnliche Neurosen und psychische Verkrüppelungen hervorrufen wie die Internatsordnung bei den Schülern aus *Nel nome del padre*. Im Mittelpunkt steht ein autoritärer Hauptmann, seine nymphomane Frau und ein unterwürfiger Soldat, den der Hauptmann zu seinem Spion macht. Leider begab sich Bellocchio jedoch in *Marcia trionfale* teilweise auf das Niveau der Militärklamotte.

Marco Ferreri (geb. 1928) drehte seine ersten, scharf gesellschaftskritischen und von schwarzem Humor getönten Filme in Spanien: *El pisito (Die kleine Wohnung*, 1959) und *El cochecito (Der Rollstuhl*, 1960). Auch Ferreri bevorzugt die makabre Übersteigerung als Mittel der Gesellschaftskritik. Aber er ließ sich häufiger auf Kompromisse mit der Industrie ein.

L'ape regina (Die Bienenkönigin, 1963) ist eine Satire auf das Matriarchat: ein frisch verheirateter Ehemann sinkt zum Popanz seiner nur auf Fortpflanzung und auf Kindersegen bedachten Frau ab; die Überforderung geht so weit, daß er schon bald das Zeitliche segnet. Ferreri wollte die katholische Ehemoral persiflieren; ob sein Film allerdings irgendeine italienische Realität traf oder trifft, erscheint zweifelhaft. In *La donna scimmia* (»Die Affenfrau«) entdeckt ein Mann eine gänzlich behaarte Frau, die er heiratet, hauptsächlich zu dem Zweck, sie auf Jahrmärkten ausstellen zu können. *L'uomo dai palloni* (*Break up*, 1967 fertiggestellte lange Fassung eines 1965 begonnenen Sketchs für den Episodenfilm *Oggi, domani, dopodomani – Heute, morgen, übermorgen –*, der wiederum auf den kommerziell erfolgreichen de-Sica-Film *Ieri, oggi, domani – Gestern, heute, morgen*, 1963 – zurückging) beschreibt, wie ein Bonbonfabrikant, der eine total entfremdete Existenz führt, manisches Interesse für die Aufblasbarkeit von Luftballons entwickelt, einem Ballonfetischismus verfällt und schließlich, als ihm die Leere seiner Existenz zum Bewußtsein kommt, aus dem Fenster springt, wobei er ein Auto beschädigt. *Dillinger è morto* (*Dillinger ist tot*, 1968) kann als einer der gelungensten Filme Ferreris gelten: Ein Mann kommt nach Hause in seine Wohnung, wo seine Frau mit Migräne im Bett liegt und schläft. In einer Koinzidenz von filmischer und realer Zeit erlebt man nun die scheinbar alltäglichen Gesten und Verrichtungen des Mannes, der sich Essen macht, in den Garten geht, fernsieht, sich seine eigenen Amateurfilme vorführt, dann aus einer alten Zeitung (in welcher der Tod Dillingers mitgeteilt wird) einen Revolver auspackt, den er umständlich ölt und instand setzt. Nach einem Intermezzo mit dem Dienstmädchen geht er ins Schlafzimmer und erschießt seine Frau mit dem Revolver. Am Morgen heuert er auf einer Yacht an, die nach Tahiti fährt. Der Film fasziniert (abgesehen von seinem Anfang und dem möglicherweise imaginären Schluß) durch die minuziöse Beobachtung von Vorgängen des Alltags. Aus der Beobachtung dieser Vorgänge entwickelt er eine Spannung, die nichts mehr mit konventioneller Kinodramaturgie zu tun hat, sondern mit dem progressiven Aufdecken der Beziehungen eines Menschen zu seiner Umwelt durch das dokumentarische Registrieren von Einzelheiten.

Mit *L'udienza* (*Die Audienz*, 1971) kehrte Ferreri wieder zum allegorischen Grundschema seiner früheren Filme zurück: hier geht es um die wochenlangen erfolglosen Bemühungen eines jungen Mannes, eine Audienz beim Papst zu erwirken. Natürlich scheitert er an der vatikanischen Bürokratie, die zudem in der »Botschaft«, die der junge Mann überbringen will, irgend etwas Gefährliches wittert. Am Rande der kafkaesken Erzählung findet Ferreri Gelegenheit zu blasphemischen Ausfällen gegen die Vatikanwelt. In seiner äußeren Erzählstruktur folgt der Film Kafkas »Schloß«; leider ertränkt Ferreri den interessanten Kern seines Films durch Schwelgen in pittoresken Einzelheiten.

Von einem Teil der Kritik wurde dieser Film nichtsdestoweniger sehr hoch eingeschätzt, ebenso wie *La Cagna* (»Die Hündin«, 1972). Ferreri beschreibt hier, wie eine Frau sich einem Comics-Zeichner anschließt, der auf einer einsamen Insel lebt und dort Bildergeschichten über »Spartakus, den ersten Helden des Proletariats« herstellt. Die Frau gefällt sich darin, dem Mann gegenüber die Rolle absoluter Unterwürfigkeit einzunehmen: sie legt sich ein Hundehalsband an, kniet vor ihm nieder und leckt ihm die Hände. Diese Konstellation ist von Ferreri wohl kaum als Verherrlichung männlichen Patriarchentums gemeint, sondern eher als Geißelung pervertierter Beziehungen zwischen Mann und Frau in der bürgerlichen Gesellschaft; aber auch hier muß man Ferreri vorwerfen, ambivalent zu bleiben, sich im Zynismus zu gefallen, komische Effekte breit auszuspielen. Möglicherweise hat Ferreri in dem Protagonisten des Films, der abgeschnitten von der Welt auf einer Insel ein sinnloses Dasein führt, sich selbst porträtiert, denn auch er ist mit seinem Dasein und seiner Tätigkeit nicht zufrieden: »Ich versuche, Filme innerhalb des Systems zu machen, und zwar nur solche, die ich will. Ich müßte also glücklich sein; aber ich bin es nicht, denn ich glaube, daß meine Filme nutzlos sind. Ich mache mir keine Illusionen, wenig Leute sehen meine Filme. Und wenn sie gesehen werden, was bewirken sie? Sie geben ein schlechtes Gewissen. Das genügt nicht und das hat nicht viel Sinn.«[32]

In seinem Erfolgsfilm *La grande bouffe (Das große Fressen*, 1973) bestätigte sich Ferreri erneut als »Cineast des schlechten Gewissens«. Diesmal geht es um das übermäßige Schlemmen bis zur Selbstzerstörung als Metapher für das Dasein der Bourgeoisie. Vier Freunde finden sich in einer Villa zusammen, um dort ein gigantisches, Tage und Nächte andauerndes Schlemmermahl abzuhalten, für das ganze Wagenladungen von Nahrungsmitteln angeliefert werden. Am Ende kommen die vier Gourmets auf individuell verschiedene, mehr oder weniger makabre Weise durch die Folgen ihrer maßlosen Fresserei ums Leben. Ferreri hat diesem satirischen Abbild einer am Konsum und am Fressen (im weitesten Sinne) orientierten Gesellschaft derart polemisch und surreal zugespitzte Züge gegeben, den »guten Geschmack« durch die Vorführung von allerlei Scheußlichkeiten derart systematisch verletzt, daß der Film bei seiner Uraufführung auf dem Festival von Cannes einen Skandal auslöste – und dadurch zu einem noch besseren Kinogeschäft wurde. Die Zuschauer fanden Gefallen daran, sich am Schauspiel ihrer eigenen Dekadenz zu laben. Für eine solche genüßliche »Einverleibung« des Films liefert Ferreri die notwendigen Voraussetzungen: er gibt seinen vier Helden das Format von Stars (sie werden von berühmten Schauspielern gespielt: Marcello Mastroianni, Ugo Tognazzi, Michel Piccoli, Philippe Noiret), er arbeitet vergnügliche Randepisoden ein, er inszeniert das Sich-zu-Tode-Fressen als ein spannendes, pittoreskes, höchstens in seiner Konsequenz bedenkliches Schauspiel.

Mit *Touche pas la femme blanche* (»Laß die weiße Frau in Ruh«, 1974) drehte Ferreri zum ersten Mal einen Western oder, zutreffender, eine Westernparodie. Im Mittelpunkt steht die Figur des Generals Custer, der 1876 mit seinen Truppen rücksichtslos gegen die Sioux-Indianer vorging, dann aber von den Indianern am Little Big Horn vernichtend geschlagen wurde. Ferreri macht einerseits die politisch-ideologischen Hintergründe deutlich, die im Geschichtsbild der meisten Western unterschlagen werden. Zum anderen rückt er seinen Film in ironische Distanz: die Handlung spielt sich größtenteils in einer Pariser Baustelle ab, Abrißarbeiten werden in die Handlung einbezogen, die Personen scheinen ihre Rollen zu parodieren. Der Film ist unprätentiös und dennoch vergnüglich, mitunter auf Ferrerische Weise auch derb, niemals um Effekte verlegen.

La dernière femme (Die letzte Frau, 1976) ist das Ergebnis neuerer Reflexion Ferreris über das Rollenverhalten des Mannes im Kontext der modernen Arbeitszivilisation und der Kleinfamilie. Der Ingenieur Gérard ist von seiner Frau verlassen worden, die ihm den kleinen Sohn Pierrot zurückgelassen hat. Als das Werk Arbeitsferien verordnet, nimmt Gérard ein Kindermädchen als Geliebte zu sich; mit ihr macht er in kurzer Zeit erneut alle nervenzermürbenden Phasen einer vom Kampf der Geschlechter gezeichneten Zweierbeziehung durch. Gérard ist besessen von einem phallokratischen Männlichkeitsbewußtsein; als die Beziehung zu seiner Geliebten in eine Krise gerät, diese sich sogar mit seiner Exfrau anfreundet, schneidet sich Gérard aus Protest und Verzweiflung mit einer elektrischen Küchensäge sein männliches Attribut ab. Das als Modelldrama intendierte Geschehen spielt sich zum größten Teil (wie auf einer Theaterbühne) in einer kleinen Hochhauswohnung ab. Ferreri kritisiert den männlichen Chauvinismus seines Helden, aber er zeigt auch seine Frustration, seine Verzweiflung angesichts der allgemeinen Lebensumstände (Arbeit, Wohnung, stereotype Abläufe des Alltags, Isolation, Einsamkeit). Wenn *La dernière femme* letztlich einen zwiespältigen Eindruck hinterläßt, dann wegen der eigenartigen Problemstellung des Films: der Mann erscheint als Opfer seiner Triebe und einer universellen Verschwörung der Frauen; Ferreri spielt auch hier wieder auf mehreren Klaviaturen und macht seinen Film kommerziell attraktiv, indem er ihn mit »provokanten« Einzelheiten und Effekten anreichert.

Zu den »Rebellen« des italienischen Films im Sinne von Bellocchio und Ferreri kann man auch Salvatore Samperi (geb. 1944) rechnen. Er knüpfte mit seinem ersten Spielfilm *Grazie, zia* (»Danke, Tante«, deutscher Verleihtitel: *Des Teufels Seligkeit,* 1967) an Bellocchios *I pugni in tasca* an. Der gleiche Darsteller wie bei Bellocchio (Lou Castel) ist es, der auch hier die Hauptrolle spielt: die eines Industriellensohns, der aus Protest eine Lähmung simuliert, als deren Folge er sein Leben im Rollstuhl verbringt, zweideutige Beziehungen zu seiner jungen Tante unterhält und mit ihr ein »Euthanasiespiel« spielt, bei dem er am Ende selbst den Tod findet. *Cuore di mamma* (»Mutterherz«, 1968) ist der Bericht von der Selbstzerstörung einer Familie, die zum »Opfer von Entfremdung und Verwirrung wird«[33]: erst bringt ein Sohn seinen Bruder sowie seine Schwester um und wird dann von seiner Mutter umgebracht, die sich daraufhin zeitweilig mit einer anarchistischen Studentengruppe verbindet, um schließlich die Unmöglichkeit dieser Bindung einzusehen und sich selbst das Leben zu nehmen.

Grazie, zia und *Cuore di mamma* können als Untersuchung über verfehlte, kleinbürgerliche Formen der Revolution angesehen werden; die Filme sind darüber hinaus durch ihre Erzählweise interessant. Nach seinen beiden ersten Filmen gab Samperi seine Ambitionen jedoch auf und realisierte späterhin nur noch Kommerzfilme.

Die Realisten: Rosi, Petri, die Tavianis und andere

Jenen italienischen Filmautoren, die ihre Kritik an der Gesellschaft in Form der Übersteigerung, der Groteske oder der Metapher zum Ausdruck bringen, steht eine andere Gruppe von Regisseuren gegenüber, die sich zu einem realistischen, manchmal dokumentarischen Stil der Wirklichkeitserfassung bekennen. Sie sind die Erben des Neorealismus, jener künstlerisch dominierenden Bewegung des italienischen Nachkriegsfilms, die aus der Beobachtung des Alltags und ihrer Filterung durch ein soziales Bewußtsein ein verallgemeinertes, kritisches Bild der Zeit abzuleiten suchte.

Zu den wichtigsten Repräsentanten dieses realistischen Kinos gehört Francesco Rosi (geb. 1922). Rosi arbeitete zunächst als Regieassistent bei Antonioni und Visconti. 1958 trat er mit einem ersten eigenen Film hervor, *La sfida (Die Herausforderung)*, der in einem halb dokumentarischen, halb melodramatischen Stil die Diktatur neapolitanischer Gemüsegroßhändler über die Kleinhändler beschrieb. Nach einem nur partiell geglückten Film über das Treiben neapolitanischer Tuchhändler in Deutschland *(I Magliari – Auf St. Pauli ist der Teufel los*, 1959) befaßte sich Rosi in *Salvatore Giuliano (Der Fall Salvatore Giuliano*, auch: *Wer erschoß Salvatore G.?*, 1962) mit der Gestalt eines legendären sizilianischen Banditenführers. Dieser Film, bis heute vielleicht Rosis überzeugendstes Werk, sollte einen neuen Stil dokumentarisch-dramatischer Wirklichkeitsrekonstruktion begründen. Er geht vom Tode Giulianos aus und sucht dessen Vorgeschichte durch eine Reihe von Rückblenden zu erhellen, die jedoch nicht in chronologischer Ordnung zueinander stehen. Der Film behandelt Giulianos Bandenkrieg zwischen 1945 und 1951 gegen die Carabinieri, aber auch gegen die Linke, die Gewerkschaften und die kommunistische Volkspartei, deren Kundgebung am 1. Mai 1947 von Giulianos Leuten zusammengeschossen wurde.

Das komplizierte Geflecht der Beziehungen und Intrigen zwischen Giuliano, seinen Freunden, der Mafia und ihren Hintermännern deckt der Film nicht restlos auf (wie es auch von den Gerichten nicht aufgeklärt wurde). Rosi legt dem Zuschauer keine abschließenden Erkenntnisse vor, sondern breitet Anschauungsmaterial zur Sozialgeschichte Siziliens aus; Giuliano selbst bekommt man in dem Film kaum zu Gesicht. Rosi drehte seinen Film (bis auf zwei Berufsdarsteller) mit Laien aus Montelepre, dem Dorf Giulianos. Auch hierin drückt sich Rosis Versuch aus, der Wirklichkeit möglichst nahe zu kommen. Dieses Wirklichkeitsstreben gilt jedoch nur dem Material, nicht seiner Organisierung. Wie Rosi seinen Film gliedert, wie er dynamische Schnitte als bewußt akzentuierendes Mittel einsetzt, Landschaft in das Geschehen einarbeitet, das macht deutlich, daß es sich bei *Salvatore Giuliano* doch um einen außerordentlich gestalteten Film handelt.

Le mani sulla città (Hände über der Stadt, 1963) ist noch mehr als *Salvatore Giuliano* ein Film der Denunziation. Es geht um die Machenschaften des Bauunternehmers Edoardo Nottola, der durch seine guten Beziehungen zur Stadtverwaltung Neapels dafür zu sorgen weiß, daß von ihm billig gekauftes Gelände für ein städtisch gefördertes Riesenbauprojekt verwendet wird, das er selbst ausführt; außerdem hat er die Unterstützung der Rechtspartei und ist deren Kandidat für das Amt des Gemeinderats. Als bei Abrißarbeiten Häuser einstürzen und im Parlament ein Untersuchungsausschuß gefordert wird, läßt die Rechtspartei Nottola fallen; dieser jedoch wechselt rasch zu den Christlichen Demokraten über, gewinnt die Wahl und erhält das Amt des Stadtrats. Rosi attackiert das Komplott politischer und kommerzieller Interessen, das unter dem Schutz politischer Parteien öffentliche Gelder für den Profit eines einzelnen reserviert. Zugleich aber stellt der Film die Regeln dar, nach denen das Spiel dieser Verschwörung abläuft. Er konfrontiert Meinungen, Standpunkte, zeigt Reaktionen und Gegenreaktionen, macht die Dialektik eines politischen Systems deutlich. Als Schwäche des Films mag man es empfinden, daß sein Geschehen, abgesehen von einigen exemplarischen Szenen (der Häusereinsturz und seine Folgen, die Einsegnung des Bauvorhabens durch einen Priester am Schluß) vornehmlich in Dialogketten abläuft, daß Rosi die Auseinandersetzungen im Stadtparlament stark theatralisiert; schematisch gezeichnet sind besonders die redlichen, aber erfolglosen Linken. Ansonsten trägt Rosis Verzicht auf private Psychologisierung seiner Personen zur Schärfe, Klarheit und Konsequenz seines Films bei. Rosi hatte mit *Le mani sulla città* den neuen Typus eines politischen Films kreiert, gemäß seinem Credo: »Die Filmkunst ist heute so weit fortgeschritten, daß sie einem Publikum die Mechanismen eines politischen Systems zum Bewußtsein bringen kann.«[34] Dieser Typus des politischen Films sollte für die sechziger Jahre zum Vorbild für viele andere Regisseure werden (letztlich sogar für Costa-Gavras).

In *Il momento della verità (Der Augenblick der Wahrheit*, 1965) untersuchte Rosi das Phänomen des spanischen Stierkampfs als Ventil der Hoffnungen nach sozialem Aufstieg vor dem Hintergrund miserabler Lebensverhältnisse. In der Geschichte seines Helden, eines jungen Matadors, verwirklicht sich zeitweilig der Mythos eines solchen Aufstiegs über alle sozialen Schranken hinweg zum gefeierten Star der Arena. Obwohl Rosi das Stierkampfmilieu mit optischer Brillanz beschrieb, vermochte er es doch in einen genauen sozialen Zusammenhang zu bringen.

Zu den schärfsten Antikriegsfilmen, die je entstanden, zählt *Uomini contro* (»Menschen gegen . . . «, deutscher Verleihtitel: *Bataillon der Verlorenen*, 1970). Als Vorlage diente Rosi ein autobiographischer Roman des Schriftstellers Emilio Lussu über einige Episoden aus dem italienisch-österreichischen Alpenkrieg des Jahres 1916, als angesichts unnützer Gemetzel unter den italienischen Truppen Meutereien ausbrachen und der Generalstab Erschießungen anordnete, um die Disziplin wiederherzustellen. Hauptfiguren des Films sind ein General, der absolut von der Richtigkeit seiner Handlungen überzeugt ist, Offiziere, die von anarchistischen und sozialistischen Utopien träumen, sowie ein junger Leutnant, der wegen Defätismus erschossen wird, nachdem ihm die Ungeheuerlichkeit der Situation klargeworden ist.

Mit *Il caso Mattei (Der Fall Mattei*, 1972) lieferte Francesco Rosi das Beispiel eines »politischen«, um Analyse gesellschaftlicher und historischer Zusammenhänge bemühten Films, der an der Grenzlinie von Fiktion und Dokument angesiedelt ist, unter perfekter Beherrschung aller Ausdrucksmittel gemacht wurde und sowohl beim Publikum als auch bei der Kritik nahezu ungeteilten Anklang fand. Rosi erzählt die Geschichte des erfolgreichen Wirtschaftsmanagers Enrico Mattei, der, aus armen Verhältnissen stammend, in der Nachkriegszeit über ein Abgeordnetenmandat der Christdemokraten zum Präsidenten des staatlichen Erdölverbandes ENI aufstieg, bis er 1962 bei einem Flugzeugabsturz ums Leben kam. Die Chronologie des Erzählens ist durchbrochen: der Film beginnt mit dem Absturz, um dann in Rückblenden und Interviews (fürs Fernsehen und für das Tonband eines amerikanischen Journalisten) die Vergangenheit Matteis zu zeigen, freilich nicht als geschlossene Übersicht, sondern eher als Gerüst von Fakten und Hypothesen. Einen wichtigen Teil des Films nehmen die Auseinandersetzungen zwischen Mattei und den amerikanischen Erdölkonzernen (deren Macht er beschneiden will) sowie seine Bemühungen um die Länder der Dritten Welt ein. Freilich ist Rosi sein Film stark als Hommage auf die geniale Persönlichkeit eines Wirtschaftsführers geraten; gewisse Grundfragen nach dem Sinn und den Konsequenzen der Tätigkeit Matteis läßt er gar nicht erst zu. Rosis außerordentliche Beherrschung aller formalen Mittel verführt ihn auch in *Il caso Mattei* wiederholt dazu, einer Neigung zu Effekten, zu spektakulären Bildern und theatralischen Gegenüberstellungen nachzugeben.

Auch *Lucky Luciano* (1973) ist ein Beispiel des »dokumentierten Kinos«, wie Rosi selbst seine Art zu arbeiten definiert[35]. »Die Realität gibt mir Gelegenheit zu einer Emotion, die ich kritisch untersuche und in Form eines Schauspiels neu erfinde, um der ideologischen, sozialen und moralischen Bedeutung auf die Spur zu kommen, die sie verbirgt . . . Dabei nehme ich nicht die Position eines Untersuchungsrichters ein. An meiner Analyse soll der Zuschauer teilnehmen, denn er begreift ebensogut oder noch besser als ich.«[36] Diesmal ist Rosis Untersuchungsthema wieder die Mafia, wie schon in *Salvatore Giuliano* und (angedeutet) in *Il caso Mattei*, aber nicht als italienisches, sondern als internationales Phänomen. An der Gestalt des sizilianischen Emigranten Salvatore Lucania alias Charles »Lucky« Luciano, der 1935 in den USA zu »30 bis 50 Jahren Gefängnis« verurteilt, 1946 aber freigelassen und nach Italien abgeschoben wurde, beschreibt Rosi die Mafia als eine untergründige und schwer faßbare Interessen- und Machtverfilzung zwischen Politik, Wirtschaft, Verwaltung und Unterwelt, einer Unterwelt freilich, deren Repräsentanten – wie Luciano – sich streng bürgerlich geben und auf jeden Fall für die Ordnung und die Macht der Regierenden optieren.

In seinem bisher letzten Film *Cadaveri eccellenti* (»Vornehme Leichname«, deutscher Verleihtitel: *Die Macht und ihr Preis*, 1976) entwickelt Rosi die aufregende politische Fiktion von einer politischen Verschwörung der Rechten in Italien, die den Sturz der Regierung und die Beseitigung der demokratischen Ordnung zum Ziel hat. Ein römischer Polizeiinspektor kommt auf die Spur dieser Verschwörung, findet aber überall (außer bei einem kommunistischen Journalisten) taube Ohren und wird schließlich, als er sich mit dem Generalsekretär der Kommunistischen Partei in einem Museum trifft, zusammen mit diesem aus dem Hinterhalt erschossen. Zum Schluß ist das Komplott noch einmal abgewehrt, aber »die Wahrheit ist nicht immer revolutionär« und soll dem Volk nicht mitgeteilt werden. Rosi erzählt diese Geschichte in der Manier eines politischen Thrillers. Sein Stil ist eisig und zugleich brillant. Seine Spannung bezieht der Film aus der schrittweisen Aufdeckung eines Systems von Ablenkungen, Tarnmanövern, Morden, Bedrohungen, aus denen sich schließlich das alptraumartige Bild einer allgegenwärtigen Konspiration zusammensetzt. Rosi zeichnet ein sinistres Bild von der Machtlosigkeit und vom Versagen demokratischer Apparate. Dennoch scheint der Film der Eigenlogik des politischen Thrillers letztlich mehr verpflichtet als der Analyse der Wirklichkeit. Insgesamt repräsentieren Francesco Rosis Filme »politisches Kino« in höchster Perfektion, aber auch in spezifischer Widersprüchlichkeit zwischen der Versuchung zum Spektakulären und einer ursprünglich aufklärerischen Zielsetzung, zwischen Schauspiel und Diskurs.

Elio Petri (geb. 1929) zählt ebenfalls zu den »Realisten« des italienischen Films. In den fünfziger Jahren Drehbuchautor verschiedener Regisseure (so bei de Santis' *Roma ore undici – Rom 11 Uhr*, 1952), debütierte Petri 1961 mit dem Film *L'assassino* (»Der Mörder«, deutscher Verleihtitel: *Trauen Sie Alfredo einen Mord zu?*), einem psychologisch-kriminalistischen Drama um die Person eines renommiersüchtigen Schürzenjägers und gewandten Opportunisten, der vom Geld der anderen lebt (eigentlich eine Antonioni-Figur). In *I giorni contati* (»Gezählte Tage«, 1962) wird ein älterer Mann mit dem Tod eines Unbekannten konfrontiert und versucht plötzlich, sein Leben zu ändern, doch er muß feststellen, daß er sich in der Welt total isoliert hat. Der Film, dem eine strenge, ja dokumentarische Wirklichkeitsbeobachtung zugrunde liegt, schließt mit dem aus subjektiver Perspektive gefilmten Tod des Helden in einer Straßenbahn. Auch *Il maestro di Vigevano* (»Der Schulmeister von Vigevano«, 1963) hatte einen realistischen Hintergrund: hier versucht ein armer Volksschullehrer, seine soziale Lage durch die Eröffnung einer Schuhmacherwerkstatt zu verbessern, aber es gelingt ihm nicht, sich aus seiner Misere zu befreien, sondern er verstrickt sich immer tiefer in Mißerfolge.

Nach einer utopischen Filmkomödie, bei der Petri offensichtlich Kompromisse einging, *La decima vittima* (*Das 10. Opfer*, 1965), begann mit *A ciascuno il suo* (»Jedem das Seine«, 1966, deutscher Verleihtitel: *Zwei Särge auf Bestellung*) eine Serie von Filmen, mit denen Petri versuchte, im Gewande mehr oder weniger konventioneller Kinofabeln Gesellschaftskritik und politische Analyse zu betreiben. Die Problematik dieser Filme ist vergleichbar mit der, die das Werk von Francesco Rosi aufwirft: ihren kritisch-aufklärerischen Intentionen steht die Verwendung von Kinoklischees und eine vom Kommerzfilm abgenutzte visuelle Sprache entgegen; eben diese Sprache (und das Mitwirken populärer Stars wie Gian Maria Volonté) garantiert freilich den Publikumserfolg der Filme. Die Frage, was wichtiger sei, die Reinheit der Filmsprache oder die Kommunikation mit einem größeren Publikum, ist nicht pauschal, sondern nur von Film zu Film zu beantworten; vielfach kommt es auch darauf an, in welchem Kontext und von welchem Publikum ein Film gesehen wird.

A ciascuno il suo spielt in Sizilien und basiert auf einem Buch des sizilianischen Schriftstellers Leonardo Sciascia. Aus der Analyse eines Kriminalfalls ergibt sich nach und nach das Röntgenbild von Korruption und Abhängigkeit in einer Kleinstadt. Ein allseits angesehener Rechtsanwalt und Landtagsabgeordneter ist der Chef einer Clique, die alles unter sich hat. Auch die Kirche ist ein wichtiger Grundpfeiler dieser Herrschaftsstruktur. Am Schluß des Films, der nur stellenweise zum Melodram absinkt, steht eine vielsagende Szene: anläßlich der Hochzeitsfeier des Rechtsanwalts (er heiratet die Witwe eines seiner Opfer) begeben sich die Honoratioren des Ortes feierlich in die Kirche und verschwinden wie aufgesogen in deren Eingang.

Nach einer ähnlichen »Formel« war auch *Indagine su un cittadino al di là di ogni sospetto* (*Ermittlungen gegen einen über jeden Verdacht erhabenen Bürger*, 1969) gearbeitet, den Petri nach dem wenig überzeugenden Interludium von *Un tranquillo posto di campagna* (»Ein ruhiges Plätzchen auf dem Lande«, 1968) drehte, in welchem ein schizophrener Künstler Geschöpfen seiner Phantasie begegnet. *Indagine . . .* stellt einen komplexbeladenen Kriminalkommissar vor, Leiter des Morddezernates (er soll Chef der politischen Polizei werden), der seine Geliebte umbringt, aber aufgrund seiner Stellung »über jeden Verdacht erhaben« ist. Petri kombiniert eine kriminalistische Intrige mit dem Porträt eines autoritären Kleinbürgers und möchte dadurch gesellschaftliche Machtstrukturen bloßstellen; aber er verläßt sich auf eine bewährte Kinodramaturgie, die dem Film – Petri wollte ihn als einen »Film gegen die Polizei und über den repressiven Charakter der bürgerlichen Gesellschaft« verstanden wissen[37] – etwas Vordergründiges gibt.

In *La classe operaia va al paradiso* (»Die Arbeiterklasse kommt ins Paradies«, 1971) ging Petri die gesellschaftskritische und politische Problematik seiner bisherigen Filme noch um einen Schritt direkter an. Zum Protagonisten dieses Films machte er einen Fließbandarbeiter musterhaften Betragens, der von seiner Tätigkeit so begeistert ist, daß er durch sein Arbeitstempo die Normen erheblich heraufgesetzt hat. Erst als er einen Finger in einer Maschine verliert, wandelt sich sein Bewußtsein, nun allerdings gleich ins radikale Gegenteil; er schließt sich einer ultralinken Studentengruppe an, die vor den Toren der Fabrik Agitation treibt, wird daraufhin entlassen und stellt schließlich fest, daß er auch in der Studentengruppe isoliert ist. Für Petri war dies »nach so vielen Gewerkschaftskämpfen der vielleicht verzweifelte Versuch, eine Person aus dem Volk zum Helden eines Films zu machen«.[38] Er gab dem Film denn auch die populäre Form einer Komödie. Obwohl in *La classe operaia . . .* fortwährend von Politik und Arbeitskämpfen die Rede ist, fühlt sich der Held sowohl von den reformistischen Gewerkschaften als auch von den radikalen Studenten gleich weit entfernt. Keine von den »Ideologen« angebotene Lösung scheint auf ihn zu passen. Petri gibt allerdings der Versuchung nach, die verschiedenen Ideologien im Verlauf des Films gegeneinander auszuspielen. Insofern ist der Gehalt des Films an Reflexion letztlich gering, wenngleich er in seiner ersten Hälfte die wichtige Frage nach dem falschen Bewußtsein der Ausgebeuteten stellt. Diese und andere Fragen, die der Film aufwirft, erfahren jedoch durch die Behandlung, die er ihnen zuteil werden läßt, eine Verwässerung.

Den darauffolgenden Film *La proprietà non è un furto* (»Eigentum ist kein Diebstahl«, 1973) interpretiert Petri als den letzten Teil einer Trilogie über aktuelle gesellschaftliche Probleme, zu denen auch *Indagine . . .* gehört. In *La proprietà non è un furto* beschäftigt sich Petri mit der Funktion von Geld und Eigentum in der bürgerlichen Gesellschaft. Zwei Protagonisten stehen einander gegenüber: ein reicher Fleischer und der Buchhalter einer Bank. Als dieser die finanziellen Manöver seiner Kunden zu durchschauen beginnt, verläßt er die Bank und beginnt eine Serie von Diebstählen, mit denen er eigentlich den Fleischer treffen will, der ihm jedoch beweist, daß er es nie zum gleichen Reichtum bringen kann, und ihn schließlich umbringt. Zwei lange Monologe der Hauptpersonen sind in den Film eingelassen, der in Dramaturgie und Regie für Petri neue, symbolistisch-expressionistische Wege einschlägt. Dieses Stilprinzip, verbunden mit Petris Neigung zu komödiantischen Effekten, ergab einen widersprüchlichen Film, der von der Kritik unterschiedlich aufgenommen wurde. Als das Publikum der ›Giornate del cinema italiano‹ (›Tage des italienischen Kinos‹) in Venedig 1973 auf den Film mit Ablehnung reagierte, empörte sich Petri gegen die italienische Filmkritik, der er vorwarf, das Publikum zu bevormunden, und brachte eine inneritalienische Auseinandersetzung in Gang, die weit über seinen eigenen Film hinausging.

In *Todo modo* (1976) attackierte Elio Petri anhand einer polemisch zugespitzten Fabel mit allegorisch-kriminalistischen Zügen die in Italien herrschende Verfilzung zwischen Democrazia Cristiana (obwohl die Partei nie mit Namen genannt wird), katholischem Klerus und Managerelite.

Zu den »Realisten« des italienischen Kinos, die in der Nachfolge des Neorealismus operieren, gehören auch zwei Regisseure, die eines der wenigen auf Dauer funktionierenden »Tandems« der Filmgeschichte bilden: die Brüder Paolo und Vittorio Taviani (geb. 1931 bzw. 1929). Ausgehend von der Zielsetzung politisch-gesellschaftskritischer Analyse, ließen sie sich in ihren Filmen nicht auf die »populäre«, den Publikumsgeschmack einkalkulierende Linie von Rosi oder Petri ein, sondern verfolgten ihren eigenen Weg.

Zusammen mit Valentino Orsini (mit dem gemeinsam sie bereits Dokumentarfilme realisiert hatten) drehten die Brüder Taviani 1961–62 in Sizilien *Un uomo da bruciare*

(Gebrandmarkt), die Geschichte eines Mannes, der nach jahrelanger Abwesenheit in sein Heimatdorf zurückkehrt, die Bauern dazu veranlaßt, ihre durch die Bodenreform erworbenen Rechte wahrzunehmen, und sich schließlich für die Arbeiter eines Steinbruchs einsetzt, bis er von der Mafia ermordet wird. *Un uomo da bruciare* ist ein rauher Film dokumentarischer Machart, der zur Zeit seiner Entstehung eine polemische Herausforderung an jene Richtung des italienischen Kinos darstellte, die sich vor allem mit der Kommunikationslosigkeit zwischen den Menschen beschäftigte.

Nach einem komödiantischen Episodenfilm, *I fuorilegge del matrimonio* (»Die Gesetzlosen der Ehe«, 1963/64), von den Tavianis selbst als »kleinerer« Film betrachtet, drehten die beiden Regisseure (diesmal ohne Valentino Orsini) erst 1967 wieder einen Film, der ihren Ambitionen entsprach: *Sovversivi (Die Subversiven)*. In ihm analysierten sie die Situation der italienischen Linken nach dem Tode des Kommunistenführers Togliatti. Im Grunde reflektierten die Tavianis damit auch über ihre eigene Position als Filmemacher in einer bürgerlich-kapitalistischen Umwelt. An vier Einzelschicksalen – die zeitlich mit dem Begräbnis Togliattis verknüpft sind, das einen fünften, dokumentarischen Handlungsstrang ergibt – entwickeln sie ihre Überlegungen zur Perspektive der Linken in einer Zeit der Desillusionierung: die Ehefrau Giulia löst sich von der ihr nicht mehr gemäßen Beziehung zu ihrem Ehemann, einem Parteifunktionär; der Venezolaner Ettore beschließt, die relative Sicherheit des Lebens im römischen Exil zu verlassen und in seine Heimat zurückzukehren, um dort den politischen Kampf im Untergrund zu führen; der Amateurfotograf Ermanno, Doktor der Philosophie, möchte aller Theorie und Wissenschaft den Rücken kehren; der Filmregisseur Ludovico schließlich ist durch Krankheit daran gehindert, den geplanten Film über Leonardo da Vinci zu Ende zu führen. Alle vier Protagonisten leiden auf ihre Weise unter dem Verlust einer Vaterfigur, die Togliatti für sie darstellte. Während aber die ersten beiden daraus die Kraft zu neuem Handeln gewinnen, verstricken sich die beiden anderen Protagonisten, typische Intellektuelle, immer tiefer in ihren Widersprüchen. Der Film präsentiert ein »Mosaik von Gesichtern, Haltungen, Stimmungen, Landschaften«[39], in dem sich der Zuschauer selbst orientieren muß. *Sovversivi* gehört zu den interessantesten Dokumenten einer kritischen Selbstprüfung der (kommunistischen) Linken in einem kapitalistischen Land.

In ihrem nächsten Film, *Sotto il segno dello scorpione* (»Im Zeichen des Skorpions«, 1969) entschieden sich die Tavianis für die Form der Parabel. In einer unbestimmten fernen Vergangenheit kommen die Bewohner einer Insel, die vor einem Vulkanausbruch geflohen sind, zu den Bewohnern einer Nachbarinsel, um sie zu überreden, mit ihnen zusammen auf dem Festland Sicherheit zu suchen. Aber diese lehnen ab; daraufhin entführen die Flüchtlinge gewaltsam die Frauen der anderen Insel zum Festland, wo sie eine neue Gesellschaft gründen wollen. In ihrer ersten Bedeutung beschäftigt sich die Parabel mit der Infragestellung einer etablierten Ordnung durch jüngere und stärkere Kräfte, in zweiter Linie (und das war offensichtlich Absicht der Autoren) kann man in dem Konflikt der beiden Inselzivilisationen auch den Konflikt zwischen der traditionellen kommunistischen Bewegung und anderen Gruppierungen der Linken sehen, obwohl diese Bedeutung in dem Film nur latent angelegt ist.

San Michele aveva un gallo (San Michele hatte einen Hahn, 1971) ist der formal am stärksten »abgerundete« und auch optisch schönste Film der Tavianis. Sein Held ist Giulio Manieri, ein italienischer Anarchist, der um 1880 in Mittelitalien vermittels »Propaganda durch die Tat« einen Bauernaufstand auslösen möchte (die Person Manieris ist erfunden, geht aber auf das Vorbild tatsächlich existierender Anarchisten zurück). Bei seiner Aktion hat er keinen Erfolg, er wird verhaftet und zu einer langen Gefängnisstrafe verurteilt. Gelegentlich des Transports (per Boot durch eine Lagune) in ein anderes Gefängnis begegnet er einer Gruppe ebenfalls verhafteter Sozialisten, die ihm vorhalten, seine politische Strategie sei falsch gewesen und habe der Bewegung geschadet. Der Schock ist so groß für Manieri, daß er sich ins Wasser stürzt. Landschaft und Architektur spielen eine starke expressive Rolle in dem Film, besonders in der letzten Episode: die weiten Horizonte und Wasserflächen der venezianischen Lagune stehen in Kontrast zu den vorangehenden Gefängnisszenen und geben einen optischen Kontrapunkt für die ideologische Diskussion zwischen Manieri und den Sozialisten.

Allonsanfan (1974) spielt in den Jahren 1816/17, in einer Periode der italienischen Geschichte, die nach der Zerschlagung des Napoleonischen Regimes und nach dem Wiener Kongreß vom Klima einer allgemeinen Restauration gekennzeichnet war. Patriotisch-republikanische Geheimgesellschaften führen einen verzweifelten Kampf gegen die Österreicher (die Norditalien beherrschen) und gegen italienische Feudalherren. Im Mittelpunkt des Films stehen die ›Fratelli sublimi‹ (›Erhabene Brüder‹), eine revolutionäre Sekte jener Zeit, sowie der Aristokrat Fulvio, Mitglied dieser Brüderschaft, der angesichts der Lage resigniert und sich auf sein schloßartiges Anwesen zurückgezogen hat. Uneins mit sich selber, will er doch noch an einer revolutionären Aktion seiner Genossen teilnehmen, wird jedoch zum Verräter an ihnen. *Allonsanfan* ist die Reflexion der Brüder Taviani über eine Phase der Geschichte, in welcher die revolutionären Kräfte Rückschläge erleiden, in die Isolation geraten; der Film zeigt, wie Resignation, abstrakter Voluntarismus, falsche Einschätzung der Wirklichkeit und das konservative Bewußtsein der Bevölkerung zusammen einen politischen Zustand konstituieren. Der Film überläßt sich allerdings auf weite Strecken seiner skeptisch-melancholischen Grundhaltung und gefällt sich in deren ästhetischer Ausschmückung. Marcello Mastroianni, der die Hauptrolle spielt (ein Kompromiß mit der Filmindustrie?) ist allzu festgelegt auf eine Grundhaltung der Wehleidigkeit.

Für das italienische Fernsehen realisierten Paolo und Vittorio Taviani *Padre padrone* (»Vater und Herr«, 1977). Der Film erzählt in Episodenform und über einen Zeitraum von etwa zwanzig Jahren die Geschichte eines sardischen Hirtenjungen, der im Kampf gegen die tyrannischen Herrschaftsansprüche des Vaters und die Rückständigkeit der allgemeinen Verhältnisse die Kraft zur Überwindung dieser Verhältnisse und zur eigenen Emanzipation entwickelt. Den Tavianis gelang es, das Drama des Jungen in seinem realistischen Kontext darzustellen, es andererseits aber auch als Gleichnis möglicher Befreiung von Zwängen und archaischen Vorurteilen erscheinen zu lassen. Sie analysieren die Verhältnisse im Dorf, in der Familie, in der Schule und in der Armee, sezieren die Vorurteile der Gesellschaft gegen Abkömmlinge der unterentwickelten Region Sardinien und gegen ihre Sprache – die Ebene der Sprache besitzt überhaupt eine besondere Bedeutung in diesem Film (auch hier, in der allmählichen Aneignung der Sprache, verwirklicht sich Emanzipation); darüber hinaus machen sie im Konflikt zwischen Vater und Sohn etwas Archetypisches sichtbar. *Padre padrone* liefert für die siebziger Jahre und für Italien ein gültiges Modell, wie Filme realistisch-gesellschaftskritischer Grundhaltung gemacht werden können, ohne ihr Sujet an gängige Formeln zu verraten und ohne formal rückständig zu sein. Aufschlußreich, daß dieser bedeutende italienische Film, vielleicht der bisher beste der Tavianis (er erhielt die Goldene Palme in Cannes), eine Produktion des italienischen Fernsehens ist – während sich der italienische Kinofilm der gleichen Zeit in einer Krise der Inspiration zu befinden scheint.

Zwei »Realisten« des italienischen Kinos, von denen man zu Beginn der sechziger Jahre nach vielversprechenden Debüts eine Fortsetzung der neorealistischen Linie erhoffen konnte, hatten später Schwierigkeiten, diesen Stil weiterzuführen: Ermanno Olmi und Vittorio de Seta. Ermanno Olmi (geb. 1931) drehte 1959, nach ungefähr 30 Dokumentarfilmen, seinen ersten Spielfilm *Il tempo si è fermato (Als die Zeit stillstand)*, einen Bericht über das Alltagsleben eines alten Mannes und eines Studenten auf einer

Staudammbaustelle im Hochgebirge. Die intensive Wirklichkeitsbeobachtung, die aus diesem Werk sprach, sowie Olmis Abneigung gegen aufgesetzte Effekte charakterisierten auch seinen nächsten Film, der ihm vor allem Renommee einbrachte und zum Fanal eines neuen Stils des »phänomenologischen« Realismus werden sollte: *Il posto (Der Job*, 1961). *Il Posto* berichtet, wie Domenico, ein schüchterner Junge, aus einem Vorort nach Mailand kommt, um sich bei einem Mammutkonzern um eine Stellung zu bewerben. Er muß das Ritual psychologischer Eignungstests über sich ergehen lassen; am Ende offeriert ihm die Firma eine subalterne Stellung als Bürobote. Am Rande steht die Geschichte eines jungen Mädchens, das ebenfalls in die Firma eintritt und dem der junge Mann einige Male begegnet, ohne daß aber eine nähere Beziehung zwischen den beiden zustande kommt. Obwohl in einem durchgehenden dokumentarischen Stil gedreht, der sich scheinbar auf reine Beobachtung beschränkt, ist *Il posto* doch fast eine Satire à la Gogol. Die Sensibilität und Beobachtungsgabe dieses Films machen allerdings auf gewisse Weise auch wieder seine Grenze aus. Denn Olmi bleibt beim Sammeln impressionistischer Einzeleindrücke stehen, die zwar seine »menschliche« Perspektive bekunden, ohne jedoch den Gestus einer Rebellion gegen die beschriebenen Verhältnisse zu enthalten. *I fidanzati (Die Verlobten*, 1963) erzählt in einem sich mehr auf psychologische Vorgänge konzentrierenden Stil die Geschichte einer Zweierbeziehung: ein Arbeiter wird aus Mailand nach Sizilien versetzt; die Begegnung mit der ihm zunächst unverständlichen Realität des italienischen Südens löst in ihm eine Wandlung aus. Er entwickelt ein neues Verhältnis zu seiner im Norden zurückgebliebenen Verlobten, der er sich zunächst entfremdet hatte.

E venne un uomo (»Und es kam ein Mensch«, 1964), ein Film über das Leben des Papstes Johannes XXIII., enthält eine faszinierende erste halbe Stunde, wenn der Film die Kindheit des späteren Papstes in einem Dorf nahe Bergamo schildert, in einem dokumentarisch genauen, an Flaherty geschulten Stil. *Un certo giorno (Ein gewisser Tag*, 1968) spielt im Milieu der gehobenen Angestellten einer Werbeagentur. Im Grunde ist auch dies ein Film über die Probleme des Arbeitsplatzes, über die Beziehungen zwischen beruflicher und privater Sphäre (wie schon *Il posto* und *I fidanzati*), über die Schwierigkeit, Ambitionen zu verwirklichen, vor allem auch über die Deformation, die der Mensch unter Umständen durch seinen Beruf erfährt. Nach zwei Fernsehfilmen, *I recuperanti* (1969) und *Durante l'estate* (»Während des Sommers«, 1971) trat Olmi erst 1973 wieder mit einem Kinofilm hervor, *La circostanza* (»Der Umstand«, deutscher Fernsehtitel: *In besseren Kreisen*), einer melodramatischen Familiengeschichte, die nur noch schwache Spuren seines früheren Talents erkennen ließ.

Vittorio de Seta (geb. 1923) drehte zunächst eine Reihe von Dokumentarfilmen über Sizilien und Sardinien und debütierte dann mit *Banditi a Orgosolo (Banditen in Orgosolo*, 1961), einem Spielfilm, der den entschiedenen Versuch einer Fortführung neorealistischer Intentionen unternahm. Ein Hirte in den Bergen Sardiniens, der seinen ganzen Besitz in eine Schafherde investiert hat, wird von den Behörden fälschlicherweise bezichtigt, mit Schweinedieben im Bunde zu sein; vor der Verfolgung durch die Polizei zieht er sich in die Berge zurück, verliert am Ende seine Schafe und wird zum Outlaw. De Seta arbeitete ausschließlich mit Laiendarstellern. Ohne die geringste dramaturgische Anstrengung, scheinbar nur aus der Registrierung von Fakten entwickelt der Film eine scharfe und kritische Analyse der Daseinsbedingungen jener Unterprivilegierten der italienischen Provinz, für die »der Staat nur in den Carabinieri und im Kerker gegenwärtig ist«, wie der Kommentar des Films einmal sagt.

Erst nach fünf Jahren konnte Vittorio de Seta seinen nächsten Film realisieren, der ähnlich wie Olmis *I fidanzati* eine Hinwendung zu Fragen individueller Psychologie erkennen ließ: *Un uomo a metà* (»Ein halber Mensch«, 1966). Der Film ist radikal verschieden von de Setas Erstling. Unter Aufbietung vieler rührseliger Klischees zeichnet de Seta das Bild eines schaffensgehemmten, neurotischen Schriftstellers, der an einem Mutterkomplex leidet und zu den Stätten seiner Kindheit zurückkehrt. Seinen dokumentarischen Anfängen zeigte sich de Seta dagegen in einem Fortsetzungsfilm verpflichtet, den er 1973 für das italienische Fernsehen realisierte: *Diario di un maestro* (»Tagebuch eines Lehrers«).

Während wir es bei Ermanno Olmi und Vittorio de Seta mit ambitionierten Autorenfilmern zu tun haben, die ursprünglich dem Neorealismus verpflichtet waren, aber wegen der Ungunst der Produktionsverhältnisse ihre Linie in den späten sechziger und beginnenden siebziger Jahren nicht fortsetzen konnten, repräsentieren Damiano Damiani, Florestano Vancini und Giuliano Montaldo einen anderen Typus von Regisseur. Zwar sind auch sie mehr oder weniger aus dem Neorealismus hervorgegangen; auf der anderen Seite haben sie sich zwischen ihren ambitionierten Werken häufiger auf kommerzielle Kompromisse eingelassen, und auch in ihren anspruchsvollen Filmen greifen sie in stärkerem Maße auf bewährte Kinoklischees zurück. Damiano Damiani (geb. 1922) begann mit Kriminalfilmen (*Il rossetto* – Unschuld im Kreuzverhör, 1960), mit sozialen Dramen (*Il sicario* – Das bittere Leben, 1960; ein Bauunternehmer läßt durch einen gekauften Arbeiter einen seiner Gläubiger beseitigen) und mit sensibel inszenierten psychologischen Kammerspielen (*L'isola di Arturo* – Insel der verbotenen Liebe, 1961; *La noia* – »Die Langeweile«, deutscher Verleihtitel: *Die Nackte*, 1963, der Verfilmung eines Romans von Alberto Moravia). In *La rimpatriata* (Wiedersehen für eine Nacht, 1962) ließ Damiani fünf Jugendfreunde zwanzig Jahre nach ihrer Trennung wieder zusammentreffen; in der Vergeblichkeit ihrer Bemühung, das alte »Klima« wiederherzustellen, werden sie sich der Leere ihres Daseins bewußt. *La strega in amore* (Hexe der Liebe, 1966) war eine erotische Schauerkomödie, *Quien sabe!* (Töte Amigo, 1966) ein erfolgreicher Italowestern mit revolutionären Untertönen.

Nachdem bereits einige seiner früheren Filme – so *Il rossetto*, *Il sicario* und *La rimpatriata* – interessante Ansätze zu einer realistisch-kritischen und optisch gut umgesetzten Gesellschaftsschilderung zeigten, gelang es Damiani nach mehreren kommerziellen Kompromißfilmen 1971 wieder, einen anspruchsvolleren Film zu drehen: *Confessione di un commissario di polizia al procuratore della Repubblica* (Der Clan, der seine Feinde lebendig einmauert). In einer sizilianischen Stadt rivalisieren Polizeikommissar und Staatsanwalt bei der Verfolgung eines allmächtigen, korrupten Bauunternehmers. Während der Staatsanwalt nur streng legale Verfolgungsmittel benutzt, dabei aber gegen den Unternehmer erfolglos bleibt, geht der Polizeikommissar, resignierend angesichts der Machtlosigkeit des Behördenapparats, schließlich mit Gewalt gegen den Unternehmer vor. Ambivalent in seinen ideologischen Schlußfolgerungen (einige meinten, den Film als ein Plädoyer für autoritäre Regierungsformen verstehen zu müssen), lieferte Damiani eine aufschlußreiche, wenn auch letztlich resignative Analyse von der allmächtigen Herrschaft wirtschaftlicher Interessencliquen, gegen die der Staat mit seinen Mitteln nichts auszurichten vermag. Thematisch (und in der Formulierung des Titels) ging dieser Film auf Elio Petris *Indagine su un cittadino . . .* zurück. *L'istruttoria è chiusa: dimentichi* (Das Verfahren ist eingestellt: Vergessen Sie's, 1971) war eine Art Fortsetzung von *Confessione di un commissario*. Hier zeigte Damiani, wie die Machtstrukturen der bürgerlichen Gesellschaft auch ins Gefängnis hineinreichen. Ein aus wirtschaftlichen Motiven im Gefängnis begangener Mord wird vertuscht. Der einzige Zeuge des Verbrechens trägt zur Vertuschung bei, um rascher aus dem Gefängnis herauszukommen und später keine Unannehmlichkeiten mehr zu haben.

Florestano Vancini (geb. 1926) drehte in den fünfziger Jahren viele Dokumentarfilme, ehe er 1960 mit seinem ersten Spielfilm *La lunga notte del '43 (Die lange Nacht von 43)* debütierte, der bis heute wohl sein bester geblieben ist. Der Film spielt im Ferrara des Jahres 1943: dort bringt ein faschistischer Lokalmatador seinen Rivalen um, weil er selbst dessen Platz einnehmen möchte; das Verbrechen wird den Antifaschisten in die Schuhe geschoben. »Kommandos« treten in Aktion, erschießen zur »Vergeltung« eine Reihe unliebsamer Bürger. Doch nicht dieser Vorfall ist das eigentliche Thema des Films, sondern die Reaktion eines jungen Mannes, dessen Vater zu den Erschossenen gehört, der viele Jahre später dem Hauptschuldigen des Massakers begegnet und so tut, als sei nichts geschehen. Vancini hat durch die Konstruktion seines Drehbuchs einem zeitkritischen Stoff eine interessante Wendung gegeben, die nicht den spektakulären Fall, sondern die fehlende Resonanz auf ihn als das eigentlich Bedenkliche erscheinen läßt; dem Film gelang es, durch geschickte Regie und Kameraarbeit das Zeitkolorit zu rekonstruieren und die stillschweigende Konspiration der Mörder von einst mit den Erfolgreichen von heute vor Augen zu führen.

In *La banda Casaroli* (1962) erzählte Vancini eine reine Kriminalgeschichte; in *La calda vita (Das heiße Leben,* 1963) ließ er sich auf ein melodramatisches Eifersuchtsdrama ein, das er unter reichlicher Aufbietung von Klischees inszenierte. Ambitionierter war *Le stagioni del nostro amore* (»Die Jahreszeiten unserer Liebe«, 1966). Vancini ging hier von einer ähnlichen Konstellation aus wie in *La lunga notte del '43:* ein etwa 40jähriger Journalist besucht die Stadt seiner Kindheit und begegnet dort Freunden und Gefährten, mit denen gemeinsam er sich in der Zeit des Widerstandskampfes und der Nachkriegsjahre politisch engagiert hatte. Doch die Freunde haben sich den veränderten Zeiten angepaßt; die Überzeugungen von einst haben der Resignation oder der Abkapselung Platz gemacht. Der Film war stellenweise wehleidig, aber subjektiv ehrlich und enthielt pointierte gesellschaftskritische Beobachtungen.

Nach einem Italowestern *(I lunghi giorni della vendetta – Der lange Tag der Rache,* 1966), für welchen Vancinis Namen zu »Stan Vance« amerikanisiert wurde, und einem historischen Film über einen Bauernaufstand im Sizilien des Jahres 1860, *I fatti di Bronte* (»Die Tatsachen von Bronte«, 1970) sowie einem Mafiadrama *(La violenza quinto potere – Gewalt – die fünfte Macht im Staat,* 1972) drehte Vancini 1973 noch einmal einen ambitionierten Film: *Il delitto Matteotti (Die Ermordung Matteottis).* Vancini rekonstruierte hier in der Manier eines politischen Kriminalfilms die Vorgänge um die Ermordung des sozialistischen Abgeordneten Giacomo Matteotti im Jahre 1924, als Mussolini bereits zwei Jahre an der Macht war. Ein faschistisches Mordkommando entführte und ermordete den unbequemen und für Mussolini gefährlichen Oppositionspolitiker auf Anweisung der höchsten Parteispitze. Die Untersuchung des Falls, die das faschistische Regime fast ins Wanken brachte, wurde jedoch durch Manipulation niedergeschlagen. Vancini analysiert in seinem Film die Mechanik der Vorgänge sowohl auf seiten der oppositionellen Richter als auch bei Mussolini und seinen Beratern, wobei er sich einer allzu vordergründigen Emotionalisierung enthält, die Fakten sprechen läßt und bei ihrer Strukturierung eher wie ein Journalist oder Geschichtsforscher vorgeht. *Il delitto Matteotti* ist eine interessante Form von historischem Anschauungsunterricht, die den Zuschauer lehrt, wie »aufhaltsam«, aus der Nähe betrachtet, der Aufstieg Mussolinis war.

Giuliano Montaldo (geb. 1924) erweckte nach seinem Erstlingsfilm *Tiro al piccione* (»Taubenschießen«, 1961) gewisse Hoffnungen. Der Film verfolgt den Werdegang eines jungen Mannes, der freiwillig in eine Elitetruppe Mussolinis eintritt und erst allmählich den wahren Charakter faschistischer Herrschaft durchschauen lernt. 1964 drehte Montaldo *Una bella grinta* (»Eine schöne Visage«), das Porträt eines skrupellosen Textilunternehmers. Nach einigen rein kommerziellen Filmen folgte *Gott mit uns (Die im Dreck krepieren,* 1969), eine Darstellung von Selbstjustiz innerhalb der deutschen Armee

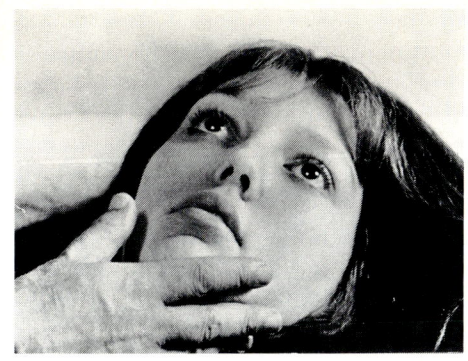

Pier Paolo Pasolini
Teorema
1968
Italien

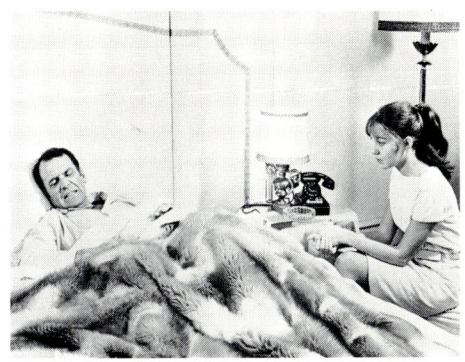

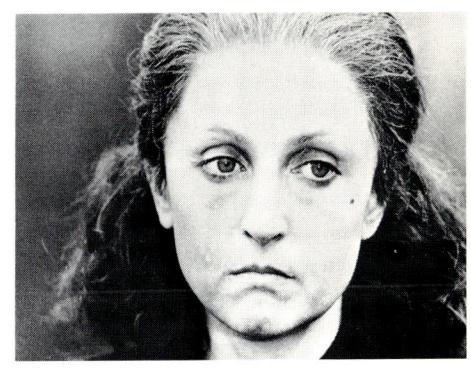

Bernardo Bertolucci
Il conformista
(Der große Irrtum)
1970
Italien

des Zweiten Weltkriegs. Relativ große Resonanz erreichte Montaldo mit seinem Film *Sacco e Vanzetti* (*Sacco und Vanzetti*, 1970), wohl nicht zuletzt aufgrund des Themas: der berühmten politischen Affäre aus den USA der zwanziger Jahre, bei welcher ein Raubüberfall fälschlich zwei italienischen Einwanderern zur Last gelegt wurde, die nach siebenjährigem Tauziehen, obwohl unschuldig, tatsächlich hingerichtet wurden, nicht zuletzt, weil sie sich als Anarchisten bekannten. Montaldo gibt seinem Film jedoch weniger Zeitkolorit als vergleichbare andere Filme (*Joe Hill* von Bo Widerberg beispielsweise) und konzentriert sich statt dessen mehr auf das Prozeßgeschehen. Die Formel des politischen Kriminalfilms ist auch hier das unverkennbare Vorlagemuster.

Von einigen Kritikern wird auch Valerio Zurlini (geb. 1926) in den Kreis der realistisch orientierten Regisseure des italienischen Films gestellt. Als Beweis für Zurlinis Verbindung zu Rosi und zu den »Erben des Neorealismus«[40] führt man den Film *Estate violenta* (*Wilder Sommer*, 1960) an; man könnte der Meinung sein, daß dieser Film mit seiner Liebesgeschichte aus dem Milieu der Jeunesse dorée, die auch 1943 keine Notiz von der Existenz des Krieges nehmen möchte, ein Versuch ist, den Gründen für das Versagen des italienischen Bürgertums unter dem Faschismus auf die Spur zu kommen. Die späteren Filme Valerio Zurlinis haben dieser Interpretation aber nicht Recht gegeben. *La ragazza con la valigia* (*Das Mädchen mit dem leichten Gepäck*, 1961) erzählt eine ganz ähnliche Liebesgeschichte wie in *Estate violenta*, diesmal aber befreit von allen zeitkritischen Implikationen. *Cronaca familiare* (*Tagebuch eines Sünders*, 1962), nach einem Roman von Vasco Pratolini, behandelt in Rückblenden die Beziehungen zweier ungleicher Brüder, ausgehend vom Jahre 1945. Zwar liefert der Film in der Evokation der Vergangenheit interessante gesellschaftskritische Beobachtungen (der eine Bruder ist Journalist, der andere wächst im Milieu aristokratischer Müßiggänger auf); der Realismus der Hintergrundzeichnung wird aber letztlich aufgezehrt von gefühlvoller, tränenseliger Anteilnahme am Schicksal des einen Bruders, der an einer Krankheit stirbt. Wahrscheinlich ist *Cronaca familiare* in seiner vornehm-edlen, gefühlsbetonten Machart repräsentativ für einen gewissen Typus des italienischen Films, der, ausgehend von gesellschaftskritischen Beobachtungen und einer Analyse der Vergangenheit, zu melancholisch-resignativen Schlußfolgerungen kommt und sich mit einer Aura des Selbstmitleids umgibt. Selbst Antonionis Filme partizipieren an dieser Bewegung, ihre Melancholie gerinnt allerdings nicht zur selbstgefälligen ästhetischen Pose wie in *Cronaca familiare*.

In *Le soldatesse* (»Die Soldatinnen«, 1965) übte Zurlini zwar deutlich Kritik an der Moral italienischer Soldaten und Offiziere, die im Zweiten Weltkrieg Griechenland besetzten, aber das augenzwinkernd-anekdotische Element steht stark im Vordergrund. *Seduto alla sua destra* (»Sitzend zu seiner Rechten«, deutscher Verleihtitel: *Töten war ihr Job*, 1968) erzählt vom Leben und Tod des afrikanischen Unabhängigkeitskämpfers Maurice Lalubi und macht aus dieser Geschichte sowohl einen Analogiefall zu Patrice Lumumba wie zur Passion Jesu Christi. Selbst die Schächer am Kreuz werden als Mitgefangene Lalubis eingeführt. Aber die Symbiose der verschiedenen Themen glückte Zurlini nicht; die bewußt schockierende Wiedergabe von Grausamkeiten schob sich in den Vordergrund; das Problem afrikanischer Machtstrukturen und des internationalen Söldnertums wird nur gestreift, aber nicht untersucht. In *La prima notte di quiete* (»Die erste ruhige Nacht«, 1972) kehrte Zurlini zum intimistischen Stil der Charakteranalyse zurück, die noch am ehesten seine Stärke zu sein scheint, anhand einer »dostojewskischen« Geschichte von Schuld und Sühne, in die ein Gymnasiallehrer, seine Frau und seine Geliebte verwickelt sind. *Il deserto dei Tartari* (*Die Tartarenwüste*, 1976) ist die sorgfältig inszenierte, surrealistisch-parabelhafte Verfilmung eines Romans von Dino Buzzati.

Melodramen, Komödien, Western: das italienische Kommerzkino

Abseits des etablierten Autorenfilms und der verschiedenen Tendenzen des realistisch-sozialkritischen Kinos gab und gibt es in Italien eine breite Strömung des »publikumsnahen« Kommerzfilms. Die meist vielbeschäftigten Regisseure dieses Filmbereichs bevorzugen die populären Genres der Komödie und des Melodrams; eigene Spezialisten gibt es für die Gattung des Italowesterns. Sie halten ihre Filme meist frei von beunruhigenden Problemen; statt dessen stützen sie sich auf Klischees und Stereotypen, die manchmal auch mit Selbstironie vorgebracht werden. Das italienische Kommerzkino hat Anteil an der realistischen Grundorientierung des italienischen Films: Alltagsfiguren, Alltagssituationen spielen in den italienischen Publikumsfilmen, beispielsweise den Komödien, eine weit stärkere Rolle als in vergleichbaren Filmen anderer Länder.

Unter den Kommerzialisten des italienischen Kinos bilden zunächst jene Regisseure eine Gruppe, die in der Nachkriegszeit zu den engagierten Verfechtern des Neorealismus gehörten, später aber verflachten und sich immer mehr der Routine ergaben. Hier sind Vittorio de Sica, Pietro Germi, Luigi Zampa, in eingeschränktem Sinne auch Lattuada und Lizzani zu nennen. Vittorio de Sica (1901–1974) gab schon in den fünfziger Jahren die poetisch-zeitkritische Linie seiner Nachkriegsfilme auf und widmete sich intimistischen Dramen, die sich meist in privater Psychologie erschöpften. Anfang der sechziger Jahre gelangen ihm noch einige diskutable Filme, so *La Ciociara (Und dennoch leben sie*, 1961), die Chronik einer jungen Frau in den Kriegsereignissen des Jahres 1944; *Il giudizio universale (Das jüngste Gericht findet nicht statt*, 1961), eine satirische Kritik am religiösen Massenwahn, und *I sequestrati di Altona (Die Eingeschlossenen von Altona*, 1963), eine filmische Bearbeitung des Sartreschen Theaterstücks über die Dekadenz einer deutschen Industriellenfamilie vor dem Hintergrund unbewältigter Vergangenheit. Danach allerdings drehte de Sica eine Reihe vordergründiger und sentimentaler Routinefilme, die kaum mehr Erwähnung verdienen. *I girasoli (Sonnenblumen*, 1970) war ein larmoyantes Rührstück über ein durch den Krieg auseinandergerissenes italienisch-sowjetisches Liebespaar, eingehüllt in eine Rhetorik der »Völkerversöhnung«; *Il giardino dei Finzi Contini (Der Garten der Finzi Contini*, 1971) berichtete von der Judenverfolgung im Ferrara der vierziger Jahre in überirdisch schönen, elegischen Bildern, die das politische Thema neutralisierten.

Pietro Germi (1914–1974) entwickelte sich in den sechziger Jahren zum Spezialisten für derbe »Sittenkomödien«, die zweideutige Effekte und makabre Gags ausschlachteten, hier und da auch eine ironische Kritik an Elementen der italienischen Wirklichkeit erkennen ließen, freilich nur zwischen den Zeilen: *Divorzio all'Italiana (Scheidung auf italienisch*, 1961, Germis großer Erfolgsfilm, eine ironische Attacke gegen die rückständige italienische Gesetzgebung) oder *Sedotta e abbandonata (Verführung auf italienisch*, 1963, die Fortsetzung des Erfolges); *Signore e signori (Aber, aber, meine Herren*, 1966) zeigte in der Karikatur der heuchlerischen Mentalität norditalienischer Provinzbürger etwas mehr Engagement als die übrigen Germi-Komödien, blieb aber gleichfalls deren vordergründigem Stil verhaftet. *L'immorale (Unmoralisch lebt man besser*, 1967) und *Serafino (Serafino, der Schürzenjäger*, 1969) delektierten sich eher an bizarren gesellschaftlichen Mißständen, als daß sie diese der Kritik aussetzten.

Luigi Zampa (geb. 1905), der Regisseur von *Vivere in pace (In Frieden leben*, 1946) kann in den sechziger Jahren bestenfalls noch als »volkstümlicher Erzähler« gewertet werden. Immerhin beschäftigten sich seine Komödien mit sozialen Phänomenen wie Krankenhausmißständen (*Il medico della mutua*, 1968; *Bisturi, la mafia bianca*, 1973), mit der Situation armer Leute (*Una questione d'onore*, 1966, *Bello onesto emigrato*

Australia, 1971), mit dem Faschismus *(Anni ruggenti*, 1962) und mit der Studentenbewegung *(Contestazione generale*, 1969).

Alberto Lattuada (geb. 1914), ohnehin mehr dem kalligraphischen Film als dem Neorealismus verhaftet, drehte in den sechziger Jahren nur noch einige mittelmäßige Komödien und Agentenfilme. Carlo Lizzani (geb. 1922), engagierter Kritiker in der Frühzeit des Neorealismus und Autor des Resistenzafilms *Achtung, Banditi!* (1951) gab in den sechziger Jahren seine Ambitionen auf und drehte spekulative Gangsterfilme (wie *Banditi a Milano*, 1968) sowie einige Italowestern. *San Babila, ore 20* (»San Babila, 20 Uhr«, 1977) war der mit unzulänglichen, weil klischeehaft-oberflächlichen Mitteln vorgenommene Versuch, das Treiben rechtsradikaler Banden in Mailands Stadtzentrum als abschreckendes Schauspiel darzustellen.

Unter den Spezialisten der italienischen Komödie genießen vor allem Luigi Comencini und Dino Risi Renommee (besonders die französische Kritik bewundert diese Regisseure wegen ihrer »Finesse« und des Einfallsreichtums ihrer Filme). Luigi Comencini (geb. 1916) tat sich in den fünfziger Jahren mit dem Erfolgsfilm *Pane, amore e fantasia* (Brot, Liebe und Phantasie, 1953) als Verfechter eines anspruchslosen Unterhaltungskinos hervor. Anfang der sechziger Jahre realisierte er zwei ambitionierte Projekte: *Tutti a casa (Der Weg zurück*, 1960) beschrieb im Tonfall einer Komödie zwischen Drama und Farce die Irrfahrten kriegsunwilliger Italiener im Jahre 1943 zwischen den Linien der Deutschen und der italienischen Faschisten; *La ragazza di Bube (Zwei Tage und zwei Nächte*, 1963) ist eine Liebesgeschichte zwischen einem Partisanen und einem Mädchen aus der Toscana, streckenweise veristisch, dann wieder mit einem Hang zur melodramatischen Ausmalung erzählt. Dies sollten auch in Zukunft die Haupttrends im Werk Comencinis sein: die Komödie *(A cavallo della tigre – Vergewaltigt in Ketten*, 1961, und *Mio Dio come sono caduta in basso – Wie tief bin ich gesunken*, 1974; letzterer Film gibt ein komödiantisches Panorama italienischer Geschichte von 1900 bis in die zwanziger Jahre) und das Melodram, häufig in Verbindung mit Kindergeschichten wie *Incompreso* (»Unverstanden«, 1967). Luigi Comencini hat sich stets gewehrt, als ein »intellektueller« Filmemacher angesehen zu werden (»Ich glaube, ein Film muß Gefühle auslösen, nicht Ideen darstellen, weil die Ideen den Gefühlen folgen und nicht umgekehrt«[41]); es scheint aber, daß er unter den »populären« Filmerzählern immer noch zu den anspruchsvollsten gehört.

Dino Risi (geb. 1916) gilt als ein Regisseur der »leichten Hand«. Seine Filmografie in den sechziger Jahren verzeichnet pro Jahr zwei, manchmal drei Filme – die meisten sind Komödien, manche von ihnen durchaus intelligent in der Konstruktion wie *Il sorpasso* (»Das Überholen«, deutscher Verleihtitel: *Verliebt in scharfe Kurven*, 1962). Risi hat in seine Komödien verschiedentlich auch politische und zeitkritische Themen eingearbeitet; so in *La marcia su Roma* (»Der Marsch auf Rom«, 1962: zwei Gauner werden zu »Märtyrern der faschistischen Revolution« erklärt) oder *In nome del popolo italiano* (»Im Namen des italienischen Volks«, 1971 – über die Krise der italienischen Justiz) oder *Mordi e fuggi* (»Beiß zu und fliehe«, 1973, deutscher Verleihtitel: *Ein Scheiß-Wochenende* – eine Karikatur der italienischen Massenmedien anhand einer Geschichte von der Entführung eines Industriellen durch Anarchisten).

Mauro Bolognini (geb. 1922) ist ein Meister handwerklich routinierter Melodramen, deren Ästhetik jedoch im Bereich des Kunstgewerblichen liegt. Ein großer Teil seiner Produktion in den sechziger Jahren besteht aus Beiträgen zu Episodenfilmen. Bologninis Helden sind »Eigenschaften ohne Personen, die nur insoweit sich definieren, wie sie Teil werden des allgemeinen Rankenwerks manieristischer Regie- und Kamerakünste. Sie haben keine Stimme, sondern nur ein Echo: den Dekor.« (Martin Ripkens)[42] Zu den vergleichsweise anspruchsvolleren Werken Bologninis gehören *Il bell'Antonio (Bel Anto-*

nio, 1960, nach Vitaliano Brancati), eine Studie patriarchalischer Ehemoral im Süden, an deren Drehbuch Pasolini mitwirkte, oder *La viaccia* (*Das Haus in der Via Roma*, 1961): ein Bauernsohn aus der Gegend von Florenz ruiniert sich durch die Liebe zu einer Prostituierten; *Senilità* (*Hörig*, 1961, nach Italo Svevo) verlegt eine ähnliche Personenkonstellation in das Triest der zwanziger Jahre, noch dazu in die Herbstzeit, was Gelegenheit zu manchen optischen Arabesken bietet. Vielleicht seinen besten Film drehte Bolognini mit *Metello* (1969), der Bearbeitung eines Romans von Vasco Pratolini. Schauplatz ist das Florenz zwischen 1872 und 1902; die Geschichte eines jungen Paares wird gleichzeitig mit der dramatischen Geschichte eines Maurerstreiks berichtet. Sicherlich ist auch dieser Film nicht frei von Sentimentalitäten, aber er ist ein diskutabler Versuch politisch-aufklärerischen Kinos, wenn auch betrieben mit traditionellen Stilmitteln und gesehen aus einer ästhetisierenden Distanz.

Mario Monicelli (geb. 1915) drehte schon in den fünfziger Jahren witzig-realistische Gaunerkomödien (*I soliti ignoti* – *Diebe haben's schwer*, 1958), die zu Klassikern ihres Genres wurden. In den sechziger Jahren setzte Monicelli die komödiantische Linie fort, beteiligte sich an verschiedenen Episodenfilmen, drehte den Erfolgsfilm *L'armata Brancaleone* (*Brancaleone*, 1965), eine pikareske Komödie mit historischem Kolorit und derben Effekten, aber auch einen politischen Film über den Streik der Turiner Spinnereien um 1890: *I compagni* (»Die Genossen«, deutscher Verleihtitel: *Die Peitsche im Genick*, 1963); dieser Film hat im Werk Monicellis etwa den gleichen Stellenwert wie *Metello* bei Bolognini. *Un borghese piccolo piccolo* (»Ein ganz kleiner Bürger«, 1977) schildert die pathologische Überreaktion eines bisher friedlichen Familienvaters auf den Tod seines Sohnes.

Antonio Pietrangeli (1919–1968), einst dem Neorealismus verbunden (er war Mitarbeiter Viscontis an *Ossessione*), tendierte in den sechziger Jahren ebenfalls zum Melodram, zum gefühlvoll ausgeschmückten psychologischen Genrestück; bezeichnend waren *La visita* (*Der Ehekandidat*, 1964) und *Io la conoscevo bene* (*Ich habe sie gut gekannt*, 1965) sowie *Come, quando, perchè* (*Wo, wann, mit wem?* 1968). Pietrangelis Filme widmeten sich insbesondere Frauenporträts und der Analyse von Liebesbeziehungen. Nanni Loy (geb. 1925) drehte einen politisch-zeitgeschichtlichen Film, der innerhalb und außerhalb Italiens beachtlichen Widerhall fand: *Le quattro giornate di Napoli* (*Die vier Tage von Neapel*, 1964). Dieser Film schilderte den historischen Aufstand der neapolitanischen Bevölkerung gegen die deutsche Besatzung im Jahre 1943; er wurde insbesondere in der Bundesrepublik zur Zielscheibe nationalistischer Kampagnen, die gegen den angeblich »antideutschen« Charakter dieses Films (und anderer Filme) protestierten. Leider ist *Le quattro giornate di Napoli* so spektakulär und oberflächlich angelegt, daß der Film kaum Wert als Geschichtszeugnis beanspruchen kann. Später widmete sich Nanni Loy nur noch unverbindlicher Unterhaltung (*Made in Italy*, 1966).

Schließlich kennt das italienische Kino die reinen Konfektionäre, die vor allem das Terrain des Italowestern und des Historienfilms oder der Science fiction bearbeiten; zu ihnen gehören Sergio Leone, Sergio Corbucci und Duccio Tessari sowie Mario Bava. Der Italowestern, eine Variante des amerikanischen Western, wurde Mitte der sechziger Jahre unter anderem durch die Filme Sergio Leones eingeführt (*Per un pugno di dollari* – *Für eine Handvoll Dollar*, 1964; *Per qualche dollari di più* – *Für ein Paar Dollar mehr*, 1965). Diese Filme, besonders der erste, erzielten auf Anhieb großen Erfolg, breiteten sich bald in den Ländern Europas, dann auch in den USA aus, so daß die Anfertigung von Italowestern nach immer gleichen Prinzipien sehr schnell zu einem gewinnträchtigen Unternehmen wurde; um den Absatz zu fördern, gab man Regisseuren und Darstellern zeitweilig sogar englische Pseudonyme. Gegenüber dem amerikanischen Western zeichnet sich der Italowestern durch ein Zurücktreten von Romantik und Utopie aus, jener Elemente, die die Mythologie des US-Western prägten. Die Italowestern sind im Vergleich zu ihren amerikanischen Vorbildern brutaler, ja zynischer; ihnen fehlt die Ruhe der amerikanischen Western, sie arbeiten bevorzugt mit dem Stilmittel des Zooms, mit effektvoller, stark akzentuierender Musik, um die Kraßheit und Grausamkeit einzelner Szenen aufs äußerste zu verstärken. Es sind noch andere Merkmale in den Italowestern eingegangen, die diese Filmgattung insgesamt zu einem Spiegelbild zivilisatorischer Erscheinungen im Spätkapitalismus machen. »Der italienische Western führt uns nicht in vergangene oder zukünftige Welten, er bleibt in unserer eigenen. Aus einem Wunschbild von Gemeinschaft ist ein Zerrbild der Gesellschaft entstanden. Statt der Gemeinschaftsformen, wie sie den Hintergrund der amerikanischen Western abgaben, finden wir pervertierte Formen der Vergesellschaftung vor. Die Stärke des Helden liegt darin, daß er um einige Grade brutaler und listiger ist als seine Widersacher.« (Klaus Bädekerl)[43]

Sergio Leones *Per un pugno di dollari* ging in gewissem Sinne auf das Vorbild von Akira Kurosawas Film *Yojimbo* (1961) zurück, in dem sich gleichfalls zwei konkurrierende Banden gegenüberstehen, die der Held – einzig auf sein eigenes Fortkommen bedacht – gegeneinander ausspielt. Sehr erfolgreich war auch Sergio Leones späterer Film *C'era una volta il West (Spiel mir das Lied vom Tod,* 1968). Sergio Corbucci (geb. 1927) löste mit seinem *Django* (1966) eine Flut von weiteren Django-Filmen aus. Kennzeichen von Corbuccis Helden, der zur prominentesten Figur aller Italowestern wurde: er zieht einen Sarg hinter sich her, in dem er ein Maschinengewehr verwahrt. Corbuccis späterem Film *Il grande silenzio (Leichen pflastern seinen Weg,* 1968) hat man sogar politische Intentionen in der Geißelung faschistischer Verhaltensweisen unterstellt. Diese Interpretation wird allerdings durch den Film nicht bestätigt, der zu den von ihm gezeigten Grausamkeiten ein durchaus ambivalentes Verhältnis einnimmt.

Ein sehr zweifelhaftes (obwohl an der Kinokasse erfolgreiches) Genre sind die »Dokumentar«-Filme von Gualtiero Jacopetti (geb. 1919), die Anfang der sechziger Jahre Aufsehen erregten: *Mondo Cane* (1960), *Mondo Cane II* (1963), *Africa Addio* (1963). Die Jacopetti-Filme sind filmische Demagogie in höchster Zuspitzung. In *Mondo Cane* reiht Jacopetti Monstrositäten aneinander, um daraus eine angebliche metaphysische Grausamkeit der Weltordnung abzuleiten; in *Africa Addio* schwelgt er in der Ausmalung von Scheußlichkeiten, die er teilweise selbst inszenierte.

Mario Bava (geb. 1914) ist Italiens spezialisierter Regisseur für Horror- und Science-fiction-Filme. Seine Werke sind naiv und phantastisch; manchmal haben sie die Eigenschaften von Comic strips: *Diabolik (Gefahr: Diabolik,* 1967), *Terrore nello spazio (Planet der Vampire,* 1965), *Operazione paura (Die toten Augen des Dr. Dracula,* 1966).

Das politische Kino. Frauen im italienischen Film

Während verschiedene der bis jetzt behandelten italienischen Regisseure ohne weiteres zur politischen »Linken« gerechnet werden können, artikulierten sie ihre politischen Überzeugungen in ihren Filmen zumeist indirekt. Andere Regisseure dagegen (auch die Brüder Taviani und Francesco Rosi gehören dazu) haben sich in direkter Form mit Themen der Politik beschäftigt – sei es, daß sie »revolutionäre« Sujets in den Apparat des Konsumkinos einzuschleusen versuchten, politische Auseinandersetzungen zu ihrem Thema machten oder daß sie Filme politischer Zielsetzung für einen spezialisierten Distributionsapparat herstellten.

Zu diesen Regisseuren gehört beispielsweise Francesco Maselli (geb. 1930). Er übernahm bereits 1953 eine Episode von Cesare Zavattinis modellhaftem Chronikfilm

Amore in città (Liebe in der Stadt). Seinen ersten eigenen Spielfilm drehte er 1954, *Gli sbandati (Die Verirrten)*, eine kritische Untersuchung über das Verhalten von Jugendlichen aus dem Milieu des Großbürgertums gegen Ende des Zweiten Weltkriegs. *I delfini* (*Gefährliche Nächte*, 1960) zeichnete in weniger überzeugender Manier das »süße Leben« der reichen Erben einer italienischen Mittelstadt. 1963 versuchte sich Maselli an einer ambitionierten und in der Milieuschilderung gelungenen Roman-Verfilmung nach Moravia, *Gli indifferenti (Die Gleichgültigen)*. Nach zwei kommerziellen Arbeiten drehte Maselli 1970 wieder einen dezidiert »politischen« Film, der in ungewöhnlich scharfer Form das linke »Establishment« (freilich von einer linken Position aus) attackierte: *Lettera aperta a un giornale della sera (Offener Brief an eine Abendzeitung)*. Protagonisten dieses Films sind einige gutsituierte römische Linksintellektuelle, die – in der bestimmten Annahme, daß er sowieso nicht abgedruckt wird – einen Brief an die Zeitung »Paese sera« schicken, in welchem sie für die Bildung eines Vietnam-Freiwilligencorps eintreten. Wider Erwarten erscheint der Brief aber doch, die Nordvietnamesen bekunden Interesse, und die Salonkommunisten sehen sich gezwungen, zum Aufbruch nach Vietnam zu rüsten, wovor sie schließlich nur durch eine Sinnesänderung des nordvietnamesischen Zentralkomitees bewahrt werden. Überheblichkeit, Selbstgefälligkeit, Rhetorik seiner angepaßten Linksintellektuellen (Anhängern der KPI), den Leerlauf endloser Diskussionen hielt Maselli mit unerbittlichem Blick fest, wobei ihm eine bewegliche Kameraführung (der Film wurde im 16-mm-Format gedreht) zu Hilfe kam. »Sein Bild von der Gruppe erscheint erbarmungslos und fast brutal: ein unentwirrbarer Knoten schwerwiegender Widersprüche, ein ununterbrochenes Gerede ohne Scham und Erbarmen, eine gnadenlose Decouvrierung kraftlosen Wollens und Unvermögens«, schrieb der Kritiker der kommunistischen Zeitung »L'unità«.[44] Erst 1974 konnte Maselli seinen nächsten Film fertigstellen, *Il sospetto* (»Der Verdacht«), der vielleicht sein bisher bestes Werk wurde. *Il sospetto* spielt in den dreißiger Jahren und beschreibt, wie ein nach Frankreich emigrierter italienischer Kommunist im Auftrage der Partei wieder nach Italien zurückkehrt, um einen Verräter aufzuspüren. Für diesen Film entwickelte Maselli eine dem inneren Monolog der Literatur angenäherte Erzählweise, die mit vielen visuellen Details arbeitet, Zeit- und Bewußtseinsebenen ineinander verschränkt und streckenweise ganz ohne Dialog auskommt. Maselli bringt in *Il sospetto* nicht nur die Atmosphäre von Verdächtigungen und quälerischer Selbstkritik, wie sie in der damals illegalen KPI herrschte, durch subtile regieliche Mittel zum Ausdruck; er baut auch eine Ebene der politischen Argumentation in seinen Film ein: das damalige Verhalten kommunistischer Funktionäre wird von heute aus kritisiert.

Während Maselli der Analytiker falscher Ideologien und intellektueller Widersprüche ist, pflegt Gillo Pontecorvo (geb. 1919) einen stärker emotional betonten und spektakuläreren Stil. Das Renommee von Pontecorvo haben *La battaglia di Algeri (Die Schlacht um Algier*, 1965) und in noch höherem Maße der Revolutionsfilm *Queimada* (1969) etabliert. *La battaglia di Algeri* schildert in einem imitierten Dokumentarstil einige Episoden aus dem algerischen Unabhängigkeitskampf zwischen 1954 und 1960 und rekonstruiert das Schicksal eines Rebellenführers, der unter dem Einfluß der Befreiungsfront vom Straßendieb zum Chef der Untergrundoperationen in der Casbah avanciert. Die »Geburt einer Nation« wird hier wesentlich als eine Folge militärischer Aktionen dargestellt, politische und kulturelle Hintergründe bleiben ausgespart. So konnte der Film kaum unter die Oberfläche der Phänomene dringen.

Queimada behandelte unter stärkerer Einarbeitung der politischen Analyse die Themen »Revolution in einem Land der Dritten Welt« und »Imperialismus«. Auf der fiktiven karibischen Insel Queimada zettelt ein englischer Agent Unruhen an, um die bisher herrschenden portugiesischen Kolonialisten der Insel zu vertreiben – damit englische

Interessen besser Fuß fassen können. Nach der Revolte, die von einem ehemaligen Sklaven angeführt wird, übernimmt das eingeborene Bürgertum zunächst die Macht. Später wird der Engländer noch einmal gerufen, um die Insel vor erneuter Revolution zu retten. Pontecorvo unterscheidet in seiner Analyse zwischen den wirklichen radikalen Kräften, die aber noch im »romantischen« Stadium verharren, der eingeborenen Bourgeoisie und dem Agenten des Imperialismus, der sich mit der Bourgeoisie verbündet. Als Gerippe dieser Analyse dient ihm eine sehr emotionale Story von Freundschaft und Zerwürfnis zwischen dem Engländer und einem Sklavenrebellen, die Höhe- und Tiefpunkte durchläuft; Marlon Brando, in der Rolle des englischen Agenten, verkörpert als mythischer Desperado und Übermensch eine aller Geschichtlichkeit enthobene Figur. Dennoch kann man den Film als politisches Lehrstück gelten lassen, das zumindest eine Einführung in die Emanzipationsprobleme einer ehemaligen Kolonie liefert.

Ugo Gregoretti (geb. 1930) begann in den sechziger Jahren mit sozialkritischen Fernsehsendungen; sein erster Spielfilm war *I nuovi angeli* (»Die neuen Engel«, 1961), ein Querschnittsfilm über die Lebensbedingungen der italienischen Jugend zwischen archaischer Rückständigkeit im Süden und kapitalistischer Hochentwicklung im Norden; Gregoretti drehte diesen Film ausschließlich mit Laiendarstellern, die auf der Leinwand ihre eigenen Geschichten spielten. Nach der Mitarbeit an mehreren Episodenfilmen (darunter *Rogopag*, 1961) realisierte Gregoretti einen Science-fiction-Film mit sozialkritischen Untertönen: *Omicron* (*Herr Doktor, die Leiche lebt*, 1963). Die Fabel: ein Wesen von einem anderen Stern bemächtigt sich des Körpers eines Arbeiters, um Erkundungen einzuziehen und die Besitzergreifung der Erde einzuleiten. Nach einer Zeit der Arbeit für das italienische Fernsehen distanzierte sich Gregoretti von seiner bisherigen Filmpraxis, nicht zuletzt unter dem Eindruck der Studentenrevolte und des Mai '68: »Ich entdeckte, daß es unmöglich war, einen als politisches Instrument gedachten Film zu realisieren, wenn dieses Instrument nicht von denen gehandhabt wird, an die es sich wendet: der Arbeiterklasse; wenn es sich einer Logik des Marktes unterordnen soll, so zerstört das seine Ausrichtung auf ein politisches Ziel.«[45] Ähnlich wie Chris Marker und andere Filmemacher suchte Gregoretti seiner Arbeit eine neue Richtung zu geben. Das erste Werk aus dieser Phase war *Apollon* (1969), die Rekonstruktion eines Streiks von Druckereiarbeitern, der ein Jahr dauerte (von Juni '68 bis Juni '69) und in dessen Verlauf die Arbeiter ihren Betrieb besetzten. Der Film wurde mit den Arbeitern und unter ihrer direkten Kontrolle gedreht. Obwohl der Film bestimmte traditionelle Kinoverfahren nicht verschmäht (Gregoretti äußerte sich in dem schon zitierten Interview über die Vorliebe der Arbeiter für »etwas konventionelle Stilmittel«), ist er nicht nur authentisch und lebendig gemacht, sondern besitzt auch den Wert eines politischen Dokuments. Gregoretti drehte danach im Auftrag der Gewerkschaft CGT einen Dokumentarfilm über die Auseinandersetzungen in der Metallindustrie im »heißen Herbst« 1969: *Contratto* (»Der Vertrag«, 1970). *Contratto* wurde von der Organisation ›Unitelefilm‹ hergestellt, einem nichtkommerziellen Produktions- und Verleihzentrum, das der KPI nahesteht. Gregoretti arbeitete auch in den folgenden Jahren für ›Unitelefilm‹, eine Institution, die eine sehr intensive politische Basisarbeit mit Filmen betreibt.

Der unabhängige politische Film (Zielgruppenfilm) fand abseits der ›Unitelefilm‹ in Italien keine große Verbreitung. 1968 entstand eine Serie sogenannter *Cinegiornali liberi* (»Freier Wochenschauen«) unter der Anleitung des Neorealismuspioniers Cesare Zavattini, kurze Filme zu aktuellen politischen Fragen, zur unmittelbaren Verwendung gedacht; gleichfalls entstanden im Sommer 1968 vier Folgen der *Cinegiornali del movimento studentesco* (»Wochenschauen der Studentenbewegung«).

Ansano Gianarelli (geb. 1933) drehte von 1964 an Dokumentarfilme und debütierte 1969 mit dem Spielfilm *Sierra Maestra*. Drehbuch und Montagekonzeption von *Sierra*

115

Maestra erarbeitete Gianarelli gemeinsam mit dem argentinischen Regisseur Fernando Birri. Der Film geht aus von dem Fall des französischen Intellektuellen Regis Debray, der als Mitkämpfer von Che Guevara in Bolivien zu dreißig Jahren Gefängnis verurteilt wurde. Gianarelli und Birri konstruierten die dazu analoge Geschichte eines italienischen Intellektuellen, der in Venezuela wegen angeblicher Guerillakontakte ins Gefängnis kommt und dort zusammen mit einem Fotografen und einem echten Guerillakämpfer der sadistischen Behandlung des Militärs unterworfen wird. Gianarelli und Birri ging es weniger um die realistische Schilderung der Situation in einem lateinamerikanischen Land, sondern um die Auslösung eines Diskussionsprozesses, in dessen Mittelpunkt die Frage nach dem Selbstverständnis des politisch engagierten Intellektuellen in Europa gegenüber den Kämpfen der Dritten Welt stand; deshalb wurden die Personen auch eher als »ideologische Supermarionetten« angelegt, wobei sich Birri auf Brecht berief.[46] Typisch für das »Kino der Kontestation« nach '68, das dieser Film repräsentiert (im Unterschied zum neorealistischen Kino), ist der intellektuelle Held mit seiner spezifischen Problematik. Bezeichnend für die Entstehungszeit ist auch die starke Wirkung, die der Dokumentarfilm *La hora de los hornos* auf die beiden Filmemacher ausübte (»er war der Auslöser für unsere Inspiration«[47]). Erst 1972/73 konnte Gianarelli wieder einen Film realisieren: *Non ho tempo* (»Ich habe keine Zeit«); in seinem Mittelpunkt stand der 1832 im Alter von 23 Jahren als Folge eines Duells verstorbene Mathematiker und Sozialist Evariste Calois.

In einem ähnlichen Zusammenhang wie Gianarelli muß Valentino Orsini (geb. 1926) gesehen werden, der zunächst zusammen mit Paolo und Vittorio Taviani die Filme *Un uomo da bruciare* (1962) und *I fuorilegge del matrimonio* (1963) drehte, sich dann aber von den Tavianis trennte und 1967–69 *I dannati della terra* (*Die Verdammten dieser Erde*) realisierte, einen Film, der teilweise in Guinea-Bissau entstand und ebenfalls das Verhältnis der europäischen Intellektuellen zu den Revolutionen der Dritten Welt zum Thema hat. Durch einen Kunstgriff bezieht Orsini auch die Schwierigkeiten des Filmemachens in die Thematik seines Films ein: sein Protagonist ist ein italienischer Filmregisseur, der das begonnene Filmprojekt eines verstorbenen afrikanischen Freundes zu Ende zu führen sucht. Im Zentrum der Debatte steht die Notwendigkeit des bewaffneten Kampfes gegen ein kolonialistisches Regime. Orsini zieht sich allerdings zu guter Letzt wieder auf die Position des entschlußlosen Intellektuellen zurück und beendet seinen Film (gleichzeitig auch den Film im Film) mit einer Allegorie auf den »ewigen« Zustand des Menschen, der »die Gewalt der Macht über sich ergehen lassen muß«.[48] In *Corbari* (1970) und *L'amante dell'orsa maggiore* (*Die Geliebte der großen Bärin*, 1971) wandte sich Orsini wieder einem traditionelleren Stil zu. *Corbari* schildert einige Episoden aus der italienischen Widerstandsbewegung im Stil des »Mantel-und-Degen-Films«. In die Reihe der politischen Allegorien, die das italienische Kino der ausgehenden sechziger Jahre charakterisiert, gehört auch Eduardo Brunos *La sua giornata di gloria* (*Sein ruhmreicher Tag*, 1969). Bruno, seit 1950 Herausgeber der Zeitschrift »Filmcritica«, zeigt – angesiedelt in einer ungewissen Zukunft – die Aktionen einer Gruppe junger Revolutionäre in einer italienischen Großstadt.

Interessanter ist im Vergleich dazu Elda Tattolis *Pianeta Venere* (*Planet Venus*, 1971), die polemisch akzentuierte und in Rückblenden aufgefächerte Lebensgeschichte einer Frau, die mit einem kommunistischen Funktionär verheiratet ist und erfahren muß, daß dessen abstrakte Fortschrittlichkeit nichts weiter als ein Lippenbekenntnis darstellt, während er seine eigene Frau weiterhin patriarchalisch behandelt. Der Film enthält eine Reihe pointierter Szenen, die die Vorurteile der Gesellschaft – gerade auch der Linken – gegen eine reale Emanzipation der Frau deutlich machen. Die Bewußtwerdung der Protagonistin wird – nach einigen erzählerischen Abschweifungen – scharf herausgearbeitet, so daß *Pianeta Venere* im Bereich der Filme von Frauen über Frauen bereits als ein Klassiker gelten kann. Allerdings dauerte es Jahre, bis der Film fertig wurde, und seither konnte Elda Tattoli (sie war zunächst Drehbuchmitautorin und Darstellerin bei Marco Bellocchio) noch keinen weiteren Film drehen.

In der patriarchalisch regierten Welt des italienischen Films konnten Frauen bisher nur in Ausnahmefällen als Regisseurinnen Fuß fassen (bei italienischen Filmen wird selbst der Schnitt häufiger als in anderen Ländern von Männern ausgeführt). Außerhalb der etablierten Filmindustrie operiert das ›Collettivo femminista di cinema‹, hauptsächlich vertreten von Rony Daopoulos und Annabella Miscuglio, die bisher zwei ausgezeichnete Dokumentarfilme der Frauenemanzipationsbewegung realisierten: *La lotta non è finita* (*Der Kampf ist nicht vorbei*, 1973) und *L'aggettivo donna* (*Das Adjektiv Frau*, 1972), in welchem sie die Rollenverteilung zwischen Mann und Frau in der bürgerlichen Gesellschaft attackieren und das Bild untersuchen, das Frauen sich von sich selber machen.

Die gegenwärtig prominenteste Regisseurin des italienischen Kinos (neben Lina Wertmüller) ist Liliana Cavani (geb. 1937). Sie begann mit Fernsehsendungen über historische Themen, bevor sie 1966 ihren ersten Spielfilm drehte, *Francesco d'Assisi*, gefolgt 1968 von *Galileo*. Mit *I cannibali* (»Die Kannibalen«, 1970), *L'ospite* (»Der Gast«, 1971) und *Milarepa* (1973) entwickelte Liliana Cavani den Stil eines verinnerlichten, meditativen Autorenfilms mit einer starken Vorliebe für mythologische Sujets. *I cannibali* war die moderne Abwandlung der Elektra-Geschichte im Rahmen einer politischen Fiktion: ein Unterdrückungsregime hat seinen Untertanen verboten, die auf der Straße herumliegenden Toten zu bestatten. *L'ospite* drehte Liliana Cavani mit den Patientinnen einer psychiatrischen Frauenklinik: dokumentarische Passagen stehen hier literarisch ausgeschmückten Sequenzen gegenüber, die die Phantasien einer Frau aus der Anstalt wiedergeben sollen. *Milarepa* beschreibt das Leben eines tibetanischen Mönchs aus dem 11. Jahrhundert – eingeschachtelt in die Geschichte eines italienischen Studenten aus der Jetztzeit, als dessen geistiges Ich oder spiritueller Mentor dieser Mönch erscheinen soll. Skandalruhm brachte Liliana Cavani ihr Film *Portiere di notte* (*Der Nachtportier*, 1974) ein. Intendiert ist hier eine Auseinandersetzung mit den tiefenpsychologischen und sexual-pathologischen Aspekten des Nationalsozialismus und Faschismus. Eine Jüdin, die vor Jahrzehnten in einem Konzentrationslager die Geliebte eines SS-Mannes war, verfällt diesem erneut, als sie ihm in Wien 1957 begegnet. Am Schluß werden beide von einer SS-Organisation ermordet. Liliana Cavani beschwört unter Aufbietung aller inszenatorischen Mittel eine düstere Atmosphäre sadomasochistischer sexueller Hörigkeit; der Bezug dieser Geschichte zur Realität und ihr Verhältnis zum geschichtlichen Phänomen des Faschismus bleiben allerdings problematisch. Der Film möchte in dostojewskische Abgründe der Seele eindringen, in der »auch die Opfer nicht mehr unschuldig sind«[49], und in diesen Abgründen das Geheimnis der Wirkung des Faschismus auf die menschliche Psyche entdecken; jedoch macht sich die Rhetorik, um nicht zu sagen der Schwulst der Inszenierung weitgehend selbständig und deckt den anvisierten Kontext des Geschehens zu, so daß die Ereignisse als absurde Konstruktionen erscheinen. Dennoch fand der Film auch ernsthaft argumentierende Befürworter.

Lina Wertmüller (geb. 1928) begann 1963 mit *I basilischi* (*Die Basilisken*), der neorealistischen, wirklichkeitsnahen Studie über das Verhalten einer Gruppe von jungen Männern in einer verschlafenen italienischen Provinzstadt. Die Ansätze dieses Films hat die Regisseurin allerdings kaum weitergeführt. Statt dessen arrangierte sie sich mit der Filmindustrie und drehte eine Serie erfolgreicher Unterhaltungsfilme, turbulente und etwas vulgäre Komödien, die kleinbürgerliche Verhaltensweisen ironisierten, gelegentlich auch einen sozialkritischen Hintergrund aufscheinen ließen, vor allem jedoch auf spektakuläre Effekte bedacht waren: *Mimi metallurgico ferito nell'onore* (»Der Metallarbeiter Mimi ist in seiner Ehre verletzt«, 1972), eine Parodie auf die gerade in Mode stehenden »Arbeiterfilme« Rosis und Petris, und *Film d'amore e anarchia* (1973), über einen Bauern, der in den dreißiger Jahren nach Rom kommt, um Mussolini umzubringen, statt dessen aber in einem Bordell landet. 1974 folgten *Tutto a posto e niente in ordine* (»Alles am Platz und nichts in Ordnung«, deutscher Fernsehtitel: *Operation gelungen, Patient tot*, ein teilweise polemischer, mit derbem Humor durchgesetzter Bilderbogen über das Dasein armer Provinzler in Mailand) sowie *Travolti da un insolito destino nell'azzurro mare d'agosto* (»Erschüttert von einem ungewöhnlichen Schicksal im blauen Augustmeer«) und 1976 *Pasqualino settebellezze*. Einen phänomenalen Erfolg erzielten die Filme Lina Wertmüllers 1976 in den USA; von der amerikanischen Kritik wurde sie mit Fellini, Antonioni und Visconti verglichen. Dieser Erfolg ist wahrscheinlich auf die melodramatische, routinierte Machart der Wertmüller-Filme, ihre Durchsetzung mit »italienischen« Stereotypen (die außerhalb Italiens exotisch wirken) und auf die geringe Kenntnis der USA-Kritik von den übrigen Strömungen des italienischen Kinos zurückzuführen.[50]

Ungewöhnlich ist der Fall Ettore Scolas (geb. 1931), der nach einer Reihe kommerziell erfolgreicher Komödien 1972 plötzlich beschloß, einen politisch engagierten Film für die ›Unitelefilm‹ zu drehen: *Trevico-Torino* beschreibt die Erlebnisse eines jungen Arbeiters aus Süditalien in der Automobilstadt Turin. Auf seiner Suche nach vernünftigen Arbeits- und Lebensbedingungen lernt der Held des Films alle Stationen der Erniedrigung und der Ausbeutung kennen. Scola setzt aus genauen Einzelbeobachtungen ein quasi dokumentarisches Panorama sozialer Widersprüche zusammen, er zeigt die Kehrseite des italienischen Wirtschaftswunders. Leider arbeitet er in den Film auch eine weniger gelungene und eigentlich überflüssige Liebesgeschichte ein. *C'eravamo tanti amati* (»Wir hatten uns so geliebt«, 1975) ist eine romanhaft ausgeschmückte Rekapitulation der italienischen Nachkriegsgeschichte; mit *Brutti, sporchi e cattivi* (»Häßlich, schmutzig und böse«, 1976) kehrte Ettore Scola wieder in die Niederungen der vulgären (diesmal auch zynischen) Klamottenkomik zurück. *Una giornata particolare* (»Ein besonderer Tag«, 1977) führte im faschistischen Italien eine für Mussolini schwärmende Hausfrau (Sophia Loren) und einen regimefeindlichen Intellektuellen (Marcello Mastroianni) zu einer paradoxen Begegnung zusammen. Originalität und zeitkritischen Bezug gewinnt der Film durch die Einarbeitung von Wochenschaumaterial und durch die stete Gegenwart eines delirierenden faschistischen Rundfunksprechers als Geräuschkontrapunkt.

Ein anderer bemerkenswerter »Einzelfall« ist Marco Leto (geb. 1931), der 1973 mit einem eigenwilligen Film über den italienischen Faschismus hervortrat: *La villeggiatura (Die Sommerfrische)*. Ein antifaschistischer Intellektueller wird in die Verbannung auf eine einsame Insel geschickt; hier versucht ein Polizeikommissar, den Intellektuellen zu sich herüberzuziehen, indem er ihm ein relativ privilegiertes Dasein ermöglicht. Der Film zeichnet das differenzierte Porträt eines »aufgeklärten«, liberal-skeptischen Faschisten (des Polizeikommissars) und analysiert die widerspruchsvolle Lage des Intellektuellen angesichts eines Regimes, das sich ihm gegenüber menschlich zeigt, die übrigen Inhaftierten aber viel grausamer unterdrückt. Die subtile inszenatorische Technik des Films bewährt sich vor allem an der Darstellung von Zwischentönen und an der Entfaltung einer politischen Dialektik.

Zu den politisch engagierten Regisseuren des jungen italienischen Kinos gehört auch Gianni Toti. Toti, eigentlich Journalist, Film- und Literaturkritiker und Herausgeber der literarischen Zeitschrift »Carte segrete«, ist bis jetzt der Autor eines einzigen, allerdings sehr ungewöhnlichen Spielfilms: *E di Shaul e dei sicari sulle vie da Damasco* (»Von Saul und den Meuchelmördern auf dem Weg nach Damaskus«, 1973). Der gebildete und in

Kirchengeschichte gründlich versierte Toti stellt die Geschichte des Saulus, der zum Paulus und zum Jünger Jesu wurde, vor dem Hintergrund frühchristlicher Ereignisse und der Auseinandersetzungen zwischen Juden, Christen und Römern, Zeloten und Makkabäern, als Parabel eines politischen Bewußtseinsprozesses dar; die frühchristliche Bewegung wird von ihm als Urform der Revolution gesehen. Dabei setzt Toti allerdings viel an geschichtlichen Kenntnissen voraus und verschlüsselt seine Erzählung so stark, daß sich der Film nur mit großer Mühe »lesen« oder entziffern läßt.

In den Umkreis des politischen Kinos in Italien gehört auch *Antonio Gramsci* (1977) von Lino del Fra (Drehbuchmitarbeiter von *La villeggiatura*), ein Diskussionsfilm, der den Begründer der italienischen kommunistischen Partei 1929 im Gefängnis Mitgefangenen gegenüberstellt, die andere politische Meinungen vertreten als er; der Film läßt Gramsci als Vorkämpfer des heutigen »historischen Kompromisses« der KPI erscheinen.

Individualisten und Experimentatoren

Einige Vertreter des neuen italienischen Kinos lassen sich weder den »Realisten« noch den politisch Engagierten zuordnen; unter diesen Regisseuren, die einer individuellen Position und individuellen Ausdrucksmitteln verpflichtet sind, ist allenfalls der Einfluß Rossellinis zu spüren.

Gianni Amico, Mitverfasser der Drehbücher zu Bertoluccis *Prima della rivoluzione* und *Partner*, steht dem Dokumentarfilm näher als dem Fiktionsfilm; dennoch ist sein gelungenstes Werk der in Brasilien gedrehte Film *Tropici* (»Tropen«, 1968), ein inszenierter Spielfilm, wenngleich er sich wie ein dokumentarisches Werk ausnimmt. *Tropici* schildert die Reise einer armen brasilianischen Bauernfamilie aus einer vertrockneten Region des Nordens zur Küste nach Recife, wo sie Arbeit zu finden hofft. Der Film ist die Chronik dieser scheinbar endlosen Autobusfahrt, gleichzeitig ist er ein Spiegelbild von alltäglichen Erfahrungen und Hoffnungen auf eine bessere Realität. Faszinierend an *Tropici* ist das ruhige Fortschreiten des Films, seine eindringliche Beobachtung kleiner Einzelheiten. Der Film liefert kritische Informationen über ein Land der Dritten Welt und versteht sich deshalb auch als ein didaktisches Werk, dessen Stil jedoch »aus der Wirklichkeit hervorging, die gefilmt wurde«.[51] Unter den späteren Arbeiten Gianni Amicos ist *L'inchiesta (Die Umfrage*, 1971) interessant, ein halb kriminalistischer, halb metaphysischer Film über einen geheimnisvollen Amerikaner, der in einem Irrenhaus untergebracht ist – am Drehbuch dieses Films arbeitete auch Bertolucci mit.

Ein weiterer ausgesprochener Individualist des italienischen Kinos ist Gian Vittorio Baldi (geb. 1930), der zunächst Kurzfilme drehte und dann, nach zwei vorangegangenen Spielfilmen (*Luciano, una vita bruciata*, 1962; *Le adolescenti*, 1964) Aufsehen erweckte mit *Fuoco!* (»Feuer!«, 1968), einer rekonstruierten Reportage über den Fall eines Mannes, der scheinbar ohne Motivation das Feuer auf eine Prozession eröffnete.

Nach *La notte dei fiori* (»Die Nacht der Blumen«, 1972) realisierte Baldi 1974 einen weiteren Film, der in deutlichem Zusammenhang zu *Fuoco!* stand: *L'ultimo giorno di scuola prima delle vacanze di Natale* (»Der letzte Schultag vor den Weihnachtsferien«). Der Film spielt in den letzten Tagen des Mussolini-Regimes in Norditalien. Einige faschistische Soldaten fahren ziellos in einem klapprigen alten Autobus herum, in dem sie mehrere Zivilpersonen mit sich führen, und begehen anscheinend aus Langeweile, jedenfalls ohne ersichtliche Motivation, fortlaufend Greueltaten. Das Insistieren auf dem Banal-Alltäglichen und dessen Umschlagen in extreme Gewalttätigkeit ist Baldis subjektive Art, den Faschismus zu sehen. Der Regisseur selbst hält seinen Film allenfalls für »einen poetischen Film mit politischen Resonanzen«.[52]

Gianni da Campo drehte 1969 *Pagine chiuse* (»Verschlossene Seiten«), den autobiographisch getönten Bericht von einem Jungen, der in den Ferien in einem Internat allein bleibt. Hier wie auch in *La ragazza di passaggio* (»Das Mädchen, das vorüberging«, 1971), der die Beziehung eines 16jährigen Jungen zu einer jungen Frau beschreibt, die in der Familienpension seiner Mutter logiert, stellt sich die sensible psychologische Beschreibung als Vorzug der Filme Gianni da Campos heraus; ihre Schwäche besteht allerdings in einem gewissen Hang zur Weinerlichkeit.

Maurizio Ponzi (geb. 1940) gehört zum Kreis der Rossellini-Anhänger um die Zeitschrift »Cinema & Film«, die von 1966–1971 erschien. Sein Erstlingsfilm *I visionari* (»Die Visionäre«, 1968) ist die Geschichte eines Bühnenregisseurs, der eine Inszenierung von Robert Musils »Die Schwärmer« vorbereitet. *Equinozio* (1971) war ein »zutiefst nutzloser, anormaler, veralteter Film, gewidmet den Kindern, den Alten, den Hippies, den Kranken und den sozial Unangepaßten«. (Maurizio Ponzi)[53] 1975 realisierte Ponzi den psychoanalytischen, auf freudianischen Spuren wandelnden Film *Raoul*, der die Geschichte der psychischen Erkrankung eines jungen Mannes erzählt und die Wurzel dieser Krankheit in einem verdrängten Kindheitserlebnis aufspürt. Zum Kreis um die Zeitschrift »Cinema & Film« gehören auch Peter del Monte, der 1970 den experimentellen *Fuori campo* (»Außerhalb des Bildfeldes«) und 1976 *Irene, Irene* drehte, sowie der Kritiker Adriano Aprà (*Olimpia agli amici* – »Olympia an die Freunde«, 1970).

Die meisten der bis jetzt genannten Filme konnten entweder nur durch Produktionszuschüsse der staatlichen Verleihgesellschaft ›Italnoleggio‹ oder durch Zusammenarbeit mit dem italienischen Fernsehen RAI hergestellt werden, wo eine zeitweilig bestehende »experimentelle« Sendereihe auch das Entstehen ungewöhnlicher Filme ermöglichte.

Gianfranco Mingozzi (geb. 1932) hatte sich bereits einen Namen mit Dokumentarfilmen gemacht (der beste ist *Sicilia con il cuore fermo*, 1966), bevor er 1967 mit *Trio* und 1968 mit *Sequestro di persona* (»Menschenraub«) seine ersten Schritte im Spielfilm unternahm. *Trio* verschränkte in quasi dokumentarischer Manier die Geschichten von drei Jugendlichen aus Rom, *Sequestro di persona* war eine Untersuchung über das Banditentum auf Sardinien. Mit *La vita in gioco* (»Das Leben steht auf dem Spiel«, 1972) schlug Mingozzi den Weg psychologischer Introspektion ein: er schilderte die Beziehungen eines Paares, das beschließt, sich in drei Tagen das Leben zu nehmen, dann aber Schwierigkeiten hat, diesen Entschluß wahrzumachen. Nelo Risi (geb. 1920), Bruder des kommerziell erfolgreichen Dino Risi, behandelte in *Andremo in città* (»Wir fahren in die Stadt«, 1966) das Thema der Judendeportation in Jugoslawien; *Diario di una schizofrenica* (»Tagebuch einer Schizophrenen«, 1968) erzählte die Geschichte eines jungen Mädchens, das an einem tiefeingewurzelten Schuldkomplex leidet und deshalb für geistesgestört gehalten wird. Der Film beruhte auf dem authentischen Bericht einer Schweizer Psychiaterin. Danach widmete sich Nelo Risi historischen Sujets: *Una stagione all'inferno* (»Eine Jahreszeit in der Unterwelt«, 1970) berichtet von den Abenteuern des Dichters Rimbaud in Äthiopien, *La colonna infame* (»Die Schandsäule«, 1972) spielte im Mailand des Jahres 1630 während einer Pestepidemie.

Eine besondere Außenseiterposition im italienischen Film nimmt Carmelo Bene (geb. 1937) ein: er repräsentiert den (freilich inzwischen ziemlich festetablierten) »Underground«; seine Filme sind dem ästhetischen Experiment, der Oper, dem Barock verpflichtet, sie sind Spiegelungen persönlicher Leidenschaften und Besessenheiten. Carmelo Bene arbeitete zunächst zehn Jahre lang als Bühnenregisseur. 1968 wechselte er mit *Nostra signora dei Turchi (Unsere liebe Frau von den Türken)* zum Film über. Leitmotiv des Films ist das Massaker, das die Türken im 15. Jahrhundert in der italienischen Stadt Otranto anrichteten, ferner das Motiv der 800 Toten, deren Schädel heute noch von Touristen betrachtet werden, sowie die Phantasiegestalt einer heiligen Margarete von

Otranto. Carmelo Bene ist nicht nur Regisseur, sondern auch Drehbuchautor, Hauptdarsteller und Produzent des Films, den man annäherungsweise als eine surrealistisch-ironische Collage von Bildern, Figuren und Motiven beschreiben kann, als ein visuelles Delirium, eine zugleich absurde und opernhaft pompös aufgeblasene Bühnenschau. Kostüme, Farben und Landschaften, Dekoration, Bewegung und Musik, Phantasien und Rituale, Verzerrung und Beschleunigung der Bilder werden in diesem Film auf abenteuerliche Weise kombiniert. Carmelo Bene zerstört alle herkömmlichen Formen des Kinos und entwickelt statt dessen die höchst persönliche Vision eines filmischen Gesamtkunstwerks, das geboren wird aus Phantasmen des Unterbewußtseins und deren ironischer (freilich auch exhibitionistischer) Verarbeitung. Nach *Nostra signora dei Turchi* drehte Bene eine Folge weiterer Filme, die stilistisch und thematisch das Vorbild seines ersten abwandelten: *Capricci* (1969), *Don Giovanni* (1970), *Salome* (1972), *Un Amleto di meno* (»Ein Hamlet weniger«, 1973). Carmelo Bene lenkt die Aufmerksamkeit des Zuschauers auf die Mechanismen seiner ästhetischen Konstruktion, auf die Rolle der Schminke, der Kamerabewegungen, um sie damit zu relativieren. Die klassische Kultur wird in den Filmen Benes unterminiert. »Ob es sich um Theater oder Film handelt: Bene ermordet und zerstört das, was er erschafft. Er ist kein Künstler, sondern Kritiker, ein ›kritischer Anarchist‹, sagt er, ohne daran zu glauben.« (Joris Bayne)[54] Dieser selbstzerstörerische Aspekt der Filme Carmelo Benes hat sich im Lauf der Zeit bei ihm immer stärker entwickelt und seinen vorläufigen Höhepunkt in *Un Amleto di meno* erreicht, wo das ständige Eindringen der weißen Leinwand »die letzten neokulturellen Hinweise verdrängt«.[55]

Der reine Experimental- oder Avantgardefilm nach US-amerikanischem Vorbild ist in Italien schwach entwickelt. Eine vorübergehende Blüte gab es zwischen 1965 und 1968, als in Rom eine ›Cooperativa cinema indipendente‹ gegründet wurde, deren Hauptrepräsentanten Alfredo Leonardi und Paolo Gioli waren. Sie drehten ihre Filme im 16-mm-Format mit eigenen, bescheidenen Mitteln. Diejenigen Leonardis lassen sich als autobiographisch und meditativ beschreiben, die Giolis haben einen eher strukturellen Ansatz und basieren auf der Montage. Seit 1970 scheint sich die Kooperative jedoch aufgelöst zu haben. Alfredo Leonardi hängt seither einer mehr politischen Auffassung des Filmemachens an und hat sich dem Kollektiv ›Videobase‹ angeschlossen, dessen weitere Mitglieder – Anna Lajolo und Guido Lombardi – ebenfalls vom Experimentalfilm herkommen. Im Bereich des Experimentalfilms arbeitete auch Alberto Grifi (geb. 1938). 1964/65 montierte er aus unzähligen Fragmenten von Hollywoodfilmen *La verifica incerta* (*Die unsichere Überprüfung*, zusammen mit Gianfranco Baruchello), einen denkwürdigen Essay in Montageästhetik und zugleich eine Analyse und Demontierung (durch Zerlegung in Mikrobestandteile und Neuordnung) von Bauformen des Hollywoodfilms. 1972 begann Grifi sich mit dem ›Cinéma-vérité‹-Film *Anna*, der zunächst auf Videoband aufgenommen, aber erst 1975 montiert und auf 16-mm-Film übertragen wurde, in eine neue Richtung zu orientieren. *Anna* ist ein interessantes, soziologisch wie filmästhetisch gleichermaßen bedeutendes Experiment an der Grenze von Dokument und Fiktion: Grifi und sein Koregisseur Massimo Sarchielli wollten zunächst einen dokumentarischen Spielfilm über ein schwangeres Mädchen drehen, das aus einer Erziehungsanstalt geflohen war; im Verlauf der Dreharbeiten aber gaben sie diesen Plan auf und drehten einen Film über sich selbst, ihr Verhältnis zu dem Mädchen und über das Milieu verschiedener römischer Randgruppen.

III. Bundesrepublik Deutschland

Die fünfziger Jahre waren für das Kino in der Bundesrepublik eine Zeit der wirtschaftlichen Hochblüte, aber auch der künstlerischen Stagnation. Bis auf wenige Ausnahmen wurde die Filmproduktion jener Jahre beherrscht von Wirklichkeitsflucht, Sentimentalität, Autoritarismus. Vorherrschendes Genre der »Ära Adenauer« war der sogenannte Heimatfilm, eine Inkarnation provinzieller Beschränktheit. Die Produktions- und Besucherzahlen lagen allerdings hoch: 1955 wurden 128 Spielfilme produziert, 1958 verzeichneten die Kinos der BRD 817,5 Millionen Besucher. Von da an setzte ein stetiger Rückgang ein. Die Besucherzahlen sanken – infolge der sich ausbreitenden Fernsehkonkurrenz, aber auch aufgrund anderer Faktoren – durchschnittlich um 10% pro Jahr und erreichten 1976 den Tiefstand von 115,1 Millionen. Erst 1977 zeichnete sich wieder eine leichte Aufwärtsbewegung ab. Die Filmproduktion (und die Zahl der Kinos) ging ebenso drastisch zurück. 1966 wurden nur noch 60 Spielfilme produziert. Diese Zahl stieg Ende der sechziger Jahre durch die Politik der Filmförderungsanstalt (und infolge eines vorübergehenden Booms in »Aufklärungs«- und Serienfilmen) auf über hundert an, um 1975 erneut einen dramatischen Rückfall zu erleiden (1976 entstanden in der Bundesrepublik 61 Spielfilme).

Durch das Schwinden seiner ökonomischen Basis geriet der westdeutsche Film Anfang der sechziger Jahre in eine ernste Krise, zumal auch die in den fünfziger Jahren praktizierten »Bundesbürgschaften«, in deren Rahmen der Bund für einzelne Filme oder ganze Produktionsstaffeln wirtschaftliche Bürgschaften übernahm, eingestellt worden waren. Große Verleihfirmen mußten fusionieren oder gingen in Konkurs, so der ›NF-Filmverleih‹, die ›Union‹ und die ›Ufa-Filmhansa‹. Als Ursache für die damalige Krise müssen allerdings neben der Fernsehkonkurrenz auch die Ideenlosigkeit der Filmproduktion selbst sowie möglicherweise die hohen Vergnügungssteuerabgaben genannt werden. Den Tiefpunkt, den die Entwicklung des westdeutschen Films wirtschaftlich ebenso wie künstlerisch erreicht hatte, signalisierte nicht zuletzt die Tatsache, daß 1961 die Jury des ›Deutschen Filmpreises‹ unter der gesamten Jahresproduktion keinen Film fand, den sie als »besten Spielfilm« oder als »beste Regieleistung« auszeichnen konnte.

In dieser Situation trat am 28. Februar 1962 auf den achten Westdeutschen Kurzfilmtagen in Oberhausen eine Gruppe junger, zumeist Münchener Kurzfilmregisseure mit einem Manifest hervor, in welchem sie ihren Anspruch dekretierten, den »neuen deutschen Film zu schaffen«. Dieses Manifest, das später zum »Oberhausener Manifest« erklärt wurde, setzte, obgleich es nicht sofort weitgreifende Veränderungen nach sich zog, dennoch eine Wendemarke, wahrscheinlich die wichtigste in der Geschichte des deutschen Nachkriegsfilms. Deshalb sei das Manifest hier im Wortlaut zitiert:

»Der Zusammenbruch des konventionellen deutschen Films entzieht einer von uns abgelehnten Geisteshaltung endlich den wirtschaftlichen Boden. Dadurch hat der neue Film die Chance, lebendig zu werden. Deutsche Kurzfilme von jungen Autoren, Regisseuren und Produzenten erhielten in den letzten Jahren eine große Zahl von Preisen auf internationalen Festivals und fanden Anerkennung der internationalen Kritik. Diese Arbeiten und ihre Erfolge zeigen, daß die Zukunft des deutschen Films bei denen liegt, die bewiesen haben, daß sie eine neue Sprache des Films sprechen. Wie in anderen Ländern, so ist auch in Deutschland der Kurzfilm Schule und Experimentierfeld des Spielfilms geworden.

Wir erklären unseren Anspruch, den neuen deutschen Spielfilm zu schaffen. Dieser neue Film braucht neue Freiheiten. Freiheit von den branchenüblichen Konventionen. Freiheit von der Beeinflussung durch kommerzielle Partner. Freiheit von der Bevormundung durch Interessengruppen. Wir haben von der Produktion des neuen deutschen Films konkrete, geistige, formale und wirtschaftliche Vorstellungen. Wir sind gemeinsam bereit, wirtschaftliche Risiken zu tragen. Der alte Film ist tot. Wir glauben an den neuen.«[1]

Unterzeichnet wurde das Manifest von 26 Filmemachern, Kameraleuten und Produzenten, unter ihnen Rob Houwer, Alexander Kluge, Hans-Jürgen Pohland, Edgar Reitz, Peter Schamoni, Haro Senft, Franz-Josef Spieker, Hans Rolf Strobel, Heinrich Tichawsky und Herbert Vesely.

Im »Oberhausener Manifest« deutete sich der Generationswechsel an, der sich freilich erst einige Jahre später vollziehen und den deutschen Film – zum ersten Mal seit 1933 – von Grund auf verändern sollte. Die »Oberhausener« legten den Plan vor, mit einem Gesamtetat von 5 Millionen DM zehn Spielfilme zu realisieren; die Gelder sollten von einer einzurichtenden ›Stiftung Junger Deutscher Film‹ verwaltet werden, die sich – neben der bereits existierenden Qualitätsförderung des Bundes – speziell des neuen Films annehmen sollte. Zunächst nahm man die Vorschläge der »Jungfilmer« nicht ganz ernst. Erst im Februar 1965 kam es zur Gründung des ›Kuratoriums Junger Deutscher Film‹, das in den ersten drei Jahren seiner Existenz – mit Mitteln des Bundesinnenministeriums ausgestattet – insgesamt zwanzig Spielfilme mit Beträgen von meist 300 000 DM förderte. Darunter waren Alexander Kluges *Abschied von Gestern*, Edgar Reitz' *Mahlzeiten*, Johannes Schaafs *Tätowierung*, Vlado Kristls *Der Brief* und Werner Herzogs *Lebenszeichen*, Filme, die 1966 und 1967 auf verschiedenen Festivals zu sehen waren und den bundesdeutschen Film erstmals wieder international ins Gespräch brachten. Das Kuratorium hat sich entscheidenden Verdienst an der Transformation und Neugeburt des deutschen Films Mitte der sechziger Jahre erworben. Dem Kuratorium zur Seite steht die Qualitätsförderung des Bundesinnenministeriums (Drehbuchprämien, Filmprämien, Deutscher Filmpreis). Ohne die Förderung dieser beiden Stellen hätten die meisten jener Spielfilme, die das künstlerische Ansehen des neuen deutschen Films nach 1966 neu begründeten, nicht gedreht werden können.

Parallel zu diesen Maßnahmen der Qualitätsförderung entwickelte sich in den sechziger Jahren auch eine stärker wirtschaftlich orientierte Förderung des deutschen Films. 1963 legte der CDU-Abgeordnete Dr. Martin einen Plan vor, demzufolge an den Kinokassen erhobene Sonderabgaben durch eine Anstalt öffentlichen Rechts unter deutschen Produzenten verteilt werden sollten, und zwar entsprechend den Einspielergebnissen der von ihnen produzierten Filme. 1968 gründete man die ›Filmförderungsanstalt‹ in Berlin, die im wesentlichen auf der Grundlage der Martinschen Pläne tätig wurde und die »Qualität des deutschen Films auf breiter Grundlage« zu steigern suchte, indem sie insbesondere dem »guten Unterhaltungsfilm« Anreize bot. Die Tätigkeit der Filmförderungsanstalt bewirkte zunächst keine Qualitätssteigerung der Produktion. Erst die Novellierung des Filmförderungsgesetzes 1973/74 brachte eine wichtige Neuerung: die »Projektförderung«, in deren Rahmen Filmprojekte mit durchaus nennenswerten Summen unterstützt werden können. Wie sich 1974/75 zeigte, sind durch die »Projektförderung« der Filmförderungsanstalt in der Mehrheit ambitionierte Filme jüngerer Regisseure subventioniert worden, so *Die verlorene Ehre der Katharina Blum* und *Berlinger*. Dies war nun wieder jenen Vertretern des Kommerzkinos nicht recht, die hauptsächlich »publikumsrelevante« Filme begehrten. Man führte ins Feld, daß die Prestigeerfolge neuer deutscher

Filme auf ausländischen Festivals (1975: Spezialpreis der Jury von Cannes für Herzogs *Jeder für sich und Gott gegen alle;* im gleichen Jahr liefen auf dem Londoner Filmfestival 10 westdeutsche Filme) von keinem vergleichbaren wirtschaftlichen Erfolg begleitet würden. Dem ist allerdings entgegenzuhalten, daß Filme von Herzog, Fassbinder und Wenders in Paris und London lange Laufzeiten erreichten, während Filme von Schlöndorff und Sinkel/Brustellin auch in der BRD erfolgreich waren, und daß es schließlich auch darauf ankommt, der westdeutschen Produktion wieder ein international gutes Image zu verschaffen.

Während der etablierte (»alte«) deutsche Film in den sechziger Jahren zunehmend an Boden verlor, profilierten sich Regisseure wie Herzog, Schlöndorff, Kluge, Fassbinder, Wenders. Daneben entwickelte sich vor allem in Berlin eine Schule des realistisch-kritischen Spielfilms (manchmal auch »Arbeiterfilm« genannt). In wenigen Jahren wandelte sich das Filmklima in der Bundesrepublik von Grund auf. Durch die Einrichtung kommunaler »Spielstellen« und spezialisierter Kinos vergrößerte sich das Filmangebot erheblich. Bei dieser Verbesserung des Filmklimas spielte auch das Fernsehen eine bedeutende Rolle, das bei vielen Kinofilmen als Koproduzent auftrat und jungen Regisseuren zu Aufträgen verhalf.

Freilich erwies sich schon Mitte der siebziger Jahre, daß der ambitionierte Spielfilm (erst recht der Kurz-, Dokumentar- und Experimentalfilm) im Bereich der frei finanzierten Produktionen in der Bundesrepublik keine Existenzbasis finden konnte, daß die Einspielergebnisse deutscher Filme im Inland angesichts desolat gewordener filmwirtschaftlicher Verhältnisse fast nie ausreichten, um auch nur annähernd die Herstellungskosten zu decken (laut Statistik bringen deutsche Filme in den Kinos der BRD nur etwa 10% der Einspielergebnisse aller Filme ein – nach anderen pessimistischen Statistiken sind es 1977 sogar nur 4% –, während in Frankreich französische Filme über 50% der Kino-Einnahmen einspielen). Dadurch geriet die ambitionierte Filmproduktion in zunehmende Abhängigkeit von den verschiedenen Förderungsgremien (Innenministerium und der Filmförderungsanstalt). Vom Verhalten dieser Gremien und der Fernsehredaktionen hängt es weitgehend ab, ob ein (subventionierter) Film zustande kommt oder nicht. So erzeugt der allgegenwärtige Einfluß der Gremien, die wiederum vom politischen Einfluß vorgeordneter Instanzen abhängig sind, einen gewissen Konformismus der Produktion (abzulesen 1977 an einem immer stärkeren Vorherrschen von aufwendigen, aber stilistisch traditionellen Literaturverfilmungen wie *Heinrich* von Helma Sanders und *Grete Minde* von Heidi Genée), dessen Kehrseite das Scheitern verschiedener aus dem Rahmen fallender Projekte ist. Das Kuratorium Junger Deutscher Film (das 1976 bereits aufgelöst werden sollte, dann aber weiterexistierte) verlor infolge zu geringer Finanzierung an Einfluß. Dieser Zustand wurde von den Filmmachern mehr und mehr beklagt, so daß Fassbinder und Syberberg 1977 in spektakulären Erklärungen ihre Absicht bekanntgaben, in der Zukunft nur noch im Ausland zu arbeiten. Der Unmut der Filmmacher über schwerfällige Gremien und über mangelnde Unterstützung durch die Kritik ist zwar verständlich, jedoch erscheint zweifelhaft, ob in einem anderen europäischen oder außereuropäischen Land bessere Bedingungen der Filmproduktion herrschen als in der Bundesrepublik.

Jahre der Stagnation

Mit wenigen Ausnahmen ist die westdeutsche Filmproduktion von Anfang und bis Mitte der sechziger Jahre von der gleichen künstlerischen Bedeutungslosigkeit wie in den fünfziger Jahren. Routiniers wie Rolf Thiele *(Venusberg,* 1963; *Tonio Kröger,* 1964;

Marco Bellocchio
**Nel nome del padre
(Im Namen des Vaters)**
1971
Italien

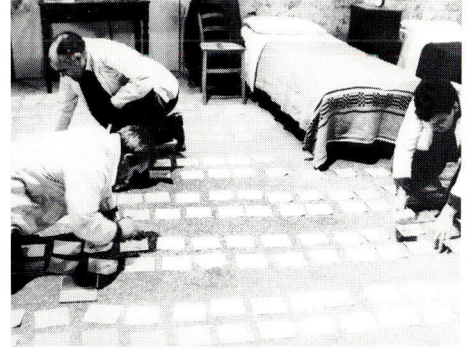

Alexander Kluge
Abschied von gestern
1966
Bundesrepublik Deutschland

Wälsungenblut, 1964) oder Kurt Hoffmann *(Das Spukschloß im Spessart*, 1960; *Schloß Gripsholm*, 1963; *Das Haus in der Karpfengasse*, 1964; *Morgens um sieben ist die Welt noch in Ordnung*, 1968) beherrschten mit konventionellen Literaturverfilmungen und anspruchsloser Unterhaltung die Szene. Unter den Regisseuren der älteren Generation versuchte einzig Wolfgang Staudte (geb. 1906) seinem politischen Engagement Ausdruck zu verleihen. *Kirmes* (1960) erzählt in Rückblenden die Geschichte eines deutschen Deserteurs, der sich 1944 in seinem Heimatdorf angesichts des nazistischen Terrors das Leben nimmt; auch in der Nachkriegszeit hat sich in diesem Dorf, wie Staudte zeigt, wenig geändert. Nach einer verunglückten Verfilmung der Brechtschen *Dreigroschenoper* (1963) kehrte Staudte in *Herrenpartie* (1964) noch einmal zur Zeitkritik zurück, die schon immer (seit *Die Mörder sind unter uns*, 1947) sein bevorzugtes Thema gewesen war: Deutsche Touristen kommen in ein jugoslawisches Dorf, dessen Männer während des Krieges von den Deutschen erschossen wurden. Staudte läßt seine Protagonisten chauvinistisch und aggressiv auf die Situation reagieren. Aber das Instrumentarium seiner Kritik begann mittlerweile stumpf zu werden, Staudte projizierte seine kritische These von der Unbelehrbarkeit des Spießbürgertums mehr in die Realität hinein, als sie aus der Realität abzuleiten. Spätere Filme wie *Das Lamm* (1964) oder *Ganovenehre* (1966) ließen von den einstigen Ambitionen des bedeutendsten deutschen Nachkriegsregisseurs nichts mehr erkennen. Seit Beginn der siebziger Jahre widmet sich Staudte vornehmlich der Arbeit für das Fernsehen.

Während Helmut Käutner, die Gegenfigur zu Staudte, in den sechziger Jahren nur noch wenige und kaum erwähnenswerte Filme drehte (so die mißglückte Alfred-Andersch-Bearbeitung *Die Rote*, 1962), schien sich Bernhard Wicki (geb. 1919) zunächst durch seinen 1959 entstandenen Antikriegsfilm *Die Brücke*, der eine detailgenaue Beschreibung sinnloser Durchhalteaktionen vom Ende des Zweiten Weltkriegs lieferte (wenngleich es dem Film an Analyse der Hintergründe mangelte), als hoffnungsvolles neues Talent zu qualifizieren. Diese Erwartungen konnten seine nächsten Filme indessen nicht erfüllen, weder *Das Wunder des Malachias* (1961), eine veräußerlichte Attacke gegen Geschäftemacherei und Wunderkult in unserer Gesellschaft, noch die als internationale Koproduktion aufwendig produzierte Dürrenmatt-Bearbeitung *Der Besuch* (1964). In den USA realisierte Wicki dann mit Starbesetzung (Marlon Brando, Yul Brynner) ein Antinazidrama, das auf einem Blockadebrecherschiff des Zweiten Weltkriegs spielt: *Morituri* (1965), in dem ein starkes antifaschistisches, freilich nur emotional vermitteltes Engagement spürbar wird. 1976/77 verfilmte Wicki eine Novelle von Günter Herburger, *Die Eroberung der Zitadelle*: Hier erlebt ein deutscher Schriftsteller Italien aus der Perspektive eines Gastarbeiters. Einzelgängerische, im Grunde einer vergangenen Kinoästhetik verpflichtete Werke sind auch Rudolf Noeltes Kafka-Verfilmung *Das Schloß* (1968) und Maximilian Schells *Der Fußgänger* (1973), eine »Abrechnung« mit dem Nazismus, die einen Exnazi und heutigen Wirtschaftskapitän als tragisches Opfer der Zeitläufe, die ihn verfolgenden Journalisten als rücksichtslose Sensationsmacher hinstellt.

Ebenso vereinzelt wie diese Filme stehen in der Filmlandschaft der beginnenden sechziger Jahre einige Werke, die später sich durchsetzende Stilformen vorwegnahmen, für ihre Zeit aber zu früh kamen. Dazu gehört vor allem Herbert Veselys (geb. 1931) von großen Vorschußlorbeeren begleitete Böll-Verfilmung *Das Brot der frühen Jahre* (1961). Vesely hatte bereits 1955 den Avantgardefilm *Nicht mehr fliehen* gedreht, eine Verarbeitung von Cocteau- und Buñuel-Motiven, der in seiner Zeit vollkommen unverstanden blieb. In *Das Brot der frühen Jahre* übersetzte Vesely Bölls Handlungsmotive in eine komplizierte, zeitlich und dramaturgisch verschachtelte Bildsprache. Der Gesamteindruck blieb zwiespältig, der Film war nicht mehr als eine Demonstration von Stilmitteln, bezogen auf ein literarisches Sujet, das diesen Stilmitteln nicht adäquat war. Der Versuch, ein neues deutsches Kino zu begründen, war fürs erste gescheitert. Vesely konnte späterhin nur noch sporadisch Filme fürs Fernsehen und andere Auftraggeber drehen.

Unter den Vorläufern und Außenseitern der ersten Hälfte der sechziger Jahre verdienen ebenfalls Erwähnung: Hansjürgen Pohland mit *Tobby* (1961), einem improvisierten Film über einen Jazzsänger, Will Tremper mit *Die Flucht nach Berlin* (1960), *Die endlose Nacht* (1962), *Playgirl* (1965) und *Sperrbezirk* (1966) – Versuche, aus einer Mischung von Boulevardjournalismus und Realitätsbeobachtung einen neuen Typus von populärem Film zu entwickeln, der sich aber als wenig populär erwies; den einzelgängerisch produzierten, mit scharfer kabarettistischer Zeitkritik versehenen Film *Genosse Münchhausen* (1962) von Wolfgang Neuss. Auf dem experimentellen Sektor betätigten sich Ottomar Domnick (geb. 1907), ein Stuttgarter Nervenarzt, mit *Jonas* (1957), *Gino* (1960), *Ohne Datum* (1962) und *N. N.* (1968/69) – Werke, die zwar das herkömmliche Erzählkino negierten, ihre prätentiöse Bildsprache aber im Grunde nur zur Bebilderung literarischer Texte benutzten und dadurch schon zur Zeit ihres Entstehens datiert erschienen; und Vlado Kristl (geb. 1923), ein gebürtiger Jugoslawe, der 1962 Jugoslawien verließ, weil sein Film *Resni clovek* (»Der General«) verboten wurde, nach Deutschland ging und dort 1964 seinen ersten Langfilm *Der Damm* drehte, gefolgt – nach mehreren Kurzfilmen – von *Der Brief* (1966). Vlado Kristl, der gleichzeitig als Maler und Dichter tätig ist, kann als einer der eigenwilligsten Filmemacher der sechziger Jahre gelten. Er ist ein absoluter Feind jedes Kommerzialismus und jeder Abhängigkeit; freilich stellt er mit der ihm eigenen selbstzerstörerischen Radikalität auch die Kommunikation zwischen Film und Zuschauer und damit sein eigenes Werk in Frage. Zwar enthalten sowohl *Der Damm* als auch *Der Brief* Ansätze von Handlungsstruktur: *Der Damm* erzählt eine Dreiecksgeschichte zwischen einem gelähmten Mädchen, Kristl selbst und einem feisten Bürger; in *Der Brief* versucht Kristl, einem unbekannten und vielleicht nicht einmal vorhandenen Empfänger einen Brief zuzustellen, wobei er eine Odyssee komischer und absurder Abenteuer durchstehen muß. Aber diese Rudimente von Handlung werden von Kristl auf den Kopf gestellt, zerhackt und durcheinandergeschüttelt. Jeder Ansatz sich möglicherweise ergebenden Sinns wird sogleich zerstört. Dabei geht Kristl mit Konsequenz und zugleich mit so viel persönlicher Intuition, mit Witz und Erfindungsreichtum ans Werk, daß die Filme gerade durch ihre zerbrochene Struktur eine eigene Wirkungskraft entfalten. Später wurden Kristls Filme gewollt oder erzwungenermaßen immer »armseliger«, auch verzweifelter (durch die immer ungünstigeren Produktionsbedingungen): *Sekundenfilme* (1968); *Italienisches Capriccio* (1969), die Parodie eines Reiseberichts, noch einmal ein »klassischer« Kristl; *Film oder Macht* (1970) und *Obrigkeitsfilm* (1971) kennzeichnete Kristl als »Testamente«.[2] 1976 und 1977 unternahm Kristl Versuche in einem neuen Genre, dem »Videotheater«.

Die Geburt des ›Jungen Deutschen Films‹

Entscheidender Wendepunkt im Prozeß der Wiedergeburt des westdeutschen Kinos war zunächst das Jahr 1962 mit der Publikation des bereits zitierten »Oberhausener Manifests«. Aber erst 1966 kamen die Anfangswerke des – alsbald so genannten – ›Jungen Deutschen Films‹ in die Kinos. Unmittelbarer Vorläufer der Bewegung war der nach Deutschland emigrierte Franzose Jean-Marie Straub, der 1965 (gemeinsam mit Danièle Huillet) die Böll-Verfilmung *Nicht versöhnt* realisierte, ein politisch aktuelles, stilistisch neuartiges, avantgardistisches Werk, das zur Zeit seines Erscheinens überwiegend Verständnislosigkeit hervorrief. Straub war bereits 1964 mit dem Kurzfilm *Machorka Muff*, einer antinazistischen Satire, hervorgetreten. In das unmittelbare Vorfeld des ›Jungen Deutschen Films‹ gehören ferner die Dokumentarfilmregisseure Hans Rolf Strobel und Heinrich Tichawsky, die 1961 mit ihrer ätzenden, aber gut beobachteten und montierten Reportage *Notizen aus dem Altmühltal* zum Bannerträger der Erneuerung im westdeutschen Kino wurden. 1966 erschienen plötzlich eine Reihe von Spielfilmen, die den Durchbruch einer neuen Regiegeneration ankündigten: Alexander Kluges *Abschied von gestern*, Volker Schlöndorffs Musil-Bearbeitung *Der junge Törless*, Peter Schamonis *Schonzeit für Füchse* und Ulrich Schamonis *Es*. Im nächsten Jahre folgten Haro Senfts *Der sanfte Lauf*, Christian Richerts *Kopfstand Madame!*, Schlöndorffs zweiter Film *Mord und Totschlag* und Ulrich Schamonis *Alle Jahre wieder*, Hansjürgen Pohlands *Katz und Maus* (nach einer Novelle von Günter Grass), *Kuckucksjahre* von George Moorse, *Tätowierung* von Johannes Schaaf, *Wilder Reiter GmbH.* von Franz-Josef Spieker, schließlich Edgar Reitz' *Mahlzeiten*. Der ›Junge Deutsche Film‹ war geboren. Das Jahr 1966 »wurde zum ›Jahr eins‹ des Jungen Deutschen Films«.[3] Die Wirkung dieser Filme war um so nachhaltiger, als sie in ein mittlerweile totales filmkünstlerisches Vakuum stießen, da von den etablierten Regisseuren des deutschen Films seit Jahren nichts Nennenswertes mehr gekommen war.

Der ästhetische Ansatz mancher Werke des ›Jungen Deutschen Films‹ muß heute als veraltet erscheinen – das gilt besonders für Filme wie *Schonzeit für Füchse* und *Der sanfte Lauf*. Auch die meisten anderen Filme zeigten bestenfalls solides filmisches Metier. Nur Kluge (und Straub) kann man zubilligen, daß sie auch in der formalen Machart ihrer Filme Neuland erschlossen. Aber vielleicht war dies in den Jahren 1965 bis 1967 nicht einmal die wichtigste Aufgabe für die jungen deutschen Filmemacher; zunächst einmal ging es ihnen vordringlich um die Gewinnung einer historischen und gesellschaftlichen Identität als Voraussetzung weiteren Arbeitens. Die Auseinandersetzung mit Themen der deutschen Vergangenheit spricht aus den meisten Frühwerken des neuen deutschen Films. Dieser Umstand konnte wenig überraschen, weil die künstlerische Bedeutungslosigkeit des deutschen Films nach 1945 gerade aus der Nichtreflexion über die Vergangenheit herrührte.

Spezifische deutsche Vergangenheit ist in mannigfacher Form gegenwärtig in Alexander Kluges *Abschied von gestern*: in den Erinnerungsbildern, in den Fotos von Hauskonzerten, in der Tangomusik, im Motiv des Deutschlandliedes, um das herum eine ganze Szene gebaut ist, in der Architektur, im Verhalten der Personen und namentlich in der Sprache. Schlöndorffs Musil-Bearbeitung *Der junge Törless* versteht sich, obgleich in einen relativ fernen historischen Rahmen verlagert, als eine Studie präfaschistischer Mentalität. In Straubs *Nicht versöhnt* und in Pohlands *Katz und Maus* wird die Nazi-Epoche in der historischen Rückblende direkt zitiert. Das Motiv der Rückkehr in die Vergangenheit ist auch in Haro Senfts *Der sanfte Lauf* enthalten.

Ebenso wichtig wie die Auseinandersetzung mit der Vergangenheit war die Abbildung der bundesrepublikanischen Gegenwart in den ersten Werken des ›Jungen Deutschen Films‹. Diese Gegenwart wurde zumeist unter subjektiven, manchmal sogar autobiographischen Aspekten gesehen; ein Merkmal, das die neuen deutschen Filme mit der französischen ›Nouvelle vague‹ verband: die Regisseure wollten von dem sprechen, was sie selbst beobachtet oder erlebt hatten. Kluge liefert in *Abschied von gestern* ein facettenreiches, kritisches Bild bundesrepublikanischer Verhältnisse in der Epoche des Wirtschaftswunders: Indifferenz, Rückständigkeit und Paternalismus, psychische Deformationen besonders im Betragen jener, die über Ämter und Würden verfügen, charakterisieren diese Bundesrepublik. Peter Schamoni zeigt in *Schonzeit für Füchse* die Welt arrivierter Besitzbürger, die sich selbstgefällig Geschichten aus der Vergangenheit anhören; ihnen steht die skeptische Generation der etwa Dreißigjährigen gegenüber, die jedoch keine Kraft für eine Revolte gegen die Älteren aufbringt. Ähnlich ist die Konstellation in Haro Senfts *Der sanfte Lauf:* ein junger Mann will sich nicht als Protégé seines künftigen Schwiegervaters in die Wohlstandsgesellschaft integrieren lassen. Franz-Josef Spieker ironisiert in *Wilder Reiter GmbH.* den Publicityrummel der Unterhaltungsindustrie. Eheprobleme behandeln Rischerts *Kopfstand Madam!* und Reitz' *Mahlzeiten.* Auch da, wo die Filme sehr individuelle Konflikte schildern, werden diese in ein Spektrum gesellschaftlicher Beobachtungen hineingestellt.

Einige Werke des ›Jungen Deutschen Films‹ beschreiben auf selbstverständlich-gelockerte Weise die Lebensart der jungen Generation oder den Aufstand der Jungen gegen die Älteren. In *Es* schildert Ulrich Schamoni unkonventionell und spontan das Zusammenleben eines jungen Paares. Im Gewande einer Kriminalgeschichte – eine Serviererin erschießt ihren Freund und läßt die Leiche beseitigen – lieferte Volker Schlöndorff in seinem zweiten Spielfilm *Mord und Totschlag* ein exaktes, scharf detailliertes Bild vom Denken, Fühlen und Verhalten der jungen Generation. In Johannes Schaafs *Tätowierung* richtet ein sechzehnjähriger Junge, der aus einem Jugendheim zu reichen Adoptiveltern kommt, plötzlich die Pistole auf seinen Adoptivvater und erschießt diesen: die Kurzschlußhandlung steht stellvertretend für den Protest der Jüngeren gegen die Phrasenhaftigkeit und Selbstzufriedenheit der etablierten Gesellschaft.

Ulrich Schamoni (geb. 1941) entwickelte in *Es* einen lebendig pointierten Stil improvisatorischer Wirklichkeitsnähe, der zunächst erfrischend und neuartig wirkte. Ulrich Schamonis folgende Filme machten aber die Gefahr einer gewissen Oberflächlichkeit deutlich, die in diesem Stil lag. Schon in *Alle Jahre wieder* (1967), dem melancholischen Porträt einer resignierenden Gruppe von 40jährigen aus der Provinzstadt Münster, zeigte sich Routine, allzuviel bloß kabarettistischer Witz; zwar kann man dem Film keine unkritische Haltung gegenüber seinen Protagonisten vorwerfen, aber seine Analyse drang nicht tief genug und versandete in Klischees. *Quartett im Bett* (1968) war ein Rückfall in Klamottenkomik von anno dazumal, *Wir zwei* (1970) ein gefühlvolles Melodram. Eine spezifische Komik versuchte Ulrich Schamoni in dem abenteuerlich-absurden Spielerdrama *Eins* (1971) zu entwickeln und vor allem in dem stark selbstironischen *Chapeau claque* (1974), der das Dasein eines ziellos vor sich hin lebenden bankrotten Fabrikanten (gespielt von Schamoni selbst) beschreibt. Die letzten beiden Filme Schamonis ließen das Streben nach einem Typus des intelligenten Unterhaltungsfilms erkennen, mit dem er sich jedoch auf dem westdeutschen Kino-Markt nicht durchzusetzen vermochte, wo entweder der anspruchsvolle Autorenfilm (im Hinblick auf die Förderungsgremien) oder die billigste Konsumware gefragt war.

Haro Senft (geb. 1928), der schon in den fünfziger und zu Beginn der sechziger Jahre mit Kurzfilmen hervorgetreten war *(Kahl,* 1961; *Plakate, Parolen, Signale,* 1962; *Auto Auto,* 1964) zeichnete in seinem ersten Spielfilm *Der sanfte Lauf* (1967) ein ähnliches (nur differenzierteres) Bild von der Opposition zwischen der jungen, noch ihren Weg suchenden Generation und den alteingesessenen Privilegierten, die die Hebel der Macht bedienen, wie Peter Schamoni in *Schonzeit für Füchse.* Das moralische Problem, das der Film stellte, wurde aber nicht in filmische Strukturen umgesetzt, sondern blieb vom Film ablösbar. Haro Senfts zweiter Spielfilm *Fegefeuer* (1971) bemühte sich um stilistische Modernität, die im Verhältnis zum Geschehen (einem in Rückblenden erzählten politischen Verbrechen) aber künstlich aufgepfropft wirkte.

Der gebürtige Amerikaner George Moorse (geb. 1936), der sich seit 1959 in Deutschland aufhält, leistete ebenfalls einen Beitrag zum ›Jungen Deutschen Film‹ – zunächst mit dem 1964 in Berlin gedrehten Kurzfilm *Inside Out,* der wegen seiner modernen (eher schicken) Machart viel Beifall erhielt, dann (nach dem 1965 in Holland gedrehten *Zero in the Universe*) mit einer sensiblen, unterkühlten Kleist-Bearbeitung, *Der Findling*

(1967), und mit einer mehr verspielten als gesellschaftskritischen Pop-Fantasie über junge Leute, die bindungslos in einer bizarren Traumwelt leben: *Kuckucksjahre* (1967). Variationen dieses mit leichter Hand inszenierten modischen Bilderbogens – meist vor einer Münchnerischen Kulisse – führte Moorse auch in *Der Griller* (1968) und *Liebe und so weiter* (1968) vor. Dann aber erschien 1971 der wahrscheinlich beste Film von George Moorse: *Lenz*, die Verfilmung der fragmentarischen Novelle gleichen Titels von Georg Büchner, zugleich ein Porträt des schizophrenen Sturm-und-Drang-Dichters Lenz. Moorse gab seinem Film einen historischen Rahmen in Kleidung, Architektur, Sprache; gleichzeitig transzendierte er diesen Rahmen, indem er die Natur zu einem Spiegel von Empfindungen und Gedanken erhob. Nach *Pan* (1973), dem Versuch, aus einem mythologischen Drama eine politische Parabel zu entwickeln, kehrte Moorse mit *Schattenreiter* (1974) wieder in die Gegenwart zurück und erzählte in schönen, aber distanzierten Bildern das Drama eines Liebespaares aus einer Provinzstadt der zwanziger Jahre, deren verknöcherte Gesellschaft die beiden Liebenden erst moralisch ächtet und dann in den Selbstmord treibt.

Zu den Begründern und Vorläufern des ›Jungen Deutschen Films‹ gehört nicht zuletzt das »Tandem« Hans Rolf Strobel und Heinrich Tichawsky. Strobel (geb. 1929) und Tichawsky (geb. 1924) drehten seit 1954 zahlreiche Kurz- und Dokumentarfilme (bekannt wurde vor allem *Notizen aus dem Altmühltal*, 1961); die kritische, realitätsnahe Orientierung dieser Filme ließ sie in jenen Jahren als richtungweisend für einen zukünftigen deutschen Film erscheinen. Strobel/Tichawskys Arbeit war zu großen Teilen filmischer Journalismus, hergestellt für das damals gerade im Aufbau begriffene Fernsehen; auf Kunst und Ästhetik legten die Regisseure weniger Wert als auf Information und exakte filmische Verarbeitung ihres Stoffs. 1962 drehten Strobel und Tichawsky einen langen Dokumentarfilm über Süditalien, *Notabene Mezzogiorno*, der den ersten Preis auf dem Festival des ethnographischen Films in Florenz gewann. Als dann einige Jahre später nach Gründung des ›Kuratoriums Junger Deutscher Film‹ sich die Chance zur Realisierung auch anspruchsvollerer Projekte für junge Regisseure eröffnete, zeigte sich, daß Strobel/Tichawskys Stunde möglicherweise schon vorbei war. Nach mancherlei Rückschlägen realisierten sie schließlich das langgehegte Projekt *Eine Ehe* (1968), einen dokumentarischen Spielfilm über das Scheitern einer bürgerlichen Ehe an Umweltfaktoren und an der psychischen Struktur der beiden Partner. Der Film ist wie ein soziologischer Essay angelegt und vermittelt viele richtige Einsichten, besonders ausführlich behandelt er das Thema Städtebau. Aber es besteht in ihm keine Verbindung zwischen der gesellschaftlichen und der individuellen Ebene; das Individuelle trägt in *Eine Ehe* oft den ärgerlichen Akzent des Banalen und bloß Privaten. Daran ändert auch die künstlich komplizierte Erzähltechnik des Films nichts.

Johannes Schaaf (geb. 1933) drehte seinen ersten Spielfilm 1967: *Tätowierung*, die Geschichte eines jungen Mannes, der gegen seinen Stiefvater rebelliert. Der Film befleißigt sich einer durchaus traditionellen Erzählweise. Auffällig an ihm ist die besondere Betonung von Elementen der Dekoration. Eine wichtige Rolle als Handlungshintergrund spielen eine ausgediente Mosaikfabrik mit ihrer altertümlichen, leicht verrotteten Architektur, oder die glasgepanzerten Touristenbusse in den Straßen Berlins. In besonderem Maße lebt *Trotta* (1971, nach Joseph Roth), Schaafs nächster Film, von der Dekoration: die Geschichte eines Offiziers der österreichischen Armee, der durch den Ersten Weltkrieg aus dem Gleis geworfen wird, scheint ganz und gar durch die pompösen Kulissen eines dekadenten Lebensstils determiniert. Bemerkenswert ist die geradezu surreale Sequenz in einem türkischen Bad zu Beginn des Films, wo beleibte Offiziere wie Walrosse aus den Fluten auftauchen. In *Traumstadt* (1973) dagegen gab Schaaf allzusehr seiner Neigung zur Ausmalung von Untergangsstimmungen nach und schuf ein fragwürdiges Sammelsurium exzentrischer Phantasiebilder im Rahmen einer mit »Botschaften« überfrachteten Science-fiction-Story.

Der in Paris als Assistent von Malle, Resnais und Melville ausgebildete Volker Schlöndorff (geb. 1939), der in seinen ersten Filmen *Der junge Törless* (1966) und *Mord und Totschlag* (1967) gute Beherrschung des Handwerks und filmische Sensibilität bewiesen hatte, verlegte sich in seinen nächsten Werken, für die er aufgrund des Erfolges von *Mord und Totschlag* einen 6-Jahres-Vertrag der amerikanischen Gesellschaft ›Columbia‹ erhielt, zunächst auf historische Stoffe. *Michael Kohlhaas – der Rebell* (1969) geriet ihm freilich eher konventionell, die internationale Starbesetzung war dem Thema nicht angemessen, auch wurden die interessantesten Motive aus der zugrundeliegenden Kleistschen Erzählung herausoperiert. *Der plötzliche Reichtum der armen Leute von Kombach* (1971) trug bei zur Entwicklung des aus folkloristischen Quellen schöpfenden »Heimatfilms« neuer Prägung. Der Film berichtet von der Beraubung eines Geldtransports durch arme Bauern und Tagelöhner im Jahre 1821. Ohne große Exkurse vermag der Film eine Menge über das Fühlen und Denken einer unterdrückten Bevölkerungsschicht mitzuteilen; seine sozialkritische Perspektive ergibt sich aus den Details der Regie. 1969 verfilmte Schlöndorff Brechts *Baal* für den Hessischen Rundfunk. In seinen späteren Filmen wandte sich Schlöndorff wieder zeitgenössischen Sujets zu. *Die Moral der Ruth Halbfass* (1972) war eine Komödie über die fragwürdige Ehemoral der gehobenen Gesellschaftskreise; dem Film lag eine Skandalaffäre zugrunde, die durch alle Illustrierten ging. In *Strohfeuer* (1973) machte sich Schlöndorff zum Anwalt der Frauenemanzipation, indem er die – mehr oder minder erfolglosen – Versuche einer jungen Frau beschrieb, sich selbst zu verwirklichen und ein unabhängiges Leben zu führen. Obwohl die Diskriminierung der Heldin im Umgang mit einem paternalistischen Galeriebesitzer in Details treffend deutlich wurde, suchte der Film seinem Thema zu viele bloß »unterhaltende« Seiten abzugewinnen. Daß Schlöndorff vom Autorenfilm der sechziger Jahre (in seiner esoterischen Auslegung) wegstrebt zu einem auch für breitere Kreise zugänglichen Typus von Kinofilm machte *Die verlorene Ehre der Katharina Blum* (1975, Ko-Regie Margarethe von Trotta) erneut deutlich. In der Erzählung von Heinrich Böll über die Diffamierung, die die Freundin eines Anarchisten durch die Massenpresse erfährt, fand Schlöndorff ein starkes und aktuelles Sujet, dem er auch als Regisseur treu blieb, indem er die publizistisch-polemischen Kraftlinien der literarischen Vorlage konsequent herausarbeitete. Zwar sind einzelne Gestalten des Films (der Polizeikommissar, der schmeißfliegenhafte Zeitungsreporter) bis zum Klischee stilisiert; dafür aber gewann Schlöndorff in Angela Winkler eine ausgezeichnete Darstellerin für die Hauptrolle. *Der Fangschuß* (1976), ein psychologisches Drama, das im Baltikum unter deutschen Freischärlern spielt, vermochte trotz mancher stilistischer Bemühung insgesamt weniger zu überzeugen. Unter den Regisseuren des ›Jungen Deutschen Films‹ ist Schlöndorff sicherlich derjenige, der am souveränsten über die Ausdrucksmittel einer modernen Filmsprache verfügt, obwohl er nicht so sehr die Durchsetzung eines bestimmten Entwurfs von Film anzustreben scheint, sondern sich um Kommunikation mit einem breiteren Publikum und um die Ausnutzung der (verbliebenen) Möglichkeiten des Kino-Marktes bemüht.

Alexander Kluge, Edgar Reitz

Alexander Kluge (geb. 1932), Jurist und Rechtsanwalt, Schriftsteller und Filmemacher, ist die zentrale Figur der westdeutschen Filmszene seit den sechziger Jahren und der wichtigste Protagonist ihrer Erneuerung. Dies gilt in mehrfacher Hinsicht: nicht nur drehte Kluge einige der interessantesten und richtungweisendsten Filme seit 1966 überhaupt; ebenso intensiv und erfolgreich betätigte er sich als Initiator einer neuen und besseren Filmpolitik. Zusammen mit Edgar Reitz prägte er für die bundesdeutsche Filmszene den Begriff des ›Autorenfilms‹. Kluge hat in seinen Filmen nicht nur die wichtigsten Themen aus Deutschlands Geschichte und Gegenwart behandelt, er hat gleichzeitig auch eine neuartige filmische Erzählweise entwickelt, die den Zuschauern keine fertigen Resultate vorsetzt, sondern ihnen hilft, ihre Phantasie zu aktivieren, die die Wirklichkeit dokumentarisch erfaßt und gleichwohl in höchst subjektive, collagenhafte, mit Assoziationen durchsetzte neue Erscheinungsformen bringt. Kluges Filme sind eine Fortsetzung oder Variation seiner »dokumentarischen Prosa«.

Kluges spezifische Thematik und seine unverwechselbare Handschrift lassen sich bereits in seinen Kurzfilmen erkennen, so in *Brutalität in Stein* (1960, neubearbeitet 1963 unter dem Titel *Die Ewigkeit von gestern*, realisiert gemeinsam mit Peter Schamoni), einer Studie über die Architektur des Naziregimes am Beispiel des Nürnberger Parteitaggeländes. 1963 folgte *Lehrer im Wandel* und 1965 *Porträt einer Bewährung*, ein Film über den ehemaligen Polizeiwachtmeister Karl Müller-Seegeberg, der sich »unter mehr als fünf Regierungen« in der Polizei immer erneut bewährte und schließlich entlassen wurde (wegen »unzulässiger Schußabgabe«). Aus Zitaten setzt Kluge das (fiktive) Porträt einer autoritätshörigen Persönlichkeit zusammen. Der Film enthält in nuce schon alle Besonderheiten und Obsessionen, die den späteren Kluge charakterisieren, so die Faszination von Sport- und Polizeifesten, auf denen sich Menschen zu Ornamenten gruppieren (für Kluge eine Chiffre der Perversion).

In *Abschied von gestern* (1966) schildert Kluge die Odyssee eines Mädchens, das aus der DDR in die Bundesrepublik kommt. Anita G., die als einzige Habe einen Koffer besitzt, muß stets um ihr Überleben kämpfen; sie wird herumgestoßen und ausgenutzt. Weil sie eine Jacke stahl, wird sie verurteilt. Von einer Schallplattenfirma kommt sie in ein Pelzgeschäft, wird die Geliebte des Chefs, muß wieder fliehen; eine Zeitlang Zimmermädchen, versucht sie dann zu studieren, wird die Freundin eines verheirateten Ministerialrats, der ihr Lektionen in Opernmusik erteilt, sie aber wegschickt, als sie schwanger ist. Ihr Kind bekommt sie im Gefängnis. *Abschied von gestern* ist bruchstückhaft und elliptisch erzählt; die Handlung macht immer wieder große Sprünge, einzelne Fragmente erscheinen fast dokumentarisch. Die Personen des Films spielen keine Rollen, sondern sich selbst, was auch für die Hauptdarstellerin Alexandra Kluge (die Schwester des Regisseurs) gilt. Was Kluge am Drehort entdeckte, was die Darsteller an der Konzeption des Films veränderten, wurde in den Film eingebracht und macht am Ende seine lebendigste Substanz aus. Kluge sagte: »Anita ist wie ein Seismograph, der durch unsere Gesellschaft geht, wie eine Sonde. Ich habe versucht, deren Ausschläge zu registrieren.«[4] Die Personen des Films sind teilweise Karikaturen, so die Richter oder der Regierungsrat Pichota. Aber der Film täuscht nicht vor, Realität abzubilden; er schlägt vielmehr Motive an, die Assoziationen, neue Überlegungen und Empfindungen im Zuschauer wecken. »Ich glaube, das ist der Kern: der Film stellt sich im Kopf der Zuschauer zusammen, und er ist nicht ein Kunstwerk, das auf der Leinwand für sich lebt. Der Film muß deswegen mit den Assoziationen arbeiten, die, soweit sie berechenbar, soweit sie vorstellbar sind, vom Autor im Zuschauer ausgelöst werden.«[5] Diesem Ziel dienen die elliptische Bauweise des Films, die Einschiebung von Zitaten und Erinnerungen (zu denen etwa die Postkartenbilder und die Tangomusik gehören), die Zwischentitel. Aber die Wirkung des Films kommt nicht nur durch seine Erzählweise zustande, sondern auch durch seine Anteilnahme am Schicksal der Hauptfigur, durch seine Gesellschaftskritik, seine skeptische Ironie, sein Engagement.

Die Artisten in der Zirkuskuppel: ratlos (1968) fiel stärker allegorisch aus als *Abschied von gestern* und erschloß sich daher dem Zuschauer weniger leicht. Hauptfigur des Films ist die Zirkusunternehmerin Leni Peickert, die sich mit der Planung eines »Reformzirkus« beschäftigt, in welchem die Phantasie über dem Leistungsprinzip stehen soll. Aber sie kapituliert letztlich vor den ökonomischen Schwierigkeiten und versucht später im Fernsehen eine »Politik der kleinen Schritte« einzuschlagen. Der Zirkus steht hier stellvertretend für jedwede künstlerische und intellektuelle Betätigung, die in ein Feld von Abhängigkeiten eingespannt ist und in ihren avanciertesten Formen Schwierigkeiten hat, das Publikum noch zu erreichen; mit den »Artisten«, die ratlos in der Zirkuskuppel sitzen, meint Kluge im Grunde sich selbst und die Situation der Intellektuellen. So läßt sich der Film auch als eine selbstkritische Reflexion über das neue deutsche Kino und seine Schwierigkeiten verstehen. Noch stärker als *Abschied von gestern* stattete Kluge *Die Artisten in der Zirkuskuppel: ratlos* mit Zitaten, Reflexionen und persönlichen Phantasiebildern aus (visionär insbesondere das optische Leitmotiv des beleuchteten Zirkuszelts). *Die Artisten . . .* ist ein Film über die Utopie (Leni Peickert denkt rastlos über neue Möglichkeiten der Zirkuskunst nach), gleichzeitig aber auch ein Film über die Vergangenheit: Bilder pervertierter Nazimassenschauspiele werden zur Begleitung des (spanisch gesungenen!) Beatles-Songs »Yesterday« zitiert. In diesen und vielen anderen Passagen leistet der Film eine notwendige »Trauerarbeit«. *Die Artisten . . .* erhielt auf den Internationalen Filmfestspielen in Venedig 1968 den Goldenen Löwen. Als letzter deutscher Film hatte im Jahre 1936 Luis Trenkers *Der Kaiser von Kalifornien* diese Auszeichnung erhalten.

Zwischen seinen Langfilmen drehte Kluge immer wieder Kurzfilme, die teilweise Vorstudien zu kommenden Projekten waren, teilweise nicht verwendetes Material aus bereits abgeschlossenen Filmen verarbeiteten. 1967 entstand *Frau Blackburn wird gefilmt*, ein Porträt von Kluges Großmutter. Der Verismus der dokumentarischen Sequenzen dieses Films wird dadurch aufgebrochen, daß Kluge (als Fragesteller aus dem Hintergrund hörbar) Frau Blackburn ermuntert, Erinnerungen und Assoziationen nachzugehen, sie in keineswegs naturalistischen Posen festhält, Ansätze von fiktiver Spielhandlung einführt, einmal das Bild absichtlich »wegwischen« läßt, so daß Frau Blackburn geisterhaft zur Seite huscht, und die Einstellungen des Films durch Schwarzfilm unterbricht. Auf der anderen Seite enthält der Film auch viel Alltagsrealität (Frau Blackburn beim Kaffeemachen), so daß dieser kleine und unscheinbare Film insgesamt als konzentriertes Spiegelbild der Klugeschen Methode gelten kann.

1970 begann Kluges Science-fiction-Periode. Ausgehend von der Überlegung, daß hier Chancen für die Erprobung neuer Filmformen liegen und sich Science-fiction-Storys gut als Metaphern zur Diskussion aktueller gesellschaftlicher Probleme eignen, drehte Kluge zwei Langfilme, *Der große Verhau* (1969/70) sowie *Willy Tobler und der Untergang der 6. Flotte* (1971) und einen Kurzfilm, *Wir verbauen 3 × 27 Milla. Dollar in einen Angriffsschlachter* (1971). Diese Filme folgen einem übereinstimmenden Prinzip: sie operieren mit antinaturalistischen Spielzeugkonstruktionen, die dem Pionier des phantastischen Films, George Méliès, nachempfunden sind, und glossieren im Rahmen einer äußerst komplizierten Erzählung sowohl absurde Perversionen des Kapitalismus (unsinnige Verschwendung von Geldern zum Bau imperialistischer »Angriffsschlachter« für die Kriegführung im Weltraum) als auch das Fortbestehen kleinbürgerlicher und vorindustrieller Haltungen in der total rationalisierten Zukunftsgesellschaft. Letztere werden in *Der große Verhau* durch die Sternschiffer Vincenz und Maria Sterr exemplifiziert, die fremde Raumschiffe zum Absturz bringen und verkaufen, oder durch das Kleinunternehmen »Joint Galactical Transports«, das illegal Billigsttransporte durchführt. »Es sind diese Kleinen, die die Entwicklung vorwärtstreiben durch ihren tiefen Glauben an die Auswertungsmöglichkeiten des Weltalls. Sie leben nach der Devise: ›in zwei Jahren ist alles aus.‹ Nach dieser Devise leben sie ewig.« (Alexander Kluge)[6] Aber die Kalkulation auf Publikumsappeal durch den Science-fiction-Stoff ging bei diesen Filmen nicht auf. Sie blieben abstrakte Vexierspiele, die ihre Thesen nicht sinnlich erfahrbar machen konnten. Eine umgearbeitete und mit neuem Material versehene Fassung von *Willy Tobler* brachte Kluge 1977 unter dem Titel *Zu böser Schlacht schleich ich heut nacht so bang* heraus.

In *Gelegenheitsarbeit einer Sklavin* (1974) kehrte Kluge wieder zur Gegenwartsthematik zurück. Roswitha Bronski unterhält eine Abtreibungspraxis, um ihren noch studierenden, äußerst patriarchalischen Ehemann sowie die Kinder zu unterhalten. Als sie Schwierigkeiten mit der Polizei bekommt, gibt sie die Abtreibungspraxis auf und widmet sich gesellschaftspolitischen Aktivitäten. Sie überklettert eine Fabrikmauer, um Geheimnisse der Firmenleitung auszuspähen, und fährt nach Portugal, um herauszubekommen, ob dort ein Zweigwerk errichtet wird. Roswitha betreibt ihre Aktivitäten mit Mut und Energie, jedoch läßt sie es an notwendiger Überlegung fehlen, so daß sich nie ein Erfolg einstellt. Zum Schluß (nachdem ihr Mann aufgrund ihrer Aktivitäten entlassen wurde) sieht man sie in Werksnähe Würstchen verkaufen, die in Flugblätter eingewickelt sind. *Gelegenheitsarbeit einer Sklavin* wurde verschiedentlich als »Lehrstück« bezeichnet[7], und in der Tat will Kluge Prinzipielles über den Emanzipationsprozeß einer Frau mitteilen. Obwohl auch dieser Film wie seine früheren stilistisch einfallsreich gemacht ist, Dokumentarisches mit Fiktion und den verschiedensten Bild- und Textzitaten verschränkt, muß man doch die Frage stellen, ob die Roswitha dieses Films nicht unreflektierter und irrationaler handelt als jede andere vergleichbare Frau. Die Kritikerin Helke Sander, die in der Zeitschrift »Frauen und Film« zu einem total ablehnenden Urteil gegen den Film kommt, schreibt: »Darum glauben viele Frauen, wenn sie aus dem Kino kommen, sie hätten einen Film über eine Geisteskranke gesehen.«[8] Kluge selbst sieht die Beschränktheit seiner Heldin als eine positive »Produktivkraft«.[9]

In Gefahr und größter Not bringt der Mittelweg den Tod (1975, Ko-Regie Edgar Reitz) stellt in Kluges Werk insofern ein Novum dar, als hier vier voneinander durchaus unabhängige Geschehenslinien miteinander verflochten werden: da ist einmal die Geschichte der DDR-Agentin Inge Maier, die beauftragt ist, die »Bundesrepublik Deutschland auszuspähen«, statt dessen aber eine Art von Grundlagenforschung betreibt, die ihre Auftraggeber verärgert als »Agentenlyrik« zurückweisen; da sind ferner die Erlebnisse einer Beischlafdiebin, die den Männern ihre Brieftaschen wegnimmt, »weil sie sowieso nie ihre Versprechungen halten«. Der Karneval und Aktionen der Frankfurter Polizei gegen illegale Häuserbesetzer bilden zwei weitere (dokumentarische) Hauptstränge des Films. *In Gefahr und größter Not . . .* entwirft ein im Grunde gespenstisches Bild von den Zuständen in der Bundesrepublik: ständig schlägt eine ritualisierte Kollektivfröhlichkeit in Brutalität um. Die Karnevalsbilder stellen eine Variation des durch alle Kluge-Filme hindurchgehenden Zirkusmotivs dar (stumpfsinnige und sinnlose Paraden laufen auf einer Bühne ab). Die »Agentin« des Films (ihre Rolle ist offenbar metaphorisch wie die der Leni Peickert als Zirkusbesitzerin in *Die Artisten . . .*) irrt mit einem Koffer in der Hand wohnungslos durch Frankfurt, gerade so wie Anita G. in *Abschied von gestern.* Kinderzeichnungen, Gedichte und Filmausschnitte variieren diesmal besonders das Motiv der Überschwemmung, was in keinem direkt erkennbaren Bezug zur Handlung steht (vielleicht ist das Motiv eine Chiffre für Angst, falls man es nicht als Assoziation zu den häufig im Film vorkommenden Wasserwerfern deuten will). Schließlich baut Kluge in den Film auch Metaphern ein, deren Natur einigermaßen rätselhaft bleibt: so die in einer Kreisblende vorbeiziehenden nächtlichen Wolken am Schluß. Sie geben dem Film trotz seines hohen Gehalts an unmittelbarer Wirklichkeit, die sich in Form zersplitterter Fragmente darbietet, den Charakter einer nächtlichen Halluzination. Kluge selbst wertete seinen Film als ein »Konzentrat von Verstößen gegen den angeblichen Realismus des Gewohnheitsblicks«.[10]

Kluges letzter Spielfilm *Der starke Ferdinand* (1976) ist eine Fortsetzung von Motiven aus *Gelegenheitsarbeit einer Sklavin* und aus dem Kurzfilm *Porträt einer Bewährung*: er erzählt die Geschichte des Betriebsschutzleiters Ferdinand Rieche, der aus dem Betriebsschutz eine Ideologie macht und die ihm gestellten Aufgaben mit militärischen Mitteln perfekt lösen möchte. Rieche wird von einem großen Unternehmen engagiert, um dessen Werkspolizei nach »rechtsstaatlichen Gesichtspunkten« zu organisieren. Es gibt aber nichts Rechtes zu tun; außerdem überwirft sich Rieche mit einem Mitglied des Vorstandes und wird entlassen. Enttäuscht über den Mangel an Anerkennung, schießt er als Einzeltäter einen Minister durch die Backe. Obwohl *Der starke Ferdinand* wieder ein Film mit typisch Klugeschen Motiven und Personen ist, folgt er einem stärker linearen Erzählprinzip als frühere Filme des Regisseurs; die Montage spielt in ihm nur noch eine untergeordnete Rolle. *Der starke Ferdinand* ist vergnüglich durch seine Mischung von Realismus, Satire und Ironie. Trotzdem scheint es, als ob Kluges eigentliches Gebiet mehr der kühne und überraschende Collagenstil von *In Gefahr und größter Not* ist als die eher eindimensionale Erzählweise von *Der starke Ferdinand*. 1977 realisierte Alexander Kluge zusammen mit Maximiliane Mainka wieder einen Dokumentarfilm: *Die Menschen, die das Stauferjahr vorbereiten*.

Edgar Reitz (geb. 1932) war beteiligt an Filmen Alexander Kluges (er arbeitete zusammen mit Thomas Mauch als Kameramann in *Abschied von gestern*), er begründete und leitete mit Kluge zusammen das ›Institut für Filmgestaltung‹ in Ulm; seit 1958 drehte er Kurzfilme. 1967 erschien sein erster langer Spielfilm *Mahlzeiten*, der eine wichtige Funktion im Entstehungsprozeß des ›Jungen Deutschen Films‹ hatte. Reitz entwickelt in *Mahlzeiten* einen Erzählstil, der mit Fragmenten und Zwischentiteln arbeitet ähnlich wie Kluge (und Godard), insgesamt jedoch an der linearen Handlung festhält. Die periodisch eingeschaltete Erzählerstimme gibt dem Film eine persönliche Dimension. *Mahlzeiten* berichtet die unglückliche Geschichte eines jungen Mannes, der als Student eine Fotografin heiratet, die ihm fünf Kinder zur Welt bringt und zuletzt seine Initiativen so weit abbremst, daß er sich aus Verzweiflung über die Abhängigkeit, in die er geraten ist, das Leben nimmt – worauf die Frau einen Mormonen aus den USA heiratet. Die Ehefrau des Films wurde zu einer alptraumhaften Verkörperung der Konsumideologie stilisiert; Reitz projizierte subjektive Ängste und Abneigungen in diese Figur hinein. Gesellschaftliche Realitäten hinter der Erzählung treten kaum in Erscheinung. Wohl erlebt man, wie die Protagonisten letztlich an der Realität, den nicht gemeisterten Lebensumständen, zerbrechen (Opfer ist allerdings nur der Mann), nicht aber, wie sie selbst von der Realität geprägt wurden.

In *Cardillac* (1968/70) versuchte Reitz anhand einer Erzählung E. T. A. Hoffmanns (»Das Fräulein von Scuderi«) die Problematik isolierten und selbstherrlichen Schöpfertums zu erörtern; aber der Film wirkte abstrakt und im Auseinanderklaffen seiner verschiedenen Teile mißglückt. 1970 drehte Reitz zusammen mit Ula Stöckl (sie realisierte schon 1968 *Neun Leben hat die Katze* und in den siebziger Jahren eine Folge selbständiger Fernsehfilme) einen Film völlig neuartigen Zuschnitts, der aus 22 Episoden unterschiedlicher Länge (zwischen einer und 25 Minuten) bestand, die in keiner bestimmten Reihenfolge mehr vorzuführen waren, sondern beliebig kombiniert werden konnten: *Geschichten vom Kübelkind*. Im Mittelpunkt dieses »Serials« steht die Figur eines Mädchens, das sozusagen (im allegorischen, aber auch buchstäblichen Sinne) direkt in der Mülltonne geboren wurde und seither bei Pflegeeltern ein freudloses Außenseiterdasein führt, als Enfant terrible überall aneckt, phantastische Abenteuer mit Al Capone, D'Artagnan, mit Vampiren und geistlichen Herren erlebt, aus dem vierten Stock eines

Hauses springt und beinahe als Hexe verbrannt wird. Mannigfache Vorbilder und Assoziationen aus der Filmgeschichte ebenso wie kritische Beobachtungen aus der Wirklichkeit waren in diesen Film eingegangen, der die Phantasie des Zuschauers auf ungewohnte Weise aktivierte. Einige Zeit lief der Film in einem von Ula Stöckl und Reitz eigens gegründeten »Kneipenkino«, wo die Zuschauer sich anhand einer »Speisenkarte« beliebige Episoden des *Kübelkinds* bestellen konnten. *Geschichten vom Kübelkind* gehört zu den interessantesten Experimenten des erzählenden Kinos in den sechziger und beginnenden siebziger Jahren.

In *Das goldene Ding* (1971) unternahmen Edgar Reitz und Ula Stöckl das Experiment, die Argonautensage von Kindern zwischen 12 bis 14 Jahren spielen zu lassen. Dahinter stand die Absicht, eine neuartige Darstellungsform für »Urerfahrungen, Chaos und Atavismus, für die Rätselhaftigkeit der Welt« zu finden, die Kinder noch ursprünglich erleben können.[11] Mit *Die Reise nach Wien* (1973, Buch: Alexander Kluge) schließlich optierte Reitz für ein Unterhaltungskino relativ konservativen Zuschnitts. Zwei junge Frauen unternehmen im Jahre 1943 aus Abenteuerlust eine Reise nach Wien. Der Film zeigt verschiedene, teils groteske, teils banale Facetten »unpolitischen« Verhaltens im Dritten Reich, verzichtet aber auch nicht auf die plakativ, geradezu klamottenhaft schematisierten Figuren von Nazifunktionären, die aus früheren deutschen Nachkriegsfilmen geläufig sind. Darüber hinaus schwelgt der Film in nostalgischen Details aus dem Wien der »alten Zeit«. Viel mehr Kühle und kritische Distanz, aber auch Beobachtungsgabe und atmosphärische Verdichtung sprach aus *Stunde Null* (1977), der Geschichte eines Hitlerjungen, der 1945 in Sachsen das Ende des Krieges, die Ankunft der Amerikaner und schließlich deren Ablösung durch die Russen erlebt.

Jean-Marie Straub

Die umstrittenste, aber für die Entwicklung des neuen deutschen Films neben Kluge und Herzog wohl auch bedeutendste Figur der jüngsten Filmgeschichte ist Jean-Marie Straub (geb. 1933), der alle seine Filme gemeinsam mit seiner Frau Danièle Huillet drehte. (Danièle Huillet schrieb die Drehbücher aller Straub-Filme; von *Othon* an beteiligte sie sich an deren Regie; teilweise übernahm sie auch den Schnitt und die Produktion der Filme.) Geboren in Metz (Frankreich), kam Straub 1958 aus Paris in die Bundesrepublik Deutschland. Seit 1970 lebt er in Rom.

Straub demonstrierte bereits mit dem Kurzfilm *Machorka Muff* (1962), noch deutlicher aber mit seinem ersten langen Film *Nicht versöhnt* (1965), einen radikal neuartigen Filmstil, der sich an kein bisher bekanntes Vorbild anlehnte, dem Zuschauer erhebliche Schwierigkeiten der Kommunikation entgegensetzte, aber ernst machte mit der Verpflichtung des Kinos, ein Instrument sozialer Aufklärung zu sein in dem Sinne, wie dies Brecht (den Straub/Huillet zu ihrem wichtigsten Inspirator erklärten) für das Theater postulierte. Straub/Huillet möchten diese Aufgabe jedoch – und das ist das eigentlich Neue ihrer Position – nicht nur durch die filmische Vermittlung von »Inhalten« zuwegebringen (wie so viele Verfechter eines vordergründig »politischen« Kinos), sondern ebenso durch eine ästhetische Erziehung des Zuschauers. Straub/Huillet verpflichten ihre Zuschauer zum genauen Hinsehen und Hinhören. Sie schärfen die Empfindung für die Bedeutung filmischer Aussagemittel, die vom Kommerzkino verschlissen wurden, durch einen asketischen Stil äußerster Zurückhaltung, den man auch »minimalistisch« genannt hat und der oft mit Monotonie verwechselt wurde. Der ästhetische Rigorismus von Straub/Huillet ist jedoch bedingt durch ein moralisches Prinzip, durch ihr strenges Festhalten an der Authentizität und Präzision eines Textes, einer Vorlage, eines Gedankens. Straub läßt seine Darsteller nicht agieren, sondern Texte zitieren, um jeden Anschein von traditioneller, auf Emotionalisierung des Zuschauers beruhender Kinoästhetik zu vermeiden. Er dreht seine Filme »für die vielen, die man seit Jahren in einem Ghetto von Grün-ist-die-Heide-Edgar-Wallace-Winnetou zu vergiften oder zu chloroformieren versucht«.[12] So schwer es auch sein mag, mit den »Vergifteten und Chloroformierten« in Kommunikation zu treten, unternimmt Straub trotzdem immer wieder diesen Versuch. Straub/Huillets Kino ist (abgesehen von *Moses und Aron*) ein armes Kino, das nicht im Hinblick auf Verwertung oder Verwertbarkeit konzipiert ist, das Strenge, Konsequenz, Genauigkeit anstrebt, der Schönheit sich nicht prinzipiell verschließt, aber mehr noch sich der Wahrheit, der Aufklärung verschrieben hat.

Nicht versöhnt (1965) ist eine eigenwillige Version des Romans *Billard um halb zehn* von Heinrich Böll, die es dem Zuschauer nicht auf Anhieb erlaubt, in die komplizierten Einzelheiten einer Geschichte einzudringen, die sich über drei Generationen hinzieht und das Deutschland der Hitlerzeit mit der bundesrepublikanischen Nachkriegsgegenwart konfrontiert. Dennoch hat Straub seinen Film, bei aller Elliptik und allen Brüchen zwischen den Szenen, stärker linear aufgebaut, als es für den Roman zutrifft. Straub setzt seine Szenen klar, kalt und knapp gegeneinander, so daß sich ihre wichtigsten Motive dem Zuschauer deutlich einprägen: die Verschwörung gegen den nazistischen Turnlehrer Vacano im Jahre 1934; die Flucht des (damals 18jährigen) Robert Fähmels nach Holland, der an dieser Verschwörung gegen Vacano beteiligt war; die Atmosphäre eines Fußballspiels; Begegnungen auf Brücken und an Flüssen, und, viel später, in der Gegenwart, das frostige Zusammentreffen zwischen Nettlinger und Schrella in einem Restaurant; der Schuß, den die alte Frau Fähmel auf einen Mörder von einst abgibt. Diese Einprägsamkeit der Situationen, Vorgänge und Gesten ist ein Verdienst von Straubs Inszenierungsmethode, die jede atmosphärische Ausschmückung austilgt, dafür aber den emblematischen Gehalt des einzelnen Bildes stark hervortreten läßt. Das Verständnis des Films wurde zur Zeit seines Erscheinens durch die monotone, rezitierende Sprechweise der Darsteller behindert. Diese ist aber kein Ergebnis von Dilettantismus. Tatsächlich muß man in der antinaturalistischen Sprechweise des Films eine künstlerische Entscheidung sehen, die bewußt macht, daß man Rekonstruktion erlebt, nicht Wirklichkeit, daß hier literarische Texte gesprochen werden, nicht Alltagsdialoge. Sprechweise der Darsteller, Szenenrhythmus und Bildkonstruktion waren Mittel, mit denen Straub eine »Verfremdung« im Sinne der Brechtschen Theatertheorie zu erzielen suchte.

Chronik der Anna Magdalena Bach (1968) war ein Projekt, das Straub schon in seiner Pariser Zeit entwickelte, das er nur Jahre hindurch nicht verwirklichen konnte, weil er sich weigerte, dem Vorschlag eines Produzenten zu folgen und Curd Jürgens für die Rolle Bachs zu engagieren.[13] Schließlich gelang es aber doch mit Hilfe des ›Kuratoriums Junger Deutscher Film‹, das Werk zu realisieren. Straub drehte einen ganz und gar unkonventionellen Bach-Film, der ausgeht von authentischem Material über Bachs Leben. Er gab ihm die Form eines Tagebuchberichts aus der Sicht von Anna Magdalena, Bachs zweiter Ehefrau. Dieser Bericht gibt Aufschluß über die Abhängigkeit des Komponisten von den Machthabern seiner Zeit, über die täglichen Kleinkämpfe, die Bach ausfechten mußte, um in seinem Beruf existieren zu können, auch über die totale Unterordnung von Ehe und Familie unter die Ansprüche des musikalischen Schaffens. Dazu setzt Straub sparsam inszenierte Spielszenen und zahlreiche Musikaufnahmen; das bei »Musikfilmen« sonst übliche Prinzip, die Musik nach Erfordernissen der Dramaturgie zurechtzuschneidern, verwarf er, vielmehr richtete sich bei ihm die Dramaturgie stets nach der Musik. Obwohl Straub auf authentisches »Kolorit« Wert legte – zeitgenössische Kostüme etwa –, entstand doch kein Historienfilm im üblichen Sinne. *Chronik der Anna Magdalena Bach* ist vielmehr ein aus historischen Fakten rekonstruierter Essay über die Lage eines Künstlers in seiner Zeit, die von der unsrigen nicht sehr verschieden ist. Durch die Perspektive der Anna Magdalena, in welcher hier Bach gesehen wird, erhält der Film eine sehr individuelle, sogar emotionale Dimension, die das sachliche Vorlesen der Texte und die kühle, strenge, manchmal holzschnittartige, geradezu expressionistische Komposition der Bilder freilich wieder in die Distanz rückt und der Kritik der Zuschauer aussetzt. *Chronik der Anna Magdalena Bach* ist unter den Filmen Straubs derjenige, der die breiteste Zustimmung bei Kritik und Publikum gefunden hat.

Die Vorgeschichte des Kurzfilms *Der Bräutigam, die Komödiantin und der Zuhälter*, den Straub 1968 realisierte, geht in die Zeit vor *Chronik der Anna Magdalena Bach* zurück. Damals hatte Straub für ein Münchener Experimentiertheater Ferdinand Bruckners Stück *Krankheit der Jugend* inszeniert, allerdings in einer von ihm selbst so stark zusammengestrichenen Version, daß das Stück nur noch zehn Minuten lang war. Ehe das Theater wegen Verschuldung geschlossen wurde, gelang es Straub, seine Inszenierung zu filmen. Aus dieser starr gefilmten Theaterszene entwickelte Straub seinen Film. Er begann ihn mit einer Graffiti-Inschrift aus einem Münchner Postamt (»Stupid old Germany, I hate it over here, I hope I can go soon – Patricia«). Darauf folgt eine lange Kamerafahrt durch eine Straße, auf der Prostituierte stehen; diese Szene wurde absichtlich so dunkel aufgenommen, daß Häuser und Menschen wie in einer kosmischen Nacht zu liegen scheinen. An die Theatersequenz schließt sich ein »filmisch« inszeniertes Drama an, in welchem die Hochzeit einer weißen Frau mit einem Schwarzen und die Verfolgung dieses Schwarzen durch eine nicht näher identifizierte Person gezeigt wird. Schließlich erschießt die Frau den Verfolger ihres Mannes. Die letzte Einstellung zeigt sie im Profil an einem Fenster, durch dessen Öffnung ein Baum sichtbar wird, dessen Blätter sich im Winde bewegen. Der Film ist teilweise unterlegt mit Musik von Bach und zitiert Dichtungen von San Juan de la Cruz, einem Dichter des 16. Jahrhunderts. Dieser kurze Film ist einer der faszinierendsten von Straub – weil sich die Beziehungen seiner einzelnen Teile zueinander nicht eindeutig auflösen lassen, obwohl zweifellos Wechselwirkungen bestehen zwischen der Dokumentarszene zu Beginn, dem Theaterstück und der Filmhandlung am Schluß (einige Personen sind die gleichen wie in der Bühneninszenierung). Alle diese Teile variieren auf verschiedene Weise das Thema der Prostitution und der Unmenschlichkeit. Die Frau aus der letzten Episode will sich offenbar der Prostitution entziehen und soll daran gehindert werden. Als extremer Kontrast zur Denaturierung menschlicher Beziehungen erscheint die Dichtung, die Musik, erscheinen die Blätter des Baumes in der Schlußeinstellung. Die strenge Diktion und Inszenierungsart des Films bewahren ihn allerdings vor jeder falschen Idyllik.

Seine weiteren Filme drehte Straub in Italien. *Les yeux ne veulent pas en tout temps se fermer ou Peut-être qu'un jour Rome se permettra de choisir à son tour (Die Augen wollen sich nicht zu jeder Zeit schließen oder Vielleicht eines Tages wird Rom sich erlauben, seinerseits zu wählen,* 1970) basiert auf dem selten gespielten Stück *Othon* des französischen Bühnenklassikers Corneille (weshalb *Othon* sich auch als Kurztitel des Films durchgesetzt hat). Straub inszenierte diesen Film wie üblich mit Laiendarstellern, die die schwierigen Texte Corneilles in verfremdeter Sprechweise und überschnellem Tempo rezitieren, in einem Französisch, das bei den meisten Darstellern noch dazu einen ausländischen Akzent trägt. Straub durchbricht die Ebene der Fiktion, indem er die Darsteller zwar in antiken Kostümen, dafür aber (auf dem Palatinhügel) vor der sichtbaren Kulisse des heutigen Roms mit seinem brausenden Verkehr agieren läßt. Von allen Filmen Straubs ist *Othon* vielleicht derjenige, der den Zuschauern den größten Widerstand entgegensetzt. Denn schon das Corneillesche Stück ist in seiner Handlung äußerst komplex; im Film ist es, nicht zuletzt aufgrund der schnellen Sprechweise, nur schwer möglich, der Handlung zu folgen (jedenfalls beim ersten Sehen). Dennoch teilt sich dem

Zuschauer die politische Relevanz des Geschehens mit, in welchem durch Intrigen und rücksichtslose Machtkämpfe alle menschlichen Beziehungen zwischen den Protagonisten zerstört werden. »Es ist ein Film über einen kleinen Teil einer Klasse, die die Macht besitzt; und die so gezeigt wird, daß man den Eindruck hat, das alles muß verschwinden, muß weggefegt werden. Zweitens ist es ein Film über die Abwesenheit des Volkes in der Politik.« (Straub)[14] Diese Erkenntnis vermittelt Straub durch den formalen Aufbau seines Films, durch die sorgfältige Wahl der Bewegungen von Kamera und Darstellern, durch die sparsame und kalkulierte Verwendung der verschiedenen Einstellungsgrößen. Während Straub für den Film insgesamt mit drei Schauplätzen auskam, setzte er an den Anfang und den Schluß emblematische Bilder: am Anfang schwenkt die Kamera auf ein dunkles Loch, in dem sich während des Zweiten Weltkriegs Partisanen versteckten; im vierten Akt sieht man, wie aus einem Springbrunnen mit weiblichem Gesicht Wasser herausprudelt – dieses Bild kann man vielleicht als eine Hoffnung auf die Utopie nach der entfesselten Darstellung von Korruption und Habgier deuten.

In *Geschichtsunterricht* (1972) wählte Straub Bertolt Brechts Romanfragment »Die Geschäfte des Herrn Julius Cäsar« als Vorlage, aus der er Teile für den Film bearbeitete. Ein junger Mann kommt nach Rom (das heutige wird dem antiken gleichgesetzt) und begegnet einem Bankier, einem Bauern, einem Anwalt und einem Dichter. »Der Film handelt vom Wort Handel und der Demokratie, das heißt schließlich vom Imperialismus.« (Straub)[15] Alle vier Personen geben Erläuterungen über das Funktionieren eines Herrschaftssystems, das auf den Vorrechten der Besitzenden basiert und für das die Demokratie nur eine Fassade liefert. Was späterhin der Anwalt über den »humanen« Zug des Handels und der Dichter über den Senat als Markthalle berichten, wirkt als makabre Kritik insbesondere durch die scheinbar unbeteiligte Sprechweise, in der die Monologe und Statements vorgetragen werden. Von den drei Repräsentanten der privilegierten Klassen unterscheidet sich nur der Bauer, der denn auch inszenatorisch von Straub ganz anders vorgestellt wird, weniger steif-theatralisch als die anderen, in der Nähe eines dahinsprudelnden Bergbachs. Als besonders eigenwilliger erzähltechnischer Kontrapunkt und stärkstes »filmisches« Moment von *Geschichtsunterricht* wirken jedoch die drei langen, in kontinuierlichen Einstellungen gedrehten Autofahrten durch ein Gewirr römischer Straßen und Gäßchen; diese Fahrten, die die drei Hauptteile des Films einleiten, sind filmische Bravourstücke auch deswegen, weil sie ohne Schnitte angelegt sind und eine Demonstration der »realen Zeit« enthalten; zugleich wirken sie wie das allmähliche Eintauchen in ein Labyrinth – in eben das Labyrinth, dessen Ordnungsprinzipien der Zuschauer anschließend aus den Erzählungen erfährt. Schließlich enthalten die Autofahrten noch ein weiteres Kontrastmotiv, denn aus dem Fenster des Autos (die Kamera ist im Wagen starr eingebaut) erblickt man das Rom der unterprivilegierten Volksschichten, man sieht jenes Volk, das in den Erzählungen der Privilegierten gar nicht vorkommt.

Als Auftragsarbeit für das Fernsehen entstand der Kurzfilm *Einleitung zu Arnold Schoenbergs Begleitmusik zu einer Lichtspielscene* (1972). Straub entschied sich nicht etwa für eine Bebilderung von Schoenbergs 1930 entstandener Musik (die die Überschrift »Drohende Gefahr, Angst, Katastrophe« trägt), sondern läßt aus einem Brief zitieren, den Schoenberg 1923 geschrieben hat und in dem er Symptome des Antisemitismus analysiert. Als Kontrapunkt folgt darauf ein Text von Brecht über die Beziehungen zwischen Antisemitismus und Kapitalismus. Die Kamera erfaßt die Lesenden im Studio, die ihre Texte in Straubscher Manier verfremdet skandieren. Zwischen den Texten setzt die Schoenbergsche Musik ein. Am Schluß werden Bilder vom Vietnamkrieg eingeblendet, während zu Beginn Straub selbst erscheint sowie das wasserspeiende Frauenrelief, mit dem *Geschichtsunterricht* endete.

Nach jahrelangen Vorbereitungen gelang es Straub und Danièle Huillet endlich, ihr Projekt einer Verfilmung des Opernfragments *Moses und Aron* von Arnold Schoenberg zu verwirklichen. Die Tonaufnahmen wurden im April und Mai 1974 von Chor und Orchester des Österreichischen Rundfunks in Wien hergestellt; die Dreharbeiten fanden im August und September des gleichen Jahres in der Arena von Alba Fucense in Italien statt. Möglich wurde die Finanzierung des Vorhabens durch das Zusammenwirken von vier Fernsehanstalten und drei Produzenten; formal ist der Film eine deutsch-französische Koproduktion. Zu Ostern 1975 wurde der Film im deutschen Fernsehen gesendet, allerdings ohne die Widmung an Holger Meins, die das Fernsehen aus Gründen der »politischen Mißverständlichkeit« aus dem Film entfernen zu müssen meinte, woraufhin Straub und Danièle Huillet ihre Namen ebenfalls aus dem Film zurückzogen. In der Folgezeit wurde fast mehr über die Problematik dieser Widmung geschrieben als über den Film selbst. *Moses und Aron* ist wieder ein konsequentes Werk minimalistischer Ästhetik. Straub verzichtete auf jeden Versuch der Ausschmückung oder Illustration von Schoenbergs Oper; vielmehr suchte er durch sparsame und strenge Regiemaßnahmen den intellektuellen Gehalt der Oper sichtbar zu machen: die Konfrontation zwischen Moses, dem Verteidiger einer abstrakten Gedanklichkeit, und Aron, der an die Verbildlichung von Gedanken glaubt. Dieses Ideendrama suchte Straub aber noch über Schoenberg hinauszuführen: indem er nämlich den Chor und damit das »Volk« zum eigentlichen Protagonisten des Films erhob. Besonders im ersten Teil des Films (dem ersten Akt der Oper) ist zu konstatieren, daß Straubs Gebrauch der Kamera der Musik und dem dramatischen Geschehen nicht nur angemessen ist, daß das Bild den Ton nicht nur begleitet, sondern ihn gleichsam überstrahlt und transzendiert – das gilt für die erste, lange Zeit gleichbleibende Einstellung auf Moses (die Kamera erfaßt ihn von hinten), ebenso für den anschließenden Kameraschwenk um die Arena und die umgebende Landschaft, der fast an Michael Snows *La région centrale* erinnert. Konsequent ist es ebenfalls, wenn Straub beim Fehlen von möglichem Bildmaterial einfach Weiß- oder Schwarzfilm in den Film einschneidet. Auf der anderen Seite ist auch nicht zu übersehen, daß die optischen Lösungen, die Straub für die Präsentation des Chors gefunden hat, filmisch nicht überzeugen, ebensowenig wie die Szenen der Orgie um das Goldene Kalb. Immer dann, wenn Hintergrund, Landschaft, Natur, Architektur, auch nur Erde ins Bild kommt, zeigt sich Straubs meisterlicher Sinn für Bildkomposition, für die zeitliche Dimensionierung einer Einstellung und einer Kamerafahrt, für die Ausdruckssteigerung durch Reduzierung oder »Dekonstruktion« der filmischen Ästhetik. Bestimmte Elemente der Oper scheinen sich aber dem Umschmelzen in filmische Materie ebenso wie dem Prozeß des passiven »Zitierens«, wie Straub ihn bevorzugt, zu widersetzen. In solchen Momenten reißt die Verbindung zum Film ab, es bleibt nur die zum Stoff übrig.

Fortini/Cani (1976) steht in einem engen thematischen Zusammenhang mit *Einleitung zu Arnold Schoenbergs Begleitmusik zu einer Lichtspielscene* und mit *Moses und Aron*, insofern auch hier Fragen des Judentums und des Antisemitismus behandelt werden. *Fortini/Cani* führt die Reflexion dieser beiden Filme weiter; er basiert auf Texten des italienischen Autors Franco Fortini, der selbst im Bild zu sehen ist und längere Passagen aus einem Essaywerk »I cani del Sinai« (»Die Hunde des Sinai«) vorliest. Ausgehend von seinen persönlichen Erfahrungen als Jude beschäftigt sich Fortini mit den Beziehungen zwischen Antisemitismus, Marxismus und Zionismus; er versucht seine kritische Haltung zum 6-Tage-Krieg und zu Israel zu beschreiben, wobei er sich jeder vorschnellen, unhistorischen, vereinfachenden Parteinahme enthält. Straub kontrastiert die Aufnahmen des Lesenden mit verschiedenartigem Dokumentarmaterial, mit Zeitungsartikeln, andererseits auch mit idyllischen Landschaftsaufnahmen (Panoramaschwenks) aus den apuanischen Alpen. Der Aufnahme der Texte Fortinis durch den Zuschauer stellen sich allerdings Schwierigkeiten entgegen. Mehr als die Substanz der Gedanken bleibt deren schöne Formulierung und die schöne Sprachmelodie haften. Die Bilder verhalten sich zum Text vielfach nur additiv, geradezu sekundär. Das Problem dieses Films scheint das gleiche zu sein wie das von *Geschichtsunterricht*: die Frage ist, was die Filme Straubs den von ihnen präsentierten Texten eigentlich hinzufügen, inwiefern sie mehr sind als nur Brücken, die zu den Texten hinführen, worin schließlich ihre Identität als Film besteht. Diese Identität müßte sich begründen aus einem Spürbarwerden – optisch und akustisch – der Unmittelbarkeit, der Materialität der Lese-Situation. Diese aber wird in *Fortini/Cani* überflügelt von der Schönheit der Texte, die die Schönheit der Landschaftsaufnahmen auf einer anderen Ebene wiederholen, wodurch aber noch kein Zugang zu ihrer Substanz hergestellt wird.

Die Diskussion um die Filme Straubs ist seit jeher gekennzeichnet durch eine Aufspaltung in bedingungslose Anhängerschaft und verständnislose Gegnerschaft. Man war – und ist – entweder »Straubianer« oder nicht. Die bedingungslose Zustimmung, die Straub bei seinen Anhängern findet, hat sicherlich etwas mit der Konsequenz und Radikalität seiner Ästhetik zu tun, mit den immensen Schwierigkeiten, unter denen seine Filme stets zustande kamen. Die Filme Straubs konstituieren einen Extrempunkt filmischer Tätigkeit und stellen schon durch ihre bloße Existenz eine Herausforderung fast aller anderen existierenden Formen des Kinos dar. Dennoch scheint die Verehrung, die Straub genießt, gelegentlich irrationale Züge anzunehmen, so, wenn Jacques Rivette schreibt: »Mit *Moses und Aron* ist Straub zu jenem reinen Punkt aufgestiegen, an dem er sich selbst zur Ewigkeit wird.«[16] Statt solcher verschwommenen, mystifizierenden Äußerungen käme es darauf an, die Filme Jean-Marie Straubs zu interpretieren (und nicht nur, wie es meistens geschieht, ihre Texte abzudrucken), sie möglicherweise sogar in Frage zu stellen (auch das muß erlaubt sein), jedenfalls genauer und an konkreten Einzelheiten zu untersuchen, was die minimalistische Ästhetik seiner Filme tatsächlich leistet und wie sie im Verhältnis zum Zuschauer, aber auch im Verhältnis zu ihren Stoffen »funktioniert«.

Werner Herzog

Von jenen Regisseuren, die Mitte der sechziger Jahre den ›Jungen Deutschen Film‹ initiierten – Kluge, Schlöndorff, Straub –, kann man eine zweite Gruppe von Filmemachern unterscheiden, deren wichtigste Entwicklungsphase um 1970 oder später liegt. Zu ihnen gehören Werner Herzog, Rainer Werner Fassbinder und Wim Wenders.

Werner Herzog (eig. W. H. Stipetič, geb. 1942) ist ein ausgesprochener Einzelgänger der deutschen Filmszene. »Meine Filme kann man schwer in eine Strömung hier einordnen, insofern bin ich allein und werde auch weiterhin allein arbeiten.«[17] Herzog hat seine Filme an weit entfernten und exotischen Schauplätzen gedreht: *Lebenszeichen* in Griechenland, *Fata Morgana* zum Teil in der Sahara, *Auch Zwerge haben klein angefangen* auf der kanarischen Insel Lanzarote und *Aguirre* in Peru und Brasilien. Während die meisten nach 1965 entstandenen Filme junger deutscher Regisseure in der einen oder anderen Weise auf eine Auseinandersetzung mit Geschichte oder Gegenwart, Gesellschaft oder Politik zielen, verfolgt Werner Herzog in seinem Werk ganz andere Absichten, die sich nicht leicht auf eine Formel bringen lassen, sondern eher durch seine Selbstäußerung umschrieben werden: »Meine Filme sind aus einer sehr starken Faszination entstanden und ich weiß, daß ich da Sachen gesehen habe, die man noch nicht gesehen hat und noch nicht kennt.«[18] Herzog interessieren extreme Situationen, die an Wahnsinn grenzen *(Lebenszeichen)*, große romantisch-idealistische Visionen, die an der Wirklichkeit

Jean-Marie Straub
Chronik der Anna Magdalena Bach
1968
Bundesrepublik Deutschland

Werner Herzog
Jeder für sich und Gott gegen alle
1974
Bundesrepublik Deutschland

scheitern (*Aguirre*, in gewissem Sinn auch *Die große Ekstase des Bildschnitzers Steiner*), das Dasein von Menschen, die aus der Gemeinschaft ausgeschlossen scheinen (*Auch Zwerge . . .* oder *Land des Schweigens und der Dunkelheit*). Dabei ist Herzogs Position nicht einfach die eines bürgerlichen Humanisten, der den Benachteiligten und Unterdrückten Mitleid entgegenbringt und über die Verbesserung ihrer Situation nachdenkt. Herzog begegnet seinen Figuren vielmehr aus der Distanz des Beobachters, der sich zunächst darauf beschränkt, das Revoltierende, Grausame und Paradoxe der »condition humaine« zugespitzt vor das Objektiv seiner Kamera zu bringen.

Nach mehreren Kurzfilmen, deren programmatischster wohl *Die beispiellose Verteidigung der Festung Deutschkreuz* (1966) war, realisierte Herzog 1967 seinen ersten langen Spielfilm: *Lebenszeichen*. Er berichtet die Geschichte des Soldaten Stroszek, der während des Zweiten Weltkriegs auf eine kleine Insel im Dodekanes abkommandiert wird, wo es für die wenigen Deutschen überhaupt nichts zu tun gibt. Auf die Ereignislosigkeit und die scheinbare Idyllik der Umgebung (aus der Herzog bedrohliche Symbole der Gewalt herausfiltert), reagiert Stroszek zuerst verstört, dann urplötzlich mit einem Ausbruch von Wahnsinn: er verschanzt sich in der Zitadelle, die er eigentlich bewachen sollte, und bedroht mit seinen Waffen die Kameraden und die ganze Stadt. Die Reaktion Stroszeks wird von Herzog rational nicht begründet; sein Wahnsinn resultiert möglicherweise aus den intensiv wahrgenommenen Zeichen des Absurden, von denen der Horizont Stroszeks verstellt ist (so die zehntausend Windmühlen, die er plötzlich in einer Ebene erblickt). Es sind die »unheimlichen, rational nicht faßbaren Mächte der griechischen Landschaft«[19], die hier metaphysisch drohen; Herzog selbst sagte, daß ihn »die Dinge weniger von ihrer Oberfläche her interessieren, sondern erst dort, wo sich unter ihnen Risse auftun«.[20]

Auch Zwerge haben klein angefangen (1970) konfrontiert die Zuschauer mit einem Aufstand in einer Erziehungsanstalt. Nur daß sämtliche Darsteller des Films Zwerge sind – einzig das Haus und die Gebrauchsgegenstände haben normale Dimensionen. Die Zöglinge benutzen die Abwesenheit des Anstaltsleiters, um verschiedene ihnen verhaßte Objekte zu demolieren und einen »Erzieherzwerg« mit Steinen und lebenden Hühnern zu bewerfen. Die Revolte steigert sich zum Zerstörungsrausch. Ein Auto wird sinnlos im Kreise gesteuert und beworfen. Blinde unter den Zwergen schlagen mit dem Stock aufeinander ein. Eine Sau mit kleinen Ferkeln wird umgebracht. Wohl kaum ist der Film als Parabel über das selbstzerstörerische Element jeder Revolte zu deuten (obwohl der Film eine solche Interpretation auch nicht ausschließt). Vielmehr möchte Herzog in der Zwergenrevolte das Abgründige und Unerträgliche, gemeinhin Tabuierte menschlicher Ordnungen darstellen, Archetypen des Schreckens und der Bedrohung sichtbar machen. Sicherlich besteht ein Unterschied zwischen Herzogs Zwergen und den Zwergen bei Buñuel (an die man zwangsläufig erinnert wird): bei Buñuel erfahren die Zwerge am stärksten Unrecht und Unterdrückung der Weltordnung, und die Schocks, die Buñuel vermittelt, wecken die Revolte des Zuschauers. Bei Herzog dagegen scheint der Film in der Kontemplation metaphysischen Schreckens wie erstarrt, die Bewegung einer Revolte wird nicht mehr spürbar; das Unabänderliche muß als solches hingenommen werden.

Fata Morgana (1968/71), »ein Film über die Schöpfung, das Paradies und das Goldene Zeitalter« (Herzog)[21], bietet eine andere Variante absurder Weltbetrachtung: visionäre Aufnahmen aus der Wüste Sahara, Flugzeug- und Autowracks, Tierkadaver, elende Behausungen; die Menschen sprechen wie Irre, absurde Sätze werden wiederholt; »im Paradies kommen Menschen schon tot auf die Welt«, teilt der Kommentar mit. Wie um dies zu illustrieren, zeigt Herzog in einer Bar einen total abgestumpften Schlagzeuger, der ins Mikrophon heult, begleitet von einer nicht weniger mumifizierten Klavierspielerin. Dies sind Visionen, die sich zweifellos dem Gedächtnis eingraben. Den gedanklichen Spekulationen, die Herzog aus den Bildern seines Films abzuleiten sucht, muß man sich dagegen nicht unbedingt anschließen.

Eine gewisse Ambivalenz gegenüber seinen Personen spricht aus den späteren Dokumentarfilmen Werner Herzogs: *Land des Schweigens und der Dunkelheit* (1971) und *Die große Ekstase des Bildschnitzers Steiner* (1974). *Land des Schweigens* ist eine Studie über das Leben taubblinder Menschen, die einerseits die dargestellten Personen aus einer Position des Verstehens und des Mitleids betrachtet, sie andererseits aber auch als Metaphern einer apokalyptischen Weltschau und damit als Objekt gebraucht. Der Skispringer in *Die große Ekstase* ist wieder eine echte Herzog-Figur, ein Romantiker, Visionär, Anhänger einer fixen Idee, eines Traums: des Traums, fliegen zu können. Herzog stellt den Skispringer Steiner in seinem reportagegleich gestalteten Film als Opfer des sensationalistisch aufgezogenen modernen Massensports hin (die jugoslawischen Skiveranstalter wollen Rekorde um jeden Preis erzielen); auf der anderen Seite kommentiert er selbst die Sprünge Steiners in der Manier eines Sportreporters.

Aguirre, der Zorn Gottes (1973) ist ein Abenteuerfilm, der, wie bei Herzog nicht anders denkbar, in metaphysische Dimensionen hinablotet. Der Film basiert auf der überlieferten Chronik des Mönches Lope de Aguirre, der als Konquistador 1590 nach Südamerika kam, um dort das Land Eldorado zu suchen. Mitten im Urwald erklärte er das Haus Habsburg für abgesetzt und etablierte einen eigenen Staat Eldorado, obwohl das gesuchte Land nicht gefunden und seine Truppe von den Indios nahezu aufgerieben war. Herzog hat die Reise eines Phantasten auf einem Floß den Amazonas hinab in Bildern festgehalten, die selbst phantastisch sind und gleichwohl einer inneren Logik folgen. Der Film beschreibt den Zerfall einer sozialen Ordnung und das Scheitern einer Wahnvorstellung an der Wirklichkeit – aber vom Standpunkt Aguirres aus, der bis zuletzt immer noch an seinen Ideen festhält. *Aguirre, der Zorn Gottes* ist eine Ballade vom Wahn und von der Maßlosigkeit, die das Format des frühen Brechts hat.

Jeder für sich und Gott gegen alle (1974) kann als Herzogs stärkster und einheitlichster Film gelten. Der Film erzählt die Geschichte des Findlings Kaspar Hauser; dieser wird personifiziert von dem Autodidakten und Bänkelsänger Bruno S. auf eine wahrlich erstaunliche, kongeniale Weise. (Bruno S. war bereits der Hauptdarsteller des halbdokumentarischen Spielfilms *Bruno der Schwarze – Es blies ein Jäger wohl in sein Horn* [1970] von Lutz Eisholz.) Herzog veranschaulicht die unendlichen Anstrengungen Kaspar Hausers (der 1829 als Findelkind in Nürnberg aufgegriffen wurde), Anschluß an die Gesellschaft zu finden, das für andere Selbstverständliche sich mühevoll anzueignen. Ebenso deutlich zeigt der Film, wie alle gesellschaftlichen Vorurteile sich gegen Kaspar Hauser richten, wie man ihn in mannigfacher Weise auszubeuten sucht, was er selbst sehr deutlich empfindet. Einen besonderen Spaß macht sich Herzog mit der Karikierung eines oberflächlichen Rationalismus am Beispiel eines Schreibers, der Kaspar Hauser ganz genau »inventarisieren« will, und am absurden Prüfungsexempel eines Logikprofessors. Demgegenüber veranschaulicht er die Träume und Phantasievorstellungen des Protagonisten anhand irrealer 8-mm-Sequenzen, die Klaus Wyborny realisierte und die zum Faszinierendsten des ganzen Films gehören. Die Parteinahme für ein benachteiligtes, zerstörtes Individuum war selten bei Herzog so spürbar wie hier; noch nie wurde von ihm das Leiden eines einzelnen so sehr in seiner gesellschaftlichen Bedingtheit gesehen; am Fall Kaspar Hauser wird wie in einem Brennspiegel die ganze Heuchelei und der rücksichtslose Egoismus einer auf Privilegien und Hierarchien beruhenden Gesellschaft offenbar. Interessant ist übrigens ein Vergleich zwischen *Jeder für sich* und Truffauts thematisch verwandtem *L'enfant sauvage*: während bei Truffaut der (wenn auch schwierige und nicht immer erfolgreiche) Prozeß des Lernens im Mittelpunkt steht und der Film letztlich eine Hommage an die Zivilisation ist, enthält Herzogs Film eine viel verzweifeltere, tragische Perspektive.

Manche Schwierigkeiten bereitete *Herz aus Glas* (1976) den Interpreten. Denn in diesem Film, der die erfolglosen Bemühungen eines Hüttenbesitzers beschreibt, das verlorengegangene Geheimnis der Herstellung von rubinrotem Glas wiederzuerlangen, schien der Irrationalist Herzog erneut die Oberhand gewonnen zu haben. Die Schauspieler standen beim Drehen angeblich unter Hypnose; die Handlung wird von den apokalyptischen Prophezeiungen eines Hirten unterbrochen (die sich meistens bewahrheiten), am Ende brechen Leute von einer einsamen Insel auf, um zum »Abgrund der Welt« zu reisen. Mehr als alle anderen Herzog-Filme war dieser erfüllt von schweren, alptraumhaften Visionen, die freilich eine zwingende optische Gestalt annahmen. In *Stroszek* (1977) verfolgt Herzog den Weg eines unterprivilegierten Helden (gespielt wiederum von Bruno S.) nach Amerika, wo dieser in immer absurdere, traurigere Situationen der Entfremdung gerät; am Schluß packt ihn angesichts einer Käfig-Schau von »mechanischen Hühnern« in einem Indianerreservat der Wahnsinn. Der Film ist dramaturgisch sehr konsequent gearbeitet und, obgleich wiederum erfüllt in Herzogscher Manier von Metaphern der Ausweglosigkeit und des Absurden, stärker auf die Wirklichkeit bezogen, vor allem auf die der USA, die sich den Protagonisten des Films von ihrer unbegreiflichen und menschenfeindlichen Seite her zeigt.

Rainer Werner Fassbinder

Rainer Werner Fassbinder (geb. 1946) ist das fruchtbarste Talent des neueren deutschen Films. Von 1969 bis 1976 drehte er 29 abendfüllende Spielfilme, eine 5teilige Fernsehserie, schrieb die Drehbücher seiner Filme, inszenierte gleichzeitig auf vielen Theaterbühnen, spielte auf der Bühne ebenso wie im Film. Fassbinder kommt ursprünglich vom Theater: 1967 bis 1969 spielte und inszenierte er am Münchner ›action-Theater‹ und ›Antitheater‹, dessen Ensemble später mit Fassbinder zur Filmarbeit überging. (Vor seiner Theaterzeit hatte er allerdings schon zwei Kurzfilme realisiert.) Filmisch ist Fassbinder Autodidakt. »Da gab's einen Schneidetisch, wo ich mir an einem Tag das Schneiden beigebracht habe.«[22] Auch bildete er sich durch häufiges und intensives Ansehen von Filmen im Kino. In Fassbinders Filmen sind die Züge seiner vorangegangenen Theaterarbeit zu erkennen: im Vorhandensein eines homogenen und sehr profilierten schauspielerischen Ensembles, das von Film zu Film konstant blieb und die Filme in gewissem Sinne trug. Daneben scheinen die Filme Fassbinders von zwei weiteren Tendenzen gekennzeichnet: einmal von seiner Liebe zum amerikanischen Kino (speziell zu Douglas Sirk, über den er 1971 einen Aufsatz veröffentlichte), die zusammenfällt mit Fassbinders eigener Neigung zum Melodram, zur starken Emotion; und von einer kritischen Beobachtung der Gesellschaft, die er schneidend scharf kritisierte *(Katzelmacher)*, der er eine Utopie entgegensetzte *(Rio das Mortes, Angst essen Seele auf)*, die er auch unter pessimistischen, ja verzweifelten Aspekten sah *(Warum läuft Herr R. Amok?, Der Händler der vier Jahreszeiten, Wildwechsel)* oder verhöhnte *(Satansbraten)*. Schließlich analysierte Fassbinder auch in kritischer Weise seine eigene Praxis als Filmregisseur in *Warnung vor einer heiligen Nutte* und bewährte sich an der Rekonstruktion eines historischen Sujets *(Fontane Effi Briest)*. Man kann Fassbinder also in keine wie auch immer geartete Kategorie des Filmemachens einordnen. Auch seine Laufbahn stellt sich nicht als geradlinige Entwicklung dar, sondern als ein Ausprobieren verschiedener Möglichkeiten, ein Variieren von Themen. Fassbinder hat immer bekannt und auch in seinen Filmen mehr oder weniger deutlich gemacht, daß er kein esoterisches Autorenkino anstrebt, sondern Filme für ein großes Publikum machen möchte, die unterhalten sollen. »Wollen Sie den deutschen Hollywoodfilm?« – »Ja, ich bin sehr dafür. Ja, ich will das unbedingt . . . Das Beste, was ich mir vorstellen könnte, wäre es, so eine Verbindung zu schaffen zwischen einer Art, Filme zu machen, die so schön und so kraftvoll und so wunderbar sind wie Hollywoodfilme, und die trotzdem nicht unbedingt Bestätigungen sind . . . einen deutschen Film, der trotzdem systemkritisch sein könnte . . .«[23]

Fassbinders Erstlingsfilm *Liebe ist kälter als der Tod* (1969) erregte auf den Berliner Filmfestspielen des gleichen Jahres Aufsehen. Hier manifestierte sich ein neuer Tonfall filmischen Erzählens, der zwischen der Verarbeitung amerikanischer Vorbilder und einer artifiziellen Kargheit à la Straub lag; Fassbinder arbeitete sogar eine von Straub nicht benutzte Kamerafahrt aus *Der Bräutigam, die Komödiantin und der Zuhälter* in seinen Film ein. Die Story des Films handelt von einem Verbrechersyndikat, einem Zuhälter und von dessen Freund; Fassbinder verstand sie als eine Geschichte »über arme Leute, die nichts mit sich anfangen können«.[24] Im gleichen Jahr 1969 brachte *Katzelmacher* für Fassbinder einen Durchbruch bei der Kritik: der Film, der auf einer früheren Theaterinszenierung Fassbinders basiert, schildert den monotonen Alltag einer Gruppe von jungen Leuten, die in durchschnittlichen Wohnungen leben und durchschnittlichen Beschäftigungen nachgehen. In einem bewußt am Theater orientierten, im Detail aber doch realistischen Stil beschreibt Fassbinder die latente Brutalität, die den Umgangston zwischen den Personen bestimmt und besonders in den Beziehungen der Hauptfiguren zu dem später auftauchenden Gastarbeiter zum Ausdruck kommt, dem »Griech aus Griechenland«. Fassbinder macht seine Personen nicht zu Monstern, sondern zeigt die Stagnation in ihrem Bewußtsein; diese vermittelt sich durch eine äußerst rudimentäre Sprache und ein ebenso reduziertes Repertoire an Gesten, Bewegungen und Reaktionen. Dabei gibt Fassbinder seinem Film eine äußerst präzise, artistische Struktur.

Fortsetzungen der Gangsterfilmthematik von Fassbinders Erstling lieferten *Götter der Pest* (1969) sowie *Der amerikanische Soldat* (1970). Die Filme spielen in düsteren Dekors, zumeist bei Nacht, und schildern eine Welt des Verdachts und der Fatalität. Zitate aus amerikanischen und französischen Vorbildern (Hawks, Melville) sind offensichtlich. Die Filme nehmen sich selbst nicht ganz ernst, sie kokettieren auch mit den Spielregeln des Genres, bilden aber doch ein in sich geschlossenes Universum und strahlen eine heroische Untergangsstimmung aus.

Warum läuft Herr R. Amok? (1969) knüpft dagegen wieder an die realistische Linie von *Katzelmacher* an. Thema ist der scheinbar völlig »normale« Alltag einer statistisch durchschnittlichen Familie, der in einzelnen, ausgewählten Momenten gezeigt wird: da ist der Sonntagsspaziergang, der Familiendialog, der Besuch eines Schulkameraden, eine Betriebsfeier. Mit einem Male schlägt dieser Alltag jedoch in sein Gegenteil um und löst eine Folge geradezu apokalyptischer Ereignisse aus: der bislang so friedlich erscheinende Herr R. greift zu einem Leuchter und erschlägt Nachbarin, Frau und Sohn; er erhängt sich selbst wenig später an einem Fensterkreuz. Aus der sinnlosen Alltagsroutine resultieren Frustration, aufgestaute Aggressivität, schließlich eine schockierende Kurzschlußhandlung.

Fassbinders folgende Filme schlugen verschiedene Richtungen ein: *Rio das Mortes* (1970) zeigt zwei Lehrlinge, die nach Peru auswandern wollen, um dort nach einem Schatz zu suchen – der Film steht zwischen Alltagsbeobachtung, Utopie und Komödie; *Whity* (1970) ist ein Drama im Stil eines Italowesterns, das in den USA vor der Jahrhundertwende spielen soll; in *Die Niklashauser Fart* (1970) verbreiten ein Laienprediger und ein »schwarzer Mönch« sozialrevolutionäre Aufrufe, der Prediger wird dafür gekreuzigt; wo und zu welcher Zeit der Film spielen soll, bleibt undefiniert.

Einen vorläufigen Höhepunkt und vielleicht auch einen Neubeginn in Fassbinders

Schaffen bezeichnen *Warnung vor einer heiligen Nutte* (1970) und *Der Händler der vier Jahreszeiten* (1971). In *Warnung vor einer heiligen Nutte* wird ein Film im Film gedreht, die meiste Zeit allerdings geht vorbei mit Vorbereitungen und mit dem Warten auf das Eintreffen des Regisseurs; während dieses Wartens entfaltet sich eine Atmosphäre, die zwischen Hysterie und Resignation pendelt, in der wechselseitige Abhängigkeiten und Aggressionen deutlich werden. Der Regisseur dieses Films (in dem sich Fassbinder offensichtlich selbst sieht) beutet seine Mitarbeiter schonungslos aus, während er das einsame Genie spielt. Der Film ist mit vielen bizarren Einzelheiten und verschlüsselten Hinweisen auf die Arbeitsweise des Fassbinder-Teams angereichert, demontiert letztlich aber doch nicht den Mythos des genialen Regisseurs, dessen Anwesenheit einzig garantiert, daß aus dem Chaos eine Ordnung entsteht. *Der Händler der vier Jahreszeiten* ist dagegen ein realistischer Filmroman über die deutsche Wirtschaftswunderzeit. Ein Unterprivilegierter, Opfer dieser Gesellschaftsordnung, steht im Mittelpunkt: ein junger Mann, der den Ansprüchen seiner Mutter nicht gerecht werden konnte, nun Gemüse in Hinterhöfen verkauft, einen Herzinfarkt erleidet, als seine Frau, sekundiert von ihrer spießigen Familie, sich von ihm scheiden lassen will, und der sich am Ende zu Tode säuft. Fassbinder übersetzt das, was er sagen will, in Dialoge, in Aktion, in szenische Vorgänge; er bedient sich – hier schon mit großer Beherrschung der filmischen Ausdrucksmittel – der Methoden von Hollywoods Erzählkino, strukturiert seinen Film übersichtlich (jede Person ist ausgezeichnet profiliert), vermeidet keineswegs Emotionen, liefert also ein Beispiel, wie man mit den Methoden des Konsumkinos dieses über sich selbst hinaustreiben kann. *Der Händler der vier Jahreszeiten* ist stimmig auf einer Ebene direkter Wirklichkeitsbeobachtung, den Personen eignet aber auch eine gewisse mythologische Dimension, Situationen und Vorgänge besitzen jene Nuance theatralischer Stilisierung, die die Essenz des Fassbinder-Kinos ausmacht.

Die bitteren Tränen der Petra von Kant (1972), ein Drama der lesbischen Zuneigung zwischen zwei Frauen in einem Fin-de-siècle-Dekor, war eine Studie in Dekadenz, gegenseitiger Abhängigkeit, Leidenschaft, Raserei und Verzweiflung, in seinem Hang zum Exzeß vielleicht das am weitesten vorgetriebene, in der Gestaltung virtuoseste Melodram Fassbinders. *Wildwechsel* (1972) basiert auf einem Theaterstück von Franz Xaver Kroetz (der sich später von dem Film distanzierte) über die Liebe zwischen einem Arbeiter und einem minderjährigen Mädchen, die an ihrer Umwelt scheitern. Von der Bemühung um Realismus und Gesellschaftskritik, die aus diesem Film sprach, war es nur ein Schritt zu dem Experiment, eine fünfteilige Familienserie für das Fernsehen zu drehen: *Acht Stunden sind kein Tag* (1972). Fassbinder ließ sich hier auf bestimmte Klischees des Genres ein, was ihm viele Kritiker übelnahmen. Auf der anderen Seite ist unbestreitbar, daß die fünf Folgen der Serie, die zustande kamen, sehr viel mehr Sozialkritik und Materie zum Nachdenken lieferten, als je irgendeine andere für Breitenkonsum bestimmte Familienserie. Für die kritische Schärfe dieser Fernsehfolgen spricht auch, daß die Serie nach der 5. Folge abgebrochen wurde, weil die geplanten weiteren Folgen »zu viele Gewerkschaftsdiskussionen« enthalten hätten.[25]

Von gesellschaftlichen Randgruppen handeln *Angst essen Seele auf* (1973) und *Faustrecht der Freiheit* (1975): im ersten Film heiratet eine sechzigjährige Witwe einen marokkanischen Gastarbeiter und muß alle Vorurteile der Gesellschaft erfahren, die sich gegen die Verbindung mit einem Gastarbeiter richten; Fassbinder arbeitete die gesellschaftliche Parabel mit schöner Klarheit heraus. In *Faustrecht der Freiheit* wird ein mittelloser junger Mann zunächst von homosexuellen Freunden ausgehalten, dann aber, als er einen hohen Lottogewinn erzielt, schamlos ausgenutzt und schließlich fallengelassen. Fassbinders Parteinahme für seinen ausgebeuteten Helden (Franz Biberkopf ist sein Name, eine Anspielung auf Alfred Döblin) ist offensichtlich. Aber die exzentrische

Zeichnung der Homosexuellenwelt und das opernhafte Pathos mancher Szenen hatten wenig mit Realismus zu tun, auf den der Film ansonsten Anspruch erhob.

Mit *Martha* (1973) gelang Fassbinder bei aller melodramatischen Übertreibung (oder vielleicht gerade deswegen) ein sehr parteilicher »Frauenfilm«: das Verhältnis einer verheirateten Frau aus »besseren Kreisen« zu ihrem Mann wird wie das zwischen einem Vampir und dessen Opfer beschrieben, als eine makabre Horrorstory von Unterwerfung und Abhängigkeit. Von ähnlichen Dingen handelte auch (wenngleich in stärker sublimierter Form) *Fontane Effi Briest* (1972–1974). Bei der Verfilmung von Fontanes Roman optierte Fassbinder gegen Breite und Ausschmückung, statt dessen für Konzentration und Verdichtung. Im Gegensatz zu seiner sonstigen schnellen Arbeitsweise (für *Der Händler der vier Jahreszeiten* kam er mit elf Tagen Drehzeit aus, bei *Die bitteren Tränen der Petra von Kant* mit zehn) ließ er sich diesmal Zeit und drehte 58 Tage (allerdings mit einem Jahr Unterbrechung, weil der Hauptdarsteller erkrankte). Das Drama zwischen Effi, der in Abhängigkeit, quasi in Gefangenschaft gehaltenen, einem absurden Ehrenkodex geopferten Frau und dem Baron von Instetten wird gleichsam von innen heraus rekonstruiert – in Bildern, die nicht polemisieren, sondern eher elegisch wirken. Der Zuschauer wird durch die Erzählweise des Films, der eine Erzählerstimme und Zwischentitel sowie ausführliche Textzitate verwendet, in Distanz versetzt, wozu vor allem das wenig gebräuchliche Verfahren beiträgt, zwischen den Szenen nicht zum Schwarz, sondern zum Weiß zu überblenden. Aber durch die eigentümliche Strenge im Aufbau des Films sowie durch die Zurücknahme der Ausdrucksmittel gelang es Fassbinder, einen Zugang zum Kern des Geschehens herzustellen, dieses für den Zuschauer auch emotional erfahrbar zu machen.

Als ob es die Subtilität von *Effi Briest* zu korrigieren gälte, zog Fassbinder in *Mutter Küsters Fahrt zum Himmel* (1975) wieder alle Register der Dramantik. *Mutter Küster* will eine Auseinandersetzung mit verschiedenen Gruppierungen der westdeutschen Linksszene sein: eine Arbeiterwitwe, um die Rehabilitation ihres verstorbenen Mannes bemüht, der in der Fabrik Selbstmord beging, verbündet sich erst mit der DKP und dann mit einer Anarchistengruppe, die Mutter Küster in eine »Aktion« mit Geiselnahme hineinzieht. Fassbinder karikierte vor allem die DKP-Funktionäre, die er als Kleinbürger hinstellte. Die Kritik des Films traf in einigen Punkten. Auf der anderen Seite vereinfachte er viele Zusammenhänge bis zum Absurden; seine Analyse blieb extrem subjektiv und oberflächlich.

Fassbinders Filme haben die Ausdrucksmittel der Filmkunst nicht revolutioniert; aber sie haben das »Autorenkino« aus seiner Isolation gegenüber dem Publikum herausgeführt, haben einen neuen (wenngleich von bestehenden Modellen abgeleiteten) Typus von Film entstehen lassen, der das Bedürfnis der Zuschauer nach Identifikation, nach Emotion und Erleben im Kino, letztlich auch das Bedürfnis nach »Unterhaltung« ernst nimmt, der in seiner Dramaturgie und Filmsprache durchaus verständlich bleibt, linearem Erzählen verhaftet, dennoch aber Stellung (wenn auch auf subjektive Art) zu Konfliktstoffen der Gegenwart bezieht, der Gesellschaftskritik übt, »Denkanstöße« und sogar »Aufklärung« vermittelt – durch die Methode der Übersteigerung, Überspitzung, die vielfach Fassbinders dramaturgisches Handwerkszeug zu sein scheint.

Wilfried Wiegand hat versucht, die Filme Fassbinders auch thematisch auf einen gewissen Generalnenner zu bringen: »Die Filmhelden Fassbinders, könnte man sie zu einer Kinofigur zusammenziehen, ergäben zumindest die Umrisse einer mythischen Gestalt, die zu beschreiben wäre als ein vaterloser Jugendlicher, der, beständig auf der Flucht vor einer schrecklichen Vergangenheit, seine Träume nur noch in der Ferne glaubt verwirklichen zu können. Es ist ein Mensch, der sich in seinem eigenen Lande heimatlos fühlt.«[26]

Satansbraten (1976) schlägt im Vergleich zu Fassbinders bisherigem Œuvre einige neue Töne an. *Satansbraten* ist eine grelle, aggressive, zynische und surreal überdrehte Komödie um einen erfolglosen Dichter, der sich mit Stefan George identifiziert und einen regelrechten Kult um sich aufbaut. Der Film zeigt alltäglichen Sadismus, Grausamkeit und Demütigungen, die sich Menschen – die Personen dieses Films sind bizarre, ins Pathologische übertriebene Karikaturen – gegenseitig zufügen, die sie erdulden oder sogar verinnerlichen. Der lärmende Jahrmarktsstil des Films scheint sich selbst zwar nicht ganz ernst zu nehmen. Das Fassbindersche Panoptikum liefert bei richtiger Betrachtung aber doch Stoff zum Nachdenken, ein Unterton verzweifelter Bitterkeit ist bei aller forcierten Komik unüberhörbar. Es ist, als ob Fassbinder mit diesem Film alles zerstören und negieren möchte, was ihm bisher Erfolg gebracht hat. Die Außenwelt scheint für ihn als Bezugspunkt zu verschwinden; mehr und mehr konzentriert er sich auf sein eigenes künstliches Universum.

Fassbinders zwei vorläufig letzten Produktionen zeigten die immer zunehmende Verfeinerung und Raffinesse (manchmal bis zum Manierismus) seiner stilistischen Mittel, vor allem der Kameraarbeit (Michael Ballhaus), der Beleuchtung und der Bildkomposition: diese Brillanz des Stils regiert *Chinesisches Roulette* (1977), ein abgründiges Gesellschaftsspiel und Psychodram zwischen einer Gruppe durch verwickelte Beziehungen verbundener Personen auf einem Schloß, das in gegenseitige Decouvrierung und Selbstzerfleischung mündet, sowie die zunächst fürs Fernsehen realisierte Bearbeitung eines Romans von Oskar Maria Graf, *Bolwieser* (1977), das Drama eines Stationsvorstehers aus den zwanziger Jahren, eines Kleinbürgers, der an nicht bewältigten Konflikten mit seiner Umwelt und seiner Ehefrau zugrunde geht. Bolwieser ist eine tragische Figur, die den Helden früherer Fassbinder-Filme ähnelt. Fassbinder orientierte die Spielweise seiner Darsteller an der expressionistischen Hervorkehrung innerer Impulse und Haltungen; der dadurch entstehenden Irrealität wirkte er durch das bewußte Einarbeiten politischer Hintergründe des Geschehens entgegen.

Wim Wenders

Wim Wenders (geb. 1945) ist unter den jungen Regisseuren des bundesrepublikanischen Films der kühlste und zugleich aufrichtigste in der Exposition persönlicher Motive und Vorlieben. Wim Wenders' Filme bedienen sich kaum der Montage, sie zielen weniger auf Argumentation, sie ergeben vielmehr ein Kino der ruhigen Beobachtung, des Abwartens, der fließenden Entwicklung, das charakterisiert wird von einer Vorliebe für Bewegungen, in die kein Schnitt interveniert – darum spielen Wenders' Filme bevorzugt auf Landstraßen, in Autos, auf Motorrädern, in Flugzeugen, Eisenbahnzügen und Schiffen; darum auch beschreiben seine Filme vielfach Wanderungen, Irrfahrten, Reisen. Wenders' Kino ist gekennzeichnet durch eine Faszination von Amerika – weniger allerdings von einem realen als einem mythischen Amerika, das vermittelt ist durch Filme und durch Musik. Nicht nur ist Wenders selbst ein großer Liebhaber amerikanischer Schallplatten (er widmete ihnen Artikel und Feuilletons), auch seine Personen lieben diese Musik – so führt der fahrende Kinomechaniker aus *Im Lauf der Zeit* in der Kabine seines Lkw einen transportablen Plattenspieler mit sich, in den er beim Fahren Rock-and-Roll-Musik einlegt. Ein anderes Hauptmotiv der Wenders-Filme ist die Freundschaft – zwischen Männern (oder einem Mann und einem Kind), während Frauen im Wendersschen Universum meistens nur am Rand vorkommen.

Schon in seinen drei ersten Kurzfilmen, die er an der Münchener Hochschule für Fernsehen und Film im Jahre 1969 drehte, entwickelte Wenders seinen spezifischen Stil. *Sil-*

ver City, *Same Player Shoots Again* und *Alabama – 2000 Light Years* variieren Grundsituationen von Gangsterfilmen. *Silver City* ist ein Film über Autoschlangen, die sich, von hoch oben gefilmt, in einer irrealen Stadt vorwärtsbewegen; in *Same Player . . .* sowie in *Alabama* sterben Gangster in fahrenden Autos; *Alabama* besteht sogar zu größeren Teilen aus einer ununterbrochenen Autofahrt, bei der die Kamera vom Rücksitz aus filmt, sie erfaßt den Fahrer, der offenbar verletzt ist, von hinten. Während die Kamera ausläuft (und immer dunkler wird, in Schwarzfilm mündend), geht das Leben des Fahrers zu Ende.

Summer in the City (1971), Wenders' erster Langfilm, noch in der Hochschule für Fernsehen und Film entstanden und mit äußerst geringen Mitteln gedreht, erzählt die »Nachgeschichte einer Kriminalgeschichte«[27]: ein Mann kommt aus dem Gefängnis und flieht vor seiner Vergangenheit. Der Film besteht wiederum zum großen Teil aus Fahrten: eine Autofahrt den Berliner Kurfürstendamm hinunter wird in ihrer vollen Länge von 8 Minuten festgehalten; Wenders schneidet in diesen Fahrten prinzipiell nicht, was die Irritation der Zuschauer bewirkt, die an eine Dramaturgie der aneinandergereihten Höhepunkte gewöhnt sind. Es folgen Gespräche in Zimmern, deren Dialoge auf eigenartige Weise, zeitlich um ein Geringes versetzt, von einem Kommentator aus anderer Perspektive wiederholt werden, so daß die Vorgänge wie um ihr eigenes Echo bereichert erscheinen; daran knüpft sich eine Fahrt in der Berliner S-Bahn bis zum Bahnhof »Eichkamp«, wobei die Melancholie eines Bahnhofs niemals treffender eingefangen wurde. Reisen und Projekte von Reisen eigentlich ohne Ziel, bei schwindendem Bezug zur Realität – wie in allen späteren Wenders-Filmen. Auf eine Erzählung von Peter Handke ging Wenders' nächster Film zurück, *Die Angst des Torwarts beim Elfmeter* (1972). Die lakonische, scheinbar »filmische«, in undeterminierte »Einstellungen« zerfallende Erzählweise der Handke-Novelle, die die Entfremdung des Helden spiegelt (der, nachdem er einen Mord begangen hat, zu einer Bekannten aufs Land fährt), mochte Wenders an dem Stoff interessiert haben. Die Wirkung der Prosa war nicht ohne weiteres in den Film zu übertragen; dennoch gelang es Wenders, in seinem Film ein Klima der Offenheit, Unbestimmtheit entstehen zu lassen. Sein Held ist scheinbar ohne Vergangenheit; er lebt nur im hier und heute. Die Bilder des Films vom Leben in der Provinz, von einer kleinen Gastwirtschaft, einem Fußballfeld sind auf eine frische und neue Weise beobachtet, offen für Bedeutungen, die der Zuschauer in sie hineinlegen kann.

Der scharlachrote Buchstabe (1973), nach einer Vorlage des amerikanischen Romanciers Nathaniel Hawthorne, aufwendig in historischen Dekors für das Fernsehen produziert, war für Wenders wahrscheinlich ein Irrweg. Viel persönlicher fielen *Alice in den Städten* (1974) und *Falsche Bewegung* (1975) aus. *Alice in den Städten* ist eine Wenders-Story par excellence: ein Fotograf soll für einen deutschen Verleger eine Fotoreportage über die USA machen, fährt zu diesem Zweck mit einem Auto kreuz und quer über amerikanische Landstraßen, findet aber keine rechten Motive und kann die Fristen seines Verlegers nicht einhalten. Auf dem Rückflug nach Europa trifft er ein kleines Mädchen, dessen Mutter plötzlich verschwindet, so daß er das Kind begleiten und ihm bei seiner Suche nach der Großmutter behilflich sein muß, deren Haus irgendwo im Ruhrgebiet liegt, aber nicht zu finden ist. In *Alice* erlebte man den typisch Wendersschen Helden: einen Einzelgänger, der sich meist auf Reisen befindet, ohne ein klares Ziel zu haben, der fortwährend auf der Suche nach Bildmotiven ist, seine Umwelt nicht mehr unmittelbar erlebt, sondern sie gefiltert sieht durch schon existierende Vorstellungen oder Abbilder; der dann aber doch einem Mitmenschen Solidarität erweist, nämlich dem kleinen Mädchen, mit dem zusammen er sich auf eine aussichtslose Suche begibt. Die Freundschaft der beiden bewährt sich, wenn auch nur momentan, gegen die den Menschen umgebende tiefgreifende Entfremdung.

Falsche Bewegung war eine freie Bearbeitung von Goethes Roman »Wilhelm Meisters Lehrjahre« (das Drehbuch stammte von Peter Handke). Wilhelm Meister ist hier ein Schriftsteller aus der Gegenwart, der aus seinem norddeutschen Heimatort aufbricht, um die gesamte Bundesrepublik zu durchreisen, auf der Suche nach Inspiration, Auseinandersetzung, Begegnung. Zeitweilig sammelt sich um ihn eine heterogen zusammengewürfelte Gruppe von Menschen. Vertieft in philosophischen Gesprächen gehen sie am Ufer des Rheins spazieren oder treffen sich in der Villa eines verbitterten Industriellen. Immer wieder werden in dem Film Landschaften zur Metapher einer Stimmung, eines soziologischen Befundes. Der Schriftsteller allerdings findet keine Antwort auf seine Fragen. In einer Schlüsselszene ist die Kamera in einem Hubschrauber montiert, der lange Zeit einen Eisenbahnzug begleitet, um sich dann von ihm zu entfernen und in immer größere Höhen aufzusteigen – ein analoger Vorgang zur Trennung zwischen den Personen des Films. Am Ende muß der Protagonist auf dem Gipfel der Zugspitze trotz großen Weitblicks erkennen, daß er »vieles versäumt hat und immer noch etwas versäumt mit jeder neuen Bewegung«.

Im Lauf der Zeit (1976) führt die philosophischen Ansprüche von *Falsche Bewegung* wieder zurück in ein Umfeld intensiver Wirklichkeitsbeobachtung. Was der Film sagen will, wird weniger verbal formuliert oder durch Symbole ausgedrückt wie in *Falsche Bewegung*, sondern umgesetzt in Bilder, Szenen und filmische Abläufe. Auch hier ist der Held ein Mensch, der ständig auf Reisen ist: ein wandernder Kinomechaniker, der in einem großen, mit Kinogerät vollgestopften und schon leicht abgetakelten Lastwagen die unterentwickelten Provinzgebiete entlang der Grenze zur DDR durchfährt, dort in den Kinos Projektoren überholt, auch einmal eine Vorführung übernimmt. Zu ihm stößt ein anderer junger Mann, genannt Kamikaze, der sein Auto aus Übermüdung oder Selbstmordstimmung in das Wasser eines Flusses steuert. Wenders analysiert auf subtile Weise die Freundschaft zwischen den beiden und ihre Beziehung zu Frauen, die nur am Rande des Films auftauchen, aber dennoch auf eine besondere Weise präsent sind. Eigentliches Thema des Films ist jedoch das Kino und die mit ihm verbundene visuelle Wahrnehmung. Ein faszinierendes Gleichnis für diese Art, die Welt wahrzunehmen, liefert die – in sich durchaus realistische – Szene zwischen Kamikaze und einem Jungen am Bahnhof, der in sein Heft alles das notiert, was er um sich herum erblickt.

Der fahrende Kinomechaniker ist zweifellos ein Filmbesessener, wie Wenders es selbst ist; er hat in seinem Lkw alte Projektoren gesammelt, auch ein Bild des Filmregisseurs Fritz Lang hängt an der Wand und wird einmal ausgeschnitten, er erklärt die Funktion des Malteserkreuzes und entwickelt von daher eine ganze Philosophie des Films. An der augenblicklichen Situation des Kinos wird in diesem Film nichts verschönert oder romantisiert; sie erscheint, besonders in der Provinz, als verzweifelt: die Kinos sind aufs äußerste heruntergekommen und können sich nur noch mit Pornofilmen über Wasser halten; dementsprechend ist das Publikum, sind auch die Vorführer. Am Schluß des Films erscheint ein Kino mit dem symbolischen Namen »Die weiße Wand«, dessen Inhaberin aus Protest gegen die ausbeuterischen und verdummenden Filme, die heute allein noch zur Verfügung stehen, ihr Kino geschlossen hat; aber alle Apparate stehen unter Plastikhüllen, bereit zur erneuten Nutzung, wenn eines Tages bessere Filme kommen sollten. Die Kinobesitzerin hält am Schluß des Films ein flammendes Plädoyer gegen die Funktion, zu der der Film überwiegend in unserer Gesellschaft herabgesunken ist: der einer Droge, einer Betäubung, einer Vergewaltigung. Wenders möchte ein entgegengesetztes Kino machen, was er in *Im Lauf der Zeit* vorführt: ein Kino, das durchaus abwechslungsreich, ereignisvoll sein kann, das die Menschen in ihrer Vereinzelung zeigt, aber auch eingeht auf ihre Träume, Wünsche, Hoffnungen, auf ihre Sehnsucht nach Kommunikation; ein Kino, das den Zuschauer schult in der visuellen Wahrnehmung der

Welt. Wenders bezeichnete die Hoffnung auf ein besseres Kino als den Wunsch, der hinter dem ganzen Film steht: »Den Wunsch oder die Frage, ob das Kino sich noch häuten kann zu etwas, das dem Menschen dienlich ist ... Das Kino stirbt, aber daß es danach eine Form gibt, die etwas Menschenwürdiges hat. Das ist die Sehnsucht, die hinter dem Film steht. Eine weiße Wand ist für mich etwas, wo man wieder etwas Neues draufwerfen kann. Das ist für mich die Utopie, die in dem Film drin ist.«[28]

Der amerikanische Freund (1977), nach einem Kriminalroman von Patricia Highsmith, bewegte sich wieder mehr in den Bahnen vorgeformter Action-Film-Muster. Wenders wandelte jedoch den vorliegenden Entwurf stark in Richtung auf eigene Vorlieben ab, stellte wiederum die (am Ende zerbrechende) Freundschaftsbeziehung zwischen einem kranken Bilderrahmer (Bruno Ganz) und einem zwielichtigen Kunsthändler (Dennis Hopper) in den Mittelpunkt, arbeitete zahlreiche ihn interessierende optische Motive in den Film ein und ließ als Hommage die Regisseure Nicholas Ray, Sam Fuller, Jean Eustache, Daniel Schmid und Peter Lilienthal in Nebenrollen auftreten, so daß im Endeffekt dieser ganz nach Vorlagen des US-Kinos gefertigte Kriminalfilm doch die persönliche Handschrift Wim Wenders' trug.

Peter Lilienthal

Peter Lilienthal (geb. 1929) drehte zwar seit 1960 ununterbrochen Filme, trat aber erst später ins Bewußtsein der Filmkritik, weil er von 1960 bis 1968 ausschließlich für das Fernsehen tätig war. Seine ersten Filme – *Der 18. Geburtstag* (1961) und *Stück für Stück* (1962), die Geschichte einer Mutter, die ihrem Sohn auf Raten ein Fahrrad kauft – gingen noch stark von der Alltagswirklichkeit aus, einer Wirklichkeit des Kleinbürgertums zumeist. Die dokumentarische »Ader« bei Lilienthal brach auch später nie ganz ab. So drehte er 1964 einen – nicht gesendeten – Fernsehdokumentarfilm *Marl, Porträt einer Stadt* und später, 1972, das Porträt eines jungen Schlagersängers, *Start Nr. 9*; 1973 entstand in den USA *Shirley Chisholm for President*, eine Reportage über die Wahlkampagne einer schwarzen Präsidentschaftskandidatin. Stärker jedoch entwickelte sich in der Folgezeit Lilienthals Interesse für literarische Stoffe. Er verfilmte Vorlagen von Arrabal, Mrozek, Gombrowicz und Herburger. In Variationen beschrieben die Filme, die Lilienthal nach Stoffen der genannten Autoren realisierte, den Einbruch des Phantastischen und Unerklärlichen in die Alltagswelt und das Verhalten von Menschen gegenüber einer solchermaßen gestörten Wirklichkeit. Lilienthal entwickelte in ihnen einen Stil der visuellen Notierung, der mosaikartigen Zusammensetzung kleiner, dokumentarisch gesehener Details, ein subtiles, pointillistisches Verfahren, reich an Zwischentönen, an Nuancen der Verfremdung. Bei ihm »muß die Kamera Zeit haben, das Gesicht zu röntgen«, wie Lilienthal selber sagte. »Ich zeige die Geschichte der Menschen, die keine Heldenaureole um sich haben, die sich nicht äußern können, die stumm vor dem schrecklichen Geschehen stehen und eigentlich nichts zu sagen haben, abgesehen von den banalen Alltagsdingen.«[29]

Striptease (1963, nach einer Vorlage von Slawomir Mrozek) zeichnete auf satirische Weise das Porträt »nachgiebiger und unentschlossener Bürger«[30], in *Guernica – Jede Stunde verletzt und die letzte tötet* (1963/65, nach Arrabal) streiten sich zwei Eheleute vor dem Hintergrund einer zusammenbrechenden Welt – gemeint ist die Bombardierung der spanischen Stadt durch deutsche Flugzeuge im Jahre 1937; die Zerstörung, die Stück und Film konstatieren, geht jedoch über das historische Ereignis hinaus. *Das Martyrium des Peter O'Hey* (1964, nach Mrozek) zeigt, wie ein Bürger sich im Gestrüpp staatlicher Bürokratie verfängt – ausgelöst wird das Geschehen dadurch, daß sich ein Tiger im Badezimmer der O'Heys eingenistet haben soll. Von skurrilen, manchmal allegorischen Situationen, die Abgründe im menschlichen Verhalten sichtbar machen, gehen auch die nächsten Filme Lilienthals aus: *Seraphine – oder die wundersame Geschichte der Tante Flora* (1964) erzählt von einem gefräßigen Meeresungeheuer, das in einer Kiste wohnt; *Abschied* (1965) berichtet von einem Todesfall, einem Begräbnis und der folgenden Begräbnisfeier; der Film zeichnet ein Bild der zwischenmenschlichen Entfremdung. *Robert* und *Claire* (1966/67), zusammen produziert unter dem Obertitel *Abgründe*, sind Studien in Haß: in *Robert* wird eine ältliche Internatslehrerin das Opfer eines Schülers; *Claire* zeigt eine egozentrische Mutter, die die Geliebte ihres Sohnes aus dem Wege räumt. Dazwischen schildert *Der Beginn* (1966) die gewaltsame Integration eines jungen Mannes in eine stupide Arbeitswelt. Lilienthals Verdienst in seiner ersten Phase bestand darin, daß er in einer Zeit vollkommener Stagnation des westdeutschen Films, wenn auch beschränkt auf den Bereich des Fernsehens, eine avancierte Position des Filmemachens vertrat, von der letzten Endes wieder Impulse in die Filmproduktion zurückwirkten.

Von *Malatesta* (1970) an fanden Lilienthals Filme zunehmend auch den Weg ins Kino. Eddie Constantine spielt in *Malatesta* die Rolle des gleichnamigen italienischen Anarchisten aus dem London des Jahres 1910. Lilienthal arbeitete dokumentarisches Material aus der damaligen Zeit in seinen Film ein. Unter anderem beschäftigte er sich mit der Chance einer (von Malatesta angestrebten) gewaltlosen Revolution angesichts staatlicher Unterdrückung. Letzten Endes geht es dem Film jedoch nicht so sehr um eine Auseinandersetzung mit Anarchismusthesen; er versucht vielmehr die Realität zu schildern, vor deren Hintergrund und aus der heraus der Anarchismus Malatestas sich entwickelte. Lilienthal setzte meisterlich seine Mittel atmosphärischer Zustandsschilderung ein; er demonstrierte eine Methode, in der realistisches und poetisches Verfahren nicht mehr als Gegensätze erscheinen.

Die Sonne angreifen (1970, nach Gombrowicz) – über die Mafia und die Eskalation der Gewalt in den USA – und *Jacob von Gunten* (1971, nach einem Roman von Robert Walser) waren wieder Auftragsproduktionen für das Fernsehen. Nach den Dokumentarfilmen *Start Nr. 9* und *Shirley Chisholm for President* (1972 und 1973) drehte Lilienthal 1973 im Chile Allendes *La Victoria*. Auch *La Victoria* entstand teilweise auf dokumentarischer Grundlage: Lilienthal und sein Autor, der Chilene Antonio Skarmeta, schilderten den Bewußtseinsprozeß eines jungen Mädchens, das aus der Provinz in die Hauptstadt kommt und in ihrer Freizeit der sozialistischen Kandidatin Carmen Lazo bei den Wahlvorbereitungen hilft. Carmen Lazo gab es wirklich, die Wahlvorbereitungen fanden tatsächlich statt. Die Parlamentswahlen im März 1973 brachten der Unidad Popular mehr Stimmen als 1970. Diese realen Vorkommnisse – ebenso wie eine Alphabetisierungskampagne – kombinierte Lilienthal mit der fiktiven Handlung. Zwar wandte Lilienthal auch hier wieder viel Liebe auf die Schilderung einer versponnenen Kleinbürgerwelt (in der das Mädchen provisorische Beschäftigung findet); aber es gelang ihm, auf bewegende Weise in dem Mädchen die Entstehung eines neuen Bewußtseins unter dem Einfluß der umgebenden Realität und der politischen Ereignisse zu beschreiben.

Hauptlehrer Hofer (1975) stellt einen Lehrer in einem elsässischen Dorf der Jahrhundertwende vor, der wegen seines politischen Engagements entlassen und des Landes verwiesen wird. Lilienthal zeichnet den Lehrer als einen stark introvertierten Einzelgänger von langsamer Sprache und langsamen Bewegungen, als eine Art Kaspar-Hauser-Figur, ähnlich wie Malatesta mehr Visionär als sozialer Rebell. *Es herrscht Ruhe im Land* (1976) ist der politisch deutlichste und am stärksten engagierte Film Lilienthals bis heute. Aus dem Film sprechen Zorn und Empörung. Obwohl er nur allgemein »in einem lateinamerikanischen Land« angesiedelt ist, liegt klar auf der Hand, daß mit dem Land Chile, mit den beschriebenen Zuständen diejenigen nach dem faschistischen Putsch gemeint sind. Es geht in diesem Film um die Unterdrückung politisch Andersdenkender mittels Terror und Folter, um einen Ausbruchsversuch aus dem Gefängnis, der partiell scheitert, um das Klima von Drohung und Einschüchterung, das die Machthaber verbreiten. In der Darstellung einer politischen Unterdrückungsmechanik ist dieser Film Lilienthals ganz explizit. Und doch verläßt sich der Film nicht etwa auf dramatische Effekte in der Art von *Z*, sondern entwickelt weiterhin die psychologischen Einzelstudien, die Lilienthals Stärke sind, sammelt Indizien für Unterschwelliges, für Vorgänge im Bewußtsein, beschreibt eine Atmosphäre, in welcher die politische Dimension des Films fühlbar und greifbar Gestalt gewinnt.

Zwischen Kunst und Kommerz

Um das Panorama des Films in der Bundesrepublik zwischen 1968 und 1977 zu vervollständigen, muß man auf die Arbeit einer Reihe weiterer Regisseure eingehen, die verschiedene Positionen im Spektrum der Möglichkeiten zwischen Autorenkino und »publikumsrelevantem« Film vertreten. Hier sind Peter Fleischmann und Theodor Kotulla zu nennen, die 1968/69 mit interessanten Erstlingswerken auf sich aufmerksam machten, ferner Roland Gall, Rudolf und Karin Thome sowie Klaus Lemke; Reinhard Hauff und Uwe Brandner, Hans Jürgen Syberberg, Roland Klick und Michael Verhoeven; schließlich als Erscheinungen der Jahre nach 1973 Hark Bohm, Wolf Gremm, Robert Van Ackeren und Reinhard Sinkel sowie Alf Brustellin.

Peter Fleischmann (geb. 1937) trat nach verschiedenen Kurzfilmen (so *Herbst der Gammler*, 1967) 1969 mit *Jagdszenen aus Niederbayern* hervor, einem Spielfilm nach einem Bühnenstück von Martin Sperr, der bei der Kritik starke Resonanz fand und namentlich im Ausland, so in Frankreich, zeitweilig zum Synonym für den neuen deutschen Film überhaupt wurde. *Jagdszenen . . .* entwirft ein düsteres Bild von Rückständigkeit, Vorurteilen, latenter bis offener Gewalttätigkeit und dumpf-faschistischer Mentalität in der bayerischen Provinz. Als Exempel wird das Schicksal Abrams, eines 20jährigen Mechanikers vorgeführt, der, als »Zugewanderter« und womöglich Homosexueller von Dörflern verfolgt, zu einem Mord getrieben und in einer regelrechten Menschenjagd auch gefangengenommen wird. Viele Symptome des alltäglichen Faschismus bringt Fleischmann treffend vor die Kamera. Die negativen Figuren, aus denen der Film fast ausnahmslos besteht, sind allerdings ins Monströse stilisiert. In seinem nächsten Film, *Das Unheil* (1970), nahm Fleischmann einen anderen Winkel deutscher Provinz aufs Korn: die Stadt Wetzlar; er schilderte die in ihr herrschenden Verhältnisse als »Vision des Untergangs in Mief, Müll und Kloaken«.[31] Im Mittelpunkt steht ein ehemals nazistischer schlesischer Flüchtlingspastor, der zur Feier der Rückkehr seiner Heimatglocken ein sentimentales Vertriebenenfest arrangiert. Die Polemik des Films koppelt sich mit Fatalismus; obwohl man ihrer Grundrichtung zustimmen möchte, ist die Argumentation zu grob, die Typenzeichnung zu simplifiziert. In die Bereiche des Spekulativen begab sich Fleischmann mit *Dorotheas Rache* (1974), dem Versuch eines »kritischen« Sexreports aus dem St.-Pauli-Milieu.

Theodor Kotulla (geb. 1928) war lange Zeit als Kritiker an der Zeitschrift »Filmkritik« tätig, ehe er sich selbst der Filmarbeit zuwandte, zunächst mit einem Dokumentarfilm über Robert Bresson und dann mit zwei Kurzspielfilmen: *Panek* (1967), dem Porträt eines Intellektuellen, der sich von der Welt isoliert hat, und *Vor dem Feind* (1968), einer Parabel über den Krieg. Im gleichen Jahr drehte Kotulla nach einem Drehbuch seiner Kritikerkollegen Hans Stempel und Martin Ripkens den Spielfilm *Bis zum Happy End* (1968). Der Film will die Bewußtseinsverfassung einer Mittelstandsfamilie untersuchen; Hintergrund des Geschehens ist die Hauptstadt Bonn, die in fünfzehn programmatischen Kurzansichten vor Beginn der Handlung vorgestellt wird. Das festgefügte Anschauungssystem der Familie gerät durcheinander, als ein Erbstreit mit dem Bruder des Mannes ausbricht, dieser plötzlich (die näheren Umstände bleiben unklar) den Tod findet, und als ihr 10jähriger Sohn einen Selbstmordversuch unternimmt. In der Darbietung einer perfekten, schönen Oberfläche bürgerlicher Lebensumstände ist der Film verwandt mit *Le bonheur*. Allerdings macht Kotulla deutlicher als Agnès Varda, was er von seinen Figuren letztlich hält. Er bringt die gesellschaftlichen Hintergründe und Verästelungen des Geschehens zur Erscheinung, den falschen Kultur- und Glücksbegriff, dem seine Protagonisten nachjagen. In seinem zweiten Spielfilm *Ohne Nachsicht* (1972) setzt Kotulla seine Untersuchung der deutschen Provinzlandschaft fort: diesmal erzählt er von zwei Freunden aus der Stadt Münster. Beide sind Journalisten; der eine möchte sich seine Unabhängigkeit erhalten und verläßt schließlich die Stadt, der andere wird von seiner Zeitung wegen eines kritischen Artikels vorübergehend hinausgeworfen, paßt sich aber letztlich den Verhältnissen an. Der Film besteht aus einer Serie kleiner Begebenheiten, aus Erinnerungen und Anekdoten, angeordnet zu einem Lehrstück über Macht und Ohnmacht der Intellektuellen in unserer Gesellschaft. Die Problematik dieser beiden Filme lag darin, daß sie einem Realismus verhaftet waren, der oftmals zu plan, zu sehr der Oberfläche verhaftet schien. In *Aus einem deutschen Leben* (1977) beschrieb Kotulla die Lebensgeschichte des KZ-Kommandanten von Auschwitz, Rudolf Höß. Der Film war intelligent strukturiert und mit bressonhafter Strenge gemacht. Höß' Persönlichkeit wird in Kotullas Film aus Erlebnissen seiner Kindheit und Jugend erklärt; er wird nicht zum Sadisten oder Monster stilisiert, sondern erscheint fast als normaler Bürger. Die Szenen, in denen – wenn auch nur im kleinsten Ausschnitt – eine Darstellung der KZ-Greuel gegeben werden soll, wirken seltsam irreal. Bemerkenswert ist jedoch die Aufarbeitung eines Aspekts deutscher Vergangenheit, die Kotullas Film leistet; die manchmal gespenstische Kühle der Bilder, der ruhige Rhythmus der Dramaturgie unterstreichen die didaktisch-aufklärerische Wirkung des Films. Sie steht im Kontrast zur Oberflächlichkeit des Dokumentarfilms *Hitler – Eine Karriere* von Joachim Fest (beide Filme erlebten 1977 auf den Berliner Filmfestspielen ihre Uraufführung).

Der vom Theater kommende Roland Gall ist – abgesehen von Fernseharbeiten – im Grunde der Regisseur eines einzigen, aber bemerkenswerten Films geblieben: *Wie ich ein Neger wurde* (1970), gedreht nach der Vorlage des 1938 veröffentlichten Romans »Jugend ohne Gott« von Ödön von Horvath. Thema ist die Situation eines Lehrers in der Nazizeit, der mit seiner Klasse in ein Zeltlager fährt und dabei einen Kriminalfall aufklären soll. In wenigen anderen Filmen wurde die Atmosphäre allgemeinen Mißtrauens und der gegenseitigen Bespitzelung unter der Oberfläche scheinbar normalen Alltagslebens vor dem sparsam skizzierten Hintergrund der Zeit so eindringlich beschrieben wie hier. Dabei bleibt der Film kühl und zurückhaltend; Personen und Vorgänge scheinen wie aus der Distanz gesehen. In seiner Insistenz auf dem Mechanismus von Vorurteilen und Repression in einem Milieu von Schülern und Erziehern kann man ihn mit Schlöndorffs *Törless* vergleichen, nur daß Galls Film in seiner Analyse noch konsequenter und klarer ist.

Uwe Brandner (geb. 1941, neben seiner Filmarbeit Schriftsteller) leistete mit *Ich liebe dich, ich töte dich* (1971), im Untertitel »Eine Bildergeschichte aus der Heimat« benannt, einen wesentlichen Beitrag zur kritischen Umdrehung und Reaktivierung des Genres »Heimatfilm«. Bei Brandner (der 1968 den mittellangen *Blinker* drehte und 1969 den Kurzfilm *Toon erzählt vom Paradies*) tauchen Bilder aus der deutschen Provinz auf, von denen eine eigenartige Faszination ausgeht; sie sind das stärkste Ausdruckselement seines Films. Brandner erzählt die eher symbolische Geschichte eines Lehrers, der zum Wilderer wird und den sein Freund, der Jäger, daraufhin erschießt. Im Hintergrund steht das schreckenerregende Bild einer hierarchischen Gesellschaft, die ihre Ordnung total verinnerlicht hat und restlos zufrieden ist. Brandner gelang es, den Ideengehalt seines Films nicht in Bilder »umzusetzen«, sondern ihn aus Bildern und filmischen Strukturen entstehen zu lassen. Dies gilt leider in weit geringerem Maße für seinen zweiten Spielfilm *Kopf oder Zahl* (1973), in welchem ein privates Drama zwischen vier Personen abläuft, das hochgradig stilisiert ist, seine Belanglosigkeit aber hinter hochtrabenden literarischen Dialogen versteckt.

Am Rande des Kommerzfilmes angesiedelt (jedoch von diesem unterschieden) waren die ersten Filme von Rudolf Thome und Klaus Lemke. Sie repräsentieren jenen Flügel des neuen deutschen Kinos (zu dem letztlich auch Wim Wenders gehört), der, von Hollywoodvorbildern angeregt, eine persönliche Variante des Actionfilms oder des Melodrams anstrebt, sich dem Spiel mit Klischees des Unterhaltungskinos widmet oder im Kino gesammelte Erfahrungen reflektiert.

Rudolf Thome (geb. 1939) begann mit Kurzfilmen – *Die Versöhnung* (1964), *Stella* (1966), *Galaxis* (1967) und *Jane erschießt John, weil er sie mit Ann betrügt* (1968), die verwandte Handlungsmuster erkennen ließen und stets mit Originalton gedreht waren. *Detektive* (1969) berichtet von zwei jungen Leuten, die den Job des Detektivs ergreifen, um zu Geld zu kommen, aber gleichzeitig bereit sind, zu betrügen und zu erpressen; ihr Verhalten richten sie dabei weitgehend nach Kinomustern aus. In *Rote Sonne* (1970) beschließen vier Mädchen, systematisch ihre männliche Bekanntschaft umzubringen, um in keine Abhängigkeit von den Männern zu geraten. Der Film verstand sich weniger als Beitrag zur Problematik der Frauenemanzipation, sondern als ein Stück umgedrehtes Unterhaltungskino, an dem man immerhin »Gelassenheit und unaufdringliche Eleganz eines Hollywoodfilms« bewundern mochte.[32] *Supergirl* (1971) ist halb eine Science-fiction-Geschichte (Agentin in gelbem Trikot kommt von einem anderen Stern), halb eine Geschichte aus dem Kinomilieu (ein Superproduzent namens Polonsky residiert in einer Villa nahe Madrid). *Fremde Stadt* (1972) schildert die Bemühungen eines verfolgten Bankräubers, in der Stadt München ein neues Leben zu beginnen. Die Filme Thomes bis 1972, die ihre Eigenart nicht zuletzt der Zusammenarbeit mit dem Drehbuchautor Max Zihlmann verdanken, legen viel Wert auf eine dekorative Oberfläche; sie sind als Beitrag zum System des kommerziellen Kinos gemeint (wurden aber keine kommerziellen Erfolge); auf der anderen Seite zeigen sie Erfindungsgabe und Ironie. »Die Dialoge, die Zihlmann schreibt, sind ja nicht Sätze, die Leute reden, sondern . . . es sind Gesten, und diese Dialoge vermitteln nicht irgendwelche gedanklichen Inhalte, sondern Informationen, wie die Personen sind, wie sie leben, wie sie fühlen, was für Leute sie sind.« (Thome)[33] Bemerkenswerterweise brachte es Thome fertig, sich später in seinen Arbeitsmethoden völlig umzustellen und mit geringen Mitteln im 16-mm-Format zwei improvisatorische Filme zu drehen, die stilistisch neuartiger waren als seine früheren Produktionen: *Made in Germany und USA* (1974), über die Schwierigkeiten eines verheirateten Paares auf dem Weg zur Selbsterkenntnis, und *Tagebuch* (1975), eine freie Bearbeitung von Goethes »Wahlverwandschaften«, transponiert in das Berlin von heute. In seinem letzten Film spielt Thome selbst eine Hauptrolle. Zwar gehen beide Filme von einer bestimmten Drehbuchkonzeption aus, diese ist jedoch nicht fixiert, die Szene wird im Moment des Drehens von den Interpreten selbst weiterentwickelt, was den Filmen eine besondere Art von Authentizität verleiht. Wenngleich die Dramaturgie Thome in seinen letzten Filmen gelegentlich aus den Händen zu gleiten droht, sind sie doch ein Stück lebendiges, modernes Kino, das keine fertige Realität simuliert, sondern diese Realität im

Moment erschafft und den Zuschauer an dieser Erschaffung beteiligt, der Fiktion einen authentischen Hintergrund im Sinne des ›Cinéma-vérité‹ gibt.

Der Einfluß des amerikanischen Kinos ist auch der wichtigste Schlüssel zu den Filmen von Klaus Lemke, *48 Stunden bis Acapulco* (1967) und *Negresco – Eine tödliche Affaire* (1968), die jedoch dem Kommerzfilm näherstehen als die Filme Rudolf Thomes. Obwohl sie bezogen sind auf ein Referenzsystem von Filmanspielungen und »filmischen« Grundvorgängen, setzen sie sich doch dem Ideologieverdacht aus, weil sie die Fassade eines Daseins der Privilegierten mit einem Schimmer von ästhetischer Verklärung umgeben.

Karin Thome (geb. 1943) drehte neben verschiedenen Kurzfilmen (zwischen 1968 und 1972) einen Spielfilm, der auf eine Idee von Max Zihlmann zurückging: *Über Nacht* (1973). Dieser Film ist am ehesten mit den späteren Filmen von Rudolf Thome oder mit den frühen von Wim Wenders verwandt. Mit bescheidenen Mitteln produziert, schildert er in improvisatorischen Szenen die Entwicklung einer Gruppe von jungen Menschen, die immer wieder versuchen, sich von ihren alten Bindungen zu lösen, einen neuen Anfang zu machen. Die Handlung ist episodisch und konzentriert sich auf Gespräche, Debatten, Spaziergänge im Regen. Das Geschehen wird im Prozeß seiner Entstehung und in einer realen Zeitdimension gezeigt. Zugleich ist der Film aber auch eine Kritik am Leerlauf der Subkultur und formuliert eine utopische Hoffnung auf bessere Kommunikation. Mit *Also es war so...* (1977) unternahm Karin Thome ein Experiment im Genre des Märchenfilms: unbekümmert um Tabus und ästhetische Konventionen vermischte sie Elemente der Oper, der Commedia dell'arte und der surrealen Phantasie, anhand der Geschichte eines Jungen, der von zu Hause fortläuft und sich einem Wandertheater anschließt.

Reinhard Hauff (geb. 1939) trug durch seinen Historienfilm *Matthias Kneissl* (1971) ebenfalls zur Renaissance des Begriffs vom »Heimatfilm« bei. Hauff erzählt die Geschichte eines historischen Banditen, der 1902 in München zum Tode verurteilt wurde, als sozialkritisch akzentuiertes Drama, in dem Landschaft und Milieu eine große Rolle spielen. Der Film strebt einen gewissen Realismus der Hintergrundzeichnung an, wird jedoch stärker bestimmt von der romantischen Stimmung um einen verfolgten Außenseiter. 1973 drehte Hauff mit *Desaster* einen Kriminalfilm, dessen Ambitionen nicht voll verwirklicht waren, 1974 einen Film über den Strafvollzug und seinen korrumpierenden Einfluß auf die Häftlinge, *Die Verrohung des Franz Blum*. 1975 folgte *Zündschnüre*, ein Fernsehfilm ebenso wie *Paule Pauländer* (1976), die Geschichte eines Jungen vom Lande, der in einen Streit mit seinem autoritären Vater gerät, dessen Hof sich in einer katastrophalen wirtschaftlichen Lage befindet. Der Film enthält die sensible Beschreibung eines Vater-Sohn-Konflikts und liefert gleichzeitig ein kritisches, pointiertes Bild von der Situation auf dem Dorf. Freilich schreckt Hauff auch vor melodramatischen Zuspitzungen der Handlung nicht zurück.

Hans Jürgen Syberberg (geb. 1935) wechselte zwischen Dokumentarfilmen, Filmessays und Spielfilmen hin und her. Seine Filme haben extrem unterschiedliche Bewertung gefunden; parodistisch und ambivalent, bieten sie allerdings auch Ansatzmöglichkeiten für solcherart divergierende Einschätzungen. 1965 und 1966 drehte Syberberg Dokumentarfilme über den Bühnenregisseur Fritz Kortner (u. a. *Kortner spricht Monologe*, 1965). *Scarabea* (1968) verpflanzte eine Tolstoi-Novelle in das Sardinien von heute. *Sex-Business – made in Pasing* (1969) ist ein interessanter Beitrag zur Phänomenologie eines Konsumfilm-Genres: Syberberg liefert hier ein veristisch lebendiges Porträt des Sexfilmproduzenten Alois Brummer, eines geschäftsbewußten Selfmademans der Filmbranche, und verfolgt mit der Kamera das Drum und Dran einer Sexfilmproduktion Brummers in der bayerischen Provinz. So aufschlußreich Syberbergs Dokumente aber auch sind, versagen sie sich doch jeder offenen Kritik, im Grunde auch der Analyse. Der Film ist gegenüber seinem Thema von einer grundsätzlichen Ambivalenz; vornehmlich zeigt er sich am Skandalösen und Pittoresken interessiert. *Nach meinem letzten Umzug* (1972) beschäftigt sich anhand von dokumentarischem Material mit einigen Brecht-Inszenierungen aus den fünfziger Jahren. Die Entstehungsgeschichte des Films ist ungewöhnlich: Syberberg filmte 1952/53 auf der Bühne des »Berliner Ensembles« Teile mehrerer Inszenierungen (Aufführungen von »Puntila« und »Die Mutter«, Probenarbeit zum »Urfaust«) mit einer 8-mm-Kamera; viel später nahm er sich das alte Material wieder vor und kopierte es auf 35 mm um. Die 8-mm-Aufnahmen wirken wie ein grobkörnig projiziertes Schattenspiel, sie scheinen ästhetisch verfremdet ähnlich wie in dem US-Experimentalfilm *Tom, Tom, the Piper's Son* von Ken Jacobs. Syberberg ging es nicht nur um die Dokumentation Brechtscher Theaterpraxis, sondern auch um eine Kritik an der Kulturpolitik der DDR in den fünfziger Jahren, die von Hans Mayer (und Syberberg selbst) mit Emphase vorgetragen wird. *San Domingo* (1970) war das kaum gelungene Experiment, Kleists Novelle »Die Verlobung in St. Domingo« von einer Münchener Rockergruppe darstellen zu lassen.

Ludwig – Requiem für einen jungfräulichen König (1972), knapp vor dem Viscontischen *Ludwig* fertiggestellt und ins Kino gebracht, ist eine durch Übertreibung und Theatralisierung verfremdete Schaueroper, eine Parodie, die nicht nur auf die Gestalt des von romantischen Legenden umwobenen Bayernkönigs, sondern auch auf die Fin-de-siècle-Welt, auf den Wagner-Kult und viele andere Erscheinungen zielt. Syberberg trieb Kitsch und Melodramatik auf die Spitze und erreichte dadurch einen eigenen Grad von Maßlosigkeit. Viele Szenenbilder sind deutliche Zitate von Vorbildern wie *Iwan der Schreckliche* (Eisenstein) oder Langs *Nibelungen*, auch an Cocteau oder Dali wird man erinnert. In der Verschmelzung dieser heterogenen Einzelheiten zu einem barocken, zwischen Ironie und heimlicher Hommage an die Dekadenz angesiedelten Ganzen ist *Ludwig* wahrscheinlich der gelungenste Film von Syberberg.

Nach *Die Erinnerungen des ehemaligen Hofkochs Theodor Hierneis, auch: Th. Hierneis oder: wie man ehem. Hofkoch wird* (1972), einer Bilderreportage über bayerische Schlösser, untermischt mit den Erinnerungen eines ehemaligen Kochs von König Ludwig, realisierte Syberberg in einem ähnlichen theatralischen, tableauartigen Stil wie *Ludwig* einen weiteren historischen Film, diesmal über eine Person der Literaturgeschichte: *Karl May* (1974). Als Darsteller wählte er sich Stars aus der Ufa-Zeit: Helmut Käutner (als Titelfigur), Kristina Söderbaum, Attila Hörbiger, Lil Dagover. »Syberberg hat durch die Ufa-Ruinen noch einmal den alten Ufa-Geist wehen lassen: da ist viel von Seele, von Leiden, Opfern, von der Mystik des Volks die Rede. Karl May wird als Träumer, Verfolgter, Spiritist, als Pazifist und Edelmensch gezeigt, vorgezeigt.« (Wolfram Schütte)[34] Mit seinem folgenden Werk kehrte Syberberg wieder zu den Methoden der Dokumentation zurück: in einem fünfstündigen Film mit dem Titel *Winifred Wagner und die Geschichte des Hauses Wahnfried 1914–1975* (1975) hielt er die Lebenserinnerungen der Schwiegertochter Wagners fest. Der Film erregte wegen der unverhohlen hitlerfreundlichen Ansichten der interviewten Winifred Wagner Aufsehen und eroberte sich eine Art Skandalruhm. Syberberg kam es weniger auf eigene Stellungnahme oder Kritik an, wichtig war für ihn vielmehr die »detaillierte Motivverstrickung der verschiedenen Erzähl- oder Phantasieebenen: im Winifred-Wagner-Film verschlingen sich immerfort Familie, Geschichte, Historie des Hauses Wahnfried, des ›Reiches‹ und des Bürgertums eng miteinander«; wichtig ist, »nicht nur etwas herauszukriegen, sondern ins Zentrum ihrer (der interviewten) Person zu kommen«.[35] Dieses Ziel hat Syberberg im Film über Winifred Wagner zweifellos erreicht. Sein Film ist ein sehenswertes Dokument, obwohl (oder weil) er sich auch hier wieder auf einem schmalen Grat der Ambivalenz

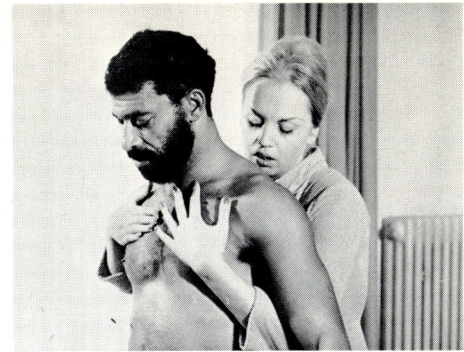

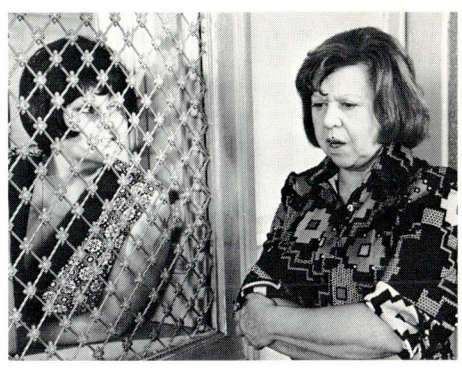

Rainer Werner Fassbinder
Angst essen Seele auf
1973
Bundesrepublik Deutschland

Wim Wenders
Im Lauf der Zeit
1976
Bundesrepublik Deutschland

zwischen gerade noch angedeuteter Reserve gegenüber den Ansichten der Winifred Wagner und der Aufgabe jeglicher Distanz zur Interviewpartnerin bewegt, was man für ein fragwürdiges Prinzip halten mag; aber anders hätte Syberberg den Film über Winifred Wagner vermutlich kaum drehen können. Inzwischen arbeitet Syberberg an einem Film über Hitler.

Zu den jüngeren Filmautoren der BRD mit einer Disposition zum Kommerz oder zumindest zum »publikumsrelevanten« Film gehören May Spils (als Wegbereiterin) und Roland Klick, Volker Vogeler, Michael Verhoeven, Wolf Gremm, Hark Bohm, Robert Van Ackeren, Bernard Sinkel und Alf Brustelin. Allerdings vermochte es keiner von ihnen (vielleicht mit der Ausnahme von Sinkel/Brustellin), die oft beklagte Trennung von anspruchsvollem Autorenfilm und banaler Kinounterhaltung aufzuheben.

May Spils (geb. 1942) erhielt für ihren im Schwabinger Gammlermilieu spielenden komödiantischen Erstlingsfilm *Zur Sache, Schätzchen* (1968) großen Beifall der Kritik, die diesen Film sogar über Schlöndorffs *Mord und Totschlag* stellte[36]; *Nicht fummeln, Liebling* (1970), der angestrengte Versuch, den Erfolg des ersten Films fortzusetzen, landete jedoch bereits in den Niederungen der Klamotte. Roland Klick (geb. 1939) begann mit vielversprechenden Kurzfilmen (*Weihnacht*, 1963; *Ludwig*, 1964) und mit einer sozialkritischen Reportage, *Jimmy Orpheus* (1968). *Bübchen* (1968), sein erster langer Spielfilm, berichtet von einem Jungen, der scheinbar grundlos seine kleine Schwester umbringt; jedoch zeigte sich Klick nicht so sehr an den Motiven der Tat, sondern an der Spannung zwischen Verschleierung und Aufdeckung interessiert. Mit *Deadlock* (1970) und *Supermarkt* (1974) gab er seinen kommerziellen Tendenzen immer stärker nach. Schließlich drehte Roland Klick *Der dritte Grad* (1974/76), einen politischen Thriller in der Manier von *Z*; *Lieb Vaterland, magst ruhig sein* (1976, nach Johannes Mario Simmel), ein Fluchthelferdrama, spielt im »Westberliner Untergrund«. Volker Vogeler (geb. 1930), der schon in den sechziger Jahren zahlreiche Fernsehfilme drehte, bewegte sich zunächst mit *Jaider – der einsame Jäger* (1971) und *Verflucht dies Amerika* (1973) auf den Pfaden des sozialkritisch reaktivierten Heimatfilms ähnlich wie Hauff und Schlöndorff. *Jaider* erzählt die Geschichte eines bayerischen Wilderers um 1875; *Verflucht dies Amerika* zeigt die schwierige Situation bayerischer Auswanderer in den USA kurz vor der Jahrhundertwende. *Das Tal der tanzenden Witwen* (1975) spielt in den Südstaaten der USA gegen Ende des Bürgerkriegs, wo die Frauen einer kleinen Stadt ihre heimgekehrten Männer durch Gift beseitigen und die Macht in der Stadt übernehmen – die Variation einer authentischen Geschichte aus Ungarn nach dem Ersten Weltkrieg, eingekleidet in Anspielungen auf Westernvorbilder.

Michael Verhoeven (geb. 1938) begann mit *Paarungen* (1967), einer eigenwilligen, aber prätentiösen und stilistisch überladenen Bearbeitung von Strindbergs »Totentanz«. *o.k.* (1970) war der Versuch einer politischen Parabel über den Vietnamkrieg. Ausgehend von einem authentischen Fall schilderte der Film die Drangsalierung, Vergewaltigung und Ermordung einer Vietnamesin durch US-Soldaten während einer Waffenpause – nur, daß im Film die US-Soldaten von Deutschen aus Bayern gespielt werden und die Geschichte überhaupt in Deutschland angesiedelt ist. Schon in der Vermischung seiner beiden Ebenen – Deutschland und Vietnam – war der Film nicht klar durchdacht. Darüber hinaus bediente er sich grobschlächtiger dramaturgischer Mittel, die sein publizistisches Anliegen im Grunde wieder relativierten. Immerhin brachte der Film es fertig, die Internationalen Filmfestspiele Berlin 1970, auf denen *o.k.* im Wettbewerbsprogramm lief, in eine Krise zu stürzen: als Gerüchte aufkamen, der Film solle wegen seiner antiamerikanischen Polemik nachträglich aus dem Wettbewerb zurückgezogen werden, löste dies eine so heftige Reaktion der Öffentlichkeit aus, daß die Filmfestspiele schließlich abgebrochen werden mußten. *Wer im Glashaus liebt* (1971) und *Ein unheimlich starker*

Abgang (1973) waren weitere Versuche, gesellschaftskritische Thesen mit den Mitteln konventioneller Kinodramatik ans Publikum zu bringen. In *MitGift* (1975) versuchte sich Verhoeven am Genre der »Schwarzen Komödie«; *Gefundenes Fressen* (1977) ist die Geschichte eines Münchner Obdachlosen (Hauptrolle: Heinz Rühmann).

Auf Kommunikation mit einem breiteren Publikum, namentlich mit Kindern und Jugendlichen, schien auch Hark Bohm (geb. 1939) in seinem Erstlingsfilm *Tschetan, der Indianerjunge* (1973) bedacht, einem Western, der in Montana spielen soll, jedoch in Oberbayern gedreht wurde. Er schildert die wechselvolle Freundschaft zwischen einem Indianerjungen und einem weißen Schäfer namens Alaska. Auffallend an dem Film ist die ruhige, fast distanzierte Erzählweise. War *Tschetan* als eine Art »Familienfilm« konzipiert, so wurde Hark Bohms nächster Film ein spezielles Kinderprojekt: *Ich kann auch 'ne Arche bauen* (1973) ist eine Geschichte von Kindern, die sich beim Spielen in einem Keller einschließen und beinahe ertrinken, inszeniert mit einfacher, geradliniger Präzision, allerdings gegen Ende stark orientiert auf äußerliche Spannungseffekte. *Wir pfeifen auf den Gurkenkönig* (1975) ist ebenfalls als Kinderfilm angelegt: ein Gnom tyrannisiert die Mitglieder einer Familie mit seinen ausgefallenen Wünschen. *Nordsee ist Mordsee* (1976) erzählt von der konfliktreichen, sich allmählich entwickelnden Freundschaft zweier Jungen vor dem Hintergrund eines modernen Hochhausviertels mit seiner latenten bis offenen Brutalität; auch die Auseinandersetzung zwischen dem einen Jungen und seinem autoritären Vater spielt eine Rolle. Durch die bemüht authentischen Dialoge und die realistische Regie des Films schimmert manchmal die Mechanik alterprobter Kinoeffekte durch. Hark Bohm ist jedoch der einzige profilierte Regisseur des neuen deutschen Films, der speziell für ein Publikum von Kindern und Jugendlichen arbeitet – ein in der Bundesrepublik total unterentwickelter Bereich der Produktion.

Wolf Gremm (geb. 1942) debütierte 1973 (nach einer Serie von Kurzfilmen und Fernseharbeiten) erfolgreich mit *Ich dachte, ich wäre tot.* Ein 17jähriges Mädchen unternimmt einen Selbstmordversuch, wird gerettet, kommt zu Freunden und lernt sich von ihrer Familie und ihrer Umwelt zu emanzipieren. Der Film lebt von einer spontanen, sensiblen Regie, vom Blick für realistische Details und vom Talent der Hauptdarstellerin I Sa Lo, die von einem Berliner Kindertheater kam. In seinem zweiten Film *Meine Sorgen möcht ich haben* (1975), einer Komödie mit viel vordergründigen Effekten, zeigte Gremm eine schwächere Leistung; *Die Brüder* (1977) ist ein aufwendig produzierter Horrorfilm, das Drama des Zerfalls einer Familie, angesiedelt zwischen dem Melodram und der psychoanalytischen Etüde. Unverkennbar ist eine Anpassung an den Markt bei Wolfgang Petersen, der von vornherein die geschickt inszenierte Unterhaltung ansteuerte. Petersen hatte zunächst mit dem halb utopischen, halb realistischen Fernsehfilm *Smog* (1973, Buch Wolfgang Menge) Erfolg; es folgte *Einer von uns beiden* (1974), ein routiniert gemachter psychologischer Thriller. Während Petersen durch sein filmisches und dramaturgisches Handwerk beim Publikum die gewünschte Wirkung erreicht, experimentiert der ehemalige Kameramann Robert Van Ackeren mit Underground-Themen: in *Blondie's Number One* (1971) verfolgt er auf eher voyeuristische Art die Schicksale eines Mädchens in Berliner Gammlerkreisen; *Harlis* (1973) ist ein romantisch übersteigertes, sich selbst parodierendes Melodram über Liebe und Eifersucht in einem nur vage definierten Milieu von Salons, Theaterbühnen und Boudoirs zwischen Ganoven, einer Schauspielerin und einer eifersüchtigen Fleischerin. *Harlis* ist verwandt mit dem Kino Werner Schroeters, flüchtet sich aber in mancherlei theatralische Effekte und Gags. Nach dem Melodram *Der letzte Schrei* (1975) drehte Robert Van Ackeren mit *Belcanto* (1977) seinen vielleicht ambitioniertesten, aber auch seltsamsten Film, eine exzentrische Bearbeitung von Heinrich Manns Roman »Empfang bei der Welt«: Die Pointen und Geschehnisse des Romans werden umgesetzt in eine Folge von expressionistischen Posen und ritualisierten Bewegungen weniger Darsteller vor theaterhaften Dekors; die Dialoge werden teils aus dem »off« gesprochen, im Mittelteil sogar a capella gesungen. Obwohl der Film ohne Konzessionen gemacht wurde, triumphiert in ihm letztlich der subjektive Stilwille über den Stoff Heinrich Manns und seine gesellschafts-kritischen Implikationen.

Unter den Regisseuren des neueren deutschen Films, die sich mit unterschiedlichem Erfolg im Grenzgebiet zwischen Kunst und Kommerz bewegen, sind ebenfalls zu nen-nen: Jochen Richter mit *Die Ameisen kommen* (1974), Hans Noever mit *Zahltag* (1972), Michael Fengler mit *Output* (1974) und *Eierdiebe* (1977), Peer Raben mit *Adele Spitzeder* (1972). Profil entwickelte Hans W. Geissendörfer mit *Jonathan* (1970) sowie zwei Litera-turverfilmungen: *Sternsteinhof* (1976, nach Anzengruber, wieder ein Versuch im Genre des »Heimatfilms«) und *Die Wildente* (1976, nach Ibsen). Hartmut Bitomsky, als Kritiker und Filmtheoretiker hervorgetreten (neben verschiedenen Kurzfilmen und Fernsehar-beiten), enttäuschte mit seinem ersten Spielfilm *Auf Biegen oder Brechen* (1975), der thematisch interessanten, aber relativ konventionell verfilmten Geschichte eines jungen Mannes, der eigentlich studieren will, sich aber in Autogeschäfte hineinziehen läßt und schließlich eine falsche Existenz annimmt.

Ein Sonderfall sind die Filme von Ottokar Runze (geb. 1927), die in Gefängnissen spie-len oder aufgrund authentischen Materials aus Gefängnissen gedreht wurden: *Der Lord von Barmbeck* (1973) und *Im Namen des Volkes* (1974). Im letzteren Film versuchen Gefangene, in Form eines Rollenspiels über ihre eigenen Schicksale und die Mechanis-men der Rechtsprechung zu reflektieren. Ihrer Zielsetzung nach realistisch-aufklärerisch (*Im Namen des Volkes* wollte sogar eine Therapie für die Gefangenen sein, die die ver-schiedenen Rollen spielten), wenden sich die Filme gleichwohl an ein breiteres Publikum und scheuen deswegen auch nicht vor konventionellen Stilmitteln zurück.

Um juristische Themen kreisen auch zwei Filme Ottokar Runzes, die 1976 ihre Urauf-führung erlebten: *Das Messer im Rücken* und *Verlorenes Leben*. *Das Messer im Rücken* zeigt ein Strafdelikt aus verschiedenen Perspektiven – der des Täters, der Polizei und der Geschworen beim Prozeß. In *Verlorenes Leben* versucht Runze den Sprung von einer kriminalistischen Intrige zum Dostojewskischen Seelendrama. Ein polnisch-deutscher Gärtner wird 1927 verdächtigt, ein kleines Mädchen ermordet zu haben. Der mit der Aufklärung des Falles befaßte Kriminalkommissar setzt einen Studenten auf den Gärt-ner an, der sich zum Schein mit ihm anfreundet und ihm eine Reihe von Fallen stellt; als er ihm schließlich das Geständnis der Tat abringt (worauf der Gärtner verurteilt und hingerichtet wird), darf man berechtigte Zweifel daran haben, ob dieses Geständnis wahr ist. Runze verwendet viel Anstrengungen auf die Rekonstruktion authentischen Zeitko-lorits. Jedoch ist die Dramaturgie des Films eine Spur zu simpel, die Reaktionen der Per-sonen sind vorhersehbar; so kommt *Verlorenes Leben* nicht über einen »Qualitätsfilm« relativ altmodischen Zuschnitts hinaus. In *Die Standarte* (1977) erlebt ein Fähnrich 1918 den Untergang der Donaumonarchie.

Ulf Miehe und Bernhard Sinkel traten Mitte der siebziger Jahre mit Filmen individuel-ler Handschrift hervor, die eine gewisse Breitenresonanz als möglich erscheinen ließen bzw. diese (im Falle Sinkels) auch erreichten. Ulf Miehe (geb. 1940), der zunächst als Schriftsteller und Drehbuchautor tätig war, drehte *John Glückstadt* (1975), die stilistisch sorgfältige Bearbeitung einer Storm-Novelle über das Schicksal eines gesellschaftlichen Außenseiters. Bernhard Sinkel (geb. 1940) erzählte in *Lina Braake – Die Interessen der Bank können nicht die Interessen sein, die Lina Braake hat* (1975) im Tonfall einer leise subversiven Komödie von den erfolgreichen Bemühungen einer alten Dame, sich an einer Bank zu rächen, die sie aus ihrer Wohnung vertrieben hat. Der Film verband echte unterhaltende Qualitäten mit sorgfältiger Regie und einer polemischen Beschreibung der Verhältnisse in einem Altenheim; er verdankt seine Originalität aber auch der brillanten Leistung seiner beiden Hauptinterpreten, der Schauspielerveteranen Lina Carstens und Fritz Rasp. Seinen nächsten Film realisierte Sinkel gemeinsam mit Alf Brustellin: *Berlinger* (1976). In der Opposition zweier gegensätzlicher Charaktere, des anarchistischen Erfinders und Privatfliegers Berlinger und des Senators und Exnazis Roeder, versucht dieser Film ein Kapitel deutscher Geschichte und »deutschen Wesens« aufzuarbeiten. In einer komplizierten Rückblendentechnik angelegt, konstruiert der Film das Charakterbild seiner beiden Protagonisten manchmal etwas willkürlich; er hat dabei mehr welthistorische Implikationen im Auge als Stimmigkeit im Detail; auch versucht er, bestimmte Symbole, auf die es ihm ankommt, spektakulär auszuspielen (das Fliegen, der Brand der Luftschiffhalle). *Mädchenkrieg* (1977) von Sinkel/Brustellin erzählt die Geschichten dreier Mädchen aus dem Prag der Vor- und unmittelbaren Nachkriegszeit mit großem Aufwand an Milieuschilderung und Ausbreitung von Dekor, wobei aber der – für die Entwicklung der Charaktere wichtige – Hintergrund der Zeitgeschichte weitgehend ausgespart wird. – Im Zusammenhang der ambitionierten Produktionen des neuen deutschen Films aus letzter Zeit muß auch Peter Steins Verfilmung von Gorkis Drama *Sommergäste* (1976) genannt werden. Es stellt nicht die Abfilmung der Bühneninszenierung dar, die Stein für die Schaubühne am Halleschen Ufer in Berlin realisierte; vielmehr gehen sowohl Film als auch Bühneninszenierung auf eine gemeinsame frühere Planung zurück. *Sommergäste* zeigt die Leistung eines profilierten und disziplinierten Darstellerensembles, wie es sie in solcher Intensität im Film selten gibt und die nur denkbar ist vor dem Hintergrund der kontinuierlichen ›Schaubühnen‹-Arbeit. Auf der anderen Seite fehlt dem Film die kinematographische Konzeption, er zerfällt letzten Endes in eine Folge sorgfältig inszenierter Einzelszenen, die mehr vor der Kamera ablaufen, als daß sie auf die Kamera, auf das Filmmedium bezogen sind.

Lothar Lambert und Wolfram Zobus (geb. 1943) realisierten mit bescheidenen Mitteln und in improvisatorischer Machart eine Reihe von Spielfilmen, die sich zunächst um Bezug zur Realität bemühten, dann aber immer stärker zu den Klischees des Kommerzfilms tendierten: *Ex und hopp* (1972), *Sein Kampf* (1973), *1 Berlin Harlem* (1974); Wolfram Zobus drehte 1976 in eigener Regie den Dokumentarfilm *Angst haben und Angst machen*. Rainer Boldt (geb. 1946), ein Absolvent der Berliner Film- und Fernsehakademie, drehte mehrere Spielfilme für das Fernsehen, unter denen *Fehlschuß* (1977) wegen seiner subtilen Bildgestaltung und seiner sorgfältigen Rekonstruktion des Milieus einer Vorstadtsiedlung von Wien eine besondere Stellung einnimmt. Eine bemerkenswerte Leistung zeigte auch Klaus Emmerich (geb. 1934) mit *Rosa und Lin* (1971), einem Film über die Revolte zweier Kinder gegen ihre Eltern, während *Hauptmann Kreutzer* (1977) in den Grenzen einer konventionellen Kriminalgeschichte bleibt.

Norbert Kückelmann (geb. 1930), ursprünglich Jurist und Strafverteidiger, lieferte mit *Die Sachverständigen* (1973) einen engagierten Thesenfilm über den Fall eines jungen Mannes, der in die Mühlen der Psychiatrie gerät und immer mehr zum Außenseiter wird – ein Film, der aber mehr von seiner These als von den Personen her konzipiert war; an einer Überfülle von Themen und Thesen krankte auch sein späterer Film *Die Angst ist ein zweiter Schatten* (1974/76).

Realisten und Dokumentaristen

Ein neues Phänomen in der Geschichte des westdeutschen Films nach 1945 stellt die Entwicklung und Formierung einer regelrechten Schule des realistisch-sozialkritischen Spielfilms zu Beginn der siebziger Jahre dar, die ihr Zentrum in Berlin hat. Die Filme dieser ›Berliner Schule‹ beschäftigen sich mit Problemen der Arbeit, des Berufs, mit sozialen Konflikten; sie machen Arbeiter oder Kleinbürger zu ihren Helden, versuchen deren Alltag zu porträtieren; sie möchten aufklären, zur Solidarität auffordern, das Bewußtsein der Zuschauer entwickeln. Sie bedienen sich dazu einer leichtverständlichen, realistischen Formsprache. Mit geringen Mitteln realisiert, konnten diese Filme bisher als Auftragsproduktionen des Fernsehens, als Abschlußarbeiten einer Filmhochschule, mit Mitteln des ›Kuratoriums Junger Deutscher Film‹ oder durch eine Kombination dieser Grundlagen entstehen. Diese Grundlage ist jedoch stets prekär und in ihrer Existenz bedroht, nicht zuletzt wegen der scharfen Sozialkritik, die die meisten dieser Filme üben, und infolge der geringen Chance einer Amortisierung ihrer Herstellungskosten durch Auswertung im Kino.

Die Entwicklung des realistischen Spielfilms in der Bundesrepublik (der im Grunde auf die Tradition von *Kuhle Wampe*, 1932, zurückgreift) ist nur verständlich vor dem Hintergrund der Bewegung des politisch engagierten oder militanten Dokumentarfilms, auch »Zielgruppenfilm« genannt, die sich als Abspaltung von einer mehr ästhetisch orientierten Richtung des »unabhängigen« Films nach 1968 herausbildete, nicht zuletzt als Reaktion auf den Pariser Mai und die Studentenbewegung.

Ende der sechziger Jahre entwickelte sich bei vielen politisch orientierten Filmemachern (nicht nur in der BRD) das Konzept einer neuartigen Arbeit mit »Zielgruppenfilmen«. Diese meist dokumentarischen Filme waren nicht mehr für ein breites, anonymes Publikum, sondern im Hinblick auf spezifische kleine Gruppen gemacht, griffen die Probleme dieser Gruppen unmittelbar auf, verstanden sich als Mittel zur Aktivierung sozialer Prozesse und Erkenntnisvorgänge. Die Diskussion mit den Zuschauern im Anschluß an die Vorführung war bei diesen Filmen als Bestandteil des Kommunikationsprozesses mindestens ebenso wichtig wie der Film als Produkt.

Die Filme, die auf der Grundlage dieser Konzeption entstanden, waren zumeist rauh und unbeholfen, technisch mangelhaft, gelegentlich »unfilmisch« und stark auf einen zu vermittelnden »Inhalt« bezogen. Dennoch lieferten sie wichtige Impulse für die Weiterentwicklung des politischen Films in der Bundesrepublik. Zu den ersten Ansätzen des politischen Zielgruppenfilms gehören beispielsweise: *Die Worte des Vorsitzenden* (1968) von Harun Farocki, die originelle Illustration eines Satzes von Mao; *Nicht löschbares Feuer* (1969, Harun Farocki), eine Parabel über die Herstellung von Napalm; *Wochenschau I–IV* (1969–70), Filme der Deutschen Film- und Fernsehakademie Berlin, entstanden unter der Mitarbeit von Klaus Wildenhahn, über Themen der Akademie oder aktuelle Ereignisse aus Berlin; *Kinder sind keine Rinder* (1970) von Helke Sander, über die Kinderladenbewegung; *Kohlen für die Naunynstraße* (1970) von Horst Schwab, ein Kurzspielfilm mit Kindern aus Kreuzberg. Wichtig für die Entwicklung des politischen Films war auch Erika Runges langer Dokumentarfilm *Warum ist Frau B. glücklich?* (1968), das Interview mit einer Arbeiterin über die Erfahrungen ihres Lebens, gleichzeitig ein Querschnitt durch mehrere Jahrzehnte deutscher Geschichte; der Film wurde zu einem Klassiker seines Genres. Die ersten »echten« Zielgruppenfilme waren Christian Ziewers und Max Willutzkis 1970 im Märkischen Viertel von Berlin gedrehten *Kinogramme* – kurze, aufklärerisch-agitatorische Filme über aktuelle Probleme des Viertels, mit den Bewohnern und für die Bewohner des Märkischen Viertels realisiert.

Viele Zielgruppenfilme reflektierten allerdings mehr die Positionen ihrer Hersteller, als daß sie wirklich in die Realität einzugreifen vermocht hätten. So breitete sich nach 1970 die Erkenntnis aus, daß die Bewegung des Zielgruppenfilms dazu verurteilt sei, im kleinen Ghetto der bereits Überzeugten zu verbleiben, und daß es auf die Entwicklung von Formen der Mitteilung ankäme, die auch ein breiteres Publikum zu erreichen vermöchten. Das anfangs unter den politischen Filmemachern verbreitete Mißtrauen gegen den Spielfilm und die Fiktion überhaupt begann zu schwinden. So teilte sich die Bewegung des politischen Zielgruppenfilms zu Beginn der siebziger Jahre in eine Richtung, die sich auch weiterhin der Mittel des Dokumentarfilms bediente, und in eine andere Richtung, die sich für die Fiktion und das Arbeiten mit Schauspielern entschied. Wichtigster und erster Repräsentant dieser Bewegung des »realistischen« Spielfilms (man prägte auch bald den verschwommenen Begriff des »Berliner Arbeiterfilms«) war der Filmemacher Christian Ziewer (geb. 1941), ehemals Student der Berliner Film- und Fernsehakademie. Ziewer drehte 1971/72 mit Laien den Spielfilm *Liebe Mutter, mir geht es gut*, der eine qualitative Veränderung im Zustand des westdeutschen Films herbeiführte und die ›realistische Schule‹ etablierte.

Liebe Mutter, mir geht es gut erzählt die Geschichte des westdeutschen Arbeiters Alfred Schefczyks, der nach West-Berlin kommt und dort in einem Großbetrieb als Transportarbeiter Beschäftigung findet (der Titel des Films ist ein Zitat aus einem Brief an seine Mutter). Im Wohnheim, wo Alfred untergebracht ist, und auch im Betrieb äußern sich soziale Spannungen, ein Produktionszweig soll in die Bundesrepublik verlegt werden, Entlassungen stehen bevor. Der spontane Streik einer Abteilung bringt keinen Erfolg. Schließlich bemüht sich Alfred, eine Unterschriftensammlung gegen die Entlassung eines Kollegen zustande zu bringen. Ziewer gelang es, mit Hilfe gut ausgewählter Laiendarsteller seinem Film einen realistischen Ton zu geben und auch das Drehbuch überzeugend zu konstruieren. Auf »private« Details verzichtete der Film, um die Dialektik in der Entwicklung seiner Hauptfigur klarer herauszuarbeiten. Dem Realismus des Films kam auch der Verzicht auf »triumphalistische« Untertöne (wie sie manche Zielgruppenfilme bevorzugen) zugute: keine spektakulären Siege der Arbeiterklasse, sondern die realen Schwierigkeiten bei der Herstellung von Solidarität wurden gezeigt. Der Protagonist des Films ist keine durch sein Bewußtsein besonders herausgehobene Figur; erst am Schluß entwickelt er Ansätze zu einem neuen Verhalten. Leicht karikaturistische Züge erhielten dagegen die Vertreter der Betriebsleitung. Ziewer verstand seinen Film als »nützlich«, weil er zeigt, daß Lebensbedingungen geändert werden *können*, und *wie* sie geändert werden können: »Nicht, indem den Menschen dogmatisch Maximen verordnet werden, sondern indem aus der Bewegung der Realität Bewußtsein von dieser Realität entwickelt wird und . . . neue Handlungen eingeleitet werden.«[37] Die Erzählform ist (wie auch in den Filmen von Willutzki und Lüdcke/Kratisch) linear; einzig Zwischentitel, Kapitelüberschriften und Kommentare durchbrechen die Kontinuität des Erzählens. *Liebe Mutter, mir geht es gut* markiert ein wichtiges Datum in der Geschichte des deutschen Nachkriegsfilms: zum erstenmal wurden hier die jahrzehntelang (seit 1933) aus den Filmen absolut verbannten Probleme der Arbeit auf die Leinwand gebracht.

Mit *Schneeglöckchen blühn im September* (1974) setzte Ziewer die begonnene Linie fort, diesmal unter Einbeziehung des Privatlebens seiner Protagonisten. Im Mittelpunkt stehen zwei Arbeiter einer Akkordkolonne; der eine, im Betrieb fortschrittliche, zeigt sich der Tochter gegenüber autoritär, der andere frönt dem Autorennsport und kann natürlich auf diesem Gebiet infolge seiner begrenzten Mittel nichts erreichen. Die Arbeiter stehen auch hier wieder im Kampf um die Erhaltung ihrer Arbeitsplätze; nach verschiedenen Rückschlägen können sie am Schluß eine weitere Verschlechterung ihrer Lage verhindern. Der Realismus des Films wirkte diesmal freilich etwas glatt, unverbindlich, die Dramaturgie stark konstruiert. Diese Schwächen vermochte der dritte Film Ziewers *Der aufrechte Gang* (1976) zu überwinden. Hier erscheint die private Dimension nicht als Appendix der gesellschaftlichen Sphäre, sondern gewinnt stärkeres Eigengewicht. Der Protagonist, ein durch Ratenzahlungen überschuldeter Arbeiter, gerät in Schwierigkeiten, als in seinem Betrieb ein wilder Streik ausbricht und der Lohn ausbleibt; sein patriarchalisches Selbstverständnis als Ehemann will es nicht zulassen, daß seine Frau statt dessen ganztags arbeiten geht und sogar Filialleiterin wird. Vielleicht hängt es mit der im Film widergespiegelten schwieriger gewordenen Situation der Arbeitskämpfe zusammen, daß die Konflikte dieses Films realer wirken als in *Schneeglöckchen*, die Personen mehr Profil gewinnen. Die sozialen Auseinandersetzungen spitzen sich in diesem Film noch stärker zu und bleiben andererseits ohne greifbares Ergebnis (sie verändern nur die Hauptfigur).

Der dramaturgische Kern, der sich in den Ziewer-Filmen gleichbleibt – jedesmal geht es um die Bewußtseinsentwicklung eines Protagonisten, um seine Politisierung unter dem Einfluß von Arbeitskämpfen und privat/gesellschaftlichen Konflikten –, birgt die Gefahr eines gewissen Schematismus. Die Filme wirken im Grunde von »außen«, von einer gesellschaftlichen These her konstruiert, zu der das dramaturgische Material (Personen, Konflikte) hinzuerfunden wird. Sie gehen kaum von individuellen Erfahrungen aus; ihre Erzählhaltung ist traditionell. Die Frage ist, ob eine so vergleichsweise naive Simulierung von Realität, wie sie in den Filmen der realistischen Schule vollzogen wird, heute überhaupt möglich ist, ob die Ästhetik dieser Filme nicht hinter das von anderen modernen Filmen bereits Erreichte wieder zurückfällt. Mit diesen Fragen müssen sich die zukünftigen Filme der realistischen Schule auseinandersetzen, wenn sie nicht einem neuen Akademismus ästhetisch konservativer Fortschrittlichkeit verfallen wollen.

Von ähnlichen Ansatzpunkten wie Ziewer gehen auch die Filme Marianne Lüdckes (geb. 1945) und Ingo Kratischs (geb. 1945) aus. Beide drehten 1971 noch an der Deutschen Film- und Fernsehakademie den Dokumentarfilm *Akkord* (1971) und 1972 (gleichfalls als DFFB-Produktion) den Spielfilm *Die Wollands*. Darauf folgte 1973 *Lohn und Liebe*, 1975 *Familienglück*. Auch diese drei Filme spielen im Arbeitermilieu und handeln von »Bewußtwerdung«. In *Die Wollands* scheitert der Versuch eines Schweißers, sich von der Streikbewegung in seinem Betrieb fernzuhalten, er findet schließlich doch zur Solidarität mit den Kollegen. *Lohn und Liebe* vergleicht die Situation zweier Arbeiterinnen, die in einem Betrieb Telefone montieren; der Film untersucht ihr durchaus unterschiedliches Selbstverständnis, ihre Einstellung zu Ehe und Liebe. Und in *Familienglück* protokollieren Lüdcke/Kratisch die Entwicklung einer Ehe (er: Dreher, sie: Näherin) von 1969 bis 1974 unter dem Eindruck zunächst großer Hoffnungen, dann der wirtschaftlichen Rezession, die sich auch auf die privaten Beziehungen der Protagonisten auswirkt. Marianne Lüdcke und Ingo Kratisch arbeiten im Gegensatz zu Ziewer überwiegend mit professionellen Schauspielern. Dadurch erhalten ihre Filme eine handwerkliche Routine, die man ihnen gelegentlich als »Glätte« ausgelegt hat. Mit *Die Tannerhütte* (1976) verfilmten sie zum ersten Mal einen historischen Stoff: sie beschrieben, in schönen Bildern und einem altväterischen Stil, die wechselvollen Schicksale eines Industriebetriebes der Gründerzeit, an dem ein »genossenschaftliches« Modell der Selbstverwaltung ausprobiert werden soll. Die Schwäche dieses Films war eine zu große Durchschaubarkeit von Personen und Entwicklungen, die jeweils nur als Verkörperung einer bestimmten These erschienen.

Max Willutzki (geb. 1938) ist ebenfalls ein Vertreter der ›Berliner Schule‹. Seine Filme sind um einen Grad strenger, thesenhafter als die von Ziewer oder Lüdcke/Kratisch, was sich jedoch zu ihrem Vorteil auswirkt. Wie Ziewer und Lüdcke/Kratisch kommt Willutzki von der Berliner Filmakademie. Er zog 1969 in das Berliner »Märkische Viertel« und begann dort eine Zusammenarbeit mit Mieter- und Jugendgruppen. Zwischen 1969 und 1972 drehte er (unter Beteiligung von Christian Ziewer) insgesamt sieben *Kinogramme*, Dokumentar- und Kurzfilme, unter anderem *Mietersolidarität*, *Sanierung für wen!*, *Nun kann ich glücklich und zufrieden wohnen*. Die Filme versuchten, aktiv in Auseinandersetzungen im Märkischen Viertel einzugreifen und besonders die Problematik von »Sanierungs«-Aktionen bewußt zu machen. 1973 entstand der Spielfilm *Der lange Jammer*, der wiederum den Auseinandersetzungen im Märkischen Viertel gewidmet ist und im Stil einer dokumentarischen Rekonstruktion die Protestbewegung der Mieter gegen dreifache Mieterhöhungen in einem Jahr nachzeichnet. Die Dramaturgie des Films ist straff, verzichtet auf alle Arabesken, eine Musik im Eislerschen Stil setzt bewußte Zäsuren, gibt dem Film etwas Militantes; auf der anderen Seite verliert Willutzki auch nicht den Kontakt zur Wirklichkeit, seine Personen wirken glaubwürdig, verschiedene politische Strömungen innerhalb der Mieterschaft treffen aufeinander in der beispielhaft inszenierten Szene einer Mieterversammlung, auf der ein Film im Film abläuft und auch das Verhalten einer Studentengruppe kritisch unter die Lupe genommen wird. In seinem letzten Spielfilm *Vera Romeyke ist nicht tragbar* (1976) beschäftigt sich Willutzki mit einem für die bundesrepublikanische Gesellschaft der späteren siebziger Jahre hochaktuellen Thema, der Gesinnungsschnüffelei und dem »Berufsverbot«. Eine Lehrerin wird von ihrer Schule entfernt, weil sie mit ihren Schülern eine kritische Unterrichtseinheit zum Thema »Fabrikarbeit« entwickelt. Die Bedeutung des Stoffs und die Interpretation, die der Film ihm gibt, steht über möglichen ästhetischen Einwänden: »Es stellt sich exakt der Zorn ein, die Beanspruchung des Verstandes und des Gefühls, den die Sache braucht; Zorn, der in dieser Frage kulminiert: wer interessiert sich eigentlich dafür, ob nicht die staatlichen Organe selbst schon längst unsere Verfassung brechen, den Rechtsstaat tödlich kränken? Der Film . . . ist deshalb einer der wichtigsten der letzten Zeit.« (Karena Niehoff)[38]

Die Schule des realistischen Films ist neuerdings durch die Werke einiger anderer Filmemacher bereichert und weiterentwickelt worden: zu ihnen gehören *Das Brot des Bäckers* (1976), ein Film des Schweizers Erwin Keusch (geb. 1946), der die Geschichte eines Bäckerlehrlings erzählt und gleichzeitig, umgesetzt in die Strukturen des Fiktionsfilms, eine gute Dokumentation über die schwierige Situation der Kleinunternehmer (am Beispiel eines Bäckers) sowie über einen ganzen Abschnitt deutscher Nachkriegsgeschichte liefert; *Krawatten für Olympia* (1976) von Stefan Lukschy (geb. 1948) fügte dem »Arbeiterfilm« eine komödiantische Variation hinzu, ohne jedoch sein Thema (die Lage von Heimarbeiterinnen) an Effekte zu verraten; *Der Umsetzer* (1976) von Benno Trautmann und Brigitte Toni Lerch (beide geb. 1947) ist das Drama eines alten Mannes, der sich nicht bereit findet, seine zum Abriß bestimmte Altbauwohnung zu räumen, und gleichzeitig eine Polemik gegen die fragwürdigen Methoden, mit denen »Sanierungsprogramme« durchgesetzt werden. Der frisch und improvisatorisch gedrehte Film entstand – eine Seltenheit im westdeutschen Film der siebziger Jahre – ohne Förderung und ohne jede Fernseh-Absicherung.

Auch Helma Sanders (geb. 1940) gehört am ehesten in den Kontext des realistisch-sozialkritischen Films, obgleich sie bisher sowohl Dokumentar- als auch Spielfilme, Literaturverfilmungen und Science-fiction-Filme herstellte. Helma Sanders begann mit dem halblangen Porträtfilm *Angelika Urban, Verkäuferin, verlobt* (1969), einer dokumentarischen Schilderung des Alltags einer Warenhausverkäuferin. Die dokumentarische Linie setzte die Filmemacherin fort mit *Die industrielle Reservearmee* (1971), einer Untersuchung über die Situation von Gastarbeitern, sowie mit *Die Maschine* (1973), der Chronik eines Arbeitskampfes in einem Zeitungsverlag, dessen Herz die große Rotationspresse ist. Die Dokumentarfilme von Helma Sanders sind intelligent aufgebaut und zeugen von filmischem Bewußtsein, sie sind aufklärerisch und provokativ. Man könnte diese Filme fast als den besten Teil ihrer Produktion bezeichnen, denn ihre Spielfilme, so *Die letzten Tage von Gomorrha* (1973), *Erdbeben in Chili* (1974, nach der Novelle von Kleist) und *Unter dem Pflaster ist der Strand* (1974) – die improvisatorisch in ›Cinéma-vérité‹-Manier erzählte Geschichte einer Zweierbeziehung – wirken heterogen, zielen in verschiedene Richtungen, sind stilistisch widerspruchsvoll. *Shirins Hochzeit* (1976) geht über diese Einschränkungen allerdings hinaus. Es handelt sich um den dokumentarisch inszenierten, jedoch fiktiven Bericht über die Erlebnisse einer türkischen Gastarbeiterin in der Bundesrepublik, die die ganze Härte und Indifferenz der westdeutschen Gesellschaft an sich erfahren muß: sie wird entweder paternalistisch, brutal-zynisch oder ausbeuterisch behandelt und verliert schließlich als Folge der Rezession ihren Job. Trotz eines melodramatischen Finales, bei aller Kraßheit und Bitterkeit besitzt der Film im Detail ebenso wie in seiner übergreifenden These (die Türkin ist als Gastarbeiterin und als Frau in einer doppelten Abhängigkeit) einen hohen Wahrheitsgehalt. *Heinrich* (1977), ein Spielfilm über das Leben Heinrich von Kleists in historischen Kostümen, vermochte dagegen – trotz der Auszeichnung mit dem höchsten Bundesfilmpreis – weder im Ansatz noch in der Ausführung zu überzeugen.

Erika Runge (geb. 1939) zeigt sich in ihren Filmen einem noch stärkeren und direkteren sozialen Engagement verpflichtet als Helma Sanders. Sie begann 1968 mit *Warum ist Frau B. glücklich?*, der Selbstdarstellung einer Bergarbeitersfrau aus dem Ruhrgebiet. Ein reiner Dokumentarfilm war auch *Ich bin ein Bürger der DDR* (1973); er enthielt Porträts verschiedener Menschen aus der DDR, die allerdings etwas zwanghaft und modellartig ausfielen (was wohl auf die Umstände der Herstellung dieses Films zurückzuführen ist). Mischformen zwischen Dokumentar- und Spielfilm entwickelten *Ich heiße Erwin und bin 17 Jahre* (1970), ein Film über einen Lehrling, und *Michael oder die Schwierigkeiten mit dem Glück* (1975), in dessen Mittelpunkt ein verhaltensgestörtes Kind stand. Mit der Situation alter Leute beschäftigt sich *Opa Schulz* (1976), ein mit Laiendarstellern gedrehter Spielfilm. Als Vorzug der Filme Erika Runges empfindet man neben der Klarheit ihres Engagements eine gewisse Strenge, eine vielleicht unabsichtliche Künstlichkeit in der Dramaturgie und im Szenenablauf, die als Verfremdung wirksam wird und die Aufmerksamkeit des Zuschauers fördert; ihr Streben nach Verständlichkeit für ein breites Publikum bringt sie dagegen manchmal in die Nähe des Naiven (so in *Opa Schulz*).

Ula Stöckl (geb. 1938) studierte an der Filmabteilung der Ulmer Hochschule für Gestaltung bei Alexander Kluge und Edgar Reitz; ab 1964 drehte sie eigene Kurzfilme. Von 1968 datiert ihr erster langer Spielfilm: *Neun Leben hat die Katze*. In seinem Mittelpunkt stehen mehrere Frauenfiguren, deren Beziehungen und deren unterschiedliches Selbstverständnis der Film untersucht, wobei er Handlung, Reflexion, Metaphern und Traum miteinander vermischt. Der Film präsentierte sich bewußt als unfertig, fragmentarisch, obgleich er von der Dringlichkeit bestimmter Überlegungen gekennzeichnet war (»daß Frauen überhaupt erst lernen müssen, daß sie etwas wollen können«, wie im Film einmal gesagt wird). Als spezifischer »Frauenfilm« kam *Neun Leben hat die Katze* vielleicht einige Jahre zu früh und wurde bei seinem Erscheinen nicht gleich verstanden. Zusammen mit Edgar Reitz realisierte Ula Stöckl dann die *Geschichten vom Kübelkind* (1970), 22 Variationen unterschiedlicher Länge über die Figur eines aufsässigen Mädchens, das die Normen der Gesellschaft verletzt und dabei zahlreiche Abenteuer besteht. Das Drehbuch zu dieser Serie, die auf einmalige Weise Phantasie, Gesellschaftskritik, neue dramaturgische Formen, Kinoerfahrungen, Satire, Utopie und Surrealismus verschmolz, die nicht nur ein neues Modell der Ästhetik, sondern auch der Produktions- und Aufführungsformen ergab, schrieb Ula Stöckl nach einer Idee von Christine de Loup, die die Rolle des »Kübelkindes« spielt, aber auch schon in *Neun Leben hat die Katze* als Darstellerin auftrat. Darauf folgte die mit Kindern als Darstellern wiederum gemeinsam mit Edgar Reitz (sowie mit Nicos Perakis und Alf Brustellin) gedrehte Filmversion der Argonautensage, *Das goldene Ding* (1971). Später drehte Ula Stöckl einige Filme für das Fernsehen wie *Hirnhexen* (1972), die filmische Recherche über einen Selbstmord, oder *Ein ganz perfektes Ehepaar* (1973) über die Probleme von Partnerbeziehungen. *Erikas Leidenschaften* (1976) ist die Autopsie einer Beziehung: zwei Frauen, die früher befreundet waren und zusammen wohnten, begegnen sich nach vier Jahren noch einmal; sie versuchen zu ergründen, woran es lag, daß ihre Freundschaft damals scheitern mußte. *Erikas Leidenschaften* ist ein Film bohrender Bemühung um die Rekonstruktion von Vergangenheit (ohne daß jedoch das Stilmittel der Rückblende eingesetzt wird), um die Untersuchung von Rollenverhalten, der sich durch große regieliche Dichte und ein fast dokumentarisches Vorzeigen von Fiktion auszeichnet. Ula Stöckl gehört im deutschen Film zu jenen Regisseurinnen, die konsequent der Frage nachgehen, wie Frauen andere Frauen sehen, sie schildert die Versuche von Frauen, zu einer eigenen Sprache und einem eigenen Bewußtsein zu finden; diese Arbeit konnte sie bislang vor allem im Bereich des Fernsehens leisten.

Zu den wichtigen Filmemacherinnen der Bundesrepublik zählen ferner Claudia Aleman (*Es kommt drauf an, sie zu verändern*, 1973), Helke Sander, die 1971 den mittellangen Spielfilm *Eine Prämie für Irene* realisierte und seit 1973 die Zeitschrift »Frauen und Film« herausgibt (gegenwärtig arbeitet sie an ihrem ersten Spielfilm), sowie Ingemo Engström, die mehrere essayistische Filme über Frauenthemen drehte: *Dark Spring* (1970) und *Kampf um ein Kind* (1975). Auch Valeska Schöttle mit ihrem erfrischenden und lebendigen Frauenfilm *Wer braucht wen?* (1972) – er spielt unter den Arbeiterinnen eines Westberliner Betriebes – verdient hier Erwähnung sowie Christina Perincioli mit dem halblangen *Für Frauen – 1. Kapitel* (1971) und Nina Gladitz mit ihrem Film über die Anti-Atom-Bewegung: *Lieber heute aktiv als morgen radioaktiv* (1976).

Auch dem Dokumentarismus muß ein Abschnitt in diesem Kapitel über den westdeutschen Film gewidmet sein. Von dem alltäglich praktizierten Fernsehjournalismus, der nur selten etwas mit wirklicher Dokumentarfilmarbeit zu tun hat, haben sich Dokumentarfilmer wie Peter Nestler, Klaus Wildenhahn, Theo Gallehr und Rolf Schübel abgesetzt, die den Dokumentarfilm zu einem eigenen Genre mit spezifischen Möglichkeiten entwickelten. Eine besondere Bewandtnis hat es mit den Filmen von Peter Nestler (geb. 1937), die Anfang der sechziger Jahre entstanden: *Am Siel* (1962), *Aufsätze* (1963), *Mülheim-Ruhr* (1963), *Ödenwaldstetten* (1964), *Rheinstrom* (1965), *Ein Arbeiterclub in Sheffield* (1965), *Von Griechenland* (1965). Nur wenige haben sie gesehen, jedoch erwarben diese Filme vielleicht gerade deshalb einen besonderen Ruf; sie wurden wegen ihrer genauen, unterkühlten, stilisierten Machart oft in Zusammenhang mit den Filmen Jean-Marie Straubs gebracht (der auch selbst zu den entschiedenen Verteidigern Nestlers gehört). Trotz ihres distanzierten, manchmal fast trockenen Stils erfassen Nestlers Filme immer wieder optische Details, die expressionistische Kraft besitzen, aber diese kommt mehr aus dem Material selbst (vielleicht aus dem gewählten Ausschnitt), weniger aus der Bearbeitung, Akzentuierung. »Nestlers Soziogramme behandeln nicht Individuelles, immer Gruppiertes, Komplexes. Alle Erscheinungen sind in ihre sozialen und ökonomischen Bezugsnetze gestellt.« (Sebastian Feldmann)[39] Nach 1968 fand Nestler in der Bundesrepublik keine Arbeitsmöglichkeiten mehr und emigrierte nach Schweden, wo er Dokumentarfilme für das schwedische Fernsehen herstellte. Bemerkenswert aus dieser Zeit ist der Film *Spanien!* (1973), in welchem Nestler Interviews mit ehemaligen Spanienkämpfern, Fotos, Filmzitate und verschiedenes Dokumentarmaterial zu einem skeptischen und doch leidenschaftlichen Diskurs zusammenmontiert, der vor allem das heutige Verhältnis zum Spanischen Bürgerkrieg untersucht. Der Film läßt dem Zuschauer die Freiheit zur eigenen Reflexion und enthält sich jeder vordergründigen Manipulation – so sieht man in den Sequenzen der Postkarten und Fotos immer auch die Hand, die die Fotos ins Bild legt.

Klaus Wildenhahn (geb. 1930) begann seine Laufbahn als Dokumentarist Anfang der sechziger Jahre beim Fernsehen. Bis 1964 stellte er aktuelle Beiträge für das politische Fernsehmagazin »Panorama« her. Es folgten eigene Dokumentarfilme über musikalische Themen: *Bayreuther Proben* (1965), *Smith, James O.* (1965), *John Cage* (1966). Entscheidend wurde für Wildenhahn die Begegnung mit Richard Leacock und anderen Vertretern des neuen US-Dokumentarfilms, des ›Uncontrolled cinema‹: Wildenhahn ließ sich vom Ethos und von der Methode exakten Beobachtens anregen, welche die Amerikaner durch die Entwicklung neuer Aufnahmeapparaturen, der leichten und beweglichen 16-mm-Kameras, zu bisher unübertroffener Perfektion gebracht hatten; in der Tradition der Amerikaner (jedoch bald über sie hinausgehend) suchte Wildenhahn das dokumentarische Filmmedium zu einem Instrument sozialer Erforschung der Wirklichkeit zu machen. Diese Intentionen verwirklichte er zuerst in dem langen Dokumentarfilm *In der Fremde* (1967), einer genauen Beschreibung von Vorgängen auf einer Baustelle in Norddeutschland. Wildenhahn hielt sich zweieinhalb Monate an der Baustelle auf und sammelte Fakten, Ereignisse, Reaktionen, Verhaltensweisen. »Ein Film, der diese Faktoren ins Bewußtsein hebt, ist ein politischer Film ersten Ranges, und ein Film, der dabei fast ohne Kommentar auskommt, allein den Befund sprechen läßt und durch vorsichtige Gliederung seine Materialien ordnet, ohne in Interpretation abzuschweifen, ist ein ästhetisches Ereignis.« (Klaus Kreimeier)[40] Weitere dokumentarische Untersuchungen Wildenhahns waren *Institutssommer* (1969) – über die Arbeits- und Lebensbedingungen der Mitarbeiter eines wissenschaftlichen Instituts – und das Porträt einer Tageszeitung, *Der Tagesspiegel* (1971), zugleich eine Analyse der Bedingungen, unter denen Journalismus heute praktiziert wird (gegen den Film erhob der Verleger der Zeitung Einspruch). *Der Hamburger Aufstand Oktober 1923* (1971), gemeinsam realisiert mit Reiner Etz und Gisela Tuchtenhagen, handelte von dem – in Geschichtsbüchern gern totgeschwiegenen – kommunistischen Aufstand vom Oktober 1923 in Hamburg. Der Film erteilte Veteranen dieses Aufstands das Wort, die Nazizeit und KZ-Haft überstanden hatten. *Die Liebe zum Land* (1974) ist eine zweiteilige Untersuchung über die Situation der Landwirtschaft in Schleswig-Holstein, die von konkreten Beobachtungen auf einem Bauernhof und unter Landarbeitern ausgeht. Wie immer bei Wildenhahn ist das dokumentarische Material, das er präsentiert, von Genauigkeit des Blicks, Schönheit und Authentizität; aber durch gezielte Befragung, durch Einblendung von Texten und Informationen gab er seinem Film auch eine weitergehende, kritische Perspektive. Das trifft ebenso zu für die mehrteilige Serie *Emden geht nach USA* (1976) über das VW-Werk in Emden und die Gefahr seiner Schließung, über Protestdemonstrationen der Arbeiter und über die politische Willensbildung in den Gewerkschaften. Wildenhahn gab dem Projekt einen interessanten Rahmen: es besteht aus vier Dokumentarfilmen, einem »poetischen« Film, der die Quersumme aus den übrigen Teilen zieht, und einem geplanten Spielfilm, der auf der Grundlage von Erfahrungen, die bei den Dreharbeiten für die Dokumentarfilme gesammelt wurden, entstehen soll. Klaus Wildenhahn ist auch theoretisch als Verfasser des Buches »Über synthetischen und dokumentarischen Film« (1973) hervorgetreten.

Die Arbeit Klaus Wildenhahns am Dokumentarfilm ist nur im Rahmen des Fernsehens möglich, das immer wieder, wenn auch unter Schwierigkeiten, Voraussetzungen für solche Arbeiten geschaffen hat. Das gilt auch für andere Dokumentaristen wie Eberhard Fechner (*Nachrede auf Clara Heydebreck*, 1970), der jedoch zum Spielfilm zu tendieren scheint, und für das Team Rolf Schübel/Theo Gallehr. Schübel/Gallehr traten 1971 durch *Rote Fahnen sieht man besser* hervor, die Dokumentation einer Betriebsstillegung aus der Sicht der Entlassenen – eine bemerkenswerte Fernseharbeit; 1972 folgte *Arbeitskampf*. Rolf Schübel realisierte allein *Die Aufsteiger-Saga* (1974), eine intelligent aufgebaute, lebendige und kritische Untersuchung über Erwartungshaltungen von Schülern, Studenten und angehenden Ingenieuren zum gesellschaftlichen »Aufstieg«, und *Das Jubiläum – Unsere Firma wird fünfzig* (1976), einen Film über das Jubiläum eines mittelständischen Familienbetriebs, gesehen einmal aus der Perspektive der Inhaber des Unternehmens, dann der Arbeiter und Angestellten. *Rosinen im Kopf* (1976) von Theo Gallehr ist ein halblanger Dokumentarfilm über die Situation eines 16jährigen Mädchens, das nach Beendigung der Schule keinen Ausbildungsplatz findet.

Zu den ambitionierten Dokumentaristen, deren Arbeit eine deutlich sozialkritische Zielsetzung zeigt, gehören auch Günther Hörmann (geb. 1940) mit *Wir waren vorbereitet, für Donnerstag, morgens um sechs in den Streik zu treten* (1966) sowie verschiedenen weiteren Dokumentarfilmen über die Situation der Metallarbeiter, Johannes Flütsch (geb. 1945) mit *Flöz Dickebank* (1975, gemeinsam mit Marlis Kallweit und Klaus Helle), einer lebendigen Studie über die Bewohner einer Bergarbeitersiedlung im Ruhrgebiet, und Dietrich Schubert (geb. 1940) mit *Widerstand und Verfolgung in Köln 1933–1945* (1976).

Das ›Andere Kino‹

1967/68 formierte sich in der Bundesrepublik – wie in anderen europäischen Ländern – eine starke Bewegung des »unabhängigen« Films, die zunächst kein dezidiertes politisches Vorzeichen trug, sondern sich als eine Absage an die kommerziellen Zwänge, die Phantasielosigkeit und den Schematismus der Filmindustrie verstand, als ein Plädoyer für die Entfaltung freier filmischer Kreativität. Der Begriff des ›Anderen Kinos‹ oder des ›Undergroundfilms‹ wurde geprägt, um die neuen Ambitionen zu umschreiben. Der Ausdruck ›Underground‹ kam aus den USA und trug den programmatischen Akzent einer Gegenkultur, die sich sozusagen nur unterirdisch, in Opposition zur bürgerlich etablierten Kultur verwirklichen sollte. Ein wichtiges Ferment für das Entstehen dieser unabhängigen Filmbewegung war die Begegnung vieler zukünftiger Filmemacher mit den Experimentalfilmen des ›New American Cinema‹, die von dem Kritiker P. Adams Sitney 1967 in verschiedenen europäischen Ländern vorgestellt wurden. Weitere Impulse vermittelte die Ende 1967/Anfang 1968 in Knokke stattfindende Experimentalfilmschau »Exprmntl 4«, auf der auch deutsche Beiträge zu sehen waren – experimentelle Kurzfilme von Nekes, Mommartz, Costard, Hein. Nach dem Vorbild der New Yorker ›Film-Makers' Coop‹ konstituierte sich 1968 in Hamburg (das seither ein Zentrum des Experimentalfilms geblieben ist) eine ›Filmmacher Cooperative‹, der sich unabhängige Filmemacher bedienen konnten, um ihre Filme zu vertreiben. Für kurze Zeit herrschte so etwas wie allgemeine Euphorie in der unabhängigen Filmszene. Experimentelle Kurzfilme des unterschiedlichsten Niveaus wurden in kaum mehr übersehbarer Zahl hergestellt und überschwemmten die Festivals von Mannheim und Oberhausen. Allerdings überschätzte man die realen Möglichkeiten im Vertrieb dieser Filme, das Interesse und den Umfang des Publikums, das geneigt war, sich »unabhängige« Filme überhaupt anzusehen. So ebbte die Bewegung des ›Anderen Kinos‹ schon 1969 wieder ab – sie spaltete sich in einen politischen Zweig, der sich bald in der ›Sozialistischen Film Coop‹ und schließlich im ›Zentral-Filmverleih‹ organisierte, während die Gruppe der ausgesprochenen Experimentalfilmer, die konsequent an der Entwicklung des Mediums weiterarbeiteten, stark zusammenschmolz. Seit 1970 gibt es in der Bundesrepublik nur noch wenige Filmemacher, die sich entschieden zum Experimentalfilm oder zur ›Avantgarde‹ – dieser Terminus beginnt die Begriffe ›Underground‹ oder ›Anderes Kino‹ abzulösen – bekennen. Zu ihnen gehören Werner Nekes, Dore O., Klaus Wyborny, W. und B. Hein, Hellmuth Costard, Heinz Emigholz, Fritz André Kracht, Bastian Clevé.

Unter den Experimentalisten der ersten Stunde läßt sich eine spielerisch-dadaistische und eine strengere, auf Montage-Experimente zielende Richtung (die der späteren »Strukturalisten«) unterscheiden – gemeinsam ist beiden die strikte Ablehnung des erzählerischen Prinzips. Die Experimentalfilme konstituieren ein Kino der Erforschung von Raum und Zeit, der Erforschung von Wirklichkeit sowie der Erkundung jener Gesetzmäßigkeiten, durch die sich eine »filmische« Wirklichkeit herstellt.

Lutz Mommartz (geb. 1934) drehte 1967 eine Reihe von Kurzfilmen scheinbar spielerischer Natur, die jedoch einen durchaus theoretischen Hintergrund besaßen und die Parameter eines neuen Kinos festzulegen suchten. Sein wichtigster Film war *Eisenbahn* (1967), in welchem ein und dieselbe Filmschleife – eine Einstellung aus dem Fenster eines fahrenden Eisenbahnzuges auf die vorüberziehende Landschaft – 17mal wiederholt wurde. In *Selbstschüsse* warf Mommartz die Kamera über sich in die Luft, in *Die Treppe* schnallte er sie sich vor die Brust und ließ sie aus subjektiver Sicht alle möglichen Verrichtungen des Alltags filmen. Adolf Winkelmann richtete in *Adolf Winkelmann, Kassel 9. 12. 67 – 11.54 Uhr* (1967) die umgeschnallte Kamera auf sich selbst und promenierte so durch die winterlichen Straßen Kassels, die erstaunten Blicke der Passanten auf sich lenkend; den Film unterlegte er später mit klassischer Musik. *31 Sprünge* (1967) von Adolf Winkelmann ist ein Experiment in Montagetechnik: durch Zusammenfügen von Bildmaterial werden künstliche »Sprünge« erzeugt. In Hellmuth Costards (geb. 1940) *Warum hast du mich wachgeküßt?* (1967) wird nach neckischen Eröffnungsbildern die Kamera in eine Schublade gelegt, wo sie im Dunkeln eine Weile weiterläuft. Costards wahrscheinlich bestes Werk ist *Die Unterdrückung der Frau ist vor allem an dem Verhalten der Frauen selber zu erkennen* (1969). Der Film zeigt in minutiöser Detailbeobachtung den Alltag einer Hausfrau zwischen Abfahrt und Rückkehr des Ehemannes. Costards Film bediente sich allerdings eines Kunstgriffs: er läßt den Part der Frau von einem jungen Mann spielen, wodurch die Absurdität mechanischer Verrichtungen und eines entfremdeten Daseins, schon von der Kamera eindrucksvoll festgehalten, noch deutlicher wird. 1971 drehte Costard *Fußball wie noch nie*, die bisher ungewöhnlichste Wiedergabe eines Fußballspiels: die Kamera ist 100 Minuten lang ununterbrochen auf den Außenstürmer George Best gerichtet – auch, wenn dieser nichts zu tun hat. *Teilweise von mir* (1972) besteht aus langen Ketten von Sätzen, die von stets wechselnden Personen in wechselnden Umgebungen gesprochen werden – eine Parodie auf das Erzählkino.

Eine wichtige Funktion als Mentor des ›Anderen Kinos‹ und der Hamburger Experimentalfilmbewegung hatte (und hat) der Regisseur Helmuth Herbst (geb. 1934), der Anfang der sechziger Jahre mit satirischen Kurzfilmen debütierte *(Kleine Unterweisung zum glücklichen Leben*, 1963, *Schwarz-weiß-rot*, 1964). Herbsts Spezialität waren Animations- und Collagenfilme. Später entwickelte sich in seinen Werken auch eine phantastische Komponente: so in *Eine regnerische Nacht in Potsdam* (1970) und in dem Spielfilm *Die phantastische Welt des Matthew Mattson* (1974). Alle seine Kenntnisse über Filmtrick und Animation vereinte Helmuth Herbst noch einmal in einem erfindungsreichen didaktischen Film über ein spezielles Kapitel der Filmgeschichte: *Synthetischer Film oder wie das Monster King Kong von Fantasie und Präzision gezeugt wurde* (1975). 1977 entstand ein Collagenfilm über einen Pionier der politischen Collage: *John Heartfield – Fotomonteur*.

Werner Nekes, Dore O., W. und B. Hein sowie später auch Heinz Emigholz gehören zu jenen westdeutschen Filmemachern, die ebenfalls im Gefolge des ›Anderen Kinos‹ hervortraten, in ihrer Arbeit jedoch einen Ansatz verfolgen, der auf eine systematische Erforschung der Eigenschaften und Möglichkeiten des Filmmediums selbst zielt. Mit einem Terminus, der erst Anfang der siebziger Jahre, aus den USA kommend, in Umlauf gelangte, könnte man sie auch dem »strukturellen« Film zurechnen. Wilhelm (geb. 1940) und Birgit (geb. 1942) Hein machen in *Rohfilm* (1968) den Materialcharakter des projizierten Filmstreifens bewußt; sie abstrahieren von den Bildinhalten, indem sie diese verschwimmen, zerreißen, sich auflösen lassen; mit Hilfe von Übereinanderkopierung und Wiederabfilmen des Bildes von der Leinwand bringen sie Flecken, Punkte, Risse und Perforationslöcher zur Erscheinung. Damit lenken sie die Aufmerksamkeit des Zuschauers auf die materiellen Faktoren, die eine Filmprojektion bedingen, und zerstören gleichzeitig die herkömmlichen Konstituanten des filmischen Erlebens (Erkennbarkeit, Übersichtlichkeit, Prinzip der Abbildung): »Das Gefühl stellt sich ein, was es bedeutet, daß ein Film aus Bildern besteht, den 24 in der Sekunde, und daß die Bilder wiederum nur Lichtreaktionen auf präpariertem Material festhalten ... Aggressiv befreit sich das Material von einer Last, die ihm unabänderlich aufgebürdet schien: es attackiert das ihm fremde Bild ...« (Dietrich Kuhlbrodt)[41]

Später befaßten sich W. und B. Hein vor allem mit der Verarbeitung von Fotos und Dias, denen sie durch Bewegung im Laufbetrachter und durch Auf- und Abblenden in der Filmwiedergabe eine neue Konsistenz zu geben suchten – in Kurzfilmen wie *Reproductions* (1969) oder in längeren Arbeiten wie *Ausdatiertes Material* (1973). *Strukturelle Studien* (1974) besteht aus 33 kurzen Einzelfilmen, die Phänomene der Bewegungswahrnehmung untersuchen.

Werner Nekes (geb. 1944) hat bis heute ein respektables, vielseitiges, in sich konsequentes Œuvre von experimentellen Kurz- und Langfilmen zustande gebracht. Nekes begann mit *Schnitte für ABABA, schwarzhuhnbraunhuhnschwarzhuhnweißhuhnrothuhnweiß oder putt-putt* und dem gemeinsam mit Dore O. realisierten *jüm-jüm* (sämtlich 1967). Nekes' Filme sind häufig nach komplizierten mathematischen Regeln aufgebaut, die sich dem Zuschauer nicht sofort erschließen – das war bereits in einigen dieser frühen Kurzfilme der Fall: *Schnitte für ABABA* verarbeitet grünes und rotes Vorspannmaterial in raschem rhythmischen Wechsel; *schwarzhuhn*... zeigt durch eine Glasplatte ein Huhn, das Körner aufpickt und die Leinwand dadurch allmählich aufhellt; in *jüm-jüm* beschäftigt sich Nekes mit den Möglichkeiten der Montage, indem er die Bewegung eines Mädchens auf einer Schaukel durch Schnitt und Kombinationen verschiedener Bilder immer mehr verfremdet und schließlich synthetische, den Gesetzen der Natur entgegengesetzte Formen von Bewegung entstehen läßt.

Nekes lenkt die Aufmerksamkeit des Zuschauers auf die Struktur des Films und auf den Vorgang der Übertragung von Informationen durch den Film; er geht von der Maxime aus: »In erster Linie teilt der Film sich selbst mit, d. h. nicht der gefilmte Gegenstand teilt sich mit, sondern die in der Filmsprache begründete Möglichkeit der Abbildung des Gegenstandes.«[42] Nekes' Langfilm *Kelek* (1968) ist zunächst von scheinbar irritierender Monotonie: in starren, nur von wenigen Schwenks unterbrochenen Einstellungen führt er eine Reihe scheinbar nichtssagender, minimal variierter Bilder vor (so den Blick aus einem Kellerfenster auf die Straße), die dem Zuschauer nach einer gewissen Zeit deutlich machen (falls er bereit ist, sich auf den Film einzulassen), daß hier der Vorgang des Sehens selbst dargestellt werden soll; Auf- und Abblenden des Bildes korrespondieren mit dem Aufschlagen und Schließen des Auges. »*Kelek* ist der erste Nekesfilm mit einer Geschichte, der Geschichte eines Bewußtseins. Dieses Bewußtsein hat es mit nichts anderem zu tun als mit Sehen. Das Sehen ist der Gegenstand des Films.« (Wim Wenders)[43]

Man kann in diesem Film freilich auch die Darstellung von Entfremdung gegenüber der Umwelt, von Neurosen und Kommunikationsschwierigkeiten sehen. Auch *Nebula* (1969), wenngleich zusammengesetzt aus vielen mikroskopischen Handlungsfragmenten, hatte teil an der Erforschung einer Metaphysik des Sehens im Film, ebenso

Abbandono (1967–71). *Spacecut* (1971) dagegen war ein Essay in Montagetechnik: im zweiten Teil dieses Films kombiniert Nekes 24 verschiedene Einzelbilder pro Sekunde, die wiederum nur Ausschnitte aus rasch bewegten (und daher verwischten) Aufnahmen einer Landschaft sind; das Resultat ist eine überreal gesteigerte, kaum mehr ertragbare Wahrnehmung von Bewegung. *T-WO-MEN* (1972), *Diwan* (1973) sowie *Amalgam* (1976) sind aus jeweils unterschiedlichen Segmenten zusammengesetzte Langfilme: *T-WO-MEN* gibt teils per Einzelbildmontage, teils per Mehrfachbelichtung und Übereinanderkopierung fünf verschiedene Darstellungen von den Beziehungen zwischen zwei Frauen, wobei das Konstruktionsprinzip weitgehend musikalisch ist und die Materialität der Bilder schließlich aufzehrt; *Diwan* ist im wesentlichen ein Film mit Landschaftsbildern, eine »lyrische Anthologie«[44]; in *Amalgam* arbeitet Nekes mit Stoffmustern und Textilstrukturen, die sich mit Realbildern und Phasenbewegungen überlagern und subtile Veränderungen im Farb- und Formgewebe des Bildes bewirken, so daß die Aufmerksamkeit des Zuschauers sich fortwährend zwischen der Wahrnehmung abstrakter Strukturen und der in sie eingebetteten Realität verschiebt. Der Kurzfilm *Photophtalmia* (1976) beschäftigt sich mit der Wahrnehmung von Licht und ist dem Pionier der Kinematographie Joseph Plateau gewidmet (der erblindete, weil er zu lange in die Sonne starrte). In *Lagado* (1977) ließ sich Nekes zum ersten Mal auf Experimente mit dem Ton ein.

Dore O. (geb. 1946) vertritt gegenüber Nekes eine andere Variante des Experimental- oder Avantgardefilms. Zwar stehen ihre Filme im Bildinhalt denen von Nekes (der mit ihr oft zusammenarbeitet) manchmal nahe; aber Dore O.s Filme besitzen nicht das strenge, manchmal trockene Fundament struktureller Ordnung wie bei Nekes, sie sind vielmehr spontane Äußerungen der Filmemacherin über sich selbst, verarbeitet mit experimenteller Technik, schwer zu beschreiben oder »auf den Begriff« zu bringen. Die Bilder ihrer Filme enthalten oft traumhafte Assoziationen. So in *Alaska* (1968), welchen Dore O. definiert als »den Traum meiner selbst; Konsequenzen aus dem Akt mit der Gesellschaft«.[45] Der Film enthält Bilder von Strand, Wellen, Horizont, Detailaufnahmen, die in keinem erzählerischen Zusammenhang stehen, Ansichten von Mauern, Gebäuden. Dazwischen werden Fotos von Eskimos eingeblendet. Die Sequenzen sind wechselnd eingefärbt. Eine »repetitive« Musik verstärkt den halluzinatorischen Charakter des Films. *Lawale* (1969), im Untertitel »Die Erinnerung ist eine grausame Hoffnung ohne Erwachen« betitelt, gibt sich düsterer in der Grundstimmung als *Alaska*; hier dominieren erstarrte Momentaufnahmen aus dem Alltag einer bürgerlichen Familie (Erinnerungsbilder?); zu Anfang und Ende des Films erscheint die Aufnahme einer Bergkuppe. *Kaldalon* (1971), »ein nicht-euklidischer, ambiguent zerfetzt-versetzter Abenteuerfilm« (Dore O.)[46], ist ein Film über isländische Landschaften, deren Bilder die Regisseurin jedoch durch erneutes Abfilmen von der Leinwand stark verfremdete; Jonas Mekas verglich die Ästhetik dieses Films mit der von Brakhage.[47] Nach *Blonde Barbarei* (1972) drehte Dore O. 1974 *Kaskara* (»Eine Balance des Eingeschlossenseins im zerbrochenen Raum«).[48] Der Film zeigt Bilder einer schwedischen Landschaft – Bäume, Gras, Wasser, Berge, Himmel, aber immer eingeschlossen in Fenster- und Türrahmen, als Ausschnitt, Ausblick aus einem Interieur. Die Bilder sind in einem delikaten Rhythmus von Überblendungen, Montagen und Mehrfachbelichtungen angeordnet und von einem durchgehenden optischen Rhythmus getragen. Es gelingt Dore O., ein Gleichgewicht zwischen dem sinnlichen Inhalt der Bilder (der nicht unterschlagen wird) und der Strenge des strukturellen Auswahlprinzips herzustellen.

Die Filme von Klaus Wyborny (geb. 1945) stehen dem Erzählkino näher als die von Nekes oder Dore O. Allerdings sind Wybornys Werke im Grunde Parodien des erzählenden Genres; sie fügen Restbestände, phantastische Fragmente von Handlungen mit Bildern zusammen, die zu dem erzählerischen Element (das sich im Kommentar, seltener in Dialogen vermittelt) keinen unmittelbar ersichtlichen Bezug haben. Klaus Wyborny stellte zwischen 1966 und 1969 einen Zyklus aus verschiedenen 8- und 16-mm-Filmen her, dem er den Obertitel *Dämonische Leinwand* gab. Es folgten *Percy McPhee, Agent des Grauens* (1970) und *Dallas Texas – After the Goldrush* (1971). *Die Geburt der Nation* (1973) ist im ersten Teil die Erzählung von einer Gruppe von Menschen, die in der Wüste einen Staat gründen wollen (sie wirken jedoch eher wie kraftlose Gespenster); diese Passagen sind gefilmt in der Manier des frühen Griffith. In der zweiten Hälfte zerlegt und analysiert der Film die Elemente des ersten Teils, man sieht jetzt Bruchstücke, Wiederholungen, Variationen; der Inhalt der Sequenzen wird durch dieses Verfahren mehr und mehr ausgelöscht; was übrigbleibt, ist Filmmaterial. Ein ähnlicher Auslöschungsprozeß ist zu beobachten in *Bilder vom verlorenen Wort* (auch: *Pictures of the Lost Word*, 1976), einer Art autobiographischem Bericht, auf englisch kommentiert, der sich gegen Schluß in zunehmend irreale, verschwebende Bilder auflöst.

Eine interessante Idee lag Wybornys Film *Der Ort der Handlung* (1977) – produziert ebenso wie *Die Geburt der Nation* für das ZDF – zugrunde: den zögernden, erst allmählich konkreter werdenden Bericht eines jungen Mannes über die Schwierigkeiten, die ihm im Berufsleben aufgrund seiner nonkonformistischen Ansichten entstanden (gefilmt in wenigen, aber expressiven Einstellungen), unterschnitt er mit extrem schnell bewegten und montierten Aufnahmen von Häuserfassaden. Nicht nur ergeben sich neuartige Beziehungen zwischen den beiden Ebenen des Films (die sich gegenseitig kommentieren); hier wurde dem Avantgardefilm auch eine Dosis sozialer Wirklichkeit injiziert.

Heinz Emigholz repräsentiert mit seinem bisherigen Werk die strenge, »strukturelle« Richtung des Avantgardefilms. In dem dreiteiligen *Schenec-Tady* (1972–75) erforscht er die Wirkung ineinandermontierter schneller Schwenkbewegungen. Aufnahmen von Landschaften, Wasser, Häusern werden so zueinander in Beziehung gesetzt, daß jeweils ein Abschnitt einer Schwenkbewegung durch einen kurzen Abschnitt einer entgegengesetzten Bewegung unterbrochen wird. Aufgebaut wie mathematische Exerzitien, ergeben diese Filme ein irritierendes, in pulsierend-flackernde Segmente zerlegtes Bild der Welt. Emigholz nannte seine Filme »einen enzyklopädischen Versuch über die Wechselwirkung zwischen Landschaften und auf sie zugewandten fotografischen Bewegungsformationen«.[49] Auch der Film *Tide* (1974) ist nach einem ähnlichen Prinzip aufgebaut. Heinz Emigholz experimentiert neuerdings auch mit Diapositiv-Reihen zur Begleitung eines bestimmten Originaltons.

Während die Filme von Werner Nekes und Dore O. häufiger in kommunalen Kinos und Filmklubs aufgeführt werden, Preise erhielten und sich bei der Kritik nach erheblichen Anfangsschwierigkeiten durchsetzen konnten, sind diejenigen von Wyborny und Emigholz seltener zu sehen; sie gehören noch dem eigentlichen ›Underground‹ an. Die Arbeitsbedingungen für Avantgardefilmer sind in der Bundesrepublik kaum günstig, da das verbreitete Filmverständnis sich immer noch am vordergründig verstandenen politischen Film oder am gehobenen Konsumfilm orientiert. Die Arbeit am Medium, an der Erforschung neuer Seherfahrungen, an der Ontologie des Filmbildes, an der Überprüfung seiner Wirkungsmechanismen wird auch von der »seriösen« Filmkritik bei uns nur widerwillig geduldet und gern in das Abseits »esoterischer« und damit überflüssiger »Spielerei« verbannt.

Die Filme von Werner Schroeter und Rosa von Praunheim lassen sich nicht eigentlich dem »Experimentalfilm« zuordnen, weil sie letztlich dem Prinzip des Erzählens verhaftet sind und, wenn auch in parodistischer Absicht, häufig auf Vorbilder des traditionellen Kinofilms oder auf kulturelle Stereotypen als Zitat oder Anspielung rekurrieren. Auf der anderen Seite gehören sie auch nicht zur etablierten oder kommerziellen Filmproduk-

Christian Ziewer
Liebe Mutter, mir geht es gut
1971
Bundesrepublik Deutschland

Joseph Losey
Accident
(Zwischenfall in Oxford)
1966
England

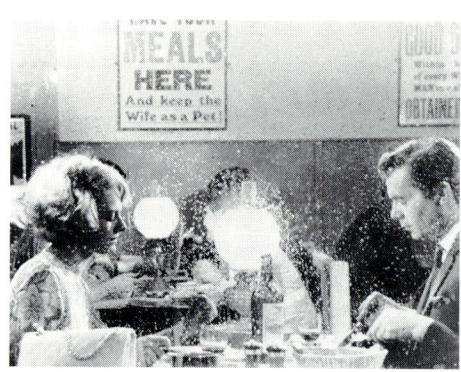

tion, sondern haben sich – vor allem im Fernsehen – einen eigenen Freiraum erobert. Man kann die Filme Werner Schroeters als spätromantische Ironisierungen heruntergekommener bürgerlicher Kunstformen deuten, wobei sie diesen antiquierten Formen gleichzeitig auch eine Huldigung darbringen; sie zeigen sich fasziniert von der melodramatischen Übersteigerung, von der pathetischen Geste, vom Kitsch, von allen Erscheinungen der Dekadenz. Rosa von Praunheims Filmen eignet ebenfalls ein parodistisches Element, sie sind aber direkter, aggressiver und gehen manchmal bis zum Pamphlet.

Werner Schroeter (geb. 1945) begann 1968 mit Filmen im 8-mm-Format, im gleichen Jahr folgten (in 16 mm) *Neurasia* und *Argila* (eine Doppelprojektion). Diese Filme legten die Grundlagen des Schroeterschen Stils: Darsteller und Darstellerinnen, mit denen der Regisseur auch in Zukunft arbeiten sollte (Magdalena Montezuma), stellen auf einer simulierten Theaterbühne ritualisierte Szenen dar, Parodien oder Travestien von Opernmotiven, Mythen der Antike; diese Motive werden kunterbunt mit Themen ganz anderer Herkunft vermischt, wobei Schroeter unbefangen Oper und Schlager, Kunst und Kitsch nebeneinanderstellt; die Grenzen und Unterschiede der Genres werden in seinen Filmen aufgehoben. »Das Material dieser Kultur ist für mich mein Spielmaterial.« (Werner Schroeter)[50] Man hat Werner Schroeters Filme verschiedentlich unter Rückgriff auf Michail Bachtins »Karnevalisierung der Literatur«[51] interpretiert: »Gegen eine Tradition des Umgangs mit der Kultur, die sich am ehesten als ein starres System eingespielter und erlernter Reaktionsrituale beschreiben läßt, setzen Schroeters Filme das Prinzip des Entdeckungen-Machens, des radikalen Unernstes gegenüber den Kommunikationsformen der Kunst; diese . . . sind selbst freie Gegenstände kunstvoller Sinnlichkeit.« (Jörg-Peter Feurich)[52] *Eika Katappa* (1969) war eine Aufeinanderfolge von simulierten und nachgestellten Opernszenen (zur Begleitung der »authentischen« Musik), die sich um die Themen Tod und Liebe rankten, ein Film von üppigem Pathos, schwelgerischer Inbrünstigkeit, ironisch gegenüber seinen Vorbildern durch die Emphase der Gesten, und doch von eigener Logik und unbestreitbarer Faszinationskraft. Die Spannweite des Films reichte vom Nibelungenlied bis zur Kreuzesabnahme Christi, von der klassischen Oper bis zum Schlager.

Der Bomberpilot (1970) ist stärker von erzählerischer Kontinuität bestimmt als *Eika Katappa*; hier geht es um die Erlebnisse dreier Mädchen, die sich der Kunst geweiht haben, aber in ihrem Privatleben Unglück erleiden müssen; der Film stellt »unheimliche Gleichungen zwischen Faschismus und Tingeltangel, Naziästhetik und Operette« her. (Urs Jenny)[53] *Salome* (1971) drehte Schroeter nach Oscar Wilde (und nach Musik von Richard Strauss) in den Ruinen der libanesischen Tempelstadt Baalbek. Die stilisierten Einzelszenen der früheren Filme wichen hier größeren dramaturgischen Einheiten, bedingt durch das Dekor. Werner Schroeters Lieblingsdarstellerin Magdalena Montezuma spielte (kahlköpfig) die Rolle des Herodes. Es folgte eine Fernsehinszenierung von *Macbeth* (1971) mit elektronischen Kameras, auf die Wim Wenders' Definition »die phantastischen Filme von Werner Schroeter über künstliche Leute«[54] zutraf. *Der Tod der Maria Malibran* (1972), *Willow Springs* (1973), *Der schwarze Engel* (1974) und *Flocons d'or* (1976) entstanden als weitere Auftragsproduktionen Werner Schroeters für das ZDF (das Fernsehen ist bis heute praktisch der einzige Auftraggeber für Schroeter geblieben). *Willow Springs* war zunächst geplant als Film über Marilyn Monroe; statt dessen drehte Schroeter einen improvisatorischen Bericht über das Dasein seiner drei Hauptdarstellerinnen in einem heruntergekommenen amerikanischen Landhaus; der Film bestand wie Schroeters frühere Werke aus exzentrischen Übertreibungen, stilisierten Dialogen und Gesten, enthielt jedoch durch das Dekor und die Umstände der Entstehung einen höheren Grad an Realismus, der diesen Film besonders originell und spannungsreich machte. *Der schwarze Engel* entstand in Mexiko vor dem Hintergrund von Prozessionen und

Volksfesten; in *Flocons d'or (Goldflocken)* variierte Schroeter seine Lieblingsthemen der Liebe, des Todes, der Zerfleischung zwischen Menschen – in fünf Episoden, die teils die Formen des Melodrams imitieren (die spanisch gesprochene erste Szene), teils auch in gewollter Kargheit und Häßlichkeit Dekor und Handlung zu negieren scheinen (die Szene zwischen den Eisenbahngleisen); hier herrscht ein parodistisches Element vor, eine hysterische Komik. *Maria Malibran, Willow Springs* und *Flocons d'or* bezeichnete Schroeter auch als drei Teile einer Trilogie.[55]

Rosa von Praunheim (eig. Holger Mischwitzky, geb. 1942) ist eine Gegenfigur zu Werner Schroeter. Auch seine Filme sind antirealistisch, sie bedienen sich der Stilmittel von Parodie, Travestie, Übertreibung. Rosa von Praunheim zitiert allerdings weniger häufig Trümmer von Kulturgut; Polemik und Aggression, aber auch Humor und Komik sind in seinen Filmen stärker ausgebildet; sie beschäftigen sich mit Mythen des Alltags, die sie in grotesker Umstülpung vorführen. Rosa von Praunheim debütierte 1968 mit dem exzentrischen Kurzfilm *Von Rosa von Praunheim*, einem »rassistischen Problem an Hand von einer Mutter mit drei Töchtern und einem Dienstmädchen in bewußt fremder Struktur«.[56] Carla Aulaulu, Darstellerin in vielen Praunheim-Filmen, windet sich in diesem Film in hysterischen Zuckungen; ein überdrehtes Familiendrama scheint abzulaufen, dessen Einzelheiten aber nicht auszumachen sind. *Rosa Arbeiter auf goldener Straße* (Teil 1: 1968, Teil 2: 1969) ist dagegen mehr parodistisch angelegt und erzählt in übertrieben biederen Platitüden eine »sentimentale Geschichte im Illustriertenstil«[57], in die auch politische Elemente, freilich als Karikatur, verflochten sind. In *Schwestern der Revolution* (1969) setzt sich eine Kampfgruppe von Homosexuellen für die Befreiung der Frau ein. Der Film entstand (wie *Rosa Arbeiter . . .*) in Zusammenarbeit mit Werner Schroeter. *Macbeth* (1971) war ein analoges Unternehmen zu Schroeters Verfilmung des gleichen Stoffes (beide Filme wurden zusammen vom Fernsehen ausgestrahlt; in beiden spielte Magdalena Montezuma). Im Mittelpunkt steht die Nachtwandelszene der Lady Macbeth; flackerndes Licht gibt den Aufnahmen eine durchgehend traumhafte Qualität. Die Darsteller spielten ihre Rollen in theatralisch-ekstatischem Stil nach dem Playbackverfahren, dem eine Tonpartitur Rosa von Praunheims zugrunde lag. Ganz anders *Die Bettwurst* (1971): die Parodie einer Liebesgeschichte im Kleinbürgermilieu, gespielt von Praunheims Tante Luzi Kryn und seinem Lieblingsdarsteller Dietmar Kracht; beide improvisierten die Dialoge und brachten viel von sich selbst in den Film ein. Vermittels einer aus Leerformeln bestehenden Trivialsprache, die aber mit großem Pathos vorgetragen wird, durch die exaltierte Ausführung kleinbürgerlicher Rituale (»Sie gehen zusammen in ein Ausflugslokal zum Tanz, sie zeigt ihm ihren Kleingarten und ihr Fotoalbum. Nach einer Liebesnacht hilft er ihr beim Staubsaugen, sie feiern gemeinsam Weihnachten«[58]), wird hier die Bewußtseinslage und das Verhalten von »Spießbürgern« ironisiert – aber auf eine Art und Weise, in der nicht Verachtung sich ausspricht, sondern vielmehr deutlich wird, daß das Stereotype, Banale ihres Verhaltens die Verinnerlichung gesellschaftlicher Zwänge darstellt.

Großes Aufsehen erregte Rosa von Praunheim mit *Nicht der Homosexuelle ist pervers, sondern die Situation, in der er lebt* (1971). Zum erstenmal ergriff ein Film in offener Form Partei für die Homosexuellen, analysierte die vielfältigen Mechanismen gesellschaftlicher Unterdrückung, denen diese Minderheiten-Gruppe bisher ausgesetzt war, forderte sie auf, sich zu bekennen und zu organisieren. Aber auch die Form des Films war ungewöhnlich: in agitatorisch-aufklärerischer Absicht konzipiert, befolgte er doch Praunheims frühere Methode der Verarbeitung von Trivialmotiven und ihrer theatralischen Darbietung; nur daß hier alles Gezeigte mehr den Akzent der Demonstration, ja der Provokation erhielt. »Der Film soll Homosexuelle aktivieren, sie aufrufen, ihre unmäßige Angst zu überwinden und selbst für ihre Rechte zu kämpfen . . . Im besten Fall kann man heute schwul sein, wenn man nett und angepaßt ist. Wir aber haben das verdammte Recht darauf, die Lebensformen zu verwirklichen, die uns gerecht werden.« (Praunheim)[59] Das Pathos des Films ergab sich nicht nur aus den Bildern, sondern vor allem aus dem bewußt exaltiert gesprochenen Kommentar. Dieser Kommentar lag manchmal an der Grenze zur Parodie, auf der anderen Seite machte er den Film als Darstellung der Betroffenen selbst (die nicht aus »abgeklärter« Distanz kommt) erkenntlich; er beunruhigte und ging unter die Haut. Der Film bestand aus fünf Teilen, entsprechend einzelnen Stationen der Subkultur: »Sentimentalität«, »Luxus«, »Konsum«, »Triebhaftigkeit«, »Kommune«. Die letzte Episode sollte den ersten Ansatz zu einer Emanzipation der Homosexuellen zeigen, wirkte tatsächlich aber noch irrealer als alle anderen Szenen: »Der Höhepunkt der Unbeholfenheit ist die Kommuneszene. Sie wirkt unwirklich und unnatürlich, was aber nichts als Ehrlichkeit ausdrücken soll.« (Rosa von Praunheim)[60] Der Film löste nach seiner Uraufführung heftige Debatten aus – nicht zuletzt, weil er jede Art von Integration oder Anpassung der Homosexuellen an die Gesellschaft strikt ablehnte.

Leidenschaften (1972) entstand als 8-mm-Film im Verlauf einer Weltreise. *Berliner Bettwurst* (1973), im Milieu der Berliner Subkultur spielend, war der weniger geglückte (da in Exotik und Humor zwanghafte) Versuch, den Erfolg der *Bettwurst* fortzusetzen. Danach verfilmte Rosa von Praunheim mit *Axel von Auersperg* (1974) ein schwülstig-allegorisches Drama des französischen Romantikers Villiers de l'Isle Adam, das teilweise in einem Kloster spielt; der exzentrische Schlagerstar Evelyn Künneke trat in der Rolle eines Archediakons auf. Diese Passagen wurden als blasphemisch empfunden und vom Auftraggeber ZDF zensuriert. Im übrigen war der Film für Praunheim etwas zu professionell und schwergewichtig geraten. *Underground and Emigrants* (1976) ist ein Report über Aspekte der kulturellen Szene in New York mit starkem Akzent auf der Gegen-Kultur. Was an diesem Film am meisten überzeugt, ist die Ehrlichkeit Praunheims in der Dokumentation seiner persönlichen Vorlieben und Abneigungen; aber seine unkritische Verherrlichung alles »Kreativen« und »Spontanen« schafft im Endeffekt eine neue Mythologie. In *Ich bin ein Antistar* (1976) brachte er der Schlagersängerin Evelyn Künneke eine Hommage dar.

Walter Bockmayer ist ein später Nachfahre des westdeutschen »Undergroundfilms«, den man stilistisch in die Nähe von Schroeter und Praunheim rücken kann. Seine ersten Filme (entstanden ab 1970), überwiegend im Super-8-Format gedreht, gehen zum Teil von Motiven bekannter Opern aus, um diese durch Travestien und durch parodistische Übertreibung zu verfremden. *Jane bleibt Jane* (1977) wurde dagegen (gemeinsam mit Rolf Bührmann) bereits im 16-mm-Format gedreht; der Film führt eine von Afrika- und Tarzan-Mythen besessene ältere Frau mit einem Journalisten zusammen und entwickelt daraus eine absurde Komödie mit einem betont irrealen Schluß. Im Bereich des Experimentalfilms, der mit den Stilprinzipien der Parodie und der Travestie operiert, arbeitet auch Ulrike Ottinger (*Die Betörung der blauen Matrosen*, 1975, gemeinsam mit Tabea Blumenschein).

Im Bereich des ›Anderen Kinos‹ oder des experimentell orientierten »Unabhängigen Films« sind auch Herbert Achternbusch, Jonathan Briel und Niklaus Schilling tätig. Herbert Achternbusch (geb. 1938), der sich schon als Schriftsteller einen Namen gemacht hatte, bevor er zum Film kam, entwickelte in *Das Andechser Gefühl* (1975), *Die Atlantikschwimmer* (1976) und *Bierkampf* (1977) einen durchaus eigenen Stil folkloristischer Milieubeobachtung, untergründiger Gesellschaftskritik und surrealistischer Komik, die mit Elementen literarischer Parodie durchsetzt ist. Achternbuschs Filme wurzeln stark im bayerischen Lokalkolorit. Ihre Schlüssel-Szenen spielen meistens in Wirtshäusern oder auf Bier-Terrassen; *Bierkampf* spielt sogar inmitten des (echten) Münchner Oktoberfestes, in das sich Achternbusch mit seiner Kamera hereinwagte, um dort die Rolle eines (falschen) Polizisten mit Familienanhang zu spielen, dem ein unglückliches Ende beschieden ist. Herbert Achternbuschs subtile und hintersinnige, zwischen derbem Realismus und Doppeldeutigkeit pendelnden Filmschöpfungen erinnern manchmal an Karl Valentin. Jonathan Briel, Absolvent der Berliner Film- und Fernsehakademie, qualifizierte sich durch einen Film über Heinrich von Kleist, *Wie zwei fröhliche Luftschiffer* (1969), der in eigenwilliger filmischer Diktion die Motive zum Selbstmord Kleists untersuchte. Auch in seinem zweiten Hauptwerk, *Glutmensch* (1975) – dazwischen lagen Arbeiten für das Fernsehen –, bewegte sich Briel im Bereich der Literatur: der Film war eine Evokation des Lebens von Friedrich Hebbel. In einem visionären Stil angelegt (auf dem Totenbett begegnet Hebbel Gestalten seiner Erinnerung und Phantasie), kippt der Film allerdings in übermäßiges Pathos ab. Niklaus Schilling (geb. 1944) drehte mit *Nachtschatten* (1972) einen sublimierten Horrorfilm, der in der Tradition Dreyers und Murnaus steht. *Die Vertreibung aus dem Paradies* (1977) ist eine parodistische Variation mannigfacher Motive des Trivialfilms, die hier durch Brechung und Ironisierung in einen neuen Zusammenhang gebracht werden. Im Mittelpunkt des Films stehen die Figuren eines arbeitslosen Filmschauspielers und einer Heiratsschwindlerin. Mit ihm wandte sich Niklaus Schilling allerdings der Richtung des professionell inszenierten Autorenfilms zu, der für ein breiteres Publikum berechnet ist.

IV. Übriges Westeuropa

England

In der Geschichte des englischen Gegenwartsfilms bedeutet das Jahr 1960 keinen besonderen Einschnitt. Denn die Bewegung des ›Free Cinema‹, deren Impulse vom Dokumentarfilm kamen und die von Regisseuren wie Lindsay Anderson, Karel Reisz und Tony Richardson repräsentiert wurde, begann schon Ende der fünfziger Jahre und ebbte nach 1962 wieder ab. Ab 1963 setzte dafür eine Erscheinung ein, die den englischen Film bis heute charakterisiert, von einigen unabhängigen Produktionen abgesehen: seine »Internationalisierung«. Diese äußerte sich in drei Formen: einmal begannen die englischen Regisseure zunehmend für amerikanische Produktions- und Verleihfirmen zu arbeiten und drehten ihre Filme teilweise in den USA; das gilt für Tony Richardson, John Schlesinger, Jon Boorman, Peter Yates und Karel Reisz. Ferner investierten amerikanische Firmen mehr und mehr Kapital in britischen Produktionsvorhaben. Der Gipfel dieser Investitionswelle wurde zwischen 1966 und 1969 erreicht; Schätzungen über den Anteil amerikanischen Kapitals am gesamten englischen Produktionsvolumen in diesem Zeitraum bewegen sich zwischen 50 und 85%.[1] Schließlich arbeiteten immer mehr ausländische, vor allem amerikanische Regisseure zeitweilig in England: Billy Wilder, Stanley Kubrick, Fred Zinneman, Stanley Donen, Richard Brooks, Sidney Lumet, Martin Ritt drehten Filme in England, ebenso wie Polanski, Truffaut und Antonioni. Einige amerikanische Regisseure halten sich permanent in England auf (Richard Lester, Joseph Losey), so daß man ihr Werk guten Gewissens der englischen Produktion zurechnen kann. »Mit ein wenig, aber auch nicht sehr viel Simplifizierung kann man sagen, daß die Geschichte des englischen Films von seinen wechselnden Beziehungen zu Amerika und dem amerikanischen Markt abhängt.« (John Russell Taylor)[2] Die Gründe für das Einströmen amerikanischen Kapitals und die daraus resultierende Internationalisierung des englischen Films sind vor allem wirtschaftlicher Art: niedrigere Produktionskosten für die amerikanischen Produzenten, Teilnahme am Selbsthilfesystem der englischen Filmindustrie. Die James-Bond-Filme (*Goldfinger* und *Thunderball*, 1964 bzw. '65) sowie Richardsons *Tom Jones* (1962)[3] waren solche nur pro forma englische Produktionen. Ökonomisch ging es der englischen Filmindustrie in den sechziger Jahren gut. Trotz stetig abnehmender Besucherzahlen (1960 wurden 500 Millionen Zuschauer gezählt, 1975 waren es nur noch 116 Millionen) entstanden bis 1973 zwischen 70 und 80 Spielfilme pro Jahr, die Studios waren mit amerikanischen Produktionen ausgelastet. Als Folge dieser starken Einflußnahme der US-Filmindustrie wurden in England zunehmend Filme national wenig definierten, auf die Stereotypen der Unterhaltungsindustrie zugeschnittenen Charakters gedreht; ebenso votierten die in USA tätigen englischen Regisseure für ein »internationales« Kino, meist angesiedelt im Irgendwo, versehen mit standardisierten Konflikten. Teilweise verteidigten die Regisseure diese Entwicklung unter Hinweis auf die größeren Möglichkeiten und das höhere technisch-handwerkliche Niveau der Filmproduktion in Hollywood.[4] Nach 1970 zeigten sich neue Krisenerscheinungen im englischen Film, weil das amerikanische Kapital sich zurückzog, mehr in Außendekorationen gedreht wurde und infolgedessen ein »Zusammenbruch des Studiosystems« drohte. 1976 sank die Zahl der produzierten Spielfilme auf 46.

Neben der internationalistischen Haupttendenz des englischen Kinos ab 1963 gab es eine – wenn auch zahlenmäßig beschränkte – Produktion unabhängiger Filme spezifisch englischen Charakters von Kenneth Loach, Bill Douglas, Kevin Brownlow und anderen. Ein besonderes Phänomen des englischen Kommerzfilms ist die ›Hammer-Produktion‹ mit ihrem Hausregisseur Terence Fisher (geb. 1904), die in den fünfziger und sechziger Jahren ausschließlich Horrorfilme, vor allem Varianten von Dracula- und Frankenstein-Themen, herstellte. Schließlich gibt es in England eine stark entwickelte Produktion unabhängiger und experimenteller Filme (dank der Produktionsunterstützung des ›British Film Institute‹ und einer sehr aktiven ›London Film-Makers' Coop‹).

Die Regisseure des ›Free Cinema‹

Die Bewegung des ›Free Cinema‹ entstand aus der Opposition gegen die Erstarrung des englischen Spielfilms in den fünfziger Jahren. Sie ging aus von jungen Kritikern und Dokumentarfilmregisseuren, die 1956 mit einem ersten Programm eigener Kurzfilme unter der Überschrift ›Free Cinema‹ hervortraten. Die Bewegung griff im wesentlichen zurück auf die Traditionen des Realismus und des sozialen Engagements, wie sie für den englischen Dokumentarfilm der dreißiger Jahre bestimmend gewesen waren (John Griersons drei Prinzipien: 1. Verwendung realer Dekors, 2. Arbeit mit nichtprofessionellen Darstellern im Milieu ihres Alltags, 3. Entwicklung von Sujets aus dem realen Leben[5]). Sie fand ihr theoretisches Manifest in dem Artikel »Stand up! Stand up!«, den Lindsay Anderson 1956 in der Zeitschrift »Sight and Sound« veröffentlichte.[6] Anderson polemisierte darin gegen die Farblosigkeit der damaligen Filmkritik (sie entsprach der Farblosigkeit der Filmproduktion) und forderte mit dem »Mißtrauen eines Schotten gegen den Kompromiß«[7] die etablierte »liberale«, empirische Filmkritik auf, sich zu ihren Prinzipien zu bekennen. Gleichzeitig warf er der englischen Filmproduktion ihre Flucht vor der Realität und das völlige Aussparen aller sozialen Probleme vor. Das ›Free Cinema‹ erreichte seinen Höhepunkt zwischen 1960 und 1962, als die wichtigen Regisseure dieser Bewegung – Lindsay Anderson, Karel Reisz, Tony Richardson – ihre ersten Spielfilme drehten. Die bedeutendsten Spielfilme des ›Free Cinema‹ waren *Look Back in Anger* (1959), *A Taste of Honey* (1961) und *The Loneliness of the Long Distance Runner* (1962) von Tony Richardson; *Saturday Night and Sunday Morning* (1960) von Karel Reisz, sozusagen der Manifestfilm der Bewegung; *This Sporting Life* (1963) von Lindsay Anderson; John Schlesingers *A Kind of Loving* (1962) und *Billy Liar!* (1963). In den späteren Filmen dieser Regisseure läßt sich eine Abwendung von der ursprünglichen Zielsetzung des ›Free Cinema‹ erkennen. Am ehesten ist noch Lindsay Anderson der ursprünglichen Orientierung treu geblieben.

Man hat das englische ›Free Cinema‹ oft in Beziehung gesetzt zur französischen ›Neuen Welle‹, der das ›Free Cinema‹ um etwa drei Jahre vorausging. Aber trotz der scheinbaren Parallelität eines Generationswechsels haben beide Bewegungen im Grunde wenig miteinander zu tun; denn während die französische ›Neue Welle‹ vor allem dem Individualismus und dem Schöpfertum der jungen Filmautoren freie Bahn geben wollte, an einer stilistischen Erneuerung des Filmmediums interessiert war, während die französischen Autoren bevorzugt von ihren persönlichen Erfahrungen berichten wollten, ging es den Engländern mehr um die Schilderung der sozialen Realität, um die Sondierung des Banalen, Alltäglichen, Durchschnittlichen mit den Mitteln des Films. Der Impetus der englischen Schule war mehr auf die Abbildung der Wirklichkeit gerichtet als auf die Projektion der Subjektivität des Filmemachers.

Tony Richardson (geb. 1928), zunächst Kritiker und Bühnenregisseur, kam nach einem gemeinsam mit Karel Reisz hergestellten Dokumentarfilm über einen Londoner Jazzklub, *Momma Don't Allow* (»Mama erlaubt's nicht«, 1956) als erster der ›Free-Cinema‹-Regisseure zum Spielfilm. Er verfilmte zwei Stücke John Osbornes: *Look Back in Anger* (*Blick zurück im Zorn*, 1959), ein Kammerspiel um die Figur eines von Haß und Aggressionen erfüllten jungen Mannes, und *The Entertainer* (*Der Komödiant*, 1960), das realistische Porträt eines heruntergekommenen Kabarettisten und seiner zerrütteten Familie. Beide Filme erreichten trotz Ausschmückung und Psychologisierung nicht die Intensität des Originals; trotzdem gingen von ihnen wichtige Impulse zur Entwicklung einer neuen, zeitkritisch-realistischen Filmkunst in England aus. Nach einem erfolglosen Hollywood-Debüt mit der Faulkner-Verfilmung *Sanctuary* (*Geständnis einer Sünderin*, 1961) kehrte Richardson in seinen beiden nächsten Filmen wieder zur Hauptlinie des ›Free Cinema‹ zurück; in ihnen stellte er sozial nicht angepaßte, zerrissene Hauptfiguren in einem intensiv gezeichneten sozialen Randmilieu vor. *A Taste of Honey* (*Bitterer Honig*, 1961) berichtet von einem jungen Mädchen, das ein Kind erwartet und zeitweilig mit einem Homosexuellen zusammen lebt, bis ihre Mutter wieder in die chaotisch enge Wohnung zurückkehrt; *The Loneliness of the Long Distance Runner* (*Die Einsamkeit des Langstreckenläufers*, 1962) rekonstruiert gleichnishaft die Vergangenheit eines Proletarierjungen, der in einer Erziehungsanstalt durch sein Talent zum Langlauf die Sympathie des Direktors erlangt, schließlich aber doch nicht den Weg der Anpassung geht, sondern sich dieser verweigert – Resultat der Erkenntnis, daß die Werte, die die Gesellschaft anzubieten hat, keine Werte sind. Die Stärke beider Filme lag in ihrer gelungenen Milieuschilderung proletarischer englischer Vorstädte, in der Integration des Spiels der Darsteller mit dem Handlungshintergrund, in der Andeutung sozialer Zusammenhänge, die das Entstehen von Aggressionen und Frustrationen aus gesellschaftlicher Entfremdung ableitete. Gleichzeitig verfolgt der zweite Film ein metaphorisches Ziel und will den »Langstreckenlauf« als existentielles Sinnbild verstanden wissen; so ist *The Loneliness of the Long Distance Runner* eine »seltsame Mischung aus frischem Zugriff auf die Realität und rigorosem Kalkül«. (Robert Vas)[8]

Ein Abschwenken von der bisherigen Linie deutete sich in Richardsons folgendem (noch in England gedrehten) Film *Tom Jones* (*Tom Jones – Zwischen Bett und Galgen*, 1963) an, der intelligenten und witzigen, mit parodistischen Elementen durchsetzten Bearbeitung des klassischen Romans von Henry Fielding, entschieden für ein breiteres Publikum konzipiert, der denn auch in den USA vier Oscars gewann. Richardson folgte der nunmehr vorgezeichneten Linie einer Anpassung an die Marktgesetze der Filmindustrie, indem er teilweise in den USA oder für amerikanische Firmen in rascher Folge unterhaltende Filme mehr oder weniger gehobenen stilistischen Niveaus produzierte. Richardson verfilmte verschiedene literarische Vorlagen: *The Loved One* (*Tod in Hollywood*, 1964) nach Evelyn Waugh, eine Satire auf Beerdigungsinstitute in Hollywood; *Mademoiselle* (1965) nach einem Originalsujet von Jean Genet, die filmisch intensive, artifiziell zugespitzte Studie einer neurotischen und asozialen Lehrerin, aus der man die Kritik einer gesellschaftlichen Moral ablesen kann; *The Sailor from Gibraltar* (*Nur eine Frau an Bord*, 1966) war die Verfilmung eines Romans von Marguerite Duras (wie der vorige Film mit Jeanne Moreau in der Hauptrolle). Richardson verfilmte weiterhin historische Stoffe, so *The Charge of the Light Brigade* (*Der Angriff der leichten Brigade*, 1967) oder *Ned Kelly* (*Kelly, der Bandit*, 1970); einen Roman von Nabokov, *Laughter in the Dark* (*Der Satan mischt die Karten*, 1968); schließlich machte er einen Film aus seiner eigenen Bühneninszenierung von *Hamlet* (1970). *Dead Cert* (*Eine todsichere Sache*, 1974) ist ein Thriller aus dem Milieu von Wettschwindlern. Richardsons stilistische Begabung ist letzthin nur noch in der dekorativen Oberfläche seiner Filme spürbar.

Karel Reisz (geb. 1926) drehte zunächst Dokumentarfilme über die Freizeitbeschäftigung von Jugendlichen (*Momma Don't Allow*, 1956, gemeinsam mit Tony Richardson; *Nice Time*, 1958) und veröffentlichte ein Buch über den Filmschnitt (»The Technique of Film Editing«, 1953). Sein erster Spielfilm *Saturday Night and Sunday Morning* (*Samstagnacht bis Montagmorgen*, 1960) wurde zu einem Hauptwerk des ›Free Cinema‹ und des englischen Films überhaupt. Im Mittelpunkt dieses Films, der die Linie der früher entstandenen Dokumentarfilme konsequent fortsetzte, steht ein junger Fabrikarbeiter, der die ganze Woche angespannt schuftet, um am Wochenende hemmungslos seine Freiheit zu genießen. Wegen seiner Liaison mit einer verheirateten Frau wird er eines Abends brutal verprügelt. Heiraten wird er offenbar ein anderes Mädchen, mit dem zusammen er Neubauwohnungen besichtigt. Aber er schleudert auch einen Stein gegen die Häuser – symbolische Geste einer Auflehnung, die ohne Resultat bleibt. Reisz erzählt diese Geschichte in chronologischer Ordnung, dramaturgisch und optisch souverän, mit ausgefeilter Schnittechnik. Die absolute Glaubwürdigkeit der Personen und des Milieus macht das Besondere des Films aus, ferner der Umstand, daß Karel Reisz sich das Verhältnis von Arbeit und Freizeit bei einem Arbeiter zum Thema genommen hat und mit Hilfe dieses soziologischen »Schlüssels« aus Einzelbeobachtungen weitergehende Schlußfolgerungen ableitet. »Reisz' Hauptverdienst, an dem sein Autor (Allan Sillitoe) und sein Hauptdarsteller Albert Finney Anteil haben, ist die Erschaffung eines zeitgenössischen Hinterhof- und Fabrikbewußtseins. Mit mehr Einsicht, Instinkt und Spontaneität als Osborne und Tony Richardson hat dieses Trio ein Gesicht, eine Stimme, einen Geisteszustand geschaffen, der bis ins kleinste Detail die Wahrheit eines lebenslangen Kampfes gegen die Autorität zum Ausdruck bringt.« (Peter John Dyer)[9] Seit den Tagen des italienischen Neorealismus hatte kein Film so konsequent die Lebensbedingungen eines Proletariers untersucht, die Mechanik von Entfremdung, Rebellion und Anpassung so präzise durchleuchtet. Der Film von Karel Reisz ist dokumentarisch stimmig, authentisch bis in die Einzelheiten, besonders in der Schilderung der schalen Freizeitvergnügungen; aber er bleibt nicht im Miserabilismus stecken und vermeidet die »schwarze Poesie« der französischen Vorkriegsarbeiterfilme.

Auch Karel Reisz setzte den in *Saturday Night and Sunday Morning* eingeschlagenen Weg nicht fort. Jahre später drehte er einen Gruselfilm, *Night Must Fall* (*Der Griff aus dem Dunkel*, 1964), der den psychologischen Motivationen eines jugendlichen Mörders nachspürt und dabei in der Orchestrierung von Horroreffekten schwelgt. *Morgan, A Suitable Case for Treatment* (»Morgan, ein passender Fall zur Behandlung«, deutscher Verleihtitel: *Protest*, 1966) ist eine halb surrealistische Komödie à la Lester über einen jungen Mann anarchistischer Geisteshaltung, der sich mit Tieren und Phantasiefiguren identifiziert und vergeblich versucht, seine geschiedene Frau zurückzugewinnen. Reisz brachte viele, vielleicht allzu viele Gags und Zitate aus der Filmgeschichte in seinem Film unter. *Isadora* (1968), die aufwendig verfilmte Lebensgeschichte der Tänzerin Isadora Duncan, war ein Kompromiß mit der Filmindustrie. Und in *The Gambler* (*Spieler ohne Skrupel*, 1975), einem bereits in den USA entstandenen Film, verfolgt Reisz die Etappen eines vom Glücksspiel besessenen Mannes auf dem Weg der (von ihm unbewußt angestrebten) Selbstzerstörung. Reisz läßt in seinen Filmen meist Helden auftreten, die Außenseiter, Anarchisten, Rebellen oder Psychopathen sind. Seine späteren Filme schildern einen Zustand hoffnungslos gewordener Entfremdung; nur noch Wahnsinn oder Selbstvernichtung erscheinen als mögliche Reaktionen des einzelnen auf den Druck der Gesellschaft.

Lindsay Anderson (geb. 1923) war immer gleichermaßen Publizist, Pamphletist wie Filmkünstler. Schon seine Dokumentarfilme gingen über die reine Beobachtung hinaus, versuchten Zusammenhänge, Interpretationen herzustellen: *O Dreamland* (1953), ein Film über Vergnügungsparks, oder *Every Day Except Christmas* (1957), ein Bericht (und zugleich Analyse) vom Londoner Zentralgroßmarkt. Lindsay Andersons erster Spielfilm *This Sporting Life (Lockender Lorbeer,* 1962) handelt ebenso wie *Saturday Night* ... von einem proletarischen Helden, dem ehemaligen Bergarbeiter Frank Machin, der zum Rugbyspieler avanciert ist und nun hofft, im Sport Karriere zu machen. Bei einem Spiel am Weihnachtsnachmittag werden ihm mehrere Schneidezähne »abrasiert«. Die folgende Narkose beim Zahnarzt benutzt der Film, um aus einer Serie von Rückblenden die Lebensgeschichte seines Helden zusammenzusetzen, die Etappen seines sozialen Aufstiegs, der letztlich auf Illusionen beruht, sein kompliziertes Verhältnis zu seiner Zimmerwirtin und zum Manager seines Klubs zu beschreiben; Hoffnungen und Ängste des Protagonisten werden als Splitter seiner Imagination erkenntlich. Anderson zeigt seinen Helden nicht von außen, sondern von innen, vernachlässigt darüber freilich nicht die dokumentarische Präzision der Umweltbeobachtung und der Typenzeichnung. Man erlebt schließlich, wie die Lebenserwartungen des Helden Stück für Stück zusammenbrechen, sich als illusionär erweisen – der Film demonstriert das mit Kühle und Prägnanz, nicht so sehr »objektiv«, sondern vermittelt über die Subjektivität des Helden, kommentiert durch Explosionen von Gewalt wie in jener Szene, als der Protagonist eine Spinne an der Wand tötet, in einer Geste der Wut und Verzweiflung.

Nach dem mittellangen Film *The White Bus* (»Der weiße Bus«, 1967), einer satirischen Kleinstadt-Reportage, drehte Lindsay Anderson *If* ... (1968), die wahrscheinlich wütendste Attacke auf das englische Erziehungssystem der Internate, die je auf eine Leinwand gelangte. In dem Internat, das Anderson vorführt, herrschen nicht nur Heuchelei und Bigotterie, sondern auch schlimmster Autoritarismus und teuflische Unterdrückung – alles das unter der Maske ehrwürdiger Biederkeit. Besonders ausführlich analysiert der Film, wie die Unterdrückung von den älteren Schülern gegenüber den jüngeren praktiziert wird. Dies alles provoziert den Aufstand einiger Schüler; während der Film schon hin und wieder Szenen der Phantasie und Fiktion einfließen ließ, ist das Ende völlig imaginär, wenn die rebellierenden Schüler mit Feuer und Schußwaffen gegen das »Establishment« vorgehen. Dieser Schluß des Films ist ein deutliches Zitat aus Jean Vigos *Zéro de conduite* (1933). Obwohl *If* ... stilistisch uneinheitlich geraten ist und man seine Konstruktion manchmal überkompliziert nennen muß, beeindruckt Andersons leidenschaftliches Engagement und die intelligente, polemisch zugespitzte Form, die er diesem Engagement gibt. Erst wieder nach fünf Jahren konnte Lindsay Anderson einen Film drehen, der ihm gleichzeitig zu einem pikaresken Abenteuerdrama und einem gesellschaftlichen Lehrstück geriet: *O Lucky Man! (Der Erfolgreiche,* 1973). Hier geht es um die Mißgeschicke eines Generalvertreters für Kaffee, der erstaunliche und surrealistische Abenteuer erleben muß, als er versucht, seine Arbeit anzutreten; nachdem man ihn erst als Spion verhaftet, wird er fast das Opfer einer Atomexplosion, dann wieder läuft er Gefahr, bei medizinischen Experimenten in ein Schwein verwandelt zu werden. Der Film basiert auf dem Konzept, daß der Held, gerade weil er (als Handelsvertreter) so sehr die Normalität, die Anpassung anstrebt, in besonders grausame und alptraumhafte Zwischenfälle verwickelt wird, an deren Ende sich die Welt als ein Irrgarten von Todesdrohungen präsentiert.

John Schlesinger (geb. 1925) war zunächst bei verschiedenen aktuellen Fernsehprogrammen der BBC tätig und drehte 1961 einen vielfach preisgekrönten Dokumentarfilm über den Londoner Waterloo-Bahnhof, *Terminus.* Sein erster Spielfilm, *A Kind of Loving (Nur ein Hauch Glückseligkeit,* 1962) handelt von der Liebe zwischen einem technischen Zeichner und einer Stenotypistin, die durch Unerfahrenheit der beiden, durch schwierige Lebensumstände, aber auch durch den Einfluß der Mutter des Mädchens nahezu scheitert. Der Film ist von dokumentarischer Machart, er registriert viele authentische Details aus dem Kleinbürgeralltag, wendet auch satirische und ironische Stilmittel an, gibt aber dem Geschehen, das in ein halbes Happy-End ausmündet, schließlich eine Wendung ins Private, Unverbindliche.

Bereits in *Billy Liar!* (*Geliebter Spinner*, 1963) versuchte sich Schlesinger von der planen, realistischen Erzählweise seines ersten Films zu distanzieren, indem er die Tagträume eines kleinen Büroangestellten im Stile einer phantasiereichen Komödie schilderte, Realität und Einbildung kühn miteinander vermischte. Die besten Momente des Films lagen in einer Satire kleinbürgerlicher Verhältnisse, deren Strukturen (in der Umkehrung) letzten Endes auch wieder die Phantasiewelt bestimmen.

In Schlesingers folgenden Filmen trat das soziale Element jedoch in den Hintergrund. *Darling* (1965) schildert mit großem Aufwand an exzentrischen Einfällen den Lebensweg eines Playgirls aus dem »Swinging London«; *Far from the Madding Crowd* (*Die Herrin von Thornhill*, 1967) ist eine romantische Liebesballade nach einem Roman des 19. Jahrhunderts. Zu John Schlesingers international erfolgreichstem Werk wurde *Midnight Cowboy* (*Asphalt-Cowboy*, 1968), sein erster in den USA gedrehter Film. Er erzählt die Geschichte zweier Außenseiter in New York, eines jungen Texaners und Pseudocowboys, der im Gewerbe der Prostitution reussieren möchte, dies aber nicht schafft, und eines tuberkulösen kleinen Gauners. Laster und Abgründe der Stadt New York werden in grellen, schockierenden, absurden und auch wieder komischen Episoden veranschaulicht; dann konzentriert sich der Film jedoch auf die rührende, schließlich larmoyante Story der Freundschaft zwischen den beiden und deutet am Ende einer illusorischen Traumreise nach Florida die humanistische »Bekehrung« des Texaners an. Trotz seiner sehr professionellen Machart muß man den Film, ein typisches hochpoliertes Hollywood-Produkt, zunächst als spekulativ und im weiteren Verlauf als sentimental bezeichnen. Solchen eher oberflächlichen Lösungen versagt sich dagegen *Sunday, Bloody Sunday* (1971), ein unspektakulärer, geduldig inszenierter Film mit Sinn für Zwischentöne, die Analyse eines unauflösbaren Dreiecksverhältnisses zwischen einem jungen Designer, einem jüdischen Arzt und einer geschiedenen Frau. Vor der Kulisse des Hollywoods der dreißiger Jahre bewegen sich die Personen von *The Day of the Locust* (*Der Tag der Heuschrecke*, 1975). Ausgehend von einem Roman von Nathanael West zeichnet der Film ein bizarres Bild von Randexistenzen der Filmindustrie, ein halb nostalgisches, halb apokalyptisches Panorama von Hoffnung, psychischer Deformation und Verzweiflung.

Die Individualisten des englischen Films: Losey, Lester, Russell

Joseph Loseys Laufbahn weist eine Reihe von Knicks und Kursänderungen auf, die durch Politik und Zeitereignisse verursacht wurden. Der 1909 im US-Bundesstaat Wisconsin geborene Losey arbeitete in den dreißiger Jahren zunächst am Theater, er kam mit Brecht und Piscator in Berührung, reiste sogar nach Moskau und besuchte zeitweilig Eisensteins Filmklasse. 1947 inszenierte er in Los Angeles und New York Brechts »Leben des Galilei« mit Charles Laughton in der Hauptrolle – von dieser Zeit her qualifiziert man Losey auch als »Brechtianer«, und in der Tat hat er Verbindungen zwischen Brechts Theatertheorie und seiner eigenen Filmarbeit hergestellt.[10] Ab 1948 drehte Losey auch Spielfilme. 1952 erfuhr er, daß sein Name auf die schwarze Liste des McCarthy-Ausschusses für unamerikanische Aktivitäten gesetzt worden sei, worauf Losey sich in England niederließ. Seit 1953 drehte er seine Filme in England. Es waren zunächst eher anspruchslose Genrefilme, allerdings schon angereichert mit »bravourösen Winkeln und Effekten«.[11] Erst nach 1960 erhielt Losey die Möglichkeit, auch ambitioniertere Projekte zu verwirklichen.

Joseph Losey erwarb sich in den sechziger Jahren zugleich das Renommee eines Regisseurs sozialkritischer Stoffe wie das eines großen Stilisten der Leinwand. Seine Filme sind ab 1960 weitgehend bestimmt durch englische Sujets (*Accident, The Servant, The Go-Between*) und durch englische Drehbuchautoren (Harold Pinter). Eine thematische Gemeinsamkeit der späteren Losey-Filme ist wegen der Vielfalt der Stoffe schwer auszumachen, es sei denn, man will in ihnen das zentrale Motiv erkennen, daß »ein Mensch durch Isolation und geistige Depression ins Verhängnis getrieben wird«. (Roy Armes)[12] Auffällig ist in Loseys Filmen ein besonders hoher Grad an formaler Raffinesse, an optischer Stilisierung, eigenwilliger Erzählweise. Losey bekannte sich ausdrücklich zur subjektiven Gestaltung seiner Filme, ja zu einem gewissen Dualismus zwischen Form und Inhalt: »Mir scheint, alle möglichen und vorstellbaren Geschichten sind längst erzählt worden; deshalb ist das einzige, was einen Film noch interessant machen kann, die Art, in der die Geschichte erzählt wird, der Blickpunkt, unter dem man sie sieht. Es gibt soviel Selbstverständliches in jeder Geschichte, daß das, was einen aufregt in emotioneller und ästhetischer Hinsicht, nicht von der Geschichte kommen kann . . .«[13] In seinen besten Filmen (so in *The Servant, King and Country* oder *Accident*) stellt Losey jedoch exemplarische Verbindungen von Inhalt und Form her; ihre Thematik spricht sich in Kamerabewegungen, Montagen, Bildstrukturen aus; Dekorationen, Landschaft und Licht werden in das Geschehen einbezogen.

The Criminal (*Die Spur führt ins Nichts*, 1960) ist ein Kriminalfilm, der zu großen Teilen in einem Gefängnis spielt; *The Damned* (*Sie sind verdammt*, 1961) erzählt eine in der Gegenwart lokalisierte Science-fiction-Geschichte von radioaktiv gewordenen Kindern, die in einer Höhle gefangengehalten werden, um den Fortbestand der Menschheit nach einer nuklearen Katastrophe zu sichern. Auch *Eva* (1962) war noch kennzeichnend für jene Filme, deren Sujet Losey eigentlich nicht interessierte (hier geht es um einen hochstapelnden Schriftsteller, der einer Femme fatale hörig wird), weshalb er versuchte, aus dem Stoff die ihn interessierenden Aspekte (die psychologischen Beziehungen der beiden Personen) »herauszuinszenieren« – was jedoch mißlang, weil der Film gegen den Willen des Regisseurs um 20 Minuten gekürzt wurde. Zum ersten Mal konnte Losey mit *The Servant* (*Der Diener*, 1963) einen Film frei von Auflagen und nachträglichen Eingriffen drehen. Das Drehbuch des Films stammte von dem englischen Schriftsteller Harold Pinter. *The Servant* sondiert die sich wandelnden spannungsreichen Beziehungen zwischen einem reichen adligen Nichtstuer und dem Mann, den er als seinen Butler engagiert, der jedoch bald die Macht im Haus seines »Dienstherren« ergreift. In dem Film lag die Dimension eines Dramas zwischen »Herrn und Knecht« beschlossen; Losey selbst äußerte, dies sei ein Film über die Deformationen, die sich aus den »Widersprüchen von Konvention und Realität« ergeben.[14] Losey interpretiert die Geschichte vermittels einer brillanten und außerordentlich dichten filmischen Gestaltung als ein Drama des Zerfalls, der Morbidität, der Dekadenz.

King and Country (*King and Country – Für König und Vaterland*, 1964), die Bearbeitung eines pazifistischen Bühnenstücks über den Ersten Weltkrieg, ist vielleicht Loseys »engagiertester« Film. Er kontrastiert im Jahre 1917 den Kriegsgerichtsprozeß gegen einen Soldaten, der sich unerlaubt von der Truppe entfernte, mit der Wirklichkeit der Grabenkämpfe. Der Soldat (der letzte Überlebende seiner Truppe) wird zum Tode verurteilt und erschossen. Losey unterstreicht nicht nur die Greuel des Krieges, sondern macht die Unmenschlichkeit der ihn regierenden militaristischen Ordnungen bewußt – dies ergibt sich vor allem aus den formalen Mitteln des Films, aus dem Duktus der Regie, aus der filmisch brillanten Montagesequenz über ein patriotisches Denkmal, die am Anfang steht und in das Foto eines Skeletts überblendet wird. Losey selbst qualifizierte *King and Country* nicht als »Kriegsfilm« (»Es fällt kein Schuß in dem ganzen Film, nur einer, wenn der Mann erschossen wird«), sondern als einen Film über »Menschen, die in einer Falle sind«, »über die Heuchelei«.[15]

Modesty Blaise (*Modesty-Blaise – die tödliche Lady*, 1966) ist eine skurrile Parodie auf James-Bond-Filme, verfertigt nach dem Vorbild eines Comic strips, überhäuft mit Gags und ausgeklügelten Kameraeffekten. *Accident* (*Accident – Zwischenfall in Oxford*, 1967) dagegen wurde zu einem der besten Filme Joseph Loseys – und zu einem seiner »englischsten«. *Accident* ist eine subtile Studie über unterdrückte Gefühle und gesellschaftliche Heuchelei im englischen Collegemilieu, entwickelt am Beispiel einer Geschichte von der Rivalität dreier Männer um ein Mädchen; das Drehbuch des Films stammte wiederum von Harold Pinter. Der Film, der ansonsten von geradezu klassischer Einfachheit ist (seine Raffinesse liegt im Detail), bedient sich eines einzigen dramaturgischen Kunstgriffes: er beginnt mit einem (nur aus dem »off« hörbaren) Autounfall, bei dem der Student William getötet wird; der gesamte übrige Film läuft als Rückblende aus der Erinnerung eines der Protagonisten ab, des Philosophieprofessors Stephen (Dirk Bogarde), bis am Schluß (der Kreis hat sich damit geschlossen) der Autounfall noch einmal hörbar wird, diesmal jedoch zu einer anderen Tageszeit und unter anderen Begleitumständen. Neben dem Philosophieprofessor stehen sein Kollege Charley, seine schwangere Frau Rosalind und die attraktive Studentin Anna, die der Professor begehrt, während diese den Studenten William heiraten will, gleichzeitig aber ein Verhältnis mit dem Zyniker Charley unterhält. Diese komplizierte und spannungsreiche Konstellation entdeckt der Film unter der Oberfläche scheinbar harmonischer Verhältnisse, bei einer Gartenparty, bei Spaziergängen, bei unverfänglichen Gesprächen. Mit einer subtilen Technik macht Losey die Doppelbödigkeit des Geschehens spürbar: Er arbeitet mit Detailaufnahmen (zwei Hände auf einem Geländer), mit raffinierten Ausschnitten von Dekor, mit Geräuschkontrapunktik (Eisenbahnfauchen in der Unfallszene, Glockenschlagen), mit langsamen Rückfahrten, die die Perspektive verändern, mit der Spiegelung von Vorgängen aneinander; »das Interesse an der Sache und die abgezirkelte Perfektion ihrer Darstellung gehen ineinander auf.« (Urs Jenny)[16] Den Schein trügerisch perfekter Oberflächenschönheit durchbricht Losey; besser noch, er macht ihn als Schein bewußt, unter dessen Oberfläche Aggressionen lauern. *Accident* gehört zu jenen Filmen Loseys, deren formale Brillanz sich am wenigsten vom Thema ablösen läßt. Der Film vermittelt aber auch soziologisch interessante Einblicke in die Rollenverteilung zwischen Generationen und Geschlechtern im englischen Bürgertum – wobei äußerlich alles intakt bleibt, aber innerlich eine progressive Aushöhlung der Charaktere zu beobachten ist; im Zentrum steht das Versagen, die Unentschlossenheit des Protagonisten.

Auch in seinen weiteren Filmen der sechziger und siebziger Jahre vermochte Losey überwiegend ein hohes stilistisches und handwerkliches Niveau einzuhalten. Zwar war *Boom* (*Brandung*, 1967), die Verfilmung eines Tennessee-Williams-Dramas um die Figur einer krebskranken Millionärin, eher konventionell; weitaus subtiler und vielschichtiger geriet dagegen *Secret Ceremony* (*Die Frau aus dem Nichts*, 1968), ein Film über das Bezugsverhältnis zwischen einem jungen Mädchen aus wohlhabendem Hause und einer Prostituierten, die von dem Mädchen als Mutter betrachtet wird. In filmisch raffinierter Form handelt Losey auch hier sein Thema der »Hörigkeit und Selbsterniedrigung, gipfelnd in Selbstzerstörung und Agonie« ab. (Franz Everschor)[17] Ganz aus filmischer Imagination scheint *Figures in a Landscape* (*Im Visier des Falken*, 1969) entwickelt: zwei Männer fliehen, von einem Helikopter verfolgt, durch einsame Landschaften auf eine Grenze zu. Das Drama der Flucht und der Verfolgung, von allen konkreten Gegebenheiten gereinigt, tendierte zur »existentiellen« Parabel. Harold Pinter schrieb das Drehbuch zu *The Go-Between* (*Der Mittler*, 1971) – dies war die dritte Zusammenarbeit Pinter/Losey. Wieder ging es hier um ein spezifisch englisches Sujet: die Geschichte eines zwölfjährigen Jungen, der bei einem Ferienaufenthalt (Zeitpunkt des Geschehens ist das Jahr 1900) im Verlauf von Botengängen, die man ihm aufträgt, Zeuge und Mitwisser eines als nicht standesgemäß geltenden Liebesverhältnisses zwischen der Schwester seines Freundes und einem Pächter wird. Losey hat seinen Film auf zwei Ebenen angelegt: einmal ist er die Analyse eines erwachenden Bewußtseins, das die Widersprüche der Welt erfährt; zum anderen analysiert der Film aber auch die gesellschaftliche Wirklichkeit. Der Film entfaltet seine Wirkung zu großen Teilen aus dem Dekor, das von Losey minutiös arrangiert wurde, soweit, das auch die Menschen schließlich Teile des Dekors werden. *The Go-Between* ist kühl und distanziert, klar und beherrscht gemacht; der schöne Schein gefestigter Traditionen wird hier ebenso in Frage gestellt wie in *Accident* – aber nicht durch Polemik von außen, sondern durch ästhetische Subversion von innen.

The Assassination of Trotzky (*Das Mädchen und der Mörder*, 1972) wendet sich nach einer rekapitulierten Geschichte des Bolschewismus zu Beginn bald von den politischen Aspekten des Trotzki-Dramas ab und konzentriert sich statt dessen auf die psychologischen Beziehungen zwischen Mörder und Opfer, ganz in der Linie früherer Losey-Filme: der Mörder ist der Eindringling in ein fremdes Universum (wie in *The Servant*), seine Motive sind ihm selbst nicht klar; der Film handelt von Flucht und Verfolgung wie zuletzt *Figures in a Landscape*. *A Doll's House* (*Nora*, 1973) ist eine handwerklich und schauspielerisch vorzügliche Bearbeitung von Ibsens Drama »Nora oder ein Puppenheim«, die das Geschehen und die Personen in expressiven Milieubildern situiert, ohne daß sich ein einziges Mal losgelöster Stilwillen bemerkbar macht; nicht zuletzt durch die Hauptdarstellerin Jane Fonda erhält der Film einen Grundton aktuellen Engagements für die Frauenemanzipationsbewegung, der ihn von innen mit Dynamik auflädt.

1974 realisierte Losey ein langgehegtes Projekt: er verfilmte Bertolt Brechts Stück »Leben des Galilei«; der resultierende Film *Galileo* (1975) enttäuschte jedoch, denn Losey hatte – ganz im Gegensatz zu seinen sonstigen brechtianischen Bekenntnissen – eine relativ konventionelle, zur Identifikation mit der Hauptfigur einladende Inszenierungsmethode gewählt. *The Romantic Englishwoman* (*Die romantische Engländerin*, 1975) ist eine geistreiche Komödie (die erste in Loseys Werk) um einen bürgerlich-patriarchalischen englischen Schriftsteller, der ein Filmdrehbuch schreiben soll, während seine Frau aus ihrer bürgerlichen Welt auszubrechen sucht (dann aber zurückkehrt). Der Film verschränkt Wirklichkeit und Phantasie, spielt mit Brechungen und Spiegelungen. Stärker auf die Wirklichkeit bezogen, auf kafkaeske Weise beunruhigend ist dagegen *Monsieur Klein* (1976): in verhaltenen Tönen und fast dokumentarischer Sachlichkeit wird das Drama eines Franzosen erzählt, der im Paris der deutschen Besetzung mit einem jüdischen Bürger gleichen Namens verwechselt und allmählich in dessen Existenz hineingezogen wird – bis zum Abtransport ins KZ. Langsam schließt sich ein Netz der Verdächtigungen um den Protagonisten, in dem er sich mit jedem Schritt der Verteidigung nur um so tiefer verstrickt, aus dem auch Freunde und Mitmenschen ihm nicht heraushelfen wollen oder können. *Monsieur Klein* ist das psychische Drama eines Menschen, der die Orientierung und schließlich seine Identität verliert, gleichzeitig aber auch ein kritisch-realistisches Zeitbild alptraumhafter Eindringlichkeit. Dieser Film bestätigte erneut das – bei allem Auf und Ab wechselnder Produktionsbedingungen – exzeptionelle Format von Loseys Werk.

Englands bedeutendster Komödienregisseur in den sechziger Jahren ist der aus den USA stammende Richard Lester (geb. 1932). Er kreierte einen eigenen surrealistisch überdrehten Stil, der Bestandteile der Wirklichkeit übermütig durcheinanderschüttelt, ein Feuerwerk von Gags entfesselt; dabei brandet der Schwall seiner Erfindungen gegen die Realität an, verfremdet sie, verschiebt ihre Proportionen. Lesters Filme sind nicht so sehr Parodien, sondern Entwürfe von Gegenwirklichkeit; ihr Prinzip ist die Diskontinuität. Nachdem Lester sich als filmischer Hagiograph der Beatles Ruhm erworben hatte, versuchte er sich mehrfach auch an ernsteren Sujets; freilich ließ er auch hier nicht vom Element des Phantastischen; er kultivierte einen Montagestil der abrupten Übergänge, der einen visuellen Effekt auf den anderen prallen läßt. Lesters Filme waren vollendeter Ausdruck der Epoche des »Pop«.

Sein Debüt gab Lester 1959 mit einem Kurzfilm, der improvisierten Slapstick-Komödie *The Running, Jumping and Standing Still Film* (»Lauf-, Spring- und Aufsteh-Film«, enthalten in der Zusammenstellung *Liebenswerte Leckerbissen*). Die Originalität dieses Kurzfilms verschaffte ihm nach zwei weniger bedeutenden Lustspielen, *It's Trad, Dad!* (*Twen-Hitparade*, 1962) und *The Mouse on the Moon* (*Auch die Kleinen wollen nach oben*, 1963), den Auftrag zu einer Musical-Komödie mit den Beatles, die gerade eben die Höhe ihres Ruhms erklommen hatten: *A Hard Day's Night* (»Eines schweren Tages Abend«, deutscher Verleihtitel: *Yeah! Yeah! Yeah!*, 1964). Der Film gibt vor, reportagegleich einen Arbeitstag (genauer: 36 Stunden) aus dem Leben der Beatles zu erzählen, der sich im Zug, auf einem Bahnhof, bei der Probe, im Fernsehstudio und bei einer Pressekonferenz abspielt. Eigentlich sind die Beatles immer auf der Flucht vor ihren Anhängern, denen sie amüsante und tollkühne Schnippchen schlagen. Rhythmisiert wird der Film, der sich trotz aller burlesken Überspitzung immer noch an der Wirklichkeit orientiert, durch die Songs der Beatles. Vielleicht war dies Lesters brillantester Film überhaupt; der amerikanische Kritiker Andrew Sarris nannte *A Hard Day's Night* den »*Citizen Kane* des Musikautomatenfilms«.[18]

Lesters zweiter Beatles-Film *Help!* (*Hi-Hi-Hilfe*, 1965) geht zwar auch wieder vom ironisierten Beatles-Alltag aus, um jedoch bald eine exotische Geschichte aufzufädeln, die sich um einen Ring mit einem roten Stein dreht, den Ringo am Ringfinger trägt und der unbedingt von einer orientalischen Sekte benötigt wird. Diese Fabel trug in sich die Merkmale einer Parodie von James-Bond-Motiven; vor allem ist bemerkenswert, wie Lester seine Gags aus der Umfunktionierung des Alltags entwickelt, wie er sie brillant orchestriert und verschachtelt.

Zwischen den Beatles-Filmen drehte Lester *The Knack* (*Der gewisse Kniff*, 1965), die Verfilmung einer Bühnenkomödie von Ann Jellicoe, in deren Mittelpunkt ein schüchterner Lehrer, dessen Untermieter und ein wohnungsuchendes Mädchen stehen. Der Film ist versehen mit einer »ganzen Batterie von Neue-Welle-Effekten: ›falschen‹ Schnitten, Zeitraffer und Zeitlupe, Zwischentiteln und cinéma-vérité-artigen Zwischenspielen« (John Russell Taylor)[19], verwendet diese Stilmittel aber auf ebenso selbstverständliche wie phantasievolle Weise, die mehr den filmischen Möglichkeiten einzelner Situationen als der Entwicklung der Fabel folgt.

Ein parodistisches Spiel mit Elementen antiker Komödien trieb *A Funny Thing Happened on the Way to the Forum* (*Toll trieben es die alten Römer*, 1966); in *How I Won the War* (*Wie ich den Krieg gewann*, 1967) ließ sich Lester dagegen auf eine Auseinandersetzung mit dem Thema »Krieg« und »Kriegsfilm« ein. Englische Elitesoldaten sollen in Nordafrika hinter den Linien des (deutschen) Feindes ein Kricketfeld anlegen. Lester reproduziert die absurdesten Episoden des Krieges im Tonfall stoischen Gleichmuts; aus dieser Diskrepanz entwickelt er eine makabre, aber angemessene Darstellungsform des Kriegs, der als ein in sich geschlossenes System des Wahnsinns erscheint. Lester läßt die jeweils gefallenen Soldaten sich als blasse Schattenfiguren auch weiterhin am Geschehen beteiligen. *Petulia* (1968) ist eine melodramatische Liebesgeschichte, deren rasante Schnittechnik der Handlung einen Anflug von Verfremdung mitteilt – diese Eigenschaft bleibt dem Stoff allerdings äußerlich.

In *The Bed Sitting Room* (*Danach*, 1970) sind es Überlebende eines Atomkriegs, die sich über die apokalyptischen Bedingungen ihrer Existenz (sie führen ein Höhlendasein) hinwegsetzen und kleinbürgerliche Verhaltensweisen von früher wieder aufleben lassen; kein Film von Lester ließ das Lachen so gefrieren wie dieser. In seinen letzten Filmen schwenkte Lester auf die Linie leichter Erfolge ein: *The Three Musketeers* (*Die drei Musketiere*, 1973), gefolgt von *The Four Musketeers* (*Die vier Musketiere*, 1974), zwei historischen Ausstattungskomödien, *Juggernaut* (*18 Stunden bis zur Ewigkeit*, 1975), ein Drama um Bombenentschärfung auf einem Passagierdampfer, und *Royal Flash* (1976), eine Mantel-und-Degen-Parodie.

Eine schwer klassifizierbare Erscheinung im englischen Film ist der Regisseur Ken Russell (geb. 1927). Seine Filme erregten stets großes Aufsehen, waren allerdings auch heftig umstritten. Häufig behandeln sie Musikerbiographien der Vergangenheit, wobei Russell mit einer wilden Lust zur gewaltsamen, popartigen Stilisierung an seine Sujets heranging. Mit seinen absonderlichen Erfindungen verletzte er oft die Grenzen des »guten Geschmacks« und scheute auch vor Platitüden und Banalitäten nicht zurück. Auf der anderen Seite eignet seinen Filmen in ihren besten Momenten eine Art visionärer Besessenheit. Ken Russells Filme wurden vielfach als »romantisch« angesprochen und sind sicherlich bezeichnende Phänomene für den Kult des Visionären und Mystischen im Kino der siebziger Jahre.

Ken Russell übte verschiedene Berufe aus, ehe er als Regisseur zum Fernsehen kam; zwischen 1959 und 1969 drehte er für die BBC etwa 40 Fernsehfilme, darunter eine Reihe von Maler- und Musiker-Biographien. Im Kino debütierte Russell 1963 mit *French Dressing*, 1967 folgte *Billion Dollar Brain* (*Das Milliarden-Dollar-Gehirn*). Aber erst die D.-H.-Lawrence-Verfilmung *Women in Love* (*Liebende Frauen*, 1969) begründete Russells Ruf als Filmregisseur. Dieses Drama der Beziehungen zweier Liebespaare, eine Geschichte mannigfacher Parallelen, Verirrungen und Widersprüche, war bereits stark aufgeladen mit Bedeutungen, ließ den Willen zur paroxystischen Zuspitzung erkennen. In *The Devils* (*Die Teufel*, 1971), nach einem Roman von Aldous Huxley, macht Russell einen Priester zur Hauptperson, der an politischen Intrigen und am Wahnsinn eines Nonnenklosters scheitert, wo man sich satanischen Freuden hingibt. (Der Film bzw. der Roman von Huxley gehen auf die gleichen Vorfälle zurück, die auch Jerzy Kawalerowicz in *Mutter Johanna von den Engeln* behandelte.) Es kommt dem Film aber weniger auf geschichtliche oder philosophische Zusammenhänge an, vielmehr geht es ihm um die Gestaltung extravaganter Visionen, die man auch als »wahnsinnigen, gigantischen Kitsch«[20] oder als »unerhörtes historisches Happening«[21] bezeichnen kann; das politische Thema einer Bewußtwerdung, das im Film angeblich auch eine Rolle spielen soll[22], wird zugedeckt durch die Anhäufung spektakulärer Schockszenen.

In seinen weiteren Filmen befaßte sich Ken Russell vorwiegend mit den Lebensgeschichten von Komponisten und Künstlern, wobei er deren Wirken in eigenwilliger Perspektive schilderte. *The Music Lovers* (*Tschaikowsky – Genie und Wahnsinn*, 1970) stellt die Lebens- und Schaffensprobleme des Komponisten in ausschließlich freudianischer Perspektive dar. *Savage Messiah* (»*Der wilde Messias*«, 1972) konzentriert sich auf das konfliktreiche Verhältnis eines exaltierten jungen Bildhauers und einer der Metaphysik zugewandten polnischen Schriftstellerin; Hintergrund des Geschehens ist das London des beginnenden Weltkriegs. *Mahler* (1974) zeigt Gustav und Alma Mahler auf einer Eisenbahnreise nach Wien; neben vielen Rückblenden in die Vergangenheit Mahlers bilden zwei Phantasiesequenzen den surrealen Höhepunkt des Films: in der einen tanzen SS-Männer ein Ballett an Mahlers Sarg, in der anderen begegnet er der mit Nazi-Emblemen versehenen Cosima Wagner auf einer Bergspitze, die ihn zwingt, den Judasstern abzulegen. »Mein Film handelt nur von einigen Dingen, die ich fühle, wenn ich an Mahlers Leben denke und seine Musik höre«, äußerte Russell zur Methode seines Films.[23] *Lisztomania* (1975) legte Russell als eine pseudophilosophische Popoper an, in der Franz Liszt als Kämpfer gegen den Erzfaschisten Richard Wagner auftritt; Konzerte, die Liszt gibt, erscheinen als Abwandlungen von Rock-Konzerten, ein Hinweis auf Russells vorangehenden Film *Tommy* (1974), die filmische Version einer Rockoper. Als Interludium in Ken Russells schillernder Karriere steht die musikalische Komödie *The Boyfriend* (1971), eine Hommage an den amerikanischen Musicalchoreographen Busby Berkeley.

Zu den englischen Regisseuren, die sich der Internationalisierungstendenz anpaßten bzw. hauptsächlich für den amerikanischen Markt produzierten, gehören John Boorman, Nicholas Roeg, ferner auch Peter Yates, Jack Clayton und Peter Hall. Besonders Boormans und Roegs Werk zeichnet sich aus durch formale Brillanz, obwohl es sich inhaltlich an den uralten Themen der Industrie orientiert.

John Boorman (geb. 1933) begann 1965 mit *Catch Us If You Can (Fangt uns, wenn ihr könnt!)*, einer Art Remake von Lesters Beatles-Filmen, diesmal mit einer anderen Band (der »David Clarke Five«); die Rahmenhandlung – die Chefs eines Fleischkonzerns suchen ihr entlaufenes Werbemodell wieder einzufangen – nutzte Boorman zu Slapstickgags und zu vielen Zitaten aus der Filmgeschichte. *Point Blank* (1967, in den USA entstanden) stellt einen Außenseiterhelden einer hierarchischen Gangsterorganisation gegenüber, die den Protagonisten betrogen hat und an der er sich nun zu rächen sucht. Der Film ist deutlich als Parabel auf den Zustand der amerikanischen Gesellschaft angelegt; dabei bedient sich Boorman einer avantgardistischen Montagetechnik à la Resnais. Aus diesem Film ließe sich eine Grundstruktur ableiten, die auch andere Boorman-Filme wiederholen: die Suche des Helden, seine Individualität zu bestätigen, und die Kreis-Dramaturgie, die ihn am Ende wieder dahin zurückbringt, von wo er aufgebrochen war. *Hell in the Pacific (Die Hölle sind wir*, 1968) läßt während des Zweiten Weltkriegs einen Amerikaner und einen Japaner (Lee Marvin und Toshiro Mifune) auf einer einsamen Pazifikinsel zusammentreffen. Virtuos in Schnitt und Fotografie, krankte der Film leider am Schematismus des Drehbuchs. *Leo the Last (Leo der Letzte*, 1969) drehte Boorman wieder in England: Held dieser modernen Gesellschaftsallegorie ist der emigrierte Prinz eines imaginären Landes, der in einem Londoner Elendsviertel lebt und die dort herrschenden Verhältnisse ändern möchte, wobei er am Ende seine eigene Funktion im System der Ausbeutung erkennt und die Villa, die er bisher bewohnte, in die Luft sprengt (eine Szene, die an den Schluß von Antonionis *Zabriskie Point* erinnert). *Deliverance* (»Errettung«, 1972) schildert das Abenteuer von vier Männern, die einen gefährlichen Fluß erkunden wollen und dabei lebensbedrohende Abenteuer bestehen müssen. *Zardoz* (1974) schließlich ist im Science-fiction-Bereich angesiedelt: Menschen mit überlegener Intelligenz entsenden ein riesiges steinernes Haupt, das die Bewohner der Erde tyrannisiert; »Zet«, der Protagonist des Films, vermag das Geheimnis des Hauptes zu ergründen, schraubt aber gleichzeitig die Evolution der Menschheit wieder auf das Anfangsstadium zurück.

Nicholas Roeg (geb. 1928) war jahrelang als Kameramann tätig (bei Lester, Schlesinger, Corman und Truffaut – in *Fahrenheit 451*), ehe er 1969 seinen ersten eigenen Spielfilm *Performance* drehte, eine ebenso verwirrend wie raffiniert inszenierte Gangstergeschichte mit Mick Jagger in der Rolle eines Ex-Popstars, die um das Thema der austauschbaren Identität kreist. Der Gangster auf der Flucht und der in exzentrischer Umgebung lebende Popstar erscheinen wie Spiegelungen, Teile des gleichen Wesens; in visionären Szenen treten immer wieder Personen an die Stelle von anderen. Der Film – der ein Jahr lang zurückgehalten und angeblich siebenmal umgeschnitten wurde[24] – fasziniert vor allem durch seinen Erzählrhythmus, durch seine Montagen, die blitzartige Verbindungen herstellen, Vorgänge wie in einem Traum ablaufen lassen.

In Australien entstand *Walkabout* (1971), die sonderbare Geschichte der Begegnung

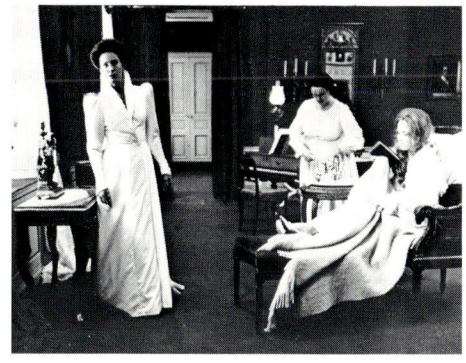 

Ingmar Bergman
Viskningar och rop
(Schreie und Flüstern)
1972
Schweden

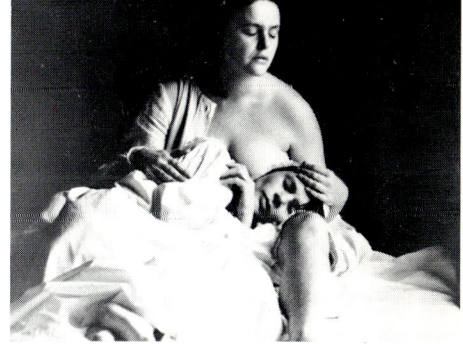

Alain Tanner
**La salamandre
(Der Salamander)**
1971
Schweiz

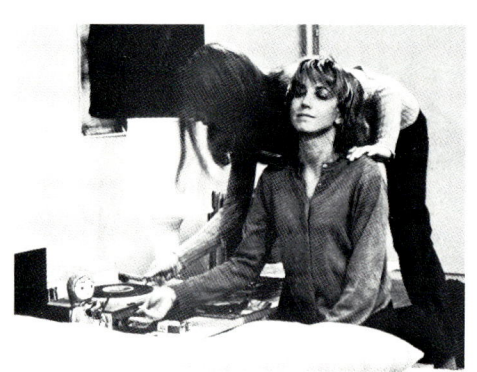

zweier Kinder mit einem Eingeborenen, der ihnen das Leben rettet, intendiert als eine Parabel über den Widerspruch zwischen Zivilisation und Naturdasein. Als einen Horrorfilm mit metaphysischen Abgründen könnte man *Don't Look Now* (*Wenn die Gondeln Trauer tragen*, 1973) bezeichnen. Ein englischer Kunstrestaurator in Venedig wird von seltsamen Gesichtern und Vorahnungen verfolgt; nachdem seine Tochter rätselhaft ums Leben kam, prophezeit eine blinde alte Dame weiteres Unheil, das auch prompt eintrifft; der Protagonist wird ermordet, nachdem er seinen eigenen Tod im voraus erlebt hat. Roeg erschafft eine makabre Atmosphäre des »déjà vu« durch raffinierten Gebrauch von Dekor und Montage; allerdings tritt die Machart des Films selbst ostentativ in Erscheinung, sein Organisationsprinzip ist nicht Ökonomie, Aussparung (wie bei Hitchcock, an den man erinnert wird), sondern eine Überfülle visueller Effekte. *The Man Who Fell to Earth* (*Der Mann, der zur Erde fiel*, 1975) ist ein Science-fiction-Film über den Bewohner eines fremden Sterns, der auf die Erde kommt, weil sein eigener Planet in Not geraten ist. Der Stil des Films erscheint ähnlich phantastisch und überreich an Assoziationen wie in *Don't Look Now*.

Einige weitere englische Regisseure der sechziger und siebziger Jahre stehen an der Grenze von Kommerz und Kunst. Auf Jack Clayton (geb. 1921) hatte man seit seinem sozialkritischen *Room at the Top* (*Der Weg nach oben*, 1958) als einen Vorläufer des ›Free Cinema‹ große Hoffnungen gesetzt; aber 1961 verfilmte er mit *The Innocents* (*Schloß des Schreckens*) eine Gespenstergeschichte und wandte sich in der Folgezeit immer konventionelleren Sujets zu. 1973 drehte er eine aufwendige Literaturbearbeitung: *The Great Gatsby* (*Der große Gatsby*). Für den Film startete Hollywood (ohne Erfolg!) eine noch nie dagewesene Werbekampagne. Auch Clive Donner schien sich mit der Pinter-Verfilmung *The Caretaker* (*Der Hausmeister*, 1963) in die Nähe der realistischen Strömung zu plazieren; jedoch verfiel Donner später zunehmend dem Kommerz. Als Regisseure routinierter Gangsterfilme und psychologischer Dramen sind Brian Forbes und Peter Yates hervorgetreten; letzterer drehte den erfolgreichen Gangsterfilm *Bullitt* (1968, eine US-Produktion) sowie den exzentrischen Kriegsfilm *Murphy's War* (*Das Wiegenlied der Verdammten*, 1970); *The Deep* (*Die Tiefe*, 1977) war das Drama einer Unterwasser-Schatzsuche. Auch zwei renommierte englische Bühnenregisseure waren sporadisch im Film tätig: Peter Hall mit dem Ehedrama *Three into Two Won't Go* (*2 durch 3 geht nicht*, 1968) und der bemühten realistischen Rekonstruktion englischen Dorflebens in *Akenfield* (1974); Peter Brook (geb. 1925), 1952 schon mit *The Beggar's Opera* (*Die Bettleroper*) hervorgetreten, verfilmte 1960 ein Drehbuch von Marguerite Duras, *Moderato Cantabile*, dessen Realisation freilich blaß wirkte. *Lord of the Flies* (*Der Herr der Fliegen*, 1963) war eine philosophische Erzählung von der Verwilderung englischer Bürgersöhne, die auf einer Insel gestrandet sind. Die filmische Adaption seiner eigenen Bühneninszenierung des Peter-Weiss-Stückes brachte Brook vor die Kamera mit *The Persecution and the Assassination of Jean Paul Marat as Performed by the Inmates of the Asylum of Charenton under the Direction of the Marquis de Sade* (*Die Verfolgung und Ermordung Jean Paul Marats, dargestellt durch die Schauspielergruppe des Hospizes zu Charenton unter Anleitung des Herrn de Sade*, 1967), wobei sich die Filmversion eng an der Bühneninszenierung orientierte und einen starken Eindruck des Stückes vermittelte, ohne allerdings das Problem filmischer Bearbeitung wirklich zu lösen. In *Tell me Lies* (*Erzähle mir Lügen*, 1968) vereinte Brook Teile seines Stücks »US« mit Interviews, Diskussionen und Archivmaterial zu einer »Brechtschen« Politrevue über das Thema des Vietnam-Krieges. 1972 verfilmte Peter Brook in Dänemark Shakespeares »King Lear«.

Zwei weitere Filme heben sich von der übrigen englischen Produktion der letzten Jahre ab: Richard Attenboroughs *Oh! What a Lovely War* (»Oh! Welch herrlicher Krieg«,

1969), die Verfilmung einer satirischen Bühnenrevue von Joan Littlewood, und *Bugsy Malone* (1975, Regie Alan Parker), die Parodie eines Gangsterfilms, in der sämtliche Rollen von Kindern gespielt werden.

Auch die Veteranen Carol Reed (1906–1976) und David Lean (geb. 1908) waren kommerziell erfolgreich im englischen Film der sechziger Jahre tätig, ohne ihrem bisherigen Werk allerdings etwas Neues hinzuzufügen: Reed verfilmte in *The Agony and the Ecstasy* (*Inferno und Ekstase*, 1964) das Leben Michelangelos und brachte eine Musicalbearbeitung des Romans »Oliver Twist« von Dickens auf die Leinwand, *Oliver* (1967); Lean bestätigte seinen Ruf als Inszenator von Monsterfilmen mit *Lawrence of Arabia* (*Lawrence von Arabien*, 1962), der romantischen Glorifizierung eines »Übermenschen«, und der in pseudorussischen Stimmungsbildern schwelgenden Romanverfilmung *Doctor Zhivago* (*Doktor Schiwago*, 1965), die zu einem großen Kassenerfolg wurde; stilistisch nach dem gleichen Rezept verfertigt war *Ryan's Daughter* (*Ryans Tochter*, 1970), ein Epos aus dem irischen Freiheitskampf von 1916.

Neue Realisten und Unabhängige

Zu Beginn der siebziger Jahre traten einige jüngere Regisseure in Erscheinung, die sich erneut zu der Tradition des Realismus bekannten. Sie operierten zumeist außerhalb der Industrie. Der wichtigste Regisseur dieser ›Neuen Realisten‹ ist Kenneth (oft auch nur »Ken«) Loach; neben ihm haben auch Bill Douglas und Mike Leigh wichtige Filme gedreht.

Kenneth Loach (geb. 1937) kam ursprünglich vom Fernsehen – er arbeitete seit 1961 bei der BBC und realisierte hier zusammen mit dem Produzenten Tony Garnett eine Reihe dokumentarischer Spielfilme aus dem Londoner Slummilieu, zu deren erfolgreichsten *Up the Junction* (1965), *Cathy Come Home* (1966) und *The Big Flame* (1969) gehörten. Für das Kino drehte Ken Loach 1967 *Poor Cow* (*Poor Cow – geküßt und geschlagen*), das sozial genau situierte Drama einer jungen Frau, deren Mann eine mehrjährige Gefängnisstrafe absitzen muß. Die Regie vermischte ›Cinéma-vérité‹-Passagen mit romantischen und melodramatischen Elementen. Ähnliche Widersprüche enthielt auch *Kes* (1968). Hier geht es um einen 14jährigen Jungen, der mit seiner Mutter und einem Bruder in einem tristen nordenglischen Vorstadtmilieu lebt; sein ganzes Interesse gilt der Aufzucht eines Falken, aber dieser Falke wird eines Tages von dem älteren Bruder, einem Bergarbeiter, zur »Bestrafung« des Jüngeren umgebracht. Die Milieuschilderung des Films ist ausgezeichnet (besonders die Beschreibung der Verhältnisse in der Schule); durch die Falkengeschichte brachte Loach jedoch ein gefühlvoll-tragisches Moment in den Film ein, das an die Rührung des Zuschauers appelliert und nicht zu der kritisch-dokumentarischen Haltung des übrigen Films paßt (falls man in solchem Widerspruch nicht eine Zwangsläufigkeit naturalistischer Darstellungsmethode erkennen will). Loachs bisher meistdiskutiertes Werk ist *Family Life* (*Familienleben*, 1971). Gemeinsam von Loach, Garnett und dem Drehbuchautor David Mercer auf der Basis von Mercers früherem Fernsehspiel »In Two Minds« (Regie ebenfalls Loach, 1967) konzipiert, schildert der Film den Fall eines jungen Mädchens, bei dem sich Symptome von Schizophrenie und Mutismus einstellen. Dokumentarisch rollt der Film die Geschichte des Mädchens auf und interpretiert ihre Krankheit als das logische Produkt »normaler« Umweltverhältnisse. Der Film macht die Tyrannei des elterlichen Erziehungssystems, auch die vergeblichen Versuche des Mädchens, dagegen zu rebellieren (sie enden jeweils mit erneuter Einweisung in die Klinik), in Szenen von alptraumartig verdichtetem Familien-»Alltag« deutlich; er beschäftigt sich aber auch mit den Behandlungsmethoden in der Klinik. Wie Loachs frühere Filme wurde auch dieser ausschließlich an Originalschauplätzen und zum großen Teil mit Laien gedreht. Der Film ist ein wirkungsvolles Plädoyer, die psychischen Beschädigungen zu erkennen, die aus »normalen« Ordnungen unserer Gesellschaft resultieren. Sein Pessimismus (das Mädchen wird nicht gerettet, sondern immer weiter in seine Krankheit hineingetrieben) wirkt aufrüttelnd. Darin lag das Beispielhafte von *Family Life.* Allerdings kann man gegen die ästhetische Methode des Films einwenden, daß seine Personenporträts allzusehr ins »Typische« getrieben und schematisiert sind, so daß, was der Film sagen will, nicht (oder nicht nur) aus der Wirklichkeit abgeleitet, sondern gleichzeitig in sie hineinprojiziert wird.

Nach *Family Life* kehrte Ken Loach wieder zum Fernsehen zurück und beendete 1975 eine vierteilige Serie über die Geschichte der englischen Arbeiterbewegung, *Days of Hope* (»Tage der Hoffnung«), eine gründliche historisch-gesellschaftliche Analyse, über der jedoch die Patina eines altertümlichen Naturalismus lag.

Mit *Family Life* kann man *Bleak Moments (Freudlose Augenblicke,* 1971) vergleichen, ein Werk des Bühnenregisseurs Mike Leigh. Ähnlich wie Loach zeichnet dieser Film ein sinistres Panorama der Kommunikationslosigkeit unter den Bewohnern eines Londoner Vorstadtviertels. Die Personen des Films – eine Stenotypistin und ihre Kollegin, ein Lehrer, ein Hippie, der in einer Garage Untergrundzeitungen drucken will – sind nicht nur unfähig zur Kommunikation, sie vermögen sich nicht einmal sprachlich zu artikulieren. Leigh konstatiert bei seinen Protagonisten eine seelische Verkümmerung, einen Einschrumpfungs- und Abkapselungsprozeß, der von den Symptomen geistiger Anomalie nicht weit entfernt ist. Im Unterschied zu *Family Life* ist *Bleak Moments* ein stillerer Film, der auf Aktion fast völlig verzichtet; Leigh konstatiert auf subtile Weise die universale Entfremdung, ohne jedoch ihrer Entstehung nachzuforschen. 1975 drehte Mike Leigh *Hard Labour (Im Schweiße ihres Angesichts),* Beobachtungen aus dem Alltag einer Arbeiterfrau.

Eigenwillige Evokationen einer Kindheit in Schottland sind die autobiographischen Filme von Bill Douglas: *My Childhood (Meine Kindheit,* 1972), *My Ain Folk (Meine eigenen Leute,* 1973) und *My Way Back (Mein Weg zurück,* 1976). Bill Douglas erzählt in ihnen von der Kindheit des jungen Jamie, der erst 8, dann 12 und schließlich 15 Jahre alt ist, bei verschiedenen Onkeln und Großmüttern aufwächst, auch einmal in ein Heim eingewiesen wird, sich 1945 mit einem deutschen Kriegsgefangenen anfreundet, seine Mutter im Irrenhaus besucht, vorübergehend seinen Vater trifft, schließlich (in der dritten Folge) in die Armee eintritt. Bill Douglas' Filme halten vor allem trübe und düstere Details einer Kindheit fest, die kaum Freundschaft und Zuneigung erfuhr, wohl aber die schwierigen Lebensbedingungen des Proletariats und die Indifferenz zwischen den Menschen kennenlernen mußte. Diese Erfahrungen werden in scharf beobachtete, dokumentarische und zugleich expressive Bilder gebannt, die den Charakter von eingebrannter Erinnerung haben.

Auf eine besondere Spezies von meist utopischen (manchmal auch historischen) Filmen, die Fiktion im Stil einer Wochenschaureportage mit »Interviews« darstellen, hat der Regisseur Peter Watkins (geb. 1935) sich spezialisiert. In *Culloden* (1964) filmte Watkins eine historische Schlacht (aus dem Jahre 1745) mit wackliger Handkamera im Stil eines »Augenzeugen«. *The War Game* (1966) schildert die Folgen eines (sowjetischen) Atomangriffs auf England; Watkins schwelgt in Horrorvisionen von Bränden, Mord, Plünderung, Repression. Die Polizei muß sich brutal gegen Aufständische durchsetzen. Auch dieser Film wurde auf der Basis simulierter Interviews mit »Beteiligten« der Katastrophe gemacht; Aufsehen erregte er dadurch, daß die englische Fernsehgesellschaft BBC, für die der Film produziert worden war, sich weigerte, ihn zu senden. In *Privilege* (*Privileg,* 1967) will Watkins die Hintermänner entlarven, die einen Superstar der Pop-musik für einen »christlichen Kreuzzug gegen Kommunismus und Anarchie« einspannen wollen, bedient sich dabei aber naiver Klischeebilder und löst die Problematik dadurch auf, daß er den Popstar zu seiner Freundin aufs Land fahren läßt. *The Peace Game* (»Das Friedensspiel«, auch: *Gladiatorerna*, 1969), eine schwedische Produktion, veranschaulicht, wie die Supermächte zur Ableitung aggressiver Instinkte ausgewählte Todesspiele mit Elitesoldaten veranstalten; in *Punishment Park* (»Straf-Park«, 1971) dagegen erhalten wegen Aufsässigkeit internierte Amerikaner die Chance, straffrei auszugehen, wenn sie ein vom Fernsehen übertragenes mörderisches Spiel lebend überstehen. Nach dem exzellenten biographischen Film *Edvard Munch* (1973/75) drehte Watkins *Aftenlandet* (»Das Abendland«, 1977), die alptraumartige Vision bürgerkriegsähnlicher Zustände in Dänemark, erzählt im Stil einer hektischen Fernsehreportage. Watkins will das Publikum durch »wirklichkeitsnahe« Fiktionen schockieren; aber deren Fiktionscharakter ist allzu offenbar, obwohl sie in jedem Atemzug als »authentisch« ausgegeben werden. Dieser ästhetische Widerspruch schränkt die Wirkung der Watkins-Filme ein; zudem ist ihre Gesellschaftskritik oft schematisch formuliert oder rennt offene Türen ein. Zehn Jahre lang arbeiteten Kevin Brownlow (geb. 1938) und Andrew Mollo (geb. 1940) an der Vorbereitung ihres Films *It Happened Here* (»Es geschah hier«, 1964). Der utopisch-spekulative Film kann in Beziehung zu Watkins *War Game* gesetzt werden. Brownlow und Mollo zeigen, wie es gewesen wäre, wenn Hitler 1940 England erobert und besetzt hätte. Sie gehen vor allem dem Problem von Kollaboration und Widerstand nach, wobei sie im Verlauf ihres Films zu demonstrieren suchen, daß die Grausamkeit des Partisanenkampfes alle Unterschiede zwischen Freund und Feind aufhebt. Obwohl die politische Argumentation des Films gelegentlich naiv erscheint, ist doch die Realisierung gelungen; sie vereint visionäre mit realistischen Qualitäten.

Eine ebenso schwierige und langwierige Entstehungsgeschichte hatte der zweite Film des »Tandems«, *Winstanley* (1975). Diesmal handelte es sich um ein historisches Sujet, die Tätigkeit einer utopischen Sekte aus dem England des 17. Jahrhunderts, der »Diggers«, die eigene Siedlungen gründen und brachliegendes Land bebauen wollten, woran sie mit Gewalt gehindert wurden. *Winstanley* enthielt eine interessante Allegorie heutiger sozialer Konflikte; Mollo und Brownlow inszenierten den Film veristisch, mit Direktton, aber gleichzeitig befleißigten sie sich einer expressionistischen Stummfilmästhetik in Bildkomposition und Montage: bestimmte Sequenzen des Films ließen deutlich das Vorbild Eisenstein erkennen. »Aufgezogen und ausgebildet anhand von Filmen, die Dekaden vor seiner Geburt entstanden, ist Kevin Brownlow wirklich der letzte große Filmemacher des Stummfilms.« (David Robinson)[25]

Unter den unabhängig produzierten englischen Filmen sind weiterhin erwähnenswert Philip Trevelyans *The Moon and the Sledgehammer* (*Der Mond und der Schmiedehammer*, 1971), *Bronco Bullfrog* (1970) von Barney Platts-Mills, *Praise Marx and Pass the Ammunition* (*Lobet den Marx und greift zu den Waffen*, 1968) von Maurice Hatton, *A Bigger Splash* (1974, über den Maler David Hockney) von Jack Hazan, *A Private Enterprise* (1975) von Peter K. Smith sowie *Devices and Desires* (»Listen und Lüste«, 1976) von Giles Foster. Im Bereich des langen Dokumentarfilms müssen genannt werden *Fly a Flag for Poplar* (»Zieh eine Flagge für Poplar auf«, 1975) von dem Kollektiv ›Liberation Films‹ sowie *Juvenile Liaison* (»Jugendverbindungsoffizier«, 1975) von Nicholas Broomfield und Joan Churchill.

In England entwickelte sich in den sechziger Jahren eine relativ starke Aktivität auf dem Gebiet des »Experimental-« oder »Avantgardefilms«. Filmemacher, die oft aus anderen Bereichen (z.B. der bildenden Kunst) kamen, drehten ohne Rücksicht auf kommerzielle Verwertbarkeit mit privaten Mitteln Filme, die ihre subjektiven Empfindungen ausdrückten oder in den späteren sechziger Jahren unter dem zunehmenden Einfluß des amerikanischen »strukturellen« Films die formalen Möglichkeiten des Mediums selbst zu erforschen suchten. Bereits 1966 wurde die ›London Film-Makers' Coop‹ (in Analogie zu der New Yorker ›Film-Makers' Cooperative‹) gegründet. Ende 1969 erwarb die Coop eigene filmtechnische Ausrüstungen (die bis heute in Betrieb sind), eine professionelle Kopiermaschine und eine Entwicklungsmaschine, so daß Filmemacher zu reinen Materialkosten ihre Filme kopieren und – besonders wichtig für die experimentelle Filmarbeit – auf den Entwicklungs- und Kopiervorgang Einfluß nehmen konnten. Die aktive ›Film-Makers' Coop‹, die Aufgeschlossenheit einer Reihe von Kunstakademien für Experimentalfilm, das Vorhandensein technischer Apparaturen und die Existenz eines wenn auch zahlenmäßig beschränkten, so doch fachkundigen und enthusiastischen Publikums für Experimentalfilme in London haben die englische Experimentalfilmszene ständig mit neuen Anregungen versorgt, so daß heute das experimentelle Kino, abgesehen von den USA, in England am stärksten entwickelt ist.

Zu den Pionieren des Avantgardefilms in England gehört der gebürtige Amerikaner Stephen Dwoskin (geb. 1939), der seit 1964 in London lebt. In einer Serie erst kürzerer, später auch langer Filme hielt Dwoskin unter Verzicht auf das erzählende Prinzip und alle konventionellen Ausdrucksmittel der Filmsprache sein persönliches Verhältnis zur Umwelt, seine Vision der Beziehungen zwischen Menschen fest. Es geht in den Dwoskin-Filmen um die Schwierigkeiten oder die Unmöglichkeit von Kommunikation. Oft spielt ein erotisches Element eine Rolle wie in *Alone* (1964); in *Chinese Checkers* (1965) werden die Beziehungen zweier Mädchen einem Schachspiel gleichgesetzt. In späteren Filmen verwandte Dwoskin auch dramatische Vorwürfe, die er freilich bis zur Unkenntlichkeit abänderte, so in *Dyn Amo* (1972), einem Film »über Rollenspiel und Masochismus«.[26] *Tod und Teufel* (1973 – in Deutschland und auf deutsch gedreht) geht aus von dem gleichnamigen Stück Wedekinds über den »Kampf der Geschlechter«; in *Behindert* (1974) filmte Dwoskin seinen eigenen Alltag (er leidet an den Folgen einer Kinderlähmung); *Central Bazaar* (1976) verwendet die Situation eines Basars als Metapher für das »Handeln mit Gefühlen«, das in der Gesellschaft stattfindet. Obwohl Dwoskins Filme sich nicht auf ihre Form reduzieren lassen (insofern repräsentieren sie, gemessen am »strukturellen« Film, einen früheren Typus der Avantgarde), gibt es in ihnen keine »Handlung« im konventionellen Sinne; was sie vermitteln, drückt sich vielmehr durch ein Zusammenspiel von Farben, Formen, von Dekor, Schminke und Stoffen aus und artikuliert sich in subtilen, kaum merkbaren Bewegungen der Kamera, die die Mikrostruktur menschlicher Gesichter, Gesten und Körperhaltungen erforscht. Teilweise verfremdet Dwoskin seine Bilder auch, indem er sie ein zweites Mal abfilmt (so in *Dirty*, 1965/71). Dwoskins Filme, besonders seine langen, erfordern eine meditative Aufmerksamkeit des Zuschauers. Sie sind Forschungsreisen in das Innere der Seele; gleichzeitig sind sie aber auch formale Kunstwerke. Fast nie verwenden sie das gesprochene Wort, meistens dagegen eine elektronische Musik von Gavin Bryars, die mit repetitiven Strukturen arbeitet und manchmal an der Grenze der Hörbarkeit liegt.

Eine ähnlich subjektive Position wie Dwoskin nimmt David Larcher ein, dessen *Mare's Tail* (1969) man als eines der Hauptwerke des poetischen Experimentalfilms bezeichnen kann. Larcher verarbeitete in diesem Film Material, das in einem Zeitraum von sieben Jahren entstand; es enthält die verschiedensten Szenen aus seinem persönlichen Leben: Reisen, die Geburt eines Kindes, Bilder des Alltags, Feste, Spiele. Larcher möchte aus diesen Elementen eine neue kosmische Ordnung zusammensetzen; dazu unterwirft er das Material (abgesehen von seiner Strukturierung durch Montage) einem Bearbeitungsprozeß (Kratzen, Bemalen, Einwirkung von Chemikalien auf den Filmstreifen), der die Bilder teilweise bis zur Unkenntlichkeit verfremdet, ihnen eine eigene Molekularstruktur gibt, aus der im Film allmählich wieder die »realen« Bilder auftauchen. Der

Mond, Vögel, Kinder, ein Zimmer, Wellen – das sind optische Leitmotive des Films, den Stephen Dwoskin einen »epischen Filmflug in einen inneren Raum« nannte.[27] 1975 beendete David Larcher einen zweiten (sechs Stunden langen) Film, *Monkey's Birthday*, in welchem er Aufnahmen von Reisen in den Nahen Osten verarbeitete.

Der neuere englische Experimentalfilm läßt sich entweder der Tendenz des ›Expanded Cinema‹ oder dem ›strukturellen Film‹ zuordnen. Der Begriff des ›Expanded Cinema‹ (wörtlich: ›Ausgeweitetes Kino‹) wurde zuerst im Hinblick auf eine neue, technologisch bedingte Ästhetik des Experimentalfilms und auf Multimediaprojektion gebraucht (so von Gene Youngblood in seinem 1970 erschienenen Buch »Expanded Cinema«); in den siebziger Jahren unterwarf man den Begriff einer Neudeutung, er bezeichnete jetzt den Neuentwurf des Kinos aus den Bedingungen seiner Vorführung, seines Materials, »die Wiederentdeckung des Kinos vom Punkt Null – oder zumindest vom Zelluloid, der Projektionslampe, dem Licht, der Leinwand, der Dauer, dem Schatten, der Emulsion und vom einfachsten Handgriff her«. (Malcolm LeGrice)[28] Oder: »Der Inhalt des Werkes ist der Prozeß seiner Realisierung.« (Annabel Nicolson)[29] In seinen ersten Filmen arbeitete Malcolm LeGrice (geb. 1940) mit Doppel- und Schleifenprojektionen, er führte das gleiche »gefundene« Material (Wochenschau- oder Familienfilme) neben- oder nacheinander in verschieden kopierten Varianten immer wieder vor (so in *Little Dog for Roger* oder *Yes No Maybe Not*, 1967). Seine späteren Filme untersuchen Formen der Wahrnehmung *(How to Screw the CIA*, 1970), sie variieren Motive aus der Film- oder Kunstgeschichte, indem sie diese nachstellen bzw. nachinszenieren und die Bestandteile vermittels Mehrfachprojektion zu einem synthetischen Gesamtbild zusammensetzen, dessen Fragmente durch gewollten Asynchronismus oder durch Unterschiedlichkeiten der Aufnahme auseinanderlaufen, wobei das Sich-voneinander-Entfernen der Bestandteile bei der Projektion das eigentliche Ereignis des Films ist – so in *After Lumiere – L'arroseur arrosé* (1974) oder *After Manet, After Giorgione – Le déjeuner sur l'herbe or Fête champêtre* (1975).

William Raban (geb. 1948) projiziert in *Angles of Incidence* (1973) zwei spiegelbildlich kopierte Bilder des gleichen Vorganges mit zwei Projektoren nebeneinander; das unvermeidliche Auseinanderlaufen der Bilder aus der Synchronisation ergibt die Spannung des Films. *Diagonal* (1973) besteht aus drei diagonal nebeneinandergesetzten, auf Decke und Zuschauersitze hinüberlaufenden, unregelmäßig weiß und schwarz flimmernden Bildern; »Thema« des Films ist die Projektionsöffnung. Anthony McCall (geb. 1946), seit 1973 in New York ansässig, macht den Projektionsstrahl auf ungewöhnliche Weise zum »Ereignis«, indem er in *Line Describing a Cone* (1973) auf der Leinwand einen Lichtpunkt ganz langsam einen Kreis beschreiben läßt, wodurch sich der Projektionsstrahl von einer Linie allmählich zu einem Kegel entwickelt. Zur »strukturellen« Richtung der englischen Avantgarde gehört Peter Gidal. In *Room Film 1973* erfaßt seine Kamera verschiedene Objekte, die zur Einrichtung eines Raums gehören, jedoch in einer Art und Weise, die die Identifizierung dieser Gegenstände erschwert oder unmöglich macht (extreme Nahaufnahme, Unschärfe, wacklige Kamera); der Film unterminiert die Orientierung des Zuschauers im Raum. Die Absicht, den illusionistischen Aspekt des Filmbildes zunichte zu machen und die Aufmerksamkeit des Zuschauers auf grundlegende Eigenschaften oder Probleme des Filmmediums zu lenken (»Der Zuschauer wird auf sein eigenes Vermögen zurückgeworfen, aus dem projizierten Bild ein zusammenhängend wahrgenommenes Bild abzuleiten«[30]), verfolgen auch andere Filme Peter Gidals, so *Upside Down Feature* (1967–72) und *Condition of Illusion* (1975). Andere englische Experimentalfilmer, die auf verschiedene Weise an der Subversion des »darstellenden« und illusionären Charakters filmischer Mitteilung arbeiten, sind Tony Sinden, Mike Dunford, Chris Welby, David Crosswaite, John Du Cane und David Hall.

Eine kontinuierliche Filmproduktion konnte sich in Belgien erst in der zweiten Hälfte der sechziger Jahre entfalten. Bis dahin war Belgien eine kinematographische Kolonie der Nachbarländer. Die Spaltung des Landes in zwei gegensätzliche Sprach- und Kulturbereiche mag erklären, warum es erst so spät zur Entwicklung einer eigenen Produktion kam; diese (es werden seit Ende der sechziger Jahre etwa fünf bis sechs Spielfilme jährlich hergestellt) ist auch nur möglich durch Förderungsmaßnahmen der beiden Kulturministerien. Die bekanntesten belgischen Spielfilmregisseure, die auch außerhalb der Landesgrenzen bekannt wurden, sind André Delvaux und Harry Kümel.

Am Beginn der Entwicklung eines spezifisch belgischen Kinos standen dokumentarische und sozial engagierte Filme. 1960 erschien der Dokumentarfilm *Déjà s'envole la fleur maigre (Schon fliegt die magere Blume davon)* von Paul Mayer, der ein authentisches, eindringliches, poetisch verdichtetes Bild vom Dasein ausländischer Bergarbeiter und ihrer Familien in der Region der Borinage entwarf. Erst 1965 war wieder ein bedeutendes Jahr in der Geschichte des belgischen Films. Der Soziologe und Dokumentarist Luc de Heusch drehte *Jeudi on chantera comme dimanche* (»Donnerstags singt man wie am Sonntag«), einen dokumentarischen Spielfilm über einen Busfahrer, der als Transportunternehmer und Besitzer eines Lastwagens auf sozialen Aufstieg hofft, sich aber in ein Netz von Abhängigkeiten verstrickt. Im gleichen Jahr debütierte der Spielfilmregisseur André Delvaux (geb. 1926), der seit 1956 schon zahlreiche Dokumentarfilme hergestellt hatte, mit *De man die zijn haar kort liet knippen (Der Mann, der sich die Haare kurz schneiden ließ)*, einem eigenwilligen, introvertierten Film, der bei der internationalen Kritik starkes Echo fand. Delvaux erzählt die Geschichte der unglücklichen Liebe eines Lehrers zu seiner Schülerin, die später eine prominente Schauspielerin wird, in drei Abschnitten, die scheinbar miteinander nichts zu tun haben: auf eine Schulfeier folgt die lang andauernde Autopsie einer Leiche, die der Protagonist miterlebt, und schließlich die erneute Begegnung zwischen dem Lehrer und der Schülerin, bei der er sie zu erschießen versucht. Die Schlußepisode zeigt den Protagonisten im Irrenhaus. Die Fragmente der Handlung werden im nachhinein verständlich als das exakte und bewegende Protokoll der vergeblichen Bemühungen eines Menschen, Kontakt zu seiner Umwelt zu finden. Die Zeitordnung des Films, obwohl im Detail ganz realistisch, ist der Ordnung des Traums verwandt. Delvaux berief sich auf die »lebendige Tradition in der bildenden Kunst und in der Literatur unseres Landes: den genauen Realismus, aus dem unter günstigen Voraussetzungen das Fantastische entstehen kann«.[31] Auch Delvaux' folgende Filme waren in einer Zone traumhafter Verfremdung, literarischer und romantischer Evasion beheimatet. Dabei spiegeln seine Filme auch belgische Realitäten. *Un soir . . . un train (Ein Abend . . . ein Zug,* 1968) ist ein Film über den Tod, aber auch über die Sprachspaltung eines Landes (ein flämischer Literaturprofessor hat eine französische Geliebte, was von der Umwelt nicht akzeptiert wird). Der Film, anfangs real, verliert sich in seiner zweiten Hälfte in Träumen und Halluzinationen, aus denen er wieder in die Realität zurückkehrt; doch diese trägt den Stempel des Ungewissen, vielleicht nur Imaginären. *Rendez-vous à Bray (Rendezvous in Bray,* 1971) spielt im Jahre 1917: ein luxemburgischer Pianist begibt sich in ein einsames Landhaus nahe der Front, wo er seinen französischen Freund zu treffen hofft, der aber nie ankommt; statt dessen begegnet er einem geheimnisvollen Mädchen und erinnert sich an Feuillades Stummfilm *Fantomas*, zu dem er früher im Kino Klavier spielte. Dem Film lag ein Roman des französischen Surrealisten Julien Gracq zugrunde. Auch hier wurde eine Eisenbahnfahrt zum Sinnbild einer Reise des Helden in ein Zwischenreich zwischen Leben und Tod. In *Belle* (1973) lernt ein Provinzschriftsteller eine geheimnisvolle Unbekannte kennen und verliert langsam den Boden seiner gewohnten Existenz unter den Füßen.

Ähnlich wie André Delvaux bevorzugt Harry Kümel (geb. 1940) phantastische Sujets in seinen Filmen. *Monsieur Hawarden* (1968) gibt sich als romantisches Kostümdrama aus dem 19. Jahrhundert mit großem Aufwand an dekorativer Stilisierung. In *Les lèvres rouges* (»Die roten Lippen«, 1971) verwandeln eine ungarische Gräfin und ihre Assistentin unschuldige Hochzeitsreisende zu Vampiren; *Malpertuis* (1972) ist ein Horrorfilm, der ungeniert Gebrauch von sämtlichen Stilmitteln des Genres macht und zum Schluß in die Parodie umschlägt (ein junger Mann versucht die Geheimnisse eines verhexten Schlosses und seiner bizarren Bewohner zu erforschen).

Zwei andere Regisseure setzten die Tradition des sozial engagierten belgischen Films (die im Grunde zurückgeht auf Ivens' und Henri Storcks *Borinage*, 1933) fort: Marian Handwerker mit *La cage aux ours* (»Der Bärenkäfig«, 1973), einem dokumentarischen Spielfilm über einen Kleinhändler, den die Errichtung eines Supermarkts in seiner Nähe zum Ruin treibt, und Benoit Lamy mit *Home Sweet Home* (1973), der Geschichte eines Altenheimes, in dem eine Revolte ausbricht. Am Rande der kommerziellen Produktion traten auch eine Reihe neuer Filmtalente hervor: so Robbe de Hert, der Begründer der belgisch-holländischen Kooperative ›Fugitive Cinema,‹ mit *Camera Sutra of de Bleekgezichten* (»Camera Sutra oder die Bleichgesichter«, 1972), einer bissigen Satire auf die belgische Gesellschaft, Thierry Zeno mit *Vase de noces* (1974), einem äußerst bizarren, Tabus und Grenzbereiche attackierenden, dabei in seiner Tonart sanften Film über einen (schwachsinnigen?) Mann, der mit einem Schwein zusammenlebt und sich am Ende erhängt, einem Werk metaphysischer Verzweiflung; Maurice Rabinowicz mit *Le Nosferat* (1975), einer düsteren Allegorie auf die bürgerliche Gesellschaft; und Jean Jacques Andrien mit *Le fils d'Amr est mort* (»Amrs Sohn ist tot«, 1976), einem poetischen und »kontemplativen« Film in langen Einstellungen, der zum Teil in Tunesien gedreht wurde. Roland Lethem drehte experimentell-provokative Filme im »Untergrund«. Aber das bedeutendste Talent des jungen belgischen Films ist ohne Zweifel Chantal Akerman (geb. 1950). Sie drehte nach Absolvierung der Pariser Filmhochschule IDHEC in Frankreich, Belgien und den USA mehrere kurze und mittellange Filme; ihr erster Langspielfilm war *Je tu il elle* (»Ich du er sie«, 1974), eine dramatisierte Meditation über sich selbst in drei Kapiteln, in acht Tagen mit kleinem Budget auf der Grundlage von Improvisation gedreht. Darauf folgte *Jeanne Dielman, 23 quai du commerce, 1080 Bruxelles* (1975). Dies ist nicht nur der bedeutendste belgische Film seit langem, sondern auch einer der international besten »Frauenfilme« und noch dazu ein Werk hohen formalen Bewußtseins, das auch als weiterführender Beitrag zur Ästhetik des Avantgardefilms betrachtet werden kann. Protagonistin dieses 3½ Stunden langen Films ist eine Mutter (Delphine Seyrig), die zusammen mit ihrem Sohn ein kleines Appartement bewohnt und ganz in der Versorgung des Sohnes aufgeht, mit dem sie aber nur bedeutungslose Sätze wechselt. Die Kamera des Films beobachtet sie in langen Einstellungen bei ihren alltäglichen Verrichtungen, meist in der Küche oder am Wohnzimmertisch. Durch die phänomenologisch exakte, wortlos intensive Art, wie hier der monotone Alltag einer Frau im Film fixiert wird, gewinnt dieser eine nie zuvor erlebte Eindringlichkeit. Die symmetrische Bildkomposition, das Einbeziehen der Interieurs, das Gefühl für die Dauer, das sich durch die langen Einstellungen entfaltet, die Funktion der Geräusche, die Dialektik zwischen Authentizität und künstlerischer Verdichtung – alle diese Mittel erklären den faszinierenden Eindruck, den der Film hinterläßt. Auf sehr direkte Art vermittelt der Film das Gefühl einer Frustration, einer Entfremdung, das diesen »Alltag« nicht mehr prinzipiell vom Wahnsinn unterscheidet. Was viele Filme anstrebten (unter anderem der italienische Neorealismus), gelang nur wenigen so gut wie *Jeanne Dielman:* durch intensive Beobachtung den Ablauf des Alltags selbst zu einem dramatischen Vorgang zu machen. Nach *Jeanne Dielman* drehte Chantal Akerman in New York *News from Home* (*Briefe von zu Haus*, 1976), eine Folge dokumentarischer Beobachtungen, zu denen aus dem »off« Briefe einer Mutter an ihre Tochter verlesen werden, die ähnlich inhaltsleer sind wie die Gesten und Worte der Jeanne Dielman.

Holland galt bis in die sechziger Jahre als das klassische Land des Dokumentarfilms. Die prominentesten Regisseure dieses Genres waren (abgesehen von Joris Ivens, der aber schon lange nicht mehr in den Niederlanden arbeitete) Bert Haanstra, Herman van der Horst und John Ferno; sie brachten den Dokumentarfilm auf ein hohes Niveau technisch-handwerklicher Perfektion. Als einziger Spielfilmregisseur war Fons Rademakers schon in den fünfziger und beginnenden sechziger Jahren im holländischen Film tätig.

Fons Rademakers (geb. 1920) drehte solide und intelligente Filme, die freilich zwischen dokumentarischer Milieuzeichnung und literarisch-freudianischem Symbolismus schwankten und sich später mehr und mehr dem Markt anpaßten: *Het mes* (*Das Messer*, 1960), *As twee druppels water* (»Wie zwei Tropfen Wasser«, 1963), *De dans van de Reiger* (*Feuer auf der Haut*, 1966); 1971 folgte *Mira*, eine holländisch-belgische Koproduktion, zum ersten Mal ein »Durchbruch« beim Publikum (in Holland wie in Belgien besteht das Hauptproblem der nationalen Produktion darin, die Herstellungskosten eines Films auf dem Inlandsmarkt zu amortisieren). Seine fruchtbarste Zeit erlebte der holländische Film jedoch zwischen 1966 und 1968, als eine Gruppe junger Regisseure in Opposition gegen den bis dahin bestehenden Konventionalismus mit frischen Ideen nach vorne drängte und in kurzer Zeit eine größere Zahl erster Spielfilme herausbrachte, die sich von allem unterscheiden, was bis dahin in den Niederlanden entstanden war. Die meisten dieser jungen Filmenthusiasten – Pim de la Parra, Wim Verstappen, Franz Weisz, Adrian Ditvoorst, Nikolai van der Heyde, Philo Bregstein – kamen von der Niederländischen Filmakademie, einige gehörten auch zu den Mitarbeitern der Filmzeitschrift »Skoop«.

Die jungen Regisseure versuchten mit wenig Geld, aber neuen Arbeitsweisen, unter Rückgriff auf ihre eigenen Erfahrungen, angeregt auch von ausländischen Filmbeispielen, ein neues, spontaneres, wirklichkeitsnaheres Kino zu erschaffen – freilich »innerhalb« des kommerziellen Systems. Vorläufer der neuen Bewegung war Pim de la Parra (geb. 1940) mit seinem Kurzfilm *Aah! . . . Tamara* (1964), den er Jean-Luc Godard widmete und in dem viele Filmemacher selbst auftraten. Eine ähnliche Vorläuferrolle spielte auch der impressionistische Reportagefilm von Franz Weisz, *Een zondag op het eiland van de Grande Jatte* (»Ein Sonntag auf der Insel Grande Jatte«, 1965). Zum »Manifest«-Film des neuen holländischen Kinos geriet Wim Verstappens erster Spielfilm *De minder gelukkige terugkeer van Joszef Katus naar het land van Rembrandt* (*Die weniger glückliche Rückkehr des Joszef Katus in das Land von Rembrandt*, 1966). Produziert wurde der Film von der Gesellschaft ›Scorpio Films‹, die Verstappen (geb. 1940) 1965 zusammen mit seinem Freund Pim de la Parra (er arbeitete auch am Drehbuch von *Joszef Katus* mit) gegründet hatte, für ein minimales Budget von 10000 Gulden, in Schwarzweiß und im 16-mm-Format. Die Handlung: ein junger ungarischer Emigrant kehrt nach einer Rundreise durch Osteuropa von Paris nach Amsterdam zurück, um dort alte Bekannte wieder aufzusuchen; er durchlebt mehrere nationale Feiertage, gerät unbeabsichtigt in Auseinandersetzungen zwischen Polizei und jugendlichen Protestlern (»Provos«) und wird irrtümlich von einem Geheimagenten umgebracht. Die unzulänglichen Bedingungen, unter denen dieser Film entstand, machen seine Stärke aus: er ist von spontaner, improvisatorischer Frische, fängt Alltagsrealität von Amsterdam ein, liefert ein lebendiges Porträt vom Lebensstil einer jungen Generation und reflektiert das Lebensgefühl der »Provos«; zugleich verarbeitet er auch den Kinomythos von Verfolgung und Tod eines Außenseiters. Weitere Debütfilme, die zeitweilig an das Entstehen einer holländischen ›Neuen Welle‹ glauben ließen, waren Adrian Ditvoorsts *Paranoia* (1967), das Porträt eines Fünfundzwanzigjährigen, der sich mit einem gesuchten SS-Mann identifiziert, sowie Nikolai van der Heydes *Een ochtend van zes weken* (»Ein Morgen von sechs Wochen«, 1966), ein thematisch klischeereicher, aber phantasievoll gemachter Film über die Liebe zwischen einem Rennfahrer und einem Fotomodell. Franz Weisz rollte in *Het gangstermeisje* (»Das Gangstermädchen«, 1967) die komplizierte Geschichte eines Schriftstellers auf, der seinen Roman zu einem Drehbuch verarbeiten soll und dabei zwischen Realität und Fiktion nicht mehr unterscheiden kann. Eine wichtige Rolle in der neuen Filmbewegung spielte auch der Produzent und Kurzfilmregisseur Jan Vrijman.

Leider wurde die Euphorie, die sich im holländischen Film 1966–68 ausbreitete, alsbald von einem Katzenjammer abgelöst. Zwar kamen in diesem Zeitraum zehn neue Filme von jungen Regisseuren zur Aufführung, aber fast alle fielen beim Publikum durch[32] und konnten ihre Herstellungskosten nicht einspielen. Aus der Erkenntnis, daß ein anspruchsvoller Autorenfilm in Holland auf der Basis der wenigen Filmkunsttheater nicht lebensfähig ist, zogen die meisten jungen Filmemacher die Konsequenz, sich dem Markt anzupassen und kommerziell gängigere Filme zu machen; so verlegten sich Pim de la Parra und Wim Verstappen auf die Produktion von Sexfilmen und Kriminalkomödien. Außerhalb dieser Routine steht nur Pim de la Parras *Wan Pipel* (»Ein Volk«, 1976), ein Film über die frühere niederländische Kolonie Surinam, das Geburtsland des Regisseurs. Nikolai van der Heyde bemühte sich in seinen späteren Filmen um gängigere Themen und konnte schließlich mit *Help, de Doktor verzuipt* (»Hilfe, der Doktor ertrinkt«, 1974) einen großen kommerziellen Erfolg verzeichnen. Wenn sich die Filmproduktion in den Niederlanden wirtschaftlich in den siebziger Jahren auch stabilisiert hat (es werden etwa sechs Spielfilme pro Jahr hergestellt), wenn auch mit Paul Verhoeven ein weiterer Regisseur kommerziell erfolgreicher Filme hervortrat und zwei teilweise originelle Episodenfilme mit Beiträgen verschiedener Regisseure entstanden (*Melancholy Fireside Tales*, 1975, und *Alle dagen feest*, 1976), so ist die Aufbruchstimmung von 1966–68 doch vorbei, Routine bestimmt wieder das Bild der Produktion. Zwei Außenseiter müssen noch erwähnt werden: Johan van der Keuken (geb. 1938), der seit 1955 unabhängige Kurz- und Dokumentarfilme dreht, die nicht nur handwerkliches Niveau besitzen, sondern sich auch durch Engagement und zum Teil eigenwillige Konzeption auszeichnen; und Frans Zwartjes, ein Exponent des Experimental- oder Undergroundfilms, der einen unverwechselbaren Stil entwickelt hat. Seine Filme sind meist Allegorien oder kurze handlungslose Charakterstudien. Thematisch geht es in ihnen – ähnlich wie bei Dwoskin – um unerfüllte erotische Sehnsüchte und Schwierigkeiten der Kommunikation. Zwartjes Darsteller sind stark geschminkt und agieren zeichenhaft; die unregelmäßigen Bewegungen der handgehaltenen Kamera bestimmen den bildlichen Duktus der Filme, die auf das gesprochene Wort fast durchweg verzichten und an dessen Stelle eine aus wenigen variierten Akkorden bestehende Orgelmusik setzen. Zwartjes beste Filme sind atmosphärisch stark verdichtete kleine Kunstwerke, denen es auch nicht an einer Dimension der Selbstironie fehlt: so in *Birds*, *Seats Two*, *Visual Training* und *Home Sweet Home* (1968–1970). Starke Resonanz fand auch der Spielfilm *Anna – kind van de zon* (*Anna – Kind der Sonne*, 1975) von René van Nie. Er erzählt in Rückblenden und Erinnerungsfragmenten die Geschichte eines jungen Mädchens, das sein Elternhaus verläßt, aber auf das Leben in der »Freiheit« mit Gefühlen von Angst und Verunsicherung, schließlich mit Verhaltensweisen reagiert, die Ärzte als schizophren erklären. Ob es ihr in der Klinik und durch Gruppentherapie gelingen wird, ihre Krankheit zu überwinden, bleibt offen. Der Film erinnert in manchen Einzelheiten, namentlich in der Zeichnung des Elternhauses, an Ken Loachs *Family Life*.

Obwohl die dänische Filmproduktion wirtschaftlich nicht unbedeutend ist – es werden zwischen 20 und 25 Spielfilme im Jahr hergestellt –, konnte sie sich in den sechziger Jahren, von einzelnen Ausnahmen abgesehen, künstlerisch kaum qualifizieren. Ein erheblicher Teil der dänischen Filmproduktion bestand und besteht aus Konsumfilmen für den Inlandverbrauch, vor allem aus folkloristischen Komödien und Sex- oder Pornofilmen (1969 wurde in Dänemark die Filmzensur für Erwachsene ersatzlos abgeschafft). 1964 entwickelte die Regierung ein Programm zur Unterstützung von Qualitätsfilmen, das zunächst aus Abgaben der Kinobesitzer finanziert wurde; 1973 wurde der ›Filmfonds‹ in ›Filminstitut‹ umbenannt und nunmehr ganz aus staatlichen Mitteln finanziert. Das ›Filminstitut‹ vergibt an maximal acht Filme jährlich Produktionsgarantien sowie Qualitätsprämien für fertige Filme. So kam allmählich doch eine Produktion künstlerisch anspruchsvoller Filme zustande; sie wurde weiter unterstützt durch die Einrichtung eines ›Film Workshop‹ für experimentelle und Erstlingsfilme, der leider Anfang der siebziger Jahre wieder eingestellt wurde.

In den sechziger Jahren wurde der dänische »Qualitätsfilm« praktisch allein von den Regisseuren Henning Carlsen und Palle Kjaerulff-Schmidt vertreten – neben dem Veteranen Dreyer; erst ab 1970 trat eine Gruppe neuer Regisseure in Erscheinung und veränderte das bisher eher monotone Bild des dänischen Films.

Der bedeutendste Pionier der dänischen Kinematographie, Carl Theodor Dreyer (1889–1968), der nur in großen Abständen Filme realisierte, konnte nach *Ordet* (*Das Wort*, 1955) in den sechziger Jahren noch einen weiteren Film fertigstellen: *Gertrud* (1964); es sollte auch sein letzter sein. Der Film basiert auf einem Bühnenstück des schwedischen Autors (und Ibsen-Nachfolgers) Hjalmar Söderberg, das im Jahre 1907 spielt. Dreyer schildert, indem er sich genau an die Strukturen des Stücks hält, das schrittweise Scheitern der Ideale einer Frau an der Wirklichkeit – und den Rückzug dieser Frau von der Welt, um ihrem Ideal die Treue zu halten. Gertrud, die Frau eines Stockholmer Rechtsanwalts, erfährt von diesem, daß er zum Justizminister berufen wurde, gerade als sie ihn verlassen will, um eine leer gewordene Beziehung abzubrechen; aber auch von einem jungen Musiker (der ihr die Rückkehr in die Konvention empfiehlt) sowie von ihrem Jugendfreund, einem Dichter, wird sie enttäuscht. In einem Epilog zeigt der Film sie noch einmal, wie sie als alte Frau allein lebt. Dreyers strenge und konsequente Inszenierung hebt den Stoff über seine mögliche Konventionalität hinaus und verwandelt ihn zur kritischen Darstellung einer in Selbsttäuschungen erstarrten bürgerlichen Welt. Bei seiner Uraufführung in Paris 1964 löste der Film allerdings zwiespältige Reaktionen aus; einige Kritiker störten sich am langsamen, feierlichen Stil der Inszenierung.

Henning Carlsen (geb. 1927) betätigte sich seit 1947 als Regisseur und Drehbuchautor; er drehte eine große Zahl von Dokumentarfilmen, ehe er 1962 mit *Dilemma* im Spielfilm debütierte. Dieser Film wurde illegal in Südafrika gedreht; er dokumentiert die Erlebnisse eines Engländers, der nach Südafrika kommt und dort Zeuge der Unterdrückungspolitik der weißen Minderheit gegenüber den Schwarzen wird. *Kattorna* (*Cattorna – Verbotene Zärtlichkeiten*, 1965), eine schwedische Produktion, schildert die Revolte von Arbeiterinnen einer Wäscherei gegen ihre Chefin. Die sozialkritische Dimension dieses Stoffes wird allerdings weniger entwickelt; eher trägt das Drama individual-psychologische und melodramatische Aktzente. Zu einem Meisterwerk geriet Henning Carlsen dagegen *Sult* (*Hunger*, 1966), die Verfilmung eines Romans von Knut Hamsun. Der Film beschreibt in der Manier eines psychologischen Kammerspiels vor einem Hintergrund dokumentarischer Beobachtung die Stadien des körperlichen und psychischen Zerfalls eines Schriftstellers, der hungrig und mittellos durch Oslo irrt. Henning Carlsens Regie bringt die halluzinatorische Sehweise des Protagonisten zum Ausdruck, indem sie sich an bestimmten Objekten förmlich festsaugt, die Präsenz von Milieu und Personen unterstreicht, wobei die psychische Situation des Schriftstellers, die totale Entfremdung, in der er lebt, sein Zwiespalt zwischen materiellem Elend und hochfliegendem Selbstbewußtsein durch die filmische Evokation von Details und Requisiten präzisiert wird. Auch das ausgezeichnete Spiel des Hauptdarstellers Per Oscarsson trägt zur Qualität dieses Films bei, der sich in der filmischen Porträtierung eines Grenzzustandes zu Beckettscher Intensität steigert.

Nach einem kommerziellen Zwischenspiel, einer »enttäuschenden kosmopolitischen und erotischen Fantasie«[33], *Mennesker modes og sod musik opstar i kjertet* (*Sie treffen sich, sie lieben sich und ihr Herz ist voll süßer Musik*, 1967), kreisten Henning Carlsens weitere Filme um die »Obsession der Einsamkeit, die Verfolgung durch das Alter, die Versuchung des Traums«[34]. *Klabautermanden* (»Der Klabautermann«, 1969) ist ein mystisches Drama um einen Kapitän, der auf einem Segelschiff eine Frau gefangenhält. *Er i bange?* (»Haben Sie Angst?«, 1970) untersucht neue Lebensformen am Beispiel eines Wohnkollektivs in Kopenhagen, und *Man sku vaere noget ved musikken* (»Könnte man doch mit dazu gehören«, 1972) porträtiert im Rahmen einer komödiantischen Spielhandlung das Alltagsverhalten von Dänen in einer Bierkneipe – der Film konfrontiert Ausschnitte aus dem Leben von Menschen, die in dieser Bierkneipe zusammentreffen, er zeigt ihre Hoffnungen, Enttäuschungen und Evasionen. Enthielt dieser Film unter der Oberfläche der Komödie manche Hinweise auf spezifisch dänische Realitäten, so repräsentiert Henning Carlsens letzter Film *En lykkelig skilsmisse* (»Eine glückliche Ehescheidung«, 1975) den Typ der internationalen (in diesem Fall französisch-dänischen) Koproduktion, angesiedelt in einem irrealen vornehmen Milieu, ausgestattet mit ebenso künstlichen wie belanglosen Konflikten, sorgfältig inszeniert, aber bar jeder Originalität.

Palle Kjaerulff-Schmidt (geb. 1931) hatte schon in den fünfziger Jahren zwei Spielfilme gedreht; sein dritter Film, *Weekend* (1962) wurde von der dänischen Kritik allgemein als »Durchbruch« in Richtung auf ein anspruchsvoll-realistisches Kino gewertet: drei verheiratete Paare verbringen ein Wochenende in einem Sommerbungalow; dabei brechen Eifersüchteleien, Aggressionen aus, der Versuch, neue Beziehungen untereinander herzustellen, bleibt im Ansatz stecken; schließlich werden die Protagonisten mit der Generation der Eltern konfrontiert. Das Drehbuch zu dem Film stammte von dem Schriftsteller Klaus Rifbjerg, mit dem Kjaerulff-Schmidt auch später zusammenarbeitete. Auf *To* (»Zwei«, 1965), einem Film über einen schon in die Jahre gekommenen Gammler, folgte Kjaerulff-Schmidts und Rifbjergs wahrscheinlich bestes Werk: *Der var engang en Krig* (*Es war einmal ein Krieg*, 1966); zusammen mit *Hunger* war dies der wichtigste dänische Film der sechziger Jahre. Der Film zeigt die Kriegs- und Besatzungszeit aus dem Blickwinkel einer dänischen Mittelstandsfamilie, vor allem aus der Perspektive eines fünfzehnjährigen Jungen. Dieser nimmt von der Okkupation und den Kriegsereignissen eigentlich nur am Rande Notiz, viel wichtiger sind ihm die Beziehungen zu einem Mädchen, das er verehrt. Nur in seinen Träumen schwingt er sich zum Helden der Widerstands-Bewegung auf, um seiner Freundin zu imponieren. Dieser Film verschmolz auf neuartige Weise die historische mit der privaten Dimension. Er leistete auch eine Entmythologisierung der Vergangenheit, insofern er diese von ihren heroischen Dimensionen auf die des Alltags herabbrachte – und vor allem deutlich machte, wie die Geschichte von einem Jugendlichen rezipiert wurde: als Stoff zu Abenteuerromanen. Die Machart des Films erinnerte an Vorbilder der französischen ›Neuen Welle‹. Kjaerulff-Schmidts folgende Filme vermochten weniger zu überzeugen: *Historien om Barbara* (»Geschichten von Barbara«, 1967) schilderte die Lebenskrise einer jungen Schauspielerin, *I den groenne skov* (»Im grünen Wald«, 1968) und *Dernede sydpau* (»Denk dir eine Zahl«, 1969) waren Versuche im Genre der volkstümlichen Komödie und des Kriminalfilms. Danach betätigte sich Kjaerulff-Schmidt nur noch als Regisseur von Fernsehspielen.

Neben den Arbeiten von Carlsen, Kjaerulff-Schmidt und Knud Leif Thomsen, einem Routinier, der die ganzen sechziger Jahre hindurch tätig war, regten sich erst gegen Ende des Jahrzehnts wieder neue Impulse im dänischen Film. Jens Ravn, Sven und Lene Gronlykke, Henrik Stangerup, Franz Ernst, Jorgen Leth und Christian Braad Thomsen traten mit Filmen hervor, die oft eine entschieden soziale und realistische Orientierung zeigten. Ein bemerkenswerter neuer Film war beispielsweise Sven und Lene Gronlykkes *Balladen om Carl-Henning* (»Ballade von Carl-Henning«, 1969), die Geschichte eines Molkereilehrlings, der immer Pech hat und aufgrund der eigenen Ungeschicklichkeit und mangelnden Fähigkeit zur Anpassung von seiner Umwelt abgewiesen wird. Der überwiegend mit Laien gedrehte Film ist zugleich poetisch und realistisch angelegt und entwirft ein düsteres Bild vom Leben in der dänischen Provinz. Sven Gronlykke arbeitete später nur noch als Produzent. Als solcher brachte er den Debütfilm des Schriftstellers Henrik Stangerup (geb. 1937) *Giv God en chance om sondagen* (»Gib Gott sonntags eine Chance«, 1970) heraus, der die Schwierigkeiten eines jungen Pfarrers schildert, seiner Tätigkeit einen Sinn zu geben und mit den Menschen seiner Gemeinde in Kontakt zu treten. In *Farlige kys* (»Gefährliche Küsse«, 1972) versuchte Stangerup das Thema der Psychiatrie zu behandeln: ein Psychiater verliebt sich in seine Patientin, eine Frau, die zur Beobachtung in die Klinik kam, weil sie ihren Mann umbrachte. Trotz ernsthafter Ansätze verliert der Film sein Thema schließlich zugunsten von Kinoromantik aus den Augen. In *Erasmus Montanus eller jorden er flad* (»Erasmus Montanus oder die Erde ist flach«, 1977) verlegte er die Handlung eines dänischen Bühnenklassikers des 18. Jahrhunderts nach Brasilien. Franz Ernsts (geb. 1938) Debütfilm *Ang.: Lone* (*Das Mädchen Lone*, 1970) ist der dokumentarische Bericht über ein sechzehnjähriges Mädchen, das aus einem Fürsorgeheim ausreißt, von ihren früheren Pflegeeltern abgewiesen wird, schließlich bei einem Kellner eine Bleibe findet, von wo sie wieder entflieht, als sie ein Kind erwartet. Der Film liefert das genaue Porträt einer Persönlichkeit, die das Resultat langdauernder Vernachlässigung, in gewisser Weise auch das Produkt der Wohlstandsgesellschaft ist; vor den Institutionen dieser Gesellschaft befindet sich das Mädchen Lone auf einer permanenten Flucht. Seine konsequent realistische Methode unterscheidet diesen Film (der mit Laien gedreht wurde) von der übrigen dänischen Produktion der siebziger Jahre. Nach *Das Mädchen Lone* drehte Ernst einen Dokumentarfilm, in dem Patienten psychiatrischer Kliniken über ihre Erfahrungen berichten, *Livet er en drom* (»Das Leben ist ein Traum«, 1972). *Den dobbelte mand* (»Der doppelte Mann«, 1976), die Charakterstudie zweier gegensätzlicher Brüder, deren einer den anderen, ohne es zu wollen, umbringt, flüchtet sich dagegen zu sehr in literarische und kriminalistische Verästelungen.

Die Ballade von Carl-Henning, *Gib Gott sonntags eine Chance* und *Das Mädchen Lone* hat man als Ansatz zu einer ›Schule des dänischen Neorealismus‹ interpretiert.[35] Zu dieser Richtung muß man auch die Filme von Christian Braad Thomsen (geb. 1940) rechnen, einem dezidierten Vertreter des unabhängigen Films: *Kaere Irene* (»Liebe Irene«, 1971), einen Film über »die Frustration auf der persönlichen und der politischen

Ebene« und *Herfra min verden gar* (»Wo ich geboren bin«, 1975), eine dokumentarische Untersuchung über die Bewohner des Dorfes, aus dem der Filmemacher stammt. Ebenfalls in dieser Tradition des kritisch-polemischen Realismus steht *Ta det som en mand, Frue!* (*Nehmen Sie es wie ein Mann, Madame!*, 1975), ein engagierter »Frauenfilm«, hergestellt von dem Kollektiv ›Rote Schwester‹ (Mette Knudsen, Elisabeth Rygaard, Li Vilstrup). Dieser Film erzählt die Geschichte einer fünfzigjährigen Frau, die nach Jahren, die sie mit der Erziehung ihrer Kinder verbrachte, wieder in den Beruf zurück möchte, wobei sie auf das Unverständnis des Ehemannes und auch sonst auf mancherlei Schwierigkeiten stößt; der brillanteste Teil des Films ist ein Traum der Protagonistin, in dem die gesellschaftlichen Rollen von Mann und Frau vertauscht sind. *Nehmen Sie es wie ein Mann, Madame!* ist das Musterbeispiel eines zugleich vergnüglichen und aufklärerischen Films, der aufgrund seiner traditionellen filmischen Sprache an ein breites Publikum appelliert.

Futuristischen Gedankenspielen überließ sich Jens Ravn (geb. 1941) in *Manden, der taenkte ting* (*Der Mann, der Dinge dachte*, 1969): ein Übermensch erschafft ein künstliches Wesen; dieses nimmt allmählich die Identität des Menschen an, als dessen Doppel es geschaffen wurde. In einem ähnlich metaphysischen Klima spielt *Tjaerehandleren* (*Der Teerhändler*, 1972), ein Film über einen Heiratsschwindler und Dieb, der sich Macht über andere Menschen anmaßt. Einen überragenden kommerziellen Erfolg auch außerhalb Dänemarks errang Jens Jorgen Thorsen (geb. 1932) mit der kunstgewerblich-spekulativen Henry-Miller-Verfilmung *Stille dage i Clichy* (*Stille Tage in Clichy*, 1969). Viel Aufsehen erregte auch Kirsten Stenbak (geb. 1922) mit ihren Komödien *Den gale Dansker* (»Der verrückte Däne«, 1969) und *Lenin din gavtyv* (»Lenin, Du Schurke«, 1972); letzterem Film, der die Hintergründe von Lenins Heimreise aus der Schweiz in die Sowjetunion 1917 im Stile einer Agentenburleske beschreibt, verhalf die UdSSR, indem sie gegen die Aufführung des Films protestierte, zu unverdienter Publicity. Jeder Klassifizierung schließlich entzieht sich das Talent von Jorgen Leth (geb. 1937). Leth drehte zunächst verschiedene Kurzfilme, darunter den experimentellen *Leben in Dänemark*, 1971, dann einen langen Dokumentarfilm über einen dänischen Radrennfahrer und schließlich einen programmfüllenden Experimentalfilm *Det gode og det onde* (»Das Gute und das Böse«, 1975), der »alltägliche Verhaltensweisen« in Form theatralisierter Kurzszenen vorführt. Durch den Abstraktionsgrad der Szenen, den Rhythmus der Bildfolgen und durch eine versteckte Ironie gewinnt der Film auch formale Faszinationskraft. *En forarsdag i helvede* (»Ein Frühlingstag in der Hölle«, 1977) ist die filmisch ungewöhnliche Beschreibung des Radrennens Paris–Roubaix.

Thodoros Angelopoulos
O thiassos
(Die Wanderschauspieler)
1975
Griechenland

Andrej Tarkowskij
Andrej Rubljow
1966-1969
UdSSR

In Norwegen ist das Filmwesen zu großen Teilen verstaatlicht: die größte Produktionsgesellschaft, ›Norsk Film‹, befindet sich im Besitz des Staates. Etwa die Hälfte aller Kinos
des Landes werden als »Kommunale Kinos« von den Gemeinden betrieben; dies hat jedoch weniger kulturpolitische Gründe, sondern liegt vielmehr daran, daß die Gemeinden
das (in früheren Zeiten) lukrative Kinogeschäft selber betreiben wollten. Norwegen produziert zwischen fünf und neun Filmen pro Jahr. Bis 1967 bestand die Produktion vornehmlich aus anspruchslosen Unterhaltungsfilmen oder aus Kriegs- und Widerstands-
epen. Das änderte sich – ähnlich wie in Finnland – erst in der zweiten Hälfte der sechziger
Jahre mit dem Aufkommen einer neuen Regiegeneration. Pal Lökkeberg (geb. 1934) debütierte 1967 mit *Liv* (»Leben«), der Geschichte eines Osloer Mannequins, thematisch
nicht unbedingt neuartig, jedoch persönlich und sensibel erzählt. Nach *Liv* drehte Lökkeberg *Production 39* (1969), einen bekannten Kinomodellen angenäherten Action-Film,
und *Exit* (1970).

Seit 1970 wird der norwegische Film vornehmlich von zwei Regisseuren bestimmt:
von Anja Breien und Oddvar Bull Tuhus. Anja Breien (geb. 1940) absolvierte die Pariser
Filmhochschule IDHEC, assistierte in *Hunger* und *Leben* und drehte dann verschiedene
Kurzfilme; nach einer Episode zu dem Gemeinschaftsfilm *Dager fra tusen ar* (»Tage in
tausend Jahren«, 1969) drehte sie ihren ersten eigenen Spielfilm mit *Voldtek – Tilfellet
Anders* (»Vergewaltigung – Der Fall Anders«, 1971). Der Film erzählt die Geschichte
eines jungen Mannes, den man einer Vergewaltigung anklagt, aufgrund von Indizien
verhaftet und vor Gericht stellt. Der Film läßt bis zum Schluß offen, ob der Protagonist
das ihm zur Last gelegte Delikt begangen hat oder nicht; statt dessen beschreibt er mit
großer kinematographischer Eindringlichkeit und Authentizität die Situation eines
Menschen, der in das Räderwerk der Justizmaschinerie gerät und zum Opfer bestimmt
ist, weil er sich nicht artikulieren kann. In *Hustruer* (»Ehefrauen«, 1975) schildert Anja
Breien auf der Grundlage eines Bühnenstücks und angeregt durch Cassavetes' Film *Husbands*[36], wie drei Ehefrauen aus ihren gewohnten Rollen ausbrechen, ihre Männer verlassen und gemeinsam auf eine Vergnügungsreise gehen, um Erfahrungen zu machen,
die ihnen sonst verwehrt sind. Der Film ist als Satire auf eine von Männern beherrschte
Konsumgesellschaft angelegt, macht aber auch einige Konzessionen an das Unterhaltungsbedürfnis des Publikums. 1977 drehte sie (als schwedisch-norwegische Koproduktion) *Den allvarsamma leken* (»Spiel der Liebe und Einsamkeit«).

Oddvar Bull-Tuhus (geb. 1940) kam vom Fernsehen und debütierte 1971 mit *Rödtblatt
paradis* (»Das rotblaue Paradies«). Der Titel spielt auf den norwegischen Wohlfahrtsstaat
an; im Mittelpunkt steht ein junger Sozialarbeiter, der mit Drogenabhängigen zu tun
hat und in einen Konflikt mit den Regeln seines Berufs gerät. *Maria Marusjka* (1973)
ist das psychologische Drama eines Leuchtturmwärters, der auf einer einsamen Insel mit
seiner Frau und seiner Tochter zusammen lebt; der Film erhielt 1973 den Filmkritiker-
preis als bester norwegischer Film. *Strike!* (»Streik«, 1975) erzählt im Stil einer dokumentarischen Rekonstruktion die Geschichte eines fünf Wochen dauernden Streiks, der
sich 1970 in einem norwegischen Industriewerk zugetragen hatte, bei dem die Arbeiter
aber nicht die Unterstützung der Gewerkschaft fanden; vielmehr wurden sie von allen

Seiten bedrängt, die Arbeit wiederaufzunehmen. Die am Streik beteiligten Arbeiter spielen sich in dem Film zum Teil selbst. Als Analyse eines Arbeitskonflikts (und der Auseinandersetzungen zwischen »Radikalen« und »Reformisten«) ist der Film interessant, leider aber handelt er sein Thema relativ trocken ab. Mit *Angst* (1975), einem Psychothriller um das Thema Geiselnahme, schwenkte Bull-Tuhus dagegen auf die Linie des gehobenen Konsumkinos ein.

Der norwegische Film von heute wird durch den Gegensatz zwischen einer realistisch-gesellschaftskritischen und einer mehr literarisch orientierten Richtung bestimmt. Für diese beiden Tendenzen sind einige weitere Filme der siebziger Jahre bezeichnend. So *Kampen om Mardola* (»Kampf um Mardola«, 1972), ein politischer Dokumentarfilm von Oddvar Einarson über Aktionen der Bevölkerung gegen den Bau eines Kraftwerks, der Landschaftsveränderungen (die Stillegung eines großen Wasserfalls) nach sich gezogen hätte. Vibeke Lökkeberg drehte 1972 einen Dokumentarfilm brechtscher Struktur über das Thema »Abtreibung«, *Abort*, und 1977 einen ersten Spielfilm, *Apenbaringen* (»Offenbarung«). In den Bereich des realistischen Kinos gehört auch *Fem dagn i August* (»Fünf Tage im August«, 1973) von Svend Wam (geb. 1946), die komödiantische Chronik zweier Frauen, die fünf Tage lang das »Künstlerleben« von Oslo studieren; 1975 drehte Svend Wam *Lasse & Geir*, den zunächst scheinbar reißerischen, dann aber zunehmend differenzierten Bericht von zwei Jugendlichen, die von ihren Familien und der bürgerlichen Gesellschaft derart degoutiert sind, daß sie aus der Gesellschaft »aussteigen«. Erik Locher stellt in *Motforestilling* (»Einwendungen«, 1973) im Rahmen einer experimentellen Filmkonstruktion Fragen nach den politischen Machtverhältnissen in der Gesellschaft, aber forscht auch den Zusammenhängen zwischen filmischer und alltäglicher Realität nach. Auf symbolisch-literarischen Bahnen bewegen sich drei andere Filme: In *Kimen* (»Die Saat«, 1974) von Erik Solbakken löst das Auftauchen eines Fremden auf einer kleinen Insel eine Massenpsychose aus; Haakon Sandoy, der eine Ausbildung an der polnischen Filmhochschule in Lodz absolvierte, erzählt in *Brannen* (»Der Brand«, 1973) die alptraumhaft-surrealistischen Abenteuer eines jungen Mannes im Verlauf einer halb imaginären, halb realen Reise, und Per Blom schildert in *Mors Hus* (»Mutters Haus«, 1974) die inzestuöse Bindung eines Jünglings an seine Mutter – in einem literarisch anspruchsvollen, aber allzu schicksalsschwangeren Stil.

Schweden

Der schwedische Film wurde in den sechziger Jahren weitgehend vom Werk Ingmar Bergmans beherrscht, der als einziger schwedischer Regisseur länger anhaltende internationale Anerkennung gefunden hat. Daneben formierte sich in den sechziger Jahren allerdings auch eine Generation jüngerer Regisseure, die dem schwedischen Film neue Impulse zuführten. Zu diesen »Erneuerern« gehören vor allem Bo Widerberg, Jan Troell und Johan Bergenstrahle. Zu Beginn der sechziger Jahre war die Situation des schwedischen Films, abgesehen von der Produktion Bergmans, ökonomisch wie künstlerisch gleichermaßen fatal. 1962 entstanden nur noch 14 Filme, die meisten davon mit sehr geringem Niveau, bestimmt für den innerschwedischen Konsum. Einen Aufschwung gab es erst wieder 1963 durch die Gründung des ›Schwedischen Filminstituts‹. Das ›Schwedische Filminstitut‹ wird aus Abgaben der Filmtheater finanziert (dieses System trat an die Stelle der bis dahin bestehenden hohen Vergnügungssteuer – 25%!). Es gibt Produktionshilfen und Prämien für Filme künstlerischer Qualität und tritt auch selbst als Filmproduzent auf. Die Filmproduktion wurde durch die Einrichtung einer Wirtschaftsförderung proportional zu den Einspielergebnissen auch ökonomisch stabilisiert. Die jährliche Filmproduktion Schwedens schwankt zwischen 20 und 30 Filmen. Wie positiv das filmkulturelle Klima Schwedens durch das Filminstitut beeinflußt wurde, ist nicht nur am Wirken des Filmarchivs und des vorbildlichen Archivkinos im Stockholmer ›Filmhaus‹ abzulesen, sondern auch daran, daß zwischen 1963 und 1969 (der »Sturm- und Drangperiode des jungen schwedischen Films«) über 20 Regisseure in Schweden ihre Debütfilme drehen konnten.[37]

Ingmar Bergman

Ingmar Bergmans (geb. 1918) Werk war bereits in den fünfziger Jahren mit den Filmen *Sommarnattens leende* (*Das Lächeln einer Sommernacht*, 1955), *Det sjunde inseglet* (*Das siebente Siegel*, 1956) und *Smultronstället* (*Wilde Erdbeeren*, 1957) zu einem Höhepunkt gelangt. Diese Filme befestigten Bergmans Ruf als formal eigenwilliger Filmschöpfer mit einem Hang zur Grübelei und zur metaphysischen Spekulation. Es gelang Bergman aber auch in den sechziger und siebziger Jahren, sein Werk fortzuführen und zu entwickeln, ohne den einmal gesetzten Ansprüchen untreu zu werden.

Zu Beginn der sechziger Jahre drehte Bergman die Filme, die er später zur »Kammerspiel-Trilogie« erklärte[38]: *Sasom i en spegel* (*Wie in einem Spiegel*, 1961), *Nattvardsgästerna* (»Abendmahlsgäste«, deutscher Verleihtitel *Licht im Winter*, 1962) und *Tystnaden* (*Das Schweigen*, 1963).

Die Frage nach Gott und der Religion, die in Form latenter Unruhe schon in den meisten früheren Bergman-Filmen lebendig war, wird in den Filmen der »Trilogie« explizit gestellt. In *Wie in einem Spiegel* fährt das schizophrene Mädchen Karin zu ihrem Vater (einem Schriftsteller) auf eine Insel und erwartet dort die Ankunft Gottes; sie erlebt diesen Gott schließlich als schreckliche Vision eines Monsters. Bergman stellt die Krankheit des Mädchens nicht als Krankheit im klassischen Sinne dar, sondern eher als gesteigerte Empfindsamkeit. Schließlich ist sie es, die die anderen Personen des Films verwandelt und ein besseres Verhältnis zwischen ihrem Vater und ihrem Bruder Minus herstellt. Die falsche Lebensauffassung des Vaters, der seine gesamte Umwelt nur als Rohstoff für Romane betrachtete, wird besonders deutlich im Verlauf einer (in den Film eingeschachtelten) Theateraufführung, die Karin und Minus ihrem Vater darbringen; in dem Stück geht es um einen Dichter, der es ablehnt, einer Prinzessin, die er liebt, in den Tod zu folgen, weil er dafür keinen Beifall zu erwarten hätte. Der Titel des Films bezieht sich auf einen Vers der Korinther-Briefe des Apostels Paulus[39]: »Wir sehen jetzt durch einen Spiegel in einem dunklen Wort; dann aber von Angesicht zu Angesicht. Jetzt erkenne ich's stückweise; dann aber werde ich erkennen, gleichwie ich erkannt bin.« Am Schluß des Films, der im Vergleich zu Bergmans früheren ungewöhnlich streng und komprimiert, aber faszinierend in seiner Bildsprache ist, die Landschaft der Insel und das Meer stark in sein Geschehen integriert, steht ein Hinweis auf das Prinzip der Liebe, das der Vater dem Sohn entgegenhält, als dieser einen Beweis Gottes fordert.

Noch asketischer in seiner Struktur ist *Licht im Winter*. Hier steht ein Pfarrer im Mittelpunkt, der seinen Glauben verloren hat und an seinem Amt verzweifelt. Gott schweigt für ihn; damit hängt auch seine Unfähigkeit zur Kommunikation mit den Mitmenschen zusammen. Ein Fischer sucht ihn auf (im Zusammenhang des Films vielleicht eine literarische Kunstfigur), der von Atomangst besessen ist und sich das Leben nehmen will. Der Pfarrer vermag seiner Angst nichts entgegenzusetzen als hilflose Aufmunterungen. Ebenso verzweifelt ist das Verhältnis des Pfarrers zu einer Lehrerin, die ihn liebt (sie ist in dem letzten Gottesdienst seine einzige Zuhörerin), von der er sich jedoch abgestoßen fühlt. Die Problemstellung des Films ist christlich, seine Schlußfolgerung allerdings eher atheistisch, denn, wie der Pfarrer einmal sagt, in einer fast befreienden Erkenntnis: »Wenn es wirklich so ist, daß Gott nicht existiert, was macht das schon aus? Dann hätten wir ja für alles eine Erklärung. Die Einsamkeit der Menschen, ihre Grausamkeit, ihre Furcht wären damit ja keine Probleme mehr.«[40]

Licht im Winter ist ein dramaturgisch und regielich stark konzentrierter Film; er beschreibt eine kurze Zeitspanne (vom Vormittag bis zum Nachmittag eines Tages) und ist fast ständig in eine dunkle Novemberstimmung gehüllt. Häufig schneit es; fremde Geräusche mischen sich ein, machen die Gespräche der Personen stellenweise unverständlich. Dies ist einer der konsequentesten, aber auch düstersten Filme Bergmans. »Nun auf einmal steht man vor dem nackten Gedanken«, schrieb Wilfried Berghahn über *Licht im Winter*.[41] »Wo bleibt denn da der Film? Ich würde antworten: dort, wo jede Form bleibt, wenn die Wahrheit sie ergreift. Sie hört auf, Selbstzweck zu sein, und wird mit ihrem Inhalt, das heißt, mit sich selbst identisch. Wenn man es auf die Spitze treiben will, könnte man sagen, Bergman sei immer in Gefahr gewesen, das protestantische Bekenntnis seiner Filme durch eine katholische Ikonografie – einfach weil es eine protestantische nicht geben kann – zu kompromittieren. Das ist nun vorbei. Bergman hat genau den Film gemacht, den die Frage, die ihn seit Jahren quält, von ihm verlangte.«

Das Schweigen erregte nach seinem Erscheinen ungewöhnlich viel Aufsehen und forderte wegen der sexuellen Freizügigkeiten des Films (die sich von heute aus betrachtet als recht harmlos darstellen) die Zensoren verschiedener Länder heraus. In der Bundesrepublik kam es zu Beschlagnahmeaktionen der Staatsanwaltschaft; in Frankreich verfügte die Zensur Schnitte, in Schweden lief der Film ungekürzt. Allen ursprünglichen Annahmen zum Trotz wurde *Das Schweigen* einer von Bergmans auch kommerziell erfolgreichsten Filme, vielleicht der erfolgreichste überhaupt. Der Film selbst trägt weitgehend metaphorischen Charakter: zwei Schwestern kommen mit einem kleinen Jungen (dem Sohn der einen) per Bahn auf der Durchreise in eine fremde Stadt, deren Sprache sie nicht sprechen und in deren Straßen Panzer auffahren (ein Bürgerkrieg?). In einem Hotel stirbt die eine Schwester, während sich die andere sexuellen Abenteuern in die Arme wirft. Währenddessen irrt der Junge durch die Korridore des Hotels, begegnet einem Lampenputzer und einer Gruppe von Zwergen. Nach dem Tod der Tante reist er mit seiner Mutter wieder weiter, allerdings hat er einen Zettel der Tante in der Hand, auf welchem einige Worte der fremden Sprache erklärt werden. *Das Schweigen* ist einer der formal expressivsten Filme Bergmans. Er ist arm an Geschehen, jedoch reich an visuellen Details. Das Abteil im Eisenbahnzug; das Hotelzimmer und die Korridore; die Szenen auf der Straße – alles trägt dazu bei, eine Atmosphäre der Bedrohung, der Angst, der diffusen Gewalt entstehen zu lassen. Manche Interpretationen, die die Kritik zu dem Film vorbrachte, scheinen weit hergeholt – so, daß die Welt des Hotels die Hölle, der alte Hoteldiener Gott symbolisieren solle. Eher schon mag man die beiden Schwestern als Ausdruck einer einzigen, in zwei dualistische Hälften gespaltenen Persönlichkeit betrachten. Interessant ist die Person des Kindes im Film, Johann mit Namen, das eigentlich die Hauptperson ist und durch dessen Augen die fremde Umgebung vorzugsweise gesehen wird; wichtig auch das Thema der Kommunikation durch Sprache, die hier praktisch nicht stattfinden kann.

Nach *Das Schweigen* verschwand das Transzendente und die Suche nach Gott, Bergmans eigener Aussage zufolge, aus seinen Filmen. »Nach der *Schweigen*-Trilogie war ich fertig mit dem ganzen religiösen Überbau, er verschwand, und ich wurde ein Mensch, der mit allen anderen Menschen auf der Erde unter einem hohen leeren Himmel allein war, und ich fühlte mich gleichzeitig in große Erregung versetzt.«[42]

Als ein Intermezzo im Schaffen Bergmans kann der komödiantische Film *För att inte tala om alla dessa kvinnor* (»Um nicht von allen diesen Frauen zu sprechen«, deutscher Verleihtitel: *Ach, diese Frauen*, 1963) gelten, eine Satire auf den Kulturbetrieb und den Kult um einen großen Meister der Musik, einen Cellisten, den man selbst im Film gar nicht zu Gesicht bekommt. Darauf folgte eine Serie von vier wiederum thematisch verwandten Filmen, die sich weniger offen mit metaphysischen Fragen beschäftigten als die Kammerspiel-Trilogie, in denen Bergman jedoch seiner Besessenheit von Dämonenfiguren und Schreckensvisionen freien Lauf ließ, in denen er stärker über die Situation des Künstlers und seine Beziehung zur Umwelt reflektierte. *Persona* (1966), *Vargtimmen* (*Die Stunde des Wolfs*, 1967), *Skammen* (*Schande*, 1968) und *Riten* (*Der Ritus*, 1969) lassen sich zu dieser Gruppe rechnen (manchmal hat man auch die ersten drei zu einer weiteren »Trilogie« zusammengefaßt[43]).

Persona ist eine Studie über das Verhältnis zwischen zwei Frauen, deren eine, die Schauspielerin Elisabeth, wiederum als psychisch krank gilt, sie hat sich – ob aus wirklicher Krankheit oder aus Protest bleibt offen – in das Schweigen geflüchtet und spricht im ganzen Film nur ein einziges Wort, nämlich »Nichts«; ihr gegenüber steht die Krankenschwester Alma, die pausenlos aus ihrem Leben berichtet; aber Elisabeth, wie aus einem Brief hervorgeht, betrachtet sie nur als Studienobjekt. Elisabeth lebt durch Alma, saugt sie geradezu aus: das Thema des Vampirismus im Verhältnis der beiden Frauen ist hier deutlich angelegt (in dieser Thematik ist die Kritik Bergmans an einem parasitären Künstlertum versteckt). Man kann, ähnlich wie in *Das Schweigen*, auch hier die beiden Frauenfiguren als Spiegelungen, zwei Seiten einer Persönlichkeit auffassen: in einer Szene nähert Bergman die Gesichter der beiden Frauen einander so weit an, daß sie als eine Art synthetisches Doppelgesicht erscheinen. *Persona* war – wie auch die folgenden Filme dieser Gruppe – in formaler Hinsicht besonders interessant. Bergman begann seinen Film mit einer filmischen Assoziationskette visionärer Bilder, in der manche Aspekte des Films bereits vorweggenommen schienen; zwischendurch wird auf die Natur der Filmbilder und der Filmprojektion Bezug genommen, indem die Kohlen des

Projektors gezeigt werden und der Film in der Mitte auch einmal reißt und verbrennt. Der Kritiker der »Cahiers du Cinéma« schrieb, *Persona* sei der schönste Film Ingmar Bergmans, weil hier »das Kino über sich selbst nachdenke«.[44]

Die Stunde des Wolfs ist ein literarisch verfeinerter Horrorfilm, den Bergman mit seinen Obsessionen und spezifischen Themen ausstattete. Er folgt dem Bericht einer schwangeren Frau über ihren Mann, einen Maler, mit dem sie zusammen auf einer Insel lebt, und der, vielleicht geistesgestört, sich von Dämonen verfolgt wähnt und ein schreckliches Ende findet. Möglicherweise ist aber auch die Frau geistesgestört. Es ist schwer, den Standort des Films zwischen Wirklichkeit und Wahnsinn exakt zu bestimmen. In das Hauptgeschehen werden Träume und eine Aufführung der »Zauberflöte« auf einer Puppenbühne eingeschachtelt. Bergman verfremdet das Spiel mit Horrorelementen durch raffinierte Brechungen, indem er einmal die Frau, dann den Mann erzählen läßt, die Tagebuchaufzeichnungen des Malers aber wieder durch die Erzählungen der Frau vermittelt. Der Vampirismus, als Thema schon in *Persona* angelegt, wird hier manifest. Bergman macht schon zu Beginn deutlich – der Film fängt mit den Geräuschen eines Filmstudios an –, daß es sich eben nur um Film, um Fiktion handelt.

Schande hat man auch »Bergmans *Weekend*« genannt, weil hier ein ähnlich apokalyptisches Bild von Zuständen der bürgerlichen Gesellschaft gezeichnet wird wie in dem Film Jean-Luc Godards. Bergman zeigt, wie unter extremen Bedingungen alles Zivilisatorische von bislang friedfertigen Menschen abfallen kann, so daß diese plötzlich zu Bestien werden. In gewisser Weise ist *Schande* auch Bergmans am stärksten »politischer« Film, wenngleich Bergman selbst diese Vokabel für sein Schaffen stets zurückgewiesen hat. Im Mittelpunkt steht wiederum ein Künstler (hier ein Musiker), der mit seiner Frau auf einer Insel lebt, wohin plötzlich der Bürgerkrieg kommt, in dessen Wirren das Paar hineingerissen wird. »Dann kommt mit vielen Bomben die Invasion. Ein Flugzeug stürzt in der Nähe ab, ein Fallschirmspringer bleibt in einem Baum hängen. Er wird von den einheimischen Truppen erschossen. Frau Rosenberg nennt ihren Mann einen VERDAMMTEN FEIGLING (. . .) Sie fahren durch ein Land, in dem überall Bomben explodieren, Häuser brennen und Leichen herumliegen. (. . .) Obwohl das Haus getroffen wird, bleiben die Rosenbergs unversehrt. Jan zerrt eine Geige aus dem Auto und erzählt, daß sie von einem Zeitgenossen Mozarts sei . . .« (Wim Wenders)[45] Der Film endet mit einer halluzinatorischen Szene, als das Boot der Flüchtlinge durch Leichen aufgehalten wird, die in der See treiben; in dieser Szene ist wiederum der Bericht eines Traums eingelassen. Man kann *Schande* realistisch sehen, dann ist es ein Film über das Dilemma von Leuten, die sich nicht engagieren können; oder metaphorisch, dann handelt der Film von den alptraumhaften Ängsten, die jeden in der bürgerlichen Gesellschaft bedrohen; man kann aber in diesem Film auch eine Reflexion über das Filmmedium, über die Künstlichkeit der Bilder sehen. Für diesen und die vorangehenden Filme Bergmans gilt, daß er sich »in zunehmendem Maße von den Methoden des realistischen Films abgewandt und sich Techniken und Sujets zugewandt (hat), die die Grenzen der sichtbaren Welt attackieren«. (Frieda Grafe)[46]

In *Ritus* sitzt ein Richter über eine Schauspieltruppe zu Gericht, die sich angeblich der Obszönität schuldig gemacht haben soll. Der in neun Teile eingeteilte Film beschäftigt sich vor allem mit dem Verhältnis der drei Schauspieler zueinander, aber auch mit ihren Zweifeln an der Kunst und ihren Mitteln. Der Richter, ebenfalls in Zweifel über seine Aufgabe, betet und beichtet; dabei sitzt ihm (in einem Gegenschnitt) Bergman als Stellvertreter Gottes gegenüber. Am Schluß, als der Richter sich das inkriminierte Schauspiel vorführen lassen will, stirbt er an Herzschlag. Auch hier werden wieder Fiktionen innerhalb einer Fiktion konstruiert.

In seinem Spätwerk widmet sich Bergman mehr und mehr der Frage nach der Möglichkeit eines erträglichen Zusammenlebens der Menschen unter den Bedingungen der bürgerlichen Gesellschaft. *En passion* (*Passion*, 1969), *The Touch* (auch: *Beröringen, Die Berührung*, 1971), *Scener ur ett äktenskap* (*Szenen einer Ehe*, 1973) und *Ansikte mot ansikte* (*Von Angesicht zu Angesicht*, 1976) sind zumeist Analysen von Ehe- und Zweierbeziehungen. Eine gewisse Sonderstellung in dieser letzten Produktionsphase Bergmans nimmt der Film *Viskningar och rop* (*Schreie und Flüstern*, 1972) ein, in dem Bergman noch einmal alle Themen seines früheren Werks zusammenfaßt.

Passion zeigt gewisse Verwandtschaften mit *Stunde des Wolfs* und *Schande*. Der auf einer Insel lebende Einsiedler Andreas Winkelman lernt die Witwe Anna Fromm kennen; zwischen beiden entsteht ein Liebesverhältnis, in dem sich die Beziehungen der Witwe zu ihrem verstorbenen Mann zwanghaft zu wiederholen scheinen. Das Geschehen spielt sich ab in einem Klima von Gewalt und Aggression: auf der Insel quält ein Unbekannter Tiere; ein alter Mann, fälschlich für den Täter gehalten, wird zum Selbstmord getrieben; auch vom Fernsehschirm dringt Gewalttätiges, und schließlich kommt es zu Aggressionen und Drohungen zwischen den beiden Liebenden. Ein starker fatalistischer und selbstquälerischer Trend trägt den Film, der den Grund für die Grausamkeit zwischen den Menschen in der psychologischen Krankheitsgeschichte einzelner Personen sucht. Eine interessante Bereicherung der Perspektive ergibt sich aus Interviews mit den Schauspielern über ihre Rollen, die Bergman in die Handlung des Films einblendet.

Etwas glatter in der Gestaltung ist *The Touch*, Bergmans erster Film mit einer internationalen Schauspielerbesetzung (gedreht in englischer Sprache). Hier wird die Geschichte Karins, einer verheirateten Frau, erzählt, die in gesicherten Verhältnissen lebt, aber ihres bürgerlichen Daseins überdrüssig ist; auch ihre Beziehung zu einem amerikanischen Archäologen gerät bald in eine selbstquälerische Krise. Im Verlauf des Films führt Bergman weitere Motive ein, so den Konflikt zwischen Judaismus und Christentum (der Amerikaner ist jüdischer Herkunft), die Beziehung Karins zu ihrer Mutter und das Symbolmotiv einer alten Madonnenstatue, die der Archäologe untersucht und die plötzlich voller Insektenlarven ist. Als Hauptthema des Films schält sich schließlich der schwierige Prozeß einer Selbstfindung der Protagonistin heraus.

In *Szenen einer Ehe* setzt Bergman die Analyse von Zweierbeziehungen fort. Zunächst als eine Folge von sechs je fünfzigminütigen Episoden für das schwedische Fernsehen gedreht, kam der Film dann in einer auf 2 Stunden und 50 Minuten gekürzten Kinofassung in den Verleih und wurde ein phänomenaler Erfolg. Bergman verfolgt über längere Zeit die Beziehungen eines verheirateten Paares, Mariannes und Johanns, die zunächst eine Modellehe zu führen scheinen, weswegen sie von einer Frauenzeitschrift als ideale Ehepartner interviewt werden. Allmählich werden jedoch Untiefen und Widersprüche ihres Verhältnisses offenbar (so in der Spiegelung an einem in Selbstzerfleischung lebenden anderen Paar); Johann überrascht und schockiert Marianne durch die Mitteilung, daß er sie einer anderen Frau wegen verlassen werde; zwischen den beiden kommt es zu Szenen heftigster Aggression. Nach der vollzogenen Scheidung scheint sich die Möglichkeit eines besseren Verhältnisses zwischen ihnen anzudeuten. Bergman paßte sich mit einer gradlinigen Erzählweise dem Fernsehmedium an, er verzichtete auf die sonst bei ihm vorkommenden Symbole, Verschlüsselungen und Rückblenden. Die Realität wird in diesem Film zur Alltagsrealität, sie ist beschränkt auf das Hier und Heute. Bergman wandte das ganze Repertoire seiner regielichen Mittel an die differenzierte und spannungsreiche Zeichnung des wechselnden Verhältnisses zwischen Johann und Marianne; durch die ästhetische Vereinfachung wurde der Film allerdings auch prosaischer, bei aller schockierenden Zuspitzung im einzelnen auch konventioneller.

Der »alte« Bergman ist dafür wieder präsent in *Schreie und Flüstern* sowie *Von Angesicht zu Angesicht*. *Schreie und Flüstern* führt auf einem Landsitz drei Schwestern zusammen, deren eine im Sterben liegt. Bergman kontrastiert die Figuren der drei Schwestern, deren Geschichten er in Rückblenden erzählt: die kranke Agnes, die die Distanz zu ihrer Mutter nie zu überwinden vermochte; Karin, die ihren Ehemann, einen pedantischen Aristokraten, haßt: er hat jedes Gefühl in ihr zerstört; und Maria, deren Affären ihren Mann zum Selbstmord treiben. Im Grunde findet zwischen den Schwestern keine Kommunikation mehr statt. Diese verwirklicht sich einzig noch in der wortlosen Geste der Umarmung Agnes' durch das Dienstmädchen Anna. Der Film beginnt und endet mit unwirklich schönen, verfremdeten Bildern einer Parklandschaft – Erinnerungsbildern aus der Jugend der Schwestern; er ist ferner gekennzeichnet durch die Dominanz der Farbe Rot in den Innenszenen: ein Hinweis darauf, daß der Salon vielleicht metaphorisch für das Innenreich der Seele gemeint ist. Mit großer Klarsichtigkeit, Skepsis, aber auch mit Verstehen und mit Mitleid zeichnet Bergman seine Personen, ihren Schmerz, ihre Verhärtung, ihre Einsamkeit. Seine Meisterschaft zeigt sich in der Knappheit und in der Verdichtung jeder einzelnen Szene, jedes Bildes.

Noch abgründiger als *Schreie und Flüstern* gibt sich *Von Angesicht zu Angesicht*, die Charakterstudie einer Frau, die Ärztin der Psychiatrie ist, bei der während einer längeren Abwesenheit ihres Mannes Angstkomplexe aus der Vergangenheit übermächtig hervorbrechen; diese verdichten sich zu einem schweren psychopathologischen Krankheitsbild, das Bergman in einer Folge von Träumen und Halluzinationen beschreibt. Auch Spiegelungen spielen eine Rolle: die gestörte Beziehung der Protagonistin zu ihren Eltern und Großeltern scheint sich im Verhältnis zwischen ihr und ihrer Tochter zu wiederholen. Obwohl dieser Film der Zerrissenheit von Bergmans früheren Filmen sehr nahe kommt, ist in ihm doch Anteilnahme, Verständnis, ja Solidarität zu spüren; der analysierende Blick bleibt nicht bei der Konstatierung des Rätselhaften oder Unmenschlichen stehen, sondern sucht dem Geheimnis der Personen auf den Grund zu kommen.

Während sowohl *Schreie und Flüstern* als auch *Von Angesicht zu Angesicht* die brüchige Oberfläche scheinbar normaler Lebensumstände auseinandersprengen und Abgründe der Angst und der Neurose sichtbar machen, bietet *Trollflöjten* (*Die Zauberflöte*, 1975) ganz im Kontrast zur gewohnten Düsterkeit Bergmans ein überirdisches, strahlend schönes Schauspiel von Glück und Erlösung. Man kann diese Verfilmung der Mozart-Oper, die besonders in den theatralischen Unterwelt-Visionen immer wieder Züge des Humors, der Ironie, der gelösten Heiterkeit enthält, vielleicht als Projektion von Wunschvorstellungen begreifen, denen Bergman in seinen anderen Filmen keinen Ausdruck geben konnte (immerhin enthält auch *Die Stunde des Wolfs* eine eingeblendete Puppenspiel-Aufführung der »Zauberflöte«!); die Gespenster, die er früher so oft beschwor, sind hier gebändigt, sie erscheinen nur in Form grotesker Masken oder als ungefährliche Bühnenattrappen.

Ein Werk des Regisseurs lassen fast alle Bergman-Filmografien seltsamerweise unerwähnt: das ist der 1969 für das schwedische Fernsehen gedrehte Dokumentarfilm *Farö-Dokument*. Hier präsentiert Bergman die nördlich von Gotland gelegene kleine Ostseeinsel Farö, auf der er sich seit den sechziger Jahren aufhielt und auf der viele seiner Filme entstanden. So sachlich dieser Film auch ist, enthält er trotzdem eine persönliche Spiegelung der Bergmanschen Welt und macht eine interessante Osmose zwischen Eindrücken der Umwelt (Landschaft, Meer) und der schöpferischen Imagination Bergmans sichtbar.

Bergman ist in seinen späteren Filmen zu einem scharfsichtigen Kritiker bürgerlicher Institutionen (wie der Ehe) und gesellschaftlicher Normen geworden. Er hat von seinen eigenen Obsessionen mehr Distanz gewonnen; seine Filme sind dadurch »menschlicher« geworden. Bergmans Filme vollziehen eine »Affirmation des Menschen durch das Absurde« (Guy Braucourt)[47]: der Priester predigt weiter, der Künstler schafft weiter, der Mensch lebt weiter, obwohl er durch das niederschmetternde Erlebnis der eigenen Negation hindurchgegangen ist, die Abgründe seines Ichs erkannt hat. Bergman hat gerade in seinen letzten Filmen, die einer Klassizität zuneigen, die Zuschauer betroffen gemacht, sie möglicherweise zur Erkenntnis ihrer selbst gebracht; er hat aber auch beigetragen zu einer Kultur des visuellen Erzählens, die mit Symbolen und Chiffren ebenso arbeitet wie mit graphischer Stilisierung des Bildes, die mit Licht und Schatten eine Landschaft der Seele modelliert, späterhin immer stärker den Ausdrucksgehalt des menschlichen Gesichtes, eingefangen in expressiven Großaufnahmen, aber auch die Suggestionskraft von Natur und Landschaft in den Mittelpunkt stellt. Bergmans Filme waren immer auf eine radikale Weise persönlich. In ihnen spiegeln sich die Umbrüche, Krisen, die Metamorphosen ihres Autors, die Kurswechsel in seiner Entwicklung. »Ein Werk, vom Hunger nach Sinn, Lebenssinn, Lebensrechtfertigung erfüllt; fragend und ruhelos.« (Wolfram Schütte)[48]

Der neue schwedische Film

Die Entwicklung des jüngeren schwedischen Films vollzog sich teilweise in Opposition oder geradezu im Aufstand gegen Ingmar Bergman, der die Filmszene bislang wie eine Vaterfigur beherrscht hatte.

Bo Widerberg, einer der profiliertesten Regisseure des neuen schwedischen Kinos (geb. 1930), begann zunächst als Filmkritiker und publizierte 1962 ein Buch »Visionen des schwedischen Films«, in welchem er den Bergman-Stil mit seinen Mythen und seinem Prinzip des »Vertikalen« attackierte; diesem wollte er ein Prinzip des »horizontalen« Erzählens entgegensetzen. Fasziniert zeigte sich Widerberg von der spontanen und freien Erzählweise der französischen ›Nouvelle vague‹, und sein erster Spielfilm *Barnvagn* (*Der Kinderwagen*, 1962), die Geschichte eines Mädchens, das von einem Beatsänger ein Kind erwartet, aber weder diesen noch einen Bürgersohn heiratet, sondern mit ihrem Kinderwagen allein bleibt, ist stark von französischen Vorbildern, speziell von Jean Luc Godards *A bout de souffle*, geprägt. Strenger geplant war im Vergleich dazu *Kvarteret korpen* (*Das Rabenviertel*, 1963). Der Film spielt im Malmö des Jahres 1936 und beschreibt vor einem exakt rekonstruierten zeitgeschichtlichen Hintergrund den Entwicklungsprozeß eines jungen Mannes, der mühsam versucht, sich von dem Kleinbürgermilieu, in dem er lebt, zu emanzipieren und namentlich den Einfluß seines Vaters, eines Alkoholikers, zu überwinden. Trotz vieler zeitgeschichtlicher Details ist *Das Rabenviertel* ein subjektiver und autobiographischer Bericht, sozusagen ein filmischer Entwicklungsroman. Vorgänge und Personen erscheinen zugleich nah und fern; die Perspektive zeitlicher Distanz läßt Widerberg durch inszenatorische Mittel und durch eine besondere Intensität in der Wiedergabe von Einzelheiten entstehen.

Mit *Kärlek 65* (»Liebe 65«, deutscher Verleihtitel: *Roulette der Liebe*, 1965) trat Widerberg in ein neues Stadium ein: indem er einen Filmregisseur zeigte, der einen Film (im Film) vorbereitete, reflektierte er über die Grundlagen der eigenen Arbeit. Sein Regisseur zitiert Godard und Antonioni, bemüht sich um Improvisation und Spontaneität und kommt schließlich zur Erkenntnis: »Heute kann kein Künstler mehr die Welt zusammensetzen, wie mit Mosaiksteinen; das Vorbild selbst ist zerbrochen. Wir können nur noch die Scherben zusammensuchen und gegen das Licht halten.«[49]

Widerbergs folgende Filme waren vom Widerspruch zwischen erklärtem politischem Engagement und teilweise romantischen Elementen der Gestaltung gekennzeichnet. Auf die Komödie *Heja Roland* (*Hallo Roland*, 1966) folgte 1967 *Elvira Madigan*, die melancholische Ballade von der unmöglichen Liebe zwischen einer Seiltänzerin und einem desertierten Leutnant (Schauplatz ist Dänemark 1889), die damit schließt, daß die Liebenden ihrem Leben ein Ende setzen, während die Kamera eine Szenerie überirdischen Glücks ausmalt. Einen ähnlichen Hang zur gefühlvoll-impressionistischen Ausschmükkung ließ auch *Adalen 31* (1969) erkennen, eigentlich ein politischer Film par excellence, die Geschichte eines historischen Streiks in Nordschweden aus dem Jahre 1931, bei dem die Armee eingriff und im Verlauf von Auseinandersetzungen fünf Demonstranten tötete. Widerberg gibt eine Chronologie der damaligen Streikbewegung, gesehen aus den Augen einer am Streik beteiligten Familie, wobei politische Vorgänge genauso exakt geschildert werden wie das Alltagsleben der Personen mit seinen privaten und teilweise pittoresken Einzelheiten. Aber Widerberg betreibt in seinem Film auch eine Landschaftsmalerei à la Renoir und läßt die entscheidende Auseinandersetzung zwischen Arbeitern und Soldaten in einer idyllischen Umgebung stattfinden; man gewinnt hier den Eindruck, daß die ästhetische und die ideologische Dimension des Films nicht immer miteinander verbunden sind. Seinem gesellschaftlichen Engagement blieb Widerberg jedoch auch in dem kollektiv hergestellten Dokumentarfilm *Den vita sporten* (»Der weiße Sport«, 1968) über politische Auseinandersetzungen bei einem Tennismatch sowie in dem Spielfilm *Joe Hill* (1972) treu. Letzterer Film erzählt nicht ohne Aufwand in der Rekonstruktion von Zeitkolorit und Atmosphäre die Lebensgeschichte des Schweden Joel Hillstrom, der 1902 in die USA auswanderte, dort zu einem populären Sänger und Anführer der Arbeiterbewegung wurde, bis man ihn 1915 in Salt Lake City als »Unruhestifter« zum Tode verurteilte und hinrichtete. *Joe Hill* gehört zu den besten Filmen Bo Widerbergs: er ist nicht nur die exakte und sensible Wiedergabe eines bestimmten Abschnitts amerikanischer Geschichte, über den bisher wenig bekannt war, sondern ebensosehr eine aktuelle Reflexion über Mechanismen der Einschüchterung und der Diffamierung, die sich gegen sozial unbequeme Außenseiter richten. Der Film gestaltet auch den Bewußtwerdungsprozeß seines Helden. Widerbergs Hang zur romantischen Ausschmückung, zur Betonung einer subjektiven Perspektive deckte sich hier mit dem Thema, mit den Hoffnungen und Erwartungen der Einwanderer. Gleichzeitig stattete Widerberg seinen Film mit realistischem Scharfblick in der Zeichnung gesellschaftlicher Widersprüche aus. So kann man *Joe Hill* schon jetzt als einen Klassiker des Films über die Arbeiterbewegung neben *Salt of the Earth* bezeichnen. Danach drehte Widerberg *Fimpen* (*Fimpen, der Knirps*, 1974), eine Komödie über ein Fußball-Wunderkind, sowie einen sehr professionell gemachten Thriller, *Mannen pa taket* (»Der Mann auf dem Dach«, 1977).

Ebensoviel Einfluß wie von Widerberg ging in den sechziger Jahren von den Filmen Vilgot Sjömans aus. Vilgot Sjöman (geb. 1924) hatte schon eine Karriere als Schriftsteller hinter sich (danach assistierte er bei Bergman), ehe 1963 sein erster Film *Älskarinnan* (»Die Geliebte«, deutscher Verleihtitel: *Schlafwagenabteil*) herauskam, eine Dreiecksgeschichte, die eine Frau zwei Liebhabern gegenüberstellt, an denen sie kein Genüge findet. *Känningen* (»Das Kleid«, 1965) variiert die Dreiecksgeschichte nur geringfügig. Diesen beiden Filmen attestierte die Kritik immerhin »eindringliche Schärfe« und einen »feministischen Standpunkt«.[50] Klischeereich und fragwürdig wirkte dagegen *491* (1964), ein als Sozialreportage drapiertes Melodram aus dem Milieu halbkrimineller Jugendlicher, die mit Erziehern, Sozialinspektoren und Prostituierten böse Spiele treiben. Der Film erregte großes Aufsehen wegen »gewagter« Szenen und wurde von der Zensur gekürzt; jedoch hinterließ er eher den Eindruck von Zynismus als von Wagemut. *Syskonbädd 1783* (*Syskonbädd 1783 – Geschwisterbett*, 1966) war ein Ausflug ins Genre des Historienfilms, angereichert mit einer »dekadenten« Thematik. Weltweite Resonanz fanden die nächsten zwei Sjöman-Filme: *Jag är nyfiken – gul* (*Ich bin neugierig – gelb*, 1967) und *Jag är nyfiken – bla* (»Ich bin neugierig – blau«, deutscher Verleihtitel: *Sie will's wissen*, 1968). Dieser Doppelfilm basierte auf einer publikumsattraktiven

Mischung von Sozialanalyse, Psychologie, Exhibitionismus und Reflexion über das Filmemachen. Mittelpunkt beider Filme ist das Mädchen Lena, das, degoutiert von der Spießigkeit ihres Vaters (eines alten Spanienkämpfers), soziologische Forschungen betreibt und Leute auf der Straße interviewt; dazwischen führt Sjöman Lenas Liebesleben vor, tritt aber gleichzeitig selbst ins Bild, um den Film zu kommentieren und über seine eigenen Beziehungen zu Lena zu berichten. Der Film gibt sich gelegentlich philosophisch, dann wieder zeitkritisch und kabarettistisch; die Mischung ist insgesamt spekulativ und ziemlich unverdaulich, selbst wenn der zweite Teil des Films einen etwas seriöseren Kurs steuert. Sjöman selbst behauptete, die schwedische Wohlstandsgesellschaft zu kritisieren und nannte sein Doppelopus »ein polemisches Kaleidoskop; eine Mischung aus Reportage, Imagination, Demagogie, gemacht von der Plattform der unzufriedenen Linken«.[51]

Sjöman, an dem ein Teil der Kritik auch weiterhin festhielt, drehte 1969 *Ni ljuger* (»Ihr lügt«), eine Untersuchung über schwedische Gefängnisse, wiederum eine Kombination von Dokumenten und Fiktion, und (nach mehreren anderen Filmen) 1974 *En handfull kärlek (Eine Handvoll Liebe)*, eine stärker ambitionierte Arbeit, die vor dem Hintergrund sozialer Auseinandersetzungen und eines Streiks im Jahre 1909 das Verhältnis zwischen einem Arbeiter und seiner Geliebten beschreibt. Der Film hatte gewisse Ähnlichkeiten mit Widerbergs *Adalen 31*. In *Garaget* (»Die Garage«, 1976), einem kriminalistischen Psychodrama aus dem Lehrermilieu, häufte Sjöman dagegen wieder schlimmste Geschmacklosigkeiten aufeinander.

Jörn Donner (geb. 1933), ursprünglich aus Finnland stammend, war schon als Schriftsteller und Kritiker aktiv, bevor er sich als Regisseur betätigte. Er ist »von ganz anderem Temperament als die übrigen schwedischen Regisseure der sechziger Jahre: alert, dynamisch, ungeduldig und kosmopolitisch«. (Nils Petter Sundren)[52] Donner drehte zu Beginn seiner Karriere drei ambitionierte Filme: *En söndag i september* (*Ein Sonntag im September*, 1963), die Geschichte einer Ehe in drei Teilen, Antonioni-ähnlich in der Atmosphäre; *Att älska* (*Zu lieben*, 1964), eine »Komödie der sinnlichen Liebe« über eine Witwe, die sich nach dem Tode ihres Mannes emanzipiert (der polnische Schauspieler Zbigniew Cybulski spielte die Rolle eines jungen Liebhabers), und *Här börjar äventyret* (»Hier beginnt das Abenteuer«, 1965), eine aus Erinnerungsfragmenten zusammengesetzte Liebesgeschichte, in der verschiedene Sprachen gesprochen werden und die in Rückblenden auch die Vergangenheit Deutschlands evoziert. 1968 ging Donner wieder nach Finnland zurück und produzierte sowie inszenierte dort Filme stärker kommerziellen Charakters.

Ein besonders eigenwilliges Talent unter den jüngeren schwedischen Filmregisseuren ist Jan Troell (geb. 1931). Troell war ursprünglich Lehrer, dann Kameramann Bo Widerbergs in *Der Kinderwagen*; er drehte seit 1961 selbständig Kurzfilme, so *Upehall i Myrlandet* (»Aufenthalt im Marschland«, 1965).

Troells erste Langspielfilme verrieten Neigung zur detaillierten psychologischen Analyse, ein ausgeprägtes soziales und geschichtliches Bewußtsein und Sinn für spezifisch nordische Landschaften und Milieus. *Här har du ditt liv* (*Hier hast du dein Leben*, 1967) ist ein filmischer Entwicklungsroman (mit leicht nostalgischen Untertönen wie bei Widerberg): erzählt wird die Geschichte Olofs, eines jungen Mannes, der sich erst in nordschwedischen Einöden als Flößer und Sägewerksarbeiter durchschlägt, später von einem Kinobesitzer als Plakatkleber und Vorführer angestellt wird. Troell schildert den Entwicklungsprozeß seines Helden auf der individuell-psychologischen Ebene, aber auch im politischen Bereich: Olof verschlingt politische Literatur; im Kino, wo er arbeitet, erscheint die Zeitgeschichte auf der Leinwand (es ist die Epoche des Ersten Weltkriegs); schließlich versucht er, eine Gewerkschaft zu gründen und einen Streik zu organisieren, worauf er entlassen wird. Troell verwendet besondere Liebe und Sorgfalt auf die Rekonstruktion von Stimmungen; er erwies sich mit diesem Werk im Grunde mehr als Lyriker denn als Epiker der Filmkunst. *In Ole dole doff* (*Raus bist du*, 1968), einem vermutlich autobiographischen Film, beschrieb Troell die verzweifelte Situation eines Schullehrers, der an der subtilen Tyrannei der Kinder, die er unterrichten soll, zerbricht. Die Kamera (16 mm) ist von äußerster Beweglichkeit, sie verdichtet, bildet aus Realitätsfragmenten zusammengesetzte Schreck-, Verfolgungs- und Einsamkeitsvisionen ab; der Konflikt wird nicht so sehr als soziales Drama, sondern als existentielle Grundsituation begriffen. Besonders aufwendig und langdauernd in der Drehzeit waren Troells zusammen über fünf Stunden lange Filme *Utvandrarna* (*Emigranten*, 1971) und *Nybyggarna* (*Das neue Land*, 1972) – die Erzählung der Odyssee verarmter Bauern aus der schwedischen Region Smaland, die 1848 nach Amerika auswandern. Während der erste Teil sich hauptsächlich auf die Vorgeschichte der Auswanderung beschränkt, die unerträglichen Lebensverhältnisse der armen Bauern, die soziale ebenso wie die religiöse Unterdrückung beschreibt und am Ende mit großer Ausführlichkeit die Überfahrt einer Familie zum »Gelobten Land« ihrer Erwartung schildert, konzentriert sich der zweite Teil auf die Erlebnisse der Einwanderfamilie in den USA selbst, wobei die Einheit dieser Familie sich allmählich auflöst. Das Goldgräbermotiv spielt eine wichtige Rolle im Film; auch die blutige Unterdrückung der Indianer wird in einer Episode gezeigt. Troell gab seinem Film einen ruhigen, gleichmäßigen Rhythmus, der sich allen Versuchungen des Spektakulären verweigert und die poetische Verdichtung alltäglicher Ereignisse anstrebt. Troells *Emigranten* wurden wegen ihrer ausgeprägten visuellen Sprache von der Kritik mit den Filmen Flahertys, andererseits mit *Andrej Rubljow* in Verbindung gebracht.[53] In *Bang!* (1977) erzählt Jan Troell mit vielen Ausschmückungen, unter Aufbietung großer filmischer Virtuosität, aber auch nicht ohne Larmoyanz von den Bemühungen eines Chemielehrers und Amateur-Musikers aus der Provinz, dessen Hobby die Komposition elektronischer Musik ist, die innere Krise zu überwinden, die ihn befallen zu haben scheint.

Eine Reihe weiterer schwedischer Regisseure sind in der zweiten Hälfte der sechziger Jahre mit Filmen hervorgetreten, die über dem Durchschnitt lagen: Johan Bergenstrahle, Jan Halldorf, Mai Zetterling, Kjell Grede, Stig Björkman, Lasse Forsberg, Roy Andersson. Johan Bergenstrahle (geb. 1935) begann mit einem Film dezidiert politischer Thematik, *Made in Sweden* (1969), dessen Held, ein Wirtschaftsjournalist, zu beweisen sucht, daß ein großer schwedischer Konzern mit Geschäften am Vietnam-Krieg partizipiert. Er konnte seinen Film allerdings nicht von Klischees freihalten. Künstlerisch eigenwilliger war *Baltutlamningen* (»Eine baltische Tragödie«, 1970): dieser Film erzählt das authentische Drama einer Gruppe von Soldaten und Offizieren baltischer Staaten, die während des Zweiten Weltkrieges auf seiten der Deutschen kämpften, bei Kriegsende nach Schweden flüchteten, dort interniert und schließlich gegen den Protest der Öffentlichkeit an die UdSSR ausgeliefert wurden. Bergenstrahle berichtet die Geschichte dieser Flüchtlinge mit viel Engagement und Kritik am Verhalten der schwedischen Behörden, ohne allerdings zu untersuchen, wieweit sich die »Balten«, die er als bemitleidenswerte Opfer zeichnet, während des Krieges nicht doch schuldig gemacht hatten. Der Film bedient sich einer sehr persönlichen Bildsprache, die manchmal ans Visionäre grenzt. In *Kocksgatan 48* (1973) beschäftigte Bergenstrahle sich mit der Situation ausländischer Arbeiter in Stockholm; *Hallo Baby!* (1976) ist die poetisch verspielte, aber phantasievoll erzählte Chronik von Ereignissen aus Kindheit und Jugend einer Malerin. Jan Halldorf (geb. 1939) realisierte von 1965 bis 1970 sechs Spielfilme, deren bekanntester *Korridoren* ist (1968), ein Film über das Alltagsleben eines Arztes in einem Krankenhaus. Halldorf hielt seinen Produktionsrhythmus auch in den siebziger Jahren aufrecht, wobei er sich überwiegend den unterhaltenden Genres widmete.

Ein Sonderfall im schwedischen Film ist Mai Zetterling (geb. 1925). Schon in den vierziger Jahren gehörte sie zu den bekanntesten schwedischen Filmschauspielerinnen. Dann gab sie die Schauspielerei jedoch auf und wandte sich der Filmregie zu. Bis jetzt realisierte sie – wenn auch in größeren Abständen – fünf Spielfilme, die sowohl von nostalgischen Tendenzen, vom Hang zur Ausmalung von Dekadenz als auch von kritischen und feministischen Positionen geprägt sind. *Älskande par* (*Liebende Paare*, 1964) stellt die Dekadenz der gehobenen schwedischen Gesellschaft vor dem Ersten Weltkrieg am Fall von drei Frauen dar, die kurz vor der Geburt stehen; der Film unterstreicht die sklavengleiche Abhängigkeit, in der die Frauen gehalten werden, ebenso wie die Selbstherrlichkeit der Männer, wobei die Regisseurin auch vor naturalistischen Kraßheiten nicht zurückscheut. In *Nattlek* (»Nachtspiele«, deutscher Verleihtitel: *Verschwiegene Spiele*, 1966) entfaltet Mai Zetterling erneut ein Panorama der Dekadenz: ein junger Adliger ist in einer derart pathologischen Mutterbindung befangen, daß er das Familienschloß, Stätte vielfach lasterhaften Treibens, erst in die Luft sprengen muß, ehe er zur Normalität zurückfindet. In beiden Filmen bedient sich Mai Zetterling einer Symbolsprache, die sie in die Nähe von Ingmar Bergman rückt. *Flickorna* (*Die Mädchen*, 1969) ist ein Film über eine Gruppe von Wanderschauspielerinnen, die »Lysistrata« aufführen; der Film, auf zwei Ebenen angesiedelt, gilt als »halluzinatorisch, barock und aggressiv feministisch«.[54] Einfacher und realistischer ist ihr letzter Film *Vi har mange narne* (»Wir haben viele Namen«, 1975), der im Stil eines Monologs mit Rückblenden zwar gefühlsbetont, manchmal fast larmoyant, aber doch sehr aufrichtig vom Standpunkt einer Frau die Geschichte der Beziehungen zwischen ihr und ihrem Ehemann erzählt, der sie verlassen hat. Kjell Grede (geb. 1936) assistierte zunächst bei Bergman und drehte dann einen Kinderfilm, *Hugo och Josefin* (*Hugo und Josefin*, 1967). 1970 folgte *Harry Munter*, eine Tragikomödie über einen jungen Mann, »die mehr auf Emotionen als auf einer Handlung beruht und in dieser Beziehung zutiefst schwedisch ist«[55]; 1972 drehte er *Klara Lust*.

Stig Björgman (geb. 1938), Redakteur der Filmzeitschrift »Chaplin«, realisierte von 1968 ab mehrere Filme, deren bester *Den vita väggen* (*Die weiße Wand*, 1975) ist, die kühl-distanzierte, gleichsam phänomenologische Beschreibung eines Tages aus dem Leben einer »emanzipierten« jungen Frau, die sich vergebens um eine Anstellung bemüht und von ihrem Freund, den sie in einer desolaten Tanzbar kennenlernte, enttäuscht wird. In *Misshandlingen* (*Körperverletzung*, 1969), dem ersten Spielfilm des Fernsehdokumentaristen Lasse Forsberg, gerät ein junger politisierter Arbeiter, der sich zu Aggressionen hinreißen ließ, in das Räderwerk behördlicher und psychiatrischer Institutionen. Roy Andersson (geb. 1943) drehte 1975 einen persönlichen, nachdenklichen Film mit dem Titel *Giliap*, der in den Kulissen eines großen Hotels spielt.

Die bereits durch Dokumentar- und Kurzfilme hervorgetretene Marianne Ahrne (geb. 1940) beschäftigt sich in ihrem Erstlingsspielfilm *Langt borta och nara* (»So nah und so fern«, 1977) ebenfalls mit dem Thema Psychiatrie, das zu den bevorzugten Themen des engagierten Autorenkinos der siebziger Jahre gehört, insbesondere in den skandinavischen Ländern. Sie stellt eine Helferin in einer psychiatrischen Klinik vor, die sich für den Fall eines autistischen jungen Mannes interessiert und bei ihren Bemühungen um den Patienten in Konflikt mit den traditionellen Methoden des Klinik-Leiters gerät. Trotz interessanter Ansätze scheitert der Film letztlich an einer allzu romanhaften Dramaturgie.

Während die schwedische Filmszene der siebziger Jahre auch eine größere Zahl kommerziell-unterhaltender Produktionen jüngerer Regisseure hervorgebracht hat, muß auf der anderen Seite die Aktivität des Stockholmer ›Film-Centrums‹ erwähnt werden, einer nichtkommerziellen Institution, die vor allem sozial engagierte Filme produziert und verleiht. Am bekanntesten aus der Produktion von ›Film-Centrum‹ wurde *Viggen 37*

(1972), ein dokumentarischer Bericht über das Zusammenspiel von Behörden und Industrie bei der Entwicklung eines Jagdflugzeuges. Das ›Film-Centrum‹ stellte eine Reihe kritisch-analytischer Filme über Länder der Dritten Welt her, teilweise im Auftrag des schwedischen Fernsehens, sowie engagierte Zielgruppenfilme über Probleme der Innenpolitik und der schwedischen Gesellschaft.

In Finnland entstanden zu Anfang der sechziger Jahre noch etwa 20 Spielfilme pro Jahr, die Zahl sank dann unter dem Einfluß des sich ausbreitenden Fernsehens auf weniger als die Hälfte; 1974 und 1975 wurden nur noch drei bzw. vier Filme gedreht. Bis Mitte der sechziger Jahre fanden nur zwei Filme Resonanz außerhalb der Landesgrenzen: *Valkoinen peura* (»Der weiße Hirsch«, 1952) von Erik Blomberg und Mirjami Kuosmanen, und *Tuntematon sotilas* (*Der unbekannte Soldat*, 1956) von Edwin Laine. Der finnische Film schien in Provinzialität erstarrt. Das änderte sich erst 1966, als Mikko Niskanen (geb. 1929), inspiriert von Vorbildern der französischen ›Neuen Welle‹, *Käpy selän alla* (»Unter deiner Haut«, deutscher Verleihtitel: *Tannenzapfen unter dem Rücken*) drehte, einen stilistisch modernen und sensiblen Film über eine Gruppe von jungen Leuten, die ein Ferienwochenende gemeinsam verbringen; der Film fand beim Publikum ebensoviel Anklang wie bei der Kritik. Nach einer Reihe weiterer Spielfilme drehte Niskanen für das finnische Fernsehen die vierteilige Dokumentarspiel-Serie *Kahdeksan sarmanluotia* (»Acht tödliche Schüsse«, 1970–1972), die Geschichte eines armen Landpächters, der aus Verzweiflung über sein Dasein eine Kurzschlußhandlung begeht; eine eindringliche Studie aus dem Alltagsleben der unterprivilegierten Landbevölkerung. Soziale Themen sollten für den finnischen Film der späteren sechziger und der siebziger Jahre zur Hauptinspirationsquelle werden. Das bewies auch Risto Jarva, der renommierteste finnische Filmregisseur, mit *Työmiehen päiväkirja* (»Das Tagebuch eines Arbeiters«, 1967). Risto Jarva (geb. 1934), der seit 1962 bereits mehrere Spielfilme gedreht hatte, schildert in *Tagebuch eines Arbeiters* die Schwierigkeiten eines verheirateten Paares, die sich aus ungünstigen Arbeitsbedingungen, aber auch aus der verschiedenen sozialen Herkunft der beiden Ehepartner ergeben: der Mann (ein Schweißer) verlor seine Eltern im Krieg, hat aber deren sozialistische Denkweise übernommen; die Frau dagegen kommt aus einer kleinbürgerlichen, konservativen Familie. Jarva wandte große Aufmerksamkeit auf jede Einzelheit der Regie; in dem Film verschmolz die soziale mit der geschichtlichen und der individuell-psychologischen Dimension. Die sozialkritische Linie dieses Films setzte Jarva auch in seinen folgenden Werken fort. In *Ruusujen aika* (»Die Zeit der Rosen«, 1968) entwarf er die Sozialordnung einer möglichen Zukunft, in der die Herrschenden einen Massenbetrug an der Bevölkerung vollziehen; *Bensaa suonissa* (»Benzin im Blut«, 1970) war eine satirische Attacke gegen die Autozivilisation; *Kun taivas putoao . . .* (»Wenn der Himmel einfällt«, 1972) ein Bericht über die Macht der »rosa Presse« in Finnland.

Yhden miehen sata (*Einmannkrieg*, 1973) ist eine gesellschaftliche Parabel großer Schärfe und Eindringlichkeit. Eine harte Schwarzweiß-Fotografie, die immer dicht an der Wirklichkeit bleibt, zeigt die Kehrseite sozialer Legenden: ein Arbeiter kauft sich auf Kredit eine Baggermaschine, mit der er als Kleinunternehmer tätig wird, zusammen mit seiner Frau und seinem besten Freund; aber der erhoffte soziale Aufstieg bleibt aus, die Schwierigkeiten wachsen ihm über den Kopf, schließlich verliert er seine Baggermaschine wieder. Obwohl Jarva aus einem scheinbar ganz privaten Blickwinkel erzählt, macht er die Realität eines gesellschaftlichen Systems deutlich (und auch emotional erfahrbar), das dem einzelnen Wunschträume vorgaukelt, ihn tatsächlich aber erbarmungslos ausnutzt und dann fallenläßt. Als ob er sich von dem Stil realistisch-düsterer Wirklichkeitsbeschreibung, wie er ihn bisher bevorzugte, einmal befreien wollte, drehte Jarva 1975 eine Komödie: *Mies joka ei osannut sanoa ei* (»Der Mann, der nicht nein sagen konnte«). Schauplatz ist ein vom Abbruch bedrohter alter Stadtteil von Helsinki. Trotz aller burlesken Elemente und surrealen Gags kommen auch hier wieder sozialkritische Themen zum Vorschein: die Bewohner der Siedlung wehren sich gegen den drohenden Abriß ihrer Häuser zugunsten supermoderner Bürotrakts.

Mit dem Werk Risto Jarvas kann man stilistisch ebenso wie nach ihrer thematischen Richtung die Filme von Pakkasvirta und Kivikoski in Verbindung bringen. Jaakko Pakkasvirta (geb. 1934) war zuerst lange Zeit Schauspieler (unter anderem bei Jarva), er debütierte 1968 mit *Vihreä leski* (»Grüne Witwe«), einem Film, der die sozialen Probleme der finnischen Vorstädte untersuchte; *Kesäkapina* (»Sommer-Rebellion«, 1970) ist die Geschichte eines Cover-Girls und zugleich eine Attacke auf die Konsumgesellschaft; in *Jouluksi kotiin* (»Weihnachten nach Hause«, 1975) setzt ein Bauarbeiter seine gesamte Kraft daran, im Verlauf eines Jahres mit privaten Mitteln ein kleines Eigenheim zu bauen; er stirbt schließlich vor Überanstrengung. Soziale Aufmerksamkeit als Hauptmotiv kennzeichnet auch die Arbeit von Erkko Kivikoski (geb. 1936). *Kuuma kissa* (»Heiße Katze«, 1968) ist die Geschichte eines Jungen, der wegen schlechten Betragens von der Schule verwiesen wird; *Kesyttomat veljekset* (»Die Brüder«, 1969) stellt die Lebensauffassungen zweier ungleicher Brüder einander gegenüber: der eine ist Besitzer einer Druckerei, der jüngere dagegen ist Student und sucht seinen Idealismus in politisches Engagement umzusetzen; Kivikoski erzählt die beiden Geschichten parallel und entwickelt aus ihnen eine dialektische Argumentation. *Laukaus tehtaalla* (*Schüsse in der Fabrik*, 1973) ist die chronikartig genaue Beschreibung eines Arbeitskampfes in einer finnischen Industriestadt, wo infolge einer Unternehmensfusion viele Arbeiter entlassen werden; als »legale« Aktionen der Arbeiter nichts nützen, greift einer von ihnen zum Gewehr und erschießt den Direktor. Der Film (der mit wirklichen Arbeitern gedreht wurde) geht der Versuchung zum Melodram konsequent aus dem Weg und rekonstruiert eher den Ablauf einer gesellschaftlichen Mechanik – bis hin zur Verzweiflungstat eines einzelnen.

Finnland ist das einzige westliche Land, in dem sich in den späten sechziger und siebziger Jahren – innerhalb eines kapitalistischen filmwirtschaftlichen Systems, das freilich von der Regierung gefördert wird – eine konsequente Schule des sozialen Realismus entfalten konnte, wie sie das Werk von Risto Jarva, Jaakko Pakkasvirta und Erkko Kivikoski repräsentiert.

Nach Meinung der »Cahiers du Cinéma« repräsentieren die finnischen Filme das, »was das sowjetische Kino sein könnte, wenn es weniger akademisch wäre«[56]. Allerdings wurde in den letzten Filmen dieser Schule, so in *Weihnachten nach Hause*, auch die Gefahr eines gewissen Naturalismus und einer zum Klischee werdenden Düsterkeit offenbar.

Eine wichtige Rolle im finnischen Film spielt als Produzent und Regisseur Jörn Donner, der teils in Schweden, teils in Finnland arbeitet. Er hat der finnischen Filmproduktion einen starken ökonomischen Auftrieb gegeben, unter seinen Produktionen waren auch einige anspruchsvolle Filme wie *Schüsse in der Fabrik*; die Filme, die er in eigener Regie drehte, sind dagegen erotische Spekulationsware. Zwei weitere Filme der neueren finnischen Produktion sind bemerkenswert: *Mommilan veriteot 1917* (»Die Mommila-Morde«, 1974) von Jotaarkka Pennanen, die stilistisch sehr ausgefeilte Untersuchung einer dunklen Epoche der finnischen Geschichte, als nach dem Sturz des Zarenregimes russische Bolschewisten nach Finnland eindrangen und der reichste Industrieherr des Landes ermordet wurde; und *Maa on syntinen laulu* (»Die Erde ist unser sündiges Lied«,

1974) von Rauni Mollberg, ein düsteres Bild vom Leben in einem lappländischen Dorf, wo dumpfe Vorurteile, Alkoholismus, Haß und Gewalt herrschen und die Menschen zur Resignation treiben. Der Film erzählt eine emotional zugespitzte, melodramatische Geschichte, die er aber in ungewöhnlich kraftvolle, expressionistische Bilder zu übersetzen versteht.

Die Filmproduktion in der Schweiz litt seit jeher unter einem besonderen Handikap: der Dreisprachigkeit des Landes. Diese verhinderte jedenfalls bis in die sechziger Jahre das Entstehen einer die ganze Schweiz umfassenden Filmkultur. Hinzu kam die kulturelle Orientierung der französischen Schweiz nach Frankreich und die Abkapselung der deutschsprachigen Schweiz wegen des Mundart-Problems. So hatte sich die Schweizer Kinematographie nach dem Zweiten Weltkrieg hauptsächlich auf die Befriedigung von Inlandsbedürfnissen verlegt; zu ihrer Spezialität war – im deutschsprachigen Bereich – die naive Dialektkomödie geworden (der »Mundartfilm mit schollenverbundener Problematik« – Martin Schaub[57]). 1963 trat zwar ein erstes Filmförderungsgesetz in Kraft, das der Filmproduktion stärkeren Auftrieb geben sollte, doch ließen die Resultate vorerst auf sich warten. Als ein Vorbote kommender Erneuerung wird von der Schweizer Filmkritik eine 1964 von Henry Brandt realisierte kritische Dokumentarfilmserie *La Suisse s'interroge* (»Die Schweiz befragt sich selbst«) gewertet, die für die Schweizer Nationalausstellung in Lausanne hergestellt wurde. Auf dem Gebiet des Dokumentarfilms lagen auch die übrigen nennenswerten Leistungen jener Jahre: *Ursula oder Das unwerte Leben* (1966) von Walter Marti und Reni Mertens, ein sachlicher und gerade dadurch bewegender Bericht über den Umgang mit geistig behinderten Kindern, und Alexander J. Seilers *Siamo Italiani* (1965), eine Reportage über italienische Gastarbeiter in der Schweiz. Bis heute läßt sich sagen, daß neben dem Spielfilm der ›Genfer Schule‹ der Dokumentarfilm eine besondere Spezialität der schweizerischen Kinematographie geblieben ist, besonders der deutschsprachigen. Die Erneuerung des Schweizer Films Ende der sechziger Jahre stand aber im Zeichen des Spielfilms, und sie hatte ihren Ursprung in der französischsprachigen Schweiz, wo das Genfer Fernsehen den debütierenden Filmemachern eine reale Unterstützung zukommen ließ; die Osmose zwischen Fernseharbeit und Filmarbeit für das Kino war in der französischen Schweiz besonders fruchtbar. Sie kamen den drei Regisseuren zugute, von denen die Erneuerung des Schweizer Films ausgehen sollte: Tanner, Soutter und Goretta. Außerdem stießen die Genfer Regisseure mit ihren leicht nach Paris verpflanzbaren Filmen Ende der sechziger Jahre in Frankreich in eine Marktlücke, weil die Regisseure der ›Neuen Welle‹ entweder schwiegen (Godard) oder sich der Tendenz nach »amerikanisierten« (Truffaut, Chabrol, Malle).[58] 1967 kamen zwei Filme heraus, die die bevorstehende Erneuerung ankündigten: *L'inconnu de Shandigor* (»Der Unbekannte von Shandigor«) von Jean-Louis Roy, eine Science-fiction-Spionagegeschichte mit Ansätzen persönlicher Gestaltung, und der Episodenfilm *Quatre d'entre elles* (»Vier von ihnen«), der aus vier Porträts von Frauen verschiedenen Alters bestand (die Episode *Angèle* von Yves Yersin war die beste dieses Films).

Wenig später realisierten die Regisseure Alain Tanner, Michel Soutter und Claude Goretta jene Serie von Werken, die Anfang der siebziger Jahre den Schweizer Film international zu einem neuen »Wertbegriff« werden ließen. Alain Tanner (geb. 1929) drehte zusammen mit Claude Goretta in London den Dokumentarfilm *Nice Time* (1957), der zu den ersten Werken des englischen ›Free Cinema‹ gehörte. Wieder in die Schweiz zurückgekehrt, stellte Tanner mehrere Dokumentarfilme her, darunter in Zusammenarbeit mit Henry Brandt *Les apprentis* (»Die Lehrlinge«, 1964) und in Indien *Une ville à*

Chandigarh (»Eine Stadt in Chandigarh«, 1966) über ein Projekt von Le Corbusier. 1969 entstand Alain Tanners erster Spielfilm *Charles mort ou vif* (»Charles tot oder lebendig«); produziert wurde der Film von der ›Groupe 5‹ (einer Produktionskooperative, die Tanner, Soutter und Goretta 1968 zusammen mit Jean-Louis Roy und Jean-Jacques Lagrange, der 1971 durch Yves Yersin ersetzt wurde, gebildet hatten) in Zusammenarbeit mit dem Fernsehen der französischen Schweiz. *Charles mort ou vif* ist ein Film über einen Genfer Industriellen, der (anläßlich eines Fernsehinterviews) plötzlich erkennt, daß sein bisheriges Leben auf Selbsttäuschungen beruhte, und der daraufhin beschließt, aus diesem Leben zu verschwinden; er verläßt Familie und Kapital, um statt dessen bei Bohemiens in einer Hütte zu wohnen und mit diesen philosophische Gespräche zu führen, bis der (gesellschaftlich angepaßte) Sohn ihn aufspürt und in eine psychiatrische Klinik abtransportieren läßt. Der Film ist in einer bemerkenswert ruhigen Tonart gehalten, aber gerade das macht seine Kraft aus: die Absage an eine Welt des Konsums und des Komforts, an die Welt der etablierten »schweizerischen« Werte, die hier vollzogen wird, ist radikal und endgültig. Seine realistischen (und satirischen) Qualitäten verbindet der Film mit der durchgehenden Eigenschaft einer gesellschaftlichen Parabel. Die Kritik unterstrich die Verbindung dieses Films mit den Ideen des Mai '68.

Tanners nächster Film *La salamandre* (*Der Salamander*, 1971) war ein konsequenter Schritt weiter auf seinem Weg der Erkundung schweizerischer Realitäten; zugleich machte Tanner aber die Frage, wie das Kino überhaupt sich einer gesellschaftlichen oder privaten »Wahrheit« bemächtigen kann, zum Angelpunkt seines Films. »Wie soll man die Schweiz filmen?« fragte Tanner.[59] »Zunächst erscheint es unmöglich. Man muß zehn Vorhänge beiseite ziehen, hinter denen sich die Realität verbirgt. Das bloße Hinsehen reicht nicht aus. (. . .) Je wahrer es im Kino zugeht, um so mehr entfernt man sich von der Wahrheit; um so unwahrer man ist, desto mehr nähert man sich der Wahrheit. Vermischen wir also das Wahre und das Unwahre, die Genres, die Stimmungen. So kommt man einer Lösung näher, wie die Schweiz hinter ihren Vorhängen gefilmt werden kann.« Zwei Freunde, ein Journalist und ein Schriftsteller, sollen ein Drehbuch über ein Mädchen namens Rosemonde schreiben, das angeblich ihren Onkel in die Schulter geschossen hat (Ausgangspunkt ist eine Zeitungsmeldung). Der eine der beiden will die Geschichte neu erfinden, der andere durch Recherchen ihrer Wahrheit auf die Spur kommen. Am Ende treffen sie das Mädchen Rosemonde und fahren mit ihr in ihre Heimat; durch die engen Beziehungen zu der wirklichen Rosemonde, die sich entwickeln (und die Rosemonde wiederum verändern), sind die beiden aber nicht mehr in der Lage, das Drehbuch fertigzuschreiben. Der Film endet mit einer Geste der »vorpolitischen Revolte«[60]: Rosemonde läßt sich in dem Schuhgeschäft, wo ihr die Arbeit als Verkäuferin unerträglich geworden ist, absichtlich vor die Tür setzen. *La salamandre* ist ein Film spielerischer Eleganz und ironischer Leichtigkeit. Tanner versteht es, ohne Anstrengung von einer Ebene seines Films zur anderen zu wechseln. Die entspannte und doch pointierte und kontrastreiche Erzählweise des Films ist fast das beste an ihm; gleichzeitig bringt er eine Fülle Schweizer Realitäten zur Sprache und ins Bild, wobei Tanner satirische und kritische Akzente setzt. Er ist stets nahe am Alltag, gibt sich in seiner Hintergrundzeichnung sogar dokumentarisch – aber mit dem Ziel, das »Absurde des Alltags« auszudrücken. Der spontane, realitätsnahe Charakter des Films erklärt sich nicht zuletzt aus seinen Herstellungsbedingungen: geringes Budget, Notwendigkeit, schnell zu drehen, Arbeit mit der 16-mm-Kamera und mit Schwarzweißfilm, Verwendung von direktem Ton.

La salamandre verhalf Tanner und dem neuen Schweizer Film insgesamt zum entscheidenden Durchbruch: der Film wurde in Paris, aber auch in der Schweiz beim Publikum und bei der Kritik ein Erfolg. Als ob sich Tanner von diesem Erfolg jedoch wieder distanzieren wollte, legte er seinen nächsten Film, *Le retour d'Afrique* (*Die Rückkehr aus Afrika*, 1973), strenger und theoretischer an. Er erzählt die Geschichte (eigentlich ist es mehr der Kommentar zu einer Geschichte) eines jungverheirateten Paares, das zunächst nach Algerien auswandern will, dann aber doch dableibt, sich dafür entscheidet, ein Kind in die Welt zu setzen und den Kampf für eine bessere Gesellschaft »von innen« zu führen. Der handlungsarme Film spielt zu großen Teilen in einer Dachkammer und ist mit Exkursen und Reflexionen durchsetzt (»ich habe den Film absichtlich sehr kalt, sehr theoretisch gemacht, er geht mehr von Ideen aus als von lebendigem Material« – Tanner[61]); der Zuschauer soll sich nicht mit den Personen identifizieren. Häufig werden Erklärungen in die Kamera gesprochen. Das Motiv der »entfremdeten Heimat« taucht auf, das hier und in anderen Tanner-Filmen eine Rolle spielt. Auch die Beziehungen zur Arbeit und zu den ausländischen Arbeitern sowie die Rollen von Mann und Frau in der Ehe werden untersucht. Das Resultat ist ein politisch und ideologisch schärfer formulierter Film mit viel Denkmaterial für den Zuschauer.

Le milieu du monde (*Die Mitte der Welt*, 1974) war ein weiterer, diesmal jedoch dem Erzählkino wieder mehr angenäherter Versuch, politisch-gesellschaftliche Reflexion und Reflexion über das Kino miteinander zu verbinden. Handlungskern ist die Liebesgeschichte zwischen einem verheirateten Ingenieur, der als Wahlkandidat einer Partei auftritt, und einer italienischen Serviererin. Bald zeigt sich die Abhängigkeit des Mannes von den Strategen des Wahlfeldzuges, die über das Image ihres Kandidaten wachen, mehr noch aber seine Unfähigkeit, auf die Italienerin wirklich einzugehen, die er immer nur in Abhängigkeit von sich selbst sieht; so daß die Frau es schließlich ist, die die Beziehung abbricht. Tanner erzählt die Geschichte in zahlreichen kurzen Abschnitten, die nach Tagen unterteilt sind. Dieses Prinzip der herausgegriffenen Episoden unterbricht regelmäßig den Erzählrhythmus; innerhalb der Episoden dagegen verläuft die Erzählung homogen und flüssig. Tanner betont weniger die äußeren Aspekte der Geschichte, sondern konzentriert sich mehr auf das Verhältnis der beiden Protagonisten zueinander, analysiert dessen Schwankungen und Veränderungen. Tanners Inszenierung ist dicht, wie immer gesättigt mit Hintergrundwerten (*Le milieu du monde* ist auch ein Film über die Schweiz), nahe am Alltag; und doch wendet sich der Regisseur direkt an den Zuschauer, teilweise über den Kommentar, teilweise durch die Anwendung formaler Mittel (Betonung von Schnitten und Zeitsprüngen): »Es kommt darauf an, ein dialektisches Spiel zu spielen zwischen den traditionellen Formen des Kinospektakels und der Technik, diese zum Entgleisen zu bringen; das Nervenzentrum des Films muß sich von der Frage: ›Was wird geschehen?‹ zur Frage ›Warum geschieht das so?‹ verlagern. Der Zuschauer muß sich beide Fragen stellen . . .« (Tanner)[62]

Tanners letzter Film, *Jonas qui aura 25 ans en l'an 2000* (*Jonas, der im Jahre 2000 25 Jahre alt sein wird*, 1976), führt acht höchst unterschiedliche Personen, deren Vornamen sämtlich mit »M« beginnen (ein Hinweis auf den Mai '68?), anläßlich der Geburt eines Kindes (»Jonas«) zusammen, dessen Paten sie sind. Die acht Nonkonformisten verkörpern in Tanners Sicht die Hoffnungen der schweizerischen Gesellschaft auf Erneuerung. Auch dies ist wieder ein Film offener Struktur, der mit dem Zuschauer »ins Gespräch kommen« möchte.

Ist Tanner der große Erzähler, Gesellschaftskritiker und Rationalist des neuen Schweizer Kinos, so kann man Michel Soutter, einer etwas vereinfachenden Kategorisierung folgend, als den Poeten der ›Genfer Schule‹ bezeichnen. Soutters Filme lassen sich nur schwer auf die in ihnen enthaltenen manifesten Geschehnisse hin interpretieren; ihre Substanz liegt vielmehr zwischen den Zeilen der Handlung, sie ist stärker mit der formalen Struktur der Filme verbunden. Soutter interessiert sich für Gefühle, Stimmungen, die er in geometrische und musikalische Formen bringt. »Der Filmemacher küm-

236

mert sich nicht darum, Geschichten zu erzählen; er zieht es vor, vagabundierende Intrigen zu sammeln, die einem einzigen Prinzip gehorchen: dem der Begegnung. (. . .) Der Zufall führt Männer und Frauen gegensätzlicher Herkunft in unvorhersehbaren Situationen zusammen, in denen sie sich offenbaren oder maskieren müssen.« (Freddy Buache)[63] Die Kühnheit der Erfindung, die die Konstellation einer Begegnung zwischen den Personen der Soutter-Filme herstellt, macht einen nicht geringen Teil ihrer poetischen Eigenart aus; bizarre Situationen werden mit dem Air der Selbstverständlichkeit vorgeführt und in realistische Bezüge gestellt; auch Gegenstände des täglichen Lebens (ein Schuh, ein Gemüsekarton) können als Objekte der Assoziation oder Anknüpfungspunkte für Beziehungen eine wichtige Rolle spielen. Soutters Filme leben aber auch von ihrer besonderen Sensibilität in der Zeichnung von Landschaft und Milieu.

Michel Soutter, 1932 in Genf geboren, von seinem Vater her russischer Herkunft, trat in den fünfziger Jahren zunächst als Dichter und »Liedermacher« in Genfer und Pariser Kabaretts auf. Nach einer vorübergehenden Tätigkeit als Bauarbeiter ging er 1961 zum Genfer Fernsehen, wo er ab 1965 Dokumentarfilme, Reportagen und Fernsehspiele in eigener Regie inszenierte. Soutters erster langer Spielfilm, *La lune avec les dents* (»Der Mond mit den Zähnen«, 1966), ein »Variationenspiel von geheimnisvollem Ernst«[64], stieß auf allgemeine Verständnislosigkeit. Mehr Resonanz bei der Kritik fanden *Haschisch* (1968), die Geschichte eines Schauspielers, der den (auf Tonband festgehaltenen) Ruf eines anatolischen Hirten hört und daraufhin von Fernweh gepackt wird, sowie *La pomme* (»Der Apfel«, 1969), das Protokoll der zufälligen Begegnung zwischen zwei Freundinnen, einem jungen Mann und einem Gaskontrolleur. Zur Meisterschaft gelangte Soutter indessen mit *James ou pas* (»James oder nicht«, 1970) und *Les Arpenteurs* (*Die Landvermesser*, 1972). *James ou pas* führt durch einen winzigen »Zwischenfall« mehrere Personen zu einem Rendezvous zusammen, aus dem sich seltsame (und doch selbstverständlich erscheinende) Folgen ergeben; der Aufbau des Films gleicht einem sorgsam konstruierten Mosaik, einer Choreographie von »Wahlverwandtschaften«, in deren Verlauf sich »tausend einfache und fremdartige Dinge« (Soutter)[65] abspielen. Eine Geste, ein Wort, ein Blick, ein musikalisches Motiv, eine Einstellung haben in diesem Film die Funktion von dramatischen Ereignissen. Nach dem Mosaikprinzip ist auch *Les Arpenteurs* aufgebaut. Zwei Landvermesser, die den Bau einer Autobahn vorbereiten sollen, geraten auf Abwege: der große Landvermesser trifft in einem fremden, idyllischen Haus eine Unbekannte, in die er sich verliebt, an deren Stelle aber später mirakulös eine andere Frau erscheint; auch deren Verlobter, ein Cellist, hat eine Rolle im Spiel der wechselnden Beziehungen, das sich unter anderem um ein Telefon, eine Brille und eine Mütze dreht, und an dessen Ende der Landvermesser wieder als Außenseiter, als unerwünschter Eindringling dasteht. Das »vermessen« will der Film natürlich in einem doppelten Sinn verstanden wissen. Gleichzeitig führt Soutter ein Plädoyer gegen das Vordringen einer Zivilisation der Nützlichkeit, der »Leistung« und des Profits, die eine Welt wie jene des Landhauses zum Untergang verurteilt. Vor allzu banalen Ausdeutungen rettet Soutter sich jedoch durch die Ironie, die allen Szenen und Dialogen zugrunde liegt, sowie durch die musikalische Stilisierung der Abläufe, die das »Raster« der Beziehungen mehr als deren Inhalt in den Mittelpunkt stellt. Nicht zufällig hat man diesen Film mit dem Kammerspiel-Realismus der ›Prager Schule‹ und insbesondere mit Ivan Passers *Intime Beleuchtung* verglichen.[66] *L'escapade* (*Der Seitensprung*, 1974) ist noch einmal eine kunstvoll-ironische Konstruktion sich wandelnder Gefühle, zusammengehalten von einer Scarlatti-Musik. Allerdings versucht Soutter hier im Unterschied zu seinen vorangegangenen Filmen das nicht aufgelöste Mysterium zwischen den Personen und die lockere Episodenstruktur schrittweise abzubauen, um zu einer klaren Psychologie und einer stärker abgerundeten Geschichte zu kommen.

Der dritte bedeutende Regisseur der ›Genfer Schule‹ ist Claude Goretta (geb. 1929). Nach einem Jurastudium hielt er sich von 1955 bis 1957 zusammen mit Alain Tanner in London auf und drehte mit diesem den Dokumentarfilm *Nice Time* (1957). Seit 1957 arbeitet Goretta für das Schweizer Fernsehen. In den sechziger Jahren drehte er 25 Reportagen für ein Fernseh-Monatsmagazin; daneben inszenierte er Fernsehspiele und Fernsehfilme, so *Jean-Luc persécuté* (»Der verfolgte Jean-Luc«, 1965), die Bearbeitung eines Romans von C. F. Ramuz, und *Vivre ici* (»Hier leben«, 1968), das Porträt eines »mittleren Angestellten« aus Genf, der in eine Krise gerät. Mit seinem ersten Kino-Spielfilm (obwohl auch dieser vom Schweizer Fernsehen koproduziert wurde), *Le fou* (*Der Verrückte*, 1970), leistete Goretta einen wichtigen Beitrag zur Erneuerungsbewegung der Schweizer Kinematographie; der Film kam kurz nach *Charles mort ou vif* und etwa gleichzeitig mit *James ou pas* heraus. Das Thema von *Le fou* hatte einige Ähnlichkeiten mit *Charles mort ou vif*: auch hier ist es ein alter Mann (noch dazu vom gleichen Darsteller wie bei Tanner gespielt, François Simon), ein Angestellter, der infolge einer Krankheit und eines Betrugsmanövers, dessen Opfer er wird, plötzlich die Unterdrückung erkennt, unter der er bisher gelebt hat; um sich an der Gesellschaft zu rächen, begeht er nunmehr Einbrüche, raubt leerstehende Villen aus und vergräbt die Beute. Als er eines Abends seinen Haß auf die Profitgesellschaft herausschreit, wird er von Polizisten erschossen, die sich von ihm angegriffen wähnen. *Le fou* war ein düsterer Film, in dem für Humor oder Ironie kein Platz blieb, und eine scharfe Attacke auf die »schweizerischen Werte«. Komödiantischer gab sich Goretta in *Le jour des noces* (»Der Hochzeitstag«, 1971), einer Fernsehproduktion, die sich von Maupassants Novelle »Eine Landpartie« (und von Renoirs Verfilmung dieser Novelle) inspirierte: eine Kleinbürgerfamilie fährt aufs Land und wird dort Zeuge einer Hochzeitsfeier, die ein reicher Brauereibesitzer für seinen Sohn arrangiert hat; dramatische Verwicklungen mit Entführung der Braut, eine grausame Verfolgungsjagd, an der sich alle Hochzeitsgäste beteiligen, stellen sich jedoch als Traum heraus, der wieder auf die triste Alltagswelt mündet. Eine virtuose Satire der Kleinbürger-Realität lieferte auch *L'invitation* (*Die Einladung*, 1973), wahrscheinlich Gorettas bester Film überhaupt: hier gibt der frischgebackene, glückliche, aber noch etwas furchtsame Besitzer einer Villa ein Gartenfest für die Kollegen aus seinem Büro. Sonne und Champagner bewirken, daß sich bald eine ausgelassene Stimmung einstellt, in deren Folge die Gäste ihren Vorurteilen, Aggressionen und heimlichen Wünschen freien Lauf lassen; mit dem Resultat, daß die Party als Katastrophe endet. Goretta hat aus diesem Vorwurf ein brillantes Regieexempel gemacht, das in Formen manchmal grotesker Übersteigerung alle Facetten kleinbürgerlichen Denkens und Empfindens zur Erscheinung bringt. Aber Goretta verachtet seine Personen nicht, sondern zeigt sie eher als Opfer der Verhältnisse. *Pas si méchant que ça* (*Ganz so schlimm ist er auch nicht*, 1975) ist eine Weiterentwicklung von *Le fou*: der Besitzer eines kleinen Handwerksbetriebes entdeckt, daß das Familienunternehmen pleite ist; durch gelegentliche Banküberfälle (die begleitet sind von einem erotischen Doppelspiel) sucht er die Finanzlage seines Unternehmens aufzubessern.

In *La dentellière* (»Die Spitzenklöpplerin«, 1977) erzählt Goretta die Liebesgeschichte zwischen einem Mädchen, das in einem Frisiersalon arbeitet, und einem Studenten. Äußerlich gesehen ist diese Geschichte bar jeder Originalität; sie wird zudem auf durchaus »traditionelle« Weise berichtet. Und doch ist in ihre Schilderung soviel regieliche Sensibilität sowie Scharfblick für soziale Realitäten und für den Ausdrucksgehalt von Architektur, Landschaft und Milieu eingegangen, daß diese Geschichte die Grenzen des Konventionellen sprengt und eine Reihe von Fragen über Kommunikation, soziale Unterschiede und Sprachschwierigkeiten aufwirft.

Neben den Spielfilmen der ›Genfer Schule‹ wurden ab 1972 auch in der deutschsprachigen Schweiz von den Regisseuren Daniel Schmid, Thomas Koerfer, Peter von Gunten und Rolf Lissy eine Reihe bemerkenswerter Spielfilme hergestellt. Sie sind jedoch so unterschiedlich in Stil und Themenstellung, daß man sie zu keiner »Schule« zusammenfassen kann. Zu den besonderen Schwierigkeiten des Spielfilms im deutschsprachigen Bereich der Schweiz gehört, daß Filme, wollen sie sich den Realitäten des Landes annähern, die Mundart nicht aussparen können und dann jenseits der Landesgrenzen nicht mehr verstanden werden (also auch nicht exportierbar sind, es sei denn mit Untertiteln). Es können also in der deutschsprachigen Schweiz im Grunde nur billig produzierte Filme mit einem gewissen »internationalen« Format entstehen, die Fernsehchancen haben.[67]

»Ich glaube, daß Film eine sehr artifizielle Kunst ist, die mit der Wirklichkeit nichts zu tun hat; Film ist totale Fiktion.«[68] Das ist das Glaubensbekenntnis von Daniel Schmid (geb. 1941). Dementsprechend fielen die Filme aus, die er bisher drehte: sie sind künstliche Gebilde, die in einer irrealen Welt spielen und sich mit romantischen Mythen, vor allem Kinomythen, auseinandersetzen. Thematisch geht es in ihnen um Dekadenz, um Rituale, um Liebe und Tod. Sie leben von einer zelebrierten Ästhetik, die manchmal an die Filme Josef von Sternbergs erinnert, die den Zuschauer durch die extreme Langsamkeit der Vorgänge, durch ihre theatralische Verfremdung und durch andere formale Mittel hypnotisieren möchte, zugleich aber auch eine gewisse Ironie gegenüber sich selbst erkennen läßt; viele Verfahrensweisen werden als Imitation oder Parodie vorgestellt, auch der Kitsch ist im Rahmen dieser Ästhetik ein erlaubtes und sogar bevorzugtes Stilmittel. In dem mittellangen *Thut alles im Finstern, Eurem Herrn das Licht zu ersparen* (1971) soll ein Diener seinem Herrn eine Erfrischung in einen Irrgarten bringen, tut aber alles, um den Herrn nicht zu erreichen. In *Heute nacht oder nie* (1972) vollzieht sich ein seltsames Ritual: zur Feier des heiligen Nepomuk gibt eine reiche Dame eine Soirée für ihre Dienerschaft, bei der, wie es die Tradition einmal im Jahr vorschreibt, die Herrschaft die Dienerschaft bedienen muß. Dazu wird ein Schauspiel aufgeführt, das die Dienerschaft eigentlich zur Revolte aufrufen sollte. Aber am Ende der Soirée kehrt alles wieder zur gewohnten Ordnung zurück. Die Soirée, besonders das Drama im Film (die Sterbeszene aus »Madame Bovary«), ist im Stil eines expressionistischen Gespensterstücks inszeniert, wobei zahlreiche kulturelle Referenzen in das Geschehen eingearbeitet sind. Die heterogen zusammengesetzte Begleitmusik (von Schlagern bis Verdi und Grieg) bestätigt und parodiert das Ritual zugleich. Nebenbei enthält der Film eine »Botschaft«: daß die Kunst nicht vermag, die Fronten zwischen Herrschern und Beherrschten zu verändern oder gar umzukehren. Solche politisch-ideologischen Untertöne sind in *La Paloma* (1974) weitgehend eliminiert. Hier handelt es sich um die ästhetisch raffinierte Wiedergabe eines Vorwurfs aus dem Bereich der Trivialliteratur: die Liebesgeschichte des Grafen Isidor Palewski und einer Sängerin, die vor dem Dekor barocker Schlösser und kitschig schöner Landschaften spielt, allerdings auch in Abgründe der Leidenschaft, Besessenheit und paroxystischen Grausamkeit führt. Der Film ist getragen von ästhetischer Maßlosigkeit und von romantischer Ironie. Man kann Filme wie *Heute nacht oder nie* und *La Paloma* (ebensowenig wie die von Schroeter, Praunheim, Syberberg oder Carmelo Bene, mit denen sie stilistisch verwandt sind) nicht einfach auf die Modeströmung der »Nostalgie« zurückführen (obwohl die Filme und jene Strömung vielleicht eine gemeinsame Wurzel haben); eher möchte man dem Kritiker Jean-Paul Torok beipflichten, der *La Paloma* in die Nähe der »gotischen« Vorromantiker rückt.[69]

Schatten der Engel (1976) entstand in enger Zusammenarbeit mit Rainer Werner Fassbinder nach dessen Bühnenstück »Der Müll, die Stadt und der Tod«. Der Film, der von der Persönlichkeit Fassbinders stärker geprägt scheint als von der Daniel Schmids, ist ein grelles Melodram um Prostitution, Spekulation und Korruption in einer Großstadt, die in der Optik des Films mythische Proportionen annimmt. Mythologische Kunstfiguren sind auch die Personen des Films/Dramas: da ist die edle Prostituierte Lily Brest, Tochter eines »Faschisten«, der als Transvestit in Frauenkleidern auftritt; sein Gegenspieler ist der »reiche Jude«, ein zynischer Bauspekulant; außerdem treten noch der Zuhälter Lilys (gespielt von Fassbinder) sowie ein »Polizeipräsident« auf. Die Personen sprechen eine expressionistisch hochgetriebene Sprache und nehmen am liebsten theatralische Posen ein; dazu stehen die kühlen, ästhetisch stilisierten Bilder des Films in einem merkwürdigen Widerspruch. Die Figur des mit lasterhaften Eigenschaften ausgestatteten Juden und einige provokante Dialogzeilen brachten Fassbinder (und Schmid) den Vorwurf des Antisemitismus ein. Dieser basiert wohl auf einer falschen Lesart des Stücks bzw. Films; auf der anderen Seite ist Fassbinder an solchen Vorwürfen selbst auch nicht unschuldig, weil er es an einer Differenzierung oder historischen Vertiefung der Figur des Juden fehlen läßt und zu dem Problemkreis »Antisemitismus« wenig Gedankenarbeit leistet.

Stärker rational in ihrer Grundhaltung sind die Filme von Thomas Koerfer (geb. 1944). *Der Tod des Flohzirkusdirektors oder Ottocaro Weiss reformiert seine Firma* (1973) ist eine Gesellschaftsparabel mit Bezügen zum Theater Antonin Artauds. Der arbeitslose Direktor eines Flohzirkus (seine Flöhe wurden von einem Insektengift vernichtet) kommt auf die Idee, ein »Theater der Pest« einzurichten: die Pest als Schauspiel auf der Bühne soll die Leute aufrütteln und zum Bewußtsein ihrer Freiheit bringen; ohne es gleich zu durchschauen, wird Ottocaro Weiß dabei von einem Unternehmer subventioniert, der die Pest als Ordnungsmacht gebrauchen möchte. Es ergibt sich ein Konflikt zwischen Ottocaro als dem Vertreter eines anarchistisch-individuellen, aber emanzipatorischen Handelns und den Mächten des Bestehenden, die ihr Regime durch Furcht und Schrecken aufrechterhalten möchten. Dieser Konflikt kristallisiert sich auf verschiedenen Ebenen des Films. *Der Tod des Flohzirkusdirektors . . .* ist aber mehr als die Umsetzung eines theoretischen Konzepts in Bilder. Koerfer verarbeitet parodistische Elemente und verschiedene Formen des verfremdeten Schauspiels (das Schauspiel ist ein Zentralthema dieses Films), um ein System der filmischen Zeichen- und Gestensprache zu entwickeln, das vom Zuschauer verarbeitet werden muß. Die Schauspieler stehen »neben ihren Rollen«, besonders gilt das für den Hauptdarsteller François Simon. *Der Tod des Flohzirkusdirektors . . .* ist richtungweisend für jene Tendenz der modernen Kinematographie, die sich bemüht, den Illusionscharakter des Films, das Prinzip der »Repräsentation« zu durchbrechen; daher kann man diesen Film mit den Werken von Kluge oder Godard in Zusammenhang bringen. *Der Gehülfe* (1976), nach dem Roman von Robert Walser, mit dem Untertitel »Ein Auszug aus dem schweizerischen täglichen Leben in 60 farbigen Bildern« versehen, berichtet von dem Angestellten eines berufsmäßigen Erfinders, der in seiner Stellung immer größere Verantwortung erlangt, bis er eines Tages, als der Erfinder Bankrott gemacht hat, wieder zu den »Stellenlosen« zurückkehren muß. Durch eine subtile Bild- und Farbgestaltung übermittelt Koerfer dem Zuschauer Signale: Herrschaftsverhältnisse, psychologische Beziehungen zwischen den Personen finden ihren Ausdruck in der Bildkomposition, in der Wahl der Kameraperspektive, in der Verwendung authentischer Dekors. So gewinnt die filmische Erzählung stellenweise eine Intensität, die an die Prosa Kafkas erinnert.

Peter von Gunten (geb. 1941) drehte mehrere Dokumentarfilme, darunter *Bananera Libertad* (1971), eine Untersuchung der Hintergründe lateinamerikanischen Bananenexports; sein erster Spielfilm *Die Auslieferung* (1974) behandelt ein historisches Thema, die Ausweisung des russischen Anarchisten Njetschajew aus der Schweiz 1872 (die erfolgte, um einen Handelsvertrag nicht zu gefährden). In dem Film sind aktuelle Resonanzen nicht zu überhören; er fesselt aber auch als filmische Konstruktion durch seine kühle, distanzierte Exaktheit, durch die eigenwilligen Brüche der Dramaturgie. Ähnli-

ches läßt sich auch über *Konfrontation* (1974) von Rolf Lissy sagen: hier werden die
Motive untersucht, die den jugoslawischen Studenten David Frankfurter 1936 zu seinem
Attentat auf den Chef der Schweizer Nationalsozialisten Wilhelm Gustloff veranlaßten.
Der Film schildert präzis die zeitgeschichtlichen Hintergründe, er macht die Entwick-
lung Frankfurters transparent, die Vermischung politischer und persönlicher Motive, die
ihn zu seinem Schritt bewegten, der als Signal wirken sollte (und es auch tat).

Zu den Regisseuren des neueren Schweizer Spielfilms – in seiner französischen oder
deutschen Variante – gehören ferner Bertrand van Effenterre mit *Erica Minor* (1973),
einem Film über drei Frauen, die auf verschiedene Weise auf den Mai '68 reagieren; Francis Reusser mit *Vive la mort* (»Es lebe der Tod«, 1968), einem Angriff auf touristische
und Werbeklischees; Reusser drehte 1970 einen Dokumentarfilm über die Palästinenser,
Biladi, une révolution, und 1976 einen weiteren Spielfilm, *Le grand soir, fragments*
(»Der große Abend, Fragmente«), eine von Godard beeinflußte Auseinandersetzung mit
Ideologie und Taktik linker Aktionsgruppen in der Schweiz; Markus Imhoff mit *Flucht-
gefahr* (1974), einem dokumentarischen Spielfilm aus dem Gefängnismilieu; Simon
Edelstein (der Kameramann Soutters) mit *Les vilaines manières* (»Die üblen Manieren«,
1973), Igaal Niddam mit dem utopischen Horrorfilm *Le troisième cri* (»Der dritte Schrei«,
1973) und Ivan Butler mit *La fille au violoncelle* (»Das Mädchen mit dem Cello«, 1973)
(Edelstein und Butler gehören zur ›Genfer Schule‹). Eine experimentelle Erzählweise verwendet Georg Radanowicz in *Alfred R – ein Leben und ein Film*, einer Reflexion über
die emotionale und gesellschaftliche Rolle des Todes. Kurt Gloor drehte nach zwei langen Dokumentarfilmen, die soziologischen Fragestellungen nachgehen und sich dabei
der Form des Gruppengesprächs bedienen (*Die grünen Kinder*, 1971, und *Die besten
Jahre*, 1973), den Spielfilm *Die plötzliche Einsamkeit des Konrad Steiner* (1976); dessen
Hauptperson ist ein alter Schuhmacher, der sich weigert, Wohnung und Werkstatt zu
verlassen, weil sein Haus abgerissen werden soll. Patricia Moraz erzählt in *Les Indiens
sont encore loin* (»Die Indianer sind noch fern«, 1977) auf sensible und doch genaue Art
die Geschichte eines jungen Mädchens (Isabelle Huppert), das an der Indifferenz seiner
Umwelt zugrunde geht, obwohl diese Umwelt sich unter ganz »normalen« Aspekten
präsentiert.

Besondere Erwähnung verdienen die Leistungen schweizerischer Dokumentaristen.
Seit Beginn der siebziger Jahre hat sich in der deutschsprachigen Schweiz (mit dem Zentrum in Zürich) eine besondere »Schule« des Dokumentarfilms gebildet (wenngleich sie
sich nicht exakt von der romanischen Schweiz abgrenzen läßt). Auf dem Gebiet des langen Dokumentarfilms ist neben Gloor Alexander J. Seiler tätig, der 1964 *Siamo Italiani*
drehte und 1971 mit *Unser Lehrer* (zusammen mit Peter Bichsel realisiert) das eindringliche und differenzierte, von geduldiger Beobachtung zeugende Porträt eines Lehrers lieferte. Der Film geht auch auf die Widersprüche des Schulsystems ein und löste in der
Schweiz einen leidenschaftlichen Meinungsstreit aus. Alexander J. Seiler schrieb auch
das Drehbuch zu dem von June Kovac realisierten Film *Wer einmal lügt oder Viktor und
die Erziehung* (1974), einem filmischen Essay über ein sozialgeschädigtes Kind. Einen
großangelegten, dramaturgisch vielschichtigen Überblick über die Geschichte der
schweizerischen Arbeiterbewegung gab Seiler in *Die Früchte der Arbeit* (1977). Der Film
besteht aus vier nebeneinanderherlaufenden Erzählsträngen teils dokumentarischer,
teils historisch interpretierender Art. »Sicher das bisher aufwendigste und ehrgeizigste
Dokumentarfilmunternehmen in der Schweiz. (. . .) Hinter der scheinbar emotionslosen
Referierung dieser Fakten und Lebensläufe wird, je länger der Film dauert, Melancholie,
sogar Zorn hörbar, ohne daß je die Stimme erhoben würde.« (Wilhelm Roth)[70]

Richard Dindo untersuchte vergessene Aspekte der Schweizer Geschichte in *Schweizer im spanischen Bürgerkrieg* (1974) und *Die Erschießung des Landesverräters Ernst*

S. (1976). Peter Amman drehte Filme über das Verhältnis der Schweiz zu den Gastarbeitern, *Braccia si – uomini no* (»Arme ja – Menschen nein«, 1970) und *Le train rouge* (»Der rote Zug«, 1973), ebenso wie der Tessiner Villi Herman mit *Cerchiamo per subito operai, offriamo* (»Arbeiter für sofort gesucht, wir bieten . . .«, 1974); letzterer Film signalisiert den ersten Beginn einer Filmarbeit in der italienischen Schweiz. 1977 beendete Villi Herman *San Gottardo*, einen abendfüllenden Dokumentarfilm mit Fiktionsteilen über Geschichte und Aktualität der Tunnelbauten am Gotthard. Fredi Murer schließlich analysiert in *Wir Bergler in den Bergen sind eigentlich nicht schuld daran, daß wir da sind* (1975) die Situation in den Bergtälern des Kantons Uri. Den meisten dieser Filme gemeinsam ist ihre Geduld im Hinsehen und Hinhören, das Fehlen von vorgefaßten Meinungen, das Bestreben, die Realität von Menschen jenseits von Klischees zur Darstellung zu bringen, den Angehörigen benachteiligter Minderheiten das Wort zu erteilen – oder notwendige Korrekturen am Geschichtsbild vorzunehmen. Zwei Filme können auch innerhalb der Schweizer Dokumentarfilmbewegung als besonders richtungweisend gelten: *Le moulin Develey sis à la Quielle* (»Die Mühle der Familie Develey in Quielle«, 1971) von Claude Champion und *Die letzten Heimposamenter* (1974) von Yves Yersin. *Le moulin Develey . . .* hält phänomenologisch genau den Arbeitsablauf in einer alten Wassermühle und die alltäglichen Verrichtungen des Müllers fest; der Film ist mit einem so rigorosen Formbewußtsein gemacht, daß er nicht nur eine Realität dokumentiert, sondern darüber hinaus zu einem streng komponierten Kunstwerk geriet. *Die letzten Heimposamenter* stellt die Situation der Heimarbeiter dar, die auf geliehenen Webstühlen für Seidenfabrikanten in Basel arbeiten – ein einst verbreitetes, jetzt jedoch aussterbendes Gewerbe; die Recherchen dieses Films förderten ein ganzes Kapitel mitteleuropäischer Kultur- und Sozialgeschichte zutage. Der Film hält insbesondere fest, wie die Heimarbeiter die Bedingungen ihrer Ausbeutung weitgehend verinnerlicht haben und als Glück empfinden. In diesem Film kam eine interessante Verschmelzung von ästhetisch-formativen Elementen und empirischer Befragung der Wirklichkeit zustande: der Film wurde nicht etwa »spontan«, sondern nach sorgfältiger Vorbereitung gedreht, die Kamerastandpunkte und die Interieurs wurden so ausgewählt, daß alle Milieuwerte in ihnen zum Ausdruck kamen, die »poetischen« ebenso wie die sozial signifikanten; die Interviews wurden mit den Beteiligten vorher geprobt. Obwohl dies Verfahren der gängigen Vorstellung vom Dokumentarfilm als ›Cinéma direct‹ eher widerspricht, erlaubt es ein so tiefes Eindringen in die Lebensrealität der Heimposamenter, wie es keine andere Methode zuwege gebracht hätte.

Auch in der Schweiz gibt es einen, wenn auch schwach entwickelten Experimental- und Avantgardefilm, zu dessen Vertretern Reto Andrea Savoldelli und Jacques Sandoz mit ihrem »psychedelischen Märchenfilm« *Stella da Falla* (1971), H. J. Siber mit *Die Sage vom alten Hirten Xeudi und seinem Freund Reiman* (1973), einem ironisch-poetischen Versuch über den Verfall der »Alpenkultur«, und Hans Helmut Klaus Schoenherr mit einer Serie teils autobiographischer, teils struktureller Kurzfilme unter der Überschrift *Das kaputte Kino* (1968–1971) gehören.

Bis zur Mitte der sechziger Jahre gab es in Österreich eine Produktion von etwa 20 Spielfilmen im Jahr; jedoch waren diese künstlerisch fast durchweg belanglos; zum großen Teil handelte es sich um Koproduktionen mit der Bundesrepublik. Ende der sechziger Jahre begannen auch in Österreich die Zuschauerzahlen katastrophal abzusinken, so daß in den siebziger Jahren durchschnittlich nur noch fünf Filme pro Jahr in Wiener Ateliers entstanden, meist reine Kommerzfilme. Eine Erneuerung des Spielfilms durch jüngere Regisseure fand in Österreich nicht statt – für sie fehlten auch bis zum Anfang der siebziger Jahre die Subventionsmittel. Gewisse Ansätze zum Autorenfilm zeigte der Fernsehregisseur Axel Corti (geb. 1933) mit *Totstellen* (1975), der naturalistisch düsteren Chronik eines Jungen vom Lande, der als Bauarbeiter in die Stadt geht. Antonis Lepenotis, ein in Österreich lebender Grieche, drehte *Das Manifest* (1975), einen politischen Thriller, der in einem imaginären faschistischen Land spielt. *Jesus von Ottakring* (1976) von Wilhelm Pellert schildert in der Art eines Underground-Musicals die Leidensgeschichte eines Außenseiters, der von seiner Umwelt zum Gesellschaftsfeind gestempelt, verfolgt und schließlich totgeschlagen wird; den Protagonisten des Films bekommt man (ein Kunstgriff des Films) allerdings kein einziges Mal zu Gesicht. Der Film bringt in der Geißelung eines reaktionären Kleinbürgertums vielleicht keine neuen Erkenntnisse, hat aber für seine Geschichte eine originelle Form gefunden; Typen- und Milieuzeichnung sind von veristischer Genauigkeit.

Der wahrscheinlich wichtigste filmische Beitrag Österreichs liegt jedoch auf einem anderen Gebiet, dem des Avantgarde- und Experimentalfilms. Filmemacher wie Peter Kubelka, Kurt Kren, VALIE EXPORT, Ernst Schmidt jr. und Hans Scheugl legten in den sechziger Jahren (Kubelka schon früher) wichtige Grundlagen der experimentellen Filmarbeit und nahmen sogar spätere Entwicklungen in den USA und anderen Ländern vorweg. Die Arbeit dieser Avantgardisten hatte mit der »offiziellen« Filmkultur ihres Landes ohnehin nichts zu tun, litt aber auch im europäischen Kontext an Isolation. Ein effektives Zentrum der Filmkultur hat Wien mit der Errichtung des ›Österreichischen Filmmuseums‹ durch Peter Konlechner und Peter Kubelka erhalten, in dessen Vorführungen der Avantgardefilm – neben den historischen Programmen – einen festen Platz hat.

Das Werk von Peter Kubelka entstand im wesentlichen vor 1960 (*Mosaik im Vertrauen*, 1955; *Adebar*, 1957; *Schwechater*, 1958). Seine Filme sind meist kurz und basieren auf der Erkenntnis, daß Filmbilder in der Projektion eine neue, synthetische Realität ergeben; Kubelka montiert einzelne Bilder oder kurze Sequenzen nach einem genau durchdachten Plan als formale Konstruktion zusammen. In der Konsequenz dieses Prinzips besteht *Arnulf Rainer* (1960) nur noch aus schwarzen und weißen Bildfeldern, die nach einem komplizierten, unregelmäßigen Rhythmus angeordnet sind und den stroboskopischen oder »Flicker«-Effekt ausnutzen; auch im Ton gibt es analoge (jedoch mit dem Bild nicht unmittelbar korrespondierende) Montagen von Stille und »weißem Rauschen«. Aus den Urelementen des Kinos (weiß und schwarz, Stille und Rauschen als Summierung aller denkbaren Töne) entwickelte Kubelka in *Arnulf Rainer* ein hochorganisiertes Werk, das in sich einen Mikrokosmos von Bezügen enthält – und das bei einer

Projektionsdauer von 6½ Minuten. *Unsere Afrikareise* (1966) dokumentiert die Reise einer Gruppe österreichischer Industrieller in den Sudan und macht durch eine ausgetüftelte Montage von Bild- und Tonfragmenten den inneren Leerlauf dieser Expedition deutlich. Kubelkas Filme sind besonders in den USA auf große Resonanz gestoßen; Kubelka lebt selbst zeitweilig in den USA und gehört neben Jonas Mekas und P. Adams Sitney zu den Initiatoren des New Yorker ›Anthology Film Archives‹.

Kurt Kren (geb. 1929) begann ebenfalls in den fünfziger Jahren mit der Filmarbeit. In seinem Werk können drei Phasen unterschieden werden. Zwischen 1957 und 1962 widmete er sich vor allem Montageexperimenten; zu den wichtigsten Arbeiten Krens aus dieser Zeit gehören *48 Köpfe aus dem Szondi-Test* (1960), *Bäume im Herbst* (1960) sowie *Mauern positiv negativ und Weg* (1961). In ihnen ordnete Kren Bildmaterial in raschen Montagefolgen bis hin zur Einzelbildmontage, die vom Auge nicht mehr verfolgt werden kann und beim Ansehen eine teilweise Identifikation der wechselnden Bildinhalte bewirkt; in diesen Filmen besteht zudem eine Wechselwirkung zwischen den Bildinhalten (Strukturen von Ästen oder Maueroberflächen, die Gesichter des Szondi-Tests), dem Montageprinzip und der Wahrnehmung des Zuschauers: was er sieht, ist mehr als die Addition der Bilder; zum Vorschein kommt durch die schnelle Montage eine strukturelle Gemeinsamkeit der Bildinhalte. In Krens zweiter Periode zwischen 1964 und 1967 dokumentierte er hauptsächlich »Materialaktionen« der österreichischen Aktionisten Otto Muehl und Günter Brus. Nach 1967 drehte Kren in längeren Abständen Filme, die von verschiedenen Problemstellungen ausgehen, wobei er mit Mehrfachkopierungen einzelner Bilder arbeitete und das Element der Zeit bzw. der zeitlichen Variation erforschte (so *Zeitaufnahmen*, 1973). *Asyl* (1975) besteht aus Variationen von Landschaftsbildern, die (aus einem Fenster) über längere Zeit hinweg mit der Technik der Einzelbildschaltung aufgenommen wurden.

Ernst Schmidt jr. (geb. 1938) begann mit einem dadaistischen Montagefilm, *P.r.a.t.e.r.* (1963), der im Ton Lautgedichte von Ernst Jandl verarbeitete; später wandte sich Schmidt – ebenso wie Hans Scheugl – Kinoaktionen zu, die dem Bereich des ›Expanded Cinema‹ zugeordnet werden können und nicht mehr in allen Fällen auf der Projektion eines Films basieren. Schmidts *Demonstration* (1968) benötigt keinen Film mehr. Es ist eine Handlung für Kino samt Einrichtung durch Öffnen und Schließen des Vorhangs, Auf- und Abdrehen des Lichts, Stellen der Leinwand auf Normalformat, Scope, Breitwand, Türen öffnen und schließen, Klimaanlage in Betrieb setzen usw.[71] Scheugls *ZZZ: Hamburg Spezial* (1968) besteht darin, daß ein Zwirnsfaden in die Projektionsöffnung gehalten wird, dessen Schatten sich auf der Leinwand abzeichnet. Scheugl und Schmidt arbeiten auch als Historiker und veröffentlichten 1974 »Eine Subgeschichte des Films, Lexikon des Avantgarde-, Experimental- und Undergroundfilms«.

Peter Weibel (geb. 1944) und VALIE EXPORT (geb. 1940) betätigten sich ebenfalls in den Bereichen des ›Expanded Cinema‹ (*Tapp- und Tastfilm* von VALIE EXPORT, 1968), der Video- und Konzeptkunst. In ihren späteren Arbeiten, so *Remote ... Remote ...* und *Mann & Frau & Animal* (1973) vollzog Valie Export jedoch eine Wendung; sie untersucht jetzt mit den Mitteln des nichtnarrativen Films eigene Empfindungen und Erinnerungen, wobei auch hier (in den Bildinhalten) das provokative, selbstzerstörerische Element stark ausgebildet ist – ein Element, das in den Filmen (und Aktionen) des Wiener Undergrounds häufig begegnet.

Nachdem 1975 das österreichische Unterrichtsministerium sich doch entschloß, wenigstens in bescheidenem Rahmen die Förderung anspruchsvoller Filmvorhaben zu betreiben (schon *Jesus von Ottakring* wurde im Rahmen dieser Förderung unterstützt), entstanden nahezu gleichzeitig einige weitere abendfüllende Filme avantgardistischer Grundhaltung. Zu ihnen gehören *Wienfilm 1896–1976* (1977) von Ernst Schmidt jr. und

Unsichtbare Gegner von VALIE EXPORT (1977). *Wienfilm 1896–1976* ist eine aus 130 Segmenten bestehende große Collage über Geschichte und Gegenwart der Stadt Wien, wobei Schmidt jr. durch Parodie, Herstellung ungewöhnlicher Kontraste und aggressive Zuspitzung alle Klischees des üblichen Wien-Bildes zerstört; er verarbeitet sowohl historisches Dokumentarmaterial wie von Künstlern entworfene Sequenzen und bedient sich teilweise der Ausdrucksmittel des Experimentalfilms, teilweise aber auch des ›Cinéma-vérité‹ (Interviews mit Straßenpassanten). *Unsichtbare Gegner*, »ein psychischer Science-fiction-Film, der zeigt, wie das Leben wirklich ist« (VALIE EXPORT[72]), berichtet von einem Mädchen, das dem Wahn verfällt, unsichtbare fremde Mächte wollten die Erde zerstören, wobei in ihrer Wahrnehmung die Umwelt mehr und mehr auseinanderbricht. Der Film dokumentiert – immer durch die Perspektive seiner Protagonistin, wobei offen bleibt, ob diese von einer Krankheit oder aus der Einwirkung der Umgebung herrührt – gesellschaftliche Zerstörung und Aggression. VALIE EXPORT arbeitete in diesen Film eine Reihe ihrer früheren Experimente ein (darunter solche mit dem Video-Medium), gab ihm darüber hinaus aber eine nuancenreiche und persönliche Erzählstruktur.

Spanien ist ein Land mit relativ entwickelter Filmwirtschaft: es entstehen im Jahr über hundert Spielfilme, 1966 stieg die Zahl sogar auf 161. Davon waren jedoch ein großer Teil – in den sechziger Jahren mehr als die Hälfte – ausländische Koproduktionen. Die ausländischen Produktionspartner (vor allem Amerikaner, Italiener, Franzosen) schätzen die Billigkeit der Produktionsmöglichkeiten in Spanien. Die Arbeitsbedingungen für Spaniens ambitionierte Filmregisseure waren dagegen infolge der scharfen Zensur extrem ungünstig; erst seit dem Tode Francos scheint sich eine gewisse Lockerung bemerkbar zu machen. Jeder halbwegs realistische oder kritische Film lief bis vor kurzem Gefahr, im Netz der Zensur hängenzubleiben, oft schon im Stadium des Drehbuchs. Obwohl ein neues Zensurgesetz seit 1971 keine Zwangsvorlage aller Drehbücher mehr vorsieht, können Drehbücher auch weiterhin »freiwillig« der Zensur eingereicht werden. Zensur kann außerdem ausgeübt werden, indem für Filme ohne »kulturelle und soziale Werte« die Subventionen entfallen. Auch ausländische Filme sind von der spanischen Zensur betroffen, so daß viele wichtige Filme des zeitgenössischen Kinos überhaupt nicht, verspätet oder gekürzt nach Spanien kommen. Die engagierten spanischen Regisseure haben deshalb ihre Filme nur in einem steten Kampf mit der Zensur herstellen können; sie mußten sich vielfach indirekt ausdrücken, beispielsweise auf dem Umweg über »schwarze« Komödien. Luis Buñuel durfte zwar, aufgrund seiner Reputation, 1960 in Spanien *Viridiana* drehen; aber nach seiner Fertigstellung wurde der Film verboten, es gab einen Skandal, und mehrere verantwortliche Funktionäre wurden entlassen. Erst 1971 konnte Buñuel wieder einen Film in Spanien realisieren *(Tristana)*. Die Zuschauerzahlen blieben in Spanien in den sechziger Jahren stabil; sie gehörten bis dahin zu den relativ höchsten Europas. Erst 1972 begann sich die Fernsehkonkurrenz bemerkbar zu machen.

Während die beiden dominierenden Regisseure der fünfziger Jahre, Juan Antonio Bardem und Luis Garcia Berlanga, in den sechziger Jahren nur noch wenige Filme drehen konnten, entfaltete sich Carlos Saura als das bedeutendste Talent des neuen spanischen Kinos; als einziger konnte er – eine Folge internationaler Auszeichnungen – in Bedingungen relativer Unabhängigkeit arbeiten, mußte aber trotzdem ständige Kämpfe mit der Zensur um die Kürzung seiner Filme ausfechten. Neben Saura traten nach 1960 jüngere Regisseure mit zum Teil vielversprechenden Erstlingsfilmen hervor; aber sie paßten sich bald dem Kommerz an. Seit Mitte der siebziger Jahre begannen einige Spielfilme in vorsichtiger Form die Auseinandersetzung mit dem Thema des spanischen Bürgerkriegs. Juan Antonio Bardem (geb. 1922) drehte mit *A las cinco de la tarde* (»Fünf Uhr nachmittags«, deutscher Verleihtitel: *Brot und Blut*, 1960) einen kritischen Film über das Phänomen des spanischen Stierkampfs, untersucht an Aufstieg und Fall zweier Matadore; *Nunca pasa nada* (»Nie geschieht etwas«, 1963) entwarf ein Bild vom rückständigen Leben in der Provinz. *Los pianos mecanicos (Die Versuchung heißt Jenny,* 1965), ein Melodram, in dessen Verlauf Bardem das dekadente Leben an der Costa Brava »entlarven« wollte, wurde jedoch ein peinlicher künstlerischer Mißerfolg und schien die Karriere des Regisseurs vorübergehend zu beenden. Ein Comeback glückte Bardem jedoch mit *El puente* (»Das Wochenende«, 1977), einer Art Übertragung von *Easy Rider* auf spanische Verhältnisse: ein Motorradfahrer unternimmt an einem Wochenende eine Fahrt von Madrid nach Torremolinos; aus den Abenteuern, die ihm auf dieser Fahrt begegnen, setzt Bardem ein facettenreiches, kritisches Bild der spanischen Gegenwart zusammen.

Luis Garcia Berlanga (geb. 1921) konnte mit *Placido* (1961) und *El verdugo* (*Der Henker*, 1963) dagegen zwei »schwarze« Komödien drehen, die mit zum Besten seiner Produktion gehören. *Placido* ist eine Satire auf die fragwürdige Mildtätigkeit der begüterten Schichten Spaniens: während einer karitativen Weihnachtskampagne, deren Hauptzweck die Reklame für Dampfkochtöpfe ist, soll einem armen Lieferwagenfahrer sein Gefährt gepfändet werden. In *El verdugo* muß ein junger Mann eine Hinrichtung durchführen, der das Amt nur annahm, um eine Wohnung zu bekommen. In Spanien kam dieser Film verspätet, stark gekürzt und nur für kurze Zeit ins Kino. Auch *Vivan los novios* (»Es leben die Jungverheirateten«, 1970) ist eine Komödie über den Tod: die bevorstehende Hochzeit eines Brautpaares ist in Frage gestellt, weil die Mutter des Bräutigams plötzlich verstorben ist, was von dem Sohn deshalb verheimlicht wird; in *Grandeur nature* (»Lebensgröße«, 1974) bestellt sich ein schon verheirateter Mann eine aufblasbare Puppe als neue Lebensgefährtin, um die Eifersuchtsdramen entbrennen. Dieser Film, der Berlangas stärkere Hinwendung zu kommerziell erfolgreichen Sujets signalisiert, entstand als spanisch-französisch-italienische Koproduktion.

Die Filme von Carlos Saura (geb. 1932) gehören, so paradox dies für ein Land wie Spanien erscheinen mag, einem »Kino der moralischen und politischen Revolte« an[73], ähnlich wie die Filme Buñuels, eines anderen Spaniers. Freilich hat Saura seine Themen häufig in die Form allegorischer Verkleidung gebracht. Carlos Saura debütierte – nach einer Serie zwischen 1955 und 1958 realisierter Kurzfilme – mit *Los golfos* (*Die Straßenjungen*, 1960), einer dokumentarischen Studie halbkrimineller Jugendlicher, die einen von ihnen als Stierkämpfer lancieren wollen; Saura zeigte sich vor allem an der Registrierung von Verhaltensweisen interessiert, ein moralisches Plädoyer führte er nur indirekt. *Llanto por un bandido* (»Klage um einen Banditen«, deutscher Verleihtitel: *Cordoba*, 1964) ist ein historischer Abenteuerfilm um einen andalusischen Banditen des frühen 19. Jahrhunderts. Zu Beginn des Films tritt Luis Buñuel in der Rolle eines Henkers auf; die von Saura intendierten politischen Untertöne des Films wurden durch Zensurschnitte weitgehend entfernt. Mit *La caza* (*Die Jagd*, 1966) realisierte Saura ein Werk, das die Handschrift eines entschiedenen Moralisten der Leinwand erkennen ließ. Vier Freunde (zwei davon sind Brüder) fahren miteinander in eine unwegsame Gegend zur Kaninchenjagd. Die Freundschaft der Männer, Angehörige der besitzenden Klasse, scheint aus dem Bürgerkrieg zu datieren. Im Verlauf der Jagd steigern sich schon anfangs vorhandene Aggressionen unter den Männern soweit, daß sie – zuerst aus Versehen und dann wirklich – Jagd aufeinander machen und sich gegenseitig bis auf einen umbringen. Sauras Regie läßt die Ereignisse als Folge einer unerbittlichen Logik erscheinen. Einmal liefert der Film einen soziologischen Kommentar, insofern er die selbstzerstörerischen Neigungen des Bürgertums am Beispiel des Verhaltens seiner Protagonisten sichtbar macht; aber auch in seiner Dramaturgie, im Gebrauch der Kamera, in der Montage ist *La caza* von einer so glasklaren Präzision, daß der Parabel-Charakter des Films deutlich hervortritt: er ist ein »Menetekel auf die Gesellschaft«[74]. Alle weiteren Filme von Carlos Saura setzen die mit *La caza* eingeschlagene Linie fort: sie sind Bewußtseinsanalysen des spanischen Bürgertums. »Ich ziehe es vor, von dem zu sprechen, was ich am besten kenne, von den Personen meiner Umgebung, Bürgern, die repräsentativ sind für eine bestimmte religiöse Erziehung, für eine nur in Spanien mögliche Lebensweise, vor allem, was die Auffassung des Mannes von der Frau betrifft.« (Saura)[75] Diese Thematik zeigt sich recht deutlich in *Peppermint frappé* (1967): hier modelt ein Arzt, der als komplexbeladener, neurotischer Bürger in der Art der Buñuel-Helden beschrieben wird, seine Sprechstundenhilfe exakt dem Bild der Ehefrau seines Freundes entsprechend um; schließlich ermordet er den Freund und dessen Frau mit einem vergifteten Pfefferminztrank. War *Peppermint frappé* die kriminalistische Parabel einer auf Repression besonders der Frau beruhenden bürgerlichen Gesellschaft, so bewegte sich *Stress es tres, tres* (*Streß zu dritt*, 1968) eher auf psychologisch-realistischen Bahnen: hier brechen Spannungen zwischen einem Industriekaufmann, seiner Frau und einem Freund aus, die mit dem Auto einen Tag ans Meer fahren, um dort ein Grundstück zu besichtigen. In *La Madriguera* (*Höhle der Erinnerungen*, 1969) führte Carlos Saura ein neues Motiv ein: die Rückkehr in die Kindheit. Einem Ehepaar, das bisher in gegenseitiger Distanziertheit dahinlebte, wird eine Wagenladung Möbel ins Haus geliefert, die bei der Frau Erinnerungen an die Kindheit wecken. Von nun an verstrickt sie sich mehr und mehr in Evokationen der Vergangenheit, die schließlich in einen Ausbruch von Gewalt münden.

Auch die nächsten Filme Sauras behandeln das Thema der Erinnerung und der Kindheit, aber in einer psychoanalytischen Perspektive und manchmal unter Anwendung surrealer Stilmittel, so *El jardin de las delicias* (*Der Garten der Lüste*, 1970); der Titel des Films ist eine Anspielung auf Hieronymus Bosch und bezeichnet im weiteren Sinne eine Allegorie der spanischen Gesellschaft. Ein Millionär hat nach einem Autounfall das Gedächtnis verloren; Familie und Freunde inszenieren als eine Art Psychodram Szenen aus Kindheit und Jugend des Protagonisten, um ihm das Gedächtnis zurückzubringen – vor allem, damit er seine geschäftlichen Transaktionen weiterführen kann. Die gespielten und rekonstruierten Szenen vermischen sich mit solchen der Gegenwart; in den Szenen der Vergangenheit behält der Protagonist aber seine Gestalt aus der Jetztzeit. Am Ende setzt Saura die ganze Gesellschaft in Rollstühle und läßt das Bild erstarren. In *Ana y los lobos* (*Anna und die Wölfe*, 1973) arbeitet Saura die gesellschaftskritische Parabel noch deutlicher heraus. Ein englisches Kindermädchen kommt auf das schloßähnliche Anwesen einer vornehmen Familie, wo eine halbgelähmte Großmutter regiert, deren erwachsene Söhne dem Mädchen auf verschiedene Weise nachstellen: der älteste renommiert mit seiner Uniform- und Waffensammlung, der zweite vollführt pathologische Ersatzhandlungen; der dritte haust als Eremit in einer Höhle und will Annas Haare abschneiden. Offensichtlich repräsentieren die drei Brüder Tendenzen der spanischen Gesellschaft. Eine Reise in die spanische Vergangenheit unternahm Saura in *La prima Angelica* (*Cousine Angelica*, 1973): hier kehrt ein Mann mittleren Alters in die Stadt zurück, wo er vor dreißig Jahren – zur Zeit des Bürgerkriegs – bei Großmutter und Tanten seine Ferien zu verbringen pflegte und wo er sich damals in seine Kusine verliebte. Er begegnet den inzwischen gealterten Personen erneut; Rückblenden in die Vergangenheit machen deutlich, daß sich in diesem stickigen Milieu bis heute nichts geändert hat. Die Rückblenden verfremdet Saura durch einen Kunstgriff, der gleichzeitig seine These anschaulich macht: der Protagonist tritt auch in den Erinnerungssequenzen als erwachsener Mann auf – Kind und Mann werden identisch. Auch mehrere andere Rollen werden in Vergangenheit und Gegenwart von den gleichen Schauspielern gespielt; auf ungewöhnliche Weise ergibt sich so eine Identität der Zeitebenen – bei der der Zuschauer ständig »umdenken« muß. Bemerkenswert und für einen spanischen Film geradezu revolutionär war der Umstand, daß die Eltern des Protagonisten als Republikaner vorgestellt, aber keineswegs verurteilt werden; bemerkenswert auch die psychologische Raffinesse und die untergründige Ironie in der Porträtierung der Familie, die auf den Protagonisten einen subtilen (in den Rückblenden auch handgreiflichen) Terror ausübt und in ihm absonderliche Schreckensvorstellungen, aber auch glückliche Erinnerungen (an Angelica) auslöst. *Cria Cuervos* (*Züchte Raben*, 1975), die Geschichte eines achtjährigen Mädchens, dessen Mutter gestorben ist und das daraufhin den Vater und die strenge

Tante mit Gift umzubringen versucht, wirkte dagegen, obwohl stilistisch und handwerklich wiederum brillant gemacht, wie eine Wiederholung altbekannter Saura-Konstellationen. *Elisa, vida mia* (»Elisa, ein Leben«, 1977) ist die Geschichte eines auf dem Lande lebenden alternden Schriftstellers, der den Besuch seiner Tochter empfängt; die Tochter entdeckt das Tagebuch ihres Vaters, was Saura Gelegenheit zu einer geschickten, aber etwas akademisch wirkenden Verschachtelung von Rückblenden, literarisch erfundenen und realen Sequenzen gibt. – Einen wichtigen Anteil am Werk von Carlos Saura hat auch sein Produzent Elias Quereieta, der schon in den sechziger Jahren zu den führenden Kräften der Erneuerung des spanischen Kinos gehörte.

In der ersten Hälfte der sechziger Jahre schien es zeitweilig, als ob sich eine neue Bewegung junger spanischer Regisseure durchsetzen könnte, die getragen wurde von Absolventen der Filmhochschule sowie von ehemaligen Redakteuren und Kritikern der Filmzeitschriften »Nuestro Cine« und »Film Ideal«. Auch der Ausdruck ›Nuevo cine espanol‹ wurde bereits geprägt. Exponenten dieser – allerdings kurzlebigen – Bewegung waren (neben Carlos Saura) Mario Camus, ein Saura-Mitarbeiter, der 1962 und 1963 zwei interessante Filme drehte, *Los farsantes* (»Die Blender«) und *Young Sanchez*, sich dann aber bald kommerzialisierte; Julio Diamante, dessen *Cuando estalla la paz* (»Als der Frieden ausbrach«, 1962), eine Kleinstadtkomödie vor dem Hintergrund des Ersten Weltkriegs, lange Zeit verboten war, und der 1965 *El arte de vivir* (»Die Kunst zu leben«) drehte; Antonio Eceiza, dessen *El proximo otoño* (»Der nächste Herbst«, 1963) und *De cuerpo presente* (»Öffentliche Aufbahrung«, 1965) beide in Spanien nicht herauskamen – der letztere eine »Karikatur moderner Mythologien«;[76] Angelino Fons mit *La busca* (»Die Suche«), einer Kritik an der spanischen Gesellschaft der Jahrhundertwende; Basilio M. Patino mit dem stilistisch modernen *Nueve cartas a Berta* (Neun Briefe an Berta, 1965); 1971 wurde des gleichen Regisseurs *Canciones para después de una guerra* (»Lieder für eine Nachkriegszeit«), ein kritischer Montagefilm über das Spanien der vierziger Jahre (nach dem Bürgerkrieg) verboten, der Wochenschauausschnitte mit populären Schlagern der damaligen Zeit kombinierte. Erst 1976 konnte *Canciones . . .* in Spanien öffentlich gezeigt werden (und errang sofort große Popularität). Patino drehte 1973/74 einen Dokumentarfilm über die Scharfrichter in Spanien, *Queridisimos verdugos* (»Geliebte Henker«), der die Montage zahlreicher Dokumente mit Interviews und Reportagesequenzen verband, ein abwechselnd makabres und groteskes Werk, sowie 1975 einen weiteren Dokumentarfilm, *Caudillo*, über die Rolle Francos in der spanischen Geschichte. Beide Filme konnten erst 1977 öffentlich vorgeführt werden. Zu dieser Bewegung gehören ferner Miguel Picazo mit *La tia Tula* (*Tante Tula*, 1964), einem polemischen Film über das eingeschliffene Rollenverhalten eines Witwers und seiner Schwägerin, und *Oscuros sueños de Agosto* (»Dunkle Träume im August«, 1967); Francisco Regueiro mit *El buen amor* (»Die gute Liebe«, 1962), einer Liebesgeschichte mit gesellschaftskritischen Hintergründen, und *Amador* (1965), einer schwarzen Komödie; Manuel Summers, der sich mit *Del rosa al amarillo* (»Von Rosa bis gelb«, 1963) und *La niña de luto* (»Das Mädchen in Trauer«, 1964) ebenfalls als Spezialist für makabre Komödien etablierte, dann aber mit *El juego de la oca* (»Das Spiel mit der Gans«, 1965) einen konventionelleren Film drehte. Auch Jorge Grau mit *Noche de Verano* (»Sommernacht«, 1962), *El espontaneo* (1963) und *Aceton* (1964) sowie Jacinto Esteva und Joaquin Jorda mit *Dante no es unicamente severo* (»Dante ist nicht immer streng«, 1967) müssen erwähnt werden. Die neuen Impulse dieser Debütantenfilme, die nicht immer gelungen waren und deren versteckte Gesellschaftskritik mitunter nur im spanischen Kontext verstanden werden konnte, vermochten sich jedoch kaum zu entfalten. Verschärfte Zensurmaßnahmen und eine immer schwieriger werdende ökonomische Lage unter den Produzenten künstlerisch ambitionierter Filme zwangen die jüngeren Regisseure in der zweiten Hälfte der sechziger Jahre zumeist, sich den Gesetzen des kommerziellen Films anzupassen. Zwar entstanden um 1970 einige weitere unabhängige Filme, so *El hombre oculto* (»Der dunkle Mann«) von Alfonso Ungria, *El desastre de Annual* von Ricardo Franco und *Contactos* von Paulino Viota, aber sie kamen wegen ihrer Neuartigkeit nicht ins Kino; zur gleichen Zeit stellte der spanische Kritiker Augusto M. Torres fest, daß der »offizielle« Autorenfilm der Patino, Fons, Grau, Bardem und Berlanga in eine absolute Sackgasse geraten sei.[77] 1973 verzeichnete das spanische Kino eine Welle von phantastischen und Horrorfilmen; indirekt gehört auch einer der besten spanischen Filme der siebziger Jahre, *El espiritu de la colmena* (*Der Geist des Bienenstocks*, 1974) von Victor Erice (geb. 1940), zu diesem Genre. Der Film, der in einem kastilischen Dorf um 1940 spielt, beschreibt die Abenteuer zweier kleiner Mädchen, die im Kino den amerikanischen Horrorfilm *Frankenstein* gesehen haben und die Vision dieses Monsters nun zur Grundlage ihrer Tagträume machen. Auf ihrer Suche nach Geistern entdecken sie eines Tages in einer Scheune einen versteckten Soldaten, offenbar einen Überlebenden des Bürgerkrieges, der jedoch später erschossen wird. Hintergrund der Erlebnisse der Mädchen ist der träge dahinfließende Alltag im Elternhaus, wo der Vater, ein Intellektueller, Bienen pflegt und literarischen Studien nachgeht. Nicht nur ist *Der Geist des Bienenstocks* in der Beschreibung kindlicher Erlebnisse zwischen Realität und Phantasie einer der sensibelsten und genauesten Filme seit langem; er bringt in einer für das spanische Kino ungewohnten Offenheit das Thema des Bürgerkriegs zur Sprache, das auch in Carlos Sauras *La prima Angelica* anklang und schließlich auch von einem anderen spanischen Film behandelt wird, Jaime Caminos *Las largas vacaciones del 1936* (»Die langen Ferien von 1936«, 1976): in diesem Film tritt ein Schullehrer auf, der unverhohlen mit der Sache der Republikaner sympathisiert.

Zu den bemerkenswerten spanischen Filmen der letzten Zeit gehört schließlich *Los Furtivos* (*Die Wilddiebe*, 1975) von José Luis Borau (geb. 1929), die Geschichte eines entlaufenen Fürsorgemädchens und des leicht zurückgebliebenen Sohnes einer Waldschänken-Besitzerin. Der Film mischt Züge des Melodrams und der Satire und versteckt zwischen den Zeilen eine Menge subversiver Wahrheiten; er ironisiert die Familienmoral und das Verhalten einer hochgestellten Persönlichkeit, die der Waldschänke periodische Besuche abstattet. *El espiritu de la colmena* sowie *Los Furtivos* lassen, zusammen mit einigen anderen Filmen der letzten Zeit, die Hoffnung entstehen, daß im Zeichen einer sich liberalisierenden Zensur der spanische Film an Qualität und selbstkritischer Offenheit gewinnen und möglicherweise eine neue nationale »Schule« ausbilden könnte – zu diesen vielversprechenden Werken gehören außer den erwähnten noch *Los viajes escolares* (»Die Schulreisen«, 1974) und *El desencanto* (»Die Ernüchterung«, 1976) von Jaime Chavarri (geb. 1943), ein ›Cinéma-vérité‹-Film über die Selbstkonfessionen einer dekadenten Familie, sowie *Pascual Duarte* (1976) von Ricardo Franco, die Geschichte eines jungen Mannes aus einem spanischen Dorf zu Anfang dieses Jahrhunderts: ein Film schockierender Grausamkeiten, die sich aber vor einem genau evozierten sozialen Hintergrund abspielen. Problematischer, da in der Darstellung von Gewalt ambivalent, erscheint *Camada negra* (»Schwarze Brut«, 1977) von Manuel Gutierrez Aragon, eine Art Polit-Thriller über eine Organisation fanatisierter rechtsradikaler Jugendlicher; *El anacoreta* (»Der Einsiedler«, 1976) von Juan Estelrich ist eine surrealistische, aber metaphorisch gemeinte Komödie über einen Mann, der sich von der Welt in sein Badezimmer zurückzieht. Auch in Barcelona entwickelte sich eine regional bewußte, auf ihre Eigenständigkeit und die katalanische Landessprache pochende Filmkunst, für die der relativ aufwendig produzierte Film *La ciutat cremada* (»Die verbrannte Stadt«, 1976) von Antonio Ribas, ein Fresko der politischen Geschichte Kataloniens zwischen 1898 und 1909, als beispielhaft gelten kann.

Portugal besitzt bis heute eine nur schwach entwickelte kinematographische Infrastruktur: für 10 Millionen Einwohner gab es (1970) ganze 435 Kinos, und darunter waren nur 62, die täglich spielten.[78] In den sechziger Jahren entstanden etwa vier Spielfilme pro Jahr für den Inlandkonsum, die kaum Interesse beanspruchen konnten – mit Ausnahme der Werke des Pioniers Manuel de Oliveira, der freilich nur selten Gelegenheit zur Arbeit fand. Das änderte sich erst 1970, als auf Initiative der Filmclub-Bewegung und einiger jüngerer Regisseure die finanzstarke ›Gulbenkian-Stiftung‹ sich für den Film zu interessieren begann und einzelne Vorhaben subventionierte. Hinzu kamen eine Liberalisierung der Zensur und stärkere kritische Strömungen im Lande, so daß zwischen 1972 und 1974 eine Reihe von Filmen junger Regisseure entstehen konnten, die einen für Portugal neuen künstlerischen Standard setzten, das portugiesische Kino auch im Ausland bekanntmachten und durch ihre »subversiven« Tendenzen den Zusammenbruch des faschistischen Salazar-Regimes im April 1974 im voraus ankündigten. Seither haben sich die Produktionsbedingungen für das unabhängige portugiesische Kino verbessert, die Zensur wurde sogar ersatzlos abgeschafft (was sonst in Europa nur noch in Dänemark der Fall ist). Dennoch scheint es, als ob die künstlerisch stärkste Phase des portugiesischen Films die Zeit unmittelbar *vor* dem Zusammenbruch des faschistischen Regimes gewesen sei. Nach dem April 1974 brachen auch unter den portugiesischen Filmemachern erhebliche Meinungsunterschiede über die Richtigkeit der nunmehr einzuschlagenden Linie aus.

Die sechziger Jahre des portugiesischen Films wurden bestimmt von drei Werken des Pioniers Manuel de Oliveira (geb. 1908), der sich wegen Mißerfolgen bei Kritik und Publikum zwischen 1941 und 1956 von der Filmarbeit zurückgezogen hatte: *Acto da primavera* (»Frühlingstat«, 1963), die Verfilmung eines christlichen Passionsspiels, dem die portugiesische Kritik politische Eigenschaften nachrühmt, weil es sich um einen Film über Gewalt, Intoleranz und Unterdrückung handele.[79] Nach einem halblangen Film *La caça* (»Die Jagd«, ebenfalls 1963) und *As pinturas de Meu Irmão Julio* (»Die Briefe von Meu Irmão Julio«, 1965) drehte Oliveira 1971 ein brillantes und scharf satirisches Alterswerk, das erstaunlicherweise außerhalb Portugals bislang nicht bekanntgeworden ist: *O passado e o presente* (»Die Vergangenheit und die Gegenwart«). Mit bitterem Skeptizismus, mit Ironie und ätzender Komik porträtiert de Oliveira den hohlen, aber erlesenen Lebensstil der oberen Zehntausend Portugals, geißelt Konventionen und Vorurteile – vermittels einer Regie, die besonders subtilen Gebrauch vom Ausdrucksmittel des Dekors macht. Oliveira ist für die junge Generation des portugiesischen Kinos eine Symbol- und Vaterfigur geworden.

Anregungen zur Erneuerung des portugiesischen Films gingen auch von Antonio da Cunha Telles (geb. 1935) aus, der nach einer Filmausbildung in Paris 1963 in Portugal eine eigene Produktionsfirma gründete, die in den sechziger Jahren einige wichtige – freilich vorerst noch isoliert bleibende – ambitionierte Autorenfilme herausbringen konnte: so *Os verdes anos* (»Die grünen Jahre«, 1963) und *Mudar de vida* (»Sein Leben ändern«, 1966) von Paulo Rocha, das neorealistische Porträt eines kleinen Fischerdorfes, *Belarmino* (1964) von Fernando Lopes, ein ›Cinéma-vérité‹-Film über einen Boxer, und

Domingo a tarde (1965), den Erstlingsspielfilm des Ex-Filmkritikers Antonio de Macedo. 1967 brach die Produktionsfirma Cunha Telles' wieder zusammen; nunmehr drehte der bisherige Produzent Filme in eigener Regie. 1969 entstand so *O cerco* (»Der Kreis«), ein Film, der am Beispiel einer jungen Frau den Bewußtseinszustand einer parasitären Gesellschaft schildert. Noch besser gelang Antonio da Cunha Telles dies in seinem zweiten Film *Meus amigos* (*Meine Freunde*, 1974), einem der besten Werke des neuen portugiesischen Kinos: hier treffen einige Freunde zusammen, die vor zehn Jahren einmal zur politisch aktiven jungen Generation gehörten und den ersten Universitätsstreik des Landes organisierten. Heute haben sich diese Leute angepaßt, einige sind dem Wahnsinn verfallen, andere zu Zynikern oder Dandys geworden, nur wenige leisten noch einen gewissen Widerstand. Aber fast interessanter noch als die kritische soziale Analyse des Films ist seine Art, Alltäglichkeit zu porträtieren: »Was in *Meus amigos* zählt, das ist vor allem die Gegenwart, die ›unmittelbare Gegenwart‹ mit ihren winzigen, oft unvollendeten, aufgeschobenen Begebenheiten; das untergründige Wissen darum, daß sich das Leben in den Handlungen des Augenblicks und nicht in irgendeiner Kontinuität unserer Handlungen vollzieht«.[80] Cunha Telles' letzter Film *Continuar a viver* (»Weiterleben«, 1977), ist die dokumentarische Analyse der Veränderungen in einem erst kürzlich neu gegründeten Fischerdorf der Algarve, seitdem dort die barackenartigen Unterkünfte der Fischer durch die Aktion einer Architekten-Gruppe in feste Häuser umgewandelt wurden.

Eine Reihe von Filmen untersuchten nach 1970 die portugiesische Gegenwart und Geschichte, auch das Thema »Kolonialismus«, wobei die meisten dieser Filme kurz vor dem Sturz des Salazar/Caetano-Regimes entstanden und mit mehr oder weniger großer Offenheit den Standpunkt einer kritischen Opposition formulierten, teilweise aber erst nach dem April 1974 zur Aufführung kamen; einige wurden produziert von der Gulbenkian-subventionierten Kooperative ›Centro Portugues de Cinema‹, andere entstanden mit bescheidenen Eigenmitteln der Cineasten im 16-mm-Format. Nicht zuletzt bedingt durch die Produktionsbedingungen unter einem faschistischen Regime, das den Filmautoren nur eine gewisse Narrenfreiheit am Rande einräumte, sind die unabhängigen portugiesischen Filme vor (und auch nach) 1974 überwiegend gesellschaftliche Parabeln, die ihre »Botschaften« verschlüsselt formulieren. *Perdido por cem, perdido por mil* (»Verloren zu hundert, verloren zu tausend«, 1971) von Antonio Pedro Vasconcelos (geb. 1939) ist der Bericht einer doppelten Reise: der Rückkehr des Protagonisten in seine Heimatstadt Lissabon und zugleich des Eindringens in das Bewußtsein der Hauptfigur. Im »off« führt der Regisseur einen Dialog mit seinen Personen und den Zuschauern; der Film versucht die stilistischen Errungenschaften der französischen ›Neuen Welle‹ aufzuarbeiten.

Fernando Lopes' (geb. 1935) zweiter Film, *Uma abelha na chuva* (»Eine Biene im Regen«, 1968–1972) ist eine Studie der Einsamkeit im erstickenden Milieu der Provinz, gefilmt in einem Stil formaler Strenge, der den Ereignissen etwas Theatralisches, Opernhaftes gibt (auch das Theater selbst spielt eine Rolle in dem Film); Lopes baute in seinen Film auch eine Hommage an den deutschen Stummfilmregisseur Murnau ein, dessen »visuelle Magie« er bewundert.[81] In *Nos por ca todos bem* (»Abgesehen davon geht es uns gut«, 1977) beschreibt Fernando Lopes in einer Mischung aus realen und fiktiven Szenen die Situation bei den »Vergessenen der Revolution«, Bewohnern eines Dorfes im zurückgebliebenen Norden Portugals. Eine verschlüsselte Ausdrucksweise bevorzugt José Fonseca e Costa (geb. 1933) in *O recado* (»Die Botschaft«, 1971) – Gangster, die vielleicht auch politische Polizisten sein können, verfolgen einen jungen Mann vor dem Hintergrund eines Volksfestes – und in *Os demonios de Alcacer-Kibir* (»Die Dämonen von Alcacer-Kibir«, 1975), der komplizierten Geschichte einer Gruppe von Wanderschauspielern, die auf portugiesische Geschichtslegenden Bezug nimmt und anhand einer ständig ins Surreale hinüberspielenden Fabel ein Röntgenbild ideologischer und psychischer Unterdrückung in der portugiesischen Gesellschaft von Gestern zeichnet; die Personen dieses Films, den sein Regisseur als »eine bittere, aber nicht verzweifelte Reflexion über das Ende eines Empires« bezeichnet[82], können eher metaphorische als reale Existenz beanspruchen.

Eine filmische Parabel, die gesellschaftliche und private Aspekte der Geschichte Portugals auf einen Nenner zu bringen sucht, ist *Brandos costumes* (*Sanfte Sitten*, 1975) von Alberto Seixos-Santos (geb. 1936). Hier wird parallel die (fiktive) Geschichte einer Familie von Kleinbürgern und – anhand von Dokumentarmaterial – die Geschichte des Diktators Salazar erzählt. Zwischen beiden Sphären gibt es fortlaufend Entsprechungen. Die Tochter der Familie will sich von ihrem Vater emanzipieren, studiert das »Kommunistische Manifest« und versucht auch das Dienstmädchen der Familie zu agitieren, indem sie ihr Swifts »Anweisungen an die Dienstboten« vorliest. Seixas Santos unternimmt es in seinem Film, den Illusionismus des Kinos zu zerstören, indem er den Fiktionscharakter der Spielszenen deutlich macht; er wollte »nach der Basis eines Kinos suchen, das politisch sein sollte, nicht vermittels einer Anekdote, sondern als dialektische Reflexion über das politische Kino selbst«.[83] *O mal amado* (»Der Ungeliebte«, 1974) von Fernando Matos Silva erzählt dagegen in einem realistischen, emotional betonten Stil die Geschichte der Beziehungen zwischen einem jungen Bürolehrling aus bürgerlichem Hause und seiner Chefin. Der Film liefert an seiner Oberfläche einige interessante soziologische Informationen und beschäftigt sich auch mit dem Thema »Kolonialismus«; aber um die tieferen Zusammenhänge zu gestalten, die dem Regisseur vorschwebten, mußte Matos Silva zu komplizierten dramaturgischen Hilfskonstruktionen greifen; am Schluß verliert er sich in Melodramatik.

Auf dem Gebiet des ethnographischen Dokumentarfilms, der sich vorzugsweise mit der Erforschung archaischer Realitäten in den zurückgebliebenen Regionen Portugals beschäftigt, arbeiten Antonio Campos (geb. 1922) mit *Vilarinho das Furnas* (1971) und *Falamos de Rio de Onor* (1974) sowie Antonio Reis (geb. 1927) mit *Jaime* (1974) und *Tras-os-montes* (1976). Besonders der letztere Film kann im Hinblick auf seine außerordentlichen poetischen Qualitäten als eines der hervorragendsten Werke des portugiesischen Kinos der siebziger Jahre gelten.

Seit der Befreiung vom Faschismus steht der portugiesische Film im Prozeß einer Umstrukturierung, der sich auch als Kampf verschiedener politischer Kräfte darstellt und die Entwicklung des Filmwesens teilweise behindert hat. So haben die politischen Veränderungen des Landes im portugiesischen Film zunächst nur in geringerem Umfang und mit größerer zeitlicher Verspätung Ausdruck gefunden, als man hätte vermuten können. Eher waren es ausländische Filmgruppen, die über die Ereignisse in Portugal aus ihrem jeweiligen politischen Blickwinkel berichteten – Beispiele dafür sind *Viva Portugal!* (1975, BRD), *De sol à sol* (»Von Boden zu Boden«, Frankreich 1976), *A terra/Torre Bela* (Thomas Harlan, Italien 1976), *Scenes from the Portuguese Class Struggle* (Robert Kramer, Philip Spinelli, USA 1977). Zwar bildeten sich in Portugal verschiedene Kooperativen, die politische Filmarbeit leisten wollten, so (neben dem ›Centro Portugues de Cinema‹) die Gruppen ›Cinequipa‹ und ›Cinequanon‹, jedoch stießen sie bald auf Schwierigkeiten, ihre Arbeit zu finanzieren; ihre Haupttätigkeit bestand bisher in der Herstellung von kurzen und mittellangen Dokumentarfilmen für das portugiesische Fernsehen.

Ein 1976 beendeter langer Dokumentarfilm über die Geschichte Portugals, *Deus patria autoridade* (»Gott, Vaterland, Autorität«) von Rui Simoes fällt hinter das zurück, was *Brandos Costumes* bereits geleistet hat. Weitere erwähnenswerte Regisseure des neuen portugiesischen Kinos sind Eduardo Geada mit *Sofia e a educação sexual* (1974) sowie José de Sa Caetano mit *As ruinas no interior* (»Die Ruinen im Innern«, 1976), der atmosphärisch dicht erzählten Geschichte einiger Kinder, die im Jahre 1943 einen Ferienaufenthalt am Meer verbringen und dabei zwei versteckte englische Flieger entdecken. Auch Manuel de Oliveira konnte 1975 mit *Benilde o a Virgem Mae* (»Benilde oder die Mutter Jungfrau«) einen weiteren Film drehen.

Im Griechenland der sechziger Jahre entwickelte sich ein regelrechter Filmboom. Die Zuschauerzahlen und die Zahl der Kinos wuchsen von Jahr zu Jahr, so daß ständig mehr Filme produziert wurden. Die Produktion erreichte ihre größte Höhe 1965 und 1966 mit 131 bzw. 134 Spielfilmen. Für den verhältnismäßig kleinen griechischen Markt war diese Produktion viel zu hoch; sie konnte nur mit billigen Konsumfilmen niedrigster Qualität erreicht werden (durchschnittliche Drehzeit eines Films: 10 Tage[84]). Die Produktionszahlen sanken später jedoch wieder ab und pendelten sich Mitte der siebziger Jahre auf ca. 30 Filme im Jahr ein (wovon aber 20 immer noch reine Kommerzfilme sind[85]).

Zu Beginn der sechziger Jahre wurde der griechische Film von den Altmeistern Cacoyannis und Koundouros beherrscht. 1965–66 machte sich eine Erneuerungsbewegung bemerkbar, der jedoch der Putsch der Obristen 1967 ein rasches Ende bereitete. Danach zog zunächst wieder Kirchhofsruhe im griechischen Film ein, bis sich Anfang der siebziger Jahre, vom Regime der Obristen entweder toleriert oder übersehen, ein neues Kino der Opposition formierte, das von eigenen sozialen, politischen und ästhetischen Prämissen ausging und seinen Höhepunkt in dem noch unter der Diktatur begonnenen Film *O thiassos (Die Wanderschauspieler)* von Thodoros Angelopoulos fand. Nach dem Zusammenbruch des Obristenregimes 1975 scheint sich unter den Filmemachern Griechenlands, ähnlich wie in Portugal, Unklarheit über die nunmehr einzuschlagende Linie auszubreiten; der griechische Film der Jahre 1976/77 bietet eher das Bild einer Krise (mit absinkenden Produktionszahlen).

Die Regisseure Michael Cacoyannis (geb. 1922) und Nikos Koundouros (geb. 1929) drehten ihre wichtigsten Werke schon in den fünfziger Jahren – Cacoyannis *Stella* (1955) und *To koritsi me ta mavra (Das Mädchen in Schwarz*, 1956), Koundouros *O Drakos* (»Das Ungeheuer von Athen«, 1956). Beide Regisseure begannen sich in den sechziger Jahren dem Markt anzupassen. *Electra (Elektra*, 1961) von Cacoyannis war der noch teilweise gelungene Versuch, das antike Drama des Euripides modern zu interpretieren und in eine filmische Form zu bringen. Dann jedoch drehte Cacoyannis, formal bereits als amerikanische Produktion, *Zorba, the Greek (Alexis Sorbas*, 1964), eine Bearbeitung des Romans von Kazantzakis, die in sentimentalen und touristischen Mythen vom Griechenland der Folklore schwelgte. In England realisierte er 1971 mit einer internationalen Starbesetzung (Katherine Hepburn, Vanessa Redgrave) *The Trojan Women (Die Troerinnen)* und, wieder nach Griechenland zurückgekehrt, *Iphigenie* (1977), allerdings in einem stark veräußerlichten, pathetischen Stil. Dazwischen drehte Cacoyannis mit *Attila 74* (1976) einen Dokumentarfilm über den Krieg in Zypern. Der früher einmal sozial engagierte Koundouros inszenierte 1962 seine halb mythologischen, halb erotisch spekulativen *Mikres Afrodites (Junge Aphroditen)*; in ähnliche Richtung zielte *To prosopo tis medousas* (»Das Gesicht der Meduse«, 1967), der Versuch, unter Aufbietung mythologischer Verweise anhand einer Geschichte von vier jungen Leuten aus der Gegenwart »den Inbegriff des unnahbaren weiblichen Mysteriums«[86] darzustellen. Für die konventionelle, dem folkloristischen Spektakel huldigende Seite des griechischen Kinos waren auch Jules Dassins Filme *Pote tin kyriaki (Sonntags . . . nie!*, 1959) und *Phaedra* (1961) charakteristisch.

1965 schien es, als ob sich eine gewisse Erneuerung des in kommerzieller Mittelmäßigkeit versinkenden griechischen Films vollziehen könnte. Auf dem seit 1960 jährlich veranstalteten Festival von Thessaloniki trat zum ersten Mal eine neue Generation von Regisseuren mit vielversprechenden Kurzfilmen in Erscheinung, darunter Pantelis Voulgaris mit *Der Dieb*, der Konfrontation zwischen einem Polizisten und einem jungen Brieftaschendieb, sowie Rovyros (Robert) Manthulis (geb. 1929) mit *Menschen und Götter*. Der Eindruck einer lebendigen neuen Filmbewegung, die starkes soziales Engagement erkennen ließ, verstärkte sich 1966. Voulgaris drehte einen weiteren Kurzfilm, *Tzimis o tigris* (»Jimmy der Tiger«), und Manthulis trat mit einem Spielfilm hervor, *Prossopo me prossopo* (»Von Angesicht zu Angesicht«). Dieser erzählte die Geschichte eines Englischlehrers, der von einer neureichen Familie eingestellt wird, um die Tochter des Hauses zu unterrichten. Am Rande und zwischen den Zeilen des Films, der stilistische Anleihen bei Godard und Antonioni unternahm, brachte Manthulis kritische Kommentare über die Widersprüche der griechischen Gesellschaft unter. Nach dem Obristenputsch wurde der Film von der Zensur verboten. Ein ähnliches Schicksal war zwei anderen oppositionellen Spielfilmen beschieden. Nico Papatakis (geb. 1918), der zunächst (und später wieder) in Frankreich lebte, drehte nach *Les abysses* (»Die Abgründe«, 1963 – diese Bearbeitung von Genets »Zofen« entstand als französische Produktion) 1967 in Griechenland eine subversive, ja revolutionäre Filmparabel, *Les pâtres du désordre* (»Die Hirten der Unordnung«), formal eine griechisch-französische Koproduktion: in einem griechischen Dorf brechen, hervorgerufen durch die Liebe zwischen einem Hirten und der Tochter eines begüterten Grundbesitzers, soziale Konflikte aus, die zur Verfolgung des Liebespaares durch eine Meute aufgebrachter Dorfbewohner führen; Papatakis entwirft das Bild einer Gesellschaft extremer Rückständigkeit, beherrscht von Unterdrückung, Privilegien und mannigfachen Tabus. Ebenfalls noch vor dem Putsch begonnen und dann außer Landes gebracht wurde *Kierion* (1968) von Demosthenes Theos (geb. 1935), ein politischer Film (mit Thrillerelementen) über den Mord an einem Journalisten und einem Studentenführer, der von den Behörden vertuscht wird. Trotz einiger Schwächen der Konstruktion offenbarte dieser Film das Streben nach einer Dokumentation der politischen Wirklichkeit. 1976 drehte Demosthenes Theos *Diadikasia* (»Der Prozeß«), eine stark theatralisierte Version des Antigone-Dramas, der Versuch, die politisch-ideologischen Hintergründe dieses Stoffes zu erforschen. *Kierion* ebenso wie *Les pâtres du désordre* waren Anzeichen für eine starke Politisierung des neuen griechischen Films. Das Regime der Obristen konnte diese Entwicklung verzögern, aber nicht aufhalten.

Schon im Jahre 1970 erschien – kaum glaublich unter den Bedingungen der griechischen Diktatur – ein weiteres kritisches Werk, der erste Spielfilm des Regisseurs Thodoros (Theo) Angelopoulos (geb. 1936): *Anaparastassi (Die Rekonstruktion)*, eine Untersuchung über Unterentwicklung und Zurückgebliebenheit in einem griechischen Dorf. Die meisten Männer dieses Dorfes sind als Gastarbeiter nach Deutschland ausgewandert. Die Ehefrau eines Ausgewanderten, der zu einem Besuch zurückkehrt, tötet diesen mit Hilfe ihres Freundes; dann versuchen beide die Tat zu vertuschen. Der Film berichtet (in quasi dokumentarischen Rückblenden) von den Nachforschungen der Polizei, die erst allmählich Licht ins Dunkel bringt. Dramaturgisch führt der Film zwei Linien parallel: einmal die Rekonstruktion der Ereignisse durch den Film, zum anderen die Rekonstruktion durch die Polizei. Diese beiden Linien kommen keineswegs zur Deckung. Das eindrucksvollste am Film ist jedoch, wie Angelopoulos »das allmähliche Absterben eines Landstrichs«[87] darstellt, die trostlose, von Repression durch Militär und Polizei gezeichnete Atmosphäre in dem Dorf: durch eine präzise, lakonische Arbeit der Kamera und durch eine Technik der Aussparungen, die beim Zuschauer Nachdenken bewirkt. Angelopoulos konnte seinen Film nur mit Hilfe der Kritik und nach langen Kämpfen durch die Zensur bringen.[88] Sein nächster Film, *Meres tou 36* (*Tage von 36*, 1972) war politisch noch beziehungsreicher und subversiver. Er spielt zu Beginn der Diktatur des Generals Metaxas im Jahr 1936 und behandelt den Fall eines politischen Gefangenen, der einen ihn besuchenden Abgeordneten als Geisel festhält und dadurch die Regierung in Bedrängnis bringt; sie versucht sich des unbequemen Gefangenen zu entledigen, unter anderem durch Gift, alle Mittel schlagen jedoch fehl, bis schließlich ein Scharfschütze zu Hilfe gerufen wird. Angelopoulos entwirft eine alptraumhafte und zugleich streng realistische Studie des Gefängnismilieus, die das Gefangenen-Dasein in visuelle Strukturen übersetzt (Durchfahren von Korridoren, leitmotivische Bedeutung der geschlossenen Zellentür, Bildfolgen, die von der Gefängnisarchitektur und der umgebenden Landschaft bestimmt werden); im Kontrast dazu nimmt die Ratlosigkeit der Regierenden geradezu kafkaeske Formen an, ihre Lage ist mit der des Gefangenen unauflösbar verknüpft. Wortlos stellt die Kamera in umfassenden, kreisenden Bewegungen immer neue Beziehungen zwischen Menschen und Umgebung her. Vielleicht war es die starke »Formalisierung« einer politischen Aussage, die dem Film den Weg durch die griechische Zensur ebnete.

Mit *O thiassos* (*Die Wanderschauspieler*, 1975) gelang Angelopoulos sein Meisterwerk – ein Film überragenden Formats, möglicherweise der »Film eines Jahrzehnts«, gleichermaßen bedeutend als Vision der Geschichte wie als Entwurf einer neuartigen Filmästhetik. Vermittelt durch die Erlebnisse einer Truppe von Wanderschauspielern, die an verschiedenen Orten das Folklorestück »Golfo, die Schäferin« aufführen, gibt der Film einen Querschnitt durch die Geschichte Griechenlands zwischen 1939 und 1952 – von der Metaxas-Diktatur über die Besetzung Griechenlands durch deutsche Truppen, über den Widerstandskampf, die Befreiung, den »Blutsonntag« von 1944 und den Bürgerkrieg, der von 1946 bis 1949 dauerte, bis zum Machtantritt des rechtsgerichteten Marschalls Papagos. *O thiassos* beginnt im Jahre 1952 und geht dann in Rückblenden bis 1939 zurück. Der »Schlüssel« des Films ist die fortwährende Umwandlung von Theater in Geschichte und umgekehrt. Kein einziges Mal kann die Schauspielertruppe ihr Stück zu Ende spielen: immer intervenieren die Zeitereignisse auf unterschiedliche Weise und erzwingen den Abbruch (oder die Veränderung) des Stücks; aber die Geschichte, die so hereinbricht, verwandelt sich ihrerseits in eine Art von Theater. Angelopoulos hält diese Verwandlungen und Einbrüche in einer minutiös ausgeklügelten Technik komplizierter Kamerabewegungen fest. Einzelne Einstellungen sind bis zu neun Minuten lang; der ganze, nahezu vier Stunden dauernde Film besteht nur aus 80 Einstellungen (normal sind mehrere Hundert für einen Film von 90 Minuten). Darüber hinaus enthält der Film auch noch eine dritte Ebene: alle Personen des Geschehens spielen gleichzeitig eine bestimmte Rolle im Zusammenhang der Atriden-Sage. Orest kehrt vom Partisanenkrieg in den Bergen zurück, um den Tod seines Vaters durch deutsche Okkupanten an Klytemnästra und ihrem Liebhaber zu rächen. Das ereignet sich wiederum im Theater während des Stücks »Golfo«; Orest betritt die Bühne und feuert seinen Revolver ab, was das Publikum als unerwartete Zugabe beklatscht. Wie hier verschmilzt immer wieder in *O thiassos* Metaphorisches und Realistisches. Angelopoulos' Technik der langen Einstellungen und Kamerafahrten (die er, von Jancsos Vorbild ausgehend, schöpferisch weiterentwickelt hat) bewirkt dabei, daß der Wechsel der Zeiten, der Umschlag der Situationen in ihrer manchmal absurden Widersprüchlichkeit unmittelbar deutlich werden. Angelopoulos verwendet so gut wie keine Großaufnahmen, baut dagegen drei lange Szenen ein, in denen Monologe direkt in die Kamera gesprochen werden; sie erlangen durch dieses Darstellungsprinzip außerordentliche Intensität. *O thiassos* ist ein Film, der durch seine formalen Mittel den Illusionscharakter des Kinos unterwandert (mehr »Schauspiel« als »Sprache«, erzeugt der Film durch seine extremen Darstellungsmittel dennoch eine Realität, die von der empirischen deutlich unterschieden ist), dabei aber auch das Emotionale nicht austilgt, sondern es sublimiert. Die Anfangs- und Schlußeinstellung des Films – die Wanderschauspieler verstreut herumstehend als kleine Gruppe vor der Kulisse eines Bahnhofs – ist eine der schönsten und bewegendsten der Filmgeschichte (Angelopoulos: »Es ist wie ein Familienfoto, beladen mit der Zukunft, von der wir schon wissen«[89]). Aber die Personen des Films sind nicht nur Individuen. Aus ihnen baut der Film eine übergreifende Metapher, eine kühne ästhetische Konstruktion, die gleichermaßen durch ihren gedanklichen Gehalt wie durch die Schönheit ihrer Form fasziniert.

Angelopoulos' folgender Film, *I kinigui (Die Jäger,* 1977) – er wurde vom deutschen (ZDF) und französischen Fernsehen koproduziert – examiniert ein weiteres Kapitel griechischer Geschichte: die Jahre vom Ende des Bürgerkrieges 1949 bis zum Putsch der Obristen 1967; diese Epoche schließt also ungefähr an die in den *Wanderschauspielern* beschriebene an. Der Film geht (in seinem Rahmengeschehen) von einer Jagdpartie aus, die Honoratioren einer Provinzstadt kurz vor der Silvesterfeier 1976/77 unternehmen; dabei entdecken sie in einer weiten Schneelandschaft die Leiche eines Partisanen aus der Bürgerkriegszeit (die Schußwunde auf der Brust des Toten ist seltsamerweise noch frisch). Sie bringen die Leiche in den Festsaal, wo die Silvesterfeier stattfinden soll. Nun beginnt, ausgelöst von den Erklärungen der »Jäger« (sie stehen stellvertretend für das griechische Bürgertum) vor der Polizei, eine Serie von Evokationen der jüngsten griechischen Geschichte. Dabei geht die Handlung auch ins Irreale über: so werden die Bürger plötzlich von Partisanen des Jahres 1949 verhaftet und erschossen (vorübergehend spielen sie selbst die Rolle der Partisanen; dann aber erheben sie sich und kehren wieder in den Festsaal zurück). Am Ende wird die Leiche wieder dorthin zurückgebracht, wo sie gefunden wurde. Angelopoulos demonstriert auch hier wie schon in den *Wanderschauspielern* seine faszinierende Methode langer, verschlungener Kamerabewegungen, die eine Montage innerhalb des Bildes konstituieren, ein neues Zeit- und Raumgefühl erzeugen; daneben ist der Film aber auch von einer besonders intensiven Bildsprache bestimmt (wie in der einleitenden und abschließenden Szene: die Kamera erfaßt die weite Schneelandschaft in einer Totalen; die Menschen sind nur als kleine Punkte in diesem Bild zu sehen, das sehr lange stehenbleibt). *Die Jäger* setzt dem Zuschauer noch höhere Schwierigkeiten entgegen als *Die Wanderschauspieler.* Die Heraushebung und Profilierung von Einzelpersonen, die in den *Wanderschauspielern* vorhanden war, entfällt hier weitgehend, die Personen verkörpern meist einen in sich homogenen »Chor«; die geschichtlichen Ereignisse sind teilweise schwer zu erfassen; das manchmal dekorative Eigengewicht bestimmter Bilder drängt sich stark in den Vordergrund (eine Flotte kleiner Boote, die zweimal über den See fährt); man hat stärker als in den *Wanderschauspielern* das Gefühl, daß Personen und Situationen hauptsächlich erdacht sind, um etwas zu »verkörpern«, daß sie aber in sich keine Existenz haben; zudem irritiert einen die große Ähnlichkeit der in beiden Filmen angewendeten Methoden. Nichtsdestoweniger bleibt auch *Die Jäger* ein Werk herausragender Bedeutung, das – gäbe es nicht die *Wanderschauspieler* – wohl seinerseits alle Chancen hätte, als »Klassiker« eingestuft zu werden.

Die Erneuerung des griechischen Films nach 1970 ist ein kollektives Phänomen, an dem neben Angelopoulos noch eine Reihe anderer Regisseure beteiligt sind, deren Filme überwiegend soziales Engagement und avanciertes formales Bewußtsein erkennen lassen. Pantelis Voulgaris (geb. 1941) lieferte mit seinem ersten Spielfilm *To proxenio tis Annas (Annas Verlobung,* Fernsehtitel: *Ein Bräutigam für Anna,* 1972) eine klassisch zu nennende Studie griechischer Herren- und Dienermoral. Im Haus einer wohlhabenden Familie soll das Dienstmädchen verheiratet werden: die Herrschaft hat einen Bräutigam für sie ausgesucht, der aber auch von allen anderen Mitgliedern der Familie zu begutachten ist. Zwischen Anna und ihrem Verlobten stellt sich tatsächlich Zuneigung her; doch als dann Anna bei ihrer Herrschaft Zeichen der Aufsässigkeit zeigt, wird so lange Druck ausgeübt, bis das Mädchen einwilligt, auf ihre Verlobung zu verzichten. Der Film ist in einfachen, klar komponierten Bildern relativ traditionell erzählt, jedoch ist diese Einfachheit das Geheimnis seiner künstlerischen Kraft: sie macht das Drama des Dienstmädchens zum Sinnbild der Unterdrückung einer ganzen Klasse. Nach der Fertigstellung von *Annas Verlobung* wurde Voulgaris vom Obristenregime als politischer Gegner verhaftet und auf eine KZ-Insel verbannt. Über das Dasein auf dieser Insel drehte Voulgaris später einen Spielfilm, *Happy Days* (1976), der zwar optisch eindrucksvoll gemacht war, das Unterdrückungsregime auf der Insel jedoch in seltsam allegorische und rituelle Handlungen auflöste. Tonia Marketaki erzählt als »Rekonstruktion« in *Ioannis o viaios* (*Johannes der Gewalttätige*, 1973) die Vorgeschichte eines Verbrechens und konzentriert sich dabei auf die Porträtierung eines psychisch gestörten jungen Mannes, dessen Zustand als weitgehend gesellschaftlich bedingt erkennbar wird. Costas Aristopoulos läßt in *Topos kraniou* (»Schädelstätte«, 1973) die Leidensgeschichte Christi in wunderschönen Landschaften und erlesenen Bildern ablaufen, umgibt sie aber mit einer überraschend modernen Rahmenerzählung; Tassos Psarros berichtet in *Di asimanton aformin* (»Aus unwichtigem Anlaß«, 1973), ausgehend von einem Mordprozeß, in Rückblenden vom Konflikt zwischen der Tabakkooperative eines mazedonischen Dorfes und den Großhändlern einer benachbarten Stadt. Costas Sfikas bedient sich der Methoden des Experimentalfilms: in *Modello* (»Das Modell«, 1974) arbeiten stilisierte Robotermännchen an Maschinen, während wandernde Schatten das Verstreichen der Zeit markieren und auf dem Fließband die ganze Pracht der kapitalistischen Warenwelt vorbeirollt; der Film versucht, Prozesse wie Entfremdung und Ausbeutung durch neuartige filmische Stilmittel auszudrücken, scheitert aber an der Monotonie, die er erzeugt. Sehr professionell gemacht und an Vorbildern des Kommerzfilms orientiert erschien *Ta hromata tis iridos* (»Die Farben des Regenbogens«, 1974) von Nikos Panayatopoulos; prätentiös und überzogen fiel leider *Euridiki BA-2037* (»Euridice BA-2037«, 1976) von Nikos Nikolaidis aus, ein psychologischer Horrorfilm mit vagen politischen und mythologischen Anspielungen. Einige der jüngeren griechischen Filmemacher verlegten sich auch auf die Herstellung langer Filme, die ausschließlich nach dem Collagenprinzip gefertigt sind, so Thanasis Rentzis mit *Vio-grafia* (»Biographie«, 1976). Schließlich gibt es im griechischen Film von heute auch eine dokumentarische Richtung, die begonnen wurde von Saki Maniatis und Yorgos Tseberopoulos mit *Megara* (1974), einem ›Cinéma-vérité‹-artigen Bericht über die Zerstörung von Ölbaumpflanzungen im Hinblick auf die Errichtung einer Raffinerie, wodurch den in der Gegend ansässigen Bauern die Existenzgrundlage entzogen wird; der Film ist bemerkenswert durch seinen authentischen Charakter (die Filmemacher intervenieren kaum mit Fragen oder Erklärungen) und durch die expressive Qualität seiner Farbfotografie. In die dokumentarische Richtung gehören gleichfalls zwei Filme über die jüngste Geschichte Griechenlands, *Martyries* (»Zeugen«, 1975) von Nikos Kavoukides und *Agonas* (*Kampf*, 1976) von Thodoros Marangos und einem Kollektiv fünf weiterer Personen. Beide Filme gehen aus von der Oppositionsbewegung der Studenten gegen das Obristenregime und den tragischen Ereignissen im Polytechnikum von Athen und beschreiben dann die Mobilisierung der Bevölkerung sowie verschiedene inner-griechische Konflikte nach dem Sturz der Obristen.

Das Kino ist in der Türkei die mit Abstand populärste und billigste Massenunterhaltung. Türkische Filme erfreuen sich bei der Bevölkerung hoher Beliebtheit; dementsprechend ist die Produktion intensiv und der Kinobesuch rege. Die Produktion von Filmen, die schon in den sechziger Jahren bei 200 pro Jahr lag, erreichte 1972 einen Höhepunkt mit 300 Filmen; danach sank sie wieder, liegt jedoch Mitte der siebziger Jahre immer noch bei etwa 200 Filmen. Die Herstellung von Filmen ist billig – in den sechziger Jahren werden 20000 Dollar als Durchschnitts-Produktionskosten eines Spielfilms angegeben.[90] Durch diese hohe Produktionsfrequenz ist die Filmindustrie ständig überfordert; Regisseure und Autoren leisten meistens Fließband-Arbeit; es entstehen Dutzende von Plagiaten amerikanischer, französischer, deutscher oder italienischer Filme.[91] Erst ab 1970 machte sich durch die Fernsehkonkurrenz ein Rückgang der Besucherzahlen bemerkbar.

Türkische Filme sind bisher nur in wenigen Ausnahmefällen außerhalb der Türkei oder auf internationalen Festivals gezeigt worden, so daß es schwer ist, sich ein zutreffendes Bild der Produktion dieses Landes zu machen. Der größte Teil der Filme ist offenbar auf reinen Inlandkonsum zugeschnitten und besteht hauptsächlich aus Komödien und Melodramen; daneben entstehen in gewissem Umfang aber auch sozial orientierte Filme.

Ein eigenes Profil begann der türkische Film ab 1950 zu entwickeln. Die wichtigsten Regisseure der fünfziger und sechziger Jahre – alle drei drehen auch heute noch Filme – sind Lütfi Akad, dem man »eine Neigung zum Suspense und zur beschleunigten Montage« nachsagt[92], Atif Yilmaz, dessen beste Leistungen auf dem Gebiet der populären Komödie liegen, und schließlich Metin Erksan, den man »mehr als jeden anderen mit dem zeitgenössischen türkischen Film identifizieren kann«. (Attila Tokatli)[93] Ein wichtiges Ereignis für das türkische Kino war im Jahre 1964 die Verleihung des Goldenen Bären der Berliner Filmfestspiele an den Film *Susuz Yaz* (»Trockener Sommer«, 1963) von Metin Erksan (infolge eines Streits mit dem Produzenten, der den Film unberechtigt kürzte, änderte Erksan seinen Namen im Vorspann des Films in »Ismail Metin« ab). Seinerzeit wurde diese Entscheidung der Festival-Jury von den Kritikern mit einem Sturm der Entrüstung quittiert, der Film selbst als »Melodram« abqualifiziert, wobei man wahrscheinlich den Fehler beging, den Film nicht auf den Hintergrund der übrigen türkischen Produktion zu beziehen, sondern ihn am Standard des westeuropäischen Kunst- oder Autorenfilms zu messen. Nur Jacques Doniol-Valcroze (damals allerdings Jury-Mitglied in Berlin) befand, der Film illustriere »die Primärwerte des Lebens der anatolischen Bauern«, er zeichne sich darüber hinaus durch »Strenge und Klarheit« aus.[94] Für die türkische Kinematographie bedeutete diese Auszeichnung, daß zum erstenmal die Barriere der Isolation im Verhältnis zur übrigen Welt überwunden worden war. Metin Erksan setzte seine (1952 begonnene) Karriere auch in den sechziger und siebziger Jahren fort. 1977 trat er mit einem bizarren Film hervor, *Intikam melegi* (»Der Racheengel«), der Hamlet als Frau (gespielt von dem populären Filmstar Fatma Girik) und Ophelia dementsprechend als Mann präsentiert und das Shakespeare-Drama in das Milieu reicher türkischer Gutsbesitzer verlegt. Der Film ist im delirierenden Stil von Ken Russell gemacht und wirkt wie eine Parodie (obwohl er wahrscheinlich nicht als Parodie gemeint ist).

Während Atif Yilmaz weiterhin Komödien drehte, so 1974 *Güllü geliyor güllü* (»Güllü kommt«) mit der populären Schauspielerin Türkan Soray (die später auch selbst zur Filmregie überging), vermochte Lütfi Akad den »sozialen Realismus der sechziger Jahre« fortzuführen – mit Filmen wie *Gelin* (»Die Braut«, 1973), *Irmak* (»Der Fluß«, 1973), Dügün (»Die Hochzeit«, 1974) sowie *Diyet* (»Die Sühne«, 1975), einem Film aus dem Milieu von Fabrikarbeitern.

Als bedeutendster Regisseur des türkischen Films kann jedoch Yilmaz Güney gelten (geb. 1937). Seine Filme machen sich bestimmte Traditionen der türkischen Kinematographie zu eigen, verschmelzen diese jedoch mit realistischen Beobachtungen und starkem sozialen Engagement. Seine besten Werke sind künstlerisch verdichtete Zeugnisse der türkischen Realität mit ihren Konflikten und gesellschaftlichen Widersprüchen; diese kritische Haltung brachte Güney allerdings in Konflikt mit den Behörden seines Landes. Yilmaz Güney arbeitete ab 1958 als Schauspieler, Assistent und Drehbuchautor in Filmen von Atif Yilmaz und Lütfi Akad. Besonders als Darsteller errang er bald große Popularität beim türkischen Publikum. Bis 1966 spielte er in annähernd 100 Filmen; man gab ihm den Beinamen »der häßliche König des türkischen Films«. Eine wichtige Station war für Güney der Film *Hudutlarin kanunu* (»Das Gesetz der Grenze«, 1966) von Lütfi Akad, an dem er als Schauspieler und Drehbuchautor mitwirkte, weil es »hier zum erstenmal gelang, die sozialen Probleme des Landes authentisch und gültig darzustellen«. (Altan Yalcin)[95] Ab 1968 drehte Güney Filme in eigener Regie (in denen er auch selbst die Hauptrollen spielte). Seine ersten Filme, *Seyyit han/ Topragin gelini* (»Seyyit han oder die Braut der Erde«, 1968) und *Ac kurtlar* (»Hungrige Wölfe«, 1969) wurden jedoch von der Zensur verboten. *Umut* (*Hoffnung*, 1970) lief auf den Filmfestspielen von Cannes und machte zum erstenmal die europäische Kritik auf Güney aufmerksam. *Umut* ist die Geschichte eines armen Droschkenkutschers aus einer Kleinstadt (der gleichen, in der Güney aufwuchs), der angesichts für ihn immer schlechterer Daseinsbedingungen seine Hoffnung darauf setzt, einen vergrabenen Schatz zu finden. Im Hintergrund dieser exemplarischen Fabel macht Güney realitätsgetreu und mit dokumentarischem Scharfblick den Lebensalltag der verarmten Bevölkerung sichtbar. Häufig hat man diesen Film mit Werken des italienischen Neorealismus verglichen; auch an die Filme des Persers Dariush Mehrjui erinnert *Umut* durch die Verbindung von pointierter Milieuschilderung, sozialer Anklage und metaphorischer Verallgemeinerung (das Element der Schatzsuche als fixer Idee). Güney ging es darum, »eine Kinogeschichte zu erzählen, die das Leben selbst zeigt, und als Filmemacher meiner Klasse zu zeigen, wie sie ausgebeutet wird und wer davon profitiert«.[96] »Unser Volk befindet sich unentwegt in einem Wartezustand. Mein Film *Umut* ist eine Schilderung dieses Wartezustandes. Ich wollte eine illusionäre Hoffnung darstellen. Die Hoffnung ist ein Bestandteil unseres Lebens . . . Hoffnung ist das Zeichen für Verhältnisse, die Mißstände sind.«[97] *Umut* wurde 1970 in der Türkei preisgekrönt, dann aber von der Zensur verboten und erst von einer übergeordneten Stelle wieder freigegeben.

Die sozialkritischen Maximen Güneys sprechen auch aus seinen folgenden Filmen. *Agit* (*Elegie*, 1971) ist eine Schmuggler-Ballade, die in einer einsamen Gebirgslandschaft spielt, wo ständig Steinschläge niedergehen; nebenbei kommentiert der Film aber auch die Lage der Bauern und der Frauen in dieser Region. *Zavallilar* (*Die Armen*, 1972/75) beschreibt die Situation dreier Strafgefangener, die im Winter aus dem Gefängnis entlassen werden und nun mittellos durch die Stadt irren; in Rückblenden werden die Lebensgeschichten der drei aufgerollt. Besonders großen Erfolg in der Türkei konnte *Arkadas* (»Der Freund«, 1974) verbuchen, obwohl die Position dieses Films nicht eindeutig war und Güney in ihm sogar Kompromisse einzugehen schien, insofern er sich zunächst auf eine langatmig-dekorative Schilderung des Lebens privilegierter Wohlstandsbürger einließ (bei denen Güney als Gast weilt und mit denen er später in Konflikt gerät). Entschiedener wirkte der zusammen mit Serif Gören (geb. 1944) realisierte (und von Gören zu Ende gedrehte) Film *Endise* (*Unruhe*, 1975), der unter Baumwollpflückern in der südlichen Türkei spielt und den Konflikt eines Familienvaters schildert, der, um eine Schuld zurückzuzahlen, sich in immer größere Abhängigkeit verstrickt. Als Kontrapunkt zu diesem Geschehen zeigt Güney die Solidarität unter den Pflückern, die ihre Lohnforderungen durch einen Streik durchsetzen.

Bereits 1961 wurde Güney wegen Veröffentlichung einer angeblich verfassungswidrigen Novelle und 1972 erneut wegen Unterstützung einer »Volksbefreiungsfront der Türkei« verhaftet und zu einer Gefängnisstrafe verurteilt. Im Mai ließ man ihn im Zuge einer politischen Amnestie zunächst frei. Aber noch im gleichen Jahr fand sich Güney in einen Totschlag verwickelt, er wurde erneut festgenommen und diesmal, von einem Gericht des Mordes für schuldig gesprochen, zu einer Zuchthausstrafe von 19 Jahren verurteilt, die er gegenwärtig verbüßt – obwohl Zeugen aussagen, daß er das ihm zur Last gelegte Verbrechen nicht begangen haben kann.[98]

V. Osteuropa

UdSSR

Die Spielfilmproduktion der UdSSR liegt seit 1960 relativ konstant zwischen 120 und 140 Spielfilmen im Jahr, von denen ungefähr die Hälfte in den größten Filmstudios des Landes, bei Mosfilm (Moskau) und Lenfilm (Leningrad), die andere Hälfte in den verschiedenen Unionsrepubliken entstehen. Ein Kennzeichen der sowjetischen Filmproduktion ist seit 1960 ihre zunehmende regionale Differenzierung. Verschiedene Sowjetrepubliken haben sich mit ihrer Produktion eigenes Profil erworben. Das gilt besonders für die georgischen Filme, aber auch für die Produktion der asiatischen Republiken. Weitere bedeutende Produktionszentren bestehen in den baltischen Sowjetrepubliken Litauen, Estland und Lettland, in der Ukraine, in Bjelorußland, in Odessa und in der Moldaurepublik. Allerdings gelangt immer nur ein vergleichsweise geringer Teil der sowjetischen Filmproduktion zur Aufführung in westlichen Ländern.

Imposant sind die Kino- und Zuschauerzahlen in der UdSSR: 34000 Kinos (Anfang der siebziger Jahre)[1], eine jährliche Besucherzahl von über 4,5 Milliarden.[2] Anscheinend ist bisher das Fernsehen kein ernsthafter Konkurrent für den Filmbesuch in der Sowjetunion. Die Besucherzahlen sollen sogar eine ansteigende Tendenz aufweisen.[3]

Im sowjetischen Film der sechziger Jahre lassen sich drei Gruppen von Regisseuren unterscheiden: einmal die »Altmeister«, die ihr in der Vorkriegszeit begonnenes Schaffen fortsetzen und sich dabei vor allem historisch-literarischen Stoffen widmen (Kosinzew, Cheifiz, Donskoj, Jutkewitsch) oder akademische »Problemfilme« drehen (Gerassimow); als einzigem aus der Gruppe dieser Regisseure gelang Michail Romm 1965 mit *Obyknowennij faschism (Der gewöhnliche Faschismus)* ein wirklich epochales Werk. Neben ihm stehen die Erneuerer des sowjetischen Films aus den fünfziger Jahren, die »Generation des 20. Parteitags«, wie sie auch genannt wurde – Kalatosow, Tschuchraj, Bondartschuk, deren große Zeit jedoch nach 1960 vorbei war (Bondartschuk realisierte in den sechziger Jahren hollywoodähnliche Superproduktionen).

Schließlich trat mit Beginn der sechziger Jahre eine Generation neuer Filmschaffender in Erscheinung, die dem sowjetischen Kino ihren Stempel aufdrückten: Chuzijew, Larissa Schepitko, Talankin, Klimow, Danelia, allen voran Andrej Tarkowski, der 1966 den bedeutendsten Film der sowjetischen Nachkriegsfilmgeschichte drehte, *Andrej Rubljow*. In der zweiten Hälfte der sechziger Jahre kamen neue Namen hinzu: Michalkow-Kontschalowski, Mitta, Schukschin, Panfilow, die Georgier Iosselliani, Georgij und Eldar Schengelaja, um nur die wichtigsten zu nennen. Dabei fällt auf, daß besonders in der ersten Hälfte der sechziger Jahre realistisch-zeitkritische Filme entstanden, die scharf mit bestimmten Erscheinungen der sowjetischen Gegenwart ins Gericht gingen, auch bislang tabuierte Themen wie den »Persönlichkeitskult« aufgriffen. Zu diesen gegenwartskritischen Diskussionsfilmen, die teilweise in der UdSSR hohe Popularität erlangten, gehören Bassows *Tischina (Die Stille)* und Saltykows *Predsedatel* (»Der Vorsitzende«), Chuzijews *Mnje dwazatj ljet (Ich bin zwanzig Jahre alt)* und *Julskij doshd* (»Juliregen«) sowie Larissa Schepitkos *Krylja* (»Flügel«). Tschuchraj hatte 1961 mit *Tschistoje njebo (Klarer Himmel)* den Auftakt zu dieser Bewegung kritischer Filme gegeben, und auch Romms *Gewöhnlicher Faschismus* sowie Tarkowskijs *Rubljow* hatten teil an ihr. In der zweiten Hälfte der sechziger Jahre begegneten diese Filme jedoch zunehmenden Schwierigkeiten; sie wurden jahrelang zurückgehalten *(Rubljow)* oder erhielten Exportverbot *(Juliregen, Sajat Nowa, Flügel)*. Bei aller Vorsicht in der Diagnostizierung solcher übergreifender Trends kann man doch davon ausgehen, daß zwischen 1960 und 1966 im sowjetischen Film ein liberales, Experimente und Selbstkritik begünstigendes Klima herrschte. Dieser Abschnitt fällt jedenfalls in seiner Anfangszeit mit dem Regime Chruschtschows zusammen. In den späteren Jahren läßt sich wieder eine Verhärtung des ideologischen Kurses konstatieren. Von verschiedenen Seiten wurde Kritik am Zustand des sowjetischen Films geäußert. Auf einem Kongreß des Verbandes der sowjetischen Filmschaffenden sagte Lew Kulidshanow, Präsident dieses Verbandes: »Wir kommen unvermeidlich zu dem Schluß, daß die Themenskala des sowjetischen Films immer noch nicht der Vielfalt des Volkslebens, der Skala des Denkens und der Sorgen unserer Zeitgenossen entspricht.« Als Gegenmittel empfal er, »den Charakter des Kommunisten umfassender und gründlicher zu zeigen«, sowie die Bemühungen um »die echte dialektische Analyse des Lebens des Volkes in all seiner Kompliziertheit und Vielfalt« zu verstärken.[4] Entschiedener noch kritisierte die »Prawda« am 22. August 1972 in einem Artikel, der als Richtschnur für neue kulturpolitische Orientierungen auf dem Gebiet des Films angesehen wurde, das Fortbestehen »der bürgerlichen Moral und Ideologie« im sowjetischen Film.[5]

Die Generation der »Altmeister«

In den sechziger Jahren waren im sowjetischen Film noch eine Reihe von Regisseuren tätig, die ihre Debüts in den dreißiger Jahren bzw. im Stummfilm gemacht hatten. Mark Donskoj (geb. 1901) drehte 1965 *Serdze materi* (»Das Herz einer Mutter«) und 1966 *Wernostj materi* (»Treue einer Mutter«), zwei Filme über die Mutter Lenins im Stil von Devotionaliengemälden. Meist zähledern, breit ausladend, von bohrender Bemühtheit, aber akademisch in ihrer Problemstellung sind die Filmepen Sergej Gerassimows (geb. 1906): *Ljudi i sweri* (»Menschen und Tiere«, 1962, eine Koproduktion mit der DDR), *Shurnalist* (»Der Journalist«, 1967) und *U osera* (»Am See«, 1970), die Gerassimow als eine Trilogie verstehen möchte: »Was die Filme verbindet, ist das Gespräch über die Menschen der sechziger Jahre, über die junge Generation, deren Schicksal mich besonders interessiert.«[6] 1975 folgte *Dotschki – materi* (»Töchter – Mütter«: Ein Provinzmädchen kommt in eine Moskauer Intellektuellenfamilie). Jossif Cheifiz (geb. 1905) wurde zum Spezialisten für Tschechow-Verfilmungen mit *Dama s sobatschkoj (Die Dame mit dem Hündchen*, 1960) und *W gorode S. (In der Stadt S.*, 1966). Cheifiz drehte noch 1975 den Gegenwartsfilm *Jedinstwennaja* (»Die Einzige«), der die Liebes- und Eheprobleme eines entlassenen Rotarmisten behandelt. Michail Kalatosow (geb. 1903) konnte seinen großen internationalen Erfolg von *Letjat shurawli (Wenn die Kraniche ziehen*, 1957) später nicht mehr wiederholen. *Nje dokontschenoje pismo (Ein Brief, der nie ankam*, 1960), ein Filmdrama über das Heldentum sowjetischer Geologen in Sibirien, ließ bereits ein Auseinanderbrechen von entfesseltem Kameralyrismus und schematischem Inhalt erkennen; 1964 realisierte Kalatosow unter Anwendung expressionistisch verzerrender Weitwinkelobjektive den Kubabericht *Soy Cuba* (»Ich bin Kuba«), und 1969 absolvierte er eine aufwendige italienisch-sowjetische Koproduktion über das Schicksal des italienischen Nordpolforschers Nobile, *Krasnaja palatka (Das rote Zelt)*. Grigori Kosinzew (1905–1973), in seiner Jugend Begründer der ›Fabrik des exzentrischen Schauspielers‹ (FEKS), beschränkte sich in den sechziger Jahren auf Shakespeare-Verfilmungen: *Gamlet (Hamlet*, 1964) und *Korol Lir* (»König Lear«, 1969). *Hamlet* fügte der bei uns üblichen Interpretation des Shakespeare-Dramas einen interessanten neuen Akzent hinzu: hier

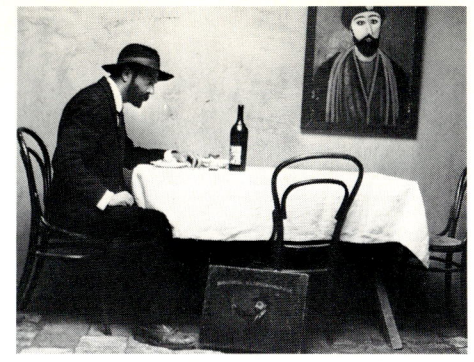

Georgij Schengelaja
Pirosmani
1971
UdSSR

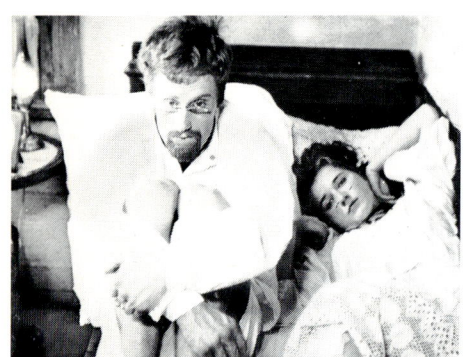

Andrzej Wajda
Wesele
(Die Hochzeit)
1973
Polen

 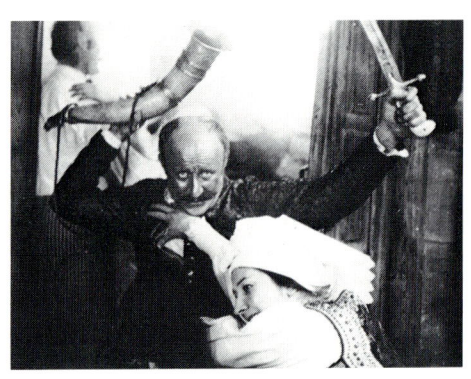

wird Hamlet als aktivistischer Rebell gegen seine Umwelt vorgestellt, den nur die Umstände am Handeln hindern. In *Hamlet* wie auch in *König Lear* versuchte Kosinzew, »die Tragödie frei in die Sprache einer andern Kunst zu übertragen, und zwar durch Materialisierung des in der Tragödie geschilderten Lebens«.[7]

Juli Raisman (geb. 1903), der 1957 mit *Kommunist* das mehr pathetische als realistische Porträt eines Übermenschen geliefert hatte, gelang 1967 mit *Twoj sowremennik* (»Dein Zeitgenosse«) ein bemerkenswerter Film. In seinem Mittelpunkt steht die Figur eines Ingenieurs, der die Bauarbeiten an einem Industriewerk wieder einstellen lassen will, weil er dessen Unrentabilität erkannt hat. Der Ingenieur wird auch in den Beziehungen zu seinem Sohn gezeigt, der sich anders entwickelt, als sein Vater es geplant hat. Der Film fasziniert durch die Vielschichtigkeit der Probleme, die er vor den Zuschauern ausbreitet, ohne sie einer vorschnellen Lösung zuzuführen, durch seinen Verzicht auf alles Spektakuläre, durch viele Details und Einblicke in sowjetische Realitäten. *Dein Zeitgenosse* ist ein ausgesprochener Diskussionsfilm – das verbindet ihn mit anderen sowjetischen Filmen der sechziger Jahre (Bassows *Die Stille* und Saltykows *Der Vorsitzende*).

Zu den künstlerisch aktivsten Regisseuren der älteren Generation gehören Michail Romm (1901–1975) und Sergej Jutkewitsch (geb. 1904). Romm hat in den sechziger Jahren wahrscheinlich die besten Filme seiner Laufbahn überhaupt gedreht. Einen Durchbruch für das sowjetische Kino der Zeit bedeutete schon *Dewjat dnej odnowo goda* (*Neun Tage eines Jahres*, 1961), und zwar sowohl in formaler als auch thematischer Hinsicht. In einem kühlen, distanzierten Stil, der von fern an Antonioni erinnert, schildert Romm neun scheinbar willkürlich herausgegriffene Tage aus dem Leben eines Atomphysikers. Der Film konfrontiert den Physiker, der sich um seiner Experimente willen gefährlichen Strahlungen aussetzt, mit seiner Ehefrau und seinem Freund, einem anderen Wissenschaftler, der jedoch dem Forscherethos des Protagonisten Skepsis und Ironie entgegensetzt. Romm enthielt sich vorschneller Parteinahme gegenüber seinen Personen; er baute den Film nicht so sehr auf dem Prinzip der Identifikation, sondern auf der Dialektik von Gedanken und Gefühlen auf. Epochal in seiner Bedeutung ist vor allem Romms letzter Film, *Obyknowennij faschism* (*Der gewöhnliche Faschismus*, 1965). In dokumentarischer Form, anhand weitgehend unbekannten Bildmaterials entwickelt Romm eine Darstellung von Phänomenologie und Massenpsychologie des Hitlerfaschismus. Neuartig an dem Film wirkte zunächst Romms persönliche Art, das Bildmaterial zu kommentieren – seine Stimme liefert nicht einen »objektiven« Kommentar, sondern gibt die persönlichen Empfindungen, Reaktionen und Gedanken des Regisseurs angesichts des von ihm ausgesuchten Materials wieder; bemerkenswert sind aber auch die vom Film aufgeworfenen Fragestellungen. Romm bemüht sich, das Alltägliche und »Gewöhnliche« in der Perversion des Faschismus zu erfassen, wieder und wieder danach zu fragen, wie es möglich war, daß Menschen einem derartigen Massenbetrug anheimfielen; er versucht, die Mechanik dieses Betrugssystems zu analysieren. Diese Perspektive transzendiert das gegebene Thema; unüberhörbar, wie in der Analyse grotesker Übersteigerungen des Personenkultes auch andere Zeiten, andere Zusammenhänge gemeint sein können, beispielsweise die Erscheinungen des Stalinkultes in der UdSSR. »Unser Film stellt keine historische Chronik des Hitlerfaschismus dar und auch nicht seine politische Geschichte«, äußerte Romm.[8] »Für uns war es wichtiger, den Faschismus als Erscheinung zu erkennen, wie sie für seine Epoche charakteristisch war, zu zeigen, auf welchem Boden sie sich entwickelt hat, in die Seele eines einfachen Deutschen jener Jahre einen Blick zu werfen, zu klären, warum er Hitler gefolgt ist.« Die sowjetische Kritik zeigte sich teilweise dadurch irritiert, daß Romm den Standpunkt allumfassender Wirklichkeitsinterpretation aufgab und seine subjektive Interpretation, seine persönliche Auswahl, manchmal auch scheinbar anekdotische oder nebensächliche Details in den Vordergrund stellte.[9] Aber gerade in der gewählten Methode lag das Neuartige und Revolutionäre des Films, der ein Beispiel lieferte, wie das Filmmedium als Instrument zur Erforschung der Realität und der Geschichte gebraucht werden kann.

Auch die Präsenz Sergej Jutkewitschs im sowjetischen Film der sechziger Jahre verdient festgehalten zu werden. Jutkewitsch drehte Filme nach Stoffen Majakowskis (*Banja* – »Das Schwitzbad«, 1962; *Majakowskij smejat* – »Majakowski lacht«, 1975) und Tschechows (*Sjushet dlja nebolschowo rasskasa* – »Sujet für eine Kurzgeschichte«, 1969) sowie einen unkonventionellen Leninfilm (*Lenin w Polsche* – »Lenin in Polen«, 1966). Jutkewitschs Filme zeigen Ironie, Sinn für formale Wirkungen, für Verfremdungen und Brechungen; sie lassen immer noch einen Abglanz der Experimentierfreudigkeit der zwanziger Jahre erkennen, der Epoche, in welcher Jutkewitsch seine entscheidenden Anregungen erhielt. *Das Schwitzbad* ist zur Hälfte mit Marionetten gemacht, bringt diese mit realen Personen zusammen und nützt die in Majakowskis Stück angelegten Möglichkeiten zur Satire weidlich aus. *Sujet für eine Kurzgeschichte* schildert den Mißerfolg von Tschechows Stück »Die Möwe« in Petersburg 1896 und führt dabei die Gestalt des Dichters selbst ein; der Film ist ein subtiles Geflecht mehrerer Zeitebenen, von Wirklichkeit und Theater; er situiert sein Rahmengeschehen in einer spielzeughaften Kulissenwelt. *Lenin in Polen* beschreibt einige Episoden aus Lenins Leben im Jahre 1914, bevor er in die Schweiz emigrierte; der Film setzt den Akzent bewußt auf die privaten Momente im Verhalten Lenins, verzichtet auf Dialoge und läßt nur einen inneren Monolog als Begleittext zu. »Lenin, ein kleiner, fröhlicher und lächelnder Mann, hängt in Wäldern und Feldern den Träumereien eines einsamen Revolutionärs nach und trägt dabei »Das Kapital« anstelle eines Baedekers unter dem Arm«, schrieb ein französischer Kritiker über diesen Film.[10] »Durch seine Frische, seine Sensibilität, seine bildlichen Raffinessen, seine Ablehnung der vereinfachenden Hagiographie, seine ländliche Poesie erweist *Lenin in Polen* die Stärke der Erneuerungsbewegung (des Films) in der UdSSR.« Weniger gelungen ist Jutkewitschs letzter Film *Majakowskij smejat* (»Majakowski lacht«, 1975, frei nach Majakowskis Stück »Die Wanze«).

Regisseure der mittleren Generation

Die Erneuerung des sowjetischen Films in den fünfziger Jahren, nach Stalins Tod, ging vor allem von den Regisseuren Kalatosow und Tschuchraj aus. Kalatosow hat nach 1960 aber keine bedeutenden Filme mehr gedreht. Grigorij Tschuchraj (geb. 1921) realisierte 1960 und 1961 noch zwei Filme, die in der Geschichte des sowjetischen Kinos eine wichtige Position einnehmen: *Ballada o soldatje (Die Ballade vom Soldaten)* und *Tschistoje njebo (Klarer Himmel)*. *Die Ballade vom Soldaten* erzählt von den Irrfahrten eines jungen Soldaten, der während des letzten Krieges auf Urlaub zu seiner Mutter unterwegs ist, dann aber, als er nach Überwindung zahlloser Hindernisse bei ihr eintrifft, sofort wieder die Rückreise antreten muß. Der Film besteht aus einem Mosaik von Erfahrungen und Abenteuern, wobei sich gelegentlich ein Unterton gefühlvoller Romantik in den Vordergrund schiebt. Thematisch ist vor allem *Klarer Himmel* von Interesse: Tschuchraj ließ sich hier auf eine Auseinandersetzung mit der stalinistischen Epoche ein. Ein sowjetischer Fliegeroffizier, der während des Krieges in deutsche Gefangenschaft gerät, wird nach seiner Rückkehr in die UdSSR degradiert und allen möglichen Demütigungen ausgesetzt. Erst nach Stalins Tod wird er rehabilitiert und erhält von der Partei den Titel »Held der Sowjetunion« zurück. Auf die Nachricht von Stalins Tod schließt der Film eine mächtige Bildfolge vom Aufbrechen des Eises auf dem Fluß an. Daneben erzählt der Film die Geschichte der Liebe des Fliegers zu einem Moskauer Mädchen; die Beziehung der beiden muß sich gegen Verdächtigungen und Feindseligkeiten behaupten. Das politisch-ideologische Thema ist in diesem Film konsequent herausgearbeitet (sehr viel weiter sollte sich das sowjetische Kino in der Kritik an der Vergangenheit nicht wagen). 1965 drehte Tschuchraj einen von der Personenkonstellation und der versteckt anklingenden Gesellschaftskritik her interessanten weiteren Film: *Shili-byli starik so staruchoj (Es lebten einmal ein alter Mann und seine Frau)*. Zwei alte Leute machen sich auf, ihre Tochter zu besuchen, die im sibirischen Norden mit ihrem Mann lebt; angekommen, entdecken sie Familienverhältnisse am Punkt der Zerrüttung. Vom Standpunkt seiner starren Moralität aus kanzelt der Alte die Tochter ab und jagt sie davon, stirbt aber bald darauf. Die Witwe zieht wieder zur Tochter und nimmt sich des Babys an. Im Vergleich zu Tschuchrajs früheren Filmen ist dieser in verhalteneren Tönen erzählt; die Kritik an der dogmatischen Starrheit und Strenge des Großvaters, die der Film übt, ist auch als Kritik an einer gesellschaftlich verbreiteten Geisteshaltung zu verstehen. Freilich sind diese Details (die durch nachträgliche Schnitte weiter verharmlost wurden) versteckt im Rankenwerk einer rührenden Familiengeschichte. 1969 drehte Tschuchraj einen dokumentarischen Film über Stalingrad.

Voreilige westliche Kritiker hatten bereits Ende der fünfziger Jahre die Existenz einer sowjetischen ›Neuen Welle‹ dekretiert, zu deren Repräsentanten sie beispielsweise Lew Kulidshanow (geb. 1924) rechneten. Kulidshanow drehte in den sechziger Jahren jedoch nur einige handwerklich achtbare Filme, die das sowjetische Kino nicht weiterbrachten: das psychologische Drama *Kogda derewja byli bolschimi* (»Als die Bäume groß waren«, 1961), den Leninfilm *Sinjaja tetrad* (»Das blaue Heft«, 1963) und die akademische Dostojewski-Verfilmung *Prestuplenije i nakasanije* (»Schuld und Sühne«, 1970). (Diese fiel ähnlich konventionell aus wie die Literaturverfilmungen *Anna Karenina* von Alexander Sarchi – 1968, zweiteilig – oder *Bratja Karamasowy* – »Die Brüder Karamasow«, 1969, dreiteilig – von Iwan Pyrjew.) Sergej Bondartschuk (geb. 1920), der schon 1959 mit dem damals vielbeachteten Film *Sudjba tschelowjeka* (»Ein Menschenschicksal«) debütierte, entwickelte sich in den sechziger Jahren zum Spezialisten für Monumentalverfilmungen. Fast sechs Jahre benötigte Bondartschuk zusammen mit einem riesigen Kollektiv (darunter mehreren Militärberatern), um den insgesamt vierteiligen Film *Woina i mir* (*Krieg und Frieden*, 1965–67) fertigzustellen, eine Bearbeitung von Leo Tolstois gleichnamigem Roman. Sicherlich nahm Bondartschuk seine Aufgabe ernst (er beherrscht den Film als Darsteller in der Rolle des Pierre Besuchow), aber der große Aufwand, die Massenszenen, die verschwenderischen Dekorationen und eine effektbewußte Regie drückten dem Film schließlich den Stempel oberflächlichen Schaugepränges auf; stolz wird vermerkt, daß den Film wenige Monate nach der Uraufführung 170 Millionen Zuschauer in der UdSSR sahen (d. h. nahezu jeder kinoreife Sowjetbürger).[11] Da erschien es nur konsequent, daß Bondartschuk 1969 den Folgefilm *Waterloo* gleich als Koproduktion mit Dino de Laurentiis drehte. 1975 realisierte Bondartschuk den patriotischen Kriegsfilm *Oni strashalis sa rodinu* (»Sie kämpften für die Heimat«), ein pathetisch inszeniertes Heldenlied. Im gleichen Zusammenhang muß man den Monsterfilm *Oswoboshdenije* (*Befreiung*, 1969, in drei Teilen) von Juri Oserow nennen, der in der Entfesselung naturalistischer Schlachtenschauspiele schwelgt (der Film behandelt die letzte Etappe der Kämpfe zwischen Deutschen und Sowjets), sowie des gleichen Regisseurs *Soldaty swobody* (»Soldaten der Freiheit«, 1977, vierteilig) über die Kämpfe der Jahre 1943–1945. In diesen Filmen verwirklicht sich zumindest ästhetisch die von Jean-Luc Godard apostrophierte Allianz zwischen Hollywood, Mosfilm und Cinecittà.

Die Generation der sechziger Jahre (I)

In der ersten Hälfte der sechziger Jahre debütierten eine Reihe von Regisseuren, die das Gesicht des sowjetischen Films im kommenden Jahrzehnt bestimmen sollten: Chuzijew, Talankin, Schepitko, Klimow, Danelia, Michalkow-Kontschalowskij, vor allem Andrej Tarkowskij. Marlen Chuzijew (geb. 1925) galt als Vertreter der Tendenz des »Fließenden Lebens«. Nach zwei »neorealistischen« Debütfilmen Ende der fünfziger Jahre löste er große Kontroversen mit seinem Film *Mnje dwadzatj ljet* (*Ich bin zwanzig Jahre alt*, 1962–1964) aus, der zunächst *Sastawa Iljitscha* (»Der Vorposten von Iljitsch«) hieß, aber erst zwei Jahre nach seiner Fertigstellung in geänderter Form und mit neuem Titel in die Kinos kam. Der Film erregte in seiner ersten Fassung zu Beginn des Jahres 1963 den Unwillen Chruschtschows.[12] Chuzijew stellt drei junge Leute in den Mittelpunkt seines Films; er beschreibt die Probleme ihres Alltags und untersucht damit zugleich den Bewußtseinszustand der sowjetischen Jugend von heute. Diese Jugend will sich von der Elterngeneration nicht bevormunden lassen; sie scheint an einer unbestimmten Malaise zu leiden; die Wurzeln dieser Malaise spürt Chuzijew in einem gestörten Verhältnis zu den Eltern auf, zur Generation der jetzt Etablierten, sowie in einer tiefen Beunruhigung durch die Vergangenheit. Das Jahr 1937 spielt in dem Film eine wichtige Rolle, als Trauma, das in Unterhaltungen immer wieder berührt wird. In einer Traumszene begegnet einer der drei Protagonisten seinem im Kriege gefallenen Vater; dieser ist jedoch selbst noch jünger als der Sohn und vermag ihm deshalb auf seine Fragen keine Antwort zu geben. Bemerkenswert an Chuzijews Film ist, daß er die Probleme keiner vorschnellen Harmonisierung zuführt, daß er aber die Fragen, um die es ihm geht, ernst und radikal stellt. Die Dramaturgie des Films ist die einer »offenen Form«, die nach Vervollständigung durch den Zuschauer verlangt. Auf dem begonnenen Wege schritt Chuzijew fort mit *Julskij doshd* (»Juliregen«, 1967) – auch dieser Film, unter einer Gruppe junger Leute in Moskau spielend, war eine Bewußtseinserforschung der Generation der 20- bis 30jährigen, brillant und neuartig in der Form, im quasidokumentarischen Gebrauch der Kamera, skeptisch und klarsichtig in seiner Analyse, in der Konstatierung einer Unsicherheit, einer Schwierigkeit, sich zu orientieren, zu engagieren. Leider konnte Chuzijew in der Folgezeit keine Filme in der Art von *Juliregen* mehr machen, sondern mußte sich mit diversen Arbeiten für das Fernsehen zufriedengeben.

Igor Talankin (geb. 1927) debütierte 1960 mit *Serjoscha* (Coregie Georgij Danelia) und drehte 1963 einen sensiblen, autobiographisch gefärbten Film über die Erlebnisse eines Jungen im Krieg: *Wstuplenije (Einführung ins Leben)*. Talankins wahrscheinlich bester Film ist *Dnjewnyje swjesdi* (»Tagessterne«, 1968), nach dem gleichnamigen Roman der Schriftstellerin Olga Bergholz, der das Schicksal einer Frau während der Belagerung Leningrads durch die Deutschen beschreibt; tatsächlich ist der Film weniger eine realistische Chronik, sondern mehr ein Geflecht von Erinnerung und Phantasie. *Tschaikowskij* (1969) war ein Rückfall in schlimmste Konventionalität. Georgij Danelia (geb. 1930) entwickelte sich zu einem Spezialisten für komödiantische Stoffe (neben dem meistbeschäftigten Komödienregisseur der UdSSR, Leonid Gaidai): *Ja schagaju po Moskwe* (»Spaziergang durch Moskau«, 1963) schildert die komischen Erlebnisse eines Schriftstellers aus Sibirien in Moskau; *Tridzat tri* (»Die 33«, 1965) war eine Komödie über einen Mann, der plötzlich entdeckt, daß er 33 Zähne hat und dadurch zu einem Weltwunder wird; *Nje goryj* (»Sei nicht traurig«, auch bekannt als *Gastmahl der Rose*, 1969) spielt im vorrevolutionären Georgien (Danelia ist der Herkunft nach Georgier). 1975 drehte Danelia eine in Details realistische Komödie über einen Handwerker, der infolge seiner Trunksucht nie zu einem geordneten Leben kommt, *Afonja*; in *Mimino* (1977) führt Danelia einen mit seinem Beruf nicht zufriedenen Hubschrauberpiloten mit einem armenischen Lastwagenchauffeur zusammen, um daraus komödiantische – wenn auch zumeist unverbindliche – Gags zu entwickeln.

Im Zeichen der Satire standen auch die Anfänge des Regisseurs Elem Klimow (geb. 1933). Noch an der Moskauer Filmhochschule produzierte er als Abschlußfilm *Dobro poshalowat ili Postoronnym wchod wospreschtschon* (»Herzlich willkommen oder Unbefugten ist der Eintritt verboten«, 1964), eine Satire auf die überbürokratisierten Verhältnisse in einem Pionierlager. *Pochoshdenija subnowo wratscha* (»Die Abenteuer eines Zahnarztes«, 1967) schildert, gleichfalls im Tonfall einer Satire, die Erfahrungen eines jungen Zahnarztes im Krankenhaus einer Provinzstadt. Nach dem halbdokumentarisch-essayistischen *Sport, Sport, Sport* (1971) realisierte Klimow 1975 einen Film über Rasputin und die Verhältnisse am Hofe des letzten Zaren, *Agonija* (»Agonie«), der jedoch »Schwierigkeiten« hatte und verboten wurde.

Larissa Schepitko (geb. 1938) gehört zu den wenigen Frauen, die sich im sowjetischen Film als Regisseurinnen durchsetzen konnten. Ihr Erstlingsfilm *Snoj* (*Hitze*, 1963) entstand unter ungewöhnlichen Bedingungen in der kirgisischen Steppe und schildert die Arbeits- und Lebensbedingungen in dieser Region ohne Beschönigung. *Krylja* (»Flügel«, 1966) ist ein engagierter »Frauenfilm« im heutigen Sinne des Wortes: Hauptfigur ist eine alleinstehende Schuldirektorin, ehemalige Fliegerin, die gesellschaftlich zwar hohes Ansehen genießt, aber infolge ihrer Strenge und Unzugänglichkeit mit ihrer Umwelt in Konflikt gerät; der Film untersucht die Gründe für ihr Verhalten. *Ty i ja* (»Du und ich«, 1970) steht nicht ganz auf der Höhe von Larissa Schepitkos früheren Arbeiten. Hier wird unter Zuhilfenahme vieler Rückblenden die Geschichte zweier Wissenschaftler erzählt, deren einer durch einen mehrjährigen Aufenthalt in einem westlichen Land (aber auch durch Schwierigkeiten mit seiner Frau) in eine innere Krise gerät; der Film hinterließ einen eher blaß-konventionellen Eindruck. In *Woschoshdenije* (»Aufstieg«, 1977) setzt die Regisseurin das Drama zweier Partisanen im Rußland des Jahres 1942 in Beziehung zur Passionsgeschichte Christi. Eine Reihe von Symbolismen (unter anderem der Titel des Films) weisen auf diese Analogie hin. Während der eine Partisan für seine Überzeugung in den Tod geht, wird der andere zum Verräter; das Thema des Verrats und der Kollaboration nimmt in diesem Film – ein Novum für die sowjetische Kinematographie – verhältnismäßig breiten Raum ein, aber es wird wieder ausbalanciert durch das Thema des Leidens und des Heroismus. Der in Schwarzweiß gedrehte Film bietet ungewöhnliche formale Mittel auf, eindringliche, expressionistische Aufnahmen von winterlicher Landschaft, Detailstudien von Milieu und Umgebung, um das Drama der Partisanen ins Metaphysische, Gleichnishafte zu steigern; dabei siegt aber letztlich die Demonstration einer hochgetriebenen Filmästhetik über das Sujet und die Personen; die Geschichte, um die es eigentlich geht, verflüchtigt sich zu einer artifiziellen Konstruktion.

Einige weitere Filme und Regisseure aus den beginnenden sechziger Jahren verdienen ebenfalls genannt zu werden, so Wladimir Bassows *Tischina* (*Die Stille*, 1964), einer der entschiedensten Filme, was die Denunziation von Fehlern aus der Ära des »Personenkults« betrifft. Schon 1961 hatte Bassow den ebenfalls zeitkritischen Film *Bitwa w puti* (»Schlacht unterwegs«) gedreht. *Die Stille* beschreibt Korruptionserscheinungen, Behörden- und Polizeiterror aus der Stalinära ganz unverhohlen. Allerdings kann der Film keinen besonderen künstlerischen Rang beanspruchen; seine Personen sind zumeist reinlich in »Gute« und »Böse« unterschieden. Ähnliche Einschränkungen muß man auch gegenüber Alexej Saltykows (geb. 1934) *Predsedatel* (»Der Vorsitzende«, 1964) erheben, einem Film, der – wohl infolge seines ungeschminkten Realismus – in der Sowjetunion außergewöhnliche Popularität erlangte; allein in Moskau und Leningrad sahen ihn in den ersten 20 Aufführungstagen fast 4 Millionen Zuschauer.[13] Der Held des Films, der Vorsitzende einer heruntergewirtschafteten Kolchose, macht sich nach 1945 bei der Partei unbeliebt und soll abgesetzt werden; Bürokraten zetteln eine Intrige gegen ihn an, man arbeitet mit politischen Verdächtigungen; einen Wendepunkt bringt erst der Tod Stalins. Dem von unbeugsamer Energie erfüllten Protagonisten steht sein Bruder gegenüber, ein Skeptiker, der den Glauben an den Kolchos verloren hat und sich anschickt, in die Stadt zu ziehen; so wird auch hier der Kampf der Ideen nicht im Innern von Personen, sondern zwischen Personen ausgetragen, die jeweils stellvertretend für Ideen stehen. Obwohl (oder weil?) die Figur des Vorsitzenden letzten Endes wieder zum positiven Helden geriet, mußte man ihr eine große Ausstrahlungskraft bescheinigen; man hat sie mit Tschapajew verglichen.[14]

Andrej Tarkowskij

Als eigenwilligster und ohne Zweifel bedeutendster sowjetischer Regisseur der sechziger und siebziger Jahre kann Andrej Tarkowskij (geb. 1932) gelten. Sein *Andrej Rubljow* wurde wegen der jahrelangen Behinderungen, die man dem Film entgegensetzte, zur »Affäre«. Aber auch unabhängig davon ist *Rubljow* selbst ein »Film des Jahrzehnts«. Tarkowskijs neuester Film *Serkolo* (»Der Spiegel«, 1975) bestätigt den exzeptionellen Rang dieses Filmautors.

Tarkowskij debütierte 1961 mit dem noch an der Filmhochschule WGIK produzierten Film *Katok i skripka* (»Die Walze und die Geige«); Thema ist die Freundschaft zwischen einem geigenspielenden Jungen und dem Fahrer einer Straßenwalze. International bekannt wurde Tarkowskijs zweiter Film, *Iwanowo detstwo* (*Iwans Kindheit*, 1962). Tarkowskij schildert hier die Zerstörung einer Kindheit durch den Krieg. Der 12jährige Iwan (sein Vater ist gefallen, die Mutter verschollen) stößt während des Zweiten Weltkrieges im Dnjepr-Gebiet zur Roten Armee und betätigt sich als Späher sowie als Kurier zwischen Roter Armee und Partisanen; er widersetzt sich allen Versuchen, ihn ins Hinterland zu schicken. Eines Tages kehrt er von einem Erkundungsgang hinter die feindlichen Linien nicht zurück; die Deutschen haben ihn, wie später klar wird, als Partisan erschossen. *Iwans Kindheit* ist ein Kriegsfilm (oder Antikriegsfilm) ungewöhnlicher Art: ständig überlagert sich in ihm das manifeste Geschehen mit Träumen, Erinnerungen, Phantasien. Ein imaginärer Bereich entfaltet sich, der meist aus Gegenbildern zur Wirklichkeit besteht, Bildern der vom Krieg noch nicht tangierten Kindheit, Erinnerungen an die Mutter und Schwester, in denen sich Projektionen des Glücks mit unheimlichen surrealistischen Chiffren vermischen. *Iwans Kindheit* läßt schon spezifisch tarkowskische Leitmotive erkennen: die Pferde, das Wasser (Traumszene der Sandbank); aber auch der Rückgriff auf Elemente der Filmgeschichte (die Erinnerungsszene mit den Äpfeln ist ein Dowshenko-Zitat). Tarkowskij lieferte mit *Iwans Kindheit* »die Geschichte eines Charakters, der vom Krieg geboren und von ihm verschlungen wird«[15], gleichzeitig ist der Film aber auch das Manifest einer neuen poetischen Kinematographie. »Man muß von der Poesie lernen«, so äußerte sich Tarkowskij[16], »mit wenigen Mitteln und wenigen Worten eine große Fülle von emotionalen Informationen zu vermitteln ... Im Film muß man nicht erklären, sondern direkt auf die Gefühle des Zuschauers einwirken. Die erwachte Emotion bewegt dann die Gedanken vorwärts.« Diese Erklärung verrät den Einfluß von Eisensteins »Montage der Attraktionen«.

Den Gedanken zu einem Film über den mittelalterlichen Ikonenmaler Andrej Rubljow äußerte Tarkowskij zum erstenmal in einem Artikel in der »Literaturnaja gaseta« vom 20. September 1962.[17] 1964 existierte bereits das Drehbuch zu dem Film *Andrej Rubljow*, von Tarkowskij gemeinsam mit Andrej Michalkow-Kontschalowskij verfaßt. 1965 begannen die Dreharbeiten, die bis 1966 dauerten. 1965 schrieb Tarkowskij in einem Interview: »Ich möchte einen historischen Film machen, der zugleich ein Film der Aktualität ist. Ich möchte die Mentalität der Menschen des 15. Jahrhunderts und die der Menschen von heute einander annähern, oder genauer gesagt, die Menschen und ihre Epoche wieder zum Leben bringen, damit sie uns näherkommen und ihr Heroismus auch der unsere sei.«[18] 1967 war der Film offensichtlich fertiggestellt. Er wurde für die Filmfestspiele von Cannes angekündigt, dann aber wieder zurückgezogen. 1968 liefen in Venedig keine sowjetischen Filme, weil Festspieldirektor Chiarini wissen ließ: entweder *Andrej Rubljow* oder keinen anderen Film. Die »Affäre *Rubljow*« war geboren. Tarkowskij hatte einen Film über das russische Mittelalter gedreht, in dem dieses Mittelalter apokalyptisch und düster geschildert wurde; darüber hinaus mochte man das Mittelalter als Allegorie für die Gegenwart verstehen. Dieses mißfiel den sowjetischen Zensoren. Sie verfügten Schnittauflagen, denen sich Tarkowskij widersetzte. So war der Film zunächst blockiert. Erst im März 1969 erfolgte in Moskau eine halboffizielle Aufführung des Films (einige Szenen waren inzwischen doch aus dem Film entfernt worden), die das Signal für seine Freigabe zu sein schien. Westliche Kritiker konnten *Andrej Rubljow* erstmals auf dem Festival von Cannes im Mai 1969 besichtigen, wo der Film lief – allerdings außer Wettbewerb und gegen den Protest der Sowjets. Die Aufnahme des Films in Cannes war triumphal. Dennoch dauerte es noch bis zum Jahre 1973, ehe der Film von den Sowjets für das westliche Ausland freigegeben wurde.

Tarkowskij erzählt in *Andrej Rubljow* die Geschichte des russischen Ikonenmalers Rubljow (er lebte etwa von 1360 bis 1430) in einer Folge einzelner Episoden oder »Kapitel«. Seine Geschichte ist verwoben mit der einiger anderer Maler; der apokalyptische »Teophan der Grieche« gibt eine Art Gegenfigur zu Rubljow ab. Hintergrund des Geschehens sind Bürgerkriege, Bruderfehden, Tatarengemetzel, Hungersnöte und brutale Strafaktionen der jeweils Herrschenden. Rubljow lebt in einer wahrhaft düsteren Epoche. Beim Ausmalen einer Kirche kommen ihm Zweifel, ob er das Volk mit einer Darstellung des Jüngsten Gerichts erschrecken soll; er führt die Arbeit nicht zu Ende. Als Rubljow bei einem Gemetzel wider Willen einen Menschen erschlägt, beschließt er, mit dem Malen aufzuhören, und legt ein Schweigegelöbnis ab, das er erst viel später nach einem gewaltigen (und metaphorischen) Schauspiel wieder bricht: ein Glockenguß findet unter der Leitung eines Kindes statt. Tarkowskij zeichnet ein Bild des russischen Mittelalters, das bar ist aller optimistischen Schönfärberei, ausgeführt mit einer Schärfe und Überdeutlichkeit, die geboren sind aus einer modernen Sensibilität. Tarkowskijs eigentliches Thema ist die Position des Künstlers und Intellektuellen in der Welt. Sie erscheint in der Sicht dieses Films als prekär und jederzeit bedroht. Der Künstler ist eingespannt in ein Netz von Abhängigkeiten. Von seiner Kunst wird ideologische Verwertbarkeit im Sinne der Herrschenden verlangt. Mit dem »Jüngsten Gericht« sollen die Gläubigen in Furcht und Schrecken gehalten werden. Rubljows Auftraggeber für die Malereien im Dreifaltigkeitskloster schätzt sein Talent nur, weil es seine Macht stärkt und rühmt. Wie der Künstler aus der ihn umgebenden Nacht Schönheit und Form destillieren soll, bleibt dunkel, wäre es nicht aus der paradoxen Hoffnung auf die schöpferische Kraft des Menschen, die sich gelegentlich doch gegen die Widrigkeiten der Zeitläufe durchzusetzen vermag (die Szene vom Glockenguß am Schluß des Films).

Tarkowskij bestand hartnäckig darauf, seinen Film in Schwarzweiß zu drehen (bis auf die Schlußsequenz), um der Fotografie größere Ausdruckskraft zu geben. In der Tat muß man Tarkowskijs Kunst der Bildkomposition bewundern, seine Begabung, Leitmotiven, symbolischen Erkennungszeichen (Regen, fließendes Wasser, Details der Natur), von denen der Film durchzogen ist, eindringliche Gestalt zu verleihen. Ebenso faszinierend wie die Bildsprache des Films aber ist die strenge intellektuelle Konzeption des ganzen Werkes, die Einarbeitung vielfältiger gedanklicher und philosophischer Motive in den

Kontext der Erzählung, besonders in den Szenen zwischen Teophan und Rubljow, die zwei verschiedene Seiten des Christentums zu verkörpern scheinen, die apokalyptische und die progressive. Immer wieder findet sich bei Tarkowskij das Bestreben, die Zeit stillstehen zu lassen, durch Momente großer lyrischer und poetischer Intensität den Rahmen herkömmlicher Wirklichkeitsschilderung zu sprengen und den einzelnen Augenblick auf seine inneren Resonanzen sozusagen »vertikal« zu durchforschen. Andere Sequenzen wiederum haben eine präzise intellektuelle Bedeutung. So der Prolog des Films: der Flug des Bauern in seinem primitiven Ballon resümiert das Streben des Menschen nach Emanzipation und seine Hoffnung auf die Utopie (aber auch deren Scheitern) in einer blitzartigen Metapher traumhafter Intensität.

Ohne besondere Behinderungen kam Tarkowskijs nächster Film heraus, diesmal ein Science-fiction-Sujet: *Solaris* (1972). Der Film basierte auf einem Roman des polnischen Autors Stanislaw Lem und eroberte für das sowjetische Kino, das sich seit Protasanows *Aelita* (1924) kaum mit Themen der Science-fiction befaßt hatte, wiederum Neuland. Kosmonauten reisen in ihrem Raumschiff zu dem fernen Planeten Solaris, der von einem geheimnisvollen Plasma gleich einem unendlichen grünen Ozean umgeben ist. Dieses Plasma hat die Eigenschaft, Vorstellungen und Erinnerungen zu materialisieren, und so finden sich plötzlich auch die Insassen des Raumschiffs mit Gestalten aus ihrer Vergangenheit konfrontiert. Man hat *Solaris* verschiedentlich als sowjetisches Gegenstück zu Kubricks *Odyssee 2001* bezeichnet. Bemerkenswert, daß hier die Vision der Zukunft nicht so sehr technologisch begründet und mit metaphysischer Angst aufgeladen wird, sondern daß es in diesem Film letztlich um die Auseinandersetzung des Menschen mit den Inhalten seines Bewußtseins geht. Auf dem Umweg über die Science-fiction führt Tarkowskij einen tieferen und umfassenderen Wirklichkeitsbegriff ein, als er sonst im Film üblich ist. Als Bezugspunkt im Universum erscheint der Mikrokosmos der menschlichen Innenwelt mit seinen Verdrängungen, seinen Komplexen, seinen Verwandlungen. Allerdings machte es die futuristische Kulisse des Geschehens in *Solaris* Tarkowskij schwer, seine spezifische Bildsprache zur Entfaltung zu bringen.

Wiederum ein Film ganz exzeptionellen Formats gelang Tarkowskij 1975 mit *Serkolo* (»Der Spiegel«). Leider erfreut sich auch dieser Film in der Sowjetunion keiner offiziellen Wertschätzung; ein Gremium von Kritikern verurteilte ihn in der Zeitschrift »Iskusstwo kino« wegen seines »Subjektivismus«, und ins Ausland konnte der Film bis 1977 noch nicht gelangen. Womöglich wiederholt sich mit diesem Film das Schicksal von *Andrej Rubljow*. *Der Spiegel* ist ein kompliziertes, verschlüsseltes Werk, das den Zuschauer zunächst in einen Irrgarten von Bezügen führt. Tarkowskij erzählt die Geschichte eines Mannes, der erwägt, sich von seiner Frau zu trennen, wobei die Frage entsteht, was aus dem 12jährigen Sohn der beiden werden soll. Hinter dieser ersten wird aber eine zweite Geschichte sichtbar: das ist die Erinnerung des Protagonisten an seine eigene Kindheit, die eine merkwürdige Spiegelung seiner jetzigen Situation zu sein scheint. Seine Mutter besitzt die gleichen Züge wie seine Ehefrau (beide Rollen werden von derselben Schauspielerin gespielt). Diese Spiegelung des Erlebens zweier Generationen aneinander und ineinander ist sozusagen der Komplex, von dem der Held nicht loskommt. In ihm stellt sich auch eine geschichtliche Dimension dar. Der Film verarbeitet historisches Material auf verschiedenen Ebenen: da geht es um die alptraumartige Erinnerung an einen »Fehler«, von dem die Mutter glaubt, er sei ihr als Korrekturleserin unterlaufen, eine Episode, die die Atmosphäre der Angst in den späten dreißiger Jahren veranschaulicht; da werden Wochenschaubilder vom Spanienkrieg und vom Zweiten Weltkrieg zitiert – nie gesehene, alptraumartige Bilder von Soldaten, die sich müde durch eine unendlich erscheinende Schlammwüste schleppen. Erinnerungen tauchen auf, die nur aus einem Wort, einem Bild bestehen, aber die Funktion von Chiffren, von Leitmotiven besitzen – so das

Durchblättern eines Buches über Leonardo da Vinci. Immer wieder wird in dem Film Formales (Kamerafahrten, Montagen) zum Ausdrucksmittel von Gedanken, immer wieder fällt aber auch Privates mit Gesellschaftlichem oder historischer Reflexion zusammen. Einmal wird der Junge (in der Erinnerung des Erzählers) gebeten, einer Nachbarin einen Brief Puschkins vorzulesen, in dem davon die Rede ist, wie Rußland die Tataren davor zurückgehalten hat, in Europa einzufallen, und so die Entwicklung der europäischen Kultur und Zivilisation ermöglichte, dafür aber selbst mit Not, Rückständigkeit und Unterdrückung gestraft wurde. Hier wird eine Verbindung zur geschichtsphilosophischen Thematik von *Andrej Rubljow* sichtbar. Ähnlich wie *Rubljow* hat auch *Der Spiegel* eine vieldeutig-metaphorische Einleitungssequenz: ein junger Mann wird mit Methoden der Suggestion gegen das Stottern behandelt. Nach verschiedenen Versuchen spricht er endlich wie befreit, in zusammenhängender Form und mit großer Emphase den Satz »Ich kann frei sprechen!« Wie ein erratischer Block ragt *Der Spiegel* aus der heutigen Landschaft des sowjetischen Kinos heraus. Seit langem sprach kein Film eine so individuelle und freie Sprache, seit langem ging kein Film so weit in der Suche nach dem russischen oder sowjetischen Selbstverständnis.

Die Generation der sechziger Jahre (II)

Für die zweite Hälfte der sechziger Jahre spezifisch ist die Entwicklung der Regisseure Michalkow-Kontschalowskij, Alexander Mitta und Wassilij Schukschin. Andrej Michalkow-Kontschalowskij (geb. 1937) schien nach seinem Erstlingsfilm *Perwyj utschitel (Der erste Lehrer*, 1965) zu den größten Hoffnungen zu berechtigen. Der in Kirgisien gedrehte Film handelt von den Schwierigkeiten eines für seine Tätigkeit kaum qualifizierten kommunistischen Junglehrers, der kurz nach der Revolution in einem kirgisischen Dorf gegen Vorurteile und Privilegien anrennt und dabei in hoffnungslose Situationen gerät, die er selbst teilweise mitverschuldet hat. Der Film zeigt in seiner Inszenierung Rauheit, aber auch Spontaneität; er ist insgesamt ehrlich, legt keine idealisierende Aura um die Personen, sondern macht die immensen Schwierigkeiten gesellschaftlicher Umwandlung in der Anfangsphase der Revolution bewußt. Mit seinem nächsten Film, *Asino schtschastje* (»Asyas Glück«, 1966), einer zeitgenössischen Geschichte über das Leben auf dem Dorfe, hatte Michalkow-Kontschalowskij weniger Glück: der Film wurde verboten. Danach wandte sich Michalkow-Kontschalowskij Literaturbearbeitungen zu, die durch ihre Intelligenz, ihr Stilempfinden, ihre atmosphärische Regie immer noch weit über dem Durchschnitt lagen: *Dworjanskoje gnesdo (Ein Adelsnest*, 1969, nach Turgenjew) und *Djadja Wanja (Onkel Wanja*, 1971, nach Tschechow). Mit *Romans o wljubljennich* (»Romanze der Liebenden«, 1974) vollführte Michalkow-Kontschalowskij allerdings eine Wendung zum ausgesprochenen »Publikumsfilm«, wobei ihm peinliche Klischees in großer Zahl unterliefen.

Alexander Mitta (geb. 1933) begann mit komödiantischen Filmen aus dem Schulmilieu: *Moj drug Kolka* (»Mein Freund Kolka«, 1961, Koregie Alexej Saltykow) und *Swonjat, otkroite dwer!* (»Es klingelt, öffnet die Tür!«, 1965). Die Produktion von Kinderfilmen setzte er auch später fort mit *Totschka, totschka sapjataja* (»Punkt, Punkt, Komma«, 1973). Seinen besten Film drehte Mitta 1970: *Gori, gori, moja swesda (Leuchte, mein Stern, leuchte)*. Er ragte aus den Produktionen seiner Zeit weit heraus und setzte neue Kriterien. In den Jahren des Bürgerkriegs durchzieht ein revolutionärer Wanderschauspieler – er nennt sich selbst »Iskremas«, eine Abkürzung für »Kunst der Revolution für die Massen« – die Lande, um die Bevölkerung mit improvisierten Schauspielen zwischen Klassik und Moderne für die Ideen der neuen Zeit zu begeistern. Dabei gerät er in die Auseinandersetzungen zwischen Roten und Weißen; sein Theater wird unversehens zur Wirklichkeit, die Wirklichkeit wieder zum Theater. Gegenfiguren sind ein Bauernmaler und ein wandernder Kinovorführer, der seine Filme geschickt der jeweils herrschenden Ideologie anpaßt. Der lebendig und phantasievoll inszenierte Film hält sich frei von Klischees; zugleich mit der Entfaltung einer abenteuerlichen, manchmal grellbunten Handlung beleuchtet er das Verhältnis von Kunst und Leben, Idealismus und Wirklichkeit (wie auch das von Theater und Film) unter den Bedingungen des Bürgerkriegs von immer neuen Seiten. In *Skas pro to, kak zar Pjotr arapa shenil* (»Wie der Zar Peter seinen Mohren verheiratete«, 1976) erzählt Mitta mit viel Witz und Ironie die zum Teil marionettenhaft stilisierte Geschichte des schwarzen Prinzen Ibrahim (eines Vorfahren Puschkins), der sich zeitweilig gegen den Willen seines Gönners und Patenherren, Zar Peter I., auflehnt.

Wassilij Schukschin (1929–1974) hatte sich bereits durch mehrere Filme, durch Schauspielerrollen und als Schriftsteller in den sechziger Jahren einen Namen gemacht, aber außerhalb der UdSSR erkannte man seine Bedeutung erst nach seinem letzten Film *Kalina Krasnaja* (1974) und nach seinem überraschenden Tod. Schukschin wuchs in einem sibirischen Dorf auf, und das ländliche Milieu stand im Zentrum fast aller seiner Filme – dieses Milieu vermochte er mit ungewöhnlicher Kraft und Direktheit zu gestalten. Schukschin debütierte als Regisseur 1961 mit *Aljoschkina ljubow* (»Aljoschkas Liebe«, Koregie S. Tumanow), der Geschichte eines Studenten, welcher zu rauhen Geologen in die Steppe kommt. 1964 folgte *Shiwjot takoi paren* (»Es lebte so ein Bursche«), eine Komödie über einen Lastwagenfahrer, der durch seine Gutmütigkeit in Schwierigkeiten gerät, eine Produktion des Gorki-Kinderfilmstudios. *Wasch syn i brat* (»Euer Sohn und Bruder«, 1966) spielt auf einem sibirischen Dorf und dreht sich um einen Bauern, der seine Söhne – sie sind teils in die Stadt gezogen – von den Vorteilen des Landlebens zu überzeugen sucht, allerdings ohne Erfolg; ein anderer Sohn sitzt im Gefängnis, bricht aber aus, um dem Dorf einen Besuch abzustatten.

Strannyje ljudi (»Seltsame Leute«, 1970) ist die Verfilmung dreier Kurzgeschichten von Schukschin selbst, in denen verschiedene exzentrische Typen und schließlich die Bewohner eines Dorfes der Phantasie vorgestellt werden. Der größte Erfolg wurde Schukschin jedoch nach *Petschki-lawotschki* (»Papperlapapp«, 1972, die Chronik einer Bahnreise ans Schwarze Meer) mit seinem postum aufgeführten letzten Film *Kalina Krasnaja* (Der rote Maulbeerbaum, auch: »Roter Holunder«, 1974) zuteil. Mit Unbefangenheit und Sinn für kräftige Details, für Dramatik und Pointen (die dem Regisseur mehr zu bedeuten scheinen als eine makellos durchkomponierte Handlung) schildert Schukschin (er selbst spielt die Hauptrolle) die Erlebnisse Jegors, eines entlassenen Strafgefangenen, der in das Dorf seiner Briefpatin kommt, sich dort integrieren will, aber auf Mauern des Mißtrauens, der Ablehnung und der Vorurteile trifft. Am Ende wird er von seinen ehemaligen Komplizen, die ihn wieder unter Druck setzen, ermordet. Der Film überzeugt durch die realistische Schilderung der Verhältnisse auf dem Dorf und durch seine Menschlichkeit, seine unbedingte Parteinahme für die Deklassierten, Ausgestoßenen (die es, wie der Film zeigt, auch in der sozialistischen Gesellschaft geben kann), aber auch durch die sarkastische, unterkühlte Art, mit der er diese Parteinahme ausdrückt.

Gegen Ende der sechziger Jahre trat ein interessantes neues Talent des sowjetischen Films in Erscheinung: Gleb Panfilow (geb. 1933). Sein Debütfilm *W ognje broda njet* (»Keine Furt führt durchs Feuer«, 1969) zeigt Geschichte, Revolutionsgeschichte, aus dem Blickwinkel der Gegenwart: in den Jahren des Bürgerkriegs beginnt eine junge Sanitäterin, die in einem Front- und Agitationszug beschäftigt ist, zu malen. Von dem Stellvertreter des Politkommissars, dem ihre Malerei nicht gefällt, wird sie kritisiert; doch im Kampf gegen die Weißen sind beide miteinander solidarisch. Die Figur des dogmatischen Politkommissars aus *Keine Furt führt durchs Feuer* erinnert an die des »Ersten Lehrers« aus Andrej Michalkow-Kontschalowskijs gleichnamigem Film. In beiden Filmen kommt eine Position zum Ausdruck, die die heroisierende Aura – in anderen sowjetischen Filmen, besonders Kriegsfilmen, so verbreitet – zunächst einmal von den Ereignissen und ihren Protagonisten wegreißen will, um bestimmte Fragen nach Richtigkeit und Unrichtigkeit des Verhaltens, nach Widersprüchen und ihrer Aufhebung neu und schärfer zu stellen als früher. Das Unvermögen des »Ersten Lehrers«, sich auf die reale Situation einzustellen, das Unverständnis des Politkommissars für die Malerei des jungen Mädchens erscheinen bei Michalkow-Kontschalowskij und Panfilow in kritischer Sicht. Die beiden Personen werden weder vorschnell schematisiert noch verurteilt, aber ihre Handlungsweise erscheint im Spektrallicht heutiger Fragestellungen. Noch stärkere Resonanz fand Panfilows nächster Film, *Natschalo* (»Der Beginn«, 1971), übrigens mit der gleichen Hauptdarstellerin wie in *Keine Furt . . .*, Inna Tschurikowa. Ein Filmregisseur sucht für seinen Film über die Jungfrau von Orleans eine Laiendarstellerin für die Hauptrolle. Er findet sie nach langem Suchen in einem Mädchen aus einer Fabrik. Aber in *Der Beginn* geht es nicht nur um die romantische Idee, ein Mädchen aus dem Volke zu zeigen, das zur Filmschauspielerin avanciert; vielmehr bildet auch das Spannungsverhältnis zwischen Alltagsrealität und mythenerfüllter Kinowelt ein Thema des Films, der sich vor allem auf die Schwierigkeiten der Heldin konzentriert, einen Platz in der Gesellschaft zu finden, sich zu emanzipieren und ihr Handeln rational zu begründen. Die Heldin von Panfilows neuestem Film *Proschu slowa* (*Ich bitte ums Wort*, 1976) ist eine Bürgermeisterin, die in ihrem Alltagsleben vor schwierige Situationen gestellt wird, angefangen damit, daß ihr Sohn durch einen Unfall ums Leben kommt. *Ich bitte ums Wort* ist ein ausgesprochener »Diskussionsfilm«, er gibt viele kritische Einblicke in sowjetische Realitäten, gleichzeitig fällt aber Panfilows eigenwillige formale Gestaltung auf, die Komprimierung des Geschehens auf einzelne, exemplarische Momente (zwischen denen der Zuschauer viel ergänzen muß), die expressive Bildkomposition, die Dichte der Inszenierung und die Verwendung von musikalischen Leitmotiven.

Zu den bemerkenswerten Regisseuren der ausgehenden sechziger und beginnenden siebziger Jahre des sowjetischen Films zählen ferner Michail Awerbach (*Monolog*, 1972; *Tschushyje pisma* – »Fremde Briefe«, 1976, die ungewöhnlich realistische und unkonventionelle Chronik aus dem Leben einer Provinzlehrerin); Mark Osepjan (geb. 1937), dessen Erstlingsfilm *Tri dnja Viktora Tschernyschew* (»Drei Tage des Viktor Tschernyschew«, 1968) man Ähnlichkeiten mit Karel Reisz' *Saturday Night and Sunday Morning* nachrühmt[19], Pawel Lubimow (geb. 1938) (*Die Frauen*, 1966; *Eile auf den Wellen*, 1967, ein Märchenfilm; *Ein Tag voraus*, 1970); Sergej Michaelian, der 1975 mit einem dramatischen und selbstkritischen Film über einen Arbeitskonflikt auf einer Baustelle hervortrat, *Premija (Die Prämie)*, Andrej Smirnow (*Bjelorusskij woksal* – »Der bjelorussische Bahnhof«, 1973); Jurij Ilyenko (geb. 1936), ehemals Kameramann Paradshanows in *Schatten vergessener Ahnen* (1965), ein Vertreter der »poetischen« Richtung im sowjetischen Spielfilm (*Wjetscherom nakanunje Iwana Kupaly* – »Am Vorabend des Iwan-Kupala-Tages«, 1968, die Bearbeitung einer phantastischen Gogol-Novelle; *Bjelaja ptiza s tschornoj otmetinoj* – »Der weiße Vogel mit dem schwarzen Fleck«, 1971); Michail Bogin (geb. 1936), der 1965 durch den etwas süßlichen, aber ästhetisch schönen Kurzfilm *Dwoje (Zwei)* hervortrat und 1967 *Sosja* drehte, eine romantische Liebesgeschichte vor dem Hintergrund des zu Ende gehenden letzten Krieges; Nikolaj Maschenko (*Die Kommissare*, 1973).

Nikita Michalkow, der Bruder Michalkow-Kontschalowskijs, machte sich mit *Raba ljubwi* (»Sklavin der Sinne«, 1976) sowie der Tschechow-Bearbeitung *Neokontschennaja pjesa dlja mechanitscheskowo pianino* (»Unvollendete Partitur für ein mechanisches Klavier«, 1977) einen Namen. Die beim Lenfilm-Studio arbeitende Regisseurin Dinara Assanowa drehte mit *Ne bolit golowau djatla* (*Der Specht zerbricht sich nicht den Kopf*, 1976) und *Kljutsch bes prawa peredatschi* (»Der Schlüssel, den man nicht weitergeben darf«, 1977) zwei bemühte, unkonventionelle Filme über die Probleme von Jugendlichen und die Beziehungen zwischen Lehrern und Schülern (ein Thema, das im sowjetischen Film der siebziger Jahre besonders häufig begegnet). Zwei Regisseure suchten Kriegsthemen unter neuen Aspekten zu behandeln: Nikolaj Gubenko in *Podranki* (»Die Waisenkinder«, 1977), eine teils nostalgische, teils selbstkritische Geschichte über die Erziehung von Waisenkindern in Kriegs- und Nachkriegszeit, und Alexej German mit *Dwadzatj dnej bes woiny* (»Zwanzig Tage ohne Krieg«, 1977), dem Erlebnisbericht eines Kriegskorrespondenten, der 1942 eine kurze Urlaubszeit in Taschkent verbringt, eine atmosphärisch dichte und realitätsnahe Inszenierung, die auch das Thema »Wahrheitsgehalt im Film« kritisch diskutiert.

Sergej Paradshanow

Einen Sonderfall im sowjetischen Kino der Gegenwart stellt Sergej Paradshanow dar – nicht nur, weil er neben Tarkowskij und Iosselliani zu den ganz großen Begabungen des sowjetischen Films gehört, sondern weil seine Filme radikal neue Wege des Ausdrucks beschritten; ihre Verbreitung wurde in der UdSSR teilweise stark behindert.

Sergej Paradshanow (geb. 1924) ist gebürtiger Georgier (jedoch armenischer Abstammung). Vor seiner Filmausbildung in Moskau studierte er Gesang in Tbilissi. Seine ersten Filme drehte er im Studio Ukrainfilm in Kiew: *Andriesch* (1954, Koregie Baseljan), *Pjerwyj baren* (»Der erste Bursche«, 1958) und *Ukrainskaja rapsodia* (»Ukrainische Rhapsodie«, 1961), über die nichts bekannt ist. Großes Aufsehen erweckte jedoch Paradshanows 1965 erschienener Film *Teny sabytych prjedkow* (»Schatten vergessener Ahnen« – auch bekanntgeworden unter dem Verleihtitel *Feuerpferde*). Ähnlich wie Tarkowskijs *Iwans Kindheit* vollzog dieser Film eine für das sowjetische Kino überraschende Abwendung vom traditionellen Stil planen Erzählens. Paradshanow leitete mit seinem Werk eine neue Strömung des poetischen, assoziativen Kinos ein, für die sich weitere Beispiele (außer bei Tarkowskij) vor allem im Bereich des georgischen Films finden lassen. *Schatten vergessener Ahnen* erzählt (nach einer 1912 entstandenen Novelle des ukrainischen Schriftstellers Michail Kozjubinsky) die legendäre Liebesgeschichte von Iwan und Maritschka aus dem ukrainischen Volksstamm der Huzulen im Milieu von karpathischen Bergbauern und Schafzüchtern. Diese Liebe scheitert an der Feindschaft der beiden Familien: Iwans Vater wird von Maritschkas Vater umgebracht. Eine Folge weiterer Ereignisse bringt Unheil über die beiden Liebenden. Der Film betont jedoch weniger Psychologie und Kausalität, sondern arbeitet mit Leitmotiven, Stimmungen, Farben, Geräuschen und Musik, mit phantastischen, stilisierten Landschaftsbildern, kühnen Ton- und Bildmontagen, einem raffinierten Geräuschkontrapunkt, der die Wirklichkeit wegdrängt, den Bildern etwas Halluzinatorisches gibt. Aber obgleich Paradshanows Film von Tod und Verhängnis handelt, drückt sich in den Farben, Formen, Klängen und Montagen des Films ein ursprüngliches Verhältnis zur Natur aus.

Während *Schatten vergessener Ahnen* auch in der sowjetischen Kritik hoch bewertet wurde (»Der Reichtum der optischen und akustischen Partitur, die symbolischen Gestalten, die durch den ganzen Film gehen, die Montageübergänge, die der assoziativen Bewegung des dichterischen Gedankens dienen, erschließen neue Möglichkeiten poetischer filmischer Ausdruckskraft«[20]), setzten danach Schwierigkeiten für Paradshanow ein. Sein nächstes Filmprojekt, *Kiewskije freski* (»Die Fresken von Kiew«, 1971), ein mittellanger Dokumentarfilm, wurde nach den spärlichen Informationen, die über diesen Film vorliegen, zwar beendet, aber niemals aufgeführt.[21] 1969 drehte Paradshanow in Armenien *Sajat Nowa*, einen Spielfilm, der dem armenischen Dichter Aruthin Sayadin aus dem 18. Jahrhundert gewidmet war, dessen Leben der Film in freier, poetischer Form beschreibt. Er kam zunächst nicht in den Verleih, wurde dann aber von Sergej Jutkewitsch umgeschnitten (anscheinend gegen den Willen Paradshanows[22]) und gelangte in dieser neuen Version unter dem Titel *Zwet granaty* (»Die Farbe des Granatapfels«) 1973 in der UdSSR doch noch zur Aufführung, wenn auch nur in wenigen Kinos. *Sajat Nowa* fixiert in der Entwicklung einer experimentellen Bildsprache die am weitesten vorangetriebene Position, die es im sowjetischen Film bisher gab. In Form von visionär zugespitzten Episoden, ohne das Hilfsmittel einer erzählerischen Rahmenkonstruktion, werden einzelne Stationen aus dem Leben des Dichters vorgestellt, wie in einem mittelalterlichen Stundenbuch: der Dichter als Kind, umgeben von unendlich vielen Büchern und Manuskripten, deren Seiten der Wind umblättert; der Dichter am Hof eines Königs, zwischen Grazien und Engeln; seine Begegnung mit der Muse der Poesie, die gleichzeitig seine Geliebte ist; der Dichter als Mönch in einer mit Fresken ausgemalten Kirche, er bittet seine Muse um Absolution; der Dichter und seine Familie; dann Visionen des Todes: der Dichter als Mönch, ein Grab aushebend, in dem er verschwindet; ein Krieger schießt einen Pfeil auf ihn ab, der auf eine Klostermauer trifft, aus welcher Blut hervorquillt. Die letzten Szenen sind eine Anspielung auf die Ermordung des Dichters durch persische Invasoren vor der Kathedrale von Tbilissi 1795. Kennzeichen der Bildsprache Paradshanows in *Sajat Nowa* ist ihre strenge Schönheit, ihr Antinaturalismus, ihre Abstraktionskraft und ihr metaphorischer Grundcharakter. Herbert Marshall hat sie mit Eisensteins projektierter »intellektueller Kinematographie« und mit seinen Theorien über den Gebrauch der Farbe im Film verglichen.[23] Dieser Film gehört zu den wenigen wirklich bedeutenden Werken der Filmgeschichte, die aufgrund administrativer Behinderungen im Ursprungsland bisher kaum (und im Ausland überhaupt nicht) gesehen werden konnten. Auch in Zukunft scheint es wenig Chancen dafür zu geben, daß der Bann um *Sajat Nowa* aufgehoben wird.

Denn 1974 wurde Paradshanow verhaftet und von einem Gericht in Kiew zu einer Strafe von fünf (anderen Quellen zufolge sechs) Jahren Gefängnis verurteilt – wegen verschiedener angeblicher Delikte wie Homosexualität, illegalem Handel und »Verleitung zum Selbstmord«. Die näheren Umstände dieses Prozesses blieben ebenso wie die Urteilsbegründung im dunkeln. Nachdem sich verschiedene internationale Petitionen für ihn einsetzten, wurde Paradshanow Anfang 1978 wieder freigelassen.

Georgien und andere Sowjetrepubliken

Unter der Filmproduktion der Sowjetrepubliken ist diejenige Georgiens (Grusiniens) die vielseitigste und interessanteste. Zu den wichtigsten georgischen Regisseuren gehören Eldar und Georgij Schengelaja, Otar Iosseliani, Tengis Abuladse, Merab Kokotschaschwili. Sie alle begannen ihre Laufbahn in den sechziger Jahren. Eldar Schengelaja (geb. 1933) und Georgij Schengelaja (geb. 1939) sind Söhne des Regisseurs Nikolaj Schengelaja, eines Pioniers des georgischen Films. Eldar Schengelaja, ein Schüler von Sergej Jutkewitsch, debütierte 1963 mit *Bjely karawan* (»Die weiße Karawane«), einem Film über den Konflikt zwischen einem Hirten und seinem Sohn. *Njeobyknowennaja wystawka* (»Ungewöhnliche Ausstellung«, 1968) ist eine exzentrische Komödie über einen Bildhauer, der nie dazu kommt, etwas anderes als Grabmäler herzustellen. In eine ähnliche

Richtung tendierte *Tschudaki* (»Sonderlinge«, 1974), ein halbphantastischer Film über zwei Eigenbrötler, die mit einer selbstgebauten Flugmaschine in den Himmel fliegen wollen und »die Menschen dazu bringen, an die Kraft ihrer Träume zu glauben«.[24] Georgij Schengelaja drehte 1966 zunächst *Alawerdoba*, basierend auf einem schon 1963 entstandenen Kurzfilm über ein religiöses Erntedankfest in Georgien, eine Folge »satirischer Miniporträts vor dokumentarischem Hintergrund«.[25] 1968 folgte *On nje chotel ubiwatj* (»Er wollte nicht töten«), ein kaukasischer Abenteuerfilm, und 1969 *Pirosmani*, ein Spielfilm über den naiven georgischen Maler Pirosmanaschwili, der von 1862 bis 1918 lebte, lokale Berühmtheit erlangte und verspätet auch im Westen entdeckt wurde. *Pirosmani* ist einer der erstaunlichsten Filme des neueren georgischen Kinos. In einfachen, stilisierten, manchmal visionären Bildern, die den Gemälden Pirosmanis nachempfunden sind, wird das Leben des Malers erzählt, der sich als Außenseiter am Rande der Gesellschaft bewegte und von allen vergessen war, als er starb. Melancholie, Einsamkeit und Unverstandensein eines Künstlerdaseins stellt der Film in komprimierten Tableaus und einem eigenartigen Rhythmus dar, fast völlig auf Dialoge verzichtend; gleichzeitig öffnet er aber auch einen Zugang zur inneren Welt des Malers, er zeigt die Motive, die ihn faszinierten, versucht sich in seine Persönlichkeit hineinzuversetzen. Etwas Feierliches und eine rührende Aufmerksamkeit für kleinste Details charakterisieren diesen Film, der zu den schönsten Werken des poetischen Kinos Georgiens und der Sowjetunion gehört. *Melodii Werijskogo kwartala* (»Melodien des Werijski-Viertels«, 1974) ist ein Musical aus dem Tbilissi der Revolution, dessen Protagonisten eine Wäscherin und ein Droschkenkutscher sind. 1976 entstand *Peski ostatsja* (»Das Wesentliche bleibt«), ein Film über georgische Winzer und den Bau eines Bewässerungskanals.

Otar Iosselliani (geb. 1934) kam nach einem Studium der Musik und Mathematik zur Moskauer Filmhochschule WGIK. Als Abschlußfilm drehte er 1962 *Aprel* (»April«), einen experimentellen Film ohne Dialog, »ein kinematographisches Märchen, das auf dem Kontrast zwischen Träumen und der eintönigen Realität des Lebens basiert«.[26] Der Film kam erst 1973 in einer gekürzten Version in den Verleih. Iossellianis nächster Film *Listopad* (»Blätterfall«, auch bekannt als *Die Weinernte*, 1967), begründete sein internationales Ansehen und das des georgischen Films. *Listopad* ist auf der einen Seite spezifisch georgisch. Der Film zeigt dokumentarisch gesehenes Alltagsleben aus Tbilissi, und er beginnt mit einer fast traumhaften, musikalisch komponierten Bilderfolge von der Weinernte auf dem Lande. Auf der anderen Seite liefert Iosselliani eine Satire gewisser Erscheinungen des sowjetischen Alltagslebens. In einem Weinkombinat herrscht der Schlendrian. Der Plan wird übererfüllt, indem man unreife Weine abfüllt; der Direktor spielt den ganzen Tag Billard. Die Arbeiter des Kombinats ergreifen die Flucht, wenn man ihnen in einem Weinlokal ihren eigenen Wein vorsetzt. Ein junger Ingenieur, der neu in das Kombinat kommt, lehnt sich gegen die Mißwirtschaft auf. Ironisch pointiert wird die Beschreibung dieser rückständigen Verhältnisse durch Statistiken aus dem Rundfunk über Planerfüllung und Produktionserhöhung. Der Film ist jedoch nicht nur eine Satire auf die Arbeitsverhältnisse, sondern gleichzeitig eine subtile Charakterstudie des jungen Ingenieurs. Eine Charakterstudie ist auch *Shil pewtschij drosd* (*Es war einmal eine Singdrossel*, 1970; der Film hatte zunächst den Titel *Djen djenkoj* – »Ein alltäglicher Tag« oder »Der Alltag«). Im Mittelpunkt steht ein junger Mann, der eigentlich Orchestermusiker ist (er spielt die Pauke im Philharmonischen Orchester), daneben aber so viele Verpflichtungen privater Natur hat, daß er überall zu spät kommt; er will jedem einen Gefallen tun und opfert sich im Grunde für seine Umwelt auf. Am Schluß kommt er durch einen Unfall ums Leben. Iossellianis Porträt seines Helden, ausgeführt mit einer lebendigen, impressionistischen Kamera und anhand einer Dramaturgie der abrupten Übergänge, pendelt zwischen Kritik und Sympathie, aber letzten Endes überwiegt die

Sympathie. Der Protagonist ist ein Antiheld, ein vor lauter Überanpassung Unangepaßter. Hinter der realistisch-komödiantischen, vergnüglichen Oberfläche des Films wird ein Lehrstück über die schwierige Tugend der Spontaneität erkennbar, die in das gesellschaftliche System der Gegenwart anscheinend nicht mehr hineinpaßt.

Pastorale (1976) ist ein besonders subtiles, poetisches und zugleich eminent realistisches Werk, das Iosselliani als den wahrscheinlich bedeutendsten georgischen Regisseur der Gegenwart ausweist. In der Manier eines impressionistischen Stimmungsbildes schildert *Pastorale* den Ferienaufenthalt einer Gruppe junger Musiker aus der Stadt in einem georgischen Dorf; sie wohnen unter einem Dach mit der Familie eines Lastwagenfahrers, der seinen LKW nachts und feiertags auf dem Grundstück abstellt. Die Erlebnisse der jungen Leute, die man meistens auf der Veranda des Hauses beim Üben sieht, werden kontrastiert mit dem Alltag der Dorfbewohner, der teilweise unter komisch-satirischen Aspekten erscheint. Die meisten Personen des Films sprechen einen grusinischen Dialekt, der selbst in Georgien kaum verstanden wird – was Iosselliani absichtlich so beließ (gelegentlich wird der Dialekt auf der Tonspur des Films ins Russische übersetzt). So schwerelos und improvisatorisch dieser Film auch erscheint, ist seine Konstruktion doch keineswegs zufällig: die Beobachtungen, Episoden und Pointen, die Iosselliani aneinanderreiht, werden tatsächlich durch eine Vielzahl von Bezügen zusammengehalten, wobei es dem Regisseur gelingt, Dokumentarisches, Poetisches und Metaphorisches (der Gegensatz zwischen der Schönheit der klassischen Kompositionen, die die jungen Leute spielen, und den zurückgebliebenen Lebensbedingungen auf dem Dorf) scheinbar ohne jede Anstrengung auf einen Nenner zu bringen. Leider hat auch dieser Film gegenwärtig »Schwierigkeiten« mit den sowjetischen Filmbehörden und konnte daher außerhalb Georgiens noch nicht öffentlich gezeigt werden.

Tengis Abuladse (geb. 1924) debütierte bereits in den fünfziger Jahren. Seine Filme in den sechziger Jahren basieren weitgehend auf Motiven und formalen Anregungen aus der kaukasischen Legendenwelt und der georgischen Volkskunst; in ihnen verbinden sich Wirklichkeitsbeobachtung, Phantastik und Komik. *Ja, Babuschka, Iliko i Illarion* (*Ich, Großmutter, Iliko und Illarion*, 1963) schildert die Erlebnisse eines Jungen, der von seiner Großmutter und zwei Onkeln in einem abgelegenen Dorf Georgiens aufgezogen wird. 1968 drehte Abuladse mit *Molba* (»Das Gebet«, auch: »Das Flehen«) »seinen ernstesten, philosophischsten Film«[27], »eines der schönsten Werke des neueren sowjetischen Kinos, faszinierend durch die Kraft der Bilder und die thematische Strenge, suggestiv durch seine Lyrik«.[28] Der Film, dem Gedichte des georgischen Poeten Washa Pshavela über das Thema der Blutrache zugrunde lagen, blieb leider außerhalb der Sowjetunion praktisch unbekannt. *Osherelje dlja moej ljubimoj* (*Eine Halskette für meine Liebste*, 1971) ist eine phantastische Komödie, die Legendenstrukturen in die Wirklichkeit von heute überträgt: ein junger Poet unternimmt eine abenteuerliche Pilgerfahrt durchs Land auf der Suche nach einem passenden Geschenk für seine Geliebte. Diese Richtung setzte Abuladse auch in *Derewo shelanij* (»Der Baum der Wünsche«, 1977) fort, einer Chronik alltäglicher Ereignisse aus einem georgischen Dorf vor der Revolution.

Rezo Tscheidse (geb. 1926) erntete große offizielle Ehren für seine Filme *Otjez soldata* (»Der Vater des Soldaten«, 1964) und *Sashenzy* (»Setzlinge«, 1973). Jedoch erscheinen diese Filme durch ihre pathetisch-gefühlvolle und moralisierende Grundhaltung eher einer Hauptströmung des »russischen« Kinos verwandt; sie appellieren allzu direkt an die Rührung und Erbauung des Publikums (was wohl auch ihren großen Erfolg erklärt). In *Der Vater des Soldaten* bricht ein alter georgischer Bauer auf, um seinen verwundeten Sohn zu besuchen, die Reise zieht sich bis zum Ende des Krieges hin; in *Setzlinge* holt ein Großvater (in Begleitung seines Enkels) unter großen Mühen von einer entfernten

Kolchose Setzlinge für Obstbäume, die er jedoch wenig später opfert, als es gilt, einen Lkw auf einer Bergstraße vor dem Abrutschen zu bewahren.

Unter den Regisseuren Georgiens sind weiterhin erwähnenswert: Merab Kokotschaschwili, der 1967 *Didi mtsvane veli (Ein großes, grünes Tal)* drehte, die Studie eines Hirten, der den Kontakt zur Umwelt verloren hat, Lana Gogoberidse (*Rotsa akwawda nuschi – Als die Mandelbäume blühten*, 1972; *Perepoloch – »Der Tumult«*, 1977, ein Musical); Michail Kobachidse, der durch seine grotesken Kurzfilme berühmt wurde: *Die Hochzeit* (1965), *Der Regenschirm* (1967) und *Die Musikanten* (1970).

Auch in anderen Sowjetrepubliken (namentlich den asiatischen) traten in den sechziger Jahren bedeutende neue Regietalente hervor. Erwähnt werden muß hier der Kirgise Tolomusch Okejew (geb. 1935). Bekannt wurde er (und die kirgisische Kinematographie) mit *Njebo naschewo detstwo (Himmel unserer Kindheit*, 1967), einem autobiographischen Film: ein zehnjähriger Junge kommt aus der Stadt per Flugzeug zu seinen Eltern zu Besuch, die als nomadenhafte Pferdezüchter in der Steppe leben und denen er sich im Grunde schon entfremdet hat. 1970 drehte Okejew *Naslednik (»Das Erbe«)*, der Dialog eines alten Mannes mit seiner Frau. Auf *Poklonis ognju (»Verneige dich vor dem Feuer«*, 1973) folgte 1974 *Ljutyj (»Der Grausame«*, deutscher Fernsehtitel *Unter Wölfen):* die Geschichte der Freundschaft eines kasachischen Jungen mit einem Wolf vor dem Hintergrund vorrevolutionärer Verhältnisse und der Diktatur eines Bei. An Larmoyanz litt dagegen Okejews Film *Krasnoje jabloko (»Der Rote Apfel«*, 1975). Kirgische Produktionen (wenn auch nicht Werke kirgisischer Regisseure) waren auch Michalkow-Kontschalowskijs *Der erste Lehrer* (1965) und Irina Polawakajas *Dshamilja (Sehnsucht nach Djamila*, 1968); beide Filme entstanden nach Vorlagen des kirgisischen Autors Tschingis Aitmatow. Ein weiterer kirgisischer Regisseur ist Bolot Schamschijew. Er drehte *Alyje maki Issyk-Kulja (»Roter Mohn vom Issyk-Kul«*, 1973) und *Bjelyj parochod (»Der weiße Dampfer«*, 1976).

Aus der Produktion anderer Sowjetrepubliken sind in den siebziger Jahren folgende Filme auch außerhalb der UdSSR bekanntgeworden: *Newestka (Die Schwiegertochter*, 1972) von Chodshakuli Narliew, Turkmenistan, und *Kogda shenschtschina osedlaet konja (»Wenn eine Frau das Pferd sattelt«*, 1974), vom gleichen Regisseur (nach der Revolution kämpft eine turkmenische Frau in einem Dorf um ihre Rechte); *Shdjem tebja, paren (»Wir warten auf dich, Junge«*, 1973) von Ravyl Batyrow, Usbekistan; *Leutary (»Die Leutaren«*, 1973) von Emilja Lotjanu, Moldaurepublik (*Lotjanus Tabor uchodit w njebo – »Die Zigeuner ziehen in den Himmel«*, 1976 – gedreht vom gleichen Regisseur bei Mosfilm, ist ein romantischer Ausstattungsfilm im Hollywood-Stil); *Neshnost (»Zärtlichkeit«*, 1966) von Eljer Ischmuchamedow, ebenfalls Usbekistan. Eine dominierende Rolle im Film der litauischen Sowjetrepublik spielt Vitautus Zalakevicius (oder Schalakjavitschusi, geb. 1930). Seine bekanntesten Filme sind *Chronika odnowo dnja (»Chronik eines Tages«*, 1963), die Geschichte eines »prinzipienlosen Karrieristen«[29], *Nikto nje chotjel umirat (»Niemand wollte sterben«*, 1966), ein ziemlich routiniert und effektsicher ausgeführter Film über den Zusammenstoß zwischen nationalistischen Partisanen und Kommunisten in der ersten Nachkriegszeit, gedreht in der Manier eines »sowjetischen Western«[30], schließlich der in Chile noch zur Allende-Zeit gedrehte *Eto sladkoje slowo swoboda (Das süße Wort Freiheit*, 1973), die aufwendig, aber atmosphärisch genau inszenierte Geschichte der Flucht einer Gruppe politischer Gefangener aus einem lateinamerikanischen Gefängnis, die als fernes Vorbild das Kino von Costa-Gavras erkennen ließ, sowie *Avaria (»Die Panne«*, 1975). 1976 entstand *Sadouto-touto*, ein Film über die Freundschaft zwischen einem Bildhauer und einem Maler.

Krzystof Zanussi
Struktura kryształu
(Die Struktur des Kristalls)
1969
Polen

Miklós Jancsó
Szegénylegények
(Die Hoffnungslosen)
1965
Ungarn

Die polnische Spielfilmproduktion beläuft sich auf etwa 25 Filme pro Jahr; 1975 entstanden sogar 30 Spielfilme.[31]

Die Filme werden in 7 Produktionsgruppen hergestellt, die eine relativ große Autonomie genießen. 1974 wurden in Polen 143 Millionen Kinobesucher gezählt (bei 32 Millionen Einwohnern).

Die künstlerisch wichtigste Periode der polnischen Nachkriegskinematographie sind zweifellos die Jahre 1957 bis 1961, in denen sich die ›Polnische Schule‹ der Regisseure Wajda, Munk und Kawalerowicz mit Filmen wie *Kanal, Asche und Diamant, Der Mann auf den Schienen, Eroica, Nachtzug* manifestierte; es waren Filme einer charakteristischen Düsterkeit, Bitterkeit, die die jüngste Geschichte Polens untersuchten, Fragen nach der gesellschaftlichen Moral oder nach der nationalen Identität stellten. Die späten fünfziger Jahre verschafften dem polnischen Film weltweites Renommee. In Polen selbst bezeichnete man die Filme dieser Jahre auch als das ›Zweite Kino‹ im Gegensatz zum ›Ersten‹ der unmittelbaren Nachkriegszeit; sie bestimmen die Perspektive, unter der man das polnische Kino seither betrachtet, die Erwartungen, die man an polnische Filme richtet. Bis heute besteht eine verbreitete mythologische Einschätzung des polnischen Films als Kinematographie der Krise und der existentiellen Verzweiflung, die sich im Grunde immer noch von *Asche und Diamant* herleitet.

Die großen Erfolge der fünfziger Jahre waren für den polnischen Film nach 1960 in mehrfacher Hinsicht ein Problem. Denn die Kontinuität der Entwicklung ließ sich nicht bruchlos vom einen in das nächste Jahrzehnt fortführen. Anfang der sechziger Jahre schien die ›Polnische Schule‹ zu einem gewissen Stillstand in ihrer Entwicklung gekommen; um das Jahr 1962 stellten sich im polnischen Film sogar Anzeichen einer künstlerischen Krise ein. Andrzej Munk starb 1961, er hinterließ einen halbvollendeten Film *(Die Passagierin)*. Für Wajda schien sich das Kriegs- und Nachkriegsthema mit *Samson* (1961) erschöpft zu haben. Kawalerowicz drehte 1961 mit *Mutter Johanna von den Engeln* noch ein bedeutendes Werk, aber dann trat bei ihm eine »schöpferische Pause« ein. Um die Mitte der sechziger Jahre versuchten sich Wajda und Kawalerowicz mit partiellem Erfolg am Genre des Historienfilms.

In dieser Zeit meldeten sich auch neue Regisseure im polnischen Film zu Wort (Wojciech Has, Kazimierz Kutz), die gegenüber dem vergangenen »romantischen« ein nunmehr eher »prosaisches« Kino manchmal gewollter Banalität zu entwickeln suchten. Roman Polanski ging nach seinen Kurzfilmen und nach seinem richtungweisenden *Messer im Wasser* (1962) ins Ausland. Ein unverwechselbares Profil zeigte Jerzy Skolimowski zwischen 1963 und 1967 in seinen autobiographischen, persönlich gestalteten Filmen. Skolimowski verließ Polen 1967 (kehrte später aber wieder zurück). Während Wajda nach 1969 ein künstlerisches Comeback glückte, profilierte sich ab 1969 Krzysztof Zanussi als Vertreter einer Richtung im polnischen Film, der es auf neue Methoden des Erzählens und der gesellschaftlichen Analyse, auf neue Wege der filmischen Artikulation von Gedanken ankam. Zanussi war der Anführer einer ganzen Gruppe von jüngeren Regisseuren – Zulawski, Zaluski, Zebrowski, Krauze, Krolikiewicz, Trzos-Rastawiecki und Kluba –, die dem polnischen Kino anfangs der siebziger

Jahre erneut zu großer Vitalität verhalfen; von der polnischen Kritik wurde auch der Ausdruck des ›Dritten Kinos‹ geprägt, obwohl nie recht klar wurde, wer zu dieser Bewegung gehören sollte und wer nicht.

Krise und Permanenz der ›Polnischen Schule‹

Andrzej Munk (1921–1961) drehte nach seinen Hauptwerken aus den fünfziger Jahren (*Der Mann auf den Schienen*, 1956; *Eroica*, 1957) 1960 noch *Zezowate szeszie (Schielendes Glück)*, eine brillante, witzige Satire auf den Typ des Kleinbürgers, der mit jedem Regime seinen ideologischen Frieden machen will und dabei doch immer nur in sein Unglück rennt. *Pasazerka (Die Passagierin*, 1961–63) konnte Munk infolge seines frühen Todes nicht mehr selbst vollenden; Witold Lesiewicz, ein Mitarbeiter Munks, brachte das bereits abgedrehte Material zusammen mit Standfotos in eine Form, die die Umrisse des geplanten Werks immerhin erkennen läßt. Thema des Films war die Welt des Konzentrationslagers. Munk sah dies Thema von einem neuen Standpunkt aus: er interessierte sich nicht nur für die Opfer, sondern auch für die Verantwortlichen der Verbrechen und für die psychologischen Beziehungen zwischen Verfolgern und Opfern. Munk entwickelte dieses Thema in Form einer doppelt strukturierten Erzählung. Auf einem Ozeandampfer glaubt Lisa, die früher einmal KZ-Aufseherin in Auschwitz war, Marta wiederzuerkennen, eine Frau, die sie als Häftling im Lager gekannt hatte. Diese vielleicht nur eingebildete Konfrontation läßt Bilder der vergangenen Tage lebendig werden. Der Film analysiert vor allem die Mechanismen der Selbstrechtfertigung Lisas. Er zeigt die KZ-Welt nicht als Wirklichkeit, sondern als alptraumhafte – und doch sehr reale – Erinnerung, widerspruchsvoll und perspektivisch gebrochen; er liefert Hypothesen, die der Weiterführung durch den Zuschauer bedürfen. Damit verwies Munk auf ein neues Entwicklungsstadium der Kinematographie. *Die Passagierin* ist darüber hinaus interessant, weil es sich hier um den einzigen Film weit und breit handelt, dem mit den Mitteln der Fiktion eine überzeugende Rekonstruktion der Welt des Konzentrationslagers gelang.

Jerzy Kawalerowicz (geb. 1922) drehte nach *Prawdziwy koniec wielkiej wojny (Das wahre Ende des großen Krieges*, 1957) und *Pociag (Nachtzug*, 1959) seinen vielleicht bedeutendsten Film 1961: *Matka Joanna od aniolow (Mutter Johanna von den Engeln)*. Der Film lieferte ein interessantes Beispiel dafür, wie ein historischer Stoff, ohne diesem etwas von seiner Authentizität zu nehmen, im Lichte moderner Fragestellungen behandelt werden kann (darin ist der Film mit Tarkowskijs *Andrej Rubljow* verwandt). *Mutter Johanna von den Engeln* behandelt einen historischen Fall von »Besessenheit« und Exorzismus, der sich im 17. Jahrhundert in einem französischen Nonnenkloster zugetragen haben soll und den Kawalerowicz nach Polen transponierte. Der Jesuitenpater Suryn wird zum Kloster der Mutter Johanna geschickt, deren Nonnen sich wie toll gebärden und allen Anstrengungen der dort schon tätigen Exorzisten widerstehen. Suryn verliebt sich in die Äbtissin, ist darüber verzweifelt, weil er diese Liebe (wie sie) für Sünde hält, und tötet schließlich zwei unschuldige Knechte, um die Dämonen von Mutter Johanna weg auf sich selbst zu lenken.

Kawalerowicz drehte keinen oberflächlichen antireligiösen Agitationsfilm. Er geht den Zeitumständen nach, analysiert das Fühlen und Denken der beteiligten Personen, wobei er der Unterhaltung Suryns mit einem Rabbi (beide werden vom gleichen Schauspieler dargestellt) besonderes Gewicht gibt. Die katholische Kirche reagierte auf den künstlerisch ungewöhnlich verdichteten, in seiner Fotografie manchmal expressionistischen Film mit gereizter Ablehnung.[32] Dabei geht die Argumentation des Films über eine Auseinandersetzung mit dem Katholizismus weit hinaus. »Gezeigt wird nicht mehr und nicht weniger, als daß in einer totalitären Weltanschauungsgesellschaft christlicher Glaube zum Werkzeug einer falschverstandenen Seelsorge werden kann. Diesen Aspekt anvisiert zu haben, und zwar in einer artistischen, an Carl Theodor Dreyer und Robert Bresson geschulten, aufs Seelische angespannten filmischen Erzählweise, das macht die spezifische ästhetische Bedeutung dieses Films aus.« (Theodor Kotulla)[33]

Kawalerowicz' folgende Filme standen nicht mehr auf der Höhe seiner früheren Werke. *Faraon* (Pharao, 1965), wenn auch intendiert als Parabel über die Macht am Beispiel der Auseinandersetzungen zwischen einem ägyptischen Pharao (Ramses XIII.) und seinen konspirierenden Priesterministern, blieb in den Klischees des historischen Monumentalfilms stecken; *Gra* (»Das Spiel«, 1968) ist eine Dreiecksgeschichte um eine berühmte Architektin; sie gehorcht einem konventionellen Grundmuster. Schließlich drehte Kawalerowicz 1969 einen Film in Italien, *Maddalena*, der von der Kritik als »erotisch-ekklesiastische Kuriosität«[34] eingestuft wurde.

Aufschlußreicher ist die Entwicklung Andrzej Wajdas (geb. 1927), der in den fünfziger Jahren mit Filmen debütierte, die das Bild der ›Polnischen Schule‹ entscheidend bestimmten (*Kanal*, 1956; *Popiol i diament – Asche und Diamant*, 1958; *Lotna*, 1959), der aber auch in den sechziger und siebziger Jahren Filme drehte, die zum Besten der polnischen Kinematographie gehörten. Wajdas Werk bildet von *Asche und Diamant* bis *Die Hochzeit* stilistisch wie thematisch eine unauflösbare Einheit.

Niewinni czarodzieje (*Die unschuldigen Zauberer*, 1960) war ein erster Versuch für Wajda, sich von der Kriegsthematik seiner vorangegangenen Filme zu befreien: eine ironisch erzählte, kammerspielartige Liebesgeschichte aus dem Milieu junger Leute (am Drehbuch arbeitete Jerzy Skolimowski mit), ohne besondere »soziale Bedeutung«. *Samson* (1961) kehrt noch einmal zur Thematik früherer Wajda-Filme zurück und erzählt die Geschichte eines Juden aus dem Warschauer Ghetto, in dessen Schicksal sich das des biblischen Samson seltsam zu wiederholen scheint. Obwohl in diesem Film auch die kommunistische Widerstandsbewegung eine Rolle spielt, sind die stärksten Momente des Films doch jene, die Einsamkeit, Verzweiflung und Deformation des Helden zum Ausdruck bringen, der aus dem Ghetto flieht und sich einen ganzen Winter lang versteckt hält. Von geradezu traumhafter Intensität ist jene Szene, als der Protagonist beschließt, noch einmal ins Ghetto zurückzukehren, aber auf der anderen Seite einer Mauer nur eine endlose Steinwüste erblickt. 1962 verfilmte Wajda in Jugoslawien eine Novelle des russischen Autors Nikolaj Ljeskow, »Die Lady Macbeth des Mzensker Landkreises«: der Film hieß *Sibirska Ledi Magbet* (»Lady Macbeth von Sibirien«, deutscher Verleihtitel: *Blut und Leidenschaft*). Obwohl das Klima von Verhängnis und Düsterkeit, das die Novelle erfüllte, Wajda entgegenzukommen schien, blieb seine Inszenierung akademisch, äußerlich; die um stilvolle Schauerlichkeit bemühten Bildkompositionen nehmen im Verlauf des Films opernhaftes Pathos an. Eigenwilliger und charakteristischer für Wajda ist dagegen sein Beitrag zu dem französischen Episodenfilm *L'amour à vingt ans* (*Liebe mit zwanzig*, 1962): Wajda stellte in seiner Episode einen ehemaligen Widerstandskämpfer (Zbigniew Cybulski) der neuen Generation von Jugendlichen gegenüber, die den Krieg nur vom Hörensagen kennen.

1965 war in Polen das Jahr der Superproduktionen. Annähernd gleichzeitig erschienen Kawalerowicz' *Pharao*, Wojciech Has' *Die Handschrift von Saragossa* und Andrzej Wajdas *Popioly* (»Asche«, deutscher Verleihtitel: *Legionäre*); wenig später folgte in der UdSSR *Krieg und Frieden*. An *Legionäre* arbeitete Wajda zwei Jahre. Dem Film lag ein Roman von Stefan Zeromski aus dem Jahre 1904 zugrunde, der ein breites Panorama der Lage Polens zur Zeit Napoleons entwirft. Der Vorlage des Romans folgend beschreibt der Film insbesondere die Aktionen und Feldzüge jener polnischen Legionen, die mit der

Armee Napoleons nach Italien und Spanien zogen, Saragossa einnahmen und Napoleon bis nach Rußland folgten. Was Wajda an dieser Thematik interessierte, war klar: er wollte den Entstehungsprozeß des polnischen Nationalbewußtseins verfolgen. Der Film ist kein rosenfarbenes Heldengemälde; Wajdas Legionäre sind Desperados, die rauben und vergewaltigen; ihrerseits werden sie wieder von Napoleon verraten. Wajda sagte: »Ich bin nicht an der Literatur der nationalen Übereinstimmung, an der Literatur allgemeiner Versöhnung interessiert. Ich interessiere mich für Zeromski, der voller Bitterkeit ist, voller Widersprüche.«[35] Diese ambivalente Schilderung der polnischen Beteiligung an napoleonischen Feldzügen trug Wajda denn auch in Polen selbst herbe Kritik von Historikern ein.[36] Legionäre war in der ursprünglichen Fassung 3 Stunden 53 Minuten lang; im Ausland kam eine auf 2 Stunden 49 Minuten gekürzte Fassung in den Verleih. Der Film selbst ist eine Mischung aus konventioneller Historienmalerei und visionären Szenen, in denen sich das Wajdasche »Barocke« Bahn bricht. Der Film wirkt überladen, vielfach theatralisch, dennoch läßt er nicht indifferent.

Nach dem mißglückten Experiment einer englischen Produktion, die in Jugoslawien gedreht wurde und einen Kinderkreuzzug des 13. Jahrhunderts behandelte, Gates to Paradise (Die Pforten des Paradieses, 1967), drehte Wajda 1968 und 1969 zwei Filme zeitgenössischer Thematik, die als Übergang zu einer späteren Schaffensperiode erscheinen mögen. Wszystko na sprzedaz (Alles zu verkaufen, 1968) ist ein subtiles, mehrschichtiges Werk, in dem Wajda viel über sich selbst und über seine Auffassungen von der Filmarbeit mitteilt. Die Idee zu dem Film kam Wajda durch den unerwarteten Tod des Schauspielers Zbigniew Cybulski im Januar 1967 – Cybulski spielte die Hauptrolle in Asche und Diamant; seine Erscheinung symbolisiert eine ganze Epoche des polnischen Films. In Alles zu verkaufen läßt Wajda einen Film im Film drehen. Als die Szene eines Eisenbahnunfalls gedreht werden soll (analog der, bei welcher Cybulski ums Leben kam), fehlt der Hauptdarsteller; Suchaktionen ergeben schließlich, daß er tot ist; der Film wird mit einem anderen Hauptdarsteller zu Ende gedreht, der nicht nur die Nachfolge des Verstorbenen antritt, sondern fast dessen Identität annimmt. In Alles zu verkaufen überlagern sich mehrere Themen: die Hommage an den verstorbenen Cybulski, die Suche nach der Identität eines verschwundenen Menschen, die Mechanik des Filmemachens und die Reflexion über diese Mechanik (der ironische Titel spielt auf die Austauschbarkeit aller Dinge und Personen an). »Dies ist ein Film über die Unmöglichkeit, einen Menschen zu definieren, der abwesend ist. Es ist eine Geschichte über verschwindende Konturen und Gestalten, deren Umrisse, kaum entstanden, schon in der Unendlichkeit vergehen.«[37] Polowanie na muchy (»Die Fliegenjagd«, 1969) ist eine Komödie über einen gescheiterten Dichter, der dem erstickenden Familienalltag entfliehen möchte. Der Film war für Wajda ein Versuch, sich vorübergehend von seinen Obsessionen zu befreien, einen Ausflug in ein anderes stilistisches Genre zu unternehmen.

Die fünf Filme, die Andrzej Wajda zwischen 1970 und 1975 drehte – Landschaft nach der Schlacht, Der Birkenwald, Pilatus und andere, Die Hochzeit, Das gelobte Land –, bilden in gewisser Weise wieder eine Einheit; sie konstituieren in Wajdas Werk eine Spätphase, die den Filmen der Frühzeit (1957 bis 1961) mindestens ebenbürtig ist. Man kann die späten Filme Wajdas zwar nicht auf einen exakten thematischen Nenner bringen. Was sie jedoch übereinstimmend auszeichnet, ist eine Hinwendung zu literarischen, geschichtlichen oder mythologischen Stoffen. Auch in den Filmen dieser späteren Periode ist Wajdas bevorzugtes Thema die Frage nach dem »Polentum«: so in Krajobraz po bitwie (Landschaft nach der Schlacht, 1970) und Wesele (Die Hochzeit, 1973). Landschaft nach der Schlacht führt in die unmittelbare Nachkriegszeit zurück, in ein polnisches Vertriebenenlager im Deutschland des Jahres 1945, das unter Aufsicht der Amerikaner steht. Der Protagonist, ein junger Schriftsteller, sieht sich der gleichen Frage konfrontiert wie alle anderen Lagerinsassen: soll er nach Polen zurückgehen oder die Emigration wählen? Er verliebt sich in ein jüdisches Mädchen aus dem Lager, das jedoch von einem amerikanischen Wachsoldaten versehentlich erschossen wird. Darauf entschließt sich der Held zur Rückkehr nach Polen. Hintergrund der privaten Handlung ist eine ambivalente und teilweise karikaturistische Schilderung des Lagerlebens, das als polnischer Mikrokosmos erscheint: es finden Gebete und sinnlose militärische Paraden statt; einen makabren Höhepunkt setzt am Schluß die Aufführung eines patriotischen Schauspiels von grandioser Lächerlichkeit. Die Grundkonstellation des Films gleicht der von *Asche und Diamant*: ein zerreißendes persönliches Drama verbindet sich mit einer Schilderung zeitgeschichtlicher Hintergründe aus dem Blickwinkel des Absurden. Der Film löste in Polen scharfe Kontroversen aus und wurde teilweise als Affront gegen das »Polentum« verstanden.[38]

Wajdas zwiespältiges Verhältnis zur polnischen Tradition zeigte sich auf andere Weise in *Die Hochzeit*. Dieser Film basierte auf einem populären (in Versen geschriebenen) Bühnenstück des Dramatikers Stanislaw Wyspianski, das 1901 zum ersten Mal aufgeführt wurde. In einem Dorf findet ein Hochzeitsfest besonderer Art statt: ein Dichter hat ein Mädchen vom Lande geheiratet; das Fest soll »die Einheit der Intelligenz und des Bauerntums«[39] besiegeln. Zeitpunkt der Handlung ist etwa das Jahr 1900, als es »kein Polen auf der Landkarte gab«, wie einmal im Film vermerkt wird. Auf dem Fest kommen Leute der verschiedensten Herkunft zusammen, immer neue Begegnungen, Gespräche und Auseinandersetzungen ergeben sich, die Wajda in einer Folge virtuoser Kamerabewegungen und Montagesequenzen erfaßt; zwischendurch treten neben den realen Figuren aber auch imaginäre Gestalten aus der polnischen Geschichte auf, so ein »Schwarzer Ritter«, der blutbefleckte Geist eines Verräters sowie ein Repräsentant des nationalen Sendungsbewußtseins, bewaffnet mit einer Trompete, der eine geheimnisvolle Botschaft an die Bauernschaft überbringt. Diese mythologischen Personen mischen sich auf selbstverständliche Weise in das furiose Treiben der Hochzeitsgesellschaft. Gegen Morgen versammeln sich die Bauern mit geschulterten Sensen, bereit zum Aufstand; sie erhalten aber kein Signal und tanzen daraufhin mit den Hochzeitsgästen einen marionettenhaften Tanz. Wajda läßt den hypnotischen Wirbel der Hochzeit mit seinem Hin und Her zwischen komischen und pathetischen, realen und visionären Momenten als eine Allegorie der polnischen Geschichte erscheinen – dabei gleichzeitig hebt er das Drama der Intelligenz hervor, die den Kontakt zur Bevölkerung, zum realen Leben sucht, aber in einer Welt der Mythen und Phantasien gefangen ist. In gewisser Weise zieht Wajda in *Die Hochzeit*, einem Schlüsselfilm, die Quersumme seines bisherigen Schaffens. Der Tanz der Hochzeitsgäste am Schluß hat eine ähnliche Funktion wie das Historienschauspiel in *Landschaft nach der Schlacht* oder die Polonäse am Schluß von *Asche und Diamant*. In seiner Auseinandersetzung mit dem Polentum bewegt sich Wajda, wie Boleslaw Michalek nachgewiesen hat[40], auf den Spuren der romantischen polnischen Dichter des 19. Jahrhunderts, die das Thema des »polnischen Wesens« nicht einer kühlen intellektuellen Analyse unterzogen, sondern es mit einer Mischung aus Haß und Liebe, Affirmation und Kritik beschworen.

Brzezina (*Der Birkenwald*, 1970) drehte Wajda im gleichen Jahr wie *Landschaft nach der Schlacht*. Der Film kann als eine existentialistische Abhandlung über die Omnipräsenz des Todes im menschlichen Leben angesehen werden. Die Handlung des Films, obwohl in den dreißiger Jahren situiert, ist eigentlich zeitlos. Wajda übersetzte sie in eine intensive visuelle Sprache, die diesmal auf wenige Grundmotive gestimmt war und auf alles »Barocke« verzichtete: zwei Brüder, der eine todkrank an Tuberkulose, der andere eben Witwer geworden, rivalisieren um die Gunst eines jungen Mädchens; Schauplatz ist ein Haus in einem kleinen Birkenwald. Noch weniger als sonst bei Wajda ist in diesem

Film die Thematik – der Konflikt zwischen Eros und Thanatos, Lebens- und Todestrieb[41] – ablösbar von ihrer filmischen Erscheinungsform, ihrer Artikulation in Farben und Bildern. *Pilatus und andere* (1972), eine Produktion des westdeutschen ZDF, war der nicht ganz geglückte Versuch, mit experimentellen Stilmitteln einen Christusfilm zu realisieren, der auf Motive des Romans »Der Meister und Margarita« des sowjetischen Autors Michail Bulgakow zurückging.

Mit *Ziemia obiecana* (»Das gelobte Land«, 1975) kehrte Wajda noch einmal in die Geschichte Polens zurück. *Das gelobte Land* beschreibt die Entstehung des modernen Kapitalismus in der Stadt Lodz zu Beginn unseres Jahrhunderts. Noch unter russischem Regime erlebt diese Stadt ihre »Gründerjahre«. Repräsentiert wird die neue Generation unternehmungslustiger Industriekapitäne durch drei Freunde, einen polnischen Aristokraten, einen Juden und einen Deutschen. Um sie herum entfaltet der Film Wajdas das Panorama einer vom Geld und vom Erfolg besessenen Bürgergesellschaft. Viele Figuren des Films sind karikaturistisch angelegt, und die Maßlosigkeit, die den drei Protagonisten bei ihren Unternehmungen eigen ist, macht auch Wajda zu seiner künstlerischen Methode: immer wieder werden Szenen apokalyptisch oder gleichnishaft auf die Spitze getrieben. Der episch ausufernde Film schließt mit dem Brand einer Fabrik, wirtschaftlichem Ruin und moralischem Verfall auf seiten der Industrieherren und mit einer Arbeiterrevolte – der Ausblick geht in das Jahr 1905. Wenn Wajdas Regie diesem Film zwar immer noch großes Format gibt, so spürt man doch des öfteren einen übertriebenen Hang zur naturalistischen Ausschmückung, und auch die altväterliche Erzählweise der Romanvorlage scheint im Film nicht ganz überwunden.

1976 entstand die Bearbeitung eines Romans von Joseph Conrad, gedreht als polnisch-englische Koproduktion: *Smuga cienia – The Shadow Line (Die Schattenlinie)*; Wajda selbst qualifizierte diesen Film, der auf einem Segelschiff des 19. Jahrhunderts spielt (das in einer Flaute liegt, während sich an Bord die Malaria ausbreitet), als »nüchtern, kühl und distanziert im Gegensatz zur Frenesie von *Das gelobte Land*«.[42] Auf besondere Schwierigkeiten in Polen stieß Wajdas folgender Film, *Czlowiek z marmuru* (»Der Mensch aus Marmor«, 1977), denn dieser setzt sich mit der Periode des Stalinismus auseinander, anhand der Geschichte eines Films im Film, den eine Studentin der Filmhochschule in Lodz unter Verwendung von Wochenschaumaterial über die Figur eines Stachanow-Arbeiters der fünfziger Jahre drehen möchte. *Der Mensch aus Marmor*, ein Meisterwerk, das für die Kinematographie der sozialistischen Länder neue Maßstäbe setzt, wird in Polen offenbar als stark kontrovers oder subversiv empfunden; nachdem der Film zunächst überhaupt nicht gezeigt werden sollte, gab es dann doch begrenzte öffentliche Aufführungen, jedoch darf der Film vorerst nicht »exportiert« werden.

Regisseure der sechziger Jahre

Außer Wajda waren es vor allem die Regisseure Wojciech Has und Kazimierz Kutz, die die Kontinuität des polnischen Films in den sechziger Jahren aufrechterhielten (neben Konwicki, Majewski, Nasfeter, Morgenstern und einigen anderen). Wojciech Has (geb. 1925) wird oft im Zusammenhang mit der ›Polnischen Schule‹ genannt. Dennoch verkörpert er eher einen Gegentrend zu Wajda. Zwar interessiert auch Has sich für die Vergangenheit, aber seine Filme sind individualistischer, literarischer konzipiert; charakteristisch ist für sie die Rückblenden-Dramaturgie. Has' erster Film, *Petla* (»Die Schlinge«, 1957), nach einer Erzählung von Marek Hlasko, beschrieb die Einsamkeit eines Alkoholikers. *Wspolny pokoj* (*Das gemeinsame Zimmer*, 1960) schildert das abgekapselte Leben Warschauer Bohemiens zwischen den Kriegen. *Jak byc cochana* (»Die Kunst, geliebt zu werden«, 1963) entrollt in Rückblenden die Geschichte einer Schauspielerin, die ihren Geliebten vor der deutschen Besatzung versteckt, später als Kollaborateurin verdächtigt wird und Auftrittsverbot erhält. Ein exzeptionelles Werk gelang Has mit *Rekopis znaleziny w Saragossie* (*Die Handschrift von Saragossa*, 1964). Äußerlich gesehen ein historischer Ausstattungsfilm, gehört *Die Handschrift von Saragossa* in Wirklichkeit zu den großen Klassikern des phantastischen Films. Basierend auf dem gleichnamigen romantischen Roman des Polen Jan Potocki, erzählt der Film die seltsamen Abenteuer eines wallonischen Hauptmanns, der auf dem Wege nach Madrid in einem einsamen Wirtshaus der Sierra Morena einkehrt und dort zwei mohammedanischen Prinzessinen begegnet, die ihn entführen und auf die verschiedensten Proben stellen. Nicht nur erlebt der Held absonderliche Begegnungen mit Gespenstern, Teufeln und Dämonen, Aussätzigen, Mönchen, Magiern und Angehörigen der heiligen Inquisition; der Film vermischt auch Phantastik mit Ironie, indem er immer wieder die Ebene der Erzählung wechselt, Halluzination und Wirklichkeit sich überlagern läßt. In der zweiten Hälfte des über drei Stunden langen Epos verschachtelt Has so viele Rückblenden ineinander, daß den Zuschauer Schwindel ergreift; die Erzählarchitektur wird zum Labyrinth, die Dramaturgie zum Drahtseilakt des gerade noch Möglichen; obwohl der Film auch als philosophisches Traktat vom Kampf des Rationalismus gegen den Aberglauben betrachtet werden kann, verliert er nie seine geschliffene Eleganz, seine subtile Vergnüglichkeit. Auch Has' nächste Filme waren Variationen über das Thema der Vergangenheit: in *Szyfry* (*Chiffre*, 1966) kehrt ein Emigrant nach zwanzigjähriger Abwesenheit nach Polen zurück, um das Schicksal seines im Kriege verschwundenen Sohnes aufzuklären; *Lalka* (»Die Puppe«, 1968) erzählt eine Fin-de-siècle-Geschichte von der Liebe eines Parvenüs zu einer Aristokratin. Aber den Rang eines Filmes wie *Die Handschrift von Saragossa* erreichte Has erst wieder mit *Sanatorium pod klepsydra* (»Sanatorium zur Todesanzeige«, 1973), nach Prosaerzählungen des von den Nazis ermordeten Dichters Bruno Schulz. Dies ist ein Film des surrealistischen Hinabtauchens ins Unbewußte, Imaginäre, in dem die Zeit sich nicht nur verlangsamt, sondern auch rückwärts läuft. Das Sanatorium, in das der Held versetzt wird, ist nur eine Metapher für die Suche nach dem Vater, nach der eigenen Identität. Im Zentrum des Films stehen Erinnerungen an eine jüdische Gemeinde aus einem galizischen Dorf der dreißiger Jahre. Seltsame Personen tauchen auf, Riten werden zelebriert, die an Kafka erinnern (der Held muß unter dem Bett des Vaters schlafen). Has hat das in einer Folge außerordentlicher Bildvisionen inszeniert, die jedoch nie stabil bleiben, sondern in einem ständigen Prozeß der Verwandlung, des Gleitens und Fließens stehen.

Kazimierz Kutz (geb. 1929) debütierte 1959 mit einem Episodenfilm, der noch im Zeichen der Kriegsthematik der ›Polnischen Schule‹ stand: *Krzyz waleznych* (»Tapferkeitsmedaille«). 1960 erschien *Nikt nie wola* (»Niemand ruft«), eine psychologische Studie, die sich neuartiger formaler Mittel bediente und von der Kritik mit Antonioni verglichen wurde. In den nächsten Filmen formierte sich Kutz' Talent als das eines nüchternen, distanzierten Beobachters; Landschaften, Räume und Objekte spielen in seinen Filmen eine große Rolle. Eine eigenwillige, auch im Ausland beachtete Leistung gelang Kutz mit *Milczenie* (*Die Schuld*, 1963). Der Film spielt 1945 und erzählt die Geschichte eines Pfarrers, der wider besseres Wissen dem Gerücht nicht widerspricht, ein Junge habe einen Anschlag auf sein Leben unternommen; der Junge ist in Wirklichkeit durch die Explosion eines Sprengkörpers verletzt worden und liegt nun erblindet im Krankenhaus. Kutz beschreibt in strengen und kühlen Bildern eine Atmosphäre des Schweigens und der Kommunikationslosigkeit, der er einen historischen und gesellschaftlichen Hintergrund gibt. Niemand wird in diesem Film vorschnell verurteilt; der Film geht auch auf die Motive des Priesters ein, sein Schweigen nicht zu brechen. *Ktokolwiek wie . . .* (*Wer kennt diese Frau*, 1966) war der interessante Versuch, Erscheinungsformen entfremdeten Daseins in der Großstadt zu untersuchen – anhand der Recherchen eines Journalisten nach einer Frau, die plötzlich spurlos verschwunden ist; der Film kam in einem Moment heraus, als im polnischen Kino ansonsten Stagnation herrschte. Später wandte sich Kazimierz Kutz von den psychologischen Sujets seiner früheren Filme ab und verfertigte mit *Sol ziemi czarnej* (»Das Salz der schwarzen Erde«, 1970) und *Perla w koronie* (»Perle in der Krone«, 1972) zwei historische Epen aus der Geschichte Schlesiens zu Anfang des Jahrhunderts, die sich auf Auseinandersetzungen zwischen Deutschen und Polen (in *Salz der schwarzen Erde*) sowie auf dramatische Formen des Klassenkampfes (in *Perle*) konzentrieren. Wegen ihres Pathos und ihrem Hang zur Darstellung des »Monumentalen« hinterlassen diese Filme allerdings einen zwiespältigen Eindruck. 1975 drehte Kutz einen Film über einen Parteisekretär mit dem Titel *Die Linie*.

Anfang der sechziger Jahre erschien in Polen eine Wende zum »Autorenfilm« oder »Literatenfilm« als möglicher Ausweg aus der Stagnation. Ein Vertreter dieser Tendenz war der Schriftsteller Tadeusz Konwicki (geb. 1926). Konwicki schrieb Romane und Drehbücher (unter anderem verfaßte er zusammen mit Kawalerowicz das Drehbuch zu *Mutter Johanna von den Engeln*). 1958 debütierte er mit einem ersten eigenen Film, *Ostatni dzien lata (Der letzte Sommertag)*, darauf folgte 1961 *Zaduzki (Allerseelen)*. Beide Filme sind psychologische Studien, bestimmt von einem pessimistischen Grundgefühl. *Allerseelen* führt zwei Liebende in einer tristen Kleinstadtherberge zusammen und läßt sie an vergangene Kriegserlebnisse zurückdenken. Der Film ist von kunstvoller Konstruktion, verliert sich aber bald in stilisierter Düsterkeit. Konwicki drehte nur in großen Abständen Filme; auf *Salto* (1965) folgte zwar im gleichen Jahr die Episode *Matura (Das Abitur)* für den deutsch-französisch-polnischen Fernsehfilm *Der Augenblick des Friedens*, dann aber erst wieder 1972 *Jak daleko stad, jak blisko (Wie fern, wie nah . . .)*. Der Held dieses Films sieht sich mit seiner Vergangenheit und mit der polnischen Geschichte (Kriegs- und Partisanenzeit, dem alten jüdischen Ostpolen) konfrontiert, die in Form von »banalen oder alltäglichen Beobachtungen, Anspielungen auf Ereignisse, Karikaturen und philosophischen Metaphern, autobiographischen Details oder Obsessionen« erscheint.[43]

Unter den polnischen Regisseuren der sechziger Jahre sind weiterhin zu nennen: Witold Leszynski (geb. 1933), der 1964 einen poetischen, kontemplativen Film in stilisierten Bildern drehte: *Zywot Mateusza* (»Das Leben des Matthäus«), und später in Dänemark, Belgien und Schweden arbeitete; Janusz Majewski (geb. 1931) mit *Sublokator* (»Der Untermieter«, 1967), dem ironisch-romantischen Horrorfilm *Lokis* (1970) und *Zaklete rewiry* (»Hotel Pacific«, 1976). Mehr an Tagesaufgaben orientierten sich Witold Lesiewicz, Janusz Nasfeter, Janusz Morgenstern, Ewa und Czeslaw Petelski, Bohdan Poreba, Stanislaw Rozewicz (er drehte neben der patriotischen *Westerplatte*, 1967, allerdings auch den originellen Film *Drzwi w murze* (»Die Tür in der Mauer«, 1974, in welchem ein Schriftsteller in eine Provinzstadt kommt und dort ungewollt Dramen des Alltags miterlebt), sowie Jan Rybkowski und Jerzy Passendorfer.

Polanski, Skolimowski, Borowczyk

Die wichtigsten neuen Talente des polnischen Films zu Anfang der sechziger Jahre waren ohne Zweifel Roman Polanski und Jerzy Skolimowski. Angehörige der gleichen Generation (der nach 1930 Geborenen), gut miteinander bekannt (Skolimowski war Drehbuchmitautor bei Polanskis Spielfilm *Das Messer im Wasser*), eröffneten sie dem polnischen Kino neue Perspektiven; ihre Filme reflektierten das veränderte, skeptischer gewordene

Lebensgefühl einer neuen Generation. Roman Polanski (geb. 1933) entwickelte zunächst in seinen Kurzfilmen widerborstige, ironische Parabeln, die surrealistische Einfälle methodisch durchspielten, um soziale Abläufe zu simulieren. In *Dwaj ludzie z safa (Zwei Mann und ein Schrank*, 1958) entsteigen zwei Männer dem Meer und schleppen einen Schrank mit sich, Symbol ihres Andersseins; niemand will sie jedoch mit dem Schrank akzeptieren. *Le gros et le maigre (Der Dicke und der Dünne*, 1961) porträtiert die wechselnden Beziehungen zwischen einem Herrn und seinem Knecht, die drei Phasen durchlaufen, eine feudale, eine kapitalistische und eine »ideologische«.[44] *Ssaki (Säugetiere*, 1962) zeigt zwei Männer, die auf einem Schlitten eine Schneewüste durchqueren, zunächst einander helfen (indem sie sich abwechselnd ziehen), dann die Gutmütigkeit des jeweils anderen ausbeuten; als sie ihren Schlitten verloren haben, beginnt das Spiel von vorn, nur daß sie sich jetzt gegenseitig tragen. In dem Film mischte sich Skepsis (die Unveränderlichkeit menschlicher Verhaltensweisen) auf dialektische Weise mit Hoffnung (die Menschen geben einander nicht auf). Die glasklare Struktur, der musikalische Ablauf, die doppelbödigen Pointen machten aus den Polanskischen Kurzfilmen Meisterwerke ihres Genres. Auch Polanskis erster Spielfilm, *Noz w wodzie (Das Messer im Wasser*, 1962) war eine Parabel, freilich konkreter bezogen auf die polnische Gesellschaft von heute. Ein trampender Student wird von einem arrivierten Sportredakteur und dessen Frau im Auto zu einer Segelpartie auf den masurischen Seen mitgenommen. Auf dem Boot kommt es zu Auseinandersetzungen zwischen den beiden Männern: die Rollenverteilung zwischen dem Arrivierten und dem Studenten verschiebt sich plötzlich, ein Zweikampf der Gesten, Worte und Reaktionen findet statt, die Selbstsicherheit des Bootsbesitzers gerät ins Wanken, während der Student sich der neuen Situation anzupassen versteht. Das Spiel der wechselnden Beziehungen zwischen den drei Personen ist von Polanski ebenso konsequent wie stilsicher in Szene gesetzt. Der Student erscheint nicht etwa als die moralisch bessere Persönlichkeit gegenüber dem Etablierten: »Du wirst auch so werden wie er«, sagt die Frau des Journalisten einmal zu dem Jungen. »Jeder, der einem in den Weg tritt, hat die gleichen Chancen, die man so gerne für sich allein reserviert sehen möchte. Das ist, auf die kürzeste Formel gebracht, Polanskis Sozialismus, ist die Überzeugung, die wir bereits aus den *Säugetieren* kennen. Ebenso wie dort zeigt er, daß Stärke und Schwäche, oben und unten keine Positionen sind, die sich konservieren lassen. So, wie etwas ist, wird es nicht bleiben.« (Wilfried Berghahn)[45]

1963 verließ Roman Polanski Polen – er drehte zunächst in Amsterdam die niederländische Episode des internationalen Gemeinschaftsfilms *Les plus belles escroqueries du monde (Die Frauen sind an allem schuld*, 1963) und dann in England *Repulsion (Ekel*, 1964). Von England ging Polanski in die USA; sein letzter Film entstand in Frankreich. Schwierige Arbeitsbedingungen in Polen[46], großzügige Angebote westlicher Produzenten, verbunden mit neuen und größeren künstlerischen Möglichkeiten, mögen für Polanskis Entschluß, Polen zu verlassen, maßgebend gewesen sein. Polanski hat sich in einem Gespräch mit Wajda positiv über die Arbeitsmöglichkeiten in den USA ausgesprochen und betont, wie wichtig für ihn von Anfang an die Assimilation ausländischer kultureller und filmischer Einflüsse gewesen sei.[47] Polanskis im Westen entstandene Filme setzten zunächst Ansätze seiner polnischen Filme fort: die Dramaturgie der Parabel, die Demonstration von Machtverhältnissen, wobei Terror und Einschüchterung eine Rolle spielen, und die plötzliche Umschichtung dieser Machtverhältnisse *(Wenn Katelbach kommt)*; später tritt ein Horrorelement bei Polanski auf, wobei er diesen Horror mit Vorliebe aus den banalen Aspekten der Wirklichkeit ableitet *(Ekel, Der Mieter)*. Diese Filme beginnen vielfach im Stil einer Satire auf kleinbürgerliche Lebensverhältnisse; unversehens tun sich dann jedoch Abgründe des Entsetzlichen und Grausigen auf.

In *Repulsion* (*Ekel*, 1964) entwickelte Polanski zum ersten Mal sein Modell des psychoanalytischen Horrorfilms. Ein junges Mädchen bricht unter dem psychischen Terror ihrer Umwelt (die eigentlich ganz »normal« erscheint) aus den Normen des sozial üblichen Verhaltens aus, verbarrikadiert sich zu Hause und bringt zuerst ihren Freund, dann den Hausbesitzer um, als diese bei ihr einzudringen suchen. Polanskis Kunst der Inszenierung, der Bildkomposition und der Montage bewährt sich daran, den Zuschauer in die Welt des Unterbewußtseins und der Halluzinationen einzuführen, die Reaktionen des Mädchens als begreiflich darzustellen, die Aggressionen fühlbar zu machen, denen sie im »normalen« Leben ausgesetzt ist. Ein besonderes Anthologiestück ist die Schlußsequenz, als die Kamera auf ein Kindheitsfoto des Mädchens zufährt und groß ihr Auge fixiert – als ob die Spur späterer entsetzlicher Ereignisse bereits in diesem Kinderblick angelegt sei. *Cul-de-sac* (*Wenn Katelbach kommt*, 1966) ist Polanskis polnischen Filmen am ähnlichsten, weil hier die gegenseitige Abhängigkeit im Rahmen einer Machtstruktur vorgeführt wird. Zwei angeschossene Gangster geraten zu einem spießbürgerlichen Ehepaar, das einsam auf einem Schloß lebt. Der eine der Gangster stirbt, der andere versucht (vergebens) mit seinem Boß Katelbach Kontakt aufzunehmen und terrorisiert das Ehepaar, bis der Mann in einem Akt der Rebellion den Gangster erschießt. Mit Raffinesse und viel Realismus in Typenzeichnung und Milieuschilderung werden die verschiedenen Nuancen von Terror, Unterwürfigkeit, Komplizenschaft in den gegenseitigen Beziehungen der drei analysiert. Die einsame Umgebung des Schlosses betont den Aspekt der Parabel; das Zusammensein der drei Menschen erscheint als gesellschaftliche Konstellation in nuce.

The Vampire Killers (*Tanz der Vampire*, 1967) ist eine intelligente Parodie des Vampirfilmgenres, die sämtliche bekannte Stereotypen der Gattung beschwört; freilich stand hier weniger der Horroreffekt im Mittelpunkt, sondern das spielerische Vergnügen an der Variation schon bekannter Motive.

Auch *Rosemary's Baby* (*Rosemaries Baby*, 1968) knüpft an filmische Vorbilder (und erneut an Motive des Vampirfilms) an, ist jedoch vielschichtiger und kühner in der Entwicklung seiner Geschichte. Da zieht ein junges Ehepaar in eine Wohnung ein, vor der man es gewarnt hatte. Allmählich scheint es der jungen Frau, als ob die Nachbarn mit dem Teufel im Bunde seien. Durch schlimme Hexenkünste kommt es dazu, daß die Protagonistin ein Kind vom Teufel zur Welt bringt, ein Monsterwesen, das sie trotzdem wie ihr wirkliches Kind pflegt. Eine Verwandtschaft dieses Films mit *Ekel* (in der Figur der Protagonistin) ist offenkundig, nur bleibt in *Rosemaries Baby* die Ambivalenz bestehen, daß all das Entsetzliche vielleicht nur neurotische Einbildung ist. Auch dann allerdings kann man in dem Film eine Umkehrung amerikanischer Stereotypen und Neurosen erblicken, bis hin zu einer ketzerischen Abwandlung des Mythos von der Unbefleckten Empfängnis. Bewundernswert an dem Film ist seine Ausführung, die Architektur eines allmählich sich ausbreitenden Schreckensgefühls, das aus Phänomenen des Alltags aufsteigt und vielleicht auch weiter nichts ist als eine phantasmagorisch verzerrte Seite eben dieses Alltags.

Polanskis Shakespeare-Bearbeitung *Macbeth* (1971) legte den Akzent auf schauerliche Äußerlichkeiten; Polanski bemühte sich um eine neue Interpretation des Stückes, indem er den Anteil der »Mittäter« am Geschehen hervorhob und alle Rollen mit sehr jungen Darstellern besetzte. In *Was?* (1973), einer deutsch-italienisch-französischen Koproduktion, gerät ein Mädchen in eine sonderbare Villa, die von exzentrischen Personen bewohnt wird; mit perversen Spielen und bizarren Ritualen vertreiben sich diese Gestalten, Gespenstererscheinungen einer untergehenden Welt, die Zeit. Dramatisch stärker profiliert war *Chinatown* (1974), eine perfekt gemachte Variante der »schwarzen« Filme aus den USA der vierziger Jahre. Ein Detektiv in Los Angeles kommt aus Zufall einer Korruptionsaffäre auf die Spur, die mit dem Bau eines Staudamms und mit Grundstückspe-kulationen zu tun hat (man schreibt das Jahr 1937). Diesem Handlungsstrang überlagert sich ein anderer, in dem es um eine verheimlichte inzestuöse Beziehung geht. Protagoni-sten sind neben dem Detektiv eine geheimnisvolle Frau mit Garbo-Appeal und ein gott-gleicher Patriarch (dargestellt von John Huston). Mehr noch als auf die sozialkritischen Untertöne des Films scheint es Polanski auf den dramaturgischen und visuellen Aufbau seines Films anzukommen, auf die raffinierte Konstruktion der Handlung. Wie hier zu-gleich mit der Entwicklung der Personen schrittweise Herrschafts- und Abhängigkeits-verhältnisse aufgedeckt werden, wie sich ein Klima der nicht lokalisierbaren Bedrohung ergibt, wie mit kunstvoller Verworrenheit Nebenthemen ausgesponnen werden – darin scheint Polanski fast einem l'art-pour-l'art-Prinzip zu huldigen. Sosehr man die hoch-professionelle Machart des Films goutieren mag, so haftet ihm doch das Merkmal der Industrieproduktion Hollywoods an, die Perfektion wird zur Glätte, es ist, als ob Polan-skis Individualität sich über so viel Kalkulation von Details aufgelöst habe. Auch in Polanskis letztem, in Frankreich entstandenem Film *Le locataire* (*Der Mieter*, 1976) wird diese Gefahr deutlich. Hier handelt es sich um das Drama eines Kleinbürgers, der in ein Zimmer einzieht, dessen Vormieterin sich das Leben genommen hat; allmählich wird der Mieter durch eine merkwürdige Konspiration der Hausnachbarn in die Rolle der Vor-mieterin hineingezwungen. Der »realistische« Teil des Films, die Karikatur einer Klein-bürgerwelt, ist ausgezeichnet gelungen (Polanski selbst spielt den schüchternen jungen Protagonisten); wenn dann der Film aber seine Horrorthematik gefunden hat, verflacht er zusehends. Auf einem hohen Niveau handwerklich perfekter Ausführung gerät Polanski in Gefahr, einer gewissen Routine zu erliegen.

Ein bemerkenswertes Talent im polnischen Film der sechziger Jahre war auch Jerzy Skolimowski (geb. 1936). Dichter, Szenarist, Schauspieler, Boxer, bevor er die Filmaus-bildung an der Hochschule in Lodz absolvierte, zunächst Mitarbeiter von Wajda und Polanski, demonstrierte Skolimowski eine Position des Filmemachens, die ihn in die Nähe anderer junger Filmautoren aus westlichen Ländern wie Godard, Bertolucci oder Bellocchio rückte – eine Position, die die eigene Erfahrung als das wichtigste Rohmate-rial der Erfindung betrachtet; eine Methode, die nicht mehr vorgefaßte Inhalte in Film umsetzt, sondern die Kamera als Seismographen benutzt, um Empfindungen im Sta-dium des Entstehens festzuhalten. Was Skolimowski wiederum von westlichen Filme-machern unterscheidet (jedenfalls in seinen polnischen Filmen), ist ein besonderes Ethos der Wahrhaftigkeit, das seinen Ausdruck findet in Skepsis, Bitterkeit, Illusionslosig-keit.

Skolimowskis Diktum »Mein Film erzählt keine Anekdote oder eine Folge besonderer Ereignisse, sondern versucht, Aufschluß zu geben über die geistige Landschaft des Hel-den«[48], gilt sowohl für seinen Erstlingsfilm *Rysopis* (*Besondere Kennzeichen: keine*, 1964) als auch für *Walkover* (1965). *Rysopis* beschreibt einige Stunden im Leben eines jungen Mannes, der von der Universität kommt, wo er ein ihm sinnlos erscheinendes Studium absolvierte, und nun auf die Abfahrt zum Militärdienst wartet, ziellos herum-schlendert, verschiedene Leute trifft, einen Unfall beobachtet und schließlich gerade eben noch seinen Zug bekommt. *Walkover* zeigt den gleichen Helden einige Zeit später, offenbar nach Beendigung des Militärdienstes. Er begleitet eine Studienkollegin, die einen Posten annimmt; er selbst hat aber keine Lust, seine Studien fortzusetzen, sondern läßt sich statt dessen für einen Boxkampf anwerben (wobei er einmal infolge Nichter-scheinens seines Partners durch »Walkover« gewinnt). Beide Filme beeindrucken weni-ger durch ihr manifestes Geschehen als vielmehr durch die Summe der kleinen Beob-achtungen am Rande; in ihnen artikuliert sich ein Klima, ein Geisteszustand. Sie erwecken den Anschein, als ob das Leben unter unseren Augen entsteht. Die Filme bevorzugen lange, kontinuierlich durchgedrehte Sequenzen – *Walkover* besteht nur aus ungefähr 30 Einstellungen[49]; auch hierin drückt sich die Verweigerung gegenüber einer traditionellen Erzählweise aus.

Skolimowskis weitere in Polen realisierte Filme lassen einen starken Stilwandel in Richtung auf ein symbolisch-poetisches Kino erkennen, das zur Realität eine gewisse Distanz einnimmt. *Bariera* (*Barriere*, 1966) ist nicht mehr in so unmittelbarem Sinne autobiographisch wie die beiden vorangehenden Filme. Die Personen des Films leben in einer Welt der Rituale, aus denen Todessehnsucht spricht, der Versuch einer Befreiung oder eine von vornherein aussichtslose Rebellion gegen die Wirklichkeit. So üben Studenten, von einem Tisch zu kippen, der Vater vermacht dem Sohn einen Säbel, den dieser immer mit sich führt und mit dem er ein Auto bekämpft; in einer anderen Szene rutscht der Held auf einem Koffer von einer hohen Skischanze herab, seinen Säbel in der Hand, zusammen mit einer Straßenbahnschaffnerin. Der Säbel ist vermutlich ein Symbol für die polnische Vergangenheit und eine Anspielung auf Filme Wajdas (*Lotna, Legionäre*). Die symbolischen Szenen des Films schlagen wiederholt ins Unwirkliche um; so hat die französische Kritik angesichts von *Barriere* auch an Cocteau erinnert.[50] Die »Barriere« des Films war die zwischen Leben und Tod, die der Protagonist mehrfach zu überspringen sucht (der Film spielt am Ende der Karwoche), vielleicht aber auch die zwischen den Generationen. Skolimowski selbst gab an, er sei bei *Barriere* von Godards *Pierrot le fou* beeinflußt worden.[51] Skolimowskis vierter polnischer Film, *Rece do gory* (»Hände hoch«, 1967) – er entstand nach dem bereits in Belgien gedrehten *Le départ* – hatte in Polen Schwierigkeiten, kam erst verspätet zur Aufführung und wurde nicht für den Export freigegeben. In diesem Film unternehmen vier Ärzte in einem mit Gipssäcken gefüllten Güterwagen eine imaginäre Reise; im Verlauf dieser Fahrt werden ihre wahren Persönlichkeiten freigelegt. Der polnische Kritiker Boleslaw Michalek schrieb über den Film: »Von einer fast unerträglichen dramatischen Dichtheit, zugleich seltsam und realistisch, bizarr und pathetisch, voller Sarkasmus und Zärtlichkeit, erscheint diese Vision als das reifste und wichtigste Werk des jungen polnischen Regisseurs. Vielleicht ist es auch der größte polnische Film seit *Asche und Diamant*, dem er durch seinen leidenschaftlichen Tonfall und durch die moralischen Dimensionen gleicht, die einer fast banalen Geschichte mitgeteilt werden.«[52]

Skolimowskis Laufbahn im Westen verlief nicht so spektakulär wie die von Roman Polanski. Zwar ließ noch der in Belgien entstandene Film *Le départ* (*Der Start*, 1967) mit Jean-Pierre Léaud in der Hauptrolle, die Geschichte eines autosüchtigen Friseurlehrlings, der unbedingt mit einem Porsche ein Rennen fahren möchte, es schließlich aber doch nicht tut, die starke Identifikation mit dem Protagonisten und die unkonventionelle, mit Ausschnitten, Kurzformen und Chiffren operierende filmische Erzählweise erkennen, die auch frühere Skolimowski-Filme charakterisierte. *Deep End* (1970), wiederum ein Film über einen Jüngling, diesmal im Milieu einer englischen Badeanstalt spielend, irritierte durch eine gewisse Glätte und einen melodramatischen Schluß; *König, Dame, Bube* (1972) schließlich, eine westdeutsch-amerikanische Koproduktion, war der mißglückte Versuch einer Gesellschaftskomödie, der in vordergründigen Effekten steckenblieb. 1972 schrieb Skolimowski, wieder in Polen, das Drehbuch zu dem Film *Poslizg* (»Im Schleudern«) von Jan Lomnicki.

Ein anderer polnischer Regisseur, der aus Polen emigrierte, zehn Jahre in Frankreich arbeitete, um dann doch wieder einen Film in Polen zu drehen, ist Walerian Borowczyk (geb. 1923). Borowczyk trug Ende der fünfziger Jahre zusammen mit Jan Lenica (der später gleichfalls Polen verließ und nach Westdeutschland ging) zum Entstehen einer polnischen Schule des Experimentalfilms bei – mit Animationskurzfilmen parodistischer oder surrealistischer Thematik, die nach dem Collagenprinzip konstruiert waren. Dem Kurzfilmgenre blieb Borowczyk zunächst auch in Frankreich treu, wo er *Les astronautes* (1959) drehte, eine ironische Raumfahrtphantasie, und *Renaissance* (1963), einen gespenstischen Trickfilm, in welchem das zerstörte Inventar einer bürgerlichen Wohnstube sich Stück für Stück zusammensetzt, um dann doch wieder zu zerfallen. Der makabre Humor der Borowczyk-Kurzfilme scheint eine spezifisch polnische Eigenart zu sein und findet sich in anderer Form auch bei Polanski und Skolimowski. Zu Borowczyks wichtigsten Kurzfilmen gehören *Les jeux des anges* (»Engelsspiele«, 1964), »das *Nuit et brouillard* des Trickfilms«[53], *Le dictionnaire de Joachim* (1966), *Rosalie* (1966), *Diptyque*, *Gavotte* (1967). Einen bereits 1962 realisierten Zeichenfilm, *Le concert*, erweiterte Borowczyk von 1965 bis 1967 zu einem abendfüllenden Animationsfilm: *Le théâtre de Monsieur et Madame Kabal* ist die alptraumhafte Studie eines Kleinbürgerehepaares, das in einer total zur Chiffre erstarrten Welt einen mechanischen Alltag lebt; das Parodistische steht in diesem Film neben dem Unheimlichen, das sich vor allem durch die zeichnerische Form vermittelt: »Madame Kabal scheint aus Eisenteilen zusammengesetzt. Ihr Gesicht ist wie abgeschnitten, nur ein gefährlicher spitzer Haken, die Nase, ragt heraus.« (Dietrich Kuhlbrodt)[54] Nach diesem Werk, das man als Kulminationspunkt in Borowczyks Trickfilmschaffen ansehen kann, wandte sich der Regisseur mit *Goto, île d'amour* (*Goto – Insel der Liebe*, 1968) dem »realen« Kino zu. Auf einer seltsamen abgeschnittenen Insel, wo die Zivilisation auf dem Stande von 1887 stehengeblieben ist, regiert die Willkür eines sadistischen Königs, der von einem Untertan durch eine Intrige ausgeschaltet und ermordet wird; aber auch der Usurpator scheitert am Ende. Borowczyk beschreibt eine surreale, beklemmende Welt verschobener Proportionen, die einem Konzentrationslager gleicht, in der Requisiten, Objekte zu Fetischen von Liebe, Eifersucht und Aggression werden, in der das Fürchterliche immer auch einen Aspekt des Lächerlichen besitzt, das Lachen aber zur Grimasse erstarrt. Von ähnlichen Prämissen geht auch *Blanche* (1971) aus, mittelalterliches Schloßdrama und Tragikomödie (frei nach dem romantischen Drama »Mazeppa« von Juliusz Slowacki), in welcher ein ältlicher Schloßherr sich in rasende Gefühle der Eifersucht gegen einen Pagen des Königs hineinsteigert und darüber sich selbst sowie seine Umwelt in den Untergang zieht: eine »Tragödie im geschlossenen Raum; mit ihren phantastischen Wendungen, mit ihren Hekatomben und Vergiftungen steigert sie sich zu einem magischen und blutigen Ritual der Leidenschaft.« (Michel Capdenac)[55]

Nach dieser sehr konsequenten Entwicklung Borowczyks erscheinen seine *Contes immoraux* (*Unmoralische Geschichten*, 1974) eher als ein Rückfall: allzu dekorativ, wohlgefällig und konsumierbar, ja kunstgewerblich fielen diese Pflichtübungen eines ästhetisch gehobenen, kunstvoll verzierten erotischen Kinos aus. Eine weitere Episode aus diesem Zyklus, *La bête* (»Das Ungeheuer«), wurde nachträglich verlängert und kam als unabhängiger Film heraus. Konnte man nach den *Unmoralischen Geschichten* meinen, Borowczyk hätte seinen Frieden mit dem Kommerz gemacht und werde diese lukrative Richtung weiterverfolgen, so zeigte sich der Regisseur mit dem in Polen realisierten *Dzieje grzechu* (»Geschichte einer Sünde«, 1975) doch wieder auf der Höhe seiner früheren Werke. Dem Film liegt ein populärer polnischer Roman zugrunde, der im 19. Jahrhundert spielt und mit vielen romantischen Ausschmückungen die Geschichte einer unmöglichen Liebe erzählt. Borowczyk scheinen hier wie in seinen früheren Filmen die surrealistischen Seiten eines Melodrams, die Untertöne und Zwischentöne des Geschehens zu interessieren – wobei auch Gesellschaftskritik mit einfließt. Unwillkürlich ergeben sich Beziehungen zu Wajdas letzten Filmen. *Geschichte einer Sünde*: das ist historisch-melodramatisches Kino, ironisch gebrochen und dabei vollendet beherrscht. *La marge* (»Der Spielraum«, deutscher Verleihtitel: *Emanuela 77 – La Marge*, 1976), eine Studie aus dem Pariser Prostituiertenmilieu (nach einem Roman des Goncourt-Preisträgers de Mandiargues), war leider ein weiterer Schritt in die schon mit *Contes immoraux* begonnene Richtung eines dekorativ ausgeschmückten, leerlaufenden erotischen Kinos, dessen Hauptziel die kommerzielle Verwertbarkeit ist.

Krzystof Zanussi und die Regisseure der siebziger Jahre

Die siebziger Jahre im polnischen Film sind bestimmt durch das Auftauchen einer neuen Regisseurgeneration, deren Vorläufer schon Ende der sechziger Jahre Krzystof Zanussi war. Die Regisseure dieser Gruppe zeigen eine weniger romantisch-heroische Haltung als die Vertreter der ›Polnischen Schule‹; mit einem kühlen, rationalen Blick betrachten sie die polnische Gegenwart, interessiert an ihren Widersprüchen. Andererseits fällt bei den jüngeren Regisseuren auf, daß sie die Kriegs- und Widerstands- bzw. Vorkriegszeit, wenn überhaupt, in stark subjektiver Manier schildern (Krolikiewicz, Kluba, Zulawski).

Krzystof Zanussi (geb. 1939) studierte Physik und Philosophie, bevor er an die Filmschule nach Lodz kam. Dort drehte er 1966 einen Kurzfilm über einen jungen Mann, der in die ihm fremde Welt eines Klosters kommt: *Smierc prowincjala* (»Tod eines Provinzials«). Konfrontation von Standpunkten, kritische Befragung von Lebensweisen sollte auch das Thema von Zanussis nächsten Filmen sein. In *Struktura krysztalu* (»Die Struktur des Kristalls«, 1969) treffen zwei befreundete Wissenschaftler zusammen. Einer, der Typ des sokratischen Philosophen, ging nach seinem Studium zu einer meteorologischen Station aufs Land; der andere wählte eine wissenschaftliche Karriere, die ihm Ruhm und Erfolg einbrachte, ihn offensichtlich aber auch zu Kompromissen nötigte. Zanussi verzichtet in dem Film fast ganz auf Handlung, er konzentriert sich allein auf die Auseinandersetzung der beiden Protagonisten, an deren Ende der »Erfolgreiche« erkennt, daß seine Art zu leben nicht die einzig mögliche ist. Der Film nötigt dem Zuschauer kein fertiges Urteil auf; er beobachtet und hört geduldig auf Argumente. Zanussi teilte seinem Film Durchsichtigkeit und Präzision mit. Bis auf zwei Schauspieler spielen bei ihm nur Laien. »Ich bin überzeugt davon«, sagte Zanussi, »daß das Gesicht, die Erscheinung, die Art, sich zu bewegen – all das, was die Persönlichkeit eines Menschen ausmacht –, wichtiger ist als schauspielerische Routine.«[56]

Nach *Die Struktur des Kristalls* drehte Zanussi mehrere Fernsehfilme, von denen vor allem *Za sciana* (»Hinter der Wand«, 1971) bemerkenswert ist. Ein junger Wissenschaftler soll einer Kandidatin, die sich um eine Anstellung beworben hat, im Auftrag seines Professors eine Absage überbringen; wie sich herausstellt, ist sie seine Nachbarin. Der Film ist formal unprätentiös gemacht und folgt einer gradlinigen Dramaturgie; er analysiert das Verhalten der Protagonisten kühl, scharfsichtig und genau, wobei vor allem die Selbstgefälligkeit und das zunehmend schlechte Gewissen des Mannes hervorgehoben wird und alltägliche, wenn auch wenig spektakuläre Existenzprobleme zur Sprache kommen. *Zycie rodzinne* (»Familienleben«, 1971), wieder ein fürs Kino gemachter Film, war die Studie einer zerfallenden Familie, die »in der merkwürdigen Szenerie einer vernachlässigten Fabrikantenresidenz ein Leben am Rande völliger Demoralisierung und des Wahnsinns führt«.[57] Sein Meisterwerk aber lieferte Zanussi 1973 mit *Iluminacja (Illumination)*. Dies war ein Film aufsehenerregend neuartiger Formen und kühner Fragestellungen. Zwar hatte der Film noch einen Protagonisten (einen Studenten der Physik) und auch das Rudiment einer Handlung (verschiedene Stadien im Leben dieses Studenten). Tatsächlich ging es Zanussi aber um etwas anderes: der Film stellt Fragen nach der individuellen und gesellschaftlichen Wahrheit, nach dem Sinn einer Arbeit, einer Ausbildung, nach den Möglichkeiten einer Karriere, nach der Verantwortung und nach dem Tod. Der Titel des Films zitiert einen Begriff der mittelalterlichen Philosophie, der jenen Zustand der Gnade bezeichnet, in dem der Geist in einem Akt der Intuition unmittelbar die Wahrheit erfährt. (Ein Philosophieprofessor spricht in einem dokumentarischen Einschub über den Begriff »Illumination«.) Ein solches Ziel der Wahrheitsfindung hat sich auch Zanussi gesetzt. Der Held des Films wird in einem bestimmten Stadium seiner Ausbildung plötzlich von Zweifeln am Sinn seiner Tätigkeit ergriffen, am Sinn der exakten Wissenschaften. Er wechselt sein Studienfach, heiratet ein Mädchen, das ein Kind von ihm erwartet, hört überhaupt auf zu studieren, um statt dessen zu arbeiten, geht zeitweilig in ein Kloster, kehrt schließlich, am Ende eines langen Irrwegs, wieder zu Frau und Kind zurück; doch sieht er jetzt – als mögliche Folge einer Krankheit – dem Tod ins Auge. Zanussis Film ist eine Herausforderung an alle Doktrinen, die den Menschen Sicherheit und Harmonie versprechen. Er postuliert das Prinzip des ständigen Zweifels; erst die Erkenntnis seiner existentiellen Begrenzungen vermag in der Sicht des Films zu einer Neudefinition des Menschen zu führen. *Illumination* gleicht mehr einem Essay als einem erzählenden Spielfilm; Gedanken und Assoziationen entfalten sich im freien (obwohl geplanten) Wechsel zwischen Spiel und Dokumentation, Erzählung und Zitat, im Kontrast der Schauplätze und Realitätsebenen, im Kontrapunkt von Bild, Ton, Dialog und Musik, in manchmal atemraubenden Montagen. Auf seine Weise hat Zanussi in *Illumination* die Maximen von Eisensteins »Intellektueller Kinematographie« verwirklicht. Sein Film ist nicht nur konstruktive Kritik an bestimmten dogmatischen Formen des sozialistischen Kinos; er öffnet auch der westlichen Kinematographie neue Möglichkeiten. Er strebt eine neue Art der Authentizität filmischer Darstellung an. Nichts wird vermittelt, »umgesetzt«. Eine Montagefolge, ein Kontrast drücken nicht so sehr etwas unabhängig Konzipiertes aus: sie *sind* selbst dieser Gedanke.

Auch *Bilans kwartalny* (*Vierteljahresbilanz*, 1974) ist der Versuch, die existentielle Wahrheit eines Menschen zu ergründen, hier einer verheirateten und berufstätigen Frau, der sich die Frage stellt, ob sie einem anderen Mann zuliebe ihre Familie aufgeben soll, und die auf eine Krise mit allen Anzeichen einer momentanen Schizophrenie zutreibt. Zanussi inszenierte diesen Film traditioneller als *Illumination*, als ob er den Zuschauern beweisen wollte, daß er auch einen Film machen könnte, der zur direkten emotionalen Anteilnahme herausfordert. Neben seiner Spielfilmarbeit in Polen drehte Zanussi in regelmäßigen Abständen halblange Filme für das westdeutsche Fernsehen (ZDF), so *Nachtwache* (1975) mit Elisabeth Bergner als zänkische alte Dame, die eine bei ihr Dienst tuende Studentin terrorisiert, und *Anatomiestunde* (1977), ein essayistisch-politischer Film über die Möglichkeiten der persönlichkeitsverändernden Wirkung von Drogen. Zanussis letzter in Polen realisierter Film *Barwy ochronne* (»Tarnfarbe«, 1977) spielt in der Gegenwart unter Wissenschaftlern mit Studenten einer polnischen Universität; er behandelt das Problem des Kompromisses. Der Film hatte ähnliche Schwierigkeiten wie Wajdas *Mensch aus Marmor*. Die Maßnahmen, die sich gegen die Filme Wajdas, Zanussis und einiger anderer Regisseure richten (so auch gegen Krzystof Kieslowkis Film *Blizna* – »Die Narbe«, 1976), scheinen einen (vorübergehenden?) Umschwung im polnischen Filmklima in Richtung auf eine Verhärtung und Dogmatisierung anzudeuten, der sicher im Zusammenhang mit übergreifenden Tendenzen der polnischen Innenpolitik der Jahre 1976/77 gesehen werden muß.

Unter den jüngeren polnischen Regisseuren sind vor allem zwei Namen zu erwähnen: Grzegorz Krolikiewicz und Antoni Krauze. Grzegorz Krolikiewicz (geb. 1939) rekonstruierte in *Na wylot* (»Durch und durch«, 1973) die Geschichte eines ungewöhnlichen Verbrechens aus dem Jahre 1933, als ein Ehepaar aus armen Verhältnissen in Galizien zwei alte Untermieter umbrachte und beraubte. Krolikiewicz eliminiert fast alle Zeitumstände, zeigt den abschließenden Prozeß ohne Richter und Zuschauer, um sich ganz auf die psychologische Situation der beiden Angeklagten zu konzentrieren, die als Opfer der

Verhältnisse, in denen sie leben, erscheinen. Der Film macht das mit den Mitteln einer asketischen und abstrahierenden Bildsprache deutlich. Auf paradoxe Weise ist das Verbrechen für die beiden Angeklagten, die am Rande der Gesellschaft vegetierten, zu einem Mittel geworden, mit dem sie ihre Würde unter Beweis stellen. Krolikiewicz' nächster Film, *Wiecne pretensje* (»Ewige Ansprüche«, 1974) scheint »Schwierigkeiten« mit der polnischen Zensur zu haben und ist bis jetzt nicht zur Aufführung gelangt. Seine Hauptpersonen sind ein Wirtschaftskontrolleur auf Reisen und ein Halbstarker. Der Film liefert »zwei Exegesen des Marxismus« und soll in einem stark experimentellen Stil gemacht sein.[58]

Mit der Geschichte eines Verbrechens beschäftigt sich auch Andrzej Trzos-Rastawiecki (geb. 1933) in *Zapis zbrodni* (»Geschichte eines Verbrechens«, 1974). Einige Halbstarke aus der Gegend von Lodz bringen einen Taxichauffeur um, weil sie mit dessen Wagen »ans Meer« fahren wollen. Auf ihrer Reise begehen sie noch weitere Gewalttaten, bis sie von der Polizei gefaßt werden. Im Gegensatz zu Krolikiewicz schildert Trzos-Rastawiecki seinen Fall ganz ohne tiefenpsychologische oder metaphysische Dimensionen, sondern nüchtern, konstatierend, reportagehaft, scheinbar ohne emotionale Beteiligung. Dadurch wird allerdings seine Kritik an den Verhältnissen, die solche Verbrechen hervorbringen, um so wirksamer. 1976 kam ein weiterer Film Trzos-Rastawieckis heraus: *Skazany* (»Verurteilt«).

Antoni Krauze (geb. 1940) schildert in *Palec Bozy* (»Der Finger Gottes«, 1975) die Schwierigkeiten eines jungen Mannes, der sich in den Kopf gesetzt hat, Schauspieler zu werden, aber von den verschiedensten Auswahlkommissionen wegen »Mangel an Begabung« immer wieder zurückgewiesen wird. Krause beschreibt den verbitterten Seelenzustand seines Helden mit eigenwilligen, aber intensiven Stilmitteln zwischen realistischer Milieumalerei und Expressionismus. Man muß wiederholt an Skolimowski denken, mit dessen Helden die Hauptfigur Krauses einiges gemeinsam hat. Zum besten gehören die scheinbar zufälligen Begegnungen des Films, so das Gespräch des Protagonisten mit einem Landstreicher in einem nächtlichen Wartesaal. Krauzes zweiter Film, *Strach* (»Die Angst«, 1976) geht von einem Korruptionsfall in einer Kleinstadt aus, bringt im ersten Teil gute Milieustudien, sinkt aber gegen Schluß zu einem banalen Kriminaldrama ab.

Gesellschaftskritische Ambitionen, auf die Gegenwart bezogen, zeigt Roman Zaluski (geb. 1936): in *Kardiogramm* (1971) schildert er, ausgehend von der Figur eines mit seinem Beruf unzufriedenen Landarztes, die Verhältnisse in einer Kleinstadt, wo Arzt, Priester und Parteisekretär den Ton angeben und eine Interessenverfilzung zwischen ihnen besteht. *Zaraza* (»Die Seuche«, 1972) bezieht sich auf eine Pockenepidemie, die sich 1966 wirklich in Wroclaw (Breslau) ereignete; diese Seuche ist eine soziale Bewährungsprobe, die die unterschiedlichsten Reaktionen hervorruft. Edward Zebrowski (geb. 1935) drehte 1972 mit *Ocalenie* (»Die Errettung«) einen nachdenklichen Film über einen Biologieprofessor, der plötzlich wegen einer schweren Krankheit ins Hospital kommt und sein Leben vollkommen umstrukturieren muß. Der Film ist nicht nur wegen seiner zurückhaltenden, aber intensiven Bildsprache bemerkenswert, sondern auch deshalb, weil hier das Thema des Todes anklingt, das in den siebziger Jahren in einer Reihe von Filmen aus sozialistischen Ländern auftaucht (bei Zanussi in *Illumination* oder bei Egon Günther in *Die Schlüssel*).

Henryk Kluba (geb. 1931) debütierte 1967 mit *Chudy i inny* (»Der Magere und die anderen«), einem Film über ein Arbeiterkollektiv. Im Stil einer Volksballade, aber unter Verwendung experimenteller Stilmittel (Kombination mehrerer Bilder in einem Bild) drehte Kluba im gleichen Jahr *Slonce wschodzi raz na dzien* (»Die Sonne geht nur einmal am Tag auf«); im Mittelpunkt dieses Films stand ein Dorfbürgermeister, der kurz nach

István Szabó
Apa
(Vater)
1966
Ungarn

dem Zweiten Weltkrieg in Konflikt mit den offiziellen Vertretern des Sozialismus gerät. Der Film wurde zunächst verboten und erst 1972 aufgeführt. Ähnlich balladenhaft, letztlich aber heroisch-pathetisch fiel *Opowiesc clervieni* (»Geschichte in Rot«, 1974) aus.

Andrzej Zulawski (geb. 1948) erhielt seine Ausbildung in Frankreich und studierte an der Pariser Filmhochschule IDHEC. Zulawskis Debütfilm, *Trzecia czesc nocy* (»Der dritte Teil der Nacht«, 1971), gilt als eine Art Geheimtip der Kritik. Realisiert nach einer Novelle von Zulawskis Vater, gibt der Film eine apokalyptische, stark subjektiv geprägte Darstellung von Ereignissen aus der Kriegs- und Widerstandszeit, die in das Drama einer (vielleicht nur eingebildeten) Persönlichkeitsverdopplung mündet. Zulawski drehte dann einen psychologischen Horrorfilm, *Diabel* (»Der Teufel«, 1972), der im 18. Jahrhundert spielt und »bis zum Extrem des Schocks und des Alptraums vorangetrieben ist«[59]; dieser Film verfiel einem totalen Verbot durch die polnische Zensur. Zulawski ging dann nach Frankreich; sein dort als französisch-italienisch-deutsche Koproduktion realisierter Film *L'important c'est d'aimer* (*Nachtblende*, 1975) war in mehrfacher Hinsicht ein kommerzieller Kompromiß. Inzwischen bereitet Zulawski – der zu den besonderen Lieblingen der französischen Zeitschrift »Positif« gehört –, wieder in Polen, einen utopischen Film mit dem Titel *Na srebrnym globie* (»Auf dem Mond«) vor.

Künstlerische Ambitionen verraten schließlich auch die Filme von Kondriatuk, Solarz, Piwowski und Wojciechowski. Andrzej Kondriatuk debütierte mit *Dziura w ziemi* (»Ein Loch in der Erde«, 1970), einem Film über eine Gruppe von Geologen, die nach Öl bohren, der sein Thema jedoch transzendiert und durch die Frische seiner Regie überzeugt. Kondriatuks zweiter Film, *Skorpion, Panna i Lucznik* (»Skorpion, Jungfrau, Schütze«, 1973) »stellte die existentialistische Tragödie eines Wanderfotografen, einer Prostituierten mit zarter Seele und eines gescheiterten Priesters in den Rahmen einer biblischen Metapher«. (Jerzy Plazewski)[60] Wojciech Solarz spezialisierte sich auf Gegenwartsthemen: *Molo* (»Die Mole«, 1969) und *Wezwanie* (»Der Ruf«, 1973, über eine Bauernfamilie). Marek Piwowski (geb. 1935) realisierte nach verschiedenen Kurzfilmen 1970 *Rejs* (»Die Reise« oder »Die Fahrt«), einen selten gezeigten Film, der als »verrücktes Happening, eine satirische Komödie über das moderne Leben und als Parodie auf der Ebene des reinen Nonsens« beschrieben wird[61]; *Przepraszam, czy tu bija!* (»Verzeihung, wird hier geschlagen?«, 1976) erzählt von einer Gruppe Krimineller, die einen großen »Coup« vorbereiten. Der in Milieu- und Personenschilderung expressive, verdeckt gesellschaftskritische, an manche Vorbilder amerikanischer Gangsterfilme erinnernde Film flacht nur zum Schluß zum Verfolgungsdrama zwischen Gangstern und Polizei ab. Nahe am Dokumentarfilm steht Wojciechowskis *Kochajmy sie* (»Lieben wir uns«, 1974): das Porträt eines Dorfs (Darsteller sind die wirklichen Bauern), eine Chronik alltäglicher Ereignisse aus einer traditionsgebundenen Gemeinschaft, in der die privaten Bauern und die Angestellten einer landwirtschaftlichen Genossenschaft sich mißtrauisch gegenüberstehen. *Rodzina* (»Die Familie«, 1976), ein langer Dokumentarfilm über die Probleme einer landwirtschaftlichen Genossenschaft, litt allerdings unter zu vielen folkloristischen Abschweifungen.

Die ungarische Kinematographie gehört zu den profiliertesten der sozialistischen Länder. Ihr Produktionsumfang beträgt etwa 20 Filme pro Jahr. Abgesehen von Zoltán Fábri, dessen Produktion bis in die fünfziger Jahre zurückreicht, sind die meisten Regisseure, die dem ungarischen Film internationales Ansehen verschafft haben, erst in den sechziger Jahren hervorgetreten: Miklós Jancsó, András Kovács, István Szabó, Márta Mészáros. Die neue Filmbewegung, die sich Mitte der sechziger Jahre anbahnte – man hat auch von einer ungarischen ›Neuen Welle‹ gesprochen –[62], beschäftigte sich besonders intensiv mit Fragen der nationalen Geschichte und des ungarischen Selbstverständnisses; sie holte das an nationaler Identitätsfindung nach, was der polnische Film bereits Ende der fünfziger Jahre geleistet hatte. »Die Geschichte, wie sie in den ungarischen Filmen erscheint, ist kein Zeichen des üblichen Eskapismus, sie resultiert nicht aus dem Bedürfnis nach Mythen, sondern sie ist eher im umgekehrten Sinne ein Mittel zur Zerstörung von Mythen. *Die Hoffnungslosen*, *20 Stunden* und *Vater* haben eins gemeinsam: sie streben nach einer endlich wahrhaftigen, obwohl schmerzlichen Selbsterkenntnis. Die Geschichte erscheint in diesen Werken als ein kollektives Selbstporträt.« (Yvette Biro)[63]

Die Generation der fünfziger Jahre

Die größte Kontinuität im ungarischen Nachkriegsfilm kann Zoltán Fábri (geb. 1917) für sich beanspruchen. Fábri begann schon in den fünfziger Jahren zu arbeiten und realisierte 1955 und 1956 zwei Filme, die zu den mutigsten und neuartigsten der damaligen Zeit gehörten: *Karussell* und *Professor Hannibal*. Wie der letztere Film waren auch *Két félidö a pokolban* (*Zwei Halbzeiten in der Hölle*, 1961) und *Nappali sötétség* (*Dunkel bei Tageslicht*, 1963) politische Parabeln, die Stoffe aus der Vergangenheit aufgriffen, um die in ihnen angelegte politisch-moralische Dialektik zu untersuchen: in *Zwei Halbzeiten in der Hölle* soll ein ungarisches Fußball-Team in einem Straflager während des Krieges gegen die deutschen Bewacher spielen, was mit einem Desaster endet; *Dunkel bei Tageslicht* ist die Geschichte einer Gewissenserforschung: ein Schriftsteller erinnert sich, wie er gegen Ende des Krieges durch seine »unpolitische« Gutwilligkeit sowohl seine Tochter als auch seine Geliebte verriet. Fábris ohne Zweifel bedeutendstes Werk, das nicht nur für die Kinematographie Ungarns, sondern für die sozialistischen Länder allgemein ein Signal setzte, war *Húsz óra* (*Zwanzig Stunden*, 1965). Der Film war deshalb so bedeutsam, weil hier zum ersten Mal eine rigorose politische Kritik bestimmter Irrtümer, die im Zeichen des »Personenkultes« begangen wurden, sowie eine kritische Darstellung des Aufstandes von 1956 stattfand. Man kann *Zwanzig Stunden* als einen der wichtigsten Filme der Entstalinisierung bezeichnen; vergleichbar ist er mit dem sowjetischen Film *Der Vorsitzende* (der übrigens im gleichen Jahre entstand). Zoltán Fábri stellt seinen Film in einen doppelten erzählerischen Rahmen. Einmal debattiert man in einer dörflichen Kooperative über ein Entwässerungsprojekt: während am Anfang Uneinigkeit herrscht und Ressentiments aufeinandertreffen, kommt man am Ende doch zu einer Entscheidung. Zur gleichen Zeit trifft ein Journalist ein, um eine Reportage über die Vergangenheit dieses Dorfes zu schreiben; aber nachdem er eine Menge Material gesammelt hat, gelangt er zur Einsicht, daß er die Reportage nicht schreiben kann. In diesen doppelten Rahmen eingeschachtelt sind Rückblenden, aus denen sich nicht nur die Geschichte von vier Bauern aus dem Dorf, sondern die Ungarns nach 1945 zusammensetzt. Fábri zeigt in *Zwanzig Stunden*, wie die Kollektivierung der Landwirtschaft mit administrativem Zwang durchgesetzt wurde, wie Ressentiments gegen die Kollektivwirtschaft weiterbestehen und wie 1956 der Volkszorn gegen den Vorsitzenden der örtlichen Genossenschaft aufflammt. Später kehrt der Parteisekretär, eine Tyrannennatur, aus den Wäldern wieder ins Dorf zurück und verübt im Namen der »Arbeitermacht« Repressalien. Er erschießt einen Bauern durch die geschlossene Tür seines Hofes. Wichtig sind in *Zwanzig Stunden* aber auch die Nebenfiguren – etwa der Gutsbesitzerssohn, der nicht die Universität besuchen durfte, 1956 als »Provokateur« verhaftet wurde und nun nach Verbüßung einer neunjährigen Gefängnisstrafe voller Verbitterung und Rachsucht wieder ins Dorf zurückkehrt; oder der skeptisch resignierende Baron, der das menschliche Leben mit dem sinnlosen Hin- und Hergehaste von Ameisen vergleicht. Auffallend sind die immer wiederkehrenden Leitmotive, deren Bedeutung sich erst im Verlauf des Films erschließt: so die von Schüssen durchlöcherte Tür, hinter der ein Bauer 1956 starb. Das Streben nach Differenzierung der politischen Perspektive äußert sich bei Fábri nicht zuletzt in der Komplizierung der Erzählform. Die schwierige Form des Films entspricht der Schwierigkeit einer Suche nach der Wahrheit.

In *Utószezon* (»Nachsaison«, 1967) unternahm Fábri noch einmal den Versuch eines Films politischer Reflexion, diesmal über die Frage der Verantwortung an der Deportation von Juden; aber der Film wirkte weniger einheitlich als *Zwanzig Stunden*. *Isten hozta, örnagy úr* (»Die Tot-Familie«, 1969) und *Hangyaboly* (»Ameisennest«, 1971) waren sorgfältig gemachte Literaturverfilmungen. Einer kunstvollen Technik der verschachtelten Zeitebenen bediente sich Fábri in seiner Bearbeitung eines Romans von Tibor Déry, *141 perc a Befejezetlen mondatból* (»141 Minuten über den unvollendeten Satz«, 1974). Das erzählerische Material des Romans wurde von Fábri in zahlreiche kurze Fragmente zerlegt und neu geordnet zur Struktur eines inneren Monologs, der Dinge vorwegnimmt, andere nachliefert, mit Wiederholungen und Variationen arbeitet. Im Mittelpunkt steht die Figur eines jungen Mannes aus der reichen Bourgeoisie, der von seinem Milieu degoutiert ist und sich dem Proletariat zuwenden möchte, von dort jedoch zurückgewiesen wird. Wichtigstes Stilmittel Fábris in *141 Minuten über den unvollendeten Satz* ist die Montage; in seinen besten Momenten bedient sich der Film einer atemberaubend kühnen Technik des filmischen Assoziierens. *Az ötödik pecsét* (»Das fünfte Siegel«, 1977) ist ein sorgfältig, aber etwas akademisch gemachter Film, der im Jahre 1944 spielt und das unterschiedliche Verhalten einiger Kleinbürger angesichts der Repression durch faschistische »Pfeilkreuzler« zeigt.

Zu den älteren ungarischen Regisseuren, deren Schaffen in den sechziger und siebziger Jahren noch Bedeutung hat, gehört auch Károly Makk (geb. 1925), der schon in den fünfziger Jahren hervortrat und 1961 für *Megszállottak* (»Die Besessenen«), einen Film über Ingenieure, die in der ungarischen Ebene nach Wasser bohren und dabei illegale Methoden anwenden, den Preis der ungarischen Filmkritik erhielt. Nach verschiedenen eher konventionellen Filmen gelang Makk 1971 mit *Szerelem (Liebe)* wieder ein herausragendes Werk. Der Film geht auf zwei Novellen von Tibor Déry zurück und schildert das Warten einer alten bettlägerigen Frau auf ihren Sohn, den sie in Amerika wähnt, während er in Wirklichkeit »als Verurteilter eines ungesetzlichen Prozesses zur Zeit des Personenkults seine Strafe verbüßt«.[64] Makk konzentrierte sich vor allem auf die Beziehungen zwischen der alten Frau und ihrer Schwiegertochter; die meisten Szenen des Films spielen in einem engen Zimmer und sind trotz des Fehlens einer dramatischen Handlung von außerordentlicher psychologischer Verdichtung; die Regie arbeitet mit Geräuschen, Kamerabewegungen, mit dem Spiel von Licht und Schatten.

János Herskó (geb. 1926), der ebenfalls schon in den fünfziger Jahren Filme drehte, realisierte 1963 *Párbeszéd (Dialog)*, ein Werk, von dem eine ähnliche kulturpolitische Signalwirkung ausging wie von *Zwanzig Stunden. Dialog* erzählt die Geschichte eines Mannes, der im Verlauf des Rajk-Prozesses unschuldig verurteilt wird, und seiner Frau. Als der Mann 1954 rehabilitiert und entlassen wird, scheint zwischen den beiden keine Beziehung mehr möglich; erst der Aufstand von 1956 läßt sowohl im Privaten wie im Gesellschaftlichen neue Hoffnungen aufkeimen. Herskós Film war bemerkenswert in seinem Mut zur Abrechnung mit den Fehlern der Vergangenheit, in der Entschiedenheit seiner Dialoge und der Personenzeichnung; es wurde sogar gesagt, daß *Dialog* zusammen mit Jancsós *Cantata* »den Wendepunkt im ungarischen Filmschaffen markiert«.[65] 1969 verließ Herskó Ungarn und ging nach Schweden; daraufhin wurde sein letzter Film zurückgezogen.[66]

Der ungarische Film der sechziger Jahre: Jancsó, Kovács, Szabó

Die wichtigsten Impulse erhielt der ungarische Film in den sechziger Jahren durch das Werk dreier Regisseure: Miklós Jancsó, András Kovács und István Szabó.

Miklós Jancsó (geb. 1921) ist ein Regisseur unverwechselbarer Handschrift, ein Autorenfilmer reiner Ausprägung, der viele Jahre hindurch in fast manischer Besessenheit an der Vervollkommnung eines einzigen stilistischen Entwurfs gearbeitet hat. Auch thematisch bilden seine Filme eine scharfumrissene Einheit. Die meisten Filme Jancsós haben zu tun mit Krieg, Verfolgung, Unterdrückung Andersdenkender, subtilen oder offenen Formen von Terror. *Die Hoffnungslosen, Die Roten und die Weißen, Stille und Schrei, Schimmernde Winde* und *Schirokko* bilden eine »Tetralogie« über das Thema »Der Mensch und die Macht«.[67] Jancsós Filme spiegeln die Erfahrung des Ausgeliefertseins an repressive Mächte, die plötzliche, absurde Umschichtung von Machtverhältnissen, schildern Mechanismen von Korruption, Anpassung, Revolte. Aber sie werden von ihrer Form fast noch mehr als von ihrem Inhalt bestimmt. Jancsó hat in seinen Filmen einen Stil expressionistischer Bildkomposition (metapherngleiche Landschaften wie bei Bergman tauchen auf, gebildet aus weiten Flächen und harten Schwarzweißkontrasten) und ständiger, choreographischer Kamerabewegungen entwickelt. Er betreibt in seinen Filmen eine »Montage innerhalb des Bildes«, ersetzt Schnitte durch fließende Bewegungen der Kamera, denen die Bewegungen der Darsteller korrespondieren. Dieser Stil bewirkt eine starke Abstrahierung des Inhalts. Alle Momente des Geschehens werden bruchlos miteinander verflochten, erscheinen als Manifestationen ein und derselben geschichtlichen Bewegung, sie bilden eine »Geometrie des Schicksals«.[68] Es gibt bei Jancsó keine Helden im traditionellen Sinne mehr, nur noch Beziehungen zwischen Personen.

Miklós Jancsó kam erst verhältnismäßig spät zum Film; er studierte zunächst Ethnologie, Jura und Kunstgeschichte. Dann arbeitete er als Wochenschau- und Dokumentarfilmregisseur. Aufsehen erweckte bereits sein zweiter Spielfilm *Oldás és kötés (Cantata profana*, 1962), die Bewußtseinsanalyse eines jungen Arztes, der sich in der Stalinzeit allzusehr seiner Karriere widmete und dem seine Vergangenheit mit einemmal fragwürdig erscheint; in dem darauffolgenden *Igy jöttem* (»So kam ich«, 1964) erzählte Jancsó die Geschichte der paradoxen Freundschaft zwischen einem versprengten jungen Ungarn und einem etwa gleichaltrigen russischen Soldaten bei Kriegsende. Jedoch schenkte man diesen Frühwerken erst Aufmerksamkeit, als sich Jancsós *Szegénylegények* (*Die Hoffnungslosen*, 1966) als ein Werk internationalen Formats herausstellte. *Die Hoffnungslosen* spielt in den sechziger Jahren des vergangenen Jahrhunderts: die Teilnehmer des Kossuth-Aufstandes von 1848/49 werden von österreichischer Gendarmerie verfolgt. Um einer Gruppe solcher »Banditen« habhaft zu werden, treibt man Bauern in einer gefängnisartigen Festung mitten in der Puszta zusammen; durch eine raffinierte Mischung von physischem und psychischem Terror verstehen es die Bewacher, die Gefangenen zu demoralisieren und Aussagen aus ihnen herauszupressen. Obwohl Jancsó seinem Film einen präzisen historischen Hintergrund gab, treibt er die Fabel durch die Strenge der Inszenierung über ihren historischen Kontext hinaus und verwandelt sie zu einer Parabel über die konzentrationäre Welt und die Korrumpierbarkeit der Opfer unter extremen Bedingungen. Auffallend ist die Gesichtslosigkeit der meisten Personen – den Gefangenen werden bei ihren Rundgängen im Hof der Festung weiße Kapuzen übergestülpt; auch die Gendarmen wirken in ihren schwarzen Uniformen und Federhüten eigenartig gesichtslos. Jancsós Bildgestaltung, die harte, symbolische Schwarzweißkontraste bevorzugt, Architektur und Landschaft zwingend zueinander in Beziehung setzt, gibt dem Film einen hohen Grad von Abstraktion. Die weite Puszta-Ebene um das Gefängnis herum hat etwas Metaphorisches: sie repräsentiert die Freiheit, aber auch Einsamkeit, Verlorenheit, Ausgeliefertsein. Viele Bilder des Films sind in einem Eisensteinschen Sinne graphisch komponiert. Sie weisen darauf hin, daß hier nicht nur eine einzelne historische Situation gemeint ist. Die Strenge, Konsequenz und Schärfe dieses Films hinterließen einen starken Eindruck sowohl in Ungarn als auch im Ausland; Zoltán Fábri bezeichnete *Die Hoffnungslosen* als »den vielleicht besten ungarischen Film, der je gedreht wurde«[69], und ebenso enthusiastisch äußerte sich die ausländische Kritik, die Dante und Kafka als Vergleich heranzog.[70] Zum ersten Mal hatte der ungarische Film seine Isolation durchbrochen und sich mit einem Werk weltweit durchgesetzt.

In Jancsós späterer Produktion kann man eine »Hauptphase« und eine manieristische Spätphase unterscheiden. Zu seinen wichtigsten Werken, im Range mit *Die Hoffnungslosen* mehr oder minder ebenbürtig, gehören *Csillagosok, katonák* (eigentlich: »Sternenträger und Soldaten«, bekanntgeworden unter dem Titel »Die Roten und die Weißen«, 1967), *Csend és kiáltás* (*Stille und Schrei*, 1968) sowie *Fényes szelek* (*Schimmernde Winde*, 1968). *Die Roten und die Weißen* sowie *Stille und Schrei* sind eng miteinander verwandt. Beide spielen in den Jahren 1918/19, *Die Roten und die Weißen* irgendwo in Rußland zu Beginn des Bürgerkrieges in einer Region, die zwischen der Roten Armee (zu ihr gehören auch Ungarn) und zaristischen Truppen umkämpft ist, *Stille und Schrei* in Ungarn nach dem Sturz der Räterepublik auf dem Lande, wo sich ein ehemaliger Rotarmist bei Bauern versteckt hält, die selbst unter der Aufsicht eines Gendarmeriekommandanten stehen. *Die Roten und die Weißen* schildert vor allem die Abruptheit des Machtüberganges zwischen den politischen Lagern, die erbarmungslose Grausamkeit der Kriegführung, wobei der Unterschied zwischen den Fronten letztlich gering ist. Versprengte Internationalisten sammeln sich in einer Kirche und werden dort plötzlich von den Weißen überrascht; gefangene Rotarmisten versuchen ihr Leben zu retten, indem sie die Palisadenzäune eines Dorfes überklettern; ein Lazarett, in dem sowohl rote als auch weiße Verwundete gepflegt werden, wird erst von den Roten, dann von den Weißen übernommen, wobei jede Seite Terror ausübt. Jancsó gelingt es, den makabren Situationen seines Films zwingenden optischen Ausdruck zu geben; was sich dem Zuschauer einprägt, sind visuelle Archetypen, Ursituationen, Landschaften, Elemente von Architektur, Gesten, Bewegungen. Vor allem die Bewegung spielt eine dominierende Rolle in diesem Film. Kamera und Personen stehen niemals still; permanent sind sie auf Flucht oder Verfolgung, müssen ihre Verfolger ausspähen oder sich verstekken. Gelegentlich tragen die Aktionen in diesem und anderen Jancsó-Filmen den Charakter des Rituals, so, wenn am Schluß der einzig übriggebliebene Rotarmist angesichts der nahenden Weißen seinen Säbel küßt. Individuelle Motivationen spielen in diesem expressionistischen und zugleich metaphysischen Kino keine Rolle. In *Stille und Schrei* belauern sich die Menschen gegenseitig, eine Bäuerin und ihre Schwester bringen den Bauern langsam durch Gift um, der Kommandant spielt mit dem entdeckten Rotarmisten ein Katz-und-Maus-Spiel, bis dieser schließlich die Waffe nicht gegen sich selbst, sondern gegen ihn richtet. *Schimmernde Winde* vollzieht eine kritische Auseinandersetzung mit der jüngsten ungarischen Geschichte: 1947 dringen »Volkskollegisten« in ein katholisches Internat ein, um die Insassen mit Methoden des Terrors und der Einschüchterung in kürzester Frist »umzuerziehen«. Der Film distanziert sich deutlich von den Gewaltmaßnahmen eines Teils der Kollegisten. Das hochaktuelle ideologische Drama inszenierte Jancsó mit choreographischen Methoden, die Kollegisten singen Revolutionslieder und schließen sich zu Tanzreihen zusammen, wobei in dieser Choreographie die Ambivalenz der Bewegung der Jungen zum Ausdruck kommt, ihr Enthusiasmus, aber auch ihre Gewalttätigkeit.

Miklós Jancsós folgende Filme definieren sich mehr und mehr aus formalen Elementen. *Sirokkó* (*Schirokko*, 1969) trieb die von Jancsó schon immer bevorzugte Technik der »Sequenzeinstellung«, bei der die Kamera ohne Schnitt den Bewegungen der Darsteller folgt, auf einen Extrempunkt – der ganze Film bestand nur mehr aus neun Einstellungen; auch *Stille und Schrei* kam schon mit elf Einstellungen aus. *Schirokko* spielt in den dreißiger Jahren unter jugoslawischen Terroristen, die von Ungarn aus ihre Aktionen vorbereiten. »Was mich bei meiner Arbeit am meisten interessiert und begeistert, das ist die Frage der Macht und der Unterdrückung und die Beziehungen der Menschen zur Macht und zur Unterdrückung«, schrieb Jancsó zu diesem Film. »Ich konstatiere mit tiefer Bitterkeit, daß man die Macht höchst selten oder praktisch nie zum Besten der anderen ausübt und zwar so, daß die Freiheit dabei respektiert wird.«[71]

Égi bárány (»Agnus dei«, 1970), *Még kér a nép* (*Der rote Psalm*, 1971) und *Szerelmem Elektra* (»Liebe Elektra«, 1974) sowie die in Italien gedrehten Filme *La tecnica ed il rito* (»Die Technik und der Ritus«, 1971, über die Gestalt Attilas) und *Roma rivuole Cesare* (»Rom wünscht Cäsar zurück«, 1973) behandeln geschichtliche und mythologische Themen in Form folkloristischer Schauspiele mit stark metaphorischem Einschlag, zumeist eindrucksvoll in der optischen Lösung, jedoch ebensooft dunkel, was die Bedeutung einzelner Details anlangt. Die Filme unterliegen in zunehmendem Maße einer Verselbständigung des Formalen. Gelegentlich versucht sich Jancsó auch in ganz naiver (vielleicht ironisch gemeinter, aber nicht so wirkender) Symbolik, etwa, wenn er am Ende von *Elektra* einen roten Hubschrauber als Verkörperung der Revolution auftauchen läßt. Die Auseinandersetzung um Jancsó ist inzwischen zu einer Frage des »Prinzips« geworden. Jancsó behielt einen Klan von Anhängern, die ihm bedingungslos folgten – bis zu seinem letzten Film, einer preziös-geschmäcklerischen Ausmalung von Dekadenz am Hof des österreichisch-ungarischen Kaisers und speziell in der Umgebung des Thronprinzen, *Vizi privati, pubbliche virtú* (»Private Laster, öffentliche Tugenden«, deutscher Verleihtitel: *Die große Orgie*, 1976), der in Details todgeweihter artifizieller Schönheit schwelgt, das Dekadente aber höchst attraktiv, wenn nicht spekulativ ins Bild setzt.

András Kovács (geb. 1925) ist ein anderes Temperament als Jancsó. Seine Filme sind weniger vom Bild, sondern vom Gedanken her konzipiert, sie sind rationale, kritische Analysen gesellschaftlicher Vorgänge aus Geschichte oder Gegenwart; sie wollen Denkanstöße für die Zuschauer vermitteln. Kovács wurde nach seiner Ausbildung an der Budapester Akademie für Bühnen- und Filmkunst 1951 zunächst Leiter der Drehbuchabteilung der ›Hunnia‹ Filmstudios und leistete dort bis 1957 dramaturgische und theoretische Arbeit. Erst 1960 begann er eine Laufbahn als Regisseur. *Zápor* (»Sommerregen«, 1960) schilderte die Ehescheidung eines Bauernpaares; 1964, nach einem längeren Paris-Aufenthalt, angeregt von der damals gerade florierenden Bewegung des ›Cinéma-vérité‹, realisierte Kovács den Dokumentarfilm *Nehéz emberek* (»Schwierige Leute«), in welchem er – selbst mit dem Mikrophon vor der Kamera auftretend – den Schwierigkeiten von fünf Erfindern nachspürte, ihre Erfindungen einem gesellschaftlichen oder technologischen Nutzen zuzuführen. 1966 entstand der vielleicht bedeutendste Film von András Kovács: *Hideg napok (Kalte Tage)*. In diesem Film geht es um die Aufhellung einer dunklen Episode aus Ungarns Vergangenheit: 1942 wurden in der jugoslawischen Grenzstadt Novi Sad von ungarischem Militär und Gendarmen auf das Gerücht hin, Partisanen hätten das Dorf infiltriert, über 3000 unschuldige Menschen umgebracht. Die Leichen wurden in Löcher geworfen, die man in das Eis der zugefrorenen Donau gehackt hatte. Kovács rollt diesen Fall in Rückblenden à la *Citizen Kane* auf, indem er vier Beteiligte des Massakers 1946 in einem Gefängnis zusammenführt. Jeder hat seine eigene Erinnerung und seine private Entschuldigungstheorie; der Ungeheuerlichkeit der Vorgänge ist sich keiner bewußt. Der Film schildert die Atmosphäre der Hysterie und der Angst, die systematisch von den Befehlshabern geschürt wurde. Durch die Überlagerung der vier Erzählperspektiven, über die sich noch die Schicht von 1946 legt, wird die Frage nach der Verantwortung des Individuums besonders eindringlich. Die Vorgänge erscheinen zugleich wie im Zeitpunkt ihres Entstehens und aus der Distanz der Reflexion. Doch nicht nur die intelligente Struktur des Films, die gedankliche Durchdringung des Themas (die Durchleuchtung des Mythos vom Faschismus als angeblich irrationaler Kraft) ist bemerkenswert an *Kalte Tage* – ebenso ist es die filmische Intensität, die Kovács erreicht, die Suggestionskraft seiner Regie, die Verwendung der winterlichen Landschaft als Ausdrucksmittel, die Verfremdung durch den abweichenden Inszenierungscharakter der Rahmenerzählung. Kovács hatte seinen Film als einen Beitrag zur nationalen Selbsterkenntnis konzipiert. Im Resultat ging der Film aber über diese Zielsetzung hinaus und machte den Faschismus als eine »menschliche Erscheinung« bewußt.[72]

András Kovács' nächste Filme waren reine Diskussionswerke in dem Sinne, daß sie ihre Spannung hauptsächlich der Brisanz ihrer Ideen, erst in zweiter Linie der künstlerischen Umsetzung verdankten. In *Falak (Wände*, 1968) steht ein höherer Industriefunktionär vor dem Dilemma, sich entweder auf die Seite eines jüngeren Mitarbeiters zu schlagen, der Fehler und Mißstände in seinem Betrieb aufgedeckt hat, oder zusammen mit dem Direktor des Betriebes den unbequemen Mitarbeiter mundtot zu machen. Der Film nimmt eine mutige Analyse – und mehr als das, eine Anprangerung – von Mißständen im sozialistischen Wirtschaftssystem vor. Protagonistin von *Staféta (Die Stafette*, 1970) ist eine Studentin der Erziehungswissenschaft, die eine kritische Materialsammlung über die Zustände an den Schulen ihres Landes veröffentlichen will, wodurch sie große Kontroversen auslöst. Die Titel beider Filme sind metaphorisch zu verstehen: »Wände« sind jene Grenzen der Entscheidungsfreiheit, die oftmals nur in der Einbildung desjenigen existieren, der meint, sich ihnen anpassen zu müssen; mit der »Stafette« ist die Weitergabe von Impulsen von der älteren an die jüngere Generation gemeint. Die Schwäche beider Filme (besonders von *Die Stafette*) ist freilich, daß sie sich allzusehr auf Positionen reduzieren lassen, die von den Personen der Filme verbal ausgedrückt werden. Später zog sich Kovács wieder mehr auf historisches Terrain zurück – *A magyar ugaron* (»Ungarisches Brachland«, auch *Niemandsland*, 1972) ist eine Beschreibung der Konterrevolution von 1919; im Zentrum des Films steht ein Lehrer, der ursprünglich mit der Räterepublik sympathisiert, nun aber im Zeichen der Restauration zur Anpassung gezwungen ist.

In *Bekötött szemmel (Den Tod vor Augen*, 1974) befaßt sich Kovács, bemerkenswert für den Film eines sozialistischen Landes, mit dem Problem der Religion und der Dialektik von Glauben und Zweifel. Im Zweiten Weltkrieg soll ein Feldgeistlicher wider besseres Wissen mithelfen, eine Legende um den angeblichen Wundertod eines Soldaten zu verbreiten, der als Deserteur hingerichtet werden sollte. Der junge Geistliche – in manchen Momenten erinnert seine asketische Figur an Bressons Landpfarrer aus *Journal d'un curé de campagne* – entscheidet sich nach inneren Kämpfen für das Recht am Zweifel, gegen die Staats- oder Kirchenräson, obwohl die Machthaber alle möglichen Druckmittel gegen ihn anwenden. Es geht Kovács nicht so sehr um eine Polemik gegen das Religiöse schlechthin (bezieht nicht der Priester seine Widerstandskraft gerade aus seinem Glauben?), die Religion wird jedenfalls von dem Film durchaus ernst genommen und nicht vordergründig verteufelt; vielmehr richtet sich das Plädoyer des Films gegen die blinde Form des Glaubens, gegen jenen Glauben, der sich nicht mehr selbst in Frage stellen kann. »Solche Erscheinungen wie der Mao-Kult u. a. lösen in einem – insbesondere im Lichte des mit dem XX. Parteitag der KPdSU begonnenen selbstkritischen Prozesses – Verblüffung darüber aus, daß der blinde Glauben in der Welt wieder einmal im Aufkeimen ist«, äußerte Kovács anläßlich dieses Films.[73] Kovács' letzter Film *Labirintus* (*Labyrinth*, 1976) behandelt ein ähnliches Problem: hier wird ein Filmregisseur unter Druck gesetzt (unter anderem von einem Minister), einen Selbstmord (der jedoch in der Realität seine Entsprechung hat) aus dem Film wegzulassen, den er gerade vorbereitet, wegen dessen »demoralisierender« Wirkung. Kovács gab *Labyrinth* eine komplizierte, vielfältig ins Private sich verästelnde Struktur. Auch dieser Film bestätigt Kovács' Rang als bedeutender Moralist und Gesellschaftskritiker des ungarischen Films.

Neben Miklós Jancsó und András Kovács ist István Szabó der wichtigste Erneuerer des ungarischen Kinos in den sechziger Jahren. István Szabó (geb. 1938) gehört einer jüngeren Generation an als die beiden anderen Regisseure. Das macht sich auch in der Eigenart seiner Filme bemerkbar. Sie sind zwar auch gegenwarts- und ideologiekritisch angelegt (besonders *Vater*), aber subjektiver in der Erzählweise, impressionistisch in ihrer Assoziationstechnik, stark bezogen auf die Analyse von Empfindungen, Erinnerungen, oft autobiographischer Natur. Szabó begann mit mehreren Kurzfilmen – der erfolgreichste war *Te* (»Du«, 1963), das Porträt eines Mädchens –, um dann 1964 seinen ersten langen Spielfilm zu drehen, *Álmodozások kora (Das Alter der Träumereien)*. In ihm stellt Szabó zunächst vier Ingenieure vor, die gerade ihr Studium abgeschlossen haben und nun in ihrem Beruf auf den Dogmatismus und die Privilegien der älteren Generation stoßen. Dann konzentriert sich der Film auf einen der vier und entwickelt eine Liebesgeschichte zwischen dem Ingenieur und einer Juristin; beide haben jedoch, wie sich zeigt, ganz unterschiedliche Auffassungen vom Leben, von der Politik, von der Verwirklichung ihrer Persönlichkeit. In einer Schlüsselszene sehen sich die beiden einen Dokumentarfilm mit Aufnahmen vom Aufstand des Jahres 1956 an und diskutieren über die auf der Leinwand dargestellten Ereignisse. Die Personen des Films repräsentieren keine festumrissenen Positionen, sondern entwickeln, verändern sich. Der Film ist in einer lockeren, mosaikartigen Erzählweise konstruiert, er beschreibt die individuelle Lebenssphäre einzelner Personen, nimmt Bezug auf ihre Erinnerungen, Komplexe, Träume; und doch stellt er entscheidende und tiefgehende Fragen, vollzieht er ein Stück gesellschaftlicher und geschichtlicher Analyse. Die kleine Gruppe wird zum Spiegelbild einer Generation. Der einzelne Regieeinfall findet Resonanz im Ganzen des Films, der letztlich das Thema der Emanzipation und der Persönlichkeitsfindung behandelt: das gilt auch für die Schlußszene des Films, als Telefonistinnen in einer Schaltzentrale immer wieder einen Weckruf durchgeben. Zwischendurch hat Szabó in seinen Film auch eine versteckte Hommage an Truffaut und Fellini eingefügt.

Weit über den zunächst individualistischen Ansatz von *Das Alter der Träumereien* hinaus gingen die Implikationen von Szabós folgendem Film *Apa* (*Vater*, 1966). Dieses Werk kann als einer der großen aufklärerischen, selbstkritischen Filme des Ostblocks aus den sechziger Jahren, der Epoche der Entstalinisierung, gelten. Auch hier ging Szabó zunächst von einem sehr persönlichen Handlungskern aus: ein Junge macht sich verschiedene Vorstellungen von seinem kurz nach Kriegsende gestorbenen Vater. Er stellt ihn sich vor (und schildert ihn anderen) als berühmten Partisan, als bedeutenden Arzt. Er sammelt Gegenstände, die an ihn erinnern, einen Füllfederhalter, eine Uhr. Der Vater erscheint als Held, der seine Gegner mit dem Motorrad verfolgt, ein andermal sieht der Junge ihn wie in einer Vision, als er nach dem Krieg die erste Straßenbahn in Gang setzt – erst schiebt der Vater allein den Straßenbahnwagen, dann schließen sich immer mehr Menschen an, die den Wagen mit unzähligen Zetteln (Suchanzeigen nach Verwandten) bekleben. Diese Traumvision (eine der schönsten, die bei Szabó vorkommen – und eine Vorwegnahme des Hauptmotivs seines späteren Films *Budapester Märchen*) gehört allerdings schon in die zweite Phase des Films, in welcher der Protagonist versucht, sich von dem mythisch vergrößerten Vaterbild zu befreien. Durch eine geniale Klammer verbindet Szabó in *Vater* den Emanzipationsprozeß seines Helden – der wesentlich beeinflußt wird vom Erlebnis des Aufstandes von 1956, bei welchem er unter großer Gefahr eine schließlich überflüssige Fahne besorgt – mit der Entwicklung einer ganzen Nation, die ebenfalls bestrebt ist, sich von ihrem Vaterbild zu emanzipieren. Aufschlußreich ist die Szene, in welcher bei einem Mai-Umzug der noch kindliche Protagonist unzählige Bildtafeln erblickt, auf denen immer wieder sein Vater abgebildet ist; kurz darauf folgt eine Szene mit vielen Stalinbildern. Hier wird das Phänomen des Personenkultes anvisiert, dem Szabó mit seinem Film eine interessante tiefenpsychologische Deutung gibt. Deutlich wird in dieser und anderen Szenen des Films, wie schwer es ist, sich von einem Mythos zu befreien, wie ein Mythos unter Umständen sogar über die Wirklichkeit triumphieren kann. Szabó reflektiert in *Vater* auch über den Rollentausch (er fügt Dreharbeiten zu einem Film im Film ein, bei denen der Held erst ein jüdisches Opfer, dann einen SS-Mann spielen muß) sowie über die paradoxe Situation, in die Kinder des früheren Adels geraten sind (eine weitere Variante des Rollentausches). Am Schluß findet der Held in einer symbolhaften Handlung zu sich selbst: er durchschwimmt die Donau. Aber auch hier widerlegt der Film die Legende von der heroischen Einzeltat: die Kamera fährt zurück und man sieht zahlreiche andere junge Leute, die hinter dem Helden ebenfalls die Donau durchschwimmen. Der individuelle Akt ist in Wirklichkeit ein gesellschaftlicher. Szabó erklärte zu seinem Film, dessen Untertitel »Die Geschichte eines Glaubens« lautet, dieser sei »auch die Autobiographie einer Generation«[74] und: »Wie Jancsós Film *Die Hoffnungslosen* oder der Film von András Kovács *Kalte Tage* das wahre – das heißt, von jeder Illusion freie – Bild zweier Epochen der ungarischen Geschichte zeigen, genau so möchte auch mein Film diesen Prozeß der Zerstörung der Mythen und zur gleichen Zeit des Aufbaus der Wirklichkeit unterstützen.«[75]

Auch die nächsten beiden Filme Szabós waren Erforschungen der Vergangenheit, die in ihnen allerdings mehr als erlebte Gegenwart erscheint. In *Szerelmesfilm* (*Ein Liebesfilm*, 1970) fährt ein junger Mann – gespielt vom gleichen Hauptdarsteller András Bálint wie in *Vater* – von Ungarn nach Frankreich, um seine frühere Freundin zu besuchen, die 1956 aus Ungarn emigriert ist. In der Erinnerung tauchen noch einmal Episoden der gemeinsam durchlebten Vergangenheit auf, die sich vor allem um das Jahr 1945 und den Aufstand von 1956 kristallisieren. Am Ende stellen die beiden fest, daß sie sich auseinandergelebt haben. Szabó erzählt diese Geschichte mit viel Filigranarbeit, aber ohne Resignation. Am Schluß bringt eine poetische Metapher noch einmal die Grundidee des Films zum Ausdruck, das Zusammengehörigkeitsgefühl der Ungarn: in einem Telefonamt werden pausenlos Ferngespräche vermittelt und die Namen ferner Städte gerufen.

1971 drehte Szabó verschiedene Dokumentarfilme über Budapest, von denen besonders *Álom a házrol* (»Traum von einem Haus«) berühmt wurde – es waren poetische Liebeserklärungen an eine Stadt, aufgeladen mit Details einer individuellen, manchmal surrealen Phantasie und Erinnerung. Als Weiterentwicklung dieses Kurzfilms kann man den Spielfilm *Tüzoltó utca 25 (Feuerwehrgasse 25*, 1973) betrachten. Dramaturgisch gesehen, ist dies Szabós bisher anspruchsvollstes Werk. Im Mittelpunkt steht die Geschichte eines Hauses und seiner Bewohner; zugleich werden dreißig Jahre ungarischer Vergangenheit rekapituliert, wechselnde Herrschaftsverhältnisse, die Geschichte von Krieg, Bedrohung, Drangsalierung, Emigration, aber diese Geschichte ist zersplittert in kleine Bruchstücke, in symbolisch, zeichenhaft oder surreal überhöhte Ereignisse, über die Fakten legt sich die Subjektivität des Erinnernden, so daß Geschichte hier erfahrbar wird als ein kollektiver innerer Monolog. Da ist der alte Uhrmacher, dessen Tochter sich über das Geländer in den Hof stürzte, die Näherin, die ihren invaliden Mann pflegt, die Hausmeisterin und der Kaufmann, da sind (im Zentrum des Films) ein junger Mann und seine Mutter, da ist die Bäckersfrau, die auf dem Dachboden Menschen versteckte. Den Rahmen des Films bildet eine Nacht, in der die Bewohner des Hauses träumen, sich erinnern, mit Gestalten der Vergangenheit in einen Dialog treten. Es ist schwer, eine Szene, ein Bild dieses Films herauszulösen aus dem Kontext; das Schlußbild allerdings prägt sich besonders stark der Erinnerung ein: nachdem zuvor alle Bewohner das Haus verlassen und die verschiedensten Utensilien ihres Alltags um sich herum abgestellt haben, drehen sie sich noch einmal zu dem Haus um (von dem man zu Beginn erfahren hat, daß es abgerissen werden soll); der Blick, den sie nun auf das Haus richten (und zugleich auf das Objektiv der Kamera, auf die Zuschauer also), ist von zerreißender Intensität. Bewundernswert ist die Kunst des Films, die unzähligen Fragmente des Geschehens miteinander zu verknüpfen, als Momente eines großen Kontinuums erscheinen zu lassen, andererseits auch jedes Stück »Geschichte« als Partikel aus dem Lebensgewebe einer einzelnen Person schmerzhaft bewußt zu machen. Dazu bedient sich Szabó einer virtuosen Technik der Kamerabewegungen, Montagen und Überblendungen.

In *Budapesti mesék* (»Budapester Märchen«, 1977) summieren sich Bilder, Gedanken und Motive aus allen früheren Szabó-Filmen (so das schon in *Vater* präsente Straßenbahn-Motiv); auf der anderen Seite ist dieser Film nicht impressionistisch angelegt, sondern besitzt die Form einer strengen Parabel. Nach »dem« Krieg finden Flüchtlinge am Ufer eines Flusses einen halbumgestürzten Straßenbahnwagen. Sie machen ihn wieder flott, stellen ihn auf die Geleise. Der Wagen bietet ihnen willkommene Unterkunft; sie beschließen, alle ihre Besitztümer in ihm unterzubringen und ihn bis zu ihrem nächsten Ziel zu schieben, der Stadt. Mehr und mehr Flüchtlinge schließen sich ihnen an, immer abenteuerlicher wird der Straßenbahnwagen ausstaffiert. Auch ein Fluß kann sie nicht aufhalten: die Straßenbahn wird in Einzelteile zerlegt und auf einem Floß über Wasser transportiert. Als sie nach Überwindung vieler Hindernisse, mancher Querelen und Auseinandersetzungen endlich in die Nähe der Stadt kommen, sehen sie – ein charakteristisches Szabó-Finale –, wie aus anderen Richtungen viele Menschen andere Straßenbahnwagen schieben. Verschiedene Möglichkeiten der philosophischen Deutung dieses Films bieten sich an, aber man muß nicht unbedingt nach einem »Schlüssel« suchen, denn der Zuschauer wird zunächst einmal mit der sehr realen, konkreten, physisch greifbaren Qualität der unzähligen Wirklichkeitsfragmente konfrontiert, aus denen dieser Film besteht, mit der Menschlichkeit und Evidenz von Verhaltensweisen – selbst wenn dieses und jenes Motiv eine metaphorische Qualität besitzt (der Vogel, der mit seinem Käfig davonfliegen will; der Fisch, dessen Aquarium im Wasser schwimmt). Szabó entfaltet in *Budapester Märchen* – man möchte diesen Film eine abgewandelte »moralische

Geschichte« nennen – ein Panorama menschlichen Hoffens und Planens, menschlicher Initiative selbst unter den Bedingungen der Absurdität, der Unerkennbarkeit des Schicksals.

Die jüngere Generation: Engagierte und Ästheten

István Gaál (geb. 1933) erhielt seine Ausbildung zum Teil in Italien und arbeitete zunächst an Dokumentarfilmen und Wochenschauen. Sein Debütfilm *Sodrásban (Im Strudel*, 1964) mutet wie eine Variante von Antonionis *L'Avventura* an: eine Gruppe von Jungen und Mädchen amüsieren sich sorglos am Ufer eines Flusses, als plötzlich einer der Jungen unter mysteriösen Umständen verschwindet; er ist, wie sich bald ergibt, beim Tauchen ertrunken. Der Film geht den Veränderungen nach, die der Tod des Jungen in den Beziehungen der übrigen untereinander bewirkt. *Zöldár* (»Grüne Flut«, 1965) und *Keresztelö* (»Die Taufe«, 1968) zeigten sich mehr an konkreter Gesellschaftskritik interessiert: *Grüne Jahre* erzählt die Geschichte eines Studenten aus den fünfziger Jahren, in *Die Taufe* sieht sich ein erfolgreicher Bildhauer plötzlich mit den Idealen seiner Jugend konfrontiert, von denen er sich inzwischen entfernt hat; die widerrechtliche Verhaftung eines Protagonisten in der Stalinzeit spielt in dem Film eine wichtige Rolle. Gaáls Ansehen leitet sich vor allem von seinen beiden letzten Filmen her, *Magasiskola* (»Die Falken«, 1970) und *Holt vidék* (»Tote Landschaft«, 1971). *Die Falken* sind eine Parabel: ein junger Ornithologe kommt aufs Land zu einer Station, wo von Spezialisten Raubvögel dressiert werden (die fischfressende Vögel töten sollen). Er erlebt dort ein quasi faschistisches Regime: die Beziehungen der Menschen untereinander sind dumpf und von absoluter Disziplin geregelt, um die Falken wird ein irrationaler Kult getrieben. Der Chef der fanatischen Equipe ist eine Art Weltverbesserer. Es ging Gaál darum, anhand dieser seltsamen Geschichte Grundmuster einer autoritären Ordnung herauszuarbeiten. Das gelang ihm durch die Benutzung der Landschaft als Ausdrucksmittel (ähnlich wie bei Jancsó), durch die Verwendung des Lichts, durch graphische Stilisierung des Bildes. Auch *Tote Landschaft* entwirft ein negatives gesellschaftliches Modell: in einem von seiner Bevölkerung verlassenen Dorf, das gerade administrativ von der Landkarte gestrichen wurde, versucht eine Familie dennoch weiterzuleben. Sie scheitert schließlich an der Isolation, an der Angst, an der fehlenden Kommunikation.

Ende der sechziger und Anfang der siebziger Jahre trat eine weitere Gruppe ungarischer Regisseure und Regisseurinnen mit ihren ersten Werken hervor. Zu ihnen gehören Péter Bacsó und Márta Mészáros. Péter Bacsó (geb. 1928) drehte eine Reihe sozial engagierter Filme, die in ihrem dokumentarischen Realismus, in ihrer Ausrichtung auf aktuelle gesellschaftliche Probleme in der Tradition von András Kovács stehen. In *Nyár a hegyen* (»Sommer auf dem Berge«, 1967) stößt ein junger Maler auf der Suche nach einem geeigneten Arbeitsgelände auf ein ehemaliges, nun verödetes Internierungslager der Stalinzeit; er lernt auch einen früheren Häftling und den Lagerleiter kennen; in einer idyllischen Umgebung brechen alte Konflikte wieder auf. Bacsó verzichtet freilich auf Rückblenden (denen er auch sonst abhold ist) und läßt seinen Film ausschließlich in der Gegenwart spielen. In einem engeren Zusammenhang stehen Bacsós spätere Filme *Kitörés* (»Ausbruch«, 1970), *Jelenidö* (*Gegenwart*, 1971) und *A Harmadik nekifutas* (*Der dritte Anlauf*, 1973): alle drei behandeln spezifische Probleme der Arbeitswelt, man könnte sie sogar in Beziehung setzen zu den westdeutschen »Arbeiterfilmen«. *Ausbruch* schildert den Aufstieg des jungen Arbeiters Laci, der sich eines Tages in seinem Betrieb unbeliebt macht, als er im Fernsehen gegen die korrupte leitende Clique des Betriebs polemisiert; vorübergehend versucht der Protagonist sein Glück mit individualistischer

Schweinezucht. In *Gegenwart* gerät ein Gütekontrolleur mit der Betriebs- und Gewerkschaftsleitung in Konflikt, weil er es mit seinen Aufgaben zu genau nimmt. Und in *Der dritte Anlauf* ist ein Generaldirektor, der früher einmal Schweißer war, mit den Zuständen in seinem Betrieb derart unzufrieden, daß er zurücktritt und wieder Schweißer wird. Kennzeichen der Bacsó-Filme ist ihre stark auf dem Drehbuch und auf Dialogen beruhende Konzeption. Dafür zeigen sie Mut und Konsequenz in der Aufspürung sozialer Probleme, die auch im Sozialismus bestehen; es gibt in ihnen keine Schematisierung oder oberflächlich harmonisierende Lösungen. Nach seinen »Arbeiterfilmen« drehte Bacsó 1974 eine musikalische Komödie, *Szikrázo lányok* (»Funkensprühende Mädchen«), die unter den Arbeiterinnen einer Konservenfabrik spielte, sowie zwei Komödien, *Ereszd el a szakállamat!* (»Laß meinen Bart los!«, 1975) und *Zongora a levegöben* (»Klavier in der Luft«, 1977).

Márta Mészáros (geb. 1931) studierte an der Moskauer Filmhochschule WGIK. Sie drehte zunächst populärwissenschaftliche und Dokumentarfilme. In ihrer Spielfilmproduktion (ab 1968) hat sie sich stets mit der Situation von Mädchen und Frauen beschäftigt. Ihre Filme sind kühl, aber intelligent konstruiert; sie sind von einer besonderen Menschlichkeit, die nicht viele Worte macht und keine pathetischen Gesten benötigt; aus ihnen spricht eine Haltung der Solidarität gegenüber ihren Hauptpersonen, oft auch Skepsis und Bitterkeit. Ihre Protagonistinnen sind meistens wortkarg, weil die Indifferenz der Umwelt für sie zur Grunderfahrung wurde. So im Falle von *Eltávozott nap* (»Der vergangene Tag«, deutscher Fernsehtitel: *Das Mädchen*, 1968): ein junges Mädchen, Arbeiterin, beschließt, ihre Mutter zu besuchen, deren uneheliches Kind sie ist und mit der sie kaum noch Kontakt hat; die Mutter hat ihrem jetzigen Mann die Existenz der Tochter verheimlicht. Später begegnet sie einem Mann, der (vermutlich) ihr Vater ist. Bei ihrer Begegnung mit der Elterngeneration erfährt das Mädchen wenig Zuneigung, eher Verlegenheit und schlechtes Gewissen. Sie nimmt das kühl auf, ohne sichtbare Bewegung, und verarbeitet diese Erfahrungen im Prozeß ihrer eigenen Emanzipation. In *Holdudvar* (»Die Aura des Mondes«, deutscher Fernsehtitel: *Gewitterwolken*, 1969) sucht eine schon ältere Frau sich nach dem Tod ihres Mannes, eines anerkannten Ökonomen, von ihrer Vergangenheit und der Welt der Privilegien zu lösen, in der sie bislang zu Hause war; dabei gerät sie in Konflikt mit ihrem Sohn, dem einstigen Rebell, der jetzt das Erbe des Vaters wahren möchte. Auch hier verzichtet Márta Mészáros auf melodramatische Zuspitzungen. Aus einer ironischen Distanz betrachtet sie die Welt der Konventionen und der Privilegien. Nach einem Musikfilm über Jugendliche, *Szép lányok, ne sirjatok* (*Schöne Mädchen, weinet nicht*, 1970), griff Márta Mészáros in *Szabad lélegzet* (*Freier Atem*, 1973) wieder einen interessanten sozialen Konfliktfall auf: eine junge Arbeiterin freundet sich mit einem Studenten an, dessen Eltern es im Ungarn von heute »zu etwas gebracht« haben und ein eigenes Haus bewohnen. Als die Eltern des Jungen jedoch vom sozialen Status des Mädchens erfahren, kehren sie ihre Reserven hervor, denen sich auch der Sohn nicht zu widersetzen vermag. Der Film hat den Mut, einen sozialen Konflikt (eigentlich einen Klassenkonflikt) konsequent herauszuarbeiten und ihm kein harmonisches Finale anzufügen. Die Selbstgefälligkeit einer neuen Bourgeoisie, das bezeichnende, sehr unterschiedliche Verhältnis des Mädchens und des Jungen zu den jeweiligen Eltern, die Atmosphäre am Arbeitsplatz des Mädchens, einer großen, lärmerfüllten Textilfabrik, das alles wirft der Film mit skizzenhaften, aber scharfen Strichen hin. Als Teil der Vorarbeiten zu dem Film entstand ein kurzer Dokumentarstreifen, *A lörinci fonóban* (»In der Spinnerei von Lörinc«, 1971).

In *Örökbefogadás* (*Adoption*, 1975) geht es um Freundschaft und Solidarität zwischen zwei Frauen, einer Vierzigjährigen, die allein lebt und sich ein Kind wünscht, und einem achtzehnjährigen Mädchen aus einem Erziehungsheim. Der Film beschreibt das konfliktreiche Verhältnis der beiden Frauen zu ihrer Umwelt, zu ihren männlichen Partnern, und das allmähliche Entstehen einer Atmosphäre des Vertrauens zwischen ihnen. Dabei werden auch bestimmte Aspekte der Diskriminierung der Frau in der Gesellschaft gezeigt (Entsetzen und Entrüstung bei männlichen Gästen eines Restaurants, als die beiden Frauen an einem Tisch sitzen und sich ausgelassen benehmen). Die beiden Frauen »halten sich in gewisser Weise das Spiegelbild des gleichen Kampfes entgegen; sie glauben an das Glück, aber nicht an das Glück des Herzens aus ›Frauenromanen‹; ihnen gemeinsam ist ein selteneres Gefühl, geboren aus der Einsamkeit, gespeist vom leidenschaftlichen Bedürfnis nach Anteilnahme.« (Louis Marcorelles)[76] *Adoption* ist einer der sensibelsten, realistischsten, parteilichsten »Frauenfilme«, die bislang gedreht wurden.

In *Kilenc honap* (»Neun Monate«, 1976) beschäftigt sich Márta Mészáros mit den Problemen einer alleinstehenden arbeitenden Frau. Juli, die Protagonistin, arbeitet in einem Stahlwerk; sie hat eine Beziehung zu Janos, einem Werkmeister der Fabrik, von dem sie ein Kind erwartet (ein anderes hat sie schon aus einer früheren Beziehung). Schon bald erweist sich, daß Janos nur daran denkt, sein eigenes Haus zu bauen, daß er Julis Emanzipationsbestrebungen (ihr Abendstudium) mit Mißtrauen betrachtet, zudem ihr uneheliches Kind vor seiner Familie verheimlicht. So entschließt sich Juli, wieder allein zu leben und auch ihr zweites Kind allein zur Welt zu bringen. Gegenüber *Adoption* ist *Neun Monate* stärker emotional, auch dramaturgisch einfacher konstruiert, bleibt mehr im Bereich einer privaten Fabel; erst gegen Schluß gibt Márta Mészáros der Geschichte eine Wendung ins Allgemeine, Beispielhafte. Zu den Qualitäten des Films gehört auch hier das starke Engagement der Regisseurin, die realistische Milieubeschreibung (Fabrik, Siedlung) und Typenzeichnung (die Familie von Janos), vor allem die ambivalente, keineswegs oberflächliche Charakterbeschreibung des männlichen Protagonisten.

Neben Bacsó und Márta Mészáros gibt es einige jüngere ungarische Regisseure, die besonderen Wert auf formale Schönheit und ästhetisches Raffinement ihrer Filme legen. Diese »kalligraphische« Tendenz, die in gewissem Umfang den gesamten ungarischen Film der siebziger Jahre charakterisiert (sie signalisiert einen Rückzug aus der Wirklichkeit in die Gefilde der Kunst), gilt in besonderem Maße für Sándor Sára, Ferenc Kósa und Zoltán Huszárik. Sándor Sára (geb. 1933) war zunächst Kameramann in Spiel- und Dokumentarfilmen (u. a. bei Gaál, Ferenc Kósa und István Szabó); in eigener Regie inszenierte er den Film *Feldobott kö* (*Der geworfene Stein*, auch bekannt unter dem Titel »Wie der Kies fällt«, 1969). Dies ist die Geschichte eines jungen Mannes, der wegen der bürgerlichen Vergangenheit seines Vaters nicht zum Studium an der Filmhochschule zugelassen wird; als Landvermesser kommt er in die Provinz, wo er Zeuge wird, wie rücksichtslos die staatlichen Organe mit Bauern (bei der Zwangskollektivierung) und Zigeunern (bei aufgezwungenen Gesundheitsaktionen) vorgehen. Nicht allein der selbstkritische Aspekt ist bemerkenswert an diesem Film, sondern die Artikulation der Erzählung in expressiven Bildern, die mehr als alles andere in der Erinnerung haftenbleiben: so die Aufnahmen aus großer Höhe, während viele Menschen sich über die Felder verteilen – eine poetisch eindringliche Darstellung des Vorgangs der Landvergabe; oder die Großaufnahmen der Zigeunergesichter, während sie gewaltsam der Desinfektion unterzogen werden. 1974 drehte Sára *Holnap lesz fácán* (»Morgen wird es Fasan geben«), eine Satire, in deren Verlauf eine idyllische Flußinsel in ein überorganisiertes Ferienlager verwandelt wird; der Film zeigte Ansätze zur sozialen Parabel. Die intensive Bildsprache gehört auch zur Charakteristik von Ferenc Kósas (geb. 1937) *Tizezer nap* (»Zehntausend Sonnen«, 1967). Der Film, der einen (durchaus kritischen) Querschnitt durch 30 Jahre ungarischer Geschichte auf dem Lande gibt, wurde durch soziologische Forschungs- und Umfragearbeiten vorbereitet, »eine Konzeption, wie sie Bartók und Kodály beim Sammeln der Volksmusik angewandt hatten«. (Kósa)[77] Faszinierend wirkte der Film durch seinen balladesken Tonfall, durch die geometrische Stilisierung der Bilder, die Verfremdung mancher Einstellungen bis ins Visionäre. Auch in seinen folgenden Spielfilmen bewährte Ferenc Kósa sein Talent zur epischen Erzählweise: In *Nincs idö* (»Jenseits der Zeit«, 1972), dem Bericht eines Hungerstreiks kommunistischer Gefangener in einem ungarischen Gefängnis der Vorkriegszeit, einem Film, der eine wahre Obsession vom Thema »Gefangenschaft« erkennen läßt; *Hószakadás* (»Schneefall«, 1974) wurde dagegen im Dekor von Bergen, Wäldern und Schneelandschaften gedreht und erzählt von einem Soldaten des Zweiten Weltkriegs, der von einem übereifrigen faschistischen Offizier als vermeintlicher Deserteur ertappt wird.

Der dritte große Kalligraph des neueren ungarischen Films ist Zoltán Huszárik (geb. 1931), der 1966 erstmals mit einem surrealistischen Kurzfilm über Pferde, *Elegie*, hervortrat. Huszáriks Hauptwerk *Szindbád* (*Sindbad*, 1972) ist das extreme Beispiel einer Kinematographie, die scheinbar nur noch dem Kult überirdisch verklärter Bilder huldigt. Die Raffinesse einer Fotografie (Sándor Sára), die sich auf die impressionistischen Reize von Farben und Formen, auf die schöne, kulinarisch genießbare Oberfläche der Dinge konzentriert, scheint kaum noch zu überbieten: dies ist – im buchstäblichen wie im übertragenen Sinne – ein Film der Feinschmecker für Feinschmecker. Nach Novellen des ungarischen Autors Gyula Krudy konzipiert, beschreibt er die melancholischen Erinnerungen eines gealterten Bonvivants und Don Juans an frühere Abenteuer und Begegnungen. Freilich kommt zum optischen Raffinement des Films noch eine Doppeldeutigkeit der Perspektive hinzu: die Exaltation des Augenblicks ist vermischt mit der Vorahnung des Todes. Durch eine eigenwillige Montagetechnik fügt Huszárik immer wieder faszinierende Mikroansichten der Natur ein, die den Akzent auf ihre Stofflichkeit legen und ein Gegenelement zur Erzählung bilden. Dennoch ist ein Film wie *Sindbad* ein Indiz für den im ungarischen Film der siebziger Jahre um sich greifenden Kult des Preziösen, der immer zunehmenden formalen Verfeinerung, der parallelgeht mit einer Hinwendung zu historischen und literarischen Sujets. Künstlichkeit, Manierismus sind die Gefahren, denen der ungarische Film heute zu begegnen hat, jedenfalls im Bereich der ambitionierten Produktion. Die Kritikerin Yvette Biro wies schon 1967 auf diese Tendenz hin:

»Seelenvolle, herzbewegende Landschaften, schwarze Silhouetten der gegen Himmel strebenden Pyramidenpappeln, enge Bauernküchen, müde, alte, durch übermenschliche Arbeit geaderte Hände, schwarze Kopftücher und demütige Schultern tauchen in unserem Gedächtnis in schier unendlicher Reihe auf. Wie schön! – sagen wir mit Andacht. Wieviel edler Glanz, reine Poesie. (...) Eine ganze Generation sucht in ihr ihre ›reinen Quellen‹. (...) Aber warum dieses gemütserregende Pathos, die Rührseligkeit des Wiederfindens?«[78]

Auch einige weitere ungarische Regisseure der jungen Generation, die nicht zu den »Kalligraphen« gehören, verdienen Aufmerksamkeit. Pál Gábor (geb. 1932) drehte eine Reihe realistischer Gegenwartsfilme: *Tiltott terület* (»Verbotenes Gebiet«, 1969), über den Brand einer Fabrik und die Suche nach den Schuldigen; *Horizon* (»Horizont«, 1971), die Geschichte eines jungen Mannes, der gegen das Schulleben rebelliert und Bürobote wird, mit seinem neuen Dasein aber auch nicht zufrieden ist; und *Utazás Jakabbal* (*Reise mit Jakob*, 1972), die Chronik zweier junger Leute, die als Kontrolleure für Feuerlöscher durch das Land reisen. Oder Zsolt Kézdi Kovács (geb. 1936), ein ehemaliger Assistent Miklós Jancsós, der 1970 mit *Mérsékelt égöv* (»Gemäßigte Zone«) begann, einer Auseinandersetzung mit Überbleibseln stalinistischer Mentalität. *Romantika* (»Romantik«, 1972) beschreibt die Beziehungen eines Adeligen und eines Wegelagerers im 17. Jahrhundert; in seiner Thematik bescheiden, aber von sympathischer Aufrichtigkeit und Frische in der Personenzeichnung ist Kézdi Kovács' letzter Film *Ha megjön József* (»Wenn Joseph zurückkommt«, 1976), in dem eine junge Frau zusammen mit ihrer wenig geliebten Schwiegermutter auf die Rückkehr des zur See fahrenden Ehemannes wartet (einer der wenigen unprätentiösen, aber realistischen Gegenwartsfilme der letzten Zeit aus Ungarn). Judit Elek (geb. 1937) drehte bereits 1969 einen Spielfilm, *Sziget a szárazföldön* (»Insel im Festland«, auch bekannt als: »Die Dame aus Konstantinopel«), in dessen Mittelpunkt eine alte Dame stand, die ihre Wohnung wechseln muß; dann aber realisierte sie 1974 und 1975 das zweiteilige dokumentarische Porträt eines ungarischen Dorfes und seiner Bewohner: *Istenmezején 1972–1973* (Istenmezején ist der Name des Dorfes) und *Egyszerü történet* (»Eine einfache Geschichte«); im Mittelpunkt dieser beiden langen Filme, die man mit dem Genre des ›Cinéma-vérité‹ in Verbindung bringen könnte, standen zwei Mädchen, die Judit Elek mit der Kamera über längere Zeit hinweg verfolgte. Die beiden Filme geben ein ungeschminktes, eindringliches Bild der sozialen und psychologischen Verhältnisse in der ungarischen Provinz; sie repräsentieren eine bedeutende Leistung des zeitgenössischen Dokumentar- oder Non-fiction-Films. Gyula Maár (geb. 1934) machte mit einem vielversprechenden Erstlingsfilm auf sich aufmerksam: *Végül* (»Am Ende«, 1974) ist das differenzierte Porträt eines alten Mannes, der nach der Verstaatlichung vorübergehend an der Spitze eines Betriebes steht, dann aber abgelöst und schließlich pensioniert wird. Er überdenkt seine Situation, setzt sich mit seinem Sohn auseinander, der eine andere Einstellung zu den Dingen hat, besucht seine Schwester auf dem Land (dorthin unternimmt er jene Reise in die Vergangenheit, die auch viele andere ungarische Filme abhandeln). Maárs darauffolgender Film, *Déryné, hol van?* (»Wo sind Sie, Frau Dery?«, 1976), das Porträt einer großen Schauspielerin zu Beginn des 19. Jahrhunderts, fiel mehr in die Kategorie des formal angestrengten, nostalgischen Kunstfilms. János Rózsa (geb. 1937) drehte 1974 einen sensiblen und handwerklich gutgemachten Film nach der Autobiographie des Filmtheoretikers Béla Balazs, *Almodo ifjusag* (»Die Jugend eines Träumers«); *Pókfoci* (»Spinnenfußball«, 1977) ist eine Satire: in einer Berufsschule wird das schlechte Ergebnis einer offiziellen Überprüfung vertuscht. An der Grenze zum Dokumentarischen steht Pál Zolnays *Fotográfia* (»Fotografie«, 1972), ein Film über zwei herumziehende Fotografen, die Bauern auf dem Lande fotografieren und sich dabei deren Leben erzählen lassen. Hier verschmolz Erfindung mit Dokumentarischem; auch dieser Film ist ein weiteres Zeugnis für das Interesse an der dokumentarischen Methode, das in der ungarischen Kinematographie einen Gegentrend zum »Kalligraphismus« bildet. István Dárday (geb. 1940) schildert in *Jutalomutazás* (»Wer fährt nach England?«, 1974), wie ein Junge für eine Reise nach England ausgewählt wird, dann aufgrund des Einspruches seiner Eltern doch nicht fahren kann – Verhältnisse, die den von Judit Elek dokumentarisch festgehaltenen stark ähneln. Danach drehte Dárday im Béla-Balázs-Studio (wo junge Regisseure auf kollektiver Grundlage unter Bedingungen weitgehender Freiheit Filme machen können) mehrere lange Dokumentarfilme unter dem Titel *Nevelésügyi sorozat* (»Serie über die Erziehung«, auch: »Die sozialistische Erziehung«). Ferenc Kardos (geb. 1937) begann 1965 mit *Gyerekbetegségek* (»Kinderkrankheiten«, Koregie János Rózsa); *Ünnepnapok* (»Festtage«, 1967) erzählt von den Schwierigkeiten eines alten Csepel-Arbeiters, Verständnis für die Generation seiner Söhne und Enkel aufzubringen, deren Auffassungen dem Alten oberflächlich vorkommen. Der Film enthält interessante Parallelen mit Maárs später gedrehtem *Am Ende*. 1972 drehte Kardos *Petöfi 73*, ein stilisiertes Porträt des Dichters und Revolutionärs, gesehen durch die Augen der jüngeren Generation. *Hajdúk* (»Die Heiducken«, 1975), ein historischer Ausstattungsfilm, fiel dagegen konventionell aus.

Unter den Debütfilmen des Jahres 1976 ist *Identifikation* von László Lugossy zu nennen (auch bekannt als »Der Mann ohne Namen«, 1976), die Geschichte eines Mannes, der nach 1945 unter falschem Namen aus sowjetischer Kriegsgefangenschaft zurückkehrt und nun Schwierigkeiten hat, seine alte Identität wiederzugewinnen, sowie *Vörös rekviem* (»Requiem für einen Revolutionär«, 1976) von Ferenc Grunwalsky. Grunwalsky, der auch aus dem Béla-Balász-Studio hervorgegangen ist, erzählt in nichtchronologischem, aber heroisch-monumentalem Stil die Geschichte eines ungarischen Revolutionärs, der 1932 zum Tode verurteilt und hingerichtet wird.

Pal Sandor (geb. 1939) berichtet in *Herkulesfürdöi emlék* (»Merkwürdige Rolle«, 1976) die Geschichte eines Kommunisten, der sich nach dem Ende der Räterepublik von 1919, als Frau verkleidet, in einem Damen-Sanatorium versteckt – der Film schwelgt in subtilen Bildkompositionen und nostalgischer Stimmungsmalerei; Rezsö Szörény beschäftigt sich in *Tükörképek* (»Spiegelbilder«, 1976) mit der Schizophrenie einer jungen Frau; bemerkenswert ist auch *Amerikai anzix* (»Amerikanische Ansichtskarte« oder »Amerikanischer Torso«, 1976) von Gábor Bódy (geb. 1946), eine Studie über den amerikanischen Sezessionskrieg, in deren Mittelpunkt ein ungarischer Landvermesser steht. In steter Verflechtung mit der Entwicklung von Handlung und Situation untersucht der Regisseur systematisch die Ausdrucksmöglichkeiten der Filmsprache, so daß *Amerikai anzix* zu den wenigen Beispielen eines authentischen Experimentalfilms im Bereich des Kinos der sozialistischen Länder gehört.

Egon Günther
Die Schlüssel
1974
DDR

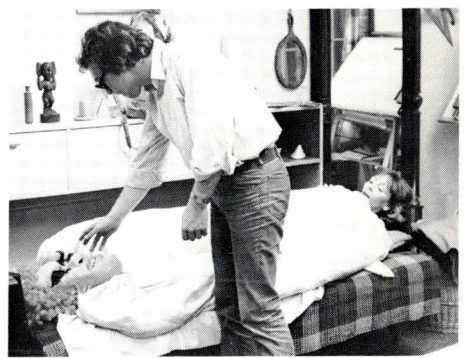

Evald Schorm
Návrat ztraceného syna
(Die Rückkehr des verlorenen Sohns)
1966
ČSSR

Der tschechoslowakische Film erlebte in den sechziger Jahren die fruchtbarste Periode seiner bisherigen Geschichte. Schon Ende der fünfziger Jahre gab es einzelne Versuche der Emanzipation des Kinos von allzu starren Doktrinen, die jedoch die Situation nicht grundlegend veränderten. Der tschechoslowakische Film dämmerte, von Ausnahmen abgesehen, in akademischer Routine dahin; repräsentiert wurde er um 1960 von bewährten Regisseuren wie Vávra, Krejčík, Weiss, Kachyňa, Kadár und Klos. Änderungen machten sich ab 1962 bemerkbar, als eine Generation jüngerer Filmemacher, die die renommierte Prager Filmschule FAMU absolviert hatten, selbst zur Filmregie drängten. Eine zunehmende Liberalisierung des kulturpolitischen Klimas (bis hin zum »Prager Frühling« 1968) begünstigte die Arbeit der jungen Filmemacher. Miloš Forman, Jiří Menzel, Jaromil Jireš, Véra Chytilová, Jan Němec und Evald Schorm waren die wichtigsten neuen Regisseure, die zwischen 1962 und 1965 den tschechoslowakischen Film revolutionierten. Man sprach nun von einer tschechoslowakischen ›Neuen Welle‹ – es konnte nicht verborgen bleiben, daß die Filme der französischen ›nouvelle vague‹ auch in der ČSSR ein Echo gefunden hatten, ebenso wie in Ungarn oder Polen. Der neue tschechoslowakische Film formierte sich vor allem aus der Opposition gegen die herrschende Filmpraxis der fünfziger Jahre mit ihrem Dogmatismus und ihrer Schönfärberei. Zu den Merkmalen der tschechoslowakischen ›Neuen Welle‹ gehören: offene oder verschlüsselte Kritik am Stalinismus oder »Personenkult«; ein Streben nach Authentizität in der Darstellung von Erfahrungen, das sich bis in die Ästhetik der Filme fortsetzt; ein scharfer Blick für die Oberfläche der Wirklichkeit, für Details und Atmosphäre, die Entwicklung eines »pointillistischen Realismus«; ein Sinn für das Groteske und Skurrile, Karikaturistische sowie, bei einigen Regisseuren, eine ausgeprägte Neigung zur Parabel, zur Allegorie. Mitte der sechziger Jahre konnten die Filme der tschechoslowakischen ›Neuen Welle‹ eine überdurchschnittliche Zahl von Preisen auf internationalen Festivals erringen.

Abrupt beendete der Einmarsch der Truppen des Warschauer Pakts in die ČSSR am 21. August 1968 das Experiment des Prager Reformkommunismus und damit auch die Blütezeit der tschechoslowakischen Kinematographie. Zwar konnte das Kino der jungen Regisseure auch unter der Okkupation etwa noch ein Jahr ein verstecktes Dasein führen, manche Filme wurden noch gedreht und sogar exportiert, bis Ende 1969 die Entwicklung zu einem endgültigen Stillstand kam. Fast alle Regisseure des neuen tschechoslowakischen Kinos erhielten Arbeitsverbot; ihre früheren Filme wurden nicht mehr gezeigt. Einige Regisseure emigrierten: so Jasný, Kadár und Klos, Jiří Weiss, Miloš Forman, Ivan Passer. Die blieben, konnten zunächst jahrelang keine Filme mehr drehen. Kirchhofsruhe beherrschte den tschechoslowakischen Film, der in Provinzialität und politischen Dogmatismus versank. Jireš und Menzel durften schließlich gegen Mitte der siebziger Jahre wieder erste, wenn auch schüchterne und unverfängliche Filme machen.

Bis 1967 betrug die tschechoslowakische Filmproduktion etwa 40 Spielfilme pro Jahr.

Welche Motive bewegten die jungen tschechoslowakischen Regisseure, die 1962 ihre ersten Filme drehten?

Darauf gibt der tschechische Kritiker Jan Žalman in einer 1968 erschienenen Broschüre Auskunft: »Wo soll man die Wurzeln dieser Rebellion suchen? Zehn Jahre, einerseits erfüllt von einem messianischen Glauben an den Sozialismus und vom Aufbaufieber, andererseits vom kalten Krieg, von Isolation, von der Drohung einer Atomkatastrophe und den Praktiken des Dogmatismus, brachten eine ›Erschütterung über den Verlust der Werte‹. (. . .) Die alten Formen waren morsch geworden. Die normative Ästhetik von gestern kodifizierte im wesentlichen die künstlerische Lüge und kompromittierte die realistische Kunst eher, als sie zum Siege zu führen. Aug in Aug dieser Kunst, die in ihrer eigenen Ratlosigkeit nicht von der Stelle kommt, halten die Jungen nach anderen Normen Ausschau. Sie sind hingerissen vom ›Leben, wie es ist‹ . . . Die persönliche Erfahrung wird rehabilitiert. Sie wird zu einem unerläßlichen Kriterium in dem Meer von Ungewißheiten, die uns umgeben.«[79]

Die Arbeit der jungen tschechoslowakischen Regisseure war stark den Maximen »Realismus« und »Wahrheit« verpflichtet; deswegen ließen sie sich in ihrer ersten Entwicklungsphase vom französischen ›Cinéma-vérité‹ und seiner Interviewtechnik beeinflussen, wobei ihr Wahrheitsbegriff sich polemisch absetzte von einer vorfabrizierten Pseudowahrheit und statt dessen eine Wahrheit der individuellen Erfahrung anstrebte.

1962 und 1963 kamen die ersten Werke des jungen tschechoslowakischen Films heraus. Věra Chytilová, Miloš Forman und Jaromil Jireš waren die »Schrittmacher« der Bewegung. Bei den Filmen Věra Chytilovás und Miloš Formans ist die Inspiration vom ›Cinéma-vérité‹ besonders deutlich. Hier werden Vorgänge inszeniert, die so nahe an der Wirklichkeit stehen, daß sie kaum von ihr zu unterscheiden sind. Das Bekenntnis zur Subjektivität des Filmautors und die Bemühung um authentische Wirklichkeitserfassung sind, strenggenommen, zwei gegensätzliche Tendenzen; sie sind in ihrer Widersprüchlichkeit in den Werken einiger tschechischer Filmemacher zu beobachten. Věra Chytilová (geb. 1929) begann 1962 mit dem Kurzfilm *Strop* (»Die Decke«), ihrer FAMU-Examensarbeit, dem Bericht über die Krise eines Mädchens, dem ihr Beruf als Mannequin plötzlich zu schal vorkommt, einem Film sehr persönlichen, wenn nicht autobiographischen Charakters. *Pytel blech* (*Ein Sack Flöhe*, 1962) war dagegen ein filmsoziologischer Essay, der jungen Textilarbeiterinnen aus einem Internat das Wort erteilte; er kann als »gespielte Reportage« gekennzeichnet werden. Eine Kombination von dokumentarischen und inszenierten Teilen zeichnete Věra Chytilovás nächsten Film aus, *O něčem jiném* (*Von etwas anderem*, 1963). Darin konfrontierte die Regisseurin ohne vordergründige Parteinahme den Alltag zweier Frauen – einer bekannten Sportlerin, deren Leben mit rastlosem Training ausgefüllt ist, und den einer Hausfrau und Mutter, die unter der Leere ihres Daseins leidet; während das Training der Sportlerin dokumentarisch gezeigt wird, ist die zweite Handlungslinie fiktiv. Die beiden Geschichten berühren sich nie, aber spiegeln sich aneinander, jedes Leben stellt das andere in Frage; aufgrund seiner originellen Konzeption löst der Film Gedanken und Fragen aus, auf die Věra Chytilová jedoch keine Antwort liefert (der Film läßt sogar gegensätzliche Interpretationen zu), mit denen der Zuschauer vielmehr selbst fertig werden muß. Nach einer Episode zu dem Gemeinschaftsfilm *Perličky na dně* (»Perlen auf dem Meeresgrunde«, 1965), an dem auch Jaromil Jireš, Evald Schorm, Jan Němec und Jiří Menzel mitwirkten, einem wahren Anthologiefilm der tschechoslowakischen ›Neuen Welle‹, realisierte Věra Chytilová 1967 ihren vielleicht schönsten und eigenwilligsten Film: *Sedmikrásky* (*Tausendschönchen*

– *kein Märchen*). Er handelt (oder gibt vor zu handeln) von zwei unzertrennlichen jungen Mädchen, die beide Marie heißen (offensichtlich ist die eine die Doppelgängerin oder das tiefenpsychologische Spiegelbild der anderen) und eines Tages beschließen, angesichts der Pervertiertheit der Welt selber ein »pervertiertes« Leben zu führen. Sie ersinnen zahlreiche Tricks, um die Gesellschaft hinters Licht zu führen; sie stiften Verwirrung in einem Nachtklub, düpieren reiche Spießbürger, stehlen Geld aus Schubladen. Sie führen ein Leben des reinen Parasitentums; ihre Hauptbeschäftigung besteht im Essen. Am Schluß sieht man beide, in Zeitungstitelseiten eingeschnürt, wie hilflose Pakete auf einem Tisch liegen. Věra Chytilová nannte ihren Film ein »burleskes philosophisches Dokument«. Tatsächlich ist der Film ebenso vergnüglich wie tiefsinnig und vieldeutig. Er ist sicherlich kaum als Angriff auf den Anarchismus der beiden Mädchen zu verstehen; eher halten diese durch ihre Aktionen einer in Selbstzufriedenheit erstarrten Welt den Spiegel vor. Wie alle bedeutenden Filme ist *Tausendschönchen* auch ein Beitrag zur Selbstreflexion des Mediums Film; was der Film sagen will, drückt er in seiner Form aus, im Durchbrechen der eigenen Logik, dem Durcheinanderwürfeln von Dramaturgie und Bildstruktur. *Tausendschönchen* war einer der radikalsten und modernsten Filme, die in der ČSSR entstanden. Stärker symbolisch verschlüsselt gab sich der Film, den Věra Chytilová 1968 als tschechoslowakisch-belgische Koproduktion drehte, der aber erst 1970 im Westen aufgeführt wurde: *Ovoce stromů rajských jíme* (»Die Frucht des Paradieses«). Äußerlich geht der Film von der Geschichte des Sündenfalls aus, dessen Protagonisten hier Eva und Joseph heißen; die Schlange erscheint in Gestalt eines bärtigen, ganz und gar in Rot gekleideten Verführers namens Robert. Es geht um die Frage des Weiterlebens nach der Erkenntnis der Wahrheit; zwischen den Zeilen sind symbolisch-allegorische Anspielungen auf die Besetzung der ČSSR 1968 zu erkennen. Erst 1976/1977 konnte die Regisseurin wieder einen Film drehen: *Hra o jablko* (»Spiel um den Apfel«), eine Komödie, die in einer Entbindungsstation spielt und deren Protagonisten ein Arzt und eine Krankenschwester sind. Obwohl an der Oberfläche in einem scheinbar unverbindlichen Stil angelegt, offenbart der Film zwischen den Zeilen Věra Chytilovás besonderes Temperament, ihre Sensibilität und Phantasie; deutlich ist der Film von der Perspektive der Heldin aus erzählt.

Der pointillistische, skurrile Realismus, wie er den tschechoslowakischen Film der sechziger Jahre zum großen Teil charakterisiert, fand seine erste (und prägnanteste) Ausprägung im Werk von Miloš Forman (geb. 1932). *Černý Petr* (*Der schwarze Peter*, 1964) schildert mit großer Detailgenauigkeit den Alltag eines 16jährigen Lehrlings in einem Einzelhandelsgeschäft, dem seine Eltern zu Hause wohlmeinende Belehrungen erteilen. Der Film geht nirgendwo über die Sphäre banaler Durchschnittsereignisse hinaus; aber er bringt es durch die Präzision der Beobachtung, durch die gelungene Typenzeichnung und das spontane Spiel der Darsteller zu einem Grad von Realismus, der das scheinbar dokumentarische (in Wirklichkeit weitgehend inszenierte) Zufallsbild des Alltags zu einer exemplarischen Studie werden läßt. Der Film ist von einer versteckten Komik, die sich aus der Diskrepanz zwischen der Form und dem tatsächlichen Gehalt von Gesten und Worten ergibt. Hauptsächliches Verdienst dieses Films war es, den »künstlerischen Wert der Banalität« entdeckt zu haben[80] und ihren Mechanismus bloßzulegen. In Formans nächsten Filmen ließ seine künstlerische Methode der Rekonstruktion des Banalen jedoch Abnutzungserscheinungen erkennen: *Lasky jedné plavovlasky* (*Die Liebe einer Blondine*, 1965) schildert die Begegnung zwischen einer Arbeiterin aus einer Schuhfabrik und einem Jazzpianisten, die kläglich endet, mit starker Betonung anekdotischer Elemente, die dem Film streckenweise etwas Oberflächliches geben; *Hoří, má panenko* (»Feuer, meine Puppe«, auch bekannt als »Feuerwehrball«, deutscher Verleihtitel: *Anuschka – es brennt, mein Schatz*, 1968) sank vollends zu einer Aneinanderreihung komischer und vielfach alberner Effekte ab. In ähnlichem Stil realisierte Forman in den USA 1971 *Taking off*, einen ironischen (aber in Wirklichkeit eher grobschlächtigen) Film über amerikanische Eltern, die ihre von zu Hause fortgelaufenen Kinder suchen. Mit *One Flew over the Cuckoo's Nest (Einer flog über das Kuckucksnest*, 1976) drehte Forman, nunmehr in Hollywood schon fest verwurzelt, einen der erfolgreichsten US-Kommerz- filme der letzten Jahre, eine Komödie in einem Irrenhaus, die zunächst nach Formanscher Manier drastische Späße treibt, um dann unvermittelt zur bitteren Tragödie umzuschla- gen. Der Film ist ein Stück routinierter, professionell gemachter Hollywood-Unterhal- tung; »tschechische« Ingredienzien sind in ihm kaum noch wahrzunehmen.

Auch Jaromil Jireš' (geb. 1935) *Křik (Der erste Schrei*, 1963) gehört zu jenen Werken, die den Ruf der tschechoslowakischen ›Neuen Welle‹ etablierten. Der Film erzählt einen Tag des Jahres 1963 und verwebt drei Handlungslinien miteinander: eine junge Frau steht vor der Geburt ihres ersten Kindes; ihr Mann, ein Fernsehmechaniker, geht in ver- schiedenen Wohnungen seiner Arbeit nach; die dritte Linie besteht aus eingeblendeten Wochenschauaufnahmen, die einen Hintergrund von Geschichte und Zeitereignissen liefern. Der Film war von großer Beweglichkeit und Sensibilität, gleichzeitig auch von deutlicher Alltagsnähe, in seiner Erzählweise erinnerte er an französische Vorbilder der ›Neuen Welle‹. Danach stieß Jireš auf unerwartete Schwierigkeiten, verschiedene seiner Drehbücher wurden abgelehnt; sein nächster Film *Žert (Der Scherz)* kam erst 1968 zu- stande: er ist einer der schärfsten und bittersten Filme gegen das stalinistische Regime der fünfziger Jahre, besonders in der Schilderung von Straflagern der damaligen Zeit (diese Episoden sind als Rückblenden in eine zeitgenössische Handlung hineingestellt). 1969 filmte er eine »surrealistische Vampirgeschichte«[81], *Valerie a týden divů* (»Valerie und die Woche der Wunder«). Als einziger aus dem Kreis der »Neuerer« des tschechoslo- wakischen Films durfte Jireš auch weiterhin im Film arbeiten; 1971 entstand *A pozdra- vujte vlaštovičky* (»Grüßt mir die Schwalben«), und 1974 der Episodenfilm *Menschen in der Metro*.

Der künstlerisch bemerkenswerte tschechoslowakische Film der sechziger Jahre läßt sich, abgesehen von den schon besprochenen Regisseuren, in drei Hauptrichtungen ein- teilen: da ist einmal die »Forman-Schule«, dann eine Schule der Allegorie und der intel- lektuellen Konstruktion, einen dritten Komplex bildet schließlich das Werk der älteren Regisseure. Eigene Erwähnung verdienen die Filme von Evald Schorm sowie die Arbeit der slowakischen Regisseure.

In die Nähe von Forman mit seinem pointillistischen, aber manchmal oberflächlichen Realismus gehören Jiří Menzel und Ivan Passer. Jiří Menzel (geb. 1938) realisierte mit *Ostře sledované vlaky* (»Scharf beobachtete Züge«, deutscher Verleihtitel: *Liebe nach Fahrplan*, 1966) eine Komödie um einen Bahnbeamtenanwärter auf einem tschechischen Provinzbahnhof gegen Ende des Zweiten Weltkrieges, ein Werk intelligenter und ironi- scher Regie, allerdings auch nicht frei von ausgewalzten Effekten und Derbheiten. Dem Film war außergewöhnlicher Erfolg beschieden; in den USA erhielt er einen Oscar. *Roz- marné léto (Launischer Sommer*, 1968) war dagegen ein literarischer Ausflug in die Zeit der Jahrhundertwende; der Film beschreibt die komischen Abenteuer dreier alternder Freunde. 1969, im Jahr, als »alle verbotenen Drehbücher verfilmt wurden und alle Filme im Safe endeten«[82], entstand *Skřivánci na nitích* (»Lerchen auf Fäden«), Antonin Liehm zufolge der beste Film Menzels, »eine Liebesgeschichte, deren Protagonisten Outlaws der fünfziger Jahre, politische Gefangene und Zigeuner sind«.[83] Nach einiger Wartezeit durfte Menzel schließlich wieder unverfängliche Komödien drehen, so *Kdo hleda zlate dno* (»Wer den goldenen Boden sucht«, 1975); schärfer pointiert war *Na samote u lesa* (»Einsamkeit am Waldesrand«, 1976), eine Satire auf Bürger, die unbedingt ein Ferien- haus »in der Natur« erwerben wollen.

Ivan Passer (geb. 1933) war als Szenarist an allen (tschechoslowakischen) Filmen Miloš Formans beteiligt. In eigener Regie drehte er zunächst den Kurzfilm *Fádní odpoledne* (»Ein fader Nachmittag«, 1965), die Studie eines Sonntagsnachmittags in einer Fußballerkneipe; dem Film lag eine Novelle von Bohumil Hrabal zugrunde, einem Schriftsteller, der als Inspirator des tschechoslowakischen Films in den sechziger Jahren eine wichtige Rolle gespielt hat (von Hrabal stammte auch das Drehbuch zu dem Episodenfilm *Perlen auf dem Meeresgrunde* sowie zu Menzels Film *Scharf beobachtete Züge*). Passer drehte in der ČSSR einen einzigen langen Film, dem er den programmatischen Titel *Intimní osvetlení* (*Intime Beleuchtung*, 1966) gab. Dies war vielleicht das beste Werk des tschechoslowakischen Intimrealismus. Zu einem Musikschuldirektor in einer Kleinstadt kommt an einem Wochenende ein alter Schulfreund mit seiner Geliebten. Der Film ist die Chronik weniger Tage, die die Freunde zusammen verbringen, die Beschreibung banaler Ereignisse – Feiern, Essen, Trinken, Spazierenfahren im neuen Auto, Musizieren bei einem Begräbnis. Aus der Beobachtung vieler Einzelheiten ergibt sich ein Röntgenbild kleinbürgerlicher Verhaltensweisen; auch dieser Film ist komisch pointiert, aber der Humor ist nicht so schulterklopfend und effektbewußt wie manchmal bei Forman oder Menzel. Hinter der pittoresken Oberfläche des Films zeigen sich Leere, Abstumpfung, Selbstzufriedenheit, Beschränktheit. Insofern ist *Intime Beleuchtung* trotz zunächst gegenteiligen Anscheins kein »liebenswerter«, sondern eher ein grausamer Film. Nach 1969 verließ Passer die ČSSR; 1971 drehte er in den USA einen Film mit dem Titel *Born to Win* und 1975 in der Bundesrepublik Deutschland eine kriminalistische Horrorkomödie, *Frankensteins Spukschloß*.

Ähnlich den späteren Filmen Věra Chytilovás zeigt das Werk von Němec, Juráček und Jakubisko eine Orientierung in Richtung auf das Phantastische, Symbolische. Jan Němec (geb. 1936) war von Anfang an ein besonderer Parteigänger des »schwierigen« Films. Sein künstlerisches Credo formulierte er in einem Interview mit der Filmzeitschrift »Film a doba« (»Film und Zeit«): »Die Filme scheinen mir bisher überwiegend nur reproduktive Kunst zu sein. Es werden Begebnisse und Tatsachen festgehalten, und der Film zeigt sie nur auf eine Art, die z. B. in der Literatur, im Theater, ebenso erfolgreich wäre. Doch der reine Film – und nach diesem würde ich gerne streben – sollte nur durch sich selbst deutbar sein; er sollte seine eigene Ästhetik und Poetik haben.«[84] Stilistisch eigenwillig und avantgardistisch, beschäftigen sich die Filme Němecs mit einem immer wiederkehrenden Motiv: der Dialektik von Flucht und Verfolgung, Herrschaft und Unterdrückung. In seinem an der Filmhochschule entstandenen Diplomfilm *Sousto* (»Der Bissen«, 1960) entwenden zwei KZ-Flüchtlinge ein Brot aus einem von SS-Leuten bewachten Wagen. *Demanty noci* (*Diamanten der Nacht*, 1964) erzählt in surreal überbelichteten Bildern, wie zwei Häftlinge während des letzten Krieges aus einem deutschen Transport fliehen, sich eine Zeitlang im Wald verstecken, von einer Bäuerin Nahrung erhalten, schließlich von einer Art lokaler Volkssturmtruppe gejagt und gefangengenommen werden. Unter Anwendung experimenteller Stilmittel trieb Němec die Erzählung über ihren konkreten Rahmen hinaus und verwandelte sie in einen vielfältig deutbaren filmischen Alptraum. Einerseits erscheinen die Bilder des Films durch die Fotografie, die sich an einzelnen Objekten förmlich festsaugt, konkret und real; andererseits gibt es keine feste Grenze zwischen Wirklichkeit und Halluzination; Träume und Rückblenden werden eingeschaltet, es entsteht eine Geographie der Zeit, ein Nebeneinander von Erinnerung und Phantasie, das unwillkürlich an Resnais' *Marienbad* erinnert. *O slavnosti a hostech* (*Vom Fest und den Gästen*), 1966 gedreht, aber erst 1968 aufgeführt, ist ebenfalls eine Parabel: von einer großen Festgesellschaft, die in einem Wald unter Bäumen tafelt, entfernt sich »unerlaubt« ein Gast, worauf die übrigen sich eifrig an einer Treibjagd auf den Außenseiter (er wird gespielt von dem Regisseur Evald Schorm) beteiligen. Die Inszenierung, die Dialoge und der Schnitt verleihen der Erzählung Intensität, obwohl man den Sinn der Allegorie schon bald durchschaut: das opportunistische Verhalten einer Gruppe zu zeigen, die sich wechselndem Druck anpaßt und ideologische Zwänge alsbald verinnerlicht. *Mučedníci lásky* (»Märtyrer der Liebe«, 1967) ist ein nostalgischer Episodenfilm aus dem Prag der zwanziger Jahre: drei junge Leute träumen vom Erlebnis der großen Liebe. Němec kam es auf die Beschwörung von Atmosphäre, auf das kalkulierte Zusammenspiel von Dekoration, Kostümen, Bewegungen und Gesten an. 1968 verließ Němec die ČSSR; nach zwei Dokumentarfilmen drehte er 1975 in der Schweiz wieder einen Spielfilm, *Das Rückendekolleté*, ein angestrengt bedeutsames Werk über »Egoismus, Indifferenz und Grausamkeit«.[85]

Ebenso berühmt wie Němecs *Diamanten der Nacht* wurde Pavel Juráčeks (geb. 1935) *Postava k podpírání* (»Eine traurige Gestalt«, deutscher Verleihtitel: *Josef Kilian*, 1963, Koregie Jan Schmidt). Obwohl der mittellange Film sich als eine surrealistische Parabel ohne direkten Wirklichkeitsbezug präsentiert, sind die Anspielungen auf die politische Realität der jüngsten Vergangenheit, namentlich auf den Stalinismus, unübersehbar. Der Protagonist des Films gerät bei der Suche nach einem verschwundenen Katzenverleihinstitut in das labyrinthische Gewirr einer kafkaesk anmutenden Bürokratie. Ein Signalcharakter im Kontext des Films besitzt das Stalin-Bild in einem Kellergewölbe, ebenso wie der Sockel des ehemaligen Stalin-Denkmals in Prag; auf dem Höhepunkt des Geschehens wirft der Held einen unförmigen Badeofen ein Treppenhaus hinab, der Ofen stürzt polternd in die Tiefe – auch dies eine deutliche Metapher auf die Beseitigung einer Autoritätsfigur. *Josef Kilian* wurde in der ČSSR kaum gesehen[86], im Westen dagegen als wichtiges Beispiel für die thematische und ästhetische Neuentwicklung des tschechoslowakischen Kinos rezipiert, obwohl (oder gerade weil) der Film dem Verständnis zunächst starke Schwierigkeiten entgegensetzt. *Každý mladý muž* (»Jeder junge Mann«, 1966) ist ein zweiteiliger Film mit Beobachtungen aus dem Alltag von Soldaten; auch dieses Werk schult den Blick der Zuschauer für das Absurde in der »normalen« Umwelt. *Případ pro začínajícího kata* (»Fall für einen neuen Henker«, 1969), eine Verfilmung von Swifts »Gullivers Reisen«, wurde nach kurzer Laufzeit zurückgezogen und verschwand von der Bildfläche.

Während Věra Chytilová, Němec und Juráček ihre Allegorien rational entwickeln und ihren Filmen ein intellektuelles Konzept zugrunde legen, sind die Filme des slowakischen Regisseurs Juraj Jakubisko (geb. 1938) ganz im Bereich des Phantastischen und Visionären beheimatet; sie haben eine gewisse Verwandtschaft mit den Filmen Sergej Paradshanows.

In seinem Erstlingsfilm *Kristove roky* (»Das Christusalter«, 1967) beschreibt er mit gefühlvoller Identifikation und großem Aufwand an Stilmitteln den Reifeprozeß eines Dreißigjährigen. Jakubiskos Hauptwerk, *Zbehovia a pútníci* (»Deserteure und Nomaden«, 1968) schildert in drei Episoden das Wirken des Todes, der zugleich als mythologische und reale Figur gezeigt wird. Der Tod steht im Hintergrund, als 1918 Deserteure erschossen werden, und ebenso 1945, als Russen und Deutsche sich gegenseitig umbringen. In der letzten Episode ist der Tod arbeitslos geworden, weil die Menschheit sich durch einen Atomkrieg inzwischen selbst ausgerottet hat. Weniger die Geschichtsphilosophie dieses Films ist bemerkenswert, sondern seine formale Gestaltung, die von einem ständigen Delirium der Kamera bestimmt wird. *Vtáčkovia, siroty a blázni* (»Vögel, Waisen und Narren«, 1968) ist ein Film »über die jungen Leute von heute, die nicht erwachsen werden wollen und durch ihre Verrücktheit, ihren Wahnsinn die eigene Unsicherheit überdecken.« (Jakubisko)[87] Der bedeutendste slowakische Regisseur neben Jakubisko ist Štefan Uher (geb. 1930), der mit seinem Film *Slnko v sieti* (»Sonne im Netz,«, 1962) durch die Unkonventionalität seiner Gestaltung dem ČSSR-Film insgesamt neue Impulse gab;

dieser Film leitete 1962 die tschechoslowakische »Neue Welle« ein. Später drehte Uher weitere Filme, unter denen vor allem *Organ* (»Die Orgel«, 1964) erwähnenswert scheint. Štefan Uher wurde nach dem Einmarsch der Warschauer-Pakt-Staaten in die ČSSR nicht vom Berufsverbot betroffen und konnte auch 1971 und 1972 weiterarbeiten.

Das wahrscheinlich bedeutendste Talent des tschechoslowakischen Films in den sechziger Jahren war Evald Schorm (geb. 1931). Seine Filme zeigen ein düsteres, ja verzweifeltes Bild der Welt, geben dem Zuschauer keine Hoffnungen, fordern ihn aber zum Nachdenken auf.

Das gilt vor allem für Schorms erste Spielfilme *Každý den odvahu* (*Mut für den Alltag*, 1964) und *Návrat ztraceného syna* (*Die Rückkehr des verlorenen Sohns*, 1966). Vor diesen Spielfilmen hatte Schorm bereits eine Reihe von Dokumentarfilmen gedreht; dazwischen stand eine Episode für *Perlen auf dem Meeresgrund*. Beide Filme Schorms sind radikale Versuche, durch die Destruktion von Mythen, Legenden und ideologischen Wunschbildern zur Erkenntnis der wirklichen Lage des Menschen zu gelangen. Der Protagonist von *Mut für den Alltag* ist Jarda Lukas, ein dreißigjähriger Musterarbeiter aus einem Betrieb, der gerade als »Held der Arbeit« gefeiert werden soll. Dem Aktivisten kommen jedoch Zweifel an seinen Idealen, als er den Zynismus eines Zeitungsredakteurs kennenlernt, während er für die Kaninchenzucht werben muß und einen qualvollen »bunten Abend« auf dem Lande durchmacht. Jardas Freundin versteht seine Empfindungen nicht. Jarda rebelliert, provoziert Arbeiter und Polizei, wird verhaftet; am Schluß des Films ist er wieder in der Fabrik. Zu Beginn und am Ende wird aus dem »off« Kafkas Fabel »Der Geier« verlesen. Schorm sagte über seinen Film: »Wer es über sich bringt, das Suchen bis zum Ende durchzuhalten, der ist auch reif, die Wahrheit zu ertragen ... Erst wenn unser Filmheld alles verloren hat, kann er alles gewinnen. Hier ist seine innere Kraft verborgen und hier ist auch die optimistische Note unserer Arbeit zu suchen.«[88] Mit rückhaltloser Entschiedenheit prangert Schorm alle »Verzerrungen«, alles Lügenhafte und Heuchlerische im Alltag der sozialistischen Gesellschaft an, wie er sie sieht und erlebt, dem Zuschauer wird kein Rettungsanker, keine »positive Figur« angeboten. Der Film schildert den Prozeß der Desillusionierung eines Menschen, der bisher nur auf Parolen und Plakate reagierte, nun aber nachzudenken beginnt, der feststellt, daß er betrogen wurde. Die Fragen, die Schorm vorbringt, werden »gestellt im Namen einer tieferen Menschlichkeit, der Wahrheit, einer stark empfundenen gesellschaftlichen Verantwortung«.[89] *Die Rückkehr des verlorenen Sohns* ist gleichzeitig Variante und Fortsetzung von *Mut für den Alltag*. Auch hier bricht ein Mensch scheinbar ohne Motivation von heute auf morgen aus der Gesellschaft aus: ein Ingenieur unternimmt einen Selbstmordversuch und landet in einer psychiatrischen Klinik. Frau, Tochter, Freunde, Arbeitskollegen können seine Reaktion nicht begreifen. Der Protagonist macht immer wieder Anstrengungen, aus der Isolation, der universellen Entfremdung, in der er sich befindet (sie ist vielleicht verursacht durch den Zusammenbruch eines Ideals), herauszukommen. Diese Versuche präsentiert der Film als ein Geflecht von Einzelszenen, Bildern und Reflexionen. Im Verlauf des Films wird deutlich, daß in der Gesellschaft offenbar kein Mensch auf den anderen hören kann, jeder nur in präfabrizierten Phrasen denkt. Obwohl *Die Rückkehr des verlorenen Sohns* weniger gesellschaftskritisch aggressiv ist als *Mut für den Alltag*, wird auch hier einigermaßen deutlich, daß den Helden nicht eine existentielle Krankheit befallen hat, sondern daß er am gegenwärtigen Zustand der Welt leidet, an ihrer Indifferenz und Gleichgültigkeit, ihrer Selbstzufriedenheit. Er ist ein »verlorener Sohn« der Gesellschaft, der jedoch vorerst nicht zurückkehrt, ebenso wie dem Protagonisten des vorigen Films der »Mut für den Alltag« abhanden gekommen ist. Beide Filme Schorms sind faszinierend in ihrem Realismus, in der Treffsicherheit ihrer Polemik gegen Heuchelei, Selbsttäuschung und Egoismus; sie sind ein starker Appell an den Zuschauer, seine eigene Situation zu überdenken; sie sind auch Hilferufe des Filmemachers selbst. Die Filme enthalten aber keine »Botschaft« im Sinne einer abstrahierbaren These. Ihre Unruhe, ihr Fragen artikuliert sich in der Mikrostruktur des Films, in seinen Bildern, im akustisch-visuellen Kontrapunkt, in der Montage, der Gestik der Darsteller.

In seinen nächsten Filmen schlug Schorm eine mehr komödiantisch-satirische Tonart an. *Pět holek na krku* (»Fünf Mädchen auf dem Hals«, 1967) berichtet, wie ein junges Mädchen in einer Liebesangelegenheit von ihren Freundinnen getäuscht und zu einem Selbstmordversuch getrieben wird; die eigentlich tragische Handlung versieht Schorm als Kontrapunkt mit Passagen aus Webers »Freischütz« und rückt den Film dadurch in eine leicht parodistische Perspektive. In *Farářův konec* (»Das Ende des Priesters«, 1968) gibt sich ein Kirchendiener als Priester aus und entfaltet in einer abgelegenen Gemeinde eine segensreiche Tätigkeit; als seine wahre Identität entdeckt wird, nimmt er sich das Leben. Der Film ist streckenweise als Farce angelegt, wenn sich auch in die Satire der rivalisierenden weltlichen und kirchlichen Instanzen Untertöne von Bitterkeit mischen. Der Film enthält »nebenbei« eine kritische Analyse des politischen Systems der Novotny-Ära, und Antonín Liehm rechnet *Das Ende des Priesters* zu den Filmen, die eine Analyse des Stalinismus betreiben – »neben Formans *Feuerwehrball*, Jasnýs *Alle meine guten Landsleute*, Jireš' *Scherz* (und vielleicht Němecs *Vom Fest und den Gästen*, Juráčeks *Josef Kilian* und Trnkas *Die Hand*)«.[90] 1969 drehte Schorm *Den sedmý, osmá noc* (»Der siebte Tag, die achte Nacht«), eine »groteske Parabel über die Angst, die Unsicherheit und das Gefühl der Bedrohung unter den Menschen, reich an politischen Anspielungen«[91]; der Film wurde jedoch nach kurzer Laufzeit zurückgezogen und verboten. Nachdem Schorm noch 1970 einen von Vojtěch Jasný (der inzwischen das Land verlassen hatte) begonnenen Film fertiggestellt hatte, *Psi a lidé* (»Hunde und Menschen«), wurde er von der Filmarbeit entfernt und konnte sich zunächst nur noch dem Theater widmen.

Im Zusammenhang mit der tschechoslowakischen ›Neuen Welle‹ müssen auch die Regisseure Hynek Bočan, Antonín Máša und Juraj Herz erwähnt werden.

Hynek Bočan (geb. 1938) debütierte 1965 mit *Nikdo se nebude smát* (*Niemand wird lachen*), einer Satire mit kafkaesken Untertönen über einen Kunsthistoriker, der sich weigert, ein Gutachten zu erteilen, und dadurch in unwahrscheinliche Verwicklungen gerät. Darauf folgte *Soukromá vichřice* (»Privater Sturm«, 1967), eine erfolgreiche Komödie. *Čest a sláva* (»Ehre und Ruhm«, 1968) war ein historischer Kostümfilm über die Situation Böhmens im Dreißigjährigen Krieg; Bočan selbst hält ihn für sein bestes Werk.[92] Antonín Máša (geb. 1935) schrieb das Drehbuch für Schorms *Mut für den Alltag*. Sein erster eigener Film, *Bloudeni* (»Irrwege«, 1966) unternahm eine scharfe Analyse des Generationenkonflikts zwischen einem opportunistischen Schriftsteller, der in sentimentalen Erinnerungen an die Partisanenzeit schwelgt, und seinem Sohn, der gegen diese Haltung rebelliert. *Hotel pro cicince* (»Hotel für Fremde«, 1967) tendierte dagegen zur Allegorie: im Jahre 1905 sucht ein Dichter ein rätselhaftes Hotel auf, in dem die Gäste überwacht und terrorisiert werden, in dem Heuchelei den Umgangston bestimmt. Offensichtlich ist die nostalgisch geschilderte, verschnörkelte Welt des Hotels als Allegorie der gegenwärtigen Gesellschaft gemeint; deshalb wurde der Film auch erst 1968 verspätet zur Aufführung freigegeben. Mášas letzter Film *Ohlednuti* (»Rückschau«, 1969) versucht sich an einer politischen Auseinandersetzung mit der tschechoslowakischen Nachkriegsgeschichte.[93] Juraj Herz (geb. 1934) schließlich drehte nach zwei früheren Filmen den makabren *Spalovac mrtvol* (*Der Leichenverbrenner*, 1969), in welchem der Direktor eines Krematoriums in Prag 1938 aus Sympathie für die Nazis beschließt, den Wirkungsgrad seines Krematoriums zu steigern, und sogar seine Frau und Kinder verbrennt, weil sie jüdisches Blut haben. In der Vorliebe für phantastische Übertreibung und fürs Makabre war dieser Film typisch für einen gewissen Trend der tschechoslowakischen ›Neuen Welle‹, gleichzeitig hatte er aber auch eine politische Komponente, insofern er die Attraktionskraft nazistischer Ideen für das tschechische Kleinbürgertum hervorkehrte. *Petrolejově lampy* (*Petroleumlampen*, 1972), die Geschichte einer unglücklichen Ehe zu Beginn unseres Jahrhunderts, mag bei flüchtiger Betrachtung als nostalgische Stilübung erscheinen; tatsächlich jedoch treibt Herz durch seine sensible Regie und Bildgestaltung in Verbindung mit einer genauen Milieubeschreibung der literarischen Vorlage alle Konventionalität aus und verwandelt den Film zu einer bitteren Parabel. *Den pro mou lasku* (»Ein Tag für meine Liebe«, 1977) ist dagegen der konventionell geratene Bericht über die Krise eines Ehepaares, hervorgerufen durch den Tod ihres Kindes.

Die Übersicht über das tschechoslowakische Kino der sechziger Jahre wäre unvollständig, ginge man nicht auch auf das Werk einiger älterer Regisseure ein, die schon im Film der fünfziger Jahre tätig waren, also nicht eigentlich Teil der tschechoslowakischen ›Neuen Welle‹ sind, aber auch in den sechziger Jahren einzelne wichtige Werke realisierten. Fast schon zur Generation der »Veteranen« gehören Vávra, Krejčík, Weiss sowie das »Tandem« Kadár und Klos.

Otakar Vávra (geb. 1911) drehte nach vielen akademischen Historienfilmen und Literaturbearbeitungen in den sechziger Jahren, vielleicht beeinflußt vom neuen Filmklima, wieder zwei persönliche Werke: *Zlatá reneta* (»Die goldene Reinette«, 1965) und *Romance pro křídlovku* (»Romanze für Flügelhorn«, 1966). Jiří Krejčík (geb. 1918) zeichnete in *Vyšší princip* (»Das höhere Prinzip«, 1960) das differenzierte Porträt einer tschechischen Kleinstadt unter der deutschen Besetzung. Jiří Weiss (geb. 1913) gehörte in den fünfziger Jahren mit *Vlčí jama* (»Die Wolfsfalle«, 1957) zu den Vorläufern der späteren Erneuerung; bis 1968 drehte er noch weitere Filme, so eine Koproduktion mit England, *Tricet jedna ve stínu* (»90 Grad im Schatten«, 1965) und *Vražda po našem* (*Mord auf heimische Art*, 1966), die auf handwerklich hohem Niveau standen, jedoch weder thematisch noch formal neue Wege einschlugen. Jan Kadár (geb. 1918) und Elmar Klos (geb. 1910), die ihre Filme seit den fünfziger Jahren gemeinsam realisierten, stellten ihre Arbeit seit *Tři přáni* (»Drei Wünsche«, 1958) unter gesellschaftskritische und publizistisch-moralische Aspekte. Ihre Filme besaßen Mut, Aktualität und künstlerische Kraft. In *Smrt si říká Engelchen* (»Der Tod heißt Engelchen«, 1963) läßt ein schwerverwundeter Partisan noch einmal alle Ereignisse, deren Zeuge er wurde, an sich vorbeiziehen. Der Film (nach einer Novelle von Ladislav Mnacko) stellt die Berechtigung und Zwangsläufigkeit historischer Legendenbildung in Frage; er bediente sich zum ersten Mal im tschechoslowakischen Film einer avantgardistischen Erzähltechnik. Zu Kadár/Klos' Hauptwerk wurde *Obžalovany* (*Der Angeklagte*, 1964): der Direktor eines Elektrizitätswerkes, ehemaliger Arbeiter mit »mustergültigem« Lebenslauf (Spanien, spätere KZ-Haft), ist angeklagt, beim geforderten Ausbau des Werkes das Prämiensystem zu weitherzig gehandhabt zu haben. Tatsächlich hätte er sonst den Ausbau nicht plangerecht abschließen können. Aus den verschiedenen Rückblenden des Films ergibt sich, daß der Direktor keine andere Wahl hatte, als so zu verfahren, wie er verfuhr; andernfalls wäre er der Sabotage angeklagt worden. Kadár und Klos vollziehen in ihrem Film eine scharfe und kritische Analyse des stalinistischen Wirtschaftssystems; aus dieser Analyse bezieht der Film seine Dramatik. Für die Entwicklung der tschechoslowakischen und der sozialistischen Kinematographie hatte dieser »Diskussionsfilm« große Bedeutung. Fragen der individuellen und gesellschaftlichen Moral stellten Kadár und Klos ebenfalls in *Obchod na korze* (*Das Geschäft in der Hauptstraße*, 1965). Hier geht es um die Verfolgung der Juden in der Slowakei 1942. Ein Kleinstadttischler wird dazu ausersehen, einen jüdischen

Laden zu »arisieren« (d. h. dessen Besitzerin zu verdrängen). Der Tischler erkennt das Unrecht, zu dessen Komplizen er wird, kann auf dem beschrittenen Weg aber nicht mehr umkehren. Der Film gab ein eindrucksvolles Bild sich ausbreitender faschistischer Gesinnung in einem kleinstädtischen Milieu; künstlerisch überzeugte er durch seine genaue Atmosphäre und durch seine hervorragenden Darsteller (Ida Kaminska in der Rolle der alten Jüdin).

Jan Kadár emigrierte 1969 aus der ČSSR. In Kanada drehte er 1975 *Lies My Father Told Me (Geliebte Lügen)*, eine Geschichte aus dem jüdischen Emigrantenviertel im Montreal der Zwanziger Jahre.

Auch Karel Kachyňa (geb. 1924) drehte mit *At žije republik (Es lebe die Republik,* 1965) und *Kočár do Vídně (Der Wagen nach Wien,* 1966) zwei bemerkenswerte Filme, die Ereignisse vom Ende des letzten Krieges schilderten und dabei heroische Geschichtslegenden demontierten. Zbyněk Brynych (geb. 1927) bewegte sich in ähnlichen thematischen Bereichen: *Transport z ráje* (»Transport aus dem Paradies«, 1963) spielte während des Krieges im Internierungslager Theresienstadt, *A pátý jezdec je strach (Der fünfte Reiter ist die Angst,* 1964) im Prag der Widerstandszeit. Brynych bemüht sich um eine expressionistische Filmsprache, um Atmosphäre – aber im Grunde passen seine Filme mehr in die fünfziger als in die sechziger Jahre. Eine gewisse Mittelstellung zwischen den Älteren und der ›Neuen Welle‹ nimmt schließlich Vojtěch Jasný ein (geb. 1925), der schon in den fünfziger Jahren Dokumentar- und Spielfilme realisierte, dann jedoch 1963 durch einen märchenhaften Ballettfilm mit politischen Implikationen auf sich aufmerksam machte: *Až přijde kocour (Wenn der Kater kommt).* Hier vermag der Kater einer Schaustellertruppe vermittels seiner Zauberbrille die Menschen zu entlarven und das moralische Chaos zu durchdringen, in dem sich die Menschen selbst nicht mehr zurechtfinden. Enttäuschend durch seinen groben und vordergründigen Humor fiel dagegen der in Koproduktion mit der BRD produzierte *Dýmky (Pfeifen, Betten, Turteltauben,* 1966) aus. In *Všichni dobří rodáci* (»Alle meine guten Landsleute«, 1968) zog Jasný die Bilanz von »20 Jahren stalinistischer Exzesse bei der Kollektivierung der Landwirtschaft«.[94] Später emigrierte Vojtěch Jasný in die Bundesrepublik und drehte dort erfolgreiche Filme wie *Ansichten eines Clowns* (1976, nach dem Roman von Heinrich Böll).

Das Phänomen der tschechoslowakischen ›Neuen Welle‹ zwischen 1962 und 1969 steht auch im Kontext der sozialistischen Länder einzig da: nirgendwo sonst konnte sich eine so umfangreiche Gruppe junger Filmemacher unter Bedingungen einer relativ großen Freiheit über einen so langen Zeitraum hinweg entfalten wie in der Tschechoslowakei.

Die abrupte Liquidierung einer ganzen Schule wie die der ›Neuen Welle‹ in der ČSSR durch administrative Eingriffe nach 1969 ist ein einmaliger Vorgang in der Filmgeschichte; natürlich aber war dies nur eine Folge anderer, viel schwerwiegenderer Ereignisse. Es verdient festgehalten zu werden, daß der progressive tschechoslowakische Film auch nach der Besetzung der ČSSR durch die Staaten des Warschauer Pakts keineswegs gleich zum Schweigen gebracht wurde. Noch 1969 liefen auf den Filmfestspielen von Cannes beispielsweise Chytilovás *Frucht des Paradieses,* Jireš' *Der Scherz* und Jasnýs *Alle meine guten Landsleute.* Im Zuge der »Normalisierung« 1969 mußte man daher schon zu anderen Maßnahmen greifen: verfügt wurde die Entlassung des Generaldirektors der tschechoslowakischen Kinematographie, Alois Polednak, die Auflösung der Produktionsgruppen in den Studios und des gesamten Verbandes der Film- und Fernsehschaffenden.[95] Schon vorher hatte in der sowjetischen »Komsomolskaja Prawda« ein W. Boltschakow am 27. 12. 1968 gegen die tschechoslowakische Kinematographie gewettert: »Sein (Formans) pathologischer Haß auf die kleinen Leute ist nicht Misanthropie; seine Wut hat ein Ziel: das Objektiv seiner Kamera richtet er auf die tschechische Arbeiterklasse, die er nie anders zeigt denn als Ansammlung von häßlichen, stumpfsinnigen und raffgierigen Personen. Seine Filme sind eine vielsagende Illustration des konterrevolutionären Programms der ›2000 Worte‹ . . . Jiří Menzels Film *Ein launischer Sommer* wurde deshalb soviel Lob zuteil, weil hier die Auflösung der Persönlichkeit . . . als typisch für die sozialistische Gesellschaft erklärt wurde.«[96]

Die Filmproduktion in der Deutschen Demokratischen Republik – sie liegt in den Händen der staatseigenen Produktionsgesellschaft DEFA (Deutsche Film AG) – ist ähnlich wie die Produktion anderer sozialistischer Länder von übergreifenden kulturpolitischen Richtlinien der Parteiführung (mit ihren spezifischen Schwankungen) abhängig. Zumindest in den sechziger Jahren wurde der Spielfilm in der DDR nur in geringem Maße von künstlerisch starken Regiepersönlichkeiten bestimmt und laborierte zudem an der Überwindung innerer Krisen; viele Filme orientierten sich allzu eng an einer Umsetzung bestimmter aktueller Maximen der Tagespolitik. Diese Faktoren mögen unter anderem erklären, warum die Produktion der DEFA – von Einzelleistungen abgesehen – bislang kaum den Rang des polnischen, ungarischen, tschechoslowakischen oder auch sowjetischen Films erreichen konnte.

Zu Beginn der sechziger Jahre dominierte im DEFA-Film noch immer die geschichtliche und antifaschistische Thematik; die wichtigsten Regisseure dieser Periode waren Kurt Maetzig, Frank Vogel, Frank Beyer, Joachim Kunert, Konrad Wolf; ihre Filme bemühten sich teilweise um Differenzierung und formale Modernität. Auch die Thematik des Berliner Mauerbaus 1961 und die Ost-West-Spannungen wurden von mehreren Filmen behandelt, allerdings weitgehend unter propagandistischen Vorzeichen. Einer stärker um sich greifenden Kritik am »sozialistischen Alltag« in den Filmen setzten administrative Maßnahmen von Partei und Regierung im Jahr 1965 ein abruptes Ende. Schon vorher waren Einflüsse der tschechoslowakischen ›Neuen Welle‹ auf den DEFA-Film unterbunden worden, indem man unerwünschte Filme (wie Kadar-Klos' *Der Angeklagte*) gar nicht erst in die DDR importierte oder in der Presse Widerstand gegen sie mobilisierte. Nach einer Periode der Unsicherheit setzte sich gegen Ende der sechziger und zu Beginn der siebziger Jahre im DEFA-Film aber doch eine stärkere Betonung der Gegenwartsproblematik durch, die einherging mit einer formalen Lockerung der Filme und einer teilweisen Überwindung des bisher bestehenden Schematismus, so daß die DEFA zwischen 1970 und '74 eine verhältnismäßig fruchtbare Periode erlebte; der bedeutendste Regisseur dieser Periode ist Egon Günther, daneben sind Lothar Warneke und Siegfried Kühn zu erwähnen. Zu interessanten Resultaten gelangte auch der Dokumentarfilm der DDR. Die Spielfilmproduktion der DEFA ist nach dem Modell anderer sozialistischer Länder in einzelnen Produktionsgruppen organisiert; pro Jahr werden zwischen 15 und 20 Filme für den Kinoverleih und etwa 25 Spielfilme für das Fernsehen hergestellt. Die Besucherzahlen sind auch in der DDR durch den Einfluß des Fernsehens zurückgegangen, und zwar von 309 Millionen (dem Höchststand) 1955 auf 85,1 Millionen 1972; damit liegen sie prozentual aber immer noch höher als in der Bundesrepublik.

Die Zeit bis 1965

Betrachtet man die Spielfilmproduktion der DEFA zwischen 1960 und 1965, so fällt auf, daß die historisch-antifaschistische Thematik gegenüber dem »Gegenwartsfilm« zwar nicht statistisch, wohl aber im Hinblick auf die Qualität der Filme dominiert. Die Filme über historische Themen sind ganz einfach im Resultat besser und überzeugender als die über die Gegenwart. Hierin setzte sich ein Zustand fort, der bereits für die Filme der fünfziger Jahre kennzeichnend war – nicht nur in der DDR, sondern auch in anderen sozialistischen Ländern.

Ein formal richtungweisender Film glückte Gerhard Klein (1920–1970), der sich schon 1957 durch *Berlin – Ecke Schönhauser* qualifiziert hatte, mit *Der Fall Gleiwitz* (1961). Klein untersucht die Hintergründe jenes angeblich polnischen Überfalls auf den Rundfunksender Gleiwitz, den Hitler 1939 als Kriegsvorwand benutzte und der in Wirklichkeit von SS-Männern in polnischen Uniformen ausgeführt wurde. Die Geschichte dieses Unternehmens wird in einem ganz auf optische Details reduzierten Stil erzählt, in dem die Montage als Strukturelement eine wichtige Rolle spielt. Die Personen gewinnen kaum Profil, sondern erscheinen als Marionetten, als Handlanger eines Systems. Die besondere Machart des Films verhindert die emotionale Identifizierung des Zuschauers, verschafft dafür Einsicht in das Funktionieren einer politischen Mechanik.

Auch in den Filmen von Frank Beyer (geb. 1932) spielt die Beschäftigung mit Themen der Geschichte eine wichtige Rolle. *Fünf Patronenhülsen* (1960) war ein Film über den spanischen Bürgerkrieg, der die Odyssee von fünf Interbrigadisten schildert, wobei sich »Abenteuerlichkeit und Pathos die Waage halten«.[97] *Königskinder* (1962) erzählt mit großem Aufwand an formalen Kunstmitteln und verschachtelter Dramaturgie die Geschichte eines Liebespaares, das 1933 durch die politischen Ereignisse auseinandergerissen wird, wobei die Lebensläufe der beiden bis in den Zweiten Weltkrieg (und bis zum Engagement für den antifaschistischen Widerstandskampf) verfolgt werden. Besonderes Renommee erwarb sich Beyer mit *Nackt unter Wölfen* (1963), der Verfilmung eines Romans von Bruno Apitz. Beyer ging hier mit Schlichtheit und Zurückhaltung ans Werk: es kam ihm weniger auf die konkrete Beschreibung der Zustände im KZ-Lager Buchenwald an, sondern auf den grundsätzlichen Konflikt zwischen menschlichem Mitgefühl und politischem Verstand, in den sich die Mitglieder der illegalen Lagerorganisation gestürzt sehen, als sie erfahren, daß ein Kind ins Lager eingeschmuggelt wurde. Die Figur des SS-Führers Zweiling, eines kleinbürgerlichen Rückversicherers, ist die profilierteste und eigentlich auch interessanteste des ganzen Films. Mit *Karbid und Sauerampfer* (1964) rückte Beyer etwas näher an die Gegenwart: im Stil einer Komödie werden die Irrfahrten des Arbeiters Kalle Blücher beschrieben, der 1945 von Dresden nach Wittenberge reist, um sieben Fässer Karbid zu organisieren. Frank Beyers nächster Film, *Spur der Steine* (1966), ein gegenwartskritischer Stoff nach einem Roman von Erik Neutsch, der in der DDR zum Bestseller wurde, geriet in eine Welle von Verbots- und Restriktionsmaßnahmen der Partei gegen allzu kritische Filme und wurde kurz nach seiner Uraufführung zurückgezogen, weil der Film »ein verzerrtes Bild von unserer sozialistischen Wirklichkeit gibt«, wie es im »Neuen Deutschland« hieß.[98] Viel später kehrte Beyer noch einmal in die Themenwelt von Nazizeit und Judenverfolgung zurück: *Jakob der Lügner* (1975, nach dem Roman von Jurek Becker) spielt 1943 in einem polnischen Ghetto, wo ein alter Jude Hoffnung verbreitet, weil er Radiomeldungen bekanntgibt, die er in Wirklichkeit erfunden hat. Der Film ist mit Engagement, Takt und formaler Beherrschung gemacht, huldigt ansonsten aber einem traditionellen Erzählstil.

Der dritte bedeutende DEFA-Film antifaschistischer Thematik in der ersten Hälfte der sechziger Jahre (neben *Der Fall Gleiwitz* und *Nackt unter Wölfen*) war Joachim Kunerts *Die Abenteuer des Werner Holt* (1964). Joachim Kunert (geb. 1929), der zuvor den wenig überzeugenden Kriminalfilm *Seilergasse 8* (1960) drehte, zeigt in seinem dreistündigen Film eine Gruppe von Gymnasiasten bei Ausbruch des Zweiten Weltkriegs, beschreibt ihren exaltierten und romantischen Geisteszustand, analysiert auch die Einflüsse, denen sie unterliegen, und verfolgt dann den Weg eines von ihnen, der durch verschiedene

Erlebnisse im Krieg und in der Etappe den wahren Charakter nazistischer Herrschaft erkennen lernt. Obwohl nicht alle Figuren und Episoden des Films geglückt sind, fesselt er doch durch seine ungewöhnliche erzählerische Struktur, die eine große Menge disparaten Materials, verschiedenster Eindrücke und Erinnerungen in den Rahmen einer einzigen großen Rückblende stellt, die die letzte Entscheidung des Werner Holt (sich »5 Minuten vor 12« gegen den Nazismus zu stellen) verständlich machen soll. 1968 verfilmte Kunert Anna Seghers Roman »Die Toten bleiben jung«, einen Stoff, der die Rolle des deutschen Proletariats in einem historischen Bogen von 1918 bis in die letzten Momente des Zweiten Weltkriegs verfolgt – eine Variante und Ergänzung zu *Die Abenteuer des Werner Holt*.

Die sechziger Jahre des DEFA-Films wurden vor allem durch das Schaffen Konrad Wolfs bestimmt.

Konrad Wolf (geb. 1925), Sohn des Schriftstellers Friedrich Wolf, verbrachte seine Jugend in der sowjetischen Emigration und kehrte erst 1945 mit der Roten Armee wieder nach Deutschland zurück. In seinen teilweise autobiographisch geprägten Filmen verbindet sich die geschichtliche und antifaschistische Thematik mit der Gegenwartsdarstellung. Wolf debütierte mit den bemerkenswerten, der Analyse deutscher Vergangenheit verpflichteten Filmen *Lissy* (1957) und *Sterne* (1959), die zum Besten der damaligen DEFA-Produktion gehören. In *Leute mit Flügeln* (1960) ließ sich Konrad Wolf auf ein schwieriges Unterfangen ein: den Versuch einer umfassenden Ableitung der in der DDR herrschenden gesellschaftlichen Ordnung aus der Tradition antifaschistischen Kampfes. Der Film spielt auf zwei Ebenen: einmal in der Gegenwart in einem Flugzeugwerk der DDR, zum anderen evozieren Rückblenden verschiedene Stationen deutscher Vergangenheit, wobei die Freundschaft zweier Männer (deren einer Kommunist ist), die sich nach dem Kriege in dem Flugzeugwerk wiedertreffen, das dramaturgische Verbindungsmotiv abgibt. Die Analogien zwischen dem Gestern und Heute, die der Film konstruiert, sind aber meist nur formaler Natur, zudem kranken Handlung und Personenzeichnung an Schematismus. *Professor Mamlock* (1961) drehte Konrad Wolf nach dem gleichnamigen Bühnenstück seines Vaters, das dieser 1933 unter dem Eindruck der ersten Judenverfolgungen in Deutschland schrieb. Im Mittelpunkt von Film (und Stück) steht der jüdische Mediziner Mamlock, der auch nach 1933 noch an die Fairneß der Nationalsozialisten und sogar an das »Gute in der Bewegung« glaubt, und der erst erkennt, was die Stunde wirklich geschlagen hat, als er grausam gedemütigt wird. Wolf bemühte sich um eine formal hochgetriebene filmische Ausdrucksweise, um Doppelbelichtungen und ausgeklügelte Kameraperspektiven, die das Geschehen »überhöhen«, hielt sich andererseits aber genau an den Rahmen des Stückes, so daß der Film – vielleicht gewollt – einen abstrakten und didaktischen Charakter erhielt.

Konrad Wolfs Hauptwerke sind *Der geteilte Himmel* (1964) und *Ich war neunzehn* (1968) – ein Essay über politisch-menschliche Konstellationen im geteilten Deutschland und ein autobiographischer Bericht über den Zusammenstoß des Neuen und des Alten im Jahre 1945. In beiden Filmen vermied Wolf jeden Schematismus, sprach auch unbequeme Wahrheiten aus und experimentierte mit ungewöhnlichen formalen Mitteln. *Der geteilte Himmel* behandelt das Motiv der deutschen Spaltung. Ein junger Chemiker geht kurz vor dem Mauerbau aus der DDR nach West-Berlin. Der Film forscht seinen Motiven nach: eine von ihm vorgeschlagene neue technische Vorrichtung wurde abgelehnt; er hat die Verständnislosigkeit der Parteiorgane und den Gesinnungsterror der Dogmatiker erfahren; er hat erlebt, wie sein Vater von der SA zur SED hinüberwechselte, hat aber auch die Engstirnigkeit »bürgerlicher« Wissenschaftler kennengelernt. Die Freundin des Chemikers geht aber nicht mit ihm, sondern bleibt in der DDR, weil »man im Westen auf schreckliche Weise in der Fremde ist«. Der Film liefert eine außerordentlich differenzierte Beschreibung der inneren Situation der DDR, wobei nichts beschönigt wird und die »Republikflucht« des Chemikers aus seiner Sicht sogar verständlich erscheint. Zwar ist die in West-Berlin spielende Episode des Films mißlungen, jedoch fesselt *Der geteilte Himmel* durch die Modernität und Eigenwilligkeit seiner filmischen Gestaltung, die gegenüber der Romanvorlage von Christa Wolf neue Zeit- und Raumverbindungen herstellt. Wolf erfand viele optische Motive, die im ursprünglichen literarischen Entwurf nicht gegeben waren: »Mit diesen Assoziationsbildern möchte ich mehr dem Unterbewußtsein der Zuschauer Nahrung geben als zu konkreten Deutungen herausfordern.«[99]

Ich war neunzehn wurde vielleicht zu Konrad Wolfs persönlichstem Film. Hier rekapitulierte der Regisseur eigene Erfahrungen, denn wie er selbst, so kehrt auch der Held dieses Films, der 19jährige Leutnant der Roten Armee Gregor Hecker, 1945 in das Land zurück, in welchem er geboren wurde, aus dem er aber während des Hitler-Regimes mit seinen Eltern in die Sowjetunion emigrierte. Nach der Einnahme des Städtchens Bernau bei Berlin wird der Protagonist als Kommandant der Stadt eingesetzt; aus unmittelbarer Anschauung lernt er jetzt die widersprüchliche deutsche Nachkriegsrealität kennen: er begegnet einem deutschen Flüchtlingsmädchen, das voller Mißtrauen ist; dem sich anbiedernden, rasch umschwenkenden deutschen Intellektuellen; einer jungen Russin, die alles Deutsche haßt; Vertretern der Besatzungsmacht, die unterschiedslos schuldige und unschuldige Deutsche liquidieren möchten; deutschen Antifaschisten, die aus dem Zuchthaus befreit wurden und bei einer offiziellen Feierstunde vor Erschütterung über das Wort »Genossen« nicht hinauskommen. Der Film ist wie ein persönliches Tagebuch aufgebaut, eingeteilt in Szenen und Beobachtungen mit Orts- und Datumsangabe. Die Schwierigkeit und das Bemühen des Protagonisten, die Szenerie des Deutschlands von 1945 zu verstehen, reflektiert sich in der Art, wie dieses oft bruchstückhafte und elliptische Material präsentiert wird: es ist geprägt von der lebendigen Erfahrung, noch nicht umgeben und abgetötet von der Kruste historischer Einordnung und »Bewältigung«. In die Fiktion fügt Konrad Wolf mitunter auch Dokumentarmaterial ein, so Wochenschau-Aufnahmen vom Vormarsch der Roten Armee und einen Ausschnitt aus dem Dokumentarfilm *Todeslager Sachsenhausen*. So ergibt sich ein vielseitiger, widersprüchlicher dramaturgischer Aufbau, reich an Brüchen und Umschlägen, Momentaufnahmen und Einblicken, der die Realität auf einer quasi dokumentarischen Ebene präsentiert, in ihren tragischen, absurden, aber auch komischen Aspekten.

Goya (1971), als ostdeutsch-sowjetische Koproduktion nach einem Roman von Lion Feuchtwanger gedreht, geriet keineswegs, wie man vermuten mochte, zum aufwendig-rhetorischen Historiendrama; vielmehr untersuchte Konrad Wolf an der Person Goyas den Konflikt zwischen Künstlertum und Macht. In den Mittelpunkt des Films stellt er die Auseinandersetzung zwischen Goya und dem Großinquisitor, der den Maler zuerst höflich und dann immer dringlicher darauf hinweist, daß eine so düstere, anklagende Malerei wie die seine von der Kirche nicht geduldet werden könne. Durch seine Konflikte mit dem spanischen Hof und die Auseinandersetzung mit der Inquisition gerät Goya auf den »argen Weg der Erkenntnis«, entkommt schließlich knapp der Verhaftung und geht nach Frankreich ins Exil. Konrad Wolfs *Goya* erinnert von fern an Tarkowskijs *Andrej Rubljow*. Nicht alle Teile von *Goya* sind in gleicher Weise gelungen, aber die Szenen mit dem Großinquisitor sind brillant inszeniertes, dialektisches Kino; der Film als Ganzes plädiert für die Unabhängigkeit der Kunst von staatlicher Bevormundung.

Auch in *Der nackte Mann auf dem Sportplatz* (1974) ging Wolf auf Probleme der Beziehungen des Künstlers zur Gesellschaft ein, diesmal am Beispiel eines Bildhauers aus der DDR von heute, der mannigfache Schwierigkeiten in seinem Verhältnis zur Umwelt überwinden muß. Ein Arbeiter wünscht von ihm einen Springbrunnen für sein Kaminzimmer; ein Fußballklub ist geniert angesichts der unbekleideten Statue eines

Sportlers, und ein Relief über die Bodenreform wird in einen Abstellraum verbannt, weil es nach Meinung der Auftraggeber zu wenig Optimismus zeigt. Der Bildhauer muß hart ringen, um selbst in seiner nächsten Umgebung minimales Verständnis für seine künstlerische Tätigkeit zu finden. Wolf gelingt es, sehr »prinzipielle« Fragestellungen aus Szenen des Alltags abzuleiten, die unprätentiös und unrealistisch gefilmt werden, dann aber unverhofft eine satirische Pointe erhalten.

Mit *Mama, ich lebe* (1976) griff Konrad Wolf noch einmal auf den Themenbereich »Antifaschismus« zurück. Der Film beschreibt das Schicksal von vier Kriegsgefangenen in der UdSSR, die eine antifaschistische Sonderschule besuchen, um sich für den Einsatz gegen die Hitlerwehrmacht ausbilden zu lassen. Konrad Wolf interessiert sich vor allem für die inneren Schwierigkeiten der vier Deutschen, sich in ihre neue Rolle hineinzufinden, und für ihr Verhältnis zu den Sowjets. In seiner ersten Hälfte rollt der Film interessante Fragen auf, hier gelingen ihm auch einige gute Personenporträts, der Erzählrhythmus ist eigenwillig und zupackend. Dann allerdings schiebt sich eine von Sentimentalität nicht freie Drehbuch-Logik in den Vordergrund und läßt den Film schließlich in konventionellen Formeln erstarren.

Kurt Maetzig (geb. 1911), schon jeher bei der DEFA Spezialist für aufwendige und »offizielle« Filme, verarbeitete das Thema der »Republikflucht« auf sehr klischeereiche Weise in *Septemberliebe* (1961): hier verhindert eine fortschrittlich gesinnte DDR-Bürgerin mit Gewalt, daß ihr Geliebter nach West-Berlin flüchtet. Mit der Spionage des Westens gegen die Sowjetunion beschäftigte sich Maetzig in *Der Traum des Hauptmann Loy* (1962). Anlaß zur Verwunderung bietet, daß ausgerechnet Maetzig 1965 mit *Das Kaninchen bin ich* in Schwierigkeiten geriet: der Film wurde scharf kritisiert und dann verboten. Der Regisseur rehabilitierte sich jedoch mit *Die Fahne von Kriwoj Rog* (1967), einem Film über das Thema der Arbeiterfreundschaft zwischen Deutschland und der UdSSR. Frank Vogel erzählte in *Und Deine Liebe auch* (1962) von einem sozialistisch denkenden Amateurfunker und seinem in West-Berlin taxifahrenden und am »Schwindelkurs« verdienenden Bruder, der nach dem Mauerbau in ein »Besserungslager« kommt; Vogels nächster Film *Auch Julia lebt* (1963) ist die Geschichte eines braven Grenzsoldaten, der sich nicht zwischen zwei Mädchen zu entscheiden weiß. Große Kontroversen löste Vogels *Denk bloß nicht, ich heule* (1965) aus, ein Film über einen ehemaligen Oberschüler, »der nicht heucheln möchte«;[100] der Film wurde verboten, seine Autoren kritisiert. Dennoch blieb Vogel der Gegenwartsthematik treu und realisierte 1969 *Das siebente Jahr* über die Eheschwierigkeiten einer Chirurgin und eines Schauspielers, die aus der starken beruflichen Belastung der beiden abgeleitet werden; der Film »versuchte zu beweisen, daß es die emanzipierte Frau immer noch wesentlich schwerer hat als der ihr beruflich gleichgestellte Mann«,[101] wurde jedoch in seiner Realisierung dem Thema nicht ganz gerecht. Zu den relativ besten Gegenwartsfilmen vom Anfang der sechziger Jahre gehörten Ralf Kirstens *Auf der Sonnenseite* (1962), ein publikumswirksamer Unterhaltungsfilm mit dem populären Schauspielersänger Manfred Krug, und *Beschreibung eines Sommers* (1963), die Erzählung von einer Liebe, die auf den Protest von FDJlern und Genossen stößt, weil sie angeblich das Vertrauensverhältnis auf einer Jugendbaustelle gefährdet. Von der DDR-Kritik als beispielhaft herausgestellt[102] wurde schließlich Günther Rückers *Die besten Jahre* (1965); anhand der Geschichte eines Lehrers, der (trotz seiner nie ausreichenden Qualifikation) auf immer verantwortungsvollere Posten berufen wird und schließlich zum Minister avanciert, berichtet dieser Film gleichzeitig 20 Jahre Geschichte der DDR. Zwei weitere Produktionen, die sich keiner Richtung zuordnen lassen, verdienen ebenfalls Erwähnung: die Brecht-Verfilmung *Mutter Courage und ihre Kinder* (1961) von Peter Palitzsch und Manfred Wekwerth, die an nicht gelösten (und nicht lösbaren) Widersprüchlichkeiten zwischen theatralischer

Dušan Makavejev
W. R. – Misterije organizma
(W. R. – Die Mysterien des Organismus)
1971
Jugoslawien/BRD

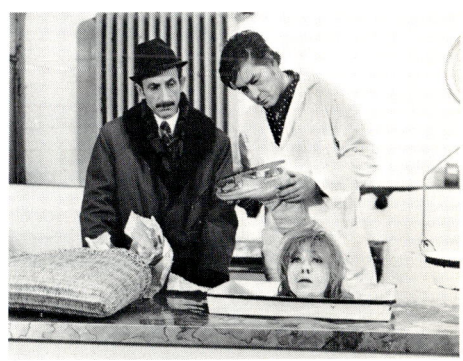

Glauber Rocha
**O dragao da maldade contra
o santo guerreiro
(Antonio das Mortes)**
1969
Brasilien

und filmischer Methode krankte, aber dennoch eine eindrucksvolle Wiedergabe des Bühnenstückes lieferte, und *Der fliegende Holländer* (1964) von Joachim Herz, die Verfilmung einer Wagner-Oper.

Nach 1965: Die Entdeckung des Alltags

Ende 1965 und 1966 brach zunächst, ausgehend von dem 11. Plenum des Zentralkomitees der SED, das Mitte Dezember 1965 stattfand, ein Scherbengericht von Kritik und Anklage über einen nicht unerheblichen Teil der DEFA-Produktion herein. Offensichtlich hatten sich im Spielfilm der DDR, vielleicht angeregt von der Kinematographie sozialistischer Nachbarländer (der ČSSR), gegenwartskritische Tendenzen ausgebreitet, die den maßgebenden Gremien der Partei gefährlich erschienen. So begann eine scharfe Meinungskampagne gegen solche Filme, die »nicht das Bedürfnis (der Zuschauer) nach positiven Aspekten zur Bewältigung der Lebensprobleme der modernen sozialistischen Menschen befriedigen«.[103] In vielen Diskussionen wurde gegen den Begriff »Entfremdung« polemisiert – eine Erscheinung, die wohl auf die kapitalistische, nicht aber auf die sozialistische Gesellschaft passe und die die »kritischen« Filme unzulässig verallgemeinert hätten. Scharfe Angriffe richteten sich gegen *Der Frühling braucht Zeit* (1965) von Günter Stahnke, einen Film, der überholte Leistungsmethoden in einem Betrieb kritisierte, gegen Kurt Maetzigs *Das Kaninchen bin ich* (1965), nach einem Roman von Manfred Bieler, dessen »Grundtendenz gegen den Sozialismus und seine Lebenswirklichkeit gerichtet ist« (Alexander Abusch)[104] – im Mittelpunkt dieses Films steht das Mädchen Maria, das nicht zum Studium zugelassen wird, weil ihr Bruder wegen politischer Äußerungen zu einer mehrjährigen Zuchthausstrafe verurteilt wurde; gegen den bereits erwähnten *Denk bloß nicht, ich heule* (1965) von Frank Vogel und schließlich gegen Frank Beyers *Spur der Steine* (1966), der kurz nach seiner Uraufführung wieder zurückgezogen wurde. Die vier erwähnten Filme verfielen einem Verbot. In einer Diskussion bekannte der zuständige Stellvertreter des Ministers für Kultur: »Den Kern der Kritik sehe ich darin, daß in der DEFA-Spielfilmproduktion eine Tendenz entstand, die geeignet ist, schädliche ideologische Erscheinungen des Skeptizismus und der Entfremdung . . . zu fördern.«[105] Auch eine Reihe von Gegenwartsfilmen, die gerade in der Produktion waren, mußten abgebrochen werden.

Als Folge dieser Maßnahmen verschwanden Gegenwartsfilme zunächst weitgehend von den Produktionsplänen, man widmete sich 1966 und 1967 verstärkt anspruchslosen Unterhaltungsfilmen, Kinderfilmen sowie einem neuen Genre, das sich auf Anhieb als sehr populär herausstellte: dem »Indianerfilm«, einer DDR-Abart des Western. Die ersten »Indianerfilme« waren *Die Söhne der großen Bärin* (Josef Mach, 1966) und *Chingachgook – die Große Schlange* (Richard Groschopp, 1967).

Trotzdem entwickelte sich um 1970 doch wieder eine Schule des realistischen Gegenwartsfilms, vertreten durch jüngere Regisseure wie Ingrid Reschke, Lothar Warneke, Siegfried Kühn und Egon Günther, die bedeutendste Figur des DEFA-Films in den siebziger Jahren. Die jüngere Regisseurgeneration begann das Phänomen des »Alltags« in den Mittelpunkt ihrer Überlegungen und praktischen Bemühungen zu stellen. Roland Gräf erklärte: »Der Alltag unserer Gesellschaft ist für mich Grundlage und Gegenstand aller Bemühungen . . . auch aus gewichtigen politischen Gründen: wenn ich davon ausgehe, daß wir nur das für den Sozialismus als gewonnen betrachten können, was an Haltungen und Aktivitäten in den Alltag der Menschen eingeht, dann sehe ich eine dringende und notwendige Aufgabe unserer Filme darin, diesen Prozeß zu stimulieren.«[106] Lothar Warneke begründete seine Hinwendung zum Alltag damit, daß er fasziniert sei »von wirklichen Menschen, überhaupt von der Wirklichkeit, in der ich lebe. Die Erlebnisse und Begegnungen mit den Menschen, die um mich herum leben, sind oft ungeheuer erregend. Manchmal bin ich überwältigt von der Lebendigkeit eines Charakters«.[107]

Die ersten Werke dieser Stilrichtung erschienen 1970 und 1971 in den Kinos der DDR. Lothar Warneke (geb. 1936) drehte *Dr. med. Sommer II* (1970); dies war kein konventioneller »Arztfilm«, sondern der Bericht über die Erfahrungen eines jungen Mediziners, der nach dem Studium an eine Kleinstadtklinik kommt und sich dort zurechtfinden muß. *Es ist eine alte Geschichte* (1972), ein dokumentarisch inszenierter Spielfilm, schilderte den Alltag einer Gruppe von Medizinstudenten. *Leben mit Uwe* (1974) schließlich liefert eine Studie über die Ehe zwischen einem Biologen und einer Dolmetscherin, die durch mancherlei Schwierigkeiten des Miteinanderauskommens bis an den Rand des Zusammenbruchs gerät. Warneke untersucht vor allem die Konflikte, die sich aus dem hohen beruflichen Engagement der beiden ergeben; er führt diese Untersuchung resolut auf der Ebene der »Alltäglichkeit«. Zu sehr auf theoretische Probleme fixiert wirkte dagegen *Die unverbesserliche Barbara* (1977), ein Film über die Schwierigkeiten einer ehemaligen Schwimmsportlerin, sich in ihr neues Tätigkeitsfeld in einer Spinnerei hineinzufinden. Warneke gelang es jedoch in diesem Film, eine gewisse Härte der Menschen im Umgang miteinander kritisch bewußt zu machen. Roland Gräf zeichnet in *Mein lieber Robinson* (1971) die Figur eines Achtzehnjährigen, der in einer Phantasiewelt lebt, plötzlich Vater wird und erst dadurch zur Erkenntnis seiner selbst gelangt; in *Bankett für Achilles* (1975) schildert er die Situation eines Arbeiters, der das Pensionsalter erreicht hat und nun plötzlich vor der »Leere« steht. Ingrid Reschke läßt in ihrem besten Film, *Kennen Sie Urban?* (1971), einen straffällig gewordenen Jungen im Krankenhaus einen Vermessungsingenieur kennenlernen, dessen Freund er wird. Alle diese Filme haben miteinander gemeinsam, daß sie spektakulären Ereignissen aus dem Wege gehen, »gewöhnliche« Vorkommnisse und Menschen beobachten; Charaktere werden in ihrem alltäglichen Umfeld von Arbeit und Familie beschrieben. Und doch wird man das Gefühl nicht los, daß die »Lockerheit« und »Spontaneität«, auch der Humor dieser Filme das Ergebnis einer großen Kraftanstrengung sind, daß zwischen ihnen und der Wirklichkeit eine Membrane, ein Schleier liegt, daß es Tabus gibt, denen sie ausweichen.

Mit den »Leistungsproblemen« in Industrie und Wissenschaft beschäftigten sich Siegfried Kühn in *Im Spannungsfeld* (1970) und Horst Seemann mit *Zeit zu leben* (1969) sowie *Liebeserklärung an G. T.* (1971). Seemann drehte nach zwei weniger gelungenen Gegenwartsfilmen, *Reife Kirschen* (1972) – ein Brigadier wird an die Ostsee versetzt, seine Frau stirbt unerwartet – und *Suse, liebe Suse* (1974) – auf einer Großbaustelle verliebt sich eine Arbeiterin in einen sowjetischen Ingenieur –, einen dramaturgisch lebendigen biographischen Film, *Beethoven* (1976), der das spannungsreiche Verhältnis des Komponisten zu seinen Mitmenschen und zur Gesellschaft seiner Zeit in den Mittelpunkt stellt und Beethoven zu einem Vorläufer der sozialrevolutionären Bewegung erhebt. Siegfried Kühn realisierte 1972 einen in seiner Machart ungewöhnlichen Film über einen alten Eisenbahner, der, anstatt sich pensionieren zu lassen, Kurse zur Qualifikation in Elektrotechnik besucht: *Das zweite Leben des Friedrich Wilhelm Platow*. Der Charakter des Eisenbahners wird durch Rückblenden in seine Vergangenheit erhellt, in denen er gegen die verschiedensten Dinge aufbegehrt, immer wieder mit der umgebenden Wirklichkeit zusammenstößt. Der Film ist als eine Komödie angelegt, distanziert den Zuschauer aber durch eigenwillige Stilmittel wie betonte Brüche und die Verwendung eines epischen Erzählrhythmus. 1975 drehte Kühn eine umstrittene Bearbeitung von Goethes *Wahlverwandtschaften*. Heiner Carow (geb. 1929), der schon in den fünfziger Jahren mit *Sie nannten ihn Amigo* (1958) auf sich aufmerksam machte, fand nach einer Reihe weniger erwähnenswerter Filme in den sechziger Jahren einen neuen Anfang mit *Die Legende von Paul und Paula* (1973); dieser Film wurde zu einer der erfolgreichsten DEFA-Produktionen seit vielen Jahren. Das Drehbuch zu dem Film schrieb der Dramatiker Ulrich Plenzdorf – er verfaßte auch die Drehbücher zu *Kennen Sie Urban?* und *Weite Straßen – Stille Liebe* (Hermann Zschoche, 1969). Carow und Plenzdorf erzählen eine Liebesgeschichte aus dem heutigen Berlin in Form eines Melodrams, aber ihre Protagonisten sind »gewöhnliche Menschen«: eine allein lebende Arbeiterin mit zwei Kindern, die sich in ihrem Alltag abrackern muß, und ein Held, der eine moderne Spielart des Kleinbürgers ist; beide verteidigen ihre Liebe bedingungslos gegen die Umwelt. Eben diese Bedingungslosigkeit der Gefühle macht, zusammen mit einer gleichermaßen realistisch-drastischen wie phantasievollen Beschreibung der Wirklichkeit, das Besondere des Films aus. Allerdings enthält der Film auch konventionelle Bestandteile, er läßt Wendungen des Geschehens eintreten, die der Motivation ermangeln (Paula muß am Schluß des Films sterben). Er scheut sich auch nicht vor dem Abrutschen in den Kitsch; aber er besitzt eine dramatische Kraft, die den übrigen »Alltagsfilmen« der DEFA total ermangelt. Obwohl der Film die schwierigen Lebensbedingungen der Heldin ziemlich realistisch beschreibt, fand die (West-)Berliner Zeitschrift »Frauen und Film«, *Die Legende von Paul und Paula* vereinige »viele Klischees der Frauenverachtung«.[108] 1975 drehte Heiner Carow *Ikarus*, einen sensiblen Film über einen neunjährigen Jungen, der zwischen seinen geschiedenen Eltern hin- und herpendelt und dem Wunschtraum nachgeht, einmal fliegen zu dürfen.

Alle Tendenzen der bisher besprochenen, auf Gegenwartskritik und Wiedergabe des »Alltags« zielenden Filme sind auch präsent im Werk des Romanciers und Filmregisseurs Egon Günther (geb. 1927). Sein Erstlingsfilm *Lots Weib* (1965) war ein Beitrag zum Thema Emanzipation der Frau in der DDR: eine Mutter von zwei Kindern will sich von ihrem Mann, einem Offizier der Volksmarine, scheiden lassen (und setzt dies gegen alle Widerstände auch durch), weil zwischen den beiden keine Liebe mehr besteht; für ihre Handlungsweise findet sie zunächst nur Unverständnis. Der Film übt Kritik an manchen Aspekten der DDR-Realität, so in der Szene einer karikaturistischen Lehrerversammlung, die über die Protagonistin zu Gericht sitzen soll. *Abschied* (1968), nach dem Roman von Johannes R. Becher, ist die Darstellung einer Jugend im kaiserlichen Deutschland, die Geschichte einer Bewußtwerdung, eines Aufbegehrens, schließlich einer Befreiung, wenn der Sohn eines reaktionären bayerischen Staatsanwalts sich 1914 weigert, in die Kriegsbegeisterung einzustimmen. Günther exzellierte in der satirischen Beschreibung eines kleinbürgerlichen Milieus, arbeitete allerdings, zur Charakterisierung von Traumszenen, auch mit phantastischen und surrealen Stilmitteln.

Einen neuen Ton in die DDR-Kinematographie brachte Egon Günther mit *Der Dritte* (1972). Auch dieser Film stand im Kontext der neuen Bemühungen um Wiedergabe des »Alltäglichen«, aber er übertraf die Filme verwandter Richtung an Brillanz, Leichtigkeit und Treffsicherheit der Inszenierung. Günther nahm in *Der Dritte* das Frauenemanzipationsthema von *Lots Weib* wieder auf, präsentierte es allerdings in schärferer Form. Die Protagonistin des Films ist eine Frau Mitte Dreißig, Mathematikerin, zweimal geschieden, mit zwei Kindern, ihr Arbeitsgebiet ist der Computer; von sich selbst sagt sie: »Ich arbeite und denke und fühle in Übereinstimmung mit den sozialistischen Bedingungen der wissenschaftlich-technischen Revolution.« Aber es bereitet ihr fast unüberwindliche Schwierigkeiten, dem ausersehenen »Dritten« mitzuteilen, daß er ihr gefällt. Der Film geht dieser schwer zu überwindenden Routine des anerzogenen Rollenverhaltens nach. In Rückblenden verfolgt er die Lebensgeschichte der Heldin, ihre Kindheit im Diakonissenhaus, ihre Beziehungen zu den beiden ersten Ehemännern. Er zeigt auch die Etappen schrittweiser Annäherung an den auserwählten »Dritten« bis zum Happy-End. Dabei kommt in kleinen Einzelheiten ganz unaufdringlich, aber gut beobachtet sehr viel

DDR-Alltag ins Bild. Die Tonart des Films ist humorvoll-satirisch, die Erzählweise pointiert, zugeschliffen, sie bietet vielfältige Möglichkeiten der Assoziation, des Einhakens, Vergleichens. Allerdings bleiben einige Figuren des Films schematisch, ja unglaubhaft (der zweite Ehemann der Heldin soll ein blinder Musiker gewesen sein, der ausgerechnet »in den Westen« ging). Manche Szenen sind sehr auf Effekte hin angelegt. Nichtsdestoweniger war dieser Film mehr als eine kinematographische Umsetzung von Standpunkten, er entfaltete Dynamik, besaß Ausstrahlungskraft, ließ nicht indifferent.

Solche Eigenschaften treffen auch zu auf *Die Schlüssel* (1974 – beide Filme leben übrigens in starkem Maße von der schauspielerischen Präsenz Jutta Hoffmanns). Dieser Film handelt, auf seiner ersten Ebene betrachtet, vom deutsch-polnischen Verhältnis; ferner schildert er, wie sich die Realität durch ein unerwartetes Ereignis, den Tod einer Person, verwandelt; schließlich geht es in ihm auch um die Kommunikationsschwierigkeiten eines jungen Paares, einer Arbeiterin (die Arbeiterin bleiben möchte) und eines Intellektuellen (der will, daß sie sich qualifiziert, worauf sie mit Ablehnung reagiert). Beide fahren nach Polen, um dort einen Urlaub zu verbringen; dabei händigt ihnen ein gänzlich unbekanntes polnisches Ehepaar die Schlüssel zu einer Wohnung in Krakau aus. Im Verlauf des Aufenthalts in Krakau demonstriert der Film gegensätzliche Varianten deutsch-polnischer Beziehungen (auf der einen Seite steht die Episode mit den Schlüsseln, auf der anderen werden die beiden nachts als Deutsche von Rowdys terrorisiert). Gleichzeitig wird das Profil der zwei Protagonisten deutlicher. Dann, ganz plötzlich und scheinbar ohne Motivation, läßt Günther das Mädchen einem Unfall zum Opfer fallen. Fassungslos steht der junge Mann vor der Situation, daß die Freundin nicht mehr lebt, er muß mit bürokratischen Stellen den Rücktransport der Leiche in die DDR regeln. Plötzlich wandelt sich, auch für den Zuschauer, die Perspektive auf den ersten Teil der Geschichte; man beginnt die Geschehnisse aufmerksamer, hellhöriger abzuklopfen und zu überdenken. Nachträglich gewinnt der Monolog des Mädchens in der Straßenbahn (sie spricht über ihre eigene Situation) eine große Bedeutung; die Intensität des Erlebens und Wahrnehmens der Umwelt wird für den Protagonisten wie für den Zuschauer schmerzhaft verstärkt. (Die Auseinandersetzung mit dem Tod ist in den siebziger Jahren in einer ganzen Reihe von Filmen aus sozialistischen Ländern feststellbar, so in Iosselianis *Es war einmal eine Singdrossel*, in Wassilij Schukschins *Kalina Krasnaja*, in Krzystof Zanussis *Illumination* und in Carows *Die Legende von Paul und Paula*.[109]) Auch der Held selbst verändert sich. In der Begegnung mit einer alten Frau auf der Brücke will er keinen Trost annehmen, so daß diese selbst zu weinen beginnt. In *Die Schlüssel* befreite sich Egon Günther vom dekorativen Rankenwerk und vom kabarettistischen Humor, den es noch in *Der Dritte* gab; die Fragestellungen psychologischer und soziologischer Art, die der Film aufwirft, werden über die Unverbindlichkeit hinausgetrieben und erhalten etwas von existentiellem Ernst – durch den plötzlichen Umschlag des Films in der Mitte, der nicht wenige Zuschauer zunächst verstören und irritieren mag. *Die Schlüssel* sind nicht nur einer der persönlichsten, sondern auch künstlerisch konsequentesten Filme der neuen DEFA-Produktion. Günther demonstrierte auch hier die Fruchtbarkeit seiner Methode der Vermischung von Dokumentarischem und Gestaltetem, des Erzählens mit elliptischen Ausschnitten. Leider durfte *Die Schlüssel* aufgrund des Einspruchs offizieller polnischer Stellen, die das Polen-Bild des Films für zu »negativ« befanden (eine unsinnige Argumentation) bisher auf keinem Festival und auch nicht außerhalb der DDR gezeigt werden.

Egon Günthers folgender Film, die Thomas-Mann-Bearbeitung *Lotte in Weimar* (1975), zog sich leider zurück auf die Position einer handwerklich routinierten, aber akademischen Literaturbearbeitung. Von einigen profilierten Darstellerleistungen (z.B. Jutta Hoffmann) abgesehen, schwelgte der Film in der Ausmalung von Zeitkolorit sowie in romantischen Rückblenden in die Jugend Goethes; der erwachsene Goethe wird dagegen als ein autoritäres Monster vorgestellt; Äquivalente für die Mannsche Ironie vermag die Regie kaum zu finden. Nach *Lotte in Weimar* realisierte Günther in einem ganz ähnlichen dekorativ-ornamentalen Stil *Die Leiden des jungen Werthers* (1976, nach dem Roman von Goethe). Günther äußerte in einem Interview[110], daß er sich jetzt »eine gewisse Zurückhaltung gegenüber Gegenwartsstoffen« auferlegt habe, weil sein Film *Die Schlüssel* »nicht besonders gut behandelt wurde«, und weil (gegen seinen Film ebenso wie gegen *Die Legende von Paul und Paula*) »Meinungen geäußert wurden, die . . . darauf hinzielten, gewisse Entwicklungslinien abzubrechen«.

Eine verhältnismäßig starke Entwicklung erlebte die Schule des Dokumentarfilms in den sechziger und siebziger Jahren in der DDR. Als Regisseure kurzer und längerer Filme über die verschiedensten Aspekte der DDR-Wirklichkeit traten Karl Gass, Winfried Junge, Jürgen Böttcher, Volker Koepp und Gitta Nickel hervor. Besonders bekannt als Vertreter des kämpferisch-publizistischen Dokumentarfilms wurde das »Tandem« Walter Heynowski (geb. 1927) und Gerhard Scheumann (geb. 1930), die sich im »Studio H & S« organisierten und eine große Zahl von Dokumentarfilmen zu aktuellen politischen Themen herstellten, meistens im Auftrag des DDR-Fernsehens. Berühmtheit erlangten Heynowskis und Scheumanns Filme *Der lachende Mann* (1966) über einen in der Bundesrepublik lebenden Afrika-Söldner, *Piloten im Pyjama* (1968), eine vierteilige Folge mit Interviews in Nordvietnam gefangengehaltener amerikanischer Piloten, sowie die Chile-Reportagen *Der Krieg der Mumien, Ich war, ich bin, ich werde sein* (beide 1974) und *El golpe blanco* (*Der weiße Putsch*, 1975). Die Filme von Heynowski und Scheumann zeichnen sich aus durch formale Beherrschung ihres Mediums, raffinierte Methoden der Montage und der Bild-Text-Gegenüberstellung, geschickten Umgang mit interviewten Personen, die notfalls über den Zweck des Interviews im unklaren gelassen bzw. überlistet werden (so in *Der lachende Mann*). Im allgemeinen zielen die Filme von H & S gegen die Bundesrepublik oder engagieren sich im »anti-imperialistischen Kampf«. Ihre Filme sind schlagkräftig und agitatorisch wirksam, aber sie haben zwei Begrenzungen: sie bringen ihr Bildmaterial selten wirklich zum Sprechen, sondern arrangieren es, um nachträglich bestimmte Thesen zu illustrieren; sie bringen über den Kommentar eine allwissende Position in die Filme hinein: der Kommentar ist immer im Recht, vertritt immer die bessere Position, formuliert für den Zuschauer alle Denkresultate im voraus.

Die bulgarische Spielfilmproduktion umfaßte in den sechziger Jahren ein relativ kleines Volumen, etwa zehn Filme entstanden im Jahr. Trotz einiger Werke herausragender Qualität vermochte das bulgarische Kino Ende der sechziger Jahre kaum internationale Anerkennung zu gewinnen. Zu den Regisseuren dieser Epoche gehörte Rangel Waltschanow (geb. 1928), der schon 1958 mit *Na malkia ostrow* (»Auf der kleinen Insel«) hervortrat, dem wohl besten bulgarischen Film der fünfziger Jahre. Eigenwillige Wege beschritt Waltschanow auch in *Parvi urok* (»Die erste Lektion«, 1960), einer Liebesgeschichte zwischen zwei jungen Leuten verschiedener sozialer Herkunft, die im Zweiten Weltkrieg spielt, und *Slanzeto i siankata* (»Sonne und Schatten«, 1966), einer poetischen Meditation über die Gefährdung einer Liebe durch die Angst vor dem Atomkrieg. Der Film besaß die Struktur eines »visuellen Poems«[111] und war die bisher gelungenste Ausprägung eines bulgarischen Autorenkinos. Waltschanows spätere Filme vermochten weniger zu überzeugen. 1970 verfilmte er die Fabeln Äsops, 1973 entstand ein Musical, *Bjagstwo w Ropotamo* (»Flucht nach Ropotamo«, 1975) ein psychologischer Kriminalfilm, *Sledowateljat i gorata* (»Der Untersuchungsrichter und der Wald«), der die Motive eines Mordes aufdeckt, den ein junges Mädchen begangen hat.

Im Kontext der frühen sechziger Jahre war ebenfalls *Kradezat na praskowi* (»Der Pfirsichdieb«, 1964) von Walo Radew (geb. 1923) bemerkenswert, die atmosphärisch dicht erzählte Liebesgeschichte zwischen der Frau eines Obersten und einem Kriegsgefangenen aus den letzten Tagen des Ersten Weltkriegs. Walo Radew (manchmal wird sein Vorname auch Veulo geschrieben) drehte in den sechziger Jahren noch weitere Filme überwiegend historischer Thematik, darunter *Zar i general* (»Der Zar und der General«, 1966), sowie zwei Widerstandsdramen aus der Zeit der deutschen Besatzung, *Nai dalgata noscht* (»Die längste Nacht«, 1967) und *Tschernite angeli* (»Die schwarzen Engel«, 1970). In *Osadeni duschi* (»Verdammte Seelen«, 1975) beschreibt Radew einen dramatischen Konflikt aus der Zeit des Spanienkrieges.

Während die bisher genannten Filme sich vor allem durch ihr handwerkliches Niveau auszeichneten, thematisch aber nicht über den Umkreis schon oft behandelter Stoffe hinausgingen, leiteten Todor Stojanow (geb. 1930) und Grischa Ostrowski (geb. 1918) mit *Otklonenije* (*Der Umweg*, auch: »Abweichung«, 1967) eine neue Epoche des bulgarischen Films ein. Ein Mann und eine Frau, die in den ersten Nachkriegsjahren miteinander befreundet waren, begegnen sich nach fast zwanzig Jahren durch Zufall wieder. Sie erinnern sich an die damals gemeinsam verbrachte Zeit und stellen fest, daß sie inzwischen Kompromisse geschlossen haben, daß aber auch viele Überzeugungen ihrer Jugend von heute aus falsch, ja gefährlich erscheinen. Der Film reiht aber nicht einfach Rückblenden aneinander, sondern schickt diese durch den Filter des gegenwärtigen Bewußtseins. Neuartig war *Der Umweg* für das bulgarische Kino nicht nur durch seine skeptischen Einsichten und durch die Kritik an der Epoche des »Personenkults«, sondern vor allem durch seinen formalen Aufbau, der bisher gültige Konzeptionen von Realismus relativierte.

Um 1970 konnte der bulgarische Film einen qualitativen und quantitativen Aufschwung verzeichnen – es wurden jetzt bereits 14 Filme im Jahr produziert, die Zahl sollte sich bis 1975 auf 19 Filme jährlich steigern. Gleichzeitig traten neue Regisseure hervor. Schon 1969 erschienen drei bemerkenswerte Filme: *Das weiße Zimmer, Die Altarwand* und *Vögel und Windhunde*. Metodi Andonow (geb. 1932) debütierte mit *Bjalata staia* (»Das weiße Zimmer«, 1969), einem Film über einen Wissenschaftler, der in einem Krankenzimmer liegt und wie in einem inneren Monolog Stationen seines Lebens an sich vorüberziehen läßt, wobei der Kampf des Wissenschaftlers gegen Bürokraten, die sich dem Erscheinen seines Buches entgegensetzen, im Zentrum der Handlung steht. Andonows nächster Film, *Kosiat rog* (»Das Ziegenhorn«, 1972) spielt vor dreihundert Jahren unter der ottomanischen Diktatur und erzählt die blutige und schicksalhafte Geschichte eines Hirten, der seine Tochter als Jungen erzieht, damit sie die Ermordung ihrer Mutter rächen soll. Die Poetik des Films »steht zwischen der eines Volksepos und dem epischen Theater Brechts«.[112]

Ikonostasat (»Die Altarwand«, 1969) von Christo Christow und Todor Dinow ist auch als der »bulgarische *Andrej Rubljow*« bezeichnet worden – der Vergleich bezog sich auf die besonders expressive Bildgestaltung des Films und auf seine thematische Konzeption, die einen Künstler (den Holzschnitzer Raffé Klinché) in einen Konflikt mit seiner Umwelt bringt. Dieser Holzschnitzer erhält den Auftrag, eine Altarwand herzustellen, die seinen Auftraggebern jedoch nicht gefällt; Hintergrund ist das Bulgarien des 19. Jahrhunderts und das türkische Unterdrückungsregime. Die Konflikte, in die der Künstler sich hineingestellt sieht, entbehren nicht der modernen Analogien; die Regisseure des Films, der renommierte Trickfilmer Todor Dinow (geb. 1919) und der Debütant Christo Christow (geb. 1926) erklärten: »Es hat keinen Sinn, historische Filme herzustellen, wenn sich nicht die Probleme unserer Zeit darin widerspiegeln.«[113] Christo Christow entfaltete nach *Die Altarwand* eine ziemlich rege Produktion: in Koproduktion mit der UdSSR und der DDR drehte er einen dreistündigen Film über Georgi Dimitrow, *Nakovalnija ili tschuk* (»Amboß oder Hammer sein«, 1972); *Posledno ljato* (»Der letzte Sommer«, 1973) schilderte die hoffnungslose Situation eines Mannes, der sich der Evakuierung eines Dorfes im Namen des Fortschritts widersetzt, wobei Christow auch surreale Stilmittel zur Kennzeichnung der Träume und Ängste seines Helden verwendet. Auf *Darwo bes koren* (»Baum ohne Wurzel«, 1974) folgte 1976 mit *Ziklopat* (»Der Zyklop«) ein besonders ungewöhnlicher Film, in dessen Mittelpunkt ein U-Boot-Kommandant steht. Der Film verbindet Erinnerungen, Reflexionen und Angstvorstellungen des Kapitäns zu einer komplexen Struktur; im Endeffekt wirkte der Film allerdings prätentiös und künstlich.

Zu den profilierten Regisseuren des neuen bulgarischen Films gehört ebenfalls Georgi Stojanow (geb. 1939). Er debütierte 1969 mit *Ptizi i chratki* (»Vögel und Windhunde«), einem Drama über den Widerstand 16jähriger Gymnasiasten gegen das faschistische Regime in einer Kleinstadt während des letzten Krieges. Der Film beschreibt, teilweise im Tonfall einer Groteske, wie sich der spielerische Widerstand der Jungen plötzlich in Ernst verwandelte, wie das scheinbar idyllische und friedliche Kleinstadtleben unversehens ein korruptes und repressives Gesicht zeigt. Georgi Stojanows nächster Film *Schturez w uchoto* (»Fixe Idee«, 1976) war dagegen mehr satirischer Natur: zwei Burschen vom Land wollen, mit lebenden Hühnern und Schlafdecken ausgestattet, per Anhalter in die Stadt reisen, um dort etwas zu erleben. Das Vorhaben glückt nicht, dafür aber begegnen die beiden vielen Menschen und machen einen Lernprozeß durch; am Ende fahren sie wieder in ihr Dorf zurück.

Eher akademisch sind die Filme Ljudmil Staikows: *Obitsch* (»Liebe«, 1972), die modernistisch erzählte Geschichte eines Mädchens, das sich von seinen Eltern zu lösen sucht, und das zweiteilige Historiendrama *Dopalnenie kam sakona sa saschtita na darschawata* (»Ergänzung zum Staatsverteidigungsgesetz«, 1976) über Kommunistenverfolgungen des Jahres 1925. Näher an der realistisch-satirischen Hauptströmung des neueren bulgarischen Films stehen die Filme von Eduard Sacharijew: *Prebrojawane na diwite saizi* (*Die Zählung der wilden Hasen*, 1973) berichtet über eine sinnlose bürokratische Aktion der Hasenzählung in einem bulgarischen Dorf, die natürlich ohne Ergebnis bleibt; *Wilna sona* (»Das Villenviertel«, 1975) ist das satirische Porträt einer Spießergesellschaft. *Silna voda* (»Starke Wasser«, 1975) von Iwan Terzijew schildert die Situation in einer Kleinstadt ohne Wasserleitung und die zähflüssigen Bemühungen einer »Prospektionsbrigade«, die eine Wasserquelle ausfindig machen soll. Von satirischen Tendenzen ist auch *Samodiwsko choro* (»Elfenreigen«, 1976, Regie Iwan Andonow) bestimmt: hier erregt sich die Bevölkerung eines Städtchens über das Gemälde eines Malers. Alle diese Filme leben von der realistischen Beobachtung, der originellen Typenzeichnung, von ihrer Freimütigkeit und ihrem Mut zur Persiflage. Weitere aktive Regisseure des bulgarischen Films sind Binka Scheljaskowa (auch Binca Ganeva – sie gehörte mit *A biachme mladi*, »Wir waren jung«, 1961, zu den Mitbegründern des ›Neuen bulgarischen Kinos‹; *Poslednata duma* [»Das letzte Wort«, 1973], schildert das Gefängnisdasein zum Tode verurteilter Kommunistinnen im letzten Krieg; *Das Schwimmbad*, 1977, ist ein Gegenwartsstoff – beide Filme bemühten sich um die Verwendung moderner, ungewöhnlicher Stilmittel) sowie Ljudmil Kirkow, Assen Chopow, Todor Andreikow, Wesselina Gerinska.

Rumänien verfügt nicht über ein so lebendiges und vielseitiges Filmschaffen wie das Nachbarland Bulgarien. Zwar werden auch in Rumänien pro Jahr etwa 20 Spielfilme hergestellt. Aber die meisten dieser Filme sind Variationen etablierter Genres, Historienfilme, Kriminal- oder Kriegsdramen. So gibt es im rumänischen Film der sechziger Jahre eigentlich nur zwei Regisseure von Bedeutung.

Liviu Ciulei (geb. 1923) war ursprünglich Theaterregisseur und Schauspieler und hatte schon eine erfolgreiche Karriere auf der Bühne hinter sich, als er 1959 seinen ersten Film *Eruptia* (»Die Eruption«) drehte; darauf folgte 1963 *Valurile Dunarii* (»Donauwellen«). Zu einem bedeutenden Werk geriet ihm *Padurea spinzuratilor* (*Der Wald der Gehenkten*, 1965). An der österreichisch-ungarischen Grenze des Ersten Weltkriegs soll ein rumänischer Artillerieleutnant 12 Bauern, die befehlswidrig ihre Felder bestellten, zum Tode verurteilen und hinrichten. Er versucht zum Feind überzulaufen, wird aber gefaßt und selbst hingerichtet. Ciulei versuchte die Gewissenskonflikte des Protagonisten im Detail und in der Spiegelung an zahlreichen Nebenepisoden sichtbar zu machen. Inszenierung und Fotografie ergeben einen epischen Stil, der sich sowohl Abweichungen in Richtung aufs Dokumentarische, Reportagehafte als auch stilisierte Bildkompositionen erlaubt und gelegentlich Wirkungen düsterer Größe erreicht.

Der zweite bedeutende rumänische Regisseur ist Lucian Pintilie (geb. 1933). Auch er hatte schon eine jahrelange Praxis der Bühnenregie absolviert, als er mit *Duminica la ora sase* (*Sonntag um sechs*, 1965) im Film debütierte. Äußerlich gesehen, ist auch dies ein Kriegs- und Widerstandsfilm, der die letzten Stunden eines jungen Widerstandskämpfers schildert, bevor er als Opfer eines Verrats von den Faschisten umgebracht wird. Der Film konzentriert sich jedoch vor allem auf die Gedanken und Empfindungen seines Helden. So sind die äußeren Ereignisse in diesem Film eigentlich nur der Vorwand für die filmisch eindringliche Beschreibung eines Seelenzustandes.

In seinem zweiten Film, *Reconstituirea* (»Die Rekonstruktion«, 1968–1970) ging Pintilie wesentlich über diesen ersten Versuch hinaus. Dies ist ein »Gegenwartsfilm« und doch sehr viel mehr als das. Zwei Studenten haben in trunkenem Zustand einen Kneipenwirt niedergeschlagen und im Lokal Schaden angerichtet. Nun werden sie dazu verurteilt, für einen »Erziehungsfilm« das »Delikt« noch einmal vor der Kamera nachzuspielen. Das geschieht auch; aber ein Schlag fällt zu realistisch aus, und der eine der beiden jungen Leute stirbt. *Die Rekonstruktion* gibt ein kritisches Bild von der Situation und vom Bewußtsein eines Teils der rumänischen Jugend; zugleich aber transportiert der Film eine Reflexion über das Kino, das nicht nur als »Spiegel« der Wirklichkeit erscheint, sondern seine eigene Realität erschafft, die über die empirische hinausgeht. Auf dieser Ebene kritisiert der Film das Verfahren eines konventionellen Realismus, der meint, mit Hilfe »typischer« Fälle der Wirklichkeit habhaft zu werden. »Zwischen uns und die Wirklichkeit schieben sich oft verzerrende Spiegel«, sagte Pintilie. »Heute muß die Losung lauten: diese Spiegel gilt es mit allem Zorn zu zerbrechen. Dann kann man der Realität gegenübertreten.«[114] Erwähnenswerte rumänische Produktionen sind ebenfalls: *Diminitele unui baiat cuminte* (»Der Morgen eines vernünftigen Jungen«, 1966) von Andrej Bleier, *Golgota* (*Gol-*

gatha 1929, 1966) sowie *Columno lui Trajan* (»Der Tyrann«, 1968) und *Explozia (Explosion*, 1973) von Mircea Dragan, *Dincolo de nisipuri* (»Jenseits des Sands«, 1973) von Radu Gabrea, *Felix und Otilia* (1972) von Iulian Mihu, *Nunta de paitra* (»Die steinerne Hochzeit«, 1972) von Mircea Veroiu und Dan Pita.

Zu den bekanntesten Vertretern des rumänischen Films gehört auch Ion Popescu-Gopo (geb. 1923), der sich in den fünfziger Jahren auf Animationsfilme spezialisierte, in den sechziger Jahren jedoch auch Fiktionsfilme mit Darstellern drehte, meist über Märchen- oder Science-fiction-Themen: *Furat o bomba* (»Man hat eine Bombe gestohlen«, 1961), *Fi harap alb* (*Der weiße Mohr*, 1965), *Faustus XX* (1966).

Der jugoslawische Film trat 1961 in das Stadium seiner eigentlichen Geschichte ein – die fünfziger Jahre, in denen zwar auch schon produziert wurde, kann man nur als »Vorgeschichte« werten. 1961/62 erschienen die ersten neuartigen und persönlichen Filme von Hladnik und Petrović; etwas später, etwa um die Mitte der sechziger Jahre, meldete sich eine Gruppe Filmschaffender zu Wort, die man auch als die ›Belgrader Schule‹ bezeichnet hat: Makavejev, Pavlović, Djordjević, Slijepčević. Die Filme dieser Schule waren rauh, gesellschaftskritisch, manchmal provokativ, vor allem düster; diese Düsterkeit, zusammen mit einer polemischen Grundhaltung, scheint der dominierende Trend der jugoslawischen Kinematographie in den sechziger Jahren zu sein. Durch seine künstlerische Kraft konnte sich der jugoslawische Film auch im Ausland und auf Festivals Renommee erobern. Zwischen 1969 und 1971 kamen noch zwei weitere Regisseure hinzu, die in den provokativen Eigenschaften ihrer Filme womöglich noch über das von ihren Kollegen bereits Erreichte hinausgingen: Žilnik und Čengić.

1971/72 setzte ein Wandel des innenpolitischen Klimas in Jugoslawien ein, der für die Filmproduktion äußerst negative Folgen hatte. Während in den sechziger Jahren in Jugoslawien relativ liberale Zustände geherrscht hatten, wurden Filmemacher und Produktionsfirmen nun in zunehmendem Maße diszipliniert. Filme wurden verboten, neue Produktionen inhibiert, Regisseure und Produzenten von wichtigen Funktionen entbunden. Die Regisseure Makavejev und Petrović reagierten darauf, indem sie das Land verließen; nach 1973 breitete sich im jugoslawischen Film ein Klima künstlerischer Stagnation aus.

Die Filmproduktion in Jugoslawien besitzt sowohl kapitalistische als auch sozialistische Organisationsformen; Produktionszentren bestehen in allen größeren Städten, die wichtigsten Produktionsfirmen sind Avala in Belgrad, Neoplanta in Novisad, Jadran in Zagreb. Die Produktionszentren sind voneinander unabhängig. Die sechs jugoslawischen Teilrepubliken gewähren den Firmen Subventionsmittel für einzelne Projekte, jedoch in Abhängigkeit von der kommerziellen Rentabilität der Filme. Die jährliche Produktion stieg von 15 Spielfilmen 1960 auf 31 Filme 1967 an, sank in den 70er Jahren als Folge der restriktiven Filmpolitik aber wieder ab.

1961 debütierten im jugoslawischen Film zwei Regisseure, die einen neuen Ton in die bis dahin eher traditionsorientierte Kinematographie des Landes brachten: Boštjan Hladnik und Aleksandar Petrović; beide plädierten in ihren Filmen für ein Autorenkino und für die Verwendung von Methoden der französischen ›Neuen Welle‹. Boštjan Hladnik (geb. 1924) hatte an der Pariser Filmhochschule IDHEC studiert und bei Chabrol und de Broca assistiert. *Ples w dežju* (»Tanz im Regen«, 1961) und *Peščeni grad* (»Das Sandschloß«, 1963), zwei Filme symbolschwerer Fotografie, vollzogen einen Bruch mit dem bisherigen jugoslawischen Kino; der letztere Film beschäftigte sich mit den Erinnerungen einer Frau, die durch die Naziverfolgung ein Trauma davongetragen hat. Hladnik fand später allerdings in Jugoslawien keine Arbeit mehr und mußte in die Bundesrepublik Deutschland gehen, wo er mittelmäßige Kommerzfilme drehte.

Aleksandar Petrović (geb. 1929) erzählte in *Dvoje* (*Das Paar*, 1961) die individualistisch angelegte Geschichte der Liebe zwischen einem jungen Architekten und einer

Musikstudentin. Der lyrisch-symbolische Stil dieses Films mag heute datiert erscheinen, damals stellte er eine wichtige neue Position des Filmemachens dar. Schon in diesem und erst recht in seinem zweiten Film *Dani* (»Tage«, 1963) zeigte Petrović besondere Aufmerksamkeit für Details des Alltagslebens, für die Sphäre des »Banalen«. *Tage* beschreibt 24 Stunden aus dem Leben einer Frau, ist aber gleichzeitig eine Meditation über Entfremdung, Einsamkeit, Glück, Tod, wobei der Film seine Reflexion in Bildfolgen und Beobachtungen formuliert. *Tri* (*Drei*, 1966) schildert drei Episoden aus dem Widerstandskampf des letzten Weltkriegs, die besonders die Kehrseite jenes Heroismus zeigen, den konventionelle Widerstandsfilme oft genug in den Mittelpunkt stellten; hier geht es um die Ohnmacht eines Beobachters, der in die Ereignisse, deren Zeuge er wird, nicht eingreifen kann.

Zu einem internationalen Erfolg wurde Petrovićs folgender Film, *Skupljači perja* (»Federnsammler«, Verleihtitel: *Ich traf sogar glückliche Zigeuner*, 1967). Petrović umgab ein Melodram aus dem Zigeunermilieu mit viel folkloristischen Details und pittoresken Ausschmückungen. Regielich und optisch verstand der Film, sein Milieu und die Menschen dieses Milieus mit Verve und Leidenschaft ins Bild zu setzen. Auf der anderen Seite war nicht zu verkennen, daß hier ein mythologisch verbrämtes Bild vom Dasein der Zigeuner entworfen wurde – eines angeblich archaisch-primitiven, von »urtümlichen« Triebkräften gesteuerten Volkes; die Farbgestaltung des Films hat man wegen einer Tendenz zur Romantisierung mit der von Lelouch verglichen. Eine ähnliche Tendenz zur Ausmalung von Exotik manifestierte sich in *I dodje propast sveta* (*Es regnet auf mein Dorf*, 1969). Auch hier gibt ein Melodram den Handlungskern ab; periodisch eingeblendete Zigeunerlieder rhythmisieren das Geschehen. Allerdings ist die dokumentarische Seite des Films stärker ausgebildet; eine Revolte von Dorfbewohnern gegen die Privilegien der »roten Bourgeoisie« gibt dem Film ein Moment politischer Aktualität und stellt die Verbindung zu anderen jugoslawischen Filmen der gleichen Zeit her. 1972 drehte Petrović als italienisch-jugoslawische Koproduktion *Il Maestro i Margarita* (*Der Meister und Margarita*), eine Bearbeitung des gleichnamigen sowjetischen Romans von Bulgakow (Petrović verfilmte nur jenen Teil des Geschehens, der sich auf die Sowjetunion der zwanziger Jahre bezog; den anderen Teil des Romans, die Christuslegende, bearbeitete Andrzej Wajda in *Pilatus und andere*). Wegen seiner Kritik an der sowjetischen Bürokratie wurde der Film in Jugoslawien – ein Indiz des mittlerweile verhärteten Kurses – nach kurzer Laufzeit zurückgezogen; Petrović verlor sein Lehramt an der Filmhochschule. In der Bundesrepublik verfilmte Petrović 1976 in äußerst konventionellem Stil Heinrich Bölls Roman »Gruppenbild mit Dame«.

In das von Hladnik und Petrović erkundete Terrain stießen 1965 weitere Regisseure der ›Belgrader‹ oder ›Jugoslawischen Schule‹ mit eigenwilligen und neuartigen Filmen vor. Die wichtigsten Filme dieses Jahres – gleichzeitig die Debüts zweier Regisseure – waren Dušan Makavejevs *Der Mensch ist kein Vogel* und Živojin Pavlovićs *Der Feind* sowie *Mädchen* von Puriša Djordjević. Vorausgegangen war 1964 schon ein Versuch im Stil des ›Cinéma-vérité‹ von Vladan Slijepčević (geb. 1930), *Pravo stanje stvari* (»Der wahre Sachverhalt«); 1965 trat der bereits renommierte Trickfilmer Vatroslav Mimica mit seinem Spielfilm *Prometheus auf der Insel Visevica* hervor, und 1966 folgte Zvonimir Berković mit seinem experimentellen *Rondo* – mit einem Schlag hatte sich die Landschaft des jugoslawischen Films vollkommen verändert und war nun auch für die ausländische Kritik interessant geworden.

Das stärkste Aufsehen erregte Dušan Makavejev (geb. 1932) mit seinem ersten Film. *Človjek nije tica* (*Der Mensch ist kein Vogel*, 1965) basiert auf der Montage paralleler Vorgänge, auf dem collageartigen Zusammenprall scheinbar zufällig gefundener Realitätsfragmente, die teils in groteskem Widerspruch zueinander stehen. In *Der Mensch ist kein Vogel* treffen drei Handlungslinien zusammen: die Demonstration eines Hypnotiseurs, die Montage eines neuen Schmelzwerks und die Liebesaffäre zwischen einem verdienten Obermonteur und einer hübschen Friseuse des Ortes, in den der Monteur abkommandiert ist. Makavejev ist vor allem interessiert an der Diskrepanz zwischen rhetorischen Äußerungen aus dem Bereich von Politik und Ideologie einerseits, der Realität zurückgebliebener Verhältnisse und menschlicher Unzulänglichkeit andererseits; diese Gegensätze läßt er schockartig aufeinanderprallen. Makavejev äußerte: »Unser Kino muß zugleich didaktisch und destruktiv sein . . . nur durch Destruktion können wir die Menschen erziehen, durch Destruktion aller Illusionen, aller demagogischen Slogans . . ., das heißt, wir müssen die Slogans nicht so sehr zerstören, als ihren menschlichen Gehalt aufdecken.«[115] Makavejevs Film war konstruktivistisch, insofern er die Bestandteile der Realität in kühne Relationen zueinander setzte. Auf der anderen Seite wurden diese Bestandteile nie aus ihrem Kontext herausgelöst, dieser blieb vielmehr dokumentarisch-realistisch, wie überhaupt die Milieuschilderung der frühen Makavejev-Filme stark an den italienischen Neorealismus erinnert, der als Inspirationsfaktor im jugoslawischen Film der sechziger Jahre eine wichtige Rolle gespielt hat.

Ljubavni slučaj ili tragedija službenice PTT (*Ein Liebesfall* oder »Die Tragödie einer Telefonistin«, 1967) hat als dramaturgische Hauptsubstanz wiederum eine aus Bereichen des Banalen emporwucherndes Melodram: die Liebesgeschichte einer Telefonistin und eines mohammedanischen Rattenvertilgers, deren unglückliches Ende durch eine makabre Szene im Leichenschauhaus vorweggenommen wird; eingeschachtelt in diese Geschichte sind die Vorträge eines Sexualwissenschaftlers und eines Kriminologen. Schon diese (zunächst scheinbar unverbundenen) Nebenkomplexe schaffen neue Bezugspunkte, legen Provokationen und Perspektiven in den Film; denn die Geschehnisse des Dramas und das Verhalten der Personen widersprechen den Behauptungen der Wissenschaftler. Ebenso provokative Kontraste ergeben sich, wenn Makavejev idyllisch-intime Szenen aus dem Kleinbürgerleben mit dem von Ernst Busch gesungenen Eisler/Majakowski-Lied »Vorwärts die Zeit!« zusammenbringt oder wenn er zwischendurch eine Sequenz aus Dsiga Wertows *Donbass-Sinfonie* einschaltet. Diese Kontrastmomente durchbrechen den Realismus und die Melodramatik der Hauptgeschichte, verwandeln sie in Rohmaterial, das der Interpretation des Zuschauers vorgelegt wird.

Ein besonders raffinierter Beitrag zur Selbstreflexion des Kinos war Makavejevs folgender Film *Nevinost bez zaštite* (*Unschuld ohne Schutz*, 1968): er liefert das weitgehend dokumentarische Porträt eines sechzigjährigen serbischen Akrobaten (»Porträt eines authentischen Übermenschen« ist der Film im Untertitel benannt), indem er diesen sowie seine Mitarbeiter vor die Kamera holt und indem er einen Film (im Film) vorführt, den der gleiche Artist 1942 zu seinem eigenen Ruhm selbst gedreht hat – ein naives und sentimentales Melodram, jedoch versehen mit dokumentarischen Aufnahmen aus der damaligen Zeit. Dieses alte Filmmaterial hat Makavejev bearbeitet (koloriert und mit weiteren Dokumentarszenen versehen); er unterstreicht den Widerspruch zwischen der komischen Illusionswelt dieses Films und der Realität der damaligen Zeit, konfrontiert den Artisten selbst mit diesem Problem. Der Artist steht »für die kaum spürbare Veränderbarkeit naiven Bewußtseins auch in Zeiten radikaler äußerer Umbrüche. Hier wird ein Grundwiderspruch unserer Gesellschaften bloßgelegt, der zwischen praktischem Gefühl und praktischer Politik. Auf eigenwillige Weise evoziert der Film aufklärerisches Vergnügen.« (Heinz Ungureit)[116]

In *WR – Misterije organizma* (*WR – Mysterien des Organismus*, 1971), einem Film, der dem österreichischen Sexualwissenschaftler Wilhelm Reich gewidmet ist und teilweise in den USA entstand, behandelte Makavejev das Verhältnis zwischen Sexualität und Politik, das bereits in allen seinen früheren Filmen eine Rolle spielte. Aus einer Folge von Interviews entwickelt der Film Reichs Lebensgeschichte und Theorien, die auf eine Befreiung der menschlichen Sexualität zielen (an gewissen Punkten allerdings auch in Mystizismus umschlagen). Dazu führt er eine Spielhandlung um ein jugoslawisches Mädchen ein, das sich für sexuelle Freiheit im Marxismus einsetzt und eine Liebesaffäre mit einem sowjetischen Eisläufer beginnt, der ihr jedoch aus Versehen den Kopf abschneidet. In die jugoslawischen Sequenzen montiert Makavejev Dokumentar- und Spielfilmmaterial über Josef Stalin ein: Stalin, einen Raum durchschreitend; Stalin beim Pflanzen eines Baums. Dieser Teil des Films, der die ideologische Auseinandersetzung mit dem Marxismus führt, ist brillant und faszinierend; in seiner Mischung aus surrealen, fiktiven und dokumentarischen Stilmitteln trifft er exakt den Zusammenhang zwischen sexueller Unterdrückung und politischem Dogmatismus; aber Makavejev stellt diesen nicht als formulierte Erkenntnis, sondern eher als eine Art Eisensteinsche »Montage der Attraktionen« dar. Die Filmteile, die Reich selbst gewidmet sind, wirken in das Ganze nicht recht integriert und sind auch filmisch weniger originell. Wegen der »subversiven« Argumentation des Films, der Verletzung von Tabus und der satirischen Spitzen gegen die Sowjetunion erregte der Film bei den jugoslawischen Zensoren Anstoß und wurde verboten. Makavejev zog es vor, seinen nächsten Film, *Sweet Movie* (1974), im Ausland zu drehen. Leider wurde dieser Film eine Enttäuschung. Makavejevs Methode (als ob sie außerhalb Jugoslawiens des Widerstands entbehrte) degenerierte zum politischen Kabarett, zur augenzwinkernden Präsentation von Skandalbildern; dies war kein Film der Argumentation, sondern der Konfusion, der am Ende unfreiwillig albern wirkte.

Vom Dokumentarfilm her kam Puriša Djordjević (geb. 1924). Er drehte schon zwischen 1953 und 1961 mehrere Spielfilme, die aber keine Resonanz fanden. Eine neue Phase seiner Entwicklung begann Djordjević jedoch 1965 mit einer Serie von vier Filmen, die von einem lyrisch-poetischen Blickpunkt aus, unter Verwendung ungewohnter surrealer Stilmittel verschiedene Etappen jugoslawischer Geschichte aus Kriegs- und Nachkriegszeit beschrieben: *Devojka* (»Das Mädchen«, 1965), *San* (*Der Traum*, auch: *Ein serbischer Traum*, 1966), *Jutro* (*Ein serbischer Morgen*, 1967) und *Podne* (*Ein serbischer Mittag*, 1968). In diesen Filmen, die ihren Ausgang von dramatischen und tragischen Ereignissen des Partisanenkampfes nehmen, durchbricht Djordjević die Chronologie des Erzählens. Er dringt in die Bereiche des Imaginären vor, entwickelt neue Darstellungsformen, die der wirklichen Tragweite der historischen Ereignisse eher gerecht werden als der Naturalismus bisher üblicher Kriegsfilme. In *Das Mädchen* wird der Kampf einer Partisanengruppe gegen die Deutschen als alptraumartige Vision dargestellt, gesehen aus der Erinnerung einer Partisanin, die in diesem Kampf den Tod findet. In *Der Traum* stellen sich während des Krieges, als die Deutschen gerade abgezogen sind, die Bewohner zweier (eigentlich verfeindeter) Dörfer vor, wie es in einem zukünftigen Sozialismus einmal zugehen könnte. Dann bricht der Partisanenkampf erneut los, ein Mädchen träumt von der Zukunft mit ihrem (bereits toten) Geliebten, ehe auch sie ums Leben kommt; am Ende transportiert ein Zug lauter Tote. Traum und Wirklichkeit, Utopie und Tragik stehen nebeneinander, wobei das »Poetische« durchaus keine verklärende Funktion hat.

Dieser Ansatz wird weitergeführt und zugespitzt in *Der Morgen:* hier soll nach 1945 eine ehemalige Partisanin erschossen werden, weil sie Verrat beging; mit der Hinrichtung wird ausgerechnet der frühere Geliebte des Mädchens beauftragt, der solcher Parteidisziplin nur durch eine List auszuweichen vermag. Die Polemik des Films gegen eine politisch erzwungene, sinnlose Grausamkeit löste in Jugoslawien starke Diskussionen aus. *Der Mittag* spielt 1948 und führt einige Figuren früherer Filme des Zyklus (von denen Djordjević sogar Ausschnitte zitiert) wieder ein. Hintergrund des Geschehens ist der

Bruch der jugoslawischen Kommunisten mit der Sowjetunion 1948 und die dadurch bewirkte Umorientierung, der zunächst eine Phase allgemeiner Ratlosigkeit vorausging. Diese Ereignisse geben Djordjević Gelegenheit zu sarkastischen Kommentaren über den Konformismus von Funktionären und Dorfältesten, über die Auswechselbarkeit von Glaubensbekenntnissen, über das Auseinanderklaffen von Ideal und Wirklichkeit. *Cross Country* (*Querfeldein*, 1969), ein Film verschlüsselter politischer Botschaften, berichtet von einem Popen und seiner Tochter, einer leidenschaftlichen Dauerläuferin. *Biciclisti* (»Radfahrer«, 1971) war ein weiterer Film der Kriegs- und Widerstandsthematik, diesmal aber in mehr humoristischer Tonart. *Pavle Pavlović* (1975) schließlich enthält wieder eine starke gesellschaftskritische Polemik: ein Arbeiter deckt im Fernsehen Korruptionserscheinungen in seiner Fabrik auf und wird daraufhin von seinen Kollegen verprügelt; schließlich wird er wegen der Verletzung von Privateigentum sogar erschossen.

Živojin Pavlović (geb. 1933), ursprünglich Maler, bevor er – zunächst als Amateur – zum Film kam, wurde besonders oft mit der Schule des »schwarzen« jugoslawischen Films in Verbindung gebracht und sogar zum Hauptrepräsentanten dieser Richtung erklärt; in der Tat sind Pavlovićs Filme im allgemeinen von prononcierter Bitterkeit und pessimistischer Düsternis erfüllt. Nach Beiträgen zu zwei Episodenfilmen realisierte er 1964 *Povratak* (»Heimkehr«), einen Film, der jedoch auf Schwierigkeiten stieß und erst 1966 zur Aufführung kam; seine Hauptfigur ist ein aus dem Zuchthaus entlassener Jugendlicher. *Sovražnik* (*Der Feind*, 1965) ist eine Darstellung aus dem zeitgenössischen Arbeiterleben, vermischt mit der Thematik von Dostojewskis »Doppelgänger«: ein militanter Arbeiter, den seine Kollegen wegen der Strenge seiner Prinzipien verlachen, verkauft seine Seele an einen satanischen Doppelgänger, durch den er schließlich das Leben verliert. Der realistisch inszenierte Film verlangte auf seiner zweiten Ebene nach »Entschlüsselung«: Pavlović wollte untersuchen, welche Chancen ein Idealist in der heutigen Gesellschaft hat; die Antwort auf diese Frage fiel niederschmetternd aus. Noch bitterer und desillusionierter gab sich Pavlović in *Budjenje pacova* (*Die Ratten erwachen*, 1967): in einem heruntergekommenen Mietshaus wohnt ein ehemaliger Parteifunktionär, der wegen seiner stalinistischen Neigungen abgesetzt wurde und jetzt mühsam sein Leben fristet, indem er Krawatten näht; von seinem Freund, der mit pornographischen Fotos handelt, wird er wegen früherer Verwicklungen erpreßt. Pavlović fixiert systematisch die trüben oder hoffnungslosen Aspekte der Realität, die er jedoch nicht metaphysisch, sondern eher dokumentarisch einfängt; gleichzeitig durchsetzt er seinen Film mit bitterem Humor, der den Zuschauer von der Geschichte und ihren Personen Distanz gewinnen läßt. Mit den »Ratten« meinte Pavlović die Unterdrückten, Zukurzgekommenen, die Opfer der sozialistischen Gesellschaft, die für sich auch den »hellen Strahl der Sonne« beanspruchen. *Kad budem mrtav i beo* (»Wenn ich tot und bleich bin«, 1968) spielt in einem gorkischen Nachtasyl-Milieu. Der Held ist ein Wanderarbeiter, der gelegentlich vom Diebstahl lebt, in Streit mit einem Betriebschef gerät und schließlich auf absurde Weise erschossen wird. »Mit dissonanten Akkorden vollzog Pavlović eine giftige Kritik bestimmter Aspekte der jugoslawischen Realität.«[117] *Zaseda* (»Der Hinterhalt«, 1969) beschreibt die Befreiung des Landes von der Hitler-Okkupation, legt den Akzent aber auf die von Jugoslawen selbst begangenen Gewalttaten; so wird ein junger Kommunist irrtümlich erschossen, weil man ihn für einen Faschisten hält. In seinen letzten Filmen, *Crveno klasje* (»Roter Weizen«, 1971) und *Let mrtve ptice* (»Der Flug des toten Vogels«, 1974) analysiert Pavlović die Zustände auf dem Lande; er konstatiert Brutalität und Rückständigkeit vor allem im privaten Verhalten der Menschen.

Vatroslav Mimica (geb. 1923), ursprünglich ein Spezialist des Zeichentrickfilms, näherte sich mit seinen »Real«-Filmen *Prometej sa otoka Viševice* (»Prometheus auf der Insel Visevica«, 1965) – über die erfolglosen Bestrebungen eines Expartisanen, 1945 auf einer Insel die Elektrizität einzuführen – und *Ponedeljak ili utorak* (»Montag oder Dienstag«, 1966) – das Porträt eines Journalisten – ebenfalls der realistisch-sozialkritischen Hauptströmung des jugoslawischen Films. Mimica wandte sich allerdings später mit *Anno domini 1573* (1976) dem Genre des historischen Ausstattungsfilms zu. Zvonimir Berković brachte 1967 mit *Rondo* einen nach musikalischen Prinzipien konstruierten, kühlen, aber brillanten Film heraus, die psychologische Analyse einer Dreiecksbeziehung, deren formales Hauptmotiv das Schachspiel ist und die auch politische Aspekte nicht ausspart.

Etwas später als Djordjević und Pavlović debütierten zwei weitere jugoslawische Sozialkritiker und Pamphletisten: Žilnik und Čengić. Želimir Žilnik (geb. 1942) läßt in *Rani radovi* (*Frühe Werke*, 1969) eine Gruppe junger Revolutionäre den Versuch unternehmen, den Marxismus unter der Landbevölkerung Jugoslawiens zu verbreiten. Ihre Anführerin ist das Mädchen Jugoslawia, das durch die Lektüre der frühen Schriften von Marx zu revolutionärer Begeisterung entflammt wurde und ihre Mitmenschen nun im buchstäblichen Sinne »befreien« möchte. Natürlich scheitern die jungen Leute bei ihrem Vorhaben an der Lethargie des Landvolks und an ihren eigenen, zu hochgespannten Erwartungen, sie müssen Prügel, Abfuhren und Erniedrigungen einstecken. Žilniks Film verarbeitete auch Motive der Studentenrevolte von 1968 und versuchte, sie auf jugoslawische Realitäten zu übertragen; als Motto setzte er einen Spruch von St. Just: »Wer die Revolution nur halb macht, schaufelt sich sein eigenes Grab.« Žilniks Film, der letztlich eine Position der Aggression und Verzweiflung spiegelt, in seiner Grundhaltung aber ehrlich ist, wurde in Jugoslawien als subversiv empfunden; sein nächstes Werk, *Das Kapital* (1971), verbot man kurzerhand. Vorübergehend arbeitete Žilnik in der Bundesrepublik.

Bata Čengić bewies besonderes Talent zur politischen Satire in *Uloga moje porodice u svetskoj revoluciji* (»Die Rolle meiner Familie in der Weltrevolution«, 1971): eine kleinbürgerliche Familie hat den Stalinismus vollkommen in ihrem Alltagsleben assimiliert, als plötzlich eine Konterrevolution ausbricht; die Familie hat nun große Mühe, sich auf die veränderte Situation einzustellen. Dem Film lag eine populäre Kabarettshow zugrunde. *Slike iz života udarnika* (*Szenen aus dem Leben eines Aktivisten*, 1972) blendet in die Aufbauphase der sozialistischen Gesellschaft nach dem Kriege zurück, als man die sowjetischen Methoden des »Stachanowismus« auch in Jugoslawien einzuführen suchte. Čengić schildert das Dasein eines solchen Modellarbeiters der damaligen Zeit, der ununterbrochen seiner Heldenrolle gerecht werden muß, in einer Mischung aus einfühlsamem Realismus (manche Bilder erinnern an naive Malerei) und Satire; in einem Epilog zeigt er, was aus den Akkordarbeitern 25 Jahre später geworden ist.

Filme wie dieser waren die letzte Manifestation des kritisch-satirischen jugoslawischen Kinos, das eine rückhaltlose Kritik an der Gegenwart übte, von der auch die »Grundlagen« der Gesellschaft nicht ausgenommen wurden und das manchmal eine »Poesie des Häßlichen« kultivierte. Nach 1972 hatte dieses Kino infolge der sich verschärfenden Zensurmaßnahmen in Jugoslawien keine Chance mehr. 1973 erhielt Krsto Papić auf dem Nationalfestival von Pula für seinen gleichfalls kritischen Film *Predstava Hamleta u Mrduši Donjoj* (»Die Aufführung von Hamlet auf dem Dorfe«) zwar noch eine Auszeichnung, jedoch fügte die Jury hinzu, daß dies »eine polemisch-kritische Einstellung zum Inhalt des Films keineswegs ausschlösse«.[118] Weitere Regisseure, die 1972 noch mit kritischen Filmen debütierten, dann aber – zumindest im Bereich des Spielfilms – vorerst nicht weiterarbeiten konnten, waren Miloš Radivojević, Miroslav Antić und Vuk Babić.

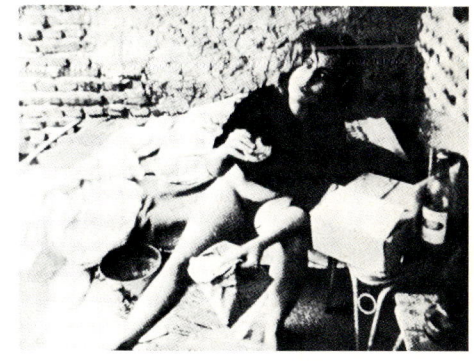

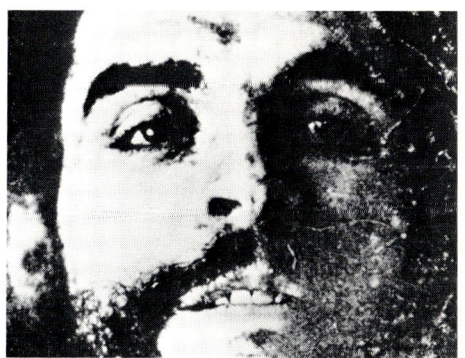

Fernando Solanas
La hora de los hornos
(Die Stunde der Hochöfen)
1968
Argentinien

Jorge Sanjinés
Yawar Mallku
(Das Blut des Kondors)
1969
Bolivien

VI. Lateinamerika, Afrika, Asien, Australien

Lateinamerika

Zu Anfang der sechziger Jahre stellte sich Lateinamerika, kinematographisch betrachtet, noch als schlafender Kontinent dar. Bis zu diesem Zeitpunkt bestand eine nennenswerte Filmproduktion allein in Argentinien, Brasilien und Mexiko. Der kubanische Film befand sich nach dem Sieg der Revolution zunächst in einer Aufbauphase und beschränkte sich vornehmlich auf Dokumentarfilme. So kannte man das lateinamerikanische Kino zu diesem Zeitpunkt im Grunde nur durch das Werk der argentinischen Regisseure Leopoldo Torre Nilsson und Rodolfo Kuhn.

Erste Zeichen einer Erneuerung des lateinamerikanischen Kinos ließen sich in Brasilien beobachten. 1962 kann als Geburtsjahr des ›Cinema nôvo‹ gelten, einer Bewegung, die in Opposition zu dem bis dahin in Brasilien dominierenden Kommerzkino stand und zum ersten Mal den Versuch unternahm, aus dem Rückgriff auf nationale Traditionen ein spezifisch brasilianisches, volkstümliches und gesellschaftskritisches Kino zu entwickeln; die wichtigsten Werke des ›Cinema nôvo‹ entstanden 1963 und 1964, zu seinen Repräsentanten gehörten Nelson Pereira dos Santos und Glauber Rocha.

Wie mit einem Paukenschlag veränderte sich die Situation des lateinamerikanischen Kinos durch das Erscheinen des dreiteiligen argentinischen Dokumentarfilms *La hora de los hornos (Die Stunde der Hochöfen)* von Fernando Solanas im Jahre 1968. Dieser Film lieferte eine leidenschaftlich orchestrierte filmische Analyse der Situation Lateinamerikas als eines Kontinents der Unterentwicklung, der Ausbeutung und der krassen sozialen Gegensätze. *La hora de los hornos* war das Manifest einer neuen Kinematographie; der Film löste außerordentlich starke Wirkungen in Lateinamerika, aber auch in Europa aus.

Etwa zur gleichen Zeit verzeichnete die Kinematographie verschiedener anderer lateinamerikanischer Länder einen sprunghaften Aufschwung. Mit einfachen Mitteln gemachte, aber ausdrucksstarke, dicht an der Realität stehende Dokumentarfilme erschienen in Uruguay (Mario Handler drehte 1967 den Wahlfilm *Elecciones* und 1968 die politische Chronik *Me gustan los estudiantes – Ich mag die Studenten* – sowie den analytischen *El problema de la carne – Das Problem des Fleischs*, 1969; Handler gründete 1969 die ›Cinemateca del Tercer Mundo‹, die ›Kinemathek der Dritten Welt‹) und Venezuela (hier hatten Carlos Rebolledo sowie Jorge Solé bereits eine gewisse Kontinuität des Dokumentarfilms entwickelt; Solés Hauptwerk ist *T-Venezuela*, 1969, eine Untersuchung über die politische Funktion des Fernsehens), etwas später auch in Kolumbien (Carlos Alvarez, Jorge Silva/Marta Rodríguez); auch in Argentinien selbst verbreitete sich die Basis der neuen Filmarbeit. Schließlich hatte das brasilianische ›Cinema nôvo‹ sich mit den Werken Glauber Rochas, Ruy Guerras und anderer Regisseure entfaltet, und die Kubaner (Espinosa, Alea, Alvarez, Solas, Gomez) lieferten mittlerweile brillante Beispiele eines nicht nur inhaltlich, sondern auch formal revolutionären Dokumentar- und Spielfilmschaffens.

In diesen Jahren der Blütezeit des lateinamerikanischen Kinos, die etwa von 1968 bis 1973 dauerte, hatte sich der europäische Beobachter daran gewöhnt, den lateinamerikanischen Film quasi als eine Einheit zu begreifen. Zu diesem synthetischen Eindruck eines gesamtlateinamerikanischen Kinos trugen auch die Spielfilme des Bolivianers

Jorge Sanjines bei – *Ukamau* (1966), *Yawar mallku* (*Das Blut des Kondors*, 1969) und *El coraje del pueblo* (*Der Mut des Volkes*, 1971), exemplarische Beispiele eines politisch-didaktischen Kinos großer künstlerischer Kraft. Auch der chilenische Film trat nach dem Amtsantritt Allendes in eine neue, fruchtbare Phase seiner Entwicklung; die Filme Miguel Littins und Helvio Sotos befestigten den Ruf der chilenischen Kinematographie. Man kann sagen, daß in diesen Jahren zwischen 1968 und 1973 der lateinamerikanische Film als Avantgarde der progressiven Welt-Kinematographie erschien.

In dieser Zeit entstanden auch wichtige, für das lateinamerikanische Kino allgemein verbindliche Texte. Fernando Solanas und Octavio Getino, die Autoren von *La hora de los hornos*, prägten in einem 1969 erschienenen Aufsatz (»Hacia un tercer cine« – »Für ein Drittes Kino«)[1] den Begriff eines ›Dritten Kinos‹, den sie auf eine supranationale Bewegung bezogen. Das ›Erste Kino‹ ist, dieser Darstellung zufolge, das des Konsums, der präfabrizierten Formen, der Kontrolle durch die mächtigen Konzerne. Das ›Zweite Kino‹ ist der individuell konzipierte Autorenfilm; es bedeutet schon den Versuch einer »kulturellen Dekolonisation«, aber es denkt oft nur über sich selbst nach und ist für ein elitäres Publikum gedacht. Das »Dritte Kino« dagegen ist »ein Instrument, um unsere Wahrheit mitzuteilen, gründlich, objektiv, subversiv, das . . . den unmündigen und unterdrückten Menschen befreien will«.[2] Solanas und Getino präzisierten ihre Anschauungen in einem Programm: »Der Mensch des DRITTEN KINOS . . . stellt der Filmindustrie ein Filmhandwerk entgegen:

einem Kino der Individuen eines der Massen
einem Autorenkino ein Kino der Arbeitskollektive
einem Kino der neokolonialen Desinformation ein Kino der Information
einem Kino der Ausflucht ein Kino der Wahrheit
einem passiven Kino ein Kino der Aggression
einem institutionalisierten Kino ein Kino der Guerrillas
einem Kinospektakel einen Kinoakt, eine Kinoaktion
einem Kino der Destruktion ein Kino gleichzeitiger Destruktion und Konstruktion
einem Kino, das für den alten Menschen gemacht wurde, ein Kino nach dem Maßstab des neuen Menschen, nach der Möglichkeit, daß jeder von uns der ist, der er ist.«[3] Der kubanische Regisseur Julio García Espinosa plädierte unter der Überschrift »Für ein nichtperfektes Kino« für eine Filmkunst, die vor allem »die Barriere zwischen einem ›gebildeten‹ und einem ›minoritären‹ Gesprächspartner zu überspringen sucht«.[4] Glauber Rocha verfaßte sein Manifest »Eine Ästhetik des Hungers«.[5]

Die »heroische« Phase des lateinamerikanischen Films ging jedoch Anfang der siebziger Jahre wieder zu Ende; der Umschwung der politischen Verhältnisse in den meisten lateinamerikanischen Ländern schob der Produktion unabhängiger Filme, die die Machthaber als »subversiv« betrachten konnten, einen Riegel vor. Bereits 1964 wurde in Brasilien ein Militärregime errichtet, dessen wachsender Druck die Freiräume des ›Cinema nôvo‹ immer mehr einengte und einen Regisseur wie Glauber Rocha 1969 zur Auswanderung nötigte. In Bolivien zwang der Militärputsch des Generals Banzer Jorge Sanjines 1972, das Land zu verlassen; in Kolumbien war der Filmemacher Carlos Alvarez von 1972 bis 1974 ohne Prozeß inhaftiert. Die Filmemacher Chiles wurden nach dem faschistischen Militärputsch 1973 entweder verhaftet oder mußten das Land verlassen; der chilenische Film findet heute nur noch in der Emigration statt. Selbst in Argentinien, wo noch 1972/73 günstige Bedingungen der Filmarbeit herrschten, ist nach dem Militärputsch vom März 1976 eine politische oder gesellschaftskritische Filmarbeit unmöglich geworden; nur der Kommerzfilm hält sich noch am Leben. So befindet sich das Kino Lateinamerikas gegenwärtig in einer Phase der Regression. Allein in Mexiko (wo das Filmwesen staatlich finanziert, allerdings auch kontrolliert wird) und in Venezuela (wo infolge der Erdöl-Einkünfte eine hochentwickelte Filmindustrie besteht, deren aufwendige Produkte vornehmlich auf kommerzielle Verwertbarkeit zielen), mit gewissen Einschränkungen auch in Kolumbien und Peru (wo die einheimische Kurzfilmproduktion staatlich protegiert wird) herrschen momentan Bedingungen, unter denen die Herstellung ambitionierter Filme in gewissen Grenzen möglich ist. Beispiele für anspruchsvollere Produktionen, die neuerdings im filmwirtschaftlichen System dieser Länder entstanden, sind *El cine soy yo* (»Der Film, das bin ich«, 1977) von Luis Armando Roche (Venezuela), die abenteuerlich-phantastische Geschichte eines Kino-Wandervorführers, und *Los perros hambrientos* (*Die hungrigen Hunde*, 1976) von Luis Figueroa (Peru), die sozialkritische Schilderung von Auseinandersetzungen zwischen Banditen (die aus Not in die Illegalität gingen), armer Landbewohner und der Polizei, oder (ebenfalls aus Peru) *Kuntur wacħana – Un dia regresaran los condores* (»Eines Tages werden die Kondore zurückkehren«, 1977) von Federico Garcia und *Muerte al amanecer* (»Tod im Morgengrauen«, 1977) von Francisco José Lombardi. Der kubanische Film schließlich ist aus seiner »romantischen« Phase herausgetreten und scheint sich momentan vor allem auf innenpolitische Aufgabenstellungen zu konzentrieren, setzt jedoch seine künstlerischen Traditionen fort.

Mit 240 Millionen Kinobesuchern im Jahr ist Brasilien der fünftgrößte Absatzmarkt für Filme auf der Welt (noch vor England, Frankreich und der Bundesrepublik).[6] Von allen lateinamerikanischen Ländern hat Brasilien (neben Mexiko) die am stärksten entwickelten filmwirtschaftlichen Strukturen (Produktion, Verleih, Kinos), und es ist daher nicht überraschend, daß die Erneuerungsbewegung des brasilianischen Films in den sechziger Jahren, das ›Cinema nôvo‹, (»Neues Kino«) sich im Rahmen des bestehenden filmwirtschaftlichen Systems herausbildete und auf eine Reform dieses Systems von innen im Sinne des Autorenfilms zielte. Zu Beginn der sechziger Jahre formierte sich das ›Cinema nôvo‹ als eine von jungen Regisseuren getragene Bewegung, die in Opposition zum bisher vorherrschenden Kommerzkino stand; die neue Strömung strebte Realismus und Volkstümlichkeit an, Widerspiegelung sozialer Realitäten, Aktivierung der Zuschauer, obgleich eine wirklich verbindliche Plattform der Bewegung nie formuliert wurde. Zwischen 1962 und 1964 konnten brasilianische Filme auf verschiedenen Festivals Erfolge verzeichnen; die europäische Kritik wurde aufmerksam, als 1964 in Cannes gleich zwei bedeutende Filme des ›Cinema nôvo‹ auftauchten, *Vidas secas* von Nelson Pereira dos Santos und *Deus e o diabo na terra do sol (Gott und Teufel im Land der Sonne)* von Glauber Rocha. Zum Vertrieb ihrer Filme gründeten die Regisseure des ›Cinema nôvo‹ eine Kooperative, die ›Difilm‹, mit deren Hilfe sich die Filmemacher trotz wachsender Behinderung durch staatliche Filmstellen und durch die Zensur einige Jahre behaupten konnten. 1964 wurde das liberal-reformistische Regime des Präsidenten Goulart gewaltsam gestürzt und durch eine Militärdiktatur ersetzt. Damit verschlechterten sich auch die Produktionsbedingungen für das gerade eben entstandene ›Cinema nôvo‹. Dennoch brach die Entwicklung nicht ab; immerhin konnte Glauber Rocha noch *Terra em transe* (*Land in Trance*, 1967) und *O dragão de maldade contra o santo guerreiro* (»Der Drachen des Bösen gegen den heiligen Krieger«, *Antonio das Mortes*, 1968) drehen. Ab 1969 setzte eine neuerliche Verschärfung des innenpolitischen Klimas ein, die die Regisseure des ›Cinema nôvo‹ zum Ausweichen in die Bezirke der Historie oder der Literatur zwang. Aber selbst unter diesen schwierigen Bedingungen entstand noch ein so hervorragender und auch politisch aktueller Film wie *São Bernardo* (1972).

Inzwischen haben die Regisseure des ›Cinema nôvo‹ – von der Existenz der Bewegung kann man nach 1969 nicht mehr sprechen – sich mit Erfolg um eine Verbesserung der nationalen Kinostrukturen bemüht. Durch die staatliche Firma ›Embrafilme‹ werden seit 1969 Verleihgarantien und Produktionszuschüsse vergeben; für die Kinos ist eine Mindestspieldauer einheimischer Filme festgesetzt, so daß die jährliche Produktion brasilianischer Filme von 30 (zwischen 1962 und 1967) auf 72 (1970) und 106 (1971) anstieg.

Entstehung und Theorie des ›Cinema nôvo‹

Vor 1960 gab es neben Karneval-Musicals und Carioca-Komödien praktisch keine künstlerisch ernstzunehmende Filmproduktion in Brasilien – mit Ausnahme des Erfolgsfilms *O Cangaceiro* (1953) von Lima Barreto und zwei realistischen Filmen von Nelson Pereira dos Santos. 1961–62 begann sich jedoch ein anderes »Klima« im brasilianischen Film auszubreiten. Jüngere Regisseure, die zumeist der Studentenbewegung nahestanden, meldeten sich mit eigenen Themen und neuen stilistischen Vorstellungen zu Wort. 1962 erschien eine Gruppe von Filmen, die den sich anbahnenden Umschwung signalisierten: *O assalto ao trem pagador* (»Der Überfall auf den Postzug«) von Roberto Farias, ein Kriminalfilm mit sozialkritischen Hintergründen, dem wegen seiner populären Form ein großer Publikumserfolg zuteil wurde; *Os cafajestes* (»Die Müßiggänger«) von Ruy Guerra, die Geschichte zweier Spitzbuben, die versuchen, eine bedeutende Persönlichkeit zu erpressen; *O pagador de promesas (50 Stufen zur Gerechtigkeit)* von Anselmo Duarte, ein mystischer Film über einen armen Mann, der ein religiöses Gelübde erfüllt, aber in die Rolle eines Ketzers und Aufrührers gedrängt wird (der Film gewann 1962 die Goldene Palme des Cannes-Festivals). Ferner erschien ein kollektiv hergestellter Episodenfilm über die Armenviertel von Rio, *Cinco veces favela* (»Fünfmal Favela«), den die ›Nationale Studentenunion‹ finanzierte und an dem Pedro de Andrade, Marcos Farias, Leon Hirszman und Carlos Diegues mitarbeiteten; *Porto das Caixas* (»Hafen der Kisten«) von Paulo Cesar Saraceni, der Bericht über »gescheiterte Existenzen, die elend an einer Eisenbahnlinie leben«[7], und schließlich Glauber Rochas *Barravento*, ein sozial engagierter Spielfilm über ein Fischerdorf bei Bahia. Der Terminus ›Cinema nôvo‹ wurde gefunden, um die neue brasilianische Kinematographie zu bezeichnen; überliefert ist der Ausdruck zum ersten Mal in Glauber Rochas 1963 erschienenem Buch »Revisão critica do cinema brasileiro« (»Kritische Revision des brasilianischen Kinos«). Bald folgten dann einige Werke, die dem ›Cinema nôvo‹ stärkeres Profil gaben: *Ganga Zumba* (von Carlos Diegues, 1963), *Garrincha, allegria do povo* (»Garrincha, Freude des Volkes«, 1963) von Joaquim Pedro de Andrade, eine Reportage über den Mythos des brasilianischen Fußballs, *Vidas secas* (»Trockenes Leben«, 1963) von Nelson Pereira dos Santos, die zugleich realistische und poetisch eindringliche Schilderung vom Lebenskampf einer armen Landarbeiterfamilie, vielleicht der schönste, klarste und eindringlichste Film des ›Cinema nôvo‹ überhaupt; und Glauber Rochas großangelegte mythische Ballade *Deus e o Diabo na terra do sol (Gott und Teufel im Land der Sonne,* 1964), die durch ihre kühnen poetischen Formen faszinierte und besonders bei der europäischen Kritik ein starkes Echo hinterließ.

Von 1962 bis 1964 herrschte im brasilianischen Film ein euphorisches Klima der Erneuerung, verbunden mit der Vorstellung nahezu unbegrenzter Möglichkeiten. Wo lag aber der eigentliche Ursprung der Bewegung? Die Entwicklung des neuen brasilianischen Kinos ist nicht unabhängig vom allgemeinen kulturellen und zivilisatorischen Aufschwung des Landes in den fünfziger Jahren zu sehen (der allerdings nur einer Minorität von Privilegierten zugute kam). Einen wichtigen Einfluß auf den Film übte zum Beispiel das neue brasilianische Theater aus; auch in der brasilianischen Dichtung und der Musik (bis hin zum »Bossa Nova«) gab es neue Impulse. »Eine ganze Generation beginnt, sich in der öffentlichen Verwaltung und in den Universitäten, in der Industrie und in der Politik zu betätigen . . . Und so war die Entstehung eines ›Cinema nôvo‹ natürlich und unvermeidlich: Es ist der Film, der vom neuen Brasilien gefordert wird.« (Alex Viany)[8] Zwar ist das Phänomen des brasilianischen ›Cinema nôvo‹ deutlich in der Sphäre des Bürgertums und der Intellektuellen beheimatet. Ideologisch kann man es in die Nähe der Doktrin des nationalliberalen »Populismus« rücken, der bis 1964 die gesamte brasilianische Linke verhaftet war. Sicherlich hatte die neue Filmbewegung in Brasilien auch etwas mit der französischen ›Nouvelle vague‹ zu tun. Aber die bürgerlich-intellektuellen Filmkünstler Brasiliens besannen sich auf ihre sozialen Aufgaben; als diese empfanden sie eine »kulturelle Entkolonisierung«, eine Rückkehr zu authentisch brasilianischen Motiven und Stilformen (für die man auch den Begriff des »Tropikalismus« prägte), eine

Aufdeckung sozialer Widersprüche, die Beförderung eines Prozesses der Emanzipation und Selbsterkenntnis in der Bevölkerung.

Der wahrscheinlich wichtigste theoretische Text des ›Cinema nôvo‹ ist Glauber Rochas Manifest »Eine Ästhetik des Hungers« – zum ersten Mal als Referat vorgetragen im Januar 1965 auf einem Festival des lateinamerikanischen Films in Genua; er wurde im gleichen Jahr in der »Revista Civilazação Brasileira« abgedruckt und erschien später in manchen, meist gekürzten Varianten, oft auch unter der Überschrift »Eine Ästhetik der Gewalttätigkeit«.[9] In diesem Text leitet Glauber Rocha die Eigenschaften und die Zielsetzungen des ›Cinema nôvo‹ aus dem Hunger als einer Grundgegebenheit der lateinamerikanischen Gesellschaft ab. »Der lateinamerikanische Hunger ist nicht nur ein alarmierendes Symptom der sozialen Armut: er ist die Essenz einer Gesellschaft, er veranlaßt uns, unsere Kultur als eine Kultur des Hungers zu definieren. Hier liegt die tragische Originalität des ›Cinema nôvo‹ in seinem Verhältnis zur Weltkinematographie: unsere Originalität ist unser Hunger, und unser größtes Elend liegt darin, daß dieser Hunger zwar gefühlt, aber nicht verstanden wird. (. . .) Wir verstehen diesen Hunger, den der Europäer nicht verstanden hat und den nicht einmal die Mehrheit der Brasilianer verstanden hat. Für den Europäer handelt es sich um einen seltsamen tropischen Surrealismus. Für den Brasilianer handelt es sich um eine nationale Schande. Er hat nichts zu essen, aber er schämt sich, es zu sagen; und vor allem weiß er nicht, woher dieser Hunger kommt. Wir – die wir diese häßlichen und traurigen, herausgeschrienen, verzweifelten Filme gemacht haben, in denen nicht immer die Stimme der Vernunft am lautesten vernehmbar war – wir wissen, daß der Hunger nicht durch eine Planwirtschaft der Regierung beseitigt werden kann (. . .). Aber wir wissen, daß nur eine Kultur des Hungers, indem sie ihre eigenen Strukturen unterminiert, eine qualitative Veränderung herbeibringen kann: und die authentischste Manifestation des Hungers ist die Gewalt. (. . .) Eine Ästhetik der Gewalt ist nicht gleichbedeutend mit Primitivismus, sondern sie ist revolutionär: das ist der Augenblick, in welchem der Kolonialherr sich der Existenz des Kolonisierten bewußt wird. (. . .) Das ›Cinema nôvo‹ distanziert sich von der Industrie, weil der industrielle Film sich nur für die Lüge und die Ausbeutung engagiert. Die wirtschaftliche und industrielle Integration des ›Cinema nôvo‹ hängt von der Freiheit Lateinamerikas ab. Für diese Freiheit engagiert sich das ›Cinema nôvo‹ . . . Das ist eine Frage der Moral, die sich in den Filmen widerspiegeln wird, in der Zeit, die man sich nimmt, um einen Menschen oder ein Haus zu filmen, im Objekt, das im Brennpunkt steht, in der Moral, die man vertreten wird: das ›Cinema nôvo‹ ist kein Film, sondern eine Vielzahl von Filmen im Prozeß ihrer Entwicklung; es wird schließlich dem Publikum das Bewußtsein seines eigenen Elends vermitteln.«[10]

In diesem Text Glauber Rochas werden die tieferen Impulse nicht nur des brasilianischen ›Cinema nôvo‹, sondern des lateinamerikanischen Kinos insgesamt deutlich. Auf einen weiteren wichtigen Punkt hat der Kritiker Jean-Claude Bernadet hingewiesen: die Regisseure des ›Cinema nôvo‹ empfinden keinen Widerspruch zwischen dem »Autorenkino« als Hervorbringung eines individuellen Künstlers und einem »volkstümlichen« oder gar politischen Kino[11], zwischen ihrem Kampf um eine Veränderung der Kinostrukturen und dem Kampf um eine Veränderung der Realität. Diese Widersprüchlichkeit in ein Argument gegen die Filme selbst zu verwandeln (»die Filme sind teils Spektakel im Sinne des sog. Kunstkinos, teils Diskurs, werden aber weder dem einen noch dem anderen wirklich gerecht«[12]), erscheint ungerecht, denn eine solche Position verkennt die künstlerische Kraft vieler ›Cinema nôvo‹-Filme; wenn auf der anderen Seite dem ›Cinema nôvo‹ der Durchbruch zur wirklichen Popularität im Sinne großer Kassenerfolge nicht gelungen ist (mit der Ausnahme von Roberto Farias *Überfall auf den Postzug* und *Macunaima* von Pedro de Andrade), so muß man dem entgegenhalten, daß eine tatsächliche

Popularität angesichts der herrschenden kulturell-ideologischen Bedingungen wahrscheinlich nur unter Verzicht auf die ästhetische Neuartigkeit der Filme hätte erreicht werden können.

Thematisch lassen sich im ›Cinema nôvo‹ drei Hauptlinien beobachten: da ist einmal die Thematik der nordostbrasilianischen Steppenlandschaft des »Sertão«, im Zentrum stehen hier die Existenzprobleme ihrer Bewohner; dann gibt es eine psychologische Thematik, die meistens in Filmen über die Bourgeoisie der Großstädte ihren Ausdruck findet und sich oft mit einer Analyse politischer Verhältnisse verbindet; schließlich ergibt sich als ein dritter Komplex die Welt der Traditionen und Legenden, der mythischen Gestalten aus der brasilianischen Folklore, eine Thematik, die besonders bei Glauber Rocha stark ausgeprägt ist. Diese Tendenz ist nicht zu verwechseln mit Exotismus; im Gegenteil steht sie unter dem Vorzeichen einer Bekämpfung des kulturellen Kolonialismus.[13]

Die Regisseure des ›Cinema nôvo‹

Das brasilianische ›Cinema nôvo‹ verfügt über eine ganze Reihe von Regisseuren ausgeprägter Individualität, die jedoch wegen der schwierigen Arbeitsbedingungen in ihrem Land nur in unregelmäßigen Abständen Filme machen konnten (und nicht immer solche ihrer freien Wahl). Zu den bekanntesten Vertretern der Bewegung gehören Nelson Pereira dos Santos und Glauber Rocha sowie Gustavo Dahl, Carlos Diegues, Ruy Guerra, Leon Hirszman, Joaquim Pedro de Andrade und Paulo Cesar Saraceni.

Nelson Pereira dos Santos (geb. 1928) kann im Hinblick auf seine dokumentarischen Spielfilme aus den fünfziger Jahren (Rio, 40 graus – »Rio, 40 Grad«, 1955; Rio, Zona Norte, 1957) als wichtigster Ahnherr und »Vater« des ›Cinema nôvo‹ gelten. Mandacaru vermelho (1961) war ein Film über die »primitive und tragische Realität des brasilianischen Nordostens«[14], während es sich bei O boca de ouro (1963) um einen kommerziellen Kompromiß zu handeln scheint. 1963 drehte Pereira dos Santos sein Meisterwerk Vidas secas (»Trockenes Leben«, deutscher Verleihtitel: Vidas secas – Nach Eden ist es weit), das 1964 in den Kinos erschien. Obwohl dem Film ein Roman von Graciliano Ramos zugrunde lag, ist Vidas secas das Gegenteil eines »literarischen« Films. Mit bewundernswert einfachen, realistischen Stilmitteln, zu denen Beobachtungsgabe, Gespür für die Bedeutung von Landschaft, Dekor und Licht, vor allem aber Verständnis und Sympathie für die Protagonisten gehören, erzählt Pereira dos Santos die alltägliche Geschichte eines Viehhirten und seiner Familie aus dem »Sertão«, die sich auf der Flucht vor der Trockenheit befinden; er entwirft ein in seiner Schlichtheit bewegendes, großes und tragisches Porträt des brasilianischen »Menschen aus dem Nordosten«. Der Held der Geschichte, Fabian, marschiert mit seiner Frau und zwei Kindern durch endlose Wälder von Gestrüpp, bis er schließlich ein verlassenes Haus findet, dessen Besitzer einwilligt, ihn als Viehhirten zu beschäftigen. Auf einem Fest im nahegelegenen Dorf verliert Fabian sein letztes Geld und landet im Gefängnis. Schließlich kommen Cangaceiros und befreien ihn; aber schon bald muß die Familie vor der sich ausbreitenden Dürre auch dieses Gebiet wieder verlassen. Die Stärke des Films liegt im dokumentarischen Registrieren alltäglicher Gesten und Verhaltensweisen, in denen sich die Lebensformen einer verarmten und unterdrückten Bevölkerung kristallisieren, der es nur noch um das Überleben geht. Es gelingt Pereira dos Santos, diesen Zustand eindringlich zu beschwören, indem er die Umwelt, das karge Milieu, das Ausgeliefertsein der Protagonisten an eine gnadenlose Natur, aber auch ihre soziale Abhängigkeit von launischen Machthabern (Grundbesitzer, Polizei, Cangaceiros) in präzisen Details beschreibt. Pereira dos Santos überhöht die Wirklichkeit nicht, aber er vertieft sie; aus einer insistierenden

Beobachtung leitet er poetische Metaphern ab, so das unaufhörliche Quietschen eines primitiven Holzkarrens beim Fahren, das zugleich Bestandteil der Wirklichkeit und Schrei der Not und Verzweiflung ist. So läßt sich *Vidas secas* als ein beispielhaftes Werk für die Anwendung der realistischen Methode im Film betrachten. Der Kritiker Alex Viany bezeichnete *Vidas secas* 1963 als den »besten jemals in Brasilien hergestellten Film«.[15]

In seinen späteren Filmen schlug Nelson Pereira dos Santos eine andere Richtung ein als in *Vidas secas*. *El justicero* (1967) war eine Komödie über das Bürgertum, *Fome de amor* (»Hunger nach Liebe«, 1968) ein improvisiertes Drama über einen blinden, ehemals revolutionären Millionär und eine gescheiterte Pianistin, ein Film von »provokatorischem Geist«.[16] In den Bereich phantastischer und allegorischer Konstruktionen begab sich Pereira dos Santos mit *Azyllo muito Louco* (auch: *O Alienista*, deutscher Fernsehtitel *Das Irrenhaus*, 1970), einer Parabel über den gescheiterten Versuch eines Priesters, Geisteskranke in einem Asyl unterzubringen, und *Quem e Beta?* (»Wer ist Beta?« 1973), einer Art Science-fiction-Fabel über einen Bürgerkrieg zwischen »Infizierten« und »Nicht-Infizierten«. Einzig *Como era gostoso o meu Frances* (»Wie köstlich schmeckte mein kleiner Franzose«, 1971) schien wieder an die früheren Filme des Regisseurs anzuknüpfen: der Film spielt unter brasilianischen Eingeborenen des 16. Jahrhunderts und erzählt die Geschichte eines französischen Priesters, den Indianer gefangennehmen, der eine Weile bei ihnen leben darf, aber schließlich von ihnen getötet und verzehrt wird. Pereira dos Santos rekonstruierte die Lebensbedingungen der brasilianischen Ureinwohner aus dem Blickwinkel eines Anthropologen; er fügte Zwischentitel, Textzitate und Briefe in seinen Film ein, die das Desinteresse der damaligen Kolonisatoren an der Kultur der Ureinwohner Brasiliens zum Ausdruck brachten. Über seine letzten Filme insgesamt äußerte der Regisseur, daß er sich in ihnen auf eine Diskussion darüber eingelassen habe, »welches der beste Weg zur Interpretation der brasilianischen Wirklichkeit sei«.[17]

1975 drehte Pereira dos Santos *O amuleto di Ogum*, einen ziemlich reißerischen Kriminalfilm, der sich mit den Formen einer heidnischen Religion, der »umbanda«, beschäftigte. *Tenda dos milagres* (»Basar der Wunder«, 1977) ist eine kritische, auf weite Strecken satirische Untersuchung über Rassenkonflikte in der brasilianischen Gesellschaft am Beispiel der Geschichte eines farbigen Hausmeisters einer Universität, der als Autodidakt zum Wissenschaftler wird: der Film war mit Verve und Pointierung gemacht und bestätigte erneut das Talent von Pereira dos Santos.

Am häufigsten ist in Europa der Regisseur Glauber Rocha mit dem ›Cinema nôvo‹ identifiziert worden, weil seine stark auf Folklore, Mythologie und nationaler Überlieferung beruhenden Filme mit ihrer Ausweitung ins Phantastische am ehesten der Vorstellung eines Kinos exotischer Fremdartigkeit entsprachen. Glauber Rocha (geb. 1938) studierte Jura und war zunächst als Filmkritiker tätig, ehe er ab 1958 mit Kurzfilmen und 1962 mit seinem ersten Spielfilm *Barravento* hervortrat. *Barravento* (»Sturm«) ist eine Geschichte vom Klassenkampf in einem Dorf schwarzer Fischer in der Region von Bahia: die besitzlosen Fischer sind einem Ausbeuter unterworfen, dem das Fangnetz gehört. Der Film verrät den Einfluß vieler Vorbilder aus der Filmgeschichte; gleichzeitig beweist er Glauber Rochas Interesse für die Mythologie und Religion der Fischer als Bestandteil ihrer Realität. Solche Motive bestimmen auch seinen folgenden Film *Deus e o diabo na terra do sol* (*Gott und Teufel im Land der Sonne*, 1964), neben *Vidas secas* ein Hauptwerk des ›Cinema nôvo‹. *Gott und Teufel . . .* ist ein Heldenepos über den »Sertão«, ein Film kühner Phantastik und poetischer Erfindungskraft, basierend teils auf historischen Figuren und Vorfällen (er geht auf reale Ereignisse des Jahres 1940 zurück), teils auf populären Legenden, zusammengeschweißt von einer übergreifenden mythologischen Konzeption. Drei Kräfte scheinen die brasilianische Realität und das Dasein der verarmten Volksschichten des »Sertão« zu bestimmen: da ist der Mystiker Beato Sebastião, der »schwarze Gott«, der seinen Anhängern Erlösung verspricht (einen Goldregen über der Straße, die Verwandlung des »Sertão« in ein Meer), wenn sie nur genug Buße tun. Ihm gegenüber steht der blutrünstige und grausame Cangaceiro Corisco, der den Tod seines Anführers Lampião zu rächen sucht; beide werden verfolgt und schließlich getötet von Antonio das Mortes, der im Dienst der Kirche und der Reichen steht. Zwischen diesen drei Hauptfiguren befinden sich (wie im Zentrum eines Dreiecks) der verarmte Viehhirt Manuel und seine Frau Rosa, die sich erst Sebastião, dann Corisco anschließen, den Gemetzeln entgehen und schließlich dem Traum eines besseren Lebens entgegenfliehen. Begleitet wird die in ausdrucksstarke, fast expressionistische Tableaux aufgelöste Handlung von Volkssänger-Balladen, die das Geschehen noch einmal auf einer anderen Ebene reflektieren. Die Corisco-Episode basiert auf mehreren solcher »Romanceiros«. In dieser Einarbeitung von Elementen volkstümlicher Überlieferung versuchte Glauber Rocha dem Anspruch des ›Cinema nôvo‹ gerecht zu werden, eine »populäre« Kunst zu sein; es gelang ihm, Mystik und Realismus, Folklore und Sozialkritik, dokumentarische Detailtreue und opernhaftes Pathos in einem eigenwilligen Stilentwurf (einem »wütenden Sich-ineinander-Verbeißen von Primitivität und Intellekt«[18]) miteinander zu verschmelzen. In *Deus e o diabo* verwirklichte sich, was Glauber Rocha in seinem späteren Manifest die »Ästhetik des Hungers und der Gewalt« genannt hatte.

Terra em transe (*Land in Trance*, 1967) verließ die »Sertão«-Thematik zugunsten einer leidenschaftlich und konvulsivisch übersteigerten Allegorie politischer Auseinandersetzungen in dem fiktiven lateinamerikanischen Staat Eldorado. Dort bekämpfen sich der »Demokrat« Diego Viera, Kandidat der Linken, und der »Faschist« Porfirio Diaz; im Hintergrund des Intrigenspiels wirken eine ausländische Investitionsgesellschaft »Explint« und ein einheimischer Monopolkapitalist. Exemplarisch für das Verhalten der bürgerlichen lateinamerikanischen Intellektuellen ist die Figur des Dichters Paulo Martins, der früher einmal mit dem Faschisten paktierte, dann aus Erkenntnis der fundamentalen sozialen Ungerechtigkeit zur Linken überwechselt; er geht Kompromisse ein, wird am Ende von den Mächtigen fallengelassen und stirbt einen sinnlosen Tod. Die Ereignisse des Films vollziehen sich in überstürztem Tempo und in einem Klima hysterischer Exaltation; dem sind auch die Stilmittel des Films angepaßt, der viele Szenen wie barocke Visionen abbildet, extreme Kamerawinkel, pathetische Gesten und grelle Kontraste bevorzugt; das ergibt einen Stil »fulminanter Expressionswut«.[19] Das Klima von Chaos und Mystik, das den Film durchzieht, wird von Glauber Rocha bewußt eingesetzt als Mittel der Denunziation politischer Zustände: Korruptheit der Herrschenden, mangelnde Emanzipation der Bevölkerung.

Mit *Antonio das Mortes* (*O dragão da maldade contra o santo guerreiro* – »Der Drachen der Bosheit gegen den heiligen Krieger«, 1969) kehrte Glauber Rocha noch einmal zum »Sertão« und zur mythischen Personenwelt von *Gott und Teufel* . . . zurück. Antonio das Mortes wird abermals von einem Grundbesitzer beauftragt, gegen die »Beatos« (Wunderprediger) sowie gegen die Cangaceiros zu Felde zu ziehen, doch will er diesmal dafür kein Geld nehmen. Er tötet einen Cangaceiro, schließt sich dann aber den »Beatos« an und kämpft mit ihnen gegen die Armee – zusammen mit dem »Volk«, das sich in karnevalistischer Trance zu befinden scheint. Dabei wird der Grundbesitzer von einem Schwarzen zu Pferde mit einer Lanze getötet – eine Nachbildung der Legende vom heiligen Georg. Am Schluß des Films geht Antonio das Mortes nach blutigen Auseinandersetzungen (in die auf seiten des Volkes auch noch ein Lehrer eingriff) wie ein Westernheld davon; plötzlich befindet er sich in der Gegenwart, auf einer Asphaltstraße, Lastwagen fahren an ihm vorbei. *Antonio das Mortes* ist zugleich brasilianischer Western (Glauber

Rocha berief sich auf das Vorbild von *Red River, El Dorado* und *Rio Bravo*), populäre Oper, philosophisches Welttheater, Arena für legendäre Figuren (die Gestalt von Antonio das Mortes ergibt in ihrer visuellen Erscheinung einen Kinomythos par excellence) und ein Essay in moderner Kinoästhetik.

Nach *Antonio das Mortes* verließ Glauber Rocha Brasilien aus Opposition gegen das Militärregime; seine nächsten Filme entstanden im Kongo-Brazzaville (*Der Leone have sept cabecas – Der Löwe mit den sieben Köpfen,* 1970) und in Spanien (*Cabezas cortadas – Abgeschlagene Köpfe,* 1970). *Der Leone . . .* ist eine Allegorie über die Revolution in der Dritten Welt und insofern mit Rochas brasilianischen Filmen verwandt, *Cabezas cortadas* stellt sich dagegen als reines Werk der Phantasie dar. Rocha sagte selbst, er habe in den beiden Filmen einen »Bruch mit den kinematographischen Codes vollzogen«.[20] Rochas spätere Werke sind komplizierte allegorische Konstruktionen, die nach »Dechiffrierung« verlangen. *Der Leone . . .* versucht, den Befreiungskampf der afrikanischen Völker in ein symbolisches Darstellungssystem zu bringen, in welchem eine blonde Schönheit den Kolonialismus, der siebenköpfige Löwe dagegen die Revolution verkörpert; daneben treten ein »weißer Priester« und der Vertreter eines korrupten Neokolonialsystems auf sowie ein mystischer »Erleuchteter«; ein bärtiger Revolutionär, der Che Guevara gleicht, führt die Massen zur Revolution. Wenn sich aus *Der Leone . . .* noch das rationale Modell einer Revolutionsbewegung der Dritten Welt ableiten ließ, entzieht sich *Cabezas Cortadas* dagegen der Beschreibung: in einer sehr vagen, kaum mehr erkennbaren, surrealen Form geht es Glauber Rocha hier um die Kolonisierung Afrikas durch die Spanier und die Portugiesen. Schließlich drehte Rocha 1968 *O cancer (Der Krebs),* der jedoch erst 1972 montiert und 1974 aufgeführt wurde, eine in vier Tagen aufgenommene Improvisation mit Schauspielern, die unter anderem der Erprobung der Technik der direkten Tonaufnahme diente. Rocha beteiligte sich außerdem an einem Kompilationsfilm über die Geschichte Brasiliens; 1975 entstand in Rom der Film *Claro,* an dem Carmelo Bene als Schauspieler mitwirkte.

Glauber Rocha hat in seinen letzten Filmen entschieden für eine nicht-realistische Ästhetik optiert; er beruft sich dabei auf Brecht. In Interviews polemisierte der Regisseur immer wieder gegen die seiner Meinung nach ästhetisch rückschrittliche Form des heutigen »politischen Kinos«.[21] Rocha scheint sich seit dem Beginn seines Exils (1976 kehrte er jedoch nach Brasilien zurück) in einer ähnlichen Phase des Experimentierens und Suchens nach neuen Möglichkeiten zu befinden wie Jean-Luc Godard.

Das brasilianische ›Cinema nôvo‹ war allerdings keine alleinige Schöpfung der Regisseure Nelson Pereira dos Santos und Glauber Rocha. Wichtig war auch der Beitrag von Ruy Guerra (geb. 1931, gebürtig aus Mozambique). Nach *Os cafajestes (Die Skrupellosen,* 1962), einem Film über das Treiben reicher Müßiggänger, der noch von kommerziellen Kompromissen gezeichnet war, gelang Guerra mit *Os fuzis (Die Gewehre,* 1964) ein Hauptwerk des ›Cinema nôvo‹. Der Film spielt in der typischen Landschaft des »Sertão« und ist auch thematisch mit Glauber Rochas *Gott und Teufel . . .* verwandt. In ein Dorf kommen Anhänger eines Wunderpredigers. Der Bürgermeister will die Lebensmittelvorräte des Ortes, um die er fürchtet, abtransportieren lassen, dem widersetzt sich jedoch ein Lastwagenfahrer, der die Masse vergebens zur Revolte anzustacheln sucht. Ruy Guerra beschreibt mit eindrucksvollen und leidenschaftlichen inszenatorischen Mitteln ein Klima von Elend, Unterdrückung und Mystizismus. Allerdings setzt der Film seine ästhetischen Mittel derart effektbewußt und plakativ ein, daß er streckenweise in Äußerlichkeiten steckenbleibt. *Sweet Hunters* (1969), ein Melodram, das auf einer einsamen Insel spielt, wurde in Frankreich mit amerikanischen Schauspielern gedreht; *Os deuses e os mortos (Die Götter und die Toten,* 1971), wieder in Brasilien entstanden, berichtet im Stil einer Oper vom spektakulären Vernichtungskampf, den zwei Kakaopflanzerfamilien gegeneinander führen; auch dieser Film beschwört ein Klima von Todesrausch und Untergang, eingebettet in eine sozialkritische Perspektive, versteht sich jedoch letztlich als irrationales Schauspiel chaotischer Wildheit.

Joaquim Pedro de Andrade (geb. 1932) drehte zu Beginn der ›Cinema-nôvo‹-Bewegung einen Beitrag zu dem Episodenfilm *Cinco vezes favela* (»Fünfmal Favela«, 1961) sowie einen Dokumentarfilm, *Garrincha, alegria do povo* (»Garrincha, Freude des Volkes«, 1963), über den brasilianischen Fußball. Nach *O padre e a moca* (»Der Priester und das Mädchen«, 1966), dem Drama einer unglücklichen Liebe in einem Dorf des »Sertão«, realisierte Pedro de Andrade seinen erfolgreichsten Film, einen der wenigen »Kassenschlager« des ›Cinema nôvo‹: *Macunaima* (1969), eine turbulente, phantastische Komödie, die Bearbeitung eines in Brasilien populären Romans, der wiederum auf eine indianische Legende zurückgeht. Im Mittelpunkt des Films steht ein imaginärer Held, eine Art domestiziertes Ungeheuer, das schwarz geboren und dann weiß wird. »Macunaima ist die Parabel eines wahren Brasilianers, eines Sohns der Indianer . . . Macunaima ist der ewige Rebell: er fordert die Macht der großen Städte heraus, er ist anarchisch, grausam, menschenfresserisch« (Glauber Rocha)[22] – in der Tat spielt das Motiv der Menschenfresserei in diesem Film eine zentrale Rolle. Mit seinen letzten Filmen *Os inconfidentes* (1972) und *Guerra conjugal* (»Gattenkrieg«, 1975) begab sich Pedro de Andrade in die Bahnen kommerziell gängiger Filmgenres.

Paulo Cezar Saraceni (geb. 1933) gehörte anfangs der sechziger Jahre ebenfalls zu den Verfechtern eines realistischen Kinos, sein Hauptwerk aus dieser Periode war *Porto das caixas* (»Hafen der Kisten«, 1961). Mit *O desafio* (»Die Herausforderung«, 1966) schlug Saraceni dagegen einen Weg ein, der ihn zur Untersuchung großstädtischer Probleme und des Bewußtseins der linken Intelligenz Brasiliens nach dem Militärputsch von 1964 führte. Hauptperson dieses Films skeptischer bis verzweifelter Grundstimmung ist der Chefredakteur eines Nachrichtenmagazins, der durch die Erkenntnis der veränderten politischen Verhältnisse in seinem Land in eine innere Krise gerät. Man könnte gelegentlich an Antonioni denken, wenn nicht die Handlung immer wieder nach brechtscher Manier durch politische Lieder unterbrochen würde. In späteren Jahren scheint Saraceni sich auf Kompromisse mit der Industrie eingelassen zu haben.

Gustavo Dahl (geb. 1938) drehte 1969 seinen ersten Spielfilm, den man thematisch mit *O desafio* und *Terra em transe* in Verbindung bringen kann, *O bravo guerreiro (Der tapfere Kämpfer)*: hier geht es um einen Abgeordneten der oppositionellen Partei, der zur Regierungspartei überwechselt, weil er glaubt, dort mehr ausrichten zu können, jedoch im politischen Räderwerk zermahlen wird und durch Selbstmord endet. Der Film vollzog eine klarsichtige politische Analyse, allerdings auf dem Umweg über sehr viele Dialoge; sein Held ist eine »kleinbürgerliche Gestalt, die unter ihren Zweifeln leidet und ihre Situation auf tragische Weise zu überwinden sucht«. (Dahl)[23] Während Dahl in *O bravo guerreiro* die Situation der brasilianischen Intellektuellen angesichts der korrupten politischen Verhältnisse schilderte und damit das Hauptthema des ›Cinema nôvo‹ in der zweiten Hälfte der sechziger Jahre formulierte, beschrieb er in seinem späteren Film *Uira* (1973) die Wanderung eines Indianers in eine Stadt und den Zusammenstoß zweier Kulturen. Carlos Diegues (geb. 1940) begann mit Dokumentarfilmen, drehte ebenfalls eine Episode zu *Cinco vezes favela* und trat 1963 mit *Ganga Zumba* hervor, einem Film über die Revolte von Negersklaven im 17. Jahrhundert und die Gründung einer unabhängigen Republik im Urwald, basierend auf einer volkstümlichen Legende. Es folgte 1966 *A grande cidade (Die große Stadt)*, eine Studie über das Dasein der Bewohner von Randzonen Rios, in dessen realistischen Rahmen freilich auch eine Polizeiintrige eingelassen war. *Os herdeiros (Die Erben der Macht*, 1969) lieferte ein großangelegtes Panorama der brasilianischen Politik der letzten dreißig Jahre anhand der Geschichte einer Familie, insbesondere eines Journalisten, der sich in den Dienst der herrschenden politischen Macht stellt. Glauber Rocha nannte es ein »Melodram in der Form eines barocken didaktischen Gedichts«.[24] 1973 drehte Carlos Diegues mit Jeanne Moreau *Jeanne la Française,* trotz einiger Konzessionen an den Starkult das filmisch originelle Porträt einer dekadenten Familie brasilianischer Großbürger.

Das wahrscheinlich bedeutendste Talent des brasilianischen Films neben Nelson Pereira dos Santos und Glauber Rocha ist León Hirszman (geb. 1937), der allerdings bisher nur drei Spielfilme drehen konnte. Nach einem Beitrag zu *Cinco veces favela* und dem Dokumentarfilm *Maioria absoluta* (»Absolute Mehrheit«, 1964), eine der besten Untersuchungen über den Analphabetismus, die das lateinamerikanische Kino aufzuweisen hat, drehte Hirszman seinen ersten Spielfilm *A falecida (Die Verstorbene,* 1965). Der Film ist eine Studie kleinbürgerlicher Mentalität, die mit solcher Schärfe angelegt ist, daß die Details fast surrealistische Proportionen annehmen. Die (noch junge) Protagonistin des Films lebt nur im Hinblick auf ein teures Begräbnis, das sie sich nach ihrem Tode einmal leisten will, und tatsächlich stirbt sie, fast wie durch Autosuggestion, einen raschen Tod; der arbeitslose Mann kassiert schließlich das Geld für das Begräbnis, läßt der Frau aber nur eine Armenbestattung zukommen. Der in realen Dekors gedrehte Film, der zwischen Ironie, Entsetzen und Trauer schwankt, beschreibt die triste Monotonie eines entfremdeten und perspektivelosen Lebens, das aber auch seine komischen Aspekte hat; gleichzeitig beweist er gegenüber seinen Personen Sensibilität, Verständnis, Menschlichkeit, wenngleich diese Eigenschaften nur versteckt hinter einer Haltung dokumentarischer Sachlichkeit zum Ausdruck kommen.

Nach einem Musikfilm, *Garota de ipanema* (1967) und einem Dokumentarfilm drehte León Hirszman 1972 *São Bernardo,* die Verfilmung eines Romans von Graciliano Ramos. In Form einer Konfession berichtet ein Ländereibesitzer rückblickend die Geschichte seines Lebens, er erzählt, wie er seinen Besitz zusammentrug, wie er seine Frau, eine Lehrerin, kennenlernte und heiratete, und wie die Beziehungen der beiden daran scheiterten, daß die Frau sich nicht den patriarchalischen Gewohnheiten des Ehemannes unterwerfen wollte. León Hirszman bringt es durch die ruhige, manchmal statische, aber poetisch eindringliche Bildsprache sowie durch den epischen Rhythmus seines Films zuwege, daß man das Besitzdenken des Protagonisten, seine pathologische, blinde Bindung an das Eigentum sogar nachvollziehen kann, und daß dennoch sein exemplarisches Fehlverhalten nicht nur als das eines Individuums, sondern als das einer Klasse erscheint. *São Bernardo* ist ein kritischer Filmessay über ein Kapitel brasilianischer Geschichte, gleichzeitig eine filmisch-philosophische Analyse dessen, was der Begriff »Verdinglichung« meint. Glauber Rocha schrieb über *São Bernardo:* »Der Film von León Hirszman ist ein dialektischer Diskurs über das Eigentum, über Verstand und Gefühl. Er ist zugleich der Beginn einer neuen Diskussion über die Struktur des politischen Kinos, das sich heute in einer Krise der Ausdrucksform befindet. Wichtig an diesem Film ist die Beziehung von Text und Bild, die Hirszman durch eine Montagetechnik herstellt, die auf Eisensteins Thesen vom materialistischen Kino basiert.«[25] *São Bernardo* darf man als den bisher bedeutendsten brasilianischen Film der siebziger Jahre ansehen.

Das brasilianische Kino brachte um 1970 eine bizarre Randerscheinung hervor, die Schule des sogenannten »schmutzigen« Kinos, als dessen Hauptexponent der Regisseur Julio Bressane gilt. Die Filme dieser »Schule« machten aus der totalen Stillosigkeit, aus der chaotischen Dramaturgie, aus dem Mangel an technischer Qualität einen neuen Stil, mit dem sie die Monstrosität der Gesellschaft decouvrieren wollten. Als Beispiel für diese Filme, die auf 16 mm gedreht wurden und nur im Untergrund zirkulierten, läßt sich Bressanes Film mit dem bezeichnenden Titel *Matou a familia e foi ao cinema* (»Töte die Familie und geh ins Kino«, 1970) anführen. Diese Schule verschwand jedoch wegen ihrer Perspektivelosigkeit und der Langeweile, die ihre meisten Filme auslösten, schnell wieder von der Bildfläche. In den weiteren Umkreis dieser Schule gehört auch *O jardim das espumas* (»Der Garten der Schäume«, 1970) von Luiz Rosemberg, eine politische Allegorie, ebenso wie *Na boca da noite* (*Im Abgrund der Nacht*, 1970) von Walter Lima jr.

Argentinien

Die Geschichte der argentinischen Filmproduktion in den sechziger und siebziger Jahren bietet ein gespaltenes Bild: auf der einen Seite stehen die Hervorbringungen der offiziellen Filmindustrie, deren prominentester Regisseur Leopoldo Torre-Nilsson ist, auf der anderen die Filme des politischen (und ästhetischen) Untergrunds. Während Torre-Nilsson seine stärkste Zeit Ende der fünfziger und Anfang der sechziger Jahre hatte, entstanden ab 1968 politisch intendierte Filme »außerhalb des Systems«, die an Bedeutung alle Erzeugnisse der Industrie weit in den Schatten stellten, insbesondere der »Klassiker« *La hora de los hornos*. Von 1968 bis 1973 vertraten die Filme der politischen Filmgruppen ›Cine Liberacion‹ und ›Cine de la base‹ das argentinische Kino im Ausland – obwohl diese Filme überwiegend nicht für die Aufführung in Kinotheatern gemacht worden waren. Das industriell produzierte argentinische Kino scheint in den späteren sechziger Jahren und nach 1970, von ein oder zwei Ausnahmen abgesehen, zur Bedeutungslosigkeit abgesunken zu sein. Nach 1973 wurde durch sich verschärfende Zensur und politische Korruption, schließlich durch bürgerkriegsähnliche Zustände die Filmproduktion jedweder Orientierung mehr und mehr behindert. Als Produktionsziffer der argentinischen Filmindustrie werden etwa 30 Spielfilme pro Jahr angegeben.

Leopoldo Torre Nilssons (geb. 1924) beste Filme entstanden zwischen 1957 und 1961. Sie übten scharfe Kritik am moralischen Verfall des argentinischen Bürgertums; beispielhaft dafür ist *Fin de fiesta* (»Das Ende des Festes«, 1960): hier läßt ein Politiker seine Gegner ermorden und bringt dann auch seinen unbequemen Leibwächter um. Als eine Allegorie der argentinischen Gesellschaft und ihrer hermetischen Abgeschlossenheit erscheint *La mano en la trampa* (*Die Hand in der Falle*, 1961): eine Studentin entdeckt, daß im Hause ihrer Mutter bereits jahrelang eine Tante versteckt wird, die von ihrem Verlobten verlassen wurde und die es vor gesellschaftlicher Schande zu bewahren gilt. *La terrazza* (»Die Terrasse«, 1963) schildert die Dekadenz wohlhabender junger Leute in eher ambivalenten Tönen. Während *El ojo de la cerradura* (»Das Schlüsselloch«, 1964) das interessante Porträt eines Jünglings faschistischer Mentalität entwirft, der zu einem terroristischen Kommando gehört und Ausländer verfolgt, die er »subversiver« Aktionen verdächtigt, ist *Monday's Child* (»Das Montagskind«, 1967) ein abgewandelter Hollywoodfilm, der dekadente Amerikaner armen Puertoricanern gegenüberstellt. In der zweiten Hälfte der sechziger Jahre drehte Torre-Nilsson mehrere Filme für amerikanische Produktionsfirmen außerhalb von Argentinien. Ab und zu tauchen in Torre-Nilssons Filmen auch heute noch gesellschaftskritische oder politische Untertöne auf, so in *Los siete locos* (»Die sieben Narren«, 1973), der Geschichte von Deklassierten, die ein ungeschicktes Komplott zum Sturz der Regierung schmieden, bis andere ihnen mit einem »professionellen« Staatsstreich zuvorkommen.

Anfang der sechziger Jahre entstanden, angeregt durch die Erfolge Torre-Nilssons, auch einige ambitionierte Filme jüngerer Regisseure, so Rodolfo Kuhns *Los jovenes viejos* (»Die jungen Alten«, 1962), die Beschreibung einer Gruppe von Jugendlichen, die dem bürgerlichen Alltag entfliehen möchten, aber nur die zwischen ihnen bestehende Kommunikationslosigkeit entdecken. Auch Lautaro Muruas kritischer Spielfilm über Buenos Aircs, *Alias Gardelito* (1961), ist in diesem Zusammenhang zu erwähnen. Die Ansätze eines argentinischen Autorenkinos fanden jedoch keine konsequente Entwicklung. Manuel Antins und Rodolfo Kuhns weitere Produktion in den sechziger Jahren versandete zwischen der Imitation französischer und italienischer Vorbilder und der Anpassung an den Kommerzfilm.

Den Versuch, einen anspruchsvollen Autorenfilm »innerhalb des Systems« zu drehen, unternahm auch Hugo Santiago mit *Invasion* (1969). Nach einem Originaldrehbuch des Schriftstellers Jorge Luis Borges schildert der Film in einer metaphysischen Graufotografie, wie die Invasion einer Stadt vorbereitet wird, ohne daß man allerdings das Geringste über die Motive der Invasoren erfährt; so bleibt der Film letztlich eine kunstvolle literarische Stilübung.

Als einen Vorläufer des politischen Kinos in Argentinien kann man Fernando Birri betrachten. Er drehte 1958 einen wichtigen Dokumentarfilm, *Tire die* (»Werfen Sie einen Zehner runter«), über Kinder aus einem Elendsviertel; 1961 realisierte er seinen einzigen Spielfilm *Los Inundados* (»Die Überschwemmten«), der die verheerenden Folgen einer Überschwemmung unter den Bewohnern einer Armensiedlung zeigt und dabei neorealistischen Vorbildern folgt.

Eine völlig neue Etappe des argentinischen Films begann mit der politischen Dokumentarfilmbewegung, zu deren Manifestfilm Solanas' und Getinos *La hora de los hornos* wurde. Fernando Ezequiel Solanas (geb. 1936) arbeitete zunächst als Schauspieler und Kurzfilmregisseur und stellte von 1963 bis 1967 Werbefilme in einer eigenen Firma her; diese Arbeit diente ihm als ökonomische Basis (vielleicht auch als technisch-formales Übungsterrain) für die spätere politische Filmarbeit. 1965 gründete er die Gruppe ›Cine Liberación‹.[26] Zusammen mit Octavio Getino und Fernando Vallejo begann er 1966 die Arbeit an *La hora de los hornos*, die bis 1968 dauern sollte. Als deutsche Übersetzung dieses Titels hat sich (in Analogie zur englischen) der Titel *Die Stunde der Hochöfen* eingebürgert; tatsächlich wäre die Übersetzung »Die Stunde der Feuer« zutreffender. Solanas entnahm den Titel einem Gedicht des kubanischen Schriftstellers José Martí vom Ende des 19. Jahrhunderts, in dem es heißt: »Es ist die Stunde der Feuer, und es wird nichts zu sehen sein als das Licht.« Che Guevara benutzte das Zitat als Motto für seine Ansprache auf der Konferenz der »Trikontinentale« in Havanna 1966. Zwei Jahre lang durchreisten Solanas und seine Mitarbeiter Argentinien und nahmen Gespräche, Interviews, Statements sowie dokumentarische Szenen aller Art mit einfachsten Tongeräten und einer 16-mm-Kamera auf; das Material brachten sie nach Italien und nahmen dort die Endmontage vor. Es ist darauf hingewiesen worden[27], daß die repressive Situation nach dem argentinischen Militärputsch von 1966 viele Intellektuelle politisiert und radikalisiert habe. Sicherlich hat diese Situation auch Solanas beeinflußt, der zur Erkenntnis kam, daß das von ihm beabsichtigte, aufklärerische, anti-kolonialistische und anti-imperialistische Kino unmöglich »innerhalb« des staatlich gelenkten Filmwirtschaftssystems zu realisieren sei, sondern nur als Außenseiterproduktion im Untergrund. Nach diesem Modell, das auf viele Filmemacher beispielgebend wirkte, produzierte Solanas *La hora de los hornos*. Der Film erlebte seine Uraufführung auf dem Festival von Pesaro (Italien) im Herbst 1968 und begann dann einen Triumphzug durch Europa. In Argentinien selbst konnte er (bis 1973) allerdings nur heimlich, in illegalen Vorführungen, gezeigt werden, die meist Gewerkschafter organisierten; jedoch soll er auch auf diesem Wege über 100000 Zuschauer erreicht haben.[28]

Die Neuartigkeit von *La hora de los hornos* lag auf mehreren Ebenen: in der Organisation des filmischen Materials, in einer neuen »Wirkungsästhetik«, im Verhältnis, das der Film zur Realität seines Landes einnahm, in der erstrebten Kommunikation mit dem Zuschauer; aber auch in dem neuartigen Produktions- und Vertriebsmodell, das Solanas vorexerzierte. Der vier Stunden und 20 Minuten lange Film, der mit blitzartig aufleuchtenden Bildern von Gewalt und Unterdrückung beginnt und die Problematik Argentiniens sofort in den Kontext der allgemeinen Situation Lateinamerikas einordnet, gliedert sich in drei Hauptteile. Der erste Teil mit dem Titel *Neokolonialismus und Gewalt* bedient sich einer hochgradig organisierten Montageform und gibt in 13 Kapiteln eine komplexe Darstellung der Geschichte und Gegenwart Argentiniens. Während Teil I eine geschlossene Form besitzt, sind Teil II *(Akt für die Befreiung)* und III *(Gewalt und Befreiung)* in ihrer Struktur offener; sie basieren weniger auf agitatorischen Bild-Ton-Montagen wie der erste Teil, sondern reihen Statements, Berichte, Zeugnisse, Beobachtungen aneinander und fordern den Zuschauer auf, von sich aus weitere Zeugnisse hinzuzufügen, den Film fortzusetzen, zu komplettieren. Thematisch ergeben der zweite und dritte Teil eine Chronik des Peronismus zwischen 1945 und 1966. In Form von einzelnen »Notizen« beschreibt Solanas die Eskalierung des Konflikts zwischen Arbeiterschaft und Armee, das Bombardement des Regierungspalastes, spätere Aktionen des Widerstands von Studenten, Gewerkschaftlern und Arbeitern. In diesen letzten Teilen des Films wird deutlich, daß Solanas eine neue Art der Kommunikation mit dem Zuschauer anstrebt: er versteht seinen Film als »Akt«, der dazu da ist, von Diskussionen unterbrochen zu werden, der den Zuschauer aktivieren und verändern möchte. Unter der Leinwand sollte Solanas zufolge ein Transparent mit dem Fanon-Zitat befestigt werden: »Jeder Zuschauer ist entweder ein Feigling oder ein Verräter.«

Auch der erste Teil des Films sucht den Zuschauer zu aktivieren, allerdings mehr in der Manier der klassischen Agitation; Vorbilder sind hier Eisenstein und Dsiga Wertow. Man kann diesen Teil allein wegen seiner brillanten Machart bewundern; kaum jemals sah man alle Möglichkeiten des Bild-Ton-Kontrapunkts phantasievoller genutzt, sah man ähnlich leidenschaftliche Montagen, in denen sich schneidend scharfe Kritik artikuliert. In gewissem Sinne setzte Solanas in die Tat um, was Eisenstein in seiner Theorie der »intellektuellen Montage« gefordert hatte. Solanas mobilisiert die Emotionen seiner Zuschauer (zum Beispiel durch die Parallelmontage einer Schlachthaussszene mit Werbesymbolen – eine Hommage auf Eisensteins *Streik*), lenkt diese Emotionen dann aber in die Richtung einer Erkenntnis, wenn er Fakten über die wirtschaftliche Situation Argentiniens einstreut. Polemik wechselt mit historischer Reflexion und mit sarkastischen Beobachtungen ab (die Reportage vom Friedhof der Reichen oder von der Stierauktion); dazwischen eingesprengt sind Episoden der Bitterkeit und Verzweiflung (die Szenen vom Elend der Landbevölkerung und von den Prostituierten). Das mehrere Minuten stehenbleibende Bild des toten Che Guevara am Schluß gibt dem Film eine – vorübergehende – Wendung ins Kontemplative. Einzig fragwürdig in *La hora de los hornos* erscheinen – neben der schwer nachvollziehbaren Parteinahme für den Peronismus – gewisse nationalistische Untertöne der Argumentation, Wendungen, in denen gegen die »Dekadenz« der Kunst im Zeichen ihrer pro-westlichen Orientierung polemisiert wird. Nichtsdestoweniger hatten Solanas und sein Drehbuchautor Getino zum ersten Mal erkannt – und darin liegt ihr historisches Verdienst –, daß Film etwas grundsätzlich anderes sein kann als ein kunstbeflissenes Medium der Unterhaltungsindustrie. »Wir haben uns die Frage gestellt, was für ein Mittel der Film eigentlich ist, und wir haben entdeckt, daß er ein Mittel der Erkenntnis und der Kommunikation ist ... Worum ging es uns? Um ein Kino der Erkenntnis, des Denkens, der Ideen, der Reflexion, ein Kino im Sinne des Essays. So haben wir unseren Film als das Modell eines ideologischen Essays angelegt.«[29] Sie lieferten ferner ein Beispiel dafür, daß revolutionäres Kino auch revolutionär in der Form sein kann und »die erstarrten Formen des bürgerlichen Kinos zertrümmert«.[30] *La hora de los hornos* war das bislang umfassendste, aktuellste und kühnste Beispiel eines sowohl formal als auch in den Zielvorstellungen neuartig konzipierten politischen Kinos; daher ist die elektrisierende Wirkung dieses Films auf Filmemacher überall in der Welt, insbeson-

Miguel Littin
La tierra prometida
(Das gelobte Land)
1973
Chile

Ousmane Sembène
Emitai
1971
Senegal

dere in Europa, zu erklären: hier wurde das neue, alternative und militante Filmverständnis vorgeführt, nachdem viele bisher nur unklar gesucht hatten.

Leider scheint Solanas in der Folgezeit in eine Krise geraten zu sein, die seine spätere Filmarbeit beeinträchtigte – von der man sich nur schwer ein Bild machen kann, weil die Filme nicht zu sehen waren. 1971 und 1972 drehten Solanas und Getino zwei lange Dokumentarfilme über Perón, die zum großen Teil aus Interviews mit dem Politiker bestanden (*Perón, la revolucion justicialista* und *Actualización politica y doctrinaria para la toma del poder* – »Aktualisierung der Politik und Doktrin für die Machtübernahme«). Solanas' nächstes Filmprojekt, der Spielfilm *Los hijos del Fierro* (»Fierros Söhne«, 1972 bis 1975), eine Auftragsarbeit des WDR-Fernsehens, wurde in der Herstellung endlos verzögert, schließlich doch fertiggestellt, aber aus unbekannten Gründen niemals aufgeführt. Wieso einen Film unter Verschluß halten, der »einen neuen Beitrag zur Kinobefreiung, einen revolutionären Filmakt« bedeuten soll, wie die argentinischen Kritiker Jorge Hönig und Jorge Olmis behaupten[31], bleibt unbegreiflich.

Im Gefolge von *La hora de los hornos* entstanden in Argentinien eine Reihe weiterer bemerkenswerter politischer Dokumentarfilme, gleichfalls für die Verwendung im Untergrund gedacht. *Argentina Mayo 1969*, eine Produktion des Kollektivs ›Realizadores de Mayo‹, stellt anhand von montiertem Wochenschaumaterial, Dokumentaraufnahmen, Interviews und Selbstdarstellungen die Entwicklung der Klassenkämpfe in Argentinien seit dem Sturz Peróns 1955 dar und hält am Schluß ein didaktisches Kapitel »Überlegungen für den Dialog zwischen den Teilnehmern der Filmveranstaltung« bereit. Gerardo Vallejo (geb. 1942), Mitarbeiter Solanas' in *La hora de los hornos*, drehte 1968 den Kurzfilm *Ollas populares* (Volksküche), ein lakonisches, mit einfachen didaktischen Mitteln arbeitendes Zeugnis vom Elend der Bevölkerung in Tucuman, das jedoch eindringliches Bildmaterial enthielt.

1971 erschien Vallejos langer, auch mit Mitteln der Fiktion arbeitender Dokumentarfilm *El camino hacia la muerte del viejo Reales (Der Weg zum Tod des alten Reales)*. Der Film schildert das Leben einer Bauernfamilie in Tucuman und konzentriert sich besonders auf die drei Söhne des alten Reales, die als Bauer, Polizist und Gewerkschaftler verschiedene gesellschaftliche Alternativen verkörpern; interessant war der Film durch seine Vermischung von reiner dokumentarischer Beobachtung, Erfindung und Stilisierung.

In den siebziger Jahren – solange noch Bedingungen einer relativ freien Filmarbeit herrschten – ließ sich in Argentinien auch eine Wendung zum politischen Spielfilm beobachten, der größere Breitenwirkung anstrebte. Den Anfang zu dieser Entwicklung, die bewußt auf Formen des Kommerzfilms zurückgriff, machte Jorge Cedron mit *Operación masacre* (»Operation Massaker«, 1971). Hier wird eine (authentische) Episode peronistischen Widerstandes gegen das Regime, das Perón stürzte, aus dem Jahre 1956 geschildert. Der Film bedient sich teilweise vordergründiger Methoden zur Spannungserzeugung. Subtiler (und phantasievoller) in der Machart ist *Los traidores (Die Verräter*, 1973), ein Spielfilm des Kollektivs ›Cine de la base‹, das – von einer linksradikalen Position aus – dem Peronismus kritisch gegenüberstand. *Los traidores* rekonstruiert den Werdegang eines korrupten Gewerkschaftsführers, der mehr und mehr mit den Machthabern zum Schaden der Arbeiter paktiert und ein geschicktes Doppelspiel führt, bis er schließlich entlarvt und von Untergrundkämpfern »hingerichtet« wird. In der Schwarzweißmalerei und der starken Emotionalisierung des Zuschauers, der den Mord an dem Gewerkschaftsführer schließlich als gerechte Strafe empfinden soll, schlägt der Film allerdings eine letztlich doch fragwürdige Richtung ein. Zu der Gruppe ›Cine de la base‹ gehörte der Regisseur Raymundo Gleyzer, der schon 1970 mit dem Dokumentarfilm *Mexico – la revolución congelada (Mexiko, die gefrorene Revolution)* debütierte. Gleyzer »verschwand« 1976 in Argentinien. Es muß befürchtet werden, daß er ein Opfer der Geheimpolizei wurde.

Politische Filme, die innerhalb des kommerziellen Systems produziert wurden und in enggezogenen Grenzen eine vorsichtige politische Aufklärung zu betreiben suchten, waren *La Patagonia rebelde* (1975) von Hector Olivera, ein Film über einen Landarbeiterstreik in den zwanziger Jahren, und *Quebracho* (1975) von Ricardo Wulicher; dieser Film untersucht die Tätigkeit einer englischen Firma, die zwischen 1914 und 1940 Wälder im Nordosten Brasiliens ausbeutete. Beide Filme sind professionell gemacht und können in etwa mit den kritisch-realistischen Filmen von Petri und Rosi verglichen werden.

Eine letzte Variante der Filmarbeit in Argentinien – auch sie ist mittlerweile historisch – sind die allegorischen und ästhetischen Untergrundfilme. Hier sind mindestens drei berühmte Beispiele zu nennen: . . . (»Punkt, Punkt Punkt«, 1971) von Edgardo Cozarinsky, das Porträt eines »pittoresken, monströsen, heroischen Überlebenden der extremen Rechten alter Manier«[32], symbolisch verschlüsselt und visionär, auch als ein Porträt der heutigen argentinischen Gesellschaft angelegt; *La familia unida esperando la llegada de Hallewyn* (*Die vereinte Familie erwartet die Ankunft von Hallewyn*, 1972) von Miguel Bejo, halb ein Vampirfilm, halb ein bösartiges Porträt der klassischen Kinofamilie, die auf den mysteriösen Hallewyn wartet (einen Befreier, vielleicht Perón?) und ihrer eigenen Zerstörung entgegensieht; der Film enthält mannigfache, auch ironische Anspielungen auf die argentinische Realität, so die Darstellung einer »illegalen Filmvorführung«; er ist mit einfachsten Mitteln in Schwarzweiß und im 16-mm-Format gedreht, aber gerade das gibt ihm eine blasphemische Schärfe. Octavio Getino, der Drehbuchautor von *La hora de los hornos*, drehte in Zusammenarbeit mit dem italienischen Fernsehen *El familiar* (»Der gute Freund«, 1973), ein allegorisches Drama, das auf argentinische Volkslegenden zurückgreift und den Kampf des Volkes gegen ein satanisches Fabelwesen beschreibt, das alles Böse und Schlechte verkörpert, dem bei seiner Tätigkeit aber »Schutzengel« zur Seite stehen. Edgardo Cozarinsky ging später nach Frankreich und drehte dort *Les apprentis sorciers* (*Die Zauberlehrlinge*, 1976), ein Film über lateinamerikanische Emigranten in Paris.

Die Spielfilmproduktion Chiles zu Beginn der sechziger Jahre war kaum bemerkenswert und beschränkte sich auf etwa einen Film pro Jahr. Die Situation begann sich erst durch die Einrichtung zweier Zentren für die Produktion von Kurzfilmen zu verändern, des Filminstituts der ›Universidad Catolica‹ und des Experimentalfilm-Zentrums der staatlichen ›Universidad de Chile‹. Beide sollten zu einem Mittelpunkt der unabhängigen und politischen Filmarbeit werden. Die Geschichte des neuen chilenischen Films datiert jedoch im eigentlichen Sinne erst vom Festival des lateinamerikanischen Films in Vina del Mar im Jahre 1967, als die chilenischen Filmemacher zum ersten Mal Filme aus anderen lateinamerikanischen Ländern sehen konnten; bis dahin waren 98% der in den 337 chilenischen Kinos gezeigten Spielfilme US-amerikanischer Herkunft.[33] Die durch dieses Festival ausgelösten neuen Impulse führten zwischen 1967 und 1970 in Chile zu einer bemerkenswerten filmischen Aktivität. Vier Spielfilmregisseure drehten ihre ersten Filme: Raúl Ruiz begann mit *Tres tristes tigres* (1968), Miguel Littin mit *El chacal de Nahueltoro* (1969), dem vielleicht wichtigsten chilenischen Film der Vor-Allende-Zeit, Aldo Francia mit *Valparaiso mi amor* (1967); Helvio Soto realisierte den chilenischen »Western« *Caliche sangriente* (1969). Dies waren mit geringen Mitteln, jedoch »innerhalb« des Systems produzierte Filme, die übereinstimmend von gesellschaftskritischen Positionen ausgingen.

Der wichtigste Einschnitt in der Geschichte des chilenischen Films war der Wahlsieg Allendes und sein Amtsantritt als Präsident der Unidad-Popular-Regierung im September bzw. November 1970. Die politischen Veränderungen beeinflußten die Filmemacher sehr stark. Schon während der Wahlkampagne Allendes veröffentlichten sie 1970 ein »Manifest der Filmemacher der Unidad Popular«, in welchem sie erklärten: »Vor unserem Engagement als Filmemacher steht das politische und soziale Engagement für unser Volk, für seine große Aufgabe: den Aufbau des Sozialismus.« Die Unterzeichner des Manifests erklärten auch, »Film ist Kunst«, jedoch verstanden sie als den geschichtlichen Auftrag des chilenischen Films, »revolutionäre Kunst« herzustellen.[34] In den drei Jahren der Regierung Allendes entwickelte sich das chilenische Kino, wenn auch nicht ohne innere Konflikte, zu hoher Produktivität; zwischen 1970 und 1973 wurden 18 Spielfilme und lange Dokumentarfilme hergestellt. Zugleich vollzog sich eine bemerkenswerte dokumentarische Filmarbeit »an der Basis«. Die größte Produktionsfirma Chiles, ›Chile Film‹, wurde nationalisiert; sie litt allerdings unter chronischem Geldmangel und politischen Fraktionskämpfen, so daß sie in drei Jahren drei Direktoren verbrauchte.[35] Mit dem faschistischen Militärputsch im September 1973 brach die Entwicklung des Films in Chile auf abrupte Weise ab.

Der produktivste Filmemacher Chiles in der Allende-Zeit war Raúl Ruiz (geb. 1941). Er drehte zwischen 1970 und 1973 neben verschiedenen kurzen Dokumentarfilmen nicht weniger als sechs Spielfilme, von denen er allerdings nicht alle beendete. Raúl Ruiz' Filme sind mit geringen Mitteln, aber mit Eigenwilligkeit, subtiler Komik und manchmal brillanten Einfällen gemacht. Sie beschreiben kleinbürgerlichen Leerlauf und gesellschaftliche Widersprüche des Alltags, wobei Ruiz versteckte Ironie, Anspielungen und Symbole bevorzugt; seine Filme sind im Grunde für einen kleinen Kreis von Freunden und Kennern gemacht. Noch halbwegs an traditionellen Vorbildern orientierte sich *Tres tristes tigres* (»Drei traurige Tiger«, 1968), während der in Koproduktion mit dem italienischen Fernsehen gedrehte *Nadie dijo nada* (»Niemand sagte etwas«, 1971) eine poetische Studie aus dem chilenischen Dichter- und Intellektuellenmilieu war. *La Expropiación (Die Enteignung,* 1972) ist Raúl Ruiz' Auseinandersetzung mit den neuen Realitäten im Chile Allendes, ein nachdenklicher Film von teilweise bizarrem Humor, so, wenn ein Abgesandter der Unidad Popular, der ein Landgut übernehmen soll und dabei in Schwierigkeiten gerät, plötzlich mit einem Schädel in der Hand im Stile Shakespeares monologisiert. Der Film war »eine Synthese des politischen Augenblicks, mit all unserem Zweifel und unserer Überzeugung«[36]. Unvollendet blieb *Realismo socialista,* Ruiz konnte das kurz vor dem Putsch gedrehte Material nicht mehr aus Chile herausbringen. Auch im Exil realisierte Ruiz mehrere sehr persönliche Filme, so *Dialogos de exilados* (»Flüchtlingsgespräche«, 1975), die Darstellung verschiedener Situationen, in die politische Flüchtlinge geraten können, *El cuerpo repartido y el mondo alverez (Mensch verstreut und Welt verkehrt,* 1976), eine Improvisation über lateinamerikanische Themen in der Art einer verwandelten Volksdichtung, und *La vocation suspendue* (»Die aufgehobene Berufung«, 1977), eine seltsame labyrinthische Studie über Glaubensverwirrungen und Atheismus aus dem Milieu katholischer Kleriker.

Helvio Soto (geb. 1930) drehte 1969 nach mehreren Kurzfilmen und zwei Spielfilmen offenbar geringerer Bedeutung *Caliche sangriente (Der Salpeterkrieg),* ein spektakuläres Drama aus dem Krieg zwischen Chile, Bolivien und Peru 1879, das den Untergang versprengter chilenischer Soldaten in der nordchilenischen Wüste beschreibt. *Voto mas fusil (Stimmzettel und Gewehr,* 1971) entstand nach dem Wahlsieg Allendes und gibt sowohl eine Zusammenfassung der politischen Geschichte Chiles seit den dreißiger Jahren, die in Rückblenden enrollt wird, als auch einen Querschnitt durch politische Positionen der Gegenwart, exemplifiziert an der Person eines Altkommunisten, der aus seiner Partei ausgetreten ist, sowie an verschiedenen Mitgliedern seiner Familie. Im Grunde stellte Soto in *Voto mas fusil* die Frage nach dem politischen Verhalten des liberalen Bürgertums. Stilistisch ist der Film effektvoll und modern gemacht, er arbeitet mit Assoziationsmontagen sowie mit Wechseln zwischen Farbe und Schwarzweiß. *Voto mas fusil* war das erste über die Grenzen des Landes hinaus wirkende filmische Zeugnis des neuen Chiles. In *Metamorfosis del jefe de la policia politica (Metamorphose des Chefs der politischen Polizei,* 1973) befaßte sich Soto erneut mit der Rolle der bürgerlichen Schichten im ideologischen Kampf der Gegenwart; sein Protagonist ist diesmal ein hoher Polizeifunktionär, der, ehemals Soziologe, plötzlich auf diesen Posten berufen wurde. Der Film wirft viele gesellschaftliche und politische Fragen auf und formt sie zu Bestandteilen seiner Argumentation um, die manchmal etwas rhetorisch gerät, aber durch ihre starke Wirklichkeitsnähe fesselt. Der Routine erlag Helvio Soto leider in seinem als französisch-rumänische Koproduktion gedrehten *Il pleut sur Santiago* (»Es regnet auf Santiago«, 1975): der Film gibt eine Darstellung des Putsches gegen Allende, die äußerlich bleibt und sämtliche Klischees des Politthrillers strapaziert.

Der vielleicht talentierteste Spielfilmregisseur Chiles ist Miguel Littin (geb. 1942). Er arbeitete zunächst als Fernsehregisseur und als Darsteller, ehe er 1969 seinen ersten Spielfilm *El chacal de Nahueltoro (Der Schakal von Nahueltoro)* fertigstellte. Dieser greift auf die authentische Geschichte eines Asozialen aus den sechziger Jahren zurück, der nach einem Leben ständiger Entbehrungen im Rausch eine Frau mit ihren Kindern getötet hatte, im Gefängnis zu einem guten Katholiken und Patrioten erzogen worden war, dann aber nichtsdestoweniger hingerichtet wurde. Littin wollte mit seinem Film »einen typischen Fall von Klassenjustiz und von sozialer Ungerechtigkeit« aufdecken.[37] Realistisch und überzeugend, in einem halbdokumentarischen Stil porträtierte er die elenden Lebensbedingungen jener, die ohne Hoffnung am Rande der Gesellschaft vegetieren, mit scharfer Polemik arbeitete er die Mechanismen heraus, die den Gefangenen vor seinem Tode noch zu einem angepaßten Mitglied der Gesellschaft machen sollen. *Der Schakal . . .* wurde zum bislang erfolgreichsten chilenischen Film. Spiegelt *El chacal de Nahueltoro* die Position des kritischen Realismus der Vor-Allende-Zeit, so ist *La tierra prometida* (*Das gelobte Land*, 1973) die episch-lyrische, von opernhaftem Pathos getragene Darstellung einer Periode der chilenischen Geschichte, die das Experiment der Unidad Popular in manchem vorwegnahm: der sozialistischen chilenischen Republik Marmaduke Groves aus dem Jahre 1932, die allerdings nur 12 Tage alt wurde. Littin nimmt diese Ereignisse als Hintergrund für die Geschichte einer Gruppe Arbeitsloser, die sich in einem Tal ansiedeln und eine landwirtschaftliche Kooperative gründen, dann in der nahegelegenen Stadt die Revolution durchsetzen wollen, was zur blutigen Vernichtung der meisten von ihnen führt. Littin hat seinem Film die Form einer volkstümlichen Legende gegeben, er macht Gebrauch von surrealen und folkloristischen Stilmitteln an der Grenze zwischen Realität und Phantasie. So erscheint die heilige Jungfrau in Person; ein roter Revolutionsflieger steigt als Sendbote des Fortschritts vom Himmel herab; viele Einstellungen ähneln Bildern naiver Malerei. Littin bringt in den meisten Passagen seines Films eine Verschmelzung der Realitätsebenen zustande: nur am Schluß, in der Ausmalung des Gemetzels unter den Revolutionären, kippt sein Pathos in Kitsch ab. Insgesamt aber kann *La tierra prometida* als die künstlerisch interessanteste filmische Leistung der Allende-Zeit gelten. Im mexikanischen Exil stellte Littin einen aufwendigen und pathetischen Historienfilm her, *Actas de Marusia* (»Briefe aus Marusia«, 1976), der die blutige Niederschlagung eines Streiks im Chile des Jahres 1907 durch die chilenische Armee schildert. Littin projizierte seinen berechtigten Haß auf die chilenische Armee der Gegenwart in die historische Epoche; jedoch macht der theatralische Stil des Films sich selbständig und entfernt ihn von der anvisierten Wirklichkeit, der historischen ebenso wie der jetzigen.

Der vierte bedeutende Spielfilmregisseur Chiles neben Ruiz, Soto und Littin ist Aldo Francia (geb. 1923). Von Beruf ursprünglich Kinderarzt, drehte er ab 1959 eine Reihe von kurzen Dokumentarfilmen für das Fernsehen. Francias erster Spielfilm war *Valparaiso mi amor* (*Die Kinder von Valparaiso*, 1969), eine bittere Chronik sozialen Elends aus einem Armenviertel Valparaisos, zugleich Anklage gegen eine Klassenjustiz, die den Vater einer Familie, weil er aus Hunger Fleisch stahl, jahrelang ins Gefängnis schickt, während die sich selbst überlassenen Kinder die Folgen tragen müssen. Francias zweiter Film, *Ya non basta con rezar* (»Beten allein hilft nicht«, deutscher Fernsehtitel: *Der Steinwurf*, 1972), beschreibt den Entwicklungsprozeß eines Priesters, der allmählich erkennt, daß er im Klassenkampf auf seiten der Ausbeuter steht. Am Schluß wirft er selbst einen Stein, wie jener unbekannte Jugendliche, mit dessen Geste der Film beginnt. Der Film, der sich einer einfachen, emotionalen Sprache bedient, schlug ein für Lateinamerika besonders wichtiges Thema an: das der möglichen Allianz zwischen katholischer Kirche und sozialrevolutionärer Bewegung. Francia – der danach keine weiteren Filme drehte – verstand sich nicht primär als Filmautor, sondern als »Moderator einer Debatte«.[38]

Vielleicht nicht die spektakulärste, jedoch die im Ansatz und Intention neuartigste Leistung brachte das chilenische Kino auf dem Gebiet des Dokumentarfilms hervor. Die »Experimentalfilmabteilung« der chilenischen Universität von Santiago begann schon 1969 mit kurzen Streifen wie *Desnutrición infantil* (*Unterernährung bei Kindern*) von Alvaro Ramirez oder *Herminda de la victoria* von Douglas Hübner über Obdachlose, die illegale Zeltsiedlungen errichten und diese durch Aufpflanzen der chilenischen Fahne gegen den Abriß durch die Polizei sichern. Diese Dokumentarfilme zielten direkt auf jene brennenden Realitäten, die die Spielfilme nur gelegentlich berührten. Vor allem bauten die Dokumentarfilmer ein eigenes und »paralleles« Vertriebsnetz für ihre Filme auf: sie verliehen ihre Filme an Gewerkschaften, Universitäten, Arbeiterklubs und leisteten dadurch eine politische Arbeit an der Basis der Gesellschaft. Filme wurden verschiedentlich auch mit Hilfe gewerkschaftlicher Organisationen gedreht, so *Reportaje a Lota* (*Reportage über Lota*, 1970) über die Lebensbedingungen von Bergarbeitern, hergestellt von Studenten der Filmschule von Vina del Mar im Auftrag des chilenischen Gewerkschaftsbundes. Pedro Chaskel und Héctor Rios feierten in dem Montagefilm *Venceremos!* (1970) den Sieg der Unidad Popular. Andere Filme berichteten über das Wohnungselend (*Casa o mierda – Wohnung oder Scheiße*, 1970), von der Situation der Indios (*Nutuayin mapu – Wir werden unser Land zurückerobern*, 1971), über die Reintegration von Alkoholikern (*Entre ponerle y no ponerle – Trinken und nicht trinken*, 1972), über die Organisation von »Nachbarschaftsvereinigungen« (*Unos pocos Caracoles – Zum Beispiel Caracoles*, 1973). Viele dieser Filme wurden mit tragbaren Apparaturen in den Arbeitersiedlungen, den »Poblaciones«, vorgeführt.[39] Stärkere Beachtung auch außerhalb Chiles fanden die langen Dokumentarfilme, so Patricio Guzmáns Chronik *El primer año* (*Das erste Jahr*, 1972) über das erste Jahr der Allende-Regierung, *La respuesta de Octubre* (»Die Antwort des Oktober«, 1973), ebenfalls von Guzmán, über die Streikbewegung der Rechten im Oktober 1972 und die Antwort der Arbeiterschaft sowie eine Untersuchung über die chilenische Jugend im Stil des ›Cinéma-vérité‹, *Descomedidos y chascones* (*Rabauken und Narren*, 1973) von Carlos Flores. Auch nach dem faschistischen Putsch stellten chilenische Filmemacher im Exil lange Dokumentarfilme her. Patricio Guzmán konnte sein gesamtes Material aus Chile herausbringen und montierte es in Kuba zu einem mehrteiligen Film, der die Geschichte Chiles zwischen 1970 und 1973 zusammenfaßt: *La batalla de Chile* (*Die Schlacht um Chile*, 1975/76); bis jetzt liegen zwei Teile des Films vor. *La batalla de Chile* dokumentiert die Auseinandersetzungen zwischen Unidad Popular und der Rechten sowie die inneren Konflikte der Linken anhand faszinierenden, teils noch unbekannten Materials, das die wahre Tragweite der Konflikte (die Verwurzelung, die Macht und die Uneinsichtigkeit des Bürgertums; das schwere Dilemma der Unidad Popular angesichts der radikalen politischen Strömungen im eigenen Lager) besser und unmittelbarer spiegelt, als es bisher irgendein anderer Film zustande brachte.

In Bolivien wurden vor den sechziger Jahren nur vereinzelt Filme gedreht. 1961 gründete der Drehbuchautor und Schriftsteller Oscar Soria eine neue unabhängige Filmgruppe, zu der auch Jorge Sanjinés stieß; die Gruppe gab sich später den Namen ›Gruppe Ukamau‹. Der Beginn einer politisch und künstlerisch profilierten Filmarbeit in Bolivien liegt relativ früh – Jorge Sanjinés drehte seinen Kurzfilm *Revolución* bereits 1963, als das brasilianische ›Cinema nôvo‹ erst am Anfang stand und der argentinische sowie der chilenische Film noch weit von jeder Erneuerung entfernt waren. *Revolución* von Jorge Sanjinés und Oscar Soria ist ein Dokumentarfilm mit Thesencharakter: er beginnt mit einer Bestandsaufnahme sozialen Elends unter Bettlern, Kranken, Kindern, darauf folgt ein zweiter, mehr fiktiver Teil, der den Aufstand von Arbeitern gegen die Armee schildert. Der Film »gehört zum experimentellen Genre, es ist eine Suche nach Formen, nach der Übermittlung eines Inhaltes durch die Bildsprache; er beschreibt keinen wirklichen Prozeß, sondern wurde zusammengestellt, um eine Idee zu vermitteln«. (Oscar Soria)[40]

Nach einem Umsturz im Jahre 1964 machte die neue Regierung Sanjinés zum Leiter des nationalen bolivianischen Filminstituts. Er nutzte die dadurch gegebenen Möglichkeiten zur Produktion eines weiteren Kurzfilms über Bergarbeiter, *Asya!* (»Bergrutsch«!, 1965) sowie zur Herstellung seines ersten Spielfilms *Ukamau* (*So ist es*, 1966). *Ukamau* war der revolutionär neuartige Versuch, die Lebensbedingungen der bolivianischen Indios mit den Mitteln eines neorealistischen Filmstils darzustellen, der nahe an der Wirklichkeit blieb, zugleich aber auf Motive der Folklore zurückgriff und die gesellschaftlichen Widersprüche in einer einfachen, übersichtlichen Fabel zum Ausdruck brachte. Held des Films ist ein armer Indiobauer, dessen Frau von einem Mestizen, der gleichzeitig ein Zwischenhändler ist und die Indianer in Abhängigkeit hält, vergewaltigt und ermordet wird, worauf der Indianer sehr viel später aus Rache den Mestizen umbringt. Sanjinés' Interesse galt in diesem und auch in seinen späteren Filmen vor allem den Indianern: »Wir glauben, daß es im Indianer Werte gibt, die als verteidigungswürdig betrachtet werden können, die wahrhaft tiefen Werte unserer Völker. Wir glauben, daß es etwas gibt, was Amerika genannt werden kann, etwas, das noch nicht zerstückelt ist . . . *Ukamau* ist Ausdruck des Angriffs einer Menschengruppe, repräsentiert durch den Mestizen, dessen Mentalität und Stellung in letzter Instanz die der westlichen Welt ist, gegen eine reinere Welt mit amerikanischeren Wahrheiten, die vom Indio vertreten wird.«[41] Die starke ethnologische Fixierung dieses Films auf die Indianerkultur – man hat *Ukamau* auch einen »präkolumbianischen« Film genannt – drückt sich in einer intensiven Einbeziehung der umgebenden Natur (des Titicaca-Sees und der Wüste), in einer eindrucksvollen filmischen Gestaltung des Elements der Dauer, in der Musik sowie in expressiven Großaufnahmen von Gesichtern und Händen aus. Der Film bemüht sich, ein archaisches Lebensgefühl festzuhalten, ebenso aber auch die materiellen Bedingungen dieses Daseins und die ihnen zugrunde liegenden Klassenwidersprüche sichtbar zu machen.

Obwohl Sanjinés später selbstkritisch an *Ukamau* die »Konzessionen an eine ästhetisierende Tendenz« tadelte[42] – gerade sie geben dem Film indessen seine Überzeugungskraft –, empfand die bolivianische Regierung den Film offenbar als höchst subversiv, denn sie entließ Sanjinés 1966 aus seiner Stellung als Leiter des Filminstituts und schloß dieses kurzerhand. Der Film jedoch wurde in Bolivien ein Erfolg.

Sanjinés' folgende Filme spiegeln einen Prozeß der politischen Radikalisierung; sie rufen dazu auf, »den Kampf des Volkes gegen die Ausbeutung in einer bewußt gewalttätigen Form zu führen«.[43] In *Yawar mallku* (*Das Blut des Kondors*, 1969) untersuchte er die Tätigkeit amerikanischer Entwicklungshelfer in Bolivien: diese sterilisieren Indiofrauen in einer Geburtsklinik ohne deren Wissen. Als die Indios dies herausfinden, gibt es eine Explosion des Zorns: sie rächen sich an den Nordamerikanern. Darauf erschießt die Polizei mehrere Indios, angeblich Rädelsführer; einer von ihnen, der Dorfvorsteher, der nur verwundet wurde, wird in die Stadt gebracht, kann aber nicht gerettet werden, weil sein Bruder nicht das Geld für eine Bluttransfusion aufzutreiben vermag. Am Schluß des Films sieht man metaphorisch und doch als Proklamation einer These sehr eindeutig emporgereckte Arme mit Gewehren. Die Polemik gegen die Praxis der Entwicklungshelfer geht auf Tatsachen zurück, gegen die sich die Autoren des Films um so heftiger wenden, als in Bolivien keine Bevölkerungsexplosion herrscht. Die elektrisierende, revoltierende Wirkung des Films läßt sich aus seiner im Detail streng dokumentarischen, phänomenologischen Verfahrensweise erklären, die ohne viel Worte auskommt und auch keine umständlichen Konstruktionen bemüht, vielmehr die Isolation, die Fremdheit der Indios gegenüber den Entwicklungshelfern, der großstädtischen Zivilisation sowie den Machtstrukturen des Staates auf unmittelbare Weise durch Beobachtung einfacher Tatsachen bewußt macht; auch die Rückblendenstruktur des Films reflektiert – dadurch, daß sich erst im Lauf der Zeit bestimmte Zusammenhänge ergeben – die Erlebnisperspektive der Indios, deren Sprache, das Quechua, diesen Film durchweg bestimmt. Der Film wurde von der bolivianischen Zensur zunächst verboten, dann aufgrund öffentlicher Proteste doch freigegeben.

El coraje del pueblo (*Der Mut des Volkes*, auch bekannt unter dem Titel *La notte di San Juan* – »Die Johannisnacht«, 1971) produzierten Sanjinés und die ›Gruppe Ukamau‹ für das italienische Fernsehen RAI; eigentlich war der Film jedoch für das bolivianische Publikum gedacht. Der Film rekonstruiert ein historisches Massaker, das die bolivianische Armee 1967 unter Bergarbeitern der Zinnmine »Siglo XX« anrichtete; es war nur der letzte Vorfall in einer Kette blutiger Unterdrückungsmaßnahmen verschiedener Regimes gegen die Bergarbeiter. Sanjinés nennt die Namen der Verantwortlichen, zeigt ihre Bilder. Er läßt Augenzeugen und Beteiligte zu Worte kommen. Er beginnt mit dem fast opernhaft inszenierten Schauspiel eines Massakers von 1942, das in ähnlicher Form, jetzt aber zum Triumphzug des Volkes gewandelt, auch den Abschluß des Films bildet. Im wesentlichen schildert *El coraje del pueblo* eine Folge von Situationen der Erniedrigung und Unterdrückung, deren Opfer die Arbeiter und ihre Frauen sind; der Film zeigt die Mechanik der Eskalation, die schließlich Reaktionen der Solidarität, sogar des Protestes hervorruft (den Hungerstreik der Arbeiterfrauen); er zeigt, wie ein Arbeiter, der als Gewerkschaftsführer gilt, brutal gefoltert wird. Er zeigt schließlich die Ansätze zu einer Allianz zwischen Arbeitern, Studenten und der Guerilla-Bewegung. Die veristische, detailgenaue Stimmigkeit aller Szenen des Films muß hervorgehoben werden. Wie die Wut und die Verzweiflung der Ausgebeuteten, besonders ihrer Frauen, angesichts der für sie unerreichbar gewordenen Lebensmittel, angesichts der bürokratischen Verweigerung von Auskünften dargestellt werden; wie die Situation der Unterdrückung im Tonfall und Benehmen der »Offiziellen« spürbar wird – das hat die Dichte und Gewalt großer Epen. Sanjinés strebte in *El coraje del pueblo* ein kollektiv-dokumentarisches Kino an: »Ich glaube, daß unser letzter Film das Resultat einer größeren Konsequenz auf der Suche nach einem populären Kino ist, das sowohl auf einer breiten Anteilnahme des Volkes und auf der Kommunikation mit ihm basiert ... Von dem Augenblick an, in dem wir uns für die kollektive Darstellung auf der Grundlage von realen Fakten entschieden, die die Zuschauer nachprüfen können oder selbst erlebt haben, verwarfen wir die Fiktion zugunsten der Wahrhaftigkeit.«[44]

Während Jorge Sanjinés in dem kurzen Intervall der progressiven Regierung des Generals Torres von 1970 bis 1971 in Bolivien arbeiten und *El coraje del pueblo* drehen konnte, zwang ihn die Militärdiktatur des Generals Banzer wiederum zur Emigration. Seinen nächsten Film *El enemigo principal* (»Der Hauptfeind«, 1974) drehte er daher in Peru. Er wurde zu Sanjinés' politisch dezidiertestem Film. In einem Dorf werden die indianischen Bauern von einem Großgrundbesitzer unmenschlich unterdrückt. Er stiehlt, vergewaltigt, mordet. Die offizielle Justiz verfolgt die Untaten des Latifundisten jedoch nicht, belegt im Gegenteil die Indianer noch mit Strafen. Da kommen Guerillas in das Dorf. Sie nehmen den Grundbesitzer gefangen und stellen ihn vor ein Gericht der Dorfbewohner, die auf Todesstrafe erkennen; der Tyrann wird mit seinem Verwalter tatsächlich erschossen. Die Guerillas ziehen weiter; auf das Dorf konzentriert sich die Rache der Armee. In der Schilderung der Situation des Dorfes, in der Porträtierung des Grundbesitzers und der Beamten erweist Sanjinés wiederum seine bekannten Qualitäten ausdrucksstarker Regie, veristischer Typenzeichnung, lapidarer und eindringlicher Bildgestaltung. Auch die Rahmenstruktur – ein Indio erzählt in den Ruinen einer alten Siedlung die Geschichte, die dann als Rückblende oder Illustration seiner Worte abläuft – gibt dem Film eine interessante doppelte Perspektive. Jedoch kommt mit dem Auftreten der Guerilleros ein didaktisches Element in den Film, das sich vorzugsweise verbal äußert, im Film aber eine Art Erstarrung bewirkt; übrigens erschien der Film auch von seiner ideologischen Position her (der allzu undifferenzierten Verherrlichung von Gewalt) anfechtbar.

Fuera de aqui! (»Raus hier!«, 1977) entstand in Equador. Sanjinés variierte in diesem aus Episoden zusammengesetzten Film, dessen Titel auf die agitatorische Zielsetzung im »Kampf gegen den Imperialismus« hinweist, verschiedene Themen seiner früheren Werke (»Entwicklungshelfer« betreiben in Wirklichkeit Völkermord; Indios leisten Widerstand gegen eine Bergwerksgesellschaft, die sie von ihrem Land verjagen will). Jedoch litt der Film an allzu großer Schematisierung und Vereinfachung. Die Ereignisse, die Sanjinés zeigt, nehmen mehr und mehr einen ideologischen Thesencharakter an – sie sind positive oder negative Wunschbilder; dagegen verdünnt sich der Kontakt des Films zur Wirklichkeit.

Im Gegensatz zu Sanjinés blieben einige Mitglieder der ›Gruppe Ukamau‹ – so der Autor Oscar Soria und der Kameramann Antonio Eguino, die an allen Sanjinés-Filmen bis zu *El coraje del pueblo* mitgearbeitet hatten – auch nach 1971 in Bolivien, wo sie 1974 den Spielfilm *Pueblo chico* (»Junges Volk«) drehten, der jedoch nicht die Kraft der Sanjinés-Filme besaß.

Neben Bolivien, das durch die Filme Sanjinés' Bedeutung erlangt hat, ist auch Kolumbien zu einem wichtigen Filmland Lateinamerikas geworden – aber nicht wegen seiner sporadischen und kommerziell orientierten Spielfilmproduktion, sondern wegen der politischen Dokumentarfilme, die dort seit etwa 1970 produziert werden; Hauptvertreter dieser Bewegung sind Carlos Alvarez und das Team Marta Rodríguez/José Silva. Carlos Alvarez (geb. 1943) war zunächst Filmkritiker und Hersteller von Werbefilmen; 1968 drehte er einen ersten eigenen Dokumentarfilm, *Asalto* (»Angriff«); 1970 folgte jener Film, der in seiner Einfachheit und stilistischen Schlichtheit zu den bedeutendsten Werken des lateinamerikanischen Kinos gehört: *Colombia 70*, eine nur fünf Minuten dauernde Parallelmontage zwischen Reklamebildern und Aufnahmen einer alten Bettlerin, die auf einer eleganten Straße immer denselben Platz okkupiert. Die Konfrontation der Werbebilder und der Aufnahmen von der alten Frau sind in ihrem Rhythmus und in ihrer

Bedeutung so schlagend, daß es keiner weiteren Argumentation bedarf. Formal ambitionierter gab sich dagegen der halblange Dokumentarfilm *Que es la democracia!* (*Was ist Demokratie!*, 1971). Mit Trickaufnahmen, die die Konspiration der Herrschenden und ihre Gängelung durch die USA entlarven sollen, mit Rückblenden in die Geschichte seines Landes, unter Verwendung von Dokumentar- und Faktenmaterial analysiert Carlos Alvarez das politische System Kolumbiens. Offensichtlich hatte Alvarez jedoch die Grenzen der in seinem Land zulässigen Freiheit überschritten, denn er wurde 1972 verhaftet und bis 1974 durch verschiedene Gefängnisse geschleppt. Danach drehte er *Los hijos del subdesarollo* (*Die Kinder der Unterentwicklung*, 1975) über die Lebensbedingungen kolumbianischer Kinder und die Fragwürdigkeit einer auf Dezimierung der Geburten gerichteten Bevölkerungspolitik.

Marta Rodríguez und Jorgé Silva realisierten 1971 einen Film über die Zerstörung der Indiokultur, *Planas – Testimonio de un etnocidio (Planas – Dokument einer Ausrottung)* und beendeten 1972 das Porträt einer in entsetzlicher Armut lebenden 13köpfigen Familie, die sich (bis hinunter zu den Kindern) durch Anfertigen von Lehmziegeln einen Hungerlohn verdient: *Chircales (Ziegeleiarbeiter* – begonnen wurde dieser Film schon 1967). Die besondere Charakteristik der Filme von Rodríguez/Silva ist die Insistenz ihrer Bildsprache, die Kraft der Beobachtung von Details, die die Prägnanz von Symbolbildern annehmen; aber auch die politische Vertiefung ihrer Themen. Ihr letzter Film, *Campesinos* (»Bauern«, 1975), der sich mit der Situation der indianischen Landarbeiter befaßt, läßt sich mit Carlos Alvarez' *Kindern der Unterentwicklung* vergleichen: beide Filme verwenden Bildmaterial, dem man genaues Recherchieren anmerkt, aber sie verbinden dieses Material mit Informationen, Reflexionen, Statements; aus der Interaktion von Bild, Schrift und Ton entwickeln sie einen komplexen Zusammenhang, ziehen Schlußfolgerungen, stellen Forderungen für die Zukunft. Man kann sagen, daß Alvarez und Rodríguez/Silva die Eisensteinsche Methode im Dokumentarfilm verkörpern, und zwar in ihrer besten Form, die trotz komplizierter Organisation den Zugang zur Konkretheit des Materials nicht abschneidet.

Durch ein neues Filmgesetz, das 1973 eingeführt wurde und die obligatorische Vorführung einheimischer Kurzfilme in den Kinos des Landes vorschreibt, stimulierte die kolumbianische Regierung plötzlich wieder die Produktion von Kurzfilmen; einige dieser Filme erregten auch auf europäischen Festivals Aufsehen, so *El oro es triste* (»Trauriges Gold«, 1973) und *Correlajas de Sincelejo* (»Stiertreiben in Sincelejo«, 1974).

Mexiko besitzt eine traditionell starke Filmindustrie, deren Produkte in den lateinamerikanischen Ländern bis in die fünfziger Jahre eine dominierende Stellung einnahmen.
Filme wurden billig und schnell produziert, um sich sofort zu amortisieren. Im Lauf der
Zeit begannen die Produkte des mexikanischen Kommerzkinos – folkloristische Komö-
dien, Melodramen, pseudo-realistische »Gaucho«-Filme – sich allerdings so stark zu ähneln, daß das Publikum ihrer überdrüssig wurde und die Produktion deshalb zurückging.
Die Erstarrung des mexikanischen Films wurde auch durch eine engstirnige Politik der
Gewerkschaften gefördert, die über lange Zeit hinweg im Filmbereich einen totalen Mit-
gliederstopp verhängten, so daß keinerlei neue Talente mehr zum Film Zugang fanden.
So bot der mexikanische Film in der ersten Hälfte der sechziger Jahre das Bild einer totalen Stagnation – mit alleiniger Ausnahme der Buñuel-Filme *El joven* (*Das junge Mädchen*, 1960), *El angel exterminador* (*Der Würgeengel*, 1962) und *Simon del desierto*
(*Simon in der Wüste*, 1966). Der Pionierregisseur des mexikanischen Films, Emilio Fer-
nandez, betätigte sich nur noch als Darsteller. Als einziger ambitionierter Regisseur neben Buñuel, der in dieser Zeit im mexikanischen Kino tätig war, ist Luis Alcoriza zu nennen, Szenarist berühmter Buñuel-Filme wie *Los olvidados* (*Die Vergessenen*, 1950) oder
El angel exterminador. Luis Alcoriza (geb. 1918) debütierte als Regisseur 1960 mit der
»schwarzen« Komödie *Los jovenes* (»Die Jungen«) und realisierte dann in rascher Folge
Filme unterschiedlichen Niveaus, darunter den halbdokumentarischen, an Ivens und
Flaherty orientierten *Tarahumara* (»Immer weiter«, 1965), der unter nordmexikani-
schen Indianern spielt; ferner *Mecanica nacional* (1971), eine Komödie am Rande eines
Autorennens, die national typische Verhaltensweisen karikiert, sowie *Presagio* (»Das
Vorzeichen«, 1974), ein Pamphlet gegen Mystizismus und Aberglauben in einem mexi-
kanischen Dorf, »eine Parabel, über der das Gespenst von Luis Buñuel schwebt«. (Marcel
Martin)[45]
Als die Stagnation des mexikanischen Films offenbar geworden war, ergriff die Film-
gewerkschaft STPC selbst die Initiative und schrieb 1964/65 einen Wettbewerb für
»Experimentalfilme« aus; dieser Wettbewerb erlaubte einer Gruppe jüngerer Regisseure
und Filmemacher, ihre ersten Filme zu drehen und an einem »Kreuzzug für die Erneuerung des mexikanischen Films teilzunehmen«.[46] 1967 fand ein zweiter Experimentalfilmwettbewerb statt. Inzwischen war (1964) auch das ›Centro Universitario de Estudios
Cinematograficos‹ (»Universitäts-Zentrum für Filmstudien«, CUEC) in Mexico City gegründet worden, das sich in der Folgezeit zu einem wichtigen Zentrum unabhängiger
Filmarbeit entwickeln sollte. Vom Jahr 1965 datiert die Formierung eines neuen mexikanischen Kinos, als dessen bekannteste Vertreter sich Alfonso Arau, Alberto Isaac,
Arturo Ripstein, Felipe Cazals, Paul Leduc und Alfredo Joscowicz qualifizieren sollten.
Das mexikanische Filmwesen ist nicht nur gewerkschaftskontrolliert, es ist vertikal
gegliedert und befindet sich überwiegend in staatlichem Besitz – die Studios ebenso wie
der Verleih und die Kinos; über allem steht die ›Nationale Filmbank‹, eine Institution,
die die Produktion von Filmen finanziert. 1970 ernannte der Staatspräsident von Mexiko,
Luis Echeverria, seinen Bruder Rodolfo Echeverria zum Direktor der ›Nationalen Film-
Bank‹; weil man in der Filmproduktion jetzt auch ein nationales Prestigeobjekt zu sehen

begann und diesbezüglich reichliche Geldmittel zur Verfügung stellte, begannen günstige Zeiten für die jungen mexikanischen Filmemacher; auch liberale, selbstkritische Filme waren erlaubt, und so entwickelte der mexikanische Film von den siebziger Jahren an neues Profil. Die mexikanische Spielfilm-Produktion in den sechziger und siebziger Jahren schwankte zwischen 50 und 100 Filmen jährlich, scheint in letzter Zeit jedoch eher nach unten zu tendieren: 1974 wurden 44 lange Filme hergestellt.

Alberto Isaac (geb. 1933), ursprünglich Maler, Karikaturist und Filmkritiker, gehört zu jenen Vertretern der jüngeren Generation, die 1965 auf dem Experimentalfilmwettbewerb debütierten: *En este pueblo no hay ladrones* (»In diesem Dorf gibt es keine Diebe«) hieß sein erster Film, in dem Luis Buñuel die Rolle eines Priesters spielt; in ihm versetzt ein Landstreicher ein Dorf in Aufruhr, indem er Billardkugeln stiehlt. Isaacs spätere Filme waren Untersuchungen über die mexikanische Provinz: *Los dias del amor* (»Die Tage der Liebe«, 1971) handelt von einem Jüngling, der von seinem Onkel erzogen wird, *El rincon de los virgenes* (»Das Jungfrauennest«, 1972) geht den Legenden über einen angeblichen Volksheiligen und Wundertäter der zwanziger Jahre nach; *Cuartelazo* (»Der Putsch«, 1976) erzählt die Geschichte eines Staatsstreiches aus dem Jahre 1913, dem sich ein Senator widersetzt. Ein besonders hohes formales Bewußtsein zeigen die Filme von Arturo Ripstein (geb. 1943), der ebenfalls 1965 mit einem eigenwillig gemachten mexikanischen Western debütierte, *Tiempo de morir* (»Zeit zum Sterben«). Ripstein drehte zunächst abseits der Industrie den experimentellen *La hora de los niños* (»Die Stunde der Kinder«, 1969), einen Film in starren Einstellungen, fast ohne Ton, über einen kleinen Jungen und seinen Babysitter, einen Clown; in diesem wie in einigen weiteren Kurzfilmen versuchte er das Konzept der »Dedramatisierung« filmisch umzusetzen. Mit weit größerem Aufwand drehte Ripstein 1972 *El castillo de la pureza* (»Das Schloß der Reinheit«), die Geschichte einer Familie, die 18 Jahre lang in einem Haus eingesperrt lebt, einen Film, der »die Totembilder der mexikanischen Gesellschaft einer leidenschaftlich bewegten Untersuchung unterzieht«. (José de la Colina)[47] *El santo officio* (»Das heilige Offizium«, 1974) war ein Film über Judenverfolgungen im Mexiko des 16. Jahrhunderts durch die Inquisition; *Foxtrot* (1976) handelt von zivilisationsmüden Europäern, die auf eine einsame Insel flüchten.

Während Ripstein mit seinen letzten Arbeiten zum Autorenfilm tendiert, schwankt Felipe Cazals (geb. 1937), der an der Pariser Filmhochschule IDHEC ausgebildet wurde, zwischen dem Untergrundfilm (*La manzana de la discordia* – »Der Apfel der Zwietracht«, 1968), großen kommerziellen Historienfilmen (*Emiliano Zapata*, 1970) und engagierten Dokumentarfilmen (*Los que viven donde sopla el viento soave* – »Die unter dem sanften Wind leben«, 1974, eine Untersuchung über Indianer auf einer Insel). Cazals ambitioniertestes Werk ist *El jardin de tia Isabel* (»Tante Isabels Garten«, 1971): schiffbrüchige spanische Konquistadoren des 16. Jahrhunderts stoßen mit der Realität des neuen Kontinents zusammen; *Canoa* (1976) schildert einen Fall von politischer Massenhysterie aus dem Mexiko unserer Tage.

Isaac, Ripstein und Cazals repräsentieren im mexikanischen Film der Gegenwart den Versuch, innerhalb des kommerziellen Systems persönliche und anspruchsvolle Filme zu machen. Eine Verbindung zwischen populären Motiven und modernen Filmformen sucht Alfonso Arau in der surrealen Komödie *El aguila descalza* (»Der barfüßige Adler«, 1969), deren Held ein proletarischer Supermann ist, und in *Calzonzin inspector* (1973), einer Transposition von Gogols »Revisor« ins heutige Mexiko. In einer ähnlichen Richtung arbeiten die Regisseure Jaime Huberto Hermosillo, Sergio Olhovich, Archibaldo Burns, Gonzalo Martinez, Juan Manuel Torres und Jorge Fons. Charakteristisch für diesen »mittleren« Bereich der mexikanischen Produktion ist *Los albañiles* (»Die Frühaufsteher«, 1976) von Jorge Fons, ein kriminalistisches Drama, angesiedelt auf einer Baustelle in Mexico City, routiniert in der Ausführung, aber doch bemüht um die Darstellung bestimmter gesellschaftlicher Realitäten.

Eine weitere Kategorie des mexikanischen Films von heute ist das ›subindustrielle Kino‹. Hier handelt es sich um Filme, die am Rande des kommerziellen Systems entstehen und nicht unbedingt dessen Normen befolgen. Diese Filme wurden zum Teil mit Eigenmitteln, zum Teil mit Hilfe des CUEC produziert und durchweg in 16 mm gedreht. Hier ist etwa Alberto Bojorquez (geb. 1938) zu nennen, der 1970 mit *Los meses y los dias* (»Die Monate und Tage«) debütierte, der Geschichte eines jungen Mädchens, das allein in einer großen Stadt lebt. Oder Alfredo Joscowicz (geb. 1939), gleichfalls am CUEC ausgebildet, der an dem politischen Dokumentarfilm *El grito* (»Der Schrei«) über die Ereignisse des Jahres 1968 mitarbeitete, 1970 seinen ersten Langfilm *Crates* drehte und in *El cambio* (»Der Umzug«, 1972) anhand einer Geschichte von jungen Leuten, die aus der Großstadt in eine idyllische Provinzlandschaft fliehen, dort aber das Opfer der Polizei werden, ein Porträt von Entwicklungen der mexikanischen Jugend nach 1968 liefert. Der Film wurde vom ›Centro Universitario de Estudios Cinematograficos‹ produziert; Joskowicz schrieb: »Wir sind der Meinung, daß ein wirklich experimentelles, klarsichtiges und engagiertes Kino nur durch Arbeitsbedingungen zustande kommen kann, die ganz außerhalb der merkantilen Pressionen liegen, unter denen fast alle Regisseure unserer Zeit arbeiten.«[48] In *Meridian 100* (»Breitengrad 100«) erzählte Joscowicz von jungen Leuten, die in den Bergen einen Guerilla-Krieg führen möchten, aber keine Unterstützung finden. Bemerkenswerte Versuche, der mexikanischen Realität mit neuen Filmformen habhaft zu werden, waren auch *En el balcon vacío* (»Auf dem leeren Balkon«, 1961) von Jomi Garcia Ascot, einem Vorläufer der späteren Erneuerung, und *La formula secreta* (»Die Geheimformel«, 1965) von Roben Gamez, eine »grausame und leidenschaftliche Vision amerikanischer Entfremdungen«.[49]

Als bedeutendste unabhängige Produktion im Mexiko der beginnenden siebziger Jahre darf man zweifellos *Reed, Mexico insurgente* (*Reed – Mexiko im Aufruhr*, 1972) von Paul Leduc (geb. 1942) ansehen. Leduc war in Frankreich ausgebildet worden und hatte bisher Dokumentarfilme über die Olympischen Spiele 1968 hergestellt. In *Reed*, seinem ersten Spielfilm, gab er eine doppelt gebrochene Darstellung der mexikanischen Revolution von 1913/14, das »Zeugnis eines Zeugnisses« – die mexikanische Revolution, gesehen von dem amerikanischen Reporter John Reed, auf dessen Berichten dieser Film basiert, noch einmal gesehen von Leduc.[50] Mit äußerst geringen Mitteln und einem kleinen Team drehte Leduc an diesem Film unter aufreibenden Bedingungen drei Monate lang. Sein Film ist authentischer als die meisten anderen Revolutionsfilme – deshalb, weil er keine umfassende, ästhetisch perfekte Rekonstruktion anstrebt, sondern die Schwierigkeiten des Drehens zum Bestandteil des Films macht; sein Ansatzpunkt war, eine Fiktion »dokumentarisch« zu filmen, die Wahrheit der Ereignisse nicht aus der großen Konstruktion, sondern aus der kleinsten Keimzelle des Geschehens, dem unscheinbaren Detail hervorbrechen zu lassen; zwischen die Ereignisse – die wie lebendig gewordene alte Fotografien erscheinen – und die Zuschauer schiebt sich die Perspektive von John Reed und der Prozeß seiner Bewußtseinswandlung. Paul Leduc »wollte der Folklore entgehen, den Antagonismus zwischen den politischen Führern und den Militärs enthüllen und schließlich die Krise und den Bewußtseinsprozeß des Journalisten hervortreten lassen, dieses Zeugen einer Realität, die ihn überholt, seine Haltung als Beobachter und dann als engagierter Teilnehmer am Kampf«.[51] Leduc lieferte mit *Reed, Mexico insurgente* nicht nur einen Beitrag zur Geschichte der mexikanischen Revolution, zur Personenbeschreibung Pancho Villas und anderer Revolutionäre, sondern auch ein Modell, wie Historie aufgearbeitet werden kann, ohne daß das Produkt zum »Monument« gerät. *Etnocidio* (*Völkermord*, 1976), von Paul Leduc gemeinsam mit dem Ethnologen Roger Bartra als mexikanisch-kanadische Koproduktion gedreht, war eine dokumentarische Untersuchung über die Situation der Urbevölkerung in der Region »Mezquital« nördlich von Mexiko; der in Kapitel mit Überschriften von A–Z eingeteilte Film konstatiert die Zerstörung der Indio-Kultur und die Proletarisierung der Landbevölkerung.

In den Bereich des unabhängigen, politisch intendierten Kinos gehört auch Ariel Zúñigas *Apuntes* (»Notizen«, 1974), der bizarre Versuch, ein politisches Thema – den Konflikt zwischen einem anarchistischen Taxifahrer und der Gewerkschaftsbewegung – in einem avantgardistischen Stil mit starren Einstellungen und systematisch im »off« geführten Gesprächen abzuhandeln, sowie *Caminando pasos caminando* (*Schritt für Schritt*, 1976) von Federico Weingartshofer, die »entdramatisiert« und teilweise dokumentarisch erzählte Geschichte eines Lehrers, der eine Straße in ein abgelegenes Dorf bauen läßt und die unheilvollen Folgen erleben muß, die der »Fortschritt« diesem Dorf bringt.

Gustavo Alatriste (geb. 1923), Produzent mehrerer Buñuel-Filme, Herausgeber einer Illustrierten, Besitzer von Kinos und daher in den Augen mancher Kritiker Teil des »Establishments«, drehte ab 1969 eine Serie sozialer Umfragefilme, die sich der Methoden des ›Cinéma-vérité‹ bedienten und, wie immer man ihr Verfahren beurteilt, interessante Resultate über bestimmte Aspekte der mexikanischen Gesellschaft zutage förderten: *Los adelantados* (»Die auf Kredit leben«, 1969), über Agavenzüchter in Yukatan, und *Quien resulta responsable?* (»Wer ist verantwortlich?«, 1970), über eine Vorstadtzone von Mexico City. Alatriste drehte noch weitere Filme in diesem Stil, so *Humano* (»Menschlich«, 1971) oder *Victorino* (1973). Die Filme Alatristes sind wichtige Dokumente des »anderen« Mexikos.

Seit 1968 gibt es in Mexiko eine relativ stark entwickelte Produktion politischer Zielgruppen-Filme, die nur für die Vorführung in kleinen Gruppen, in Gewerkschaften und Universitäten gemacht sind, sich des 16-mm-, manchmal sogar des 8-mm-Formats bedienen und von Kooperativen hergestellt werden (die Technologie des 8-mm-Films ist in Mexiko von den USA her eingeführt und relativ verbreitet). Ausgangspunkt dieser Bewegung des ›Cinema marginal‹, des »Randkinos«, waren zwei Filme über das Massaker, das die Polizei von Mexico City kurz vor Beginn der Olympischen Spiele 1968 unter den Teilnehmern einer studentischen Demonstration anrichtete. Studenten des CUEC filmten diese Vorgänge; der Kameramann Lopéz Aretche stellte daraus den Film *El grito, Mexico 1968* (»Der Schrei, Mexico 1968«) zusammen, der eine umfassende und von Leidenschaft getragene Darstellung der mexikanischen Studentenbewegung des Jahres 1968 gab. Über die Ereignisse von 1968 entstand ein weiterer, stärker analytisch angelegter Film: *Aqui Mexico* (»Hier ist Mexiko«), dessen zweite Hälfte in einem Gefängnis aufgenommen wurde. Ein dritter Film, *Historia de un documento* (*Geschichte eines Dokuments*, 1971/77) von Oscar Menendez analysierte schließlich – unter Verwendung zum Teil gleichen Materials – die Bedingungen, unter denen *Aqui Mexico* gedreht wurde. Dieser Film ist besonders interessant, weil er nicht nur ein Kapitel Geschichte darstellt, sondern gleichzeitig die Rolle des Films als Medium bei der Fixierung und Vermittlung historischer Informationen untersucht. Von 1971 bis 1973 bestand die Kooperative ›Cinema marginal‹, die eine Serie von politischen Gegeninformationsfilmen unter dem Obertitel *Comunicados* herausbrachte. Die *Comunicados* (von denen etwa 20 Folgen erschienen) beschäftigten sich mit Gewerkschaftskämpfen der Elektroarbeiter, mit der Situation der Landarbeiter, sie berichteten von Streiks und Kundgebungen; meistens wurden sie den Betroffenen unmittelbar vorgeführt, wobei die Kooperative auch die Vorführungen und Diskussionen organisierte. Eine weitere politische Filmgruppe, der ›Taller de Octubre‹ (»Oktober-Werkstatt«) entstand an der Filmhochschule CUEC.

Einen besonderen Platz im mexikanischen Kino nehmen die mystischen oder surrealen Filme ein, deren Übergang zur Folklore fließend ist und die zumeist im System der Filmwirtschaft entstehen. Ein Beispiel für diesen Trend lieferte Rafael Corkidi mit *Auandar anapu* (»Der vom Himmel kam«, 1974). Der Protagonist des Films ist eine Mischung aus Christus und Che Guevara; er kämpft für soziale Gerechtigkeit, vollbringt Wundertaten, verkündet und praktiziert die universelle Liebe. Der Film schwelgt in barocken Visionen, gibt sich dabei aber auch reißerisch und spekulativ; zurück bleibt ein Eindruck von Verworrenheit. Ähnlich bestellt ist es mit den Filmen von Alexandro Jodorowsky, *El topo* (*Der Maulwurf*, 1969) und *Montana sacra* (*Der heilige Berg*, 1973), die sich zwar auf einer höheren ästhetischen Ebene bewegen, jedoch aus dem mexikanischen Kontext im Grunde herausfallen, weil sie im Hinblick auf den europäischen und nordamerikanischen Kinomarkt hergestellt wurden. Beide Filme sind halluzinatorische Alpträume, ununterbrochene Folgen schockierender und monströser Visionen, kalkuliert in bezug auf ihren möglichen Skandalwert, mitunter von poetischer Faszinationskraft, durchweg blasphemisch angelegt; aber für jeden Mythos, den er zerstört oder parodiert, erfindet Jodorowsky mehrere neue. Die Hauptfigur von *El topo* ist eine Art rächender Westernheld, der ein zweites Mal als buddhistischer Mönch geboren wird und durch Selbstverbrennung endet; in *Montana sacra* begibt sich ein Bettelmönch auf den Weg der »Läuterung«, der zur Unsterblichkeit führen soll, muß am Schluß aber erkennen, daß er genarrt wurde. Obwohl die Häufung der Effekte, Greuelszenen und Visionen in den beiden Filmen nicht beliebig ist, sondern einer bestimmten Konstruktion gehorcht, kokettiert Jodorowsky besonders in *Montana sacra* allzu offensichtlich mit der Wirkung seiner Bilder und überläßt sich rückhaltlos dem Pathos des Irrationalen.

Die Geschichte des kubanischen Kinos beginnt (abgesehen von sporadischen Vorläufern) mit dem Sieg der Revolutionsbewegung Fidel Castros im Januar 1959. Zu den ersten kulturellen Maßnahmen des neuen Regimes gehört die Gründung eines nationalen Filminstituts, des ›ICAIC‹ (›Instituto Cubano del Arte e Industria Cinematograficos‹ – ›Kubanisches Institut für Filmkunst und Filmindustrie‹) im März 1959. Das Gesetz, auf dessen Grundlage das ICAIC gegründet wurde, stellt in seiner Präambel fest: »Der Film ist eine Kunst.«[52] Und der Direktor des ICAIC, Alfredo Guevara, formulierte 1962 auf dem ersten nationalen Kulturkongreß: »Die Kunst erzieht, aber wir werden niemals akzeptieren können, daß das Ziel der Kunst die Erziehung sei.«[53] Nach Überwindung einiger Anfangsschwierigkeiten erlebte die kubanische Kinematographie große künstlerische Triumphe. In der zweiten Hälfte der sechziger Jahre eroberten sich die kubanischen Filme eine führende Position in Lateinamerika; sie gehören auch heute noch zu den formal avanciertesten der sozialistischen Länder.

Die Filmproduktion in Kuba begann sogleich nach der Revolution; sie bestand zunächst aus Dokumentarfilmen, die sich mit den dringlichsten Themen der gesellschaftlichen Umwandlung beschäftigten. Noch im Januar 1959 erschien ein Film über die Agrarreform, *Esta tierra nuestra* (»Das ist unser Land«) von Tomás Gutiérrez Alea, und ein Film über das Problem der Wohnverhältnisse in Havanna, *La vivienda* (»Die Wohnung«) von Julio García Espinosa. Die Herstellung von Wochenschauen und Dokumentarfilmen ist bis heute ein Schwerpunkt des ICAIC geblieben, und die kubanische Dokumentarfilmschule, repräsentiert durch Santiago Alvarez, hat sich durch die Qualität ihrer Arbeit weltweites Renommee erobert.

Die Jahre von 1959 bis 1966 kann man als eine Zeit der Experimente und der Vorbereitungen bezeichnen. Die Spielfilme dieser ersten Periode bevorzugen einfache dramatische Formen, sind aber auch reißerischer oder spektakulärer Zuspitzung nicht abgeneigt; thematisch beschäftigen sie sich oft mit den Ereignissen des Revolutionskrieges, so bei Julio García Espinosa in *El joven rebelde* (»Der junge Rebell«, 1961), einem Film über einen jungen Bauern, der in die Rebellenarmee der Sierra Maestra eintritt, oder bei Tomás Gutiérrez Alea in *Historias de la revolución* (»Geschichten der Revolution«, 1960), einem Episodenfilm über den kubanischen Befreiungskampf. Alea drehte 1962 *Las doce sillas* (»Die zwölf Stühle«), eine brillante Satire auf die Bourgeoisie, und 1964 *Cumbite*, die Verfilmung einer französischen Romanvorlage über ein Bauerndrama auf Haiti. In den Jahren 1962 bis 1964 riefen die Kubaner einige renommierte Regisseure des Auslands nach Kuba, um hier Filme zu realisieren und auf diesem Wege den kubanischen Filmschaffenden Erfahrungen zu vermitteln. So entstanden *El otro Cristobal* (»Der andere Cristobal«, 1963) von Armand Gatti, *Para quien baila la Habana* (»Für wen tanzt Havanna«, 1963) von Vladimir Čech und *Preludio 11* von Kurt Maetzig sowie *Cuba, pueblo armado* (»Kuba – Volk in Waffen«, 1961) und *Carnet de viaje* (»Ein Reisetagebuch«, 1961) von Joris Ivens, auch *Soy Cuba* (»Ich bin Kuba«, 1964) von Michail Kalatosow. Unter den Filmen, die ausländische Regisseure in Kuba drehten (freilich nicht als Produktionen des ICAIC) sind ebenfalls Chris Markers *Cuba si* (1961) und Agnès Vardas Fotofilm *Salut les Cubains* (1963) zu erwähnen.

Sohrab Shahid Saless
Yek ettefaghe sadeh
(Ein einfaches Ereignis)
1973
Iran

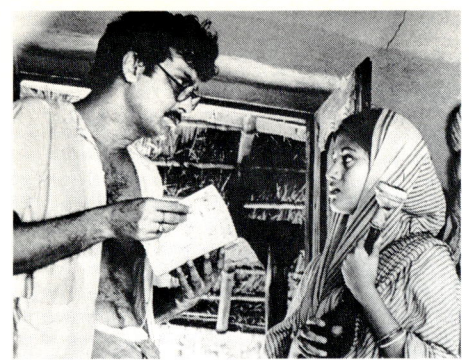

Satyajit Ray
Ashani sanket
(Ferner Donner)
1973
Indien

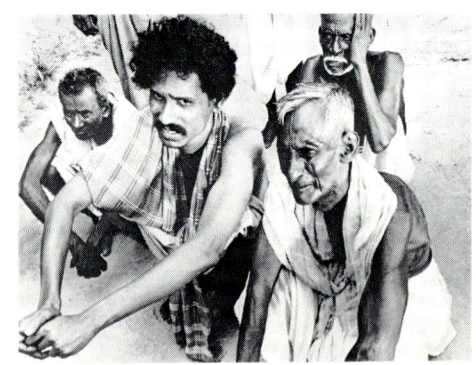

Santiago Alvarez (geb. 1919) wurde bereits 1959 als Leiter der Abteilung Dokumentarfilm und Wochenschau in das ICAIC berufen. In dieser Funktion entwickelte er die Wochenschau *Noticiero* und drehte ab 1961 in eigener Regie Dokumentarfilme zunehmender Brillanz und Meisterschaft. Alvarez begann 1961 mit *Escambray* und *Muerte al invasor* (»Tod den Invasoren«), einem Film über die Söldnerinvasion in der Schweinebucht. Außergewöhnliche Beherrschung aller formalen Mittel des Dokumentarfilms ließen bereits *Cyclon* (1963) sowie *Now* (1965) erkennen, ein sechsminütiger, aus Standfotos zusammengesetzter Montagefilm über die Diskriminierung der Schwarzen in den USA, rhythmisch geschnitten nach dem gleichnamigen Lied, das von der Sängerin Lena Horne gesungen wird. *Now* gehört aufgrund seiner raffinierten und höchst wirkungsvollen Machart, die durch Schnitte und Kamerafahrten die Fotos dynamisiert, zu den Klassikern des (agitatorischen) Montagefilms. Zu Meisterwerken gerieten Alvarez' *Hanoi, martes 13* (*Hanoi, Dienstag der 13.*, 1967), ein Film über den Abwehrkampf der nordvietnamesischen Bevölkerung gegen die amerikanischen Luftangriffe, sowie *79 primaveras* (»79 Lenze«, 1969), ein Film über Ho Chi Minh. In beiden Filmen war bereits die Qualität des dokumentarischen Materials an und für sich bemerkenswert, der Sinn für das treffende Detail, für den Wert einer Geste, einer alltäglichen Verrichtung; charakteristisch für den Stil von Alvarez ist aber noch mehr die Verarbeitung des Bildmaterials durch Rhythmisierung, Kontrastmontage und die Einfügung von Titeln zu einem politisch-ideologischen Diskurs, in dem sich emotionale, intellektuelle und agitatorische Momente verbinden. In *79 primaveras* verwendete Santiago Alvarez sogar Stilmittel des Experimentalfilms: er ließ einen Filmstreifen zerreißen und verbrennen, um damit ein visuelles Äquivalent für die Spaltung des »sozialistischen Lagers« und die daraus resultierenden Folgen zu geben. Freilich enthält die Methode von Alvarez auch Gefahren – nämlich die einer sich selbständig machenden Virtuosität und einer auf vordergründige Effekte abgestellten politischen Argumentation, die den Zuschauer schließlich manipuliert; diese Gefahren wurden in dem aggressiven Collagenfilm *L.B.J.* (1968) über Lyndon B. Johnson und die Rolle der Gewalt in der US-amerikanischen Politik offenbar. Später drehte Santiago Alvarez eine Reihe längerer Dokumentarfilme über die Reisen Fidel Castros, deren bekanntester der Bericht über die Begegnung Castros mit Allende in Chile ist: *De America soy hijo . . . y a ella me debo* (*Ich bin ein Sohn Amerikas, und ihm bin ich verpflichtet*, 1972). Unter den zahlreichen weiteren kubanischen Dokumentarfilmen muß man vor allem *Giron* (1972) von Manuel Herrera erwähnen, eine filmische Rekonstruktion der Invasion in der Schweinebucht; dieser Film vermischte auf neuartige und faszinierende Weise Stilmittel des Fiktions- und des Dokumentarfilms. Ein anderer wichtiger kubanischer Dokumentarfilm ist *La nueva escuela* (»Die neue Schule«, 1973) von Jorge Fraga, eine Analyse der Bildungsrevolution in Kuba.

Die eigentlich bedeutende Periode der kubanischen Kinematographie begann 1966/67 und machte sich vor allem durch einen Aufschwung im Bereich des Spielfilms bemerkbar. Die Regisseure Alea und Espinosa waren Schrittmacher dieser Entwicklung, gefolgt von Humberto Solas und Octavio Gomez. Die kubanischen Spielfilme dieser Epoche zeichnen sich aus durch ihr Engagement für die Sache der Revolution, aber auch durch ihr hohes Maß an schöpferischer Phantasie, durch formale Kühnheit, durch Witz und Selbstironie; sie nehmen auch Motive bestimmter Kinematographien des Westens auf und verarbeiten sie in eigener Weise. Einen typischen Film für das kubanische Kino dieser Periode drehte Julio García Espinosa (geb. 1926) mit *Las aventuras de Juan Quinquin* (*Die Abenteuer von Juan Quinquin*, 1967). Es handelt sich um die pikaresken Abenteuer eines jungen Mannes aus der vorrevolutionären Zeit, der nacheinander viele verschiedene Berufe innehat: Sakristan, Löwenbändiger, Toreador, Zirkusartist, Darsteller Christi, schließlich Bauer; als er Erfahrungen mit der sozialen Ungerechtigkeit gemacht hat, schließt er sich einer Guerilla-Truppe an. Der Film ist parallel auf zwei Ebenen erzählt; man erlebt Juan Quinquin einmal im Frieden, dann wieder im Krieg. Das revolutionäre Pathos ist bei Espinosa ironisch und komödiantisch durchbrochen; der Film schaltet häufig Zwischentitel ein, verwendet Sprechblasen, verfremdet den Zuschauer durch makabre Übertreibungen, läßt die Dramaturgie auseinanderbrechen und wirkt bei alledem äußerst vergnüglich. Espinosa drehte nur noch einen weiteren langen Film, einen Dokumentarbericht aus Vietnam: *Tercer mundo, tercera guerra mundial* (»Dritte Welt, dritter Weltkrieg«, 1970); er verbindet den Charakter einer Reportage mit einer Analyse von Strategien des Imperialismus.

Neben Espinosa ist Tomás Gutiérrez Alea (geb. 1928) der wichtigste kubanische Spielfilmregisseur der ersten Phase. Alea setzte in *La muerte de un burocrata* (*Der Tod eines Bürokraten*, 1966) die fröhlich-komödiantische Linie von *Die zwölf Stühle* fort. Hier dreht es sich um den Tod eines exemplarischen Arbeiters, der versehentlich mit seiner Gewerkschaftskarte beerdigt wurde, weshalb seine Witwe nun keine Rente bekommen soll; die heimliche Exhumierung des Verstorbenen stellt die Verwandten jedoch vor noch größere Probleme. Der Film enthält eine erfrischende Attacke auf die Bürokratie, scheut aber auch nicht vor deftigen Slapstick-Effekten zurück. Aleas wahrscheinlich subtilstes Werk – und einer der besten kubanischen Filme überhaupt – ist *Memorias del subdesarollo* (*Erinnerungen an die Unterentwicklung*, 1968). Protagonist dieses Films ist ein Hausbesitzer und Amateur-Schriftsteller, der 1961 nicht wie die übrigen Mitglieder seiner Familie in die USA ausreist, sondern im Land bleibt. Sein Versuch, mit der neuen Gesellschaft Kontakt zu schließen, mißlingt jedoch; er verharrt in der Attitüde des skeptischen Zuschauers, der entweder durch Ferngläser Militär auf der Straße beobachtet (Kuba mobilisiert seine Armee im Krisenjahr 1962) oder sich selbst im Spiegel betrachtet, zwischendurch eine Freundin, die er für kulturell »unterentwickelt« hält, zu erziehen versucht. *Memorias del subdesarollo* verschmilzt auf formal faszinierende Weise dokumentarisches und fiktives Material. Alea entwickelt einen differenzierten, manchmal ironischen oder sarkastischen, persönlichen Erzählstil; er erforscht die widersprüchlichen Regungen seines bürgerlichen Helden und zeigt Verständnis für seine Lage; er streut Rückblenden und Phantasiesequenzen ein und stellt durch einen inneren Monolog eine zweite Ebene innerhalb des Films her. Aleas nächstes Werk, *Una pelea Cubana contro los demonios* (»Ein kubanischer Kampf gegen die Dämonen«, 1971) ist ein Versuch, in die Historie Kubas zurückzublenden – anhand der Geschichte einer kleinen Stadt des 17. Jahrhunderts, die in Angst vor Piraten, Dämonen und vor einem diabolischen Priester lebt. Der Film zeichnet ein Bild von Mystizismus, Angst und Gewalt; er stieß außerhalb Kubas auf Verständnisschwierigkeiten. Aleas letzter Film, *La ultima cena* (»Das letzte Abendmahl«, 1976) spielt in einer kubanischen Zuckerplantage des 18. Jahrhunderts und berichtet – in einer großangelegten dramatisch-theatralischen Form, die manchmal an Buñuels *Viridiana* erinnert – vom Scheitern der Bemühungen des Plantagenbesitzers, seine Sklaven im Geiste christlicher Caritas menschlich zu behandeln.

Eine zweite Entwicklungsstufe des kubanischen Spielfilms repräsentieren die Regisseure Humberto Solas und Manuel Octavio Gómez. Humberto Solas (geb. 1942) begann 1966 mit *Manuela*, einem halblangen Film über ein Bauernmädchen, das zu den Guerillas stößt, weil es seine ermordete Mutter rächen will. Solas' bislang bedeutendstes Werk ist *Lucia* (1968). In drei Episoden berichtet der Film über die Rolle der Frau in der kubanischen Geschichte. 1895 geht eine Aristokratin einer romantischen, gesellschaftlich mißbilligten Liebe nach; Hintergrund des Geschehens, das sich in opernhaften Dekors abspielt, bildet der Unabhängigkeitskrieg Kubas gegen die Spanier. In der zweiten Episode wird 1933 eine Bürgersfrau durch den Kontakt mit einem Revolutionär selbst zur Revolutionärin; in der Gegenwartsperiode schließlich muß sich eine Landarbeiterin, die gerade Lesen lernt, mit ihrem Mann, einem Lkw-Fahrer, auseinandersetzen, der ihre Emanzipation nicht zulassen will. Während die ersten beiden Episoden visuell eindringlich, unter Aufbietung eines Vokabulars surrealer, leidenschaftlich überhöhter Bilder das Lebensgefühl der jeweiligen Epoche beschwören, ist die letzte Episode in einem relativ konventionellen Erzählstil gehalten. Enttäuschend fiel Solas' nächster Film aus, *Un dia de Noviembre* (»Ein Tag im November«, 1972), die elegische Geschichte eines Mannes, der an einer schweren Krankheit leidet und sich an sein vergangenes Leben erinnert; *Cantata de Chile* (1976) evoziert das Drama Chiles in Form eines episch-didaktischen Schauspiels mit verschiedenen Wirklichkeitsebenen.

Manuel Octavio Gómez (geb. 1934), ein ehemaliger Journalist und Filmkritiker, erregte nach zahlreichen Kurz- und zwei Spielfilmen Aufsehen mit *La primera carga al machete (Die erste Schlacht mit der Machete,* 1969), dem Bericht von einer Bauernrebellion des Jahres 1968 gegen die spanischen Kolonisatoren, verfremdet und aktualisiert durch überlegten Gebrauch von Kunstmitteln: einmal wurde der Film in künstlich übersteigerten Schwarzweiß-Kontrasten und betont grobkörnig gedreht, was vielen Szenen etwas Visionäres gab; gleichzeitig enthält der Film aber auch simulierte Reportage- und Interviewszenen, die den Zuschauer zum Zeitgenossen und Beteiligten der Ereignisse machen. *Los dias del agua* (»Die Tage des Wassers«, 1971) erzählt in einem exaltierten Regiestil die Geschichte einer Wunderheiligen des Jahres 1936, die verschiedene politische Kräfte des Landes für ihre Interessen auszunutzen versuchen. Während *Die erste Schlacht mit der Machete* sowie *Die Tage des Wassers* noch für die romantisch-überschwängliche »mittlere« Periode des kubanischen Kinos typisch sind, deutet sich in Gómez' letztem Film, *Ustedes tienen la palabra* (»Sie haben das Wort«, 1974) deutlich ein Umschwung zu neuen gesellschaftlichen Orientierungen an. Im Prozeß gegen vier Leute, die angeklagt sind, durch Sabotage einen Brand verursacht zu haben, werden verschiedene Standpunkte und Meinungen einander gegenübergestellt; dabei wird auch die Frage nach der Verantwortlichkeit des einzelnen bei der sozialistischen Umwandlung der Gesellschaft untersucht. Der Ton dieses Films ist theoretischer, trockener, es geht um Kritik und Selbstkritik, man sucht Verantwortliche, »Feinde« sollen entlarvt werden, Ankläger treten auf. Immerhin gibt sich dieser Film noch intelligenter und anspruchsvoller als *El hombre de Maisinicú* (»Der Mann aus Maisinicú«, 1973) von Manuel Pérez, wo der Kampf gegen »konterrevolutionäre Banden« im Jahre 1964 im Stil eines reißerischen Action-Films geschildert wird; ähnlich ist auch *Rio Negro* (»Schwarzer Fluß«, 1977) gemacht. Als bedeutende Leistung des neueren kubanischen Kinos verdient schließlich *El otro Franciso* (»Der andere Francisco«, 1975) von Sergio Giral genannt zu werden, ein Film über einen kubanischen Romancier, der im 19. Jahrhundert das Elend der Neger beschrieb; der Film kritisiert diesen Schriftsteller aber wegen seiner romantischen und idealistischen Auffassungen und konfrontiert die literarische Figur seines Helden Francisco mit dem wirklichen, »anderen« Francisco. Im Aufbrechen der Erzählung, der Konfrontation von Wirklichkeit und Fiktion steht Giral in einer typischen Tradition des kubanischen Kinos: der Film ist hier Mittel zur Geschichtsschreibung, aber auch Instrument zur kritischen Untersuchung von Legenden. Mit *Rancheador* (»Sklavenjäger«, 1977) versuchte sich Giral im Genre des historischen Abenteuerfilms.

Unter den neueren kubanischen Spielfilmen gibt besonders *De cierta manera (In gewisser Hinsicht,* 1974–77) von Sara Gómez (1943–74) über Probleme des kubanischen Alltags, vor allem auch über die Situation der Frauen in Kuba Auskunft. Der in ›Cinéma-vérité‹-Manier im 16-mm-Format gedrehte Film beschreibt den schwierigen Transformationsprozeß einiger Menschen aus der kubanischen »Randbevölkerung«. Der Film wurde zwar schon 1974 gedreht, kam aber aus technischen Gründen (er mußte auf 35 mm aufgeblasen werden) erst 1977 zur öffentlichen Aufführung.

Die Filmproduktion der jungen Nationalstaaten Afrikas ist auch heute noch kaum über erste Anfänge hinausgekommen. In den Staaten Schwarzafrikas – mit Ausnahme der Südafrikanischen Union – fehlt die filmtechnische und -ökonomische Infrastruktur. Es gibt keine Kopierwerke (das gedrehte Material muß nach Europa, meist nach Paris, zum Entwickeln geschickt werden), kaum Schneidetische. Die Zahl der Kinos ist beschränkt (in den meisten schwarzafrikanischen Staaten unter 100). Es besteht außer in Europa keine Möglichkeit, das Handwerk des Filmens zu lernen. Das Haupthindernis bei der Entwicklung einer afrikanischen Kinematographie lag jedoch bisher darin, daß in den meisten afrikanischen Staaten sich das Kino- und Verleihwesen im Besitz oder in der Kontrolle zweier französischer Gesellschaften sowie einer amerikanischen Gesellschaft befindet, die mit billig eingekauften Konsumfilmen in Afrika Geschäfte machen wollen; diese Gesellschaften verwehren den afrikanischen Filmmachern den Zugang zum Verleih und zu den Kinos ihres Landes. Es gibt in den afrikanischen Ländern bisher auch keine staatliche Filmförderung; diese Funktion nimmt, jedenfalls im »frankophonen« Afrika, das Pariser Ministerium für wirtschaftliche und kulturelle Zusammenarbeit ein, das afrikanischen Filmproduktionen Unterstützung gewährt. So sind die afrikanischen Filmemacher gezwungen, sich ihre Filme von dem Pariser Ministerium (neuerdings auch von europäischen Fernsehanstalten) finanzieren zu lassen und sie dann auf europäischen Filmfestivals zu zeigen, da im eigenen Land die Verbreitung der Filme meistens nicht möglich ist. (Etwas besser ist die Situation nur in den nordafrikanischen Ländern bzw. in Ägypten.) Bisher haben nur Guinea, Obervolta, Mali und Mozambique Schritte zur Nationalisierung ihres Filmwesens ergriffen, mußten diese Maßnahmen aber teilweise wieder rückgängig machen (so in Obervolta), weil die etablierten Verleihgesellschaften mit dem Entzug sämtlicher Filme drohten.

In den französischsprachigen Ländern Afrikas ist die Filmproduktion vergleichsweise reger als in den englischsprachigen. An der Spitze liegt mit Abstand Senegal; eine sporadische Filmproduktion gibt es auch im Staate Niger, in Kamerun, im Kongo und an der Elfenbeinküste.

Weit entwickelter ist die filmische Infrastruktur (und auch die Produktion) in den nordafrikanischen Maghreb-Staaten, vor allem in Algerien, aber auch in Tunesien und Marokko. Ägypten, das Land mit der größten Filmproduktion des afrikanischen Kontinents, gehört jedoch nicht in den afrikanischen Kontext, sondern in den der arabischen Länder.

Das aktivste Filmland Schwarzafrikas ist Senegal. Hier gibt es die meisten Filmemacher, und die senegalesische Filmtradition geht bis in die fünfziger Jahre zurück. Der Filmpionier Paulin Vieyra drehte ab 1956 mehrere Kurzfilme, die ersten authentisch afrikanischen Filme überhaupt. Der bedeutendste Filmregisseur Senegals ist jedoch ohne Zweifel Ousmane Sembène (geb. 1923).

Sembène übte viele Berufe aus und war bereits ein erfolgreicher Schriftsteller, ehe er zum Film kam; die Erkenntnis, daß er wegen des Analphabetismus in Senegal mit seiner Literatur niemals die breiten Massen erreichen könne, bewog ihn, von der Literatur zum Film überzugehen.[54] Ousmane Sembène erhielt seine Filmausbildung in Moskau bei Mark Donskoj. Wieder nach Afrika zurückgekehrt, drehte er *Borom Sarret* (1963), einen Kurzfilm über das Leben eines Kutschers aus den Vororten von Dakar, und *Niaye* (1964). Aber erst 1966 erzielte Sembène mit dem einstündigen Film *La noire de...* (»Die Schwarze von...«) einen Durchbruch bei der Kritik. Der Film erzählt die Geschichte einer jungen Afrikanerin, die eine Stelle als Kindermädchen bei einer französischen Familie antritt, sich dann aber aus Verzweiflung über die Isolation, in die sie geraten ist, das Leben nimmt. Sembène verwendet einfache Stilmittel und stützt sich auf einen gesprochenen inneren Monolog des Mädchens. Virtuoser, aber auch komödiantischer fiel *Mandabi (Die Postanweisung,* 1968) aus. Hier hat ein arbeitsloser Vorstadtbewohner aus Dakar von seinem Neffen aus Frankreich eine Postanweisung über einen geringen Geldbetrag erhalten, die er jedoch nicht in Empfang nehmen kann, weil er keinen Personalausweis besitzt. Am Ende unglaublicher und grotesker Verwicklungen steht die bittere Moral, daß der Ehrliche in dieser Gesellschaft immer nur betrogen wird. Zwischen den Zeilen des turbulenten Geschehens äußerte Sembène eine witzig pointierte Kritik an der Bürokratie und an kleinbürgerlichen Verhaltensweisen des Alltags. Sembène wollte zeigen, daß sein Held »wie viele Senegalesen dem Schicksal gegenüber nicht handelt. Das ist eine absurde Haltung, die man bekämpfen muß.«[55] In *Emitai (Gott des Donners,* 1972), seinem vielleicht besten Film, berichtet Ousmane Sembène eine Episode aus der Kolonialzeit: 1942 versuchen die Franzosen, in einem senegalesischen Dorf für die Armee mit Gewalt Reis einzutreiben. Die Dorfbewohner haben den Reis versteckt, es gibt blutige Auseinandersetzungen, Frauen werden von den Franzosen als Geiseln verhaftet. Der Film beschreibt mit ebensoviel Subtilität wie Schärfe die verschiedenen Stadien des Konflikts zwischen Schwarzen und Franzosen, er setzt auch ironische Akzente – so, wenn die Franzosen von einem Tag zum anderen Plakate des Generals Pétain durch solche des Generals de Gaulle ersetzen, was bei den Schwarzen Verständnislosigkeit auslöst.

Sembène sieht durchaus die Widerstand mobilisierende Kraft der Religion, stellt sie aber letzten Endes doch in Frage: »In meinem Film zeige ich, daß es an den Männern und Frauen liegt, ihr Geschick zu bestimmen, und nicht an den Göttern. In gewisser Weise richtet sich mein Film gegen die ›Négritude‹, die eine ideologische Mystifikation ist. *Emitai* ist aber auch ein Film, der eine volkstümliche Kultur verherrlicht.«[56] Mit der Genauigkeit eines Ethnologen zeigt Ousmane Sembène spezifisch afrikanische Verhaltensweisen angesichts einer Gefahr. Die Bewohner des Dorfes sind Fetischisten; ihre

Ältesten suchen in einem »heiligen Wald« von den Geistern der Vorfahren Rat zu erhalten, allerdings ohne Ergebnis.

Mit *Xala* (1975) kehrte Sembène wieder zu der satirischen Tonart von *Mandabi* zurück. Der Film ist in der Gegenwart angesiedelt. Sein Held, ein erfolgreicher Geschäftsmann, Repräsentant der neuen afrikanischen Bourgeoisie, heiratet eine dritte, jüngere Frau, wird aber alsbald von Impotenz befallen. Die Gegenwelt zu den afrikanischen Neureichen verkörpert eine Gruppe von Bettlern, die periodisch in dem Film auftauchen und den Protagonisten am Ende gräßlich bespucken. Aus vielen Randszenen seines Films entwickelte Sembène eine beißende Satire auf die Lebensgewohnheiten der Neureichen, die de facto das Erbe der Kolonialisten angetreten haben; er geißelt auch die Korruption der schwarzen Politiker (hinter denen diskret die weißen »Berater« auftauchen). Durch das Erscheinen der Bettler erhält der Film jedoch auch ein Element fast metaphysischer Bedrohung.

Ceddo (1977) beschäftigt sich mit einem wenig bekannten Kapitel afrikanischer Geschichte: der gewaltsamen Kolonisierung großer Teile Schwarzafrikas durch den Islam. Hauptfiguren dieses nur scheinbar spröden, in Wirklichkeit meisterhaft orchestrierten Films sind der »Imam«, der die Macht in einem Dorf usurpiert, und eine schwarze Prinzessin, die sich seinem Regime nicht beugt. Im Hintergrund stehen die weißen Sklavenhändler, die gleichzeitig Waffenlieferanten sind. *Ceddo* gehört zu den wenigen Filmen des schwarzen Kontinents, die ein authentisch afrikanisches Sujet behandeln und gleichzeitig den Rang großer Kunst beanspruchen können.

Mahama J. Traoré (geb. 1942) pflegt einen weniger subtilen Stil als Sembène, dafür aber sind seine Filme direkt, spontan und kritisch. Er begann mit zwei Filmen über die Situation der Frauen in Senegal, *Diankha Bi* (1969) und *Diegue Bi* (1971), wobei letzterer Film allerdings die Frauen beschuldigt, durch allzugroße Ansprüche ihre Ehemänner zu betrügerischen Spekulationen zu verleiten. 1972 folgte *Lambaaye*, eine Transposition von Gogols »Revisor« ins Afrikanische: die Potentaten eines kleinen Städtchens geraten in Aufregung, als ein rätselhafter Reisender eintrifft, den sie für einen staatlichen Kontrolleur halten; das gibt Traoré Anlaß ätzender Polemik gegen die Korruptheit der Beamten. *N'diangane* (1974) setzte sich mit den autoritären Erziehungsmethoden der Koranschule auseinander, während *Garga m'bosse* (*Kaktus*, 1975) das Drama einer Familie beschreibt, die vor der Trockenheit vom Lande in die Stadt flieht; auch in diesem Film kontrastiert Traoré wieder das Luxusdasein der »Höheren« mit den harten Lebensbedingungen der Massen und des Proletariats. Bei allem sozialen Engagement ist jedoch ein komödiantischer Grundton für Traorés Filme (wie überhaupt für viele Filme des schwarzen Afrikas) charakteristisch.

Unter den weiteren senegalesischen Regisseuren müssen Babacar Samb sowie Tidiane Aw erwähnt werden; Samb drehte 1971 *Kodou*, einen Film über ein junges Mädchen, das Symptome von Geisteskrankheit zeigt und erst von einem weißen Psychiater, dann von einem schwarzen Exorzisten behandelt wird; Tidiane Aw attackierte in *Pour ceux qui savent* (»Für die, die wissen«, 1971) das Unwesen der heiligen »Marabus«; *Le bracelet de bronze* (»Das Bronzearmband«, 1974) degenerierte dagegen von versuchter Sozialkritik zu einem reißerischen Kriminalfilm.

Eine besonders eindrucksvolle Leistung zeigte schließlich die Regisseurin Safi Faye mit ihrem Film *Kaddu beykat* (*Nachrichten aus dem Dorf*, 1975), einem zugleich realistischen und poetischen Bericht über die Situation in einem senegalesischen Dorf, das unter der Trockenheit leidet; einige Episoden spielen auch in der Stadt, wo ein junger Mann sich bessere Lebensbedingungen erhofft, jedoch bittere Demütigungen erfahren muß. Safi Fayes Film überzeugt durch Genauigkeit des Blicks und durch ihre unprätentiöse, einfache Erzählweise.

Der Beginn der Filmaktivität im Niger ging auf den französischen Dokumentarfilm-regisseur Jean Rouch zurück, der sich zunächst als Ethnologe in Niamey aufhielt und dann zusammen mit Nigerianern in Abidjan einen Film drehte, dem er den Titel *Moi, un noir (Ich, ein Schwarzer,* 1959) gab. Die Mitarbeiter dieses Films, Oumarou Ganda und Mustapha Alassane, begannen später selbst Filme zu drehen. Oumarou Ganda (geb. 1935) debütierte 1967 mit *Cabascabo,* einem halb komischen, halb bitteren Film über die Rückkehr eines Indochina-Veteranen in die Heimat und über dessen Schwierigkeiten, sich wieder den Gepflogenheiten der Gesellschaft anzupassen. *Le wazzou polygame* (1970) war eine Auseinandersetzung mit dem Thema der Vielehe, erzählt im Tonfall einer volkstümlichen Ballade; *Saitane (Satan,* 1972) ironisiert das Treiben der Wahrsager und den verbreiteten Aberglauben. Mustapha Alassane (geb. 1942), filmischer Autodidakt ebenso wie Ganda, begann um die Mitte der sechziger Jahre mit Animationsfilmen und drehte 1966 seinen ersten (halblangen) Spielfilm, *Le retour d'un aventurier (Die Rückkehr eines Abenteurers),* eine Satire über eine Gruppe von Jugendlichen, die amerikanische Kostüme anziehen und sich die Identität von Westernhelden geben. *F.V.V.A. (Femme, villa, voiture, argent* – »Frau, Villa, Auto, Geld«, 1971) handelt von einem kleinen Beamten, der nach einer Heirat in Geldschwierigkeiten kommt und diese zu beheben sucht, indem er Gelder aus seinem Amt abzweigt. *F.V.V.A.* ironisierte die Mythologie vom raschen Erfolg. Sowohl die Filme Gandas als auch die Alassanes sind gekennzeichnet durch eine besonders lockere, humoristische, phantasiereiche Erzählweise, durch eingestreute musikalische Motive und Volkslieder. Der legendenhafte Film *Babatou, les trois conseils* (»Babatou, die drei Wünsche«, 1976) wurde dagegen, wenn auch unter Mitarbeit von Ganda und Alassane und als nigerianische Produktion, von Jean Rouch gedreht ebenso wie *Cocorico! Monsieur Poulet* (»Kikeriki, Herr Huhn«, 1973) und ist daher nicht unbedingt als »afrikanischer« Film zu bezeichnen.

In Paris drehte der Mauretanier Med Hondo (geb. 1936) *Soleil O* (1971) und *Les bicots-nègres, vos voisins* (»Die Neger-Kaffern, Eure Nachbarn«, 1974), polemisch-didaktische Filme über die Situation der Afrikaner in Frankreich und über die rassistischen Vorurteile der Europäer gegenüber Afrikanern, bemerkenswert durch ihre Schärfe, aber auch (besonders *Soleil O*) durch ihre eigenwillige, manchmal theaterhafte, verfremdete Dramaturgie. *Les bicots-nègres* geht auf die Rolle des Kinos in Afrika, aber auch auf die Arbeitskämpfe von Afrikanern in Paris ein. In der spanischen Sahara drehte Med Hondo *Nous aurons toute la mort pour dormir (Wir werden den Tod haben, um zu schlafen,* 1977), eine Reportage über den Unabhängigkeitskampf der Polisario-Bewegung, die durch die Qualität ihres Bildmaterials faszinierte und entschieden die Partei des Sahraoui-Volkes ergriff. Mit der Situation von Afrikanern in Paris befaßten sich auch zwei Filme von Sydney Sokhona: *Nationalité Immigré* (»Nationalität Einwanderer«, 1976) und *Safrana* (1977).

Die in Guadeloupe geborene Sarah Maldoror (eigentlich Ducados) realisierte 1969 in Algerien einen Kurzfilm *Monangambeee,* den Versuch einer Allegorie auf die kolonialistische Unterdrückung in der damals portugiesischen Provinz Angola. Mit Angola befaßt sich auch Sarah Maldorors Spielfilm *Sambizanga* (1972). Der Film, als französische Produktion im Kongo-Brazzaville gedreht, erzählt eine Episode aus dem Befreiungskampf Angolas: ein Traktorist wird wegen seiner Widerstandstätigkeit verhaftet und im Gefängnis zu Tode gefoltert; seine Frau sucht ihn in der Hauptstadt, indem sie von einem Gefängnis zum anderen zieht, wobei sich ihr Bewußtsein entwickelt. Der Film ist mit großer regielicher Intensität, aber auch mit einem gewissen opernhaften Pathos gemacht.

Einen bemerkenswerten Film drehte Jean-Pierre Dikongue-Pipa aus Kamerun mit *Muna-Moto (Der Sohn des anderen,* 1975): aus sozialen Gründen kann ein Mann eine

Frau nicht heiraten, die statt dessen einem anderen zugesprochen wird; er versucht sie mit ihrem Kind zu entführen, wird dabei aber verhaftet. Der Regisseur legt emotionalen Nachdruck auf die Schilderung einer individuell tragischen Situation, die er aber auf die zugrunde liegenden gesellschaftlichen Faktoren zurückführt und mit einem hohen Grad an Realismus ausstattet.

Äthiopien ist mit 25 Millionen Einwohnern zwar einer der volkreichsten Staaten Afrikas, aber mit 18 Kinos im ganzen Lande[57] auch eines der filmisch am wenigsten entwickelten Länder. Gerade hier jedoch realisierte der Äthiopier Haile Gerima (geb. 1946), unterstützt von einem gemischt äthiopisch-nordamerikanischen Team, einen der aufregendsten afrikanischen Filme der letzten Jahre: *Mirt sost shi amit* (*Ernte dreitausend Jahre*, 1976). Hauptperson dieses Films ist ein exzentrischer und eitler Großgrundbesitzer, der seine Bediensteten einem Regime sadistischer Grausamkeit unterwirft; ihm gegenüber steht die Gestalt eines armen Bauern, dem sein Land weggenommen wurde, der die Bevölkerung aufklären möchte und deshalb als »Irrer« bezeichnet wird. Gerima entwirft ein scharf akzentuiertes Bild sozialer Ungerechtigkeit; er macht den jetzigen Zustand der ausgebeuteten Bevölkerung als das letzte Glied in einer Kette dreitausendjähriger Unterdrückung bewußt, wobei er meisterlich Mittel der intellektuellen Montage einsetzt; er arbeitet darüber hinaus auf ungewöhnliche Weise mit dem Ton, mit langen Einstellungen und mit dokumentarischen Beobachtungen, so daß sein Film sowohl den Wert einer veristischen Alltagsschilderung als auch den einer philosophischen Verallgemeinerung hat.

Südafrika verfügt über eine entwickelte Filmindustrie und über eine nicht unbeträchtliche Produktion an Spielfilmen, die allerdings größtenteils für den Inlandkonsum gemacht sind – gemäß der »Apartheid« getrennt für weiße und schwarze Zuschauerschichten; auch für das schwarze Publikum werden in Südafrika eigene Filme hergestellt, diese dürfen manchmal sogar von schwarzen Regisseuren gedreht werden. Die Hauptsorge der südafrikanischen Filmindustrie scheint die beginnende Fernsehkonkurrenz zu sein. Außerhalb Südafrikas wurden einzig die gemeinsam gedrehten Filme des Schriftstellers Athol Fugard und des Regisseurs Ross Devenish bekannt, *Boesman & Lena* (1973) sowie *The Guest* (»Der Gast«, 1977). Es handelt sich bei diesen Produktionen um anspruchsvolle, stark literarisch beeinflußte Autorenfilme. *Boesman & Lena* ist die Bearbeitung eines Bühnenstücks von Fugard über die Situation zweier südafrikanischer »Farbiger«; *The Guest* beschreibt den Aufenthalt eines morphiumsüchtigen Schriftstellers auf einer Farm in Transvaal – er schildert ein tiefgehendes existentielles Drama, hat aber keine oder nur verschlüsselte Beziehungen zur heutigen Realität Südafrikas. In beiden Filmen spielt Fugard selbst die Hauptrolle. Bemerkenswert sind die kritischen Dokumentarfilme, die illegal in Südafrika gedreht wurden und aus dem Land herausgeschmuggelt werden konnten: *End of the Dialogue* (1970), *The Heart of Apartheid* (1969) und ganz besonders *Last Grave at Dimbaza* (1974). Letzterer Film wurde in einem Umsiedlungslager für Frauen und Kinder in einem schwarzen Bezirk Südafrikas aufgenommen und zeigt revoltierende Bedingungen des Elends und der Kindersterblichkeit, die zu dem hohen Lebensstandard der weißen Bevölkerung und den Profiten der großen Gesellschaften in Kontrast stehen.

Unter den nordafrikanischen Ländern hat Algerien den relativ fortgeschrittensten filmischen Entwicklungsstand erreicht. Die Zahl der Kinos gehört mit 400 zur höchsten aller afrikanischen Staaten (nur übertroffen von Südafrika und Ägypten). Die Kinos wurden bereits 1963, kurz nach dem Ende des Unabhängigkeitskriegs, verstaatlicht. 1967 wurde die staatliche Produktionsfirma ›ONCIC‹ (›Office National pour le Commerce et l'Industrie cinématographiques‹ – ›Nationales Büro für Filmhandel und Filmindustrie‹) gegründet, die den überwiegenden Teil aller algerischen Spielfilme produziert. Die Bestrebungen der algerischen Regierung, das bestehende Monopol der amerikanischen und französischen Verleihfirmen einzuschränken, wurden von diesen zeitweilig mit Boykottmaßnahmen (Sperrung aller amerikanischen Filme) beantwortet. Dafür geht eine starke filmkulturelle Ausstrahlung von der 1965 gegründeten ›Cinémathèque Algérienne‹ aus. Die algerische Filmproduktion scheint sich in den siebziger Jahren auf etwa drei bis vier Filme jährlich einzupendeln, zu denen allerdings noch Produktionen des algerischen Fernsehens und anderer staatlicher Stellen hinzukommen.

Die algerische Filmgeschichte läßt sich in drei Perioden einteilen: die Filme, die während des Unabhängigkeitskriegs gedreht wurden, die Produktionen der ersten Nachkriegsjahre und, ab 1972, das ›Cinéma djidjid‹. In den Jahren des Unabhängigkeitskriegs (1954–1962) entstanden eine Reihe von Kurz- und Dokumentarfilmen, produziert von der Befreiungsfront F.L.N., die den ersten Ansatz zu einer eigenen algerischen Filmproduktion darstellten. Die bedeutendsten dieser Filme waren *Algérie en flammes* (»Algerien in Flammen«, 1959), realisiert von dem Franzosen René Vauthier, *Djazairouna* (»Unser Algerien«, 1960) von einem Filmkollektiv der F.L.N., *Yasmina* und *Les fusils de la liberté* (»Die Gewehre der Freiheit«, 1961), beide von Djamel Chanderli und Mohamed Lakhdar-Hamina: überwiegend technisch noch mangelhafte Arbeiten von rauhem Wochenschaucharakter, aber großer Authentizität. Nach der Konstituierung des unabhängigen Staates Algerien 1962 bestand die Filmproduktion zunächst aus kurzen Dokumentarfilmen didaktischen Charakters und aus Wochenschauen; erst 1965 folgten längere Filme. Achmed Rachedi und Mohamed Lakhdar-Hamina waren die Schrittmacher des neuen algerischen Kinos. Ersterer drehte 1965 einen Kompilationsfilm über die Geschichte Afrikas, *Fajr al mu'azabine* (*L'aube des damnés* – »Die Morgendämmerung der Verdammten«; der Titel ist eine Anspielung auf Frantz Fanon), der in der Qualität seines dokumentarischen Materials und in seiner intelligenten Montage an den argentinischen Klassiker *La hora de los hornos* erinnert. *L'aube des damnés* schließt mit einer »dreifachen Anklage: gegen den südafrikanischen Rassismus, den portugiesischen Kolonialismus und den Neokolonialismus im Kongo und anderswo«.[58] Mit seinem aufwendig inszenierten Spielfilm *El afyun wal assa* (*L'opium et le bâton* – »Das Opium und der Knüppel«, 1970), einer bilderbogenhaften Schilderung des Unabhängigkeitskriegs im Stile des Hollywoodfilms, begab sich Rachedi allerdings auf den problematischen Weg eines Kommerzkinos mit »progressiven Inhalten«, der bis heute einen Hauptstrang der algerischen Kinematographie ausmacht. Mohamed Lakhdar-Hamina (geb. 1934) wurde in Prag ausgebildet und nach der Unabhängigkeit zum Leiter des Büros der algerischen Wochenschau berufen. 1965 entstand sein erster Langfilm, zugleich eine der besten algerischen Produktionen überhaupt: *Le vent des Aurès* (»Der Wind vom Aurès«). Der Befreiungskrieg wird hier aus einem ungewöhnlichen Blickwinkel dargestellt: eine Mutter verläßt ihr Dorf, um nach ihrem Sohn zu suchen, den die Franzosen verhaftet und mit sich genommen haben. Bei ihrer Suche von Ort zu Ort und von Gefängnis zu Gefängnis führt sie ein Huhn mit sich, im naiven Glauben, ihren Sohn damit vielleicht freikaufen zu können. *Le vent des Aurès* geriet durch seine einfache, realistische, unsentimentale Erzählweise, durch die Einbeziehung von Natur und Umwelt und durch das ausgezeichnete Spiel der Hauptdarstellerin Keltoum zu einem großen, bewegenden Werk. In seinen späteren Filmen, *Hassan Terro* (1967), *Décembre* (1972) und *Chronique des années de braise* (»Chronik der flammenden Jahre«, 1975), die sämtlich dem Thema des Befreiungskriegs und der französischen Repression gewidmet sind, bediente sich Lakhdar-Hamina theatralischer, Hollywood-ähnlicher Ausdrucksmittel, um bestimmte »Botschaften« zu vermitteln. *Chronique des années de braise* entwirft das Panorama eines Vierteljahrhunderts algerischer Geschichte bis zum Beginn des Unabhängigkeitskriegs in einem spektakulären Stil, der etwa in der Mitte zwischen Hollywood und dem sozialistischen Realismus steht.

Zu den Regisseuren der ersten Periode des algerischen Kinos gehören ferner Slim (eig. Mohamed Slimane) Riad (geb. 1933), der 1968 mit *El tarik* (*La voie* – »Der Weg«) debütierte, einem eigenwilligen Film über das Dasein internierter Algerier in einem französischen Lager zur Zeit des Befreiungskrieges (Riad verbrachte selbst sechs Jahre in französischen Lagern); der Film analysiert besonders die ideologischen Auseinandersetzungen zwischen französischen Bewachern und algerischen Häftlingen. *Sanaoud* (»Wir werden wiederkehren«, 1972) berichtet in vordergründig-spektakulärem Stil vom Kampf zwischen Palästinensern und Israelis; in *Le vent du Sud* (»Südwind«, 1975) beschreibt Riad die Revolte eines jungen Mädchens gegen ihren Vater, der sie gegen ihren Willen mit dem Bürgermeister des Dorfes verheiraten will. Tewfik Farès, Drehbuchautor von *Le vent des Aurès*, drehte 1968 *El azharejun allak kanun* (*Les hors-la-loi* – »Die Gesetzlosen«), einen maghrebinischen Western mit vagen politischen Hintergründen, der in der Zeit vor Ausbruch des Krieges spielt.

Ab 1972 trat in Algerien eine zweite »Welle« jüngerer Regisseure mit Filmen in Erscheinung, die ihr Augenmerk auf die Probleme und Widersprüche der algerischen Gegenwart richteten und auch formal eine Abkehr vom bisher dominierenden Stil spektakulärer Ausstattungsfilme vollzogen; ausgelöst wurde diese Bewegung, für die man den Namen ›Cinéma djidjid‹ (»junger Film«) fand, von der Bodenreform 1971, die eine Veränderung des politischen Klimas im Lande mit sich brachte. Wichtigster Vertreter dieser neuen Filmrichtung ist Mohamed Bouamari (geb. 1941). In seinem ersten Spielfilm *El faham* (*Le charbonnier* – *Der Köhler*, 1962) beschreibt Bouamari den trostlosen Alltag einer Köhlerfamilie, der sich fast ohne sprachliche Kommunikation vollzieht und aus dem die Frau schließlich ausbricht, indem sie den Schleier ablegt und Arbeit in einer Fabrik aufnimmt. Bei einem Besuch des Köhlers in der Stadt zeigt Bouamari gleichzeitig die Selbstgefälligkeit der Bürokraten. Bemerkenswert an diesem Film ist nicht nur der Mut, mit dem er aktuelle Probleme der algerischen Gesellschaft aufgreift, sondern auch seine ungewöhnliche Form: vermittels einer harten Schwarzweiß-Fotografie und einer expressiv gesteigerten Geräuschkulisse wird die realistische Beobachtung des Köhler-Alltags (in den beziehungslos eine politische Rede aus dem Radio hereinbricht) zu einer symbolischen Darstellung von Entfremdung, Unterentwicklung und Versteinerung erhöht. In seinem zweiten Film *El irt* (*L'héritage* – »Das Erbe«, 1975) schildert Bouamari die allmähliche Rückgewinnung eines Mannes, der durch einen im Kriege erlittenen Schock von einem Trauma befallen wurde, für die Gesellschaft. Weitere Vertreter des

›Cinema djidjid‹ sind Abdelaziz Tolbi und Sid Ali Mazif sowie Moussa Haddad. Tolbi analysiert in *Noua* (1973) das Verhalten algerischer Grundbesitzer zu Beginn des Unabhängigkeitskrieges, die sowohl mit den Franzosen als auch mit der FLN zusammenarbeiten; er unterstreicht die in der algerischen Gesellschaft damals vorhandenen Klassengegensätze. Sid Ali Mazif, der schon 1970 in *Sueur noire* (»Schwarzer Schweiß«) einen Streik unter algerischen Grubenarbeitern im Jahre 1954 rekonstruierte, untersucht in *Les nomades* (1975) die Folgen des Familienzerfalls bei den Nomaden und die Schwierigkeiten, die sich aus der Unrentabilität der Schafzucht im »alten Stil« ergeben, wobei die landwirtschaftliche Kooperative als einziger Ausweg gegenüber den Manövern skrupelloser Großunternehmer erscheint. Moussa Haddad schildert in *Sous le peuplier* (»Unter der Pappel«, 1972), wie ein individualistisch eingestellter Bauer sich seinen eigenen Brunnen bauen will und dabei beinahe umkommt. Im algerischen Kino scheint aber auch jene Strömung fortzubestehen, die das aufwendige Kommerzkino mit den Inhalten eines naiven sozialistischen Realismus verschmelzen möchte; Beispiel dafür ist *Chebka* (»Das Netz«, 1976) von Ghouti Bendeddouche, die Geschichte eines Fischers, der durch die Verlockungen einer blonden Autofahrerin auf Abwege gerät und sich erst später im Klassenkampf gegen den Besitzer einer Fischfabrik läutert.

Einen für das algerische Kino ganz neuen Ton schlug Merzak Allouache (geb. 1944) mit *Omar Gatlato* (1977) an, dem frisch und spontan erzählten Bericht aus dem Leben eines jungen Mannes, der als Funktionär im Ministerium für Schmugglerbekämpfung arbeitet, dort aber die meiste Zeit mit Nichtstun oder mit bürokratischer Routine verbringt; seine eigentliche Leidenschaft gilt einem Mini-Kassettenrecorder, der ihm unglücklicherweise von jugendlichen Gangstern gestohlen wird. Der Film entwirft ein weniger ideologisches, aber wirklichkeitsnahes und aus vielen realistischen Details zusammengesetztes Bild des algerischen Alltags; er ist überdies humorvoll, vergnüglich und satirisch gemacht; der Hauptdarsteller durchbricht wiederholt die Kino-Illusion und wendet sich von der Leinwand herunter direkt ans Publikum.

Erwähnenswert sind schließlich die in Frankreich gedrehten Filme des Algeriers Ali Ghalem (u. a. *Mektoub*, 1970); ein ausgezeichneter Dokumentarfilm über einen algerischen Arbeiter in Frankreich: *Les passagers* (»Die Reisenden«) von Annie Tresgot und verschiedene Koproduktionen des ›ONCIC‹, zu denen auch *Remparts* d'Argile (*Mauern aus Ton*, 1969) von Jean-Louis Bertuccelli gehört.

Auch Tunesien besitzt eine gewisse filmische Infrastruktur: Studios und Kopierwerke in der Nähe von Tunis, eine stark entwickelte Filmklubbewegung und das alle zwei Jahre stattfindende Festival von Karthago. Dennoch ist die tunesische Filmproduktion – ähnlich wie die marokkanische – über Ansätze noch nicht hinausgekommen. 1957 wurde die staatliche Gesellschaft ›SATPEC‹ gegründet, die die Produktion und in den siebziger Jahren zunehmend auch den Filmverleih in die Hand genommen hat. In der tunesischen Filmproduktion unterscheidet man eine »populäre« Tendenz, die hauptsächlich von Omar Khlifi (geb. 1934) mit seinen Filmen *Al Fajr* (»Die Morgendämmerung«, 1966 – Episoden aus dem Unabhängigkeitskampf), dem ersten tunesischen Spielfilm überhaupt, *El moutamarred* (»Der Rebell«, 1967 – Tunesien unter der Türkenherrschaft) und *Les fellagas* (1970 – Der Kampf gegen den französischen Kolonialismus) repräsentiert wird; ferner eine »intellektuelle« Richtung, die Sadok Ben Aicha, Ferid Boughedir, Brahim Babai und Abdellatif Ben Ammar vertreten, die einen anspruchsvolleren, realistisch-kritischen Filmstil zu entwickeln suchen. Als Reaktion gegen den allzu kommerziell-spektakulären *Al Fajr* drehte Sadouk Ben Aicha *Mokhtar* (1968), die Geschichte eines jungen Schriftstellers, der durch seinen Kontakt zur Filmindustrie alle Illusionen verliert; man hat diesen Film wegen seiner europäischen Referenzen auch den »tunesischen *Pierrot le fou*« genannt.[59] Ferid Boughedir (geb. 1944) drehte zusammen mit dem

Franzosen Claude d'Anna *La mort trouble* (»Trüber Tod«, 1969), eine Parabel vom Domestiken, dem es plötzlich gelingt, seine frühere Herrschaft zu »kolonisieren«. Als neorealistisch möchte man den Stil Brahim Babais (geb. 1936) qualifizieren, der in *Aa ghadan?* (*Et demain? – Und Morgen?*, 1972) jenseits aller Beschönigung und mit einem genauen Blick für Details die Erlebnisse eines arbeitslosen jungen Mannes schildert, der sein heimatliches Dorf verläßt; er muß erfahren, daß man in der Stadt ohne Geld und Verbindungen ebenfalls nicht leben kann. Abdellatif Ben Ammar (geb. 1943) zeichnet in *Sejnane* (1975) die Bewußtseinsentwicklung eines jungen Tunesiers zur Zeit des Kolonialregimes nach – wobei er in der Schlußsequenz des Films erstaunlich schöpferischen Gebrauch von der Technik der Montage macht. In der Entwicklung des tunesischen Films haben auch Hamouda Ben Halimas *Chlifa el agraa* (»Chlifa der Kahlköpfige«, 1969) und Rida Behis *Les seuils interdits* (»Verbotene Schwellen«, 1972) eine Rolle gespielt, weil sie auf verschiedene Weise versuchten – einmal im Stil einer Komödie, das andere Mal in der Form eines Kurzspielfilms –, »die Schablonen der sexuellen Heuchelei in der tunesischen Gesellschaft zu entmystifizieren«.[60] In neuester Zeit hat der tunesische Regisseur Naceur Ktari (geb. 1943) mit seinem Erstlingsfilm *Assoufara* (*Die Botschafter*, 1976) Aufsehen erregt, der in einem polemisch zugespitzten Stil vom Dasein arabischer Gastarbeiter in Paris berichtet, die unter den Vorurteilen militant-rassistischer französischer Kleinbürger zu leiden haben.

Marokko besitzt noch aus den Zeiten des französischen Kolonialismus bedeutende Produktionseinrichtungen, die jedoch seit der Unabhängigkeit des Landes (1956) außer für Koproduktionen mit anderen Staaten kaum genutzt worden sind, vermutlich eine Folge der »konservativen Politik der marokkanischen Behörden auf dem Gebiet des Films«.[61] Der erste bemerkenswerte marokkanische Spielfilm war *Wechma* (»Spuren«, 1970) von Hamid Benani (geb. 1942), ein zunächst vielleicht spröde erscheinendes, tatsächlich aber vielschichtiges Werk, neuartig in seiner Form und subversiv in den Erkenntnissen über die Gesellschaft, die es zum Ausdruck bringt. Der Film ist in zwei Teile gegliedert: im ersten adoptiert ein wohlhabender Bauer ein Waisenkind, aber der Junge kann den strengen Prinzipien der Koran-Erziehung nicht gerecht werden und rebelliert; im zweiten Teil bemüht sich der inzwischen erwachsen gewordene Protagonist vergebens um einen Platz in der Welt der Arbeit und schließt sich dann einer Bande krimineller Jugendlicher an. »Autorität in all ihren Erscheinungsformen – religiöse, patriarchalische, soziale, sogar rassische – wird unmerklich untergraben: auf der ebenen, glatten Oberfläche der Chronik wirken die kleinen Risse um so tödlicher, je versteckter sie angebracht sind«, schrieb ein tunesischer Kritiker.[62] Verglichen mit *Wechma* sind die Filme Souhel Ben Barkas eher konventioneller Machart: *Les mille et une mains* (»Tausendundeine Hand«, 1972), eine Geschichte von Garnfärbern, die unter elenden Bedingungen für reiche Teppichhändler arbeiten (die dokumentarischen Passagen des Films waren gelungen), *La guerre du petrole n'aura pas lieu* (»Der Ölkrieg wird nicht stattfinden«, 1974), ein routiniert (und leider klischeereich) inszenierter Politthriller, schließlich *Noces de sang* (»Bluthochzeit«, 1977), die Verfilmung des Dramas von Federico García Lorca. 1975 trat Moumen Smihi mit *El Chergui ou le silence violent* (»El Chergui oder das gewalttätige Schweigen«) hervor, der sensibel erzählten Geschichte einer Frau aus den fünfziger Jahren, die inmitten einer patriarchalischen Gesellschaft lebt und damit konfrontiert wird, daß ihr Mann sich eine zweite, jüngere Frau nimmt.

Ägypten und die arabischen Länder

Der ägyptische Film hat eine starke industrielle Grundlage (fünf verschiedene Produktionszentren) und eine ununterbrochene Tradition, die bis in die Stummfilmzeit zurückreicht. Die Produktion ist mit Abstand die umfangreichste aller afrikanischen und arabischen Staaten: etwa 40 bis 50 Spielfilme entstehen pro Jahr. Für die ägyptischen Filme besteht starke Nachfrage im Inland, gleichzeitig sind aber auch die Exportmöglichkeiten gut, weil ägyptische Spielfilme das Fundament der Kinospielpläne aller arabischen Länder abgeben (auch der nordafrikanischen). Die ägyptische Filmproduktion ist weitgehend kommerzialisiert, es gibt ein Starsystem, das dem Hollywoods in den fünfziger Jahren entspricht. Die meisten Filme fallen in die Kategorien des Melodrams, der Komödie oder des Musicals, gehorchen den gleichen dramaturgischen Klischees, sind reichlich mit Gesang und Tänzen ausgestattet und haben kaum einen Bezug zur Wirklichkeit. Dennoch gibt es im ägyptischen Film auch Regisseure von Individualität wie Youssef Chahine, Tewfik Saleh, Chadi Abdelsalam und einige andere; es gibt auch Bestrebungen – sie haben sich besonders seit der Niederlage Ägyptens im Krieg gegen Israel 1967 verstärkt –, den Film näher an die soziale Wirklichkeit heranzuführen und ihn zu einem Instrument der Analyse und Reflexion auszubilden. 1961 wurde die Filmproduktion in Ägypten durch die Einrichtung einer ›Nationalen Filmorganisation‹ verstaatlicht; diese Verstaatlichung wurde 1971 jedoch wieder rückgängig gemacht. Der ägyptische Film erfreut sich wirtschaftlich bester Gesundheit, die Besucherzahlen steigen, und man muß neue Kinos errichten, um der Überfüllung Herr zu werden.[63]

Die ägyptische Produktion läßt sich – sofern sie überhaupt von künstlerischer Ambition ist – in die Produktion der »Altmeister« bis 1967, dem Jahr der großen Ernüchterung, und in die dann einsetzenden Filme einer Reihe jüngerer, teilweise politisierter Regisseure gliedern. Die bedeutendsten ägyptischen Regisseure der sechziger Jahre sind Salah Abou Seif (geb. 1915) und Youssef Chahine (geb. 1926); beider Produktion reicht in die fünfziger Jahre zurück und hat dort schon Schwerpunkte (so Chahines Film *Bab-el-Hadid* – »Der Hauptbahnhof«, 1958). Salah Abou Seif wird manchmal als der Begründer eines »ägyptischen Neorealismus« bezeichnet; auf der anderen Seite verkörpert er auch solide ägyptische Filmtraditionen und verweigert sich nicht dem Melodram; sein Werk ist »der lebendigste und treueste Spiegel des volkstümlichen Ägyptens«. (Claude Michel Cluny)[64] Seine wichtigsten Filme aus den sechziger Jahren sind *Al qahira thalatine* (»Kairo 1930«, 1966), *Al qadhia 68* (»Der Prozeß Nr. 68«, 1968), eine Attacke gegen die »zusammenhanglose Politik, das Gesetz der Trägheit, die soziale Erniedrigung und eine Sympathiebekundung für die Forderungen der jungen Generation«[65], sowie *Fajr el Islam* (»Morgendämmerung des Islam«, 1970), ein Film über volkstümliche arabische Legenden.

Die Produktion Youssef Chahines, alle Genres bis zum Historienspektakel (*El Naser Salah Eddin* – »Saladin«, 1963) umfassend und zahlenmäßig umfangreich (bis 1960 hatte Chahine bereits 14 Filme gedreht), stellt sich dar als ein fortlaufender Versuch, der ägyptischen Realität beizukommen, durch die Schleier der Konventionen und Stereotypen hindurchzustoßen. »Der Film ist die stärkste Waffe, die man der Ignoranz und der Mystifikation entgegensetzen kann«, sagte Chahine in einem Interview.[66] Bedeutend sind vor

allem seine späten Filme *El ard* (»Die Erde«, 1969) und *Al ousfour* (»Der Spatz«, 1973).
Die Erde ist ein Drama vom Klassenkampf auf dem Lande (situiert in den dreißiger Jahren), von Auseinandersetzungen armer Bauern mit Großgrundbesitzern und den Behörden des Faruk-Regimes, realisiert im epischen Stil; der Film ist manchmal mit den sowjetischen Klassikern verglichen worden. *Der Spatz* versucht den Gründen für die Niederlage Ägyptens im Krieg gegen Israel auf die Spur zu kommen, die für Chahine nicht nur eine militärische war. Ein Journalist führt eine Umfrage nach Wirtschaftssabotage, nach Fehlleistungen der Bourgeoisie und der Bürokratie; er will die Gegner des gesellschaftlichen Fortschritts im eigenen Land ausfindig machen. Der Film ist facettenreich angelegt, aus Fiktion, realen Ereignissen und Interviews zusammengesetzt. In *Audet al ibn al dall* (»Die Rückkehr des verlorenen Sohns«, 1976) vollzog Chahine eine Abrechnung mit dem Nasserismus, dem es, wie er darstellt, nicht gelungen ist, die ökonomischen Grundlagen der ägyptischen Gesellschaft zu verändern.

Der dritte bedeutende ägyptische Regisseur, Tewfik Saleh (geb. 1926), war bereits in den sechziger Jahren im Film tätig. Saleh ist ein engagierter Künstler, der seine Filme stets mit politischen Bedeutungen versah; deshalb konnte er auch nur wenige Filme in Ägypten drehen und lag in ständigen Kämpfen mit der Zensur. In *Al moutamarridoun* (»Die Rebellen«, 1966) schildert er das Scheitern individueller Bemühungen um die Veränderung des konservativen Krankenhaussystems; *Youmiat naib fil aryaf* (»Tagebuch eines Landrichters«, 1968) beschreibt die Klassen-Justiz und die Manipulation von Wahlen in einem ägyptischen Dorf der dreißiger Jahre. 1969 ging Tewfik Saleh angesichts der für ihn allzu schwierig gewordenen Arbeitsbedingungen nach Syrien und realisierte dort 1972 *Al makdouroun* (»Die Betrogenen«), den bitteren Bericht über das Schicksal zweier Palästinenser, die illegal über die Grenze nach Kuwait zu kommen suchen und dabei auf makabre Art den Tod finden. Obwohl der Film nicht frei von reißerischen Elementen ist, schildert er eindringlich die hoffnungslose Situation der Palästinenser, die überall als unerwünscht gelten, und gibt seinem Film einen Hintergrund von Alltagsrealismus.

Ein Sonderfall im ägyptischen Film ist Chadi Abdelsalam (geb. 1930). Er drehte bisher nur einen einzigen Spielfilm, der noch dazu in Ägypten selbst nicht aufgeführt wurde, sich jedoch durch formale Raffinesse auszeichnet und einen Beitrag zur Interpretation ägyptischer Geschichte liefert: *El mumiaa* (»Die Mumie«, auch bekannt als: »Die Nacht, in der man die Jahre zählt«, 1969). Hier wird (die Handlung spielt gegen Ende des vorigen Jahrhunderts) den Söhnen eines gerade verstorbenen Stammeschefs das Geheimnis der Königssarkophage mitgeteilt, die vor 3000 Jahren vor Grabräubern in Sicherheit gebracht wurden und nun dem Stamm durch allmählichen Verkauf der Schmuckstücke ein gutes Auskommen ermöglichen. Nach langen Gewissenskämpfen gibt der eine Sohn das Familiengeheimnis an eine Gruppe aus Kairo gekommener Archäologen weiter. *Die Mumie* ist eine Meditation über das Verhältnis der Ägypter zu ihrer Kultur und ihrer nationalen Vergangenheit; Chadi Abdelsalam faßt sie in großartige Bildvisionen, die immer wieder menschliche Silhouetten und Profile mit Überresten der Pharaonenzeit zusammenbringen. Gleichzeitig macht der Film auch den ungeheuren zivilisatorischen Abstand zwischen den Forschern aus der Hauptstadt und den einfachen Stammesmitgliedern deutlich.

Die Meinungen darüber, ob es einen ›Neuen ägyptischen Film‹ gibt, gehen stark auseinander. Immerhin wurde 1968 ein ›Kooperativer Verband des neuen Kinos‹ gegründet, dem ungefähr 50 Kritiker, Techniker und Filmemacher angehörten und der auch ein Manifest herausgab[67]; Aufgabe dieses Verbandes sollte nicht nur die Produktion von Filmen, sondern auch die Verbreitung der Filmkultur sein. Aber die in Ägypten herrschenden Zensur- und Finanzierungsschwierigkeiten konnte der Verband nicht lösen; er vermochte bisher nur zwei Filme zu produzieren, von denen auch nur einer in den Verleih kam, *Oghnia alal mamar* (»Gesang auf der Piste«, 1972) von Ali Abdel Kaletz, ein Bericht von fünf ägyptischen Soldaten, die im Sinai-Krieg eine Straße gegen israelische Panzer verteidigen. Es gibt noch einige weitere ägyptische Filme, die neue Motive erkennen lassen: Mamdouh Choukrys *Zaer el fajr* (»Der Besuch am Morgen«, 1972), Said Marzouks *El khawf* (»Die Angst«, 1972) und *Orid halla* (»Ich will eine Lösung«, 1974 – ein Film über die Problematik der Ehescheidung), unter den etwas älteren Arbeiten Hussain Kamals *Al boustagui* (»Der Briefträger«, 1968) und Kamal el Cheikhs *Arrajol elladi faquada* (»Der Mann, der seinen Schatten verlor«, 1968) – kritisch-realistische Selbstprüfungen der ägyptischen Gesellschaft oder zumindest dazu, wenngleich vorgetragen mit den Stilmitteln größtenteils traditioneller Filmformen. Als eine Kuriosität im neueren ägyptischen Film kann *Sonja und der Wahnsinnige* (1977) von Husem Eldin Mustafa gelten, eine ins zeitgenössische Ägypten transponierte (und stark melodramatische) Bearbeitung von Dostojewskis Roman »Schuld und Sühne«.

In Syrien und im Libanon konnte sich angesichts der ägyptischen Konkurrenz keine nennenswerte Filmproduktion entfalten. Syrien gründete 1963 in Analogie zu Ägypten ein ›Nationales Filmzentrum‹, jedoch entstanden nur einige schnell heruntergedrehte Unterhaltungsfilme, teilweise von ägyptischen Regisseuren inszeniert. Ab 1970 unternahm das Filmzentrum verstärkte Bemühungen zur Produktion anspruchsvollerer Filme. Das Resultat war zunächst *Die Betrogenen* von Tewfik Saleh, dem emigrierten ägyptischen Regisseur; dann entstanden mehrere Filme des syrischen Regisseurs Nabil Maleh (geb. 1939): der auf folkloristischen Traditionen aufbauende *Al fahd* (»Der Leopard«, 1972), *Der fortschrittliche Gentleman* (1974) und *Der Progressist*, ein Polit-Thriller. Kais Al Zoubaidy drehte *El Yazerly* (1974), die Geschichte eines halbwüchsigen Lehrlings und seiner Beziehungen zu den Personen seiner Umwelt; der Film, der im syrischen Kontext als experimentell gelten kann, macht indessen allzu viele Anleihen beim europäischen »Kunstkino«. Der mit Abstand beste bislang gedrehte syrische Film ist der Dokumentarfilm *Al hayatt al yawmiyah fi qariah Suriyah* (*Alltagsleben in einem syrischen Dorf*, 1972–1974) von Omar Amiralay (geb. 1944), eine Bestandsaufnahme sozialer Widersprüche in der syrischen Provinz. Er konfrontiert die realen Verhältnisse mit den Erklärungen von Behördenvertretern, die sich kaum fähig zeigen, die Richtlinien der offiziellen Politik auf dem Lande durchzusetzen. In der Authentizität seines Stils, die nichts beschönigt oder verschleiert, die schwierigen Aufnahmebedingungen im Film sichtbar macht, andererseits aber das Material durch Montage genau strukturiert, kann dieses Werk als richtungweisend für den Film der arabischen Länder gelten. Leider hatte der Film Schwierigkeiten mit der Zensur und wurde in Syrien verboten.

Im Libanon, einem Land mit ebenfalls entwickelter filmischer Infrastruktur (und dem stärksten Filmbesuch aller arabischen Länder) entstanden bis zum Bürgerkrieg 1976 etwa sechs bis acht Spielfilme jährlich, die hauptsächlich für den Inlandkonsum bestimmt waren. Internationales Echo errang nur Borhan Alouyé mit dem Spielfilm *Kafr Kassem* (1974), der leidenschaftlich-polemischen Darstellung eines Massakers, das israelisches Militär am 29. Oktober 1956 unter der Zivilbevölkerung eines Dorfes anrichtete (die ein Ausgehverbot nicht beachtete, von dem sie aber nichts erfahren hatte).

Verschiedene Palästinenser-Organisationen begannen nach 1968 mit der Herstellung dokumentarischer Kurzfilme meist didaktisch-agitatorischen Charakters. Bis heute sind einige Dutzend dieser Filme entstanden. 1972 wurde ein ›Verband des palästinensischen Kinos‹ gegründet, der mit einem Manifest hervortrat, in welchem die kulturelle und ästhetische Rückständigkeit des Kinos der übrigen arabischen Länder scharf kritisiert wurde.[68]

Während im Irak vornehmlich Kurzfilme entstehen, Libyen sich bislang nur an Koproduktionen beteiligte und Saudi-Arabien sowie Jordanien bisher auf eine eigene Filmproduktion verzichteten, entstand in Kuweit der bemerkenswerte Spielfilm *Bas ya bahar* (»Die grausame See«, 1971) von Khalid Siddik (geb. 1945) über das Leben eines Perlentauchers; im Hintergrund der stark emotional betonten Handlung werden die schwierigen Existenzbedingungen der Bevölkerung (noch vor der Entdeckung des Öls) sichtbar. Inzwischen hat Khalid Siddik bereits einen neuen, weit aufwendigeren Film fertiggestellt, *Ors Zein* (»Zeins Hochzeit«, 1977), die Verfilmung eines sudanesischen Romans über einen jungen Mann im heiratsfähigen Alter, der jedoch in seinem Dorf als Außenseiter und Trottel gilt. Siddik stattete seinen Film mit zahlreichen literarisch-phantastischen Abschweifungen aus, zögerte aber auf der anderen Seite auch nicht, vordergründige folkloristische Effekte auszubeuten.

Mrinal Sen
Calcutta 71
1972
Indien

Nagisa Oshima
Gishiki
(Die Zeremonie)
1971
Japan

Über den Iran als Filmland war in Europa bis zum Anfang der siebziger Jahre praktisch nichts bekannt. Im Iran gibt es seit 1947 eine Filmindustrie, die pro Jahr im Durchschnitt immerhin zwischen 50 und 80 Filme herstellt; von dieser Produktion drang jedoch kaum ein Film (mit Ausnahme von Farokh Gaffarys *Die Nacht des Buckligen*, 1964) über die Landesgrenzen hinaus. Die iranische Produktion bestand in den sechziger Jahren ausschließlich aus Kommerzfilmen für den Inlandgebrauch (wie in Ägypten und Indien); vor allem dominierte ein spezifisch persisches Genre: die melodramatische Rachegeschichte.

Diese Situation änderte sich erst zu Beginn der siebziger Jahre, als eine Reihe jüngerer Regisseure, die ihre Ausbildung im Ausland absolviert hatten, zur Auffassung gelangten, daß man dem stereotypen Kommerzkino ein authentisch nationales und gesellschaftskritisches Kino gegenüberstellen müsse; das galt für Dariush Mehrjui und Sohrab Shahid Saless, die in den USA bzw. Österreich studiert hatten. Hinzu kam, daß der Iran an einer kulturpolitischen Ausstrahlung über die Landesgrenzen hinweg interessiert war. 1972 fanden zum ersten Mal Internationale Filmfestspiele in Teheran statt; die persische Filmproduktion suchte internationalen Anschluß. Eine ambitionierte junge Filmproduktion paßte – jedenfalls zeitweilig – gut in dieses kulturpolitische Konzept. Auch an Mitteln fehlte es infolge des Ölbooms nicht. So kam es Anfang der siebziger Jahre zur Entwicklung einer neuen Kinematographie im Iran.

Außerhalb Persiens entdeckte man dieses neue Kino zum ersten Mal auf den Filmfestspielen von Venedig 1971, wo Dariush Mehrjuis Film *Gav (Die Kuh)* lief. 1972 war in Cannes des gleichen Regisseurs *Postschi (Der Briefträger)* zu sehen, eine Transposition von Büchners »Wozzeck« in persische Verhältnisse. In Teheran 1973 und in Berlin 1974 entdeckte man Sohrab Shahid Saless. Etwa in der gleichen Zeit debütierten weitere junge Regisseure: Kimlavi, Beyzai, Farmanara, Taghrai, Kimiai, Ovanessian. Das Phänomen des ›Neuen iranischen Films‹ war geboren.

Aber obwohl sich 1974 in Teheran eine Produktionskooperative mit dem Namen ›Neue Film-Gruppe‹ bildete, die die besten Kräfte des iranischen Kinos zusammenfaßte, änderten sich die Verhältnisse rasch wieder. Dariush Mehrjuis' neuester Film ist seit 1975 im Iran verboten. Shahid Saless verließ Persien und arbeitet seit 1975 in der Bundesrepublik Deutschland. Es mag mit einem veränderten innenpolitischen Klima und verstärkter Repression gegen Oppositionelle, vielleicht auch mit ökonomischen Schwierigkeiten zusammenhängen, daß die Produktion kritischer und ambitionierter Filme im Iran nach der fruchtbaren Periode 1970 bis 1974 offenbar wieder rückläufig oder überhaupt beendet ist.

Man kann sagen, daß das junge iranische Kino (für das man auch den Ausdruck ›Cinema motefavet‹ – ›Anderes Kino‹ gefunden hat) sich in der Mehrzahl seiner Produktionen mit der Lage der armen und unterprivilegierten Bevölkerungsschichten auseinandersetzt, teilweise auch mit Themen der iranischen Geschichte. Die Regisseure und Autoren dieser Filme sind überwiegend Intellektuelle, sie bedienen sich daher moderner, teilweise experimenteller Ausdrucksformen, mit denen sie freilich vorerst nur eine Minderheit in ihrem eigenen Land erreichen können. Dariush Mehrjui (geb. 1941) begann mit einem Kriminalfilm, *Diamant 33* (1968); in seinen folgenden Filmen wandte er sich jedoch sozialen Themen zu. *Aghaye halou* (»Herr Einfalt«, 1969) schildert die Odyssee eines Landbewohners, der nach Teheran kommt, um eine Frau zu finden; er verliebt sich in eine Prostituierte, wird von dieser aber getäuscht und um sein Geld gebracht. In *Gav* (*Die Kuh*, 1970) lebt ein armer Bauer nur für seine Kuh, sein einziges Besitztum. Als sie eines Tages verschwunden ist, verliert er aus Verzweiflung den Verstand und hält sich selbst für die Kuh. *Postschi* (*Der Briefträger*, 1972) schließlich zeigt, wie ein gedemütigter Postangestellter aus Depression und Verzweiflung einen sinnlosen Mord begeht und sich am Ende widerstandslos festnehmen läßt. In *Gav* und *Postschi* gelingt es Mehrjui durch die Kunst seiner souveränen und distanzierenden Regie, die Ereignisse zum Gleichnis werden zu lassen. Zwar sind seine Gestalten durchaus realistisch situiert und auf einen gesellschaftlichen Hintergrund bezogen; das bäuerliche Milieu in einem südpersischen Dorf (in *Gav*) und die häuslichen sowie beruflichen Lebensbedingungen des Briefträgers werden detailgenau und atmosphärisch eindrucksvoll dargestellt. Gleichzeitig stehen diese Figuren aber stellvertretend für unzählige andere ähnlicher sozialer Herkunft. Mehrjui handhabt eine von fern an Brecht erinnernde filmische Verfremdungstechnik, um dem Zuschauer das Exemplarische an dem, was den Protagonisten widerfährt, bewußt zu machen. Dabei gewinnt die Handlung in *Gav* Züge von düsterer surrealer Übersteigerung, während in *Postschi* mehr die Stilmittel der Ironie und der zeichenhaften Stilisierung im Vordergrund stehen (der Briefträger hofft darauf, eines Tages im Lotteriespiel zu gewinnen; in einer traumhaften Szene sieht man ihn am Strand sitzen, unzählige Lotteriescheine sternförmig um sich herum ausgebreitet). Mehrjuis neuester Film, *Dayerey Mina* (»Der Mina-Kreis«, 1975), produziert von der ›Neuen Film-Gruppe‹, geht aus von dem illegalen Handel mit Blutkonserven, der in Krankenhäusern betrieben wird, und deckt ein ganzes System gesellschaftlicher Korruption auf. Nach seiner Herstellung wurde der Film verboten; erst 1977 lief er überraschend auf dem Filmfestival von Paris.

In ähnlichen sozialen Bereichen wie die Filme Mehrjuis spielen Massoud Kimiais *Khak* (»Die Erde«, 1973): der verzweifelte Kampf eines armen Bauern um ein Stück Land, das ihm unberechtigt weggenommen wurde, ein Kampf, der sich bis zu apokalyptischen Dimensionen steigert, sowie Nosrat Karimis *Doroshketchi* (»Der Kutscher«, 1971), oder Bahram Beyzais *Ragbar* (»Der Regenschauer«, 1971), ein Film über einen Lehrer, der in eine heruntergekommene Schule kommt, sich allmählich das Vertrauen der Schüler erringt und dann wieder fortgeschickt wird. Massoud Kimiai scheint ein relativ vielbeschäftigter Regisseur zu sein, denn *Die Erde* ist schon sein sechster Film. Vorher drehte er *Dash Akol* (1971), einen Film literarisch-mystischer Inspiration: ein Mann verliebt sich in ein vierzehnjähriges Mädchen, nachdem er nur ihr Gesicht gesehen hat, wagt ihr aber seine Liebe nicht zu gestehen, sondern vertraut seine Gefühle einem Papagei an; später läßt er sich in einem Zweikampf umbringen. *Baloutsch* (1972) ist ein Rachedrama (ein Nomade rächt die Vergewaltigung seiner Frau), das dem Hauptstrom des iranischen Kommerzkinos nähersteht – die Verbindung zu populären Genres spürt man selbst in einem so engagierten Film wie *Die Erde*. Bahram Beyzai drehte nach *Der Regenschauer* einen stärker traditionalistischen Film: *Gharibeh va meh* (»Der Fremde und der Nebel«, 1974); er erzählt von einem Fremden, der in einer nicht näher definierten Vergangenheit in ein Dorf kommt, dort Fuß faßt und sich verheiratet; schließlich bricht ein Kampf zwischen den Dörflern und geheimnisvollen Bewaffneten aus, die den Fremden verfolgen. Der Film ist mit den Samurai-Epen Kurosawas verglichen worden und zeichnet sich durch virtuose Regie und Kameraführung aus, verschmäht jedoch auch melodramatische Effekte nicht.

Hohe künstlerische Ambitionen sprechen aus Arby Ovanessians Film *Chesmah* (»Die

Quelle«, 1972), der von der Gründung einer armenisch-christlichen Gemeinde inmitten einer islamischen Umgebung berichtet und von seinem Regisseur als eine Meditation über das Thema des Todes verstanden wird.[69] Der Film ist in einem feierlichen, kontemplativen Stil inszeniert, er bedient sich leitmotivischer Bilder, die eine symbolische Funktion haben. Dieser künstlerische Verwandlungsprozeß, dem die Wirklichkeit im Film unterworfen wird, verbindet Ovanessian mit Sohrab Shahid Saless (geb. 1944), obwohl Shahid Saless' Filme der Wirklichkeit von heute näherstehen und auch eine dokumentarische Dimension besitzen. Die beiden Filme, die Shahid Saless im Iran drehte – *Yek ettefaghe sadeh (Ein einfaches Ereignis*, 1973) und *Tabiate bijan (Stilleben*, 1974) – sind zunächst Querschnitte, Alltagssituationen aus dem Dasein der armen persischen Bevölkerung. In *Ein einfaches Ereignis* geht es um einen Jungen, der in der Schule einen stupiden Unterricht über sich ergehen lassen muß und später seinem Vater hilft, illegal gefangene Fische abzutransportieren; *Stilleben* bildet den ereignislosen Alltag eines Bahnwärterehepaares ab, der auf wenige, mechanisch wiederholte Vorgänge reduziert ist. Beide Filme basieren auf der minutiösen Beobachtung unscheinbarer Details; jedoch durch die Art, wie Shahid Saless sie ausfiltert, durch intensive Beobachtung hervorhebt, werden sie zu Psychogrammen einer erstarrten Lebensweise. Repression, Armut, Abschneidung von Entwicklungsmöglichkeiten bewirken in Shahid Saless' Filmen äußerste Monotonie der Lebensformen und ein Absterben der zwischenmenschlichen Kommunikation, das bis zum Verlust der Sprache geht.

Seine weiteren Filme drehte Shahid Saless in Berlin (nachdem er 1974 auf den Berliner Filmfestspielen mit seinen zwei ersten Filmen zahlreiche Preise errungen hatte). *In der Fremde* (1975) schildert die vergeblichen Versuche eines griechischen Gastarbeiters, Kontakt zu seiner Umwelt zu finden, die ihm Mißtrauen und Indifferenz entgegenbringt. *Reifezeit* (1976) behandelt die Beziehungen eines Jungen (er erinnert an den Jungen aus *Ein einfaches Ereignis*) zu seiner Mutter, die der Prostitution nachgeht und den Jungen meistens sich selbst überläßt; *Tagebuch eines Liebenden* (1977) ist die Geschichte eines Warenhausverkäufers, der seinen Urlaub, von der Umwelt total isoliert, in seiner Wohnung verbringt; in diesem Film arbeitete Shahid Saless eine für den Zuschauer unerwartete kriminalistische Pointe ein. Alle drei Filme beschreiben Situationen der Vereinsamung, der Kontaktlosigkeit mitten im Großstadtleben. Sie sind sensible Porträts von Benachteiligten, zu kurz Gekommenen, ausgeführt mit einer pointillistischen Methode der Einzelbeobachtung; in *Tagebuch eines Liebenden* wird außerdem die Bildkomposition als zentrales Ausdrucksmittel eingesetzt. Die Filme lassen allerdings auch eine Gefahr erkennen: die nämlich, daß bei Saless eine ästhetische Methode (die er im Iran entwickelte) über die ganz anders geartete hiesige Wirklichkeit triumphiert und die Filme immer mehr zu reinen Kunstprodukten werden.

Stärker aus einer Bindung an den europäischen Kulturkreis und speziell an Vorbilder des westeuropäischen Films erklärt sich Parviz Kimiavis Film *Mogholha* (»Die Mongolen«, 1974). Ein Regisseur erhält den Auftrag, für das Fernsehen einen Film über die Mongolen zu drehen. Die Vorbereitungen zu dem Film (im Film) vermischen sich ständig mit traumhaft-phantastischen Vorwegnahmen dessen, was dieser Film vielleicht einmal sein könnte, und mit Reflexionen über die problematische Situation des Filmemachers. In seinem neuesten Film, *Baghe sangui* (»Der Garten der Steine«, 1976), retirierte Kimiavi wieder in die Bereiche iranischer Folklore: ein Sonderling auf dem Land kommt auf die Idee, sich zwischen einigen dürren Bäumen und Steinen einen Garten zu bauen, der gleichzeitig eine Art religiöser Tempel ist.

Stärker mit persischen Realitäten beschäftigen sich dagegen die Regisseure Nasser Taghvai und Bahman Farmanara. Beide analysieren den Bewußtseinsstand der herrschenden Schicht im Iran. Nasser Taghvai (geb. 1941) führt in *Aramesh* (zu deutsch soviel wie »Verschlossenheit vor anderen«, 1970) einen alten Offizier, der nur noch in einer Welt von Wahnvorstellungen lebt, in einer Villa mit seinen beiden Töchtern zusammen, die zur großstädtischen Generation von heute gehören; der Film konstatiert eine totale Verständnislosigkeit zwischen den Generationen. Bahman Farmanara (geb. 1942) präsentiert in *Shazdeh Ehtejab* (»Prinz Ehtejab«, 1974) einen Repräsentanten des iranischen Ancien régime, einen Prinzen, der allein in seinem Haus lebt und sich als alter Mann an das eigene Leben sowie an das seines Vaters und Großvaters erinnert; das Leben dieser drei Generationen besteht vornehmlich aus Willkür, Maßlosigkeit, Herrschsucht und Akten der Grausamkeit. Der Protagonist des Films verstrickt sich in düstere Gedanken, er erkennt die Hoffnungslosigkeit seines Lebens, verwünscht sich selbst und steigt dann eine Wendeltreppe hinab, die in unterirdische Verließe führt; die symbolische Schluß-szene des Films vermischt pathetische Übersteigerung mit Ironie.

1977 kam nach längerer Wartezeit wieder ein interessanter Film aus dem Iran: Marva Nabilis (geb. 1941) *The Sealed Soil (Die versiegelte Erde)*. Dieser als Eigenproduktion von der Regisseurin im 16-mm-Format gedrehte Film schildert in einem ruhigen, beob-achtenden Stil und mit einer fast statischen Bildsprache, die manchmal an Shahid Saless erinnert, die Geschichte eines achtzehnjährigen Mädchens, das in einem Dorf am Rande der Stadt lebt und gegen seinen Willen verheiratet werden soll; Hintergrund des Gesche-hens sind die Bemühungen einer Baugesellschaft, die noch archaisch lebenden Dorfbe-wohner in einem neuen großstädtischen Wohnbezirk anzusiedeln. *The Sealed Soil* ist ein Film strenger formaler Schönheit und zugleich ein kritisches Dokument.

Israel verfügt über gute Produktionseinrichtungen; die jährliche Filmproduktion liegt etwa bei 10 Spielfilmen, gelegentlich auch mehr, wobei ein Teil allerdings Koproduktionen sind. Außerhalb des Landes hat sich die israelische Filmproduktion noch nicht recht profilieren können; ein großer Teil der Filme scheint sich im Bereich reiner Unterhaltung zu bewegen, wobei Menahem Golan (*I love you, Rosa* – »Ich liebe dich, Rosa«, 1972), Moshe Mizrahi und George Ovadia zu den meistbeschäftigten Regisseuren gehören – ebenso wie Ephraim Kishon, Spezialist für leichte Komödien (*Sallah* – *Sallah ... oder tausche Tochter gegen Wohnung*, 1964; *Ervinka*, 1966). Von der reinen filmischen Routine hob sich 1962 der lange Puppentrickfilm *Joseph the Dreamer* (»Joseph der Träumer«) von Yoram Gross ab; ein gewisses eigenes Profil entwickelten später auch die Regisseure Uri Zohar, Daniel Wolman und Avram Heffner. Uri Zohar debütierte 1965 mit dem halb experimentellen *A Hole in the Moon* (»Ein Loch im Mond«), einer Filmfabel von persönlicher Erfindungskraft, die alle denkbaren Stilmodelle parodistisch durcheinanderwirbelt und auch an der israelischen Gesellschaft Kritik übt. *Three Days and a Child* (»Drei Tage und ein Kind«, 1967), vielleicht Uri Zohars bester und subtilster Film, schildert die ambivalenten Beziehungen eines jungen Mannes zu einem Kind, das er beaufsichtigen muß und für dessen (inzwischen verheiratete) Mutter er eine heftige Liebe verspürt. Daniel Wolman (geb. 1942) drehte zwei ruhige, kontemplative Filme über alte Leute, *Hatimonhi* (*The Dreamer* – »Der Träumer«, 1970) und *Floch* (1972), die mehr durch ihren fließenden Rhythmus und ihre atmosphärische Verdichtung als durch ihre Geschichten interessant waren; *My Michael* (»Mein Michael«, 1974) spielt im Jerusalem der fünfziger Jahre, aus dessen erstickender Atmosphäre sich eine junge Frau in die Vergangenheit zurückträumt, in der sie als Kind (in der damals ungeteilten Stadt) mit zwei arabischen Jungen spielen konnte. Einen stilistisch besonders modernen, obwohl unprätentiösen und auch humoristischen Film drehte Avram Heffner (geb. 1935) mit *Le'an ne'elam Daniel Waks?* (*But Where is Daniel Wax?* – »Aber wo ist Daniel Wax?«, 1972). Hier rekonstruieren zwei Schulkameraden, die sich nach langer Zeit wiedertreffen, ihre Vergangenheit und suchen nach einem gemeinsamen Freund, wobei sie lernen müssen, ihre heutige Realität zu akzeptieren. Mit *Doda Clara* (»Tante Klara«, 1977) drehte Heffner eine freundliche Familienkomödie. Ein ungewöhnliches Experiment ist auch *Saint Cohen* (1974) von Assaf (Assi) Dayan, ein »von Dürrenmatt und Pinter beeinflußter Versuch, eine düstere und klaustrophobische Atmosphäre herzustellen, ohne dabei auf Humor zu verzichten«. (Ze'ev Rav-Nof)[70] Benjamin Hayeem drehte 1976 eine surrealistische Komödie, *The Black Banana* (»Die schwarze Banane«), in der »junge Juden, Araber und Texaner gegen altmodische Juden, Araber und Texaner rebellieren«[71].

Mit einer Filmproduktion zwischen 300 und 400 Spielfilmen im Jahr war Indien in den sechziger Jahren nach Japan das zweitgrößte Filmland der Erde; in den siebziger Jahren hat Indien selbst Japan überflügelt und ist damit noch vor den USA zum größten filmproduzierenden Land der Welt geworden (1972: 435 Spielfilme; 1973: 448). Nach wie vor ist der Film für die indische Bevölkerung, unter der mehr als 60% Analphabeten sind, das mit Abstand beliebteste Freizeitvergnügen. Indien verfügt in den siebziger Jahren über 8000 Kinos, die fast immer überfüllt sind. Es bestehen 61 Studios, 39 Kopierwerke, 1000 Produktions- und 1200 Verleihfirmen. Darunter befindet sich allerdings kein Filmkunstverleih und kein einziges Filmkunsttheater. Über den Kinobesuch in Indien schwanken die Angaben zwischen 1,5 und 3,5 Milliarden Besucher im Jahr. Es bestehen 315 Filmzeitschriften, die überwiegend Illustriertencharakter haben und vor allem Artikel über Filmstars bringen. Die Stars beherrschen die indische Filmszene absolut; von ihnen hängt der Erfolg oder Mißerfolg eines Films ab; sie kassieren phantastische Honorare, die für die übrigen Mitarbeiter der Filme nur noch einen Bruchteil übrig lassen (was unter anderem die technisch mangelhafte Qualität vieler indischer Filme erklärt). 1971 scheiterte ein Gesetz, das Filmstars untersagen sollte, an mehr als sechs Produktionen gleichzeitig (!) zu arbeiten.[72] Die Hauptgenres des indischen Films sind Melodramen und komödiantische Abenteuer-Musicals, die nach immer gleichen Rezepten angefertigt werden und nicht den geringsten Bezug zur Wirklichkeit haben; Gesang und Tänze sind ihr wichtigster Bestandteil. Bekanntester Matador des indischen Kommerzfilms ist der Schauspieler und Regisseur Raj Kapoor. Der »Hindi-Film« (Hauptzentren in Bombay und Madras) dominiert wirtschaftlich auf dem indischen Filmmarkt, während Filme in den anderen 15 Landessprachen (so auch die in Kalkutta hergestellten »Bengali-Filme«) eine Außenseiterposition einnehmen. Die Zensurbehörden wachen streng über den Puritanismus des indischen Films: Küsse und die Darstellung von Nacktheit sind nach wie vor von den indischen Kinoleinwänden verbannt.

1960 wurde von der indischen Regierung in Bombay eine ›Film Finance Corporation‹ gegründet, die gegen Ende der sechziger Jahre verstärkte Anstrengungen zur Produktion von künstlerisch anspruchsvollen Außenseiterfilmen unternahm – mit dem Resultat, daß eine Reihe von Filmen entstand, die sich von der bisher üblichen Kommerzware unterschied; mutige und eigenwillige Werke, die Indien auf ausländischen Festivals vertreten, in Indien selbst aber aus Ermangelung an Verleihern und Kinos, die sich an solchen Filmen interessiert zeigen, kaum aufgeführt werden. Trotzdem gibt es im indischen Film außer Satyajit Ray, der in den fünfziger und sechziger Jahren zunächst als einziger Regisseur durch seine künstlerisch anspruchsvollen Filme auch außerhalb Indiens bekannt wurde, durchaus noch eine weitere Garde ambitionierter Regisseure, die den Kampf um die Veränderung indischer Kinostrukturen führen: Mrinal Sen, Kumar Shahani, Shyam Benegal, Mani Kaul und andere. Die Regierung unterstützt ihre Arbeit durch die Vergabe jährlicher Staatspreise für den besten Film, die beste Regieleistung usw.

Der bekannteste (und neben Mrinal Sen auch bedeutendste) Regisseur des indischen Films ist zweifellos Satyajit Ray (geb. 1921), der ebenso wie Sen in Kalkutta lebt. Ray drehte sein Hauptwerk, die *Apu-Trilogie*, bereits in den fünfziger Jahren (*Pather Panchali*

1955, *Aparajito* 1956, *Apur Sansar* 1959). In diesen Filmen entwickelte er einen Stil geduldiger und poetischer Wirklichkeitsbeobachtung, souveräner Bildkomposition, menschlicher Nähe zu seinen Personen, so daß man Ray auch als den »indischen Flaherty« bezeichnete.[73] Die spätere Entwicklung Rays hat diese Einschätzung zum Teil desavouiert, zum Teil bestätigt: denn in seinen folgenden Filmen beschäftigte Satyajit Ray sich mit Problemen der Großstadt-Zivilisation, er verfeinerte seine Regie, ließ sich mehr auf Studioarbeit, auf die Verwendung von Dekor, Licht und Schatten als künstlerischen Ausdrucksmitteln ein. In *Devi* (»Die Göttin«, 1960) ging Satyajit Ray das Problem des religiösen Aberglaubens an: eine jungverheiratete Frau wird von ihrem Schwiegervater, dem diese »Erleuchtung« in einem Traum gekommen ist, zur Inkarnation der Göttin Kali erklärt, worauf ein hysterischer Wunderkult einsetzt, der nicht zu bremsen ist und die Frau schließlich in den Wahnsinn treibt. Ray inszenierte den Stoff (der Ende des 19. Jahrhunderts spielen soll) jedoch nicht als Pamphlet oder Ideendrama, sondern interessierte sich für die individuelle Wahrheit der einzelnen Personen. Nach einem Dokumentarfilm über den Dichter Rabindranath Tagore (an dessen Universität Ray studiert hatte) und einer Verfilmung zweier Novellen des gleichen Tagore, *Teen kanya* (»Drei Töchter«, 1961) drehte Ray *Kanchenjunga* (1962), die psychologische Studie einer Familie vor dem Hintergrund eines Himalaja-Gipfels, ein Film besonders raffinierter formaler Struktur (Rays erster Farbfilm), und *Abhijan* (1962), die Geschichte eines Taxifahrers. Stärker aufgeladen mit gesellschaftlichen Problemen waren die beiden folgenden Filme Rays, die seine bedeutendsten Leistungen in den sechziger Jahren verkörpern: *Mahanagar* und *Charulata*. Das gemeinsame Motiv beider Filme ist die Emanzipation der Frau. In *Mahanagar* (*Mahanagar, Die große Stadt*, 1963) untersucht Ray eine Mittelstandsfamilie. Der Ehemann, ein Bankbuchhalter, kann die Familie kaum unterhalten, woraufhin seine Frau ebenfalls eine Arbeit annimmt – was ihr Schwiegervater, ein pensionierter Lehrer, schärfstens mißbilligt; schließlich verlieren beide ihre Anstellung. Ray drehte diesen Film fast ganz im Studio und konzipierte ihn als eine Art psychologisches Kammerspiel; trotzdem wird der soziale Kontext des Geschehens deutlich herausgearbeitet. Um eine Stufe künstlicher, verfeinerter, literarischer gab sich *Charulata* (*Charulata* – »Die einsame Frau«, 1965). Ausgehend von einer Erzählung Tagores evozierte Ray in genau kalkulierten Bildfolgen das Drama einer verheirateten – und beschäftigungslosen – Frau der »höheren Kreise«, deren Mann, ein fortschrittlicher Intellektueller, all seine Energie in eine politische Zeitschrift steckt und seiner Frau kein Verständnis entgegenbringt; erst ihr Schwager, ein Dichter, hilft ihr zur Selbsterkenntnis und Weiterentwicklung. Ohne spektakuläre und emotionale Zuspitzungen wird das Bewußtsein der drei Hauptpersonen freigelegt; große Intensität entwickelt Ray aus den Fahrten der Kamera, dem Kontrast zwischen innen und außen, dem Spiel des Lichts, der Bewegungen; aber »alle Artistik verschwindet in der Sensibilität des Beobachtens, Teilnehmens, Sich-Versenkens . . ., in der Evidenz der Bilder, bei denen im Sehen und Hören, im reinen Wahrnehmen schon alles Verstehen ist«. (Urs Jenny)[74]

Ironische Kritik an der Mentalität von Leuten aus der Filmbranche äußerte Ray in *Kapurush-o-mahapurush* (»Der Feigling und der Heilige«, 1965) – ein erfolgreicher Drehbuchautor zeigt sich als willensschwacher Parasit – sowie, noch schärfer formuliert, in *Nayak* (»Der Held«, 1966). Hier unternimmt ein prominenter Filmschauspieler eine Eisenbahnfahrt von Kalkutta nach Delhi; im Verlauf dieser Fahrt setzt sich aus Rückblenden, Träumen, Beobachtungen und Kontrastszenen das wahre Porträt des »Helden« zusammen – das eines Privilegierten, der immer den bequemen Weg gegangen ist und nun unter seinen Zweifeln und seiner Einsamkeit leidet. Mit *Chiriakhana* (1967) drehte Ray einen Thriller; *Goupi gyne and Bagha byne* (»Die Abenteuer von Goopy und Bagha«, 1969) ist eine phantastische Legende, eine musikalische Phantasie, reich an exzentrischen Details; *Aranyer din-ratri* (»Tage und Nächte im Wald«, 1970) berichtet von einem Ausflug vier junger Männer aus Kalkutta aufs Land; im Gewande einer Komödie untersucht Ray die Geistesverfassung seiner vier Protagonisten, wohlsituierter Beamter, und stellt dabei Betrachtungen über »Klassengegensätze, Macht und Geld« an.[75] Man hat *Tage und Nächte im Wald* zusammen mit Rays beiden folgenden Filmen, *Pratidwandi* (»Der Gegner«, 1970) und *Seemabadha* (»Gesellschaft mit beschränkter Haftung«, 1971) in Analogie zur *Apu-Trilogie* auch als eine neue »Trilogie« der politischen und sozialen Bestandsaufnahme bezeichnet, deren Hauptpersonen durch ihr Verhältnis zur Arbeit definiert werden. Tatsächlich erwecken diese drei Filme den Eindruck einer größeren sozialen Aufmerksamkeit bei Ray; was an ihnen letzten Endes fasziniert, ist allerdings weniger die politische Reflexion, sondern die subtile Zeichnung individuellen Verhaltens. *Der Gegner* (auch bekannt als »Siddharta und die Stadt«) beschreibt die Erlebnisse eines jungen Mannes, der sich um eine Anstellung bewirbt, psychologische Verhöre durchmachen muß, auf die er die falschen Antworten gibt, schließlich zum Anführer einer Revolte wird und am Ende eine Stelle als Vertreter in der Provinz annimmt. Neben ihm stehen die Figuren seines Bruders und seiner Schwester sowie einiger Freunde – zusammen ergeben sie einen Mikrokosmos widersprüchlicher gesellschaftlicher Haltungen. Mit Absicht machte Ray nicht den Bruder des Helden, einen Revolutionär, zur Hauptfigur, »weil eine Person mit einer klaren politischen Einstellung psychologisch oft weniger interessant ist«[76].

Im Unterschied zu seiner sonst eher klassischen Erzählweise arbeitete Ray in *Der Gegner* mit Negativbildern und Phantasiesequenzen. Zu einem einfacheren Erzählstil kehrte er dagegen in *Gesellschaft mit beschränkter Haftung* zurück: hier ist die Hauptperson der Verkaufsleiter einer Elektrofirma, der zur Vertuschung von Lieferschwierigkeiten einen Streik inszeniert und dafür zum Direktor befördert wird; Gegenfigur zu ihm ist seine ihn anfänglich bewundernde Schwägerin. Der Reiz des Films liegt vor allem in seiner Satire auf die Mechanismen des Geschäftslebens von Kalkutta.

In *Ashani sanket* (»Ferner Donner«, 1973), einer epischen Darstellung der Hungersnot in Bengalen von 1943, vermittelt durch das Schicksal eines Lehrers, kamen noch einmal alle künstlerischen Fähigkeiten und Eigenheiten Satyajit Rays zum Ausdruck, vielleicht mehr noch als in der vorangegangenen Trilogie mit ihrem Versuch zur sozialen Analyse der Gegenwart. (Ähnlich wie Bergman ist Satyajit Ray ein eher traditionsverbundener Regisseur, dem soziale Polemik wenig liegt, der sich als individueller Künstler fühlt und vor allem an den »persönlichen Ausdruck« glaubt.[77]) Hauptperson von *Ferner Donner* ist ein Brahmane, Arzt und Lehrer, der mit Unterstützung eines reichen Bauern eine Dorfschule ins Leben gerufen hat. Als im Gefolge der Kriegsereignisse 1942/43 der Reis knapp wird und eine katastrophale Hungersnot sich anbahnt – »Mehr als fünf Millionen Menschen verhungerten oder starben im Verlauf der von Menschen hervorgerufenen Hungersnot des Jahres 1943 in Bengalen«, teilt der Schlußtitel des Films mit –, bricht um ihn herum die soziale und moralische Ordnung des Dorfes zusammen. Dieser Prozeß des Zerfalls einer Ordnung stellt sich im Film jedoch eher indirekt dar, vermittelt durch private Erfahrungen, individuelle psychologische Konflikte, wobei sich der Film trotz aller Schrecklichkeit der Ereignisse einen Unterton leiser Ironie bewahrt. Als Kontrapunkt zum krassen Elend und zur existentiellen Gefährdung der Menschen insistiert Ray auf der Schönheit der Natur, auf Details von Vegetation, auf Schmetterlingen, die nicht fliegen (ein Bild, das den Film leitmotivisch durchzieht). So ist *Ferner Donner* kein aufwühlendes, anklagendes Werk, sondern eher eine empfindsame Elegie; das Elend ist zwar scharf, aber dennoch aus großer Distanz gesehen, eingefangen wird eher sein Reflex, sein ferner Wellenschlag. Die Perspektive eines intellektuellen und ästhetisch gebildeten Betrachters bleibt der Darstellung inhärent; sie gibt dem Werk atmosphärische Dichte,

Schönheit der Konstruktion, die freilich von der Grausamkeit der historischen Ereignisse nichts wegnimmt.

Auch nach *Ferner Donner* setzte Satyajit Ray seine Produktion im bisherigen Rhythmus fort. *Sonar Kella* (»Die goldene Festung«, 1974) ist eine phantastische Komödie, in deren Mittelpunkt ein siebenjähriger Junge steht; *Jana-aryana* (»Der Vermittler«, 1975) setzt die Linie von *Gesellschaft mit beschränkter Haftung* fort und attackiert Erscheinungen gesellschaftlicher Korruption – in Form einer schwarzen Komödie.

Mrinal Sen (geb. 1923) ist die große Gegenfigur des indischen Films zu Satyajit Ray. Er begann als Journalist und Filmkritiker sowie als Assistent verschiedener Regisseure; eigene Spielfilme drehte er ab 1955. Mrinal Sens frühe Filme sind außerhalb Indiens nicht bekanntgeworden; erst *Matira Manisha* (1967) war im Ausland zu sehen. Mit seinen folgenden Filmen gelang Mrinal Sen ab 1969 eine gewisse Revolutionierung des indischen Kinos. Während Satyajit Ray dem dominierenden Kommerzfilm das Beispiel eines künstlerisch ambitionierten Autorenfilms entgegensetzte, plädierte Mrinal Sen für ein realistisches, gegenwartsnahes, politisches Kino, das die schweren Konflikte der indischen Gesellschaft unmittelbar reflektieren und eine sozial nützliche Rolle spielen sollte. Mit Mitteln der ›Film Finance Corporation‹ konnte er mehrere Filme dieser Richtung drehen. Mrinal Sen durchbrach nicht nur, gleichzeitig mit Ray, den herrschenden Konformismus des indischen Kinos. Er begründete auch als erster eine politische Schule des Filmemachens in Indien.

Matira Manisha (*Zwei Brüder*, 1967), Mrinal Sens achter Spielfilm, wird von der indischen Kritik als das letzte Werk aus seiner »humanistischen« Periode bezeichnet.[78] Der Film berichtet vom Zerfall einer Großfamilie in den dreißiger Jahren unter dem Druck der Steuereintreiber. 1968 bildete sich in Indien unter dem Vorsitz von Mrinal Sen eine Gruppierung unabhängiger Filmemacher, die sich ›New Cinema Movement‹ (›Neue Filmbewegung‹) nannte und in ihrem Manifest erklärte:

»Der indische Film, insbesondere der Hindi-Film, ist heute an seinem Tiefpunkt angelangt ... Die meisten Filmschaffenden scheinen das Denken aufgegeben zu haben. Für nahezu jedermann scheint das Filmen in der simplen Addition von beliebten Stars, kitschigen Szenerien und gelackter Farbe zu bestehen, dazu einer Unzahl irrelevanter Melodienfolgen und anderer billiger Standardbeigaben. Kaum einer versteht den Film als ästhetisches Erlebnis oder schöpferische Ausdrucksform ... Eine Gegenbewegung gegen die Vulgaritäten des etablierten kommerziellen Kinos gibt es seit mehreren Jahren in vielen Filmländern. Vielerorts hat sich daraus eine reguläre und bewußte Bewegung für ein besseres Kino kristallisiert ... Die Zeit, ein solches Unternehmen in Indien zu starten, ist jetzt gekommen, denn wir glauben, daß das zu seiner Erhaltung notwendige Klima gegeben ist.«[79]

Zwar war von Aktivitäten der Gruppe ›New Cinema Movement‹ später nichts mehr zu hören, jedoch konnte Mrinal Sen 1969 mit Krediten der ›Film Finance Corporation‹ seinen Film *Bhuvan Shome* drehen, der so etwas wie das Startsignal für eine unabhängige Filmbewegung in Indien abgab. *Bhuvan Shome*, die mit bescheidenen Mitteln gedrehte Komödie von einem Eisenbahninspektor, der am Meer auf Entenjagd geht und sich bei der Pirsch von einem Dorfmädchen beraten läßt, unterschied sich diametral von aller sonstigen indischen Filmpraxis; der Film war spontan, einfallsreich und treffsicher in der Porträtierung seiner Personen, deren sozialen Hintergrund er nicht ausließ. Aber die Serie seiner sozial engagierten Filme sollte Mrinal Sen erst mit *Interview* (1970) beginnen, einer Reportage mit ›Cinéma-vérité‹-Charakter, angesiedelt auf der Grenzlinie von Fiktion und Dokument. In Kalkutta ist ein junger Mann auf Arbeitssuche; um sich bei einem Arbeitgeber vorzustellen, braucht er einen europäischen Anzug, aber gerade der befindet sich in der Reinigung und die streikt. Auf seiner verzweifelten Suche nach einem anderen Anzug begleitet ihn wie zufällig . . . das Filmteam von Mrinal Sen, wobei Sen seinen Protagonisten zu wiederholten Statements vor der Kamera bewegt. *Interview* war eine lebendige und realistische Dokumentation sozialer Zustände, die an die besten Filme des italienischen Neorealismus erinnerte, zugleich aber auch ein Beitrag zur Erweiterung des Realitätsbegriffes im Film. Auch in seinen späteren Werken hat Mrinal Sen den konventionellen Kinorealismus immer wieder durchbrochen, um den Zuschauer direkt anzusprechen oder ihn zum Nachdenken zu bringen. *Calcutta 71* (1972) verwendet als Rahmenhandlung die metaphorische Figur eines jungen Mannes, der, wie Zwischentitel mitteilen, »schon tausend Jahre durch die Geschichte wandert, Elend, Armut und Tod gesehen hat«. Eingebettet in diese Rahmenkonstruktion sind fünf Episoden: ein zorniger junger Mann muß sich vor Gericht verantworten, weil er einen Anzug gestohlen hat (eine Fortsetzung von *Interview*); eine fünfköpfige Familie kann nachts nicht schlafen, weil der Monsunregen in ihre elende Behausung eindringt – diese Episode spielt 1933; 1943 zerbricht eine Mittelstandsfamilie angesichts der Hungersnot in Bengalen; 1953 begeben sich jugendliche Schmuggler (sie ähneln de Sicas Schuhputzerjungen aus *Sciuscià*) auf eine Eisenbahnfahrt, um Reis für ihre Familie zu besorgen; schließlich erlebt man eine vornehme Party unter Privilegierten aus der Gegenwart. Besonders in den Episoden der Familie im Regen und der jugendlichen Schmuggler in der Eisenbahn erreichte der Film eine Eindringlichkeit und Überhöhung – ohne die realistische Ebene zu verlassen –, wie sie nur wenigen großen Klassikern des sozialen Films gelingt. Zweifellos lag dies an der Vertrautheit Mrinal Sens mit den Verhältnissen, die er filmte, an seiner Phantasie und Beobachtungsgabe; aber auch an der zwingenden formalen Einheitlichkeit der Episoden, die z. B. durch das Motiv des allgegenwärtigen sintflutartigen Regens oder durch die verbindende Klammer der »filmischen« Situation im fahrenden Eisenbahnzug gegeben war (ausgezeichnet die verschiedenen Personen und Typen, die im Verlauf dieser Eisenbahnfahrt in Erscheinung treten). In *Calcutta 71* gelang Mrinal Sen auf vollendete Weise, was viele Filme anstreben, aber nur wenige zuwege brachten: den Alltag mit seinen sozialen Implikationen als Reservoir von dramatischen Geschehnissen aufzuschließen und spezifisch indische Situationen zu gestalten.

Ek adhuri kahani (Eine unvollendete Geschichte, 1972), *Padatik* (»Der Infanteriesoldat«, 1973) und *Chorus* (1974) waren weitere Stationen auf dem Weg Mrinal Sens. In *Eine unvollendete Geschichte* geht ein junger Mann mit Hochschulabschluß, der in Kalkutta keine Arbeit finden kann, in die Provinz, um als Kassierer in einer Zuckerfabrik zu arbeiten, wo er jedoch in Auseinandersetzungen zwischen dem Fabrikbesitzer und Arbeitern hineingezogen wird; der Film lieferte ein lebendiges und detailgenaues Porträt des beginnenden indischen Kapitalismus (die Handlung spielt im Jahre 1929). *Padatik* unternahm den Versuch, im Gewande einer Spielhandlung verschiedene Linien indischer Oppositionspolitik nach ihrer Legitimation zu befragen. *Chorus* war ein Film ähnlicher Konzeption wie *Calcutta 71*. Hier wird in der Rahmenerzählung die Regierung eines Staates von vielen Arbeitslosen bedroht; um diese abzuwehren, gibt die Regierung Bewerbungsformulare für eine winzige Zahl von Stellen aus; als die Arbeitslosen hinter das System kommen, schließen sie sich zur revolutionären Aktion zusammen. Aus der Reihe der Wartenden greift der Film einige Einzelschicksale heraus: die Geschichte eines jungen Mannes, dessen Onkel ein Dorf tyrannisiert; oder die Erzählung eines jungen Mädchens, dessen Familie das letzte Geld für ihr Studium zusammenkratzt. Dazwischen werden im Stil des epischen Theaters die Auftritte eines Volkssängers eingeblendet. So interessant die theoretische Konzeption dieses Films ist, muß man doch sagen, daß die eingeschachtelten Episoden, im Stil eines stark verdichteten Realismus gedreht, überzeugender sind als die metaphorische Rahmenstruktur. Nichtsdestoweniger ist auch *Chorus* ein wichtiges Beispiel dafür, wie sich heute in Ländern der Dritten Welt politische Filme machen lassen, die sich nicht in der Abschilderung der Wirklichkeit erschöpfen, sondern die ästhetischen Mittel des Kinos einsetzen, um die Phantasie des Zuschauers zu aktivieren. 1976 drehte Mrinal Sen seinen ersten Farbfilm, *Mrigaaya* (»Die königliche Jagd«), eine Studie aus der Zeit des Kolonialismus über das Verhältnis zwischen einem englischen Gouverneur und einem eingeborenen Jäger.

Ein weiterer Regisseur, der in Indien hohes Ansehen genoß, dessen Filme aber bisher außerhalb Indiens noch nie zu sehen waren, ist Ritwik Ghatak (1926–1976). Er wurde bis zu seinem Tode besonders von den jüngeren Regisseuren als eine Art Mentor verehrt, weil er in seiner Arbeit keine Kompromisse akzeptierte. Die meisten Filme Ghataks spielen unter Flüchtlingen aus Ost-Bengalen (dem späteren Ost-Pakistan) nach der Teilung Indiens; sie sind realistisch gestaltet, enthalten allerdings auch melodramatische Elemente. Ghatak zeigt in seinen Werken eine polemische Haltung: »er protestiert mit seiner ganzen Natur gegen das Unglück, die Ungerechtigkeit, den Egoismus.« (P. Parain)[80] – Diese Haltung kam zum Ausdruck in Filmen wie *Meghe dhaka tara* (»Der bewölkte Stern«, 1960), der Chronik einer Flüchtlingsfamilie, oder *Subarnarekha* (»Die goldene Linie«, 1962), dessen ursprünglich armer Protagonist durch den materiellen Erfolg zu einem rücksichtslosen Haustyrann wird. Nach einer zeitweiligen Unterbrechung seiner Arbeit drehte Ghatak vor seinem Tode noch zwei Filme, *Titas ekti nadir naam* (»Titas ist der Name eines Flusses«, 1973) und den autobiographischen *Jukti tarka gappa* (1974).

Anfang der siebziger Jahre läßt sich in Indien verstärkt eine Produktion unabhängiger, ambitionierter, entschieden nicht-kommerzieller Filme beobachten. Zu den frühesten Beispielen dieses neuen Trends gehört *Samskara* (»Bestattungsriten«, 1971) von T. Pattabhi Rama Reddy, ein ruhiger, poetischer Film, der auf mutige Weise die Weltanschauung der brahmanischen Elite, der Priesterkaste, in Frage stellt. 1972 erschien Kumar Shahanis (geb. 1940) *Maya Darpan* (»Der Spiegel der Illusion«). Shahani war Regieassistent von Georges Bresson, und etwas von der Strenge des französischen Meisters scheint auch in seinen eigenen, eher handlungsarmen und kontemplativen Stil eingegangen zu sein. *Maya Darpan* schildert die Unterdrückung eines Mädchens durch eine Welt der Tradition und der Abgeschlossenheit, gegen die es schließlich revoltiert. 1973 entstand sogar eine ganze Serie neuartiger Filme. So erschien *Garm Hava* (»Heißer Wind«), der erste Spielfilm von M. S. Sathyu (geb. 1930), eine differenzierte und kritische Untersuchung der Lebensbedingungen einer islamischen Familie in der Stadt Agra, die wegen ihrer Religion mancherlei Diskriminierungen ausgesetzt ist und deren meiste Verwandte nach Pakistan ausgewandert sind. In dem südindischen *Nirmalayam* (»Reinheit«) von M. T. Vasudevan Nair rebelliert ein Tempelpriester gegen die Statue eines Gottes und tötet sich aus Verzweiflung; Girish Karnad (geb. 1938) schildert in *Kaadu* (1973), wie zwischen zwei Dörfern ein Streit ausbricht, der sich bis zu einem Massaker ausweitet. In *Ankur* (»Das Samenkorn«, 1973) von Shyam Benegal (geb. 1934) verführt ein Grundbesitzer die Frau eines taubstummen Pächters, läßt sie aber fallen, sobald seine eigene Frau angereist kommt. Am Ende wirft ein Kind einen Stein gegen das Fenster des Grundbesitzers; diese Geste wurde in Indien als beunruhigendes Signal der Rebellion verstanden. Eine realistische Grundhaltung spricht auch aus *27 Down* (1973) von Awtar Kaul (1940–1974); hier wird ein junger Mann vorgestellt, der sich von der Autorität seines Vaters erdrückt fühlt; Hintergrund des Geschehens ist der Hauptbahnhof von Bombay mit seinen unaufhörlichen Menschenströmen. Als eines der interessantesten Talente des jungen indischen Films kann Mani Kaul gelten (geb. 1942), der mit *Duvidha* (*Zwei Gesichter*, 1973) auf faszinierende Weise eine rajasthanische Volkslegende verfilmte, in der ein Geist sich in eine Frau verliebt und die Gestalt ihres längere Zeit abwesenden Ehemanns annimmt. *Duvidha* (bereits Kauls dritter Film) war nicht nur ein brillanter Essay in Bild- und Farbkomposition, sondern auch ein Kommentar zur Lage der Frauen in Indien (die Protagonistin dieses Films führt ein Leben des Abwartens und der Unterwerfung). Einen ästhetisch verfeinerten Bildstil pflegt auch Nina Shivdasani in *Chhatrabhang* (*Der stürzende Thron*, 1976); sie schildert den Zusammenstoß zwischen »Unberührbaren« und Brahmanen in einem Dorf, dessen öffentlicher Brunnen ausgetrocknet ist. Starkes sozialkritisches Engagement sprach auch aus *Chomana dudi* (»Chomas Trommel«, 1976) von B. V. Karanth, der Chronik vom Untergang einer Familie von »Unberührbaren« als Resultat unerträglicher Lebensbedingungen. So ergibt der junge indische Film das Bild einer großen Vielfalt von Tendenzen und Begabungen. Gemeinsam ist diesen Filmemachern die Ablehnung des indischen Kommerzkinos. Ihre weiteren Arbeiterperspektiven sind jedoch in Ermangelung von filmwirtschaftlichen Strukturen für die Außenseiterproduktion sehr unsicher.

Im Zusammenhang des indischen Films verdienen schließlich das Werk des Dokumentaristen Sukhdev sowie die Spielfilme des Amerikaners James Ivory Erwähnung, der Indien zu seiner Wahlheimat gemacht hat; sein bester Film ist die Chronik einer reisenden Schauspielertruppe, *Shakespeare-Wallah* (1965).

Weitere asiatische Länder

Neben Indien gibt es eine gewisse, wenn auch vornehmlich kommerziell ausgerichtete Filmproduktion in Pakistan, Sri Lanka, Malaysia, Indonesien und vor allem in den Philippinen.

Aus Pakistan wird für das Jahr 1970 immerhin eine Produktion von 120 Filmen pro Jahr gemeldet. Die Filme sind offensichtlich ähnlich wie in Indien stereotyper Machart und behandeln vor allem religiöse, mythologische und folkloristische Themen. Die pakistanische Zensur gilt als die strengste der Welt; Ende der sechziger Jahre war die Darstellung von Armut oder »unerfreulichen politischen und sozialen Realitäten« noch generell verboten.[81] Dennoch gibt es auch im pakistanischen Film Bestrebungen, Filme größerer Wirklichkeitsnähe und sozialen Engagements herzustellen. Zu den Vertretern dieser Richtung gehört der Regisseur Zahir Raihan, dessen in Dacca produzierter Film *Jibon thekey neya* (»Streiflichter des Lebens«, 1970) als ein »Wendepunkt des pakistanischen Kinos« gilt. Zahir Raihan wurde nach der Umwandlung von Ost-Pakistan in den unabhängigen Staat Bangladesh zum Hauptvertreter der Kinematographie dieses Landes, die sich zunächst vornehmlich mit dem Thema des Befreiungskrieges von 1971 befaßte.

Die Filme aus Bangladesh werden in Bengali gedreht; es besteht ein wechselseitiger Austausch von Filmen zwischen dem indischen Teilstaat Westbengalen und Bangladesh.

Die Filmindustrie Ceylons (seit 1972 »Sri Lanka«) vermochte sich erst in den siebziger Jahren von der Vormundschaft des südindischen Kinos zu befreien; noch in den fünfziger Jahren wurden sämtliche »ceylonesischen« Filme in Südindien hergestellt. Die Produktion eigener Filme in der Landessprache Sinhala wurde erst möglich durch die Einrichtung einer staatlichen Filmgesellschaft im Jahre 1972. Diese Gesellschaft brachte das nationale Filmwesen unter ihre Kontrolle und nahm eine starke Beschränkung des Imports von Filmen aus dem Ausland vor. Dadurch verzeichnete die einheimische Filmproduktion einen Aufschwung. Die bekanntesten Regisseure aus Sri Lanka sind der auf Ausstattungsfilme spezialisierte Lester James Peries und der sozial orientierte Armanath Jayatilaka. Ein Beispiel für die neuere Produktion Sri Lankas lieferte Dharmasena Pathiraja mit *Die Wespen sind gekommen* (1977), einem Melodram, in dessen Mittelpunkt der Sohn eines reichen Fischhändlers steht, das jedoch auch über Qualitäten in Erzählweise und Milieuschilderung verfügt.

In Malaysia entstehen jährlich etwa 10 Filme, die jedoch hauptsächlich für den einheimischen Markt bestimmt sind, nur nach Indonesien findet ein begrenzter Export statt. Produktion und Verleih werden von zwei Gesellschaften, darunter den Gebrüdern Shaw (deren Produktionszentrum sich in Hongkong befindet), beherrscht.

Weit umfangreicher ist die Filmproduktion Indonesiens. Durch staatliche Förderung der Produktion, durch Einfuhrbeschränkungen für ausländische Filme und durch die Einrichtung obligatorischer Vorführungen für einheimische Filme in allen Kinos schnellte die Produktion von 30 Filmen im Jahre 1970 auf 75 im Jahre 1973 hinauf; leider sank damit auch die Qualität der Filme stark ab. Dennoch soll es angeblich das Ziel der nationalen Planungsbehörden Indonesiens sein, die Zahl der jährlich produzierten Filme bis 1980 auf 500 zu steigern und die ausländischen Importe gleichzeitig auf null zu reduzieren.[82] Als prominentester indonesischer Regisseur gilt Wim Umboh.

Eine sehr intensive Filmproduktion besteht auch auf den Philippinen: dort werden pro Jahr etwa 200 Spielfilme gedreht, die allerdings ausschließlich für den Inlandmarkt bestimmt sind und in ihrer Machart den indischen Kommerzfilmen ähneln. *Mababangong Bangungot* (*Der parfümierte Alptraum*, 1977), ein Werk des jungen Regisseurs Kidlat Tahimik (geb. 1942), obgleich reich an Qualitäten, ist vermutlich kaum typisch für das Kino auf den Philippinen: hier handelt es sich um eine Art filmischer Autobiographie; der Regisseur selbst entwickelt in einer abwechselnd poetischen, witzigen und ironisch-sozialkritischen Erzählweise eine Chronik seiner Erlebnisse von der Zeit seiner Jugend bis hin zu einer Reise um die Welt mit dem ersehnten (aber nicht erreichten) Traumziel Amerika.

Nach der Trennung von Nord- und Südvietnam als Folge der Genfer Verträge 1954 wurde in Nordvietnam zielstrebig eine Filmindustrie aufgebaut, die bereits in den sechziger Jahren mehrere Spielfilme jährlich produzierte; diese befaßten sich thematisch meist mit dem Befreiungskrieg gegen die Franzosen, aber auch mit dem sich ausweitenden Krieg in Südvietnam. Einer der berühmtesten nordvietnamesischen Filme war *Nguyen van Troi* (Regie: Bui Dinh Hac und Ly Thai Bao, 1966) – ein Epos über einen jungen Arbeiter aus Saigon, der einen Attentatsversuch gegen Mac Namara unternommen hatte und schließlich von dem südvietnamesischen Regime hingerichtet wurde. Erwähnenswert ist auch *Rung o tham* (»Die Bäume des Frl. Tham«, 1967) von Hai Ninh: eine junge Bäuerin hält die zur Front führende Straße für den Nachschub frei. Die nordvietnamesische Filmproduktion richtet sich nach Prinzipien, die der Präsident Ho Tschi Min definierte: sie soll national in ihrer Form und sozialistisch in ihrem Inhalt sein.[83] Die Spielfilme Hanois aus den sechziger Jahren waren einfach und direkt in ihrer Machart, aber meist von heroischem Pathos erfüllt. Nach Ausweitung der amerikanischen Luftangriffe auf Nordvietnam erlitt die Filmproduktion starke Rückschläge: die meisten Produktionsstätten wurden zerstört. So bestand die vietnamesische Filmproduktion der späten sechziger und beginnenden siebziger Jahre hauptsächlich aus kurzen Dokumentarfilmen, die unmittelbare Aspekte des Kriegsgeschehens oder das Verhalten der Bevölkerung im Krieg dokumentierten; diese Filme wurden sowohl in Nordvietnam als auch in Südvietnam von der Befreiungsfront ›FNL‹ produziert. In Südvietnam wurde schon 1960 nur einige Kilometer von Saigon im Dschungel versteckt das Studio ›Giai Phong‹ (»Befreiung«) gegründet. Die Befreiungsfront ›FNL‹ hielt sogar Filmklassen im Dschungel ab[84]; dort wurde unter unglaublich schwierigen und primitiven Bedingungen Filmarbeit geleistet. Die so entstandenen, technisch oft mangelhaften Dokumentarstreifen, die die enormen Anstrengungen der nordvietnamesischen Armee und der Zivilbevölkerung festhalten, sind von einem begreiflichen Pathos geprägt; aber sie ergeben eine einzigartige Chronik der letzten Phase des dreißigjährigen Unabhängigkeitskrieges der Vietnamesen.

Von der Konstituierung der Volksrepublik China im Jahre 1949 ab nahm der chinesische Film einen raschen Aufschwung. 1964 gab es bereits 33 Produktionszentren, verteilt über alle chinesischen Provinzen; die Produktion langer Spielfilme lag Ende der fünfziger Jahre zwischen 50 und 100 Filmen pro Jahr; an Zuschauerziffern werden für 1960 5,4 Milliarden, für 1963 6 Milliarden genannt.[85]

Als Grundlage der Filmproduktion in der ersten nachrevolutionären Zeit galt der sozialistische Realismus in seiner Definition durch Gorki, andererseits Mao Tse-tungs Maxime der »Hundert Blumen und hundert Schulen«. Diese war freilich nicht gleichzusetzen mit der Möglichkeit, etwa bürgerliche oder konterrevolutionäre Standpunkte auf der Leinwand zu vertreten. Vielmehr war das chinesische Kino auch schon vor der Kulturrevolution – unbeschadet später geäußerter Kritik an dieser Periode – ein revolutionäres und engagiertes Kino, das sich thematisch mit dem Kampf der chinesischen Roten Armee vor 1949, mit der Revolution und dem Aufbau des Sozialismus, gelegentlich auch mit Sujets aus der älteren chinesischen Geschichte beschäftigte. Man kann die chinesische Filmproduktion dieser Epoche mit dem sowjetischen Film der dreißiger Jahre vergleichen – obwohl nach 1960 in China die ideologische Abwendung von der Sowjetunion einsetzte. Im Bereich des Films wurde sie eingeleitet durch eine wütende Kampagne der chinesischen Presse gegen den sowjetischen Filmregisseur Grigorij Tschuchraj, der sich 1962 in einem Interview der englischen Zeitschrift »Films and Filming« abfällig über den »Dogmatismus« und die »antikünstlerische Denkweise« der chinesischen Filme (denen er die tschechoslowakischen Filme als positives Beispiel gegenüberstellte) geäußert hatte.[86]

Zu den bemerkenswerten Filmen jener Jahre gehören *Das rote Frauenbataillon* (Regie Hsieh Chin, 1960), das Heldenlied eines jungen Mädchens aus der Bürgerkriegszeit der dreißiger Jahre, das erst als Sklavin verkauft wird, dann ihre Freiheit gewinnt und sich schließlich einem Frauenbataillon der Partisanenarmee anschließt. Der Film vermochte die Landschaft einer südchinesischen Insel auf interessante Weise in das Geschehen zu integrieren; Jay Leyda kritisiert allerdings die »stereotypen Charaktere und die unlogische Handlung« des Films.[87] Der Film erhielt in China höchste Auszeichnungen; nach seinem Sujet wurde später ein Ballett inszeniert, das seinerseits verfilmt wurde. 1961 entstand *Hurrikan* von Hsieh Tieh-li, ein Film über die Bemühungen einer Gruppe der Roten Armee, nach 1945 in Nordostchina gegen den Widerstand der Kuomintang-Regierung die Bodenreform durchzusetzen; Jay Leyda räumt diesem Film einen besonders hohen Rang ein. *Erde in Flammen* (1962) von Chang Chun-hsiang zeichnet ein düsteres Bild vom Leben chinesischer Bergarbeiter in den zwanziger Jahren, die unter der Diktatur grausamer Grubenbesitzer stehen. *Hsi Wang und seine Frau* (1962) von Lou Jen war dagegen eine erfolgreiche Komödie über die unterschiedlichen Reaktionen eines jungen Bauern und seiner Frau auf die neuen Lebensbedingungen in einer dörflichen Volkskommune. 1964 entstanden die Verfilmung eines musikalisch-choreographischen Massenschauspiels, *Der Osten ist rot*, *Der Tunnelkrieg* (über den chinesisch-japanischen Krieg von 1942) sowie *Heroische Söhne und Töchter* (Regie: Wu Chao-ti). Letzterer Film spielt während des Koreakrieges und zeigt einen Helden, der wahrhaft übermenschliche Taten vollbringt: er kämpft ganz allein gegen Hunderte von amerikanischen Feinden auf einem strategisch wichtigen Hügel.

Die Kulturrevolution brachte zunächst ein Verbot aller chinesischen Filme vor 1949 mit sich. Cheng Chi-hua, den Autor einer Geschichte des chinesischen Films, in welcher die fortschrittlichen Traditionen des Films der dreißiger Jahre hervorgehoben wurden, erklärte man zur »Giftpflanze«; der bisher für Filme verantwortliche Minister Hsia Yen galt mit einem Male als »Ungeheuer und Dämon«. Unter das Verdikt »konterrevolutionärer Bestrebungen« und des »Revisionismus« fielen schließlich (mit wenigen Ausnahmen) überhaupt alle chinesischen Filme, die vor der Kulturrevolution produziert worden waren. »Rote Garden« des Pekinger Filminstituts publizierten eine Liste mit 300 chinesischen und 100 ausländischen Filmen, die sie zu »Giftpflanzen« erklärten, darunter auch Laurence Oliviers *Hamlet*, der »den König und die militärischen Befehlshaber rehabilitiert«.[88] Chiang Ching, die Frau Maos, setzte sich 1966 besonders intensiv für die »Reinigung« aller chinesischen Künste ein. Im Zuge dieser »Reinigungen« kam dann ab 1966 die Herstellung von Spielfilmen in China überhaupt zum Stillstand. Die Produktion setzte erst 1970 wieder ein.

Die ersten chinesischen Filme nach der Kulturrevolution waren Opernverfilmungen – so *Die strategische Eroberung des Tigerberges* (über eine Schlacht im Revolutionskrieg gegen die Kuomintang-Kräfte), *Die rote Laterne* (über die Rolle eines Eisenbahners im Widerstandskrieg gegen die Japaner), *Das Mädchen mit den weißen Haaren* (Regie: Sang Hu, 1972 – das Sujet wurde unter dem gleichen Titel 1950 schon einmal verfilmt) und *Das rote Frauenbataillon*. Diese Opernverfilmungen waren von hoher artistischer Präzision und stießen bei ihren ersten Aufführungen im Westen auf zumeist positive Resonanz der Kritik – trotz der extremen Schwarzweißzeichnung der Charaktere und des ideologischen Schematismus dieser Filme. Der Schematismus der chinesischen Filme nach der Kulturrevolution hat Proportionen angenommen, die selbst den sowjetischen Film in seiner extremsten stalinistischen Phase noch weit übertreffen. Der Bezug zur Wirklichkeit ist in diesen Filmen, die strahlende übermenschliche Helden finsteren Verschwörern und Revisionisten gegenüberstellen, fast ganz verschwunden. Gerade das mag ein Grund dafür sein, daß die europäische Kritik die chinesischen Filme als eine neue Spielart des Exotismus aufnimmt. Für die Opernverfilmungen muß man einräumen, daß die ideologisch schematisierte Welt dieser Filme in der Choreographie, den bizarren, aber eleganten Bewegungen der Tänzer, in der Musik und den gemalten Dekors adäquaten Ausdruck findet, so daß diese Filme ein in sich geschlossenes ästhetisches Ganzes ergeben.

Was dagegen die neueren chinesischen Filme mit traditioneller Spielhandlung betrifft, wie *Strahlende Sonne, Feuerrote Jahre, Der Berg der Kiefern, Funkelnd rote Sterne* und *Der Bruch*, so kritisiert selbst ein dem chinesischen Film gegenüber sonst sehr aufgeschlossener Kritiker wie Guy Hennebelle die ästhetische Seite der Filme, die der pseudo-religiösen, kitschigen Saint-Sulpice-Kunst verwandt sei: »Zu viele Einstellungen gleichen Postkartenkompositionen und sind manchmal nach der Architektur eines ›Altars‹ aufgebaut (der positive Held steht oben und in der Mitte). Der Stil ist noch schematisch und manchmal einfach naiv, sogar hollywoodartig.«[89] Die vor der Kulturrevolution gedrehten Filme kritisierte man jetzt unter anderem deswegen, weil sie Figuren der Vergangenheit (Fürsten, Fabrikbesitzern, Grundherren) überhaupt das Auftreten auf der Leinwand gestattet hätten. Dagegen verfolgte man nunmehr die Direktive des Vorsitzenden Mao, es käme vor allem auf die »Darstellung neuer Menschen und einer neuen Welt« an; so wurden unter den Personen des Films die positiven Figuren und unter diesen wiederum vor allem der Hauptheld hervorgehoben. Geändert haben sich gegenüber früher auch die Arbeitsmethoden im chinesischen Film: nicht mehr der Regisseur hat das letzte Wort bei der Herstellung eines Films, dieser wird vielmehr in allen Stadien von Arbeiter-, Bauern- und Soldatenkomitees diskutiert.[90]

In der Tat hinterlassen die neuen chinesischen Spielfilme den Eindruck, daß jede kleinste Einzelheit in ihnen bis hin zu Kamerabewegung und Bildkomposition das Ergebnis langer ideologischer Diskussionen ist. Bei der Herstellung dieser Filme kommt es auch oft vor, daß die beteiligten Mitarbeiter Selbstkritik üben und daraufhin große Passagen des Films noch einmal umgearbeitet oder gar nachgedreht werden.[91]

1974 nahm die Spielfilmproduktion in China einen neuen Aufschwung. Anstelle der bislang üblichen Opernverfilmungen entstanden jetzt »realistische« Filme wie *Feuerrote Jahre* (1962 kämpfen in einem Stahlwerk in Schanghai revolutionäre Arbeiter gegen sowjethörige Revisionisten; es geht um die Notwendigkeit, eine neue Stahllegierung zu finden, nachdem die Sowjetunion ihre Lieferverpflichtungen nicht mehr einhält); *Strahlende Sonne* (1956 bekämpft eine landwirtschaftliche Kooperative die Folgen einer Überschwemmung; das konterrevolutionäre Treiben eines Saboteurs wird schließlich entlarvt); *Der Berg der Kiefern* (ein reaktionärer Großbauer versucht 1962 – in einer Zeit wirtschaftlicher Schwierigkeiten – die Mitglieder einer landwirtschaftlichen Produktionsbrigade auf den Weg der kapitalistischen Wirtschaft zu locken. Er will vor allem den jungen Leuten »die Erlernung des Fuhrmannwesens unmöglich machen«; ihm stellt sich der arme Bauer Dschang Wan-schen entgegen, der einen Fuhrmannslehrgang einrichtet und schließlich dem Großbauern »die Peitsche als Symbol des Rechts der Wagenlenkung entreißt«[92]). *Funkelnd rote Sterne* (1975) berichtet von den Heldentaten eines elfjährigen Jungen im zweiten revolutionären Bürgerkrieg 1931; *Der Bruch* (1976) schildert, wie ein fortschrittlicher Arbeiter die Leitung einer Universität übernimmt. In *Hai-Hsia* (Regie Chien Chiang, Chen Huai-ai, Wang Hao-wei, 1977) entlarven die Kämpferinnen eines Frauen-Miliz-Bataillons durch stete Wachsamkeit das Treiben von Agenten und Saboteuren; *Bahnbrecher* (Regie Yu Jen-fu, 1977) stellt auf einem Ölfeld progressive und revisionistische Arbeiter einander gegenüber.

In der einen oder anderen Variante betonen die neueren chinesischen Filme stets den prinzipiellen Kampf »zweier Linien«, wobei die »falsche«, revisionistische Linie meist daran zu erkennen ist, daß ihre Vertreter meinen, bestimmte Probleme durch Unterstützung aus dem Ausland lösen zu können (Übernahme von technischen Verfahren, Import von Waren usw.); diesen falschen Prinzipien wird dann das »richtige« Prinzip »aus eigener Kraft« des Vorsitzenden Mao entgegengesetzt. Auf diesem Schema beruht z.B. die Dramaturgie des Films *Der zweite chinesische Frühling* (Regie: Sang Hu, Wang Hsiuwen, 1975), in dem es um Probleme beim Bau eines Schnellbootes für die Kriegsmarine geht. Neben den Spielfilmen besteht in China eine ausgedehnte Produktion kurzer und langer Dokumentarfilme.

Die Filmproduktion der britischen Kronkolonie Hongkong in den sechziger und siebziger Jahren besaß nicht nur wirtschaftliches Gewicht und quantitative Bedeutung, sondern, was weniger bekannt ist, teilweise auch künstlerisches Profil. Die interessanteren Hongkong-Filme wurden freilich von der Welle der Kung-Fu-Produktionen und Karatefilme überrollt und von der Kritik nicht zur Kenntnis genommen. Anfang der sechziger Jahre lag die Produktion von Spielfilmen in Hongkong etwa bei 300 pro Jahr – ein Umfang, der nur durch den Export der Filme in viele andere asiatische Länder möglich war. Hauptproduzenten sind die Shaw-Brothers (Run Run Shaw und Runme Shaw), die über Kinoketten in verschiedenen asiatischen Ländern verfügen, die ›Cathay Organization‹, ›Golden Harvest Films‹ sowie ›The Great Wall Film Co.‹, die enge Beziehungen nach Volkschina unterhält (insgesamt bestehen jedoch über hundert Produktionsfirmen). 1966 beschlossen die großen Hongkong-Produzenten, angesichts immer schwieriger werdender Verhältnisse in Hongkong selbst (wachsende Fernsehkonkurrenz), einen Durchbruch auf dem Weltmarkt, insbesondere in Europa und den USA, zu versuchen; das gelang ihnen allerdings erst zu Anfang der siebziger Jahre. Die Filmproduktion Hongkongs schwankte in den siebziger Jahren zwischen 120 und 200 Filmen jährlich.

Den Durchbruch auf den europäischen Kinomärkten erzielten die Hongkong-Filme mit einem ganz spezifischen Genre: dem fernöstlichen Kriegs- und Kampffilm. Die Filme dieses Genres sind nach einfachen Mustern mit immer wiederkehrenden Stereotypen gearbeitet, zu denen der im Schwerter-, Faust- und Karatekampf unglaublich überlegene, praktisch unbesiegbare Held gehört. Dramaturgie und Charaktere, Situationen und Handlung der Filme sind meist nur Vorwand für mehr oder weniger virtuos inszenierte, äußerst temporeiche Kampf- und Action-Szenen, die sich oft in surrealen Bereichen bewegen. Die Helden verfügen über akrobatische Fähigkeiten, überspringen ganze Häuser und Grundstücke, besiegen Legionen von Feinden, schlagen ihren Gegnern Köpfe und Gliedmaßen ab oder hauen die Gegner geradezu in Stücke, wobei mit viel Grausamkeit vorgegangen wird und reichlich Blut fließt. Das artistische Arrangement der Szenen hebt diese Grausamkeit jedoch in den besten Filmen wieder auf. Die Hongkong-Filme besaßen zeitweilig einen Helden echt mythischen Formats: den chinesisch-amerikanischen Karatekämpfer Bruce Lee, der 1973 starb; um ihn rankte sich ein Kult ähnlich wie um James Dean, der serienmäßig produzierte Erinnerungs-Filme zur Folge hatte. Während die Hongkong-Filme der sechziger Jahre zum großen Teil aus authentisch chinesischen Traditionen schöpften (Spezialisten vermögen das Hongkong-Kino aus älteren Schulen der chinesischen Kinematographie abzuleiten), haben sich die Filme in den siebziger Jahren immer mehr vereinfacht und amerikanischen und italienischen Modellen angepaßt. Den stereotypen und geradlinigen Charakter der Hongkong-Filme werteten jedoch einige Kritiker auch als Vorzug; sie rühmten die »Funktionalität ihrer visuellen Syntax«.[93]

Zu den bedeutendsten Filmen mit Bruce Lee kann man *The Big Boss* (*Die Todesfaust des Cheng Li*, 1971) und *Fist of Fury* (*Todesgrüße aus Shanghai*, 1972) zählen (Regie beider Filme von Lo Wei). Aber die Hongkong-Produktion besteht keineswegs nur aus Karatefilmen. Einen wichtigen Platz nehmen auch historische Epen und Ausstattungsfilme

(*Yang kwei fai* – »Die kaiserliche Konkubine Yang«; *Forbidden Tale of the Dragon Throne*, auch: *Empress Wu* von Li Htan-hsiang, 1962 bzw. 1963), Gesellschaftskomödien, Melodramen, Opernverfilmungen und phantastische Horrorfilme ein, wobei gelegentlich Werke großer regielicher Raffinesse entstehen: so wurde Chu Yuans *Intimate Confessions of a Chinese Courtesan* (»Intime Bekenntnisse einer chinesischen Kurtisane«, 1973) wegen der subtilen Beleuchtungs- und Dekoreffekte mit den Filmen Josef von Sternbergs verglichen.[94] Hohes stilistisches Niveau wird auch den Filmen von Chang Cheh nachgesagt, die manche Szenen bis zum Delirium treiben (*Golden Swallow* und *Four Riders*, phantastische Melodramen mit unzähligen Kampfszenen) sowie Bruce Lees *Way of the Dragon*. Eine Verbindung zwischen kunstvoll ausgesponnenen Geistergeschichten, verstecktem Symbolismus (der täuschende Charakter äußerer Erscheinungen) und traditionellen Action- und Kampfszenen stellte King Hu in *Hsia nü* (*A Touch of Zen*, 1968–75) her, der auch als »Meilenstein in der Geschichte des Hongkong-Kinos« bezeichnet wurde.[95] Die Filmindustrie Hongkongs kann am ehesten mit der Produktion Hollywoods in den dreißiger und vierziger Jahren verglichen werden; wie dort können Regisseure ihre Individualität nur im Rahmen eines streng festgelegten Genrekinos entfalten.

Auch in Taiwan operiert eine begrenzte Filmindustrie, die vor allem das chinesische Fernsehen in Hongkong mit Filmen versorgt und sich an die Welle der Karatefilme angeschlossen hat. Die Filmproduktion in Südkorea ist weitgehend kommerziell und auf die Befriedigung inländischer Bedürfnisse abgestimmt (in den sechziger Jahren entstanden zwischen 130 und 200 Spielfilme pro Jahr), während die Filme Nordkoreas einen politisch-ideologischen Rigorismus verfolgen, der sie thematisch wie ästhetisch in die Nähe der (rot-)chinesischen Filme rückt.

Zu Beginn der sechziger Jahre erreichte das japanische Kino mit 547 Spielfilmen und über einer Milliarde Zuschauern pro Jahr noch nie dagewesene Rekordziffern. Aber auch künstlerisch besaßen Japans Filme hohen Rang: die Werke von Kurosawa, Ozu, Ichikawa, Kobayashi rückten die japanische Kinematographie an die Spitze der internationalen Filmkunst. Schon bald setzte jedoch ein Rückgang der Besucherzahlen ein, der die ganzen sechziger Jahre hindurch anhielt und sich erst 1972 bei etwa 200 Millionen Zuschauern stabilisieren sollte, einem Sechstel der Zahl von 1958. Diese Entwicklung brachte die fünf großen filmproduzierenden Gesellschaften Japans – Toho, Shochiku, Daiei, Toei, Nikkatsu – bald in Schwierigkeiten und ließ die Produktionsziffern absinken, die sich aber auch in den siebziger Jahren noch zwischen 300 und 400 bewegten. Bedingt durch wirtschaftliche Schwierigkeiten und Wandlungen im Publikumsgeschmack reservierten die großen Firmen immer weniger Platz für anspruchsvolle Produktionen. Das führte dazu, daß etablierte Regisseure wie Kurosawa oder Ichikawa längere Zeit keine Arbeit mehr fanden; auch der »unabhängige« Film der jüngeren Regisseure wie Oshima, Hani und Imamura, die in den sechziger Jahren dem japanischen Kino wichtige neue Impulse zugeführt hatten, geriet in den siebziger Jahren in eine Krise. Die immer noch hohen Produktionszahlen der japanischen Filmindustrie werden nur durch die Herstellung billiger Sexfilme, sogenannter »Eroductions« oder »Sexploitations« erreicht. 1971 meldete die Firma Daiei, nachdem sie zunächst mit der Nikkatsu fusioniert hatte, Konkurs an. Die übrigen großen Firmen halten sich mit populären Serien, Sex- und Gewaltfilmen, durch ›Kaiju eiga‹ (›Filme der großen Ungeheuer‹), neuerdings auch mit Katastrophenfilmen über Wasser. So bietet der japanische Film in den späteren siebziger Jahren ein wirtschaftlich krisenhaftes und künstlerisch desolates Bild. Obwohl es in Japan eine Gilde der Filmkunsttheater (›A.T.G.‹) gibt, die gelegentlich auch als Produzent auftritt, verfügt sie im Lande nur über wenige Kinos und ist deshalb wirtschaftlich schwach. Die japanische Regierung begann erst 1973 mit Förderungsmaßnahmen für Qualitätsfilme (jährlich verliehene Geldpreise für die 10 besten Filme).

Regisseure der älteren Generation

Zu den Regisseuren der älteren Generation, die in den sechziger (und teilweise siebziger) Jahren im japanischen Film tätig waren, gehören Yasujiro Ozu und Akira Kurosawa sowie Kon Ichikawa, Masaki Kobayashi, Tadashi Imai und Kaneto Shindo. Sowohl Ozus als auch Kurosawas Hauptwerk liegt in den vierziger und fünfziger Jahren; jedoch drehten beide Regisseure auch nach 1960 noch eine Reihe von Filmen, die auf der Höhe ihrer besten Leistungen stehen. Yasujiro Ozu (1903–1963) schloß mit drei Filmen den Zyklus seiner Werke ab, die sich der streng formalisierten (und gleichwohl realistischen) Darstellung vom Alltagsleben japanischer Familien widmeten: *Akibiyori* (*Spätherbst*, 1960), *Kohayagawa-ke no aki* (*Der Herbst der Familie Kohayagawa*, 1961) und *Samma no aji* (»Der Geschmack von Makrelen«, 1962). Alle drei beschäftigen sich mit dem Verhältnis zwischen Eltern und Kindern. In *Spätherbst* – einer Variante von Ozus 1949 gedrehtem Film *Banshun* (»Später Frühling«) – heiratet ein junges Mädchen, das bisher mit seiner Mutter zusammenlebte; die Mutter bleibt allein. *Der Herbst der Familie Kohayagawa* entwirft in zunächst scheinbar komödiantischem, dann jedoch zunehmend düsterem Stil das Porträt einer Familie, eines älteren Mannes und seiner drei Töchter. Der Film, der sich in verschiedene Nebenhandlungen verzweigt, endet mit dem Tod des Vaters. *Der Geschmack von Makrelen* berichtet von einem Witwer, der seine Tochter verheiratet und alten Freunden begegnet. Allen Ozu-Filmen gemeinsam ist die strenge Komposition, die formale Beschränkung auf wenige Ausdrucksmittel (stets gleichbleibende Kameraperspektive aus geringer Höhe), die Konzentration auf scheinbar unbedeutende Ereignisse, in denen sich jedoch die Essenz von Ozus Lebensauffassung offenbart. Donald Richie hat Ozus Haltung mit der des Haiku-Künstlers verglichen, »der in äußerster Ruhe sitzt, mit geradezu schmerzvoller Genauigkeit die Dinge und ihre Wirkung beobachtet und Wesentliches durch äußerste Vereinfachung erreicht«.[96]

Akira Kurosawa (geb. 1910) setzte sowohl die Linie der realistischen, engagierten Gegenwartsfilme als auch die der traditionellen Samurai-Epen fort. Sein Interesse für soziale Fragen spricht deutlich aus *Warui yatsu hodo yoku nemuru* (»Die Bösen schlafen gut«; eigentlich: »Je böser man ist, um so besser schläft man«, 1960), einem Film über die Korruption in einer großen Baugesellschaft. Der Sekretär des Präsidenten, der mit dessen Tochter verheiratet ist, will die Hintergründe mehrerer »Selbstmorde« und einer Bestechungsaffäre herausbekommen, wird aber selbst von dem Präsidenten umgebracht. Das Drama besitzt einige Analogien zu Shakespeares »Hamlet«. In einer brillanten Eröffnungssequenz wird die Hochzeit des Sekretärs mit der Tochter des Präsidenten gezeigt, die vor einem riesigen Hochzeitskuchen stattfindet, einer exakten Nachbildung des Firmengebäudes. Die Schlußfolgerungen des Films sind düster und legen die Annahme sich endlos fortsetzender Korruption nahe. *Tengoku to jigoku* (»Himmel und Hölle«, 1963) ist nur äußerlich ein »soziales« Drama – tatsächlich analysiert der Film die Beziehungen zwischen einem Schuhfabrikanten und einem Kidnapper, der den Fabrikanten erpressen will, aber schließlich gefangen wird. Der Film gleicht einem raffinierten Puzzlespiel: in faszinierenden Montagefolgen werden Stück für Stück die Indizien für die Identität des Entführers zusammengesetzt. Besonders die vier Minuten lange Sequenz in einem Zug ist ein filmisches Anthologiestück. Kurosawa zeigt sich vor allem an der Charakteranalyse seines Helden interessiert, der – ähnlich wie andere Kurosawa-Figuren – mit Zähigkeit und Stoizismus einer scheinbar ausweglosen Situation begegnet.

Yojimbo (1961) und *Tsubaki Sanjuro* (*Sanjuro*, 1962) sind thematisch verwandte Samurai-Filme. *Yojimbo* folgt einer weitgehend komödiantischen Anlage und ironisiert durch äußerste Zuspitzung und Perfektion der Darbietung gewisse Klischees des Genres. Protagonist ist ein stellungsloser Samurai, der von den rivalisierenden Parteien eines Dorfes zur Hilfe gerufen wird, dann aber beide Fronten gegeneinander ausspielt. Die meisten Charaktere des Films sind ins Groteske übertrieben. *Yojimbo*, ein Film besonders brillanter Kameraführung, ist von der Kritik mit amerikanischen Western, insbesondere mit Zinnemans *High Noon* (*12 Uhr mittags*, 1952) verglichen worden[97] (obwohl Kurosawa nur den Einfluß von Ford zugegeben hat); andererseits inspirierte *Yojimbo* wiederum den italienischen Westernregisseur Sergio Leone zu seinem Erfolgsfilm *Per un pugno di dollari* (*Für eine Handvoll Dollar*, 1964). *Yojimbo* wurde zu einem der größten Kassenerfolge in der Geschichte des japanischen Films und gilt als populärster Film Kurosawas überhaupt. *Sanjuro* entstand als eine Art Fortsetzung zu *Yojimbo*. In *Sanjuro* geht es um eine Gruppe unerfahrener, aber tatendurstiger Samurai, die ihr Anführer Sanjuro (der gleiche wie in *Yojimbo*, gespielt von Kurosawas Lieblingsdarsteller Toshiro Mifune) ständig zur Zurückhaltung und Vorsicht ermahnen muß. Der Film offenbarte, ebenso wie *Yojimbo*, ein intensives Gefühl für Landschaft und Milieu. Kurosawa selbst fand *Sanjuro* »noch komischer und attraktiver als *Yojimbo*«.[98] *Akahige* (»Rotbart«, 1965) spielt zu Beginn des 19. Jahrhunderts. Hier beschreibt Kurosawa die innere Wandlung eines jungen Arztes, der entgegen seinen Hoffnungen an ein Armenhospital kommt, dort aber im Kontakt mit dem nur scheinbar zynisch-rauhbeinigen Arzt »Rotbart« und angesichts des krassen Elends um ihn herum zu einem neuen Berufsethos findet. Seiner humanistischen Grundhaltung nach ist *Rotbart* am ehesten mit Kurosawas früherem Film *Ikiru* (*Leben*, 1952) in Verbindung zu bringen. Kurosawa drehte den Film mit ungewöhnlichem Aufwand, ließ eine ganze Stadt im Studio errichten, die jedoch nur in wenigen Einstellungen auftaucht; die Dreharbeiten zogen sich über zwei Jahre hin. Wie schon in seinen früheren Filmen gab der Regisseur auch hier vielen Szenen durch die Verwendung von Teleobjektiven einen graphisch expressiven Charakter. *Rotbart* offenbarte noch einmal die überragende regieliche Meisterschaft Kurosawas, aber auch seine Handschrift als Autor. In gewisser Weise war auch dies ein Film »über das Weiterleben nach dem Augenblick der Wahrheit«, wie Wilfried Berghahn von den früheren Filmen Kurosawas sagte.[99]

Nach dem ebenfalls erfolgreichen *Rotbart* begann eine Krise für Kurosawa, die mit ökonomischen Schwierigkeiten der japanischen Filmindustrie, aber auch mit persönlichen Problemen Kurosawas zu tun haben mochte. Eine geplante Beteiligung des Regisseurs an dem amerikanischen Film *Tora! Tora! Tora!* (1970) kam (ebenso wie mehrere andere Projekte) nicht zustande. Erst 1970 konnte Kurosawa wieder einen Film drehen: *Dodeskaden*, ein eher lyrisches, meditatives Werk über eine Straßenbahn und die Bewohner eines stilisierten, im Studio aufgebauten Elendsviertels. Es war Kurosawas erster Film in Farbe. Trotz differenzierter Personenzeichnung – im Grunde tauchen hier die Personen aus vielen früheren Filmen Kurosawas wieder auf – und Bemühung um Atmosphäre vermochte der Film nicht voll zu überzeugen; er verblieb infolge seiner irrealen, theaterhaften Dekors in einem Bereich der Abstraktion.

Wahrscheinlich als Reaktion auf den Mißerfolg von *Dodeskaden*, aber auch infolge seiner persönlichen Krise beging Kurosawa 1971 einen Selbstmordversuch. Danach kam noch ein weiterer Film zustande, den Kurosawa in der UdSSR als japanisch-sowjetische Koproduktion drehte: *Dersu Uzala* (*Uzala, der Kirgise*, 1975). Der Film spielt zu Anfang des Jahrhunderts im russisch-chinesischen Grenzgebiet und beschreibt die sich entwickelnde Freundschaft zwischen einem russischen Forscher, der die Expedition in dieses Gebiet leitet, und einem mongolischen Jäger, der dem Russen in der Eiswüste das Leben rettet. Ist die Landschaftsbeschreibung des Films auch von unvergleichlicher optischer Brillanz (sie erinnert an Kurosawas frühere Samurai-Filme), so mischen sich in die Handlung – so gelungen das Porträt des Mongolen auch ist – doch einige Züge der Sentimentalität.

Kon Ichikawa (geb. 1915) errang sich in den fünfziger Jahren auch außerhalb Japans Renommee, vor allem mit *Nobi* (1959), einer makabren Darstellung menschlicher Perversion im Kriege. Ichikawa gilt (ähnlich wie Mizoguchi) als Stilist und Ästhet des japanischen Kinos, der auch düstere oder apokalyptische Sujets mit einem blendenden Glanz formaler Schönheit versieht. In *Bonchi* (1960) porträtiert Ichikawa eine japanische Großfamilie, die unter der Fuchtel einer diktatorischen Großmutter steht, welche mit allen Mitteln das Matriarchat in der Familie erhalten möchte; die grausame Geschichte wird von Ichikawa mit den Mitteln einer »transzendenten Schönheit«[100] erzählt. In *Hakai* (»Die Sünde«, 1961) muß ein junger Lehrer seine Schule verlassen, weil er zu einer gesellschaftlich diskriminierten Bevölkerungsgruppe koreanischer Abstammung gehört. Hier verwendete Ichikawa so viele Anstrengungen auf formale Stilisierung, daß die Herstellerfirma ihm von jetzt an kommerziellere Aufträge erteilte. So kam es zu dem naiven

Familienfilm *Watashi wa nisai* (»Ich bin zwei Jahre alt«, 1962 – Ichikawa drehte ihn aus der subjektiven Perspektive eines Babys) – und der Neubearbeitung eines schon mehrfach verfilmten Stoffes: *Yukinojo henge* (*Yukinojos Rache*, 1963). Ichikawa verwandelte das melodramatische Sujet jedoch in ein Meisterwerk, das dem Zuschauer verschiedene Ebenen der Interpretation anbot. Später drehte Ichikawa eine Reihe von Dokumentarfilmen, deren bester – nach dem dokumentarischen Spielfilm *Taiheiyo hitoribotchi* (»Mein Feind, das Meer«, 1964), über eine Pazifik-Überquerung im Segelboot – *Tokyo Olympiade* (1965) war, eine mit hohem Aufwand gedrehte, aber ungewöhnliche und kameratechnisch faszinierende Dokumentation über die Olympischen Spiele in Tokio. Ichikawa fing vor allem Randereignisse ein, die keineswegs in die Perspektive »offizieller« oder heroisierender Berichterstattung à la Leni Riefenstahl paßten. Deshalb mißfiel der Film auch dem Olympischen Komitee, das eine neue Version verlangte. In dieser (international vertriebenen) Fassung des Films fehlen viele der besten Szenen Ichikawas. Erst 1973 konnte Ichikawa wieder einen Spielfilm herstellen: *Matabi* (»Die Wanderer«).

Masaki Kobayashi (geb. 1916) begann ebenfalls in den fünfziger Jahren zu filmen; er wurde vor allem bekannt durch seine Trilogie über den Zweiten Weltkrieg, die das Verhalten der japanischen Armee in der Mandschurei scharfer Kritik unterzog: *Ningen no joken* (»So lebt der Mensch«, deutscher Verleihtitel: *Barfuß durch die Hölle*, 1959–61). *Seppuku* (*Harakiri*, 1962), vielleicht Kobayashis bester Film, ist ein vielschichtiges dramaturgisches Gebilde, bestehend aus mehreren sich überlagernden, einander in der Schwebe haltenden Rahmenhandlungen und Rückblenden; im Mittelpunkt steht die Geschichte eines Samurai, der den erzwungenen Harakiri-Tod seines Schwiegersohns an den dafür Verantwortlichen rächt, einer mächtigen Fürstenfamilie (Zeitpunkt des Geschehens ist das Jahr 1630). Durch kunstvolle Stilmittel rückt Kobayashi die Vorgänge in die Distanz; er entwickelt eine scharfe Polemik gegen die Ausnutzung der feudalen Ehrbegriffe durch fürstliche Machthaber im Sinne ihrer egoistischen Interessen. *Kwaidan* (1964) ist ein virtuos inszenierter Gespensterfilm nach altjapanischen Erzählungen von Lafcadio Hearn; Kobayashi hält diesen Film für seinen besten.[101] *Joi-uchi* (*Rebellion*, 1967) knüpft wieder an die Linie von *Harakiri* an. Der Film erzählt einen weiteren Fall feudaler Willkür aus dem alten Japan: ein Fürst läßt eine ganze Samurai-Familie ermorden, weil sie sich seinem Willen widersetzt. In *Kaseki* (1973) schildert Kobayashi mit traditionellen Stilmitteln, aber mit würdevoller Schlichtheit und Intensität die Geschichte eines alternden Geschäftsmannes, der gegen eine gefährliche Krankheit kämpft, eine Europareise unternimmt und die Geschicke seiner Firma meistert. Der Film wurde zunächst als achtteilige Fernsehfolge hergestellt.

Der am stärksten sozialkritisch engagierte Regisseur des japanischen Nachkriegsfilms ist Tadashi Imai (geb. 1912). Er debütierte bereits 1939; seine wichtigsten Filme drehte er in den fünfziger Jahren. Unter Verzicht auf besondere stilistische Kunstfertigkeit, aber mit großem persönlichen Einsatz und mit Leidenschaftlichkeit polemisiert Imai in seinen Filmen gegen Ungerechtigkeiten der japanischen Gesellschaft, gegen die Unterdrückung der Arbeiter, gegen den Krieg und vor allem gegen die japanischen Traditionen von Gehorsam und Ergebenheit. Den letzteren Gesichtspunkt unterstrich er in *Bushido zankoku monogatari* (*Bushido – sie lieben und sie töten*, 1963): der Film sammelt Beispiele für den grausamen Mißbrauch der Tugend des absoluten Gehorsams gegenüber Feudalherren und Vorgesetzten aus Vergangenheit und Gegenwart, wobei für Imai »die Quelle der inhumanen Exzesse die historische feudalistische Ordnung in Japan ist. Die Klasse der großen Grundherren stellt sich als eine Galerie von Schmarotzern, Sadisten und Geisteskranken dar.« (Helmut Regel)[102] In *Satogashi ga kowareru toki* (»Wenn der Keks zerbricht«, 1967) verlegte Imai die Geschichte vom Tod Marilyn Monroes nach Japan, und in *Hashi ga nai kawa* (»Fluß ohne Brücke«, 1968–70) untersuchte er die

Lebensbedingungen der diskriminierten Bevölkerungsschicht der »Burakunin«, über die auch schon Ichikawa seinen Film *Die Sünde* drehte. *En to u onna* (»Eine Frau namens En«, 1971) war wieder ein Film über die Ungerechtigkeiten des Feudalsystems.

Mit dem Namen Kaneto Shindos (geb. 1912) verband man insbesondere nach seinem Film *Hadaka no shima* (*Die nackte Insel*, 1960) Hoffnungen auf eine Erneuerung des japanischen Films. *Die nackte Insel* ist der ohne ein einziges Wort Dialog auskommende, filmisch äußerst intensive Bericht über das unmenschlich schwere Dasein einer Bauernfamilie, die ihren kleinen Acker auf einer Insel mit vom Festland herübergerudertem Wasser begießen muß. Gerade wegen der Wortlosigkeit dieses Dramas konnte man es allerdings auf ganz verschiedene Weise interpretieren – als Ausdruck von sozialem Protest oder von metaphysischer Verzweiflung. Der Film wurde häufig mit Flahertys Dokumentarfilm *Man of Aran* (1934) verglichen. Daß es Shindo weniger auf Argumentation als auf die Auslösung von Emotionen ankam, verriet der in Europa gleichfalls sehr erfolgreiche *Onibaba* (»Das Loch«; deutscher Verleihtitel: *Onibaba – die Töterinnen*, 1963), die mit effektvollen optischen Metaphern erzählte Unheilgeschichte von zwei mordlustigen Frauen in einer unwegsamen Sumpf- und Schilflandschaft; das Drama, in dem auch eine Dämonenmaske eine Rolle spielt, war zudem mit erotischen Untertönen aufgeladen. Shindo drehte in der zweiten Hälfte der sechziger Jahre hauptsächlich Sexfilme, aber auch Komödien. 1968 versuchte er sich mit *Yabu no naka no kuroneko* (»Kuroneko«) an einer Art Remake von *Onibaba*; daneben schrieb er eine große Zahl von Drehbüchern für andere Regisseure. 1974 stellte er einen langen Dokumentarfilm über den verstorbenen Regisseur Mizoguchi her. 1977 folgte wieder ein Spielfilm: *Das Leben von Schi-ku-san*; Shindo erzählte hier das Leben eines erblindeten Wandermusikers.

Die japanische ›Neue Welle‹

Anfang der sechziger Jahre manifestierte sich in Japan eine Bewegung jüngerer Regisseure, die mit ihren Werken das Klima des japanischen Kinos veränderten. Zu diesen Regisseuren gehörten Susumu Hani, Hiroshi Teshigahara, Shohei Imamura, Nagisa Oshima und Yoshishige Yoshida sowie, etwas später, Shuji Terayama. Die Bemühungen dieser jüngeren Regisseure gingen vielfach in experimentelle Richtungen und unterschieden sich deutlich von der bisher in Japan geübten Praxis des Filmemachens. Die politische Sensibilität, die in vielen dieser Filme zum Ausdruck kommt, erklärt sich aus der Politisierung des öffentlichen Lebens im Japan der sechziger Jahre im Zeichen der Massenbewegung gegen den Abschluß eines Sicherheitspaktes mit den USA.

Susumu Hani (geb. 1928) drehte bereits in den fünfziger Jahren Dokumentarfilme. Im Spielfilm debütierte er mit *Furyo shonen* (»Böse Jungen«, deutscher Verleihtitel: *Die Bewährung*, 1961). Hier spielen ehemalige Fürsorgezöglinge ihr Leben in einer Erziehungsanstalt vor der Kamera nach – ein Experiment an der Grenze von Fiktion und Dokument. In *Mitasareta seikatsu* (»Ein erfülltes Leben«, 1962) schlug Hani zum ersten Mal das Thema der Frauenemanzipation an, das sich durch verschiedene seiner Filme zieht. Im Hintergrund der unkonventionell und sensibel erzählten Geschichte einer geschiedenen Frau erscheint die Bewegung gegen den Abschluß des japanisch-amerikanischen Beistandspaktes. *Te o tsunagu kora* (*Kinder Hand in Hand*, 1963) ist ein lebendiger und nuancierter Film über Kinder in einer Schule, über ihr Verhältnis zum Lehrer und über die Beziehungen der Kinder untereinander. *Kanajo to kare* (*Sie und er*, 1964) wirkte wie eine Fortsetzung von *Ein erfülltes Leben*: eine junge Frau lebt zufrieden mit ihrem Ehemann in einer Neubauwohnung; aber die Selbstverständlichkeit ihres genormten Alltags wird für sie erschüttert, als ein ehemaliger Kollege ihres Mannes als Lumpenhändler in einer dem Neubau gegenüberliegenden Barackensiedlung auftaucht. Zwar weicht das Barackenviertel bald einem Golfplatz, aber für die Heldin hat sich die Welt dennoch verändert, sie ist ihr fremd und fragwürdig geworden. Vermittels exakter Beobachtungen und einer Schnittechnik, die Assoziationen und Nachdenken beim Zuschauer auslöst, beschreibt Hani das Leben der Neubausiedler und die leerlaufenden Beziehungen der beiden Ehepartner; allerdings wirkt die Gegenfigur des Lumpensammlers reichlich literarisch.

Seine nächsten Filme drehte Hani außerhalb Japans: *Buana Toshi no uta* (»Das Lied von Bwana Toshi«, 1965) versetzt einen Japaner als Entwicklungshelfer nach Zentralafrika; in *Andes no hanayome* (»Die Anden-Braut«, 1966) lernt eine Japanerin, die Witwe eines Archäologen, sich der Lebensweise indianischer Dorfbewohner in den Anden anzupassen.

Äußerlich betrachtet, besitzt Hanis folgender Film *Hatsukoi jigokuhen* (»Erste Liebe«, deutscher Verleihtitel: *Das Mädchen Nanami*, 1968) in dem, was er an entfremdeter und kommerzialisierter Sexualität ins Bild bringt, manche Ähnlichkeiten mit den »Eroductions« und »Pink films«, die das Bild des japanischen Kinos dieser Epoche weitgehend bestimmen. Andererseits lieferte Hani in der Art und Weise, wie er dieses Material verarbeitete, einen kritischen Kommentar zum Zustand des japanischen Films und der japanischen Gesellschaft. Im Grunde erzählte er auch in diesem Film wieder seine alte Parabel vom schwierigen Weg der Erkenntnis zwischen Unschuld und Erfahrung. Es geht um die Beziehungen zwischen einem siebzehnjährigen Mädchen, das in Voyeur-Kabinen posiert, und einem Jungen, der durch Kindheitserlebnisse traumatische Schocks erlitten hat und am Ende stirbt. Nach einigen kommerzielleren Filmen und nach einer auf Sardinien gedrehten internationalen Produktion, *Mio* (1971) – Hauptdarstellerin des Films war seine eigene Tochter –, nahm Hani in *Gozenchu no jukanwari* (»Vormittags-Stundenplan«, 1972) noch einmal Motive seines früheren Schaffens auf: im Mittelpunkt des Films stehen zwei junge Mädchen, die einen Monat lang mit 8-mm-Kameras sich selbst im Rahmen einer nur lose festgelegten »Handlung« filmen sollten. Der fertige Film besteht zu zwei Dritteln aus den von 8 auf 35 mm »aufgeblasenen« Aufnahmen der beiden Mädchen.

Hiroshi Teshigaraha (geb. 1927), Sohn eines berühmten Blumendekorateurs, ursprünglich als Maler ausgebildet, zeigte sich in seinen besten Filmen als visionärer Bildgestalter und Kalligraph der Leinwand. In Variationen behandeln seine Filme das Suchen ihrer Helden nach der Identität mit sich selbst. Sein erster Film, *Otoshiana* (»Die Fallgrube«, 1962), eine »dokumentarische Phantasie«, ist eine eigenartige, experimentelle Vermischung von Gespensterthematik und gegenwartsbezogener sozialer Polemik: ein ermordeter Bergarbeiter wandelt nach seinem Tod noch als Geist umher, damit beschäftigt, die Umstände seiner Ermordung aufzuklären. Auch *Suna no onna* (*Die Frau in den Dünen*, 1964) – der Film, mit dem Teshigahara im Westen vor allem bekannt wurde – behandelt ein phantastisches Sujet: ein Schullehrer und Amateur-Insektenforscher verirrt sich auf der Insektensuche zwischen Sanddünen; Dorfbewohner bieten ihm ein Nachtlager in einem Haus, zu dem er freilich mit einer Strickleiter herabsteigen muß. Anderntags ist der Insektenforscher, wie sich herausstellt, in dem Sandloch eingeschlossen. Die (kürzlich verwitwete) Frau, die außer ihm dort noch wohnt, hat den nachrieselnden Sand ständig fortzuschaufeln, wofür sie von den Dorfbewohnern mit Nahrung versorgt wird. Schließlich gewöhnt sich der Lehrer an sein eingeschlossenes Dasein und entdeckt sogar eine Methode der Wassergewinnung aus dem Sand. Die Form der Parabel transzendiert freilich ihren Sinn (die Gewinnung der Identität durch das Akzeptieren des Absurden): Teshigaharas Kamera komponiert aus Sand, Gras, Holz immer neue graphische Chiffren; Bewegungen und Formen werden durch extreme Kamerawinkel ins

Gespenstische verfremdet; Objekte erscheinen wie unter dem Mikroskop vergrößert (in der Perspektive des Insektenforschers). Teshigahara erschafft eine eigene, alptraumhafte Realität, in die der Zuschauer hineingezogen wird, die sich aus ständiger latenter Bedrohung (der rieselnde Sand) und untergründiger erotischer Spannung zusammensetzt. Teshigaharas spätere Filme sind ebenfalls Identitätsdramen: *Tanin no kao* (»Das Gesicht eines anderen«, 1966) – ein Mann verliert durch eine Explosion sein Gesicht; ein anderes wird ihm aufgepflanzt, wodurch sich für ihn makabre Folgen ergeben – und *Moetsukita chizu* (»Die verbrannte Karte«, 1968) – hier nimmt ein Detektiv die Identität des Mannes an, nach dem er sucht. Die Filme waren jedoch konventioneller als *Die Frau in den Dünen*. Nach mehreren Dokumentarfilmen drehte Teshigahara 1972 den Spielfilm *Summer Soldiers (Sommersoldaten)*, der sich in sorgfältig recherchierter, teilweise dokumentarischer Form mit dem Thema der US-Deserteure in Japan befaßte.

Shohei Imamura (geb. 1926) debütierte Ende der fünfziger Jahre mit populären Spielfilmen; *Buta to gunkan* (»Schweine und Schlachtschiffe«, deutscher Verleihtitel: *Schweine, Geishas und Matrosen*, 1961) karikierte das Milieu einer amerikanischen Marinebasis in Japan. Ambitionierter fiel *Nippon konkuchi* (»Japanische Insektenchronik«, deutscher Verleihtitel: *Das Insektenweib*, 1963) aus. Imamura schilderte Stationen aus dem Leben einer Frau (eigentlich dreier Generationen von Frauen), die parallel gesetzt werden mit einer Chronik der japanischen Geschichte von 1918 (dem Geburtsjahr der Heldin) bis 1962. Die Protagonistin, ein unehelich geborenes Mädchen vom Lande, wird überall schändlich ausgenutzt; in Tokio versucht sie es mit Prostitution, betreibt sogar ein Bordell, ist dazwischen auch Gewerkschaftssprecherin, muß am Ende ins Gefängnis und bleibt dabei doch immer von Männern abhängig. Interessant ist, wie Imamura seinen Film konzipiert hat, wie er mit dramaturgischen Brüchen, Standbildern und innerem Monolog arbeitet, durch Zwischentitel historische Bezüge herstellt, durch den Kontrast der beiden Erzählebenen die »offizielle« Geschichtsschreibung als etwas Hohles, für die Realität der Bevölkerung Unbedeutendes dementiert; dem Film eignet geradezu eine brechtsche Qualität. *Akai satsui* (»Aufforderung zum Mord«, deutscher Verleihtitel: *Verbotene Leidenschaft*, 1964) erzählt die mit schockierenden Erlebnissen reichlich ausgestattete Geschichte einer Frau, die in einem repressiven und pervertierten Familienverband lebt. Imamuras spätere Filme waren teils kühn-phantastische Konstruktionen, teils dokumentarische Untersuchungen (in die sich immer auch ein Moment Fiktion mischte). In *Jinrui gaku nyumon* (*Einführung in die Menschenkunde*, 1966) beginnt ein Mann aus ganz idealistischen Erwägungen mit der Herstellung pornographischer Produkte, darunter Filmen und einer lebensgroßen Puppe; in der Schlußszene löst sich das Boot, auf dem er wohnt, von seinem Liegeplatz und treibt durch die Kanäle von Osaka hinaus auf den Pazifischen Ozean. In *Ningen johatsu* (»Ein Mensch verschwindet«, auch: »Die Verdampfung des Menschen«, 1967) forscht Imamura in der Manier eines Dokumentarfilmers dem Verbleib eines unerklärlich verschwundenen Menschen nach, stellt jedoch auch fiktive Situationen her und enthüllt am Schluß durch Rückfahrt der Kamera und Entfernen von Dekorwänden eine Situation, die soeben noch dokumentarisch erschien, als im Studio inszeniert. *Kamigami ni fukaki yokubo* (*Tiefe Sehnsucht der Götter*, 1968) erzählt von der Begegnung eines Ingenieurs mit der ihm fremden Zivilisation auf einer südjapanischen Insel; der Film ist eine »faszinierende Kombination von Dokument, Epos, Melodram und philosophischer Abhandlung«. (Richie)[103] Eine Art Replik auf *Das Insektenweib* ist *Nippon sengoshi – Madamu Onboro no seikatsu* (*Die Geschichte Nachkriegsjapans und das zerrissene Leben einer Barbesitzerin*, 1970): Imamura (der selbst im Bild erscheint) befragt eine Barbesitzerin nach ihrer Meinung über die Nachkriegsgeschichte Japans, läßt sie dazu ihr eigenes Leben erzählen und blendet zwischendurch Wochenschauen ein. Wieder ergibt sich eine totale Divergenz zwischen den Ereignissen der »offiziellen« Geschichtsschreibung und den Ansichten der Barbesitzerin; die Geschichte verläuft gleichsam auf zwei Ebenen, zwischen denen es kaum eine Vermittlung zu geben scheint. Imamuras Film ist lebendig, instruktiv und voller Überraschungen; er verdient, ein zeitgeschichtliches Dokument genannt zu werden. 1975 entstand *Karayuki-san*, ein langer Dokumentarfilm über japanische Prostituierte in Malaysia.

Vielleicht der bedeutendste Vertreter der jungen Regiegeneration Japans ist Nagisa Oshima (geb. 1932). Obwohl Oshima seit 1959 Filme dreht, wurde man in Europa erst 1969 auf sein Werk aufmerksam. Oshimas Filme *Tagebuch eines Shinjuku-Diebes, Tod durch Erhängen* und *Die Zeremonie* ließen ein neues Bild des japanischen Kinos entstehen: in ihnen erschien Film als intellektuelles, manchmal schwer zu entzifferndes, politisiertes, künstlerisch experimentelles Produkt. Es ist schwer, Oshimas Werk auf einen wie auch immer gearteten Nenner zu bringen; man kann aber sagen, daß die Suche nach der nationalen Identität Japans in vielen seiner Filme eine Rolle spielt. Oshimas Filme beschäftigen sich mit Entwicklungen der japanischen Nachkriegsgeschichte, setzen sich mit japanischen »Werten« und Traditionen (auch mit Kinotraditionen) auseinander, beteiligen den Zuschauer auf neuartige Weise am Filmgeschehen.

Nagisa Oshima begann seine Filmlaufbahn nach einem Jura- und Geschichtsstudium als Regieassistent bei der Gesellschaft Shochiku. 1959 drehte er seinen ersten Spielfilm in eigener Regie, *Ai to kibo no machi* (»Eine Stadt voller Liebe und Hoffnung«). Dieser und die nächsten Filme Oshimas gehörten noch ins »Teenage-Gangster«-Genre. Aber schon der vierte Film Oshimas, *Nihon no yuro to kiri* (*Nacht und Nebel über Japan*, 1960) sollte Geschichte machen. Ausgehend von einer Hochzeitsfeier (für das spätere Werk Oshimas ein bezeichnendes Motiv), zieht Oshima in kunstvoll verschachtelten Rückblenden eine Bilanz der politischen Studentenbewegung der Nachkriegsjahre. Er kritisiert die Spaltungen innerhalb der Linken, den romantischen Idealismus der orthodoxen Kommunisten, der sich in Liedern, Tänzen und ideologischen Diskursen äußert, aber wenig Bezug zur Wirklichkeit besitzt. Diese Kritik artikuliert sich in einer Staffelung von Zeitebenen und Bewußtseinsschichten. Oshima beschäftigte sich schon hier, anhand eines Sujets politischer Aktualität, »mit der Einordnung und der Wechselbeziehung von Zeit, Raum, Realität und Bewußtsein«[104]. Von der Produktionsgesellschaft Shochiku wurde der Film nach vier Tagen Laufzeit aus den Kinos wieder zurückgezogen, wogegen Oshima »mit unsäglichem Zorn« protestierte.

Nach dem Debakel mit *Nacht und Nebel über Japan* verließ Oshima die Shochiku und drehte 1961 *Shiku* (»Die Beute«), eine Attacke auf den japanischen Nationalismus: gegen Ende des Zweiten Weltkriegs wird ein schwarzer US-Soldat von der Bevölkerung einer kleinen Stadt gefangengenommen und schließlich ermordet. Oshimas folgende Filme der Jahre 1962 bis 1967 sind in Europa kaum oder nie gezeigt worden, mit Ausnahme des Kurzfilms *Yunbogi no nikki* (»Junbogis Tagebuch«, 1965), die Verfilmung des Tagebuchs eines koreanischen Jungen (hier zeigte sich Oshimas besonderes Interesse am Verhältnis Japan–Korea) und des langen Animationsfilms *Ninja bugeicho* (*Ninja*, 1967), der auf einer gezeichneten Bildergeschichte über Feudalkriege des 16. Jahrhunderts basiert.

1968 erschienen nacheinander drei Filme von Nagisa Oshima, die seinen Rang auch außerhalb von Japan etablieren sollten: *Koshikei* (*Tod durch Erhängen*), *Kaettekita yopparai* (*Die Rückkehr der drei Trunkenbolde*) und *Shinjuku dorobo nikki* (*Tagebuch eines Shinjuku-Diebes*). Alle drei beschäftigen sich mit Themen der Aktualität, lösen diese allerdings in verschiedene Realitäts- und Bewußtseinsebenen auf, bedienen sich der Stilmittel des Phantastischen, Illusionären. In *Tod durch Erhängen* soll ein Koreaner namens »R.« wegen Mordes erhängt werden. Ein kaltes Ritual läuft ab. Doch der Körper des Delinquenten widersteht der Hinrichtung; nur hat R. jetzt das Gedächtnis verloren und darf daher nach japanischem Recht nicht hingerichtet werden. Staatsanwalt, Gefängnisdirektor, Arzt, Henker und andere Beteiligte mühen sich, den Verurteilten wieder zum Bewußtsein seiner selbst zu bringen, indem sie ihm seine Vergangenheit, die ihm zur Last gelegten Taten vorspielen – vergebens. Hier beginnt der Film, sich in Brechungen und Splitterungen der Realität aufzulösen. Einer, der R. einen Mord vorspielt, wird darüber selbst zum Mörder – so scheint es jedenfalls. Die Personen finden aus ihren Rollen nicht mehr heraus. Ein ermordetes Mädchen wird wieder lebendig, gibt sich als Koreanerin zu erkennen, sie verteidigt R. – der sich schließlich noch einmal »richtig« erhängen läßt. Oshima gelingt in diesem Film atemberaubend kühner Konstruktion zweierlei: er macht die Absurdität, das revoltierend Mechanische des Rituals der Erhängung bewußt, er verdeutlicht aber auch die soziale Situation des Koreaners als Angehöriger einer in Japan diskriminierten Minderheit. Nicht zuletzt durch den steten Wechsel der Realitätsebenen und durch die satirischen Elemente in der Zeichnung des kleinbürgerlichen Gefängnispersonals ist dies ein abwechslungsreicher, verblüffender, manchmal sogar komischer Film.

Auch *Die Rückkehr der drei Trunkenbolde* hat mit Korea zu tun: die Helden dieses (manchmal wie ein komödiantisches Musical angelegten) Films sind drei Japaner, denen Koreaner die Kleidung stehlen, die daraufhin die Kleidung der Koreaner anlegen und damit auch deren Identität übernehmen – die sie nun nicht mehr loswerden. Der Film irritiert sein Publikum, indem er von der Mitte der Handlung ab das bisher Geschehene noch einmal wiederholt (mit kleinen, jedoch bedeutsamen Abweichungen).

Tagebuch eines Shinjuku-Diebes ist einer der kompliziertesten Oshima-Filme. Im Mittelpunkt steht ein junges Paar, das sexuelle Schwierigkeiten miteinander hat. Der Inhaber eines Buchladens (in dem der junge Mann zuvor Bücher stahl), ein Amateur-Sexualforscher und verschiedene Schauspieler geben den jungen Leuten Lektionen, lassen sie Rollen spielen, spielen ihnen selbst Verhaltensweisen vor. Das Theaterspiel als ein Medium zur Befreiung der Imagination nimmt eine wichtige Position in dem Film ein. Am Ende fällt die sexuelle Befreiung des Paares zusammen mit einer (gespielten) Harakiri-Szene und einer Studentenrevolte im Vergnügungsviertel Shinjuku. Der mäanderartig verzweigte Film, in dem Dokumentarisches mit Symbolischem abwechselt (oder geradezu verschmilzt), ergibt insgesamt ein Bild der Verwirrung und Frustration der jungen Generation Japans, der Ratlosigkeit der Älteren, der latenten Unruhe in dem Stadtviertel. *Shonen* (*Der Junge*, 1969) war dagegen ein Film linearer Struktur: hier erzählt Oshima die Geschichte einer Familie, die ihren zehnjährigen Sohn dazu anhält, Autounfälle zu simulieren, für die sie dann Schmerzensgelder kassiert. Der Film unterstrich besonders die patriarchalische Rolle des Vaters; aus der ihm aufgezwungenen Rolle flüchtet sich der Junge in eine Phantasiewelt. *Tokyo senso sengo hiwa* (»Er starb nach dem Krieg«, 1970) war nicht nur ein weiterer Bericht über das Fühlen und Denken der jungen Generation, sondern auch eine Studie über das Kino und seine Funktionen. Ein Student macht einen Film; am Ende stürzt er sich (wie zuvor ein Freund) von einem Häuserdach, und der von ihm gedrehte Film geht in den Oshimas über.

In *Gishiki* (*Die Zeremonie*, 1971) versuchte Oshima ein umfassendes Bild vom Zustand der japanischen Nachkriegsgesellschaft zu entwerfen. Auf seiner ersten Ebene erzählt der Film 25 Jahre aus der Geschichte einer weitverzweigten, unter der Diktatur eines mächtigen Großvaters stehenden Familie, die sich meistens in Form von Zeremonien (Hochzeiten, Begräbnisfeiern) abspielt. Das Ritual dieser Zeremonien ist absolut festgelegt, selbst wenn sie der Wirklichkeit total widersprechen; so schlägt in *Die Zeremonie* hehre Feierlichkeit immer wieder ins Groteske oder Makabre um. Häufig kommen in der Familie auch Selbstmorde vor (so nahm sich der Vater des Helden 1946 das Leben, als der Kaiser seinen Anspruch auf Göttlichkeit aufgab). Äußerer Rahmen des

Films ist eine Reise, die der Protagonist Masuo zusammen mit einer Kusine zu seinem auf einer entfernten Insel lebenden Vetter unternimmt, von dem er ein seltsames Telegramm erhielt, das dessen Selbstmord anzeigte. Im Verlauf dieser Reise einnert sich Masuo an die Stationen seines Lebens, namentlich an seine Rückkehr aus der Mandschurei (wo er geboren wurde) in den eher furchterweckenden Schoß der Familie. Ein symbolisches Motiv, das im Film mehrfach auftaucht, ist das Niederknien des Protagonisten, der sein Ohr auf die Erde legt, um nach der Stimme seines toten Bruders zu horchen, der in der Mandschurei noch lebend begraben wurde – die zwanghafte Wiederholung einer irrationalen Geste aus der Kindheit. *Die Zeremonie* ist ähnlich wie frühere Oshima-Filme in viele Spiegelungen und Erinnerungen aufgefächert, deren Ordnung ebenso kompliziert ist wie die der Familienverhältnisse. Oshimas Kunst besteht darin, daß er trotzdem ein intuitiv klar zu erfassendes Bild herauskristallisiert. Die Familienordnung mit den sie konstituierenden Zeremonien, Regeln und Ehrbegriffen lastet wie eine schwere, erstickende Bürde auf den Personen; Impulse der Rebellion oder der Befreiung werden meist unterdrückt, können sich nicht verwirklichen; als Reaktion bleibt die Anpassung oder Verinnerlichung, der Sarkasmus oder der Selbstmord. Das ist aber auch das Bild, das Oshima von der japanischen Gesellschaft und den sie noch immer bestimmenden Traditionen entwirft. Oshima sprach von der »Todesfaszination des japanischen Volkes sowie seinem starken Empfinden für den Selbstmord«, die er in diesem Film darstellen wollte, und davon, daß »Zeremonien die besondere Eigenheit der japanischen Seele hervortreten lassen«[105]. Dieses Bild zeichnet Oshima mit durchdringender Präzision, mit einer Neigung zur Groteske, zum Pathos, zur makabren Zuspitzung, die aber gebändigt wird von der strengen Komposition des Films; diese regiert die Bildgestaltung ebenso wie die Dramaturgie.

Natsu no imoto (»Eine kleine Sommerschwester«, 1972) präsentiert sich zunächst als mit »leichter Hand« gemachtes Werk: eine junge Japanerin fährt (zusammen mit ihrer Klavierlehrerin und zukünftigen Stiefmutter) nach Okinawa, um einen jungen Mann aufzusuchen, der behauptet, ihr Bruder zu sein. Dies ist allerdings nur die Ausgangsposition des Films, die sich alsbald durch Verdopplungen und Verwechslungen kompliziert; Oshima führt eine Reihe weiterer Personen ein, die das Verhältnis Japan–Okinawa beleuchten, das für ihn dem Verhältnis zwischen Kolonisatoren und Kolonisierten gleicht.

Zum meistdiskutierten Werk Oshimas wurde der Film, den er drei Jahre nach *Eine kleine Sommerschwester* drehte (in der Zwischenzeit fand er nur sporadische Beschäftigung beim Fernsehen): *Ai no corrida* (»Corrida der Liebe«; auch bekannt als *L'empire des sens* – *Das Reich der Sinne*, 1976). In diesem Film, der als japanisch-französische Koproduktion entstand, beschäftigt sich Oshima auf ungewohnt direkte Weise mit dem Thema Sexualität. Im Gegensatz zu früheren Werken des Regisseurs ist dieser Film von linearer Anlage; charakteristisch für Oshima ist jedoch die Radikalität, mit der hier ein Thema, ein Motiv unter entschiedener Überschreitung aller »Normen« bis in seine letzten Konsequenzen verfolgt wird. Bezeichnend für Oshima ist auch die strenge formale Kontrolle der einzelnen Szenen, die oft theatralische Bildkomposition, die Kühle und die Distanz, aus der die Ereignisse gesehen werden. Oshima zeigt ein Liebespaar, das einander derart verfallen ist, daß sich die beiden in eine ununterbrochene sexuelle Ekstase hineinsteigern, die zu Besessenheit und Wahnsinn wird und den Mann schließlich dazu bringt, sich von der Frau freiwillig strangulieren zu lassen (worauf ihm diese noch die Geschlechtsteile abschneidet). Oshimas Film ging auf einen realen Vorfall zurück, der sich im Jahr 1936 in Japan ereignet hatte. *Ai no corrida* ist eine Herausforderung an das tradierte Verständnis von Liebe und Sexualität, die hier als eine nicht domestizierbare, in der Konsequenz zerstörerische Kraft erscheint. Obwohl dem Film nichts Spekulativ-Voyeuristisches anhaftet (der Voyeurismus wird vielmehr als Thema ins Werk selbst

aufgenommen), obwohl Sexualität hier keineswegs verschönt oder kommerziell aufbe-
reitet erscheint, wurde *Ai no corrida* zum schwarzen Schaf der Zensoren verschiedener
Länder: auf den Berliner Filmfestspielen, wo der Film im Rahmen des ›Internationalen
Forums des Jungen Films‹ lief, beschlagnahmte die Staatsanwaltschaft die Kopie des
Films (ein in der Geschichte von Filmfestspielen bisher einmaliger Vorgang), und auch
in Japan, wo die Maßstäbe der Zensur im Hinblick auf die Darstellung von Sexualität
äußerst streng sind (nicht dagegen, was Sadomasochismus betrifft), ist der Film bislang
verboten; gezeigt werden darf er dagegen in Frankreich.

Zu den unabhängigen Regisseuren Japans gehört ferner Yoshishige Yoshida (geb.
1933), der durch *Eros + gyakusatsu* (*Eros + Massaker*, 1969) bekannt wurde, der parallel
erzählten Geschichte eines Anarchisten aus den zwanziger Jahren und der einer Gruppe
junger Leute aus der Jetztzeit, die über ihn einen Film drehen wollen. Ein selbst im Vergleich zu anderen japanischen Filmen unerreichtes Raffinement der Bildkomposition,
die extreme Verfeinerung von Rhythmus, Dramaturgie und audiovisuellem Kontrapunkt, die schon *Eros + Massaker* kennzeichneten, charakterisieren auch die weiteren
Filme Yoshidas: *Rengoku eroica* (»Heroisches Purgatorium«, 1970), eine Analyse von
zwei Jahrzehnten japanischer Geschichte und Politik im Gewande einer stark metaphorischen Handlung; *Kokuhaku teki joyu ron* (*Eingestandene Theorie der Schauspielerin*,
1971), ein Film über drei Schauspielerinnen, ihre Rollen, Fiktionen, Träume, aber auch
eine Reflexion über die Funktion des Schauspielers im Film; und *Kaigenrei* (»Staatsstreich«, 1973), die Untersuchung eines rechtsorientierten Putschversuches im Japan der
dreißiger Jahre.

Stark subjektiv gefärbt sind die Filme des Exzentrikers und Visionärs Shuji Terayama
(geb. 1935), der schon als Dichter, Schriftsteller und Theaterregisseur Aufsehen erregte
und 1971 mit einem ersten Langfilm hervortrat, *Sho o suteyo, machi e deyo* (*Werft die
Bücher weg und geht auf die Straße*), der lose und mit vielen Abschweifungen erzählten
Entwicklungsgeschichte eines jungen Mannes, verbunden mit zahlreichen Schocks,
Überraschungsbildern und Provokationen. *Den'en ni shisu* (etwa: »Tödliches Schäfer-
spiel«, 1974) ist eine Auseinandersetzung Terayamas mit der Welt seiner Kindheit, ein
Spiel von sonderbaren Visionen, Besessenheiten, Leitmotiven, erfüllt von freudianischen
Untertönen, in dem unter anderem eine überdimensionale »Ballon-Frau« aus dem Zir-
kus auftritt (sie wird von ihrem zwergenhaften Ehemann aufgeblasen). Terayama wollte
sich mit dieser Reise in die mythische Vorstellungswelt seiner Kindheit und Jugend von
eben dieser Welt »befreien«. Die Erinnerung spielt allerdings mit dem Filmemacher
»Versteck« und will sich ihm nicht ausliefern.

Ein bedeutender Vertreter des jungen japanischen Films, der in Europa bisher nur wenig bekannt wurde, ist Masahiro Shinoda (geb. 1931), dem eine enge stilistische Verwandtschaft mit Mizoguchi nachgesagt wird.[106] Shinoda drehte neben anderen Filmen
Shinju ten no amima (»Doppelselbstmord«, 1969), der von einem Schauspiel des Bun-
raku-Puppentheaters ausgeht, historische Dramen wie *Buraikan* (1970 – nach einem
Kabuki-Stück) oder *Chimoku* (»Schweigen«, 1971), über zwei portugiesische Patres im
Japan des 16. Jahrhunderts. *Himiko* (1973) ging sogar in die frühesten Anfänge der japanischen Nation vor 2000 Jahren zurück.

Yoichi Takabayashi drehte 1973 *Gaki zoshi* (»Das Wasser war so klar«), die formal faszinierende – der ganze Film kommt ohne ein einziges Wort Dialog aus – Evokation des
Daseins eines Mönches, der ein junges Mädchen bei sich aufnimmt, dann aber in Konflikt
mit seiner Religion gerät, als er unstatthafte Begierden bei sich entdeckt. An der Grenze
zum Dokumentarfilm steht Kazuo Hara mit seinem ›Cinéma-vérité‹-Essay *Kyokushi
teki eros: renka 1974* (*Mein sehr privater Eros: Liebeslied 1974*), das filmische Tagebuch
eines Regisseurs, der den Gründen nachforscht, warum ihn seine Frau verlassen hat, und

diese auch weiterhin mit seiner Kamera verfolgt; dabei entsteht das sehr emotional gefilmte Porträt einer Vorkämpferin der Frauenemanzipation in Japan.

Interessante Leistungen hat auch der japanische Dokumentarfilm hervorgebracht. Hier ist vor allem Shinsuke Ogawa (geb. 1933) mit seiner Serie von Dokumentarfilmen über den jahrelangen Kampf gegen die Errichtung eines Flugplatzes in Narita zu nennen, *Sommer in Narita* (1968), *Winter in Narita* (1969); am hervorragendsten aus dieser Serie ist vielleicht *Die Bauern der zweiten Festung* (1971), ein Film, der einen im Bereich des politischen Dokumentarfilms bisher kaum erreichten Grad von Realismus entwickelt und die Dimensionen antiker Samurai-Dramen erreicht. Zu nennen ist ebenfalls Noriaki Tsuchimoto (geb. 1928) mit *Minamata* (1970), einer Untersuchung über die fatalen Folgen der Umweltverschmutzung durch Quecksilberabfälle. In Japan gibt es auch eine Schule des avantgardistischen Experimentalfilms, deren Werke allerdings außerhalb Japans selten zu sehen sind; Ausnahmen bilden der in USA lebende Takahiko Iimura, ein Vertreter des »strukturellen« Films, der Animationsfilmer Yoji Kuri und Tsuneo Nakai, der mit *Alchemy* (1971) und *Azoth* (1973) aus banalen Elementen des Alltags durch formale Variationen alptraumartige Gebilde entstehen läßt. In den Kontext des japanischen Avantgardekinos gehören auch die beiden Filme des in den USA lebenden japanischen Malers Arakawa, *Why not* (1971) – »eine Apotheose von Erotik und Entfremdung« (Amos Vogel)[107] – und *For Example* (1972).

In einem Grenzbereich von Autorenkino und kommerziellem Film operieren Koji Wakamatsu, der in fünf Jahren mehr als 40 »Eroductions« verfertigte und mit *Kabe no nakano himegoto* (*Geschichten hinter Wänden*, 1965) das Genre, jedoch unter Beibehaltung aller spekulativen Elemente, über sich hinauszuführen suchte, sowie Kei Kumai, Seijun Suzuki, dem man in Japan einen Kult wie dem US-Regisseur Roger Corman entgegenbringt, und Katsu Kanai.

Obwohl der australische Film eine sehr alte Tradition besitzt, die sogar in die Zeit vor 1900 zurückreicht, kam die Produktion von Spielfilmen in Australien in den vierziger Jahren zum Erliegen. In den fünfziger und sechziger Jahren entstanden in Australien praktisch nur Kurz- und Dokumentarfilme, mit Ausnahme einiger Koproduktionen und in Australien gedrehter ausländischer Filme. Das Verleih- und Kinowesen befand sich in der Hand englischer und amerikanischer Konzerne, die kein Interesse daran hatten, eine australische Spielfilmproduktion aufkommen zu lassen. So mußte die australische Regierung Maßnahmen ergreifen, um das Filmwesen im eigenen Lande zu entwickeln. 1970 wurde die ›Australian Film Development Corporation‹ mit einem Kapital von zunächst 1 000 000 australischen Dollars zur Förderung der Produktion und des Verleihs australischer Filme gegründet; gleichzeitig richtete die Regierung einen ›Experimental Film Fund‹ ein und gründete eine nationale Filmschule. Später wurde die ›Australian Film Development Corporation‹ erweitert und in ›Australian Film Commission‹ umbenannt.

Als Folge dieser Regierungsmaßnahmen und der durch sie geschaffenen Finanzierungs- und Verleihmöglichkeiten kam ab 1970 wieder eine eigene australische Spielfilmproduktion in Gang, die sich in den nächsten Jahren stark entwickelte. Bis 1975 entstanden 21 Spielfilme mit Budgets über 100000 Dollar sowie 13 Filme mit kleinerem Budget.[108] 1975 trat der australische Film auch zum ersten Mal auf dem Festival von Cannes stärker in Erscheinung.

Obwohl der australische Film inzwischen eine wirtschaftliche Realität geworden ist, kann man noch nicht sagen, daß er künstlerisch oder ästhetisch ein eigenes Profil entwickelt hätte. In den siebziger Jahren entstanden zunächst ausgesprochen kommerzielle Erfolge, so *The Adventures of Barrie McKenzie* (»Die Abenteuer von Barrie McKenzie«, 1972) von Bruce Beresford und *Alvin Purple* (1973) von Tim Burstall, der allerdings als eine »geistlose Sex-Komödie«[109] beschrieben wird. Einige Regisseurpersönlichkeiten begannen sich zu entwickeln, die in ihren Filmen Ansätze zu einem australischen Autorenkino erkennen ließen und gelegentlich auf spezifisch australische Realitäten zurückgriffen; die meisten ihrer Filme demonstrierten gutes bis exzellentes handwerklich-technisches Niveau, hätten allerdings vielfach auch in England, Frankreich oder den USA gedreht werden können.

Zu den bekanntesten australischen Regisseuren gehören Ted Kotcheff mit *Outback* (1971), dem Porträt einer entlegenen Kleinstadt im Stil eines Horror-Films; der schon erwähnte Tim Burstall mit der Komödie *Stork* (1971), mit *Petersen* (1974), der Geschichte eines Elektrikers, der sich im Alter von 30 Jahren entschließt, ein Studium aufzunehmen, und *End Play* (»Endspiel«, 1974); Peter Weir, der zwei der bisher international erfolgreichsten australischen Filme drehte: *The Cars That Ate Paris* (»Die Autos, die Paris fraßen«, 1974), eine Horrorkomödie, und *Picnic at Hanging Rock* (*Picknick am Valentinstag*, 1975), ein besonders raffiniert fotografierter, doppeldeutiger Film über den Ausflug eines Mädchenpensionats zu einem Felsmassiv, der mit dem unerklärlichen Verschwinden dreier Mädchen und einer Lehrerin endet; Tom Cowan, ein früherer Kameramann – er fotografierte den indischen Film *Samskara* (1971) – mit *Office Picnic* (»Betriebsaus-

John Cassavetes
**A Woman under the Influence
(Eine Frau unter Einfluß)**
1974
USA

Francis Ford Coppola
The Conversation
(Der Dialog)
1974
USA

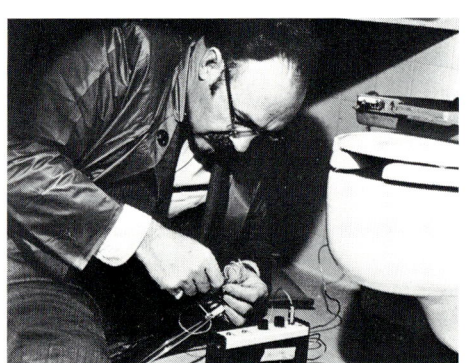

flug«, 1973), der minuziösen Chronik des Alltags einer Behörde, der bei einem Ausflug der Angestellten in sein Negativbild umschlägt; Michael Tornhill (ein ehemaliger Filmkritiker) mit *Between the Wars* (»Zwischen den Kriegen«, 1974), der Geschichte eines Arztes, verbunden mit einem Bild der Entwicklung Australiens zwischen 1918 und 1939; Ken Hannam mit *Sunday, too far away* (»Sonntag, zu weit weg«, deutscher Fernsehtitel: *Männer ohne Sonntag*, 1975), einem realistischen, milieuechten Film unter Schafscherern im Innern Australiens. *The Devil's Playground* (»Spielplatz des Teufels«, 1975) von Fred Schepisi schildert die repressive Erziehung in einem katholischen Knaben-Internat der fünfziger Jahre; *The Picture Show Man* (»Der Wanderkino-Vorführer«, 1977) von John Power blendet in die Anfangszeit der australischen Kinematographie zurück und behandelt – ein durchaus aktueller Ansatzpunkt – die Konkurrenz zwischen einem australischen und einem US-amerikanischen Veranstalter von Wanderkinovorführungen.

Unter den australischen Dokumentarfilmen verdient ein abendfüllender Dokumentarbericht über die Papuas auf Neuguinea hervorgehoben zu werden, *Tidikawa and Friends* (»Tidikawa und Freunde«, 1973) von Jef und Sue Doring; dieser Film kann infolge der Qualitäten seiner Beobachtung als ein Meisterwerk des ethnographischen Films gelten. In Australien entwickelte sich ebenfalls – noch vor der Renaissance des »professionellen« Spielfilms – eine unabhängig-experimentelle Filmbewegung, die schon 1968 zur Gründung einer australischen Filmemacher-Kooperative (sie gab sich zeitweilig den Namen ›Ubu-Films‹) führte; Hauptvertreter der australischen Experimentalfilmbewegung Ende der sechziger Jahre war Albie Thoms, der 1969 den Langfilm *Marinetti* drehte. In den siebziger Jahren trat die ›Sydney Filmmakers Cooperative‹ mit halblangen, realistischen Spielfilmen im 16-mm-Format hervor.

VII. Nordamerika

USA

Die Filmindustrie Hollywoods machte in den fünfziger und sechziger Jahren die größte Krise ihrer Geschichte durch. Die Konkurrenz des Fernsehens äußerte sich in einem dramatischen Rückgang der Besucherzahlen, der begleitet wurde von einer Verringerung der Zahl der Kinos und einem Rückgang der Produktionsziffern. Der Tiefpunkt der Krise schien 1962 erreicht; danach trat zunächst eine scheinbare Stabilisierung ein. Zu Beginn der sechziger Jahre verzeichnete die Filmindustrie jedoch weitere Einbrüche sowohl der Besucherzahlen als auch des Produktionsvolumens. Während die Besucherfrequenz in den vierziger Jahren noch bei vier Milliarden Zuschauern im Jahr lag, sank der Besuch in den fünfziger Jahren auf die Hälfte und in den sechziger Jahren auf ein Viertel dieser Zahl (in den siebziger Jahren scheint sich der Besuch etwa bei einer Milliarde Zuschauer pro Jahr konstant zu halten). Eine ähnliche Entwicklung verzeichnete die Filmproduktion: während zwischen 1944 und 1951 in den USA jährlich zwischen 350 und 450 Spielfilme gedreht wurden, waren es 1958 nur 258, 1960 sogar nur 151 Filme. Die Produktion stieg später wieder etwas an und lag Anfang der siebziger Jahre bei etwa 250 Filmen pro Jahr.

Die großen Produktionsgesellschaften Hollywoods reagierten auf die 1960 verschärft spürbar werdende Krise mit Massenentlassungen; dagegen richtete sich ein am 7. März 1960 ausgerufener Generalstreik der 26 000 Beschäftigten der Filmindustrie (mit Ausnahme der Universal). Der Streik dauerte bis zum 10. April; die Studios gaben schließlich den meisten Forderungen der Streikenden nach.[1]

Die sechziger Jahre waren für die sieben großen Hollywoodstudios (MGM, Paramount, Twentieth Century Fox, Warner Brothers, Columbia, Universal und United Artists) aufgrund der schlechten Geschäftslage eine Zeit der einschneidenden Sparmaßnahmen und der Umorientierung ihrer Geschäftspolitik. Die MGM verkaufte 1970 ihr gesamtes Inventar, schränkte die Produktion von Filmen ein und wandte sich stärker dem Hotelgeschäft zu. Paramount wurde aus einer Kette ununterbrochener Verluste nur durch den außerordentlichen wirtschaftlichen Erfolg von *Love Story* (1969) und *The Godfather* (*Der Pate*, 1972) herausgerissen. Die Studios legten ihre europäischen Vertriebsorganisationen zusammen: Paramount und Universal zur ›Cinema International Corporation‹ (CIC), Warner Brothers und Columbia fusionierten zur ›Warner-Columbia‹. Die Fox steckte 1970 in tiefen Schulden. Etwas besser war die Situation bei Universal und United Artists. Für die Politik der großen US-Firmen in den sechziger Jahren ist kennzeichnend, daß viele Produktionen nach Europa verlegt wurden, wo die Produktionskosten niedriger waren und keine Konflikte mit Gewerkschaften drohten. Die Produktion wurde auf sogenannte Prestigefilme mit großen Budgets konzentriert. Die Studios begannen schon in den fünfziger und verstärkt in den sechziger Jahren die Rechte ihrer alten Filme ans Fernsehen zu verkaufen, selbst für das Fernsehen zu produzieren oder dem Fernsehen Produktionseinrichtungen und Studios zu vermieten, während die Hollywoodfilme immer weniger in Hollywood selbst gedreht wurden (1970 nur noch einer von 6[2]). 1968 betrugen die Fernseherlöse ein Drittel der Einnahmen Hollywoods.[3]

Die schwierige Finanzlage der großen Studios in den sechziger Jahren führte zur weiteren Verflechtung der Produktionsfirmen mit anderen Wirtschaftsunternehmen oder

Industriezweigen. Paramount ist seit Oktober 1966 eine Tochtergesellschaft des Ölkonzerns Gulf & Western Industries, United Artists ein Teil der Transamericana Corporation, die über die Bank of America wiederum an 30 Industriezweigen beteiligt ist. Universal wurde zu einem Teil der Music Corporation of America (MCA). Warner Brothers wurde 1966 an die kanadische Holdinggesellschaft Seven Arts Productions und 1969 an deren Schwestergesellschaft Kinney National Service verkauft, die auch im Parkplatz-, Begräbnis- und Autoverleihgeschäft aktiv ist. Die Fox geriet durch Verschuldung unter die Kontrolle der Chase Manhattan Bank und des Aluminiumtrusts Alcoa. Die MGM schließlich wurde von einem Hotel- und Kasinobesitzer in Las Vegas aufgekauft, der sich vor allem für die Grundstücke der Firma in Culver City interessierte. Nur noch MCA, Columbia und das Familienunternehmen Walt Disney Productions konnten eine relative Autonomie bewahren.

Während das amerikanische Kino in den sechziger Jahren von künstlerischer Austrocknung und wirtschaftlicher Stagnation bedroht schien, kann man seit den siebziger Jahren nicht mehr von einem »Niedergang« Hollywoods sprechen. Durch das Auftreten jüngerer Regisseure, die durchaus im Rahmen der Industrie zu arbeiten bereit waren (im Gegensatz zu den Unabhängigen von 1960, dem ›New American Cinema‹), erhielt das Hollywoodkino Ende der sechziger und Anfang der siebziger Jahre eine neue Blutzufuhr. Bald entstand der Begriff des ›New Hollywood‹, womit man die Filme von Altman, Ashby, Bogdanovich, Coppola, Penn, Scorsese und anderen meinte. Anfang der siebziger Jahre kam es dann auch zu einigen durchschlagenden wirtschaftlichen Erfolgen: die schon erwähnten Filme *Love Story* (Arthur Hiller, 1969) und *Easy Rider* (Dennis Hopper, 1969 – das Beispiel einer unabhängigen Produktion, die später von der Columbia aufgekauft wurde; die Einspielergebnisse des Films sollen 25 Millionen Dollar betragen haben, bei Herstellungskosten von 400000 Dollar[4]); weitere Beispiele sind *The Godfather* (Francis Ford Coppola, 1972), *Sounder* (Martin Ritt, 1972), *French Connection* (*Brennpunkt Brooklyn*, 1972) und *The Exorcist* (*Der Exorzist*, 1973), Regie William Friedkin, schließlich *Jaws* (*Der weiße Hai*, 1975) von Stephen Spielberg.

Zwar hielt auch das neue Hollywoodkino an den überlieferten Genres des Gangsterfilms, des Westerns, der Komödie fest, wenngleich diese Genres jetzt häufiger als früher persönlich abgewandelt oder kritisch reflektiert wurden. Daneben aber entstanden zeitweilig auch Filme, die in kein bekanntes Genre paßten; eine neue Gattung des »Reisefilms« kam auf, in welchem das Reisen oder Fahren als existentieller Zustand erschien (so in *Easy Rider*, dem Schrittmacherfilm einer ganzen Bewegung, oder *Two-Lane Blacktop – Asphaltrennen*, 1971, Regie Monte Hellman). Ein starkes Interesse für Vergangenheit entwickelte sich, begleitet vom Hang zur nostalgischen Ausmalung von Zeitkolorit. In weit stärkerem Maße als früher ist das Hollywoodkino der frühen siebziger Jahre ein Kino der Autoren. Die Position des Regisseurs gegenüber der Produktion wurde aufgewertet. Nicht nur die Regie, auch das Schreiben der Drehbücher wird beim neuen Hollywoodkino im Gegensatz zu früher zu einem stärker individuellen Vorgang.

Durch die Verringerung des Kinobesuchs als Folge der Fernsehkonkurrenz ergab sich in den sechziger Jahren ein Wechsel in der altersmäßigen Zusammensetzung des Kinopublikums: Jugendliche unter 19 Jahren machten jetzt etwa 50% aller Kinogänger aus; 70% aller Einnahmen stammten von Zuschauern zwischen 16 und 29.[5] Während die »schweigende Mehrheit« zu Hause vor dem Fernseher blieb, kamen Rand- und Minderheitengruppen verstärkt als Kinorezipienten in Frage. Bei den Jugendlichen stießen süßliche Evasionsfilme auf Abneigung; Skepsis breitete sich gegenüber amerikanischen Traditionen und Tugenden aus. So fanden Ende der sechziger Jahre nonkonformistische und subversive Haltungen eher Eingang in die Filme als früher. Als solche durch die veränderte Publikumssoziologie bedingte neue Topoi in Hollywoodfilmen ermittelte der

Filmkritiker Thomas Elsaesser den »unmotivierten Helden« und das »Pathos des Versagens«, eine neue Erzählhaltung der Filmautoren sowie eine Vorliebe für das »Unattraktive«. Freilich äußern auch die Regisseure des ›Neuen Hollywood‹ ihre Auffassungen »im Rückgriff auf kulturell kodiertes und filmisch sanktioniertes Material«[6]. Nach der ersten Euphorie des ›New-Hollywood‹-Kinos zeichnet sich seit 1972 verstärkt eine Rückkehr zu alten Produktionsformen und zur Herstellung risikoloser Erfolgsfilme nach bewährten Rezepten ab.

Die Hollywood-Veteranen

Die amerikanische Filmproduktion der sechziger Jahre ist zunächst bestimmt durch die Arbeit einiger »klassischer« Regisseure, die zum Teil bereits seit Dezennien im Film tätig sind.

John Ford (1895–1973), »Cineast der Kontemplation« (Claude Beylie)[7], einer der am meisten verehrten Meister der amerikanischen Filmgeschichte, fügte seinem kaum mehr übersehbaren Œuvre in den sechziger Jahren noch einige Filme hinzu, so *The Man Who Shot Liberty Valance* (*Der Mann, der Liberty Valance erschoß*, 1961), *Cheyenne Autumn* (*Cheyenne*, 1964) und *Seven Women* (*Sieben Frauen*, 1966). Fords späte Filme sind in der Mehrzahl Western und bestätigen die schon aus seinem früheren Werk bekannte ruhige und genaue, etwas langsame und konservative Erzählweise sowie Fords Interesse für amerikanische Geschichte. *Liberty Valance* durchleuchtet eine historische Legende aus einer texanischen Kleinstadt des 19. Jahrhunderts. Die Legende erweist sich im Verlauf stärker als die Wirklichkeit; an der historischen Wahrheit scheint am Ende niemand mehr interessiert. Man hat diesen Film auch als »Fords großes Testament« bezeichnet.[8] In *Cheyenne Autumn* versuchte Ford das negative Bild des Indianers zu korrigieren, das allzu viele seiner früheren Filme entworfen hatten. In einem epischen Stil, der alle Register Fordscher Inszenierungstechnik zieht, schildert der Film die traurige Odyssee eines von Hunger und Kälte bedrohten Stammesrestes von Cheyenne-Indianern; auch bei den Weißen dominiert keineswegs mehr das aus früheren Ford-Filmen geläufige heroische Kämpfertum, sondern Skepsis, teilweise auch Korruption. Ford gab seinem Film jedoch ein optimistisches Finale: Innenminister Carl Schurz verspricht den Indianern, daß sie in ihrer ursprünglichen Heimat bleiben dürfen. Zwiespältig fiel John Fords letzter Film *Seven Women* aus, der in einer Missionsstation in China spielt, wo eine tatkräftige amerikanische Ärztin den Widerstand gegen mordlüsterne mongolische Untermenschen organisiert. Der Film wurde seiner schematischen und naiven Machart zum Trotz von der Kritik als »zerreißende Tragödie, deren stoische Moral von großer Schönheit ist« gefeiert.[9] Die schönste Hommage widmete Peter Bogdanovich John Ford mit seinem Montagefilm *Directed by John Ford* (1971), der Ausschnitte aus zahlreichen Ford-Filmen, Interviews mit den Ford-Schauspielern John Wayne, James Stewart und Henry Fonda sowie mit Ford selbst, im Monument Valley sitzend, enthält.

Howard Hawks' (1896–1977) Entwicklung verlief auch in den sechziger Jahren noch relativ ungebrochen; etwa alle zwei Jahre konnte er einen Film fertigstellen: *Hatari!* (1961), *Man's Favorite Sport* (*Ein Goldfisch an der Leine*, 1963), *Red Line 7000* (*Rote Linie 7000*, 1965), *El Dorado* (1967), *Rio Lobo* (1970). Hawks, der sich in fast allen Hollywoodgenres betätigte, war insbesondere ein Inspirator der jungen französischen Regisseure; sie schätzten an seinen Filmen, daß deren Emotionsstärke »vor allem auf Logik und auf Strenge« zurückgeht (»Cahiers du Cinéma«)[10]; die »Evidenz« sei, so befand Jacques Rivette, ein Merkmal des Hawksschen Genies.[11] *Hatari!* regte alle Hawks-Anhänger zu den höchsten Elogen an. Der Film ist im wesentlichen ein brillant gemachtes

Abenteuerdrama über Tierfänger in Afrika, versehen mit Neben- und Untertönen einer Gesellschaftskomödie. *Man's Favorite Sport* greift auf Motive früherer Hawks-Komödien zurück: der Autor eines Bestsellers über das Angeln muß plötzlich zugeben, daß er vom Angeln keine Ahnung hat; daraus ergibt sich eine Folge absurder Situationen, die an die »Sophisticated Comedies« der vierziger Jahre erinnern. *Red Line 7000* spielt ganz und gar im Milieu der Rennfahrerpisten und vermischt Abenteuer- sowie Todesromantik mit komödiantischen Motiven, ähnlich wie in *Hatari!*. *El Dorado* und *Rio Lobo* waren Western in klassischer Manier. In *El Dorado* variierte Hawks Motive aus seinem früheren Film *Rio Bravo* (1958): ein versoffener Sheriff und ein Revolverheld trotzen der Mordbande eines verbrecherischen Ranchers. Man hat bestimmte »Auflösungstendenzen« an diesem Western beobachtet: die Helden haben verschiedene Gebrechen (beide gehen stellenweise auf Krücken), erledigen ihre Aufgaben mit Tricks, aus ihrem Gebaren spricht »die Angst vor der nachlassenden Kraft und das Bestreben, die Schwäche zu kompensieren«. (Robin Wood)[12] *Rio Lobo* (Hawks »Schwanengesang«) schildert, wie zwei ehemalige Gegner des Bürgerkriegs gemeinsam eine Stadt von einer Verbrecherbande befreien. Der Film wird bestimmt durch die mythische Erscheinung von John Wayne in der Rolle eines frustrierten und angeschlagenen Einzelgängers.

Im Gegensatz zu denen Hawks' sind die letzten Filme des Veteranen Raoul Walsh (geb. 1892), namentlich sein Western *Distant Trumpet* (*Die blaue Eskadron*, 1963), umstritten.

John Huston (geb. 1906) war in den sechziger Jahren fast ununterbrochen beschäftigt, ohne daß ihm jedoch besonders hervorragende Werke gelangen; die meisten seiner Filme waren Brotarbeiten, deren Gemeinsamkeit allenfalls in einem spezifisch Hustonschen Geschmack am Abenteuer bestand. *The Misfits* (*Misfits – nicht gesellschaftsfähig*, nach Arthur Miller, 1960) handelt von Cowboys, einer Nachtklubtänzerin in Nevada (Marilyn Monroe) und wilden Pferden. *Freud* (1961) enthält eine vergröberte Kurzbiographie des Begründers der Psychoanalyse, versehen mit einigen Krankengeschichten und vielen Exkursionen in das Reich des Traums. Ähnlich veräußerlicht geriet der in Italien realisierte *La bibbia* (*Die Bibel*, 1965), eine aufwendige Verfilmung der ersten 22 Kapitel des Alten Testamentes. In *Reflections in a Golden Eye* (*Spiegelbild im goldnen Auge*, 1967), einem Eifersuchtsmelodram aus den Südstaaten, mochte – neben einigen extravaganten Bildfolgen – einzig bemerkenswert erscheinen, daß hier die Homosexualität des Protagonisten offen diskutiert wurde. Auch der Agentenfilm *The Kremlin Letter* (*Der Brief an den Kreml*, 1969) beschränkte sich auf die Variation eines Genres, allerdings mit Freude an grotesken Übertreibungen. Mochte es nach diesen Filmen erscheinen, als sei Huston nicht mehr als ein handwerklich versierter Illustrator jeweils vorgegebener Stoffe[13], so gelang ihm 1972 mit *Fat City* überraschenderweise doch wieder ein sehr persönlicher Film. *Fat City* ist, anders als Hustons frühere Werke, ein Film weitgehend dokumentarischer Haltung. Er spielt im Boxermilieu (das Huston aus eigener Anschauung kennt) und beschreibt die vergeblichen Anstrengungen eines fast schon gescheiterten Berufsboxers, zusammen mit einem jüngeren Kollegen doch noch Erfolg und Anerkennung zu finden. *Fat City* handelt weniger von spektakulären Kämpfen, sondern vom Alltag, von Hoffnungen, ewig erneuerten Illusionen und Enttäuschungen. Eine große Rolle in dem Film spielt das Milieu einer kalifornischen Kleinstadt. Der hohe Grad von Realismus, Hustons Sympathie für seine Personen, auch die mögliche Interpretation des Films als Metapher für den Zustand von Gesamtamerika erklären die Faszinationskraft dieses Werks, das zu Hustons besten Leistungen gehört. Nach dem Western *The Life and Times of Judge Roy Bean* (*Das war Roy Bean*, 1972) und einem Polit-Kriminalfilm, *The Mackintosh Man* (1973) erzählte Huston in *The Man Who Would Be King* (*Der Mann, der König sein wollte*, 1975) die spektakulären, aber auch komischen Abenteuer zweier Engländer aus Indien, die in »Kafiristan« ein utopisches Reich errichten wollen und dabei scheitern.

Elia Kazan (geb. 1909) hat in seinen wichtigsten Filmen eine fortlaufende Untersuchung über Amerika, seine gesellschaftlichen Verhältnisse, seine Traditionen und sein Selbstverständnis angestellt; diese Thematik mochte den Einwanderer Kazan (er wurde in Konstantinopel geboren) von einer persönlichen Seite her beschäftigen. Kazans Filme aus den sechziger Jahren setzen diese Zielrichtung seines Schaffens konsequent fort. Das Amerikathema ist untergründig präsent in den Melodramen *Wild River* (»Wilder Strom«, 1960 – beim Bau eines Staudammes weigert sich eine alte Farmerin, die Flußinsel zu verlassen, auf der sie lebt) und *Splendor in the Grass* (*Fieber im Blut*, 1961); eine zentrale Rolle erhält es in *America America* (*Die Unbezwingbaren*, 1964). Dieser – wahrscheinlich autobiographische – Film spielt zum größten Teil nicht in den USA, sondern in Griechenland. Er zeigt das Amerikabild der Einwanderer als Projektion von Wünschen und Hoffnungen, als mythischer Glaube. Kazan beschreibt die Genese des »Amerikanischen Traums« aus den bitteren Lebensbedingungen in einem kleinen anatolischen Dorf um die Jahrhundertwende. Sein Held ist ein junger Mann, dem jedes Mittel recht ist, um endlich auf das ersehnte Schiff zu kommen. Die letzten Einstellungen des Films – der Protagonist wirft sich nieder, um den amerikanischen Boden zu küssen; schon springt ein knüppelbewehrter Polizist herbei, der die Einwanderer zur Eile antreibt – weisen deutlich auf den Widerspruch zwischen den Hoffnungen der Neuankömmlinge und der sie erwartenden Realität der USA hin. *The Arrangement* (*Das Arrangement*, 1969) war in gewisser Weise eine Fortsetzung von *America America*: hier rebelliert ein junger, erfolgreicher Werbemanager gegen den »American Way of Life«, landet aber im Irrenhaus. Der Protagonist dieses Films ist der Sohn eines eingewanderten griechischen Teppichhändlers, und die Auseinandersetzungen mit dem Vater bilden ein zentrales Thema des Films. In *The Visitors* (*Die Besucher*, 1971) wandte sich Kazan dem Vietnam-Thema zu, das er allerdings nicht direkt, sondern mehr auf seine Folgen im Bewußtsein der Kriegsteilnehmer hin analysierte. Zu einem Ehepaar (der Mann ist Vietnam-Veteran), das abgeschieden in einer Kleinstadt lebt, kommen zwei Kriegskameraden des Mannes zu Besuch. Es brechen Erinnerungen auf, eine Atmosphäre der Bedrohung und der Gewalttätigkeit entsteht. Gewalt kommt vom Fernsehschirm, und Gewalt wird auch zwischen den Personen selbst ausgetragen. Wie in Kazans früheren Filmen gab es auch hier einen starken Anteil literarischer Fiktion und einen Hang zum Ausspielen hochgetriebener Dramatik; aber der Film verliert sein Hauptthema nicht aus den Augen: die kritische Selbstprüfung Amerikas. »Das wahre Thema meiner Filme«, so äußerte sich der Regisseur, »ist die Beschreibung der Seele Amerikas . . . Ich möchte Amerikas Herz bloßlegen, sein Räderwerk aufdecken.«[14] Zuletzt drehte Kazan einen aufwendigen Film mit großer Starbesetzung (Robert de Niro, Tony Curtis) über einen Hollywood-Produzenten der dreißiger Jahre: *The Last Tycoon* (*Der letzte Tycoon*, 1975).

Otto Preminger (geb. 1906) realisierte in den sechziger Jahren mehrere ambitionierte »Problemfilme« mit politischem Hintergrund, die jedoch bei näherem Hinsehen enttäuschen, weil sie ihr Sujet durch Oberflächlichkeit verwässern. *Exodus* (1960) behandelt den Kampf um die Gründung des Staates Israel in Form eines weitschweifigen Panoramas, wobei der Führer der jüdischen Widerstandsorganisation Haganah (Paul Newman) zu einem unbesiegbaren Tarzan des Untergrunds stilisiert wird und der Akzent des Geschehens auch sonst auf Äußerlichkeiten liegt. *Advise and Consent* (*Sturm über Washington*, 1961) versucht sich an der Analyse eines fiktiven politischen Intrigenspiels um einen Kandidaten für das Amt des Außenministers, der eine kommunistische Vergangenheit hat. Der Film enthält sich jeder Stellungnahme, balanciert alle Standpunkte gegeneinander aus und verwischt auch mögliche Parallelen zur McCarthy-Periode. *The*

Cardinal (*Der Kardinal*, 1963) gibt ein unscharfes, aber rührseliges und mit viel Hollywoodglamour ausgestattetes Bild vom Werdegang eines amerikanischen Kardinals. *In Harm's Way* (*Erster Sieg*, 1964) erzählt von einem General, der nach Pearl Harbour den Seekrieg gegen die Japaner organisiert; der Film geriet zur heimlichen Wehrertüchtigung. *Hurry Sundown* (*Morgen ist ein neuer Tag*, 1967) propagiert vage eine Versöhnung zwischen weiß und schwarz am Beispiel gemeinsamer Bekämpfung eines Grundstücksspekulanten. Alle diese Filme, in denen Preminger Probleme und Konflikte der amerikanischen Gesellschaft zu diskutieren vorgab, bewiesen eigentlich nur, wie untauglich die Methoden des klassischen Hollywoodkinos zur Darstellung der zeitgenössischen Realität geworden waren.

Eines großen Renommees bei einigen Filmzeitschriften erfreut sich aufgrund seiner in den fünfziger Jahren gedrehten Werke der Regisseur Nicholas Ray (geb. 1911); die »Cahiers du Cinéma« sehen in ihm das »Beispiel eines faustischen Schöpfers«[15]. Ray drehte in den sechziger Jahren noch zwei Monumentalfilme, die allerdings nur Spuren seines früheren Talents erkennen ließen: *King of Kings* (*König der Könige*, 1960) und *55 Days at Pekin* (*55 Tage in Peking*, 1962). Danach stellte er keine eigenen Werke mehr her, sondern lehrte Film an amerikanischen und europäischen Universitäten.

In die politischen Verdächtigungen der McCarthy-Zeit gerieten der Regisseur Abraham Polonsky (geb. 1910) und der Drehbuchautor Dalton Trumbo (1905–1976). Beide kamen wegen ihres Widerstandes gegen die »anti-amerikanischen« Verhöre auf Schwarze Listen (Trumbo sogar ins Gefängnis) und fanden jahrelang keine Arbeit mehr (Trumbo schrieb unter Pseudonym einige Drehbücher, so zu Premingers *Exodus*).

Polonsky konnte schließlich noch zwei Filme drehen, den Western *Tell Them Willie Boy is Here* (*Blutige Spur*, 1969), einen sensiblen, wenn auch leise resignativen Film, in welchem ein Indianer das Opfer von Rassenhaß wird, und den als italienisch/jugoslawische Koproduktion entstandenen *Il romanzo di un ladro di cavalli* (auch: *Romance of a Horse Thief, Ein Kerl zum Pferdestehlen*, 1971), der ein Bild von den gesellschaftlichen Gegensätzen in einer polnisch-jüdischen Kleinstadt unter dem russischen Zarenregime entwirft, dabei aber in den Grenzen einer unverbindlichen Komödie bleibt. Dalton Trumbos einziger in eigener Regie gedrehter Spielfilm *Johnny Got His Gun* (*Johnny zieht in den Krieg*, 1971) gehört dagegen zu den schärfsten pazifistischen Pamphleten in der Geschichte der Kinematographie. Trumbo erzählt in einem Gemisch aus Rückblenden und Gegenwartsszenen die Geschichte eines Soldaten des ersten Weltkriegs, der Arme, Beine und Augen verliert, aber aus medizinischen Erwägungen am Leben gehalten wird und in dem der Wille zur Kommunikation erwacht.

In diesem Zusammenhang muß man auch Herbert Biberman (1900–1972) erwähnen, den Regisseur eines der bedeutendsten Streikfilme, *Salt of the Earth* (*Das Salz der Erde*, 1953). Biberman gehörte ebenso wie Trumbo wegen seines Widerstandes gegen die McCarthy-Verhöre zu den geächteten »Hollywood Ten«, die wegen ihrer Überzeugung ins Gefängnis gingen. 1970 konnte er nach langer Pause wieder einen eigenen Film realisieren, *Slaves* (*Sklaven*), der die Hintergründe des Sklavengeschäfts in den USA Mitte des 19. Jahrhunderts untersucht; leider gab er ihm einen gefühlsbetonten, altmodischen Stil.

Die Zahl der Hollywoodveteranen, die im US-Kino der sechziger Jahre tätig waren und ihr bisheriges Werk mit mehr oder weniger Erfolg fortsetzten, ist Legion. Für die meisten dieser Regisseure gilt die Äußerung von François Truffaut: »Man kann die Großen von Hollywood, die *Oscar-Sammler*, nur als ›ausführende Künstler‹ bezeichnen, wenn man sieht, wie sie kommerziellen Moden folgend mal Bibelfilme, mal psychologische Western, mal Kriegsschinken und mal Scheidungskomödien machen . . . Sie haben absolut nicht das Bedürfnis, in ihre Arbeit ihre eigenen Ideen über das Leben, über die Menschen, über das Geld, über die Liebe einfließen zu lassen; sie sind Spezialisten des Showbusiness, einfache Techniker.«[16] Das Vorherrschen der stilistisch anonymen Filme (denen durchweg erfolgreiche Romane oder Bühnenstücke zugrunde lagen) im Hollywood der sechziger Jahre ist übrigens bezeichnend für die Krise, die die Filmmetropole in diesen Jahren unter dem Einfluß der Fernsehkonkurrenz und der Zuschauerrezession durchmachte. Freilich kann man in den nur nach handwerklichen Prinzipien verfertigten US-Filmen unter Umständen gerade »das Beste der amerikanischen Tradition« erkennen: »den Sinn für die Erzählung, die Wirksamkeit der Regie, die intelligente Einbeziehung der großen Räume«. (Georges Sadoul über Anthony Mann)[17]

George Cukor (geb. 1899) machte in den sechziger Jahren durch Musicals von sich reden: *Let's Make Love* (*Machen wir's in Liebe*, 1960, mit Marilyn Monroe) und *My Fair Lady* (1964); 1968 versuchte er sich an einer Verfilmung der Alexandria-Tetralogie von Lawrence Durrell, *Justine* (deutscher Verleihtitel: *Alexandria – Treibhaus der Sünde*). 1975 drehte George Cukor in sowjetisch-amerikanischer Koproduktion einen Märchenfilm, *The Blue Bird* (*Der blaue Vogel*). Edward Dmytryk (geb. 1908), trotz seiner Verwicklungen mit dem McCarthy-Ausschuß kaum jemals ohne Beschäftigung, drehte Romanverfilmungen mit sozialkritischem Einschlag, Thriller, Melodramen und Western; *The Carpetbaggers* (*Die Unersättlichen*, 1963) schildert den Aufstieg eines rücksichtslosen Unternehmers und Filmproduzenten, der im Film freilich immer noch viel Sympathie behält und ein positives Leitbild verkörpert. *Anzio* (*Schlacht um Anzio*, 1967) ist ein Kriegsfilm über die Landung der Alliierten im zweiten Weltkrieg in Italien, *Alvarez Kelly* (1965) und *Shalako* (1968) sind Western.

Joshua Logan (geb. 1908), ursprünglich Theatermann und erfolgreicher Bühnenschriftsteller, erst in den fünfziger Jahren zum Film gekommen, drehte 1963 eine Militärburleske, *Ensign Pulver* (*Operation Pazifik*), darauf folgten zwei Musicals, *Camelot* (1967) und *Paint Your Waggon* (*Westwärts zieht der Wind*, 1969). Robert Wise (geb. 1914), renommiert aus den vierziger und fünfziger Jahren durch »schwarze« Filme und als Cutter von *Citizen Kane*, drehte später die Filmversion des Musicals *West Side Story* (1961), deren Attraktionskraft vornehmlich auf das Konto des Choreographen Jerome Robbins ging, sowie den rührseligen Erfolgsfilm *Sound of Music* (»*Der Klang der Musik*«, 1965). *Star!* (1968) war die Biographie einer englischen Musical-Schauspielerin, versehen mit einem originellen Auftakt, ansonsten nach bewährtem Muster verfertigt; *The Hindenburg* (*Die Hindenburg*, 1974) ein »Katastrophenfilm« über den Absturz des deutschen Luftschiffes 1939 in Lakehurst (USA). Joseph Mankiewicz (geb. 1909) gilt in Hollywood als Intellektueller, und die meisten seiner Filme besitzen in der Tat Niveau, selbst wenn sie innerhalb des industriellen Systems der großen Studios entstanden, sich an Genres und Konventionen anlehnen. Seine besten Filme treiben ein intelligentes Spiel mit Rückblenden und Illusionen; sie basieren in hohem Maße auf der Sprache. Obwohl Mankiewicz sich in verschiedenen Genres versuchte, liegen seine eigentlichen Erfolge im Bereich der psychologischen Komödie. *Cleopatra* (1963) war einer der teuersten Mammutfilme, die je entstanden (Kosten: 37 Millionen Dollar); er stürzte die Herstellerfirma Fox in eine Krise. *The Honey Pot* (*Venedig sehen – und erben . . .*, 1965) ist eine Kriminalkomödie, *There Was A Crooked Man* (*Zwei dreckige Halunken*, 1969) ein Western teils parodistischer Anlage, der die Gesetze des Genres am Schluß auf den Kopf stellt. In *Sleuth* (*Mord mit kleinen Fehlern*, 1972), der Filmversion eines komödiantisch-kriminalistischen Zweipersonenstücks, bestätigte Mankiewicz abermals seine Begabung als Verfertiger intelligenter Kinounterhaltung. Vincente Minelli (geb. 1913) hatte seine größte Zeit in den fünfziger Jahren als Meister musikalischer Komödien mit Fred Astaire und Gene Kelly. Außerhalb dieses Genres – dessen Tradition in den sechziger Jahren abbrach – gelangen Minnelli nur noch schwache Werke: *The Four Horsemen of the Apocalypse (Die vier apokalyptischen Reiter*, 1961), ein Melodram mit vage politischen und zeitkritischen Hintergründen, *Goodbye Charlie* (1964), eine Komödie über Seelenwanderung, die nebenbei einige Hollywoodklischees ironisieren möchte, *The Sandpiper* (1965), an dessen Drehbuch zwei Autoren mitarbeiteten, die auf Hollywoods »Schwarzer Liste« standen: Dalton Trumbo und Michael Wilson. Der Film behandelte ein für Hollywood ungewöhnliches Thema: die Begegnung einer alleinstehenden Frau, die ihren Mann verlassen hat, mit einem Pastor. Gene Kelly (geb. 1912), ehemals berühmter Musicalstar der vierziger und fünfziger Jahre, hatte mit eigenen Inszenierungen weniger Glück. Seine Musicalverfilmung *Hello Dolly!* (1969), basierend auf Nestroys Posse »Einen Jux will er sich machen«, litt an einer allzu umständlichen Handlung. Stanley Donen (geb. 1924), der in den fünfziger Jahren erfolgreiche Musicals (so, zusammen mit Gene Kelly, den legendären *Singin' in the Rain*, 1952) und Komödien realisiert hatte, drehte in den sechziger Jahren Kriminalkomödien und Thrillerparodien wie *Charade* (1963) und *Arabesque (Arabeske*, 1966) sowie eine stilistisch geschickt gemachte Ehekomödie mit Slapstick-Einlagen, *Two for the Road (Zwei auf gleichem Weg*, 1967). Eine Gaunerkomödie aus der Zeit der Prohibition war *Lucky Lady (Abenteurer auf der Lucky Lady*, 1975). Insgesamt gilt Donen jedoch eher als genialer Katalysator denn als schöpferische Kraft.[18]

George Stevens (geb. 1905), Regisseur bedeutender Filme aus den fünfziger Jahren (*Giant – Giganten* – mit James Dean, 1956), realisierte in der Folgezeit einen christlichen Kolossalfilm, *The Greatest Story ever Told (Die größte Geschichte aller Zeiten*, 1965), und eine klischeereiche Komödie aus dem Spielermilieu, *The Only Game in Town (Das einzige Spiel in der Stadt*, 1970). Billy Wilder (geb. 1906) erreichte nach 1960 noch einmal eine fruchtbare Phase seiner Karriere: in witzigen, manchmal zynischen oder auch zweideutigen Gesellschaftskomödien visierte er gesellschaftliche Widersprüche an, wobei er allerdings »immer zwei Schläge nach links und einen nach rechts« austeilte (George Sadoul)[19], vielfach auch nur dem Unterhaltungsbedürfnis Hollywoods Tribut zollte. Billy Wilders Lehrmeister heißen Lubitsch und Stroheim – komödiantische und aggressiv-kritische Momente vermischen sich in beinahe jedem seiner Filme. *The Apartment (Das Appartement*, 1960) ist eine Parabel auf hierarchische Ordnungen: in der Hoffnung auf Höherkommen innerhalb der Firma bietet ein kleiner Angestellter seinen Chefs die Wohnung regelmäßig für diskrete Wochenendbesuche mit Freundinnen an. Am Ende erkennt der Protagonist seine fatale Lage: er ist Teil eines Systems geworden. An die Stelle von Resignation oder Selbstmitleid setzt der Film böses Gelächter. *One, Two, Three (Eins, zwei, drei*, 1961) ist eine ziemlich abstruse Komödie, die sowohl in West- als auch in Ost-Berlin spielt und die Wandlung eines angeblichen Kommunisten zum Europachef von Coca-Cola beschreibt.

Auf eine grelle und streckenweise vulgäre Verfilmung des Musicals *Irma la douce (Das Mädchen Irma la Douce*, 1962) folgten *Kiss Me, Stupid (Küß mich, Dummkopf*, 1964) und *The Fortune Cookie (Der Glückspilz*, 1968), Komödien, die zwischen Gesellschaftskritik, augenzwinkernder Frivolität, Entfesselung von Gags und nachträglicher Bestätigung einer zuvor scheinbar herausgeforderten Moral hin- und herschwankten. *The Private Life of Sherlock Holmes (Das Privatleben des Sherlock Holmes*, 1970) ging, wiederum im Gewande einer Komödie, der Frage nach, warum der berühmte Detektiv Junggeselle blieb; *Avanti (Avanti, avanti*, 1972) enthüllt retrospektiv das Doppelleben eines amerikanischen Konzernchefs. Schließlich verfilmte Billy Wilder 1974 mit *The Front Page (Extrablatt*) einen Stoff zum dritten Mal, den vor ihm schon Lewis Milestone 1931 und Howard Hawks 1940 (unter dem Titel *His Girl Friday*) verfilmt hatten: ein Chefredakteur bemüht sich listenreich, seinen besten Reporter, der sich gerade verheiraten will, seiner Zeitung zu erhalten (zugrunde lag dem Film – wie den früheren Bearbeitungen – ein Bühnenstück von Ben Hecht und Charles Mac Arthur). Alle drei Filme erwiesen sich letztlich als routiniert gemachte Konsumprodukte.

Henry Hathaway (geb. 1898), Regisseur von über fünfzig Filmen seit 1932 (womit er freilich noch nicht an John Ford und seine 125 Filme heranreicht), war auch in den sechziger Jahren noch einer der aktivsten Hollywoodveteranen; er drehte vorwiegend Abenteuerfilme und Western, solide Arbeiten ohne persönliche Eigenart, jedoch ausgestattet mit Schwung und Vitalität. Unter seinen Western – typischen Spätwestern mit gealterten Helden – sind erwähnenswert *North to Alaska* (*Land der tausend Abenteuer*, 1960), *Nevada Smith* (1965) und vor allem *True Grit* (*Der Marshal*, 1968) mit John Wayne. Joe Hembus nennt diesen Film »ein enorm junges, frisches, allumfassendes Werk, mit einem Elan, den man sonst nur bei Debütfilmen sieht, zugleich mit dem gelassenen Humor, der weiß, daß man nur noch gewinnen kann«[20].

Jules Dassin (geb. 1912), ebenfalls McCarthy-Geschädigter, ging in den fünfziger Jahren nach Europa. 1960 drehte er in Griechenland die erfolgreiche Komödie *Pote tin kyriaki (Sonntags . . . Nie!)* mit Melina Mercouri. Es folgten *Phädra* (1962) und, wieder in den USA, die Kriminal-Persiflage *Topkapi* (1964). Dassin bemühte sich mit wechselndem Erfolg, in seinen Filmen politisches Engagement zum Ausdruck zu bringen, aber *Up Tight* (*Black Power*, 1968) litt unter der schematischen Zeichnung des schwarzen Milieus und einer militanten schwarzen Gruppe aus den USA; *The Rehearsal* (»Die Probe«, 1974) war der mit nicht adäquaten ästhetischen Mitteln vorgenommene Versuch einer politischen Chronik aus dem Griechenland der Militärdiktatur.

Fred Zinneman (geb. 1907) demonstrierte nach 1960 nur noch technische Perfektion und Routine: *Behold a Pale Horse* (*Deine Zeit ist um*, 1964) erzählt in der Manier eines Westerns eine Geschichte aus Spanien mit Bezug auf den spanischen Bürgerkrieg, die jedoch alle politischen Hintergründe ausspart; *The Day of the Jackal* (*Der Schakal*, 1972) ist ein Thriller über ein Attentat auf de Gaulle, und nur *A Man for All Seasons* (*Ein Mann zu jeder Jahreszeit*, 1966), ein Film über den Konflikt zwischen Thomas Morus und Heinrich VIII. im England des 16. Jahrhunderts, enthielt einen interessanten politisch-ideologischen Kern.

Anthony Mann (geb. 1907) drehte nach zahlreichen erfolgreichen Western in den fünfziger Jahren noch zwei Ausstattungsfilme, *El Cid* (1961) und *The Fall of the Roman Empire* (*Der Untergang des römischen Reiches*, 1963), einen wenig glaubwürdigen, in Norwegen spielenden Widerstandsfilm *The Hero of Telemark* (*Kennwort »Schweres Wasser«*, 1965) sowie einen Agententhriller mit politischen Ost-West-Hintergründen, *A Dandy in Aspic* (*Todestanz eines Killers*, 1968). Daniel Mann (geb. 1912) bevorzugte die Bereiche der Sittenkomödie und des Familienmelodrams, wofür *Butterfield 8* (*Telefon Butterfield 8*, 1960), *Who's Been Sleeping in My Bed* (*Wer hat in meinem Bett geschlafen?*, 1963) und *A Dream of Kings* (*Matsoukas, der Grieche*, 1969) typisch sind; später drehte Daniel Mann einen Horrorfilm à la Hitchcock, dessen Stars dressierte Ratten waren: *Willard* (1970). Delmer Daves (geb. 1904), der sich durch viele Western ausgezeichnet hatte, widmete sich in den sechziger Jahren vor allem sentimentalen Familiendramen; *Youngblood Hawke* (*Ein Mann kam nach New York*, 1963) beschreibt auf den Spuren eines populären Romans, wie ein Schriftsteller vom verderblichen Einfluß der Großstadt korrumpiert wird, dem er am Ende gerade noch entrinnen kann. William Wyler (geb. 1902) suchte in den sechziger Jahren seine Reputation als einer der Großen Hollywoods aufrechtzuerhalten, aber es gelangen ihm nur glatte, unpersönliche, wenngleich routiniert gemachte Filme, so das Musical *Funny Girl* (1967) oder ein weitgehend auf private Aspekte reduzierter Film über Rassenprobleme in den Südstaaten: *The Liberation of L. B. Jones* (*Die Glut der Gewalt*, 1969).

In den Bereich der reinen Routineproduktion kann man folgende Veteranenregisseure einordnen: Terence Young (geb. 1915) – er machte durch die James-Bond-Filme auf sich aufmerksam (*Thunderball – James Bond 007 Feuerball*, 1965), Gordon Douglas (geb. 1909), Richard Fleischer (geb. 1916) – von ihm stammt jedoch einer der schönsten Science-fiction-Filme, *The Fantastic Voyage* (*Die phantastische Reise*, 1965), in welchem ein U-Boot auf Mikrobengröße eingeschrumpft und in die Blutbahn eines Menschen injiziert wird; John Sturges (geb. 1911), der sich in fast allen Genres versuchte, Laslo Benedek (geb. 1907), Mark Robson (geb. 1913) und Michael Gordon (geb. 1919).

Alfred Hitchcock, Orson Welles

Das Werk Alfred Hitchcocks (geb. 1899) ist in seiner wahren Bedeutung von der Kritik wohl erst in den sechziger Jahren erkannt worden. Die Publikation von François Truffauts Interviewbuch »Le cinéma selon Hitchcock« 1966 (deutsch 1973) markiert ein wichtiges Datum nicht nur in der Interpretation des Hitchcockschen Werkes, sondern zugleich in der Formierung einer Filmtheorie, die ihr Augenmerk auf strukturelle Merkmale richtet und Film nicht so sehr als Reflex der Wirklichkeit, sondern als wirkende Konstruktion, als Artefakt betrachtet. Wie Eric Rohmer und Claude Chabrol es in ihrem (bereits 1957 erschienenen) Hitchcock-Buch definiert haben: »Hitchcock ist einer der größten Erfinder von Formen in der Geschichte des Kinos, allenfalls Murnau und Eisenstein halten auf diesem Gebiet einen Vergleich mit ihm aus ... Die Form ist bei ihm nicht eine Verschönerung des Inhalts, sie bringt ihn hervor. Der ganze Hitchcock besteht in dieser Formel.«[21] Der Schlüsselbegriff der Hitchcock-Filme ist die Herstellung von »Suspense«, einer kinematographischen Form von Spannung, Verunsicherung, Zweideutigkeit. Dieses Moment des »Suspense«, das oft einhergeht mit einer Identitätskrise der Helden, wird bei Hitchcock mit spezifisch filmischen Mitteln zum Ausdruck gebracht. Kein Detail ist in seinen Filmen überflüssig, alles ist Bestandteil einer Konstruktion, deren Gesetzmäßigkeit Schritt für Schritt erkennbar wird.

Die für Hitchcocks Schaffen charakteristischen Momente zeigen sich auch in seinem Spätwerk ab 1960. Was sich in *Psycho* (1960) und *The Birds* (*Die Vögel*, 1962) verstärkt bemerkbar macht, ist ein fast metaphysisches Grundgefühl der Angst. In *Psycho* wird eine Sekretärin, die Geld unterschlagen hat, in einem gruseligen Motel plötzlich ermordet – zunächst nimmt man an, von der Mutter des Besitzers, bis man schließlich erfährt, daß diese nur noch als Mumie im Keller sitzt. Hitchcock orchestriert wie immer auf meisterliche Weise die Signalbilder des Bedrohlichen. *The Birds* geht auf eine Novelle von Daphne du Maurier zurück. In der Nähe von San Franzisko, in einer total domestizierten Landschaft, werden die Vögel plötzlich von einer unerklärlichen Unruhe befallen, beginnen Menschen anzugreifen und entwickeln sich schließlich zu einer apokalyptischen Landplage, vor der die Protagonisten mit knapper Not, wenn auch stark lädiert, im geschlossenen Auto entfliehen können. Die zunächst friedliche Bürgerwelt einer Kleinstadt, die die Handlungskulisse abgibt, wirkt in Hitchcocks Film von Anfang an unwirklich, steril, gekünstelt; in ihr scheint das stufenweise losbrechende Vögelinferno als Gegenbild schon tendenziell angelegt. Die Mutter des Helden, die dessen Freundin Kälte und Ablehnung spüren läßt, ist eine typische Hitchcock-Figur (auch in *Psycho* spukte eine böse Mutter).

Marnie (1964) griff im Gegensatz zu *Psycho* und *The Birds* wieder stärker auf die psychologische Thematik früherer Hitchcock-Filme wie *Suspicion* oder *Rebecca* zurück. Erzählt wird die freudianisch untermauerte Geschichte einer Büroangestellten, die an krankhafter Berührungsangst und Kleptomanie leidet; dies geht, wie ihr Ehemann argwöhnt und schließlich herausbekommt, auf ein schreckliches Kindheitserlebnis zurück.

Die Umwelt des Films wird von Hitchcock mit kühler Distanz und Betonung des Irrealen geschildert, auch über die psychoanalytischen Untertöne der Handlung scheint er sich gelegentlich (durch Übertreibung) lustig zu machen. Das irritierend Gruselige dieses Films erwächst aus der Inkongruenz zwischen der normalen (und zugleich seltsam künstlichen) Welt und der psychischen Verfassung der Heldin, ihrer andauernden Identitätskrise, die erst am Schluß durch Aufdeckung des Kindheitserlebnisses (möglicherweise) beseitigt ist.

Torn Curtain (*Der zerrissene Vorhang*, 1966) und *Topaz* (*Topas*, 1969) stießen auf den Einspruch einer politisch argumentierenden Filmkritik. Beide Filme sind, an der Oberfläche betrachtet, Agentendramen, Ost-West-Spionagethriller, wie sie damals im amerikanischen Kino Mode waren. In *Torn Curtain* begibt sich ein amerikanischer Physikprofessor nach Ost-Berlin, um in der DDR eine geheime Formel auszuspionieren. Als sein Doppelspiel entdeckt wird, kann er gerade noch auf abenteuerliche Weise in den Westen zurückfliehen. *Topaz* entwickelt ebenfalls eine politische Fiktion, in die sich sogar Elemente der Zeitgeschichte mischen: 1962 führt das Überlaufen eines russischen Geheimdienstlers zur Entdeckung sowjetischer Raketenbasen in Kuba und zur Zerschlagung eines Spionagerings in Frankreich. Besonders in *Torn Curtain* ist die Unstimmigkeit vieler Details evident; der Film kann (und will) nicht den geringsten Anspruch erheben, ein Bild der DDR zu entwerfen, sondern schwelgt in Vorstellungen einer abenteuerlichen Phantasie. Hitchcock kam es vor allem auf die alptraumhaften Szenen von der Flucht des Professors (und auf sein Eingeschlossensein in einem riesigen Theater) an. Der ganze Film läßt sich am ehesten als irreale Konstruktion deuten, die mit Elementen der Wirklichkeit ihr makabres Spiel treibt. In *Topaz* scheut sich Hitchcock nicht, sogar Dokumentaraufnahmen von Fidel Castro aus Kuba in der Handlung des Films zu integrieren, so als ob Fidel ein Statist des Films sei. Der Film ist die Beschreibung eines Dschungels, in dem jede Orientierung, jede Identität verlorengegangen ist, jede Fährte nur in die Irre führt.

Noch einmal auf der Höhe seiner früheren Leistungen zeigte sich Hitchcock in *Frenzy* (1972) – was vielleicht damit zu tun hatte, daß er hier in sein heimatliches englisches Milieu zurückkehrte. In der Tat fiel dieser Film auf der einen Seite äußerst realistisch aus; er delektiert sich an der genauen, oft parodistischen Schilderung kleiner Einzelheiten des Alltags (so an der minutiösen Beschreibung scheußlicher Mahlzeiten, die eine Frau ihrem Ehemann vorsetzt); auf der anderen Seite ist der Film in Hitchcockscher Manier perfekt konstruiert und enthält manche filmtechnischen Anthologiestücke, so eine lange Kamerafahrt in ein Haus hinein, eine Treppe hinauf und den gleichen Weg wieder zurück – ohne Schnitt; eine Erinnerung daran, daß Hitchcock schon in den fünfziger Jahren eine »Montage innerhalb des Bildes« befürwortet und praktiziert hatte. Es geht in dem Film um einen Frauenmord mittels Krawatte; ein Unschuldiger wird verdächtigt, der dann den wirklichen Verbrecher tötet. Eher enttäuschend fiel dagegen Hitchcocks bislang letzter Film aus, *Family Plot* (*Familiengrab*, 1976), in dem die Geschichte einer Wahrsagerin und eines Paars von Diamantendieben mit vielen Abschweifungen und retardierenden Momenten erzählt wird.

Orson Welles (geb. 1915), Hollywoods einstiges Wunderkind, hatte mit seiner Produktion schon in den fünfziger Jahren Schwierigkeiten – zwei Filme konnte er nicht so zu Ende montieren, wie er wollte, ein anderer, der 1959 begonnene *Don Quixote*, an dem Welles in Abständen immer wieder gearbeitet hat, ist bis heute nicht beendet. 1962 drehte Welles als deutsch-italienisch-französische Koproduktion *Der Prozeß*, eine Bearbeitung des Romans von Franz Kafka. Welles entfaltete in dem Film großen formalen Aufwand zur Evokation einer alptraumartigen Atmosphäre. Er suchte seltsame Szenerien aus (einen halb ausrangierten Bahnhof in Paris, riesige Bürohallen); er benutzte verzerrende Weitwinkelobjektive, ließ die Kamera fahren und schwenken, die Szenerie kunstvoll irreal und expressionistisch ausleuchten. Tatsächlich aber verfehlt er die Substanz des Romans, in welchem metaphysische Angst aus einer an der Oberfläche trocken-realistischen Beschreibung aufsteigt. In seinen folgenden Filmen variierte Welles auf verschiedene Weise die Thematik des Alterns. *Histoire immortelle* (»Unsterbliche Geschichte«, deutscher Verleihtitel: *Stunde der Wahrheit*, 1967), in Frankreich entstanden, nimmt sich aus wie eine Paraphrase von *Citizen Kane* (1941): in Macao lebt ein alter Kaufmann inmitten ungeheurer aufgehäufter Reichtümer; angesichts des nahen Todes sucht er nach einem Erben, aber seine Pläne mißlingen. Er stirbt, und bei seinem Tod entgleitet ihm eine geheimnisvolle Muschel, die einen überirdischen Klang enthalten soll – ein analoges Motiv zur Glaskugel aus *Citizen Kane*. *Falstaff / Campanadas a medianoche* (*Falstaff*, 1965) war Orson Welles' dritte Shakespeare-Adaptation nach *Macbeth* (1947) und *Othello* (1951). Der Film verschmolz Fragmente aus mehreren Shakespeare-Stücken zu einem neuen Ganzen; neben Falstaff wurden Heinrich IV. und Heinrich V. zu Hauptpersonen des Geschehens. Welles stattete seinen Film reichlich mit expressiven Einstellungen und mit Großaufnahmen aus; nicht zuletzt war es der Schauspieler Orson Welles in der Titelrolle (und seine Stimme – in der Originalfassung), die dem Film seine Ausstrahlungskraft gaben. Als Schauspieler war Orson Welles in den sechziger Jahren fast ununterbrochen beschäftigt – bei Regisseuren wie Asquith, Pasolini, Huston, Clément, Chabrol, Richardson, Zinneman und anderen. Zwischendurch begann Welles 1967 noch einen anderen Film in Jugoslawien, der nie fertiggestellt wurde: *Dead Reckoning* oder *The Deep*. Ein Kennzeichen der späten (wie der frühen) Orson-Welles-Filme ist, daß sie stets große, übermächtige, titanische Persönlichkeiten in den Mittelpunkt stellten – Falstaff oder den reichen Kaufmann aus *Histoire immortelle*. Alle Eigenschaften des Wellesschen Werkes klingen noch einmal an in *F for Fake* (*F wie Fälschung*, 1975), einem Film über berühmte Kunstfälscher. Die Tätigkeit der Fälscher, Schwindler und Zauberkünstler empfindet Welles, der sich im Kommentar des Films selbst als »Scharlatan« bezeichnet, als Symbol oder Analogie für seine eigene künstlerische Tätigkeit. Auch die Kritik wies darauf hin, daß »alle Helden, die Welles selber spielt oder die er privilegiert, . . . bewußt oder nicht, sich selbst oder den anderen gegenüber, Mystifikatoren sind, Manipulateure, die mit Illusionen arbeiten«. (Guy Braucourt)[22]

B-Pictures und ihre Regisseure

Einige Regisseure der älteren Generation, die für das Hollywoodkino der sechziger und siebziger Jahre von Bedeutung sind, lassen sich dem Bereich der sogenannten B-Pictures zuordnen. Damit sind Filme gemeint, die mit geringen Budgets und mit wenig Aufwand gedreht werden, zumeist im Rahmen der etablierten Hollywoodgenres, um als Ergänzung eines anderen Films in einem Doppelprogramm zu laufen. Die B-Pictures haben in der Geschichte Hollywoods eine nicht zu unterschätzende Rolle gespielt: durch die geringe Aufmerksamkeit, die diesen – ihrer Grundorientierung nach kommerziellen – Filmen gewidmet wurde, hatten ihre Regisseure mitunter eine Freiheit der Gestaltung, die ihnen bei größeren Produktionen nicht eingeräumt wurde. »Der Grund, warum der ›zweite Spielfilm‹ oft eine Kraft und eine subversive Beunruhigung ausstrahlte, lag darin, daß dieser Film gemacht wurde, während – sozusagen – niemand zuschaute . . . Niemals von den Kritikern sehr ernst genommen, und noch weniger von den Studiochefs, konnte der Regisseur von B-Filmen in einer weniger angespannten Atmosphäre arbeiten als viele seiner Zeitgenossen mit wahnwitzig hohen Budgets«. (Peter Bogdanovich)[23] Zu den

B-Film-Regisseuren der sechziger Jahre lassen sich Roger Corman, Samuel Fuller, Don Siegel und (vielleicht) Budd Boetticher rechnen. Boetticher (geb. 1916) verließ Hollywood nach dem finanziellen Mißerfolg seines bemerkenswerten Gangsterfilms *The Rise and Fall of Legs Diamond* (*J. D., der Killer*, 1960), ging nach Mexiko und drehte dort auf eigene Faust drei Jahre lang an einem Film über den Stierkämpfer Carlos Arruza, der jedoch nie fertiggestellt wurde. In den sechziger Jahren drehte Boetticher noch einen Western, *A Time for Dying* (*Zeit zum Sterben*, 1969), eine Verarbeitung klassischer Westernlegenden um »Richter« Roy Bean und Jesse James, gleichzeitig aber auch der Versuch einer neuen Reflexion: »Ich wollte die Wahrheit über die vielen anonymen Gräber erzählen, die sich im Westen befinden . . . Der Film ist die Geschichte einer Generation, die von Legenden und Romantik verblendet war.«[24]

Samuel Fuller (geb. 1911) gilt bei Liebhabern des amerikanischen Kinos als ein Geheimtip, ebenso wie die Regisseure Corman und Don Siegel. Er wird oft als »Vollblutregisseur« angesprochen, als »Kraftnatur«, wie sie im heutigen Film im Aussterben sei.[25] Seine besondere Vorliebe gilt dem »schwarzen« Film. Berühmt ist Jean-Luc Godards Hommage auf Samuel Fuller, der persönlich in *Pierrot le fou* auftritt und erklärt, für ihn sei Film das gleiche »wie das Schlachtfeld«. Auf der anderen Seite wird Fuller – mit Bezug auf die Filme aus den fünfziger Jahren – auch ideologische Voreingenommenheit und Apologie des Militarismus vorgeworfen[26]; das mag für *Merrill's Marauders* (*Durchbruch auf Befehl*, 1961) zutreffen, einen heroischen Kriegsfilm über den Kampf zwischen US-Spezialtruppen und Japanern in Burma zur Zeit des Zweiten Weltkrieges. *Underworld USA* (*Alles auf eine Karte*, 1960) ist ein harter, im Detail realistischer Gangsterfilm über die Rache eines jungen Mannes, dessen Vater von Gangstern ermordet wurde. Einer seiner besten Filme gelang Samuel Fuller mit *Shock Corridor* (1963), einem Kriminaldrama aus dem Milieu eines Irrenhauses. Ein Reporter will, um den Pulitzerpreis zu erringen, einen Mord aufdecken, der in einer Nervenheilanstalt begangen wurde; dazu läßt er sich als angeblich Schizophrener einliefern, findet auch den Schuldigen, verfällt aber am Ende selbst dem Wahnsinn. »Der Film birst vor mühsam gebändigter Wut, die aus brennendem Haß auf die barbarischen Figurationen der US-Gesellschaft gespeist wird«. (Theodor Kotulla)[27] Die Insassen der Klinik stehen in ihrem Wahnsinn jeweils für bestimmte Tendenzen der US-Gesellschaft. Im gleichen Jahre drehte Fuller *The Naked Kiss*; danach begann für ihn eine Periode der Schwierigkeiten. Erst 1969 entstand *Shark (Hai)*, ein Drama von der Suche nach einem untergegangenen Schatz im Roten Meer. Aber Fuller konnte den Film nicht so montieren, wie er wollte, und distanzierte sich später von ihm. 1972 drehte er für das WDR-Fernsehen in Köln eine Episode zu der Serie »Tatort«, *Dead Pigeon on Beethovenstreet* (*Tote Taube in der Beethovenstraße*), eine Spionagegeschichte, die im Verlauf des Films immer unübersichtlicher wird; für Fuller war dieser Film eher eine Fingerübung.

Roger Corman und Don Siegel sind Regisseure mit Dauerbeschäftigung im Bereich des B-Films. Corman wird sogar als Rekordhalter des B-Films bezeichnet, weil er in zehn Jahren, 1954–1964, sechzig Filme gedreht haben soll. Roger Corman (geb. 1926) betätigte sich in vielen Genres, er drehte Western, Gangsterfilme, seine eigentliche Spezialität scheint aber der phantastische Horrorfilm zu sein. Einige Edgar-Allan-Poe-Verfilmungen gehören zu seinen besten Leistungen: *House of Usher* (*Die Verfluchten*, 1960), *The Pit and the Pendulum* (*Das Pendel des Todes*, 1961), *The Raven* (*Der Rabe*, 1963) oder *The Masque of the Red Death* (*Satana – das Schloß der blutigen Begierde*, 1965), zu denen noch einige andere Titel kommen. Die Filme wurden von Corman mit dem gleichen Team, in den gleichen Dekorationen und nach immer gleichbleibenden stilistischen Prinzipien gedreht. Man mag das Grelle, Überspitzte, die exzentrischen visuellen Ideen an ihnen schätzen, den Vorlagen Poes wurden sie jedoch nicht gerecht. Neben diesen und zahlreichen anderen Horrorfilmen drehte Corman eine wildbewegte Motorradballade, *Wild Angels* (*Die wilden Engel*, 1966), eine Pseudo-Dokumentation über Drogen, *The Trip* (1969), und zwei Gangsterfilme: *The St. Valentine's Day Massacre* (*Chicago-Massaker*, 1967) sowie *Bloody Mama* (1970); der erste ist in die Form einer historischen Chronik gekleidet und schildert das Massaker der Capone-Bande an rivalisierenden Gangstern im Jahre 1929, der zweite beschreibt, ohne vor krassen Details zurückzuscheuen, die Bluttaten einer Gangsterfrau und ihrer vier Söhne. Sicher wurde dieser Film von Arthur Penns *Bonnie and Clyde* (1967) angeregt; von diesem unterscheidet er sich jedoch darin, daß er »moralfrei« ist und keine Ansatzpunkte zur Identifikation bietet. Roger Corman spielte in den siebziger Jahren auch eine bedeutende Rolle als Produzent und Förderer von unabhängigen Filmen junger Regisseure – möglicherweise war diese Rolle Cormans noch wichtiger als die eines Regisseurs von B-Pictures.

Auch Don Siegel (geb. 1912) hat sich in verschiedenen Genres versucht, wenngleich der Gangsterfilm mit einer späteren Variante, dem Polizeifilm, sein Hauptgebiet zu sein scheint. Siegel ist neben Corman berühmt dafür, einen Film nötigenfalls in wenigen Tagen abdrehen zu können. In den siebziger Jahren haben sich allerdings seine Produktionsbudgets erhöht, so daß er späterhin eigentlich nicht mehr zum B-Film gerechnet werden kann. *Flaming Star* (*Flammender Stern*, 1960) war ein Film mit Elvis Presley über die schwierige Situation eines Indianermischlings zwischen Weiß und Rot. Dann folgte ein Kriegsfilm, situiert an der deutschen Westfront im Jahre 1944: *Hell Is for Heroes* (*Die ins Gras beißen*, 1962). *The Killers* (*Der Tod eines Killers*, 1964) ist die eher uninspirierte Verfilmung einer Hemingway-Novelle. Zu Don Siegels berühmtesten Filmen gehören *The Beguiled* (*Betrogen*, 1971), die Erforschung einer Seelenlandschaft, die in Zonen immer tieferer Düsterkeit führt und Rückschlüsse auf gesamtgesellschaftliche Zustände in den USA von heute zuläßt (anhand eines Sujets aus dem amerikanischen Bürgerkrieg), und *Charley Varrick* (*Der große Coup*, 1973), in welchem kleine Gangster einen großen Raub begehen und darauf von Polizei und Mafia gejagt werden. Don Siegels Polizeifilme *Madigan* (*Nur noch 72 Stunden*, 1967) und *Dirty Harry* (1971) sind »besonders interessant durch ihre doppelsinnige Untersuchung der leichten Korrumpierbarkeit von Gesetzesvertretern, durch die Darstellung des Elends und des Schreckens ihrer täglichen Aufgaben«. (Bogdanovich)[28]

Regisseure der mittleren Generation

Zwischen den Hollywoodveteranen und den Vertretern der ›New-Hollywood‹-Bewegung aus den späteren sechziger Jahren steht eine Gruppe von Regisseuren mittleren Alters, die schon in den fünfziger Jahren debütierten und in dieser Zeit ihren spezifischen Stil entwickelten. In den sechziger Jahren ordneten sie sich in ihrer Mehrheit den Ansprüchen des Marktes unter. Zu diesen Regisseuren gehören Stanley Kubrick, Robert Aldrich, Stanley Kramer, Richard Brooks, Sydney Lumet und Martin Ritt.

Stanley Kubricks (geb. 1928) Anfänge standen im Zeichen des engagierten Realismus (*Paths of Glory – Wege zum Ruhm*, 1957). Ab 1960 drehte Kubrick Filme nur im Abstand mehrerer Jahre, jeweils mit ungewöhnlich großen Vorbereitungen; er bevorzugte spektakuläre Sujets mit philosophischen (*2001*) und soziologischen (*Clockwork Orange*) Ambitionen. In dem Monumentalfilm *Spartacus* (1960) über einen Sklavenaufstand im alten Rom zeigt sich schon Kubricks ambivalentes Verhältnis zur Gewalt: Folterungen und Exzesse werden scheinbar kritisch, in Wirklichkeit aber spektakulär-genüßlich dargeboten. Über den Film ging vielleicht gerade wegen dieser Machart ein Regen von Oscars nieder.

Lolita (1962 – wie auch alle folgenden Werke Kubricks entstand dieser Film in England) – war eine peinliche Vergröberung des zugrundeliegenden Romans von Vladimir Nabokov. Kubricks zwei nächste Filme offenbarten jedoch schärfer artikulierte zeitkritische Positionen, die sich mit intelligenten Stilmitteln und exorbitantem produktionstechnischem Aufwand verkoppelten. *Dr. Strangelove or, How I Learned to Stop Worrying and Love the Bomb* (*Dr. Seltsam oder Wie ich lernte, die Bombe zu lieben*, 1964) entwarf die makabre Hypothese eines aus Versehen ausgelösten Weltuntergangs: ein geistesgestörter US-Luftwaffenkommandant setzt ein Flugzeuggeschwader mit Atombomben gegen die Sowjetunion in Marsch; das Debakel kann trotz aller Bemühungen des amerikanischen Präsidenten aufgrund ausgeklügelter »Sicherheits«-Mechanismen nicht mehr rückgängig gemacht werden; als Gegenschlag löst die Sowjetunion die Weltvernichtung aus. Kubrick führt in seinem Film eine Galerie komisch-bösartig stilisierter Personen vor: Politiker, Militärs, Wissenschaftler, die allesamt nicht fähig sind, das Räderwerk, das zum Untergang führt, noch anzuhalten; er bedient sich einer satirisch überspitzten Dramaturgie. *2001: A Space Odyssey* (*2001 – Odysee im Weltraum*, 1968) ist dagegen eine Science-fiction-Phantasie. Kubrick öffnet vor dem Zuschauer zeitliche und räumliche Perspektiven, die ihm die Orientierung rauben, und inszeniert ein tödliches Duell zwischen Mensch und Computer. Der Computer an Bord eines zum Jupiter dirigierten Raumschiffs führt unter allen Umständen die eingegebenen Instruktionen aus, auch gegen den Widerstand der Raumfahrer selbst, und läßt die Rakete in die Unendlichkeit stürzen (eine moderne Variation des Golem- und Frankensteinmythos). Schwindel ergreifen einen nicht nur beim Sturz der Rakete ins Unendliche, sondern auch bei Kubricks verwirrenden (und verworrenen) Rück- und Vorausblenden in die Geschichte der Menschheit. Letzten Endes scheint Kubrick sich in seiner Weltraum-Phantasie nicht so sehr für die Menschen (im Unterschied zu Tarkowskijs *Solaris*, mit dem man *2001* oft verglichen hat), sondern für die Technologie zu interessieren. Dieser Technologie gegenüber, die der Film als dumpfe Bedrohung empfindet, sind die Menschen nur Figuren in Planquadraten. Der einzige »echte« Mensch des Films ist paradoxerweise das Computergehirn, das denn auch von Kubrick mit »psychologischen« Eigenschaften ausgestattet wird. Bei allen Einschränkungen, die man gegenüber der mechanistisch-technologischen Phantasie des Films und manchen seiner verschwommenen (wenn auch in schönen Bildern artikulierten) Ideen vorbringen mag, ist *2001* dennoch ein wichtiges Datum in der Geschichte des Science-fiction-Films.

Als prätentiöser soziologischer Traktat, angereichert mit unnötigen Grausamkeiten und Monstrositäten erscheint dagegen *Clockwork Orange* (*Uhrwerk Orange*, 1971). Der inhaftierte Anführer einer Horde jugendlicher Krimineller meldet sich freiwillig für ein Experiment psychischer Umprogrammierung, aus dem er als bedauernswertes Wrack hervorgeht und erneut medizinisch behandelt werden muß. Kubrick läßt sich über die Beziehungen zwischen Sexualität, Psychoanalyse, Faschismus, Brutalität, Religion und vielen anderen Dingen aus, anhand von stilisierten Sequenzen und Bildern, die effektvoll und schockierend sind, letztlich aber nur Konfusion hinterlassen. Grausamkeit wird hier pseudokritisch und mit dem Air des Sensationellen versehen vorexerziert; die »Zeitkritik« dieses Films ist nur Attitüde. Höchste Elogen der Kritik erhielt Kubrick für sein Epos *Barry Lyndon* (1975), das er mit enormem Aufwand nach einem Roman von William Thackeray in Szene setzte. Seine Hauptfigur ist ein junger Ire, der nach Kriegs- und Spionagediensten durch Heirat gesellschaftlich aufsteigt, dann aber infolge seiner Skrupellosigkeit und Verschwendungssucht alles Gewonnene wieder verliert. Kubrick wandte viel Mühe auf malerische Dekors, impressionistische Landschaften, Kostüme und Ausstattung jeder Art, sorgfältig arrangierte er das Licht, die Farben, komponierte Einstellungen wie Gemälde – aber alles das blieb im Grunde akademisch, dekorativ; in der Verwendung

Dennis Hopper
Easy Rider
1969
USA

Peter Bogdanovich
Paper Moon
1973
USA

von Dekor und Landschaft zur Erzielung malerischer Wirkungen haben, um nur zwei Beispiele zu nennen, René Allio in *Les Camisards* und Georgij Schengelaja in *Pirosmani* bei viel geringerem Aufwand interessantere Ergebnisse erreicht als Kubrick.

Robert Aldrich (geb. 1918) machte sich in den fünfziger Jahren einen Ruf mit Gangsterfilmen und Melodramen in der Tradition der »schwarzen Serie«. Seinen leidenschaftlichen Stil mit einer Neigung zu manchmal krassen Effekten setzte er fort mit *Whatever Happened with Baby Jane!* (*Was geschah wirklich mit Baby Jane!*, 1962), einem nervenzerrenden psychologischen Drama über die Feindschaft zweier Schwestern, angesiedelt an der Grenze von Wahnsinn und Hysterie (der Film war hauptsächlich ein Vehikel für die Schauspielerinnen Bette Davis und Joan Crawford), *The Flight of the Phoenix* (*Der Flug des Phoenix*, 1965), einem Abenteuerfilm über einen Flugzeugabsturz in der Wüste, und *The Legend of Lylah Clare* (*Große Lüge Lylah Clare*, 1967), dem Porträt eines alternden Hollywoodregisseurs, der eine junge Schauspielerin zum Star aufbauen möchte und daran scheitert. Mit *The Grissom Gang* (*Die Grissom-Bande*, 1971) drehte Aldrich seinen wahrscheinlich besten Film nach 1960. Er erzählt die Geschichte einer Gangsterbande aus der Prohibitionszeit, die ein entführtes Mädchen anderen Gangstern abjagt, berichtet von der sich entwickelnden Zuneigung zwischen dem Mädchen und dem debilen Sohn der Gangsterchefin und von der Desillusionierung des Mädchens, als es – nach Vernichtung der Gangsterbande – von seinem Vater wieder zurückgeholt wird. Aldrichs knapper, emotional stark aufgeladener, konvulsivischer Stil war diesem Sujet angemessen und ließ es als eine gesellschaftliche Parabel erscheinen. Danach verfertigte Aldrich wieder Routinearbeiten, so einen Western mit unangenehm rassistischen, antiindianischen Untertönen, *Ulzana's Raid* (*Keine Gnade für Ulzana*, 1972), und *The Emperor of the North Pole* (»Der Kaiser vom Nordpol«, deutscher Verleihtitel: *Ein Zug für zwei Halunken*, 1973), einen Film über die spektakuläre und blutige Auseinandersetzung zwischen einem Zugführer und einem illegalen Passagier auf einem fahrenden Güterzug. *Hustle* (*Straßen der Nacht*, 1975) war ein routinemäßig inszenierter Kriminalfilm. Im Zweifelsfall dominiert bei Aldrich immer die Lust an der Ausmalung gewalttätiger Effekte gegenüber allen anderen Möglichkeiten, die seine Sujets sonst noch enthalten mögen.

Richard Brooks (geb. 1912), renommiert durch einige sozialkritische Filme aus den fünfziger Jahren, verfilmte Tennessee Williams mit *Sweet Bird of Youth* (*Süßer Vogel Jugend*, 1961) und Joseph Conrad mit *Lord Jim* (1964). *The Professionals* (*Die gefürchteten Vier*, 1966), ein Western, wird von einigen Anhängern des Regisseurs als Meisterwerk bezeichnet.[29] Der Film versucht sich an einer Relativierung der Fronten von gut und böse, fällt dann aber wieder in Klischees zurück. Meistdiskutierter Film Brooks' aus den sechziger Jahren ist *In Cold Blood* (*Kaltblütig*, 1967), die Verfilmung des Tatsachenromans von Truman Capote über die Ermordung einer Farmerfamilie durch Banditen im Jahr 1959, die dabei 40 Dollar erbeuteten (und sechs Jahre später gehängt wurden). Brooks bemüht sich auf den Spuren des Romans um eine dokumentarische Rekonstruktion, die mit präzisen Mitteln die Mechanik des Verbrechens vorführt – der Film saugt sich allerdings mehr an den Details der Vorgänge fest, als daß er deren Hintergründe bewußt macht; ein Äquivalent des Capoteschen Stils erreicht er nicht. 1974 realisierte Richard Brooks den nostalgischen Western *Bite the Bullet* (*7000 Meilen westwärts*).

Stanley Kramer (geb. 1913) ist der Vertreter einer altmodischen Art des Filmemachens, die in naiver Weise humanistische »Botschaften« oder soziale »Thesen« vermitteln möchte, dabei jedoch regelmäßig in Gemeinplätzen steckenbleibt. Nach verschiedenen »Problemfilmen« in den fünfziger Jahren befaßte sich Kramer in *Judgement at Nuremberg* (*Urteil von Nürnberg*, 1961) mit der Frage, ob Nazirichter in einer Zeit noch verurteilt werden sollen, da man die Deutschen wieder »braucht«. Er ließ einen Richter aus der amerikanischen Provinz unverzagt Recht sprechen, kam aber auch allen anderen Standpunkten partiell entgegen, schematisierte die Nebenfiguren aufs äußerste und verbrämte den Film mit gefühlvoller Patina. *It's a Mad, Mad World* (*Eine total, total verrückte Welt*, 1962) war der Versuch einer Slapstick-Komödie im damals neuen (und bald wieder abgeschafften) ›Cinerama‹-Verfahren, die an ihrer eigenen Aufwendigkeit scheiterte. *Ship of Fools* (*Das Narrenschiff*, 1965) führt verschiedene Personen auf einem Schiff »vor dem Wetterleuchten der Zeitgeschichte (1933)«[30] zusammen; *Guess Who's Coming to Dinner* (*Rat mal, wer zum Essen kommt*, 1967) spielt auf das Thema Rassenintegration an und *The Secret of Santa Vittoria* (*Das Geheimnis von Santa Vittoria*, 1969) situiert eine Kleinstadtkomödie im Italien der zu Ende gehenden Kriegszeit. Besonders typisch für Kramer ist *Bless the Beast & Children* (*Denkt bloß nicht, daß wir heulen*, 1971). Hier kommen komplexbeladene Knaben in ein Pfadfinderlager, wo sie mancherlei Schikanen ausgesetzt sind, verlacht werden, sich am Ende bei Gelegenheit einer Büffeljagd aber zu »Männern« entwickeln. Der melodramatische Film gibt sich nur scheinbar gesellschaftskritisch, in Wirklichkeit führt er seine Zuschauer am Gängelband sorgfältig dosierter dramaturgischer Effekte und bleut ihnen eine konservative Moral ein.

Mit Kramer in gewisser Weise vergleichbar ist Sydney Lumet (geb. 1924), insofern auch er in den fünfziger Jahren mit sozial engagierten Thesenfilmen hervortrat (sein berühmtestes Werk ist *12 Angry Men – Die zwölf Geschworenen*, 1957). In den sechziger Jahren verfertigte Lumet zunächst (wie Brooks) Literaturbearbeitungen, *The Fugitive Kind* (*Der Mann mit der Schlangenhaut*, 1960) nach Tennessee Williams, *Vu du pont* (*Blick von der Brücke*, 1961) nach Arthur Miller (eine französische Produktion), *A Long Day's Journey into Night* (*Eines langen Tages Reise in die Nacht*, 1962) nach O'Neill; diesen Film hält Lumet für seinen besten überhaupt.[31] Etwa zur gleichen Zeit wie *Dr. Strangelove* entstand der mit diesem bis in Einzelheiten verwandte Film *Fail Safe* (*Angriffsziel Moskau*, 1963): aufgrund einer Störung im Funkverkehr kehrt ein irrtümlich zum Start beorderter Atombomber nicht zurück, sondern fliegt zum Angriff auf Moskau weiter; die Vernichtungsmaschinerie ist nicht mehr aufzuhalten. Lumet fehlt es an jenem surrealistischen, kapriziösen Humor, der Kubricks Film auszeichnet, aber gerade dadurch kommt er der Wirklichkeit näher. Zwiespältig berührte *The Pawnbroker* (*Der Pfandleiher*, 1964): im Mittelpunkt steht der ehemalige KZ-Häftling Nazerman, der jetzt in Harlem eine Pfandleihe betreibt, aber als Folge eines Traumas, das sich aus seiner Vergangenheit erklärt, indifferent ist gegen alle Gewalt, die sich vor seinen Augen abspielt. Der Film litt an einem stilistischen Widerspruch zwischen der düster-expressionistischen, aber realitätsnahen Wiedergabe des Harlem-Milieus und den kunstvoll verschnörkelten Rückblenden in die Vergangenheit à la Resnais. Gänzlich unverdaulich war *The Hill* (*Ein Haufen toller Hunde*, 1965), die reißerische, undistanzierte Schilderung eines englischen Militärstraflagers in Nordafrika. In der Folgezeit widmete sich Lumet immer mehr konventionellen oder kolportagehaften Sujets: *The Group* (*Die Clique*, 1966) ist die mittelmäßige und ausufernde Bearbeitung des Romans von Mary McCarthy über acht Schulfreundinnen aus den dreißiger Jahren, *The Deadly Affair* (*Anruf für einen Toten*, 1967) ein kompliziert konstruiertes Agentendrama. Mit Gangsterfilmen, dann wieder einer Tschechow-Bearbeitung, *The Seagull* (*Die Möwe*, 1968) behauptete Lumet seinen Platz in Hollywood.

Nach einem pessimistischen »Polizeifilm«, *Serpico* (1973), und der Chronik eines Banküberfalls mit Geiselnahme in *Dog Day Afternoon* (*Hundstage*, 1975) ließ sich Lumet in *Network* (1976) auf eine Systemkritik der amerikanischen Massenmedien ein. Ein Fernseh-Nachrichtensprecher, der einen Selbstmord androht, sieht seinen Popularitätsindex plötzlich emporschnellen, spielt eine Zeitlang die Rolle eines konfusen Bildschirm-Moralapostels, bis ihn Terroristen (die mit dem Sender unter Vertrag stehen und mit Einverständnis der Verantwortlichen handeln) ermorden. Lumet attackiert die Verfilzung von publizistischen und wirtschaftlichen Interessen, die skrupellose Machtpolitik, die hinter den Kulissen des Senders getrieben wird; aber dabei bediente er sich so spektakulär übertriebener und unglaubhafter dramaturgischer Methoden, daß der Film selbst als ein Teil jenes alles infizierenden Systems des Showbusiness erscheint, welches er vordergründig zu attackieren vorgibt.

Eine umgekehrte Entwicklung als Brooks und Lumet, die im Lauf ihrer Entwicklung immer mehr verflachten, scheint der Kazan-Schüler Martin Ritt (geb. 1920) durchgemacht zu haben. Ritt inszenierte in den fünfziger und sechziger Jahren zahlreiche Abenteuer- und Spionagefilme, Western und Melodramen, die oft in den Südstaaten der USA spielen wie *Hud* (*Der Wildeste unter tausenden*, 1962) oder der reichlich sentimentale, kassenträchtige *Sounder* (1972), der das Leben eines schwarzen Jungen beschreibt, welcher mit einem Hund auf die Suche nach seinem (inhaftierten) Vater geht. Gelegentlich schlagen bei Ritt auch humanistische und progressive Töne durch wie in dem Western *Hombre* (*Man nannte ihn Hombre*, 1966), dessen Protagonist, ein von Indianern erzogener Weißer, die einzig integre Person des ganzen Films ist; untergründig auch in *Sounder*, dort nur verdeckt durch Larmoyanz, stärker schon in *Conrack* (1973), der Geschichte eines weißen Lehrers, der in eine verlorene schwarze Volksschule der Südstaaten kommt und dort die Realitäten eines Lebens der Rückständigkeit und der Segregation kennenlernt. Ritts bisher bester Film ist jedoch *The Front* (*Der Strohmann*, 1975). Dieser Film nahm die dunkle Epoche der McCarthy-Verfolgungen und der »Schwarzen Listen«, die damals in der Filmindustrie verbreitet waren, aufs Korn – Martin Ritt gehörte seinerzeit ebenso wie mehrere Mitarbeiter des Films zu den Opfern dieser Listen. Hauptfigur des sarkastischen, in der Entlarvung politischen Duckmäusertums scharf pointierten Films ist ein Kassierer, den ein auf die »Schwarze Liste« gesetzter Freund bittet, an seiner Stelle als Drehbuchautor aufzutreten. Bemerkenswert die Kombination eines einfallsreichen Stils, guter Darsteller (Woody Allen, Zero Mostel) und einer politisch aufklärerischen Haltung; man hat den Eindruck, daß Ritt hier ein lange überfälliges Kapitel amerikanischer Selbstanalyse anpackt, an dessen Aufarbeitung er selbst vital interessiert ist.

Die Komödien-Regisseure: Edwards, Tashlin, Jerry Lewis

Eine spezifische Gruppe im US-Kino der sechziger Jahre bilden jene Regisseure, deren Spezialität die Komödie ist: Blake Edwards, Frank Tashlin, Jerry Lewis, in den siebziger Jahren auch Woody Allen und Mel Brooks.

Blake Edwards (geb. 1922) qualifizierte sich zunächst mit elegant-unverbindlichen Unterhaltungsstücken wie *Breakfast at Tiffany's* (*Frühstück bei Tiffany*, 1960) und *The Pink Panther* (*Der rosarote Panther*, 1963). Auf eine spezifische Komödienlinie begab er sich mit *A Shot in the Dark* (*Ein Schuß im Dunkeln*, 1964), *The Great Race* (*Das große Rennen rund um die Welt*, 1964) und *What Did You Do in the War, Daddy?* (*Was hast du denn im Krieg gemacht, Pappi?*, 1966). Freilich waren dies Filme, die oft zur Klamotte absanken, wenngleich die Kritik Blake Edwards teilweise auch höher einschätzte.[32] Eine moderne Slapstick-Komödie ist *The Party* (*Der Partyschreck*, 1967), Blake Edwards' bester Film. Mit stilistischer Sicherheit beschreibt er die allmähliche Zerstörung einer Party durch das nicht angepaßte Verhalten eines indischen Filmschauspielers. Danach drehte Edwards 1971 *The Wild Rovers* (*Missouri*), einen poetisch verbrämten Western, sowie *A Case of Murder* (*Der Mörder im weißen Mantel*, 1972), einen Thriller, und das Agentendrama *The Tamarind Seed* (*Die Frucht des Tropenbaumes*, 1974). Erst mit *The Return of the Pink Panther* (*Der rosarote Panther kehrt zurück*, 1975) kehrte Edwards wieder zu seinem alten Genre zurück, der Komödie mit mathematisch berechneten Gags.

Frank Tashlin (1913–1972) ist in die Filmgeschichte vor allem als Regisseur einiger berühmter Jerry-Lewis-Filme aus den fünfziger und sechziger Jahren eingegangen. Tashlin, ursprünglich Animationsfilmzeichner, arbeitete mit Jerry Lewis bis 1964 zusammen, der dann zunehmend eigene Filme zu drehen begann. Beider Laufbahnen sind eng miteinander verflochten; es ist manchmal schwer zu bestimmen, wem in den gemeinsamen Filmen welches Verdienst zukommt. Manchmal ist versucht worden, Jerry Lewis gegen Tashlin auszuspielen und diesen als einen im Grunde unbedeutenden, konventionellen Regisseur hinzustellen. Doch solche Beurteilung scheint ungerecht. Tashlin hat nicht nur exzellente Komödien gedreht, sondern auch ein Motiv prinzipieller Erneuerung ins amerikanische Kino eingebracht; seine Komik, obgleich auf den Alltag der »plastischen Zivilisation« und die amerikanische Realität bezogen, ist wesentlich formaler Art: sie besteht in einer »Zerlegung, Reaktivierung und Neuproduktion der Realität«[33]. Tashlin erfindet keine absurden Gegenstände wie Tati, sondern arbeitet mit Elementen der Realität. Er hat Einfluß auf die französische ›Neue Welle‹ ausgeübt, namentlich Godard hat sich ausdrücklich auf ihn berufen. Tashlin selbst sagte, daß seine Filme »von dem Unsinn dessen handeln, was wir Zivilisation nennen«.

Tashlin drehte 1959 *Cinderfella* (»Aschenblödel«), eine Märchenpersiflage mit Jerry Lewis (der Film wurde von Lewis, der auch Produzent war, nachträglich umgeschnitten). 1962 folgte *Bachelor Flat* (»Die Junggesellen-Wohnung«), dann, wiederum mit Jerry Lewis, *It's Only Money* (*Geld spielt keine Rolle*, 1963), die Geschichte eines Radiomechanikers, der einen Millionär sucht und dann entdeckt, daß er es selber ist. In *The Man from the Diners' Club* (*Der Mann vom Diners Club*, 1963) händigt ein unachtsamer Angestellter einem Gangster irrtümlich die Mitgliedskarte eines vornehmen Klubs aus – die Hauptrolle des Films spielte Danny Kaye; in *Who's Minding the Store?* (*Der Ladenhüter*, 1963) will Jerry Lewis als gescheiterter Briefträger eine Kaufhauserbin heiraten, und in *The Disorderly Orderly* (*Der Tölpel vom Dienst*, 1964) löst er als ungeschickter Krankenpfleger in einem Hospital chaotische Zustände aus. Nach diesen ebenso einfallsreichen wie aggressiv-treffsicheren Satiren sank Tashlin mit seinen nächsten Filmen (ohne Jerry Lewis), *The Alphabet-Murders* (*Die Morde des Herrn ABC*, 1965) und *The Glass Bottom Boat* (*Spion in Spitzenhöschen*, 1966), matten Kriminal- und Agentenparodien, in den Bereich des Konventionellen ab; *Caprice* (1966), ebenfalls eine Agentenfilm-Parodie, war in der Erfindung von Gags wieder kühner. Ein herausspringendes Moment in den besten Tashlin-Filmen ist die Unterminierung der Kinoillusion. Gegenstand der Persiflage ist oft der Film selbst: so zu Beginn von *The Disorderly Orderly*, als drei mögliche Filmhelden (für gänzlich unterschiedliche Filme) vorgestellt werden, von denen dann einer ausgewählt wird; oder in *Caprice*, als Doris Day ein Kino besucht, in dem ausgerechnet *Caprice* mit ihr selbst in der Hauptrolle läuft. Tashlins Filme sind aus Kinomotiven zusammengesetzt oder parodieren andere Filme – so variiert er die Flugzeugszene aus Hitchcocks *North by Northwest* (*Der unsichtbare Dritte*, 1959) in *It's Only Money* mit einem Auto. Seine Gags basieren entweder auf der übermäßigen Ausdehnung von Vorgängen, die für sich genommen noch nicht komisch wären, auf der Verzerrung, der Negation von Naturgesetzen oder auf Kombinationen und Multiplikationen (die Fluchtszene aus *The Man from the Diners' Club*, in der plötzlich viele identische Personen, Fahrräder, Blumen und Taxis erscheinen). Ian Cameron hat darauf hingewiesen, daß die Satire Tashlins auf die synthetischen Lebensformen der »Verpackungszivilisation« zielt[34]; als Beispiel kann die Szene aus *Bachelor Flat* gelten, in der die Protagonistin mit einem fertigen Sortiment von Gegenständen für ein Liebesabenteuer erscheint.

Jerry Lewis (eigentlich Joseph Levitch, geb. 1926) debütierte als Regisseur 1960 mit

The Bellboy (Hallo Page!), einem Film, den er schnell herunterdrehte, um einen anderen, von Tashlin realisierten *(Cinderfella)*, nicht schon im Sommer herausbringen zu müssen; jedoch hatte er sich bereits in den fünfziger Jahren als Darsteller in vielen Filmen (bis 1956 zusammen mit Dean Martin) ein ganz bestimmtes Image aufgebaut, das ihn beim Publikum fest etablierte; zudem »ko-inszenierte« er Filme anderer Regisseure und schrieb manche Szenen selbst.[35] Als Schauspieler entwickelte Jerry Lewis das Bild eines infantilen, manchmal mit Bauernschläue begabten, tollpatschigen und doch wieder agilen Trottels, der absonderlicher Gesichtsverrenkungen fähig war. Seine Komik war aggressiv, gegen den »guten Geschmack« gerichtet, zielte nicht auf Identifikation. Teilweise sah die Kritik in ihm nur einen albernen Clown. Französische Kritiker befaßten sich als erste ernsthaft mit dem Werk von Jerry Lewis und entdeckten in ihm die Spuren einer ganzen Philosophie (die »Cahiers du cinéma« 1963: »Jerry Lewis ist die größte Entdeckung der letzten Jahre«[36]); sie widmeten ihm Bücher und Essays und verglichen ihn mit Welles und Keaton.[37] In den Filmen, die Jerry Lewis ab 1960 in eigener Regie drehte, spielt er regelmäßig einen Außenseiter, der in absurde Situationen gerät. Besonders oft wird Lewis ein Opfer des Matriarchats. Sein Verhältnis zu Frauen ist kompliziert, die Frauenfiguren seiner Filme sind monströs, manchmal geradezu mit Haß gezeichnet; wiederum tragen seine eigenen Rollen oft feminine Züge. In *The Bellboy* (1960) spielt Lewis die Rolle eines alptraumhaft ungeschickten Pagen (sowie die eines Gastes) in einem Luxushotel. *The Errand Boy (Der Bürotrottel*, 1961) ist ein Film über den Film: ein Laufbursche kommt nach Hollywood und wird dort als genialer Filmkomiker entdeckt; Lewis »denunziert den Mythos Hollywoods« (Simsolo)[38] und führt eine ganz neue Berufsethik des Komödien-Schauspielers ein. Auch *The Nutty Professor (Der verrückte Professor*, 1963) inspirierte sich vom Film (sowie von der Literatur). Jerry Lewis griff das Dr.-Jekyll-und-Mr.-Hyde-Motiv auf: er spielt einen Chemieprofessor mit abschreckendem Äußeren, der sich durch einen Wundertrank zeitweilig in das Idealbild eines jungen College-Helden verwandelt. Der Film parodiert gesellschaftliche Leitbilder und die Mechanismen des Gruselkinos, das hier gewissermaßen vom Kopf auf die Füße gestellt wird. In *The Family Jewels (Das Familienjuwel*, 1965) produzierte sich Lewis gleich siebenmal in verschiedenen Rollen: eine vierzehnjährige Millionenerbin soll sich ihren Adoptivvater unter sechs exzentrischen Brüdern aussuchen, in Wirklichkeit mag sie aber nur den Chauffeur. *Three on A Couch (Drei auf einer Couch*, 1966) schien eine gewisse Wandlung von Lewis' bisher misogynem Frauenbild zum Positiven zu signalisieren. Hier spaltet sich Jerry Lewis wiederum in verschiedene Personen auf – er spielt nacheinander einen Cowboy, einen Insektenforscher und einen Judokämpfer (um drei Patientinnen einer Psychotherapeutin, mit der er verlobt ist, vom Männerhaß zu befreien). *The Big Mouth (Ein Froschmann an der Angel*, 1967) ist nur scheinbar die Parodie eines Kriminalfilms; in Wirklichkeit kreist der Film um das Motiv der Verwandlung. Jerry Lewis wird mit einem Diamantenschmuggler verwechselt, und um sich seinen diversen Verfolgern zu entziehen, muß er abwechselnd in verschiedenen Masken auftreten. Nicht nur läßt sich der Film als ein Querschnittsbild sozialen Verhaltens dechiffrieren (in der hier gegebenen Grundsituation »aller gegen alle«); Jerry Lewis nimmt auch sehr instruktive soziale Frontenwechsel vor, je nachdem, in welcher Maske er gerade auftritt. In *One More Time (Die Pechvögel*, 1969) spielte Lewis zum ersten Mal nicht selbst, er ließ zwei andere Darsteller (Peter Lawford und Sammy Davis) als Varianten seines eigenen Typs auftreten und den einen davon auch noch einen Identitätswechsel mit seinem Zwillingsbruder vornehmen. *Which Way to the Front? (Wo, bitte, geht's zur Front?*, 1970), vielleicht Jerry Lewis gedanklich kühnster Film, liefert in Form einer mehrfach gebrochenen Konstruktion eine Parabel über die amerikanische Armee, den Zweiten Weltkrieg und die Deutschen: der amerikanische Milliardär Brendan Byers, als untauglich zum Kriegsdienst befunden, gründet eine Privatarmee, mit der er in den Zweiten Weltkrieg eingreift, indem er sich als General Kesselring verkleidet und den wirklichen General in Italien in einen Hinterhalt lockt. Jerry Lewis spielt eine Doppelrolle, die des echten und die des falschen Kesselring: Chaplins Doppelrolle in *The Great Dictator* (1940) fällt einem dazu automatisch ein. Nach diesem letzten Film und der Entwicklung Jerry Lewis' in den sechziger Jahren erscheint die Bemerkung der »Cahiers du Cinéma« treffend, daß nämlich »der Schlüssel zum Universum Lewis' die Verdopplung und ihre metaphorische Figur, der Spiegel« ist.[39]

Auch das ›Neue Hollywood-Kino‹ hat zwei Stars des komischen Genres hervorgebracht, die Ende der sechziger Jahre debütierten und rasch eine brillante Karriere machten: Woody Allen und Mel Brooks. Woody Allen (eigentlich: Allen Stewart Konigsberg, geb. 1935) debütierte als Journalist und Fernsehautor, ab 1964 auch als Darsteller von komischen Rollen in Filmen von Clive Donner, John Huston, Herbert Ross und Martin Ritt. In den Komödien, die er seit 1969 in eigener Regie (und mit sich selbst als Hauptdarsteller) drehte, spielt er einen bestimmten Typ: einen bebrillten, intelligenten, schlagfertigen, aber neurotischen Helden, der von seinen Mitmenschen stets betrogen wird und eigentlich nur aus Zufall manchmal die Oberhand behält. In der Charakterzeichnung dieses Typs und in den Dialogen von Woody Allens Filmen manifestiert sich eine spezifisch jüdische Art von Witz, manchmal mit dem der Marx Brothers vergleichbar, die Intellektualität mit subversiver Schärfe und Brillanz verbindet. Woody Allens Komik basiert weniger auf Slapstick-Effekten, sondern auf gesellschaftsbezogener Parodie. Durch monströse Übersteigerung wird in seinen Filmen der Aberwitz gesellschaftlicher Verhältnisse deutlich gemacht.

Woody Allen debütierte als Regisseur in *Take the Money and Run* (*Woody – der Unglücksrabe*, 1969), der Biographie eines Ganoven, welcher bei seinen Missetaten mit einfallsreichem Ungeschick zu Werke geht und schließlich zu 800 Jahren Haft verurteilt wird. In *Bananas* (1971) erlebt Woody Allen Abenteuer in einem lateinamerikanischen Phantasiestaat und wird am Ende sogar Präsident dieses Landes. *Everything You Always Wanted to Know about Sex but Were Afraid to Ask* (*Was Sie schon immer über Sex wissen wollten . . .*, 1972) war eine bissige Parodie auf die Kommerzialisierung und Vermarktung der Sexualität in unserer Gesellschaft, die sich einer collagenartig zusammengesetzten, phantastischen Fabel bediente und auch viele Filmmotive persiflierte. In den Bereich des Utopischen begab sich Woody Allen mit *Sleeper* (*Der Schläfer*, 1973). Die Fabel erinnert an Majakowskijs Satire »Das Schwitzbad«: ein Mensch aus der Gegenwart wird eingefroren und wacht im Jahre 2174 in einer total anderen Welt wieder auf, die natürlich voll der absurdesten Paradoxe ist, in welchen sich nichts anderes als heutige Widersprüche spiegeln. *Love and Death* (*Die letzte Nacht des Boris Gruschenko*, 1974) spielt im Rußland der napoleonischen Besetzung und ist eine intelligente Parodie auf den Historienfilm. In *Annie Hall* (*Der Stadtneurotiker*, 1977) lieferte Allen, indem er die Figur eines Komikers aus Brooklyn verkörperte, ein Porträt seiner selbst. Woody Allen trug mit seinem schauspielerischen Talent viel zum Erfolg von Martin Ritts *The Front* (sowie von Herbert Ross' *Play it again, Sam – Mach's noch einmal, Sam*, 1971, einer Satire auf dem Bogart-Kult) bei; in seiner Mehrfachbegabung als Regisseur, Schauspieler und Drehbuchautor ist er ein ähnliches Phänomen wie Jerry Lewis, von dem ihn jedoch die größere »Menschlichkeit« seiner Figur unterscheidet.

Die Lust an der Persiflage, an der wahnwitzigen Übertreibung, an der Verfremdung, am Spiel mit Filmtopoi und am geschliffenen Wortwitz verbindet Woody Allen mit dem Regisseur Mel Brooks (geb. 1928). Subtiler Humor steht bei ihm – wie auch bei Jerry Lewis und Woody Allen – neben dem absichtlich überzogenen Effekt. *The Producers* (*Frühling für Hitler*, 1967) läßt den heruntergekommenen Broadway-Produzenten Byalystock ein abgeschmacktes Nazi-Musical herausbringen, das ein Durchfall werden und Byalystock dadurch finanziell sanieren soll (er könnte dann sämtliche eingesammelten Spenden behalten); leider wird es trotz aller Bemühungen doch ein Erfolg. In makabrer Art wird hier mit Nazimotiven Scherz getrieben, wobei der Witz eine solche surrealistische Höhe der Geschmacklosigkeit erreicht, daß die zunächst implizierte Peinlichkeit sich wieder aufhebt. Mit *The twelve Chairs* (*Die zwölf Stühle*, 1970) adaptierte Mel Brooks die sowjetische Romansatire aus den zwanziger Jahren, die schon mehreren anderen Filmen (so dem kubanischen von Tomás Gutiérrez Alea) zur Vorlage diente. *Blazing Saddles* (*Is' was, Sheriff?*, 1973), eine Westernpersiflage, häuft absichtlich Klischees an und läßt die turbulente Handlung am Schluß auf die in der Nachbarschaft stattfindenden Dreharbeiten zu einem Musical übergreifen. *Young Frankenstein* (*Frankenstein Junior*, 1974) ist ein Horrorfilm »zweiten Grades«, dessen Irrsinn sich im vertrauten Koordinatensystem der Horrormythologie entfaltet, und *Mel Brooks' Silent Movie* (*Mel Brooks' letzte Verrücktheit: Silent Movie*, 1976) spielt direkt im Bereich des Kinos: hier versucht ein Regisseur (gespielt von Brooks selbst) mit zwei Freunden, einen anachronistischen Stummfilm zu drehen; im Verlauf der Geschichte – der Film ist, bis auf ein Wort, ebenso dialoglos wie das Filmprojekt im Film – werden alle möglichen parodistischen Pfeile gegen Traditionen des Hollywoodkinos abgeschossen. – Die Komödien beweisen mehr als fast alle anderen Filme des ›Neuen Hollywood-Kinos‹, wie stark dieses Kino auf bereits existierenden filmischen Modellen basiert, wie die Geschichte des amerikanischen Films von den jungen Filmemachern assimiliert und zu einem Teil ihrer Primärerfahrungen geworden ist.

Das ›Neue Hollywood‹

In den sechziger Jahren vollzog sich ein Generationswechsel im amerikanischen Kino. Jüngere Regisseure, die meist um die Dreißig waren und vielfach einen Hintergrund an Fernseherfahrung besaßen, meldeten sich zu Wort. Sie hatten andere stilistische Vorstellungen als ihre Kollegen aus den fünfziger Jahren.

Die neue Generation stand den Traditionen des Hollywoodkinos keineswegs ablehnend gegenüber (sonst hätte sie sich im System Hollywoods auch kaum durchsetzen können). Die jungen Regisseure versuchten, der ästhetisch und wirtschaftlich teilweise stagnierenden Filmproduktion Hollywoods neues Leben einzuflößen, indem sie zwar die Gesetze der Genres, das Starsystem und die industrielle Produktionsweise akzeptierten, diese aber von innen her mit neuer Substanz erfüllten. Sie brachten persönliche Erfahrungen in die Filme ein, verarbeiteten Wunschvorstellungen, Mythen und Erwartungen der jüngeren Generation, nutzten die in den Genres beschlossenen ästhetischen Möglichkeiten stärker aus. Allerdings brachte auch das ›Neue Hollywood‹ seine eigentlichen Erfolge eher im Widerstand gegen die Industrie (oder im Windschatten eines großen kommerziellen Erfolges) als unterstützt von ihr zustande, allenfalls als Ergebnis eines plötzlich einschlagenden, aber nur kurz anhaltenden neuen »Trends«.

In der Entwicklung des ›Neuen Hollywood‹ kann man drei Phasen unterscheiden: die Versuche zur Erneuerung, die Regisseure wie Cassavetes, Penn, Peckinpah, Frankenheimer und Mulligan, auch Coppola und Altman schon anfangs der sechziger Jahre unternahmen; die Hochblüte zwischen 1969 und 1971, ausgelöst von Dennis Hoppers' *Easy Rider*, eine Phase, in der auch Peter Bogdanovich und Martin Scorsese debütierten, und schließlich eine wieder mehr der Industrialisierung zugeneigte Phase in den siebziger Jahren, für die die Filme von Schatzberg, Spielberg und Friedkin charakteristisch sind.

John Cassavetes (geb. 1929), Schauspieler in den verschiedensten Filmen seit 1952, leistete schon 1960 mit seinem Erstlingsfilm *Shadows (Schatten)* einen interessanten Beitrag zur Erneuerung des amerikanischen Kinos: auf der Grundlage eines nur lose festgelegten Drehbuchs und weitgehender Improvisation der Darsteller (einer von der Praxis des ›Actor's Studio‹ abgeleiteten Methode) filmte Cassavetes mit Handkamera, minimaler Beleuchtung und in realen Dekors die Geschichte eines Mädchens und seiner beiden Brüder, die schwarzer Herkunft, aber (bis auf den einen Bruder) heller Hautfarbe sind und ihre Identität weder auf seiten der Weißen, noch auf der der Schwarzen finden. Der ausdrucksstarke und wirklichkeitsnahe Film basierte weniger auf einer Erzählung, sondern auf dem Ausspielen von Gesten und Reaktionen sowie auf einer sehr genauen Milieuschilderung. Die Reinheit und Konsequenz seines Stils, die unkonventionelle Erzählweise und die rauhe, körnige Fotografie des Films machten *Shadows* zum Schlüsselfilm einer neuen Bewegung, für die man auch den Terminus ›New American Cinema‹ oder ›Off Hollywood Cinema‹ fand (sie sollte sich später mehr in Richtung auf den Experimentalfilm entwickeln). Weniger erfolgreich war *Too Late Blues* (1961), nach dem Prinzip seines ersten Films für die Paramount produziert. Nach einem halbdokumentarischen Film über behinderte Kinder, *A Child is Waiting* (*Ein Kind wartet*, 1962) kam Cassavetes' Regiekarriere zu einem vorläufigen Stillstand. Eine Zeitlang arbeitete er ausschließlich als Schauspieler. Erst 1968 kehrte Cassavetes zur Regiearbeit zurück und drehte nunmehr – unter Investierung seiner Schauspielerhonorare in die Produktion der Filme – vier eigenwillige, aufeinander bezogene Beiträge zur Analyse der Ehe, des Zusammenlebens der Geschlechter in der amerikanischen Mittelschicht. Es waren realistische, unspektakuläre Filme, die manche Motive aus Cassavetes früherem Werk übernahmen. *Faces* (»Gesichter«, 1968) beschreibt die Krise eines etwa vierzigjährigen Ehepaares, das nach Auseinandersetzungen und Eskapaden wieder zueinander findet, ohne daß die Konflikte zwischen den beiden Partnern freilich beseitigt wären; der Film vollzieht einen Abstieg in die Unterwelt, der in einen illusionslosen (und desillusionierten) Ausblick auf die Realität mündet. *Husbands* (1970) seziert das Dasein einiger arrivierter Ehemänner, die anläßlich des Begräbnisses eines Freundes von ihren Familien Urlaub nehmen und sich bei diesem Zusammentreffen in einer sinistren Nacht voller Alkohol plötzlich der Monotonie ihres Lebens bewußt werden. Cassavetes' Regie bewährte sich auch hier im Einfangen von Zwischentönen, von Gesten und Milieuwerten. *Minnie and Moskowitz* (*Minnie und Moskowitz*, 1971) ist die Geschichte eines ungleichen Liebespaares, eines Parkplatzwächters und einer Museumsangestellten, erzählt mit teils komödiantischen, teils nostalgischen Untertönen. Aus dem Bogart-Film *Casablanca* werden Ausschnitte zitiert; Cassavetes reflektiert über Leitbilder und ihr Verhältnis zum wirklichen Leben und scheint sagen zu wollen, daß sein Liebespaar nicht weniger interessant ist als Humphrey Bogart und Ingrid Bergman. Cassavetes' wohl bedeutendster Film seit *Shadows* ist *A Woman Under the Influence* (*Eine Frau unter Einfluß*, 1974). Hier liefert Cassavetes das Röntgenbild einer amerikanischen Durchschnittsfamilie, insbesondere untersucht er das komplexe und spannungsgeladene Verhältnis zwischen Nick Longhetti, einem Handwerker, und seiner Ehefrau Mabel. Die Beziehungen der beiden sind gekennzeichnet durch den Umgangston einer meist hysterischen Heiterkeit, hinter der sich bei dem Mann Hilflosigkeit und bei der Frau Angst und beginnender Wahnsinn abzeichnen. In der Tat erregt ihr nicht angepaßtes, manchmal scheinbar exzentrisches Verhalten den Ärger und die Besorgnisse des Ehemannes, der zusammen mit dem Psychiater Dr. Zepp und seiner Mutter die Einweisung der Ehefrau in eine psychiatrische Klinik veranlaßt. Sechs Monate später kehrt sie nach Hause zurück und soll mit einer großen Feier begrüßt werden, die natürlich den Keim neuer Katastrophen enthält. Cassavetes durchleuchtet in seinem Film soziologische Sachverhalte, er macht spürbar, wie der »gelockerte« Umgangston und die »harmonische« Atmosphäre in seiner Familie terroristisch erzwungen sind und mit Neurosen erkauft werden – bei dem am meisten unterworfenen Mitglied der Familie, in diesem Fall der Ehefrau. Die Eindringlichkeit dieser Beweisführung ist aber vor allem ein Ergebnis von Cassavetes' formaler Methode. Sie besteht nicht darin, ein vorher entwickeltes »Konzept« kinematographisch umzuformen, sondern es von den Darstellern mit lebendiger Substanz anfüllen zu lassen, mit einer beweglichen, sensiblen Kamera den Entwicklungen der Gefühle nachzuspüren, oft in einer Identität von filmischer und realer Zeit. Man könnte Cassavetes' Methode auch als das dokumentarische Aufzeichnen von Fiktion im Moment ihrer Entstehung bezeichnen. *A Woman Under the Influence* ist nicht zuletzt ein Beitrag zur Klärung des Verhältnisses von Schizophrenie und Alltag, zur Veranschaulichung eines Mechanismus, der pathologische Verhaltensweisen aus Unterdrückungs- und Abhängigkeitsverhältnissen, aus dem Mangel an Kommunikation entstehen läßt.

The Killing of a Chinese Bookie (1976) war für Cassavetes ein Ausflug in den Bereich des Gangsterfilms – vielleicht für ihn ein Versuch der Annäherung an das industrielle Genrekino. Sein Held ist der Nachtclubbesitzer Cosmo Vitelli, der Schulden gemacht hat, diese nicht zurückzahlen kann und nunmehr erpreßt wird, einen anderen Menschen (den geheimnisvollen chinesischen »Buchmacher«) umzubringen. Es scheint jedoch, als ob die Personen des Films eine von der Geschichte unabhängige Existenz führen. Cassavetes' Regie konzentriert sich vor allem auf eine sensible Beschreibung der instabilen Gemütsverfassung seines Helden; Licht- und Farbeffekte sowie nervöse Kamerabewegungen sind bevorzugte Ausdrucksmittel, mit denen er das Gefühl einer Fatalität erzeugt.

Sam Peckinpah (geb. 1926) wird aufgrund seiner indianischen Abstammung (väterlicherseits) eine besondere Affinität zum Western nachgesagt. In der Tat hat Peckinpah zwischen 1960 und 1969 ausschließlich Western gedreht und dem Genre zu einigen seiner bedeutendsten Leistungen verholfen – was um so bemerkenswerter ist, als der Western in den sechziger Jahren keineswegs in hoher Blüte stand. Peckinpahs berühmteste Western sind *Ride the High Country* (*Sacramento*, 1961; manchmal wird der Film auch unter dem Titel *Guns in the Afternoon* zitiert), die Geschichte eines Goldtransports und der Freundschaft zweier Westernveteranen; *The Wild Bunch* (*The Wild Bunch – Sie kannten kein Gesetz*, 1968), der ein düsteres, allerdings auch sehr spektakuläres und ästhetisiertes Bild von Gewalt und Rechtlosigkeit im Texas des Jahres 1913 entwirft, und *The Ballad of Cable Hogue* (*Abgerechnet wird zum Schluß*, 1969), die Geschichte eines in der Wüste zurückgelassenen Goldsuchers, der kurz vor dem Verdursten doch noch eine Wasserstelle findet. *Ride the High Country* markierte (zusammen mit John Fords *The Man Who Shot Liberty Valance*) das Entstehen einer neuen Gattung des »Spätwesterns«, der gealterte, skeptische, von ihrer Erinnerung lebende Helden in den Mittelpunkt stellt und die Zustände im Westen nach der heroischen Epoche der Eroberung beschreibt. In den späteren Filmen Peckinpahs fällt jedoch auf, daß sich die Darstellung spektakulärer Grausamkeit immer mehr perfektioniert und veräußerlicht. Nach seinen Westernmodellen drehte Peckinpah schließlich auch Filme anderer Thematik, so *Getaway* (1973), einen Gangsterfilm, den Spionagefilm *Killer Elite* (1975) und schließlich als deutschenglische Koproduktion den in der Ausmalung von Gewalt schwelgenden Kriegsfilm *Steiner – Das eiserne Kreuz* (1976).

Arthur Penn (geb. 1932) studierte vor seiner Filmkarriere am ›Actor's Studio‹ und arbeitete dann im Theater und im Fernsehen. Penn betätigte sich in verschiedenen Genres, wobei er nicht nur handwerkliches Geschick, sondern auch formale Begabung und psychologische Sensibilität an den Tag legte; man hat ihn auch als einen »intellektuellen« Regisseur angesehen und nannte ihn den »amerikanischen Truffaut«[40]. Stilbildend für eine Renaissance des Gangsterfilms und die nostalgische Ausmalung der dreißiger Jahre, die sich in vielen Filmen junger Regisseure beobachten ließ, wurde Penns *Bonnie and Clyde* (1967). Nach einem Debüt im Western (*The Left Handed Gun – Einer muß dran glauben*, 1958) drehte Arthur Penn zunächst den nicht von Sentimentalität freien *The Miracle Worker* (*Licht im Dunkel*, 1961) über die Erziehung der blinden und tauben Helen Keller; darauf folgte ein geschickt gemachter Film über texanische Lynchjustiz, *The Chase* (*Ein Mann wird gejagt*, 1965), der Ansätze gesellschaftskritischer Polemik enthielt. *Mickey One* (1965), ein eigenwilliger psychologischer Film, handelt von einem heruntergekommenen Nachtklub-Entertainer, der an Verfolgungswahn leidet; der Film besaß sowohl Elemente des Gangsterdramas als auch der gesellschaftlichen Parabel. Vermutlich wegen seines Kamerasymbolismus und wegen seiner schwierigen, »europäischen« Erzähltechnik fand *Mickey One* weder bei der Kritik noch beim Publikum Widerhall und wurde ein kommerzielles Desaster.

Bonnie and Clyde (*Bonnie und Clyde*, 1967), ein emblematischer Film für die sechziger Jahre, errang dagegen einen außergewöhnlichen Erfolg. Hier wurde die Gültigkeit des Gangstermythos, jenes »großen ›Nein‹, das quer über das offizielle Gesicht Amerikas gestempelt ist« (Robert Warshow)[41], für das Neue Kino bestätigt, der Mythos aktualisiert, mit Hintergrund ausgestattet, verwandelt, vielleicht auch romantisiert. Der Film basiert auf den historischen Taten der Barrow-Gang, die in den frühen dreißiger Jahren die Südstaaten der USA unsicher machte. Penn zeigt seine beiden Protagonisten nicht so sehr als kriminelle Außenseiter, sondern vielmehr als sympathische junge Amerikaner, die den von der Gesellschaft oktroyierten Glücksmythos wahrmachen wollen und dabei sogar soziale Tugenden demonstrieren, insofern sie ihre Raubzüge auf Banken beschränken, den verarmten Farmern dagegen Solidarität entgegenbringen. Der Film enthält jedoch auch einen psychologischen Aspekt: die Charakterisierung des Verbrechens als Ersatzhandlung für Clydes Impotenz. Ihre Überfälle inszenieren Bonnie und Clyde mit artistischer Eleganz und Kühnheit, wie fortgetragen von einem zunehmenden Rausch, der auch im Bereich der Geschwindigkeit (Fahrten in ständig wechselnden schnellen Automobilen) seinen Ausdruck findet und die beiden schrittweise aus der Realität heraushebt (woran sie schließlich zugrunde gehen). Die Tendenz, die Helden von der Realität zu isolieren, geht eine eigentümliche Verbindung mit einer konkreten, atmosphärisch verdichteten Beschreibung des Hintergrunds der Zeit ein (die nach Überwindung der Wirtschaftskrise mühsam im Zeichen des ›New Deal‹ neue Prosperität anstrebte); zu diesem exakt ausgeführten Zeitkolorit gehören die *Golddiggers* im Kino ebenso wie die schöne Landschaftsfotografie, die realistische Milieuschilderung von Kleinstädten und Dörfern. Diese Verbindung gegensätzlicher Elemente, zusammen mit einer sehr virtuosen und sensiblen Machart, erklärt wohl auch die besondere Ausstrahlungskraft des Films. Auch Penns weitere Filme waren stilistisch elegante Werke, manchmal nahe an der Konventionalität, jedoch niemals vulgär oder banal, sondern zumeist ausgestattet mit einem besonderen Gedanken, einer originellen Konzeption. *Alice's Restaurant* (*Alices Restaurant ist keine Kneipe*, 1969) ist die Verfilmung einer Volkssängerballade über eine verfallene Hippiekommune; *Little Big Man* (1970), der nachinszenierte Bericht eines uralten Veteranen der Indianerkriege General Custers, unternimmt den Versuch, Legenden mit ihren Hintergründen zu konfrontieren; einen Rückgriff auf Muster des Detektivfilms der vierziger Jahre vollzieht *Night Moves* (*Die heiße Spur*, 1974); *Missouri Breaks* (*Duell am Missouri*, 1975) ist ein eigenwilliger Western, der die spannungsreichen und wechselnden Beziehungen zwischen einem selbstherrlichen Farmer, dem Anführer einer Bande von Viehdieben und einem exzentrischen »Regulator«, der die Viehdiebe zur Strecke bringen soll, zum Stoff seines Dramas macht. Der Film zeigt sowohl in der Personenzeichnung als auch in der Erfindung komischer Szenen, die Pathos in Lächerlichkeit umschlagen lassen, eine persönliche Handschrift.

Debütanten der sechziger Jahre, die den standardisierten Formen des Kommerzfilms nahe standen, waren John Frankenheimer und Robert Mulligan. John Frankenheimer (geb. 1930) qualifizierte sich in den fünfziger Jahren als versierter Fernsehregisseur, ehe er zum Film kam. Er gilt vor allem als brillanter Techniker, als Virtuose des Schnitts und der Kameraführung, als Spezialist für Bravourstücke. Seine ersten Filme beschäftigen sich teils mit der Jugendrevolte, teils mit sozialen Themen (so der Gefängnisfilm *Birdman of Alcatraz – Der Gefangene von Alcatraz*, 1961) oder mit politischer Fiktion: in *The Manchurian Candidate* (*Botschafter der Angst*, 1962) wird während des Koreakrieges ein gefangener Amerikaner von Chinesen einer grausamen »Gehirnwäsche« unterzogen und als Agent in sein Heimatland geschickt; dort ermordet er aber nicht, wie geplant, den Präsidenten, sondern seine Mutter. *Seven Days in May* (*Sieben Tage im Mai*, 1963) schildert dagegen einen Umsturzversuch konservativer Generale aus dem Pentagon, der sich gegen den Präsidenten der USA richtet, weil dieser ein Abrüstungsabkommen mit der Sowjetunion schließen will. Das Thema eines Identitätswechsels durch eine Gesichtsoperation verarbeitete Frankenheimer in *Seconds* (*Der Mann, der zweimal lebte*, 1966) mit Zerrlinsen und anderen ausgefallenen Stilmitteln zu einer Horrorstory. Eine Demonstration von Kamera- und Montageraffinessen war der Rennfahrerfilm *Grand Prix* (1966). Eine individuelle Leistung (vielleicht seine einzige) glückte Frankenheimer schließlich mit dem Western *I Walk the Line* (*Der Sheriff*, 1969), der Milieustudie aus einer Kleinstadt im Süden der USA, deren Sheriff vergebens darauf sinnt, aus seinem Alltag auszubrechen. Schließlich drehte Frankenheimer 1974 die Fortsetzung des Erfolgsfilms *French Connection II*, dessen erster Teil von William Friedkin stammte.

Robert Mulligan (geb. 1925) kam ebenso wie Frankenheimer vom Fernsehen, wo er bereits etwa hundert Fernsehspiele realisiert hatte; im Film arbeitete Mulligan meistens mit dem Produzenten und späteren Regisseur Alan J. Pakula zusammen. Mulligan hat sich von Anfang an den Erfordernissen der Filmindustrie Hollywoods angepaßt und Filme der verschiedensten Genres und Themen gedreht, zwischen denen man kaum eine Verbindung herstellen kann – außer der ihrer handwerklichen Qualität. Verschiedentlich nehmen Mulligans Filme eine sozialkritisch-moralische Haltung ein, die mit viel Sentiment verbunden ist und sich schließlich in vagen moralischen Appellen erschöpft, so in *To Kill a Mockingbird* (*Wer die Nachtigall stört*, 1962), einer Studie über Rassenvorurteile in Alabama 1932, oder *Inside Daisy Clover* (*Verdammte süße Welt*, 1965), dem Versuch einer Kritik an Hollywood, exemplifiziert an der Figur eines skrupellosen Filmunternehmers, im Grunde jedoch eine private (und im Endeffekt rührselige) Charakterstudie. Von einem pessimistisch-resignierenden Grundgefühl durchtränkt ist *The Nickel Ride* (»Die Groschen-Fahrt«, 1974), ein Film über einen Mann mittleren Alters, der von einer Organisation, für die er bis jetzt illegale Geschäfte betrieb, rücksichtslos aus dem Weg geräumt wird. Man kann den Film unter Umständen als »Extrapolicrung der kapitalistischen Gesellschaft« begreifen. (Jean A. Gili)[42] Insgesamt verhindert jedoch die weitgehende stilistische Anpassung an tradierte Hollywoodmodelle, daß von Mulligans Filmen eine Beunruhigung oder Herausforderung des Zuschauers ausgehen könnte.

Robert Altman und Francis Ford Coppola sind zwei Zentralfiguren des neuen Hollywoodkinos. Sie drehten schon in der zweiten Hälfte der sechziger Jahre profilierte Filme, ihre eigentlichen Erfolge sollten ihnen jedoch erst in den siebziger Jahren gelingen.

Robert Altman (geb. 1925) debütierte schon Ende der fünfziger Jahre mit dem Spielfilm *The Delinquents* (1957) und einem Kompilationsfilm über James Dean. Daran schlossen sich zehn Jahre fast ununterbrochener Fernseharbeit (u. a. Herstellung einzelner Folgen der Serie *Bonanza*). 1968 drehte er einen Science-fiction-Film *Countdown (Countdown – Start zum Mond)*, der (damals noch Utopie) die erste amerikanische Mondexpedition beschreibt; darauf folgte *That Cold Day in the Park – (Ein kalter Tag im Park*, 1969), ein Film, der schon spezifische Altman-Motive erkennen ließ: die Vorliebe für paranoide Charaktere, für Situationen, die an Alptraum oder Wahnsinn grenzen, obwohl sie sich aus der Realität entwickeln, für das kommunikationslose parallele Reden mehrerer Personen. Die Fabel war kolportagehaft: eine wohlhabende, aber allein lebende Frau nimmt einen jungen Mann in ihre Wohnung auf, den sie bald darauf zu ihrem Gefangenen macht, was schließlich auf melodramatische Weise in Gewalttaten kulminiert. Einen überragenden internationalen Kassenerfolg erzielte Altman dann mit *M.A.S.H.* (1970), einer Art gehobenen Militärklamotte, die im Korea-Krieg unter zynischen, hartgesottenen US-Militärärzten spielt. Auch der Respekt für Altmans späteres Werk führt nicht an der Feststellung vorbei, daß *M.A.S.H.* ein Film der plumpen Effekte und der Spekulation mit Zweideutigkeiten war, der den Krieg nur als Folie für das lockere Treiben seiner Protagonisten benutzte. Nach dem Erfolg von *M.A.S.H.* standen Altman alle Möglichkeiten offen; aber er optierte nicht für das simple Erfolgsrezept, sondern drehte in der Folgezeit eine Reihe persönlicher Filme, die Ambitionen und Begabung erkennen ließen.

Brewster McCloud (Auch Vögel können töten, 1970) ist eine seltsame Parabel mit Horrorelementen über einen jungen Mann, der es sich in den Kopf gesetzt hat, mit einem selbstgebastelten Flugapparat wie Ikarus zu fliegen, bis er schließlich ein Opfer seiner Besessenheit wird. *McCabe and Mrs. Miller (McCabe & Mrs. Miller*, 1971) verarbeitet Elemente des Western zu der Charakterstudie eines ehemaligen Cowboys und jetzigen Kleinstadtunternehmers; die Handlung tritt in diesem Film gegenüber einer intensiven, poetischen Milieuschilderung zurück. *Images (Spiegelbilder*, 1972) schildert dagegen mit hohem Aufwand an dramaturgischen und ästhetischen Raffinessen die schizophrene Persönlichkeitsspaltung einer Frau, kokettiert mit literarischem Symbolismus à la *Marienbad* und bleibt dabei letztlich in Äußerlichkeiten stecken. Nach einer Chandler-Bearbeitung, *The Long Goodbye (Der Tod kennt keine Wiederkehr*, 1973), gelangen Altman 1974 und 1975 seine hervorragendsten Filme: *Thieves Like Us, California Split* und *Nashville. Thieves Like Us (Diebe wie wir*, 1974) ist ein Gangsterdrama aus den Südstaaten der dreißiger Jahre, das einige Analogien zu *Bonnie and Clyde* besitzt. Altmans Gangster sind allerdings nicht von solchem Erfolgsrausch ergriffen wie die Protagonisten Penns; die Stimmungslage des Altman-Films ist melancholischer, hier erscheinen die drei Gangsterhelden eher als Ausgestoßene, Gescheiterte und Verzweifelte. Sie sind geprägt von der Depressionszeit; das Ausrauben von Banken hat für sie einen Gestus der sozialen Revolte. Seine besten Momente hat der Film in der Exposition jener ereignislosen Momente zwischen den Überfällen, wenn in beiläufigen Gesprächen und Reaktionen sich die wahre Verfassung der Protagonisten zeigt. Altman brilliert in einer sehr dichten Beschreibung von Milieu und Zeitkolorit nicht zuletzt vermittels des allgegenwärtigen Radios, aus dem abwechselnd Reklame, Gangsterdramen, religiöse Sendungen und eine Rede Roosevelts als akustischer Kontrapunkt zu den Bildern dringen. Das Milieu, in dem *Thieves Like Us* spielt, ist ärmlich, durchschnittlich, provinziell: bezeichnenderweise spielen sowohl *Bonnie and Clyde* wie auch *Thieves Like Us* nicht in der Großstadt, sondern in kleinen Orten, in Dörfern oder auf dem Lande. Sein Profil erhält der Film aber auch durch eine meist nur andeutende, kontrastierende, elliptische Regie. *California Split* ist die Beschreibung zweier Spielernaturen aus Kalifornien, die dem Glücksspiel aus unterschiedlichen Motiven total verfallen sind; aus der Reihung exzentrischer und dann wieder trostloser Episoden ergibt sich das Bild einer in sich geschlossenen Welt, in der die Menschen von Obsessionen getrieben sind und gegen alle Vernunft unaufhörlich

Pläne und Träume entwickeln. In *Nashville* (1975) porträtiert Altman die Verhältnisse in der Hauptstadt des US-Staates Tennessee, wo zur gleichen Zeit die Präsidentschaftskampagne vorbereitet und die 200-Jahr-Feier der USA mit einem gigantischen Folklore-Festival begangen wird; die Werbung für Politik und für die Stars der ›Country Music‹ verschmilzt in einem Reklamerummel, dessen Slogans austauschbar sind und der ein Klima hysterischer Begeisterung erzeugt. Am Ende kommt es bei der großen Musikshow zu einem Attentat auf den populärsten Star, eine Sängerin (die aber sogleich durch eine andere ersetzt wird). Aus zahlreichen realistischen Details setzt dieser Film ein alptraumhaftes Panorama des provinziellen Amerikas der »schweigenden Mehrheit« zusammen, das der totalen Manipulation durch Mythen, Leitbilder und Reklame unterliegt. Insgesamt eher zwiespältig wirkte dagegen *Buffalo Bill and the Indians* (*Buffalo Bill und die Indianer*, 1976): der Film bedient sich des dramaturgischen Rahmens einer zirkusähnlichen Wildwestshow, die der einstige Westernheld Buffalo Bill betreibt; dieser möchte auch den Indianerheld Sitting Bull für die Show engagieren. Altman demontiert die Figur seines Helden, zeigt sie als die eines Schwätzers und Prahlhanses, die Geschichte des amerikanischen Westens ist nur noch als kommerzialisierte Legende präsent – und doch fehlt es dem Film an Überzeugungskraft, vielleicht wegen einer uneinheitlichen Drehbuchkonzeption.

Wenn man nach einem Schlüssel für Robert Altmans Filme sucht, so kann man sie in der Figur des Träumers erkennen, der einem Hirngespinst, einem Glückstraum, einer Obsession nachhängt und mit der Wirklichkeit keinen Kontakt mehr hat: solche Träumer sind fast alle Altman-Helden, die Gangster in *Thieves Like Us*, die Spieler aus *California Split* oder Brewster McCloud mit seiner Flugmaschine. Ihnen stellt Altman ausgesprochene Realisten gegenüber (so das Mädchen Keechie in *Thieves Like Us*). Der amerikanische Kritiker Michael Dempsey schreibt dem Schlußbild aus *Thieves Like Us* – als Leute eine Treppe zu einem Bahnhof hinaufsteigen, aus dem Bild verschwinden und die Kamera schließlich nur noch die leeren Treppenstufen festhält – symbolische Bedeutung zu, denn hier zeige sich, was »die Komplexität von Altmans stilistischen Mitteln schließlich besagt: das Leben besteht nur aus Bildern, unter deren Oberfläche nichts mehr liegt.«[43]

In *Three Women* (»Drei Frauen«, 1977) geht Robert Altman von Beobachtungen des kalifornischen Alltags aus, die er durch Mittel der Regie und der Bildgestaltung, aber auch durch ihre dramaturgische Verarbeitung zu einem alptraumartigen Panorama von Kommunikationslosigkeit und Grausamkeit zwischen den Menschen stilisiert. Zwei Mädchen, die in einer kalifornischen Altersklinik beschäftigt sind, verkörpern gegensätzliche Formen des sozialen Verhaltens: die eine Heldin strebt durch Überanpassung an die Lebensmodelle der Illustrierten und durch eine ständig zur Schau getragene leere Lässigkeit nach Erfolg; die andere kommt aus der (texanischen) Provinz und spielt zunächst die Rolle des naiven Mädchens vom Lande; im Hintergrund steht eine dritte, mysteriöse Frauenfigur, eine Malerin. Zwischen den beiden ersten Frauen findet im Verlauf der Handlung ein seltsamer Rollentausch statt. Mit einer gewissen Logik bewegt sich dieser Film vom anfänglichen Schwelgen in schönen Kulissen in ein Geflecht beklemmender, makabrer Ereignisse hinein; er gleicht einem eleganten Spiegel, der plötzlich zerbricht. Dabei geht Altman mit großer formaler und technischer Raffinesse vor. Am Schluß verliebt er sich zu sehr in die reine Exposition von Horror-Effekten. Trotzdem ist dieser Film eine interessante Antwort des Hollywood-Kinos auf bestimmte Phänomene der amerikanischen Gesellschaft.

Francis Ford Coppola (geb. 1939) erwies sich als äußerst fruchtbares und vielseitiges Talent. Seine Anfänge machte er, neben dem Filmstudium an der UCLA-Universität in Los Angeles, als Assistent von Roger Corman; hier lernte er Film »von der Pike auf«.

Ähnlich wie Corman war auch Coppola später nicht nur als Regisseur, sondern auch als Produzent tätig; er verhalf anderen jungen Regisseuren (so Georges Lucas) zu ihrem Debüt und schrieb zwischendurch Drehbücher. Coppola begann als Regisseur 1962, noch bei Corman, mit dem Horrorfilm *Dementia 13*. Darauf folgte später eine Komödie über die sexuellen Inhibitionen eines jungen Mannes, *You're a Big Boy Now* (*Big Boy, jetzt wirst du ein Mann*, 1966), und ein Märchenmusical, das sich besonders um die Integrierung von Landschaft in das Geschehen bemühte, *Finian's Rainbow* (*Der goldene Regenbogen*, 1967). *The Rain People* (*Liebe niemals einen Fremden*, 1968), das psychologische Drama einer schwangeren Frau, die in einer Art Kurzschlußhandlung vor Mann und Eltern flieht, mit dem Auto ein unbekanntes Ziel ansteuert und unterwegs einen debilen Fußballspieler kennenlernt, zeigte eine stärker persönliche Handschrift als Coppolas frühere Filme und nahm die Welle der später folgenden ›Road Pictures‹ oder ›Reise-Filme‹ vorweg (der Film enthielt Außenaufnahmen aus 18 Staaten der USA). Coppola ließ diesen Film von seiner eigenen Firma ›American Zoetrope‹ in der Art von Corman nach kostensparenden Methoden drehen; jedoch gaben sich Warner Brothers mit dem Verleih keine sonderliche Mühe, und Coppolas Produktionsfirma stand wegen zahlreicher anderer Projekte kurz vor dem Zusammenbruch, als Paramount ihm die Regie des Films *The Godfather* (*Der Pate*, 1972) anbot; dies war die ökonomische Rettung für Coppola. *The Godfather* ist ein Epos über das schon bei Lebzeiten legendäre Oberhaupt einer US-italienischen Familie mit weitverzweigten Unterweltverbindungen, im Grunde ein Film über die Mafia, obwohl diese selbst Coppola »Berater« aufnötigte und durchsetzte, daß das Wort »Mafia« im Film selbst nicht vorkam. Marlon Brando in der Rolle des »Godfather« Don Corleone beherrscht den Film mit seiner mythischen Figur, die meist nur halb sichtbar ist oder im Schatten bleibt. Insgesamt erhob sich der Film kaum über andere Vorbilder des Gangstergenres, jedoch wurde ihm ein in der Geschichte des amerikanischen Kinos fast beispielloser Erfolg zuteil; er soll über 200 Millionen Dollar eingespielt haben, was für die Firma Paramount eine finanzielle Gesundung bedeutete. Der Erfolg des *Godfather* ermöglichte es Coppola, sich auf ein interessanteres Projekt zu konzentrieren, an dessen Vorbereitung er bereits seit 1967 arbeitete: *The Conversation* (*Der Dialog*, 1974). Dieser Film sollte zu einem der entscheidenden Werke des amerikanischen Kinos der siebziger Jahre werden. Obwohl das Projekt aus der Vor-Nixon-Zeit stammte, erhielt der Film durch die Watergate-Affäre erhöhte Aktualität. Im Mittelpunkt des Dramas steht der private Abhörspezialist Harry Caul; er gilt als größter Könner seines Gebiets an der ganzen Westküste. In einem selbstgebastelten Laboratorium voller elektronischer Geräte kommt er auch schwierig versteckten Geräuschquellen auf die Spur und vermag das leiseste Flüstern aus chaotischem Straßenlärm herauszufiltern (Coppola hat den Einfluß von *Blow up* auf seinen Film zugegeben).[44] *The Conversation* analysiert das psychologische Drama des Harry Caul (eines gläubigen Katholiken), dem plötzlich Zweifel an der Rechtmäßigkeit seiner Tätigkeit kommen, der eine mögliche Bedrohung des Paares, dem er akustisch nachspionieren soll, aufdecken will, diese falsch interpretiert, dann von anonymen Kräften unter Druck gesetzt und seinerseits abgehört wird. In einem wilden Anfall von Raserei zertrümmert er das Inventar seines eigenen Zimmers, ohne die versteckte »Wanze« zu finden; schließlich bleibt er allein mit seinem Saxophon (seinem einzigen Hobby) in der zertrümmerten Wohnung zurück. Coppola gelingt es, aus diesem Film ein Gleichnis für ein Gesellschaftssystem zu machen, in welchem der einzelne minuziöser »nachrichtendienstlicher« Kontrolle unterworfen ist; ein Orwellsches System, das bereits jetzt, wie der Film zeigt, technologisch vorstellbar ist und für das sich in der amerikanischen Realität beunruhigende Anzeichen beobachten lassen. Aber seine besondere Überzeugungskraft gewinnt der Film nicht so sehr aus seiner politisch-soziologischen Dimension, sondern vielmehr daraus, wie er die Person seines einsamen Helden entwickelt, sie in seinem spezifischen Milieu zeigt, dem phantastischen Laboratorium, dann auf einem halb absurden, halb makabren Kongreß der Abhörspezialisten, die sich wie biedere Handelsvertreter begegnen, und bei der Ausübung seines Berufes, immer umgeben von einer Sphäre der Isolation und Entfremdung. Dieser Abhörspezialist Harry Caul, der von einem Agenten des Systems schließlich zu dessen Opfer wird, der die kompliziertesten Apparate bedient und gleichwohl in einem Vakuum lebt, gepeinigt von untergründigen Ängsten, vom Zweifel und vom Verdacht, gehört zu den interessantesten Figuren des neuen amerikanischen Kinos.

1974 kam eine Fortsetzung von Coppolas größtem Erfolg heraus: *The Godfather, Part II (Der Pate – Teil II)*. Die zweite Folge erfüllt höhere künstlerische Ansprüche als die erste. Coppola zeigte in Parallelmontagen die Frühgeschichte der Mafia-Familie Corleone in Sizilien und die heutige Auseinandersetzung des jüngsten Familienoberhauptes mit mächtigen Vertretern der amerikanischen Industrie und Politik.

Einen wichtigen Einschnitt in der amerikanischen Filmgeschichte der sechziger und siebziger Jahre markiert Dennis Hoppers Film *Easy Rider* (1969). Dieses Werk wurde zu einem Symbol-Film für eine neue Generation von Kinogängern. Es leitete eine kurze Zeitspanne außerordentlicher Freiheit ein, die für junge Regisseure plötzlich bestand, nachdem Hollywood durch den unerwarteten *Easy-Rider*-Erfolg kopflos geworden war. Der Film schuf in gewisser Weise die Voraussetzungen für das neue amerikanische Kino der siebziger Jahre, für die Filme der Scorsese, Sydney Pollack, Bogdanovich – selbst wenn Dennis Hoppers Regiekarriere nach *Easy Rider* schon bald wieder beendet war.

Easy Rider ging im Grunde aus der Produktion Roger Cormans und der auf Jugendfilme spezialisierten Gesellschaft ›American International Pictures‹ hervor, für die Corman bereits 1966 die Motorradballade *The Wild Angels (Die wilden Engel)* und 1967 den Drogenfilm *The Trip* gedreht hatte, thematisch wie formal Vorwegnahmen von *Easy Rider*. Dennis Hopper (geb. 1936) war bereits seit 1956 als Darsteller in vielen Filmen tätig. Das Drehbuch zu *Easy Rider* schrieb er gemeinsam mit seinem Schauspielerkollegen Peter Fonda; beide übernahmen auch die Hauptrollen in dem Film. Er handelte – ein typisches ›Road Picture‹ – von der Motorradfahrt zweier junger Leute, Billy und Wyatt, auch genannt »Captain America«, von Los Angeles nach New Orleans. Ziel der Reise: der »Mardi-gras«-Karneval in New Orleans. Ihre Fahrt ist eine Hymne an die amerikanische Landschaft und auf das Erlebnis der Freiheit, auf den schwerelosen Zustand des »Unterwegs-Seins«; dazu paßt die Musikbegleitung des Films, eine Auswahl prominenter amerikanischer Folk- und Rockmusik. »Die Musikstücke illustrieren nicht einfach die Bilder des Films, die Bilder handeln vielmehr von ihnen.« (Wim Wenders)[45] Auf der anderen Seite begegnen die beiden Protagonisten auf ihrer Fahrt auch dem spießigen, ressentimentgeladenen, quasifaschistischen Amerika des Kleinbürgertums der Südstaaten. Wo die langhaarigen, exotisch aussehenden Reisenden mit ihren funkelnden, monströsen Motorrädern auftauchen, treffen sie auf mißtrauische bis feindselige Blicke, schließen sich die Türen der Motels, tritt die Polizei in Aktion. In Texas werden sie unter einem Vorwand verhaftet und eingesperrt. Ein Rechtsanwalt der Bürgerrechtsbewegung, dem sie im Gefängnis begegnen, bringt sie wieder heraus; nun fährt er auf dem Beifahrersitz von »Captain America« mit nach New Orleans. Aber eines Nachts wird er von einem lynchwütigen Mob, der den Lagerplatz der drei überfällt, zu Tode geprügelt. (»Dies war doch eigentlich ein verdammt gutes Land! Ich verstehe selber nicht, was mit ihm passiert ist«, bemerkte er kurz zuvor.) In New Orleans stellt sich der Karneval als enttäuschend heraus, nach einer LSD-Party auf dem Friedhof fahren die beiden weiter in Richtung Florida, werden aber unterwegs von einem vorbeifahrenden Lastwagenfahrer erschossen, ohne Grund.

Easy Rider war nicht nur ein Film über romantischen Freiheitsdrang, sondern auch über die Gewalt in Amerika, über gesellschaftliche Vorurteile, über die Veränderung der Landschaft, über die Physiognomie von Kleinstädten. Er war frei von jeder Verschönerung; was er zu sagen hatte, hielt er in lakonischen, manchmal romantischen, manchmal auch aggressiven und bitteren Bildfolgen fest. Der Erfolg des Films kann sicher nur daraus erklärt werden, daß er eine tiefliegende Disposition des jugendlichen Publikums getroffen hatte, dem die offiziellen Mythen Amerikas schal und unglaubwürdig geworden waren. Dennis Hopper konnte danach allerdings nur noch einen weiteren Film des prophetischen Titels *The Last Movie* (»Der letzte Film«, 1971) drehen, der in Lateinamerika entstand und überhaupt nicht mehr ans Publikum kam. (Thema des Films ist das Filmemachen selbst: Dennis Hopper zeigt die Dreharbeiten eines Hollywood-Teams unter Sam Fuller in Peru; er beschreibt dann, wie die Kino-Realität von den Indianern im buchstäblichen Sinne ernst genommen und nachgespielt wird.) Verschiedene andere Filme lassen sich indessen deutlich auf das Vorbild *Easy Rider* zurückführen, so der aus ununterbrochenen Autofahrten bestehende *Two Lane Blacktop* (*Asphaltrennen*, 1971) von Monte Hellman; Hellman (geb. 1932) drehte vorher den »existentialistischen« Western *The Shooting* (*Das Schießen*, 1966). In der weiteren Nachfolge Dennis Hoppers stehen der »Reisefilm« *Paper Moon* (1972) von Bogdanovich, *Duel* von Stephen Spielberg, *Electra Glide in Blue* (1973) von James William Guercio. Auch die »neue Sensibilität«, die von *Easy Rider* ausstrahlte (ein besonderes Empfinden für Milieu, Dekoration oder Landschaft und die durch sie ausgelösten Assoziationen), wurde von vielen Filmen aufgenommen und weiterverarbeitet. Sie kommt zum Ausdruck bei Peter Bogdanovich, in Western wie Stan Dragotis *Dirty Little Billy* (*Dreckiger kleiner Billy*, 1972) oder *Jeremiah Johnson* (1972) von Sydney Pollack, auch in Robert Altmans Filmen, besonders *McCabe and Mrs. Miller* sowie *Thieves Like Us* oder in *American Graffiti* (1973) von Georges Lucas. Insofern bewirkte *Easy Rider* tatsächlich eine profunde Klimaveränderung im amerikanischen Kino.

Peter Bogdanovich (geb. 1939) ist ein Sonderfall in der Geschichte des ›Neuen Hollywood-Kinos‹, weil er über die Filmkritik und über das systematische Studium der Filmklassiker zum Film kam. Bogdanovich war Mitarbeiter der renommierten Zeitschrift »Film Culture« und verfaßte Regisseur-Monographien über Fritz Lang und John Ford. »Ich richte mich niemals nach meinen Zeitgenossen, sondern nach den 20 000 Filmen, die bislang gemacht worden sind und von denen ich 6000 gesehen habe. Ob das, was ich mache, gut ist, wäge ich ab gegen die Regisseure, die ich bewundere – Hawks, Lubitsch, Buster Keaton, Welles, Ford, Renoir, Hitchcock.« (Bogdanovich)[46]

Bogdanovich begann wie manche seiner Zeitgenossen bei Roger Corman, der ihm auch seinen ersten Spielfilm *Targets* (*Bewegliche Ziele*, 1968) finanzierte. Dieser Film ist gleichermaßen eine Hommage an eine zu Ende gehende Periode Hollywoods wie die (freilich schreckerregende) Bestandsaufnahme eines neuen Amerikas, das bestimmt wird von psychischer Frustration und Gewalttätigkeit. *Targets* erzählt von dem alternden Horrorstar Orlok (Boris Karloff), der sich vom Filmemachen zurückziehen will, und parallel dazu von einem Durchschnittsangestellten und Amateur-Scharfschützen, der eines Tages von der Leinwand eines Autokinos auf Menschen schießt; in einer ingeniösen Schlußsequenz verklammert Bogdanovich Kinorealität und Realität *vor* der Leinwand.

Bogdanovichs weitere Filme waren nostalgische, aber detailgetreue und genau konstruierte Schilderungen amerikanischer Kleinstadt- und Provinzrealität. *The Last Picture Show* (*Die letzte Vorstellung*, 1971) spielt 1951 im texanischen Städtchen Anarene und beschreibt die Abenteuer zweier Freunde, die ihr letztes Jahr in der High School absolvieren, vor einem Hintergrund von Apathie, Langeweile und Indifferenz. Eigentliches Thema des Films ist der Übergang vom Alter der Träumereien zum Stadium der Skepsis. Dieses Thema artikuliert sich in einer sensiblen Schwarzweißfotografie, die die herun-

Robert Kramer
Ice
(Eis)
1970
USA

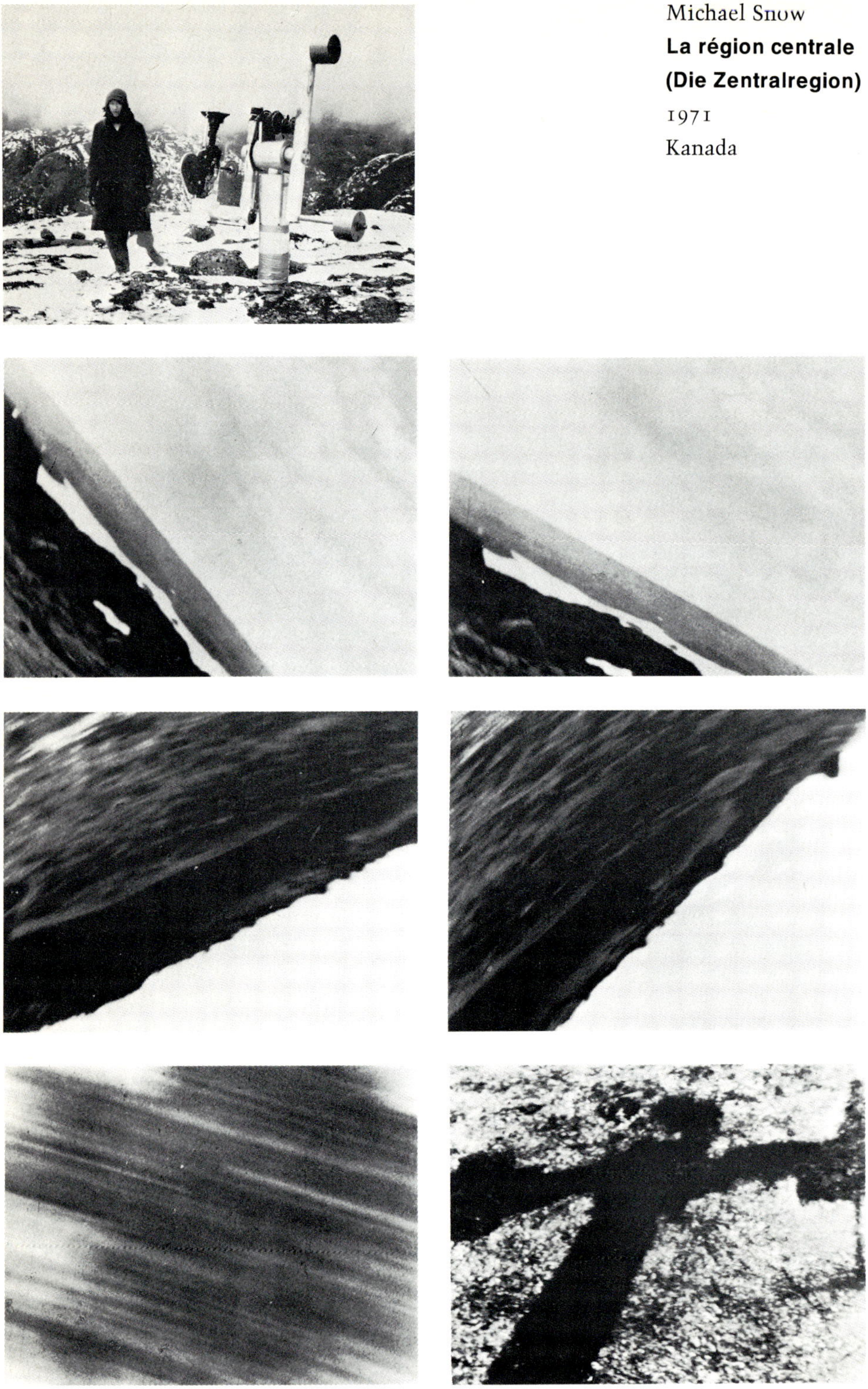

Michael Snow
**La région centrale
(Die Zentralregion)**
1971
Kanada

480

tergekommenen, monotonen Straßenpanoramen, die leeren Perspektiven und die staubigen Fassaden der Kleinstadthäuser abtastet; es erscheint aber auch auf einer anderen Ebene: in der Verklammerung von Filmmotiven und Zitaten. Eine wichtige Rolle in dem Film spielt der alte Kino- und Spielsaalbesitzer »Sam der Löwe«, der im Verlauf des Films stirbt; sein Kino, das einzige des Ortes, wird geschlossen. Während der Film mit Ausschnitten aus Minellis »heiler« Komödie *Father of the Bride* (1950) beginnt, sehen sich die beiden Freunde am Ende – in der letzten Vorstellung des vor seiner Schließung stehenden Kinos – Howard Hawks' *Red River* (1948) an. Durch die Einrahmung mit Kinoszenen ergibt sich eine Art Kreisstruktur; die Filmausschnitte stehen stellvertretend für die Hoffnungen und Empfindungen der Protagonisten. Mit Zitaten aus Hollywoodklassikern (Ford, Hawks) reichlich versehen ist auch Bogdanovichs Ballade *Paper Moon* (1972), in deren Mittelpunkt die Freundschaft zwischen einem neunjährigen Mädchen und einem Bibelverkäufer steht. Handlungsort ist das – von Bogdanovich wiederum genau situierte – provinzielle Amerika der dreißiger Jahre. Eigentlich soll der Bibelverkäufer das Mädchen, dessen Mutter soeben verstorben ist, nur zu ihrer Tante bringen; aber auf dem Weg dorthin hilft die Kleine dem Mann geschickt seine Bibeln abzusetzen, befreit ihn zudem aus schwierigen Situationen, so daß aus dem Komplizentum eine starke Freundschaft zwischen den beiden wird. Bogdanovich entwickelt ein interessantes Spannungsverhältnis zwischen dem mythischen Kern der Geschichte (dem Thema der Solidarität und der Freundschaft) und den plastisch gezeichneten Randfiguren (den Witwen, die die beiden aufsuchen, dem schwarzen Dienstmädchen, einem brutalen Sheriff, einem Alkoholschmuggler) sowie dem lebendigen Milieu (Hotels, Cafés, Landschaften). Das Mädchen wird durch ihre Vergangenheit charakterisiert, deren Relikte sie in einer Zigarrenkiste mit sich herumträgt. Auch die eher vorsintflutlichen Automobile spielen in dem Film, der gesättigt ist mit konkreter und gleichwohl ästhetisch gestalteter Realität, eine wichtige Rolle.

Zwischen diesen beiden Filmen drehte Bogdanovich die Komödie *What's up, Doc?* (Is' was, Doc?, 1971), die er selbst als »eine Art Mischung aus einer Feydeau-Farce und einer ›Screwball-Comedy‹ in der Art von Hawks' *Bringing up Baby*« beschreibt[47], sowie die Verfilmung einer 1879 erschienenen Novelle des amerikanischen Autors Henry James, *Daisy Miller* (1974). Protagonistin dieses in Europa (am Genfer See) spielenden Films ist eine ungezwungene, temperamentvolle, jedoch unaufhörlich plappernde und manchmal vulgäre junge Amerikanerin; von ihr fühlt sich ein europäisierter, aristokratischer Amerikaner zugleich angezogen und abgestoßen. Der vom Dialog und von der Inszenierung her witzige Film blieb streckenweise in dekorativer Ausmalung stecken. *Nickelodeon* (1977) war Bogdanovichs Hommage an die früheste Epoche des Filmemachens in Amerika: er befördert einen Rechtsanwalt auf unerwartete Weise zum Filmregisseur, der sich dann auf sehr handgreifliche und vielseitige Weise in seinem Beruf bewähren muß. Der Film besteht aus einer fast ununterbrochenen Folge turbulenter Zwischenfälle; als verehrungswürdiges Vorbild erscheint im Hintergrund der amerikanische Filmveteran D. W. Griffith.

Zu den wichtigen Regisseuren des neuen Hollywoodfilms gehört auch Martin Scorsese (geb. 1942), der an der New York University Film studierte, dann verschiedene Kurzfilme drehte, als Cutter, Berater und Assistent tätig war. Nach einem Debütfilm *Who's That Knocking at My Door?* (»Wer klopft an meine Tür?«, 1968) und einem sozialkritischen Gangsterfilm, der in den dreißiger Jahren spielt, *Boxcar Bertha* (Die Faust der Rebellen, 1971) drehte Scorsese 1973 *Mean Streets* (Hexenkessel), einen Film, der das neue Hollywoodkino um ein weiteres stilistisches Modell bereichern sollte. *Mean Streets* war ein filmisches Porträt jenes Milieus, in dem Scorsese aufgewachsen war: des New Yorker Stadtteils »Little Italy«. Scorsese schildert eine Handvoll Typen, die sich meistens in Bars und Billardsälen aufhalten, von kleinen Geschäften und vom gegenseitigen Anpumpen leben, Kumpane, zwischen denen aber auch öfters Streit ausbricht. Es gelang ihm, das Klima versteckter bis offener Aggression im Verhalten der Personen mit Scharfblick zu orchestrieren, das Umkippen von Pathos in Lächerlichkeit durch kinematographische Beobachtung durchsichtig zu machen; dies sind die stilistischen Feinheiten eines düsteren, oft aber auch komischen Films wie *Mean Streets*, der nicht ohne Parallelen zu den klassischen Gangstervorbildern ist. Realistischer fiel dagegen *Alice Doesn't Live Here Anymore* (*Alice lebt hier nicht mehr*, 1975) aus, ein Film über eine verwitwete Frau, die mit ihrem dreizehnjährigen Sohn unterwegs nach Monterey in Kalifornien ist, als Sängerin und Serviererin in Lokalen Geld zu verdienen sucht und dabei auf vielfältige Weise erfahren muß, wie eine alleinstehende Frau im Alltag diskriminiert wird. Der aus Episoden und Fragmenten, Begegnungen und Einzelporträts zusammengesetzte Film ist lebendig und phantasievoll, auch mit Sinn für Ironie ausgeführt und liefert Ansätze zur gesellschaftskritischen Reflexion. *Taxi Driver* (1975) ist ein realistischer, zum Schluß jedoch zunehmend melodramatischer Film über einen einsamen Taxifahrer in New York. Der Protagonist, degoutiert von den täglichen Eindrücken seines Berufs, trainiert sich als Scharfschütze, offenbar noch unsicher, in welche Richtung er seine Aggressionen lenken soll, wohl auch bestimmt von einem unklar empfundenen Sendungsbewußtsein. Am Ende schießt er die Personen in der Umgebung einer jungen Prostituierten, die er von ihrem Schicksal erlösen will, brutal über den Haufen. Scorsese seziert die psychische Isolierung des Helden, registriert seine vergeblichen Versuche, Kontakt zu anderen Menschen zu finden, aber auch die rings um ihn herum herrschende Indifferenz und das Klima von Gewalt, das ihn schließlich auch selbst erfaßt. Der Film ist von hoher formaler Virtuosität. *New York, New York,* (1977), die Lebensgeschichte eines Jazzmusikers und einer Sängerin aus den Nachkriegsjahren, blieb zu sehr in nostalgischen Schaueffekten stecken und zerflatterte in einer weitläufigen Dramaturgie.

Eine nicht geringe Zahl von Filmen des neuen Hollywoodkinos schildern plötzliche Explosionen von Gewalt, sei es in Form des Gangsterkrieges, der Verfolgung von Gangstern durch Polizei und »Kräfte der Ordnung« (manchmal auch durch einen Lynch-Mob), oder aber in Form ausgesprochener Kurzschlußhandlungen, die auf Isolation oder Frustration von Individuen zurückzuführen sind: so der Schuß aus der Menge in *Nashville*, die Schüsse des Scharfschützen unter der Kinoleinwand in *Targets* oder das Blutbad in *Taxi Driver*.

Unter den Regisseuren des neuen Hollywoodkinos sind noch eine Reihe von Namen zu nennen, die sich in den siebziger Jahren bestimmten kommerziellen Trends der Filmindustrie anpaßten, dabei aber handwerkliche Perfektion erreichten. Mike Nichols (geb. 1931) etwa drehte verschiedene Unterhaltungsfilme, so eine elegante Komödie über die erotischen Verwirrungen eines Collegejünglings, *The Graduate* (*Die Reifeprüfung,* 1967), eine derbe »Antikriegs«-Persiflage in der Nachfolge von *M.A.S.H.*, *Catch 22* (1970), und die mit vielen Anzüglichkeiten durchsetzte Geschichte zweier Männer und ihrer unterschiedlichen Beziehungen zu Frauen (*Carnal Knowledge – Die Kunst zu lieben,* 1971). In *The Day of the Dolphin* (*Der Tag des Delphins*, 1973) rankte Nichols eine ausgefallene Politphantasie um die Science-fiction-Erfindung eines Wissenschaftlers, der Delphinen das Sprechen beizubringen vermag. Sydney Pollack (geb. 1934) bewies mit seinen Filmen anfangs thematische Originalität, ehe er sich später in Richtung auf nostalgische Unverbindlichkeit entwickelte. Pollack begann mit dem Drama einer Selbstmörderin, *The Slender Thread* (*Stimme am Telefon*, 1966) und der Verfilmung eines Einakters von Tennessee Williams, *This Property Is Condemned* (*Dieses Mädchen ist für alle*, 1966). Nach einem Western (*The Scalphunters – Mit eisernen Fäusten*, 1968) und einem Kriegsfilm (*Castle Keep – Das Schloß in den Ardennen*, 1969) realisierte Pollack einen sozialkritisch ambitionierten Film über ein (siebenwöchiges!) Tanzturnier aus dem Amerika der Depressionszeit, der sich naturalistischen Exzessen in die Arme warf, *They Shoot Horses, Don't They?* (*Nur Pferden gibt man den Gnadenschuß,* 1969) – er gilt als Pollacks »pessimistischster« Film[48] –, und den Western *Jeremiah Johnson* (1969), vielleicht Sydney Pollacks bestes Werk und einer der schönsten Western des neuen Hollywoodkinos. Held des Films ist der Ex-Soldat Jeremiah Johnson, der um 1850 in die Wildnis des amerikanischen Westens zieht, um dort Trapper zu werden. Er wird, obwohl er allein leben möchte, in Indianerkämpfe verwickelt, heiratet eine indianische Häuptlingstochter, verletzt eines Tages heiliges Territorium der Krähenindianer, worauf diese seine Frau und das adoptierte Kind umbringen; Jeremiah Johnson rächt sich auf schreckliche Art an den Indianern und wird schon zu Lebzeiten zu einer Legende. *Jeremiah Johnson* läßt sich auf kein schon bekanntes Westernklischee reduzieren. Nicht der Mensch bringt hier Zivilisation in die Wildnis, sondern die Wildnis verwandelt und assimiliert den Menschen. Bemerkenswert, wie Sydney Pollack die weiten Schneelandschaften der Rocky Mountains in das Geschehen einbezieht und aus ihnen das epische Klima seines Films entwickelt, sie auch in Relation zum Innenleben seines Protagonisten setzt. *The Way We Were* (»So waren wir«; deutscher Verleihtitel: *Cherie Bitter,* 1973) erzählt die Liebesgeschichte einer linksengagierten College-Studentin und eines Drehbuchautors im Amerika der dreißiger (und vierziger) Jahre. Die politischen Hintergründe amerikanischer Zeitgeschichte, die der Film evoziert, bestehen aber nur aus oberflächlichen Andeutungen; tatsächlich geht es Pollack mehr um eine rührselige Liebesgeschichte, die vor allem auf zwei Stars (Barbra Streisand und Robert Redford) bezogen ist. Danach drehte Pollack einen Kriminalfilm mit japanisch-mythologischem Hintergrund, *Yakuza* (1975), und einen hinter den Kulissen der CIA spielenden Agententhriller, *The Three Days of the Condor* (*Die drei Tage des Condors,* 1975). .

Zu den großen kommerziellen Matadoren des ›Neuen Hollywood-Kinos‹ gehören Steven Spielberg und William Friedkin, im weiteren Sinne auch Hal Ashby, Bob Rafelson, Paul Mazursky und Jerry Schatzberg; diese Regisseure lieferten, wenn nicht ausgesprochene Kassenknüller, so doch handwerklich solide Unterhaltungsware. Steven Spielberg (geb. 1948) debütierte nach einigen beim Fernsehen verbrachten Lehrjahren mit *Duel* (*Duell,* 1971), dem mit Sinn für realistische Details, psychologische Hintergründigkeit und makabre Effekte realisierten Landstraßen-Drama zwischen einem Personenwagen (bzw. dessen Fahrer) und einem gespenstischen Riesen-Lkw, der den Personenwagen dauernd von der Straße abzudrängen sucht. Während dieser Film, der auf verschiedenen Ebenen interpretierbar war, noch Erwartungen auslöste, verarbeitete Spielberg die Dramatik von Autojagden in *The Sugerland Express* (Sugerland Express, 1974) auf oberflächliche Art zu einem spektakulären Kriminalreißer; mit *Jaws* (*Der weiße Hai,* 1975) ließ er sich endgültig auf die Formel des kommerziellen Erfolgsfilms ein.

William Friedkin (geb. 1939) war von 1957 bis 1965 für das NBC-Fernsehen tätig; er drehte einen atmosphärisch dichten, in der Charakterzeichnung witzigen Film über das Milieu eines New Yorker Nachtkabaretts, *The Night They Raided Minsky's* (*Die Nacht, als Minsky aufflog,* 1968), sowie die etwas gequält-lockere Darstellung einer sich dramatisch zuspitzenden Geburtstagsparty unter Homosexuellen, *The Boys in the Band* (*Die Harten und die Zarten,* 1970). Zu Friedkins größten Kinoerfolgen wurden *The French Connection* (*Brennpunkt Brooklyn,* 1971), ein reißerisches Drama zwischen Rauschgiftschmugglern und sie verfolgenden Polizisten, das in vordergründigen Effekten schwelgt und das Vorbild einer sich ausbreitenden Welle sogenannter Polizeifilme abgab, und *The Exorcist* (*Der Exorzist,* 1973), die kunstvoll dramaturgisch eingerahmte Schauerballade über ein Mädchen, das vom Teufel oder von Dämonen besessen ist, gegen die Exorzisten einen Kampf auf Leben und Tod führen. Der Film übertraf an Kraßheit seiner Gruseleffekte fast alles bisher Dagewesene. Gestalterische Phantasie ließ er eigentlich nur in der Verwendung des Tons erkennen, so abgedroschen wirkten die meisten seiner dramatischen und visuellen Effekte. Hal Ashby (geb. 1939) drehte einige unterhaltsame Komödien, gelegentlich kann man ihn auch für einen Gesellschaftskritiker halten: *Harold and Maude* (*Harold und Maude*, 1971) beschreibt die paradoxe Freundschaft zwischen einem jungen Mann aus reichem Hause und einer Achtzigjährigen; in *The Last Detail* (*Das letzte Kommando*, 1974) begleiten zwei Soldaten der US-Armee einen dritten, der eine Gefängnisstrafe antreten soll, auf einer Reise, versuchen ihm dabei Gutes zu tun und werden in verschiedene Abenteuer verwickelt; *Bound for Glory* (»Für den Ruhm bestimmt«, deutscher Verleihtitel: *Dieses Land ist mein Land*, 1977) ist die sozialkritisch akzentuierte Geschichte des Protestsängers Woodie Guthrie.

Bob Rafelson (geb. 1935) hatte mit *Five Easy Pieces* (*Ein Mann sucht sich selbst*, 1970), der Geschichte eines ruhelosen Außenseiters, der eine Ausbildung als Pianist erhalten hat und mit einer exzentrischen Familie gesegnet ist, großen internationalen Erfolg. Von Paul Mazursky (geb. 1930) stammen unter anderem *Bob & Carol & Ted & Alice* (1969) sowie *Next Stop Greenwich Village* (*Ein Haar in der Suppe*, 1976), muntere Gesellschaftskomödien im »Main-Stream« des Hollywoodkinos. Jerry Schatzberg (geb. 1927) schließlich drehte *The Panic in Needle Park* (1971), einen Film aus dem Milieu Drogensüchtiger, beschrieb die Freundschaft zweier Männer von der Landstraße in *Scarecrow* (*Asphalt-Blüten*, 1972) und die gefährlichen Abenteuer eines in teure Autos vernarrten Mädchens in *Dandy, the All American Girl* (1976). In den Kreis der erwähnenswerten Regisseure des neuen Hollywoodkinos, deren Werke zwischen Kommerz und Individualität pendeln, gehören ferner Brian de Palma (geb. 1940) mit einer Serie romantischer Horrorfilme: *Phantom of the Paradise* (*Das Phantom im Paradies*, 1974, Remake des Klassikers *Phantom of the Opera* von Rupert Julian, 1925), *Obsession* (*Schwarzer Engel*, 1975) und *Carrie* (*Carrie – des Satans jüngste Tochter*, 1976), Stan Dragoti mit *Dirty Little Billy*, 1972, einem der schönsten neueren Western, sowie Terence Malick mit *Badlands* (1974), einem neo-romantischen Gangsterfilm. Haskell Wexler drehte einen »medienkritischen«, jedoch im Grunde reißerischen Film, *Medium Cool* (1969), James Frawley einen Western mit utopischen und parabelhaften Zügen, *Kid Blue* (1974), Henry Jaglom die interessante Vietnam-Parabel *Tracks* (*Gleise*, 1976). Alan J. Pakulas Filme ließen eine besondere dramaturgische und handwerkliche Begabung erkennen: *Klute* (1971), ein Kriminalfilm um Erpressung und Kinderraub, und zwei Politthriller mit aktuell-selbstkritischen Hintergründen: *The Parallax View* (*Zeuge einer Verschwörung*, 1973) über Nachforschungen, die der Ermordung eines Politikers gelten, sowie *All The President's Men* (*Die Unbestechlichen*, 1976); dieser Film ist zwei Journalisten der »Washington Post« gewidmet, die den Watergate-Skandal durch ihre sorgfältigen Recherchen ins Rollen brachten; beide Filme reduzierten ihr Geschehen jedoch weitgehend auf vordergründige Aktion.

Zu den intelligenten Außenseitern, die durch Einzelfilme zu überzeugen vermochten, gehören schließlich Barbara Loden (eine der wenigen Frauen, die als Regisseurinnen in Hollywood tätig sind) mit *Wanda* (1970) und Daryl Duke mit der Satire auf das Leben eines Hillbilly-Sängers, *Pay Day* (1972).

Es gibt einen Bereich der filmischen Produktion und Rezeption in den USA, der mit Hollywood-Kino und Filmkommerz nicht das geringste zu tun hat, ja sich geradezu aus der Negation des »etablierten« Hollywood-Films definiert, dem aber nicht weniger Aufmerksamkeit gebührt als den »professionell« gemachten Erzeugnissen der amerikanischen Filmindustrie, wie ambitioniert diese auch immer sein mögen: das ist der Bereich des »unabhängigen« Films, der in den sechziger und siebziger Jahren mit den Bezeichnungen ›New American Cinema‹, ›Undergroundfilm‹, ›Off-Hollywood-Kino‹, ›Avantgarde‹- oder ›Experimentalfilm‹ belegt wurde. Seit etwa 1960 hat sich in den USA, zunächst auf der Grundlage einer gemeinsamen Anti-Hollywood-Position, ein breites Feld der Produktion entwickelt, das sich dann im Verlauf der sechziger Jahre in verschiedene Richtungen aufspaltete: in die des »unabhängig« produzierten Spielfilms, die des Dokumentarfilms (mit seiner besonderen Variante des ›Uncontrolled Cinema‹), des politischen und Zielgruppen-Films, dann, auf der anderen Seite, in die Richtung des ästhetisch orientierten Experimental- und Avantgardefilms.

Es ist ein bemerkenswertes Phänomen, daß die »unabhängige« Filmszene mit all ihren Facettierungen in keinem Land der Welt so entwickelt ist wie in den USA. Die unabhängige Filmbewegung wurde ausgelöst durch den Aufstand einer jungen Filmemachergeneration gegen die ökonomische und ästhetische Diktatur Hollywoods; auf der anderen Seite ist die dauerhafte Existenz so umfangreicher, nicht von der Industrie kontrollierter Produktionsbereiche – selbst wenn auch hier ein harter Kampf um Existenz und Positionen ausgetragen wird und die Bedingungen alles andere als ideal sind – wohl nur zu erklären aus der stark entwickelten Infrastruktur der Filmabteilungen an unzähligen Universitäten des Landes und aus der stark verbilligten, allgemein zugänglichen Technologie des 16-mm-Mediums.

Wichtigstes Sammelbecken und theoretisches Organ der Bewegung des »unabhängigen« Films in den USA war die schon 1955 von dem Kritiker und Filmemacher Jonas Mekas gegründete Zeitschrift »Film Culture«. In dieser Zeitschrift erschien 1961 eine Resolution unter dem Titel »Manifest der ›New American Cinema Group‹«, die am 28. September 1960 von einer Gruppe unabhängiger Filmemacher, Kritiker und Produzenten formuliert worden war. In diesem Manifest – dem vielleicht denkwürdigsten Text der unabhängigen Kinobewegung vor 1968 – hieß es unter anderem:

»Dem etablierten Film der ganzen Welt geht die Luft aus Er ist moralisch korrupt, ästhetisch überholt, thematisch oberflächlich und temperamentlos. Selbst scheinbar ganz passable Filme, die Anspruch auf ein hohes moralisches und künstlerisches Niveau erheben und bei Kritik und Publikum Anerkennung gefunden haben, enthüllen den Verfall des Films, der nur Ware sein will. Gerade die Glätte der Ausführung erweist sich als Perversion, welche die falsche Thematik und den Mangel an Stil und Sensibilität verdekken soll.

Wir glauben, daß der Film eine unteilbare, persönliche Aussage ist. (...) Wir lehnen die Zensur ab. (...) Wir suchen neue Formen der Finanzierung, arbeiten auf eine Reorganisation der Investitionsmethoden hin und legen den Grund für eine freie Filmindustrie. (...) Wir bekämpfen die gegenwärtige Politik des Verleihs und der Theatersparte. (...)

Wir haben den Plan, ein eigenes kooperatives Verleihzentrum zu gründen. (. . .) Gemeinsame Überzeugungen, gemeinsames Wissen, gemeinsamer Zorn und gemeinsame Ungeduld verbinden uns – und sie verbinden uns auch mit den jungen Filmbewegungen der ganzen Welt. Unsere Kollegen in Frankreich, Italien, Rußland, Polen oder England können sich auf unsere Entschlossenheit verlassen. Wie sie haben wir die ›Große Lüge‹ im Leben und in der Kunst satt. Wie sie sind wir nicht nur für den neuen Film, sondern auch für den neuen Menschen. Wie sie sind wir für die Kunst, aber nicht auf Kosten des Lebens. Wir wollen keine falschen, auf Hochglanz polierten, glatten Filme – wir wollen sie rauh, ungeglättet, aber lebendig; wir wollen keine rosigen Filme – wir wollen sie rot wie das Blut.«[49]

Die angekündigten praktischen Maßnahmen der ›New American Cinema Group‹ wurden 1962 durch die Gründung der New Yorker ›Film-Makers' Cooperative‹ verwirklicht, einer nichtkommerziellen Verleihorganisation, die allen Filmemachern offenstand; diese Kooperative wurde zum Vorbild für viele analoge Gründungen in anderen Ländern der Welt. An der US-Westküste wurde in San Francisco die ›Canyon Cinema Group‹ gegründet. Ab 1964 veranstaltete die ›Filmmakers' Cinematheque‹ in New York tägliche Vorführungen von unabhängigen und experimentellen Filmen; sie ging später über in das von Jonas Mekas geleitete ›Anthology Film Archives‹. Trotz der verschiedenen Einrichtungen für Verleih und Aufführung der »unabhängigen« Filme, die der Bewegung in den sechziger Jahren eine große – bald auch nach Europa ausstrahlende – Vitalität verliehen, war es doch für die unabhängigen Filmemacher außerordentlich schwer, von den Erträgen ihrer Arbeit zu leben oder gar aus ihnen die Produktion neuer Filme zu finanzieren.

Das Manifest der ›New American Cinema Group‹ wurde von Personen unterschrieben, die im Grunde bereits damals unterschiedliche Positionen des Filmemachens verkörperten und sich in der Folgezeit schnell auseinanderentwickelten. Zu den Unterzeichnern gehörten die politisch orientierten Dokumentarfilmer Lionel Rogosin und Emile de Antonio; Shirley Clarke, die später einige Versuche im Bereich des Spielfilms mit kleinem Budget unternahm; der Experimentalfilmer Gregory Markopoulos; Daniel Talbot, der später in New York einen respektablen Filmkunst-Verleih aufmachen sollte; der damalige Kritiker und spätere Hollywood-Regisseur Peter Bogdanovich, sowie Jonas Mekas zusammen mit seinem Bruder Adolfas Mekas als Haupt und Motor der Bewegung. Wenig später zerfiel diese breite Basis des ›New American Cinema‹. Der Begriff wurde in der Folgezeit hauptsächlich auf den Experimentalfilm im engeren Sinne oder für den sogenannten ›Underground-Film‹ angewendet; seit den siebziger Jahren wird der Begriff kaum noch gebraucht.

Im Bereich des unabhängigen amerikanischen Films gibt es zunächst eine dokumentarische Richtung; ihr Hauptvertreter war bereits in den fünfziger Jahren der Regisseur Lionel Rogosin, als dessen Hauptwerke *On the Bowery* (1957) und *Come Back Africa* (1959) gelten dürfen. Rogosin drehte auch später noch Filme, so *Good Times, Wonderful Times* (1965), einen Diskussionsfilm über die Gefahr der Atombombe, und *Black Roots* (»Schwarze Wurzeln«, 1970), eine Untersuchung über die Lage der Schwarzen in den USA – aber sie erreichten nicht mehr die Kraft seiner früheren Filme. Eine andere Richtung des Dokumentarfilms verkörpern Richard Leacock, Albert Maysles und Don Alan Pennebaker. Sie drehten Reportagen, die durch Verwendung einer neuen 16-mm-Technologie – leichter, beweglicher Kameras mit synchroner Tonaufnahme, die unauffälliges Filmen erlaubten – einen besonderen Grad an Verdichtung und Realismus erreichten. Richard Leacock (geb. 1921), der Hauptvertreter dieser Richtung des Dokumentarfilms (die auch in Kanada mit Brault und Perrault ihre Anhänger fand), prägte den Ausdruck ›Uncontrolled Cinema‹ für die von ihm betriebene Art des Filmens. »Wir begannen zu begreifen, daß, ebenso wie ein theatralisches Bühnengeschehen sich letztlich aus der Realität entwickelt, auch Leute in realen Situationen so etwas wie ein Drama produzieren – vorausgesetzt, daß wir beim Filmen geschickt und sensibel genug vorgehen und daß wir bei unserem Grundsatz bleiben, niemals in die Vorgänge zu intervenieren.«[50] Nach diesen Prinzipien drehte Leacock 1960 *Primary (Vorwahl)*, einen Bericht über den Wahlkampf zwischen Kennedy und Humphrey, der wegen seiner besonders virtuosen Handkamera-Technik und seinem Prinzip der ununterbrochenen Aufnahme berühmt wurde, sowie *Eddie Sachs at Indianapolis* (1961) und *The Chair* (*Der Stuhl*, 1962), einen Film über den Kampf eines zum Tode Verurteilten um seine Begnadigung. *Quint City, USA* (auch bekannt als: *Happy Mother's Day*, 1964) ist das satirische Porträt einer amerikanischen Kleinstadt, wo nach der Geburt von Fünflingen eine wahre Hysterie ausbricht. Leacocks hervorragendste Arbeit war vielleicht *Igor Stravinsky, a Portrait* (1966). Diesen Film verglich der französische Kritiker Louis Marcorelles mit den Werken Mallarmés und bezeichnete ihn als eine »poetische Reflexion über Kunst und Schöpfertum«.[51] In den siebziger Jahren übte Leacock eine Lehrtätigkeit am ›Massachusetts Institute of Technology‹ aus und widmete sich besonders der Entwicklung neuartiger 8-mm-Kameras. Don Alan Pennebaker, ein Mitarbeiter Leacocks, drehte *Don't Look Back* (1966), einen Film über Bob Dylan, sowie *Monterey Pop* (1968); Albert und David Maysles, zwei andere Dokumentaristen der Leacock-Schule, traten mit *Salesman* (1969) hervor, einer Reportage über die Tätigkeit von Bibelverkäufern; 1975 drehten sie *Grey Gardens*, den Bericht über ein Haus, das von zwei älteren Damen aus der vornehmen Gesellschaft bewohnt wird. Neben der Demonstration einer hervorragenden Technik (die manchmal auch zum Selbstzweck wurde) vermochten es die Dokumentaristen der Leacock-Schule in ihren besten Momenten, Einsichten in Zusammenhänge und Mechanismen der Gesellschaft herzustellen, indem sie die Realität für sich selber sprechen ließen (so in dem Maysles-Film über die Bibelverkäufer). Noch stärker als die bisher genannten Dokumentaristen vertritt Frederick Wiseman das Ethos der ununterbrochenen und »neutralen« Beobachtung mit der Kamera; seine Filme *High School* (1968), *Law and Order* (1969) und *Hospital* (1970) sind meist außerordentlich lang, technisch hervorragend gemacht und befleißigen sich einer geduldigen Beobachtung, bleiben jedoch ambivalent in der Bewertung der von ihnen dargestellten Ereignisse. Im Vergleich zur Leacock-Schule sind die Wiseman-Filme zurückhaltender im Gebrauch der filmischen Ausdrucksmittel. Emile de Antonio widmete sich in seinen Dokumentarfilmen der Untersuchung zeitgeschichtlicher oder politischer Probleme. So ist sein Film *Point of Order* (»Zur Geschäftsordnung«, 1964) wohl die beste filmische Dokumentation über den McCarthy-Ausschuß; *Rush to Judgment* (1965) untersuchte die möglichen Hintergründe des Kennedy-Mordes, und *In the Year of the Pig* (1969) beschäftigte sich mit der amerikanischen Vietnam-Politik. Aus Emile de Antonios Filmen spricht ein starkes politisches Engagement, jedoch sind sie filmisch oft monoton und reihen endlose Statements aneinander. Im Bereich des langen Dokumentarfilms über politisch-gesellschaftliche Themen sind ebenfalls erwähnenswert: *No Vietnamese ever Called Me Nigger* (1968) von David Loeb Weiss, *The Murder of Fred Hampton* (1970) von Mike Gray sowie zwei Filme über den Vietnam-Krieg: *Winter Soldier* (1972) vom Winterfilm-Kollektiv, die erschütternde Dokumentation von Aussagen amerikanischer Vietnam-Veteranen, und *Hearts and Minds* (1974) von Peter Davis. Die über mehrere Jahre gehende Chronik eines Bergarbeiter-Streiks lieferte *Harlan County, USA* (1976) von Barbara Kopple.

Verschiedene Filmgruppen entstanden in den sechziger Jahren in den USA, um eine dezidiert politische Filmarbeit zu leisten. Am bekanntesten wurde die Gruppe ›Newsreel‹, die ihr Zentrum in New York hatte, jedoch auch in anderen Städten der USA über

Niederlassungen verfügte. Die meist kurzen ›Newsreel‹-Filme pflegten einen stark auf der Montage basierenden Stil agitatorischer Einwirkung auf den Zuschauer; sie behandelten Themen wie Minoritäten, den Kampf der Black Panthers, Kinderversorgung, Sanierung von Slumvierteln und die Situation von Frauen; eine der besten Produktionen von ›Newsreel‹ war *The Woman's Film* (1970) – Interviews mit arbeitenden Frauen, die über die Probleme ihres alltäglichen Lebens sprechen. Die Newsreel-Gruppe setzte sich ein militantes Ziel: »Wir möchten Filme machen, die entnerven, die bedrohen, die sich nicht einschmeichelnd verkaufen, sondern hoffentlich (ein unmögliches Ideal) wie Granaten im Gesicht der Leute explodieren oder den Verstand öffnen wie ein guter Büchsenöffner«, äußerte Robert Kramer, einer der Begründer der New Yorker Newsreel-Gruppe.[52]

Robert Kramer verfolgte parallel zu seiner Tätigkeit in der Newsreel-Gruppe die Herstellung eigener Spielfilme. Nach *In the Country* (1966) und *The Edge* (1968) drehte Kramer seinen wahrscheinlich besten Film, ein Werk, das sowohl thematisch wie formal einen Kulminationspunkt des politisch intendierten unabhängigen US-Films verkörpert: *Ice* (*Eis*, 1970). In diesem Film entwirft Kramer die Zukunftsvision bürgerkriegsähnlicher Auseinandersetzungen in den USA. Er zeigt die Aktionen einer Gruppe von Revolutionären, Untergrundkämpfern, die in ständige Auseinandersetzungen mit der Polizei verwickelt sind, gleichzeitig aber versuchen, das Bewußtsein der Bevölkerung aufzurütteln und für eine noch unbestimmte Zukunft große revolutionäre Planungen zu entwerfen. Kramer schildert das Treiben seiner politischen Aktivisten jedoch ohne Glorifizierung; vielmehr macht er auf eine beklemmende (und keineswegs paternalistische) Weise deutlich, wie sehr sie in einem Vakuum operieren, den realen Kontakt zu den »Massen« der Bevölkerung verloren haben. Die ungeheure Kälte, die sie allseits zu umgeben scheint, dringt auch in die Beziehungen zwischen den Mitgliedern der Truppe ein. Der Film ist einerseits mit der Technik des ›Cinéma-vérité‹ bzw. des ›Uncontrolled Cinema‹ gemacht – mit beweglicher Handkamera, direktem Ton, lang durchgedrehten Szenen; diese Methode des Drehens suggeriert ein Maximum an Authentizität und läßt einen hohen Grad an Beteiligung des Zuschauers entstehen. Auf der anderen Seite reflektiert Kramer auch die Filmform selbst. Er zeigt, wie die Revolutionäre an der Herstellung eines Films arbeiten; die von Kramer angestellten Überlegungen, Bauprinzipien und Wirkungsmöglichkeiten dieses Films im Film betreffend, veranlassen auch den Zuschauer zu einer veränderten Betrachtungsweise der gezeigten Vorgänge. »Kramer strebt zu einem Kino der Transparenz, das gleichzeitig ein Akt der Erkenntnis sein soll; dazu bedient er sich einer ›zerbrochenen‹, ›zerschnittenen‹ Erzählweise, deren Bestandteile sich in den vielen Rezitativen spiegeln, die der Film enthält«, schrieben die »Cahiers du Cinéma«.[53] *Ice* war das Beispiel eines politischen Films, der sich nicht in der Vermittlung einer »Botschaft« erschöpfte, sondern den Zuschauer zugleich am Zustandekommen einer Erkenntnis beteiligte und die Mechanismen der Darstellung sowie der Kommunikation in den Mittelpunkt seiner Aufmerksamkeit rückte. Mehrere Jahre später drehte Kramer zusammen mit John Douglas *Milestones* (1975), einen komplizierten, lang ausgesponnenen Film, der jedoch letztlich nur die Resignation der amerikanischen Linken zu konstatieren vermochte.

Abgesehen von den Werken Robert Kramers entstanden nicht viele Spielfilme im Bereich des unabhängigen amerikanischen Kinos – das lag nicht zuletzt daran, daß Produktion und Verleih dieser (notwendigerweise teureren) Filme von den bestehenden Institutionen nicht zu bewältigen war. Nur Adolfas Mekas lieferte ein glänzendes Beispiel unabhängiger Filmproduktion mit seiner Burleske *Hallelujah the Hills* (1962), die mit improvisatorischer Technik, aber unter Einfügung vieler Filmzitate (»nach dem guten alten Prinzip: eine Idee pro Einstellung« sei der Film gebaut, behauptete Godard[54]) erzählte Geschichte zweier Beatnick-Helden und eines Mädchens, die sich in winterlichen, schneebedeckten Landschaften abspielt. John Cassavetes, wenngleich anfänglich auch dem ›New American Cinema‹ zugehörend, orientierte sich nach seinem Debut mit *Shadows* schon bald in Richtung auf Hollywood. Shirley Clarke verfilmte mit *The Connection* (1961) ein Bühnenstück von Jack Gelber über Rauschgiftsüchtige und Jazzmusiker, in welchem ein Filmteam Aufnahmen zu drehen versucht, die am Ende langer Diskussionen abgebrochen werden; der Film basierte jedoch auf einer Fiktion: der Vorspiegelung, der Film sei selbst das Ergebnis jener Dreharbeiten, die er zeigt. Später drehte Shirley Clarke noch zwei weitere Filme: *The Cool World* (1963) war ein kritisch intendierter Film über halbkriminelle Jugendliche in Harlem, *Portrait of Jason* (1967) die dokumentarische Selbstdarstellung (und Selbstenthüllung) eines Schwarzen, der von Prostitution lebt.

Der eigentliche Experimental- und Avantgardefilm nimmt in den USA schon seit den fünfziger Jahren ein breites Feld ein, in das nur schwer analytische Kategorien einzuführen sind; eine Reihe von Spezialstudien haben den Bereich des amerikanischen Avantgardefilms (in dem die Kurzfilme gegenüber den Langfilmen dominieren) untersucht[55]. In einem Aufsatz, der kritische Fragen an die filmische Avantgarde-Bewegung richtete (und daher von einigen Vertretern dieser Bewegung mit Unmut zur Kenntnis genommen wurde), schreibt der amerikanische Kritiker Amos Vogel über die amerikanische Filmavantgarde:

»In den Händen der fortgeschrittensten Praktiker der Bewegung wird der Film zerschlagen, atomisiert, liebkost und in einem Delirium leidenschaftlicher Liebe sich zu eigen gemacht; weder Emulsion, Belichtung, Beleuchtung, Filmgeschwindigkeit, Entwicklung, noch Regeln der Montage, Kamerabewegungen, Bildkomposition oder der Ton sind sicher vor dem Angriff dieser poetischen Experimentatoren, die sich unwiderruflich in dem Medium installiert haben. Während man die meisten kommerziellen Filme ungefährdet mit geschlossenen Augen verfolgen kann, zwingen diese Werke die Zuschauer, ihre Augen weit aufzureißen, und geben sie damit schutzlos den magischen Kräften des Mediums preis.

Die amerikanische Avantgarde ist Teil eines starken internationalen Trends zu einem stärker visuell orientierten, freieren, persönlicheren Film. Diese Bewegung bringt eine Revolte gegen die Verknöcherung von Institutionen und den Konservatismus des Alten zum Ausdruck. Sie repräsentiert ein Kino der Leidenschaft. Indem sie sich auf den Primat des visuellen Elements besinnt, konfrontiert uns diese Bewegung mit dem Wesen des Mediums, dem tiefen und unerklärlichen Geheimnis des Bilds.«[56]

Zum Zweck der hier notwendigen kurzgefaßten Darstellung sei der Versuch unternommen, innerhalb der amerikanischen Filmavantgarde vier Hauptströmungen zu unterscheiden: die Individualisten und Autobiographen, die »Visionäre« oder Mythologen, die Neo-Dadaisten und die Strukturalisten. Im Sinne der Ausführungen von Amos Vogel kann man als ein allen Spielarten der amerikanischen Filmavantgarde gemeinsames Element den »Primat des Visuellen« erkennen und damit parallel gehend eine starke Abneigung gegen das erzählerische Element im Film – weshalb man die avantgardistische Filmbewegung in den USA auch häufig als das »nicht-narrative« Kino bezeichnet hat.

Der autobiographische Ansatz ist charakteristisch für einen großen Teil des amerikanischen Avantgardekinos; ob aus Desinteresse oder aus Unfähigkeit zur Darstellung der sie umgebenden Welt haben sich viele Filmemacher auf den Bereich des Privaten, des Allerpersönlichsten zurückgezogen; ihre Filme sind kinematographische Tagebücher. Das gilt etwa für Jonas Mekas (geb. 1925), Kritiker, Organisator und Filmemacher, die zentrale Figur der amerikanischen Filmavantgarde. Mekas debütierte 1961 mit einem noch teilweise »erzählenden« Spielfilm, *Guns of the Trees*, der auf Gedichten von Allen Ginsberg basierte und eine »Botschaft des Protests« enthielt[57]; der Film war »ein Plakat, eine Erklärung, ein Manifest«.[58] 1964 verfilmte er in einem dokumentarischen und zugleich halluzinatorischen Stil Kenneth Browns Gefängnisstück *The Brig (Der Knast)* in der Inszenierung des Living Theatre, das den Tagesablauf in einem amerikanischen Marinegefängnis vor Augen führt – als eine Hölle von Schreien, taumelnden Bewegungen und irrsinnigen Vorschriften. 1967 begann Jonas Mekas jenes große autobiographische Werk, *Diaries, Notes and Sketches (Tagebücher, Notizen und Skizzen)*, an dem er bis heute arbeitet. Es besteht aus dem Film-Material, das er seit seiner Ankunft in Amerika 1949 tagtäglich mit der Kamera gedreht hat. Am Anfang standen die *Circus Notebooks* (1967); 1970 folgten die Kapitel 9–14 der *Diaries*, die Mekas' spätere Zeit in New York zum Gegenstand haben und sich durch den charakteristischen Stil absichtlich verwackelter kurzer Bewegungen und einen sehr schnellen, gleichsam pointillistischen Bildrhythmus auszeichnen. Vielleicht am eindrucksvollsten sind die ersten Kapitel der *Diaries*, die 1976 unter dem Titel *Lost Lost Lost (Verloren verloren verloren)* herauskamen und in einfachen, sehr persönlichen Bildfolgen von den ersten Jahren berichten, die Mekas als litauischer Emigrant in New York verbrachte. Der von Mekas selbst gesprochene poetische Kommentar zu den Bildern gibt dem Film eine ganz persönliche Dimension, vergleichbar etwa dem Kommentar in Michail Romms *Gewöhnlichem Faschismus*. Vor allem wird durch den Kommentar deutlich, wie stark Mekas' Fühlen und Denken zunächst durch seine Situation als Flüchtling, als Heimatloser und Ausgestoßener bestimmt war: »Ja, ich war dort und hielt alles fest – mit meiner Kamera – für die anderen . . . für alle, die das Leid des Exils nicht kennen«, heißt es einmal im Kommentar des Films.[59] Als Teil der *Diaries* betrachtet Mekas ebenfalls *Reminiscences from a Journey to Lithuania (Erinnerungen an eine Reise nach Litauen*, 1971), den er auf einer Reise zu seinen noch in Litauen (UdSSR) lebenden Angehörigen drehte. Noch eine Reihe anderer US-Avantgardefilme könnte man zum »autobiographischen« Genre rechnen, so Taylor Meads *European Diaries* (1966) oder einen Teil des Werks von Stan Brakhage.

Für die sechziger Jahre des US-Avantgardefilms war die »mythologische« oder »mythopoetische« Strömung besonders charakteristisch. Diese geht aus von der Tradition des europäischen Surrealismus, der durch das Werk des nach USA emigrierten deutschen Avantgardepioniers Hans Richter sowie durch die Filme von Maya Deren vermittelt wurde, der wichtigsten Vorläuferin des US-Avantgardefilms in den vierziger und fünfziger Jahren. Die Filmemacher dieser Richtung projizieren ihr subjektives Erleben, ihre Erinnerungen, Phantasien und Träume nach außen. Stan Brakhage entwickelte ein neues Modell von »visionärem« Kino. Ihm zufolge hat die Vision im Film drei Aspekte: die Flut der Eindrücke, die ständig (und ungeordnet) auf das Auge eindringen; das »innere Kino des Gehirns«, also Erinnerungen und Phantasien, die in visueller Form an die Oberfläche des Bewußtseins dringen, und schließlich das, was man »mit geschlossenen Augen« sieht, also Lichtreflexe, Farben und Formen, die aus der (chemisch oder mechanisch behandelten) Emulsion, aus der Körnigkeit des Films kommen. Von verschiedenen Filmemachern werden auch mythologische, mystische, philosophische oder literarische Vorstellungen in die Filme eingearbeitet (Kenneth Anger, Markopoulos, Emschwiller). Brakhage schwebte mit seinen Filmen eine neue Art der Kommunikation vor: »Ich glaube, daß man nach einem Wissen streben kann, das fern der Sprache ist und auf visueller Kommunikation sich gründet, eine Entfaltung des optischen Geistes erfordert und von der Wahrnehmung im ursprünglichen und tiefen Sinne des Wortes abhängt.«[60]

Stan Brakhage (geb. 1933) lebt mit seiner Familie in einer einsamen Berggegend im US-Bundesstaat Colorado, ganz außerhalb des Kunstbetriebs der Avantgarde. Seine Filmarbeit begann er bereits 1953. Die meisten seiner Filme haben einen zunächst privaten Ausgangspunkt. Sie sind »hauptsächlich inspiriert durch unsere Umgebung und die Ereignisse unseres täglichen Lebens. Was diese Filme ausdrücken, ist so verschieden wie Liebe, Geburt, Kinderspiele, Berge im Schneesturm, Topfpflanzen, Herdfeuer und Waldbrände, Weltreisen und – wie im *23rd Psalm Branch* – Bilder des Krieges, der mich durch meinen TV-Apparat erreichte.«[61] Jedoch bringt es Brakhage durch seine filmische Gestaltungstechnik – sie besteht aus Mehrfachbelichtungen, stetig wiederholten Kamerabewegungen, aus Auf- und Abblenden und schnellen Montagen – zuwege, daß der »private« Charakter der Filme wieder verschwindet und sie sich zu poetischen Studien oder zu Reflexionen über das Filmmedium wandeln, wobei eine introspektive Blickrichtung dominiert und bestimmte visionäre »Urerlebnisse« anvisiert werden. Die Filme sind zumeist stumm – für Brakhage eine prinzipielle Entscheidung, weil er vom Primat des Visuellen ausgeht; für ihn konstituieren die Bilder des Films eine eigene Musik. Brakhage drehte eine kaum übersehbare Zahl kurzer und kürzester Filme so poetischer Titel wie *Anticipation of the Night* (1958), *Window Water Baby Moving* (1959), *Blue Moses* (1962) oder *Fire of Waters* (1965). In *Moth Light* (1963) klebte er, einem Verfahren der Avantgardisten der zwanziger Jahre ähnlich, Mottenflügel auf den Filmstreifen und erzeugte so abstrakte Formen und Muster. Von 1961–64 entstand das vierteilige Werk *Dog Star Man* – ein kompliziertes, aus vielfältigen Bildmotiven zusammengesetztes Opus, teilweise mythologischer Natur: ein Mann klimmt immer wieder mit seinem Hund einen schneebedeckten Berg hinan; eine Höhle spielt eine Rolle (Höhlen-Motiv, Höhlen-Gleichnis?), dann wieder erscheint ein Baby, dazwischen sich verwandelnde, flackernde, leuchtende, durcheinanderwimmelnde abstrakte (oder organische?) Farbstrukturen, die einem in Bewegung befindlichen tachistischen Bild gleichen, kristalline Formen, vielleicht so etwas wie das Weltbild eines Babys vor der Geburt. 1965 brachte Brakhage das gesamte Material von *Dog Star Man* in eine großangelegte kanonische Form, in der sämtliche Schichten und Einzelelemente dieses Films miteinander kombiniert werden; daraus resultierte ein 4 1/2 Stunden langes Werk, das Brakhage *The Art of Vision* nannte und das als sein Hauptwerk angesehen werden kann. Zwischen 1964 und 1968 entstanden die *Songs*, 26 meist kurze 8-mm-Filme, die teilweise den Charakter eines persönlichen Tagebuchs hatten, zwischen 1967 und 1970 ein weiteres großangelegtes Werk in 4 Teilen, *Scenes from under Childhood*, in welchem Brakhage eine Entwicklungsgeschichte des Sehens dokumentieren wollte, 1971 *The Act of Seeing with One's Own Eyes*, ein quasidokumentarischer Film, der in einer Leichenhalle aufgenommen wurde und mit dem, was er zeigt, bis an die Grenze des physisch Erträglichen geht. *The Text of Light* (1975) ist dagegen wieder stärker abstrakter Natur; der Film, der ausschließlich aus farbigen Lichtreflexen besteht, wurde angeblich nur mit Hilfe eines Aschenbechers (und der in ihm entstehenden Lichtbrechungen) gedreht.

Auch Kenneth Anger (geb. 1932) steht der mythologischen oder visionären Richtung der Avantgarde nahe; seine Hauptwerke entstanden allerdings schon in den fünfziger Jahren. Sie sind Studien von Magie, Zeremonien und Ritualen, ausgeführt mit einem hohen Grad von ästhetischer Raffinesse. Das trifft auch auf Angers besten Film zu, *Scorpio Rising* (1963), einen zugleich ironischen und poetischen, faszinierend geschnittenen Bild-Essay über Motorradfahrer und den Kult der Gewalt, der von ihnen zelebriert wird; Ausschnitte aus einem kitschigen Christus-Film sowie Fernsehaufnahmen von Marlon Brando dienen Kenneth Anger als Kontrapunkt zu den Bildern der Motorradfahrer; der von greller Pop-Musik rhythmisierte Film kulminiert in einer Vision des Todes. Weitere Filme Kenneth Angers waren *Kustom Kar Kommandos* (1965), *Invocation of my Demon Brother* (1969) sowie der bislang noch unvollendete *Lucifer Rising* (Teil 1, 1974).

Gregory Markopoulos (geb. 1928) arbeitete in seine formal hochkomplizierten Filme ebenfalls häufig Motive aus dem Bereich der Mythologie ein. Markopoulos drehte schon in den fünfziger Jahren eine Reihe von Filmen. *Twice A Man* (1963) bezieht sich auf die antike Legende von Hippolytus (Sohn des Theseus) und verwebt reale Ereignisse (die aber im New York von heute spielen), Gedanken und Erinnerungen, wobei er das Stilmittel blitzartig eingesprengter Einzelbildaufnahmen sowie einen nur in Fragmenten hörbaren Kommentar benutzt. Markopoulos' Hauptwerk, eine weitere schwierige mythologische Konstruktion, war *The Illiac Passion* (1964–66); *Himself as Herself* (1967) ging auf Balzacs Novelle »Seraphita« zurück, die von einem Hermaphroditen handelt. In den späteren sechziger Jahren spezialisierte sich Markopoulus auf Porträts einzelner Persönlichkeiten, die er nach einem raffinierten System von Doppel- und Mehrfachbelichtungen, Auf- und Abblenden bereits in der Kamera »montierte«; zu dieser Serie gehören *Galaxie* (1966) und *Through a Lens Brightly* (1967). *Ming Green* (1966) ist ein Film über die Einrichtung eines Wohnzimmers. Kennzeichen der Filme von Gregory Markopoulus ist die erlesene Schönheit ihrer Fotografie und die Kompliziertheit ihrer filmischen Sprache; sie tendieren allerdings in den späteren Jahren immer mehr in die Richtung esoterischer Stilübungen.

Auch Ed Emshwiller (mit *Relativity*, 1966), Jordan Belson, der Computer-Filme herstellte, und Bruce Baillie mit *Mass for the Dakota Sioux* (1964), *Castro Street* (1966) und *Quick Billy* (1967–70) gehören in den Kreis jener Filmemacher des ›New American Cinema‹, die vor allem persönliche Visionen zum Ausdruck bringen möchten oder mit symbolisch-mythologischen Stilmitteln arbeiten; in ähnlicher Weise macht Robert Nelson in *The Great Blondino* (1967) jenen Mann, der im 19. Jahrhundert eine Schubkarre auf einem Seil über die Niagarafälle schob, zu einer Symbolfigur amerikanischen Daseins und amerikanischer Traditionen.

Zu den Neo-Dadaisten und Collagekünstlern des amerikanischen Avantgardefilms gehören Bruce Conner und Stan Vanderbeek. Bruce Conner (geb. 1933) drehte mit *A Movie* (1958) einen prototypischen Film des ›New American Cinema‹, eine Montage aus vorgefundenen Elementen, aus Wochenschaubildern und Spielfilmfragmenten. Gleich einer Sturzflut überschüttet dieser Film die Zuschauer mit blitzartig aufleuchtenden und ineinandermontierten Visionen von Untergang und Zerstörung. Rennwagen explodieren und verbrennen; Indianer massakrieren weiße Siedler; ein Flugzeug stürzt in einen See, ein Zeppelin verbrennt und der Rauchpilz einer Atombombe steigt auf. Dazwischen, immer wieder als Leitmotive eingefügt, die wilden Zuckungen einer vom Orkan gepeitschten Hängebrücke, die schließlich zerbricht. Dieser 12 Minuten lange Film war ein Meisterstück filmischer Konstruktion. Auch Conners spätere Filme zeigen eine starke Vorliebe für das Arbeiten mit vorgefundenem, dokumentarischem Material, das er durch Montage, durch zeitversetzte Wiederholung und serielle Abwandlung verfremdet: so mit Bild- und Tonmaterial vom Kennedy-Mord in *Report* (1963–67) oder mit altem Filmmaterial Marilyn Monroes in *Five Times Marilyn* (1973). Stan Vanderbeek (geb. 1931) bevorzugt in seinen kurzen, satirischen Filmen Methoden der Collage innerhalb des Bildes. Er bringt – so in *Skullduggery* (1960) oder *Breathdeath* (1964) – aus Zeitschriften ausgeschnittene Figuren in sonderbare Relationen zueinander, um die Absurdität der Weltzusammenhänge deutlich zu machen. Oft häuft er derart viele Einfälle in einer kurzen Sequenz aufeinander, daß alles zu einem aufregenden, aber diffusen Assoziationsstrom zusammenfließt. Später beschäftigte sich Vanderbeek mit den Möglichkeiten traumhafter Verfremdung von Wochenschaumaterial (*Newsreel of Dreams No. 1, No. 2*, 1967). Die dadaistischen Montage- und Collagemethoden, die Conner und Vanderbeek in ihren ersten Filmen anwandten, erschienen zwar zur Entstehungszeit dieser Filme revolutionär, erwiesen jedoch bald ihre Tendenz zur Oberflächlichkeit, so daß die Filmemacher sich mit ihrer Arbeit selbst bald in eine andere Richtung orientierten. So interessierte Stan Vanderbeek sich für neue technologische Möglichkeiten der Medien, experimentierte mit Video sowie Computern und entwarf Ende der sechziger Jahre ein ›Movie-Drome‹, ein halbkugelförmiges Filmtheater, dessen innere Wände auf der gesamten Fläche mit projizierten Filmbildern bedeckt werden sollten.

Die Richtung des ›strukturellen‹ Films, die Ende der sechziger Jahre aufkam und sich bald zur dominierenden Strömung im internationalen Avantgardefilm der siebziger Jahre entwickeln sollte, ist in ihrer Tendenz zur Reduktion aller Ausdrucksmittel, zur Konzentration allen Geschehens auf wenige Formelemente, in ihrer souveränen Verleugnung eines jeglichen außerhalb der Filmform liegenden »Inhalts« sicherlich als eine Gegenbewegung zur allgemeinen Reizüberflutung der Zivilisation, der Filme wie die von Bruce Conner und Vanderbeek zunächst ein Monument setzten, zu verstehen; auch sind hier starke Verbindungslinien zu anderen Tendenzen der zeitgenössischen bildenden Kunst gegeben, beispielsweise zur ›Minimal Art‹. Den Terminus erfand der Kritiker P. Adams Sitney, der 1969 in der Zeitschrift »Film Culture« nach der Untersuchung einiger Avantgardefilme der letzten Zeit das »Auftreten eines Kinos der Struktur« konstatierte.[62] In der »strukturellen« Richtung sah er eine Gegentendenz zur immer größeren Verfeinerung, die den Avantgardefilm (in seiner realitätsbezogenen oder »mythischen« Variante) bis Mitte der sechziger Jahre ausgezeichnet habe. Die neue Filmgattung definierte er als ein »Kino der Struktur«, bei welchem die Form des ganzen Films vorhergegeben und vereinfacht sei und auch den primären Eindruck des Films bestimme. Vier Merkmale des strukturellen Films stellte Sitney auf: die feste Kameraposition, den stroboskopischen »Flicker«-Effekt, die Verwendung von Schleifen (d. h. das Prinzip der Wiederholung) und das Wiederabfotografieren eines Films von der Leinwand.

Ein Merkmal der strukturellen Filme war, daß sie das Filmmedium auf seine einfachsten Elemente zurückzuführen trachteten. Schon Peter Kubelka hatte in *Arnulf Rainer* (1960) einen Film allein aus rhythmisch montierten schwarzen und weißen Bildfeldern zusammengesetzt. Dieses Prinzip führte Tony Conrad (geb. 1940) in seinem berühmt gewordenen *The Flicker* fort (1966), einem 30 Minuten langen Film aus »reinem Licht«, Lichtblitzen und Dunkelfeldern, die rhythmisch so angeordnet sind, daß sich beim Zuschauer Halluzinationen einstellen, die zur Wahrnehmung von Farben und nicht existierenden graphischen Formen führen können. Ähnliche Experimente unternahm Paul Sharits mit *Ray Gun Virus* (1966), nur daß hier Bildfelder wechselnder Farben projiziert werden (zur Begleitung eines knatternden Tones, hervorgerufen durch die Perforationslöcher des Films); auch dieser Film schult den Zuschauer in der Wahrnehmung elementarer Phänomene, auf denen die Kino-Projektion und die Illusion von Bewegung im Film beruht. Später experimentierte Paul Sharits mit der Einführung »minimaler« Bedeutungen durch Einzelbildmontage (in *Piece Mandala/End War*, 1966), mit der Herstellung rhythmischer Flicker-Effekte durch Doppelprojektion (*Razor Blades*, 1968). In eine ähnliche Richtung zielten N:O:T:H:I:N:G (1968) und T,O,U,C,H,I,N,G (1968); S:TREAM:S:S:ECTION:S:ECTION:S:S:ECTIONED (1970) ist ein struktureller Film, der als Rohmaterial Bilder von fließendem Wasser verwendet und dann immer mehr Schlammen erscheinen läßt, die schließlich das ursprüngliche Bild unsichtbar machen. *Axiomatic Granularity* (1973) benutzt die »Körnigkeit« eines überstark entwickelten Films als Bildmaterial.

Zu den bedeutendsten Vertretern des strukturellen Films gehören Michael Snow, Ken Jacobs, Hollis Frampton und Ernie Gehr. Michael Snow (geb. 1929) ist eigentlich Kanadier und lebt in Toronto; jedoch sind seine Filme so sehr zu einem Teil der amerikanischen Avantgarde geworden, daß es angemessen erscheint, sie im Kontext des amerikanischen Films zu behandeln. (Das gleiche gilt für den kanadischen Experimentalfilmer David Rimmer.) Michael Snow, der ursprünglich Maler und Jazzmusiker war und seit 1956 Experimentalfilme dreht, revolutionierte die internationale Avantgardefilm-Szene wie kein anderer mit seinem Film *Wavelength* (1967). Der Grundkonzeption nach ist dies ein rein »formaler« Film: er besteht aus einer einzigen, 45 Minuten langen Kamerafahrt durch einen Raum hindurch, die begleitet wird von einem langsam ansteigenden Sinus-Ton. Anfangs sieht man das große Studio, einen New Yorker »Loft«, in der Totale; hinter den Fenstern auf der anderen Seite des Raumes ist Straßenverkehr sichtbar. Während die Kamera sich durch den Raum hindurchbewegt (die Bewegung ist bei näherem Hinschauen nicht kontinuierlich, sondern setzt sich aus aneinandergefügten Einzelstücken zusammen), wird es mehrfach Nacht und wieder Tag. Die Kamera bewegt sich schließlich auf eine Stelle zwischen den Fenstern des Raumes zu, an der eine Fotografie hängt; wie man erkennt, zeigt sie eine bewegte Meeresoberfläche; am Ende rückt die Kamera dem Foto so nahe, daß nur noch Wellen auf der Leinwand zu sehen sind. Die Faszination dieses Films erklärt sich aus der Verklammerung des formalen Prinzips der Kamerafahrt, das den Film ausschließlich zu bestimmen scheint, mit Rest-Elementen der Realität: so erscheinen verschiedentlich Personen im Bild, das Telefon klingelt, anscheinend wird sogar ein Mensch in dem Raum umgebracht. Auch das, was durch die Scheiben der Fenster auf der Straße erkennbar ist, konstituiert ein Gegenelement zur reinen, abstrakten »Form«. Diese »Unreinheit«, der Umstand, daß die Realität in ihm eben doch nicht ganz ausgetilgt ist, gibt dem Film seine innere Spannung. »*Wavelength* gehört zu jenen wenigen Filmen, die den Zuschauer, wie immer seine persönlichen Reaktionen ausfallen, dazu zwingen, über die Essenz des Mediums und damit unvermeidlich auch der Realität nachzudenken«, schrieb der Kritiker Amos Vogel.[63]

Nach *Wavelength* drehte Michael Snow 1968–69 einen Film, der nur aus horizontalen und vertikalen Kameraschwenks bestand und dem er den Titel ↔ (auch: *Back and Forth*) gab. Eine Weiterführung und Potenzierung dieses Strukturprinzips lieferte *La région centrale* (1971). Dieser ungewöhnliche Film wurde allein von einer Kamera und einer Maschine gemacht (deren Bewegungen allerdings vorprogrammiert waren). Michael Snow suchte sich einen hohen, unzugänglichen Berggipfel in Kanada und transportierte eine Apparatur auf diesen Gipfel, die es ermöglichte, eine Kamera in jede nur mögliche Richtung zu drehen, dabei auch verschiedene Bewegungen miteinander zu kombinieren und diese Bewegungen in hoher Geschwindigkeit ablaufen zu lassen. Der Film beginnt zunächst mit langsamen Bewegungen der Kamera um die eigene Achse, erfaßt dann allmählich die umgebende Landschaft und den Himmel. In späteren Phasen des insgesamt über drei Stunden langen Films erfolgen die Bewegungen immer schneller, nach immer komplizierteren Bahnen. *La région centrale* war ein Experiment in Wahrnehmung – vielleicht das radikalste in der Geschichte des Films; denn eine Vision der Umwelt, wie sie dieser Film vermittelt, ist dem menschlichen Auge a priori verschlossen. »Die Kamera bewegt sich im Winkel von 360° um einen unsichtbaren Punkt herum, nicht nur horizontal, sondern in *jeder* Richtung und auf jeder Ebene der Kugel. Sie bewegt sich nicht nur in vorher festgelegten Kreisen und Spiralen, sondern sie dreht, rollt und schlingert auch in sich, so daß es Drehungen in Drehungen und Kreise in Kreisen gibt. Schließlich ist die Schwerkraft aufgehoben. Der Film ist ein Cosmic-Strip«, beschrieb Michael Snow seinen Film[64], und der französische Kritiker Louis Marcorelles urteilte:

»Dieser neue Drei-Stunden-Film des Kanadiers Michael Snow ist ein außerordentliches kinematographisches Monument. Keine physische Aktion, nicht einmal die Gegenwart des Menschen, ein seltsames Spiel mit der Natur und der Maschine, das unsere Wahrnehmungen, unsere geistigen Gewohnheiten in Frage stellt und in vieler Hinsicht das existierende Kino als zum Tode verurteilt erscheinen läßt: den letzten Fellini, Kubrick, Buñuel etc. (. . .) Michael Snow katapultiert uns in das Herz einer Welt vor der Sprache, vor einseitig festgelegten Bedeutungen, sogar vor dem Subjekt. Er zwingt uns, nicht nur die Kinematographie, sondern unser ganzes Universum neu zu denken.«[65]

Die große provokatorische Kraft war das besondere und einmalige an *La région centrale*. Ein Film wie dieser war nicht wiederholbar. Snows nächstes Werk, *Rameau's Nephew by Diderot (Thanx to Dennis Young) by Wilma Schoen* (1972–74) ist zwar mit 4³/₄ Stunden noch länger als *La région centrale*, fiel aber weniger einheitlich aus. In *Rameau's Nephew* . . . lieferte Snow anhand vieler Episoden und Einzelszenen Studienmaterial zur Untersuchung der Beziehungen zwischen Bild und Ton, wobei er zahlreiche Ideen, Zitate und Witze einbaut, mit Doppelbedeutungen von Worten und Vorgängen jongliert; in einigen Szenen, die theatralische Situationen in der Art eines Spielfilms simulieren, stellen sich jedoch auch Längen ein.

Ken Jacobs (geb. 1933) unternahm in *Tom, Tom, the Piper's Son* (1969) das Experiment, einen bereits existierenden Film in seine kleinsten Bestandteile zu zerlegen. Dazu wählte er einen fünf Minuten dauernden Film aus der Frühzeit des amerikanischen Kinos, den er noch einmal von der Leinwand abfilmte und dabei verlangsamte, zum Stillstand brachte, in Details auflöste; Jacobs läßt bestimmte Details größer und größer erscheinen, bis man sich in den Formen nicht mehr orientieren kann und die Körnigkeit des Films sichtbar wird; Bewegungen werden wie unter dem Mikroskop studiert und seziert. So ergeben sich Aufschlüsse über die Mikrostruktur des zugrunde liegenden Films (den man, wenn er am Ende des Films noch einmal vorgeführt wird, mit ganz neuen Augen betrachtet); zugleich wird auf dem existierenden ein zweiter »Metafilm« aufgebaut; die Bedingungen der Filmprojektion werden reflektiert, das Rohmaterial, auf dem Film und die Wahrnehmung von Film basieren, intellektuell und zugleich poetisch dem Zuschauer fortwährend ins Bewußtsein gebracht.

Zu den strukturellen Filmen im engeren Sinne des Wortes gehören auch die meisten Werke von Hollis Frampton (geb. 1936), der in *Zorn's Lemma* immer wiederkehrende Aufnahmen der Buchstaben des Alphabets (entdeckt in »zufälligen« Realaufnahmen) im Verlauf der Wiederholungen, auf denen dieser Film basiert, nach und nach durch scheinbar beliebig ausgesuchte andere Bildfolgen ersetzt, bis das System der Buchstabenfolge am Ende durch ein System von Bildfolgen ausgetauscht worden ist. Frampton drehte von 1971 bis 72 eine siebenteilige Serie weiterer struktureller Filme, die er *Hapax Legomena* betitelte; sein neuestes Werk (das auch wieder aus mehreren Teilen besteht) ist *Straits of Magellan* (1974–75). Ernie Gehr (dessen Filme sehr selten zu sehen sind) darf ebenfalls zu den wichtigen Repräsentanten des US-Avantgardefilms der siebziger Jahre gerechnet werden: *Reverberation* (1969) zeigt stark verlangsamte, durch Wieder-Abfilmen von der Leinwand grobkörnig aufgelöste und manchmal bis zur Unkenntlichkeit verfremdete Straßenszenen; *Serene Velocity* (1970) basiert auf der schnell abwechselnden Montage zweier verschiedener Einstellungen aus einem Korridor, und *Still* (1971) ist die strengstrukturalistische, aber zugleich lyrisch-traumhafte Umformung von Bildern fahrender Autos und Menschen. Auch die Kanadierin Joyce Wieland drehte strukturelle Filme, so *La raison avant la passion* (1969), einen Dokumentarfilm über Kanada mit sich stetig verwandelnden lettristischen Wortspielen als Untertitel.

Eine gewisse Weiterentwicklung der strukturellen Schule – zu der man auch die Regisseure Barry Gerson, George Landow und Larry Gottheim rechnen kann – zeigt sich in James Bennings (geb. 1943) Film *11 × 14* (1976). Der Film besteht aus einer Folge von Einstellungen auf Landschaften, Straßen oder Plätzen, aus Umgebungen, die meistens nur Leere zeigen oder das Gefühl für den Raum entstehen lassen – gut beobachtete, fotografisch komponierte Ausschnitte der Realität, in die winzige Ansätze von Handlung injiziert sind (die freilich nicht weitergeführt werden, allenfalls kann der Zuschauer sie in seiner Imagination fortsetzen). Eine mögliche Rückkehr des Avantgardefilms zu Prinzipien der Erzählung signalisieren auch die Filme von Yvonne Rainer (geb. 1934), die vom Tanz und von der Performance zum Film kam. Ihre Filme *Lives of Performers* (1972),

Film about a Woman Who . . . (1974) und *Kristina Talking Pictures* (1976) sind Collagen, mehrschichtige Protokolle von Gedanken und Empfindungen, die stark entwickelte literarische Elemente haben und – besonders gilt das für *Film about a Woman Who . . .* – mit neuartigen Möglichkeiten der Kombination geschriebener (als Insert oder Untertitel) und im Ton gesprochener Texte experimentieren. Das Element der Erzählung existiert in ihnen zumindest als Rohmaterial, als Materie, die der Zersetzung, dem Spiel, der künstlerischen Umformung unterliegt.

Große Aufmerksamkeit konnte mit seinen Filmen der ehemalige Pop-Künstler Andy Warhol (geb. 1928) erringen, die man zunächst mit dem Etikett des ›Underground‹ belegte. Während Warhol mit seinen ersten filmischen Experimenten neuartige Erforschungen des Elements der Dauer und der realen Zeit vornahm, so mit *Sloop* (1963), einem Film, der sechs Stunden lang einen schlafenden Mann zeigt, und dem noch längeren *Empire* (1964) über das Empire State Building, begab er sich später mit seinen »Superstars« auf den Weg einer exotischen (aber filmisch kaum noch interessanten) Rekonstruktion der Untergrund-Welt rund um das Chelsea-Hotel. Wendepunkt in Warhols Film-Karriere war der auf zwei Leinwänden projizierte Film *The Chelsea Girl* (1966). Danach entwickelte sich Warhol immer mehr in eine kommerzielle Richtung und führte auch bald nicht mehr selbst Regie, sondern ließ andere Regisseure für sich arbeiten, so in *Flesh* (1969), und *Trash* (1970), die von Paul Morrissey gedreht wurden.

Das Filmwesen in Kanada befand sich Jahrzehnte hindurch im Zustand einer fast kolonialen Abhängigkeit von der US-amerikanischen Filmindustrie, die Verleih und Filmtheater unter strenger Kontrolle hielt; Kanada war vor allem ein Markt für die Erzeugnisse Hollywoods. Zwar gründete die kanadische Regierung schon 1939 das ›National Film Board of Canada‹, an dessen Spitze der englische Dokumentarfilmpionier John Grierson berufen wurde. Das ›National Film Board‹ entfaltete eine rege Tätigkeit auf dem Gebiet der Produktion von Dokumentar- und Kurzfilmen; bekannt wurde es nach dem Zweiten Weltkrieg vor allem durch die erfindungsreichen und ästhetisch neuartigen Animationsfilme von Norman Mac Laren (geb. 1914). Eine Produktion von Spielfilmen fand jedoch bis in die späten fünfziger Jahre in Kanada praktisch nicht statt.

Erst Anfang der sechziger Jahre vollzog sich eine aufsehenerregende Erneuerung des kanadischen Films, die in Beziehung gesetzt werden kann zu Erneuerungsbewegungen anderer Länder (der ›Nouvelle vague‹ in Frankreich oder dem ›Cinema nôvo‹ in Brasilien). Das neue kanadische Kino entstand vor allem in der französischsprachigen Provinz Québec; Montreal wurde zum Mittelpunkt der sich entwickelnden kanadischen Filmindustrie (auch die Zentrale des ›National Film Board‹ oder des ›Office National du Film Canadien‹ wurde schon 1956 nach Montreal verlegt). Der neue kanadische (d.h. francokanadische) Film stand von Anfang an unter einem dokumentarischen Vorzeichen. Das war kein Zufall: das Aufblühen einer neuen Kinematographie im Kanada der beginnenden sechziger Jahre in der Provinz Québec ist eng verbunden mit einem Prozeß der Selbstfindung dieser Region, der sich nicht zuletzt im Film artikulierte; dabei war für die Filmemacher der Rückgriff auf die sie umgebende Realität von entscheidender Bedeutung. Das Québec-Kino der sechziger Jahre, repräsentiert von Regisseuren wie Michel Brault, Pierre Perrault, Gilles Groulx, Jean-Pierre Lefebvre, Arthur Lamothe und anderen, war ein Kino das Engagements und der Wirklichkeitsnähe, der sozialen Konstatierung und der Kritik, der Beobachtung und der Reflexion, der engen Teilnahme an Prozessen gesellschaftlicher Veränderung. Bei ihrer Arbeit bedienten sich die Regisseure des Québec-Films der neuen Technik leichter, beweglicher Kameras und synchroner Tonaufnahme, wie sie Richard Leacock zum ersten Mal in den USA angewandt hatte. Aus dieser neuen Technik, für die man in Kanada die Bezeichnung ›Cinéma direct‹ fand, entwickelten die franco-kanadischen Regisseure aber auch eine neue Ästhetik – eine »Ästhetik der Wirklichkeit«, die sich nach Meinung des französischen Kritikers Louis Marcorelles »die Erschaffung des Schönen durch das Informelle und Nicht-Organisierte« zum Ziel gesetzt hat[66], die vor allem danach strebt, den Zuschauer näher an die Wirklichkeit heranzuführen, als es mit den Mitteln der traditionellen Kinematographie möglich ist. Dem kanadischen Kritiker Gilles Marsolais zufolge ist der Begriff der Authentizität für das neue franco-kanadische Kino von zentraler Bedeutung: »Das ›Cinéma direct‹ hat dazu beigetragen, in unseren Regisseuren das Verlangen nach moralischer Wahrhaftigkeit entstehen zu lassen, in einer Zeit, als ein Bedürfnis nach ihr bestand, als sich eine neue Ethik entwickelte. Man kann konstatieren, daß die kanadischen Filme, in denen sich die Authentizität am deutlichsten manifestiert, jene sind, die im ›direkten Stil‹ gedreht wurden oder doch von diesem Stil stark geprägt sind.«[67]

Während das ›National Film Board of Canada‹ in jedem Jahr zwischen 100 und 200 Kurzfilme produziert, kam die Produktion von Langfilmen in Kanada erst 1963 in Gang, teilweise mit Unterstützung des ›National Film Board‹, das auch die Produktion eigener langer Dokumentar- und Spielfilme aufnahm (die meisten wichtigen kanadischen Filme der sechziger Jahre wurden von ›National Film Board‹ hergestellt). 1966 wurde zur Beförderung der Produktion von Spielfilmen eine ›Government Film Finance Corporation‹ gegründet; drei Jahre später entstand eine ›Canadian Film Development Corporation‹, die die Vorfinanzierung von Spielfilmvorhaben und die Prämierung fertiger Filme übernahm. Etwa 1970 schien ein Höhepunkt in der Produktion kanadischer Spielfilme erreicht, verbunden mit einer sich langsam durchsetzenden Anerkennung des kanadischen Films durch die internationale Kritik. Die Produktion stieg auf etwa 30 Filme jährlich, von denen zwei Drittel in Québec entstanden; 1977 sank die Produktion wieder auf etwa 20 Spielfilme. Das Problem der kanadischen Filme ist die schwierige Amortisation im eigenen Lande, das weiterhin stark vom US-Film beherrscht wird.

Nach ersten Ansätzen im Bereich des Kurzfilms erschienen 1963 in Kanada zwei Filme, die die Entstehung des neuen Québec-Kinos signalisierten: Pierre Perraults *Pour la suite du monde* (»Für die Folge der Welt«, deutscher Fernsehtitel *Die Mondfalle*) und Claude Jutras *A tout prendre (Alles in allem)*, 1964 gefolgt von einem weiteren wichtigen Film, Gilles Groulx' *Le chat dans le sac* (»Die Katze im Sack«). Pierre Perraults Film war ein streng dokumentarisches Werk; die beiden anderen verwendeten die Methoden des ›Cinéma direct‹ zur Herstellung einer – freilich im Dokumentarischen verwurzelten – Fiktion. Pierre Perrault (geb. 1927), einer der Stammväter des neuen kanadischen Kinos, legte mit *Pour la suite du monde* den ersten Teil einer Trilogie über die Bewohner einer kleinen Insel (der Ile-aux-Coudres) im St.-Lorenz-Strom unweit von Québec vor; die folgenden Teile waren *Le règne du jour* (»Die Herrschaft des Tages«, 1967) und *Les voitures d'eau* (»Die Wasserwagen«, 1968). In den Filmen dieser Trilogie spürt Perrault mit der Geduld, der Aufmerksamkeit und der Beobachtungsgabe eines Ethnologen den Lebensgewohnheiten der von der Außenwelt weitgehend abgeschnittenen Inselbewohner nach. *Pour la suite du Monde* (von Perrault gemeinsam mit Michel Brault gedreht) schildert die Vorbereitungen zu einem altertümlichen (und lange nicht mehr praktizierten) Verfahren des Fangs von Tümmlern. In *Le règne du jour* folgte Perrault Bewohnern der Insel, einem alten Ehepaar und ihren Kindern, auf eine Reise nach Frankreich zur Heimat ihrer Vorfahren; *Les voitures d'eau* zeigt das zum Aussterben verurteilte Verfahren der Herstellung hölzerner Küstenschiffe. Perrault ging beim Filmen mit der Behutsamkeit eines Flaherty vor (mit dem ihn auch sein Interesse für urtümliche Formen von Zivilisation verbindet); aber die Trilogie überzeugt nicht nur durch die Sensibilität und den Verismus ihrer Beobachtung, sondern auch durch ihre intelligente Montagetechnik. Perraults spätere Filme zeigen eine radikalere politische Haltung: *Un pays sans bon sens* (»Ein Land ohne Verstand«, 1970) ist ein Essay über verschiedene Formen des kanadischen Selbstbewußtseins; *L'Acadie, l'Acadie* (1971, wieder gemeinsam mit Michel Brault realisiert) beschreibt in dramatischem Stil eine Studentenrevolte an der französischsprachigen Universität Moncton in New Brunswick. In seinen letzten Filmen (1976–1977) kehrte Pierre Perrault wieder zu der ethnographischen Methode seiner Anfangszeit zurück: *Le goût de la farine* (»Der Geschmack des Mehls«) beschäftigt sich mit der Situation der Montagnais-Indianer im kanadischen Nordosten; im Mittelpunkt von *Un royaume vous attend* (»Ein Königreich erwartet euch«) und *Le retour à la terre* (»Die Rückkehr zur Erde«) stehen Pioniere und Umsiedler, die die Regierung in unwirtliche Regionen des Nordens schickt. Seine Einstellung zum Filmemachen beschrieb Pierre Perrault so: »Ich bin in die Häuser der Leute gekommen. Ich habe ihre Vergangenheit festgehalten. Nichts ist realer als ein alter Mann, der von einem Ereignis berichtet, das er erlebt hat. Oft mögen die Fakten selbst keine Bedeutung haben; die Bedeutung liegt in ihrer Erzählung. Ich bin ruhig. Ich höre zu . . . Man muß aus der Substanz der Leute einen lebendigen Dialog herausholen.«[68]

Michel Brault (geb. 1928) arbeitete vor allem als Kameramann (unter anderem in Frankreich bei Jean Rouch). Er drehte 1966 in eigener Regie einen improvisatorischen Spielfilm über einen Amateursänger, *Entre la mer et l'eau douce* (»Zwischen der See und dem Süßwasser«, deutscher Fernsehtitel *Zwischen den Welten*) sowie 1975 den politisch dezidierten *Les ordres* (»Die Befehle«, deutscher Fernsehtitel *Ausnahmezustand*), einen lakonischen, dokumentarisch gestalteten, unterkühlt-polemischen Bericht über die voreilige Verhaftung unbescholtener Bürger im Rahmen der Fahndung nach Terroristen. Claude Jutra (geb. 1930) trug mit *A tout prendre* (*Alles in allem*, 1963) ebenfalls zur Geburt des neuen kanadischen Films bei: hier handelt es sich um eine Mischform von Spiel- und Dokumentarfilm, angesiedelt auf halbem Weg zwischen der persönlichen Konfession und der dokumentarischen Studie: Jutra erzählt die Geschichte eines jungen Mannes, der sich in eine Schwarze verliebt, aber diese verläßt, als sie ein Kind erwartet; die Fiktion entsteht in diesem Film spontan vor dem Objektiv der Kamera. Später wandte sich Jutra von der dokumentarischen Methode ab und drehte mit *Mon oncle Antoine* (*Mein Onkel Antoine*, 1970) den einfachen, aber poetischen Bericht über die Beziehungen eines Jungen aus einer Kleinstadt zu seinem Onkel, einem Begräbnisunternehmer; obwohl stilistisch traditionell gemacht, geriet *Mon oncle Antoine* zu einem der besten kanadischen Filme überhaupt. Danach realisierte Claude Jutra *Kamouraska* (deutscher Fernsehtitel *Kamouraska – eine mörderische Liebe*, 1973), ein romantisches Drama aus dem 19. Jahrhundert, sowie die Komödie *Pour le meilleur et pour le pire* (»Zum Besseren und zum Schlechteren«, 1975).

Der vierte wichtige Regisseur aus der Anfangszeit des kanadischen Films ist Gilles Groulx (geb. 1931), der 1964 mit *Le chat dans le sac* (»Die Katze im Sack«) die Empfindungen vieler Francokanadier auszudrücken verstand. Protagonist des in ›Cinéma direct‹-Technik realisierten Films ist ein idealistischer junger Journalist, der in Konflikt mit den Verantwortlichen der Masenmedien gerät und schließlich aus einer für ihn unerträglich gewordenen Welt die Flucht aufs Land ergreift, um dort über seine Situation nachzudenken. Was für diesen Film gilt, trifft auch für eine große Zahl anderer Québec-Filme zu: sie enthalten Motive und Anspielungen, die nur dem Einheimischen wirklich verständlich sind, sie ziehen sich – wie der Held in *Le chat dans le sac* – von der Kommunikation mit Außen-Gruppen weitgehend zurück, um sich statt dessen ganz nach innen zu wenden, als Zielgruppe eigentlich nur die Franco-Kanadier anzusprechen; ein gewisses Moment der Abkapselung charakterisiert viele der Québec-Filme (es wird durch die Schwerverständlichkeit des Québec-Französisch gesteigert).

Einer etwas späteren Generation von franco-kanadischen Filmemachern gehören Jean-Pierre Lefebvre, Denis Arcand, Jean-Claude Labrecque sowie Gilles Carle an – sie debütierten zwischen 1965 und 1970. Jean-Pierre Lefebvre (geb. 1942) hat eine besonders reichhaltige (und ambitionierte) Produktion aufzuweisen. Er begann 1965 mit dem Spielfilm *Le révolutionnaire* (»Der Revolutionär«), einer von Godards *Les carabiniers* beeinflußten »komischen Tragödie über die Zweideutigkeit«, einer Reflexion über die Möglichkeit oder Unmöglichkeit gesellschaftlicher Veränderung, gleichzeitig ein Essay in neuartiger Filmsprache (Lefebvre bevorzugte extrem lange Einstellungen). Auch *Il ne faut pas mourir pour ça* (»Dafür muß man nicht sterben«, 1967) und *Jusqu'au cœur* (»Bis ins Herz«, 1968) sind persönliche, engagierte Auseinandersetzungen mit den Lebensbedingungen in Québec, gespiegelt an den Schicksalen und Reaktionen der Protagonisten; aus den Filmen sprach manchmal ein Unterton von Verzweiflung. *Il ne faut pas mourir pour ça* beschreibt nicht ohne Humor, wie ein dreißigjähriger Mann zwischen seiner todkranken Mutter und den Beziehungen zu drei Frauen hin und her schwankt. *Q-Bec My Love* (1970) war eine scharfe Polemik gegen die Unterdrückung der Franco-Kanadier durch die Angelsachsen (Gegenstand der Handlung sind die Beziehungen einer Frau zu drei Männern: Peter Ottawa, Sam Washington und Jean-Baptiste Bilingue), *Mon ami Pierrette* (»Mein Freund Pierrette«, 1970) dagegen die komödiantische Beschreibung eines Wochenendausfluges.

In *Les maudits sauvages* (»Die verfluchten Wilden«, 1971) zieht Lefebvre die Bilanz von drei Jahrhunderten Unterdrückung der Indianer. *Les dernières fiancailles* (»Die letzte Verlobung«, 1974) beschreibt an der Grenze von phänomenologischer Beobachtung und traumhafter Phantasie den Alltag eines Ehepaares; in *l'amour blessé* (»Die verletzte Liebe«, 1977) wird das Drama einer Frau in Beziehung zu einer Talk-Show im Radio gesetzt; *Le vieux pays où Rimbaud est mort* (»Dieses alte Land, wo Rimbaud gestorben ist«, 1977) schließlich ist der großangelegte, metaphorische Versuch, anhand einer individuellen Fabel die Beziehungen der Franco-Kanadier zu Frankreich zu analysieren. Der Film ist der Bericht einer Reise durch eine Landschaft und der Begegnung mit Personen, die dem Protagonisten bekannt vorkommen, ohne daß er sich wirklich mit ihnen identifizieren kann. Für Jean-Pierre Lefebvres Produktion ist die stilistische und thematische Unterschiedlichkeit seiner Filme kennzeichnend, obwohl sie letzten Endes doch um ein wiederkehrendes Thema kreisen: die Selbstfindung, die kritische Selbstbefragung der Franco-Kanadier. Lefebvres Filme sind oft in sich widerspruchsvoll, aber lebendig und persönlich, auch formal neuartig und provokativ.

Denis Arcand (geb. 1941) begann mit Dokumentarfilmen; eine sozialkritische Untersuchung der Situation von Textilarbeitern, *On est au coton* (wörtlich »Wir sind in der Baumwolle«, 1970), wurde wegen ihrer polemischen Untertöne von den Auftraggebern, dem ›Office National du Film‹, lange Zeit nicht herausgebracht; *Duplessis et après* (»Duplessis und danach«, 1971) war eine dokumentarische Untersuchung franco-kanadischer Zeitgeschichte. Dann wandte sich Arcand dem Spielfilm zu. *La maudite galette* (»Die verdammte Kohle«) ist ein relativ konventioneller Gangsterfilm; in *Rejeanne Padovani* (1973) unternahm Denis Arcand dagegen den Versuch, die Machenschaften von Grundstücksspekulanten zu durchleuchten: allerdings mit den Mitteln des Action-Kinos. Jean-Claude Labrecque (geb. 1938) berichtet in *Les smattes* (»Die smarten Jungen«, 1971), wie die Polizei Jagd auf jugendliche Außenseiter macht, als Kontrapunkt schildert der Film die administrative Auflösung eines Dorfes. Gilles Carle (geb. 1929), dem manchmal seine Hollywood-Neigungen vorgeworfen werden, drehte eine Reihe ambitionierter Autorenfilme, die stets mit relativ großem Aufwand inszeniert waren. Sein Erstling, *La vie heureuse de Leopold Z* (»Das glückliche Leben des Leopold Z«, 1965), das Porträt eines Schneebeseitigers und Durchschnittsbürgers, wurde ein großer Publikumserfolg. *Red* (1970) erzählt im Stil des amerikanischen Kinos die Geschichte eines jungen Mannes halb indianischer, halb franco-kanadischer Herkunft; *La vraie nature de Bernadette* (»Die wahre Natur Bernadettes«, 1972) versetzt eine junge Hausfrau und Mutter von der Stadt aufs Land und läßt sie dort Unruhe und Verwirrung stiften; *La tête de Normande St.'Onge* (»Der Kopf von Normande St.-Onge«, 1976) beschreibt die Beziehungen zwischen einem jungen Mädchen und ihrer als neurotisch geltenden Mutter.

Schließlich muß unter den franco-kanadischen Filmemachern noch der aus Frankreich stammende Dokumentarist Arthur Lamothe (geb. 1928) genannt werden. Er drehte nach verschiedenen Kurzfilmen einen ersten Spielfilm mit *Poussière sur la ville* (»Staub über der Stadt«, 1967), darauf folgte eine dokumentarisch-sozialkritische Studie über Bauarbeiter in Montreal, *Le mépris n'aura qu'un temps* (*Die Verachtung ist nicht von Dauer*, 1970). 1973 begann Lamothe eine monumentale, auch 1977 noch nicht abgeschlossene

Serie von Dokumentarfilmen über die Situation der Indianer im nördlichen Québec, *Carcajou et le péril blanc (Carcajou und die weiße Gefahr)*, engagierte, kinematographisch faszinierende anthropologische Studien (bisher liegen 8 Folgen vor), die detailliert festhalten, wie Kultur und Selbstbewußtsein der Indianer durch die erzwungene (aber kaum effektive) Integration in die profitorientierte weiße Gesellschaft, in welcher die Indianer ein unterprivilegiertes Dasein am Rande führen, allmählich zerstört werden. Die *Carcajou*-Serie gibt den Indianern selbst das Wort und erlaubt ihnen ohne zeitliche Beschränkung und ohne Intervention des Regisseurs, ihre Gefühle auszudrücken, aber auch diejenigen Traditionen, die sie sich noch bewahrt haben. Im franco-kanadischen Spielfilm haben sich neuerdings Jacques Leduc mit *Tendresse ordinaire (Alltägliche Zärtlichkeit*, 1972), einem filmisch sensiblen und eigenwillig strukturierten »Reisefilm«, sowie André Forcier mit der pointierten Charakterstudie von Kleinbürgern, *Bar Salon* (1974), qualifiziert; André Forcier drehte später die turbulente Komödie *L'eau chaude, l'eau frette* (»Heißes Wasser, kaltes Wasser«, 1976) – symptomatisch für den Versucher ambitionierter kanadischer Filmemacher, eine populäre Sprache zu sprechen, ohne doch den künstlerischen Anspruch ihrer Filme ganz aufzugeben.

Vergleichsweise kürzer kann man sich mit der Übersicht über das englischsprachige Filmschaffen Kanadas fassen; denn die englischsprachigen Regisseure konnten zwar gelegentlich kommerzielle Erfolge verbuchen und Beherrschung des Metiers demonstrieren (so Don Owen mit *Nobody Waved Goodbye*, 1964, und *The Ernie Game* 1967; Don Shebib mit *Going Down the Road*, 1969, und *Rip Off*, 1971; Larry Kent mit *High*, 1967), aber bei weitem keine so profilierte und eigenwillige nationale Schule entwickeln wie ihre französischsprachigen Kollegen. Erwähnenswert unter den anglo-kanadischen Regisseuren ist vor allem Allan King (geb. 1930) mit dem Psychiatriefilm *Warrendale* (1967), einer mit den Methoden des ›Cinéma direct‹ vorgenommenen Untersuchung über eine Klinik für verhaltensgestörte Kinder und Jugendliche in Toronto; der Film verzichtet auf jeglichen Kommentar, geht auch emotional zugespitzten Szenen, die den Zuschauer harten Belastungen aussetzen, keineswegs aus dem Wege und erweckt dadurch den Eindruck von Ambivalenz; auf der anderen Seite vermittelt er ein realistisches, ungeschminktes Bild des Alltags in einer psychiatrischen Klinik und demonstriert Sensibilität im Gebrauch der filmischen Mittel. Weniger überzeugend war *A Married Couple* (*Ein verheiratetes Paar*, 1968), der Versuch mit der gleichen Technik wie in *Warrendale* den krisengeschüttelten Alltag eines Ehepaares zu dokumentieren. Robert Spry trat mit intelligent gemachten, engagiert-publizistischen Dokumentarfilmen über politische Zeitereignisse hervor: *Prologue* (1969), über Unruhen in Chicago, und *Action: The October Crisis* (1975) über die Separatistenbewegung in Québec und die durch Extremisten ausgelöste Regierungskrise. Der Dokumentarist Kerry Feltham drehte 1970, ausgehend von einer Bühnenrevue, eine witzige, mit Zitaten aus Lewis Carrols »Alice in Wonderland« durchsetzte Persiflage auf den Prozeß gegen die »Rädelsführer« der Unruhen von Chicago, *The Great Chicago Conspiracy Circus (Der große Chicagoer Verschwörungszirkus)*. Weitere erfolgreiche anglo-kanadische Filme der letzten Jahre sind *Wedding in White* (»Hochzeit in Weiß«, 1973) von William Fruet, sowie *Why Shoot the Teacher!* (»Warum den Lehrer erschießen?«, 1977) von Silvio Narizzano.

Anmerkungen

I. Frankreich

[1] Claire Clouzot: *Le cinéma français depuis la nouvelle vague.* Paris 1972. S. 190.

[2] Claire Clouzot, a.a.O. S. 200.

[3] Claire Clouzot, a.a.O. S. 197.

[4] Jean Renoir: *Mein Leben und meine Filme.* München 1975. S. 252.

[5] Robert Bresson: *Notes sur le cinématographe.* Paris 1975. S. 10.

[6] Robert Bresson, a.a.O. S. 17.

[7] Zitiert in: *Les Cahiers du Cinéma,* Nr. 135. Paris, September 1962. S. 46.

[8] Claude Beylie in: *Ecran 76,* Nr. 45. Paris, März 1976. S. 49.

[9] Claude Chabrol in: *Jeune Cinéma,* Nr. 50. Paris, November 1970. S. 10.

[10] Wilfried Wiegand in: *Frankfurter Allgemeine Zeitung.* Zit. nach: *Atlas Schmalfilm Gesamtkatalog.* Duisburg, Herbst 1974. S. 86.

[11] Claude Chabrol in: *Ecran 72,* Nr. 1. Paris, Januar 1972. S. 69.

[12] Wilfried Wiegand in: *Frankfurter Allgemeine Zeitung.* Frankfurt/Main, 9. 8. 1974.

[13] Richard Roud: *Jean-Luc Godard.* London 1967. S. 7.

[14] Pier Paolo Pasolini: *Premessa a Jean Luc Godard, Il cinema è il cinema.* Garzanti 1971. S. 13. Zit. nach: Adelio Ferrero: *Godard tra »avanguardia« e »rivoluzione«.* Palermo 1974. S. 7.

[15] Ricardo Munoz Suay: *Buñuel, l'erotismo e il cattolicesimo.* In: *Cinema nuovo,* Nr. 189. Genua, September-Oktober 1967. S. 357.

[16] Jean-Paul Sartre: *Conversazione a cura di Lello Maiello e Umberto Silva.* In: *Filmcritica,* Nr. 191. Rom, September 1968.

[17] Louis Aragon in: *Les Lettres Françaises,* Nr. 1096. Paris, September 1965.

[18] *Jean Luc Godard par Jean Luc Godard.* Paris 1968. S. 298.

[19] Jean-Luc Godard, a.a.O. S. 309.

[20] Jean-Luc Godard, a.a.O. S. 285.

[21] Richard Roud, a.a.O. S. 13.

[22] Jean-Luc Godard, a.a.O. S. 288.

[23] *Film-Dienst,* Nr. 52. Köln, 29. 12. 1965.

[24] Jean-Luc Godard in: *L'avant-scène Cinéma,* Nr. 70. Paris, Mai 1967. S. 6.

[25] Jean-Luc Godard in: *L'avant scène Cinéma,* a.a.O.

[26] Presseheft zu *La Chinoise,* August 1967. Zitiert nach: *Godard/Kritiker.* Aus dem Französischen von Frieda Grafe. München 1971. S. 180.

[27] Guy Hennebelle: *Quinze ans de cinéma mondial.* Paris 1975. S. 396ff.

[28] Jean-Luc Godard in: *Cinema sessanta,* Nr. 73/74. Rom, Dezember 1969/Februar 1970.

[29] Jean-Luc Godard in: *Cinéma 70,* Nr. 151, Paris, Dezember 1970. S. 83.

[30] Jean-Luc Godard: *Le gai savoir.* Paris 1969 (Union des écrivains) o. S.

[31] Jean-Luc Godard: *What is to be done?* In: *Afterimage,* Nr. 1. London, April 1970. Deutsch in: *Godard/Kritiker,* a.a.O., S. 186ff.

[32] *Cinéma 70,* Nr. 151. Paris, Dezember 1970. S. 82.

[33] Claude Beylie in: *Ecran 73,* Nr. 18. Paris, September/Oktober 1973. S. 14.

[34] Louis Malle in: *Cinéma 69*, Nr. 135. Paris, April 1969. S. 27.

[35] Agnès Varda in: *Cinéma 65*, Nr. 97. Paris, Juni 1965. S. 16.

[36] Agnès Varda, a.a.O. Siehe auch: Ulrich Gregor: *Le bonheur*. In: *Filmkritik*, Nr. 1/66. München, Januar 1966, S. 33 ff.

[37] Pierre Kast in: *Cahiers du Cinéma*, Nr. 149. Paris, November 1963. S. 51.

[38] Alain Robbe-Grillet in: *Cinéma 67*, Nr. 121. Paris, Dezember 1967, S. 57; *Cinéma 68*, Nr. 131. Paris, Dezember 1968. S. 135.

[39] Marcel Martin in: *Ecran 74*, Nr. 25. Paris, Mai 1974. S. 70.

[40] Marguerite Duras in: *Cinéma 72*, Nr. 165. Paris, April 1972. S. 49 ff.

[41] Katalog der *Quinzaine des réalisateurs*, Cannes 1966.

[42] Siegfried Schober in: *Filmkritik*, Nr. 8/68, München, August 1968. S. 569.

[43] Claire Clouzot, a.a.O. S. 157.

[44] In: *Le cinéma s'insurge*, Nr. 1. Paris 1968. S. 21.

[45] Zitiert bei Guy Hennebelle, a.a.O. S. 363.

[46] Interview mit Costa-Gavras von Yvonne Baby. In: *Le Monde*, Paris, 26. 2. 1969.

[47] Interview mit Costa-Gavras und Jorge Semprun von Guy Braucourt. In: *Cinéma 70*, Nr. 151. Paris, Dezember 1970. S. 38.

[48] Jean-André Fieschi und Emile Breton: *La série Z*. In: *La nouvelle critique*, Nr. 49. Zitiert bei: Guy Hennebelle, a.a.O. S. 359.

[49] Guy Hennebelle in: *Cinéma 71*, Nr. 135. Paris, Februar 1971. S. 103.

[50] Marin Karmitz in: *Cinéma 70*, Nr. 147. Paris, Juni 1970. S. 78.

[51] René Gilson, zitiert in: *Ecran 72*, Nr. 5. Paris, Mai 1972. S. 73.

[52] Jean Rouch, Edgar Morin: *Chronique d'un été. Domaine Cinéma*, Nr. 1. Paris 1962. S. 53.

[53] Jean Rouch, Edgar Morin, a.a.O. S. 41.

[54] Michel Capdenac in: *Les Lettres Françaises*, Paris, 21. 4. 1971.

[55] *Eric Rohmer Interviewed by Ruy Nogueira*. In: *Sight and Sound*, Sommer 1971. London. S. 119.

[56] A.a.O.

[57] *L'ancien et le nouveau. Entretien avec Eric Rohmer*. In: *Cahiers du Cinéma*, Nr. 172. Paris, November 1965. S. 33.

[58] Eric Rohmer in: *Ecran 76*, Nr. 47. Paris, Mai 1976. S. 19.

[59] Bertrand Tavernier in: *Cinéma 61*, Nr. 61. Paris, November/Dezember 1961. S. 104.

[60] Interview mit Jacques Rivette von Bernard Eisenschitz, Jean-André Fieschi und Eduardo De Gregorio. In: *La nouvelle critique*, Nr. 63. Paris, April 1973. S. 65 ff. Deutsch in: *Internationales Forum des Jungen Films* 1973, Informationsblatt 17. Berlin 1973.

[61] A.a.O.

[62] Jean-André Fieschi, Einleitung zum Interview mit Jacques Rivette, a.a.O.

[63] Erklärung von Jean Eustache im Presseheft zu *La maman et la putain*. Deutsch in: *Internationales Forum des Jungen Films* 1973, Informationsblatt 16. Berlin 1973.

II. Italien

[1] Martin Schlappner, Klaus Geitel, Wolfram Schütte, Hans Helmut Prinzler: *Luchino Visconti*. München 1975. S. 92.

[2] Pio Baldelli: *I film di Luchino Visconti*. Manduria (Taranto) 1965. S. 257.

[3] Lino Micchichè (Herausgeber): *Morte a Venezia. Dal soggetto al film*. Bologna 1971. S. 111.

[4] A.a.O. S. 115.

[5] *Il Mondo*, Rom, 14. 3. 1971. Zit. in: Pio Baldelli, a.a.O. S. 278.

[6] Federico Fellini: *Begraben, was wir an Abgestorbenem in uns tragen.* In: Federico Fellini: *8 1/2.* Zürich 1974. S. 149.

[7] A.a.O.

[8] Federico Fellini in: *Film-Dienst*, Nr. 22. Köln, 31. 10. 1972.

[9] Pascal Bonitzer: *Mémoire de l'œil (Amarcord).* In: *Cahiers du Cinéma*, Nr. 251/252. Paris, Juli/August 1974. S. 75.

[10] Interview mit Roberto Rossellini in *Bianco e nero*, Nr. 1, Rom, Januar 1964. Zit. in: Pio Baldelli: *Roberto Rossellini.* Rom 1972. S. 173.

[11] *Roberto Rossellini*, a.a.O. S. 177.

[12] Marcel Martin in: *Cinéma 64*, Nr. 90. Paris, November 1964. S. 48.

[13] USE (d.i. Ulrich Seelman-Eggebert) in: *Film-Dienst*, Nr. 37. Köln, 22. 9. 1970.

[14] Michelangelo Antonioni in: *Ecran 73*, Nr. 18. Paris, September/Oktober 1973. S. 13.

[15] Ursprünglich ein Referat, das Pier Paolo Pasolini auf dem Festival von Pesaro im Juni 1965 hielt. Abgedruckt in: *Uccellacci e uccellini*, Mailand 1966. S. 7ff.

[16] Theodor Kotulla in: *Filmkritik*, Nr. 6/63. München, Juni 1963. S. 281.

[17] *Pasolini on Pasolini. Interviews with Oswald Stack.* London 1969. S. 82.

[18] *Entretien avec Pier Paolo Pasolini (Bertolucci, Comolli).* In: *Cahiers du Cinéma*, Nr. 169, Paris, August 1965. S. 22ff. Pier Paolo Pasolini: *Le cinéma de poésie.* In: *Cahiers du Cinéma*, Nr. 171. Paris, Oktober 1965. S. 55ff. Kritik von Enno Patalas über *Mamma Roma* in: *Filmkritik*, Nr. 9/66. München, September 1966. S. 510ff.

[19] Zitate Pasolinis in der Kritik von Hans Stempel über *Uccellacci e uccellini.* In: *Filmkritik*, Nr. 8/66. München, August 1966. S. 451.

[20] Pier Paolo Pasolini in: *Cahiers du cinéma*, Nr. 195. Paris, November 1967. Seite 16.

[21] Pier Paolo Pasolini in: *Jeune Cinéma*, Nr. 45. Paris, März 1970. S. 18.

[22] Pier Paolo Pasolini in: *Jeune Cinéma*, Nr. 41. Paris, Oktober 1969. S. 16.

[23] A.a.O.

[24] Bernardo Bertolucci in: *L'avant-scène Cinéma*, Nr. 82. Paris, Juni 1968. S. 7.

[25] In: *Filmkritik*, Nr. 7/68. München, Juli 1968. S. 504ff.

[26] Claude Beylie in: *Cinéma 68*, Nr. 124. Paris, März 1968. S. 98.

[27] Bernardo Bertolucci in: *Cinéma 70*, Nr. 145. Paris, April 1970. S. 114.

[28] Antonin Artaud: *Sorcellerie et cinéma.* In: Artaud: *Œuvres complètes*, Tome III. Paris 1961. S. 80f.

[29] Bernardo Bertolucci in: *Cinéma 71*, Nr. 155. Paris, April 1971. S. 116.

[30] Interview mit Marco Bellocchio von Goffredo Fofi. In: *Nel nome del padre. Dal soggetto al film.* Bologna 1971. Zitiert nach: *Internationales Forum des Jungen Films 1973*, Informationsblatt 8 (deutsch von Annemarie Czaschke). Berlin 1973.

[31] A.a.O.

[32] Marco Ferreri in: *Cinéma 73*, Nr. 172. Paris, Januar 1973. S. 74.

[33] *Die italienische Produktion 1968.* Rom 1969 (Unitalia Film). S. 74.

[34] Erklärung Francesco Rosis in *L'express*, Paris, 7. 11. 1963. Zitiert von Peter H. Schröder in: *Filmkritik*, Nr. 8/65. München, August 1965. S. 447.

[35] Interview mit Francesco Rosi von Jean A. Gili in: *Ecran 73*, Nr. 20. Paris, Dezember 1973. S. 10.

[36] Zitiert von Claude Michel Cluny in seiner Kritik über *Lucky Luciano.* In: *Cinéma 73*, Nr. 182. Paris, Dezember 1973. S. 122.

[37] Interview mit Elio Petri von Guy Braucourt. In: *Cinéma 70*, Nr. 150. Paris, November 1970. S. 149.

38 Interview mit Elio Petri von Jean A. Gili und Christian Viviani. In: *Ecran 72*, Nr. 6. Paris, Juni 1972. S. 17.

39 Interview mit Paolo und Vittorio Taviani von Jean A. Gili. In: *Ecran 72*, Nr. 10. Paris, Dezember 1972. S. 44.

40 Frantz Gevaudan in: *Cinéma 74*, Nr. 190/191. Paris, September/Oktober 1974. S. 154.

41 Luigi Comencini in: *Cinéma 74*, Nr. 190/191, a.a.O. S. 108.

42 Martin Ripkens in: *Filmkritik*, Nr. 4/65. München, April 1965. S. 204.

43 Klaus Bädekerl in: *Filmkritik*, Nr. 10/69. München, Oktober 1969. S. 599.

44 Ugo Casiraghi in: *L'unità*, Rom, 6.6.1970. Zitiert nach: *Internationales Forum des Jungen Films 1971*, Informationsblatt 16. Berlin 1971.

45 Interview mit Ugo Gregoretti von Andrée Tournès. In: *Jeune Cinéma*, Nr. 44. Paris, Februar 1970. S. 29.

46 Interview mit Ansano Giannarelli und Fernando Birri von Guy Hennebelle. In: *Cinéma 70*, Nr. 144. Paris, März 1970. S. 99.

47 A.a.O. S. 95.

48 *Die italienische Produktion 1967*. Rom 1968 (Unitalia Film). S. 178.

49 Vgl. Interview mit Liliana Cavani von Claire Clouzot. In: *Ecran 74*, Nr. 26. Paris, Juni 1974. S. 42.

50 Lucy Quacinella: *How Left is Lina?* In: *Cineaste*, Vol. VII, Nr. 3. New York, Herbst 1976. S. 15 ff.

51 Interview mit Gianni Amico von Adriano Aprà und Piero Spila. In: *Cinema & Film*, Rom, Winter/Frühjahr 1969. S. 6 ff. Zitiert nach: *Internationales Forum des Jungen Films 1971*, Informationsblatt 27. Berlin 1971.

52 Katalog der *Quinzaine des réalisateurs*, Cannes 1975. S. 22.

53 Katalog der *Quinzaine des réalisateurs*. Cannes 1971. S. 13.

54 Joris Bayne: *Le cinopéra*. In: *Ecran 74*, Nr. 23. Paris, März 1974. S. 44.

55 A.a.O. S. 45

III. Bundesrepublik Deutschland

1 *VIII. Westdeutsche Kurzfilmtage Oberhausen. Bericht 1962*. S. 119.

2 Barbara Bronnen, Corinna Brocher: *Die Filmemacher. Der neue deutsche Film nach Oberhausen*. München 1973. S. 55.

3 Urs Jenny: *Der neue deutsche Film – eine Bilanz*. In: *Neuer Deutscher Film (eine Dokumentation)*. Mannheim 1967. S. 3.

4 Alexander Kluge in: *Filmkritik*, Nr. 9/66. München, September 1966. S. 487.

5 Alexander Kluge, a.a.O. S. 489.

6 Alexander Kluge: *Informationen*. In: *Internationales Forum des Jungen Films 1971*, Informationsblatt 12. Berlin 1971.

7 *Film-Dienst*, Nr. 12. Köln, 11.6.1974.

8 Helke Sander in: *Frauen und Film*, Nr. 3. Berlin, November 1974. S. 18.

9 Alexander Kluge in: *Filmkritik*, Nr. 6/74. München, Juni 1974. S. 279.

10 Alexander Kluge/Edgar Reitz: *In Gefahr und größter Not bringt der Mittelweg den Tod*. In: *Kursbuch*, Nr. 41. Berlin 1975. S. 43.

11 Gespräch mit Ula Stöckl, Edgar Reitz und Alf Brustellin von J. von Mengershausen. In: *Filmkritik*, Nr. 10/71. München, Oktober 1971. S. 545.

12 Zitiert von Yaak Karsunke in: *Film*, Nr. 3/66. Velber bei Hannover, März 1966.

13 Barbara Bronnen, Corinna Brocher, a.a.O. S. 31.

[14] Gespräch mit Jean-Marie Straub und Danièle Huillet von Klaus Eder und Wolfgang Limmer. In: *Fernsehen und Film*, Nr. 10/70. Zitiert nach: *Internationales Forum des Jungen Films 1971*, Informationsblatt 14. Berlin 1971.

[15] *Spielfilme im deutschen Fernsehen ARD 1974*. Frankfurt/Main 1973. S. 46.

[16] Zitiert von Rainer Gansera in: *Filmkritik*, Nr. 5–6/75. München, Mai/Juni 1975. S. 288.

[17] Barbara Bronnen, Corinna Brocher, a.a.O. S. 21.

[18] A.a.O. S. 11.

[19] *Film-Dienst*, Nr. 29. Köln 1968. Kritik Nr. 15 573.

[20] Interview mit Werner Herzog von Frieda Grafe, Enno Patalas und Florian Fricke. In: *Filmkritik*, Nr. 3/68. München, März 1968. S. 178.

[21] Katalog der *Quinzaine des réalisateurs*, Cannes 1971. S. 17.

[22] Barbara Bronnen, Corinna Brocher, a.a.O. S. 177.

[23] Interview mit Fassbinder von Wilfried Wiegand. In: Yaak Karsunke, Peter Iden, Wilfried Wiegang, Wilhelm Roth: *Rainer Werner Fassbinder*. München 1974. S. 88.

[24] Rainer Werner Fassbinder in: *Film*, Nr. 8/69. Velber bei Hannover. Zitiert in: *Rainer Werner Fassbinder*, a.a.O. S. 94.

[25] A.a.O. S. 133.

[26] A.a.O. S. 57.

[27] Katalog der *Internationalen Filmwoche Mannheim 1971*, S. 53.

[28] Wim Wenders in: *Tip*, Nr. 5/76. Berlin, Woche vom 5.–18. 3. 1976. S. 8.

[29] Zitiert von Elfie Werner in: *Stuttgarter Zeitung*, 24. 4. 1964.

[30] *epd Kirche und Fernsehen*, Nr. 40. Frankfurt, 12. 10. 1963.

[31] Paula Linhart in: *Film-Dienst*, Nr. 8/72. Köln 1972. Kritik Nr. 17 791. S. 12.

[32] *Film-Dienst*, Nr. 6/71. Köln 1971. Kritik Nr. 17 237.

[33] Gespräch mit Rudolf Thome und Max Zihlmann von Siegfried Schober. In: *Filmkritik*, Nr. 4/69. München, April 1969. S. 231.

[34] Wolfram Schütte in: *Neue Zürcher Zeitung*, 3. 1. 1975.

[35] Hans Jürgen Syberberg in: *Die Zeit*, 25. 7. 1975.

[36] *Film-Dienst*, Nr. 4. Köln, 23. 1. 1968. Kritik Nr. 15 202.

[37] Bernd Hoffmann und Christian Ziewer: *Über den Nutzen von Filmen*. In: *Internationales Forum des Jungen Films 1972*, Informationsblatt 11. Berlin 1972.

[38] Karena Niehoff in: *Der Tagesspiegel*, Berlin, 22. 4. 1976.

[39] Sebastian Feldmann in: *Filmkritik*, Nr. 6/72. München, Juni 1972. S. 304.

[40] Klaus Kreimeier in: *Film*, Nr. 5/1968. Velber bei Hannover.

[41] Dietrich Kuhlbrodt in: *Filmkritik*, Nr. 8/69. München, August 1969. S. 510.

[42] Werner Nekes: *Spreng-Sätze zwischen den Kadern*. In: *Filmkritik*, Nr. 6/72. München, Juni 1972. S. 318.

[43] Wim Wenders in: *Filmkritik*, Nr. 2/69. München, Februar 1969. S. 113.

[44] Sebastian Feldmann in: *Film 73*. Duisburg 1974. S. IV 6 f.

[45] Zitiert von Dietrich Kuhlbrodt in: *Filmkritik*, Nr. 12/69. München, Dezember 1969. S. 746.

[46] *Atlas 16 mm Gesamtkatalog*. Duisburg, Frühjahr 1976. S. 77.

[47] Jonas Mekas in: *Village Voice*, New York, 13. 4. 1972. Zitiert nach: *Atlas 16 mm Gesamtkatalog*, a.a.O. S. 77.

[48] *Exprmntl 5. Fifth International Experimental Film Competition, Knokke-Heist 25. 12. 1974 bis 2. 1. 1975*. Bruxelles. S. 26.

[49] Heinz Emigholz in: *Internationales Forum des Jungen Films 1975*, Informationsblatt 13. Berlin 1975.

[50] Barbara Bronnen, Corinna Brocher, a.a.O. S. 155.

51 Michail Bachtin: *Literatur und Karneval. Zur Romantheorie und Lachkultur.* München 1969.
52 Jörg-Peter Feurich in: *Filmkritik*, Nr. 3/70. München, März 1970. S. 139.
53 Urs Jenny in: *Filmkritik*, Nr. 9/71. München, September 1971. S. 469.
54 Wim Wenders in: *Filmkritik*, Nr. 5/69. München, Mai 1969. S. 318.
55 Katalog der *Quinzaine des réalisateurs*, Cannes 1976.
56 Katalog der *Internationalen Filmwoche Mannheim 1968.* S. 16.
57 Rosa von Praunheim: *Sex und Karriere.* München 1976. S. 138.
58 A. a. O. S. 159.
59 Rosa von Praunheim in: *Internationales Forum des Jungen Films 1971*, Informationsblatt 25. Berlin 1971.
60 A. a. O.

IV. Übriges Westeuropa

1 *International Film Guide 1968.* London/New York 1967. S. 85; *Sight and Sound*, Spring 1966. London. S. 55.
2 John Russell Taylor in: *Sight and Sound*, Spring 1974. London. S. 80.
3 Vgl. *Sight and Sound*, Spring 1966. London. S. 54ff.
4 Karel Reisz, zitiert bei John Russell Taylor, in: *Sight and Sound*, a. a. O.
5 Guy Hennebelle: *Quinze ans de cinéma mondial.* Paris 1975. S. 128.
6 *Sight and Sound*, Autumn 1956. London. Vgl. auch Penelope Houston in: *Sight and Sound*, Autumn 1960. London. S. 160.
7 Penelope Houston: *The Critical Question.* In: *Sight and Sound*, Autumn 1960, a. a. O.
8 Robert Vas in: *Filmkritik*, Nr. 1/63. München, Januar 1963. S. 14.
9 Peter John Dyer in: *Sight and Sound*, Winter 1960/61. London 1961. S. 33.
10 Zitiert nach: *Filmkritik*, Nr. 12/67. München. Dezember 1967. S. 695ff.
11 Tom Milne (Herausgeber): *Losey on Losey*, London 1967. S. 9
12 *International Film Guide 1967.* London/New York 1966. S. 16.
13 Joseph Losey in: *Cahiers du Cinéma*, Nr. 153. Paris, März 1964. Zitiert nach: *Filmkritik*, Nr. 12/67, a. a. O.
14 Joseph Losey in: *Filmkritik*, Nr. 9/64. München, September 1964. S. 476.
15 Tom Milne (Herausgeber): *Losey on Losey.* London 1967. S. 124.
16 Urs Jenny in: *Filmkritik*, Nr. 6/69. München, Mai 1969. S. 378.
17 Franz Everschor in: *Film-Dienst*, Nr. 11. Köln, 11. 3. 1969. Kritik Nr. 16012.
18 *International Film Guide 1975.* London/New York 1974. S. 51.
19 John Russell Taylor in: *Sight and Sound*, Summer 1965. London. S. 148.
20 *Film-Dienst*, Nr. 20. Köln, 5. 10. 1971. Kritik Nr. 17499.
21 *Cinéma 71*, Nr. 161. Paris, Dezember 1971. S. 118.
22 Interview mit Ken Russell von Max Tessier. In: *Cinéma 71*, Nr. 161, a. a. O. Seite 119ff.
23 Presseheft des Films.
24 *Monthly Film Bulletin*, London, Februar 1971. S. 28.
25 David Robinson in: *The Times*, London, Juli 1975. Zitiert nach: *Verleihkatalog 1977 Freunde der Deutschen Kinemathek.* Berlin 1976. S. 194.
26 Stephen Dwoskin in: *Internationales Forum des Jungen Films 1972*, Informationsblatt 25. Berlin 1972.
27 Stephen Dwoskin in: *Afterimage*, Nr. 2. London, Herbst 1970. S. 41.

28 Malcolm LeGrice in: *Internationales Forum des Jungen Films 1976*, Informationsblatt 13. Berlin 1976.

29 Vgl. Deke Dusinberre: *On Expanding Cinema*. In: *Studio International*. London, November/Dezember 1975. S. 220ff.

30 *Seminar Internationaler Experimental- und Avantgardefilm*, Hektographiertes Manuskript. Berlin (Freunde der Deutschen Kinemathek) 1976.

31 *Spielfilme im deutschen Fernsehen 1969/70*, Frankfurt/Main 1969. S. 62.

32 *International Film Guide 1969*. London/New York 1968. S. 117.

33 A. G.: *Le Danemark en liberté*. In: *Cinéma 70*, Nr. 146. Paris, Mai 1970. S. 27.

34 Pierre Legrand: *Le nouveau cinéma danois*. In: *Cinéma 72*, Nr. 166. Paris, Mai 1972. S. 88.

35 Morten Piil, *Danish Films – Warmth and Irony, Solidarity and Satire*. Kopenhagen 1973. S. 19.

36 *International Film Guide 1976*. London/New York 1975. S. 293.

37 Peter Cowie: *Sweden 2*. London/New York 1970. S. 16f.

38 Ingmar Bergman in: *Dagens Nyheter*, Stockholm, 29. 5. 1962. Zitiert in: Jörn Donner: *The Personal Vision of Ingmar Bergman*. Bloomington/London 1964. S. 227.

39 1. Korinther 13, 12.

40 Zitiert von Wilfried Berghahn in: *Filmkritik*, Nr. 3/63. München, März 1963. S. 137.

41 Wilfried Berghahn, a.a.O. S. 138.

42 Interview mit Ingmar Bergman von Nils Petter Sundgren. In: *Filmkritik*, Nr. 11/68. München, November 1968. S. 761.

43 Vgl. Peter Cowie, *Sweden 2*, a.a.O. S. 183.

44 Noel Burch, *Réflexions sur le Sujet*. In: *Cahiers du Cinéma*, Nr. 196. Paris, Dezember 1967. S. 58.

45 Wim Wenders in: *Filmkritik*, Nr. 4/69. München, April 1969. S. 241.

46 Frieda Grafe: *Der Spiegel ist zerschlagen*. In: *Filmkritik*, Nr. 11/68. München, November 1968. S. 770f.

47 Guy Braucourt: *Détruire, dit-il, ou le sens du drame*. In: Jörn Donner und Guy Braucourt: *Ingmar Bergman*. Paris 1970. S. 136.

48 Wolfram Schütte in: *Frankfurter Rundschau*, Frankfurt/Main, 28. 8. 1976.

49 Zitiert in: *Filmkritik*, Nr. 1/66, München, Januar 1966. S. 25.

50 D. K. (d.i. Dietrich Kuhlbrodt) in: *Filmkritik*, Nr. 8/65. München, August 1965. rpk (d.i. Martin Ripkens) in: *Filmkritik*, Nr. 8/63. München, August 1963. S. 386.

51 *International Film Guide 1975*. London/New York 1974. S. 63.

52 Nils Petter Sundgren: *The New Swedish Cinema*. Stockholm 1970. S. 25.

53 *Ecran 73*, Nr. 14. Paris, April 1973. S. 13f.; *Ecran 74*, Nr. 23. Paris, März 1974. S. 75f.

54 Nils Petter Sundgren: *The New Swedish Cinema*. A.a.O. S. 46.

55 A.a.O. S. 43.

56 Michel Delahaye in: *Cahiers du Cinéma*, Nr. 200/201. Paris, April/Mai 1968. S. 98.

57 Martin Schaub: *Der neue schweizer Film 1963–1974*. Pressedienst Pro Helvetia Nr. 45/11. Zürich 1975. S. 3.

58 A.a.O. S. 38.

59 Alain Tanner: *Ironie als Waffe*. In: *Internationales Forum des Jungen Films 1971*, Informationsblatt 13. Berlin 1971.

60 Freddy Buache: *Le cinéma suisse*. Lausanne 1974. S. 166.

61 Alain Tanner in: *Ecran 73*, Nr. 18. Paris, September/Oktober 1973. S. 25.

62 Alain Tanner in: *Ecran 74*, Nr. 29. Paris, Oktober 1974. S. 47.

63 Freddy Buache, a.a.O. S. 175.

64 Freddy Buache, a.a.O. S. 176.

65 Michel Soutter in: *Internationales Forum des Jungen Films 1971*, Informationsblatt 31. Berlin 1971.

66 Freddy Buache, a.a.O. S. 182.

67 Martin Schaub, a.a.O. S. 40.

68 Daniel Schmid in: *Ecran 73*, Nr. 18. Paris, September/Oktober 1973. S. 31.

69 Katalog der *Semaine Internationale de la critique*, Cannes 1974.

70 Wilhelm Roth in: *Süddeutsche Zeitung*, München, 9. Februar 1977. Zitiert nach: *Internationales Forum des Jungen Films*, Berlin 1977, Informationsblatt 10.

71 Programmheft *Internationales Forum des Jungen Films*, Berlin 1977. S. 14.

72 Birgit Hein: *Film im Underground*. Frankfurt/Berlin/Wien 1971. S. 153.

73 Guy Braucourt in: *Ecran 73*, Nr. 18. Paris, September/Oktober 1973. S. 61.

74 Peter W. Jansen in: *Filmkritik*, Nr. 2/69. München, Februar 1969. S. 116.

75 Carlos Saura in: *Ecran 73*, Nr. 18. A.a.O. S. 60.

76 Claire Clouzot: *Petite planète du jeune cinéma – Espagne*. In: *Cinéma 66*, Nr. 104. Paris, März 1966. S. 98.

77 A.M.T. (d.i. Augusto M. Torres): *Lettre de Madrid*. In: *Cinéma 71*, Nr. 155. Paris, April 1971. S. 14.

78 *International Film Guide 1971*. London/New York 1970. S. 227.

79 *Cinema indipendiente portoghese. 9 Mostra Internazionale del Nuovo Cinema Pesaro, 12–19 settembre 1973. Quaderno informativo N. 51*. S. 17. Aus einem Beitrag von Alves Costa über Manuel de Oliveira. Ursprüngl. erschienen in: *Enquadramento*, Nr. 3, Dezember 1972.

80 Produktionsmitteilung. In: *Internationales Forum des Jungen Films 1974*, Informationsblatt 30. Berlin 1974.

81 *Cinema indipendiente portoghese*, a.a.O. S. 22.

82 Katalog der *Quinzaine des réalisateurs*, Cannes 1976.

83 Gespräch mit Alberto Seixas Santos und Fernando Lopes. In: *Tilt*, Nr. 2. Lissabon, April 1975. Zitiert nach: *Internationales Forum des Jungen Films 1975*, Informationsblatt 16. Berlin 1975.

84 *Cinéma 67*, Nr. 119. Paris, September/Oktober 1967. S. 27.

85 *International Film Guide 1977*. London/New York 1976. S. 172.

86 Aus einem Werbeprospekt für den Film.

87 Interview mit Theodor Angelopoulos von Florian Hopf. In: *Internationales Forum des Jungen Films 1971*, Informationsblatt 17. Berlin 1971.

88 A.a.O.

89 Interview mit Theodor Angelopoulos von Michel Demopoulos und F. Liappas. In: *Synchronos Kinematographos 74*, Nr. 1. Athen, September 1974. Zitiert nach: *Internationales Forum des Jungen Films 1975*, Informationsblatt 17. Berlin 1975.

90 Attila Tokatli, *Regards sur le cinéma Turc*. Ankara 1966. S. 6.

91 Nijat Ozon, *Semaine du cinéma Turc – Quelques étapes historiques*. In: *Cinéma 75*, Nr. 198. Paris, Mai 1975. S. 21f. Zitiert nach: *Internationales Forum des Jungen Films 1977*, Berlin 1977, Informationsblatt 29.

92 Attila Tokatli, a.a.O. S. 14.

93 Attila Tokatli, a.a.O. S. 16.

94 Jacques Doniol-Valcroze in: *Cahiers du Cinéma*, Nr. 168. Paris, August/September 1964. S. 43.

95 Altan Yalzin, *Yilmaz Güney Dosyasi*, Istanbul 1977. Zitiert nach: *Internationales Forum des Jungen Films*. Berlin 1977, Informationsblatt 29.

96 Zitiert von Marcel Martin in *Ecran 74*, Nr. 21. Paris, Januar 1974, S. 50. Zitiert nach: *Internationales Forum des Jungen Films 1977*. Berlin 1977, Informationsblatt 29.

[97] Aus einer Diskussion mit Yilmaz Güney. In Altan Yalzin, a. a. O. Zitiert nach: *Internationales Forum des Jungen Films 1977*. Berlin 1977, Informationsblatt 29.

[98] Beitrag von Rui Nogueira sowie Dokumentation »Savunma« (Verteidigung). In: *Internationales Forum des Jungen Films 1977*. Berlin 1977, Informationsblatt 29.

V. Osteuropa

[1] Nina Hibbin: *Eastern Europe*. London/New York 1969. S. 133.

[2] A. a. O. Vgl. auch: *Woche des neuen sowjetischen Films*. In: *Kinemathek*, Nr. 46. Berlin, Dezember 1971.

[3] *Frankfurter Allgemeine Zeitung*, Frankfurt/Main, 17. 4. 1971. Zitiert nach: *Kinemathek*, Nr. 46, a. a. O. S. 8.

[4] Lew Kulidshanow: *Talent und künstlerische Phantasie dem Volke*. In: *Neues Deutschland*, Berlin (DDR), 16. 5. 1971. Zitiert nach: *Kinemathek*, Nr. 46, a.a.O. S. 8f.

[5] Zitiert nach: *Ecran 73*, Nr. 16. Paris, Juni 1973. S. 37.

[6] *Sowjetskoje kino*, Nr. 11, 14. 3. 1970. Zitiert nach: *Der sowjetische Film*, Band II. Berlin (DDR) 1974. S. 145.

[7] *Sowjetfilm* Nr. 1/1971, Moskau, S. 7. Zitiert nach: *Kinemathek*, Nr. 46, a.a.O. S. 60.

[8] *Sowjetski ekran*, Nr. 12/65, Moskau. Zitiert nach: Wolfgang Klaue, Manfred Lichtenstein (Herausgeber): *Filme contra Faschismus*. Berlin (DDR) 1965. S. 199.

[9] *Literaturnaja gaseta*, Moskau, 13. 1. 1966. Zitiert nach: *Kinemathek*, Nr. 27, Berlin, Juni 1966.

[10] Pierre Billard in: *Cinéma 66*, Nr. 107. Paris, Juni 1966. S. 60. Zitiert nach: *Kinemathek*, Nr. 27, a. a. O. S. 52.

[11] *Der sowjetische Film*, Band II. A. a. O. S. 174.

[12] *Der Film, den Chruschtschow verbot: »Genossen, das geht doch nicht!«* In: *Filmkritik*, Nr. 1/64. München, Januar 1964. S. 45 ff.

[13] *Der sowjetische Film*, Band II, a. a. O. S. 141.

[14] A. a. O.

[15] Zitiert in: *Filmkritik*, Nr. 11/63. München, November 1963. S. 529.

[16] *Atlas Filmheft* Nr. 29. Zitiert nach: *Andrej Rubljow. Filmtext und Dokumente*. *Kinemathek*, Nr. 41. Berlin, Juli 1969. S. 113.

[17] *Kinemathek*, Nr. 41, a. a. O. S. 8.

[18] *Sputnik*, Zeitschrift der Moskauer Filmfestspiele 1965. Zitiert nach: *Cinéma 65*, Nr. 99. Paris, September/Oktober 1965. S. 61.

[19] Jeanne Vronskaya: *Young Soviet Filmmakers*. London 1972. S. 41.

[20] *Der sowjetische Film*, Band II, a. a. O. S. 180.

[21] Marcel Martin: *Quoi de neuf à Moscou!* In: *Cinéma 68*, Nr. 128. Paris, August/September 1968. S. 59. Vgl. auch: *Sight and Sound*, Winter 1974/75, London. S. 8 ff., Artikel von Herbert Marshall über Sergej Paradshanow.

[22] Herbert Marshall: *The Case of Sergo Paradshanow*. In: *Sight and Sound*, a. a. O.

[23] A. a. O.

[24] *Sowjetfilm* Nr. 8/73, Moskau. S. 38. Zitiert nach: *Filme aus Georgien*. In: *Kinemathek*, Nr. 52. Berlin, Februar 1975. S. 57.

[25] Jeanne Vronskaya, a. a. O. S. 72.

[26] Jeanne Vronskaya, a. a. O. S. 73. Zitiert nach: *Kinemathek*, Nr. 52, a. a. O. S. 15.

[27] *Sowjetfilm*, Nr. 10/74, Moskau. S. 18. Zitiert nach: *Kinemathek*, Nr. 52, a. a. O. S. 30.

[28] Lino Micciche: *Il nuovo cinema degli anni '60*. Turin 1972. S. 65.

[29] Jeanne Vronskaya, a. a. O. S. 83.

³⁰ Lino Micciche, a.a.O. S. 63.

³¹ *Film und Fernsehen*, Nr. 7/76. Berlin (DDR), 1. Juli 1976. S. 43.

³² *Film-Dienst*, Nr. 22. Köln, 3. 6. 1964. Kritik Nr. 12755.

³³ In: Jerzy Kawalerowicz: *Mutter Johanna von den Engeln* (Filmprotokoll). München 1963. S. 147 f.

³⁴ Max Tessier in: *Ecran 72*, Nr. 7. Paris, Juli 1972. S. 30.

³⁵ Interview mit Andrzej Wajda in: *Polityka*, Nr. 38. Warschau 1965. Zitiert nach Boleslaw Michalek: *The Cinema of Andrzej Wajda*, London/New York 1973. S. 92.

³⁶ Vgl. Boleslaw Michalek, a.a.O. S. 92 ff.

³⁷ Erklärung von Andrzej Wajda. Zitiert nach: *Polnische Filmtage*. In: *Kinemathek*, Nr. 42. Berlin, November 1969.

³⁸ Boleslaw Michalek, a.a.O. S. 132.

³⁹ Boleslaw Michalek, a.a.O. S. 149. Zitiert nach: *Der polnische Film gestern und heute*. In: *Kinemathek*, Nr. 51. Berlin, Februar 1974. S. 35.

⁴⁰ Boleslaw Michalek, a.a.O. S. 149 ff.; *Kinemathek*, Nr. 51, a.a.O. S. 34 ff.

⁴¹ Boleslaw Michalek, a.a.O. S. 137.

⁴² Andrzej Wajda in: *Ecran 76*, Nr. 46. Paris, April 1976. S. 13.

⁴³ Jerzy Plazewski in: *Ecran 74*, Nr. 24. Paris, April 1974. S. 29.

⁴⁴ Wilfried Berghahn in: *Filmkritik*, Nr. 9/63. München, September 1963. S. 413.

⁴⁵ Wilfried Berghahn in: *Filmkritik*, Nr. 11/63. München, November 1963. S. 520.

⁴⁶ *Les 40% de Roman Polanski*. In: *Cinéma 63*, Nr. 77. Paris, Juni 1963. S. 10.

⁴⁷ *Wajda-Polanski: faire des films en Pologne ou ailleurs*. In: *Jeune Cinéma*, Nr. 91. Paris, Dezember 1975. S. 10 ff. Ursprünglich erschienen in *Kino*, Nr. 2, Warschau 1972.

⁴⁸ Zitiert in: *Cinéma 66*, Nr. 107. Paris, Juni 1966. S. 109.

⁴⁹ Enno Patalas: *Begegnung mit Skolimowski*. In: *Filmkritik*, Nr. 3/66. München, März 1966. S. 169.

⁵⁰ Jean-Louis Comolli: *La remontée d'Orphée*. In: *Cahiers du Cinéma*, Nr. 192. Paris, Juli/August 1967. S. 41.

⁵¹ Jerzy Skolimowski in: *Cahiers du Cinéma*, Nr. 182, September 1966, S. 33. Zitiert nach: *Kinemathek*, Nr. 33. Berlin, März 1967. S. 8.

⁵² In: *Cinéma 68*, Nr. 122. Paris, Januar 1968. S. 31 f.

⁵³ Pierre Billard in: *Cinéma 65*, Nr. 92. Paris, Januar 1965. S. 132.

⁵⁴ Dietrich Kuhlbrodt in: *Filmkritik*, Nr. 8/67. München, August 1967. S. 434.

⁵⁵ Michel Capdenac in: *Les Lettres Françaises*, Paris, 26. 1. 1972. Zitiert nach: *Internationales Forum des Jungen Films 1972*, Informationsblatt 7. Berlin 1972.

⁵⁶ Krzystof Zanussi in: *Polnische Filmtage*. In: *Kinemathek*, Nr. 42. Berlin, November 1969. S. 43.

⁵⁷ *Polen*, Nr. 8/71, Warschau. Zitiert nach: *Der polnische Film gestern und heute*. In: *Kinemathek*, Nr. 51, a.a.O. S. 19.

⁵⁸ Jean Delmas: *Le cinéma polonais encore exilé du présent*. In: *Jeune Cinéma*, Nr. 83. Paris, Dezember 1974/Januar 1975. S. 26.

⁵⁹ Jerzy Plazewski in: *Ecran 72*, Nr. 24. Paris, April 1974. S. 28. Vgl. auch Interview mit Zulawski in: *Positif*, Nr. 150. Paris, Mai 1973. S. 29.

⁶⁰ Jerzy Plazewski in: *Ecran 74*, Nr. 24, a.a.O. S. 28.

⁶¹ Jacek Fuksiewicz: *Film und Fernsehen in Polen*. Warschau 1976. S. 72 f.

⁶² Yvette Biro: *The Hungarian Film Style and its Variations*. In: *The New Hungarian Quarterly*, Winter 1968. Budapest. S. 4.

⁶³ A.a.O. S. 3.

⁶⁴ In: *Hungarofilm-Bulletin*, Nr. 2/1971. Budapest.

65 Claude B. Levenson: *Jeune cinéma hongrois.* Zitiert nach: *Ungarische Spielfilme. Eine Dokumentation.* Essen, Mai 1968. S. 9.

66 *Cinéma 72*, Nr. 165. Paris, April 1972. S. 115.

67 Lino Micchichè: *Il nuovo cinema degli anni '60.* Turin 1972. S. 40.

68 A.a.O. S. 41.

69 Zitiert in: István Nemeskürty: *Word an Image. History of the Hungarian Cinema.* Budapest 1974. S. 199.

70 *Ungarische Spielfilme. Eine Dokumentation,* a.a.O. S. 70ff.

71 Miklós Jancsó in: *La Biennale di Venezia – 30a mostra internazionale d'arte cinematografica di Venezia.* Katalog der Filmfestspiele Venedig 1969. o.S. *(Sirocco d'hiver).*

72 Interview mit András Kovács in: *Ungarische Spielfilme. Eine Dokumentation,* a.a.O. S. 37.

73 *Hungarofilm-Bulletin,* Nr. 4/1974. Budapest. S. 19.

74 *Hungarofilm-Bulletin,* Nr. 2/1967. Budapest. S. 25. Vgl. auch: *Filmkritik,* Nr. 10/68. München, Oktober 1968. S. 723.

75 Interview mit István Szabó in: *Ungarische Spielfilme. Eine Dokumentation,* a.a.O. S. 42.

76 Louis Marcorelles in: *Le Monde,* Paris, 11. 7. 1975.

77 Interview mit Ferenc Kósa in: *Ungarische Spielfilme II (1968–1969).* Frankfurt 1969. S. 52.

78 In: *Film Kultura,* Nr. 7/67. Budapest. Zitiert in: *Ungarische Spielfilme II,* a.a.O. S. 8.

79 Jan Žalman: *Filmprofile der tschechoslowakischen Gegenwart.* Prag 1968. S. 43f.

80 A.a.O. S. 60.

81 Antonin J. Liehm: *Closely Watched Films. The Czechoslovak Experience.* New York 1974. S. 214.

82 A.a.O. S. 306.

83 A.a.O.

84 Jan Žalman, a.a.O. S. 68.

85 Katalog der *Quinzaine des réalisateurs.* Cannes 1975. S. 35.

86 Antonin J. Liehm, a.a.O. S. 310.

87 Zitiert bei: Antonin J. Liehm, a.a.O. S. 359.

88 *Film-Dienst,* Nr. 8, Köln, 22. 2. 1967. Kritik Nr. 14553.

89 Zitiert bei: Jan Zalman, a.a.O. S. 79.

90 Antonin J. Liehm, a.a.O. S. 260.

91 Lino Micchichè, a.a.O. S. 26.

92 Zitiert bei: Antonin J. Liehm, a.a.O. S. 338.

93 Josef Skvorecky: *All the Bright Young Men and Women. A Personal History of the Czech Cinema.* Toronto 1971. S. 204f.

94 Marcel Martin in: *Cinéma 69,* Nr. 138. Paris, Juli 1969. S. 28.

95 *Ecran 73,* Nr. 16. Paris, Juni 1973. S. 43.

96 Zitiert nach: *Cinéma 70,* Nr. 142. Paris, Januar 1970. S. 20.

97 Rudi Strahl in: *Filmspiegel,* Nr. 24/1960, Berlin (DDR). Zitiert nach: *Spielfilme der DEFA im Urteil der Kritik.* Berlin (DDR) 1970. S. 201.

98 Zitiert in: *Filmkritik,* Nr. 10/66. München, Oktober 1966. S. 592.

99 Ulrich Gregor (Herausgeber): *Wie sie filmen.* Gütersloh 1966. S. 320.

100 Heinz Kersten: *Schatten über Babelsberg II.* In: *Filmkritik,* Nr. 4/66. München, April 1966. S. 233.

101 Renate Holland-Moritz in: *Eulenspiegel,* Nr. 15. Berlin (DDR), April 1969. Zitiert nach: *Filme aus der DDR.* In: *Kinemathek,* Nr. 48. Berlin, Dezember 1972. S. 32.

102 Wolfgang Kohlhaase in: *Film-Wissenschaftliche Mitteilungen*, Nr. 1/1966. Berlin (DDR). Zitiert nach: *Spielfilme der DEFA im Urteil der Kritik*, a.a.O. S. 294 ff.

103 In: *Tribüne*, Berlin (DDR), 16. 12. 1965. Zitiert nach: Heinz Kersten: *Schatten über Babelsberg I*. In: *Filmkritik*, Nr. 3/66. München, März 1966. S. 165.

104 *Neues Deutschland*, Berlin (DDR), 14. 12. 1965. Zitiert nach: *Schatten über Babelsberg II*, a.a.O. S. 232.

105 *Neues Deutschland*, Berlin (DDR), 19. 12. 1965. Zitiert nach: *Schatten über Babelsberg II*, a.a.O. S. 233.

106 Roland Gräf: *Weshalb ich für den Alltag bin*. In: *Forum*, Nr. 7/1972. Berlin (DDR). Zitiert nach: Erika Richter: *Alltag und Geschichte in DEFA-Gegenwartsfilmen der siebziger Jahre. Filmwissenschaftliche Beiträge*, Nr. 1/76. Berlin (DDR) 1976. S. 47.

107 Interview mit Lothar Warneke von Erika und Rolf Richter. In: *Film und Fernsehen*, Nr. 1/1974. Berlin (DDR). S. 19. Zitiert nach: Erika Richter: *Alltag und Geschichte in DEFA-Gegenwartsfilmen . . .*, a.a.O. S. 47.

108 H. Sander und R. Schlesier in: *Frauen und Film*, Nr. 2. Berlin, September 1974. S. 8 ff.

109 Erika Richter: *Alltag und Geschichte in DEFA-Gegenwartsfilmen . . .*, a.a.O. Anmerkung 202. S. 275 ff.

110 Interview mit Egon Günther von Horst Knietzsch. In: *Prisma – Kino- und Fernseh-Almanach 7*. Berlin (DDR) 1976. S. 59.

111 Marcel Martin in: *Cinéma 68*, Nr. 124. Paris, März 1968. S. 67.

112 Neda Stadimirova in: *Filmspiegel*, Berlin (DDR), 5. 7. 1972.

113 Zitiert in: *Woche des bulgarischen Films*. Wiesbaden 1972. S. 16.

114 Lino Miccichè, a.a.O. S. 69.

115 Dušan Makavejev in: *Filmkritik*, Nr. 2/68. München, Februar 1968. S. 93.

116 *Filmkritik*, Nr. 8/68. München, August 1968. S. 542.

117 F. G. (d.i. Frantz Gevaudan) in: *Cinéma 69*, Nr. 137. Paris, Juni 1969. S. 106.

118 *International Film Guide 1975*. London/New York 1974. S. 370.

VI. Lateinamerika, Afrika, Asien, Australien

1 In: Peter B. Schumann (Herausgeber): *Kino und Kampf in Lateinamerika*. München 1976. S. 9 ff.

2 A.a.O. S. 12 f.

3 A.a.O. S. 18.

4 A.a.O. S. 28.

5 Glauber Rocha: *Una estetica della fame*. In: *Il Cinema Nôvo brasiliano. I: Testi e documenti. Undicesima Mostra Internazionale del Nuovo Cinema, Pesaro 14/21 settembre 1975. Quaderno informativo* Nr. 64. S. 64 ff. Auszugsweise deutsch (»Ästhetik der Gewalttätigkeit«) in: *Film im Aufbruch. Eine Dokumentation über Film entwicklungen in Afrika und Südamerika*. Berlin (DDR) 1966. S. 161 ff.

6 *Il Cinema Nôvo brasiliano . . .*, a.a.O. S. 217.

7 *Film im Aufbruch*, a.a.O. S. 199.

8 A.a.O. S. 126.

9 Siehe Anmerkung 5.

10 Siehe Anmerkung 5.

11 Guy Hennebelle: *Quinze ans de cinéma mondial*. Paris 1975. S. 197.

12 Jean-Claude Bernardet: *Das brasilianische Cinema Novo und der ungelöste Widerspruch*. In: Peter B. Schumann (Herausgeber): *Kino und Kampf in Lateinamerika*, a.a.O. S. 99.

¹³ Lino Miccichè: *Il nuovo cinema degli anni '60.* Turin 1972. S. 102.

¹⁴ *Il Cinema Nôvo brasileiro . . .,* a. a. O. S. 131.

¹⁵ *Film im Aufbruch,* a. a. O. S. 140.

¹⁶ *Il Cinema Nôvo brasileiro . . .,* a. a. O. S. 135.

¹⁷ A. a. O. S. 149, 152.

¹⁸ Theodor Kotulla in: *Filmkritik,* Nr. 5/67. München, Mai 1967. S. 276.

¹⁹ Urs Jenny in: *Filmkritik,* Nr. 12/68. München, Dezember 1968. S. 853.

²⁰ Glauber Rocha in: *Cinéma 71,* Nr. 160. Paris, November 1971. S. 26.

²¹ Interview mit Glauber Rocha von Gianfranco Grazinai. In: *Il Cinema Nôvo brasiliano. II: I registi e i film. Undicesima Mostra Internazionale del Nuovo Cinema, Pesaro 14/21 settembre 1975. Quaderno informativo Nr. 65.* S. 123 ff.

²² Zitiert bei: Lino Miccichè: *Il nuovo cinema degli anni '60,* a. a. O. S. 110.

²³ Gustavo Dahl in: Peter B. Schumann (Herausgeber): *Woche des Jungen Films – Lateinamerika. 20. Internationale Filmfestspiele Berlin '70.* S. 34.

²⁴ A. a. O. S. 37.

²⁵ *Glauber Rocha über Leon Hirszman.* In: *Internationales Forum des Jungen Films 1972,* Informationsblatt 35. Berlin 1972.

²⁶ Peter B. Schumann (Herausgeber): *Kino und Kampf in Lateinamerika,* a. a. O., S. 78.

²⁷ A. a. O. S. 76 f.

²⁸ A. a. O. S. 80.

²⁹ *Entretien avec Solanas, par Louis Marcorelles.* In: *Cahiers du Cinéma,* Nr. 210. Paris, März 1969. S. 46 ff. Zitiert nach: *Politisches Kino in Lateinamerika – Argentinien und Chile.* In: *Kinemathek,* Nr. 50. Berlin, Januar 1974. S. 11 f.

³⁰ Pascal Bonitzer in: *Cahiers du Cinéma,* Nr. 213. Paris, Juni 1969, S. 8. Zitiert nach: *Kinemathek,* Nr. 50, a. a. O. S. 12.

³¹ *Kino und Kampf in Lateinamerika,* a. a. O. S. 92.

³² Katalog der *Quinzaine des réalisateurs,* Cannes 1971. S. 24.

³³ *Il cinema di Allende,* S. 42.

³⁴ Zitiert in: Peter B. Schumann (Herausgeber): *Film und Revolution in Lateinamerika.* Frankfurt 1971. S. 88.

³⁵ *Kino und Kampf in Lateinamerika,* a. a. O. S. 44 f.

³⁶ Raul Ruiz in: *Internationales Forum des Jungen Films 1974,* Informationsblatt 40. Berlin 1974.

³⁷ Interview mit Miguel Littin von Peter B. Schumann. In: *Kinemathek,* Nr. 50, a. a. O. S. 55.

³⁸ *Il cinema di Allende,* a. a. O. S. 66.

³⁹ Interview mit Pedro Chaskel. In: *Kinemathek,* Nr. 50, a. a. O. S. 38.

⁴⁰ *Film im Freiheitskampf der Völker – Lateinamerika. Dokumentation I.* Potsdam 1972. S. 79 f.

⁴¹ A. a. O. S. 77.

⁴² *Kino und Kampf in Lateinamerika,* a. a. O. S. 148.

⁴³ A. a. O.

⁴⁴ Interview mit Jorge Sanjinés. In: *VII Mostra del Nuovo Cinema, Pesaro 1971, Quaderno informativo Nr. 30,* S. 61. Zitiert nach: *Internationales Forum des Jungen Films 1972,* Informationsblatt 36, Berlin 1972.

⁴⁵ Marcel Martin in: *Ecran 75,* Nr. 39. Paris, September 1975. S. 77.

⁴⁶ Manuel Michel in: *Filmkritik,* Nr. 6/66. München, Mai 1966. S. 314.

⁴⁷ José de la Colina in: *Der neue mexikanische Film.* In: *Kinemathek,* Nr. 49. S. 33.

⁴⁸ Katalog der *Quinzaine des réalisateurs,* Cannes 1973. Zitiert nach: *Kinemathek,* Nr. 49, a. a. O. S. 30.

49 Manuel Michel, a.a.O. S. 315.
50 José de la Colina in: *Kinemathek*, Nr. 49, a.a.O. S. 14.
51 Paul Leduc in: *Internationales Forum des Jungen Films 1972*, Informationsblatt 32. Berlin 1972.
52 Eckart Jahnke, Manfred Lichtenstein (Herausgeber): *Kubanischer Dokumentarfilm.* Berlin (DDR) 1974. S. 11.
53 *Ecran 77*, Nr. 54. Paris, Januar 1977. S. 20.
54 Guy Hennebelle: *Les cinémas africains en 1972.* Paris 1972. S. 202.
55 Zitiert in: *Afrika heute – im Film.* Volkersberg/Rhön 1973. S. 185.
56 *Les cinémas africains en 1972*, a.a.O. S. 207. Zitiert nach: *Internationales Forum des Jungen Films 1972*, Informationsblatt 20. Berlin 1972.
57 *Les cinémas africains en 1972*, a.a.O. S. 12.
58 Interview mit Achmed Rachedi von Guy Hennebelle. In: *Cinéma 66*, Nr. 103. Paris, Februar 1966. S. 26. Zitiert nach: *Film in Algerien.* In: *Kinemathek*, Nr. 43. Berlin, Oktober 1970. S. 21.
59 *Les cinémas africains en 1972*, a.a.O. S. 159.
60 A.a.O. S. 161.
61 Tahar Cheeriah, zitiert in: *Les cinémas africains en 1972*, a.a.O. S. 179.
62 Abdelmajid Chorfi in: *L'Action*, Tunis, 10. 10. 1970. Zitiert nach: *Internationales Forum des Jungen Films 1971*, Informationsblatt 21. Berlin 1971.
63 *International Film Guide 1976*. London/New York 1975. S. 145.
64 In: *Cinéma 73*, Nr. 182. Paris, Dezember 1973. S. 85.
65 A.a.O.
66 Youssef Chahine in: *Cinéma 73*, Nr. 182. Paris, Dezember 1973. S. 89.
67 Guy Hennebelle: *Quinze ans de cinéma mondial.* Paris 1975. S. 224f.
68 *Ecran 73*, Nr. 18. Paris, September/Oktober 1973. S. 15.
69 John Russell Taylor in: *Sight and Sound*, Summer 1972. London. S. 157.
70 *International Film Guide 1975*. London/New York 1974. S. 230.
71 Aus dem Werbeprospekt des Films.
72 *International Film Guide 1972*. London/New York 1971. S. 166.
73 Marie Seton: *Portrait of a Director: Satyajit Ray.* Delhi/London 1971. S. 34.
74 Urs Jenny in: *Filmkritik*, Nr. 9/69. München, September 1969. S. 552.
75 John Rosselli in: *Contemporary Films Catalogue.* London o.J. S. 128.
76 *Ray's New Trilogy. An Interview by Christian Braad Thomsen.* In: *Sight and Sound*, Winter 1972/73. London. S. 33.
77 A.a.O.
78 *Woche des jungen indischen Films.* Hektographiertes Manuskript. Berlin (Freunde der Deutschen Kinemathek) 1972. S. 12.
79 A.a.O. S. 1.
80 P. Parain: *Regards sur le cinéma indien.* Paris 1969. S. 309.
81 *International Film Guide 1971*. London/New York 1970. S. 216.
82 *International Film Guide 1976*. London/New York 1975. S. 230.
83 *Quinze ans de cinéma mondial*, a.a.O. S. 259.
84 Willy Lüdecke: *Film und Fernsehen in Vietnam 1920–1974.* In: *Bulletin 8/9 des Initiativkomitees für die Stärkung des revolutionären vietnamesischen Filmwesens.* Köln o.J. S. 13.
85 Regis Bergerin in: *Cinéma 64*, Nr. 86. Paris. S. 52f.
86 *Films and Filming*, London, Oktober 1962. Zitiert bei: Jay Leyda: *Dianying (Electric Shadows). An Account of Films and the Film Audience in China.* Cambridge/London 1972. S. 282f.

87 Jay Leyda: *Dianying*, a. a. O. S. 303.
88 Jay Leyda: *Dianying*, a. a. O. S. 340.
89 Guy Hennebelle in: *Ecran 75*, Nr. 42. Paris, Dezember 1975. S. 42.
90 *International Film Guide 1975*. London/New York 1974. S. 128.
91 Erwin Leiser in: *Ecran 75*, Nr. 42, a. a. O. S. 45.
92 *China im Bild*, Nr. 4/1974. Peking. S. 9.
93 Rony Rayns: *Threads through the Labyrinth: Hong Kong Movies*. In: *Sight and Sound*, Summer 1974. London. S. 140.
94 Rony Rayns in: *Monthly Film Bulletin*, London, November 1973. S. 228.
95 *International Film Guide 1976*. London/New York 1975. S. 217.
96 Donald Richie in: *5 Pictures of Yasujiro Ozu*. Tokyo o. J. Zitiert nach: *Kino in Japan*. Hektographiertes Manuskript. Berlin (Freunde der deutschen Kinemathek) 1973. S. 13.
97 Donald Richie: *The Films of Akira Kurosawa*. Berkeley/Los Angeles 1965. S. 147.
98 A. a. O. S. 162.
99 Wilfried Berghahn in: *Filmkritik*, Nr. 8/62. München, August 1962. S. 356.
100 Donald Richie: *Japanese Cinema*. New York 1971. S. 188.
101 Masaki Kobayashi in: *Ecran 72*, Nr. 3. Paris, März 1972. S. 29.
102 Helmut Regel in: *Filmkritik*, Nr. 7/67. München, Juli 1967. S. 387f.
103 Donald Richie: *Japanese Cinema*, a. a. O. S. 166.
104 Interview mit Nagisa Oshima von Alessandro Gennari, Alessandro Cappabianca und Ciriaco Tiso. In: *Filmcritica*, Nr. 228. Rom, Oktober 1972. Zitiert nach: *Internationales Forum des Jungen Films 1973*, Informationsblatt 6. Berlin 1973.
105 Nagisa Oshima in: *Internationales Forum des Jungen Films 1971*, Informationsblatt 15. Berlin 1971.
106 Donald Richie: *Japanese Cinema*, a. a. O. S. 175.
107 Amos Vogel: *Ein Spiegel des heutigen Desasters*. In: *The Village Voice*, New York, 11. 2. 1971. Zitiert nach: *Internationales Forum des Jungen Films 1972*, Informationsblatt 24. Berlin 1972.
108 Helen Styles, *Lettre d'Australie. Renaissance du cinéma australien*. In: *Cinéma 75*, Nr. 203. Paris, November 1975. S. 18ff. Ursprünglich erschienen in: *Cinema Australia*, April 1975.
109 David J. Stratton in: *International Film Guide 1975*. London 1974. S. 77.

VII. Nordamerika

1 Théodore Louis, Jean Pigeon: *Le cinéma américain*. Paris 1975. S. 10.
2 *Le cinéma américain des années soixante*. In: *Cinéma 73*, Nr. 178/9. Paris, Juli/August 1973. S. 122.
3 Ulrich Kurowski, Jürgen Römhild (Herausgeber): *Lexikon des internationalen Films*. Band 2, K–Z. München 1975. S. 136.
4 *Le cinéma américain*, a. a. O. S. 26; Axel Madsen: *The New Hollywood. American Movies in the '70s*. New York 1975. S. 22.
5 *Cinéma 73*, Nr. 178/9, a. a. O. S. 122, 250.
6 Thomas Elsaesser: *The Pathos of Failure. American Films in the 70's*. In: *Monogram*, Nr. 6/1975. London. S. 13ff.
7 Claude Beylie in: *Cinéma 69*, Nr. 132. Paris, Januar 1969. S. 99.
8 Joe Hembus: *Western-Lexikon*. München 1976. S. 386.
9 Claude Beylie in: *Cinéma 69*, Nr. 132, a. a. O. S. 100.

[10] J.-A. F. (d. i. Jean-André Fieschi) in: *Cahiers du Cinéma*, Nr. 150/151. Paris, Dezember 1963/Januar 1964. S. 134.

[11] Jacques Rivette in: *Cahiers du Cinéma*, Nr. 23. Paris, Mai 1953. Zitiert nach: *Filmkritik*, Nr. 5/66. München, Mai 1966. S. 291.

[12] Zitiert bei: Joe Hembus: *Western-Lexikon*, a.a.O. S. 171.

[13] *Cahiers du Cinéma*, Nr. 150/151, a.a.O. S. 136.

[14] John Huston in: *Ecran 72*, Nr. 7. Paris, Juli 1972. S. 69.

[15] J.-L. C. (d. i. Jean-Louis Comolli) in: *Cahiers du Cinéma*, Nr. 150/151, a.a.O. S. 158.

[16] François Truffaut: Vorwort zu *Le cinéma selon Hitchcock*. Zitiert nach: *Filmkritik*, Nr. 7/67. München, Juli 1967. S. 408.

[17] Georges Sadoul über Anthony Mann. In: *Dictionnaire des cinéastes*. Paris 1965. S. 154.

[18] Andrew Sarris: *The American Cinema. Directors and Directions 1929–1968*. New York 1968. S. 127.

[19] Georges Sadoul über Billy Wilder. In: *Dictionnaire des cinéastes*, a.a.O. S. 238.

[20] Joe Hembus: *Western-Lexikon*, a.a.O. S. 394.

[21] *Hitchcock par Eric Rohmer & Claude Chabrol*. Paris 1957. S. 159.

[22] Guy Braucourt in: *Ecran 75*, Nr. 33. Paris, Februar 1975. S. 27.

[23] Peter Bogdanovich: *The B-Movie as Art – An Introduction*. In: Stuart M. Kaminsky: *Don Siegel: Director*. New York 1974. S. 7.

[24] Budd Boetticher in: *Positif*, Nr. 110. Paris, November 1969.

[25] H. C. Blumenberg: *Samuel Fuller – ein unheimlicher Typ*. in: *Fernsehspiele Westdeutscher Rundfunk Januar–Juni 1973*. Köln. S. 12.

[26] Georges Sadoul über Samuel Fuller. In: *Dictionnaire des cinéastes*, a.a.O. S. 96.

[27] Theodor Kotulla in: *Filmkritik*, Nr. 11/66. München, November 1966. S. 618.

[28] Peter Bogdanovich in: *Don Siegel: Director*, a.a.O. S. 8.

[29] Roger Tailleur in: *Positif*, Paris. Zitiert bei: Joe Hembus: *Western-Lexikon*, a.a.O. S. 229.

[30] Aus dem Werbeprospekt des Films. Zitiert in: *Filmkritik*, Nr. 11/65. München, November 1965. S. 631.

[31] *International Film Guide 1968*. London/New York 1967. S. 22.

[32] Andrew Sarris: *The American Cinema*, a.a.O. S. 91.

[33] Claire Johnston, Paul Willemen: *Frank Tashlin*. Edinburgh Film Festival 1973. S. 6.

[34] In: *Filmkritik* Nr. 7/64. München, Juli 1964. S. 348 ff.

[35] *Cahiers du Cinéma*, Nr. 197. Paris, Januar 1968. S. 28.

[36] A.-S. L. (d. i. André-S. Labarthe) in: *Cahiers du Cinéma*, Nr. 150/51, a.a.O. S. 142.

[37] Noel Simsolo: *Le monde de Jerry Lewis*. Paris 1969. S. 148.

[38] A.a.O. S. 60.

[39] *Cahiers du Cinéma*, Nr. 150/51, a.a.O. S. 142.

[40] Andrew Sarris: *The American Cinema*, a.a.O. S. 135.

[41] Robert Warshow: *Movie Chronicle: The Westerner*. In: *Partisan Review*, März–April 1954. Zitiert nach: Robert Warshow: *The Immediate Experience*. New York 1962. S. 136.

[42] Jean A. Gili in: *Ecran 74*, Nr. 29. Paris, Oktober 1974. S. 46.

[43] Michael Dempsey: *Altman. The Empty Staircase and the Chinese Princess*. In: *Film Comment*, Nr. 10. New York, September 1974. S. 10, 17.

[44] Interview mit Francis Ford Coppola von Marjorie Rosen. In: *Film Comment*, Nr. 4/ 1974. New York. S. 44.

[45] Wim Wenders in: *Filmkritik*, Nr. 11/69. München, November 1969. S. 676.

[46] Peter Bogdanovich in: *Filmkritik*, Nr. 1/73. München, Januar 1973. S. 26.

[47] A.a.O. S. 23.

[48] Patricia Erens: *Sydney Pollack – The Way We Are*. In: *Film Comment*, Nr. 5. New York, September/Oktober 1972. S. 24.

[49] In: *Film Culture*, Nr. 22/23, New York, Sommer 1961. Zitiert nach *Off Hollywood*, Programmheft Freunde der Deutschen Kinemathek. Berlin, 9.–17. November 1963. S. 17 ff.

[50] Interview mit Richard Leacock. In: *Movie*. London, April 1963.

[51] Louis Marcorelles: *Living Cinema. New Direkctions in Contemporary Film-Making*, New York/Washington 1973. S. 61.

[52] In: *Afterimage*, Nr. 1, London, April 1970. o. S.

[53] B(ernard) E(isenschitz) in: *Cahiers du Cinéma*, Nr. 225. Paris, November–Dezember 1970. S. 15.

[54] Jean-Luc Godard in: *Cahiers du Cinéma*, Nr. 150/151. Paris, Dezember 1963/Januar 1964. S. 149.

[55] Sheldon, Renan: *An Introduction to the American Underground Film*. New York 1967; P. Adams Sitney: *Visionary Film. The American Avant-Garde*. New York 1974; *A History of the American Avant-Garde Cinema*. New York 1976.

[56] Amos Vogel in: *Evergreen Review*, Nr. 47. New York, Juni 1967. S. 50 ff. Zitiert nach: *Kinemathek 37*, »New American Cinema«. Berlin, November 1967. S. 16 ff.

[57] Sheldon Renan: *An Introduction to the American Underground Film*, a.a.O. S. 169.

[58] Herman G. Weinberg in: *Film-Makers' Cooperative Catalogue No. 6*. New York 1975. S. 177.

[59] Vgl. *Internationales Forum des Jungen Films 1976*; Berlin 1976. Informationsblatt Nr. 14.

[60] Stan Brakhage: *Metaphors on Vision*. Zuerst erschienen in: *Film Culture*, Nr. 30. New York, Herbst 1963. Zitiert nach: *Filmkritik*, Nr. 4/1968. München 1968. S. 262 f.

[61] Stan Brakhage in: *Kinemathek* Nr. 37, a.a.O. S. 27.

[62] P. Adams Sitney, *Structural Film*. In: *Film Culture*, No. 47. Sommer 1969. S. 1 ff.

[63] Amos Vogel in: *Film-Makers' Cooperative Catalogue*. A.a.O. S. 232.

[64] Michael Snow on LA REGION CENTRALE, in: *Film Culture*, Nr. 52. New York, März 1971. S. 58. Zitiert nach: *Internationales Forum des Jungen Films 1974*. Berlin 1974, Informationsblatt 18.

[65] Louis Marcorelles in: *Le Monde*. Paris, 28. September 1972.

[66] Louis Marcorelles: *Living Cinema. New Directions in Contemporary Filmmaking*. New York/Washington 1973. S. 31.

[67] Zitiert von Marcel Martin in: *Canada – petite planète du cinéma. Cinéma 68*, Nr. 131. Paris, Dezember 1968. S. 74.

[68] Zitiert in: Louis Marcorelles: *Living Cinema*. A.a.O., S. 82 f.

Ausgewählte Bibliografie

1. Filmgeschichte nach 1960, allgemein

Giovanni Grazzini, *Gli anni settanta in cento film*. Rom/Bari 1976.
Giovanni Grazzini, *Gli anni sessanta in cento film*. Rom/Bari 1977.
Guy Hennebelle, *15 ans de cinéma mondial, 1960–1975*. Paris 1975.
Louis Marcorelles, *Living Cinema. New Directions in Contemporary Film-Making*. New York/Washington 1973.
Lino Micciché, *Il nuovo cinema degli anni '60*. Turin 1972.
Amos Vogel, *Film as a Subversive Art*. London 1974.

International Film Guide, Edited by Peter Cowie. London/New York 1964ff.
Handbücher der katholischen Filmkritik: *Filme 1962–1964*. Köln 1965; *Filme 1965–1970*. Band I, II. Köln 1971; *Filme 1971–1976*, Köln 1977.
Kataloge der Festivals von Cannes (*Quinzaine des réalisateurs* und *Semaine internationale de la critique*), Berlin (*Internationales Forum des Jungen Films*, ab 1971), Locarno, Mannheim, Venedig, Pesaro.

Westeuropa

Claire Clouzot, *Le cinéma français depuis la nouvelle vague*. Paris 1972.
Adelio Ferrero, *Godard tra »avanguardia« e »rivoluzione«*. Palermo 1974.
Jean Luc Godard par Jean Luc Godard. Paris 1968.

Cinéma italien des années soixante. In: *Cinéma 74*, Nr. 190/191. Paris, September/Oktober 1974.
Goffredo Fofi, *Il cinema italiano: servi e padroni*. Mailand 1971.
Lino Micciché, *Il cinema italiano degli anni '60*. Padua 1975.

Barbara Bronnen, Corinna Brocher, *Die Filmemacher. Der neue deutsche Film nach Oberhausen*. München/Gütersloh/Wien 1973.
Duisburger Filmwoche 1977, Dokumentation.
Ulrich Gregor (u. a.), *Herzog, Kluge, Straub*. Reihe Film 9. München 1976.
Neuer Deutscher Film. Eine Dokumentation. Herausgegeben vom Verband der deutschen Filmclubs. Mannheim. 1967.

Freddy Buache, *Le cinéma suisse*. Lausanne 1974.

Peter Cowie, *Sweden*. Band I und II. Screen Series. London/New York 1976.

Nils Petter Sundgren, *The New Swedish Cinema*. Stockholm 1970.

Aglae Mitropoulos, *Découvette du cinéma grec*. Paris 1968.

40 anni di cinema spagnolo. Tredicesima mostra internazionale del nuovo cinema. Pesaro 1977.

Die sozialistischen Länder

Blum, Heiko R. (u. a.), *Film in der DDR*. Reihe Film 13. München 1977.
Jacek Fuksiewicz, *Film und Fernsehen in Polen*. Warschau 1976.
Nina Hibbin, *Eastern Europe*. Screen Series. London/New York 1969.
Stanislaw Janicki, *Film Polski od a do z*. Warschau 1973.
Kino- und Fernsehalmanach. Berlin (DDR) 1969 ff.
Antonin J. Liehm, *Closely Watched Films. The Czechoslovac Experience*. New York 1974.
Mira Liehm, Antonin J. Liehm, *The Most Important Art. East European Film after 1945*. Berkeley/Los Angeles/London 1977.
Sergio Micheli, *Il cinema bulgaro*. Padua 1971.
Istvan Nemeskürty, *Word and Image. History of the Hungarian Cinema*. Budapest 1974.
Maria Ratschewa, *Bulgarische Filmkunst der Gegenwart*. Sofia 1975.
Erika Richter, *Alltag und Geschichte in DEFA-Gegenwartsfilmen der siebziger Jahre*. In: *Filmwissenschaftliche Beiträge* Nr. 1/76. Berlin (DDR) 1976.
Josef Skvorecky, *All the Bright Young Men. A Personal History of the Czech Cinema*. Toronto 1971.
Jeanne Vronskaya, *Young Soviet Film Makers*. London 1972.
Jan Zalman, *Filmprofile der tschechoslowakischen Gegenwart*. Prag. 1968.

Lateinamerika, Afrika, Asien

Francesco Bolzoni, *Il cinema di Allende*. Padua 1974.
Cinema dei paesi arabi. Dodicesima mostra internazionale del nuovo cinema. Pesaro 1976.
Il Cinema nôvo brasiliano. I: *Testi e documenti*. II: *I registi e i film*. Undicesima mostra internazionale del nuovo cinema. Pesaro 1975.
Guy Hennebelle, *Les cinémas africains en 1972*. Paris 1972.
Hermann Herlinghaus, Franco Mogni (Herausgeber), *Film im Aufbruch*. Eine Dokumentation über Filmentwicklungen in Afrika und Südamerika. Berlin (DDR)/Leipzig 1966.
Jay Leyda, *Dianing. Electric Shadows. An Account of Films and the Film Audience in China*. Cambridge/London 1972.
Joan Mellen, *Voices from the Japanese Cinema*. New York 1975.
P. Parrain, *Regards sur le cinéma indien*. Paris 1969.
Erika Richter, *Realistischer Film in Ägypten*. Berlin (DDR) 1974.
Donald Ritchie, *Japanese Cinema*. New York 1971.
Kobita Sarkar, *Indian Cinema today*. New Delhi 1975.
Peter B. Schumann (Herausgeber), *Kino und Kampf in Lateinamerika. Zur Theorie und Praxis des politischen Kinos*. München 1976.

5. Nordamerika

Hans Blumenberg (u. a.), *New Hollywood*. Reihe Film 10. München 1976.
Le cinéma américain des années soixante. In: *Cinéma 73*, Nr. 178/179. Paris, Juli/August 1973.
Théodore Louis, Jean Pigeon, *Le cinéma américain d'aujourd'hui*. Paris 1975.

Axel Madsen, *The New Hollywood. American Movies in the 70's.* New York 1975.
Dominique Noguez, *Essais sur le cinéma québecois.* Montreal 1970.
Andrew Sarris, *The American Cinema.* New York 1968.
P. Adams Sitney (Herausgeber), *Film Culture Reader.* New York/Washington 1970.
P. Adams Sitney, *Visionary Film. The American Avant-Garde.* New York 1974.

6. Zeitschriften

L'avant-scène cinéma, Paris.
Cahiers du Cinéma, Paris.
Cinéma 60 ff., Paris
Ecran 72 ff., Paris.
Jeune Cinéma, Paris.
Positif, Paris.
La revue du cinéma Image et Son, Paris.

Cinema & Cinema, Rom.
Cinema & Film, Rom (bis 1971).
Cinema nuovo, Genua.
Cinema sessanta, Rom.
Filmcritica, Rom.

Film, München/Velber b. Hannover (bis 1969).
Filmdienst, Köln.
Filmkritik, München.
Frauen und Film, Berlin.
Kino, Berlin (bis 1975).
Kirche und Film, Frankfurt/Main.

Afterimage, London.
Monogram, London (bis 1975).
Monthly Film Bulletin, London.
Sight and Sound, London.
Screen, London.

Cinema, Zürich.
Zoom, Bern.

Fernsehen und Film, Berlin (DDR).
Filmspiegel, Berlin (DDR).
Filmwissenschaftliche Mitteilungen, Berlin (DDR).

Hungarofilm Bulletin, Budapest.

Kino, Warschau.

Sowjetskij Ekran, Moskau.
Iskusstwo kino, Moskau.

Cineaste, New York.
Film Comment, New York.
Film Culture, New York.
Film Quarterly, New York.

Jump Cut, Berkeley.
Variety, New York.
Women and Film, Santa Monica.

Take One, Toronto.

Register

Personenregister
Kursive Ziffern weisen auf Abbildungen hin.

Firmenregister

In diesem Register sind Produktions- und Verleihfirmen, Institutionen, Kollektive, Gruppen, Arbeitsgruppen, Zeitungen, Zeitschriften, Archive, Filmtheater, allgemeine Begriffe etc. zusammengefaßt.

Produktionsfirmen (Verleihe):

Institutionen (Kollektive – Gruppen – Arbeitsgruppen – Zeitungen – Zeitschriften – Archive – Filmtheater)

Allgemeine Begriffe etc.:

Ausländische Filmtitel

571